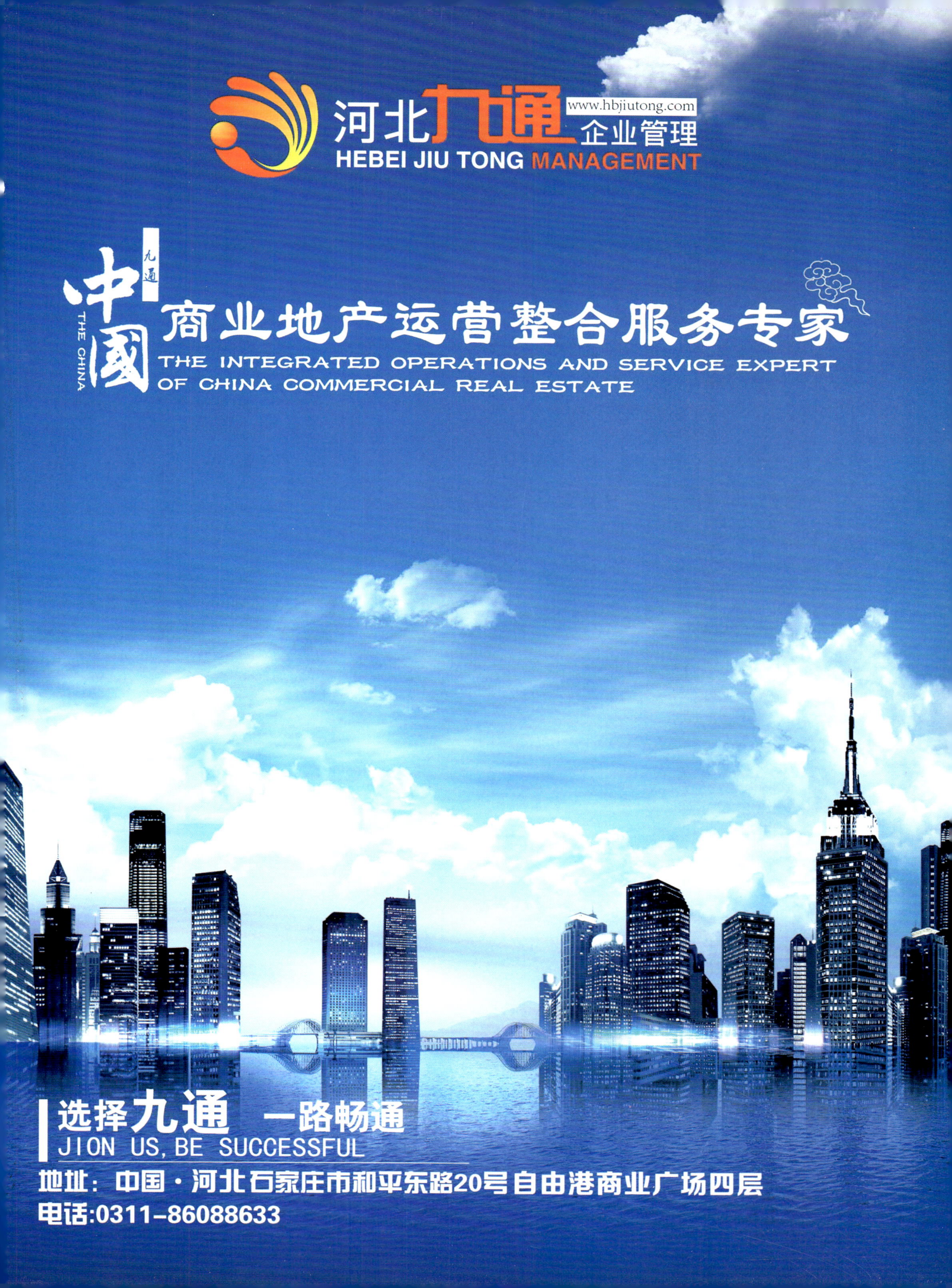

河北九通企业管理
www.hbjiutong.com
HEBEI JIU TONG MANAGEMENT
九通
中國
THE CHINA
商业地产运营整合服务专家
THE INTEGRATED OPERATIONS AND SERVICE EXPERT
OF CHINA COMMERCIAL REAL ESTATE
选择九通 一路畅通
JION US, BE SUCCESSFUL
地址：中国·河北石家庄市和平东路20号自由港商业广场四层
电话:0311-86088633

中国商品交易市场年鉴 2016

中国市场学会批发市场发展委员会　编

中国商业出版社

图书在版编目（CIP）数据

中国商品交易市场年鉴2016 / 中国市场学会批发市场发展委员会编. -- 北京：中国商业出版社，2016.10
ISBN 978-7-5044-9613-3

Ⅰ. ①中… Ⅱ. ①中… Ⅲ. ①商品市场－中国－2016－年鉴 Ⅳ. ①F723-54

中国版本图书馆CIP数据核字（2016）第240823号

责任编辑：史兰菊

中国商业出版社出版发行
010-63180647 www.c_cbook.com
（100053 北京广安门内报国寺1号）
新华书店总店北京发行所经销
廊坊市瑞德印刷有限公司印刷
*
880×1230毫米 1/16开 53印张 998千字
2016年10月第1版 2016年10月第1次印刷
定价：580.00元
* * * *
（本书若有印装质量问题，请与发行部联系调换）

序言

全国政协委员、国务院发展研究中心原副主任
中国市场学会会长 卢中原

我国各类商品交易市场经过30多年的发展，已经成为商品流通不可或缺、不可取代的重要渠道，为密切供求衔接、丰富人民物质生活、推动国民经济发展作出了巨大贡献。随着“互联网+”、大数据应用、现代物流等新兴产业的迅猛发展，我国商品交易市场也面临着转型升级、创新发展的新局面。

党的十八届三中全会明确提出，要使市场在资源配置中起决定性作用和更好发挥政府作用，要建立统一开放、竞争有序的市场体系。可以说，后者是前者的基础性制度条件和物质条件。党的十八届四中、五中全会和习近平总书记的系列讲话多次强调了市场和流通体系建设的重要性。近两年来，国务院相继发布了关于内贸流通改革发展的一系列文件。这些都为我国商品交易市场健康发展指明了前进的方向。

当前，我国经济发展进入新常态，党中央提出供给侧结构性改革的重要任务。这一改革的核心是使供给方更好地面向市场需求，提供更多的有效供给，满足消费者不断提高的物质文化需要，满足客户适应产业转型的需要。商品交易市场肩负着搞活商品流通的重要职能，是连接产需的桥梁和纽带，在这一改革中扮演着重要的角色。近些年来，各地和商贸流通企业面对经济下行压力加大的新形势，抓住京津冀协同发展等区域经济整合带来的新机遇，积极进行市场搬迁改造和转型升级，探索实体店+电子商务+普惠金融+商贸联盟等新兴业态和经营模式，商贸领域和商品交易市场正在焕发新的活力。当然，也有些地方的商品交易市场和商贸企业改革步伐比较慢，市场设施陈旧，环境脏乱差，落后于消费者和生产者的需要，商户利益也得不到应有的提升。

在新的形势下，中国市场学会有责任做好梳理案例、总结经验、解读政策、加强研究、提供服务和决策咨询等工作。我们应当按照“十三五”规划的要求，贯彻“创新、协调、绿色、开放、共享”五大发展理念，引导商贸领域积极投身到供给侧结构性改革中。商贸企业要积极运用现代化技术手段，改革传统经营模式，提升管理水平，提升市场和商户的效益，使市场能够在国民经济发展中发挥更大的作用。

为了帮助大家理解党和国家有关商品交易市场发展的方针政策，全面反映我国商品交易市场发展的历程和成就，总结商品交易市场发展的成功经验和不足，为今后我国商品交易市场的健康发展提供镜鉴，中国市场学会批发市场发展委员会在商务部等有关部门的大力支持和帮助下，组织人力物力编辑出版了这本有关我国商品交易市场的大型综合性、资料性工具书——《中国商品交易市场年鉴2016》。

年鉴共分特别报道、政策法规、市场综述、行业文选、行业人物、市场风采、转型•升级•外迁典型经验、大事记八个部分，对我国商品交易市场方面的海量信息进行了认真梳理，翔实而又有重点地记述了2015年我国商品交易市场发展的历程和成就，深入分析了当前我国商品交易市场存在的问题，努力把握我国商品交易市场未来的发展规律和趋势。可以说，这部年鉴为各级经济管理部门、科研机构和大专院校分析市场、进行科学决策、理论研究和教学提供了重要资料，也是生产经营单位和相关从业者了解市场、获取商业信息的必备参考用书。

相信《中国商品交易市场年鉴2016》的出版发行，一定能为我国商品交易市场的健康有序快速发展带来有益的帮助。

编 辑 说 明

一、《中国商品交易市场年鉴 2016》是由中国市场学会批发市场发展委员会编辑的阐述党和国家有关商品交易市场发展的方针政策，全面反映我国商品交易市场发展的历程和成就，总结我国商品交易市场发展成功经验的资料性工具书。已连续出版二年，旨在记录、宣传和服务中国商品交易市场发展，资料详实可靠，是各级市场管理部门、科研机构、生产经营单位和广大商品交易市场工作者了解商品市场、获取商业信息的必备参考用书。

二、年鉴采用通用的分类编辑法，主题内容设类目、分目和条目三个结构层次，类目和分目的设置力求反映我国商品交易市场发展的全貌，达到资料归类集中和清晰，便于读者查阅。条目则是记述年度情况、工作动态以及行为主体的主要形式。

三、年鉴共分八篇，分别是特别报道、政策法规、市场综述、行业文选、行业人物、市场风采、转型·升级·外迁典型经验、大事记。

四、年鉴资料收录时间为 2015 年 1 月 1 日至 2015 年 12 月 31 日，少部分资料涉及到 2014 年和 2016 年。

五、年鉴中人物职务为其 2015 年时任职务。

六、年鉴中部分资料摘自中国政府网、商务部、工商总局、地方政府主管部门网站，以及《人民日报》、《中国商报》、《国际商报》、人民网、新华网、搜狐网等媒体公开资料。

七、年鉴的编辑出版工作得到了商务部等有关司局的指导和地方商务主管部门、各地商品交易市场的大力支持和帮助，谨此致谢。疏漏及不足之处，恳请各级领导、专家和广大读者批评指正，以便改进。

《中国商品交易市场年鉴》编辑委员会

专家委员会

周思源　国家标准化管理委员会国家标准技术审查部原主任
徐柏园　农业部农村经济研究中心研究员、市场流通研究室主任
赵　萍　贸促会研究院副主任
朱勇毅　中国市场学会副会长
刘工践　《人民日报》社原《市场报》总编辑
曹和平　北京大学供应链研究中心主任、北京大学经济学院副院长
郭馨梅　北京工商大学经济学院副院长
洪　涛　北京工商大学教授
周　丽　北京物资学院副院长
张　军　北京物资学院商学院副教授
郑勇军　浙江省政协经济委员会副主任、浙江工商大学工商管理学院副院长
孙建军　中国艺术研究院研究生院原副院长
王福明　对外经济贸易大学 WTO 中心主任
沈小静　中国市场学会理事、北京物资学院党委副书记
张　琦　北京师范大学国家科技园副主任
王海忠　中国品牌战略研究中心主任、中山大学博士生导师
涂永式　深圳大学经济学教授
温　琦　北京商业管理干部学院副研究员
毛　爽　河北民族师范学院教师
刘　伟　北京市商委秩序处副处长
潘　英　荣昌县人民政府副县长
高永生　银川商务局副局长
黄成章　四川成都金牛区荷花池市场原主任
赵菊观　中国东方丝绸市场管理委员会主任
叶扬福　浙江省路桥小商品批发市场服务中心主任
林　建　浙江省温州市市场开发服务中心主任
马增俊　全国城市农贸中心联合会会长
孟国强　中国建材流通协会会长
金陆成　中国市场学会批发市场发展委员会副主任兼秘书长
王　青　国务院发展研究中心市场经济研究所所长助理
田雨馥　中国民用爆破器材流通协会理事长
王亚范　中国百货商业协会副理事长
许淦玉　中国果品流通协会常务副会长兼秘书长
许新华　中国纺织品商业协会常务副理事长
何继红　中国副食流通协会常务副会长

编写委员会

主　编　洪　涛

副主编　金陆成

成　员　刘如东　李　洋　王晨阳　宋连平　王　燕　彭　艳　苏亚红　刘洪连　朱建华　王　珊　孙凤才　樊世超　张　斌　冯淑玲　赵　雪　朱文昊　张肖菁

目 录

第一篇　特别报道

第一章　党和国家领导人有关商业活动报道及讲话……………………………………………………3

习近平：未来5年中国进口商品将超10万亿美元………………………………………………3
发挥亚太引领作用 应对世界经济挑战
——习近平主席在亚太经合组织工商领导人峰会上的主旨演讲……………………………4
习近平主席访非点名义乌“小商品之都”让非洲客商淘金…………………………………7
李克强视察工商总局：三证合一改革年内实现………………………………………………8
李克强考察福建电商企业 再提“互联网+”…………………………………………………10
李克强部署扩大消费品进口 海外抢购马桶盖料成历史……………………………………11
携手开创中欧关系新局面——李克强总理在中欧工商峰会上的主旨演讲…………………12
李克强：构建全国统一大市场…………………………………………………………………15
李克强：不能限制老百姓出国买东西…………………………………………………………16
李克强：预计未来5年中国进口商品达到10万亿美元………………………………………17
携手开创互利共赢合作新局面——李克强总理在第五届中国－中东欧国家经贸论坛上的致辞………18
汪洋：鼓励创新商业模式 培育新外贸增长点…………………………………………………20
汪洋在2015年全国食品安全宣传周活动上的致辞……………………………………………21
汪洋肯定重庆保税港区后谷咖啡项目：大力发展转口贸易…………………………………22
汪洋在杭州调研外贸工作并主持召开部分省市座谈会………………………………………23
汪洋出席国务院召开全国推进内贸流通现代化电视电话会议………………………………24
汪洋：加快发展农村电子商务 构建现代农村流通网络………………………………………25

第二章　国家部委有关领导商业活动报道及讲话…………………………………………………26

童道驰在汉调研强调：更加注重跨境电子商务和内外贸联动发展…………………………26
马正其：依法加强消费维权执法 营造安全放心消费环境……………………………………26
童道驰在澳门考察内地对澳农副产品供应……………………………………………………27
王炳南出席商务部召开全国农产品电子商务暨农村商务信息服务经验交流会……………28
高虎城考察北京市春节市场供应………………………………………………………………28

高虎城：要主动上门为外贸企业排忧解难……29
张茅：积极推进电子商务立法……30
王炳南出席全国市场体系建设工作会议……31
房爱卿调研兰州市电子商务工作……31
张茅：切实贯彻新《广告法》 努力谱写广告工作新篇章……32
童道驰：全力推动贸易自由化……33
王受文：四方面政策措施促进中国品牌发展……34
王炳南 于欣丽参加商务部 国家标准委联合召开动员会议 部署农产品冷链流通标准化工作……35
“胸怀两岸，放眼未来”——房爱卿在第三届两岸商业服务业合作发展研讨会上的致辞……36
房爱卿在超市追溯体验活动启动仪式上的致辞……38
拉动经济的“头车”将如何跑稳、跑好？——商务部副部长房爱卿谈社会消费经济形势……39
王受文：今年上半年外贸出口企稳、进口降幅收窄……40
内贸流通成优化配置新动力——访商务部副部长房爱卿……41
张茅：大力发展品牌经济……42
马正其参加全国工商系统开展放心消费创建活动现场会……44
房爱卿在全国商贸流通服务业先进集体、劳动模范和先进工作者表彰大会上的讲话……45
高虎城：温故知新 继往开来——不断充实中美新型大国关系经贸内涵……46
王炳南：商务部农村电子商务推动农民就业 扩大农村消费……50
张茅：深入贯彻落实《意见》 构建新型市场监管体系……51
童道驰考察汉口北：肯定创新线上线下结合发展模式……52
大力提高标准化水平，推动商贸物流转型升级
——房爱卿在全国商贸物流工作现场交流会上的讲话……53
深刻领会中央部署要求 全力抓好政策文件落实
——高虎城在全国推进内贸流通现代化电视电话会议上的讲话……58
房爱卿参加商务部部署贯彻落实全国推进内贸流通现代化电视电话会议……59
房爱卿出席《直销管理条例》、《禁止传销条例》实施 10 周年座谈会……60
刘玉亭：适应新形势新要求 开创打传规直工作新局面……61
高虎城：中方将根据正式公布协定案文评估 TPP 影响……62
高虎城就内贸流通接受主流媒体采访……64
王炳南参加商务部全国商贸流通领域推进线上线下互动创新和农村电子商务发展现场会……65
张茅在工商总局市场监管专家委员会成立大会上的讲话……66
继续深化改革 创新市场监管 努力实现“十三五”市场监管良好开局
——张茅在全国工商和市场监管工作会议上的讲话……70
于广洲分析中国进出口总额同比负增长成因……80
高虎城参加 2015 年全国商务工作会议……80
钟山参加 2015 年全国商务工作会议闭幕会……82

第二篇　政策法规

第一章　中共中央　全国人大　国务院商贸流通法律法规及文件……85

中共中央　国务院关于深化供销合作社综合改革的决定……85
中华人民共和国食品安全法……90
中华人民共和国广告法……112
国务院关于加快培育外贸竞争新优势的若干意见……121
国务院关于同意设立中国（杭州）跨境电子商务综合试验区的批复……126
国务院关于大力发展电子商务　加快培育经济新动力的意见……127
国务院关于促进外贸回稳向好的若干意见……133
国务院关于积极推进"互联网+"行动的指导意见……135
国务院关于推进国内贸易流通现代化　建设法治化营商环境的意见……146
国务院关于促进快递业发展的若干意见……152
国务院关于加快实施自由贸易区战略的若干意见……155
国务院办公厅关于印发
《2015年全国打击侵犯知识产权和制售假冒伪劣商品工作要点》的通知……158
国务院办公厅关于促进跨境电子商务健康快速发展的指导意见……163
国务院办公厅关于促进进出口稳定增长的若干意见……165
国务院办公厅关于同意在上海等9个城市开展国内贸易流通体制改革发展综合试点的复函……167
国务院办公厅关于推进线上线下互动　加快商贸流通创新发展转型升级的意见……169
国务院办公厅关于加强互联网领域侵权假冒行为治理的意见……172
国务院办公厅关于促进农村电子商务加快发展的指导意见……175
国务院办公厅关于加快推进重要产品追溯体系建设的意见……177

第二章　部委规章及一般性文件……180

工商总局《侵害消费者权益行为处罚办法》……180
工商总局关于认真做好2015年流通领域商品质量抽查检验工作的通知……183
商务部办公厅等关于进一步加强零售商供应商交易监管工作的通知……185
商务部办公厅关于印发《2015年规范市场秩序工作要点》的通知……187
工商总局关于完善消费环节经营者首问和赔偿先付制度　切实保护消费者合法权益的意见……189
商务部办公厅关于印发《2015年流通业发展工作要点》的通知……192
商务部关于网络零售第三方平台交易规则制定程序规定（试行）……194
商务部办公厅关于印发《2015年电子商务工作要点》的通知……196
商务部办公厅关于建立百家百亿市场联系制度的通知……199

商务部办公厅关于印发《“互联网 + 流通”行动计划》的通知……201
商务部办公厅关于智慧物流配送体系建设的实施意见……204
商务部等 19 部门关于加快发展农村电子商务的意见……207
商务部等 10 部门《全国农产品市场体系发展规划》……212
国家工商行政管理总局网络商品和服务集中促销活动管理暂行规定……219
农业部 国家发展和改革委员会 商务部关于印发《推进农业电子商务发展行动计划》的通知……221
工商总局关于加强网络市场监管的意见……226
工商总局关于加强和规范网络交易商品质量抽查检验的意见……228

第三章 地方性法规……231

北京市
北京市商务委员会关于征集 2015 年中央内贸发展专项资金项目的通知……231
北京市商务委员会关于支持北京地区跨境电子商务发展的通知……233
天津市
天津市人民政府办公厅关于促进内贸流通健康发展的实施意见……235
天津市商务委关于印发《2015 年天津市商务工作要点》的通知……240
河北省
河北省商务厅关于加强城镇商业网点规划的指导意见……243
河北省商务厅关于印发
《河北省服务外包、会展业、电子商务发展三年行动计划实施方案》的通知……245
山西省
山西省人民政府办公厅关于发展商贸流通扩大消费的若干意见……248
山西省商务厅关于建立百亿交易市场联系制度的通知……251
内蒙古自治区
内蒙古自治区商务厅 内蒙古自治区金融工作办公室关于印发
《内蒙古自治区农村牧区电子商务示范村试点工作实施方案》的通知……253
辽宁省
辽宁省服务业委 省财政厅关于开展电子商务进农村综合示范工作的通知……255
辽宁省服务业委 省外经贸厅关于印发《辽宁省“互联网 + 流通”行动计划》的通知……257
吉林省
吉林省商务厅关于全面推动商贸业 拓展网上销售 加快转型升级的通知……260
吉林省商务厅关于印发《“互联网 + 流通”行动的指导意见》的通知……262
黑龙江省
黑龙江省商务厅关于印发《黑龙江省“互联网 + 流通”行动计划》的通知……265
上海市

上海市商务委、江苏省商务厅、浙江省商务厅、安徽省商务厅、江西省商务厅
关于推进 2015 年长三角区域市场一体化发展工作要点……269
上海市人民政府关于印发《上海市国内贸易流通体制改革发展综合试点方案》的通知……271
江苏省
江苏省政府办公厅关于推动内贸流通健康发展促进消费的实施意见……276
江苏省政府办公厅关于印发
《江苏海门叠石桥国际家纺城市场采购贸易方式试点工作实施方案》的通知……280
浙江省
浙江省商务厅等 12 部门关于加快发展社区连锁便利店的若干意见……283
浙江省人民政府关于大力发展电子商务 加快培育经济新动力的实施意见……285
安徽省
安徽省人民政府关于促进外贸稳增长调结构 加快培育竞争新优势的实施意见……291
福建省
福建省促进快递行业发展办法……295
福建省人民政府关于印发《推进内贸流通现代化 建设法治化营商环境实施方案》的通知……299
江西省
江西省商务厅关于印发《2015 年全省商贸流通工作要点》的通知……304
江西省人民政府办公厅关于印发《江西省商贸流通业发展三年行动计划》的通知……308
山东省
山东省商务厅关于印发《“互联网+流通”行动计划》的通知……312
山东省人民政府办公厅关于印发《山东省跨境电子商务发展行动计划》的通知……314
河南省
河南省商品条码管理办法……317
河南省人民政府关于印发《河南省促进外贸稳定增长若干政策措施》的通知……320
湖北省
湖北省人民政府关于印发《湖北省交易场所监督管理办法》的通知……323
湖南省
湖南省人民政府办公厅关于促进外贸稳定增长若干政策措施的通知……329
湖南省人民政府关于大力发展电子商务 加快培育经济新动力的实施意见……331
广东省
广东省人民政府关于促进内贸流通健康发展的实施意见……337
广东省人民政府办公厅关于印发《广东省供销合作社综合改革试点实施方案》的通知……340
广西壮族自治区
广西壮族自治区商务厅等转发《商务部办公厅 发展改革委办公厅 公安部办公厅
税务总局办公厅 工商总局办公厅关于进一步加强零售商供应商交易监管工作的通知》……344
广西壮族自治区人民政府办公厅关于印发

《2015—2017 年全区农村电子商务工作实施方案》的通知……346

海南省

海南省商务厅关于进一步做好我省农产品流通体系项目建设管理工作的通知……350

重庆市

重庆市人民政府关于推进大型商品交易市场健康发展的指导意见……351

重庆市人民政府办公厅关于转发市商委《重庆市智慧商圈建设实施方案》的通知……356

四川省

四川省人民政府办公厅关于促进内贸流通健康发展的实施意见……359

四川省商务厅关于印发《“互联网 + 商贸流通”实施方案》的通知……363

贵州省

贵州省商务厅 贵州省财政厅关于印发

《贵州省跨区域农产品流通基础设施建设实施方案》的通知……366

云南省

云南省人民政府关于推进内贸流通现代化 建设法治化营商环境的实施意见……370

陕西省

陕西省人民政府关于加快培育外贸竞争新优势的实施意见……375

甘肃省

甘肃省人民政府关于推进国内贸易流通现代化 建设法治化营商环境的实施意见……379

青海省

青海省人民政府关于印发《青海省商贸领域促消费稳增长政策措施》的通知……386

青海省人民政府关于落实“三互” 推进大通关建设促进外贸发展的实施意见……389

宁夏回族自治区

宁夏回族自治区人民政府办公厅关于促进内贸流通健康发展的实施意见……392

新疆维吾尔自治区

新疆商务厅关于印发《自治区农产品流通基础设施建设布局规划（2015—2020 年）》

和《自治区公益性农产品流通基础设施目录》的通知……397

新疆生产建设兵团

新疆生产建设兵团商务局关于做好兵团“电子商务进农村”综合示范工作的通知……401

第三篇 市场综述

关于“十三五”期间我国流通发展趋势的分析判断……405

我国商品交易市场发展的现状、问题及对策研究……415

第四篇　行业文选

第一章　政策解读……423

迎接新《广告法》 共建市场诚信——访国家工商总局广告司司长张国华……423
中央一号文件解读：农业转方式要念好“六字诀”……426
商务部市场秩序司负责人解读《国务院办公厅关于加快重要产品追溯体系建设的意见》……427
商务部市场秩序司负责人就《商务部办公厅关于加快推进中药材现代物流体系建设指导意见的通知》进行解读……429
商务部电子商务司负责人就《“互联网 + 流通”行动计划》进行解读……431
商务部市场建设司负责人就《全国流通节点城市布局规划（2015-2020 年）》进行解读……433
商务部市场建设司负责人就《全国农产品市场体系发展规划》进行解读……434
商务部市场建设司负责人就《关于加快发展农村电子商务的意见》进行解读……436

第二章　农产品市场……438

电子商务对农产品批发市场的影响及建议……438
中国农产品批发市场发展现状及热点问题……440
“买难卖难”问题仍突出 多措并举促进农产品流通……444
农产品批发市场公益之路该怎么走——以北京盛华宏林市场（王四营市场）为例……446
旺季不旺，中国茶市为什么掀起关店潮……448
江苏省农产品批发市场建设现状及建议……451
福州茉莉花茶重塑品牌……454

第三章　纺织服装市场……457

服装批发市场上演生死时速 路在何方……457
服装批发市场发展电子商务的转型战略探讨……459
当传统市场风光不再，另一种商道又路在何方？……463
服装批发市场日渐衰落 “互联网 +”是时候用起来了……466
批发商被抛弃 广州十三行服装市场生死劫……467

第四章　转型升级……469

全国中心城市市场外迁转型升级的必然趋势……469
商品交易市场加快转型升级 多方寻求新的发展空间……475

"互联网 +"时代批发市场如何转型升级……477
传统商贸企业转型升级路径探索……479
新常态下传统批发市场如何转型升级……481
引领海西农产品批发市场的转型升级之路……483

第五章 电子商务……485

出口跨境电商现状及趋势分析……485
2015 年中国 O2O 发展的六大趋势……487
探索用标准化模式推动广西电子商务进农村……489
跨境电商模式发展趋势以及运营策略分析……492
浅析国内大宗商品电子交易发展现状及存在问题……494
"医药 + 互联网"掘金医药电商市场……496
以村淘为例 农村电商正处在什么阶段……498

第六章 物流建设……500

2015 中国物流业发展现状与问题分析……500
行业格局生变——2015 年我国快递行业发展现状分析……502
民营物流企业如何借助"一带一路"做大做强——访中央党校报刊社副总编杨英杰……503
物流业要多措并举由大做强……505
加快城市物流配送体系建设刻不容缓……506
重庆现代物流建设力推"物联网 +"……508
杭州市快递物流设施建设发展研究……509

第七章 其他……512

中国商品交易市场发展总结报告……512
2015 年上半年药品流通行业运行分析及发展趋势预测……515
服务贸易促进体系亟待完善……517
重庆商圈 重庆名片……518
从山西品牌到品牌山西……521

第五篇 行业人物

终身贡献人物……525

赵尔烈……525
张玉玺……526
罗映红……528
吴恩福……530
傅森林……533
涂国喜……536

行业精英人物……537
王翠玲……537
陈 伟……540
孙驭蛟……541
刘莲珠……542
马树升……544
张正容……546
王贻梅……548

第六篇 市场风采

北京方仕窗帘城……551
北京北辰亚运村汽车交易市场中心……552
天津王顶堤商贸城……554
华北建材（家居）装饰城……555
邯郸林安商贸物流发展有限公司……556
白沟和道国际箱包交易中心……558
北方国际农产品物流园……560
沧州东塑明珠商贸城……562
乐城·国际贸易城……564
石家庄市新源发国际商贸城有限公司……567
尚村·中国裘皮城……568
唐山博发水果批发市场……569
太原新晋阳小商品批发城……570

内蒙古临河四季青蔬菜瓜果农副产品批发市场……572
辽南蔬果水产批发市场……573
辽宁双增集团……574
沈阳温州城商业管理有限公司……577
辽西小商品批发市场服务有限公司……578
长春市长运集团有限责任公司……580
哈尔滨透笼国际商品城……582
哈尔滨雨润南极食品交易中心……584
中国陶都陶瓷城、陶瓷艺术国际博览中心……587
中国常熟服装城……590
中国东方丝绸市场……592
中国东海水晶城……594
华厦家居港……595
江苏省华东石材市场……596
无锡梦之岛电脑通信市场……597
江阴周庄金属合约交易中心……598
江阴贯庄金属材料市场……600
南京农副产品物流中心……602
无锡盛阳食品城有限公司……603
无锡市靖海副食品市场……604
无锡市锡沪装饰材料市场……605
东方世贸集团……606
义乌购……608
长兴轻纺城……610
蚌埠海吉星农产品物流有限公司……612
马鞍山市安民农副产品贸易有限公司……614
海峡国际五金机电城……616
九江华东装饰材料市场有限公司……618
南昌市洪城大市场商会……620
莱阳·义乌国际商城……621
山东泰山钢材大市场……622
临沂市河东区万宝企业总公司……623
临沂商城……624
威海浙商城……626
潍坊小商品城……628
淄川服装城……630

临沂华东胶合板市场……632
山东罗庄（朱陈）建材批发市场……633
郸城万洋国际博览城……634
河南漯河召陵区特色商业区……635
焦作市金土地农产品流通市场有限公司……636
郑州五洲城……637
郴州市市场服务中心……638
金桥国际市场集群……640
金罗湾国际商贸城……642
黄石义乌国际商贸城……643
桂林市临桂区市场开发服务中心……644
锦钰·南宁义乌国际小商品批发城……646
港渝广场……647
重庆恒胜医药商贸城……648
重庆观音桥市场有限公司……649
重庆汽博中心……650
重庆绿云石都建材交易市场……652
重庆重铁巨龙储运有限公司团结村项目……654
重庆华南城……657
成都万贯五金机电城……658
四川大西南建材城 青白江国际木材交易中心……660
六枝嘉年华商业广场……662
亿佰汇建材家居五金博览城……664
青海东部综合市场……666
庆隆·国际广场……667
香港苏中集团……668
香港康成实业国际集团有限公司……670

第七篇　转型·升级·外迁典型经验

中国东方丝绸市场华丽转型……673
义乌打造全球小商品贸易中心……676
海宁皮革城加速转型升级……678
江苏叠石桥家纺城升级发展之路……680
白沟商品交易市场转型国际化商贸平台……682

临沂工程物资市场助力企业“出海”……684
浙江中国科技五金城的转型之路……686
新发地市场全面提档升级进行时……688
西柳打造北派服饰专业市场……690
沈阳五爱市场砥砺前行……692
上海有色金属交易中心转型服务商增强价格话语权……694
从“摸着石头过河”到“依靠科学理论架桥”——湖南高桥大市场就地转型升级的实践探索……697
大改造 大提升 大发展——南昌洪城大市场倾力提升品牌形象打造核心竞争力……702
构筑专业市场创新之路——圣名世贸城+圣名环球城双城联动出奇效……704
创新经营模式 提供优质服务——亳州市农产品有限责任公司就地升级经验介绍……709
大规模 多元化 科技化——河南万邦国际农产品物流城转型升级经验介绍……713
融合“互联网 +”快速转型——华东五金城从市场牛商到市场电商导师……719
品牌战略铸就高速发展路——济南泺口服装城全力打造诚信文明和谐新形象……722
开创转型升级的新路——记江苏友谊文化产业园……727
适应新常态 抢抓新机遇——锦荣轻纺城矗立变革十字路口推进转型升级新跨越……730
历经沧桑三十载 而今迈步从头越——乐平蔬菜农产品批发市场整体外迁升级的成功实践……733
鲲鹏展翅九万里——记辽西农产品交易中心……738
线上线下齐头并进 筑牢根基再创辉煌——庆云商城集团有限公司转型升级经验介绍……741
实体市场 + 物流配送 + 电子商务 + 融资服务
——山东危险化学品交易市场开创危化品经营新模式……745
科学管理 优化服务——天津金元宝滨海农产品交易市场升级纪实……748
顺应时代发展 积极创新改造——无锡皮革城市场转型升级纪实……753
抓住行业趋势 推动功能创新——无锡市金桥副食品市场转型升级亮点纷呈……756
打造火锅特色产业 促进转型升级发展——记发展中的渝南冻品交易市场、火锅食品交易市场……759
从废弃钢厂到生态批发城——中原第一城在转型升级中华丽蜕变……764
定位精准 功能完善——重庆大川国际建材物流城转型升级成效显著……767

第八篇 大事记

2015 年中国商品交易市场大事记……771

第一篇

特别报道

第一章　党和国家领导人有关商业活动报道及讲话

习近平：未来5年中国进口商品将超10万亿美元

博鳌亚洲论坛2015年年会3月28日在海南省博鳌开幕，国家主席习近平在发表主旨演讲时说，中国经济发展进入新常态，将继续给包括亚洲国家在内的世界各国提供更多市场、增长、投资、合作机遇。未来5年，中国进口商品将超过10万亿美元，对外投资将超过5000亿美元，出境旅游人数将超过5亿人次。

以下是部分演讲实录：

中国人民正在按照全面建成小康社会、全面深化改革、全面依法治国、全面从严治党的战略布局，齐心协力为实现“两个一百年”奋斗目标、实现中华民族伟大复兴的中国梦而奋斗。借此机会，我愿重申，在前进的道路上，中国坚持和平发展，决心不会动摇；坚持共同发展，理念不会动摇；坚持亚太合作发展，政策不会动摇。

中国经济发展进入新常态，正从高速增长转向中高速增长，从规模速度型粗放增长转向质量效率型集约增长，从要素投资驱动转向创新驱动。2014年，中国经济实现了7.4%的增长，劳动生产率提高了7%，单位国内生产总值能耗下降了4.8%，国内消费贡献度上升，服务业发展加快，发展质量和效益不断提高。我们看中国经济，不能只看增长率，中国经济体量不断增大，现在增长7%左右的经济增量已相当可观，聚集的动能是过去两位数的增长都达不到的。中国经济体量大、韧性好、潜力足、回旋空间大、政策工具多。中国将主动适应和引领经济发展新常态，坚持以提高经济发展质量和效益为中心，把转方式调结构放到更加重要位置，更加扎实地推进经济发展，更加坚定地深化改革开放，更加充分地激发创造活力，更加有效地维护公平正义，更加有力地保障和改善民生，促进经济社会平稳健康发展。

中国经济发展进入新常态，将继续给包括亚洲国家在内的世界各国提供更多市场、增长、投资、合作机遇。未来5年，中国进口商品将超过10万亿美元，对外投资将超过5000亿美元，出境旅游人数将超过5亿人次。中国将坚持对外开放的基本国策，不断完善国内投资环境，保护投资者合法权益，同大家一起，共同驱动亚洲发展的列车，不断驶向更加光明的未来。

中国最需要和谐稳定的国内环境与和平安宁的国际环境，任何动荡和战争都不符合中国人民根本利益。中华民族历来爱好和平，自古就崇尚“以和为贵”、“协和万邦”、“四海之内皆兄弟也”等思想。中国近代以后遭遇了100多年的动荡和战火，中国人民绝不会将自己曾经遭受过的悲惨经历强加给其他国家和民族。纵观历史，任何国家试图通过武力实现自己的发展目标，最终都是要失败的。中国将毫不动摇坚持独立自主的和平外交政策，坚持走和平发展道路，坚持互利共赢的开放战略，秉持正确义利观，推动建立以合作共赢为核心的新型国际关系，始终做维护世界和平、促进共同发展的坚定力量。

发挥亚太引领作用 应对世界经济挑战

——在亚太经合组织工商领导人峰会上的主旨演讲

（2015 年 11 月 18 日，马尼拉）

中华人民共和国主席 习近平

陈觉中主席先生，亚太工商界各位代表，女士们，先生们，朋友们：

大家好！很高兴再次同大家见面。去年 11 月，我们相聚北京，共同探讨推进亚太经济合作思路和举措，对那天的场景我记忆犹新。

亚太经合组织是本地区最重要的经贸论坛，也是亚太工商界参与最深的多边合作平台。我们处在一个变革的时代，无论是领导人还是企业家，都需要立足当前、着眼长远，准确把握世界大势，谋划应对之策。

两天前，我刚刚出席了二十国集团领导人安塔利亚峰会。会上，各国领导人深入探讨了当前世界经济形势面临的重大挑战和应对举措。大家的基本共识是，世界经济虽然平缓复苏，但基础并不牢固，存在较多不稳定性和不确定性。很多国家担心，发达经济体货币政策分化，引发资本无序流动，全球债务高企，造成市场信心不足，加上国际金融和大宗商品市场波动，对新兴市场国家和发展中国家带来更大冲击。全球经济增长持续低于预期，潜在增长率下滑，国际贸易和投资低迷，世界经济可能出现多个引擎同时失速进而陷入停滞状态。世界经济要从亚健康完全走向健康，很可能经历一个长期曲折的过程。

在世界经济充满挑战的大背景下，亚太经济也面临着诸多现实和潜在的困难和风险。亚太经济如何保持正确发展方向，如何找到新经济增长点、巩固增长引擎地位，值得认真对待和深入思考。

面对世界经济中的激流险滩，亚太这艘巨轮必须校准航向、把好舵盘，亚太各经济体必须勇于担当、同舟共济，努力推动全球增长。

第一，坚持推进改革创新。要解决世界经济深层次问题，单纯靠货币刺激政策是不够的，必须下决心在推进经济结构性改革方面作更大努力，使供给体系更适应需求结构的变化。亚太在这方面要走在世界前面，努力创新发展理念、发展模式、发展路径。要加快产业升级换代，以科技创新带动产品、管理、商业模式创新，提高亚太经济体在全球供应链中的地位，共建共享协调、开放、包容的全球价值链。发达经济体要积极分享最佳实践，主动转让技术，发展中经济体要勇于探索、增加投入、迎头赶上。要发挥亚太经合组织的政策平台和孵化器功能，在互联网经济、蓝色经济、绿色经济、城镇化等领域加强合作，增强自主创新能力。

第二，坚持构建开放型经济。多年来，亚太坚持大开放、大融合、大发展，走出独具特色、充满活力的区域经济合作道路，堪称发展水平悬殊的经济体共同推进一体化的典范。去年，亚太经合组织领导人在北京启动了亚太自由贸易区进程，迈出了历史性的一步。当前，新的区域自由贸易安排不断涌现，引发大家对碎片化倾向的种种担忧。我们要加快亚太自由贸易区建设，推进区域经济一体化。要平等参与、充分协商，最大程度增强自由贸易安排的开放性和包容性，提高亚太开放型经济水平、维护多边贸易体制。要致力于合作共赢，反对保护主义，促进公平竞争。

第三，坚持落实发展议程。中国古代哲人说：“凡治国之道，必先富民。”发展的最终目的是造福人民，必须让发展成果更多惠及全体人民。前不久，联合国发展峰会通过了2030年可持续发展议程。在二十国集团领导人安塔利亚峰会上，我倡议二十国集团成员国积极行动起来，落实好可持续发展议程。为此，要把落实可持续发展议程纳入各自国家发展战略，确保有效落实。要建立全面发展伙伴关系，调动政府、企业、民间等各方面力量，为落实可持续发展议程作出贡献。要推动包容和谐发展，尽早实现可持续发展议程设定的各项指标，同时通过落实可持续发展议程，为提升发展质量和效益创造新的空间、实现相互促进。

第四，坚持推进互联互通。互联互通的根本目的，是使亚太经济血脉更加通畅，从而扩大经济社会发展潜力。互联互通要注重基础设施、制度规章、人员交流三位一体，并行推动政策沟通、设施联通、贸易畅通、资金融通、民心相通。要通过互联互通对接各国发展战略和规划，找准优先领域和项目。要通过互联互通，实现各区域、各国生产要素互通有无、产业产能优势互补、发展经验互学互鉴。要优化亚太供应链、产业链、价值链，形成亚太规模经济效应和联动效应，实现亚太经济整体振兴。去年，我们在北京通过了亚太经合组织互联互通蓝图，要抓好落实，取得实实在在的效果。

“道虽迩，不行不至；事虽小，不为不成。”任何蓝图都不会自动变为现实，实现上述目标，需要亚太各成员携手并肩、共同努力。我们要加强政策对话和协调，以亚太经合组织为平台，着力形成合力。要坚持以发展为中心，全力营造有利于发展的和平环境，决不让任何事情干扰亚太发展进程。要坚持合作共赢理念和命运共同体意识，在竞争中合作，在合作中实现共同发展。要坚持多元发展，尊重彼此根据自身实际选择的发展道路，通过对话协商的方式解决分歧。我相信，宽阔的太平洋将成为亚太合作的桥梁、友好的纽带、共同的家园。

女士们、先生们、朋友们！

作为世界第二大经济体，中国经济走势受到大家关注。今年，在世界经济增长放缓的背景下，中国积极应对各种困难和挑战，加强宏观调控，有力推动改革，一些经济指标在月度、季度间有所波动，但经济仍然运行在合理区间，保持平稳较快发展。今年前三季度，中国经济增长6.9%，对世界经济增长的贡献率达到30%左右。这是在10万亿美元高基数之上的增长，也是调结构、转方式进程中的增长，这一结果来之不易。

总的看，中国经济发展长期向好的基本面没有变，经济韧性好、潜力足、回旋余地大的基本特征没有变，经济持续增长的良好支撑基础和条件没有变，经济结构调整优化的前进态势没有变。同时，中国经济仍然面临复杂的内外环境和较大的下行压力，正经历着改革阵痛，机遇前所未有，挑战也前所未有。

不久前，中共十八届五中全会通过了中国“十三五”规划建议，提出了创新、协调、绿色、开放、共享的发展理念，并就“十三五”时期中国经济社会发展提出一系列重大改革举措。“十三五”时期是全面建成小康社会的决胜阶段。我们将加快改革创新，加快转方式、调结构，着力解决发展进程中的难题，培育发展新动力，打造发展新优势，创造发展新机遇。

——我们将更加注重效益质量。我们将着力转变经济发展方式，推动经济从规模扩张转向结构优化，从要素驱动转向创新驱动，从主要依靠投资、出口拉动转向依靠消费、投资、出口协调拉动，推动信息化和工业化深度融合，工业化和城镇化良性互动，城镇化和农业现代化互促互进。可以肯定，所有这些都将创造出新的发展动力和增长空间。

——我们将更加注重创新驱动。我们将大力实施创新驱动发展战略，把发展着力点更多放在创新上，发挥创新激励经济增长的乘数效应，破除体制机制障碍，让市场真正成为配置创新资源的决定性力量，让企业真正成为技术创新主体。

——我们将更加注重公平公正。我们将从人民最关心最直接最现实的利益出发，着力构建公平公正、共建共享的发展新机制，让经济发展更具包容性。我们将着力解决难点问题，未来5年我们将使中国现行标准下7000多万农村贫困人口全部脱贫，贫困县全部脱帽。这也是中国落实2030年可持续发展议程的重要一步。

——我们将更加注重绿色发展。我们将把生态文明建设融入经济社会发展各方面和全过程，致力于实现可持续发展。我们将全面提高适应气候变化能力，坚持节约资源和保护环境的基本国策，建设天蓝、地绿、水清的美丽中国。

——我们将更加注重对外开放。我们将实行更加积极主动的开放战略，努力构建开放型经济新体制，提高开放型经济水平。我们将加快推进高标准自由贸易区建设。中国一东盟自由贸易区升级谈判已接近完成，即将发挥其积极效应。中澳、中韩自由贸易协定有望于年内生效，成为推动经济增长的新动力。我们还愿同各方一道尽早完成区域全面经济伙伴关系的谈判，加快中日韩自由贸易区谈判进程。我们将继续推进外商投资管理体制改革，大幅减少外资准入限制，加强知识产权保护，营造公开透明、高效平等的市场环境。

我愿重申，中国利用外资的政策不会变，对外商投资企业合法权益的保护不会变，为各国企业在华投资兴业提供更好服务的方向不会变。中国开放的大门永远不会关上！

女士们、先生们、朋友们！

中国是亚太大家庭的一员，中国的发展起步于亚太，得益于亚太，也将继续立足亚太、造福亚太。两年前，我倡议共建丝绸之路经济带和21世纪海上丝绸之路。两年来，“一带一路”得到60多个国家和国际组织积极响应和参与，势头已起，效应初显。

我们坚持开放的区域主义，同域内外许多国家签署合作协议，实现政策和发展战略对接，促进经济要素有序自由流动、资源高效配置、市场深度融合。通过“一带一路”建设，我们将开展更大范围、更高水平、更深层次的区域合作，共同打造开放、包容、均衡、普惠的区域合作架构。

目前，主要经济走廊和一大批多边双边重大项目正在稳步推进。我们建立丝路基金并投入运营。我们同50多个国家一道积极筹建亚洲基础设施投资银行，打造新型投融资平台，预计亚投行将于年底前正式成立，为一批重大项目提供融资支持。我们围绕经贸、能源、投资、人文等重点领域逐步建立和完善一批新平台，激发现有双边和多边机制新活力。

女士们、先生们、朋友们！

亚太工商界是亚太发展的主力军，是创新创业的领头羊。过去，亚太工商界为本地区繁荣发展作出了重大贡献，未来也承载着重要使命。我们欢迎亚太工商界继续参与到中国发展进程中来，共享机遇和利益。我们也期待亚太工商界为亚太经济长远发展和世界经济强劲、可持续、平衡增长作出更大贡献。

明年9月，中国将在杭州主办二十国集团领导人第十一次峰会。我欢迎亚太工商界积极参与在华举办的各项活动，共同为世界经济出谋划策、贡献力量。

谢谢大家。

习近平主席访非点名义乌
"小商品之都"让非洲客商淘金

2015年12月4日，国家主席习近平在约翰内斯堡出席中非领导人与工商界代表高层对话会暨第五届中非企业家大会闭幕式并发表题为《携手共进，谱写中非合作新篇章》的重要讲话。习近平在讲话中提到，中国和非洲虽然远隔万里，但中非交往源远流长，中非友谊历久弥坚。今天的非洲充满了生机活力，中非经贸合作达到了前所未有的高度。众多中国企业家到非洲开展投资经营，越来越多的非洲朋友去中国经商工作。在我曾经工作过的浙江省，有个小城叫义乌，号称世界"小商品之都"，现在有几千名非洲商人常驻那里，从事中非贸易。

习近平主席在讲话中点名义乌，为什么这么多非洲商人选择留在义乌呢？

"我很喜欢在义乌工作生活，这里平台很好，做贸易很方便，对外国人很包容。这里是我的第二故乡。"塞内加尔商人苏拉用一口流利的中文告诉记者，我亲眼见证了义乌这些年的发展，速度太快了。

苏拉从2003年就来到义乌，主要是做建筑五金的贸易，受到很多非洲人民的喜爱，因为生意越做越好，他在这里开了自己的外贸公司，为非洲多个国家客商采购义乌商品。

如今，苏拉不仅在义乌当起了老板，还是义乌市涉外纠纷人民调解委员会的调解员，帮助在义乌的外商调解贸易纠纷等问题。"我有两个愿望，一个是把自己的贸易生意做大，这个目标已经基本实现；还一个是当中非两国的友好使者，希望能给更多刚来义乌创业的非洲商人提供帮助，也让更多在非洲创业的中国人更好了解非洲。这个工作已经开展了，会邀请更多非洲朋友一块加入。"苏拉说。

随着义乌与非洲的经贸合作日益密切，非洲特色产品也逐步走进中国老百姓生活。2011年5月，义乌为非洲商品搭建了展销平台——国际商贸城五区进口商品馆的"非洲产品展销中心"，成为众多非洲客商展示和销售非洲特色产品的聚集地。截至目前，在"非洲产品展销中心"经营的5000余种商品来自非洲29个国家和地区，包括乌木制品、木雕工艺品、石雕工艺品、民间手编工艺品、咖啡、乐器、鼓、珠宝首饰等。

奥马尔·萨尔是苏拉的朋友，他在"非洲产品展销中心"就开了一个塞内加尔馆，主要经营非洲纯手工艺制品、非洲鼓、草编水果盘等本土特色产品。

"这里人民很友好，我在这里呆了5年的时间，我哥哥也在这里做生意，我们都很愿意留在这里。我在这里学习中国文化，也希望把非洲产品从这里推广出去，让更多人了解喜欢。"奥马尔·萨尔开心地说。

据数据统计，今年1～10月，义乌市企业对非洲国家出口额达664189.90万美元，同比增长56.85%。其中，埃及是义乌企业对非出口的最大目的国，1～10月义乌企业对埃及出口额达111494.41万美元，同比增长61.98%。此外，阿尔及利亚、肯尼亚、南非、吉布提等是义乌企业对非出口额前五名的目的国。

目前，在义乌有来自非洲50多个国家和地区的3000多名常驻外商，以及8万多名临时入境客商。义乌也因此成为非洲外商进行贸易活动最为频繁的地区之一。

李克强视察工商总局：三证合一改革年内实现

2015年3月20日下午，国务院总理李克强在国家工商总局考察时向14部门负责人强调，商事制度改革要协同向纵深推进。

当天，李克强先后前往工商总局企业注册局注册指导处、数据分析室，了解了商事制度改革最新进展及考察监管能力建设。随后，他主持召开座谈会，研究部署进一步深化商事制度改革，推进大众创业、万众创新。

李克强向参会的中央编办、发改委、工信部、财政部等 14 个主要部委的负责人明确要求：“今年要继续深化商事制度改革，推动大众创业、万众创新实现新突破，形成中国经济发展新动能。”

要有顶天立地的大企业，更要有铺天盖地的小企业

国家工商总局局长张茅在发言中汇报了商事制度改革的进展：自 2014 年 3 月改革实施以来，全国新登记注册市场主体 1340.73 万户，今年 3 月上旬，新登记企业数量仍然维持“井喷式增长”的势头。

李克强对此高度肯定。他说，国家工商总局和全国工商系统推进商事制度改革，在经济下降情形下，就业不减反增，为应对经济下行提供了特殊支撑。

他对工商系统的工作人员说：“你们不仅自己出力、流汗，还进行‘自我革命’，为经济社会发展全局作出了贡献！”

李克强说，大众创业、万众创新，是中国经济发展到目前阶段着力培育的“新引擎”，这既有利于结构调整，又有利于调整收入分配结构、推进社会公平。

“国家发展到这一步，不仅要靠勤劳，更要靠智慧。”总理说，“我们既要有顶天立地的大企业，更要有铺天盖地的小企业，一方面保障就业，一方面培育更多的成长型企业。”

像取消“投机倒把罪”一样，进一步为市场主体清障搭台

一周前举行的两会记者会上，有媒体向总理提问，“创业是老百姓自己的事，政府有必要操这么大心吗？”

“我们不操心行吗？我们之前管的不适当的地方实在太多了！”20 日的座谈会上，李克强说。

总理用自己知青时期的故事阐释“清障搭台”的重要意义，“我们在农村的时候，不要说到省里去，光是跨县流动，没证明你出得去吗？这个限制打开了，上亿农民进城了，才有了中国今天的奇迹。”

他进一步阐释说，中国经济、城乡流通的活跃，很重要一条是取消了“投机倒把罪”。“那时的喇叭裤、录音机，怎么会‘哗’一下全国到处都是？那么多加工企业怎么起来的？”总理说，“就是那些搞流通的人，建立起了商品流通的全国大市场，刺激了 10 多亿人的巨大需求。”

李克强说，商事登记制度改革如今正在发挥这样的关键性作用：“改革搞得好，就会创造新的‘第一桶金’！”

执政是为了惠民利民，要学会换位思考

李克强说，进一步推进商事制度改革，是从人民群众的愿望出发，是从老百姓创业就业中的困难出发去考虑的。

“去年我在基层没少跑、没少看，也确实了解到老百姓创业的‘障碍’还有多少。”总理说，“所以无论是‘实缴制’到‘认缴制’的变化，还是‘先照后证’的改革、放宽经营场所登记条件，都是从创业者遇到的困难去考虑的。”

他要求参会各部门负责人要追本溯源："我们执政是为了老百姓，为了惠民、利民，一定要学会换位思考！"

要顺应百姓愿望，"三证合一、单一号码"改革年内务必实现

此前在国家工商总局企业注册局注册指导处考察的时候，李克强着重询问，商事制度改革"最硬的骨头"是哪一块？部门负责人回答，最大的困难还是将工商、税务、质检的"三证三号"合并为"一证一号"。

李克强当即鼓励道："你们要加快改革进度，需要破什么障碍提出来，国务院会大力支持！"

在随后的座谈会上，李克强说，"一证一号"如果无法实现，老百姓办证还要跑腿，还会提高创业成本、降低创新热情。

他向相关部门负责人提出硬要求："要顺应百姓的愿望，'三证合一、单一号码'改革年内务必实现！"

要扶持新注册企业活下来、活得好

在国家工商总局数据分析室考察时，该部门负责人向总理介绍了他们通过"大数据"分析得到的结论：去年新登记的企业和市场主体，超过60%保持活跃状态。

"这个数字不容易，但还要想办法提高它们的活跃度啊！"李克强在随后的座谈会上说，"我们不仅要降低创业门槛，让企业'生'出来，还要避免形成'僵尸企业'，要扶持它们，让它们活下来、活得好。"

总理说，一些限制企业的许可证，无关紧要，但办理非常困难，卡得很严。他要求工商总局就此调查研究，对于那些不必要的许可证，该取消的坚决取消。

他强调："你们要代表企业说话，为企业服务！"

利用"大数据"等现代手段，为监管探索新路

在听取国家工商总局"大数据分析"结论的同时，李克强也要求他们利用"大数据平台"等现代手段，为事中事后监管探索新路，做公平市场的"守护神"。

他说，简政放权不是一放了之，还要放管结合。"不能是'丛林法则'，'劣币驱逐良币'，而要营造公平竞争的环境，让企业优胜劣汰。"

"当然，我们也不能像过去一样，监管部门挨家挨户去查，不管有没有问题，都让市场主体承担成本。"总理说，我们要用现代手段，建立全国统一的企业信息公示平台。

李克强同时要求，在监管体制方面要打破部门、地方利益，形成统一市场、统一的监管体制，还要从制度上确保公平监管。

他说："一定要完善制度建设，检查人员和被检查企业都要随机'摇号'产生，不给权力寻租留下任何空隙！"

谈义乌"网点第一村"：这真是新业态，想不到啊

李克强还谈起了去年11月在浙江义乌"网店第一村"考察的经历。

"当时我去看，800户人家，有2000多家企业，领头的是当地人，主力军是大学生，辅助人员是农民工。每家企业就是一间库房、几台计算机，但一共吸纳了上万人就业。"他说，"这真是新业态，想不到啊！"

总理回忆说，20年前，大超市直接给企业下订单、投入市场，在一定程度上带动了中国加工贸易的发展。而现在，网店主们创造了新的经营模式：在网上接订单后，设计人员进行设计，随后向全国各地、包括大量地处中西部的工厂下单。

他因此要求有关部门进一步加大改革力度，打通各流通环节，降低流通成本。总理说"这是中国发展非常重要的关键性措施。"

要在放活的过程中管好，而不是在管理的过程中管死！

李克强形象比喻说，新兴业态发展的过程中会有很多新情况，"不能孩子都快出生了，因为没有名字就不让生下来，就让孕妇憋死啊！"

"去年我压了一些文件。一些新业态刚出现，一会儿这个要管，一会儿那个要管，这么多'管家'管起来，再多改革也没用啊，都管死了！"总理说，"一定要明确，要在放活的过程中管好，而不是在管理的过程中管死！"

李克强最后要求各部门进一步深化商事制度改革，激发市场活力："中国的市场潜力太大了，可干的事太多了。只要打开枷锁，清除束缚，社会和市场主体就会迸发出人们想象不到的创造热情。"

李克强考察福建电商企业再提“互联网 +”

“总理亲自按下的发标，短短几个小时已经满标，企业也顺利融到资了。”福建泉州品尚电子商务公司董事长林宏楠 2015 年 4 月 23 日兴奋地说，这可是总理第一次在互联网金融平台上为小微企业发布融资请求。

当天上午 10 时许，正在福建考察的中国国务院总理李克强来到品尚电商，在详细了解企业借用互联网金融平台，为纺织服装产业上游生产企业提供融资服务的情况后，欣然答应为正在办理融资请求的小微企业按下“发布”键。

在品尚电商公司，记者登陆“品尚易贷”平台看到，由总理发布的“智能 5 号 -2015-0005”项目显示的状态为“满标”，融资总额为 164.2 万元人民币。

林宏楠说，通过这个模式，小微企业可用较快时间、较低成本融到急需的资金。在这个平台上，通过商业模式的创新，订单加票据的质押就能够让小微企业融到一定资金。

“这个由互联网撮合的金融平台得到了总理的认可。”林宏楠欣喜有加，“总理对我们说，没想到在泉州这个地方，有这样一个企业考虑的是整个中国纺织服装产业的发展问题，而且做了这些创新和勇敢的尝试，对整个产业的发展都很有意义。”

李克强总理作政府工作报告时对“互联网 +”做出部署。李克强总理 2014 年来在各地考察时，对互联网企业也是高度重视，留下不少故事和金句。这次考察品尚电商就是又一个“互联网 + 李克强”的新故事。

林宏楠说，对互联网金融创新平台很感兴趣的总理一路参观过来，一直嘱咐，“再进一步思考，如何再创新。”

作为品尚电商的客户，七匹狼、特步等泉州知名鞋服企业家与李克强总理进行了短暂交谈。“总理非常关心鞋服企业的发展现状。他还问我，之前有朋友在北京买了 4 双七匹狼的袜子，价格很低，这样企业能有利润空间吗？”周少雄给总理的解释是，“产品有不同销售渠道，就有不同的定价，我们对这个行业发展还是持乐观态度。”

周少雄表示，产业调整是必经的过程，虽然目前销售额有点下降，但整体的利润率还是保持得不错。“当我说完，总理笑了，‘这样就比较放心了’。”

“总理今年在政府工作报告中提出‘互联网 +’的概念，我们深受鼓舞。”林宏楠表示，因为在此之前，我们就已经在考虑能否用互联网的技术来打通纺织服装的上游产业链。“我们做的不仅仅是电子商务，而是深入挖掘‘互联网 +’的概念，做起互联网金融。目前已建设了企业征信平台、互联网金融平台和垂直电商平台等三大平台。”

2014 年，品尚电商开始建设和测试互联网金融平台的商业模式。林宏楠说，2015 年 4 月份开始正式进入运营，总理就来了。“我们有信心，又很开心。”

李克强部署扩大消费品进口
海外抢购马桶盖料成历史

2015年春节，中国赴日本游客大举采购马桶盖、电饭煲等商品，引发国内外舆论热议。甚至连中国国务院总理李克强亦注意到此事，并在3月初的两会期间主动提及。

“当然，消费者有权拥有更多选择，我们也抱着开放的心态。这也会倒逼我们产业升级。”一个多月后，令中国消费者感到惊喜的是，总理这番话不只是对政协委员们说说罢了，而是动真格的。

2015年4月28日，李克强主持召开国务院常务会议，部署完善消费品进出口相关政策，丰富国内消费者购物选择。会议特别提出，增加群众购买意愿较强的消费品进口，“对国内消费者需求大的部分国外日用消费品，于今年6月底前开展降低进口关税试点，逐步扩大降税商品范围”。

“提出明确的时间表，意味着国家的外贸政策正在告别过去的‘奖出限入’。”对外经济贸易大学国际商务研究中心主任王健指出，近期以来政策制定者和业界都在讨论跨境电商为代表的进口政策问题，而是否对跨境电商加税便是其中最敏感的话题。

他认为，今天的会议无疑为热衷“海淘”的消费者吃了定心丸，“总理等于是明确了鼓励进口的倾向。”

“实际上前些年已经在提告别‘奖出限入’了，但习惯性做法还是担心进口冲击国内产业。”商务部国际贸易经济合作研究院国际市场研究部副主任白明表示，中国已是货物贸易第一大国，不应仅算“挣多少钱、买多少东西”的简单算术题，而要“算大账”，“我们真正在乎的应该是在国际分工中的地位，以及参与国际交换所获得的红利。”

而民众之所以热衷赴海外购物，抑或托人代购，主要便是关税等因素造成的进口商品售价比原产地价格高出一大截。

“未来，随着进口扩大、价格降低，公民赴海外抢购奶粉、马桶盖的现象将成为历史。”王健分析，官方采取降低关税等切实有效的举措，将有助于真正让有需求的民众更加便捷地买到物美价廉的海外消费品，“相当于给老百姓涨工资、提高福利。”

除了让消费者能就近舒心、便捷购物的直接效应，本次常务会议出台的相关政策还将有助于使得屡遭诟病“打擦边球”的海外代购行为“阳光化”。

就在本月9日，国务院办公厅公布《2015年全国打击侵犯知识产权和制售假冒伪劣商品工作要点》，其中便要求将打击互联网领域侵权假冒专项行动延长至年底，深化源头治理，强化重点网站在线监测，严格跨境电子商务的执法监管。

28日的会议进一步要求，“严格落实进境物品依法主动申报纳税要求”和“规范市场秩序，严打假冒伪劣，促进优胜劣汰”。

“过去中国的海外代购、海淘等的确存在所谓‘灰色通关’，现在等于将它们逐步阳光化。”王健认为海淘与合法合规进口消费品并不矛盾，“当然，前提条件是进口渠道应该更多地放开。汽车就是一个很典型的例子，为什么国内比国外贵那么多呢？可以设想，如果今后个人去国外买车，然后运回国内，也并无不可。”

对于官方而言，在一季度外贸进出口数据远非理想的背景下，在该领域大力稳增长、调结构亦是本次出台系列政策的题中之义。

“中国确实到了调整外贸结构的时候了，不能继续靠出口贴牌产品。下一步要推进优质品牌产品，在全球树立品牌形象，并更强调企业研发投入。”王健同时认为，当前还应抓住“一带一路”建设的重要机遇，“今后还可以出台更多措施鼓励和推动中国具有竞争力的机电、工程等产品依托‘一带一路’建设更大规模地走出去。”

携手开创中欧关系新局面

——在中欧工商峰会上的主旨演讲

（2015 年 6 月 29 日，布鲁塞尔）

中华人民共和国国务院总理 李克强

尊敬的容克主席，各位工商界的朋友，女士们，先生们：

很高兴出席中欧工商峰会。今年是中国同欧盟建立外交关系 40 周年。中国有句古话，“四十而不惑”，说的是一个人经过 40 年的成长与积淀，对事物应该有更理性、更清晰的认识。中欧关系经过 40 载风雨历程的考验，日趋成熟稳定，正处在谋划未来、大有作为的关键时期，寄托着双方民众的无限期待。

去年，习近平主席对欧盟总部进行了成功访问，双方决定共同打造和平、增长、改革、文明四大伙伴关系，中欧友好合作进入新时期。我这次访欧，就是为了同欧盟新一届领导人进一步增进政治互信，与工商界共同探讨推动全球产能合作之道，加强双方人文交流，开创中欧关系发展新局面。

中国是世界上最大的发展中国家和新兴经济体，在国际事务中发挥着重要建设性作用。欧盟是最大的发达国家集团和最大的经济体，是世界政治舞台上重要一极。中欧走在一起，为双方人民带来巨大福祉，也对全球政治经济格局产生了深远影响，必将有利于世界。回顾中欧建交 40 年，双方关系总体保持全面稳定健康发展，我们不回避矛盾和分歧，但合作共赢始终是主流，有很多宝贵的经验和传统值得继承。

40 年来，中欧始终能够相互尊重、平等相待。中欧之间不存在地缘政治矛盾，没有根本利害冲突。保持中欧关系长期稳定发展，符合各自根本利益。中方一直支持欧洲一体化，欧方也尊重中国自主选择发展道路。双方都主张世界多极化和文明多样性，都坚持通过对话协商解决彼此分歧。中欧关系定位从“建设性伙伴关系”发展到“全面伙伴关系”，再升格为“全面战略伙伴关系”，实现了历史性飞跃。中国与欧盟之间已建立领导人定期会晤、战略对话、经贸高层对话、高级别人文交流等多层次交流合作机制，中欧关系已成为世界上最重要、最稳定和最富建设性的伙伴关系之一。

40 年来，中欧都致力于相向而行、互利共赢。中国和欧盟国家人口加起来占全球四分之一，经济总量占全球三分之一，两大市场交汇迸发出巨大能量。中欧政治制度理念虽有不同，但欧洲商业外交传统深厚，双方务实合作契合点很多。欧洲为中国现代化建设提供了许多先进技术，中欧经贸合作已成为欧洲乃至全球稳定增长的重要依托。去年中欧贸易额突破 6000 亿美元，比 40 年前增长了 250 多倍。在世界经济复苏乏力、需求不振的背景下，这是对世界经济怎样的支撑！欧盟连续 11 年是中国第一大贸易伙伴，中国是欧盟第二大贸易伙伴。《中欧合作 2020 战略规划》覆盖 100 多个合作领域，双方战略契合度越来越高。

40 年来，中欧共同促进文明对话、交流互鉴。中华文明和欧洲文明都是人类文明的瑰宝，都具有开放包容的鲜明特质。时至今日，中欧人文交流机制和渠道日趋丰富。在欧盟的中国留学人员超过 28 万人，在华欧盟学生和学者超过 4.5 万人，24 种欧盟官方语言走进中国高校课堂，300 多所孔子学院和课堂遍及欧盟成员国。中欧文明对话为不同文明间求同存异、共同进步树立了典范。

面对新的复杂形势，中欧领导人应登高望远，脚踏实地，进一步筑牢双方政治互信基础。中欧应继续视彼此为和平的力量、发展的机遇。中方仍将是欧洲债券长期持有者，希望看到一个团结的欧盟和强大的欧元。中国支持欧洲通过谈判政治解决地区冲突，也希望欧盟遵循主权国家原则，支持亚洲地区和平解决历史遗留争议。今年是联合国成立70周年，也是世界反法西斯战争胜利70周年。中欧应坚决维护战后国际秩序，继续推动世界多极化和国际关系民主化，促进世界持久和平与发展。

女士们，先生们！

我从亚欧大陆的东端来到西端，脑海里一直在思考中欧共同发展大计。当前，全球经济仍处于深度调整之中，面临持续下行压力和挑战。要彻底从国际金融危机中走出来，解决供求总量和结构不匹配问题是当务之急。近年来各国实践证明，单靠量化宽松政策是不够的，它未能解除增长乏力困局，还容易引发通货膨胀，难以传导至中小企业并带来更多的就业岗位，让广大中低收入阶层得到实惠。解决制约增长的结构性障碍，要把政策的立足点放到做强实体经济上来，对内推进结构性改革，对外加强国际产能合作，秉持同舟共济精神，不断扩大利益汇合点，开创经济合作发展的新模式。

推动国际产能合作恰逢其时。发展中国家正在推进工业化、城镇化，发达国家也在实施“再工业化”，各国在基础设施建设和产业投资上需求旺盛。很多发展中国家要直接购买西方高端装备和技术，但往往因价格太贵望而却步，不少发达国家高附加值产品找不到适销对路的市场。中国具有完整的工业体系，装备制造集成能力强，引进吸收了很多西方先进技术，至今不少关键设备和零部件仍然向发达国家采购。中国产品性价比好，完全可以提供较高质量和较低成本的制成品，既满足发展中国家建设需求，也能带动发达国家高端装备和技术出口。

开展国际产能合作，发展中国家可以以较低的成本、较快的速度提升发展水平，处于工业化中端的中国可以促进产业升级，处于工业化高端和后工业化阶段的发达国家也可以拓展国际市场，全球产业链的上中下游都得到发展进步的机遇，是一举多得、三方共赢之举。整个发展中国家有几十亿人口的大市场，内需潜力巨大；中国工业规模大，产业门类全；发达国家的技术装备也迫切需要寻找出路，三方产能合作前景十分广阔。比如，中国核电15%的设备、高铁30%的设备都采购自发达国家。可以说，国际产能合作有利于加强南北合作和南南合作，有利于促进世界经济整体复苏，也有利于世界包容发展。

中欧作为全球两个有重要影响的经济体，有责任和义务携起手来，共同推动国际产能合作，为促进全球经济强劲、可持续、平衡增长做出积极努力。中欧深化务实合作，特别是开展国际产能合作，可从四个领域取得突破。

中方愿与欧洲投资计划对接，在基础设施共建上突破。基础设施建设是国际产能合作的切入点。不少发达国家正面临基础设施改造升级。为支持欧洲交通和能源网络等建设，欧盟近期推出了投资总额为3150亿欧元的欧洲投资计划。中国在基础设施建设方面的队伍、技术和管理等方面具有优势，拥有充裕的优质产能、完整的建材生产线和产业链，机械装备适用性强。中方有能力也有意愿积极参与这一投资计划。我们支持实力强、有信誉的中方企业参与泛欧交通网络、中欧陆海快线、新亚欧大陆桥等基础设施项目，也欢迎欧方企业积极参与“一带一路”建设。中国与中东欧国家开展的互联互通合作项目，完全可以纳入中欧基础设施合作的大框架，不仅有利于中东欧加快发展，实现欧洲东中西部地区平衡发展，也必将有力促进欧洲一体化进程。

中欧双方可以装备制造为重点，在第三方合作上突破。装备制造合作是产能合作的重要领域。基础设施建设需要相应的施工设备、机械装备，经济发展也离不开铁路、电力、通讯等高端制造装备。中国企业在发展中国家和中东欧地区开展产能合作项目，要采购欧洲国家部分装备，也要发挥自身装备制造和集成能力优势，提高技术和节能环保水平，为当地国家基础设施建设和产业发展提供可靠装备。这种合作将遵循市场经济规律，按照“企业主导、商业运作、社会参与、政府推动”原则，采取合资、合作、公私合营（PPP）、特许经营等多种方式，注重技术转让和职工培训。中方企业将更加重视在当地履行社会责任，愿积极吸收欧洲国家先进技术和管理经验，注重环境保护，让良好生态与经济发展同行。

我们要面向产业投资需求，在金融合作上突破。国际产能合作说到底是实体经济的合作，金融合作应重在服务实体经济。中国外汇储备购买发达国家的债券是必要的，而如果这些资金能够更多用于直接服务实体经济，那么世界经济复苏进程一定会更快。中欧投融资合作应面向产能合作，优先支持欧洲投资计划。中方将积极考虑建立中欧共同投资基金，助力欧洲战略投资基金。还将扩大购买欧洲投资银行债券，充分发挥泛欧投资合作平台、中东欧投融资框架、亚洲基础设施投资银行等金融安排的功能，并通过丝路基金拓展与欧洲在高新技术、基础设施和金融部门等领域的合作。双方应用好 7000 多亿元人民币本币互换机制，发挥在欧洲的 4 个人民币清算行作用，健全 RQFII 制度，让金融合作成为双方利益融合的牢固纽带。

中欧还应在提升贸易投资自由化水平上有突破。国际产能合作是开放的合作，需要在全球范围内配置资源。发展中国家和发达国家共同打造产业链，离不开自由贸易支撑。反过来，推进国际产能合作，也有助于使各国贸易和投资更加自由化便利化。中欧只要本着互惠互利原则处理好贸易摩擦等问题，就有希望实现 2020 年贸易额达到 1 万亿美元的目标。高技术贸易仍然是中欧贸易的一块“短板”，如果欧盟对华出口管制放松一小点，中国从欧进口就能增长一大截。希望欧方利用出口管制改革契机，调整放宽军民两用等产品对华出口限制。双方可加强空间技术、载人航天等高科技领域的合作，建立中欧科研与创新合作联合资助机制，在创新政策、技术转移、人才培养等方面分享经验。中欧应继续扩大相互投资，去年中国对欧投资大幅超过欧盟对华投资，中国地区协调发展也需要欧方投资。双方投资协定（BIT）谈判是深化双方经贸合作的重头戏，应抓紧推进。我们还应尽早启动中欧自贸区联合可行性研究，力争在主要经济体之间率先达成投资自由化便利化协议。

人文交流是中欧合作的重要支柱或者说“第三支柱”，与政治互信、经贸合作相辅相成、相得益彰。中欧双方应充分发挥中欧高级别人文交流对话机制的统领作用，继续办好“中欧文化对话年”等活动，加强教育、科技、文化、媒体、智库、旅游、妇女、青年等多领域交流合作。这次中欧就人员往来便利化达成新共识，中方同意欧方在中国 15 个非使领馆所在城市开设签证申请中心，这将为双方更多的旅游、经商、留学人员带来福音。中方愿同欧盟建立中欧法律事务对话，为双方各领域合作提供法律服务。

此访期间，中欧共同发表了气候变化联合声明，愿加强在气候变化国际谈判中的对话沟通，推动巴黎气候大会如期达成新协议。中国政府正在实施应对气候变化国家战略，确定了到 2030 年自主行动目标。我们愿与国际社会一道，大力推进绿色发展，倡导低碳生活方式，重视节能环保技术分享，为建立公平合理、合作共赢的全球气候治理体系而不懈努力。

女士们，先生们！

当前，中国经济尽管面临下行压力，但运行总体平稳，主要指标企稳向好，结构调整出现积极变化。中国市场广阔，具有巨大的韧性、潜力和回旋余地，我们有信心完成今年经济社会发展主要目标任务，并长期保持经济中高速增长，迈向中高端水平。中国将继续全面深化改革，对外开放的大门将越开越大，不仅为世界经济稳定复苏增添动力，也将为各国发展带来新的机遇。

近代欧洲著名哲学家莱布尼茨在《中国近事》一书中写道：“中国人以观察见长，而我们以思考领先，正宜两好合一，互相取长补短，用一盏灯点燃另一盏灯。”中国古代先贤曾经说过，坐而言不如起而行，言必信、行必果。在座许多人都见证了中欧关系过去 40 年发展的辉煌历程。我们不仅要做观察者和思考者，更要做行动者和创造者。让我们携起手来，共同为中欧合作的美好未来添砖加瓦，相信中欧会有更加辉煌的未来 40 年！

谢谢大家！

李克强：构建全国统一大市场

2015年8月19日，国务院总理李克强主持召开国务院常务会议，部署发展现代流通业建设法治化营商环境，构建全国统一大市场旺消费促发展；通过《关于促进大数据发展的行动纲要》，提升创业创新活力和社会治理水平；决定进一步加大对小微企业的税收优惠，涵养就业潜力和经济发展持久耐力。

会议指出，做强现代流通业这个国民经济大产业，可以更好对接生产和消费，促进结构优化和发展方式转变。一要坚决清除妨碍全国统一大市场建设的各种“路障”，禁止滥用行政权力限制或排除公平竞争，禁止利用市场优势地位收取不合理费用或强制设置不合理交易条件，降低社会流通总成本。放开商贸物流等领域外资准入限制，吸引跨国公司在华设立采购、营销等功能性区域中心。二要推广电子商务等新兴流通方式，实施“互联网＋流通”行动计划，鼓励流通企业发挥线下实体店的物流、服务、体验等优势，推动实体与网络市场融合发展。支持企业建设境外营销、支付结算和仓储物流网络，鼓励流通企业与制造企业集群式走出去。三要创新流通领域市场监管，推行企业产品质量承诺制度，以农产品、食品、药品等对消费者生命健康有较大影响的商品为重点，建立来源可追、去向可查、责任可究的全程追溯体系。开展商务综合执法改革试点，提升监管效能。四要完善流通设施建设管理，对公益性农产品批发市场等创新投资、运营机制，优先保障农贸市场、社区菜市场、再生资源回收等微利经营设施用地需求，鼓励社会力量参与投资。用更加顺畅的流通“大动脉”带旺消费、支撑发展。

会议认为，开发应用好大数据这一基础性战略资源，有利于推动大众创业、万众创新，改造升级传统产业，培育经济发展新引擎和国际竞争新优势。会议通过《关于促进大数据发展的行动纲要》，强调，一要推动政府信息系统和公共数据互联共享，消除信息孤岛，加快整合各类政府信息平台，避免重复建设和数据“打架”，增强政府公信力，促进社会信用体系建设。优先推动交通、医疗、就业、社保等民生领域政府数据向社会开放，在城市建设、社会救助、质量安全、社区服务等方面开展大数据应用示范，提高社会治理水平。二要顺应潮流引导支持大数据产业发展，以企业为主体、以市场为导向，加大政策支持，着力营造宽松公平环境，建立市场化应用机制，深化大数据在各行业创新应用，催生新业态、新模式，形成与需求紧密结合的大数据产品体系，使开放的大数据成为促进创业创新的新动力。三要强化信息安全保障，完善产业标准体系，依法依规打击数据滥用、侵犯隐私等行为。让各类主体公平分享大数据带来的技术、制度和创新红利。

会议指出，小微企业是就业的主渠道、发展的生力军。继续实施定向调控，进一步加大对小微企业的税收扶持，让积极财政政策更大发力，可以为创业创新减负，让今天的“小微企”赢得发展的大未来。会议决定，在落实好已出台税收优惠政策的同时，一是从2015年10月1日起到2017年底，依法将减半征收企业所得税的小微企业范围，由年应纳税所得额20万元以内（含20万元）扩大到30万元以内（含30万元）。二是将月销售额2万元至3万元的小微企业、个体工商户和其他个人免征增值税、营业税的优惠政策执行期限，由今年底延长至2017年底。

会议还研究了其他事项。

李克强：不能限制老百姓出国买东西

2015 年“11·11”当天，李克强总理主持召开本届政府第 111 次国务院常务会议，其中，第一个议题就是部署以消费升级促进产业升级，培育形成新供给新动力扩大内需。

李克强说，企业生产的最终目的是服务消费者，消费是生产最终的需求。我们所从事的一切生产，除了基本的战略储备外，最终都会转化为居民的消费品。

“近些年，中国装备产业有了很大提升，正在走向世界。消费品产业同样要积极应对消费者需求的新变化，主动参与竞争。”总理说，“中国有 13 亿人口，中等收入者已有 3 亿人，这是任何国家都无法比拟的巨大消费力量。”

老百姓兜里有钱了，想要过更好的生活，不能限制大家出外买东西，更不能把国门关起来

李克强明确要求相关部门，在研究如何提升国内需求的同时，更要出台政策鼓励国内企业“积极适应消费者需求”。

“我国进入中等收入国家行列后，民众对消费品的需求发生了新的变化，我国居民消费需求确实正在转变、升级。”总理说。

他强调，要清醒地认识到这一变化，顺应形势，扩大内需。

“老百姓兜里有钱了，想要过上更好的生活，不能限制大家出国买东西，更不能把国门关起来，还是要让消费者有更多选择自由。”李克强说，“但与此同时，必须要以民众消费需求升级，促进国内消费品产业升级。”

要用新观念推动国内产业升级，不断适应和满足消费者的新需求

2015 年 10 月，李克强在中关村出席双创活动周时，一位创业者向总理展示了他们用 3D 打印技术制造的新产品：一个十分轻巧的金属丝交叉网状框架结构。

“他主动站上去跳了跳，一点问题都没有！这是过去车铣刨工艺制作的产品没法比的。”在 11 日的常务会议上，李克强提到当时的情形。

他说，现在 3D 打印机器越做越大，一些国家的机器甚至可以直接利用铁屑、塑料碎屑等等材料，因此我们必须要有危机感，未雨绸缪，未来 5 ～ 10 年，工业生产必将会发生一些“颠覆性的变化”。

“放眼世界，工业正在发生一场深刻的革命。我们必须要用新观念推动国内产业升级，彻底摒弃计划经济年代形成的惯性思维模式。”总理说，“要积极拉长产业链，抢占新市场，创造新供给，不断适应和满足消费者的新需求。”

通过扩大开放形成倒逼机制，为振兴民族工业增添新动力，激发新活力

在讨论促进消费升级的议题时，户籍制度改革及财税改革成为与会者热议的话题。

“我每次去农村和农民交谈，几乎没有人不愿意进城。大家的普遍的愿望是，要过上‘和城里人一样的好日子’。”总理说。他要求相关部门加大力度推进地市以下户籍制度改革，逐步消除城乡区域间户籍壁垒，加快推进人口城镇化。既释放农业转移人口消费潜力，带动住房、家电等消费，又能真正改善农民生活。

谈到财税改革时，李克强要求有关部门抓紧研究推进相关税制改革，增设口岸进境免税店，落实和完善境外旅客购物离境退税政策，进一步扩大对内对外开放。

“不扩大开放，很多传统企业就无法彻底改变经营理念，不知道民众的新需求在哪里、是什么，更无法创造新供给。”总理说，“要通过扩大开放形成倒逼机制，为振兴民族工业增添新动力，激发新活力。”

李克强：预计未来5年中国进口商品达到10万亿美元

国务院总理李克强当地时间2015年11月23日上午在吉隆坡下榻饭店出席中马经济高层论坛，并发表题为《推动中马合作迈上新台阶》的主旨演讲。马来西亚副总理扎希德陪同出席。

李克强表示，中国人民几千年来始终追求和平、开放和包容。中国明代航海家郑和率领当时世界上最先进的船队七下西洋，曾五次到过马六甲。他的使命就是促进和平、增进友谊，体现了中华民族传统文化中“以和为贵”的精髓。我们将秉承这一优良传统，与各国和平共处、共同发展。

李克强指出，当前中马都处于经济转型升级的关键阶段。中方愿同马方拓展各领域务实合作，巩固中国－东盟睦邻友好关系。加强发展战略对接。中国正在制定国民经济和社会发展“十三五”规划，马来西亚即将迈入第十一个五年计划。双方加强对接合作，实现互利共赢，两国企业家大有可为；要拓展交通基础设施合作。双方应把“一带一路”建设与东盟互联互通总体规划对接起来，推动基础设施、工业化等领域产能合作；进一步扩大贸易规模。中国与东盟刚刚签署自贸区升级版议定书。中方愿扩大对东盟的服务贸易往来，进一步放宽市场准入条件；深化金融领域合作，共同维护地区经济金融稳定。中方将向马来西亚提供500亿元人民币合格境外机构投资者（RQFII）额度，按照市场原则购买马来西亚国债，在马来西亚发行人民币债券；夯实人文交流根基。深化高校、智库等领域合作，扩大互派留学生规模，加强旅游合作。

李克强指出，今年以来，面对全球经济低迷和国内多重矛盾交织的挑战，中国经济总体保持平稳运行，全年有望实现增长7%左右的目标，仍是全球经济稳定增长的重要动力源。中国正在大力推进结构性改革和结构调整，充分发挥市场在资源配置中的决定性作用和更好发挥政府作用，打造“大众创业、万众创新”和增加公共产品、公共服务双引擎。中国正同步推进新型工业化、信息化、城镇化、农业现代化，巨大的内需潜力不断释放。同时，我们宏观调控的政策储备和工具很多，应对各种风险挑战经验丰富，有能力保持经济中高速增长，迈向中高端水平。

李克强说，中国将继续扩大对外开放，更深融入世界经济。预计未来5年中国进口商品会达到10万亿美元。我们支持企业走出去，将逐步放宽金融、教育、医疗、养老等领域市场准入，这将为包括马来西亚在内的世界各国企业带来新的商机，中马互利贸易投资合作的前景将更加广阔。

扎希德代表马来西亚总理纳吉布发表致辞，表示，在全球经济面临下行风险的背景下，马中双边贸易投资强劲，金融合作不断深化，人文交往日益活跃，前景令人鼓舞。马方愿与中方共同努力，推动东盟－中国关系发展，造福两国和地区各国人民。

中马经济工商界600多人出席论坛。李克强的演讲引起与会人士热烈反响，全场一次次响起热烈的掌声。

携手开创互利共赢合作新局面

——在第五届中国－中东欧国家经贸论坛上的致辞

（2015 年 11 月 24 日，苏州）

中华人民共和国国务院总理 李克强

尊敬的各位同事，各位企业家，女士们，先生们，朋友们：

这次是中方第一次举办中国－中东欧国家领导人会晤。会晤前我们共同参加第五届中国－中东欧国家经贸论坛，这本身表明 16+1 领导人会晤高度重视务实合作，各国都有强烈的政治意愿推动经贸合作取得更大发展，助力各国经济发展和民生改善。

中国－中东欧国家经贸论坛已举办四届，与 16+1 领导人会晤机制一道，见证了双方合作的成长壮大、开花结果，不仅是传承友谊的纽带和桥梁，而且已成为中欧经贸合作的重要平台。在全球经济低迷、贸易并不景气的大背景下，中国与中东欧国家务实合作仍保持良好势头。双方贸易规模连创新高，2014 年突破 600 亿美元，中方自中东欧国家进口额比 2010 年增长 77.4%，这说明中国和中东欧国家不仅有高度的政治互信，也有巨大的贸易和投资潜力。我们彼此间双向投资稳步增加，中国企业赴中东欧国家投资兴业热情高涨，累计投资已经超过 50 亿美元，国别分布和投资方式日趋多元，中东欧企业来华投资领域也逐步扩大。重大项目合作稳步推进，中方企业在中东欧国家累计完成工程承包营业额占中国在欧洲的 40%。贝尔格莱德跨多瑙河大桥竣工通车，标志着中国在中东欧国家实施的首个重大项目正式落成。目前，中国企业承建的电站、高速公路、防洪工程等一批项目正在加快推进。中国有句古话，弗虑胡获，弗为胡成。能够取得这些成绩，是各国政府鼎力支持的结果，也离不开双方工商界和企业家们的大胆开拓和辛勤耕耘。

当前，中国正在与相关国家合作推进“一带一路”建设，中东欧 16 国占沿线国家总数的四分之一，双方完全可以进一步做好发展战略对接。未来五年，中国将朝着全面建成小康社会的目标迈进，也是落实《中欧合作 2020 战略规划》的重要时期。在参加完经贸论坛后，我将与 16 国领导人举行正式会晤，共同发表《中国－中东欧国家合作中期规划》和《中国－中东欧国家合作苏州纲要》，为双方未来合作确定大方向和路线图。这些规划将为我们各领域合作开辟更加广阔的空间，给双方企业界带来更多利好。

这里，我愿就进一步深化中国－中东欧全面合作谈几点看法，与各位企业家交流探讨。

第一，尽快推动互联互通项目落地。加强区域交通基础设施建设，同“一带一路”倡议更好对接，这是“16+1 合作”的重点之一。中方愿同中东欧国家对接发展规划，全力推动匈塞铁路这一旗舰项目，确保年内开工、两年完成。中方愿在互利共赢的基础上，与有关各方共同推进中欧陆海快线建设，使中东欧成为中国同欧洲贸易联系的快捷通道，欢迎各国企业积极参与，并探讨物流合作的可能性。中国的改革开放是从沿海地区开始的，在港口、港区建设方面有较强的能力，积累了丰富的经验。中方愿意投资中东欧国家的港口和港区建设，加强同地区国家陆上、海上互联互通。同时充分结合中方网络装备技术和性价比好的优势与中东欧国家需求，开展互联网基础设施建设合作，促进网络互联互通。

第二，发挥产能合作的引领作用。目前，中东欧地区交通、电力等基础设施和工业设备面临升级改造的任务，但由于资金短缺等制约，市场需求仍待释放。一些发达国家关键技术装备先进，而成套装备和产品价格较高。中国在汽车、钢铁、造船、化工、港口设备、工程机械等领域拥有优质产能，产品性价比高，综合配套和工程建设能力强，符合中东欧国家环保要求。把中国的优势产能同中东欧国家的发展需求、西欧发达国家的关键技术结合起来，开展三方合作，不仅可以支持中东欧国家以较低成本加快发展、扩大就业，促进中国产业转型升级，也有利于欧洲平衡发展、加快一体化进程。中方愿同波罗的海国家探讨开展高铁合作，其中一些关键设备可以考虑从西欧等国家采购。我今年6月访法期间，中法双方达成协议，在核电领域共同开展第三方市场合作。把中国较强的装备制造和配套能力同法国先进的核电安全技术相结合，可以提供安全性好、性价比优的核电解决方案。中方愿响应中东欧国家希望联接波罗的海、亚得里亚海和黑海的愿望，可先从三海的港口升级改造开始合作，包括在有条件的港口建设产业聚集区。

第三，打造农产品特色贸易新亮点。中国是农产品消费大国，中东欧地区肉制品、奶制品、葡萄酒等农副产品深加工以及畜牧业育种、养殖、加工等方面合作颇具潜力。中国将创造条件，进一步扩大中东欧国家商品特别是农产品进口。欢迎中东欧国家企业参加中国－中东欧国家投资贸易博览会等展会，把更多绿色产品推介到中国市场。中方愿与中东欧国家加强检验检疫合作，共同推动农产品贸易增长，促进贸易平衡发展。

第四，拓宽渠道解决融资问题。中国与中东欧国家法律制度框架不同，合作项目融资难免因此遇到一些困难。中方尊重欧盟相关标准，愿与16国政府共同探讨开辟更多渠道，以更灵活方式对大项目合作予以优先政策支持。我们应充分发挥100亿美元专项贷款作用，研究设立30亿美元投资基金，启动中国－中东欧投资合作基金二期，探讨设立人民币中东欧合作基金。目前，中国银行、中国工商银行、国家开发银行已在中东欧地区设立分支机构或代表处，中方支持中国同中东欧国家开展本币互换、本币结算、金融监管等合作。我们倡议筹建16+1多边金融公司，鼓励通过融资租赁、贸易融资、股权投资、公私合营等多种形式，降低合作融资成本。对于使用中国装备和产品的，中方愿提供优惠的融资支持。中方加入欧洲复兴开发银行的申请已获董事会批准，正待理事会通过。双方也正在商谈联合融资，中东欧企业可由此渠道获得更多资金。中方愿通过这个渠道，按欧盟标准加强融资合作。此外，亚洲基础设施投资银行、丝路基金等金融机构也可以为双方项目合作提供支持。

中国－中东欧合作还要更多重视促进双方中小企业合作与发展。一个国家的繁荣进步在于全体人民创造力的发挥，不仅需要大企业发挥骨干支撑作用，也需要为数众多的中小企业发挥在技术创新方面的活力与优势。中国正在大力推动大众创业、万众创新，愿同中东欧国家携手打造中小企业创新合作平台，促进中国－中东欧合作遍地开花，取得丰硕成果。

中国与中东欧国家传统友谊深厚。密切的人文交流会筑牢双方经贸合作根基。我们将把2016年确定为“中国－中东欧国家人文交流年”，充分发挥文化、教育、科技、青年、卫生等各领域交流平台作用，举办丰富多彩的人文活动。

女士们，先生们！

我知道大家都很关心中国经济走势。今年以来，在全球经济复苏乏力，不确定性因素增加的背景下，中国经济运行平稳，处于合理区间，全年有望实现7%左右的增长，完成经济社会发展主要目标任务。这也为下一步中国经济保持中高速增长、迈向中高端水平打下了基础。

中国经济稳中向好的趋势不会改变。我们正在大力推进结构性改革和结构调整，着力打造大众创业、万众创新和增加公共产品、公共服务“双引擎”，通过创新简政放权、放管结合、优化服务方式，不断激发市场主体的活力和社会创造力。中国经济具有巨大的韧性、潜力和回旋余地，13亿多人口的消费升级将形成世界上最大的市场需求，新型工业化、信息化、城镇化、农业现代化同步推进将拓展更大的发展空间。

中国正在制定经济社会发展“十三五”规划，将坚持创新、协调、绿色、开放、共享发展新理念，着力实现全面建成小康社会的宏伟蓝图。未来五年，经济年均增速需要保持在6.5%以上，这意味着到2020年人均GDP将达到1.2万美元左右，按照世界银行的标准，接近高收入国家水平，基本跨越“中等收入陷阱”，这将是中国现代化进程中又一个里程碑，也将为包括中东欧国家在内的世界各国提供更多发展机遇，为世界经济复苏和世界和平、稳定与繁荣作出新的贡献。我们将实施更高层次的对外开放，推动装备、技术、标准、服务走出去，放宽金融、教育、医疗、养老等领域市场准入。中国开放的大门将越开越大，也乐见中东欧国家分享中国繁荣发展的红利。

女士们，先生们！

中东欧国家有句谚语说，“胆小的永远等在山脚，勇敢者才能登上山顶。”中国也有句格言，“信不弃功，智不遗时。”中国－中东欧国家合作的大好时机就在眼前，希望在座的企业界精英们抓住机遇，齐心协力，共同开创中欧合作互利共赢新局面！

预祝第五届中国－中东欧国家经贸论坛圆满成功！

谢谢大家。

汪洋：鼓励创新商业模式 培育新外贸增长点

国务院副总理汪洋2015年4月8日至9日在辽宁调研外贸运行情况。他强调，外贸工作事关国民经济发展全局，必须充分认识当前进出口形势的严峻性、复杂性，坚定信心、迎难而上，牢牢把握稳中求进的工作总基调，发挥市场和政府“两只手”的作用，尽快遏制外贸下滑势头，防止由减速变为持续失速；大力优化进出口结构，加快培育新的竞争优势，为外贸长远发展奠定坚实基础。

汪洋和参加调研的人员分成7个小组，深入造船、机械、电子、石化、纺织、塑胶、食品、制药等企业，现场填写调查问卷，面对面听取企业诉求，以“解剖麻雀”的方式，详细了解企业出口订单、生产经营、政策落实等方面的情况和问题；并召开座谈会听取辽宁省、沈阳市、大连市有关方面的意见建议。汪洋指出，外贸下行压力加大，是外需不振、成本攀升等多种因素共同作用的结果，也与政策措施落实不到位有一定关系。必须坚决贯彻落实党中央、国务院的各项决策部署，一级一级抓落实，一级一级担责任，切实做到思想认识到位、政策支持到位、工作落实到位、督促检查到位。外贸降幅较大的省份，要开动脑筋，查找差距，对症施策，加强政策支持和服务保障，为企业营造宽松的发展环境，化挑战为机遇，增强外贸稳定发展的内在动力。

汪洋强调，稳增长、调结构是外贸工作的“两个轮子”，不可偏废。稳增长是调结构的基础，调结构是稳增长的持久动力。要着力优化外贸产品结构，提高出口产品的质量、档次和附加值；着力优化外贸市场结构，深耕传统市场，开拓新兴市场，布局潜力市场；着力优化外贸企业结构，扩大市场对内对外开放，调动民营企业等各类企业的积极性、创造性，为外贸发展注入新的活力。着力优化贸易方式，鼓励企业创新商业模式，培育新的外贸增长点。

汪洋在2015年全国食品安全宣传周活动上的致辞

（2015年6月16日）

食品安全直接关系广大人民群众的切身利益，关系全面小康和社会主义现代化建设全局。保障食品安全，德治是标杆，法治是底线。今年全国食品安全宣传周以“尚德守法，全面提升食品安全法治化水平”为主题，深入贯彻落实党的十八届三中、四中全会精神，大力宣传普及新修订的《食品安全法》，集中展示食品安全政策法规制度建设成果，无论是对营造尊法学法守法用法良好氛围、构建食品安全法治秩序，还是对推进法治国家、法治政府、法治社会建设，都必将产生积极影响。在此，谨向宣传周活动的举办表示热烈祝贺。

法律是治国之重器，良法乃善治之前提。在我们这样一个食品生产消费大国，在当前这样一个食品安全问题易发多发历史阶段，治理食品安全必须秉持法律这一准绳，用好法治这个手段。这些年来，国家不断强化食品安全法治保障，特别是2009年第一部《食品安全法》颁布实施后，逐步出台了一系列配套法规规章和制度规范，食品安全法律法规制度体系框架已经基本形成。今年4月24日，全国人大高票通过新修订的《食品安全法》，进一步明确了预防为主、风险管理、全程控制、社会共治的原则，着力构建最严格的覆盖全过程的监管制度。这部被称为“史上最严”的食品安全法，充分反映了人民意志，顺应了规范市场经济的要求，标志着我国食品安全工作在法治化轨道上又迈出了重大步伐。

但“徒法不足以自行”。“史上最严”的食品安全法出台了，如果不能做到广而致知、普遍尊崇、严格执行，也无法达到预期的效果。食品安全拥有最广泛的利益相关者，既与每一个人的日常生活直接联系，又与经济发展、社会稳定、政治安定密切相关。学好守好用好新修订的食品安全法，是每一个公民的应尽义务，是全社会的共同责任，也是提升食品安全法治化水平、促进国家治理体系和治理能力现代化的重大任务。我们要以新修订的食品安全法为新起点，坚持德法并举、法治先行，用最严谨的标准、最严格的监管、最严厉的处罚、最严肃的问责，确保广大人民群众“舌尖上的安全”。

第一，企业要增强守法诚信意识。让老百姓安心消费、放心饮食，不仅是食品生产经营企业责无旁贷的法律义务，也是企业履行社会责任、赢得社会尊重的重要途径，更是企业做大做强、兴旺发达的根本保证。新修订的食品安全法规定，食品生产经营者要对其生产经营的食品安全负责，依照法律法规和标准从事生产经营活动，保证食品安全。作为食品安全的第一责任人，广大生产经营者要熟悉法律法规对生产经营的各项要求，自觉履行法定责任和义务，建立保证质量安全的内控、溯源、召回等制度，把好产品质量安全关，严密防范食品安全风险。要加强对从业人员的诚信教育和技能培训，真正让尚德守法成为食品从业人员内化于心、见诸于行的自觉行为。要通过惩罚性赔偿制度、首负责任制度，把食品安全与企业的“身家性命”牢牢捆绑在一起，形成不敢、不能、不想以身试法的长效机制。

第二，政府要提高依法监管水平。当前，食品领域一些不法分子见利忘义、不讲信用，已成为社会一大公害。各级监管部门要准确理解、全面掌握新食品安全法的各项规定，提升干部队伍履职尽责能力。要坚持有法必依、执法必严、违法必究，加强日常检查和抽检监测，对那些利欲熏心、挑战道德和良知底线的不法分子予以严惩重处，切实维护法治诚信、公平竞争、优胜劣汰的市场秩序。要牢固树立依法行政理念，坚持法定职责必须为、法无授权不可为，每一项执法行为都要以法律为依据、以事实为准绳，做到监管标准、程序、结果三公开。要进一步完善食品安全信息发布制度，及时发布产品抽检信息和消费警示信息，及时曝光违法违规生产经营企业，让不法分子如过街老鼠一样无处藏身。信息公开，是对消费者最好的保护，对违法者最大的震慑，对执法者最硬的约束，对社会舆论最主动的引导，也是对诚信建设最大的贡献。各级地方政府要保障监管工作有责、有岗、有人、有手段，落实属地管理法定职责；部门之间要紧密配合、协调联动，加强食品从生产到流通到消费监管的无缝衔接，把好食品从农田到餐桌的每一道防线。

第三，公众要依法维权参与治理。食品安全关系人人，也需要人人关心。新修订的食品安全法规定，任何组织或个人有权举报食品安全违法行为，依法向有关部门了解食品安全信息，对食品安全监管工作提出意见和建议。我们要深入开展食品安全法治宣传教育，普及食品安全科学知识，引导全民自觉守法、遇事找法、解决问题靠法，成为食品安全法治的崇尚者、遵守者、捍卫者。要落实食品安全有奖举报制度，加快食品安全诚信体系建设，完善公众参与的政策措施，搭建公众参与的平台桥梁。要鼓励行业协会强化行业自律，注重发挥专家学者在决策咨询、科普宣传、风险交流中的特殊作用，支持新闻媒体开展严肃理性、具有建设性的舆论监督。总而言之，要坚持食品安全工作的群众观，拓展社会公众参与食品安全治理的有效途径，充分调动社会各方面的积极性，打好保卫食品安全的人民战争。

“奉法者强则国强，奉法者弱则国弱”。举办宣传周就是要在更大范围、更多领域、更高程度上广泛凝聚共识，号召全社会共同坚守法治底线和道德准则，增强全社会厉行法治的自觉性和主动性。今天的主场活动很有特点，为后面的活动开了一个好头，希望有关部门和单位再接再厉，真正把宣传周办出声势，办出成效。也希望社会各界群策群力，同心携手，共同参与到保障食品安全的宏伟大业中来。

汪洋肯定重庆保税港区后谷咖啡项目：大力发展转口贸易

2015 年 9 月 7 日至 8 日，国务院副总理汪洋到重庆调研，并出席在重庆召开的全国海关特殊监管区域现场会。他强调，海关特殊监管区域是我国开放型经济发展的先行区，为奠定我国贸易大国地位、提升国际分工水平作出了重要贡献。要认清新形势、适应新趋势、发挥新优势，牢牢把握创新升级的主线，完善政策和功能，强化监管和服务，努力提高海关特殊监管区域发展水平，为我国外贸稳增长、调结构提供新动力。中共中央政治局委员、重庆市委书记孙政才参加调研。

在重庆两路寸滩保税港区，汪洋考察了保税商品展示交易中心、德宏后谷咖啡项目。去年 10 月正式开业以来，保税商品展示交易中心已吸引了 350 余家知名商贸企业入驻，正逐步成为加快海关特殊监管区域转型升级的“孵化器”。汪洋详细询问展示交易中心销售情况，与商贸企业负责人深入探讨跨境电子商务面临的机遇和挑战。德宏后谷咖啡项目利用渝新欧国际大通道，将东南亚和国内的优质咖啡豆卖往欧洲各国。加工车间内，咖啡豆香气四溢，企业负责人介绍，随着国际咖啡交易中心在渝设立，重庆将有望建成我国第一家咖啡交易市场、全球第三大咖啡交易所。汪洋对此给予肯定，勉励企业抓住国家实施“一带一路”战略的重大机遇，利用好保税港区这一平台，大力发展转口贸易。

西永综合保税区实施加工贸易和服务贸易“双轮驱动”战略，全面开展保税物流、加工制造、国际贸易、保税展示、集散分拨、离岸金融结算等业务。汪洋来到这里，详细了解综合保税区发展和改革实践情况。在广达电脑重庆生产基地，汪洋深入生产车间，详细了解产品生产销售情况和企业发展状况。交谈中，企业负责人说，重庆产业链齐全，劳动力资源丰富，渝新欧大通道运输“很给力”，既节约时间又节约成本，在重庆发展，我们很有信心！汪洋点头赞许。

在8日下午召开的全国海关特殊监管区域现场会上，汪洋指出，当前国内外经济环境都在发生深刻复杂的变化，对海关特殊监管区域的发展提出了新要求。要加快转变发展方式，鼓励区内产业向研发、销售、物流、结算等产业链高端延伸，促进制造业与生产性服务业深度融合，推动对外贸易由大进大出向优进优出转变。要落实海关特殊监管区域整合优化方案，加强分类指导，支持符合条件的中西部地区增设综合保税区，促进加工贸易向中西部地区转移。要解放思想，创新政策，鼓励地方结合实际大胆试、大胆闯，逐步破解制约发展的共性问题。要借鉴国际经验，转变监管理念，由注重事前审批向强化事中事后监管转变，做到放得开又管得住。

汪洋强调，今年以来外贸下行压力持续加大，是我国经济发展进入新常态的客观反映，也是外部需求不振、国际贸易整体低迷的直接结果。我国国际市场份额稳步上升，贸易结构全面优化，表明外贸综合竞争优势依然存在。要深刻认识外贸形势的严峻性，增强忧患意识和责任担当，也要保持定力，坚定信心，开拓进取，化危为机。要把落实政策作为重中之重，发挥中央和地方两个积极性，增强工作主动性和创造性，防止外贸由减速变失速，确保市场份额不下降。要着眼长远，坚持转方式、调结构不动摇，加快培育国际竞争新优势，为外贸长远发展打下坚实基础。

海关总署副署长孙毅彪在会上作工作汇报。重庆市市长黄奇帆、上海市副市长艾宝俊、广东省副省长招玉芳作大会发言。

商务部国际贸易谈判代表兼副部长钟山，国务院副秘书长江泽林，国家相关部委领导，部分省市政府分管领导等出席会议。重庆市领导张鸣、陈绿平参加调研或会议。

汪洋在杭州调研外贸工作
并主持召开部分省市座谈会

国务院副总理汪洋2015年8日至9日在杭州调研外贸工作并主持召开部分省市外贸工作座谈会。他强调，要从全局和战略高度认识对外贸易的重要作用，增强做好外贸工作的责任感、使命感，切实把党中央、国务院的各项决策部署落到实处，坚持创新引领，努力扩大市场份额，促进对外贸易稳定增长和结构调整。

浙江省省长李强，商务部国际贸易谈判代表、副部长钟山陪同调研并在座谈会上发言。

汪洋指出，受外需萎缩、内需放缓、价格下跌等多重因素影响，今年外贸工作出现多年少有的困难，目前下行压力依然很大。但进出口运行基本面并没有改变，国际市场份额仍在上升，外贸结构全面优化，质量效益继续改善，对经济增长的贡献得到加强。我国外贸正处于动力转换、积蓄力量的关键阶段，仍具备综合竞争优势和持续发展的基础。要认清形势，坚定信心，变压力为动力，充分利用市场倒逼力量，着力破解制约外贸发展的深层次矛盾，把当前形势之危转化为长远发展之机。

汪洋强调，要按照“行动快、方向准、力度大、工作实”的要求，打好四季度外贸攻坚战。要紧紧围绕企业诉求开展工作，在清理进出口环节收费、拓宽外贸融资渠道、促进贸易便利化等方面迅速出台一批含金量高、见效快、能管用的硬招。要整合政策资源，放大政策效应，引导外贸增长潜力大的地区加速发展，鼓励根植性强的企业做大做强，促进优势产品开拓国际市场。要抓紧协调跨境电子商务、市场采购贸易、外贸综合服务企业等新型商业模式试点遇到的突出问题，培育外贸新的增长点。要坚持稳中求进，坚持不懈地推进结构调整和转型升级，为外贸可持续发展创造条件。

9日上午，汪洋到中国（杭州）跨境电子商务综合试验区考察，并听取有关方面汇报。他充分肯定综合试验区工作进展，要求进一步明确跨境电子商务发展模式，把促进产业发展作为工作重点，把做大做强 B2B 作为主攻方向，大力培育新型产业贸易服务链，创新监管方式，加大政策支持，为我国外贸发展打造新引擎、塑造新优势。

李强在发言时说，浙江将进一步贯彻落实党中央、国务院的决策部署，统一思想、坚定信心、扎实工作，不断完善外贸稳增长、调结构各项政策举措，围绕全年目标抓进度、挖潜力，围绕可持续发展促转型、调结构，努力推动外贸实现可持续增长。我们将坚持把发展跨境电商作为培育外贸新优势的重要举措来抓，继续举全省之力抓好中国（杭州）跨境电子商务综合试验区建设，加快发展“互联网＋外贸”，积极打造良好的跨境电商生态圈，加快推动跨境电商发展，为全国外贸发展作出新贡献。

国务院副秘书长江泽林、财政部副部长胡静林、海关总署副署长吕滨、国家税务总局副局长汪康、国家质检总局副局长孙大伟，浙江省领导赵一德、梁黎明参加调研或座谈。

汪洋出席国务院召开全国推进内贸流通现代化电视电话会议

2015 年 11 月 2 日，国务院在京召开全国推进内贸流通现代化电视电话会议，部署贯彻落实《关于推进国内贸易流通现代化建设法治化营商环境的意见》（国发〔2015〕49 号），深入推进内贸流通创新转型发展工作。中共中央政治局常委、国务院总理李克强作出重要批示。中共中央政治局委员、国务院副总理汪洋出席会议并讲话。商务部、财政部、人民银行及上海市、江苏省、浙江省人民政府负责同志发言。

李克强总理批示指出：加快推进内贸流通现代化，对于更好对接生产和消费、扩大国内有效需求、提升人民生活质量具有重要意义。各地区、各有关部门要按照国务院决策部署，大力改革创新，完善支持政策，进一步清除妨碍全国统一大市场建设的“路障”，打破地区封锁，畅通市场“经脉”，切实降低流通成本。进一步推动大众创业、万众创新，鼓励发展各类主体参与、线上线下融合的流通新兴业态。进一步提升监管效能和服务水平，规范流通秩序，强化诚信建设，营造法治化营商环境，切实把现代流通业打造成为支撑经济社会发展的重要产业，为全面建成小康社会作出新贡献。

汪洋副总理讲话强调，要认真贯彻落实李克强总理的重要批示精神，加快推进内贸流通现代化，将内贸流通打造成经济转型发展的新引擎、资源优化配置的新动力、大众创业就业的新平台、生态文明建设的新领域、传播优秀文化的新载体。今后一个时期，内贸流通工作要以党的十八届五中全会精神为指导，牢固树立创新、协调、绿色、开放、共享的发展理念，大力促进流通信息化、标准化、集约化，推动我国从流通大国向流通强国迈进。

高虎城部长发言表示，商务部将以党的十八大、十八届三中、四中、五中全会精神为指引，会同各地区、各部门全面贯彻落实国发 49 号文件。在坚持整体推进的同时，抓紧突破重点领域和关键环节。抓紧落实条件成熟、见效快的政策措施，完善需要细化的政策举措，及时拿出切实可行的工作方案，加强事中事后监管，发挥好内贸流通工作部际联席会议作用，形成工作合力，共同推动各项政策措施尽快落地生根、早见成效。

汪洋：加快发展农村电子商务 构建现代农村流通网络

2015 年 12 月 15 日，国务院副总理汪洋在北京调研全国供销合作总社电子商务发展情况。他强调，加快发展农村电子商务，是创新商业模式、完善农村现代市场体系的必然选择，是转变农业发展方式、调整农业结构的重要抓手。要积极培育和壮大农村电子商务市场主体，加快发展线上线下融合、覆盖全程、综合配套、安全高效、便捷实惠的现代农村商品流通和服务网络。

汪洋考察了供销合作总社建设的全国性涉农电子商务平台“供销 e 家”。他强调，供销合作社长期扎根农村，了解农民，熟悉农村市场，有比较完整的组织体系和经营服务网络，发展农村电子商务有独特的优势。要坚持为农服务根本宗旨，充分利用电商平台，促进农产品销售，促进农业生产标准化和质量安全水平的提高，推进农产品加工、储藏及农业社会化服务发展。要坚持市场化原则，用好供销合作社现有组织系统和流通体系，加快推进信息化改造，强化物流配送功能，推进形成线上线下融合发展的现代流通网络。有关部门要完善支持政策，加强基础设施建设，鼓励地方和各类市场主体创新农村电商模式，推进电子商务进农村综合示范，为农村电商发展提供良好的市场环境。

第二章 国家部委有关领导商业活动报道及讲话

童道驰在汉调研强调：更加注重跨境电子商务和内外贸联动发展

2015 年 1 月 15 日，商务部部长助理童道驰到武汉国家电子商务示范基地和东湖综合保税区调研，并举行工作座谈，对当前取得的阶段性成果表示肯定。

调研中，童道驰一行先后来到国家电子商务示范基地和东湖综合保税区综保区展厅、保税展示交易中心、主卡口以及联检大楼，详细询问电子商务发展情况和综保区建设发展的重点与难点。他指出，武汉虽地处内陆，但在长江经济带中举足轻重，历史上一直走在经济体制改革的前沿，在实施国家中部崛起的战略中具有独特的优势。

童道驰强调，党的十八届三中、四中全会为国家发展进一步注入了强大动力和提供了制度保障，国家正在加快实施自由贸易区战略，加快构建开放型经济新体制，希望武汉抓住国家战略机遇，进一步打造创新和开放驱动发展的高地，更加注重跨境电子商务和内外贸联动发展，以更大魄力投入先行先试和改革创新，不断培育经济新增长点。

马正其：依法加强消费维权执法营造安全放心消费环境

2015 年 2 月 4 日，国家工商总局召开全国工商系统消费者权益保护工作电视电话会议。总局副局长马正其在会上强调，要主动适应新常态和新要求，把保护消费者合法权益放在更加突出的位置，切实提升依法行政水平，更好地服务经济社会持续健康发展。

马正其指出，2014 年，各级工商和市场监管部门大力宣传贯彻新《消法》，进一步改善了消费维权执法环境；强化重点领域消费维权，进一步解决了消费领域的突出问题；加快推进 12315 体系建设，进一步提升消费纠纷解决能力；着力创新消费维权工作机制，进一步提升消费维权工作水平，有力地维护了公平竞争的市场秩序。

马正其强调，2015 年消费维权工作的总体要求是：认真贯彻党的十八大和十八届三中、四中全会精神，按照全国工商行政管理工作会议的统一部署，全面落实新《消法》及配套法规规章，始终坚持消费者至上、依法行政、改革创新、服务发展和社会共治的理念，深化改革，开拓创新，建立健全消费维权制度机制，大力推进 12315 体系建设，依法加强消费维权执法，强化商品质量监督和服务领域消费维权，促进行业自律和经营者自觉，努力提高消费维权工作能力和水平，切实维护消费者合法权益，着力营造安全放心的消费环境。

马正其强调，要紧紧围绕贯彻落实新《消法》，切实提升消费维权依法行政水平；紧紧围绕营造安全放心消费环境，切实加强流通领域商品质量监管与服务领域消费维权；紧紧围绕保障和改善民生，切实加强 12315 体系建设；紧紧围绕构建社会共治消费维权机制，切实发挥消协组织的职能作用；紧紧围绕提升消费维权能力现代化水平，切实加强消费维权工作的基础保障。

马正其指出，《侵害消费者权益行为处罚办法》将于 3 月 15 日正式实施，各级工商和市场监管部门要深刻把握《处罚办法》的内涵，及时开展业务培训和普法宣传，切实加大案件查办力度，不断提高消费维权的能力和水平。

会上，陕西、江苏、吉林、湖北四省工商局交流了经验。总局相关司局和单位负责人在主会场参加会议。各省、自治区、直辖市、计划单列市、副省级市工商和市场监管部门负责人及有关同志在分会场参会。

童道驰在澳门考察内地对澳农副产品供应

2015 年 2 月 9 ～ 11 日，商务部部长助理童道驰率代表团赴澳门，考察调研内地对澳门农副产品供应。在澳期间，代表团与特区政府经济财政司、民政总署、经济局等部门及代理行进行座谈，并实地考察了澳门当地市场供应情况。

童道驰表示，中央政府历来高度重视对澳门农副产品供应工作。长期以来，国家有关部门和省市与澳门特区政府有关部门建立了非常密切且卓有成效的沟通联系机制。同时，内地培育了一支长期稳定的供澳经营队伍，建立了一批供澳高标准生产加工基地，只有在国家检验检疫部门注册备案的种植（养殖）场才能对澳出口，确保让澳门市民吃上安全放心食品。2014 年，商务部会同海关、质检等部门以及各主供省份、代理行和出口企业密切配合，采取了一系列措施，积极协助特区政府应对禽流感疫情，有力地保障了内地对澳农产品稳定供应。当年，内地供澳门农副产品 34 万吨、3.9 亿美元，分别增长 4.8% 和 9.7%，供澳活猪 10.9 万头（增长 3.3%）、活牛 1926 头（增长 1%）、活鸡 221 万只（下降 16%）。活鸡供应数量有所下降，主要原因是受内地部分地区发生禽流感疫情影响，供澳活鸡一度暂停；粮食、蔬菜、鸡蛋、牛奶、饮用水等农副产品对澳出口保持稳定。

在澳期间，童道驰一行还考察了南粤批发市场和祐汉街市，详细询问肉类、蔬菜、水果及水产品的供应和销售，重点了解货源、质量以及价格情况。

2015 年春节临近，商务部已做出部署，提出落实货源、启动应急预案、严防疫病疫情、加强服务协调、建立 24 小时联系机制等五项措施，要求全力做好保供安排，保障节日期间对澳门农副产品稳定供应和质量安全。

王炳南出席商务部召开全国农产品电子商务暨农村商务信息服务经验交流会

2015 年 2 月 11 日，全国农产品电子商务暨农村商务信息服务经验交流会议在长沙召开。会议主要任务是，贯彻落实中央经济工作会议、中央农村工作会议、2015 年中央 1 号文件精神，总结交流农产品电子商务和农村商务信息服务在促进农产品流通创新方面的成功经验，部署 2015 年工作。商务部部长助理王炳南出席会议并讲话。

王炳南表示，电子商务对农产品流通的影响不断加深，不仅减少流通环节、缩短流通时间、降低流通成本、提升流通效率，而且倒逼农产品标准、冷链物流、安全追溯体系建设，促进农产品现代市场体系的建立。从未来发展趋势看，交易终端移动化、全渠道运营、生鲜电商、跨境电商等将成为农产品电子商务的发展方向。依托党员远程教育网络开展的农村商务信息服务，在促进农产品流通、缓解“卖难”、培育农村电子商务市场等方面发挥了积极作用，实现了“党员干部受教育、人民群众得实惠”的目标。

王炳南强调，农产品电子商务和农村商务信息服务是一项系统工程，需要正确处理好政府与市场、中央与地方、政府部门间、政府与中介的关系，形成工作合力。

会议提出，要加强顶层设计，研究制定农产品电子商务发展规划；加快立法和标准制定，推动《电子商务法》进程，研究制定农产品网上交易、物流配送、支付经营管理规范；加强农产品电子商务物流配送体系建设，落实支持物流企业发展税费政策，完善农产品绿色通道政策；鼓励先行先试，以示范创建促改革。将农产品电子商务纳入电子商务示范基地和电子商务示范企业创建工作，开展电子商务进农村综合示范；培育和支持专业化农产品电子商务平台建设，形成竞争适度、规则透明的农产品电子商务市场；建立农产品电子商务统计和信用体系，建立有利于农产品电子商务发展市场环境；加强人才队伍建设，为农产品电子商务发展提供强有力的支撑和保障；深入开展农村商务信息服务，扩大服务范围，实现农村商务信息服务和农产品网上购销对接常态化，及时处置农产品“卖难”。

中农办、中组部、农业部等部门有关司局负责同志，各省、自治区、直辖市、计划单列市及新疆生产建设兵团党委组织部远程教育机构、商务主管部门负责同志 130 余人参加会议。

高虎城考察北京市春节市场供应

2015 年 2 月 15 日，商务部部长高虎城考察北京市京客隆超市双龙店、松榆里市场等单位，了解北京市春节市场供应及政府储备应急保供能力建设情况。

高虎城表示，中国消费市场规模持续扩大，2014 年全年社会消费品零售总额 26.2 万亿元，同比增长 12.0%，仅低于美国居全球第二位。最终消费对 GDP 增长的贡献率达到 51.2%，比上年提高 3 个百分点，成为拉动经济增长的第一驱动力。

高虎城指出，过去一年消费市场亮点纷呈，信息消费强劲增长，绿色消费备受追捧，大众消费成新常态，服务消费需求旺盛。2015 年，随着我国经济发展进入新常态，消费在国民经济发展中将继续发挥基础性作用，预计 2015 年全年社会消费品零售总额增长将与 2014 年基本持平。

在谈到春节市场供应时，高虎城表示，目前全国生活必需品市场供应充足，价格基本稳定，运行态势良好。一是市场供应充足。各地商贸流通企业积极组织货源，增加节日商品备货量，备货量普遍比平时增长 10 ～ 20%。如北京开展蔬菜保供联合行动，增加货源上市量 10% 左右，冬储菜规模较上年增加近 30%；二是品种丰富。各地商贸企业主动适应消费结构的变化，增加优质品牌商品供应，力求商品品种丰富多样，满足城乡居民多层次的节日消费需求；三是价格基本稳定。其中粮食价格总体平稳，食用油价格稳中略降，猪牛羊肉及鸡蛋价格呈现回落态势，只有蔬菜价格呈季节性上涨，但也低于去年春节同期水平。

为确保春节市场稳定供应，商务部已下发通知，对市场保供进行全面部署，并组成工作组对北京、福建、江西、湖北、湖南等地市场供应情况进行实地检查。同时，商务部及时做好储备投放工作，会同财政部向内蒙古、西藏、甘肃、青海、宁夏、新疆等地定向投放中央储备肉 10100 吨，包括羊肉 6500 吨，牛肉 1200 吨，向西藏地区定向投放了猪肉 2400 吨；会同发展改革委向北京、黑龙江等北方 17 个省市投放冬春储备蔬菜。各地商务主管部门也组织投放了肉类、蔬菜等储备。

此外，商务部还启动了生活必需品市场日报监测制度，密切关注生活必需品市场供求和价格变化情况。加大舆论宣传力度，及时发布市场信息，稳定社会预期。

最后，高虎城代表商务部向辛勤工作在第一线的全国广大商务工作者表示慰问和新春祝福。

商务部副部长房爱卿、北京市常务副市长李士祥、北京市政府秘书长李伟等参加了调研。

高虎城：要主动上门为外贸企业排忧解难

2015 年 2 月 26 日，全国外贸工作电视电话会议在京召开。中共中央政治局委员、国务院副总理汪洋出席会议并讲话。商务部部长高虎城出席并发言。

高虎城表示，新春伊始，国务院即批准召开全国外贸工作电视电话会议，汪洋副总理亲自出席并作重要讲话，充分体现了党中央、国务院对外贸工作的高度重视。

高虎城指出，2014 年对外贸易实现平稳发展，第一贸易大国地位更加巩固，国际市场份额进一步提升，外贸转方式、调结构呈现出新亮点，贸易与投资互动趋势更加明显，创新驱动正在成为外贸增长的新动力，“一带一路”等新兴市场空间广阔，国内进口需求潜力大，为 2015 年外贸持续稳定发展奠定了有利基础。全国商务系统要充分认识外贸发展面临的这些新机遇新变化，切实增强做好 2015 年外贸工作的信心。

高虎城强调，2015 年的外贸形势依然严峻复杂，全国商务系统要深刻领会并贯彻落实汪洋副总理重要讲话和这次电视电话会议精神，既要看到促进外贸发展的积极因素和有利条件，也要充分估计当前外贸面临的困难和挑战。要全力抓好各项外贸政策的落实，会同有关部门清理规范进出口环节收费，进一步提高贸易便利化水平，完善出口退税机制，改善贸易融资服务。加快培育外贸竞争新优势，牢牢扭住转方式、调结构的大方向不放松，坚持创新驱动不动摇，不断提高外贸发展的质量和效益。主动加强与部门、地方的协作，完善跨部门、跨地区的协作机制，强化促进外贸发展的工作合力。着力营造良好发展环境，增强服务意识，主动上门为外贸企业排忧解难，把服务做细做实做到位，确保全年外贸稳定增长，推动外贸发展再上新台阶，为国民经济和社会发展作出积极贡献。

张茅：积极推进电子商务立法

在十二届全国人大三次会议新闻中心3月9日举行的记者会上，国家工商总局局长张茅就商事制度改革、网购市场规范、新消费者权益保护法的作用等问题答记者问。

“进一步推进登记注册制度便利化”

就深化商事制度改革，张茅表示：“要进一步转变政府职能，简政放权，放松政府对微观经济的管制，更好地激发市场活力。”具体来讲，包括五个方面：一是进一步推进登记注册制度便利化；二是推进市场准入管理模式创新，进一步推进“先照后证”改革；三是推进政府公共服务效能最大化，推行“一证三号”，即在营业执照上打上工商、税务、质检的三个号码；四是依法加强事中、事后监管；五是依托企业信息公示系统，抓紧建立小微企业名录，以便我们能够更好地支持小微企业发展。

第三方交易平台要对网店切实负起责任

“网购确实方便了消费者，促进了消费。在座的记者朋友们很多都参加了网购，我本人也参加了网购。”张茅谈到了网购带来的便捷，但也指出，由于不在现场，网购市场出现了夸大宣传、假冒产品比较多等问题，而工商部门在处理消费者的投诉和纠纷方面难度也比较大。

如何更好地在规范中促进网购的发展，张茅提出了三项措施。一是加快这方面的法治建设，积极推进电子商务立法。二是通过信息化手段，完善监管方式，同时与电商更好地沟通，既听取他们的意见，也对他们进行指导，要求他们进行自律。三是要求第三方交易平台对网店切实负起责任，加强自律和内部的监管。

“消费维权请拨打 12315”

对于新消费者权益保护法实施一年来的作用，张茅予以充分肯定。张茅指出，2014 年全系统依托 12315 网络，一共处理了消费者诉求 757 万件，同比增长了 8.2%。同时，消费者协会根据消法赋予的职责，已经尝试进行了公益诉讼。

张茅表示，在贯彻实施新消费者权益保护法的过程中，工商总局强化了对群众生活密切而且反映比较大的家装建材、儿童服装、家用电器等方面的重点抽查和监管。同时，探索企业自律、消费者参与、社会监督、政府监管的共治体系。

最后，张茅说：“如果在消费维权方面碰到问题，请拨打 12315，既有助于解决实际问题，也可以检验工商部门的 12315 是否畅通、有效。”

王炳南出席全国市场体系建设工作会议

2015 年 3 月 24 ～ 26 日，全国市场体系建设工作会议在北京召开。会议以贯彻落实党的十八届三中、四中全会，中央经济工作会议和全国商务工作会议精神为主线，总结 2014 年全国市场体系建设工作，交流工作经验，部署下一步工作。商务部部长助理王炳南出席会议并讲话。

王炳南表示，各级商务主管部门认真贯彻落实中央精神和商务部部署，市场体系建设工作取得了明显成效。

王炳南指出，要全面认识市场建设工作面临的新形势。当前，经济下行压力加大，信息技术影响加深，内贸流通在国民经济的地位不断加强，履职尽责要求不断提高。新形势下市场建设工作的根本目标是建立统一开放、竞争有序的商品市场体系。今后一段时期，市场建设工作要围绕商品流通网络建设、流通基础设施建设、发展新模式新业态、积极实施扩大消费政策四个方面展开。2015 年，要深入推进重点领域改革，加大创新力度促进新模式新业态，促进扩大消费，促进商品交易市场转型。

王炳南强调，加强市场体系建设，要完善工作机制，转变政府职能，合理划分中央和地方事权范围，鼓励先行先试，加强行业管理，狠抓工作落实。

各省、自治区、直辖市、计划单列市及新疆生产建设兵团商务主管部门负责同志，部内有关司局、直属事业单位，中央农办等有关部门及相关行业组织代表参加了会议。

房爱卿调研兰州市电子商务工作

2015 年 4 月 9 日下午，商务部副部长房爱卿在甘肃省政府副秘书长姜云兵，兰州市委常委、常务副市长俞敬东陪同下调研兰州电子商务工作。调研中，房爱卿鼓励兰州电商借助网络平台，让甘肃特产卖向全国。

在苏宁金运店的易购体验区，通过电脑顾客可以体验到线上线下的交互。“线上与线下的价格是一样的吗？”“线上的占比是多少？”房爱卿一边认真听工作人员的介绍，一边询问着。当得知双线同品同价，线上占比在大幅增长后，房爱卿说，物流是电商发展的重要环节，苏宁 020 模式落地需要物流支撑，这一点必须要重视。据介绍，目前苏宁的 020 有门店端、移动端、PC 端以及 TV 端几个入口，这样就等于把苏宁的店开到了消费者的口袋里、桌面上、客厅里，真正让消费者可以做到随时随地想购就购。当看到甘肃的胡麻油、苦水玫瑰、三泡台、手工醋等特色商品入驻苏宁开放平台，在易购上销售得到很多消费者的认可后，房爱卿鼓励兰州电商借助全国平台，让甘肃特产卖向全国。

据兰州市商务局统计，目前兰州市共有电子商务企业 1860 多家，各类网店 1.33 万家；初步统计 2014 年兰州市电子商务市场交易规模达 516 亿元，同比增长 61%，新增企业 360 余家。

兰州市委、市政府高度重视电子商务发展，作为促进产业发展和升级的“助推器”，主要领导亲自研究、带队考察，学习借鉴先进城市经验，研究确定了“12359”的发展构想，即：围绕把兰州打造成为“丝绸之路经济带”电子商务聚集发展区这一目标，充分发挥“丝绸之路经济带”节点城市的区位优势、创建国家电子商务示范城市的平台优势等两大优势，积极推进电子商务配套服务体系、扶大引强一批电商企业、普及深化电子商务应用等三个支撑，着力完善网络设施、信用评价、安全保障、投资融资、物流配送等五大体系，大力实施电子商务聚集区建设、企业电商化转型升级、知名电商企业引进、陇货网上行、文化旅游电子商务推广、公共服务交易平台建设、移动电子商务建设、跨境电子商务发展、电商人才培养等九大工程，不断提升兰州市电子商务发展水平。

同时，兰州市还制定了全市电子商务发展扶持政策，设立了2000万元的电子商务发展专项资金，从保障规划用地、财政金融支持、税费奖励、交通便利等方面提供支撑，通过政策引导、筑巢引凤，集聚更多资源，营造发展环境。把引进知名电商企业纳入全市招商引资范围，中国网库已入驻兰州市，打造电子商务集聚区“甘肃电商谷”，中国玫瑰交易网、中国百合交易网等十三个品类网签约入驻，玫瑰交易网和磁力泵交易网已上线运行；淘宝特色中国甘肃馆、淘宝大学分支机构、京东物流中转中心等已落户兰州市。

张茅：切实贯彻新《广告法》努力谱写广告工作新篇章

2015年4月28日，国家工商总局召开全国工商系统电视电话会议，对贯彻实施新《广告法》进行动员部署。总局局长张茅在会上强调，要切实做好新《广告法》的贯彻实施工作，当好公平市场秩序的“守护神”，以新的姿态和扎实的工作成绩谱写广告工作新篇章。

总局副局长甘霖主持会议。总局党组成员、中纪委驻总局纪检组组长何昕出席会议。会议邀请了全国人大法律委员会副主任委员安建对新《广告法》进行权威解读。

张茅指出，贯彻实施新《广告法》是完善现行广告法律制度、全面推进依法治国的内在要求，是维护公平市场秩序、推进社会诚信体系建设的重要抓手，是保护消费者合法权益、营造安全放心消费环境的迫切需要。全系统要从服务国家经济社会发展大局的高度，充分认识贯彻实施新《广告法》的重要意义，切实增强工作的责任感、使命感、积极性和主动性。

张茅在会上介绍了新《广告法》修改的主要内容，要求全系统准确把握修法的精髓和主要内容，并就做好新《广告法》的贯彻落实工作提出四方面要求。

一是认真组织宣传培训。全系统要把认真学习、贯彻实施新《广告法》，作为当前的重要工作抓紧抓好抓实。总局将举办全系统贯彻实施新《广告法》的培训班，各地要积极参加培训，落实有关任务。总局宣传中心、广告司要统筹抓好学习宣传工作。中国工商报社、中国消费者报社、中国工商出版社要充分发挥平台作用，合力在全系统掀起学习宣传新《广告法》的高潮。中国广告协会、中国消费者协会等社团组织，要组织动员广告业界和广大消费者学习好、宣传好、运用好新《广告法》。各地工商、市场监管部门要抓紧研究制定方案，提高新《广告法》的执行力和社会认知度。

二是抓紧完善配套制度。按照新《广告法》的要求，加快配套广告法规规章的制定修改和清理废止工作，抓紧修订《医疗广告管理办法》《医疗器械广告审查办法》等10个配套规章。尽快推动出台《公益广告促进和管理暂行办法》《互联网广告监督管理暂行办法》等部门规章，争取与新《广告法》同步实施。推动废止《广告管理条例》《户外广告登记管理规定》《外商投资广告企业管理规定》《印刷品广告管理办法》等行政法规和规章。各地工商、市场监管部门要积极配合地方人大做好相关地方性法规的修订、完善和清理工作，切实提高立法立规的质量和依法行政水平。

三是大力提升广告监管执法水平。各地工商、市场监管部门按照“宽进严管”的要求，以新《广告法》为利剑，进一步加大广告市场监管力度。依法履职、依法行政，不断提升监管执法水平。依法惩处各类广告违法行为，遏制虚假违法广告屡打不绝、屡禁不止的现象。积极利用大数据技术，完善广告数据中心功能，统一监管规则，创新监管理念，改进监管方式，提高监管效能。加强信用监管，努力构建广告信用监管机制。发挥好整治虚假违法广告联席会议牵头作用，加强协调配合，推动形成协同监管和社会共治的广告市场监管新格局。

四是加快推动广告业健康发展。新《广告法》的修订为广告业的规范与发展带来了新的利好。各地工商、市场监管部门要抓住机遇，千方百计推动广告业提质升级。深入研究并积极争取适合我国广告产业发展的政策措施，进一步给广告企业松绑减负、搭建平台。要助力大众创业、万众创新，继续加大简政放权力度，深化商事制度改革，为创新创业主体提供更多的政策机遇和更大的发展空间。要进一步发挥广告产业园区的聚集效应和引导作用，加快广告业“走出去”步伐，助推中国制造走向世界。

总局各司局和直属单位副处级以上干部在北京主会场参会。各省、自治区、直辖市及计划单列市、副省级市工商、市场监管部门领导班子成员，各处室主要负责人在各地分会场参会。

童道驰：全力推动贸易自由化

商务部部长助理童道驰表示，希望丝绸之路经济带的国家积极参与丝绸之路的建设，共同开辟一条更加开放的自由贸易道路。

2015年5月14日在江苏昆山举行的第三届世界工商领袖（昆山）大会暨第二届国际商会亚太CEO峰会上，童道驰说，丝绸之路经济带的建设将架设从中国江苏通往欧洲重要的桥梁，对整个亚欧地区的发展，无论是货物贸易还是服务贸易，都将起到重要的促进作用。

中国贸促会、中国国际商会会长姜增伟也表示，亚洲各国商会组织应推动企业在上、中、下游全产业链深度合作，形成优势互补的产业网络和经济体系。尤其要紧紧抓住国家间区域合作项目规划，积极组织企业参与，比如“丝绸之路经济带”、“21世纪海上丝绸之路”等重点国际项目合作。

中国的进出口形势并不乐观。前4个月，我国进出口总值8.1万亿元人民币，比去年同期下降3.1%。

童道驰表示，虽然中国进出口在下降，但是降幅在收窄，这说明目前进出口处于稳定的阶段。

童道驰说，中国政府和中国商务部将不遗余力地推动贸易自由化。中国一方面希望WTO多哈回合谈判更加往前推动，同时也在积极参与其他各种形式的贸易自由化谈判。

基于亚太地区涵盖了众多的人口，占全球经济总量也比较大，童道驰表示，中国希望在亚太地区之间形成一个自由贸易区，这对世界贸易和经济增长贡献也会非常大。

王受文：四方面政策措施促进中国品牌发展

2015 年 5 月 29 日上午 10 时在国务院新闻办新闻发布厅举行国务院政策例行吹风会，请财政部副部长史耀斌、商务部副部长王受文、海关总署副署长鲁培军介绍完善消费品进出口政策措施等有关情况，并答记者问。

[中国日报记者] 据我所知，商务部正在加快推进中国产品品牌提升工程，请问下一步这方面有什么具体措施？

[王受文] 中国改革开放 30 年来，中国经济成为世界第二大经济体，中国有 200 多种产品的产量已经成为世界第一。与此同时，中国的品牌也得到了很大发展，去年有 29 个中国品牌入选了世界品牌 500 强，总数位居世界第五。当然，这是一个很大的进展，但就中国的经济体量来说，我们的品牌建设道路还很长，要做的工作还很多。为了适应经济新常态的发展，为了提升经济增长的质量，商务部认为品牌发展是一项非常重要的任务。为此，我们确定了以促进品牌消费、培育中国品牌为目标，以构建公共服务体系和促进市场公平竞争为重点，实施一系列促进品牌发展的政策措施，具体来说有几个方面：

第一，建立品牌促进服务平台。商务部先后制定出餐饮、住宿、家政服务、美容美化多个行业的指导意见。在广东等 10 省份开展了品牌促进体系试点，在 48 个城市开展了中小商贸流通企业公共服务平台建设。同时，加大了中华老字号和非物质文化遗产的保护力度。2006 年以来已经认定了中华老字号的品牌 1128 个。我们通过采取这些措施，建立公共服务平台，促进品牌的发展。

第二，建立品牌推介服务平台。商务部在主办的一些大型展会，如广交会，厦门洽谈会等，支持中国知名品牌出口，支持各地开展“地方商品大集”、“特色品牌全国行”等活动，而且还在美国、欧盟、非洲等地区举办了中国品牌的商品展。积极宣传中国的品牌，特别是指导行业协会在这方面做推介活动。品牌推介活动没有中国政府对它进行财政支持，主要通过商协会进行宣传、介绍。此外，大家可能注意到几年前我们在CNN、BBC国际媒体上投放过中国制造的公益广告，通过这些媒体平台把中国品牌推介出去。

第三，建立品牌保护的服务平台。任何一个获得成功的品牌，如果大家都去假冒、侵权，而不关注它的质量和永久的商誉，这个品牌肯定很快会被破坏，市场价值会下降。对于品牌保护方面，商务部一贯严厉打击侵犯知识产权和制售假冒伪劣产品的违法行为，加强诚信建设。我们已经指导全国 100 多家商协会开展信用评价工作，还在一些中心城市和地区开展了肉菜流通追溯、中药材流通追溯体系建设试点，探索建立“来源可追溯，去向可查证，责任可追究”的品牌产品安全追溯体系。

第四，打造品牌信息公共服务平台。商务部指导中国商业联合会等中介组织和第三方机构编制中国品牌发展报告和指数，发布品牌评价、消费评价等信息。这些消费评价信息为消费者选择品牌提供了便利。我们还依托商务部的城乡市场监测服务体系和商贸流通行业统计体系，每年发布 30 多万条市场信息，编写外贸品牌发展报告。

下一步商务部将会同有关部门把培育中国品牌，推进中国产品品牌价值提升作为内外贸发展和国际经济合作的一项重要任务。

王炳南、于欣丽参加商务部、国家标准委联合召开动员会议部署农产品冷链流通标准化工作

2015年6月11日，商务部和国家标准委联合召开农产品冷链流通标准化工作动员会议，贯彻落实国务院领导同志批示精神，研究部署进一步加强农产品冷链流通标准体系建设和相关标准贯彻落实工作。商务部党组成员、部长助理王炳南同志，国家标准委副主任于欣丽同志出席会议并讲话。

王炳南指出，随着农业产业布局调整，农产品流通规模不断扩大，农产品冷链流通成为农产品流通的发展趋势。发展农产品冷链，有利于减少损耗、节约资源、食品安全、稳定价格、保护环境，可以实现农民、消费者、企业和政府多方共赢。但实践中，存在农产品优质不能优价的现象。抓好标准化工作是推进农产品冷链流通发展的关键举措，要围绕冷冻、冷藏食品等“必须冷”的产品，紧紧抓住流通标准这一核心，在全面梳理现行标准的基础上，坚持整合提升与制修订并重、标准宣传贯彻与冷链示范并重，完善冷链流通标准体系和公共服务体系。

王炳南强调，农产品冷链标准化是一项系统工程，需要各部门共同努力。一是建立健全标准体系。借鉴国际经验，建立内外贸协调、与国际接轨的农产品冷链流通标准体系。二是强化标准制修订工作。集中清理目前各类标准，整合成对提高冷链流通率、保障农产品品质有重大促进作用的标准。三是加大标准推广应用力度。加强相关标准宣贯，积极开展农产品冷链示范，培育一批示范企业，营造优质优价的市场环境。四是完善标准实施保障机制。建立强制标准与部门监管结合的管理模式，重点在冷链安全、冷链交接、温度追溯等领域，探索引入认证评估等方式推行标准。

于欣丽表示，要准确把握农产品冷链流通标准化发展方向和工作要点：一是贯穿标准化工作改革的主线，大胆“放”、精准“管”、多元“治”。二是打破政府单一供给模式，构建由政府主导制订的标准和市场自主制订的标准共同构成的农产品冷链流通新型标准体系。三是强化农产品冷链流通标准实施监督与评价，重点推进农产品冷链流通中核心环节和重要标准的实施。四是探索农产品冷链流通标准“走出去”，加大国际标准跟踪、评估和转化力度。同时明确，下一步，要加强农产品冷链流通标准化工作综合协调、抓紧推动现有标准清理整合、下达农产品冷链流通标准专项计划和开展农产品冷链流通标准化示范建设等重点工作。

会议要求，有关部门要进一步提高思想认识，保持密切协调配合，共同落实工作任务，切实保障标准有效实施。会议成立了农产品冷链流通标准化工作协调小组，由商务部、国家标准委分管负责同志兼任组长，发展改革委、工业和信息化部、公安部、交通运输部、农业部、商务部、卫生计生委、食品药品监管总局、林业局、国家标准委、认监委、供销总社等12个部门为成员单位。相关标准化技术委员会、行业协会、学会代表共70多人参加了会议。

“胸怀两岸，放眼未来”

——在第三届两岸商业服务业合作发展研讨会上的致辞

（2015 年 6 月 16 日）

海峡两岸经贸交流协会名誉会长 房爱卿

各位嘉宾、各位先进：

大家上午好！

很高兴有机会与大家相聚在台北，共同出席第三届两岸商业服务业合作发展会议。我谨代表大陆方面向各位朋友致以诚挚的问候，并对台湾商业发展研究院对本届会议的精心筹备和周到安排表示衷心地感谢。2010 年 6 月，两岸签署了《海峡两岸经济合作框架协议》（简称 ECFA），开启了两岸经济合作的制度化新里程。五年来，两岸经贸交流合作硕果累累，为两岸同胞带来了实实在在的好处。

一是两岸贸易投资规模快速增长。从贸易看，2014 年，两岸贸易额达 1983.1 亿美元，较 2009 年增长 86.7%。目前，台湾是大陆第七大贸易伙伴和第六大进口来源地，大陆是台湾最大的贸易伙伴、出口市场和顺差来源地。从投资看，截至 2014 年底，大陆累计实际使用台资 611.5 亿美元，较 2009 年底增长 23.4%。大陆累计已有 247 家非金融企业赴台设立了公司或代表机构，投资金额近 8 亿美元，涵盖批发零售、通讯、餐饮等多个行业。目前，台湾是大陆第六大引资来源地，大陆是台湾最大的投资目的地。

二是两岸 ECFA 早期收获成效显著。截至今年 3 月底，在货物贸易方面，大陆对台累计减免关税约 131.2 亿元人民币，大陆对台出口享受的减免关税约 2.4 亿美元。在服务贸易方面，台湾共有 46 家金融企业和 321 家非金融企业利用早期收获优惠政策在大陆提供服务，大陆有 3 家金融企业和 141 家非金融企业利用早期收获优惠政策在台湾提供服务。台湾核准引进大陆电影片 50 部，大陆核准引进台湾电影片 22 部。五年的成就证明，ECFA 经得起时间和实践的双重检验，是惠及两岸民众、企业特别是中小企业的明智之举。

三是两岸产业合作持续深化。在 ECFA 框架下，“两岸经济合作委员会”及下设产业合作、中小企业合作等工作小组积极推动冷链物流、电子商务、展览等领域的产业合作。目前，我们已分两批设立了天津、厦门、北京、武汉、昆山等 5 个两岸冷链物流试点城市，并已达成 45 个合作项目或意向，合作方式也从单纯设备贸易逐步扩大到先进技术交流、运营模式创新和管理标准合作等方面。

四是两岸经贸社团互设办事机构有序推进。台湾贸易中心已在北京、广州、上海、成都、大连、青岛设立了 6 个代表处，台湾电电公会已在昆山、东莞设立了 2 个代表处。大陆机电商会台北办事处已于 2013 年在台正式挂牌，海贸会台北办事处也将于今天下午正式挂牌成立。

各位嘉宾，各位朋友：

随着大陆经济发展进入“新常态”，生产消费模式深刻变化，市场供求格局深度调整，现代信息技术加快发展，商贸服务业开放共享、协同融合、智能高效的发展趋势更加明显。在这个大背景下，大陆与台湾现代商业服务业合作意义深远。商业服务业的发展，能引导生产、扩大消费，调整经济结构、转变发展方式，无论是对经济、文化、生态还是对社会发展都具有重要意义。特别是随着“互联网+”的兴起，在电子商务推动下的商业服务业发展，已经成为经济新的增长点和社会新的聚集力。2014年，大陆电子商务交易额达到13万亿元，同比增长25%；其中网络零售2.8万亿元，同比增长达50%。

大陆与台湾现代商业服务业合作范围宽广。互联网的发展，对第一、第二和第三产业都产生了深远影响。在第一产业，推动了以定位、定时和定量为核心要求的精准农业；在第二产业，大陆推出了《中国制造2025》，强调信息化与工业化融合；在第三产业，互联网迅速拓展了服务业的范围和空间。在旅游服务领域，艾瑞公司统计2014年大陆在线旅游电子商务交易额达到2772.9亿元，同比增长27%，用户规模世界第一；在生活服务领域，2014年大陆团购用餐、厨师到家、家政服务、养老上门等的电子商务市场规模2370.9亿元，预计到2017年将达到5000亿元；在卫生服务领域，壹药网、瑞慈体检、趣医网等在医药、体检和就诊等方面拓展了巨大市场空间；在传统商业领域，根据中国连锁经营协会统计，2014年大陆特许经营100强企业销售规模2480亿元，其中97%开始发展O2O业务。上述这些领域，都将是两岸服务业未来合作的重要内容。

大陆与台湾现代商业服务业合作潜力巨大。两岸经济结构特别是服务业发展各有所长，合作具有先天优势。从市场空间看，2014年台湾服务业增加值占GDP的接近七成，大陆服务业增加值仅占48.2%，潜在市场空间十分巨大。从比较优势看，大陆传统服务产业规模较大，但研发、设计、营销和金融等产业供应不足；台湾服务业起步早、机制活、创新能力强、国际化程度高，在研发等方面具有独特优势。因此，两岸服务业的发展基础和产业结构等方面明显互补，合作潜力十分巨大。

借此机会，我想就两岸服务业合作谈三点希望和建议。

一是两岸服务业市场开放要平等而不是简单的对等。两岸血脉相连、同文同种，我们遵从相互平等而不是简单的对等原则，愿意首先同台湾同胞分享发展机遇，愿意优先对台湾开放，并对台湾同胞开放的力度要更大一些。正如大家所知，福建自由贸易试验区已正式挂牌成立，我们将在自贸区内实施准入前国民待遇加负面清单的外资管理模式，进一步扩大对台服务贸易开放的广度和深度。两岸市场开放应本着相互尊重的精神，充分考虑两岸双方社会的心理感受和市场实际，相向而行，对陆资赴台进一步扩大开放，促进两岸双向投资发展。同时，我们也期望台方进一步推进两岸服务业制度化合作，为两岸服务业深度融合和快速发展创造更好的环境。

二是两岸服务业产业互动要合作而不是简单的合并。两岸产业合作不应是简单的收购兼并或相互倾轧，而应本着开放包容、兼容并蓄、互惠共赢的心态，着力探索新的合作模式，尝试通过交叉持股、共同研发、共创品牌、共建标准等方式进一步提升合作水平，共同提高国际竞争力。

三是两岸服务业企业竞争要争创而不是恶意争夺。大陆服务业市场广阔，有足够空间支持两岸服务企业发展。两岸企业要避免通过打价格战等恶性竞争方式争夺市场份额，而应着重在创新能力、服务质量等方面开展竞争，并通过良性竞争提高自身经营水平。近期，大陆正在掀起“大众创业、万众创新”的时代浪潮。两岸的青年朋友是创业和创新的主要力量，我们愿意为台湾青年在大陆创业搭建良好的平台，鼓励和支持台湾青年来大陆创业就业。

各位朋友，各位来宾：

在经济全球化深入发展、两岸联系日益密切的今天，大陆和台湾已成为割舍不断的命运共同体。今后大陆会采取更加互利共赢的务实举措，进一步推动两岸经贸交流合作，增进两岸民众的共同福祉。

最后，预祝本届研讨会取得圆满成功！

谢谢大家！

在超市追溯体验活动启动仪式上的致辞

（2015 年 6 月 25 日）

商务部副部长 房爱卿

各位领导，各位来宾，女士们，先生们：

大家好！

今天，我们在这里举办 2015 全国食品安全宣传周商务部主题日活动，启动超市追溯体验活动，开通“E 追溯”微信公众号。在此，我谨代表商务部，对大家的光临表示热烈的欢迎。

食品安全是重大的民生问题，是全社会共同的关切。近年来，按照党中央国务院统一部署，商务部会同有关部门探索采用信息技术手段建设追溯体系，以技术创新推进食品安全治理模式创新，以发展方式转变促进食品安全保障模式转变。实践证明，这有利于提高食品生产经营者安全责任意识，促进诚信守法经营，从源头保障食品安全；有利于强化食品全过程动态监管，增强政府部门对食品安全问题的发现和处置能力；有利于消费者知情与维权，增强消费信心，促进放心消费。

党中央国务院高度重视追溯体系建设。2014 年，《国务院关于促进市场公平竞争维护市场正常秩序的若干意见》（国发〔2014〕20 号）要求，商务部牵头利用物联网建设重要产品追溯体系，形成“来源可查、去向可追、责任可究”的信息链条。今年 4 月，全国人大修订《食品安全法》，明确规定国家建立食品安全全程追溯制度。食品生产经营者应当依法建立食品安全追溯体系，保证食品可追溯。国家鼓励食品生产经营者采用信息化手段采集、留存生产经营信息，建立食品安全追溯体系。《食品安全法》的相关规定，是从立法上对近年来国内食品安全追溯体系建设实践成果的确认，标志着我国食品安全追溯制度建设的重大突破，为下一步工作指明了方向，也提供了坚实的法治保障。

追溯体系惠及人人，也需要人人参与。贯彻好新修订的《食品安全法》，深入推进我国食品安全追溯体系建设，首先需要食品生产经营者切实履行好主体责任，严格依法健全内部追溯管理制度，自觉建立起严密的全过程追溯管理链条。广大流通企业尤其要通过建立健全追溯体系，确保在发生问题时能迅速找到责任主体，依法免除自身责任。其次，需要媒体和社会各界主动参与、积极监督，在全社会形成关心追溯、支持追溯、崇尚追溯的社会氛围。尤其是消费者要认识到可追溯的产品更加安全，从而主动选购可追溯食品，主动索要购物小票，主动查询追溯信息，发现问题时主动维护自身权益，促进形成可追溯产品畅销、不可追溯产品不受欢迎的市场倒逼机制。

女士们，先生们：

今天，我们在这里举办超市追溯体验活动，让社会公众从一日三餐必不可少的肉菜入手，亲身体验追溯流程、感知追溯产品，就是要拉近追溯体系与社会公众的距离，让追溯体系走进千家万户，让追溯产品走上百姓餐桌，让追溯理念深入人心。我们开通“E 追溯”微信公众号，就是要搭建一个与社会公众的互动交流平台，让社会公众更加方便快捷地了解追溯、关注追溯，亲身参与到追溯体系建设运行中来，集合大家智慧让追溯体系更加完善，具有更加旺盛的生命力。

下一步，商务部将认真贯彻《食品安全法》，积极履行国务院赋予的工作职责，加强统筹规划和顶层设计，推动完善相关规划标准，加快全国追溯体系建设。坚持政府引导与市场化运作相结合，充分发挥企业的主体作用，推动逐步扩大追溯体系覆盖品种和区域，不断完善追溯网络。推进跨地区、跨部门追溯信息互联共享，加强追溯大数据分析应用，更好地为消费者、企业和社会公众服务。

最后，预祝此次追溯体验活动取得圆满成功，预祝“E 追溯”微信公众号成为最受欢迎公众号。

谢谢大家！

拉动经济的“头车”将如何跑稳、跑好？

——商务部副部长房爱卿谈社会消费经济形势

日前，国家统计局发布的数据显示，上半年，我国实现社会消费品零售总额 14.2 万亿元，同比增长 10.4%，增速比去年同期回落了 1.7 个百分点。

如何看待上半年的消费形势？商务部在扩大消费方面做了些什么工作？下一步消费走势如何？商务部将出台哪些促进消费的措施？ 2015 年 7 月，记者就这些问题采访了商务部副部长房爱卿。

消费已成拉动经济的“头驾马车” 增速仍在合理区间

记者：今年上半年，我国社会消费品零售总额同比增长 10.4%，增速比去年同期回落 1.7 个百分点。请问您对当前消费市场形势怎么看？

房爱卿：从历史数据看，上半年增速虽较前几年有所放缓，但仍处在合理增长区间，特别是消费对 GDP 增长的贡献率达到 60%，比上年同期提高 5.7 个百分点，成为拉动经济的第一驱动力。我认为，消费增速出现回落，固然与经济下行压力比较大、物价涨幅回落有一定的关系，但更是消费市场理性回归、消费结构发生变化、消费增速进入新周期的客观体现。

比如，上半年，大众型餐饮企业营业收入增长 13.5%，增速比中高端餐饮快 7 个百分点左右。服务消费快速发展，上半年全国旅游消费同比增长 14.5%；绿色消费受到青睐，全国新能源汽车产量同比增长 3 倍；信息消费快速增长，上半年通讯器材销售增长 37.6%。

网络消费也成为亮点。上半年，社会消费品零售总额增长 10.4%，其中网络零售额同比增长 38.6%，占社消总额的比重达到 9.7%，对社消总额增长的贡献率达到 28.7%。

随着宏观经济环境发生变化、消费基数的扩大，消费由改革开放以来的 15% 以上的高速增长进入目前 10% 左右的中高速增长，既符合经济发展的客观规律和国际惯例，也有利于下一步优化结构、提高质量。按现在规模，即使是 10% 的增长，每年增量也达到近 3 万亿元，比 5 年前增长 15% 所创造的增量要大得多。

继续为扩大消费“添柴加火”

记者：今年以来，商务部在促进内贸流通、扩大消费等方面做了哪些工作？取得了什么效果？

房爱卿：商务部在认真贯彻落实国家各项政策措施的基础上，重点靠激发市场活力、靠鼓励创新来扩大消费。今年以来，商务部在促进便利消费、实惠消费、协同消费、服务消费、循环消费、安全消费等方面开展了一系列工作，旨在促进内贸流通发展、扩大消费。

比如在促进协同消费方面，商务部着力推动线上线下融合，规范发展众包、众筹，积极探索利用互联网和信息技术发展汽车租赁、民宿、顺路配送、合乘出行等协同消费、共享经济新业态。今年上半年，020 市场规模达 3049.4 亿元人民币，同比增长接近 80%。

在促进便利消费方面，商务部一方面推出“互联网＋流通”行动计划、开展电子商务进农村示范工程等，支持发展网络消费、网上支付；另一方面，大力推进生活服务便利化，打造一刻钟便民服务圈，支持餐饮、家政、洗染、美发、美甲等行业开展网订店取、网订店送、上门服务等，为百姓日常消费提供便利。

在促进安全消费方面，一是开展了互联网领域侵权假冒专项整治、农村和城乡结合部专项整治、车用汽柴油专项整治。前 5 个月，共查办侵权假冒违法犯罪案件 5.6 万件。二是开展流通追溯体系建设。近年来商务部分五批支持了 58 个城市建设肉类蔬菜电子追溯体系，18 个省市建设中药材电子追溯体系， 4 个省共 8 家企业建设酒类电子追溯体系。目前，已在试点城市的 1 万多家企业建成肉菜中药材追溯体系，实现对 3 万多吨肉菜和中药材的追溯管理。三是开展商务诚信建设。初步建成了“商务信用信息交换共享平台”，支持上海、江苏、浙江、广东四地开展商务诚信体系建设试点。

下半年消费市场将进一步趋稳回升 加快创新和改革让老百姓能消费、敢消费、愿消费

记者：如何看待下半年消费市场的发展前景？商务部将出台哪些促进消费的措施？

房爱卿：目前来看，消费市场尽管仍面临着一些不利因素和下行压力，但各种积极因素也在不断积累：一是宏观经济缓中趋稳、稳中有好，有利于提振消费信心、稳定消费预期。二是简政放权、放管结合工作深入推进，市场活力得到激发。三是前期出台的促进信息消费、绿色消费、住房消费等一系列政策措施逐步落地，效果逐渐显现。四是新技术、新业态引领作用增强，新消费模式和消费热点不断涌现。比如，移动电商、微商等快速发展，成为网络消费的新增长点；以搭车、分享房屋、交换闲置物品等为代表的协同消费越来越流行。

综合判断，下半年消费市场将进一步趋稳回升，并继续保持在合理区间。从中长期来看，消费市场将进入平稳健康发展的新周期，增长进一步稳健，结构进一步优化，质量进一步提升，对国民经济的拉动作用也将进一步增强。

下一步，商务部将继续从搞活流通、优化环境入手，积极配合实施国务院确定的养老健康家政、信息、旅游、住房、绿色、教育文化等 6 大消费增长点，重点抓好“流通方式创新、基础设施建设、流通领域改革、市场环境改善”等四方面工作，推动内贸流通体制改革，促进内贸流通健康发展，让老百姓能消费、敢消费、愿消费。

王受文：今年上半年
外贸出口企稳、进口降幅收窄

2015 年上半年，中国外贸面临的形势依然复杂严峻。但对外贸易发展质量效益有所改善，总体稳中趋好，发展进入新常态。

据海关统计，2015 年上半年，我国进出口总值 11.53 万亿元人民币，比去年同期下降 6.9%。其中，出口 6.57 万亿元，增长 0.9%；进口 4.96 万亿元，下降 15.5%；贸易顺差 1.61 万亿元，扩大 1.5 倍。

如何看待外贸形势？7 月 17 日，在国务院新闻办举行的国务院政策例行吹风会上，与会的商务部副部长王受文将其归纳为，外贸出口出现企稳态势，进口降幅在收窄，其形成的原因是多方面的。

王受文解释说，一是国际市场的需求不旺，一些主要的国家不仅出口下降，进口也在下降；二是最近一段时间，人民币实际有效汇率上升，这也对出口造成一定影响；三是我们还面临着劳动力成本上升等方面的问题。

王受文称，要从全球化的背景来看，要看中国在全球市场的情况。他举例说，根据 WTO 最新统计，前 4 个月，主要贸易国家的出口表现都是比较弱的。比如，美国前 4 个月出口下降了 4.6%，欧盟出口下降了 13.8%，日本前 5 个月下降了 7.8%，韩国下降了 5.7%，还有其他的一些主要贸易伙伴，出口都呈现下降趋势。在这样的背景下，中国的出口能够增长近 1%，在全球的主要经济体中实现进一步增长，应该说是来之不易的。

面对这样的形势，中央政府格外重视外贸稳增长工作，要求提出更具针对性的减负、助力政策，主动作为，多措并举，进一步在简化手续、减免收费等方面加力增效，推进进出口增加。

为落实政府的部署和要求，准确研判外贸形势，王受文称，近期商务部组织调研组分赴 15 个省（区、市）开展专题调研，对全国 31 个省（区、市）近 6000 家外贸企业进行问卷调查，对 70 个重点出口行业和 80 种重点监测进口商品进行调研分析，形成《关于支持进出口稳定增长的若干意见》（简称《意见》）。

他表示，《意见》于 7 月 15 日，经国务院第 98 次常务会议审议通过。《意见》突出强调稳字当头，提出进一步改善外贸环境、强化政策保障、加快推进改革、突出创新驱动等四个方面、七条政策措施，旨在促进外贸稳定。

不过，从整体来说，王受文说，中国的出口优势依然存在，比如成套设备的出口，今年表现非常突出。今年前 5 个月，大型成套设备出口达到 500 亿元，增长 10% 以上。铁路设备出口到全球 80 多个国家，电力设备出口到全球 50 多个国家，并且进入了美欧等一些发达国家市场，像奇瑞、华晨、江淮这些汽车企业已经在海外设立生产基地。

尽管面对一些困难，民营企业已经成为出口主力军。

在发布会上，王受文说，今年上半年民营企业出口增长 6.9%，比如华为预计今年出口增长会达到 10% 以上，海信预计今年出口会增长 30%。上半年全国出口增长 1%，其中，中西部地区出口增长了 5.2%，一般贸易出口增长了 6.3%。这被解释为，民营企业发展较快，产品结构不断优化，中西部地区发展外贸产业的潜力得到挖掘。

内贸流通成优化配置新动力

——访商务部副部长房爱卿

消费增速有所下降，这是一种理性的回归，是一种结构的调整，更是消费进入新周期的体现。总体来看，下半年消费将呈现稳中回升态势。

随着电子商务的快速发展，内贸流通已成优化资源配置的新动力，经济转型发展的新引擎，大众创业就业的新平台。

如何看待今年上半年消费市场的新特征？电子商务的快速发展将带来哪些新变化？在促消费方面商务部还将出台哪些新措施？针对上述热点问题，2015 年 7 月，《经济日报》记者采访了商务部副部长房爱卿。

今年上半年，消费市场总体运行平稳，受经济下行压力影响，消费增速有所下降。房爱卿表示，这是一种理性的回归，是一种结构的调整，更是消费进入新周期的体现。总体来看，下半年消费将呈现稳中回升态势。从中长期来看，消费将进入新的增长周期，增速更加稳健，结构进一步优化，质量进一步提升，对经济增长的拉动作用进一步增强。

“改革开放以来，我国社会消费品零售总额年均增长 15.4%。随着经济进入新常态，消费也进入了新常态，由高速增长换挡为中高速增长。但即便如今的增速只有10%，每年的增量也接近3万亿元，体量比5年前增长15%所创造的增量还要大。”房爱卿介绍说。

房爱卿还对下半年消费形势进行了展望，他认为，虽然受到经济下行压力的影响，但是有利因素也在不断积累：一是宏观经济缓中趋稳、稳中有好，有利于稳定消费预期。二是简政放权、放管结合深入推进，能够更好地激发市场活力。三是随着电子商务的发展，新业态、新模式不断涌现，对消费的拉动作用进一步增强。四是前期国家出台了一系列促进消费的政策措施，下半年效果将会逐渐显现。从 4、5、6 月情况来看，消费增长速度逐月回升，4 月份是 10%，5 月份是 10.1%，6 月份是 10.6%。

在信息技术和电子商务快速发展的新形势下，内贸流通对经济增长将发挥怎样的拉动作用？房爱卿表示，电子商务的快速发展，让流通发生了革命性的变化，呈现出开放共享、协同融合、智能高效的新趋势。这不仅方便了广大消费者，也助推了国民经济增长，内贸流通作为国民经济基础性、先导性产业的特征也会越来越凸显。尤其是在电子商务快速发展的状态下，内贸流通成为优化资源配置的新动力，经济转型发展的新引擎，大众创业就业的新平台，生态文明建设的新领域。

具体来看，在电子商务模式下，流通企业掌握消费者的大量信息，可以利用大数据的方法来分析消费形势变化、预测未来趋势，并把这些信息传导给供应商，供应商可以根据消费需求来组织生产。这样不仅扩大了消费，也引导了生产，调整了结构，促进了经济发展方式转变。此外，电子商务领域创业就业的门槛比较低，也非常便捷。根据专家测算，今年上半年电子商务领域新增的就业接近 2000 万。据测算，流通行业就业人数已达 1.3 亿人左右，占全国就业人数近 20%，占第三产业就业人数比重超过 40%。

据介绍，为进一步扩大消费，商务部去年实施了促进和规范电子商务发展的专项行动计划，今年又实施了“互联网+流通”行动计划。房爱卿介绍说，在这一过程中，商务部主要聚焦在 6 大消费：一是促进便利消费，二是促进实惠消费，三是促进循环消费，四是促进协同消费，五是促进服务消费，六是促进安全消费。下一步，有关部门仍将靠市场的方法，靠激发市场活力、鼓励创新来扩大消费。

张茅：大力发展品牌经济

国家工商总局局长张茅 2015 年 7 月 28 日出席中国人民大学中国商标品牌研究院揭牌仪式并讲话。他指出，加强商标品牌建设，大力发展品牌经济，是新常态下推进经济转型发展的重要抓手。面对全球新一轮科技革命与产业变革的重大机遇和挑战，必须加快中国商标品牌建设步伐，努力提升中国品牌的国际竞争力，积极实施创新驱动发展战略、知识产权战略和“一带一路”战略，充分发挥商标品牌的引领带动作用，努力实现“中国产品向中国品牌转变”，为促进我国经济创新发展作出新的贡献。

张茅指出，首先需要转变观念，充分认识商标品牌在实施创新驱动发展战略中的地位和作用。拥有世界级商标品牌的多少，是一个国家经济实力与综合国力、创新力与竞争力的体现，要坚持以品牌创新为抓手，加快培育一批具有世界竞争力的自主品牌，努力提升商标品牌在实施创新驱动发展战略中的引领和推动作用。

当前我国经济发展进入新常态，正从要素驱动、投资驱动向创新驱动发展转变。加大品牌创新力度，着力提升国家综合实力和竞争力，已成为中国经济在新常态下的必然选择。

有关研究资料表明，20%的强势品牌占有了80%的市场份额。张茅指出，我们要坚持以科技创新为核心，以产品创新、产业组织创新、商业模式创新推进品牌创新，以品牌创新带动引领企业全面创新，把品牌创新融入实施创新驱动发展战略的全过程，不断提升商标品牌在实施创新驱动发展中的地位和作用。

联合国工业计划署调查显示，在所有产品品牌中，占比不足3%的知名品牌市场占有率高达40%。张茅表示，我们实施创新驱动发展战略，就是要引导企业摆脱同质化竞争、价格竞争的传统老路，迈向质量竞争、品牌竞争的高级阶段，以品牌创新促进创新发展，以品牌战略助推中国经济战略转型，为中国经济持续健康发展提供重要支撑和持久动力。

其次，政府将积极引导、鼓励企业以品牌竞争实现创新发展。“商标品牌的主体是企业，创新发展的主动权在企业，”张茅说，“我们引导企业加强品牌创新和品牌建设，就要充分尊重和发挥企业的主体地位和作用，鼓励企业通过品牌竞争实现创新驱动、转型发展。”

我国实施商事制度改革以来，商标品牌建设成效显著。截至2015年6月底，我国累计商标申请量1684万件，累计商标注册量1125万件，有效注册商标951万件，已连续13年位居世界第一，是名副其实的“商标大国”。

近年来，我国知名商标品牌数量虽然在世界知名品牌排行榜中稳中有升，但在品牌数量、品牌价值上与发达国家相比，仍有不小差距。在世界品牌实验室编制的2014年“世界品牌500强”中，中国只有29个，与美国232个相比仅占其12.5%。从2011年对每百户企业拥有的有效商标统计数据看，中国是10个，美国是30个，韩国是22个，这与我国已成为世界第二大经济体的地位很不相称。

对此，张茅表示，这就需要我们切实加大对企业的品牌意识培训，进一步引导企业强化品牌建设理念，增强品牌建设的紧迫感、责任感和使命感，促进企业牢牢抓住实施创新驱动发展战略、“一带一路”战略、知识产权战略的历史机遇，在品牌建设上有所作为、加快发展。

除了引导企业增加品牌建设的紧迫感，还要引导企业实现“中国产品向中国品牌转变”。张茅指出，当前国内许多企业和行业之所以面临这样那样的困难，其中一个重要原因，就是缺乏具有带动力、影响力的知名商标品牌，使企业处于同质化竞争、低价竞争的恶性循环之中。要改变这种现状，就需要引导企业转变“专注产品、忽视商标品牌”的惯性思维，牢固树立品牌意识，切实加大品牌建设投入，着力提高品牌建设能力，积极培育知名品牌，真正形成差异化竞争优势。

此外，在商标品牌推广方面，“互联网+”时代为企业品牌建设提供了难得机遇，也为企业开展品牌推广开拓了广阔空间。“我们要引导企业抓住机遇，乘势而上，拓展品牌推广渠道，创新品牌竞争形式，丰富品牌竞争内容，努力形成适应互联网发展的多层次、全方位、立体化的品牌推广格局，不断提升品牌附加值和竞争力。”

第三，张茅表示，应准确定位，努力构建品牌竞争和创新发展的协同共建机制。

张茅进一步表示，国家工商总局要通过深化商事制度改革和加强市场监管，努力为各类市场主体营造宽松平等的准入环境、公平有序的品牌竞争环境、安全放心的品牌消费环境。要积极引导企业尊重市场经济规律特别是竞争规律，通过提高品牌竞争力，推动企业创新发展。要健全完善海外维权工作机制，畅通维权渠道，支持中国企业和中国品牌“走出去”，着力培育一批国际知名的商标品牌，不断提升中国品牌的国际形象和影响力。

“政府的职能就是为市场主体服务，维护市场公平竞争，保护市场主体合法权益。”张茅表示，政府既要当好品牌竞争和创新发展的服务员和裁判员，更要引导企业当好品牌竞争和创新发展的运动员。商标品牌作为一项重要的知识产权，加强对商标品牌的保护，就是鼓励和保护企业创新发展。

此外，还要通过开展商标国际注册培训、品牌建设能力培训等活动，提高企业的商标注册、运用、管理和保护能力。

积极推广先进的营销理论、品牌管理模式和方法，增强企业的品牌推广能力和水平。充分发挥社会组织在商标品牌评价制度建设中的作用，积极开展商标品牌评价国际交流与合作，不断提升我国在商标品牌评价领域的话语权。

最后，张茅对中国商标品牌研究院建设提出了几点要求。他指出，在“大众创业、万众创新”的时代，在经济日益全球化的大背景下，迫切需要我们加强商标品牌理论研究，为提高中国品牌竞争力和促进创新发展提供理论支撑和智力支持。

张茅进一步指出，研究院要加强商标品牌理论研究、调查研究，并注重理论研究成果的应用，要运用理论研究成果撰写发布中国品牌发展报告，客观反映我国品牌建设现状，提出政策性意见和建议，服务和促进商标品牌建设。

马正其参加全国工商系统开展放心消费创建活动现场会

2015 年 9 月 10 日，全国工商系统开展放心消费创建活动现场会在江苏省苏州市召开。国家工商总局党组成员、副局长马正其在会上作了“深入开展放心消费创建活动努力营造安全放心消费环境”重要讲话。中央文明办有关同志莅临会议指导。

本次现场会的主要任务是：贯彻落实党的十八大以及十八届三中、四中全会精神，按照国家工商总局的工作部署，深入贯彻实施新《消法》，学习推广江苏省放心消费创建活动经验，相互交流消费维权工作做法，积极构建消费维权社会共治的新格局，努力营造安全放心的消费环境，更好地服务经济持续健康发展和社会和谐稳定。

现场会期间，与会代表实地观摩了苏州市放心消费创建示范企业和街道，参观了江苏省各地市放心消费创建活动图片展。江苏省工商局和苏州市政府的负责同志详细介绍了江苏省和苏州市开展放心消费创建活动的工作经验。北京、河北、云南、新疆四省（市、区）工商局的有关负责同志进行了大会交流发言，分别介绍各自立足本地实际，推进消费维权社会共治，营造安全放心消费环境的好经验、好做法。

马正其对江苏等省（市、区）开展放心消费创建活动给予充分肯定。他指出，近年来，江苏省委、省政府始终高度重视消费维权工作，将消费维权工作作为稳增长、促改革、调结构、惠民生的重要任务来抓，效果明显。江苏省工商局围绕中心，服务大局，勇于担当，锐意创新，以全省放心消费创建活动为载体，以提高消费环境安全度、经营者诚信度和消费者满意度为目标，始终坚持政府主导，始终坚持社会共治，始终坚持源头治理，始终坚持法治保障，积极构建消费维权工作新机制。经过多年努力，江苏省放心消费创建活动取得了显著成效：一是各级党委政府高度重视消费维权工作，社会各界齐抓共管格局基本形成；二是市场监管执法效能显著提升，市场秩序和消费环境明显改善；三是基层消费维权网络建设不断加强，消费纠纷得到妥善解决；四是企业诚信意识普遍增强，主体责任得到较好落实；五是广大人民群众踊跃参与，消费维权工作社会认同有效提升，为江苏经济社会持续健康发展和实现“迈上新台阶、建设新江苏”目标作出了积极贡献。北京、河北、云南、新疆等地工商和市场监管部门在当地党委、政府的领导下，适应新常态、新要求，立足本职、积极作为，在消费维权方面做了大量富有成效的工作，既有本地特色，又有普遍适用性。

马正其要求全国工商和市场监管部门认真学习江苏省放心消费创建活动经验，从经济社会发展全局和战略的高度，充分认识深入开展放心消费创建活动的重要性和必要性，切实增强新形势下做好消费维权工作的使命感和责任感，努力营造安全放心的消费环境，积极服务经济社会健康发展。马正其对深入开展放心消费创建活动的重要意义进行了深刻阐述。他指出，深入开展放心消费创建活动是主动适应经济发展新常态的客观需要，是转变政府职能的具体体现，是构建社会诚信体系的有效途径，是推进消费维权社会协同共治的重要举措。

马正其强调，各地工商、市场监管部门要结合深入贯彻新《消法》，抓住重点环节，突出社会共治，在更大范围推进放心消费创建活动，在新的起点上进一步提升消费维权工作水平，努力营造安全放心的消费环境，积极服务经济社会持续健康发展。他指出，各地工商、市场监管部门要以争取政府支持为关键，建立健全创建工作长效机制；以12315体系建设为依托，切实提升消费维权效能；以深入推进12315“五进”工程为重点，有效扩大创建活动覆盖面；以落实消费环节经营者首问和赔偿先付“两项维权制度”为抓手，积极促进市场诚信体系建设；以强化监管执法为保障，切实维护消费市场秩序；以加强社会监督和消费教育引导为手段，积极营造社会各方参与的良好氛围。

马正其最后强调，各地要以全国人大常委会新《消法》执法检查为契机，紧紧围绕贯彻执行新《消法》，深入开展放心消费创建活动，加强组织领导，强化统筹安排，抓紧落实好各项工作任务，争取明年底前见成效，创建一批放心消费示范企业、行业和商圈。

各省、自治区、直辖市、副省级市及计划单列市工商、市场监管部门分管消费维权工作的负责人，负责相关工作的消保机构或12315机构负责人参加了现场会。江苏省各地市工商、市场监管局负责人以及消保机构（12315机构）负责人也参加了现场会。

在全国商贸流通服务业先进集体、劳动模范和先进工作者表彰大会上的讲话

（2015年9月15日）

商务部副部长 房爱卿

各位领导，同志们：

很高兴出席这次表彰大会。首先，我代表商务部，对获得表彰的先进集体、劳动模范和先进工作者表示热烈的祝贺！

习近平总书记在今年庆祝“五一”国际劳动节暨表彰全国劳动模范和先进工作者大会上指出，先进集体、劳动模范和先进工作者是坚持中国道路、弘扬中国精神、凝聚中国力量的楷模，以高度的主人翁责任感、卓越的劳动创造、忘我的拼搏奉献，为全国各族人民树立了学习的榜样。弘扬劳模精神、劳动精神，能为经济社会发展汇集强大的正能量。

弘扬劳模精神、劳动精神，是促进商贸流通服务业发展的强大动力！商贸流通服务业既服务生产，又服务生活，是非常重要的基础性、先导性和民生性产业，还具有独特的文化和生态功能，对促进经济发展、社会和谐和人民幸福都有重要的作用，可以说是最需要发挥“爱岗敬业、争创一流，艰苦奋斗、勇于创新，淡泊名利、甘于奉献”的劳模精神的领域，同时又是最能体现社会主义核心价值观、最能体现劳模精神的领域之一。

新中国成立以来，我们行业涌现了一大批劳动模范，他们继承和创造了优秀的商业文化。比如以精湛技艺和把顾客当

亲人为核心的“一团火”精神，以艰苦奋斗、无私奉献、靠人力送商品和服务下乡为核心的“扁担精神”“背篓精神”等。近年来又涌现出一批甘当探路人，为改革开放、创新发展做出新贡献的劳动模范和先进个人。这些都是商贸流通服务战线上宝贵的精神财富，在激励着一代又一代的商贸流通服务业人员。

当前我国经济发展进入新常态，对商贸流通服务业提出了新的、更高的要求。在此，我提三点希望：第一，要大力弘扬劳模精神，为促改革服务。党的十八大提出推进内贸流通体制改革，建设法制化营商环境；前不久国务院又决定在上海等 9 个城市开展内贸流通体制改革发展综合试点。要完成这些改革任务，就需要我们发扬勇于创新、不断探索的劳模精神，研究改革一些体制性机制性问题。第二，要大力弘扬劳模精神，为稳增长服务。当前，由于国际需求疲弱，我国经济下行压力仍然较大。商贸流通服务业既是国民经济的重要组成部分，又直接影响消费和投资这两个拉动经济增长的主要动力。做好商贸流通服务工作，既有利于稳增长，又有利于调结构，这需要我们进一步发扬爱岗敬业、艰苦奋斗的劳模精神，努力把工作做得更好。第三，要大力弘扬劳模精神，为惠民生服务。随着经济社会的发展，人民群众对我们如何提供丰富、便利、实惠、安全的商品和服务供给提出了更高的要求，这就要求我们必须发扬淡泊名利、甘于奉献的劳模精神，努力工作，满足广大人民群众的需求！

最后，让我们齐心协力，加快改革创新，为国民经济持续稳定发展，为全面建成小康社会、实现中华民族伟大复兴的中国梦，做出更大的贡献！谢谢大家！

2015 年 9 月 21 日，《人民日报》刊登商务部部长高虎城署名文章“温故知新 继往开来——不断充实中美新型大国关系经贸内涵”。全文如下：

温故知新 继往开来

——不断充实中美新型大国关系经贸内涵

金气秋分，春华秋实。

按照中国传统的农历二十四节气，秋分意味着真正进入秋季。在这个收获的季节，中国国家主席习近平即将对美国进行国事访问。这将是一次增信释疑、聚焦合作、面向人民和开创未来之旅，将为中美构建新型大国关系进一步指明方向，开启中美关系发展的新篇章。

作为双边关系的“压舱石”和“推进器”，中美经贸合作正站在新的历史起点上。

在这一特殊时刻，回首中美经贸合作 36 年走过的发展历程，犹如翻看一部跌宕起伏、波澜壮阔的历史画卷，每一个画面背后都隐藏着许多动人的甚至是鲜为人知的精彩故事，留下了回味悠长、发人深思的历史印迹。

抚今追昔，透过一幅幅历史画卷，着眼新的时代要求，继续推动互利共赢的中美经贸关系向前发展，对于建设中美新型大国关系影响深远、意义重大。

破冰：跨越太平洋的握手

1972 年，美国总统尼克松访华，中美领导人实现了历史性的握手，长期横亘在两国之间的坚冰渐渐开始消融。

尽管对于普通民众来说，还不明白这一历史性时刻将给他们的生活带来哪些影响，但充满着敏锐市场嗅觉的商界人士，已经提前感受到了巨大变化。那时，来到中国的美国游客，一个很大的困惑是喝不到可口可乐。这个在美国家喻户晓的饮料，在中国市场上却难显踪影。于是，一系列围绕着如何引进和生产的商业谈判开始了。

1978 年 12 月 13 日，在经历了一轮又一轮谈判之后，中美双方企业在北京饭店签订协议，明确美国可采用补偿贸易方式或其他支付方法，向中国主要城市和游览区提供可口可乐制罐及装罐、装瓶设备，在中国开设专厂灌装并销售。在装瓶厂建立起来之前，从 1979 年起可用寄售方式由中国指定企业安排销售。自此，可口可乐成为港澳之外第一家进入中国大陆的外国企业。

巧合的是，在北京饭店同一层楼另一间会议室里，中美两国正进行恢复邦交的谈判。3 天后，1978 年 12 月 16 日，中美双方发表《中美建交联合公报》。半个月后的 1979 年 1 月 1 日，中美两国正式建立外交关系。两国大门的开启，为发展中美经贸关系奠定了良好基础。也就是在这一年的 7 月，中美签订了《中美贸易关系协定》，规定“对来自或输出至对方的产品相互给予最惠国待遇”。由此，两国的经贸合作框架逐步开始建立。

这一时期，中美经贸往来从少到多、由浅及深，逐步发展起来。1972 年中美关系开始恢复时，双边贸易额只有 1288 万美元，到了 1978 年已经增长到 9.9 亿美元。当时的中国主要从美国进口粮食、纺织品原料、化工品、机械及技术产品，向美国出口土畜产品、工艺品和五金产品。

就在中美商船开始往来于太平洋两岸的时候，中国自身也在悄然发生着各种变化。1978 年 12 月 18 日，也就是中美可口可乐协议达成的 5 天后，中国共产党十一届三中全会在北京举行。这次会议，开启了中国改革开放历史新时期。由此，中国的发展与世界更加紧密地联系在了一起。

启航：摸索前行中的中美经贸合作

随着中国改革开放历史进程的演进，中美经贸关系也开启了新的航程。

30 多年后的今天，许多美国百姓还都对中美恢复直接贸易往来后的第一次展览记忆犹新。那是 1980 年的 9 月～12 月，中国先后在美国的旧金山、芝加哥、纽约等三大城市，举办经济贸易展览会。整个展览接待美国观众近 70 万人，成交额近 3000 万美元。

就在这一年的 11 月，美国也在北京举办了经济贸易展览会，参展的 753 个团员，展出了石油、农业、交通运输、电力、纺织与消费品生产等设备。

初开大门就展现出来的良好前景，进一步激发了双方巨大的合作热情。中美陆续签订了纺织品协议、民航协定、海运协定和领事条约，为两国间经贸关系的进一步发展创造了有利条件。1983 年，中美商贸联合委员会成立，这一机制后来被誉为中美贸易摩擦的“灭火器”，并成为促进经贸关系健康发展的重要平台。

自 1979 年至 1988 年的十年中，中美双边贸易额从 24.5 亿美元跃升至 82.6 亿美元，翻了两番，年平均增长率达 14.4%。

这一时期，中国进一步加快了国内建设步伐，出台了一系列重大改革开放举措。在中国沿海的城镇上，一座座工厂拔地而起，开始通过“三来一补”等各种合作方式，生产世界各地需要的产品。也就是从那个时候开始，美国消费者渐渐穿上了中国工人制造的服装、鞋子，而中国消费者第一次认识了个人电脑、打印机这些来自美国的先进产品。中美贸易结构也悄然发生了变化。

从上世纪 80 年代开始，中国向美国出口的商品不再全部是农副产品、畜产品、陶瓷和玩具，纺织品和服装出口开始迅速增长。1988 年，中国对美国出口纺织品 16 亿平方码，金额达 22.4 亿美元，成为对美国出口的最大宗商品。随着中国吸引外资力度的加大，中国向美国出口的机电产品、轻工业品、有色金属等也有较大增长。

伴随着经贸往来的发展，参与多边贸易体制的问题，也被提上了中国政府的议事日程。1986 年 7 月，中国正式向关贸总协定递交了“复关”申请。1999 年 11 月 15 日，经过六天六夜的谈判，中美在北京签署关于中国加入世贸组织的双边协议。2001 年 12 月 11 日，中国正式加入世界贸易组织。同年 12 月 27 日，美国正式宣布给予中国永久正常贸易关系地位。

尽管经贸关系也不时受到各种复杂因素干扰，有时甚至剑拔弩张，但中美经贸合作始终向前推进。2001 年中国加入世贸组织时，中美双边贸易额达到 805 亿美元，比 1979 年中美建交时的 24 亿美元增长了 30 多倍。这一数据本身，就是对合作共赢最好的历史诠释。

扬帆：全方位拓展的利益交融

进入新世纪以来，中美经贸关系步入了前所未有的“黄金发展期”。特别是中国加入世贸组织后，两国抓住经济全球化的历史机遇，推动双边经贸合作实现了历史性跨越。2004 年，中美商贸联委会升格为副总理级。2005 年 11 月，经过七轮谈判，中美签署了《关于纺织品和服装贸易的谅解备忘录》，彻底解决了围绕中国加入世贸组织议定书相关的纺织品贸易问题。2006 年 12 月，首次中美战略经济对话在北京举行。

2013 年 6 月，中美两国元首在安纳伯格庄园会晤中，就构建新型大国关系达成重要共识，为推动双边经贸关系发展注入了新的活力。自此之后，有近 1.2 万亿美元的货物和超过 170 亿美元的投资往来于太平洋两岸。2014 年，中美双边贸易规模达到创纪录的 5551 亿美元，比建交初期扩大了 227 倍；双向投资存量超过 14200 亿美元。目前，中国已经是美国第二大贸易伙伴、第三大出口市场和第一大进口来源地，而美国则是中国第二大贸易伙伴、第一大出口市场和第五大进口来源地。

贸易和投资带动两国产业融合加深。中国迅速成为美国农产品、飞机、汽车等产品的重要海外市场，而中国向美国出口的产品，也从家具、玩具、纺织品到手机、电视机、打印机、平板电脑等，涉及各个领域。今天，得克萨斯的棉农、制造波音飞机的工人、佛罗里达的建筑商，中国成千上万企业、工人和数以亿计的消费者都在分享中美经贸合作的好处。

这一时期，中美在各领域、各层面的沟通和交流达到了前所未有的程度，从经贸扩展到科技、旅游、文化、教育、能源、金融等多个方面。中美两国政府间建立了 90 多个各层级的对话机制，涌现出了 40 多对友好省州和超过 200 对友好城市。据统计，每年两国人员往来已接近 450 万人次，平均每天有 1.2 万人往返于太平洋两岸，平均每 17 分钟就有一架飞机在两国起降。

金融危机之后，中美经贸合作日渐超出双边范畴，具有越来越重要的全球影响。在 G20、APEC、WTO 等一系列国际舞台上，两国加强了政策协调。在 2013 年底达成的世贸组织“巴厘一揽子协定”中，中美共同发挥了建设性作用，使久拖不决的多哈回合取得重要突破。2014 年 11 月，奥巴马总统访华期间，中美就尽快恢复和结束《信息技术协定》扩围谈判取得共识，为推动达成世贸组织成立 19 年来第一份关税减让协议创造了有利条件。中美还就共同应对气候变化达成重要共识，得到国际社会的广泛赞誉，树立了合作的典范。这样的合作范例不胜枚举。中美经贸经过长期的共同合作，勾勒出“中国赢了”“美国赢了”“世界赢了”的多赢画面。

镜鉴：历史赋予我们的宝贵启示

弹指瞬间，历史如镜。36 年，中美共同见证了经贸合作的脉络演变。每一个节点，都让我们感慨万千。

36 年来，中美两国的经贸关系历经东边日出西边雨的奇景，既经历过“冷战”，也经历过“蜜月”；既遭遇过“低谷”，也触碰过“高峰”，虽然一路坎坷，始终相向而行。

36 年来，中美经贸关系顺应历史潮流，合作与对话的呼声始终压过了不和谐的杂音。中美经贸合作成为双边关系的“压舱石”和“推进器”，推动两国关系不断迈上新台阶。

以史为鉴。中美经贸合作的发展历程，积淀了诸多经验启示，弥足珍贵，值得汲取：

——两国领导人的高度重视，为中美经贸合作不断前行营造了良好氛围。对于双边经贸关系的定位，中方领导人将其比喻为中美关系的“压舱石”，美方领导人称之为“锚”。尽管叫法不同，但都体现出两国领导人对经贸关系重要性的认识高度一致。正是得益于此，中美合作交流的航船尽管历经风浪波折、遭遇磕磕碰碰，但始终披荆斩棘、破浪前行。

——两国经济结构的优势互补，为中美经贸合作不断深化奠定了坚实基础。中美在要素禀赋、发展水平、产业结构、创新实力等各个方面差异明显，互补性很强。中国的劳动力资源与美国企业的资金、科技、创新及管理优势相结合，为双方创造了大量就业机会，直接带动了中美产业结构优化和技术进步。

——两国企业的开拓进取，为中美经贸合作不断拓展带来了勃勃生机。今天，数以万计的企业家往来于中美之间，两国业界充分发挥企业家的市场敏锐性和创新精神，全方位推动了各领域合作的快速发展。尽管在不同时期，两国业界也出现过不少矛盾和摩擦，但更多的是不断涌现的合作商机和利益。

36年的中美经贸合作历程充分说明，中美两国不是零和博弈的对手，而是互利共赢的伙伴。2013年，在安纳伯格庄园中美元首会晤时，习近平主席指出，“作为世界前两大经济体，中美已形成结构高度互补，利益深度交融的经济关系。”奥巴马总统强调，“双方确认经济关系作为双边关系的核心重要性。”尽管经济和社会制度迥异，在很多问题上存在一些分歧，但中美互为重要经济伙伴的历程证明，大国之间并非注定陷入“修昔底德陷阱”，以互利共赢为基础的中美经贸合作是中美关系发展的必然选择，符合两国人民的长远利益和根本利益。

正如近期基辛格博士所说的，目前国际社会有一种说法认为中美关系到了“临界点”，但在观察中美关系发展的近50年中，有关“临界点”的说法就出现过好多次，但事实上他所经历的八任美国总统和历任中国领导人都采取了同样政策，所以中美必须合作。

远望：开启中美新型大国关系的新篇章

作为世界上最大的发展中国家、最大的新兴市场和最大的发达国家，中美两国虽然具有不同的文化传统、不同的社会制度、不同的发展阶段、不同要素禀赋，但是，互利共赢一定是双方更大领域和规模合作的基石。习近平主席即将开始的访美之旅，既是构建新型大国关系的重要一环，也是在关键历史节点上推动双边经贸关系步入新阶段的关键之旅。中方希望与美方一道，进一步拓展和深化中美全方位经贸合作，为充实中美新型大国关系的内涵做出务实之举。

——务实推进更高水平更高质量的经贸合作。领域更广、平台更多、内容更实、效益更好，是近年来中美经贸合作的重要发展趋势。以省州合作为例，中国先后有23个省市，与美国加利福尼亚州、芝加哥市、艾奥瓦州、得克萨斯州、密歇根州、华盛顿州建立6个贸易投资联合工作组;两国还在探讨建立促进中美地方经贸合作的工作机制。随着这些工作的推进，双边将进一步加强经济联系，为两国民众带来实实在在的利益。在拓展国际产能合作、发展援助第三方合作等领域，也有望成为双方合作的新领域和新亮点。中国还将继续搭建更多的开放平台，发挥业界在市场信息、技术孵化、创新驱动等方面的优势，进一步激发市场活力，更好地推进和服务于两国经济结构调整。

——妥善管控双边经贸领域的摩擦与分歧。随着经贸规模的不断扩大，发生摩擦与纠纷难以避免。但从中美经贸关系的大局来看，摩擦始终是支流，合作是主流。正如习近平主席所说，“宽广的太平洋两岸有足够空间容纳中美两个大国”。关键在于，中美双方要持续开展有效沟通，以积极姿态回应彼此关切，及时消除误解、化解矛盾。两国要避免经贸问题政治化，更多向两国业界和民众传递正面信号、抑制消极因素。双方应充分利用中美战略与经济对话、中美商贸联委会等平台，加强对话与磋商，妥善管控分歧，不断减少双方的“问题清单”，扩大“共同利益清单”，推动双边经贸关系持续稳定健康发展。

——共同推动全球经贸治理体系的完善。维护开放的全球经贸体系，对中美两国和全球经济的重要性不言而喻。目前，双方正在加快推进双边投资协定谈判，现已进入负面清单谈判阶段。双方将争取尽早达成一个互利共赢的高水平协定，早日造福两国业界和人民，并为全球投资规则的完善进行探索。在多边、诸边、区域合作层面，中方也将与美方积极开展对话，共同围绕诸多全球性经贸议题加强协调，发挥更多的建设性作用。中国政府大力推动共建的“一带一路”，与美国的“新丝绸之路计划”，也可以找到利益交汇点。只要双方致力于在共同发展中寻求各方利益的最大公约数，就可以向世界提供更多有价值的公共产品。

——积极维护世界经济的可持续健康发展。当前，世界经济处于深度调整与结构再平衡的“新平庸”状态，总体复苏仍然乏力。中美作为世界最大的两个经济体，两国合占世界经济总量的1/3，贸易总量的1/5。在稳定世界经济增长中，长期发挥着举足轻重的作用。作为世界大家庭的一员，中国经济今年以来面临较大下行压力，增速出现了回落。但与全球主要经济体相比，中国经济增速仍然位居世界前列。

过去3年间，中国对世界经济增长的贡献率接近30%，对全球进口的贡献率达37%，远远超过其他国家和地区。同时，中国经济的基本面总体良好，增长动力更加均衡，经济结构更加协调，各领域改革推进的成效正在显现。

我们也注意到，美国正在加快转变经济增长模式，实施扩大出口倍增计划，积极引进外国投资，加快发展新能源、新材料、环保技术、高速铁路、无线网络等新兴产业。这将为两国和世界经济寻求新的增长点提供机遇。中方愿同美方携手合作，为促进世界经济迈向复苏轨道做出努力。

翻阅历史，如揽长河。

综观36年中美关系，尽管经历过政治上的惊涛拍岸，也曾遍尝经贸上的风风雨雨，但是，两国政治和经贸关系都能始终求同存异，相向而行。

以史为鉴，放眼未来。

习近平主席即将对美国进行的国事访问，是中美关系中的重大历史节点。中美经贸合作也即将开启新的航程。

我们期待，以此为契机，中美两国携手推进更高水平、更高质量的经贸合作，进一步充实中美新型大国关系经贸内涵，为提高两国乃至世界人民的福祉做出更大贡献！

站在新的起点，我们对中美经贸合作的未来充满信心。

王炳南：商务部农村电子商务推动农民就业 扩大农村消费

“目前农村电子商务发展取得了一些初步的进展，一是扩大了农村消费。应该说网购极大地方便了农民的消费，同时也有效地释放了农民消费潜力，也是当前农村消费的热点。二是推动了农民的就业和创业。”商务部部长助理王炳南2015年10月16日在国务院政策例行吹风会上表示。

国务院新闻办16日举行国务院政策例行吹风会，工业和信息化部新闻发言人、总工程师张峰，商务部部长助理王炳南和国家邮政局局长马军胜介绍完善电信普遍服务补偿机制、加快发展农村电子商务和促进快递业发展的有关政策情况，并答记者问。

商务部此前推出多项政策来推动农村电子商务的发展，谈及落实情况，王炳南介绍，商务部认真贯彻落实国务院提出的“互联网+”行动计划，提出了“互联网+”流通。商务部把农村电子商务这项工作作为农村市场体系建设的重要内容，也把农村电子商务这项工作作为扩大农村消费、促进农民增收、繁荣农村经济的一个重要手段。特别是在今年，加大了农村电子商务这方面的工作力度，主要采取了四个方面的措施：

一是加强了统筹协调。商务部会同19个部委，今年出台了《加快发展农村电子商务的意见》，这个《意见》也是前期做了大量调查研究的基础上形成的文件，也是国家第一个指导农村电子商务发展的指导性文件，指明了农村电子商务下一步发展的方向。

二是积极开展了电子商务进农村的综合示范工作。从2014年开始，商务部、财政部联合启动了这项工作，安排了中央财政资金48亿元，两年里支持256个示范县发展电子商务。在示范县里重点支持中西部地区，特别是国家扶贫开发重点县和集中连片贫困县103个。通过资金的支持，应该说促进农村，特别是国家扶贫重点开发县和集中连片的贫困县，形成“造血”的机制。

三是努力地营造发展环境。开展了互联网领域的侵权假冒专项整治，制定印发了《网络零售第三方平台交易规则制定程序》，并且会同质检总局推动农产品冷链标准化建设。

四是开展了人员的培训。针对农村电商人才匮乏的现状，利用国家电子商务人才的再教育培训基地平台，指导地方政府开展教育，鼓励企业加强这方面的培训。从去年的8月份到目前为止，在不到一年之内，累计培训了20万人。

王炳南指出，目前农村电子商务发展取得了一些初步的进展，一是扩大了农村消费。应该说网购极大地方便了农民的消费，同时也有效地释放了农民消费潜力，也是当前农村消费的热点。二是推动了农民的就业和创业。王炳南举例称，2014年，甘肃省在贫困地区办网店达3万家，从业人员达到10万人。另外一个例子，2015年以来，仅京东这一家企业，在发展农村电子商务方面，它发展的乡村推广员达10万人，应该说发展的效果还是比较明显的。

王炳南还指出，“当然，我们也积极开展了256个综合示范县方面的工作，其中2014年第一批的八个省56个示范县的效果良好。我这边有一个统计的数据，到今年6月底，这56个示范县已经建立了县级电商服务中心81个，配送中心70个；乡、村电商服务站达到4213个，开办了网店达到3.9万家，新增电商网民有190万人。经济方面的效果，比如在工业品下乡方面的工业品销售额达到了589亿。农产品进城方面的农民增收这块，实现的农产品销售额达到193亿，并且拉动了乡村的旅游消费达到32亿。”

张茅：深入贯彻落实《意见》构建新型市场监管体系

2015年10月19日，国家工商总局召开全国工商和市场监管系统贯彻实施《国务院关于“先照后证”改革后加强事中事后监管的意见》（以下简称《意见》）电视电话会议。总局党组书记、局长张茅出席会议，并就贯彻落实《意见》作出明确部署。张茅强调，要切实提高市场监管的针对性和有效性，确保《意见》落实到位，为构建新型市场监管体系、维护公平竞争市场秩序作出新贡献。

总局党组副书记、副局长刘玉亭主持会议。在京总局领导甘霖出席会议。

张茅指出，《意见》是在新形势下进一步深化商事制度改革的重要文件，既标志着商事制度改革“放、管、服”三位一体总体框架初步构筑完成，也标志着商事制度改革正式进入加强事中事后监管的新阶段。《意见》是新形势下构建新型市场监管体系的顶层设计，构建了职责清晰、协同监管、社会共治的事中事后监管新模式。《意见》提出的职责法定、协同监管、信用约束、社会共治四项原则遵循了市场监管现代化的基本要求，为推进市场监管现代化奠定了坚实基础。全系统要充分认识《意见》出台的重要意义，进一步增强加强事中事后监管的责任感和紧迫感，提高工作的主动性和积极性，努力发挥在市场监管中的主力军作用。

张茅强调，要深入学习、准确把握和全面落实《意见》中的关键问题，切实提高市场监管的针对性和有效性。一是明确“谁审批、谁监管，谁主管、谁监管”的原则，这是职责法定原则的核心内容，全系统务必要深刻把握、严格执行。二是加快推进“全国一张网”建设，集中力量加快企业信用信息公示系统的建设和优化，创新信息化工作，为简政放权、放管结合、优化服务提供有力支撑。三是切实履行“双告知”职责，防止监管真空，防范监管风险，确保“先照后证”改革各项举措落地生根。四是认真做好“双随机”抽查工作，在总结探索试点经验的基础上，不断完善制度，切实规范流程。五是加强部门协同监管，建立部门间的信息互联共享机制，建立健全跨部门联动响应和失信惩戒机制，积极推进统一市场监管和综合执法模式。六是动态管理前置审批目录。

张茅就贯彻落实好《意见》提出三方面要求：

适应新形势要求，转变工作理念。积极转变监管理念，树立改革探索精神，把监管工作放在改革发展大局中去思考、去谋划，注重用改革的办法解决改革中出现的问题，知难而进，积极作为。树立社会共治理念，强化企业自我管理，发挥社会组织的监督自律作用，切实加强社会监督，处理好企业、行业、社会和政府的关系，形成社会共治的局面。

深入开展学习，抓好培训宣传。切实加强学习培训，及时传达《意见》主要原则、内容和相关工作要求，使广大干部在思想上重视起来，工作上行动起来。高度重视宣传工作，充分利用报刊、电视、网络等媒介，采取多种形式加大宣传力度，对可能出现的认识误区，有针对性地引导，确保《意见》顺利实施。

加强组织领导，确保落实到位。高度重视，切实加强组织领导，一把手要亲自抓、亲自研究部署，督促抓好落实。创新工作方式方法，《意见》作为市场监管的顶层设计，还必须与基层实践、基层创新相结合。各地要因地制宜，探索工作方法和实现路径，真正把《意见》的内容落到实处。在贯彻落实中遇到困难和问题，要及时向当地党委、政府和上级机关汇报。

童道驰考察汉口北：肯定创新线上线下结合发展模式

2015 年 10 月 20 日下午，国家商务部党组成员、部长助理童道驰到汉口北国际商品交易中心各大市场调研考察，童道驰盛赞汉口北繁荣的新型市场业态，肯定汉口北电商创造了中部电商发展的新型模式，并指出中部地区发展电商和外贸拥有巨大潜力。湖北省商务厅厅长卢炎群等陪同考察。

从汉口北海宁皮革城开始，童道驰逐一踏访、深入细致地参观调研了小商品城、床上用品城、酒店用品城、汉口北电商大厦等。2 个小时里，他穿行在货架间，不时驻足，端详商品，查问价格，并与商户近距离交流，肯定汉口北以先进的业态“解决了对老市场的承接问题”。他详细查看了电商大厦电脑集成电商、家居电商等商户创业场景，了解到对大学生电商创业者提供办公位、住房及生活补贴的情况。数百年轻人汇聚一堂从事电商创业，童道驰赞许“这符合总理大众创业、万众创新的导向”。

童道驰部长助理在随后举行的座谈会上听取了黄陂区区长吴祖云、卓尔控股董事长阎志关于汉口北建设运营及电商发展的详细汇报，汉口北围绕20大批发市场集群，配套建设研发加工、仓储物流、商务办公、金融服务区域，形成完整的商贸物流产业生态圈，随着建设的推进，明年有望成为中国规模最大的商品批发市场。目前，汉口北发展呈现“三大结合”的融合发展态势。线上线下结合：支持实体商户开网店发展社会化电商；自建电商平台“卓尔购”将于年内上线，把汉口北商户整体搬到网上交易，同时推出卓金服、卓集送，为商户提供融资、物流配送服务。传统采购与现代休闲购物相结合：汉口北将建汉正街风情老街区，建设3万平方米的室内儿童乐园、3万平方米冰雪天地及过山车等游乐设施。

童道驰高度评价汉口北建设运营及电商发展。他说，商务部为汉口北颁发国家电商示范基地的牌子可谓实至名归。在新型实体业态繁荣的基础上，汉口北实行线上线下融合，内贸外贸结合，并开发了金融、快递、物流等系列配套服务，带动了电商集群及黄陂区、武汉市的商业发展，创造了中部地区市场成功转型及电商业态创新的一个成功模式，未来有很大的潜力。

“线上业务大发展已成必然趋势，线上会取代线下吗？”童道驰说：“汉口北的发展实例给出的答案是，线上与线下并不是此消彼长，而是互助共生的关系。”他表示，从汉口北的案例看到了内陆地区内外贸融合发展的希望，以武汉为代表的中部城市发展电子商务有巨大的潜力。

湖北省商务厅厅长卢焱群表示，省市商务部门将扎实推进，积极支持汉口北加快发展，把汉口北建成全国有影响力的商品市场，全国一流的电商示范基地、内外贸结合采购市场。

大力提高标准化水平，推动商贸物流转型升级

——在全国商贸物流工作现场经验交流会上的讲话

（2015年10月28日）

商务部副部长 房爱卿

同志们：

大家上午好。

这次会议的主题是贯彻国务院《关于推进内贸流通现代化 建设法制化营商环境的意见》（国发〔2015〕49号）文件精神，总结一年来的工作，分析形势，交流经验，部署下一步工作。刚才听了三个城市、三个企业的交流发言，很受启发。我觉得他们的做法都是可复制、可推广的经验。结合他们讲的情况，我谈几点意见。

一、推动商贸物流标准化取得的工作成效

目前，我国国民经济总体处在合理区间，缓中趋稳、稳中有进、稳中有忧。在当前复杂多变的形势下，发展商贸物流，提高商贸物流标准化水平，对于降低物流成本，提高流通效率，改进国民经济运行质量具有重要意义，也是稳增长、调结构、促转型的重要抓手。今年，商务部提出了十六项重点工程，商贸物流标准化专项行动是其中之一。在财政部、国标委等部门的支持下，在商务系统的共同努力下，一年来标准化工作取得了一些成效，探索出了一些经验，我觉得可以概括成四个

方面，就是“政府推动、试点探索、企业示范、中介服务”。

（一）以部门联动为基础，创造物流标准化发展的外部环境。

前不久，汪洋副总理在商务部、财政部、国标委共同报送的商贸物流标准化工作进展情况报告上批示“成效令人鼓舞，赞成所拟”，给予了肯定。国务院各部门对商贸物流标准化工作也非常支持。财政部安排了专项资金支持这项工作。商务部、国标委联合印发了《关于加快推进商贸物流标准化工作的意见》，全面开展完善商贸物流标准体系、加快重点领域标准制修订、加强商贸物流标准实施和推广等工作。商务部与国家邮政局联合开展了快递与电子商务协同发展、“快递向西向下”服务拓展工程等工作，提升电子商务和农村物流标准化水平。最近，我们协调工信部、交通运输部修订国标《道路车辆外廓尺寸、轴荷及质量限值》（GB1589），对配送车辆外廓尺寸进行了调整，以便于车辆带板运输，提高物流效率。

在地方，各省市人民政府对商贸物流的重视程度进一步提高，充分发挥各部门合力，共同推动商贸物流标准化。如贵州省人民政府印发《关于加快发展现代物流业的若干意见》，要求相关部门共同推广物流标准化，选择重点领域培育标准化示范企业。天津市建立了由商务局、财政局和监管委组成的多部门联合推进商贸物流标准化工作机制。辽宁省服务业委制订了《关于促进商贸物流发展的指导意见》，提出商贸物流新技术应用和标准化推广工程等九项重点任务，推广应用城乡配送、冷链物流、电子商务物流、再生资源回收物流和商贸物流信息服务平台等重点领域物流标准。

（二）以试点城市为载体，发挥物流标准化辐射带动作用。

2014年，财政部、商务部、国标委选择北京、上海、广州三个区域中心城市开展物流标准化试点，2015年继续围绕京津冀、长三角、珠三角地区选择天津等11个试点城市，探索在“点”上突破，发挥辐射带动作用，提高区域物流标准化水平。

试点工作启动以来，北京市结合输入性、消费型城市特点，依托大型批零企业配送中心、第三方物流企业，推广使用标准托盘和周转箱，重点推进“三个体系建设”（配套设备体系、服务管理体系、第三方认证体系），实现“两个模式创新”（现场免验收的零售终端交接货模式，单元化的订货模式）。上海市抓住“一块板”，从标准托盘切入，沿供应链上下游推进物流标准化；依托“一辆车”，采用新能源车辆解决配送通行难问题；围绕“一个筐”，实施农产品包装标准化；打造“一个平台”，创新“互联网＋物流”、“互联网＋托盘”模式，带动平台中小微物流企业标准化水平提升。广州市重点围绕“两个拳头出击、六条道路共进”，促进提高物流供应链标准化水平。“两个拳头”就是托盘标准化，仓库标准化。“六条道路”就是加强托盘共用系统建设、仓库标准化管理体系建设、车辆配套设施标准化、信息化建设标准化、服务流程标准化和服务合同标准化。

（三）以重点推进企业为主体，形成可复制、可推广的新模式。

2014年底，商务部、国家标准委确定了商贸物流标准化专项行动的第一批40家重点推进企业。通过一年的工作，形成了托盘租赁服务企业、大型商贸连锁企业、快速消费品生产企业、托盘生产企业、第三方物流企业五类主体、五路并进、多措并举，分类探索标准化的工作局面。

一是以托盘租赁服务企业为核心，推动托盘标准化、服务社会化的模式。如招商路凯公司标准托盘运营总量达500余万板，与华润万家合作，开通收货“绿色通道”，提升其装车效率三倍，卸货和收货效率两倍多。二是以大型商贸连锁企业为核心，带动供应链整体标准化水平提升的模式。供应链中的链主企业往往是决定托盘标准化能不能推进的重要因素。如苏宁、京客隆、物美、北京朝批、雀巢等多家企业达成托盘互换协议，并向零售终端门店全面推广。上海国药带动34家供应商实现基于信息化管理的带板运输，装卸效率提高90%以上。三是以快消品生产企业为核心，向下游逐级推动的推进模式。如珠江啤酒要求集团各企业使用标准托盘，推动一、二级经销商开展成品酒和空瓶的带板运输业务，带板运输量由2014年的27%提升至目前的37%。四是以托盘生产企业为主，加强服务、便利使用的模式。如上海新通联公司在加大标准托盘生产比例基础上，在湖北、安徽、重庆等地运营区域性托盘服务点，便利客户采购、维修。据测算，目前其终端用户托盘使用维护费用比一年前降低了23.5%。五是以第三方物流企业为主，带动设施设备标准化、一贯化的模式。如广东华新集团从生产、运输到销售环节超过 60% 的作业量采用标准化带板运输，作业效率提升 50% 以上，减少了珠三角“用工荒”对企业的负面影响，运营成本下降超过 32%，一线搬运人员减少超过 50%。

（四）以行业中介组织为依托，多措并举推动物流标准化发展。

有关行业协会、中介组织、研究机构发挥会员多、科研能力强和影响力大的优势，在开展标准制修订研究，促进标准宣传贯彻，推动会员企业参与商贸物流标准化工作等方面积极参与，发挥了重要作用。如中国仓储协会积极推动《担保存货第三方管理规范》和《绿色仓储要求与评价》等标准的实施，发布中国绿色仓储与配送技术和设备推荐目录，以标准引领行业发展。商务部研究院、中物联托盘委等单位联合编制托盘标准化与托盘循环共用手册、发布托盘标准化发展统计监测分析报告。广东、贵州省成立物流标准化技术委员会，打造物流标准基地。上海、北京、成都等地成立物流标准化联盟，研讨创新托盘互换和运营模式，利用微信公众平台提供宣传、资讯、交流等服务，以联盟为载体沿物流供应链推进区域标准化形成共识。

总体来看，一年来，在财政部、国标委的大力支持下，各地创造性开展工作，形成了地方政府、骨干企业和行业协会上下联动、互相配合、全面推进的工作格局，以托盘标准化为突破口，推动商贸物流标准化取得了阶段性成果。根据中物联托盘委员会调查测算，2015 年上半年，我国标准托盘市场占有率提高到 24%，比商贸物流标准化专项行动开展前增长了 1 个百分点，标准托盘保有量超过 2.4 亿片。

当然，物流标准化是一项长期性、系统性的工作。目前工作虽然取得了一定成效，但也存在一些需要改进的问题。例如，尚未形成完整的商贸物流标准体系，各环节标准协调性欠缺，企业参与标准化建设动力不足，宣贯培训力度不够，包装标准化工作滞后等。要解决这些问题，就需要我们在下一步工作中，继续深入推进商贸物流标准化工作。

二、进一步提高对商贸物流标准化重要意义的认识

随着互联网、物联网的发展，流通领域正在发生革命性的变化，创新、协调、绿色、开放、共享成为新的发展理念，线上线下融合成为新的发展趋势。线上交易必须有物流体系作为支撑，因为商流、信息流、资金流可以在线上解决，但物流是实实在在的，必须在线下解决。下一步，流通企业之间的竞争，物流非常重要，谁在物流方面具有优势，谁就拥有了竞争制高点。

（一）提高物流标准化水平是建立商贸物流大市场的内在要求。

商贸物流的重要特点和优势就在于一体化运作，网络化经营。在物流运作过程中，无论是多式联运、甩挂运输、自动分拣、托盘循环共用还是信息化管理，都要求各环节、各种装备的高效对接，都离不开标准化的支撑。近年来我国物流业发展迅速，产业规模快速增长，但与发达国家相比，散、小、乱等现象突出，发展方式比较粗放。这些问题的根源之一，就在于物流各个环节标准衔接不畅，设施设备匹配性差，信息难以互联互通，缺少规模效应，难以发挥商贸物流一体化、网络化的优势。特别是随着电子商务的发展，区域之间、行业之间、环节之间的界限开始打破，但如果物流没有实现标准化，流通的效率仍难以提高，客观上影响了统一大市场的形成。从这个意义上说，提高标准化水平，是建立统一高效、通畅协调的商贸物流大市场的重要基础和内在需求。

（二）提高标准化水平是提高效率、降低成本的有效措施。

目前，我们国家物流的成本在世界上是比较高的，2014 年，社会物流总费用占 GDP 为 16.6%。影响物流成本的因素很多，除了产业结构外，物流标准化也是重要原因。实践证明，实现物流标准化可以加快物流过程中运输、装卸、搬运的速度，降低仓储费用，减少损耗，提高工作效率，由此获得的效益空间巨大。例如，过去铁路与公路在使用集装箱统一标准之前，运输转换时要“倒箱”，为此每吨货物要增加 1 元的费用，实行标准化后，这一成本节省了。在托盘方面也是如此，据统计，2015 年北京、上海、广州等物流标准化试点区域内，各试点企业物流成本占营业收入比例平均下降 2 个百分点。物流成本的节约最终也会体现在价格上，消费者从中受益。

（三）提高标准化水平是落实“互联网 +”战略的重要抓手。

在物联网、云计算、大数据等先进技术支持下，进一步提高标准化水平，一是有利于提升物流服务质量和响应能力。电子商务物流具有“多品种、小批量、高频次、链条长”等特点，运作成本相对较高，只有从商品的包装、分拣到配送流程、服务规范实现标准化，才能满载、快捷送达客户，发挥电子商务的优势。现在，“三通一达”等快递公司都是自己组织运输配送，以后则要逐步进行规模化整合。规模化的运输需要标准化，包装规格不一，空间占用大，无法满载运输，成本当然就高了。配送也是如此，各个公司进行末端整合，一个小区安排一个快递员配送，分摊费用，成本自然降低。从这个层面讲，“互联网 +”的核心在物流，而物流的核心在标准化。此外，提高标准化水平，还有助于解决当前物流信息服务平台接口不一，“信息孤岛”等问题，加快供需信息对接，推动中小物流企业集聚发展。

（四）标准化是提高“走出去”竞争力的重要体现。

据中国电子商务研究中心数据，2015 年上半年，中国跨境电商交易规模为 2 万亿元人民币，同比增长 42.8%。目前跨境电子商务按行邮的方式征税，但未来向一般贸易的方式征税转变是必然趋势。一般贸易化，就要在境外建立海外仓、配送中心。如果托盘、包装等跟境外不能对接，会遇到很多麻烦。另外，随着“一带一路”的实施，国内标准不能与国外标准衔接，也是个问题。

总之，物流标准化是非常重要的一项工作。去年，我们在郑州开会研究商贸物流工作，提出“六化”，即商贸物流标准化、信息化、组织化、社会化、专业化、国际化。今年专门研究物流标准化，这是因为标准化是“六化”的基础，没有标准化，其他“五化”也难以实现，希望大家对物流标准化意义的认识有进一步的提升，只有认识到位了，才能把这项工作做好。

三、下一步工作安排

下一步，我们要认真贯彻党的十八届五中全会精神，按照 49 号文件要求，落实国务院领导指示，深入开展商贸物流标准化行动，做到工作有规划、企业见效益、政策有支撑，宣传出亮点。在这里，我谈几点要求。

（一）加强商贸物流标准化的规划引导。

党的十八届五中全会提出促进流通标准化、信息化和集约化。我们这次会议也可以说是贯彻五中全会精神的一个会议。标准化在未来五年怎么发展，我们应该有一个规划和总体的考虑。在托盘标准化的基础上，要形成商贸物流标准体系。有了这个体系后，要明确工作重点，有了重点，要考虑怎么分步实施。比如，托盘标准与包装标准、配送车辆标准、仓库库容标准的衔接问题，物流箱、托盘笼、自提货柜、货架、装卸工具等如何标准化的问题，都需要研究。另外，一些物流服务的标准也要研究，比如说货款支付、快递物品验视、退换货等等。希望大家在这次会上就这些问题深入讨论，这对下一步推动全国商贸物流标准化非常有意义。

（二）完善商贸物流标准化的市场机制。

物流标准化关键在企业，要让企业采用了标准化装备设施后，能够降低成本，提高效率，获得利益，这就是市场机制。我们选取的商贸物流标准化重点推进企业，分布在供应链的各个环节，只有推动各类企业全面参与，形成供应链上下游密切合作、互相配合的“生态圈”，产生规模效应，才能降低成本，获得效益，反过来又可以增加实施标准化的动力。40 家重点推进企业，都可以算算账，实现托盘标准化后，是不是降低了成本，提高了效率。如果不考虑市场机制，由政府硬推，是推不动的。

（三）加强商贸物流标准化的政策引导。

标准化工作主要依靠市场推进，但由于涉及众多利益主体，很多标准的推广应用是个漫长的过程。所以，政府在标准化工作中要发挥应有的作用。只要思路正确，措施得当，可以起到事半功倍的效果，大大加快标准化的进程。近年来，国务院和各部门为了支持物流业健康发展，在财政、税收、土地、车辆管理等方面出台了一系列支持政策。如财政部连续几年安排中央财政资金，支持商务部开展的城市共同配送、物流标准化试点等工作。今年 9 月，财政部将物流企业自有大宗商品仓储设施用地减半计征土地使用税的政策延期两年，科技部对符合条件的高新科技型物流企业减按 15% 征收企业所得税，发展改革委正在筹备建立的物流产业投资基金等政策。各级商务主管部门要积极与财政、发改、科技、交通、邮政等部门加强沟通交流，综合利用各部门政策措施，形成合力，要将这些来之不易的政策用足用好。同时也要根据实际情况，协调争取本地的相关扶持政策，建立推动商贸物流标准化工作的长效机制。

（四）提升商贸物流标准化的信息管理水平。

以标准化为基础，以信息技术为支撑，是整合物流供求资源，推动商贸物流线上线下相结合的关键因素。各地商务主管部门要注重利用信息技术手段，推动商贸物流标准化水平的提升。一是要鼓励各类物流信息服务平台、第三方物流企业为物流供需双方提供标准化方面的服务，促进供需双方的标准对接和设施设备匹配，提高经营效率。二是要进一步完善物流公共信息服务平台建设开发标准体系，推广应用企业间信息交流、数据传输、通用接口、用户管理等标准。

（五）加快商贸物流标准化诚信体系建设。

在推进商务物流标准化工作当中，诚信建设非常重要。一是要支持开展物流标准化方面的第三方认证认可工作，抓紧出台标准托盘的质量验收标准，做好托盘、包装循环交换的基础工作，确保托盘出得去、回得来、用得好。二是在标准化工作过程中，加强与各类商务信用信息的对接和整合，建立“红名单”、“黑名单”，鼓励诚信经营，提高企业失信成本。

（六）加强标准化知识普及与宣传。

推动商贸物流工作既要实干，也要宣传。特别是标准化的问题，只有让广大企业和用户了解标准化取得的实实在在的效益和成果，得到行业和社会广泛认可，工作才真正落到了实处。刚才，播放了宣传片，会议印发了典型案例集，这些都是很好的宣传形式。做好宣传工作，一是要结合本地特点，开展多种方式的舆论宣传，发现、总结、推广试点创新经验，对工作中涌现的好的做法、成效进行集中宣传。二是加强业务培训，提高各级商务工作人员业务技能；支持科研机构、大专院校建立物流标准化研究机构，鼓励构建产学研相结合的组织。

今天，我重点讲了物流标准化工作，除此之外，其他的几项工作也是非常重要。比如，信息化是我们下一步工作重点。现在物流企业散、小、差现象突出，特别是运输方面，大部分都是只有一两辆车的个体户，短期内要组建大的运输公司，大幅度提高组织化规模是不现实的。这种情况下，必须大力发展信息化，通过物流信息服务平台，解决供需信息不对称问题，减少空驶运输、重复运输的浪费现象。目前广东的林安模式、浙江的传化模式、上海的陆交中心模式，效果都非常好，值得学习，这些物流信息平台不仅仅是简单的对接，融资、信用等增值服务功能都跟上去了。物流社会化方面，原来的连锁经营，都是建立内部的配送中心。现在看，国内外原来封闭的，完全搞内部配送的大型连锁企业现在也对外配送，提供社会化的物流服务，只有这样才能降低成本，提高效率。物流专业化方面，冷链物流，特别是中低端冷链，是我们国家比较薄弱的。从海南运菜到北京，用不用冷藏车成本完全不一样，但是如果价格卖的都一样，那冷链企业怎么生存呢？还有一个就是国际化，商贸物流要和国际对接，要考虑长远发展。总之，商贸物流工作把标准化作为重中之重来抓，但在抓标准化的同时，其他的工作也要跟上。

同志们，经过我们两年多的努力，商贸物流标准化工作成效显著，取得了阶段性成果。随着内贸流通改革发展，商贸物流工作将进入新的阶段。希望同志们回去后，进一步统一思想，开拓创新，真抓实干，开创商贸物流标准化工作的新局面。最后，我代表商务部，代表与会商务系统全体代表感谢财政部、国家标准委和各有关行业协会、广大物流企业对我们工作的支持和帮助。希望大家再接再厉，在推进商贸物流标准化工作中取得新的成绩！

谢谢大家！

深刻领会中央部署要求 全力抓好政策文件落实

——在全国推进内贸流通现代化电视电话会议上的讲话

（2015 年 11 月 2 日）

商务部部长 高虎城

上周闭幕的党的十八届五中全会指明了“十三五”内贸流通的工作方向，提出了新要求。前不久，国务院印发了《关于推进国内贸易流通现代化 建设法治化营商环境的意见》，即国发 49 号文件，对内贸流通现代化建设作了具体部署。下面，我代表商务部就做好落实工作汇报两方面内容：

一、认真学习领会文件精神

按照党中央、国务院的部署要求，商务部扎实推进内贸流通各项工作，取得积极进展。深化内贸流通改革开放，增强市场主体活力，流通组织化程度不断提高；实施“互联网＋流通”行动计划，支持现代流通方式发展，内贸流通成为创业创新最活跃的领域；持续推进流通基础设施建设，初步建成全国流通骨干网络；清理妨碍公平竞争的规范做法，严厉打击侵权假冒行为，市场秩序明显改善。

当前，内贸流通业处于转型发展时期，互联网发展给推进流通现代化带来了新的机遇和挑战，营造良好营商环境急需加强流通法治建设。面对新形势新任务，国务院及时出台国发 49 号文件，明确了推进内贸流通现代化的方向、目标和任务。文件内容丰富，对内贸流通工作具有十分重要的指导意义。

一是提升了新时期内贸流通的功能定位。文件肯定了内贸流通对国民经济的基础性和先导性，进一步提出要使其成为积极转型发展新引擎、优化资源配置新动力，明确了在绿色发展、文化建设等方面的任务，充分体现了内贸流通的综合功能。

二是明确了系统构建内贸流通体系的任务。文件以流通载体、主体、客体、行为和管理等流通体系构成要素为经纬，分别提出了建设统一开放大市场、促进主体创新、稳定市场运行、健全规制体系和管理体制等重点任务和举措，为构建系统完整的现代流通体系提供了保障。

三是提出了以创新转型为引领的发展理念。文件提出，要完善促进创新的体制机制，增强创新支撑能力，推动新兴流通方式发展和传统模式转型，促进内贸流通内涵式发展、可持续发展，进一步树立了内贸流通创新发展的理念。

四是突出了内贸流通制度建设的重要性。针对内贸流通领域法制建设滞后的现状，文件把加快法治建设摆在突出位置，提出健全内贸法律法规、标准、信用等制度体系的任务，将进一步夯实内贸流通健康发展的制度基础。

二、全力抓好文件贯彻落实

下一步，我们将以党的十八届五中全会精神为指引，会同各地区、各有关部门全面贯彻落实国发 49 号文件，重点做好以下几个方面工作：

（一）完善政策举措。一是抓紧落实条件成熟、见效快的政策措施，比如建设公益性农产品批发市场、公共物流配送设施等重要流通基础设施，发挥对扩投资、促消费、稳增长的积极作用。二是抓紧完善需进一步细化的政策措施，比如推动完善消除市场分割和打破行业垄断的规定等。三是抓紧研究制度性、方向性的政策，拿出切实可行的方案，比如健全流通法规、标准体系，建立废弃商品回收的生产者、销售者和消费者责任机制等。

（二）统筹推进落实工作。近期，国办出台了有关内贸流通体制改革发展综合试点、融资租赁、农村电子商务、互联网领域侵权假冒治理以及线上线下互动等一系列文件，我们将统筹做好国发 49 号文件与这些文件的落实工作，在重点领域和关键环节尽快取得突破。

（三）健全落实工作机制。发挥内贸流通工作部际联系会议的作用，加强协调联动，形成工作合力。请各地结合实际制订本地区的实施方案，建立工作台账，出台有针对性的具体举措，抓紧组织实施。我们将会同有关部门做好业务指导和督促检查，总结经验，解决问题，共同推动各项政策措施尽快落地、早见成效。

明天，我们将召开全国商务系统工作会议，深入学习贯彻党的十八届五中全会精神，认真学习李克强总理讲话精神，全力做好内贸流通各项工作。

房爱卿参加商务部部署贯彻落实全国推进内贸流通现代化电视电话会议

2015 年 11 月 3 日，商务部在京召开商务系统工作会议，贯彻落实全国推进内贸流通现代化电视电话会议精神，深入学习领会李克强总理重要批示、汪洋副总理讲话精神。商务部副部长房爱卿作会议总结，部长助理王炳南、刘海泉出席会议。

房爱卿同志强调，要认真领会会议精神。各地商务主管部门要根据高虎城部长要求，认真组织学习十八届五中全会精神、李克强总理批示和汪洋副总理讲话，采用宣讲、研讨、培训等多种方式，学深学透，领会精神实质。

房爱卿同志要求，要突出工作重点。以十八届五中全会提出的创新、协调、绿色、开放、共享的发展理念为指引，着力发挥流通对消费的促进作用，切实做好加强农产品流通基础设施建设，提高流通信息化水平，加强流通标准化建设，促进流通集约化发展，大力规范市场秩序等重点工作。

房爱卿同志指出，要制定工作方案。各地要结合本地实际，抓紧制定贯彻落实《国务院关于推进国内贸易流通现代化建设法治化营商环境的意见》（国发〔2015〕49 号）的实施方案。加快推动落实一批见效快的政策措施，制定重点工作专项实施意见，研究制定内贸流通“十三五”规划。

房爱卿同志要求，要强化责任落实。各地要建立工作台账制度，逐项分解任务，建立跟踪督办机制和绩效考评机制。要创新工作方法，加强部门协作，建立推动工作的长效机制。

房爱卿同志指出，要加强宣传引导。各地要制定宣传方案，做好组织策划，加大对会议精神和国发 49 号文件的宣传力度，深入解读政策措施，积极回应热点问题，为推进内贸流通现代化营造良好氛围。

各省、自治区、直辖市、计划单列市及新疆生产建设兵团商务主管部门负责同志，商务部有关司局负责同志参加会议。

房爱卿出席《直销管理条例》、《禁止传销条例》实施10周年座谈会

2015年11月4日，商务部、国家工商总局在北京组织召开《直销管理条例》《禁止传销条例》颁布实施10周年座谈会，回顾10年来直销行业发展，总结打击传销和规范直销取得的成效，探讨在新形势下如何更好地推进直销行业改革创新和规范发展以及做好打击传销工作。商务部副部长房爱卿、工商总局副局长刘玉亭到会并讲话。

房爱卿说，2005年国务院颁布实施《直销管理条例》和《禁止传销条例》是中国履行入世承诺、对外开放直销市场的重要举措，也是加强行业监管，促进健康发展，保护消费者权益的重要措施，标志着我国直销行业发展和打击传销工作步入法治化轨道。两个《条例》是直销行业政府管理和企业发展的基本制度，颁布实施以来，商务部、工商总局等部门分工协作，密切配合，出台了一系列规章和规范性文件，建立了比较完整的具有中国特色的直销管理法规体系。绝大多数直销企业严格遵守两个《条例》，建立健全内部管理制度和对外营销规范，在产品质量、退换货制度、教育培训等方面制定了较为完备和严格的操作流程，切实保护了消费者权益。

房爱卿指出，10年来，直销行业稳步发展，为国民经济发展做出了贡献，已经成为吸纳就业的新领域，扩大消费的新渠道，拉动投资的新动力和创造税收的新来源。未来我国直销市场潜在空间大，行业前景广阔。电子商务的蓬勃发展，使线上线下融合发展、努力提高品质和服务成为发展趋势。

房爱卿强调，党的十八届五中全会提出了“创新、协调、绿色、开放、共享”的发展理念。各有关部门、行业协会和直销企业等要认真贯彻落实五中全会精神，以良好的发展环境为支撑，以创新开放为驱动，以协调规范为基础，推动直销行业绿色发展、共享发展。近期，商务部大力推进简政放权，得到社会各界的好评。下一步将继续巩固和深化改革成果，将各项简政放权措施进一步落到实处，让企业真正享受到改革的红利，激发市场活力。他要求，要进一步强化事中事后监管。各级商务主管部门要与工商行政管理部门密切合作，配合执法部门严厉打击各类违法违规行为。商会协会要切实发挥自律、协调的作用。广大直销企业和直销从业人员要切实增强守法诚信意识，严格遵守两个《条例》和相关法规要求。要实施创新驱动战略，加快新技术下的产品创新、服务创新和商业模式创新，抢占市场竞争的制高点，为行业发展探索道路，贡献力量，共同促进直销行业健康发展。

刘玉亭：适应新形势新要求开创打传规直工作新局面

2015年11月4日，国家工商总局、商务部在京联合召开《禁止传销条例》《直销管理条例》颁布实施十周年座谈会。国家工商总局副局长刘玉亭出席会议并讲话，要求全系统认真贯彻党中央、国务院决策部署，充分发挥市场监管主力军作用，依法打击传销规范直销，为促进经济健康发展和社会和谐稳定作出新贡献。商务部党组成员、副部长房爱卿到会并讲话。

刘玉亭在讲话中指出，两个条例实施10年来，打击传销规范直销法律体系日臻完善，为打击传销与规范直销工作提供了强大的法律保障，为开创直销监管工作良好局面奠定了坚实基础。

刘玉亭指出，10年来，各级工商、市场监管部门依据条例赋予的法定职责，依法履职，恪尽职守，打击传销和规范直销工作取得了明显成效。全系统高压严打，集中整治，严厉查处传销大要案件。据不完全统计，两个《条例》颁布实施以来，全国工商、市场监管部门共查处传销案件21904件，案值62.38亿元，罚没金额9.9亿元；移送司法机关案件2251件、9668人。目前，全国有26个省、自治区、直辖市建立了由政府或政法部门直接领导的打击传销领导小组或联系会议制度。地方政府领导，政法委（综治办）牵头，工商、公安机关为主力军，相关部门齐抓共管、各负其责、社会广泛参与的打击传销综合整治格局基本确立。总局积极推进全国打击传销规范直销信息系统建设和应用，共录入传销人员21.7万人次，传销案件1万多件。

刘玉亭指出，10年来，国家工商总局以建立规范、健康、有序的直销市场为目标，坚持从严监管，严格规范，不断健全政府监管、企业自律、社会监督的管理机制，政策引导、行政指导、教育督导的监督机制，查处直销违法违规案件678件，罚没金额1.32亿元，有力维护了直销市场发展秩序。

刘玉亭强调，党的十八届三中、四中、五中全会对市场监管工作提出了新的要求，全系统打击传销规范直销工作要进一步落实简政放权政策，推动“大众创业、万众创新”；转变监管理念，创新监管方式，发挥社会共治和信用监管的作用；加强部门区域协作，依法严查一批大要案件；适应新形势新要求，强化依法行政；加强队伍人才建设，加强宣传教育。他希望直销企业依法经营、规范经营。

商务部、中央综治办、公安部、中消协有关负责人在会上作主题发言。上海、重庆市工商局等单位代表作交流发言。全国工商系统、商务系统、有关专家学者及直销企业代表参加会议。

高虎城：中方将根据正式公布协定案文评估TPP影响

据商务部网站2015年10月8日消息，日前，商务部部长高虎城就社会关注的TPP热点问题接受中央主流媒体采访。高虎城表示，中方一贯认为并多次强调，亚太地区已经完成的和正在进行谈判的自贸协定，包括TPP，均是为促进亚太地区贸易投资自由化和便利化、推进区域一体化、推动经济发展的重要路径，是为促进世界经济可持续发展做出的贡献。中方对符合世界贸易组织规则、有助于促进亚太区域经济一体化的制度建设均持开放态度。中方希望TPP与本地区其他自由贸易安排相互促进，共同为亚太地区的贸易投资和经济发展做出贡献。

对于TPP的影响，高虎城表示，中方将根据有关方面正式公布的协定案文进行全面、系统的评估。中方认为，国际贸易格局的演变，归根到底是由国际产业结构的调整和各国产品的国际竞争力决定的。中国始终坚持对外开放的基本国策，坚定不移地支持全球经济一体化和多边贸易体制，鼓励全球价值链的完善和发展，致力于促进世界经济的繁荣与稳定。

高虎城还表示，目前，中国已与包括东盟、智利、瑞士、新西兰、韩国、澳大利亚等22个国家和地区达成14个自贸协定，还在与有关国家共同推进《区域全面经济伙伴关系协定》、中日韩自贸区、中国与东盟的自贸区升级等谈判，逐步打造覆盖全球的高水平自贸区网络。

采访全文如下：

高虎城部长就《跨太平洋伙伴关系协定》热点问题接受中央主流媒体采访

2015年10月5日，美国等12国经贸部长发表联合声明，宣布《跨太平洋伙伴关系协定》（以下简称TPP）谈判结束，引发境内外舆论高度关注和热议。日前，商务部高虎城部长就社会关注的TPP热点问题接受中央主流媒体采访。具体如下：

问：10月5日，美国等12国经贸部长发表联合声明，宣布历时5年多的TPP协定谈判结束。中方如何评价？

答：中方注意到，美国等12国经贸部长于当地时间10月5日在美国亚特兰大宣布TPP谈判结束。中方一贯认为并多次强调，亚太地区已经完成的和正在进行谈判的自贸协定，包括TPP，均是为促进亚太地区贸易投资自由化和便利化、推进区域一体化、推动经济发展的重要路径，是为促进世界经济可持续发展做出的贡献。中方对符合世界贸易组织规则、有助于促进亚太区域经济一体化的制度建设均持开放态度。中方希望TPP与本地区其他自由贸易安排相互促进，共同为亚太地区的贸易投资和经济发展做出贡献。

问：有观点认为，TPP是美国限制中国在亚洲影响力日益上升的手段之一，谈判的完成是美国与中国争夺全球贸易新规则主导权的一次胜利。对此，中方有何评论？

答：习近平主席不久前对美国进行了成功的国事访问。中美两国元首表示，要继续努力，构建基于相互尊重、合作共赢的中美新型大国关系，强力推进中美投资协定谈判，在发展合作、应对全球气候变化等领域进一步加强协作与沟通。中美建交30多年来，双边经贸关系的广度和深度不断拓展。历史和现实证明，宽广的太平洋足以容纳中国和美国。中方和TPP主要成员一直就各自进行的自贸谈判保持着顺畅的信息沟通。美官方和TPP成员曾多次表示，TPP不针对中国，不是为了遏制中国，也无意排斥中国。实际上，中美等21个APEC成员去年在北京举行的APEC领导人非正式会议上通过了《APEC推动实现亚太自贸区北京路线图》，这也是我们之间的重要合作。中方愿与美方在多边贸易体制框架下，就全球贸易规则制订加强合作，积极推进区域和世界经济发展，不断增进人民福祉。

问：有舆论认为TPP会对中国的对外贸易和投资带来负面影响和冲击。中方如何评估这种影响？

答：所有区域自由贸易安排达成后都可能对非成员产生一定的贸易投资转移效应。对于TPP的影响，中方将根据有关方面正式公布的协定案文进行全面、系统的评估。中方认为，国际贸易格局的演变，归根到底是由国际产业结构的调整和各国产品的国际竞争力决定的。中国始终坚持对外开放的基本国策，坚定不移地支持全球经济一体化和多边贸易体制，鼓励全球价值链的完善和发展，致力于促进世界经济的繁荣与稳定。

问：美国主导TPP谈判打造了涉及12个国家的自贸协定，未来还将继续推动与欧盟的自贸协定谈判，中国在自贸协定谈判方面有哪些动作和举措？

答：党的十八大和十八届三中、四中全会以来，中国正在稳步推进改革开放各项工作。“形成面向全球的高标准自由贸易区网络”是三中全会确定的重大举措。目前，中国已与包括东盟、智利、瑞士、新西兰、韩国、澳大利亚等22个国家和地区达成14个自贸协定，还在与有关国家共同推进《区域全面经济伙伴关系协定》（以下简称RCEP）、中日韩自贸区、中国与东盟的自贸区升级等谈判，逐步打造覆盖全球的高水平自贸区网络。以RCEP为例，其谈成后，将成为世界上涵盖人口最多、成员构成最多元、经济发展水平差异最大、发展最具活力的自贸区。RCEP谈判包括TPP的7个成员，高度透明、开放和包容是其鲜明的特色。目前，各项谈判已取得积极进展。东盟作为区域经济一体化的主要推动者之一和RCEP谈判的重要一方，在谈判中发挥了重要作用。中方愿与包括美方在内的各国一道，共同为促进亚太区域贸易投资合作和全球经济发展做出积极的贡献。

问：有人认为，TPP谈完意味着美国抛弃了多边体制，同时TPP规则也将替代WTO规则，对此您怎么看？

答：半个多世纪以来，多边贸易体制和区域贸易自由化相生相伴、交替演进，共同推动了全球化进程。中国是多边贸易体制的积极参与者、维护者和贡献者，主张以WTO代表的多边贸易体制是全球贸易规则的主渠道，区域贸易自由化是其有益补充，两者相互促进、共同发展。中方对相关国家在贸易投资相关领域规则制订方面的积极探索持开放态度，同时认为，自1995年现行多边贸易体制确立以来，其对全球贸易投资自由化和世界经济增长发挥了不可替代的作用。中方相信，WTO成员不会轻易放弃使全球经济受益的多边贸易体制，各方会共同努力，支持WTO多哈回合谈判早日完成，真正实现所有成员共同制定的发展目标。

高虎城就内贸流通接受主流媒体采访

2015 年 11 月 9 日，商务部高虎城部长就内贸流通接受主流媒体采访。具体如下：

问题一：国务院出台了《关于推进国内贸易流通现代化建设法治化营商环境的意见》（国发〔2015〕49 号文），请问内贸流通将重点关注和解决哪些问题？

近年来，我国流通业改革发展取得了新的重大成就，流通规模持续扩大、网络日益健全、现代流通方式迅猛发展、管理水平不断提高。今后一个时期，内贸流通工作将深入贯彻五中全会确定的“创新、协调、绿色、开放、共享”发展理念，按照全国内贸流通电视电话会议精神，坚持以市场化改革为方向，以转变政府职能为核心，以创新转型为引领，以建设法治化营商环境为主线，突出问题导向，明确主攻方向。一是进一步清除妨碍全国统一大市场建设“路障”，打破地区封锁，畅通市场“经脉”，切实把现代流通业打造成为支撑经济社会发展的重要产业，为稳增长、调结构、惠民生贡献力量；二是进一步推动大众创业、万众创新，鼓励发展各类市场主体参与、线上线下融合的流通新兴业态，提高流通信息化、标准化、集约化水平，提高流通效率、降低流通成本；三是进一步提升监管效能和服务水平，加强流通基础设施建设，规范流通秩序，强化诚信建设，营造法治化营商环境。

问题二：如何推进线上线下互动加快商贸流通创新发展？

今年前三季度，我国电子商务交易额达 11.2 万亿元，其中网络零售额达 2.6 万亿元，规模居世界第一。针对发展中遇到的问题，商务部启动实施了“互联网 + 流通”行动计划，重点抓好四方面工作，一是推进线上线下融合发展，按照国务院办公厅《关于推进线上线下互动加快商贸流通创新发展转型升级的意见》，加快推进传统零售业、批发业、物流业、生活服务业、商务服务业深化互联网应用，实现转型升级。二是加快推进电子商务进农村、进社区、进中小城市，支持全国 256 个县开展电子商务进农村综合示范，畅通工业品下乡和农产品进城渠道；促进电子商务与物流快递协同发展，拓展社区服务性网络消费范围，提升中小城市网络消费便利性。三是积极发展跨境电子商务，加快建设电子商务海外营销渠道，推动建设 100 个电子商务海外仓，助力电商企业“走出去”，拓展海外市场。四是优化电子商务发展环境，完善电子商务法规标准，开展打击互联网领域侵权假冒专项整治，创新管理服务模式，优化发展环境。

问题三：在提高流通效率、降低流通成本方面有哪些举措？

目前，我国社会物流总成本占 GDP 的比重为 15.2%，明显高于发达国家平均水平，成本高、效率低的问题依然突出。要从根本上解决这一问题，关键是加快推进流通现代化进程，一要提高流通信息化水平，这是流通现代化的基础。利用大数据加强对市场运行的监测分析和预测预警，推动第三方电子商务平台开放数据资源，引导企业利用大数据技术推进市场拓展、精准化营销和优化服务。二要加强流通标准化建设，这是提高效率、降低成本的关键。在部分地区开展标准化试点基础上，扩大试点城市，推广试点经验，并将试点从托盘拓展到包装、编码等更多领域，带动提升物流上下游供应链标准化。三要促进流通集约化发展，这是提高流通竞争力的重要方向。重点是支持流通企业做大做强，推动商业企业转型升级，支持发展第三方物流。

问题四：在加快流通基础设施建设方面将采取哪些措施？

近年来国家持续加大了流通基础设施投入，但由于流通基础设施历史欠账较多，特别是具有公益性质的农产品批发市场、社区菜市场、冷链设施等领域明显滞后，西部和农村地区流通基础设施建设存在“短板”等问题仍然没有从根本上得到解决。要继续加大流通基础设施建设力度，一是统筹规划流通网络布局，依托交通枢纽和流通节点，优先支持跨区域流通基础设施建设，促进流通基础设施共建共享，减少盲目投资、重复建设和无序竞争。二是完善西部和农村地区流通基础设施，支持西部地区建设商品交易市场、物流配送和仓储设施，支持农村电子商务运营网络、物流配送体系、商品预处理设施、乡镇商贸服务中心等建设，提高农村和贫困地区流通基础设施现代化水平。三是推进公益性农产品市场体系建设，重点建设改造一批公益性农产品批发市场，强化保供、稳价、安全、环保等公益功能，增强政府宏观调控能力和民生保障能力。四是加强冷链流通设施建设，支持产地预冷设施、节能环保型冷库、低温加工配送体系、冷链信息服务平台等建设，发展冷链流通。

问题五：在建设法治化营商环境方面有哪些举措？

目前，地区封锁、诚信缺失、假冒伪劣等扰乱市场秩序的问题还不同程度存在，阻碍了建立全国统一开放、竞争有序的市场体系。对此，一是加快推进流通立法，积极推动出台《商品流通法》，建立健全涵盖流通设施建设、秩序维护、行业发展、市场监管和运行保障等方面的法律法规和标准体系；二是打破地区封锁，加强对地区封锁状况的监测，加大联合整治力度，推动修订完善相关法律制度，建立长效机制；三是加快商务诚信体系建设，建立行政管理信息共享机制、市场化综合信用评价机制和第三方专业信用评价机制；四是打击假冒侵权，继续推动跨部门跨地区协调联动，对网络零售、农村市场等重点领域、重点地区保持高压态势；五是加强监管和执法，积极推进商务综合行政执法体制改革试点，全面履行商务部门在拍卖、典当、商业特许经营等 30 多个领域的监管执法职责。

王炳南参加商务部全国商贸流通领域推进线上线下互动创新和农村电子商务发展现场会

2015 年 11 月 11 日～ 12 日，全国商贸流通领域推进线上线下互动创新发展和农村电子商务现场会在成都召开，部署贯彻落实国务院办公厅《关于推进线上线下互动加快商贸流通创新发展转型升级的意见》（国办发〔2015〕72 号）和《关于促进农村电子商务加快发展的指导意见》（国办发〔2015〕78 号）下一步工作。商务部部长高虎城对会议作出重要批示，部长助理王炳南出席会议，传达高虎城部长批示精神并讲话。

高虎城部长批示指出：线上线下融合和农村电子商务是当前电子商务发展的亮点，也是内贸流通的重要发展趋势，推进流通现代化的重要任务，对于引导生产、促进消费、扩大就业、助力大众创业、万众创新，推进农业现代化和扶贫开发都有十分重要的意义。各级商务主管部门要认真贯彻十八届五中全会精神和全国推进内贸流通现代化电视电话会议部署，以贯彻落实国务院办公厅下发的关于线上线下互动和农村电子商务两个文件为重点，深刻认识互联网为代表的新一代科技革命对内贸流通带来的变革和深远影响，深刻认识科技发挥的支撑和基础作用，进一步放开视野，综合研判，抓住这一轮科技革命机遇，把信息化作为战略方向，大力推进电子商务，发展线上线下融合等新模式新业态，推动内贸流通行业转型变革，加快构建新型内贸流通体系，为经济转型升级和经济社会健康发展作出更大贡献。

王炳南强调，高虎城部长的重要批示为商务系统贯彻落实国务院工作部署指明了方向，各地商务主管部门要认真学习领会。电子商务生动诠释了十八届五中全会提出的“创新、协调、绿色、开放、共享”的发展理念，是推进内贸流通体制改革的重要内容，是推动传统产业转型升级的强大动力，是城乡区域统筹协调发展的重要抓手。在两个国办文件贯彻落实工作中，要坚持发展第一、创新驱动、因地制宜、准确定位，重点抓好五项工作：一是推动传统企业转型升级，鼓励流通企业利用物联网、大数据和云计算等技术，重塑商业经营模式，提升服务能力和管理水平。二是实施加快发展电子商务行动，在促进电子商务发展专项行动计划基础上，继续加大实施力度，抓住热点，抓出亮点。三是发展线上线下互动的服务消费，推进传统生活服务业在线化，推动电子商务进社区。四是大力推进电商扶贫，提升农村电子商务应用水平，提高电商扶贫精准度。五是加强政府公共服务，探索实训式电子商务人才培养机制，深入开展电子商务与物流配送试点，大力发展智慧物流，加快商务大数据建设与应用。

会上，部分省级商务主管部门、县级人民政府和相关企业交流了线上线下互动创新和农村电子商务发展的典型经验，参观了四川省线上线下互动创新企业和电子商务进农村示范县，对各地加强电子商务有关政策扶持项目管理、提高财政资金使用效益提出了要求。

在工商总局市场监管专家委员会成立大会上的讲话

（2015 年 12 月 11 日）

国家工商总局党组书记、局长 张茅

今天，国家工商总局市场监管专家委员会正式成立，对加强市场监管重大问题的深入研究，完善工商总局的决策咨询制度，进一步提高重大决策的科学化和民主化水平，具有非常重要的意义。这既是更好地履行工商市场监管职责的内在需要，也是适应改革发展新形势的客观要求。在此，我代表工商总局党组向各位专家对工商工作关心和支持表示衷心的感谢！

当前，全国各界都在学习贯彻党的十八届五中全会精神，深入研究、科学谋划“十三五”时期的改革与发展。总局把专家委员会成立大会与专家座谈会结合在一起，一个重要目的，就是要贯彻落实五中全会精神，围绕市场监管中的一些重点、难点问题，听取专家学者的意见建议，以更好地推动市场监管的改革与创新，为我国经济的转型升级和市场经济体制的完善作出贡献。我谈几个方面的问题，供大家参考。

第一，如何认识“十三五”时期的市场监管。加强市场监管是政府的五大职能之一，但社会上对宏观调控、社会管理、公共服务、环境保护的了解比较多，对市场监管了解的不多。随着我国经济发展和体制完善，政府职能一直在转型之中。“十三五”时期，到了重视市场监管的阶段。要建立完善的社会主义市场经济体制，必须有先进的市场监管理念、完善的市场规则和市场监管体制。要实现经济的转型升级，提升产业的国际竞争力，必须发挥市场的活力和创造力，发挥市场竞争机制的作用，发挥市场配置资源的决定性作用。要履行好政府职责，必须理顺政府与市场的关系，改变过去政府直接配置资源过多、对微观主体的行政干预过多等做法，着力解决市场监管不到位的问题。

今年5月，李克强总理在《简政放权放管结合优化服务深化行政体制改革切实转变政府职能》讲话中指出，在继续砍掉“五个一批”的同时，要创新和加强政府管理，使市场和社会活而有序。当务之急，是加强市场监管，为各类市场主体营造公平竞争的发展环境，特别要转变监管理念，创新监管机制和监管方式，提高监管效能。

第二，如何树立新的市场监管理念。习近平总书记强调，要以发展理念转变引领发展方式转变。五中全会提出，必须牢固树立创新、协调、绿色、开放、共享的发展理念。这“五大发展理念”集中体现了“十三五”乃至更长时期我国的发展思路、发展方向和发展着力点，是中央关于“十三五”规划的建议的精髓和主线。

做好市场监管工作，同样要与时俱进、开拓创新。要按照“五大发展理念”的要求，按照市场经济的发展方向，树立科学的监管理念，指导市场监管实践。有几个理念非常重要。

一是要维护活力。这是发挥市场的力量，发挥市场创造力的重要基础。市场活力，来源于市场主体的大量发展。这就要进一步降低市场准入门槛，切实消除制约百姓投资创业的体制束缚。

二是要鼓励创新。目前，我国到了创新发展的阶段。但创新也会冲击传统的发展模式，会冲击传统的管理方式。这两年，不少地方采取“一址多照”“一照多址”、商务秘书公司、电商集群注册等改革举措，促进了众创空间、创客工场等新业态、新经营模式的发展，这在过去是不可想象的。市场监管，必须适应新事物、新发展。

三是要规范秩序。完善的市场经济是有活力、有秩序的。企业要健康发展，都需要有个公平竞争的市场环境，都需要有规则、有监管。否则，就不能优胜劣汰，而是劣币驱逐良币。美国金融领域的无限创新、过度杠杆化，脱离了监管、脱离了金融发展的本质，引发全球金融危机。不受监管的创新，是危险的。

四是要提高效率。过去人盯人、普遍撒网的监管方式，已经不适应市场经济发展的方向。减轻企业负担，减少社会成本，提高监管效能，是国际上监管改革的普遍趋势。近年，英国落实“良好监管原则”的监管改革，美国的民不举、官不究等监管模式，值得我们研究借鉴。

五是要适应全球化趋势。在全球化进程中，一国的监管理念、监管模式，是影响经济竞争力的重要因素。如国外企业界关心的许多问题，都与政策环境、市场监管有关。这是全球化的必然要求。

第三，如何进一步深化商事制度改革。这两年，按照党中央、国务院的决策部署，总局以工商登记制度改革为着力点，积极推进商事制度改革，取得明显成效。最初，大家都认为这是一项很微观、很具体的操作性的改革，但通过改革实践，这项改革已经成为一项影响长远、影响全局的综合性改革。

一方面，在整体改革中发挥了先手棋和突破口的作用。通过工商系统的自我革命、主动放权，带动了相关部门审批制度的改革，减少了行政审批。比如将“先证后照”改为“先照后证”，看似是程序性的变化，实质是推进审批制改革的重要突破口。国际上的营业执照和经营许可大都是分开的，但前提是行业许可极少，只有银行、保险、军事等特殊行业才需要审批。所以，百姓经商办企业很便捷。“先照后证”改革后，虽然大幅度提高了效率，但社会普遍反映，领照容易、领证难，大量后置审批仍然较多，依然限制着百姓投资创业，成为下一步改革的重点。工商登记制度改革，是从政府部门的审批制中打开了一扇窗、一扇门，进而推倒一堵墙。

另一方面，在经济发展中释放了改革红利。通过改革，降低了市场主体准入门槛，激发了市场经济的内在活力，释放了我国经济发展的内在潜力，在发展全局中发挥了重要作用。通过商事制度改革，我国新设立市场主体“井喷式”增长。自去年3月1日实施改革以来，平均每天新登记企业超过1万户，改革前是6900户。在李克强总理的关心推动下，10月份在全国实行“三证合一、一照一码”，11月份的新登记企业达46万户，形成一个小高潮。李克强总理高度评价，在经济下行背景下，全国就业不降反升，商事制度改革发挥了重要作用。

目前，商事制度改革虽然取得突破性进展，但改革任务远没有结束。按照世界银行《2016年营商环境报告》，在189个经济体中，中国营商环境排名第84位，比去年第90位上升了6位，前年排名是96位。总体上看，我国仍处在中等水平，仍有巨大的改革空间。

第四，如何树立竞争政策的基础性地位。竞争政策是市场经济条件下，维护市场机制，规范市场秩序，促进公平竞争，提高资源配置效率的政策与法律体系。近年来，推动简政放权、放松政府对微观经济的管制、反垄断、反不正当竞争等，都是发挥竞争政策作用的重要内容。

从国际经验看，竞争政策是许多市场经济国家经济政策的重要内容，是发展市场经济的内在要求。目前，全球已有100多个国家提出竞争政策，并从经济战略的高度加以推进。欧盟专门设立竞争总司负责竞争政策；日本、韩国都设立了公平交易委员会；澳大利亚通过开展“全国竞争政策改革项目”，从1995年到2005年，对1700部各部门具有限制竞争内容的法律法规进行审查和修改，以提高市场的活力和社会整体利益，促进了经济增长。

从国内经济发展看，我国已经到了推动产业政策转型，树立竞争政策基础性地位的重要阶段。过去，经济发展中的短板很清楚，产业政策只要按照“雁行理论”效仿先行国家就能形成产业比较优势。随着我国与发达国家差距缩小，再按照政府选择、政策优惠的方式难以奏效，需要注重发挥竞争政策的重要作用，充分发挥市场机制探索未来产业发展方向的功能。

今年3月，竞争政策已经写入《中共中央国务院关于深化体制机制改革加快实施创新驱动发展战略的若干意见》。同时，在《国务院批转发展改革委关于2015年深化经济体制改革重点工作意见的通知》中，提出“促进产业政策和竞争政策有效协调，建立和规范产业政策的公平性、竞争性审查机制”的改革任务。

目前，对竞争政策的认识在逐步提高，但如何建立我国竞争政策的框架，发挥竞争政策在规范市场环境中的作用，特别是规范政府部门扭曲公平竞争的行为，还需要进行深入研究。

第五，如何改善消费环境、强化消费维权。今后，我国将从中等收入体向发达经济体迈进，我国经济将由投资主导进入到消费主导阶段，由工业主导进入服务业主导阶段。在新的背景下，改善消费环境、保护消费者权益的重要意义日益突出，这也是许多市场经济国家市场监管的重要方向。

目前，我国消费环境的改善与百姓消费能力的提高还不匹配，消费环境不理想已经成为制约消费潜力释放的重要障碍。长期形成的重视投资者、生产者利益，而忽视消费者权益；重视提高消费能力，而忽视扩大消费意愿；重视消费硬件设施，而忽视消费软环境建设等仍较突出。特别是近期大量中国旅客到东京抢购商品，凸显国内消费环境的不足。6月至9月，全国人大组织开展了新《消法》实施检查。各地在贯彻实施新《消法》中取得明显成效，但也存在许多问题。一些新的法律规定还没有得到完全落实，如网络购物七天无理由退货、惩罚性赔偿、公益诉讼等。

目前，我国消费维权、改善消费环境面临双重挑战。一方面，量大面广的传统消费市场，假冒伪劣、不合格消费品、消费欺诈等问题仍较突出，特别是农村市场、中小城市、城乡接合部等；另一方面，日新月异的新兴消费市场，商品和服务的科技含量越来越高，消费模式愈加丰富多样，对消费维权带来许多新的难题。特别是网络消费、网络购物，既是新的消费增长点，也是消费投诉的热点。

为做好“十三五”开局工作，李克强总理强调，要以创新供给带动需求扩展，以扩大有效需求倒逼供给升级。这对我们做好消费维权，营造良好的消费环境，都提出更高的要求。

第六，如何改进和创新市场监管方式。提高市场监管成效，改进监管方式非常重要。这两年，总局在放活微观市场主体的同时，从两个方面探索新型监管模式，一是以企业信用监管为核心，二是强调大数据监管。

信用是市场经济的基石。社会的信用水平越高，经济运行成本就越低，市场经济就越繁荣。为加强企业信用监管，总局建立了企业信用信息公示制度和企业经营异常名录制度。2013年度企业年报公示率87.6%，2014年度是85.1%。截至今年9月30日，全国被列入经营异常名录的市场主体311.9万户，占全国市场主体的14%。特别通过企业信用信息归集，将各部门对企业惩处信息纳入一个企业名下，建立失信企业联合惩戒机制，让信用创造财富，这对于提高经济运行效率非常有意义。

同时，加强大数据应用。大数据时代，政府监管也要智慧化。通过企业法人库和企业信用体系的建立，为大数据资源的建设开发及应用奠定了基础，对于市场监管和政府经济决策具有越来越重要的意义。

总体上，信用监管和大数据智慧监管是相辅相成的，目前只是一个开端。下一步，一方面要加强部门相关信息的归集，完善企业信用信息系统，为企业、为社会广泛应用提供平台；另一方面，要加强大数据的挖掘利用，加强工商登记信息、年报信息、执法维权信息的综合分析，为简政放权、放管结合、优化服务提供支撑。同时，建设国家企业信用信息公示系统即“全国一张网”，为改进和创新市场监管提供载体和平台。

第七，如何完善市场监管体制和机制。形成科学合理的市场监管体制机制，是提高市场监管效能，维护良好市场秩序的重要保障。按照推进综合执法的改革部署，2013 年以来，各地结合工商等部门职能调整，积极推进行政执法体制改革，取得积极成效。通过机构整合、职能调整，综合执法改革取得积极成效，整合了执法资源，形成监管合力，提高了基层监管效率，消除了监管的灰色地带。

但由于缺乏顶层设计和统筹领导，改革中也存在一些问题。一是由于缺乏统一的体制设计，形成各地行政执法体制的复杂多样。各省改革模式不同，省区内改革模式不同，省区内不同市区的改革模式也不同。二是部门执法要求不一致，执法依据不统一。各部门的有关规章和规范性文件，以及制式服装、执法证件、执法文书、执法程序、办案系统等方面不一致。营业执照都是由不同名称的政府部门发放，社会很难理解。三是地方保护倾向有所抬头，市场监管执法力度有所弱化。有的地方担心市场监管会影响经济发展，有的市场监管部门还承担着招商引资、征地拆迁、信访维稳等工作。

这些问题，对于维护全国大市场的统一性，维护市场监管执法的统一性，都带来新的挑战。通过各地的改革实践，目前迫切需要实行统一的市场监管体制，形成大市场、大监管、大服务的市场监管格局。

第八，如何编制好“十三五”市场监管现代化专项规划。过去，市场监管领域没有编制过国家规划。但在全面建成小康社会，在经济转型、体制完善的大背景下，就非常有意义。要通过编制规划，进一步深化商事制度改革，明确市场监管方向，进一步激发市场的活力、市场的创造力，这既是转变经济发展方式的重要保障，也是转变政府职能的重要任务。

下一步，总局要会同有关部门，按照国务院的部署，按照完善社会主义市场经济体制的总体要求，以维护公平竞争的市场秩序为目标，创新监管理念，明确监管规则，突出监管重点，改革监管方式，完善监管机制，编制好“十三五”市场监管现代化专项规划，给市场主体一个清晰的信号和明确的预期，为市场经济发展营造一个公平竞争的市场环境和具有国际竞争力的营商环境。

各位专家学者在各领域有着深厚的学术功力，有着广泛的社会影响，希望专家学者们加强对工商行政管理和市场监管方面带有全局性、战略性和前瞻性重大问题的研究，提出专业性、建设性的意见建议，以不断提升工商市场监管的现代化水平。

继续深化改革 创新市场监管
努力实现“十三五”市场监管良好开局

——在全国工商和市场监管工作会议上的讲话

（2015 年 12 月 24 日）

国家工商总局党组书记、局长 张茅

同志们：

这次会议的主要任务是，认真贯彻落实党的十八大和十八届三中、四中、五中全会精神，按照中央经济工作会议的部署，总结 2015 年的工作，安排 2016 年的任务，立足当前，着眼长远，凝聚共识，携手攻坚，努力实现“十三五”市场监管工作良好开局。党中央、国务院对工商和市场监管工作十分重视，李克强总理作出重要批示，充分肯定了今年工作取得的成绩，对做好明年和“十三五”时期的工作提出了明确要求。今天下午，王勇国务委员还将召开座谈会听取意见和建议，并作重要讲话。我们一定要认真学习，深刻领会，抓好落实。下面，我讲几点意见。

一、以改革统领全局，2015 年工商和市场监管工作取得显著成绩

2015 年，是“十二五”规划的收官之年。全系统认真贯彻落实李克强总理视察总局时的重要讲话精神，以深化商事制度改革为主线，切实加强事中事后监管，不断强化消费维权，各项工作取得新成绩，工商和市场监管工作在改革发展全局中发挥了重要作用，为经济社会发展作出了积极贡献。

（一）攻坚克难，工商登记制度改革取得新突破。今年，商事制度改革进入攻坚阶段。全系统共同努力，完成了“三证合一、一照一码”改革攻坚，实现日均新登记企业 1 万多户，初创企业活跃度持续提高，各项改革任务顺利推进。

全面实施“三证合一、一照一码”改革。这是顺应群众愿望和社会期盼的重要改革举措。国务院专门召开常务会议和电视电话会议对这项改革进行部署。我们高度重视，加强对改革的顶层制度设计，多次召开工作协调会和培训会，牵头起草了《关于加快推进“三证合一”登记制度改革的意见》，研究制订与改革相配套的信息化技术方案和规范等；加强了与相关部门的衔接协调，梳理相关部门规章及规范性文件，参与统一社会信用代码总体方案设计，为改革创造了条件。今年 10 月 1 日这项改革在全国全面实施后，总局积极协调推进，加强政策文件宣传和业务培训，各地积极试点探索、细化配套措施、完善工作机制，为各项改革措施的全面落实作出了重大贡献。截至 11 月底，全国共发放“一照一码”营业执照 238.7 万张。

加快推进工商登记注册便利化。推进名称登记制度改革，开展了名称登记改革试点，总局实现了企业名称核准全程电子化办理。推进放宽住所条件改革，全国 31 个省（区、市）出台了住所管理规定。积极推进全程电子化登记和电子营业执照应用试点工作。推进企业、个体工商户简易注销改革试点工作，对未开业企业及无债权债务企业、个体工商户试行了简易注销程序。出台有关政策措施，大力支持上海、广东、天津、福建自贸区建设。发挥职能作用，支持国有企业改革改制改组，促进文化体制改革和文化企业快速发展。同时，加强统筹协调，推动部门、地方落实注册资本登记制度改革。

深入推进“先照后证”改革。“先照后证”改革是政府简政放权、优化服务的重要举措。总局认真梳理工商登记设立、

变更、注销等环节应当执行的前置审批事项，依法公布并及时调整更新前置审批目录。印发《关于严格落实“先照后证”改革严格执行工商登记前置审批事项的通知》，指导各地严格按照目录做好登记工作。督导各地严格履行“双告知”职责，实现了工商登记和审批监管的有序衔接。

支持小微企业繁荣发展。小微企业是发展的生力军、就业的主渠道、创新的重要源泉。按照初创企业活跃度稳步提高的方向，着眼于延长小微企业的生命周期，认真落实扶持小微企业发展的政策措施，为初创企业提供了便利服务。积极建设小微企业名录系统，充分发挥在申请扶持导航等方面的功能，建立扶持小微企业发展信息互联互通机制。今年6月系统上线以来，累计访问量200多万次。积极参与开展小微企业创业创新基地城市示范工作。发挥副理事长单位作用，参与设立国家中小企业发展基金。不少地方工商部门牵头出台创新政策，帮助解决小微企业融资难、融资贵难题，促进小微企业创新发展。

商事制度改革与国家创业创新政策形成叠加效应，推动了大众创业、万众创新。市场主体快速增长，截至11月底，全国新登记市场主体1321.5万户，比上年同期增长14.1%，其中企业389.5万户，增长19%，平均每天新登记企业1.17万户。优化了产业结构，在新设立的企业中，第三产业占80.7%，比2014年高出2个百分点。“互联网+”等新产业、新业态的快速发展，为经济结构调整注入了新活力。促进了就业增长，全国个体私营经济共吸纳就业2.76亿人，今年新增从业人员2616.5万人。进一步改善了营商环境，在社会上引起好的反响，成为转变政府职能、简政放权改革中的一大亮点。世界银行《2016年营商环境报告》显示，在189个经济体中，中国营商环境排名第84位，比去年第90位上升了6位，前年排名是96位。国务院组织的第三方评估以及社会媒体都给予了高度评价。

（二）探索创新，加强事中事后监管取得新成效。我们坚持宽进严管、放管结合，以企业信用监管为核心，扎实推进企业信息公示、信息归集工作，初步建立了企业信用约束机制。

明确了事中事后监管职责。起草了《国务院关于“先照后证”改革后加强事中事后监管的意见》，明确了监管原则，强调了“谁审批、谁监管，谁主管、谁监管”。构建了以信息归集共享为基础、以信息公示为手段、以信用监管为核心的新型监管制度。明确了“照”和“证”衔接过程中部门的监管职责，消除了监管的真空，避免出现监管“灰色地带”。建立部门协同联动机制，对违法失信企业和个人在招投标、出入境、政府采购等方面给予限制或者禁止。

认真做好市场主体信息公示工作。信息公示是促进企业诚信自律，扩大社会监督的重要基础。今年是全面实施年报公示工作的第一年，总局把年检改年报作为监管方式改革的重要举措，加强制度建设，建立工作通报机制，加强政策解读和工作指导，开展年报公示情况督查。各地深入企业、乡镇开展政策宣传和帮扶指导，组织动员市场主体按要求开展年报工作，企业年报达到了预期目标。2013年度企业年报公示率为87.6%，2014年度为85.1%，均超过了改革前的年检率。2014年个体工商户和农民专业合作社年报公示率分别为78.8%和76.9%。截至11月底，全国333.5万户企业公示了即时信息，共754.7万条。规范工商部门公示企业信息行为，行政处罚信息公示率82.9%。

落实“双随机”抽查工作机制。“双随机”抽查机制是创新政府管理方式、规范市场执法行为的重要改革措施。按照国务院关于开展“双随机”工作的要求，今年首次推行了“双随机”工作机制，对2014年全部企业开展抽查工作。按照1%的比例，开展了企业即时信息公示情况的抽查工作，全国共抽查企业17.6万户。开展了针对公司股东（发起人）出资公示情况的定向检查，抽查比例为1.5%。按照3%的比例，开展了企业年报抽查工作，抽查企业44万户。

建立信用约束机制。依托企业信息公示系统，加强年报、企业备案等信息归集分析，信用约束机制初见成效。总局扎实推进经营异常名录制度建设，建成全国统一的经营异常名录数据库。截至11月底，全国被列入经营异常名录的市场主体303.6万户，其中企业274万户。积极推动信息共享，全国有24个省（区、市）建立了部门间企业信用信息共享机制，实现信息共享，其中有17个地方以工商部门为主导。工商部门累计向其他部门提供相关信息31.6亿条。积极推进失信联合惩戒，与37个中央部门签订了相关协议，实现了对企业跨部门、跨地区、跨行业的信用约束和联合惩戒。对132万名“老赖”依法进行任职限制。

加强国家企业信用信息公示系统（“全国一张网”）建设和大数据运用。“全国一张网”是李克强总理和王勇国务委员要求总局牵头推进的一项重大工程。总局积极加强顶层设计，拟定了“一张网”建设方案和工程可行性研究报告，积极推进工程立项。运用工商大数据资源积极开展经济形势分析，向国务院常务会议报送市场主体分析报告，较好地服务了领导决策。

（三）完善机制，消费维权工作取得新成绩。把强化消费维权、改善消费环境作为释放消费潜力的重要保障，以新《消法》执法检查为契机，认真做好消费维权工作，促进消费环境不断改善，为拉动消费增长创造了条件。

积极配合开展《消法》执法检查。全国人大常委会高度重视新《消法》的贯彻实施，严隽琪、吉炳轩、张平等 3 名副委员长带队，总局积极配合，对天津、浙江等 7 省市《消法》实施情况开展执法检查，在肯定各地成绩的同时，指出了还需要解决的问题。总局针对这些问题，提前启动了完善《消法》配套法规立法的准备工作。进一步完善工作机制，强化消费领域执法，努力推动《消法》贯彻实施。

推进流通领域消费维权。强化重点领域消费维权，开展流通领域商品质量监管和日常监督检查，加强商品质量抽查检验，推进流通领域商品质量安全风险警示，突出查办消费侵权案件。对一些问题突出和群众反映强烈的领域开展专项检查，针对“3•15”晚会、黄金周、双十一等曝光问题，及时发布处理意见，取得良好社会效果。截至 11 月底，全系统共查处消费侵权案件 6.1 万件。

加快 12315 体系建设。发挥 12315 品牌效应，提高群众投诉的处理效率。落实消费环节经营者首问和赔偿先付消费维权制度，促使企业履行社会责任。继续推进 12315“五进”工程，加强“一会两站”建设。召开全系统放心消费创建活动现场会，学习推广放心消费创建活动经验。加强消费维权数据分析利用，发布消费提示、警示，为市场监管和政府制定消费政策提供了参考。截至 11 月底，全系统共受理消费者诉求 112.7 万件，为消费者挽回经济损失 15.2 亿元。

充分发挥消协组织的作用。以换届为契机，加强中消协组织机构建设，强化了法律地位和法定职责。全国消协组织积极探索、大胆实践，创新消费维权方式，开创性地开展了公益诉讼、组织对部分旅游线路进行体验式调查、开展“电视购物服务测评”活动等，警示了违法经营者，在社会引起巨大反响。中央财政给予大力支持，消协履职保障能力进一步加强。

（四）依法行政，监管执法取得新进展。我们立足建立全国统一大市场，不断创新市场监管的方式方法，切实加强竞争执法和重点领域市场监管执法工作，维护公平竞争市场秩序。

认真做好竞争执法工作。充分发挥竞争政策的作用，在总局的建议下，竞争政策已写入中央文件，为竞争政策实施创造了条件。强化竞争执法工作，出台知识产权领域反垄断规定，促进创新和公平竞争。授权内蒙古等省（区）对烟草、电信行业涉嫌垄断问题进行调查处理，促进了行业规范和企业合规经营。围绕民生热点，加大商业秘密保护力度，集中整治仿冒、商业贿赂等不正当竞争行为，积极开展经济检查、打击传销和规范直销工作。截至今年 11 月底，共查处各类经济违法违章案件 38.7 万件。

加强网络市场监管。网络经济是今年经济增长的新亮点，也是消费投诉和社会关注的焦点。今年，我们坚持创新与规范并重，出台《网络商品和服务集中促销活动管理暂行规定》、《关于加强网络市场监管的意见》等政策措施。深入推进技术手段与监管业务的融合，初步建成全国网络交易平台监管服务系统，加强网络交易商品定向监测。开展 2015 红盾网剑专项行动，严厉打击网络侵权假冒违法行为。全系统责令整改网站 1.26 万个次，查处违法案件 6737 件，罚没款 1.23 亿元。全国已经建成 29 个省级网监平台，地市级网监平台建设加快推进。

广告市场秩序明显好转。召开电视电话会议，加强新《广告法》宣传培训和解读，强化督促检查，推动新《广告法》贯彻落实。建成启用国家广告数据中心，加大日常监测监管力度，基本实现对 31 个省（区、市）、332 个市、3600 余家媒体的全天候监测。同时，加快互联网广告监测中心建设。狠抓执法办案，新《广告法》颁布以来，违法广告数量下降了 91.4%。完善广告联席会议工作机制，虚假违法广告整治工作纳入平安建设综治考评和全国文明城市测评体系。推动广告业发展，24 个广告产业发展项目获得 2015 年中央文化产业发展专项资金支持 9670 万元。

商标注册及保护不断加强。积极推进商标审查体制改革，成立中国商标品牌研究院，召开中国商标金奖颁奖大会，提高商标审查和评审便利化水平，有力推进了商标品牌建设。商标审查周期控制在 9 个月内。今年前 11 个月，受理商标注册申请 257.6 万件，审查商标注册申请 211.2 万件；截至 11 月底，我国商标累计申请 1810.3 万件，累计注册 1209 万件，有效注册 1019.8 万件，实现“三个超千万”，是世界上商标注册数量最多的国家。深入开展打击侵权假冒工作，商标知识产权保护力度进一步加大，截至 11 月底，共审结商标评审案件 9.3 万件。

加强重要领域市场监管工作。依法履行农资市场监管职责，深入开展红盾护农、合同帮农工作。组织开展汽车、旅游、成品油等市场专项整治工作，积极加强合同格式条款监管。

（五）强本固基，队伍和基础建设取得新提升。围绕市场监管履职新任务、新要求，积极加强自身建设，加强对基层工作指导，加强基础建设，市场监管效能进一步提升。

大力加强总局自身建设。落实中央全面从严治党部署要求，成立总局机关党建工作领导小组，选强配齐司局和直属单位领导班子，强化细化党风廉政建设主体责任和监督责任，推动党建工作落到实处。扎实开展“三严三实”专题教育，严格落实“两个责任”，进一步加强总局机关作风建设，促进了系统作风转变。修订并认真执行总局党组巡视工作办法，发现问题，督促整改，推动工作。成立总局市场监管专家委员会，强化总局重大决策科学化、民主化。

高度重视基层建设。针对基层改革出现的新情况、新问题，总局召开深化改革和加强基层建设工作座谈会，制定《关于加强基层建设的指导意见》，进一步加强对基层工作的指导。深入开展教育培训工作，全年共组织举办培训班 64 期，培训学员 6246 人次，专题网络培训班 10 期，培训人数近 9 万人次。

进一步加强法治建设。围绕贯彻落实党的十八届四中全会精神，加强立法立规，强化执法监督，开展法治宣传，深入推进依法行政。扎实开展了行政处罚信息公示督查、法治建设评价和行政复议工作。今年，共完成了《广告法》、《企业经营范围登记管理规定》等多部法律法规规章的立改废工作。

切实强化信息化建设。健全完善全国企业信用信息公示系统，实现所有市场主体信息全社会查询。截至 11 月底，该系统累计访问量近 75 亿次，增强了企业交易透明度，提高了经济运行效率。稳步推进国家法人库建设，开展项目论证、专家评审等工作，指导地方做好配套项目建设。启动总局 12315 数据归集分析系统建设。总局政府网站连续 4 年位于优秀部委网站行列。

不断扩大国际交流合作。以服务商事制度改革和落实国家“一带一路”战略、自由贸易区战略为重点，开展 300 余项多边交流活动。累计与国外机构、国际组织签署 49 项合作协议，参与 10 个自贸区协定谈判，国际合作平台不断扩大。

同时，全系统进一步增强大局意识，召开了非公经济党建工作经验交流会，扎实推进非公经济组织党建工作。积极加强对口援疆援藏工作。认真做好宣传工作，新闻宣传和舆论引导能力明显提升，局属报纸、期刊、网站围绕中心，加大宣传力度，较好地服务了大局。市场监管学会、广告协会以换届为契机，加强自身建设，职能作用进一步发挥。机关服务中心、行政学院、研究中心、中个协、商标协会、商标审协中心等单位，立足职能，服务大局，为工商和市场监管事业发展作出了积极贡献。

一年来取得的工作成绩，得益于党中央、国务院的坚强领导，得益于有关部门的大力配合，得益于各地党委、政府的关心支持和全系统同志的共同努力，确保了各项改革任务的顺利推进。习近平总书记对工商和市场监管工作多次作出重要指示。李克强总理亲自到总局视察，先后作出 40 多次批示，给予充分肯定和有力指导。张高丽副总理、杨晶和王勇国务委员也多次主持会议、作出批示，研究部署改革任务。国务院在推进职能转变协调小组中，专门设立商事制度改革专题组，协调推动改革进程，并多次通报表扬商事制度改革的做法和经验。这为我们做好全年工作创造了有利条件，提供了重要保障。

二、贯彻落实党的十八届五中全会精神，明确“十三五”时期市场监管方向

“十三五”时期是全面建成小康社会的决胜阶段，在我们党确定的“两个一百年”奋斗目标中具有非常关键性作用。中央“十三五”规划建议，明确了今后一个时期我国经济社会发展的指导思想、目标任务和重大举措。这是未来五年我国发展的宏伟蓝图，是指导经济社会工作的纲领性文件。深刻学习中央《建议》精神和部署，明确市场监管方向和任务，对做好市场监管工作具有重要意义。

（一）加强市场监管，是实现全面建成小康社会目标的重要任务。到2020年是全面建成小康社会，形成比较完善的社会主义市场经济体制的关键时期。目前，市场秩序不规范，市场机制不健全，公开、统一、平等竞争的市场环境还没有形成，不仅影响着资源的优化配置，制约着经济转型和整体竞争力的提高，也成为制约完善市场经济体制目标实现的关键性问题。

习近平总书记在《关于〈中共中央关于全面深化改革若干重大问题的决定〉的说明》中明确指出，“经过20多年实践，我国社会主义市场经济体制已经初步建立，但仍存在不少问题，主要是市场秩序不规范，以不正当手段谋取经济利益的现象广泛存在；生产要素市场发展滞后，要素闲置和大量有效需求得不到满足并存；市场规则不统一，部门保护主义和地方保护主义大量存在；市场竞争不充分，阻碍优胜劣汰和结构调整，等等。这些问题不解决好，完善的社会主义市场经济体制是难以形成的”。最近，习近平总书记在中央经济工作会议上特别强调：要坚持社会主义市场经济改革方向。使市场在资源配置中起决定性作用，是深化经济体制改革的主线。改革的重点是解决市场体系不完善、政府干预过多和监管不到位问题。

李克强总理在《简政放权放管结合优化服务深化行政体制改革切实转变政府职能》讲话中指出：要创新和加强政府管理，使市场和社会活而有序。当务之急，是加强市场监管，为各类市场主体营造公平竞争的发展环境，特别要转变监管理念，创新监管机制和监管方式，提高监管效能。

工商作为市场监管的主力军，要深入学习领会中央《建议》精神，深刻领会习近平总书记、李克强总理重要讲话精神，从全面建成小康社会、完善社会主义市场经济体制的大局出发，深刻认识市场监管面临的新形势新任务新要求，深刻认识市场监管在改革发展全局中的重要作用，切实增强责任意识、使命意识，做好市场秩序的“守护神”。

（二）以五大发展理念为引领，树立科学的市场监管理念。理念是行动的指南。习近平总书记强调，要以发展理念转变引领发展方式转变。党的十八届五中全会提出，必须牢固树立创新、协调、绿色、开放、共享的发展理念。这五大发展理念是中央《建议》的精髓和主线，是“十三五”乃至更长时期我国的发展思路、发展方向和发展着力点的集中体现。我们要深入学习这一发展理论的重大创新，深刻认识这一关系我国发展全局的深刻变革，将五大发展理念融入到市场监管的各项工作之中，按照社会主义市场经济改革方向，树立科学的市场监管理念，指导市场监管实践。

一是要激发市场活力。市场经济的内在活力，是经济持续增长的重要动力，是我国经济走向繁荣发展的重要基础。市场的活力，来源于市场主体的大量涌现，来源于市场主体的活力和创造力。只有微观市场主体充满活力和创造力，整体经济才能有活力和竞争力。

过去，我国市场经济活力不足、创新乏力，重要原因在于传统的政府管理模式，对微观市场主体的行政干预过多，各种不合理的行政管制过多，各种行业分割和地方保护过多。百姓投资创业的市场准入门槛高、环节多，效率低、期限长、资金成本高，制约市场经济的繁荣发展。商事制度改革作为转变政府职能、减少行政审批的“先手棋”和“突破口”，就是按照发展市场经济的需要，从百姓经商兴业这第一道门改起，还权于企业，还权于市场，激发亿万群众的创造力和市场经济的内在活力，为经济发展注入了新的动力。但目前大量行政审批、各种繁琐的行政管制，仍是制约市场活力的重要障碍。

改革就是要解放生产力，释放我国经济发展的巨大潜力，激发微观市场主体的发展活力，这也是商事制度改革的大逻辑、大方向。要坚持问题导向，按照简政放权、放管结合、优化服务的要求，以降低市场准入门槛为着力点，深入探索“证

照分离”，提高市场准入便利化，推动审批制度改革，促进市场主体持续增长、活跃发展。

二是要鼓励市场创新。创新是市场经济的活力所在，也是经济发展的动力之源。中央《建议》提出五大发展理念，第一项就是创新发展，把创新摆在国家发展全局的核心位置。通过创新，才能为我国经济发展提供新动能，才能适应全球激烈竞争的挑战。

目前，我国已经开始进入创业创新的繁荣时期。人力资本进入收获期，低成本的劳动力优势在减弱，人才红利在增强，大学生创业、海归人才创业、企业精英创业、农民工创业，蕴藏着巨大的创造力；科技创新进入爆发期，新一轮科技革命和产业变革蓄势待发，特别是网络技术的广泛运用，为释放人的创造力提供了极大空间；改革红利进入释放期，经济体制改革，政府职能转变，减少行政审批，将进一步消除制约创新的制度障碍。这两年，商事制度改革中，通过“一址多照”、“一照多址”、商务秘书公司、电商集群注册等改革举措，促进了众创空间、创客工场等新产业、新业态、新模式的发展，促进了大众创业、万众创新，充分显示出改革创新的积极成效和巨大潜力。

创新会改变传统的发展模式，也要求改变传统的管理方式。我们要顺应创新发展的大趋势，强化创新意识，适应创新、服务创新、引导创新。要继续改革工商管理，适应新科技、新产业、新业态、新模式的发展，服务企业经营模式和组织方式的创新。营造激励创新的市场竞争环境，破除制约创新的各种体制障碍，激发全社会创新活力和创造潜能，增强市场主体创新动力。

三是要规范市场秩序。完善的市场经济是有活力、有秩序的。没有活力，市场经济就失去了生机和魅力；没有秩序，市场经济就失去了安全和保障。企业要健康发展，需要公平竞争的市场环境，否则，就不能优胜劣汰，而是劣币驱逐良币。做到放而不乱、活而有序，必须做到放管结合，在创新中发展，在规范中完善。

要认识到，规范市场秩序，完善市场竞争环境，不是限制经济发展，而是我国经济转型发展、提质增效的重要保障。“十三五”时期，实现经济中高速增长、产业迈向中高端的目标，面临着化解过剩产能、淘汰僵尸企业、培育新产业新动能等一系列任务，再按传统的行政主导方式难以奏效，迫切需要净化市场环境，发挥市场竞争机制的作用。

今后，要强化竞争政策的重要作用，把规范市场秩序、改善市场环境作为供给侧改革的重要举措。要打击假冒伪劣，为优势企业发展腾出空间。要形成僵尸企业退出机制，促进企业优胜劣汰，促进产业转型升级。要改革扭曲市场竞争的政策和制度安排，消除地方保护和行政垄断，充分发挥我国的市场潜力和统一大市场的优势。

四是要维护消费者权益。强化消费维权，保护好消费者权益，就是保护千家万户百姓的利益，这是实现好、维护好、发展好最广大人民根本利益的重要体现，也是实现共享发展的本质要求。从国际经验看，保护消费者权益，形成良好的消费环境，是许多市场经济国家市场监管的重要方向和最终目的，也是提升产业素质和产品竞争力的内在动力。

当前，我国消费环境的改善与百姓消费能力的提高还不匹配，消费环境不理想已经成为制约消费潜力释放的重要障碍。长期形成的重视投资者、生产者利益，而忽视消费者权益；重视提高消费能力，而忽视扩大消费意愿；重视消费硬件设施，而忽视消费软环境建设等仍较突出。特别是国内旅客出国购物的热潮，进一步凸显国内消费环境的不足。

“十三五”时期，随着我国从中等收入体向发达经济体迈进，消费对经济增长的基础性作用日益突出。要改变传统观念，树立消费者优先、消费者至上的理念。要顺应消费规模扩大、消费结构升级和消费模式变化的新趋势，把改善消费环境、维护消费者权益作为重要着力点，通过改善消费环境，释放消费潜力，促进消费增长。通过扩大新消费，带动新投资，培育新产业，形成新动力，促进经济发展的良性循环。

五是要提高监管效率。随着商事制度改革，市场主体大量产生，特别是大数据、云计算、互联网为代表的新一轮科技创新和产业变革，促进了技术、资源和市场的跨时空跨领域融合，颠覆了许多传统的产业模式和消费模式，对市场监管提出许多新要求和新挑战。再沿用传统的人盯人、普遍撒网的监管方式，已不适应市场经济发展的方向。

从国际上看，减轻企业负担，减少社会成本，提高监管效能，成为国际监管改革的普遍趋势。自从世界银行公布全球营商环境报告以来，许多国家和地区都进行了一系列监管改革，以不断改善营商便利度。世界银行《2016 年营商环境报告》显示，自 2014 年 6 月至 2015 年 6 月，在 189 个经济体中进行了 231 项商业改革。近年，英国落实“良好监管原则”、“挑战文牍主义”，都值得研究借鉴。

提高市场运行效率，必须提高市场监管效率。要把推动工商市场监管的改革与创新作为重要任务，不断探索市场监管新机制、新方法。要强化企业信用监管，让信用创造财富。要利用大数据资源，实现“互联网 +”背景下的智慧监管。强化社会共治，发挥企业自治、行业自律、社会监督功能，发挥综合监管与行业监管的协同效应，发挥地方监管的重要作用。

六是要顺应全球化趋势。我国经济要开放发展，市场监管同样要有全球视野。在经济全球化进程中，一国的监管理念、监管模式，是影响国家竞争力和国际影响力的重要因素。

这两年，我们的国际交流、国际合作明显增多。今年，在中韩、中马两国领导见证下，我们与韩国、马来西亚签署了市场监管方面的合作备忘录。这说明，随着市场经济的发展，随着全球经济的紧密联系，国际间的市场规则、市场监管同样紧密相联，这是世界经济交流协作的重要保障。同时，即使是国内市场规则，同样具有广泛的国际影响。去年，美中贸易全国委员会提出的中国商业环境调查报告，标题是《在竞争及政策不确定性加剧的环境中持续增长》，既显示出美国公司在中国市场的较快增长，又显示出对竞争环境和政策不确定性的担忧。最近，社会各界高度关注跨太平洋战略经济伙伴关系协定对中国经济的影响，比如市场准入、监管的一致性、规范电子商务、提高透明度等，很多都是市场监管问题。

今后，要按照提高我国在全球治理中的制度性话语权的要求，不断提升市场监管的国际化水平。要从长远战略需求出发，继续加强国际交流与合作。要用国际视野，审视市场监管规则的制定和市场监管执法效应。要加强前瞻性探索，注重探索和推广自贸区商事制度改革实践经验。要强化商标品牌知识产权保护和公平竞争，营造国际化、法治化、便利化的营商环境。

三、突出重点，狠抓落实，全面做好 2016 年的各项工作

2016 年是全面建成小康社会决胜阶段的开局之年，也是推进结构性改革的攻坚之年。刚刚召开的中央经济工作会议，分析了当前国内国际经济形势，深刻阐述了如何更好适应、把握和引领经济发展新常态，明确提出了明年经济工作的总体要求、主要目标和重点任务，强调了必须坚持的重大原则。

做好明年工商和市场监管工作，要贯彻落实党中央、国务院的决策部署和中央经济工作会议精神，以新的发展理念为引领，适应经济发展新常态，围绕供给侧改革和供给需求两端发力，进一步深化商事制度改革，完善事中事后监管机制，强化消费维权，充分发挥竞争政策的作用，加大市场监管执法力度，为经济发展营造公平竞争的市场环境和具有国际竞争力的营商环境，促进企业优胜劣汰和产业转型升级，释放消费拉动经济增长的潜力，努力实现“十三五”市场监管工作良好开局。

（一）深化工商登记制度改革，促进市场主体繁荣发展。要围绕降低门槛、提高效率、完善服务，继续深化工商登记制度改革，强化各项改革措施的落实，进一步释放市场经济的活力和创造力，为经济发展提供新动能。

1. 巩固和扩大“三证合一、一照一码”改革成果。要落实窗口部门各项工作保障，确保改革后登记的高质量高效率。要继续做好新旧执照换发工作。要完善登记信息系统，加强部门间的信息即时沟通。要抓好改革的跟踪评估，查找问题，完善措施。要继续发挥牵头作用，加强督促检查和宣传工作，配合相关部门推动改革，促进“一照一码”在社会上的广泛应用。

2. 深化落实“先照后证”改革。要根据有关法律法规的修改完善情况，继续加强对企业设立前置、后置审批工作的调查研究，及时调整企业登记前置、后置审批项目目录，指导各地严格执行目录。要指导各地严格履行“双告知”职责，依托各地信息化建设的推进，促进市场主体信息的共享应用。要加大宣传力度，让全社会理解“先照后证”改革的内涵，促进改革的深入推进。

3. 继续推进工商登记注册便利化改革。要全面推进名称核准制度改革，加强企业名称登记改革试点跟踪指导，完善企业名称核准全程电子化有关制度，提高名称审核的标准化、规范化水平。各地要按照方便注册和规范有序的原则，进一步放宽住所（经营场所）登记条件，简化住所登记手续，分行业、分业态释放住所资源。要按照“先行试点、逐步推广、稳

步推进”的原则，推进全国企业登记全程电子化，推动试点地区2016年下半年开展试点工作。要积极推行全国统一标准规范的电子营业执照，推动电子营业执照的广泛应用。要配合去产能、消除僵尸企业，进一步简化和完善企业、个体工商户注销流程，构建便捷有序的市场退出机制。

4. 积极推进相关改革探索。要充分发挥企业登记管理职能，大力支持广东、天津、福建自贸区建设，支持上海市依托自贸区开展“证照分离”改革试点，及时总结改革试点经验。要积极为国有企业改革改组改制、现代服务业和战略新兴产业发展、传统产业升级，提供政策支持和登记服务。要服务构建开放型经济新体制，继续支持外商投资准入管理模式创新，探索外商投资准入前国民待遇加负面清单管理模式。要深化企业登记信息分析，充分挖掘工商登记信息的经济价值与社会价值。

5. 继续扶持小微企业发展。要完善和运用小微企业名录，切实发挥促进扶持政策实施、助力小微企业发展的功能作用。要配合有关单位，用好用活国家中小企业发展基金，切实解决中小企业融资难、融资贵的问题。要继续做好小微企业创业创新基地城市示范等综合性扶持政策的实施工作，切实发挥工商职能服务小微企业发展。要开展新设立小微企业跟踪分析，了解企业在准入、经营、审批、税收、融资等方面面临的困难和问题，及时反映企业的诉求。要大力加强非公党建工作，充分发挥非公党建对促进非公经济发展的重要作用。

（二）加强事中事后监管，营造公平竞争的市场环境。针对商事制度改革后市场主体大量涌现、监管难度广度深度随之增加的新情况，积极探索事中事后监管新机制，以企业信用监管为核心，不断强化企业信息公示、信息共享、联合惩戒，加强市场监管，维护市场秩序，为企业优胜劣汰和产业转型升级提供保障。

1. 做好市场主体信息公示工作。要深刻认识年报公示工作的重要意义，做好2015年度年报公示工作，完善年报工作机制，优化年报系统，加大宣传培训力度，保持较高的年报率。同时，做好年报数据分析利用工作。加强对主体登记备案信息公示及时性、准确性检查。要推进工商行政管理行政处罚信息的公示工作，切实提高案件信息的公示率、及时率和准确率。要提高主体即时信息公示率，强化对主体公示出资、行政许可和行政处罚等即时信息的监督，督促主体自觉履行公示义务。

2. 进一步推进“双随机”抽查工作机制。要按照国务院两年内全面推开“双随机，一公开（抽查结果公开）”的要求，完善市场主体公示信息抽查机制，积极推进“双随机”抽查机制的运用。2016年，在全国开展对市场主体年报的随机抽查不低于3%。各地要结合地方实际，研究制定工作方案，探索“双随机”实施的有效途径。

3. 进一步强化信用监管。要以企业法人归集信息为基础，完善企业及相关法定代表人、负责人的信用记录和信用档案，建立信用约束工作的基础。要加快推进全国统一的经营异常名录库、严重违法失信企业名单库建设，建立跨部门信息交换机制。将企业登记信息、年报信息及行政处罚、行政许可、经营异常名录、严重违法企业名单等信息，进行关联整合、统一公示，实现企业信息归集共享，进一步强化联合惩戒。要认真贯彻《关于加强“先照后证”改革后加强事中事后监管的意见》，处理好行业监管和综合监管的关系，落实好“谁审批、谁监管，谁主管、谁监管”的要求，实现部门协同、齐抓共管。要加强防范企业区域、行业和系统性风险，探索开展投资性公司的信用风险监测预警，开展风险防范研究。要加强社会监督，充分发挥市场专业化组织的作用，推动市场监管社会共治。

4. 加强“全国一张网”建设和大数据监管。要协调相关部门全面推进国家法人库建设，组织指导省级局做好国家法人库应用支撑项目建设。要加快建设国家企业信用信息公示系统，研究制定依托企业信用公示系统，进行信息归集、交换、共享的技术标准，确保2016年底前基本建成使用。要做好大数据应用的顶层设计，推动各地充分利用大数据资源和技术，探索“互联网+”背景下的监管创新。

（三）加大消费维权力度，为释放消费潜力创造良好条件。新常态下，优化消费环境，发挥消费的基础性作用，是促进经济发展的重要途径。要结合消费的重点热点难点问题，完善工作机制，继续加大消费维权工作力度，努力营造有利于促进发展的消费环境。

1. 落实全国人大常委会《消法》检查部署的任务。要按照全国人大常委会《消法》执法检查报告的要求，继续完善《消法》配套法规规章，推动出台《消费者权益保护法实施条例》、《网络购物七日无理由退货指导意见》，修改完善《12315消费者申诉举报中心工作规则》等配套制度，强化消费维权的法律保障。继续完善消费维权工作机制，推动建立消费维权部门协调机制。制定规范“诉转案”工作指导意见，加强消费维权能力建设。进一步发挥消协组织的作用，继续推动公益诉讼实践，采取约谈经营者、发布消费预警等措施，推动消费维权关口前移。

2. 加大流通领域消费维权力度。要突出涉及国计民生的重点商品，进一步强化流通领域商品质量监管，大力推行随机抽查，加强对商品质量的一体化监管。要继续开展“红盾质量维权行动”，以儿童用品、装饰装修材料、汽车配件等与消费安全密切相关的商品为重点，全面开展质量维权活动，开展市场检查和质量抽查，依法惩处违法经营者。加大对网购七日无理由退货、售后维修等服务领域侵权行为的打击力度，切实做好服务领域消费维权工作。要规范消费维权执法信息公开，依法及时公布抽检信息和相关处罚案件信息。

3. 加强消费维权网络体系建设。要加强12315体系纵向一体化建设，提高12315专用电话畅通率，强化互联网及移动互联受理渠道建设。要大力推进12315“五进”和“一会两站”工作，促进城乡消费维权公共服务均等化。要提高消费维权信息化建设水平，加强12315数据分析，推广运用12315数据分析模型和“12315消费维权指数”，完善数据标准，加快数据归集分析系统建设，为消费预警和监管执法提供参考。

4. 开展消费维权宣传教育。要深入开展《消法》普法宣传，充分运用媒体，加大对商品抽检结果、查办消费侵权案件的宣传力度，提高12315消费维权工作影响力。要开展多元化消费教育引导，引导和鼓励消费者树立正确的消费观念，健康、绿色、环保消费，有序引导消费升级。要加强消费维权国际合作交流，提高国际维权合作水平。

（四）加大竞争政策实施力度，强化市场监管执法。注重发挥竞争政策的基础性作用，把竞争执法摆在更加突出的位置，加强重点领域市场监管执法，维护良好市场秩序。

1. 加强反垄断和反不正当竞争执法。严厉查处垄断协议、滥用市场支配地位行为，依法制止滥用行政权力排除、限制竞争行为，消除地区封锁、打破行业垄断。要深化反不正当竞争执法工作，以医药、教育教学服务、公共服务等行业和领域为重点，严厉查处商业贿赂，进一步加大对侵犯商业秘密行为、互联网领域不正当竞争行为的查处力度。要认真开展经济检查，配合做好“扫黄打非”等社会管理综合治理工作，创新直销监管方式，严厉打击传销。要探索建立竞争政策框架，逐步建立竞争政策实施机制，配合有关部门建立产业、流通等政策的公平性、竞争性审查制度，加强竞争政策宣传，普及竞争文化，促进产业政策与竞争政策的协同。

2. 加强网络市场监管。不断创新网络市场监管机制，坚持在规范中不断发展。要坚持依法管网，推动网络市场监管法治化建设，为加强网络监管夯实基础。要坚持以网管网，优化网监平台功能，加强大数据等新技术在网络市场监管中的运用，推动建立全方位、立体化的互联网管理格局。要坚持信用管网，进一步落实网店实名制，有效发挥失信惩戒的作用，推进网络市场信用体系建设。要坚持协同管网，构建社会共治的网络市场监管新机制，强化网络交易平台等网络经营主体的自我管理。开展2016红盾网剑专项行动，加大侵权假冒等违法行为打击力度，促进网络市场环境的自我净化。

3. 加强广告监管。要充分发挥国家广告数据中心的作用，提高广告监测监管水平，切实加强互联网广告监测中心建设。探索实施广告信用评价制度，建立广告信用档案。严格执行新《广告法》，进一步加大对重点案件的统一指挥和督办力度。要实行案件查办通报制度，巩固对前期重点整治地区、媒体和广告经营者的整治成果，持续打击和遏制虚假违法广告的势头。要切实发挥整治虚假违法广告部际联席会议作用，加强部门间的协调沟通、信息共享和执法协作。

4. 加强商标专用权保护。商标与商品密不可分，商标注册管理是统一市场监管体系的重要组成部分。要深入推进商标审查体制改革，确保法定审查时限。要加快推进商标注册、审查和评审便利化，加强信息化建设，积极推进网上申请和向地方开放商标数据库，为申请人提供更大的便利。要切实加强商标监管执法，以高知名度的商标、地理标志、涉外商标为重点，打击侵权假冒行为，切实保护商标专用权。进一步加强商标代理监管，规范商标代理市场秩序。要加大商标品牌宣传力度，引导企业树立商标品牌价值理念，提升商标运用保护和品牌经营管理能力。要探索建立中国企业海外维权信息收集平台，支持中国企业和中国品牌“走出去”。

要加强商品交易市场及合同行政监管，继续加强成品油、旅游市场等重点商品与服务监管，加强诚信市场、红盾护农、动产抵押登记等工作，确保市场秩序稳定有序。

（五）要强化系统建设，为做好全年工作提供保障。在改革发展大背景下，加强系统建设，是非常重要的任务。要不断加强法治建设、队伍建设和信息化建设，强化综合调研和战略研究，全面提升依法履职的能力。

1. 加强法治建设。要按照依法治国、依法行政的要求，加强立法立规工作，突出重点，积极推动《无证无照经营查处办法》、《严重违法失信企业名单管理办法》等商事制度改革相关法规规章的制定、修改工作，积极做好《消费者权益保护法》配套法规规章的起草工作，继续完善《反不正当竞争法》等市场监管重点领域法律制度。要强化执法监督，持续推进法治建设评价，推进行政执法公示制度，完善执法程序，规范自由裁量权，落实行政执法责任制，加强复议应诉和法治宣传工作。

2. 提升信息化能力。要加快全国 12315 互联网平台、竞争执法、网络监管以及商标广告等信息化建设，形成统一的工商信息化体系。要全力推进“全国一张网”信息化工程，全面实施国家法人库项目建设。要推进企业信用信息公示系统、企业登记全程电子化、部门信息实时传递和无障碍交换等工作，为商事制度改革提供信息化支撑。

3. 全面加强从严治党和干部队伍建设。要深入学习贯彻党的十八届五中全会精神，加强理论武装，提高领导班子贯彻落实“四个全面”战略布局的能力。要按照全面从严治党要求，认真落实“两个责任”，切实抓好党风廉政建设，做到守土有责。要加强纪律建设，牢固树立纪律和规矩意识，严格执行《中国共产党纪律处分条例》、《中国共产党巡视工作条例》，严明党的政治纪律、组织纪律、廉洁纪律、群众纪律和生活纪律，加强巡视工作，强化对各级领导干部的监督，严肃处理违反纪律的行为，确保队伍清正、干部廉洁。积极推进基层建设，贯彻落实加强基层建设的指导意见，加强干部教育培训，着力提升干部队伍素质。要按照“三严三实”要求，抓好机关党建工作，转变干部作风，促进政风行风持续好转。要继续提升新闻宣传和舆论引导能力，为中心工作开展营造舆论氛围。要积极服务国家整体外交战略，进一步推进国际交流合作，积极参与多边合作和国际组织活动，不断提高国际影响力和规则话语权。

4. 加强战略性研究。当前，市场经济在创新发展，政府职能在加快转型，市场监管也面临新挑战。工商和市场监管部门要加强基础性、前瞻性、全局性、战略性问题研究，加强政策研究和经济形势分析，切实增强对大局的谋划和把握，提高决策能力和工作水平。要充分发挥好专家委员会的作用，不断总结改革经验，及时提出工作建议，推动市场监管的改革与创新，更好地为总局决策服务。要做好综合执法的调研和指导，认真研究综合执法工作中存在的困难和问题，提出规范综合执法的建议。

最后，要编制好“十三五”全国市场监管现代化规划。明年，我们要按照国务院的部署，会同有关部门，创新监管理念，明确监管规则，突出监管重点，改革监管方式，完善监管机制，编制好“十三五”全国市场监管现代化规划，给广大市场主体一个清晰的信号和稳定的预期，为市场监管工作提供一个明确的框架。

同志们，全面做好明年的工作责任重大、使命光荣。我们要在以习近平同志为总书记的党中央坚强领导下，积极适应新常态，认真贯彻新理念，以改革的精神、创新的思维、长远的眼光、务实的作风，扎实做好工商和市场监管各项工作，为推动经济持续健康发展和社会和谐稳定作出新的更大的贡献！

于广洲分析中国进出口总额同比负增长成因

中国海关总署署长于广洲 2015 年 12 月 24 日在北京谈及今年 1 月到 10 月份中国进出口总额同比负增长时指出，这主要由全球经济持续不振、企业综合成本居高不下、国际大宗商品价格下跌等原因造成。

于广洲是在当日国新办召开的新闻发布会上作出上述研判的。发布会上，有外媒提问称，中国政府发布今年贸易总额增长率是 6% 左右，但是今年 1 月到 10 月份的进出口总额同比负增长，今年可不可以达到目标？

于广洲指出，造成上述态势有以下原因。

第一，近年来全球的经济持续不振，国际市场的需求严重低迷。WTO（世界贸易组织）公布的数据显示，今年前三季度全球出口同比值下降 11%。在这样的大背景下，中国的对外贸易，特别是出口受到较大冲击。

第二，企业的综合成本居高不下，中低水平的产品也满足不了当前一些消费者的需要，再加上人民币实际有效汇率的累升等各种因素交织在一起，使企业的竞争力和竞争优势得到削弱。

第三，国际大宗商品的价格下跌，拉低了整个进出口表现。于广洲指出，今年以来，大宗商品价格的拉低，分别影响了进口和出口的 11.2 个百分点、0.7 个百分点。

WTO 最近公布的一组最新数据显示，按美元计价，“前三季度，我们的出口下降 1.9%，而同期的欧盟、美国、日本分别下降 12.8%、6%、9.2%”，于广洲表示，可以说，“我们的表现是相对好的”。

于广洲特别指出，今年以来，中国进出口总量居世界首位，在全球总市场的份额在继续提升，国内很多新兴业态正在显现，“优进优出”也迈出步伐。

对于 2016 年的外贸工作，于广洲指出，虽然有很多不确定因素和制约因素，但按照中央经济工作会议的要求，海关总署将深入认真研究、把握外贸发展的新常态，千方百计地支持有市场、有订单、有潜力、有效益的企业成长得更快、更好。

“我相信，明年只要大家努力，还是能够取得新的成绩的。”于广洲说。

高虎城参加 2015 年全国商务工作会议

2015 年 12 月 27 日，全国商务工作会议在京召开。会议的主要任务是，全面贯彻党的十八大、十八届三中、四中、五中全会和中央经济工作会议精神，总结“十二五”特别是党的十八大以来商务工作，深入分析国际国内形势，研究部署 2016 年工作，明确“十三五”商务发展总体思路。商务部党组书记、部长高虎城同志作工作报告。

高虎城指出，“十二五”期间，面对复杂多变的国际形势、艰巨繁重的国内改革发展任务，全国商务系统认真贯彻落实党中央、国务院决策部署，扎实推进商务领域稳增长、促改革、调结构、惠民生、防风险工作，“十二五”规划主要目标胜利完成。我国流通现代化水平明显提高，全国商品交易市场超过 8 万家，其中亿元以上的超过 5000 家。2015 年网络零售额预计达到 4 万亿元，位居世界第一；消费成为经济增长首要动力，2015 年我国社会消费品零售总额预计达到 30 万亿元，稳居世界第二，消费对经济增长的贡献接近 60%；第一贸易大国地位更趋巩固，“十二五”期间，我国货物出口年均增长 6.5%，占全球份额从 2010 年的 10.4% 提升到2015年的约13.2%，明显快于全球主要经济体。服务贸易年均增长超过13.6%，位居世界第二；双向投资实现基本平衡，“十二五”期间，我国累计实际使用外资预计达到6200 亿美元，比“十一五”期间增长 30% 以上，第三产业实际利用外资占比提高到 60% 以上。同期，我国对外直接投资年均增长 14.2%，从 2012 年起连续 3 年位居世界第 3 位。2015 年预计吸收外商直接投资（含金融）1350 亿美元，全口径对外直接投资 1280 亿美元；经济外交成效显著，深入实施“一带一路”战略，截至 2015 年底，我国与相关国家贸易额约占进出口总额的 1/4，投资建设了 50 多个境外经贸合作区，承包工程项目突破 3000 个。推动世贸组织第十届贸易部长会议达成《信息技术协定》扩围谈判等多项共识，签署并实施中韩、中澳等 4 个高水平自贸协定，目前 22 个自贸伙伴涵盖我国对外贸易的 38%。在亚太经合组织、二十国集团、联合国、金砖国家峰会、中非合作论坛等国际舞台，提出中国方案、中国建议，中美、中欧双边投资协定谈判（BIT）取得积极进展。当前，我国已经成为名副其实的经贸大国，正在稳步迈向经贸强国。

高虎城表示，2016 年商务工作的总体要求是：全面贯彻党的十八大、十八届三中、四中、五中全会精神和中央经济工作会议精神，坚持以邓小平理论、“三个代表”重要思想、科学发展观为指导，深入贯彻习近平总书记系列重要讲话精神，统筹国内国际两个大局，按照“五位一体”总体布局和“四个全面”战略布局，牢固树立和贯彻落实创新、协调、绿色、开放、共享的发展理念，适应经济发展新常态，坚持改革开放，坚持稳中求进的工作总基调，坚持稳增长、调结构、惠民生、防风险，扎实推进商务领域各项改革，加快培育对外经济新优势，保持国内外贸易和国际经济合作各项业务平稳健康发展，努力实现“十三五”发展良好开局。

高虎城要求，2016 年商务工作重点抓好六个方面，即深入推进流通改革，提高流通信息化标准化集约化水平；大力改善市场环境，充分挖掘消费增长潜力；千方百计稳定外贸增长，努力实现优进优出；扩大开放领域，改善投资环境；改善公共服务，加快“走出去”步伐；拓展全方位经贸关系，主动谋划经济外交。同时要突出两个抓手，即要以“一带一路”统领新时期扩大开放、推进改革、发展多双边经贸关系，坚持共商共建共享，形成优势互补的跨国产业链、价值链，拉近与相关国家的利益纽带；要认真总结经验，结合十八届五中全会和中央经济工作会议精神，进一步聚焦目标、突出重点，大力推进 16 个专项工程，并将其纳入商务“十三五”规划。

高虎城强调，做好“十三五”时期的商务工作，必须充分认识、积极适应、主动引领商务发展新常态。要以推进供给侧结构性改革引领商务发展新常态；要以稳中求进、稳中求好引领商务发展新常态；要以改革开放引领商务发展新常态。商务系统要紧紧围绕商务发展“十三五”规划的总体思路和主要目标，大力实施“贸易强国”、“流通升级”、“国内外市场一体化”三大新战略和八大重点任务。

全国商务工作会议为期 2 天，党中央、国务院有关部门，各省、自治区、直辖市、新疆生产建设兵团、计划单列市和副省级省会城市商务主管部门约 170 名代表出席会议。

钟山参加 2015 年
全国商务工作会议闭幕会

2015 年 12 月 28 日，为期两天的全国商务工作会议在京闭幕。商务部国际贸易谈判代表兼副部长钟山受高虎城部长委托作会议总结，商务部副部长高燕主持会议。

钟山指出，这次会议是全国商务系统贯彻落实十八届五中全会和中央经济工作会议精神的一次思想动员会和工作部署会，具有十分重要的意义。高虎城部长的工作报告全面、深入，传达了中央会议精神和党中央、国务院领导的重要指示要求，明确了今后一个时期商务发展的目标和任务。

钟山表示，会议代表围绕高虎城部长的工作报告、《2016 年商务工作要点》和《商务发展十三五规划》（草案），就学习贯彻中央经济工作会议精神进行了深入讨论。代表们认为，过去五年商务工作稳中求进，得到党中央和国务院的高度肯定，成绩来之不易，对当前的形势和挑战，以及商务改革发展的深层次矛盾有了更清醒的认识。会议明确了 2016 年商务工作的预期目标和重点任务，提出了“十三五”期间的“三大新战略”和“八大重点任务”，强调各地要深刻理解商务发展新要求，探索商务领域供给侧结构性改革的新路，对全国和各地商务工作具有很强的指导意义。

钟山要求，要将此次会议精神及时向主管商务工作的省（区、市）领导汇报，并传达到基层商务部门，结合《2016 年商务工作要点》和本地实际，着力寻找改革发展突破口，把工作推向深入，积小胜为大胜。要抓好政策配套和落实，因地制宜，因类施策，制定符合当地实际、具有可操作性的配套措施。要做好“十三五”商务总体规划和专项规划编制，做好规划衔接，提前分解细化规划目标和任务，抓好组织实施。商务部门处在改革开放前沿，要增强新形势下的机遇意识、忧患意识，找准职能定位，以更加求真务实的作风狠抓各项任务落实，努力开创商务工作新局面。

钟山强调，元旦春节两节将至，各级商务主管部门要高度重视、切实抓好岁末年初的“保供稳价”和消费安全工作。同时，要认真落实中央八项规定，坚决反对“四风”，全面履职尽责。

重庆、四川、青岛、北京、上海、浙江、广西、广东、辽宁和陕西等地商务主管部门代表在会上作了交流发言。

第二篇

政策法规

第一章 中共中央 全国人大国务院商贸流通法律法规及文件

中共中央 国务院关于深化供销合作社综合改革的决定

中发〔2015〕11号

（二〇一五年三月二十三日）

供销合作社是为农服务的合作经济组织，是党和政府做好“三农”工作的重要载体。为深入贯彻落实党的十八大和十八届二中、三中、四中全会精神，加快推进农业现代化，促进农民增收致富，推动农村全面小康社会建设，现就深化供销合作社综合改革作出如下决定。

一、深化供销合作社综合改革的总体要求

（一）充分认识深化供销合作社综合改革的紧迫性重要性。当前，我国工业化信息化城镇化快速发展，农业现代化深入推进，农村经济社会发展进入新阶段。农业生产经营方式深刻变化，适度规模经营稳步发展，迫切要求发展覆盖全程、综合配套、便捷高效的农业社会化服务；农民生活需求加快升级，迫切要求提供多层次、多样化、便利实惠的生活服务。新形势下加强农业、服务农民，迫切需要打造中国特色为农服务的综合性组织。长期以来，供销合作社扎根农村、贴近农民，组织体系比较完整，经营网络比较健全，服务功能比较完备，完全有条件成为党和政府抓得住、用得上的为农服务骨干力量，要充分用好这支力量。同时必须看到，目前供销合作社与农民合作关系不够紧密，综合服务实力不强，层级联系比较松散，体制没有完全理顺，必须通过深化综合改革，进一步激发内生动力和发展活力，在发展现代农业、促进农民致富、繁荣城乡经济中更好发挥独特优势，担当起更大责任。

（二）指导思想和目标任务。深化供销合作社综合改革，必须贯彻落实党的十八大和十八届二中、三中、四中全会精神，以邓小平理论、“三个代表”重要思想、科学发展观为指导，深入贯彻习近平总书记系列重要讲话精神，紧紧围绕“三农”工作大局，以密切与农民利益联结为核心，以提升为农服务能力为根本，以强化基层社和创新联合社治理机制为重点，按照政事分开、社企分开的方向，因地制宜推进体制改革和机制创新，加快建成适应社会主义市场经济需要、适应城乡发展一体化需要、适应中国特色农业现代化需要的组织体系和服务机制，努力开创中国特色供销合作事业新局面。

到2020年，把供销合作社系统打造成为与农民联结更紧密、为农服务功能更完备、市场化运行更高效的合作经济组织体系，成为服务农民生产生活的生力军和综合平台，成为党和政府密切联系农民群众的桥梁纽带，切实在农业现代化建设

中更好地发挥作用。

（三）基本原则

——坚持为农服务根本宗旨。始终把服务“三农”作为供销合作社的立身之本、生存之基，把为农服务成效作为衡量工作的首要标准，做到为农、务农、姓农。

——坚持合作经济基本属性。按照合作制要求，充分尊重农民意愿，推动多种形式的联合与合作，实行民主管理、互助互利。

——坚持社会主义市场经济改革方向。发挥市场在资源配置中的决定性作用，顺应市场经济规律，更多运用经济手段开展经营服务，逐步探索联合社社企分开的途径，增强经济实力和市场竞争能力。同时，服务“三农”工作大局，体现党和政府的政策导向，履行好社会责任。

——坚持因地制宜、分类指导。鼓励大胆探索、试点先行，允许从实际出发采取差异性、过渡性的制度和政策安排，给基层更多的选择权，不搞“一刀切”，不追求一步到位，确保改革积极稳妥、有序推进。

二、拓展供销合作社经营服务领域，更好履行为农服务职责

供销合作社要把为农服务放在首位。面向农业现代化、面向农民生产生活，推动供销合作社由流通服务向全程农业社会化服务延伸、向全方位城乡社区服务拓展，加快形成综合性、规模化、可持续的为农服务体系，在农资供应、农产品流通、农村服务等重点领域和环节为农民提供便利实惠、安全优质的服务。

（四）创新农业生产服务方式和手段。围绕破解“谁来种地”、“地怎么种”等问题，供销合作社要采取大田托管、代耕代种、股份合作、以销定产等多种方式，为农民和各类新型农业经营主体提供农资供应、配方施肥、农机作业、统防统治、收储加工等系列化服务，推动农业适度规模经营。创新农资服务方式，推动农资销售与技术服务有机结合，加快农资物联网应用与示范项目建设。充分发挥供销合作社科研院所、庄稼医院、职业院校在农业技术推广和农民技能培训中的积极作用。积极承担政府向社会力量购买的公共服务。

（五）提升农产品流通服务水平。加强供销合作社农产品流通网络建设，创新流通方式，推进多种形式的产销对接。将供销合作社农产品市场建设纳入全国农产品市场发展规划，在集散地建设大型农产品批发市场和现代物流中心，在产地建设农产品收集市场和仓储设施，在城市社区建设生鲜超市等零售终端，形成布局合理、联结产地到消费终端的农产品市场网络。积极参与公益性农产品批发市场建设试点，有条件的地区，政府控股的农产品批发市场可交由供销合作社建设、运营、管护。继续实施新农村现代流通服务网络工程建设，健全农资、农副产品、日用消费品、再生资源回收等网络，加快形成连锁化、规模化、品牌化经营服务新格局。顺应商业模式和消费方式深刻变革的新趋势，加快发展供销合作社电子商务，形成网上交易、仓储物流、终端配送一体化经营，实现线上线下融合发展。

（六）打造城乡社区综合服务平台。适应新型城镇化和新农村建设要求，加快建设农村综合服务社和城乡社区服务中心（站），为城乡居民提供日用消费品、文体娱乐、养老幼教、就业培训等多样化服务。统筹整合城乡供销合作社资源，发展城市商贸中心和经营服务综合体，提升城市供销合作社沟通城乡、服务“三农”的辐射带动能力。发挥供销合作社优势，大力发展生态养生、休闲观光、乡村旅游等新兴服务业。积极参与美丽乡村建设，规范建设再生资源回收网点，促进资源循环和高效利用，改善城乡生态环境。

（七）稳步开展农村合作金融服务。发展农村合作金融，是解决农民融资难问题的重要途径，是合作经济组织增强服务功能、提升服务实力的现实需要。有条件的供销合作社要按照社员制、封闭性原则，在不对外吸储放贷、不支付固定回报的前提下，发展农村资金互助合作。有条件的供销合作社可依法设立农村互助合作保险组织，开展互助保险业务。允许符合条件的供销合作社企业依照法定程序开展发起设立中小型银行试点，增强为农服务能力。鼓励有条件的供销合作社设立融资租赁公司、小额贷款公司、融资性担保公司，与地方财政共同出资设立担保公司。

供销合作社联合社、金融监管部门和地方政府要按照职责分工，承担起监管职责和风险处置责任，切实防范和化解金融风险。

三、推进供销合作社基层社改造，密切与农民的利益联结

基层社是供销合作社在县以下直接面向农民的综合性经营服务组织，是供销合作社服务“三农”的主要载体。要按照强化合作、农民参与、为农服务的要求，因地制宜推进基层社改造，逐步办成规范的、以农民社员为主体的合作社，实现农民得实惠、基层社得发展的双赢。

（八）强化基层社合作经济组织属性。通过劳动合作、资本合作、土地合作等多种途径，采取合作制、股份合作制等多种形式，广泛吸纳农民和各类新型农业经营主体入社，不断强化基层社与农民在组织上和经济上的联结。按照合作制原则加快完善治理结构，落实基层社社员代表大会、理事会、监事会制度，强化民主管理、民主监督，提高农民社员在经营管理事务中的参与度和话语权。拓宽基层社负责人选任渠道，鼓励村“两委”负责人、农村能人等入社参选。规范基层社和农民社员的利益分配关系，建立健全按交易额返利和按股分红相结合的分配制度，切实做到农民出资、农民参与、农民受益。

（九）加快推进基层社改造。经济实力较强的基层社要扩大服务领域，积极发展生产合作、供销合作、消费合作、信用合作，加快办成以农民为主体的综合性合作社。对经济实力较弱的基层社，要采取政策引导、联合社帮扶、社有企业带动等多种方式，着力提升服务能力，通过服务密切与农民的联系，不断强化与农民的联合与合作。根据农民需求和供销合作社实际，逐步将已经承包或租赁的基层社网点纳入供销合作社经营服务体系；在没有基层社的地区加快经营服务网点建设，新建基层社要按照合作制原则规范创办。

（十）领办创办农民专业合作社。通过共同出资、共创品牌、共享利益等方式，创办一批管理民主、制度健全、产权清晰、带动力强的农民专业合作社。在自愿的前提下，引导发展农民专业合作社联合社，充分发挥供销合作社综合服务平台作用，带动农民专业合作社围绕当地优势产业开展系列化服务。加强基层社与农村集体经济组织、基层农技推广机构、龙头企业等合作，形成服务农民生产生活的合力。

（十一）加强对基层社发展的扶持。国家扶持供销合作社的政策要向基层社倾斜，各级联合社资源要更多投向基层社。支持基层社作为相关涉农政策和项目的实施主体，承担公益性服务。支持符合条件的基层社作为农民专业合作社进行工商登记注册，允许财政项目资金直接投向注册后的基层社，允许财政补助形成的资产转交注册后的基层社持有和管护。

四、创新供销合作社联合社治理机制，增强服务“三农”的综合实力

联合社是供销合作社的联合组织，肩负着领导供销合作事业发展的重要职责。各级联合社要深化体制改革，创新运行机制，理顺社企关系，密切层级联系，着力构建联合社机关主导的行业指导体系和社有企业支撑的经营服务体系，形成社企分开、上下贯通、整体协调运转的双线运行机制。

（十二）构建联合社主导的行业指导体系。中华全国供销合作总社要充分发挥领导全国供销合作事业发展的作用，贯彻落实党中央、国务院“三农”工作方针政策，研究制定发展战略和规划，指导服务全系统改革发展，代表中国合作社参与国际合作社联盟事务。省级和市地级联合社要加强本区域内供销合作社的行业管理、政策协调、资产监管、教育培训，贯彻落实好上级社和地方党委、政府的决策部署。县级联合社要组织实施好基层社改造，强化市场运营，搞好直接面向农民的生产生活服务网点建设。

加强联合社层级间的联合合作，强化联合社为成员社服务、为基层社服务的工作导向。落实县级以上联合社对成员社的资产监管职责，建立成员社对联合社的工作评价机制，完善联合社对成员社的工作考核机制。做实供销合作社合作发展基金，各级联合社当年社有资产收益，按不低于 20% 的比例注入本级供销合作社合作发展基金。省、市地、县级联合社在

自愿的基础上，将本级合作发展基金的一部分上缴上一级联合社合作发展基金，统筹用于基层社建设和为农服务。抓紧制定合作发展基金运行和管理办法，确保出资成员权责明确，基金运行公开透明、规范高效。

（十三）构建社有企业支撑的经营服务体系。深化社有企业改革，规范治理结构，增强社有企业发展活力和为农服务实力。加快完善现代企业制度，健全法人治理结构，建立与绩效挂钩的激励约束机制。加强各层级社有企业间的产权、资本和业务联结，推进社有企业相互参股，建立共同出资的投资平台，推动跨区域横向联合和跨层级纵向整合，促进资源共享，实现共同发展。推进社有企业并购重组，在农资、棉花、粮油、鲜活农产品等重要涉农领域和再生资源行业，培育一批大型企业集团。社有企业改革要公开透明、规范操作，要有"防火墙"、"隔离带"，切实防止社有资产流失。允许上级社争取的同级财政扶持资金依法以股权形式投入下级社。支持社有企业承担化肥、农药等国家储备任务，鼓励符合条件的社有企业参与大宗农产品政策性收储。

（十四）理顺联合社与社有企业的关系。联合社机关要切实把握好社有企业为农服务方向，加强社有资产监管，促进社有资产保值增值；社有企业要面向市场自主经营、自负盈亏。各级供销合作社理事会是本级社属资产和所属企事业单位资产的所有权代表和管理者，理事会要落实社有资产出资人代表职责，监事会要强化监督职能。联合社机关成立社有资产管理委员会，按照理事会授权，建立社有资本经营预算制度，并接受审计机关和同级财政部门的监督，以管资本为主加强对社有资产的监管。采取委派法人代表管理和特殊管理股股权管理等办法，探索联合社机关对社有企业的多种管理方式。探索组建社有资本投资公司，优化社有资本布局，重点投向为农服务领域。在改革过渡期内，联合社机关参照公务员法管理的人员确因工作需要，经有关机关批准可到本级社有企业兼职，但不得在企业领取报酬。

（十五）创新联合社治理结构。按照建设合作经济联合组织的要求，优化各级联合社机关机构设置、职能配置，更好运用市场经济的手段推进工作，切实履行加强行业指导、落实为农服务职责、承担宏观调控的任务。稳定县及县以上联合社机关参照公务员法管理。对参照公务员法管理的联合社机关新进的相关工作人员，按照公务员法有关规定，经批准可探索实行聘任制。允许不同发展水平的联合社机关选择参公管理模式或企业化管理模式。对实行企业化运营的，应该进行不再纳入编制管理的试点。管理模式的选择和开展试点要积极稳妥，严密程序，经批准后实施。大力发展行业协会，实现协会与联合社融合互补、协同发展。

着力推进县级联合社民主办社、开放办社，逐步把县级联合社办成基层社共同出资、各类合作经济组织广泛参与、实行民主管理的经济联合组织。创新县级联合社运行机制，逐步建立市场化的管理体制、经营机制、用人制度，选择有条件的县级联合社进行实体性合作经济组织改革试点。统筹运营县域内供销合作社资源，打造县域范围内服务农民生产生活的综合平台，着力培育规模化服务优势。

五、加强对供销合作社综合改革的领导

重视和加强供销合作事业，是党和政府做好"三农"工作的传统和优势。要站在加快推进中国特色农业现代化、巩固党在农村执政基础的战略高度，树立重视供销合作社就是重视农业、扶持供销合作社就是扶持农民的理念，加快推进供销合作社综合改革，继续办好供销合作社。

（十六）各级党委、政府要落实领导责任。把深化供销合作社综合改革纳入全面深化改革大局统筹谋划、协调推进，把握好节奏和力度，精心组织，抓好落实。深入开展调查研究，及时发现和解决改革过程中的苗头性、倾向性问题，确保供销合作社通过综合改革进一步得到加强。积极稳妥推进供销合作社综合改革试点，努力形成可复制、可推广的经验做法，各级财政要给予必要支持。各省（自治区、直辖市）改革试点方案要履行报批手续，中央农村工作领导小组统筹协调把关供销合作社综合改革工作。重视和加强供销合作社领导班子建设，选拔素质高、能力强的干部充实到各级联合社领导班子，特别是选好配强县级联合社领导班子。探索具有合作经济组织特点的干部人事管理制度。

（十七）加大对供销合作社综合改革的支持力度。有关部门要关心支持供销合作社改革发展，按照职能分工，落

实好相关配套措施，形成推进供销合作社综合改革的合力。对已出台的扶持政策，要逐项梳理，加强督促检查，确保落实到位。中央财政要继续支持新农村现代流通服务网络工程建设，通过现有资金渠道支持供销合作社组织实施农业社会化服务惠农工程。加大国家农业综合开发对供销合作社新型农业社会化服务体系和产销对接等项目建设的支持力度。加强对财政投入资金的管理和审计监督。各级地方政府要按照有关规定，抓紧落实处理供销合作社财务挂账、金融债务、社有企业职工社会保障等历史遗留问题。保持供销合作社组织体系和社有资产完整性，任何部门和单位不得违法违规平调、侵占供销合作社财产，不得将社有资产纳入地方政府融资平台，不得改变供销合作社及其所属企事业单位的隶属关系。

（十八）确立供销合作社的特定法律地位。在长期的为农服务实践中，供销合作社形成了独具中国特色的组织和服务体系，组织成分多元，资产构成多样，地位性质特殊，既体现党和政府政策导向，又承担政府委托的公益性服务，既有事业单位和社团组织的特点，又履行管理社有企业的职责，既要办成以农民为基础的合作经济组织，又要开展市场化经营和农业社会化服务，是党和政府以合作经济组织形式推动“三农”工作的重要载体，是新形势下推动农村经济社会发展不可替代、不可或缺的重要力量。为更好发挥供销合作社独特优势和重要作用，必须确立其特定法律地位，抓紧制定供销合作社条例，适时启动供销合作社法立法工作。

（十九）加强供销合作社自身建设。各级供销合作社要切实增强深化综合改革的自觉性主动性，转变行政化的思维方式和工作方法，用改革的思路和市场的办法不断破解体制机制难题，着力在关键环节和重点领域取得突破。加强供销合作社人才队伍建设，广泛吸引各类经营管理和专业技术人才，着力培养一批懂市场、会管理的优秀企业家，造就一支对农民群众有感情、对合作事业有热情、对干事创业有激情的高素质干部职工队伍。巩固供销合作社系统党的群众路线教育实践活动成果，切实加强和改进作风。大力弘扬“扁担精神”、“背篓精神”等优良传统，推进供销合作社文化建设，汇聚起推动供销合作事业发展的强大精神力量。

中华人民共和国食品安全法

（2009 年 2 月 28 日第十一届全国人民代表大会常务委员会第七次会议通过，2015 年 4 月 24 日第十二届全国人民代表大会常务委员会第十四次会议修订，2015 年 4 月 24 日中华人民共和国主席令第二十一号公布）

目录

第一章　总则
第二章　食品安全风险监测和评估
第三章　食品安全标准
第四章　食品生产经营
　第一节　一般规定
　第二节　生产经营过程控制
　第三节　标签、说明书和广告
　第四节　特殊食品
第五章　食品检验
第六章　食品进出口
第七章　食品安全事故处置
第八章　监督管理
第九章　法律责任
第十章　附则

第一章 总则

第一条 为了保证食品安全，保障公众身体健康和生命安全，制定本法。

第二条 在中华人民共和国境内从事下列活动，应当遵守本法：

（一）食品生产和加工（以下称食品生产），食品销售和餐饮服务（以下称食品经营）；

（二）食品添加剂的生产经营；

（三）用于食品的包装材料、容器、洗涤剂、消毒剂和用于食品生产经营的工具、设备（以下称食品相关产品）的生产经营；

（四）食品生产经营者使用食品添加剂、食品相关产品；

（五）食品的贮存和运输；

（六）对食品、食品添加剂、食品相关产品的安全管理。

供食用的源于农业的初级产品（以下称食用农产品）的质量安全管理，遵守《中华人民共和国农产品质量安全法》的规定。但是，食用农产品的市场销售、有关质量安全标准的制定、有关安全信息的公布和本法对农业投入品作出规定的，应当遵守本法的规定。

第三条 食品安全工作实行预防为主、风险管理、全程控制、社会共治，建立科学、严格的监督管理制度。

第四条 食品生产经营者对其生产经营食品的安全负责。

食品生产经营者应当依照法律、法规和食品安全标准从事生产经营活动，保证食品安全，诚信自律，对社会和公众负责，接受社会监督，承担社会责任。

第五条 国务院设立食品安全委员会，其职责由国务院规定。

国务院食品药品监督管理部门依照本法和国务院规定的职责，对食品生产经营活动实施监督管理。

国务院卫生行政部门依照本法和国务院规定的职责，组织开展食品安全风险监测和风险评估，会同国务院食品药品监督管理部门制定并公布食品安全国家标准。

国务院其他有关部门依照本法和国务院规定的职责，承担有关食品安全工作。

第六条 县级以上地方人民政府对本行政区域的食品安全监督管理工作负责，统一领导、组织、协调本行政区域的食品安全监督管理工作以及食品安全突发事件应对工作，建立健全食品安全全程监督管理工作机制和信息共享机制。

县级以上地方人民政府依照本法和国务院的规定，确定本级食品药品监督管理、卫生行政部门和其他有关部门的职责。有关部门在各自职责范围内负责本行政区域的食品安全监督管理工作。

县级人民政府食品药品监督管理部门可以在乡镇或者特定区域设立派出机构。

第七条 县级以上地方人民政府实行食品安全监督管理责任制。上级人民政府负责对下一级人民政府的食品安全监督管理工作进行评议、考核。县级以上地方人民政府负责对本级食品药品监督管理部门和其他有关部门的食品安全监督管理工作进行评议、考核。

第八条 县级以上人民政府应当将食品安全工作纳入本级国民经济和社会发展规划，将食品安全工作经费列入本级政府财政预算，加强食品安全监督管理能力建设，为食品安全工作提供保障。

县级以上人民政府食品药品监督管理部门和其他有关部门应当加强沟通、密切配合，按照各自职责分工，依法行使职权，承担责任。

第九条 食品行业协会应当加强行业自律，按照章程建立健全行业规范和奖惩机制，提供食品安全信息、技术等服务，引导和督促食品生产经营者依法生产经营，推动行业诚信建设，宣传、普及食品安全知识。

消费者协会和其他消费者组织对违反本法规定，损害消费者合法权益的行为，依法进行社会监督。

第十条 各级人民政府应当加强食品安全的宣传教育，普及食品安全知识，鼓励社会组织、基层群众性自治组织、食品生产经营者开展食品安全法律、法规以及食品安全标准和知识的普及工作，倡导健康的饮食方式，增强消费者食品安全意识和自我保护能力。

新闻媒体应当开展食品安全法律、法规以及食品安全标准和知识的公益宣传，并对食品安全违法行为进行舆论监督。有关食品安全的宣传报道应当真实、公正。

第十一条 国家鼓励和支持开展与食品安全有关的基础研究、应用研究，鼓励和支持食品生产经营者为提高食品安全水平采用先进技术和先进管理规范。

国家对农药的使用实行严格的管理制度，加快淘汰剧毒、高毒、高残留农药，推动替代产品的研发和应用，鼓励使用高效低毒低残留农药。

第十二条 任何组织或者个人有权举报食品安全违法行为，依法向有关部门了解食品安全信息，对食品安全监督管理工作提出意见和建议。

第十三条 对在食品安全工作中做出突出贡献的单位和个人，按照国家有关规定给予表彰、奖励。

第二章 食品安全风险监测和评估

第十四条 国家建立食品安全风险监测制度，对食源性疾病、食品污染以及食品中的有害因素进行监测。

国务院卫生行政部门会同国务院食品药品监督管理、质量监督等部门，制定、实施国家食品安全风险监测计划。

国务院食品药品监督管理部门和其他有关部门获知有关食品安全风险信息后，应当立即核实并向国务院卫生行政部门通报。对有关部门通报的食品安全风险信息以及医疗机构报告的食源性疾病等有关疾病信息，国务院卫生行政部门应当会同国务院有关部门分析研究，认为必要的，及时调整国家食品安全风险监测计划。

省、自治区、直辖市人民政府卫生行政部门会同同级食品药品监督管理、质量监督等部门，根据国家食品安全风险监测计划，结合本行政区域的具体情况，制定、调整本行政区域的食品安全风险监测方案，报国务院卫生行政部门备案并实施。

第十五条 承担食品安全风险监测工作的技术机构应当根据食品安全风险监测计划和监测方案开展监测工作，保证监测数据真实、准确，并按照食品安全风险监测计划和监测方案的要求报送监测数据和分析结果。

食品安全风险监测工作人员有权进入相关食用农产品种植养殖、食品生产经营场所采集样品、收集相关数据。采集样品应当按照市场价格支付费用。

第十六条 食品安全风险监测结果表明可能存在食品安全隐患的，县级以上人民政府卫生行政部门应当及时将相关信息通报同级食品药品监督管理等部门，并报告本级人民政府和上级人民政府卫生行政部门。食品药品监督管理等部门应当组织开展进一步调查。

第十七条 国家建立食品安全风险评估制度，运用科学方法，根据食品安全风险监测信息、科学数据以及有关信息，对食品、食品添加剂、食品相关产品中生物性、化学性和物理性危害因素进行风险评估。

国务院卫生行政部门负责组织食品安全风险评估工作，成立由医学、农业、食品、营养、生物、环境等方面的专家组成的食品安全风险评估专家委员会进行食品安全风险评估。食品安全风险评估结果由国务院卫生行政部门公布。

对农药、肥料、兽药、饲料和饲料添加剂等的安全性评估，应当有食品安全风险评估专家委员会的专家参加。

食品安全风险评估不得向生产经营者收取费用，采集样品应当按照市场价格支付费用。

第十八条 有下列情形之一的，应当进行食品安全风险评估：

（一）通过食品安全风险监测或者接到举报发现食品、食品添加剂、食品相关产品可能存在安全隐患的；

（二）为制定或者修订食品安全国家标准提供科学依据需要进行风险评估的；

（三）为确定监督管理的重点领域、重点品种需要进行风险评估的；

（四）发现新的可能危害食品安全因素的；

（五）需要判断某一因素是否构成食品安全隐患的；

（六）国务院卫生行政部门认为需要进行风险评估的其他情形。

第十九条 国务院食品药品监督管理、质量监督、农业行政等部门在监督管理工作中发现需要进行食品安全风险评估的，应当向国务院卫生行政部门提出食品安全风险评估的建议，并提供风险来源、相关检验数据和结论等信息、资料。属于本法第十八条规定情形的，国务院卫生行政部门应当及时进行食品安全风险评估，并向国务院有关部门通报评估结果。

第二十条 省级以上人民政府卫生行政、农业行政部门应当及时相互通报食品、食用农产品安全风险监测信息。

国务院卫生行政、农业行政部门应当及时相互通报食品、食用农产品安全风险评估结果等信息。

第二十一条 食品安全风险评估结果是制定、修订食品安全标准和实施食品安全监督管理的科学依据。

经食品安全风险评估，得出食品、食品添加剂、食品相关产品不安全结论的，国务院食品药品监督管理、质量监督等部门应当依据各自职责立即向社会公告，告知消费者停止食用或者使用，并采取相应措施，确保该食品、食品添加剂、食品相关产品停止生产经营；需要制定、修订相关食品安全国家标准的，国务院卫生行政部门应当会同国务院食品药品监督管理部门立即制定、修订。

第二十二条 国务院食品药品监督管理部门应当会同国务院有关部门，根据食品安全风险评估结果、食品安全监督管理信息，对食品安全状况进行综合分析。对经综合分析表明可能具有较高程度安全风险的食品，国务院食品药品监督管理部门应当及时提出食品安全风险警示，并向社会公布。

第二十三条 县级以上人民政府食品药品监督管理部门和其他有关部门、食品安全风险评估专家委员会及其技术机构，应当按照科学、客观、及时、公开的原则，组织食品生产经营者、食品检验机构、认证机构、食品行业协会、消费者协会以及新闻媒体等，就食品安全风险评估信息和食品安全监督管理信息进行交流沟通。

第三章 食品安全标准

第二十四条 制定食品安全标准，应当以保障公众身体健康为宗旨，做到科学合理、安全可靠。

第二十五条 食品安全标准是强制执行的标准。除食品安全标准外，不得制定其他食品强制性标准。

第二十六条 食品安全标准应当包括下列内容：

（一）食品、食品添加剂、食品相关产品中的致病性微生物，农药残留、兽药残留、生物毒素、重金属等污染物质以及其他危害人体健康物质的限量规定；

（二）食品添加剂的品种、使用范围、用量；

（三）专供婴幼儿和其他特定人群的主辅食品的营养成分要求；

（四）对与卫生、营养等食品安全要求有关的标签、标志、说明书的要求；

（五）食品生产经营过程的卫生要求；

（六）与食品安全有关的质量要求；

（七）与食品安全有关的食品检验方法与规程；

（八）其他需要制定为食品安全标准的内容。

第二十七条 食品安全国家标准由国务院卫生行政部门会同国务院食品药品监督管理部门制定、公布，国务院标准化行政部门提供国家标准编号。

食品中农药残留、兽药残留的限量规定及其检验方法与规程由国务院卫生行政部门、国务院农业行政部门会同国务院食品药品监督管理部门制定。

屠宰畜、禽的检验规程由国务院农业行政部门会同国务院卫生行政部门制定。

第二十八条 制定食品安全国家标准，应当依据食品安全风险评估结果并充分考虑食用农产品安全风险评估结果，参照相关的国际标准和国际食品安全风险评估结果，并将食品安全国家标准草案向社会公布，广泛听取食品生产经营者、消费者、有关部门等方面的意见。

食品安全国家标准应当经国务院卫生行政部门组织的食品安全国家标准审评委员会审查通过。食品安全国家标准审评委员会由医学、农业、食品、营养、生物、环境等方面的专家以及国务院有关部门、食品行业协会、消费者协会的代表组成，对食品安全国家标准草案的科学性和实用性等进行审查。

第二十九条 对地方特色食品，没有食品安全国家标准的，省、自治区、直辖市人民政府卫生行政部门可以制定并公布食品安全地方标准，报国务院卫生行政部门备案。食品安全国家标准制定后，该地方标准即行废止。

第三十条 国家鼓励食品生产企业制定严于食品安全国家标准或者地方标准的企业标准，在本企业适用，并报省、自治区、直辖市人民政府卫生行政部门备案。

第三十一条 省级以上人民政府卫生行政部门应当在其网站上公布制定和备案的食品安全国家标准、地方标准和企业标准，供公众免费查阅、下载。

对食品安全标准执行过程中的问题，县级以上人民政府卫生行政部门应当会同有关部门及时给予指导、解答。

第三十二条 省级以上人民政府卫生行政部门应当会同同级食品药品监督管理、质量监督、农业行政等部门，分别对食品安全国家标准和地方标准的执行情况进行跟踪评价，并根据评价结果及时修订食品安全标准。

省级以上人民政府食品药品监督管理、质量监督、农业行政等部门应当对食品安全标准执行中存在的问题进行收集、汇总，并及时向同级卫生行政部门通报。

食品生产经营者、食品行业协会发现食品安全标准在执行中存在问题的，应当立即向卫生行政部门报告。

第四章 食品生产经营

第一节 一般规定

第三十三条 食品生产经营应当符合食品安全标准，并符合下列要求：

（一）具有与生产经营的食品品种、数量相适应的食品原料处理和食品加工、包装、贮存等场所，保持该场所环境整洁，并与有毒、有害场所以及其他污染源保持规定的距离；

（二）具有与生产经营的食品品种、数量相适应的生产经营设备或者设施，有相应的消毒、更衣、盥洗、采光、照明、通风、防腐、防尘、防蝇、防鼠、防虫、洗涤以及处理废水、存放垃圾和废弃物的设备或者设施；

（三）有专职或者兼职的食品安全专业技术人员、食品安全管理人员和保证食品安全的规章制度；

（四）具有合理的设备布局和工艺流程，防止待加工食品与直接入口食品、原料与成品交叉污染，避免食品接触有毒物、不洁物；

（五）餐具、饮具和盛放直接入口食品的容器，使用前应当洗净、消毒，炊具、用具用后应当洗净，保持清洁；

（六）贮存、运输和装卸食品的容器、工具和设备应当安全、无害，保持清洁，防止食品污染，并符合保证食品安全所需的温度、湿度等特殊要求，不得将食品与有毒、有害物品一同贮存、运输；

（七）直接入口的食品应当使用无毒、清洁的包装材料、餐具、饮具和容器；

（八）食品生产经营人员应当保持个人卫生，生产经营食品时，应当将手洗净，穿戴清洁的工作衣、帽等；销售无包装的直接入口食品时，应当使用无毒、清洁的容器、售货工具和设备；

（九）用水应当符合国家规定的生活饮用水卫生标准；

（十）使用的洗涤剂、消毒剂应当对人体安全、无害；

（十一）法律、法规规定的其他要求。

非食品生产经营者从事食品贮存、运输和装卸的，应当符合前款第六项的规定。

第三十四条 禁止生产经营下列食品、食品添加剂、食品相关产品：

（一）用非食品原料生产的食品或者添加食品添加剂以外的化学物质和其他可能危害人体健康物质的食品，或者用回收食品作为原料生产的食品；

（二）致病性微生物，农药残留、兽药残留、生物毒素、重金属等污染物质以及其他危害人体健康的物质含量超过食品安全标准限量的食品、食品添加剂、食品相关产品；

（三）用超过保质期的食品原料、食品添加剂生产的食品、食品添加剂；

（四）超范围、超限量使用食品添加剂的食品；

（五）营养成分不符合食品安全标准的专供婴幼儿和其他特定人群的主辅食品；

（六）腐败变质、油脂酸败、霉变生虫、污秽不洁、混有异物、掺假掺杂或者感官性状异常的食品、食品添加剂；

（七）病死、毒死或者死因不明的禽、畜、兽、水产动物肉类及其制品；

（八）未按规定进行检疫或者检疫不合格的肉类，或者未经检验或者检验不合格的肉类制品；

（九）被包装材料、容器、运输工具等污染的食品、食品添加剂；

（十）标注虚假生产日期、保质期或者超过保质期的食品、食品添加剂；

（十一）无标签的预包装食品、食品添加剂；

（十二）国家为防病等特殊需要明令禁止生产经营的食品；

（十三）其他不符合法律、法规或者食品安全标准的食品、食品添加剂、食品相关产品。

第三十五条　国家对食品生产经营实行许可制度。从事食品生产、食品销售、餐饮服务，应当依法取得许可。但是，销售食用农产品，不需要取得许可。

县级以上地方人民政府食品药品监督管理部门应当依照《中华人民共和国行政许可法》的规定，审核申请人提交的本法第三十三条第一款第一项至第四项规定要求的相关资料，必要时对申请人的生产经营场所进行现场核查；对符合规定条件的，准予许可；对不符合规定条件的，不予许可并书面说明理由。

第三十六条　食品生产加工小作坊和食品摊贩等从事食品生产经营活动，应当符合本法规定的与其生产经营规模、条件相适应的食品安全要求，保证所生产经营的食品卫生、无毒、无害，食品药品监督管理部门应当对其加强监督管理。

县级以上地方人民政府应当对食品生产加工小作坊、食品摊贩等进行综合治理，加强服务和统一规划，改善其生产经营环境，鼓励和支持其改进生产经营条件，进入集中交易市场、店铺等固定场所经营，或者在指定的临时经营区域、时段经营。

食品生产加工小作坊和食品摊贩等的具体管理办法由省、自治区、直辖市制定。

第三十七条　利用新的食品原料生产食品，或者生产食品添加剂新品种、食品相关产品新品种，应当向国务院卫生行政部门提交相关产品的安全性评估材料。国务院卫生行政部门应当自收到申请之日起六十日内组织审查；对符合食品安全要求的，准予许可并公布；对不符合食品安全要求的，不予许可并书面说明理由。

第三十八条　生产经营的食品中不得添加药品，但是可以添加按照传统既是食品又是中药材的物质。按照传统既是食品又是中药材的物质目录由国务院卫生行政部门会同国务院食品药品监督管理部门制定、公布。

第三十九条　国家对食品添加剂生产实行许可制度。从事食品添加剂生产，应当具有与所生产食品添加剂品种相适应的场所、生产设备或者设施、专业技术人员和管理制度，并依照本法第三十五条第二款规定的程序，取得食品添加剂生产许可。

生产食品添加剂应当符合法律、法规和食品安全国家标准。

第四十条　食品添加剂应当在技术上确有必要且经过风险评估证明安全可靠，方可列入允许使用的范围；有关食品安全国家标准应当根据技术必要性和食品安全风险评估结果及时修订。

食品生产经营者应当按照食品安全国家标准使用食品添加剂。

第四十一条　生产食品相关产品应当符合法律、法规和食品安全国家标准。对直接接触食品的包装材料等具有较高风险的食品相关产品，按照国家有关工业产品生产许可证管理的规定实施生产许可。质量监督部门应当加强对食品相关产品生产活动的监督管理。

第四十二条　国家建立食品安全全程追溯制度。

食品生产经营者应当依照本法的规定，建立食品安全追溯体系，保证食品可追溯。国家鼓励食品生产经营者采用信息化手段采集、留存生产经营信息，建立食品安全追溯体系。

国务院食品药品监督管理部门会同国务院农业行政等有关部门建立食品安全全程追溯协作机制。

第四十三条　地方各级人民政府应当采取措施鼓励食品规模化生产和连锁经营、配送。

国家鼓励食品生产经营企业参加食品安全责任保险。

第二节　生产经营过程控制

第四十四条　食品生产经营企业应当建立健全食品安全管理制度，对职工进行食品安全知识培训，加强食品检验工作，依法从事生产经营活动。

食品生产经营企业的主要负责人应当落实企业食品安全管理制度，对本企业的食品安全工作全面负责。

食品生产经营企业应当配备食品安全管理人员，加强对其培训和考核。经考核不具备食品安全管理能力的，不得上岗。食品药品监督管理部门应当对企业食品安全管理人员随机进行监督抽查考核并公布考核情况。监督抽查考核不得收取费用。

第四十五条　食品生产经营者应当建立并执行从业人员健康管理制度。患有国务院卫生行政部门规定的有碍食品安全疾病的人员，不得从事接触直接入口食品的工作。

从事接触直接入口食品工作的食品生产经营人员应当每年进行健康检查，取得健康证明后方可上岗工作。

第四十六条　食品生产企业应当就下列事项制定并实施控制要求，保证所生产的食品符合食品安全标准：

（一）原料采购、原料验收、投料等原料控制；

（二）生产工序、设备、贮存、包装等生产关键环节控制；

（三）原料检验、半成品检验、成品出厂检验等检验控制；

（四）运输和交付控制。

第四十七条　食品生产经营者应当建立食品安全自查制度，定期对食品安全状况进行检查评价。生产经营条件发生变化，不再符合食品安全要求的，食品生产经营者应当立即采取整改措施；有发生食品安全事故潜在风险的，应当立即停止食品生产经营活动，并向所在地县级人民政府食品药品监督管理部门报告。

第四十八条　国家鼓励食品生产经营企业符合良好生产规范要求，实施危害分析与关键控制点体系，提高食品安全管理水平。

对通过良好生产规范、危害分析与关键控制点体系认证的食品生产经营企业，认证机构应当依法实施跟踪调查；对不再符合认证要求的企业，应当依法撤销认证，及时向县级以上人民政府食品药品监督管理部门通报，并向社会公布。认证机构实施跟踪调查不得收取费用。

第四十九条　食用农产品生产者应当按照食品安全标准和国家有关规定使用农药、肥料、兽药、饲料和饲料添加剂等农业投入品，严格执行农业投入品使用安全间隔期或者休药期的规定，不得使用国家明令禁止的农业投入品。禁止将剧毒、高毒农药用于蔬菜、瓜果、茶叶和中草药材等国家规定的农作物。

食用农产品的生产企业和农民专业合作经济组织应当建立农业投入品使用记录制度。

县级以上人民政府农业行政部门应当加强对农业投入品使用的监督管理和指导，建立健全农业投入品安全使用制度。

第五十条　食品生产者采购食品原料、食品添加剂、食品相关产品，应当查验供货者的许可证和产品合格证明；对无法提供合格证明的食品原料，应当按照食品安全标准进行检验；不得采购或者使用不符合食品安全标准的食品原料、食品添加剂、食品相关产品。

食品生产企业应当建立食品原料、食品添加剂、食品相关产品进货查验记录制度，如实记录食品原料、食品添加剂、食品相关产品的名称、规格、数量、生产日期或者生产批号、保质期、进货日期以及供货者名称、地址、联系方式等内容，并保存相关凭证。记录和凭证保存期限不得少于产品保质期满后六个月；没有明确保质期的，保存期限不得少于二年。

第五十一条　食品生产企业应当建立食品出厂检验记录制度，查验出厂食品的检验合格证和安全状况，如实记录食品的名称、规格、数量、生产日期或者生产批号、保质期、检验合格证号、销售日期以及购货者名称、地址、联系方式等内容，并保存相关凭证。记录和凭证保存期限应当符合本法第五十条第二款的规定。

第五十二条　食品、食品添加剂、食品相关产品的生产者，应当按照食品安全标准对所生产的食品、食品添加剂、食品相关产品进行检验，检验合格后方可出厂或者销售。

第五十三条　食品经营者采购食品，应当查验供货者的许可证和食品出厂检验合格证或者其他合格证明（以下称合格证明文件）。

食品经营企业应当建立食品进货查验记录制度，如实记录食品的名称、规格、数量、生产日期或者生产批号、保质期、进货日期以及供货者名称、地址、联系方式等内容，并保存相关凭证。记录和凭证保存期限应当符合本法第五十条第二款的规定。

实行统一配送经营方式的食品经营企业，可以由企业总部统一查验供货者的许可证和食品合格证明文件，进行食品进货查验记录。

从事食品批发业务的经营企业应当建立食品销售记录制度，如实记录批发食品的名称、规格、数量、生产日期或者生产批号、保质期、销售日期以及购货者名称、地址、联系方式等内容，并保存相关凭证。记录和凭证保存期限应当符合本法第五十条第二款的规定。

第五十四条　食品经营者应当按照保证食品安全的要求贮存食品，定期检查库存食品，及时清理变质或者超过保质期的食品。

食品经营者贮存散装食品，应当在贮存位置标明食品的名称、生产日期或者生产批号、保质期、生产者名称及联系方式等内容。

第五十五条　餐饮服务提供者应当制定并实施原料控制要求，不得采购不符合食品安全标准的食品原料。倡导餐饮服务提供者公开加工过程，公示食品原料及其来源等信息。

餐饮服务提供者在加工过程中应当检查待加工的食品及原料，发现有本法第三十四条第六项规定情形的，不得加工或者使用。

第五十六条　餐饮服务提供者应当定期维护食品加工、贮存、陈列等设施、设备；定期清洗、校验保温设施及冷藏、冷冻设施。

餐饮服务提供者应当按照要求对餐具、饮具进行清洗消毒，不得使用未经清洗消毒的餐具、饮具；餐饮服务提供者委托清洗消毒餐具、饮具的，应当委托符合本法规定条件的餐具、饮具集中消毒服务单位。

第五十七条　学校、托幼机构、养老机构、建筑工地等集中用餐单位的食堂应当严格遵守法律、法规和食品安全标准；从供餐单位订餐的，应当从取得食品生产经营许可的企业订购，并按照要求对订购的食品进行查验。供餐单位应当严格遵守法律、法规和食品安全标准，当餐加工，确保食品安全。

学校、托幼机构、养老机构、建筑工地等集中用餐单位的主管部门应当加强对集中用餐单位的食品安全教育和日常管理，降低食品安全风险，及时消除食品安全隐患。

第五十八条　餐具、饮具集中消毒服务单位应当具备相应的作业场所、清洗消毒设备或者设施，用水和使用的洗涤剂、消毒剂应当符合相关食品安全国家标准和其他国家标准、卫生规范。

餐具、饮具集中消毒服务单位应当对消毒餐具、饮具进行逐批检验，检验合格后方可出厂，并应当随附消毒合格证明。消毒后的餐具、饮具应当在独立包装上标注单位名称、地址、联系方式、消毒日期以及使用期限等内容。

第五十九条　食品添加剂生产者应当建立食品添加剂出厂检验记录制度，查验出厂产品的检验合格证和安全状况，如实记录食品添加剂的名称、规格、数量、生产日期或者生产批号、保质期、检验合格证号、销售日期以及购货者名称、地址、联系方式等相关内容，并保存相关凭证。记录和凭证保存期限应当符合本法第五十条第二款的规定。

第六十条　食品添加剂经营者采购食品添加剂，应当依法查验供货者的许可证和产品合格证明文件，如实记录食品添加剂的名称、规格、数量、生产日期或者生产批号、保质期、进货日期以及供货者名称、地址、联系方式等内容，并保存相关凭证。记录和凭证保存期限应当符合本法第五十条第二款的规定。

第六十一条　集中交易市场的开办者、柜台出租者和展销会举办者，应当依法审查入场食品经营者的许可证，明确其食品安全管理责任，定期对其经营环境和条件进行检查，发现其有违反本法规定行为的，应当及时制止并立即报告所在地县级人民政府食品药品监督管理部门。

第六十二条 网络食品交易第三方平台提供者应当对入网食品经营者进行实名登记，明确其食品安全管理责任；依法应当取得许可证的，还应当审查其许可证。

网络食品交易第三方平台提供者发现入网食品经营者有违反本法规定行为的，应当及时制止并立即报告所在地县级人民政府食品药品监督管理部门；发现严重违法行为的，应当立即停止提供网络交易平台服务。

第六十三条 国家建立食品召回制度。食品生产者发现其生产的食品不符合食品安全标准或者有证据证明可能危害人体健康的，应当立即停止生产，召回已经上市销售的食品，通知相关生产经营者和消费者，并记录召回和通知情况。

食品经营者发现其经营的食品有前款规定情形的，应当立即停止经营，通知相关生产经营者和消费者，并记录停止经营和通知情况。食品生产者认为应当召回的，应当立即召回。由于食品经营者的原因造成其经营的食品有前款规定情形的，食品经营者应当召回。

食品生产经营者应当对召回的食品采取无害化处理、销毁等措施，防止其再次流入市场。但是，对因标签、标志或者说明书不符合食品安全标准而被召回的食品，食品生产者在采取补救措施且能保证食品安全的情况下可以继续销售；销售时应当向消费者明示补救措施。

食品生产经营者应当将食品召回和处理情况向所在地县级人民政府食品药品监督管理部门报告；需要对召回的食品进行无害化处理、销毁的，应当提前报告时间、地点。食品药品监督管理部门认为必要的，可以实施现场监督。

食品生产经营者未依照本条规定召回或者停止经营的，县级以上人民政府食品药品监督管理部门可以责令其召回或者停止经营。

第六十四条 食用农产品批发市场应当配备检验设备和检验人员或者委托符合本法规定的食品检验机构，对进入该批发市场销售的食用农产品进行抽样检验；发现不符合食品安全标准的，应当要求销售者立即停止销售，并向食品药品监督管理部门报告。

第六十五条 食用农产品销售者应当建立食用农产品进货查验记录制度，如实记录食用农产品的名称、数量、进货日期以及供货者名称、地址、联系方式等内容，并保存相关凭证。记录和凭证保存期限不得少于六个月。

第六十六条 进入市场销售的食用农产品在包装、保鲜、贮存、运输中使用保鲜剂、防腐剂等食品添加剂和包装材料等食品相关产品，应当符合食品安全国家标准。

第三节 标签、说明书和广告

第六十七条 预包装食品的包装上应当有标签。标签应当标明下列事项：

（一）名称、规格、净含量、生产日期；

（二）成分或者配料表；

（三）生产者的名称、地址、联系方式；

（四）保质期；

（五）产品标准代号；

（六）贮存条件；

（七）所使用的食品添加剂在国家标准中的通用名称；

（八）生产许可证编号；

（九）法律、法规或者食品安全标准规定应当标明的其他事项。

专供婴幼儿和其他特定人群的主辅食品，其标签还应当标明主要营养成分及其含量。

食品安全国家标准对标签标注事项另有规定的，从其规定。

第六十八条 食品经营者销售散装食品，应当在散装食品的容器、外包装上标明食品的名称、生产日期或者生产批号、保质期以及生产经营者名称、地址、联系方式等内容。

第六十九条 生产经营转基因食品应当按照规定显著标示。

第七十条 食品添加剂应当有标签、说明书和包装。标签、说明书应当载明本法第六十七条第一款第一项至第六项、第八项、第九项规定的事项，以及食品添加剂的使用范围、用量、使用方法，并在标签上载明“食品添加剂”字样。

第七十一条 食品和食品添加剂的标签、说明书，不得含有虚假内容，不得涉及疾病预防、治疗功能。生产经营者对其提供的标签、说明书的内容负责。

食品和食品添加剂的标签、说明书应当清楚、明显，生产日期、保质期等事项应当显著标注，容易辨识。

食品和食品添加剂与其标签、说明书的内容不符的，不得上市销售。

第七十二条 食品经营者应当按照食品标签标示的警示标志、警示说明或者注意事项的要求销售食品。

第七十三条 食品广告的内容应当真实合法，不得含有虚假内容，不得涉及疾病预防、治疗功能。食品生产经营者对食品广告内容的真实性、合法性负责。

县级以上人民政府食品药品监督管理部门和其他有关部门以及食品检验机构、食品行业协会不得以广告或者其他形式向消费者推荐食品。消费者组织不得以收取费用或者其他牟取利益的方式向消费者推荐食品。

第四节 特殊食品

第七十四条 国家对保健食品、特殊医学用途配方食品和婴幼儿配方食品等特殊食品实行严格监督管理。

第七十五条 保健食品声称保健功能，应当具有科学依据，不得对人体产生急性、亚急性或者慢性危害。

保健食品原料目录和允许保健食品声称的保健功能目录，由国务院食品药品监督管理部门会同国务院卫生行政部门、国家中医药管理部门制定、调整并公布。

保健食品原料目录应当包括原料名称、用量及其对应的功效；列入保健食品原料目录的原料只能用于保健食品生产，不得用于其他食品生产。

第七十六条 使用保健食品原料目录以外原料的保健食品和首次进口的保健食品应当经国务院食品药品监督管理部门注册。但是，首次进口的保健食品中属于补充维生素、矿物质等营养物质的，应当报国务院食品药品监督管理部门备案。其他保健食品应当报省、自治区、直辖市人民政府食品药品监督管理部门备案。

进口的保健食品应当是出口国（地区）主管部门准许上市销售的产品。

第七十七条 依法应当注册的保健食品，注册时应当提交保健食品的研发报告、产品配方、生产工艺、安全性和保健功能评价、标签、说明书等材料及样品，并提供相关证明文件。国务院食品药品监督管理部门经组织技术审评，对符合安全和功能声称要求的，准予注册；对不符合要求的，不予注册并书面说明理由。对使用保健食品原料目录以外原料的保健食品作出准予注册决定的，应当及时将该原料纳入保健食品原料目录。

依法应当备案的保健食品，备案时应当提交产品配方、生产工艺、标签、说明书以及表明产品安全性和保健功能的材料。

第七十八条 保健食品的标签、说明书不得涉及疾病预防、治疗功能，内容应当真实，与注册或者备案的内容相一致，载明适宜人群、不适宜人群、功效成分或者标志性成分及其含量等，并声明“本品不能代替药物”。保健食品的功能和成分应当与标签、说明书相一致。

第七十九条 保健食品广告除应当符合本法第七十三条第一款的规定外，还应当声明“本品不能代替药物”；其内容应当经生产企业所在地省、自治区、直辖市人民政府食品药品监督管理部门审查批准，取得保健食品广告批准文件。省、自治区、直辖市人民政府食品药品监督管理部门应当公布并及时更新已经批准的保健食品广告目录以及批准的广告内容。

第八十条 特殊医学用途配方食品应当经国务院食品药品监督管理部门注册。注册时，应当提交产品配方、生产工艺、标签、说明书以及表明产品安全性、营养充足性和特殊医学用途临床效果的材料。

特殊医学用途配方食品广告适用《中华人民共和国广告法》和其他法律、行政法规关于药品广告管理的规定。

第八十一条 婴幼儿配方食品生产企业应当实施从原料进厂到成品出厂的全过程质量控制，对出厂的婴幼儿配方食品实施逐批检验，保证食品安全。

生产婴幼儿配方食品使用的生鲜乳、辅料等食品原料、食品添加剂等，应当符合法律、行政法规的规定和食品安全国家标准，保证婴幼儿生长发育所需的营养成分。

婴幼儿配方食品生产企业应当将食品原料、食品添加剂、产品配方及标签等事项向省、自治区、直辖市人民政府食品药品监督管理部门备案。

婴幼儿配方乳粉的产品配方应当经国务院食品药品监督管理部门注册。注册时，应当提交配方研发报告和其他表明配方科学性、安全性的材料。

不得以分装方式生产婴幼儿配方乳粉，同一企业不得用同一配方生产不同品牌的婴幼儿配方乳粉。

第八十二条 保健食品、特殊医学用途配方食品、婴幼儿配方乳粉的注册人或者备案人应当对其提交材料的真实性负责。

省级以上人民政府食品药品监督管理部门应当及时公布注册或者备案的保健食品、特殊医学用途配方食品、婴幼儿配方乳粉目录，并对注册或者备案中获知的企业商业秘密予以保密。

保健食品、特殊医学用途配方食品、婴幼儿配方乳粉生产企业应当按照注册或者备案的产品配方、生产工艺等技术要求组织生产。

第八十三条 生产保健食品，特殊医学用途配方食品、婴幼儿配方食品和其他专供特定人群的主辅食品的企业，应当按照良好生产规范的要求建立与所生产食品相适应的生产质量管理体系，定期对该体系的运行情况进行自查，保证其有效运行，并向所在地县级人民政府食品药品监督管理部门提交自查报告。

第五章 食品检验

第八十四条 食品检验机构按照国家有关认证认可的规定取得资质认定后，方可从事食品检验活动。但是，法律另有规定的除外。

食品检验机构的资质认定条件和检验规范，由国务院食品药品监督管理部门规定。

符合本法规定的食品检验机构出具的检验报告具有同等效力。

县级以上人民政府应当整合食品检验资源，实现资源共享。

第八十五条 食品检验由食品检验机构指定的检验人独立进行。

检验人应当依照有关法律、法规的规定，并按照食品安全标准和检验规范对食品进行检验，尊重科学，恪守职业道德，保证出具的检验数据和结论客观、公正，不得出具虚假检验报告。

第八十六条 食品检验实行食品检验机构与检验人负责制。食品检验报告应当加盖食品检验机构公章，并有检验人的签名或者盖章。食品检验机构和检验人对出具的食品检验报告负责。

第八十七条 县级以上人民政府食品药品监督管理部门应当对食品进行定期或者不定期的抽样检验，并依据有关规定公布检验结果，不得免检。进行抽样检验，应当购买抽取的样品，委托符合本法规定的食品检验机构进行检验，并支付相关费用；不得向食品生产经营者收取检验费和其他费用。

第八十八条 对依照本法规定实施的检验结论有异议的，食品生产经营者可以自收到检验结论之日起七个工作日内向实施抽样检验的食品药品监督管理部门或者其上一级食品药品监督管理部门提出复检申请，由受理复检申请的食品药品监督管理部门在公布的复检机构名录中随机确定复检机构进行复检。复检机构出具的复检结论为最终检验结论。复检机构与初检机构不得为同一机构。复检机构名录由国务院认证认可监督管理、食品药品监督管理、卫生行政、农业行政等部门共同公布。

采用国家规定的快速检测方法对食用农产品进行抽查检测，被抽查人对检测结果有异议的，可以自收到检测结果时起四小时内申请复检。复检不得采用快速检测方法。

第八十九条 食品生产企业可以自行对所生产的食品进行检验，也可以委托符合本法规定的食品检验机构进行检验。

食品行业协会和消费者协会等组织、消费者需要委托食品检验机构对食品进行检验的，应当委托符合本法规定的食品检验机构进行。

第九十条 食品添加剂的检验，适用本法有关食品检验的规定。

第六章 食品进出口

第九十一条 国家出入境检验检疫部门对进出口食品安全实施监督管理。

第九十二条 进口的食品、食品添加剂、食品相关产品应当符合我国食品安全国家标准。

进口的食品、食品添加剂应当经出入境检验检疫机构依照进出口商品检验相关法律、行政法规的规定检验合格。

进口的食品、食品添加剂应当按照国家出入境检验检疫部门的要求随附合格证明材料。

第九十三条 进口尚无食品安全国家标准的食品，由境外出口商、境外生产企业或者其委托的进口商向国务院卫生行政部门提交所执行的相关国家（地区）标准或者国际标准。国务院卫生行政部门对相关标准进行审查，认为符合食品安全要求的，决定暂予适用，并及时制定相应的食品安全国家标准。进口利用新的食品原料生产的食品或者进口食品添加剂新品种、食品相关产品新品种，依照本法第三十七条的规定办理。

出入境检验检疫机构按照国务院卫生行政部门的要求，对前款规定的食品、食品添加剂、食品相关产品进行检验。检验结果应当公开。

第九十四条 境外出口商、境外生产企业应当保证向我国出口的食品、食品添加剂、食品相关产品符合本法以及我国其他有关法律、行政法规的规定和食品安全国家标准的要求，并对标签、说明书的内容负责。

进口商应当建立境外出口商、境外生产企业审核制度，重点审核前款规定的内容；审核不合格的，不得进口。

发现进口食品不符合我国食品安全国家标准或者有证据证明可能危害人体健康的，进口商应当立即停止进口，并依照本法第六十三条的规定召回。

第九十五条 境外发生的食品安全事件可能对我国境内造成影响，或者在进口食品、食品添加剂、食品相关产品中发现严重食品安全问题的，国家出入境检验检疫部门应当及时采取风险预警或者控制措施，并向国务院食品药品监督管理、卫生行政、农业行政部门通报。接到通报的部门应当及时采取相应措施。

县级以上人民政府食品药品监督管理部门对国内市场上销售的进口食品、食品添加剂实施监督管理。发现存在严重食品安全问题的，国务院食品药品监督管理部门应当及时向国家出入境检验检疫部门通报。国家出入境检验检疫部门应当及时采取相应措施。

第九十六条 向我国境内出口食品的境外出口商或者代理商、进口食品的进口商应当向国家出入境检验检疫部门备案。向我国境内出口食品的境外食品生产企业应当经国家出入境检验检疫部门注册。已经注册的境外食品生产企业提供虚假材料，或者因其自身的原因致使进口食品发生重大食品安全事故的，国家出入境检验检疫部门应当撤销注册并公告。

国家出入境检验检疫部门应当定期公布已经备案的境外出口商、代理商、进口商和已经注册的境外食品生产企业名单。

第九十七条 进口的预包装食品、食品添加剂应当有中文标签；依法应当有说明书的，还应当有中文说明书。标签、说明书应当符合本法以及我国其他有关法律、行政法规的规定和食品安全国家标准的要求，并载明食品的原产地以及境内代理商的名称、地址、联系方式。预包装食品没有中文标签、中文说明书或者标签、说明书不符合本条规定的，不得进口。

第九十八条 进口商应当建立食品、食品添加剂进口和销售记录制度，如实记录食品、食品添加剂的名称、规格、数量、生产日期、生产或者进口批号、保质期、境外出口商和购货者名称、地址及联系方式、交货日期等内容，并保存相关凭证。记录和凭证保存期限应当符合本法第五十条第二款的规定。

第九十九条 出口食品生产企业应当保证其出口食品符合进口国（地区）的标准或者合同要求。

出口食品生产企业和出口食品原料种植、养殖场应当向国家出入境检验检疫部门备案。

第一百条 国家出入境检验检疫部门应当收集、汇总下列进出口食品安全信息，并及时通报相关部门、机构和企业：

（一）出入境检验检疫机构对进出口食品实施检验检疫发现的食品安全信息；

（二）食品行业协会和消费者协会等组织、消费者反映的进口食品安全信息；

（三）国际组织、境外政府机构发布的风险预警信息及其他食品安全信息，以及境外食品行业协会等组织、消费者反映的食品安全信息；

（四）其他食品安全信息。

国家出入境检验检疫部门应当对进出口食品的进口商、出口商和出口食品生产企业实施信用管理，建立信用记录，并依法向社会公布。对有不良记录的进口商、出口商和出口食品生产企业，应当加强对其进出口食品的检验检疫。

第一百零一条 国家出入境检验检疫部门可以对向我国境内出口食品的国家（地区）的食品安全管理体系和食品安全状况进行评估和审查，并根据评估和审查结果，确定相应检验检疫要求。

第七章 食品安全事故处置

第一百零二条 国务院组织制定国家食品安全事故应急预案。

县级以上地方人民政府应当根据有关法律、法规的规定和上级人民政府的食品安全事故应急预案以及本行政区域的实际情况，制定本行政区域的食品安全事故应急预案，并报上一级人民政府备案。

食品安全事故应急预案应当对食品安全事故分级、事故处置组织指挥体系与职责、预防预警机制、处置程序、应急保障措施等作出规定。

食品生产经营企业应当制定食品安全事故处置方案，定期检查本企业各项食品安全防范措施的落实情况，及时消除事故隐患。

第一百零三条 发生食品安全事故的单位应当立即采取措施，防止事故扩大。事故单位和接收病人进行治疗的单位应当及时向事故发生地县级人民政府食品药品监督管理、卫生行政部门报告。

县级以上人民政府质量监督、农业行政等部门在日常监督管理中发现食品安全事故或者接到事故举报，应当立即向同级食品药品监督管理部门通报。

发生食品安全事故，接到报告的县级人民政府食品药品监督管理部门应当按照应急预案的规定向本级人民政府和上级人民政府食品药品监督管理部门报告。县级人民政府和上级人民政府食品药品监督管理部门应当按照应急预案的规定上报。

任何单位和个人不得对食品安全事故隐瞒、谎报、缓报，不得隐匿、伪造、毁灭有关证据。

第一百零四条 医疗机构发现其接收的病人属于食源性疾病病人或者疑似病人的，应当按照规定及时将相关信息向所在地县级人民政府卫生行政部门报告。县级人民政府卫生行政部门认为与食品安全有关的，应当及时通报同级食品药品监督管理部门。

县级以上人民政府卫生行政部门在调查处理传染病或者其他突发公共卫生事件中发现与食品安全相关的信息，应当及时通报同级食品药品监督管理部门。

第一百零五条 县级以上人民政府食品药品监督管理部门接到食品安全事故的报告后，应当立即会同同级卫生行政、质量监督、农业行政等部门进行调查处理，并采取下列措施，防止或者减轻社会危害：

（一）开展应急救援工作，组织救治因食品安全事故导致人身伤害的人员；

（二）封存可能导致食品安全事故的食品及其原料，并立即进行检验；对确认属于被污染的食品及其原料，责令食品生产经营者依照本法第六十三条的规定召回或者停止经营；

（三）封存被污染的食品相关产品，并责令进行清洗消毒；

（四）做好信息发布工作，依法对食品安全事故及其处理情况进行发布，并对可能产生的危害加以解释、说明。

发生食品安全事故需要启动应急预案的，县级以上人民政府应当立即成立事故处置指挥机构，启动应急预案，依照前款和应急预案的规定进行处置。

发生食品安全事故，县级以上疾病预防控制机构应当对事故现场进行卫生处理，并对与事故有关的因素开展流行病学调查，有关部门应当予以协助。县级以上疾病预防控制机构应当向同级食品药品监督管理、卫生行政部门提交流行病学调查报告。

第一百零六条　发生食品安全事故，设区的市级以上人民政府食品药品监督管理部门应当立即会同有关部门进行事故责任调查，督促有关部门履行职责，向本级人民政府和上一级人民政府食品药品监督管理部门提出事故责任调查处理报告。

涉及两个以上省、自治区、直辖市的重大食品安全事故由国务院食品药品监督管理部门依照前款规定组织事故责任调查。

第一百零七条　调查食品安全事故，应当坚持实事求是、尊重科学的原则，及时、准确查清事故性质和原因，认定事故责任，提出整改措施。

调查食品安全事故，除了查明事故单位的责任，还应当查明有关监督管理部门、食品检验机构、认证机构及其工作人员的责任。

第一百零八条　食品安全事故调查部门有权向有关单位和个人了解与事故有关的情况，并要求提供相关资料和样品。有关单位和个人应当予以配合，按照要求提供相关资料和样品，不得拒绝。

任何单位和个人不得阻挠、干涉食品安全事故的调查处理。

第八章　监督管理

第一百零九条　县级以上人民政府食品药品监督管理、质量监督部门根据食品安全风险监测、风险评估结果和食品安全状况等，确定监督管理的重点、方式和频次，实施风险分级管理。

县级以上地方人民政府组织本级食品药品监督管理、质量监督、农业行政等部门制定本行政区域的食品安全年度监督管理计划，向社会公布并组织实施。

食品安全年度监督管理计划应当将下列事项作为监督管理的重点：

（一）专供婴幼儿和其他特定人群的主辅食品；

（二）保健食品生产过程中的添加行为和按照注册或者备案的技术要求组织生产的情况，保健食品标签、说明书以及宣传材料中有关功能宣传的情况；

（三）发生食品安全事故风险较高的食品生产经营者；

（四）食品安全风险监测结果表明可能存在食品安全隐患的事项。

第一百一十条　县级以上人民政府食品药品监督管理、质量监督部门履行各自食品安全监督管理职责，有权采取下列措施，对生产经营者遵守本法的情况进行监督检查：

（一）进入生产经营场所实施现场检查；

（二）对生产经营的食品、食品添加剂、食品相关产品进行抽样检验；

（三）查阅、复制有关合同、票据、账簿以及其他有关资料；

（四）查封、扣押有证据证明不符合食品安全标准或者有证据证明存在安全隐患以及用于违法生产经营的食品、食品添加剂、食品相关产品；

（五）查封违法从事生产经营活动的场所。

第一百一十一条 对食品安全风险评估结果证明食品存在安全隐患，需要制定、修订食品安全标准的，在制定、修订食品安全标准前，国务院卫生行政部门应当及时会同国务院有关部门规定食品中有害物质的临时限量值和临时检验方法，作为生产经营和监督管理的依据。

第一百一十二条 县级以上人民政府食品药品监督管理部门在食品安全监督管理工作中可以采用国家规定的快速检测方法对食品进行抽查检测。

对抽查检测结果表明可能不符合食品安全标准的食品，应当依照本法第八十七条的规定进行检验。抽查检测结果确定有关食品不符合食品安全标准的，可以作为行政处罚的依据。

第一百一十三条 县级以上人民政府食品药品监督管理部门应当建立食品生产经营者食品安全信用档案，记录许可颁发、日常监督检查结果、违法行为查处等情况，依法向社会公布并实时更新；对有不良信用记录的食品生产经营者增加监督检查频次，对违法行为情节严重的食品生产经营者，可以通报投资主管部门、证券监督管理机构和有关的金融机构。

第一百一十四条 食品生产经营过程中存在食品安全隐患，未及时采取措施消除的，县级以上人民政府食品药品监督管理部门可以对食品生产经营者的法定代表人或者主要负责人进行责任约谈。食品生产经营者应当立即采取措施，进行整改，消除隐患。责任约谈情况和整改情况应当纳入食品生产经营者食品安全信用档案。

第一百一十五条 县级以上人民政府食品药品监督管理、质量监督等部门应当公布本部门的电子邮件地址或者电话，接受咨询、投诉、举报。接到咨询、投诉、举报，对属于本部门职责的，应当受理并在法定期限内及时答复、核实、处理；对不属于本部门职责的，应当移交有权处理的部门并书面通知咨询、投诉、举报人。有权处理的部门应当在法定期限内及时处理，不得推诿。对查证属实的举报，给予举报人奖励。

有关部门应当对举报人的信息予以保密，保护举报人的合法权益。举报人举报所在企业的，该企业不得以解除、变更劳动合同或者其他方式对举报人进行打击报复。

第一百一十六条 县级以上人民政府食品药品监督管理、质量监督等部门应当加强对执法人员食品安全法律、法规、标准和专业知识与执法能力等的培训，并组织考核。不具备相应知识和能力的，不得从事食品安全执法工作。

食品生产经营者、食品行业协会、消费者协会等发现食品安全执法人员在执法过程中有违反法律、法规规定的行为以及不规范执法行为的，可以向本级或者上级人民政府食品药品监督管理、质量监督等部门或者监察机关投诉、举报。接到投诉、举报的部门或者机关应当进行核实，并将经核实的情况向食品安全执法人员所在部门通报；涉嫌违法违纪的，按照本法和有关规定处理。

第一百一十七条 县级以上人民政府食品药品监督管理等部门未及时发现食品安全系统性风险，未及时消除监督管理区域内的食品安全隐患的，本级人民政府可以对其主要负责人进行责任约谈。

地方人民政府未履行食品安全职责，未及时消除区域性重大食品安全隐患的，上级人民政府可以对其主要负责人进行责任约谈。

被约谈的食品药品监督管理等部门、地方人民政府应当立即采取措施，对食品安全监督管理工作进行整改。

责任约谈情况和整改情况应当纳入地方人民政府和有关部门食品安全监督管理工作评议、考核记录。

第一百一十八条 国家建立统一的食品安全信息平台，实行食品安全信息统一公布制度。国家食品安全总体情况、食品安全风险警示信息、重大食品安全事故及其调查处理信息和国务院确定需要统一公布的其他信息由国务院食品药品监督管理部门统一公布。食品安全风险警示信息和重大食品安全事故及其调查处理信息的影响限于特定区域的，也可以由有关省、自治区、直辖市人民政府食品药品监督管理部门公布。未经授权不得发布上述信息。

县级以上人民政府食品药品监督管理、质量监督、农业行政部门依据各自职责公布食品安全日常监督管理信息。

公布食品安全信息，应当做到准确、及时，并进行必要的解释说明，避免误导消费者和社会舆论。

第一百一十九条 县级以上地方人民政府食品药品监督管理、卫生行政、质量监督、农业行政部门获知本法规定需要统一公布的信息，应当向上级主管部门报告，由上级主管部门立即报告国务院食品药品监督管理部门；必要时，可以直接向国务院食品药品监督管理部门报告。

县级以上人民政府食品药品监督管理、卫生行政、质量监督、农业行政部门应当相互通报获知的食品安全信息。

第一百二十条 任何单位和个人不得编造、散布虚假食品安全信息。

县级以上人民政府食品药品监督管理部门发现可能误导消费者和社会舆论的食品安全信息，应当立即组织有关部门、专业机构、相关食品生产经营者等进行核实、分析，并及时公布结果。

第一百二十一条 县级以上人民政府食品药品监督管理、质量监督等部门发现涉嫌食品安全犯罪的，应当按照有关规定及时将案件移送公安机关。对移送的案件，公安机关应当及时审查；认为有犯罪事实需要追究刑事责任的，应当立案侦查。

公安机关在食品安全犯罪案件侦查过程中认为没有犯罪事实，或者犯罪事实显著轻微，不需要追究刑事责任，但依法应当追究行政责任的，应当及时将案件移送食品药品监督管理、质量监督等部门和监察机关，有关部门应当依法处理。

公安机关商请食品药品监督管理、质量监督、环境保护等部门提供检验结论、认定意见以及对涉案物品进行无害化处理等协助的，有关部门应当及时提供，予以协助。

第九章 法律责任

第一百二十二条 违反本法规定，未取得食品生产经营许可从事食品生产经营活动，或者未取得食品添加剂生产许可从事食品添加剂生产活动的，由县级以上人民政府食品药品监督管理部门没收违法所得和违法生产经营的食品、食品添加剂以及用于违法生产经营的工具、设备、原料等物品；违法生产经营的食品、食品添加剂货值金额不足一万元的，并处五万元以上十万元以下罚款；货值金额一万元以上的，并处货值金额十倍以上二十倍以下罚款。

明知从事前款规定的违法行为，仍为其提供生产经营场所或者其他条件的，由县级以上人民政府食品药品监督管理部门责令停止违法行为，没收违法所得，并处五万元以上十万元以下罚款；使消费者的合法权益受到损害的，应当与食品、食品添加剂生产经营者承担连带责任。

第一百二十三条 违反本法规定，有下列情形之一，尚不构成犯罪的，由县级以上人民政府食品药品监督管理部门没收违法所得和违法生产经营的食品，并可以没收用于违法生产经营的工具、设备、原料等物品；违法生产经营的食品货值金额不足一万元的，并处十万元以上十五万元以下罚款；货值金额一万元以上的，并处货值金额十五倍以上三十倍以下罚款；情节严重的，吊销许可证，并可以由公安机关对其直接负责的主管人员和其他直接责任人员处五日以上十五日以下拘留：

（一）用非食品原料生产食品、在食品中添加食品添加剂以外的化学物质和其他可能危害人体健康的物质，或者用回收食品作为原料生产食品，或者经营上述食品；

（二）生产经营营养成分不符合食品安全标准的专供婴幼儿和其他特定人群的主辅食品；

（三）经营病死、毒死或者死因不明的禽、畜、兽、水产动物肉类，或者生产经营其制品；

（四）经营未按规定进行检疫或者检疫不合格的肉类，或者生产经营未经检验或者检验不合格的肉类制品；

（五）生产经营国家为防病等特殊需要明令禁止生产经营的食品；

（六）生产经营添加药品的食品。

明知从事前款规定的违法行为，仍为其提供生产经营场所或者其他条件的，由县级以上人民政府食品药品监督管理部门责令停止违法行为，没收违法所得，并处十万元以上二十万元以下罚款；使消费者的合法权益受到损害的，应当与食品生产经营者承担连带责任。

违法使用剧毒、高毒农药的，除依照有关法律、法规规定给予处罚外，可以由公安机关依照第一款规定给予拘留。

第一百二十四条 违反本法规定，有下列情形之一，尚不构成犯罪的，由县级以上人民政府食品药品监督管理部门没收违法所得和违法生产经营的食品、食品添加剂，并可以没收用于违法生产经营的工具、设备、原料等物品；违法生产经营的食品、食品添加剂货值金额不足一万元的，并处五万元以上十万元以下罚款；货值金额一万元以上的，并处货值金额十倍以上二十倍以下罚款；情节严重的，吊销许可证：

（一）生产经营致病性微生物，农药残留、兽药残留、生物毒素、重金属等污染物质以及其他危害人体健康的物质含量超过食品安全标准限量的食品、食品添加剂；

（二）用超过保质期的食品原料、食品添加剂生产食品、食品添加剂，或者经营上述食品、食品添加剂；

（三）生产经营超范围、超限量使用食品添加剂的食品；

（四）生产经营腐败变质、油脂酸败、霉变生虫、污秽不洁、混有异物、掺假掺杂或者感官性状异常的食品、食品添加剂；

（五）生产经营标注虚假生产日期、保质期或者超过保质期的食品、食品添加剂；

（六）生产经营未按规定注册的保健食品、特殊医学用途配方食品、婴幼儿配方乳粉，或者未按注册的产品配方、生产工艺等技术要求组织生产；

（七）以分装方式生产婴幼儿配方乳粉，或者同一企业以同一配方生产不同品牌的婴幼儿配方乳粉；

（八）利用新的食品原料生产食品，或者生产食品添加剂新品种，未通过安全性评估；

（九）食品生产经营者在食品药品监督管理部门责令其召回或者停止经营后，仍拒不召回或者停止经营。

除前款和本法第一百二十三条、第一百二十五条规定的情形外，生产经营不符合法律、法规或者食品安全标准的食品、食品添加剂的，依照前款规定给予处罚。

生产食品相关产品新品种，未通过安全性评估，或者生产不符合食品安全标准的食品相关产品的，由县级以上人民政府质量监督部门依照第一款规定给予处罚。

第一百二十五条 违反本法规定，有下列情形之一的，由县级以上人民政府食品药品监督管理部门没收违法所得和违法生产经营的食品、食品添加剂，并可以没收用于违法生产经营的工具、设备、原料等物品；违法生产经营的食品、食品添加剂货值金额不足一万元的，并处五千元以上五万元以下罚款；货值金额一万元以上的，并处货值金额五倍以上十倍以下罚款；情节严重的，责令停产停业，直至吊销许可证：

（一）生产经营被包装材料、容器、运输工具等污染的食品、食品添加剂；

（二）生产经营无标签的预包装食品、食品添加剂或者标签、说明书不符合本法规定的食品、食品添加剂；（三）生产经营转基因食品未按规定进行标示；

（四）食品生产经营者采购或者使用不符合食品安全标准的食品原料、食品添加剂、食品相关产品。

生产经营的食品、食品添加剂的标签、说明书存在瑕疵但不影响食品安全且不会对消费者造成误导的，由县级以上人民政府食品药品监督管理部门责令改正；拒不改正的，处二千元以下罚款。

第一百二十六条 违反本法规定，有下列情形之一的，由县级以上人民政府食品药品监督管理部门责令改正，给予警告；拒不改正的，处五千元以上五万元以下罚款；情节严重的，责令停产停业，直至吊销许可证：

（一）食品、食品添加剂生产者未按规定对采购的食品原料和生产的食品、食品添加剂进行检验；

（二）食品生产经营企业未按规定建立食品安全管理制度，或者未按规定配备或者培训、考核食品安全管理人员；

（三）食品、食品添加剂生产经营者进货时未查验许可证和相关证明文件，或者未按规定建立并遵守进货查验记录、出厂检验记录和销售记录制度；

（四）食品生产经营企业未制定食品安全事故处置方案；

（五）餐具、饮具和盛放直接入口食品的容器，使用前未经洗净、消毒或者清洗消毒不合格，或者餐饮服务设施、设备未按规定定期维护、清洗、校验；

（六）食品生产经营者安排未取得健康证明或者患有国务院卫生行政部门规定的有碍食品安全疾病的人员从事接触直接入口食品的工作；

（七）食品经营者未按规定要求销售食品；

（八）保健食品生产企业未按规定向食品药品监督管理部门备案，或者未按备案的产品配方、生产工艺等技术要求组织生产；

（九）婴幼儿配方食品生产企业未将食品原料、食品添加剂、产品配方、标签等向食品药品监督管理部门备案；

（十）特殊食品生产企业未按规定建立生产质量管理体系并有效运行，或者未定期提交自查报告；

（十一）食品生产经营者未定期对食品安全状况进行检查评价，或者生产经营条件发生变化，未按规定处理；

（十二）学校、托幼机构、养老机构、建筑工地等集中用餐单位未按规定履行食品安全管理责任；

（十三）食品生产企业、餐饮服务提供者未按规定制定、实施生产经营过程控制要求。

餐具、饮具集中消毒服务单位违反本法规定用水，使用洗涤剂、消毒剂，或者出厂的餐具、饮具未按规定检验合格并随附消毒合格证明，或者未按规定在独立包装上标注相关内容的，由县级以上人民政府卫生行政部门依照前款规定给予处罚。

食品相关产品生产者未按规定对生产的食品相关产品进行检验的，由县级以上人民政府质量监督部门依照第一款规定给予处罚。

食用农产品销售者违反本法第六十五条规定的，由县级以上人民政府食品药品监督管理部门依照第一款规定给予处罚。

第一百二十七条　对食品生产加工小作坊、食品摊贩等的违法行为的处罚，依照省、自治区、直辖市制定的具体管理办法执行。

第一百二十八条　违反本法规定，事故单位在发生食品安全事故后未进行处置、报告的，由有关主管部门按照各自职责分工责令改正，给予警告；隐匿、伪造、毁灭有关证据的，责令停产停业，没收违法所得，并处十万元以上五十万元以下罚款；造成严重后果的，吊销许可证。

第一百二十九条　违反本法规定，有下列情形之一的，由出入境检验检疫机构依照本法第一百二十四条的规定给予处罚：

（一）提供虚假材料，进口不符合我国食品安全国家标准的食品、食品添加剂、食品相关产品；

（二）进口尚无食品安全国家标准的食品，未提交所执行的标准并经国务院卫生行政部门审查，或者进口利用新的食品原料生产的食品或者进口食品添加剂新品种、食品相关产品新品种，未通过安全性评估；

（三）未遵守本法的规定出口食品；

（四）进口商在有关主管部门责令其依照本法规定召回进口的食品后，仍拒不召回。

违反本法规定，进口商未建立并遵守食品、食品添加剂进口和销售记录制度、境外出口商或者生产企业审核制度的，由出入境检验检疫机构依照本法第一百二十六条的规定给予处罚。

第一百三十条　违反本法规定，集中交易市场的开办者、柜台出租者、展销会的举办者允许未依法取得许可的食品经营者进入市场销售食品，或者未履行检查、报告等义务的，由县级以上人民政府食品药品监督管理部门责令改正，没收违法所得，并处五万元以上二十万元以下罚款；造成严重后果的，责令停业，直至由原发证部门吊销许可证；使消费者的合法权益受到损害的，应当与食品经营者承担连带责任。

食用农产品批发市场违反本法第六十四条规定的，依照前款规定承担责任。

第一百三十一条　违反本法规定，网络食品交易第三方平台提供者未对入网食品经营者进行实名登记、审查许可证，或者未履行报告、停止提供网络交易平台服务等义务的，由县级以上人民政府食品药品监督管理部门责令改正，没收违法所得，并处五万元以上二十万元以下罚款；造成严重后果的，责令停业，直至由原发证部门吊销许可证；使消费者的合法权益受到损害的，应当与食品经营者承担连带责任。

消费者通过网络食品交易第三方平台购买食品，其合法权益受到损害的，可以向入网食品经营者或者食品生产者要求赔偿。网络食品交易第三方平台提供者不能提供入网食品经营者的真实名称、地址和有效联系方式的，由网络食品交易第三方平台提供者赔偿。网络食品交易第三方平台提供者赔偿后，有权向入网食品经营者或者食品生产者追偿。网络食品交易第三方平台提供者作出更有利于消费者承诺的，应当履行其承诺。

第一百三十二条　违反本法规定，未按要求进行食品贮存、运输和装卸的，由县级以上人民政府食品药品监督管理等部门按照各自职责分工责令改正，给予警告；拒不改正的，责令停产停业，并处一万元以上五万元以下罚款；情节严重的，吊销许可证。

第一百三十三条　违反本法规定，拒绝、阻挠、干涉有关部门、机构及其工作人员依法开展食品安全监督检查、事故调查处理、风险监测和风险评估的，由有关主管部门按照各自职责分工责令停产停业，并处二千元以上五万元以下罚款；情节严重的，吊销许可证；构成违反治安管理行为的，由公安机关依法给予治安管理处罚。

违反本法规定，对举报人以解除、变更劳动合同或者其他方式打击报复的，应当依照有关法律的规定承担责任。

第一百三十四条　食品生产经营者在一年内累计三次因违反本法规定受到责令停产停业、吊销许可证以外处罚的，由食品药品监督管理部门责令停产停业，直至吊销许可证。

第一百三十五条　被吊销许可证的食品生产经营者及其法定代表人、直接负责的主管人员和其他直接责任人员自处罚决定作出之日起五年内不得申请食品生产经营许可，或者从事食品生产经营管理工作、担任食品生产经营企业食品安全管理人员。

因食品安全犯罪被判处有期徒刑以上刑罚的，终身不得从事食品生产经营管理工作，也不得担任食品生产经营企业食品安全管理人员。

食品生产经营者聘用人员违反前两款规定的，由县级以上人民政府食品药品监督管理部门吊销许可证。

第一百三十六条　食品经营者履行了本法规定的进货查验等义务，有充分证据证明其不知道所采购的食品不符合食品安全标准，并能如实说明其进货来源的，可以免予处罚，但应当依法没收其不符合食品安全标准的食品；造成人身、财产或者其他损害的，依法承担赔偿责任。

第一百三十七条　违反本法规定，承担食品安全风险监测、风险评估工作的技术机构、技术人员提供虚假监测、评估信息的，依法对技术机构直接负责的主管人员和技术人员给予撤职、开除处分；有执业资格的，由授予其资格的主管部门吊销执业证书。

第一百三十八条　违反本法规定，食品检验机构、食品检验人员出具虚假检验报告的，由授予其资质的主管部门或者机构撤销该食品检验机构的检验资质，没收所收取的检验费用，并处检验费用五倍以上十倍以下罚款，检验费用不足一万元的，并处五万元以上十万元以下罚款；依法对食品检验机构直接负责的主管人员和食品检验人员给予撤职或者开除处分；导致发生重大食品安全事故的，对直接负责的主管人员和食品检验人员给予开除处分。

违反本法规定，受到开除处分的食品检验机构人员，自处分决定作出之日起十年内不得从事食品检验工作；因食品安全违法行为受到刑事处罚或者因出具虚假检验报告导致发生重大食品安全事故受到开除处分的食品检验机构人员，终身不得从事食品检验工作。食品检验机构聘用不得从事食品检验工作的人员的，由授予其资质的主管部门或者机构撤销该食品检验机构的检验资质。

食品检验机构出具虚假检验报告，使消费者的合法权益受到损害的，应当与食品生产经营者承担连带责任。

第一百三十九条　违反本法规定，认证机构出具虚假认证结论，由认证认可监督管理部门没收所收取的认证费用，并处认证费用五倍以上十倍以下罚款，认证费用不足一万元的，并处五万元以上十万元以下罚款；情节严重的，责令停业，直至撤销认证机构批准文件，并向社会公布；对直接负责的主管人员和负有直接责任的认证人员，撤销其执业资格。

认证机构出具虚假认证结论，使消费者的合法权益受到损害的，应当与食品生产经营者承担连带责任。

第一百四十条　违反本法规定，在广告中对食品作虚假宣传，欺骗消费者，或者发布未取得批准文件、广告内容与批准文件不一致的保健食品广告的，依照《中华人民共和国广告法》的规定给予处罚。

广告经营者、发布者设计、制作、发布虚假食品广告，使消费者的合法权益受到损害的，应当与食品生产经营者承担连带责任。

社会团体或者其他组织、个人在虚假广告或者其他虚假宣传中向消费者推荐食品，使消费者的合法权益受到损害的，应当与食品生产经营者承担连带责任。

违反本法规定，食品药品监督管理等部门、食品检验机构、食品行业协会以广告或者其他形式向消费者推荐食品，消费者组织以收取费用或者其他牟取利益的方式向消费者推荐食品的，由有关主管部门没收违法所得，依法对直接负责的主管人员和其他直接责任人员给予记大过、降级或者撤职处分；情节严重的，给予开除处分。

对食品作虚假宣传且情节严重的，由省级以上人民政府食品药品监督管理部门决定暂停销售该食品，并向社会公布；仍然销售该食品的，由县级以上人民政府食品药品监督管理部门没收违法所得和违法销售的食品，并处二万元以上五万元以下罚款。

第一百四十一条　违反本法规定，编造、散布虚假食品安全信息，构成违反治安管理行为的，由公安机关依法给予治安管理处罚。

媒体编造、散布虚假食品安全信息的，由有关主管部门依法给予处罚，并对直接负责的主管人员和其他直接责任人员给予处分；使公民、法人或者其他组织的合法权益受到损害的，依法承担消除影响、恢复名誉、赔偿损失、赔礼道歉等民事责任。

第一百四十二条　违反本法规定，县级以上地方人民政府有下列行为之一的，对直接负责的主管人员和其他直接责任人员给予记大过处分；情节较重的，给予降级或者撤职处分；情节严重的，给予开除处分；造成严重后果的，其主要负责人还应当引咎辞职：

（一）对发生在本行政区域内的食品安全事故，未及时组织协调有关部门开展有效处置，造成不良影响或者损失；

（二）对本行政区域内涉及多环节的区域性食品安全问题，未及时组织整治，造成不良影响或者损失；

（三）隐瞒、谎报、缓报食品安全事故；

（四）本行政区域内发生特别重大食品安全事故，或者连续发生重大食品安全事故。

第一百四十三条　违反本法规定，县级以上地方人民政府有下列行为之一的，对直接负责的主管人员和其他直接责任人员给予警告、记过或者记大过处分；造成严重后果的，给予降级或者撤职处分：

（一）未确定有关部门的食品安全监督管理职责，未建立健全食品安全全程监督管理工作机制和信息共享机制，未落实食品安全监督管理责任制；

（二）未制定本行政区域的食品安全事故应急预案，或者发生食品安全事故后未按规定立即成立事故处置指挥机构、启动应急预案。

第一百四十四条　违反本法规定，县级以上人民政府食品药品监督管理、卫生行政、质量监督、农业行政等部门有下列行为之一的，对直接负责的主管人员和其他直接责任人员给予记大过处分；情节较重的，给予降级或者撤职处分；情节严重的，给予开除处分；造成严重后果的，其主要负责人还应当引咎辞职：

（一）隐瞒、谎报、缓报食品安全事故；

（二）未按规定查处食品安全事故，或者接到食品安全事故报告未及时处理，造成事故扩大或者蔓延；

（三）经食品安全风险评估得出食品、食品添加剂、食品相关产品不安全结论后，未及时采取相应措施，造成食品安全事故或者不良社会影响；

（四）对不符合条件的申请人准予许可，或者超越法定职权准予许可；

（五）不履行食品安全监督管理职责，导致发生食品安全事故。

第一百四十五条 违反本法规定，县级以上人民政府食品药品监督管理、卫生行政、质量监督、农业行政等部门有下列行为之一，造成不良后果的，对直接负责的主管人员和其他直接责任人员给予警告、记过或者记大过处分；情节较重的，给予降级或者撤职处分；情节严重的，给予开除处分：

（一）在获知有关食品安全信息后，未按规定向上级主管部门和本级人民政府报告，或者未按规定相互通报；

（二）未按规定公布食品安全信息；

（三）不履行法定职责，对查处食品安全违法行为不配合，或者滥用职权、玩忽职守、徇私舞弊。

第一百四十六条 食品药品监督管理、质量监督等部门在履行食品安全监督管理职责过程中，违法实施检查、强制等执法措施，给生产经营者造成损失的，应当依法予以赔偿，对直接负责的主管人员和其他直接责任人员依法给予处分。

第一百四十七条 违反本法规定，造成人身、财产或者其他损害的，依法承担赔偿责任。生产经营者财产不足以同时承担民事赔偿责任和缴纳罚款、罚金时，先承担民事赔偿责任。

第一百四十八条 消费者因不符合食品安全标准的食品受到损害的，可以向经营者要求赔偿损失，也可以向生产者要求赔偿损失。接到消费者赔偿要求的生产经营者，应当实行首负责任制，先行赔付，不得推诿；属于生产者责任的，经营者赔偿后有权向生产者追偿；属于经营者责任的，生产者赔偿后有权向经营者追偿。

生产不符合食品安全标准的食品或者经营明知是不符合食品安全标准的食品，消费者除要求赔偿损失外，还可以向生产者或者经营者要求支付价款十倍或者损失三倍的赔偿金；增加赔偿的金额不足一千元的，为一千元。但是，食品的标签、说明书存在不影响食品安全且不会对消费者造成误导的瑕疵的除外。

第一百四十九条 违反本法规定，构成犯罪的，依法追究刑事责任。

第十章 附则

第一百五十条 本法下列用语的含义：

食品，指各种供人食用或者饮用的成品和原料以及按照传统既是食品又是中药材的物品，但是不包括以治疗为目的的物品。

食品安全，指食品无毒、无害，符合应当有的营养要求，对人体健康不造成任何急性、亚急性或者慢性危害。

预包装食品，指预先定量包装或者制作在包装材料、容器中的食品。

食品添加剂，指为改善食品品质和色、香、味以及为防腐、保鲜和加工工艺的需要而加入食品中的人工合成或者天然物质，包括营养强化剂。

用于食品的包装材料和容器，指包装、盛放食品或者食品添加剂用的纸、竹、木、金属、搪瓷、陶瓷、塑料、橡胶、天然纤维、化学纤维、玻璃等制品和直接接触食品或者食品添加剂的涂料。

用于食品生产经营的工具、设备，指在食品或者食品添加剂生产、销售、使用过程中直接接触食品或者食品添加剂的机械、管道、传送带、容器、用具、餐具等。

用于食品的洗涤剂、消毒剂，指直接用于洗涤或者消毒食品、餐具、饮具以及直接接触食品的工具、设备或者食品包装材料和容器的物质。

食品保质期，指食品在标明的贮存条件下保持品质的期限。

食源性疾病，指食品中致病因素进入人体引起的感染性、中毒性等疾病，包括食物中毒。

食品安全事故，指食源性疾病、食品污染等源于食品，对人体健康有危害或者可能有危害的事故。

第一百五十一条 转基因食品和食盐的食品安全管理，本法未作规定的，适用其他法律、行政法规的规定。

第一百五十二条 铁路、民航运营中食品安全的管理办法由国务院食品药品监督管理部门会同国务院有关部门依照本法制定。

保健食品的具体管理办法由国务院食品药品监督管理部门依照本法制定。

食品相关产品生产活动的具体管理办法由国务院质量监督部门依照本法制定。

国境口岸食品的监督管理由出入境检验检疫机构依照本法以及有关法律、行政法规的规定实施。

军队专用食品和自供食品的食品安全管理办法由中央军事委员会依照本法制定。

第一百五十三条 国务院根据实际需要，可以对食品安全监督管理体制作出调整。

第一百五十四条 本法自 2015 年 10 月 1 日起施行。

中华人民共和国广告法

（1994 年 10 月 27 日第八届全国人民代表大会常务委员会第十次会议通过，2015 年 4 月 24 日第十二届全国人民代表大会常务委员会第十四次会议修订，2015 年 4 月 24 日中华人民共和国主席令第二十二号公布）

目录

第一章　总则
第二章　广告内容准则
第三章　广告行为规范
第四章　监督管理
第五章　法律责任
第六章　附则

第一章 总则

第一条 为了规范广告活动，保护消费者的合法权益，促进广告业的健康发展，维护社会经济秩序，制定本法。

第二条 在中华人民共和国境内，商品经营者或者服务提供者通过一定媒介和形式直接或者间接地介绍自己所推销的商品或者服务的商业广告活动，适用本法。

本法所称广告主，是指为推销商品或者服务，自行或者委托他人设计、制作、发布广告的自然人、法人或者其他组织。

本法所称广告经营者，是指接受委托提供广告设计、制作、代理服务的自然人、法人或者其他组织。

本法所称广告发布者，是指为广告主或者广告主委托的广告经营者发布广告的自然人、法人或者其他组织。

本法所称广告代言人，是指广告主以外的，在广告中以自己的名义或者形象对商品、服务作推荐、证明的自然人、法人或者其他组织。

第三条 广告应当真实、合法，以健康的表现形式表达广告内容，符合社会主义精神文明建设和弘扬中华民族优秀传统文化的要求。

第四条 广告不得含有虚假或者引人误解的内容，不得欺骗、误导消费者。

广告主应当对广告内容的真实性负责。

第五条 广告主、广告经营者、广告发布者从事广告活动，应当遵守法律、法规，诚实信用，公平竞争。

第六条 国务院工商行政管理部门主管全国的广告监督管理工作，国务院有关部门在各自的职责范围内负责广告管理相关工作。

县级以上地方工商行政管理部门主管本行政区域的广告监督管理工作，县级以上地方人民政府有关部门在各自的职责范围内负责广告管理相关工作。

第七条 广告行业组织依照法律、法规和章程的规定，制定行业规范，加强行业自律，促进行业发展，引导会员依法从事广告活动，推动广告行业诚信建设。

第二章 广告内容准则

第八条 广告中对商品的性能、功能、产地、用途、质量、成分、价格、生产者、有效期限、允诺等或者对服务的内容、提供者、形式、质量、价格、允诺等有表示的，应当准确、清楚、明白。

广告中表明推销的商品或者服务附带赠送的，应当明示所附带赠送商品或者服务的品种、规格、数量、期限和方式。

法律、行政法规规定广告中应当明示的内容，应当显著、清晰表示。

第九条 广告不得有下列情形：

（一）使用或者变相使用中华人民共和国的国旗、国歌、国徽，军旗、军歌、军徽；

（二）使用或者变相使用国家机关、国家机关工作人员的名义或者形象；

（三）使用“国家级”、“最高级”、“最佳”等用语；

（四）损害国家的尊严或者利益，泄露国家秘密；

（五）妨碍社会安定，损害社会公共利益；

（六）危害人身、财产安全，泄露个人隐私；

（七）妨碍社会公共秩序或者违背社会良好风尚；

（八）含有淫秽、色情、赌博、迷信、恐怖、暴力的内容；

（九）含有民族、种族、宗教、性别歧视的内容；

（十）妨碍环境、自然资源或者文化遗产保护；

（十一）法律、行政法规规定禁止的其他情形。

第十条 广告不得损害未成年人和残疾人的身心健康。

第十一条 广告内容涉及的事项需要取得行政许可的，应当与许可的内容相符合。

广告使用数据、统计资料、调查结果、文摘、引用语等引证内容的，应当真实、准确，并表明出处。引证内容有适用范围和有效期限的，应当明确表示。

第十二条 广告中涉及专利产品或者专利方法的，应当标明专利号和专利种类。

未取得专利权的，不得在广告中谎称取得专利权。

禁止使用未授予专利权的专利申请和已经终止、撤销、无效的专利作广告。

第十三条 广告不得贬低其他生产经营者的商品或者服务。

第十四条 广告应当具有可识别性，能够使消费者辨明其为广告。

大众传播媒介不得以新闻报道形式变相发布广告。通过大众传播媒介发布的广告应当显著标明“广告”，与其他非广告信息相区别，不得使消费者产生误解。

广播电台、电视台发布广告，应当遵守国务院有关部门关于时长、方式的规定，并应当对广告时长作出明显提示。

第十五条 麻醉药品、精神药品、医疗用毒性药品、放射性药品等特殊药品，药品类易制毒化学品，以及戒毒治疗的药品、医疗器械和治疗方法，不得作广告。

前款规定以外的处方药，只能在国务院卫生行政部门和国务院药品监督管理部门共同指定的医学、药学专业刊物上作广告。

第十六条 医疗、药品、医疗器械广告不得含有下列内容：

（一）表示功效、安全性的断言或者保证；

（二）说明治愈率或者有效率；

（三）与其他药品、医疗器械的功效和安全性或者其他医疗机构比较；

（四）利用广告代言人作推荐、证明；

（五）法律、行政法规规定禁止的其他内容。

药品广告的内容不得与国务院药品监督管理部门批准的说明书不一致，并应当显著标明禁忌、不良反应。处方药广告应当显著标明“本广告仅供医学药学专业人士阅读”，非处方药广告应当显著标明“请按药品说明书或者在药师指导下购买和使用”。

推荐给个人自用的医疗器械的广告，应当显著标明“请仔细阅读产品说明书或者在医务人员的指导下购买和使用”。医疗器械产品注册证明文件中有禁忌内容、注意事项的，广告中应当显著标明“禁忌内容或者注意事项详见说明书”。

第十七条 除医疗、药品、医疗器械广告外，禁止其他任何广告涉及疾病治疗功能，并不得使用医疗用语或者易使推销的商品与药品、医疗器械相混淆的用语。

第十八条 保健食品广告不得含有下列内容：

（一）表示功效、安全性的断言或者保证；

（二）涉及疾病预防、治疗功能；

（三）声称或者暗示广告商品为保障健康所必需；

（四）与药品、其他保健食品进行比较；

（五）利用广告代言人作推荐、证明；

（六）法律、行政法规规定禁止的其他内容。

保健食品广告应当显著标明“本品不能代替药物”。

第十九条 广播电台、电视台、报刊音像出版单位、互联网信息服务提供者不得以介绍健康、养生知识等形式变相发布医疗、药品、医疗器械、保健食品广告。

第二十条 禁止在大众传播媒介或者公共场所发布声称全部或者部分替代母乳的婴儿乳制品、饮料和其他食品广告。

第二十一条 农药、兽药、饲料和饲料添加剂广告不得含有下列内容：

（一）表示功效、安全性的断言或者保证；

（二）利用科研单位、学术机构、技术推广机构、行业协会或者专业人士、用户的名义或者形象作推荐、证明；

（三）说明有效率；

（四）违反安全使用规程的文字、语言或者画面；

（五）法律、行政法规规定禁止的其他内容。

第二十二条 禁止在大众传播媒介或者公共场所、公共交通工具、户外发布烟草广告。禁止向未成年人发送任何形式的烟草广告。

禁止利用其他商品或者服务的广告、公益广告，宣传烟草制品名称、商标、包装、装潢以及类似内容。

烟草制品生产者或者销售者发布的迁址、更名、招聘等启事中，不得含有烟草制品名称、商标、包装、装潢以及类似内容。

第二十三条 酒类广告不得含有下列内容：

（一）诱导、怂恿饮酒或者宣传无节制饮酒；

（二）出现饮酒的动作；

（三）表现驾驶车、船、飞机等活动；

（四）明示或者暗示饮酒有消除紧张和焦虑、增加体力等功效。

第二十四条 教育、培训广告不得含有下列内容：

（一）对升学、通过考试、获得学位学历或者合格证书，或者对教育、培训的效果作出明示或者暗示的保证性承诺；

（二）明示或者暗示有相关考试机构或者其工作人员、考试命题人员参与教育、培训；

（三）利用科研单位、学术机构、教育机构、行业协会、专业人士、受益者的名义或者形象作推荐、证明。

第二十五条 招商等有投资回报预期的商品或者服务广告，应当对可能存在的风险以及风险责任承担有合理提示或者警示，并不得含有下列内容：

（一）对未来效果、收益或者与其相关的情况作出保证性承诺，明示或者暗示保本、无风险或者保收益等，国家另有规定的除外；

（二）利用学术机构、行业协会、专业人士、受益者的名义或者形象作推荐、证明。

第二十六条 房地产广告，房源信息应当真实，面积应当表明为建筑面积或者套内建筑面积，并不得含有下列内容：

（一）升值或者投资回报的承诺；

（二）以项目到达某一具体参照物的所需时间表示项目位置；

（三）违反国家有关价格管理的规定；

（四）对规划或者建设中的交通、商业、文化教育设施以及其他市政条件作误导宣传。

第二十七条 农作物种子、林木种子、草种子、种畜禽、水产苗种和种养殖广告关于品种名称、生产性能、生长量或者产量、品质、抗性、特殊使用价值、经济价值、适宜种植或者养殖的范围和条件等方面的表述应当真实、清楚、明白，并不得含有下列内容：

（一）作科学上无法验证的断言；

（二）表示功效的断言或者保证；

（三）对经济效益进行分析、预测或者作保证性承诺；

（四）利用科研单位、学术机构、技术推广机构、行业协会或者专业人士、用户的名义或者形象作推荐、证明。

第二十八条 广告以虚假或者引人误解的内容欺骗、误导消费者的，构成虚假广告。

广告有下列情形之一的，为虚假广告：

（一）商品或者服务不存在的；

（二）商品的性能、功能、产地、用途、质量、规格、成分、价格、生产者、有效期限、销售状况、曾获荣誉等信息，或者服务的内容、提供者、形式、质量、价格、销售状况、曾获荣誉等信息，以及与商品或者服务有关的允诺等信息与实际情况不符，对购买行为有实质性影响的；

（三）使用虚构、伪造或者无法验证的科研成果、统计资料、调查结果、文摘、引用语等信息作证明材料的；

（四）虚构使用商品或者接受服务的效果的；

（五）以虚假或者引人误解的内容欺骗、误导消费者的其他情形。

第三章 广告行为规范

第二十九条 广播电台、电视台、报刊出版单位从事广告发布业务的，应当设有专门从事广告业务的机构，配备必要的人员，具有与发布广告相适应的场所、设备，并向县级以上地方工商行政管理部门办理广告发布登记。

第三十条 广告主、广告经营者、广告发布者之间在广告活动中应当依法订立书面合同。

第三十一条 广告主、广告经营者、广告发布者不得在广告活动中进行任何形式的不正当竞争。

第三十二条 广告主委托设计、制作、发布广告，应当委托具有合法经营资格的广告经营者、广告发布者。

第三十三条 广告主或者广告经营者在广告中使用他人名义或者形象的，应当事先取得其书面同意；使用无民事行为能力人、限制民事行为能力人的名义或者形象的，应当事先取得其监护人的书面同意。

第三十四条 广告经营者、广告发布者应当按照国家有关规定，建立、健全广告业务的承接登记、审核、档案管理制度。

广告经营者、广告发布者依据法律、行政法规查验有关证明文件，核对广告内容。对内容不符或者证明文件不全的广告，广告经营者不得提供设计、制作、代理服务，广告发布者不得发布。

第三十五条 广告经营者、广告发布者应当公布其收费标准和收费办法。

第三十六条 广告发布者向广告主、广告经营者提供的覆盖率、收视率、点击率、发行量等资料应当真实。

第三十七条 法律、行政法规规定禁止生产、销售的产品或者提供的服务，以及禁止发布广告的商品或者服务，任何单位或者个人不得设计、制作、代理、发布广告。

第三十八条 广告代言人在广告中对商品、服务作推荐、证明，应当依据事实，符合本法和有关法律、行政法规规定，并不得为其未使用过的商品或者未接受过的服务作推荐、证明。

不得利用不满十周岁的未成年人作为广告代言人。

对在虚假广告中作推荐、证明受到行政处罚未满三年的自然人、法人或者其他组织，不得利用其作为广告代言人。

第三十九条 不得在中小学校、幼儿园内开展广告活动，不得利用中小学生和幼儿的教材、教辅材料、练习册、文具、教具、校服、校车等发布或者变相发布广告，但公益广告除外。

第四十条 在针对未成年人的大众传播媒介上不得发布医疗、药品、保健食品、医疗器械、化妆品、酒类、美容广告，以及不利于未成年人身心健康的网络游戏广告。

针对不满十四周岁的未成年人的商品或者服务的广告不得含有下列内容：

（一）劝诱其要求家长购买广告商品或者服务；

（二）可能引发其模仿不安全行为。

第四十一条 县级以上地方人民政府应当组织有关部门加强对利用户外场所、空间、设施等发布户外广告的监督管理，制定户外广告设置规划和安全要求。

户外广告的管理办法，由地方性法规、地方政府规章规定。

第四十二条 有下列情形之一的，不得设置户外广告：

（一）利用交通安全设施、交通标志的；

（二）影响市政公共设施、交通安全设施、交通标志、消防设施、消防安全标志使用的；

（三）妨碍生产或者人民生活，损害市容市貌的；

（四）在国家机关、文物保护单位、风景名胜区等的建筑控制地带，或者县级以上地方人民政府禁止设置户外广告的区域设置的。

第四十三条 任何单位或者个人未经当事人同意或者请求，不得向其住宅、交通工具等发送广告，也不得以电子信息方式向其发送广告。

以电子信息方式发送广告的，应当明示发送者的真实身份和联系方式，并向接收者提供拒绝继续接收的方式。

第四十四条 利用互联网从事广告活动，适用本法的各项规定。

利用互联网发布、发送广告，不得影响用户正常使用网络。在互联网页面以弹出等形式发布的广告，应当显著标明关闭标志，确保一键关闭。

第四十五条 公共场所的管理者或者电信业务经营者、互联网信息服务提供者对其明知或者应知的利用其场所或者信息传输、发布平台发送、发布违法广告的，应当予以制止。

第四章 监督管理

第四十六条 发布医疗、药品、医疗器械、农药、兽药和保健食品广告，以及法律、行政法规规定应当进行审查的其他广告，应当在发布前由有关部门（以下称广告审查机关）对广告内容进行审查；未经审查，不得发布。

第四十七条 广告主申请广告审查，应当依照法律、行政法规向广告审查机关提交有关证明文件。

广告审查机关应当依照法律、行政法规规定作出审查决定，并应当将审查批准文件抄送同级工商行政管理部门。广告审查机关应当及时向社会公布批准的广告。

第四十八条 任何单位或者个人不得伪造、变造或者转让广告审查批准文件。

第四十九条 工商行政管理部门履行广告监督管理职责，可以行使下列职权：

（一）对涉嫌从事违法广告活动的场所实施现场检查；

（二）询问涉嫌违法当事人或者其法定代表人、主要负责人和其他有关人员，对有关单位或者个人进行调查；

（三）要求涉嫌违法当事人限期提供有关证明文件；

（四）查阅、复制与涉嫌违法广告有关的合同、票据、账簿、广告作品和其他有关资料；

（五）查封、扣押与涉嫌违法广告直接相关的广告物品、经营工具、设备等财物；

（六）责令暂停发布可能造成严重后果的涉嫌违法广告；

（七）法律、行政法规规定的其他职权。

工商行政管理部门应当建立健全广告监测制度，完善监测措施，及时发现和依法查处违法广告行为。

第五十条 国务院工商行政管理部门会同国务院有关部门，制定大众传播媒介广告发布行为规范。

第五十一条 工商行政管理部门依照本法规定行使职权，当事人应当协助、配合，不得拒绝、阻挠。

第五十二条 工商行政管理部门和有关部门及其工作人员对其在广告监督管理活动中知悉的商业秘密负有保密义务。

第五十三条 任何单位或者个人有权向工商行政管理部门和有关部门投诉、举报违反本法的行为。工商行政管理部门和有关部门应当向社会公开受理投诉、举报的电话、信箱或者电子邮件地址，接到投诉、举报的部门应当自收到投诉之日起七个工作日内，予以处理并告知投诉、举报人。

工商行政管理部门和有关部门不依法履行职责的，任何单位或者个人有权向其上级机关或者监察机关举报。接到举报的机关应当依法作出处理，并将处理结果及时告知举报人。

有关部门应当为投诉、举报人保密。

第五十四条 消费者协会和其他消费者组织对违反本法规定，发布虚假广告侵害消费者合法权益，以及其他损害社会公共利益的行为，依法进行社会监督。

第五章 法律责任

第五十五条 违反本法规定，发布虚假广告的，由工商行政管理部门责令停止发布广告，责令广告主在相应范围内消除影响，处广告费用三倍以上五倍以下的罚款，广告费用无法计算或者明显偏低的，处二十万元以上一百万元以下的罚款；两年内有三次以上违法行为或者有其他严重情节的，处广告费用五倍以上十倍以下的罚款，广告费用无法计算或者明显偏低的，处一百万元以上二百万元以下的罚款，可以吊销营业执照，并由广告审查机关撤销广告审查批准文件、一年内不受理其广告审查申请。

医疗机构有前款规定违法行为，情节严重的，除由工商行政管理部门依照本法处罚外，卫生行政部门可以吊销诊疗科目或者吊销医疗机构执业许可证。

广告经营者、广告发布者明知或者应知广告虚假仍设计、制作、代理、发布的，由工商行政管理部门没收广告费用，并处广告费用三倍以上五倍以下的罚款，广告费用无法计算或者明显偏低的，处二十万元以上一百万元以下的罚款；两年内有三次以上违法行为或者有其他严重情节的，处广告费用五倍以上十倍以下的罚款，广告费用无法计算或者明显偏低的，处一百万元以上二百万元以下的罚款，并可以由有关部门暂停广告发布业务、吊销营业执照、吊销广告发布登记证件。

广告主、广告经营者、广告发布者有本条第一款、第三款规定行为，构成犯罪的，依法追究刑事责任。

第五十六条 违反本法规定，发布虚假广告，欺骗、误导消费者，使购买商品或者接受服务的消费者的合法权益受到损害的，由广告主依法承担民事责任。广告经营者、广告发布者不能提供广告主的真实名称、地址和有效联系方式的，消费者可以要求广告经营者、广告发布者先行赔偿。

关系消费者生命健康的商品或者服务的虚假广告，造成消费者损害的，其广告经营者、广告发布者、广告代言人应当与广告主承担连带责任。

前款规定以外的商品或者服务的虚假广告，造成消费者损害的，其广告经营者、广告发布者、广告代言人，明知或者应知广告虚假仍设计、制作、代理、发布或者作推荐、证明的，应当与广告主承担连带责任。

第五十七条 有下列行为之一的，由工商行政管理部门责令停止发布广告，对广告主处二十万元以上一百万元以下的罚款，情节严重的，并可以吊销营业执照，由广告审查机关撤销广告审查批准文件、一年内不受理其广告审查申请；对广告经营者、广告发布者，由工商行政管理部门没收广告费用，处二十万元以上一百万元以下的罚款，情节严重的，并可以吊销营业执照、吊销广告发布登记证件：

（一）发布有本法第九条、第十条规定的禁止情形的广告的；

（二）违反本法第十五条规定发布处方药广告、药品类易制毒化学品广告、戒毒治疗的医疗器械和治疗方法广告的；

（三）违反本法第二十条规定，发布声称全部或者部分替代母乳的婴儿乳制品、饮料和其他食品广告的；

（四）违反本法第二十二条规定发布烟草广告的；

（五）违反本法第三十七条规定，利用广告推销禁止生产、销售的产品或者提供的服务，或者禁止发布广告的商品或者服务的；

（六）违反本法第四十条第一款规定，在针对未成年人的大众传播媒介上发布医疗、药品、保健食品、医疗器械、化妆品、酒类、美容广告，以及不利于未成年人身心健康的网络游戏广告的。

第五十八条 有下列行为之一的，由工商行政管理部门责令停止发布广告，责令广告主在相应范围内消除影响，处广告费用一倍以上三倍以下的罚款，广告费用无法计算或者明显偏低的，处十万元以上二十万元以下的罚款；情节严重的，处广告费用三倍以上五倍以下的罚款，广告费用无法计算或者明显偏低的，处二十万元以上一百万元以下的罚款，可以吊销营业执照，并由广告审查机关撤销广告审查批准文件、一年内不受理其广告审查申请：

（一）违反本法第十六条规定发布医疗、药品、医疗器械广告的；

（二）违反本法第十七条规定，在广告中涉及疾病治疗功能，以及使用医疗用语或者易使推销的商品与药品、医疗器械相混淆的用语的；

（三）违反本法第十八条规定发布保健食品广告的；

（四）违反本法第二十一条规定发布农药、兽药、饲料和饲料添加剂广告的；

（五）违反本法第二十三条规定发布酒类广告的；

（六）违反本法第二十四条规定发布教育、培训广告的；

（七）违反本法第二十五条规定发布招商等有投资回报预期的商品或者服务广告的；

（八）违反本法第二十六条规定发布房地产广告的；

（九）违反本法第二十七条规定发布农作物种子、林木种子、草种子、种畜禽、水产苗种和种养殖广告的；

（十）违反本法第三十八条第二款规定，利用不满十周岁的未成年人作为广告代言人的；

（十一）违反本法第三十八条第三款规定，利用自然人、法人或者其他组织作为广告代言人的；

（十二）违反本法第三十九条规定，在中小学校、幼儿园内或者利用与中小学生、幼儿有关的物品发布广告的；

（十三）违反本法第四十条第二款规定，发布针对不满十四周岁的未成年人的商品或者服务的广告的；

（十四）违反本法第四十六条规定，未经审查发布广告的。

医疗机构有前款规定违法行为，情节严重的，除由工商行政管理部门依照本法处罚外，卫生行政部门可以吊销诊疗科目或者吊销医疗机构执业许可证。

广告经营者、广告发布者明知或者应知有本条第一款规定违法行为仍设计、制作、代理、发布的，由工商行政管理部门没收广告费用，并处广告费用一倍以上三倍以下的罚款，广告费用无法计算或者明显偏低的，处十万元以上二十万元以下的罚款；情节严重的，处广告费用三倍以上五倍以下的罚款，广告费用无法计算或者明显偏低的，处二十万元以上一百万元以下的罚款，并可以由有关部门暂停广告发布业务、吊销营业执照、吊销广告发布登记证件。

第五十九条 有下列行为之一的，由工商行政管理部门责令停止发布广告，对广告主处十万元以下的罚款：

（一）广告内容违反本法第八条规定的；

（二）广告引证内容违反本法第十一条规定的；

（三）涉及专利的广告违反本法第十二条规定的；

（四）违反本法第十三条规定，广告贬低其他生产经营者的商品或者服务的。

广告经营者、广告发布者明知或者应知有前款规定违法行为仍设计、制作、代理、发布的，由工商行政管理部门处十万元以下的罚款。

广告违反本法第十四条规定，不具有可识别性的，或者违反本法第十九条规定，变相发布医疗、药品、医疗器械、保健食品广告的，由工商行政管理部门责令改正，对广告发布者处十万元以下的罚款。

第六十条 违反本法第二十九条规定，广播电台、电视台、报刊出版单位未办理广告发布登记，擅自从事广告发布业务的，由工商行政管理部门责令改正，没收违法所得，违法所得一万元以上的，并处违法所得一倍以上三倍以下的罚款；违法所得不足一万元的，并处五千元以上三万元以下的罚款。

第六十一条 违反本法第三十四条规定，广告经营者、广告发布者未按照国家有关规定建立、健全广告业务管理制度的，或者未对广告内容进行核对的，由工商行政管理部门责令改正，可以处五万元以下的罚款。

违反本法第三十五条规定，广告经营者、广告发布者未公布其收费标准和收费办法的，由价格主管部门责令改正，可以处五万元以下的罚款。

第六十二条 广告代言人有下列情形之一的，由工商行政管理部门没收违法所得，并处违法所得一倍以上二倍以下的罚款：

（一）违反本法第十六条第一款第四项规定，在医疗、药品、医疗器械广告中作推荐、证明的；

（二）违反本法第十八条第一款第五项规定，在保健食品广告中作推荐、证明的；

（三）违反本法第三十八条第一款规定，为其未使用过的商品或者未接受过的服务作推荐、证明的；

（四）明知或者应知广告虚假仍在广告中对商品、服务作推荐、证明的。

第六十三条 违反本法第四十三条规定发送广告的，由有关部门责令停止违法行为，对广告主处五千元以上三万元以下的罚款。

违反本法第四十四条第二款规定，利用互联网发布广告，未显著标明关闭标志，确保一键关闭的，由工商行政管理部门责令改正，对广告主处五千元以上三万元以下的罚款。

第六十四条 违反本法第四十五条规定，公共场所的管理者和电信业务经营者、互联网信息服务提供者，明知或者应知广告活动违法不予制止的，由工商行政管理部门没收违法所得，违法所得五万元以上的，并处违法所得一倍以上三倍以下的罚款，违法所得不足五万元的，并处一万元以上五万元以下的罚款；情节严重的，由有关部门依法停止相关业务。

第六十五条 违反本法规定，隐瞒真实情况或者提供虚假材料申请广告审查的，广告审查机关不予受理或者不予批准，予以警告，一年内不受理该申请人的广告审查申请；以欺骗、贿赂等不正当手段取得广告审查批准的，广告审查机关予以撤销，处十万元以上二十万元以下的罚款，三年内不受理该申请人的广告审查申请。

第六十六条 违反本法规定，伪造、变造或者转让广告审查批准文件的，由工商行政管理部门没收违法所得，并处一万元以上十万元以下的罚款。

第六十七条 有本法规定的违法行为的，由工商行政管理部门记入信用档案，并依照有关法律、行政法规规定予以公示。

第六十八条 广播电台、电视台、报刊音像出版单位发布违法广告，或者以新闻报道形式变相发布广告，或者以介绍健康、养生知识等形式变相发布医疗、药品、医疗器械、保健食品广告，工商行政管理部门依照本法给予处罚的，应当通报新闻出版广电部门以及其他有关部门。新闻出版广电部门以及其他有关部门应当依法对负有责任的主管人员和直接责任人员给予处分；情节严重的，并可以暂停媒体的广告发布业务。

新闻出版广电部门以及其他有关部门未依照前款规定对广播电台、电视台、报刊音像出版单位进行处理的，对负有责任的主管人员和直接责任人员，依法给予处分。

第六十九条 广告主、广告经营者、广告发布者违反本法规定，有下列侵权行为之一的，依法承担民事责任：

（一）在广告中损害未成年人或者残疾人的身心健康的；

（二）假冒他人专利的；

（三）贬低其他生产经营者的商品、服务的；

（四）在广告中未经同意使用他人名义或者形象的；

（五）其他侵犯他人合法民事权益的。

第七十条 因发布虚假广告，或者有其他本法规定的违法行为，被吊销营业执照的公司、企业的法定代表人，对违法行为负有个人责任的，自该公司、企业被吊销营业执照之日起三年内不得担任公司、企业的董事、监事、高级管理人员。

第七十一条 违反本法规定，拒绝、阻挠工商行政管理部门监督检查，或者有其他构成违反治安管理行为的，依法给予治安管理处罚；构成犯罪的，依法追究刑事责任。

第七十二条 广告审查机关对违法的广告内容作出审查批准决定的，对负有责任的主管人员和直接责任人员，由任免机关或者监察机关依法给予处分；构成犯罪的，依法追究刑事责任。

第七十三条 工商行政管理部门对在履行广告监测职责中发现的违法广告行为或者对经投诉、举报的违法广告行为，不依法予以查处的，对负有责任的主管人员和直接责任人员，依法给予处分。

工商行政管理部门和负责广告管理相关工作的有关部门的工作人员玩忽职守、滥用职权、徇私舞弊的，依法给予处分。

有前两款行为，构成犯罪的，依法追究刑事责任。

第六章 附则

第七十四条 国家鼓励、支持开展公益广告宣传活动，传播社会主义核心价值观，倡导文明风尚。

大众传播媒介有义务发布公益广告。广播电台、电视台、报刊出版单位应当按照规定的版面、时段、时长发布公益广告。公益广告的管理办法，由国务院工商行政管理部门会同有关部门制定。

第七十五条 本法自 2015 年 9 月 1 日起施行。

国务院关于加快培育外贸竞争新优势的若干意见

国发〔2015〕9号

各省、自治区、直辖市人民政府，国务院各部委、各直属机构：

对外贸易是我国开放型经济体系的重要组成部分和国民经济发展的重要推动力量。在国际环境和国内发展条件都发生重大变化的历史背景下，保持我国外贸传统优势、加快培育竞争新优势是事关我国发展全局的重大问题。为巩固外贸传统优势、加快培育竞争新优势，实现我国对外贸易持续健康发展，推动我国由贸易大国向贸易强国转变，现提出如下意见。

一、充分认识加快培育外贸竞争新优势的重要性和紧迫性

经过改革开放30多年的发展，我国对外贸易取得举世瞩目的成就，2013年跃居世界第一货物贸易大国，对于推动我国经济社会发展、提高国家综合实力和国际影响力、加强与世界经济融合发挥了不可取代的重要作用。当前，世界经济仍处在国际金融危机后的深度调整期，全球总需求不振，大规模国际产业转移明显放缓，世界科技和产业革命孕育新突破，贸易保护主义持续升温。我国经济正处于“三期叠加”阶段，经济发展进入新常态。今后一段时期，外贸发展既面临重要机遇期，出口竞争优势依然存在，也面临严峻挑战，传统竞争优势明显削弱，新的竞争优势尚未形成。企业创新能力亟待增强，品牌产品占比偏低，同质化竞争较为普遍。参与国际贸易规则制定的能力有待提升，外贸体制和营商环境需进一步改进。必须适应新形势新要求，努力巩固外贸传统优势，加快培育竞争新优势，继续发挥出口对经济发展的重要作用。这既是巩固贸易大国、建设贸易强国的必由之路，也是促进我国经济持续健康发展的战略选择，对于实现“两个一百年”奋斗目标和中华民族伟大复兴的中国梦，具有重大而深远的意义。

二、总体要求

（一）指导思想。深入贯彻党的十八大和十八届二中、三中、四中全会精神，认真落实党中央、国务院的决策部署，充分发挥市场配置资源的决定性作用和更好发挥政府作用，主动适应经济新常态，统筹考虑和综合运用国际国内两个市场、两种资源，着力调整优化贸易结构、转变外贸发展方式，提升我国外贸在全球价值链中的地位，提高外贸增长的质量和效益，实现外贸持续健康发展，推动我国由贸易大国向贸易强国转变，为国民经济和社会发展作出更大贡献。

（二）基本原则。

深化改革，创新驱动。深化外贸体制机制改革，营造创新发展环境。增强科技创新能力，创新商业模式和贸易业态，集成新的竞争优势，增强外贸发展的内生动力。

开放引领，互利共赢。以更大范围、更广领域、更高层次的开放，通过“走出去”与“引进来”相结合带动贸易增长，扩大与贸易伙伴利益汇合点，形成更加和谐稳定的发展环境，共创更大市场空间。

内外联动，持续发展。更加积极地促进内需和外需平衡、进口和出口平衡、引进外资和对外投资平衡，逐步实现国际收支平衡，构建开放型经济新体制。

统筹规划，分类指导。加强规划指导和统筹推进，因地制宜、分类施策，实现货物贸易与服务贸易、贸易与投资、传

统产业与新兴产业、沿海与内陆协调互动发展。

夯实基础，重点突破。加强贸易与产业的结合，全面参与全球价值链、产业链重构进程，提高产业国际竞争力。

（三）目标任务。巩固贸易大国地位，推进贸易强国进程。努力提高新兴市场、中西部地区、一般贸易、服务贸易和品牌产品在我国外贸中的占比。力争到2020年，外贸传统优势进一步巩固，竞争新优势培育取得实质性进展。着力优化国际市场布局，推进市场多元化；着力优化国内区域布局，推动东中西部协调发展；着力优化外贸商品结构，提升出口附加值和技术含量；着力优化经营主体结构，促进各类企业共同发展；着力优化贸易方式，推进对外贸易转型升级。

大力推动我国外贸由规模速度型向质量效益型转变，努力实现五个转变：一是推动出口由货物为主向货物、服务、技术、资本输出相结合转变；二是推动竞争优势由价格优势为主向技术、品牌、质量、服务为核心的综合竞争优势转变；三是推动增长动力由要素驱动为主向创新驱动转变；四是推动营商环境由政策引导为主向制度规范和营造法治化国际化营商环境转变；五是推动全球经济治理地位由遵守、适应国际经贸规则为主向主动参与国际经贸规则制订转变。

三、大力推动外贸结构调整

（一）推动国际市场结构调整。推动进出口市场结构从传统市场为主向多元化市场全面发展转变。深耕美、欧、日等传统市场。加大拉美、非洲等新兴市场开拓力度，综合考虑经济规模、发展速度、资源禀赋、风险程度等因素，选择若干个新兴市场重点开拓，逐步提高新兴市场在我国外贸中的比重。扩大先进技术设备进口，促进质量好、档次高、具有比较优势的产业和产品出口。

（二）推动国内区域协调发展。按照国家对重点产业布局和产业转移的总体部署，形成有利于发挥地区比较优势、产业链合理分工的新局面。鼓励东部地区重点发展高端产业、高增值环节和总部经济，提高贸易的质量和效益，发挥示范带动作用。支持中西部地区结合地方实际，积极承接东部地区产业转移，规模与质量并重提升。加快沿边开放步伐，有序发展跨境经济合作区，扩大与周边国家经贸往来。

（三）推动各类外贸经营主体协调发展。鼓励行业龙头企业延长产业链，提高国际化经营水平。推动优势企业强强联合、跨地区兼并重组和对外投资合作。加快形成一批在全球范围内配置要素资源、布局市场网络的具有跨国经营能力的大企业。鼓励创新型、创业型和劳动密集型中小微企业发展，支持企业走“专精特新”和与大企业协作配套发展的道路。支持有创新能力的外向型民营企业发展。

（四）推动外贸商品结构调整。加强对重点行业出口的分类指导。继续巩固和提升纺织、服装、箱包、鞋帽、玩具、家具、塑料制品等劳动密集型产品在全球的主导地位。提升农产品精深加工能力和特色发展水平。强化电力、轨道交通、通信设备、船舶、工程机械、航空航天等装备制造业和大型成套设备出口的综合竞争优势，着力扩大投资类商品出口。进一步提高节能环保、新一代信息技术、新能源等战略性新兴产业的国际竞争力。扩大先进技术设备、关键零部件等进口，促进产业结构调整和优化升级。稳定能源资源产品进口，完善战略储备体系。合理增加一般消费品进口，引导境外消费回流。促进贸易平衡，继续对最不发达国家部分进口产品实施零关税待遇。

（五）推动贸易方式优化。做强一般贸易，扩大一般贸易规模，提升一般贸易出口产品的附加值，增加品牌产品出口，发挥品牌增值效应，提高盈利能力。创新加工贸易模式，促进沿海地区加工贸易转型升级，向品牌、研发、分拨和结算中心等产业链高端延伸，稳妥推进有条件的企业将整机、零部件、原材料配套、研发结算等向内陆和沿边地区转移，形成产业集群，构建发展新格局。加快边境贸易创新发展和转型升级。

（六）大力发展服务贸易。推动服务贸易便利化。培育服务新业态，加强研发服务、技术转移等科技服务业发展。稳定和拓展旅游、运输、劳务等传统服务业出口；扩大金融、物流等服务业对外开放；重点培育和扩大通信、金融、会计等新兴服务贸易，提升服务业国际化水平，提高服务贸易在对外贸易中的比重。推进国内服务市场健全制度、标准、规范和监管体系，促进专业人才和专业服务跨境流动便利。积极发展服务外包。

四、加快提升对外贸易国际竞争力

（一）加快提升出口产品技术含量。加快运用现代技术改造传统产业，提升劳动密集型产品质量、档次和技术含量，推动传统产业向中高端迈进。利用资本市场大力支持传统产业收购兼并。着力构建以企业为主体、市场为导向、产学研贸相结合的技术创新体系。加大科技创新投入，支持企业原始创新。鼓励企业以进口、境外并购、国际招标、招才引智等方式引进先进技术，促进消化吸收再创新。支持国内企业通过自建、合资、合作等方式设立海外研发中心。鼓励跨国公司和境外科研机构在我国设立研发机构。支持企业、行业组织参与国际标准制订，大力推动我国标准国际化，支持通信等领域的技术标准在海外推广应用。

（二）加快培育外贸品牌。研究建立出口品牌统计制度。引导企业加强品牌建设。推动有条件的地区、行业和企业建立品牌推广中心，推介拥有核心技术的品牌产品。鼓励企业创立品牌，鼓励有实力的企业收购品牌，大力培育区域性、行业性品牌。支持企业开展商标和专利的国外注册保护，开展海外维权。采取多种方式，加大中国品牌海外推介力度。

（三）加快提高出口产品质量。积极采用国际先进质量标准，建立国际认可的产品检测和认证体系，鼓励企业按照国际标准组织生产和质量检验。推动出口产品质量安全示范区建设。加快推进与重点出口市场检验体系和证书互认。加强重要产品追溯体系建设，完善产品质量安全风险预警与快速反应机制，建立完善出口产品质量检测公共平台，支持出口企业开展质量管理体系认证。加强出口农产品质量提升工作，加大对外技术质量磋商谈判力度，稳定出口食品农产品质量安全水平。严厉打击出口侵犯知识产权和假冒伪劣商品违法行为。

（四）加快建立出口产品服务体系。鼓励企业将售后服务作为开拓国际市场的重要途径，提升服务质量，完善服务体系。鼓励企业有计划地针对不同市场、不同产品，采取与国外渠道商合作、自建等方式，建设服务保障支撑体系，完善售后服务标准，提高用户满意度。积极运用信息技术发展远程监测诊断、运营维护、技术支持等售后服务新业态。在境外建立电力、通信、轨道交通等大型成套设备的售后维修服务中心和备件生产基地，带动中国装备和服务出口。

（五）加快培育新型贸易方式。大力推动跨境电子商务发展，积极开展跨境电子商务综合改革试点工作，抓紧研究制订促进跨境电子商务发展的指导意见。培育一批跨境电子商务平台和企业，大力支持企业运用跨境电子商务开拓国际市场。鼓励跨境电子商务企业通过规范的“海外仓”等模式，融入境外零售体系。促进市场采购贸易发展，培育若干个内外贸结合商品市场，推进在内外贸结合商品市场实行市场采购贸易，扩大商品出口。培育一批外贸综合服务企业，加强其通关、物流、退税、金融、保险等综合服务能力。

（六）加强区域开放载体建设。深化中国（上海）自由贸易试验区改革开放，在全国复制推广改革试点经验。推进广东、天津、福建三个新设自由贸易试验区的建设，做好中国（上海）自由贸易试验区扩区等工作，并逐步扩大试点范围，形成各具特色的改革开放高地。积极探索开放平台转型升级的新途径，将国家级经济技术开发区、国家高新技术产业开发区、海关特殊监管区域等各类园区打造成为我国高端制造、物流、研发、销售、结算、维修中心。

（七）加快建设对外贸易平台。加快外贸转型升级基地建设，培育一批综合型、专业型和企业型基地。加快贸易促进平台建设，培育若干个国际知名度高、影响力大的国家级会展平台，打造重点行业国际知名专业展会。培育一批进口促进平台，发挥其对进口的促进作用。加强培育有国际影响力的证券、大宗商品及金融衍生品市场，提升参与国际市场竞争的能力。加快国际营销网络建设，鼓励企业在境外建设展示中心、分拨中心、批发市场、零售网点等。

五、全面提升与“一带一路”沿线国家经贸合作水平

（一）深化贸易合作。稳定劳动密集型产品等优势产品对沿线国家出口，抓住沿线国家基础设施建设机遇，带动大型成套设备及技术、标准、服务出口。顺应沿线国家产业转型升级趋势，加快机电产品和高新技术产品出口。加快与相关国家开展农产品检验检疫合作及准入谈判，扩大与沿线国家农产品贸易。扩大自沿线国家进口，促进贸易平衡。

（二）大力拓展产业投资。推动我国优势产业产能走出国门，促进中外产能合作，拓展发展空间。鼓励较高技术水平

的核电、发电及输变电、轨道交通、工程机械、汽车制造等行业企业到沿线国家投资。支持轻工纺织、食品加工等行业企业到沿线国家投资办厂。开展农牧渔业、农机及农产品流通等领域深度合作。深化能源资源合作，加强海洋经济合作。支持境外产业园区、科技园区等建设，促进产业集聚发展。

（三）优化周边经贸发展格局。巩固和扩大电力输送、光缆通信等合作，加快形成面向中亚、俄蒙、新欧亚大陆桥、东南亚、南亚等地区的国际大通道。以重点经贸产业园区为合作平台，着力推进重点开发开放试验区、境外经贸合作区、跨境经济合作区、边境经济合作区建设，共同打造若干国际经济合作走廊。扎实推动中巴经济走廊和孟中印缅经济走廊建设，指导我国企业有序参与建设活动。

六、努力构建互利共赢的国际合作新格局

（一）加快对外贸易与对外投资有效互动。深化对外投资管理体制改革，实行备案为主的管理模式，提高对外投资便利化水平。加快推进签订高水平的投资协定，推动制订投资规则。大力推动中国装备“走出去”，推进国际产能合作，提升合作层次。着力推动家用电器、机械装备等行业有实力、有条件的企业加快境外产业合作，积极稳妥开展境外技术和营销网络等并购。深化国际能源资源开发和加工互利合作，稳步推进境外农业投资合作，带动相关产品进出口。创新对外投资合作方式，支持开展绿地投资、联合投资等，带动我国产品、技术、标准、服务出口。

（二）进一步提高利用外资的质量和水平。稳定外商投资规模和速度，提高引进外资质量。创新利用外资管理体制，探索实行准入前国民待遇加负面清单管理模式。将承接国际制造业转移和促进国内产业转型升级相结合，积极引导外资投向新兴产业、高新技术、节能环保等领域。鼓励跨国公司在华设立地区总部、采购中心、财务管理中心，促进引资与引智相结合，进一步发挥外资作为引进先进技术、管理经验和高素质人才载体的作用。

（三）加快实施自贸区战略。继续维护多边贸易体制在全球贸易发展中的主导地位，以开放的态度加快实施自贸区战略，发挥自贸区对贸易投资的促进作用。尽早签署并实施中国—韩国、中国—澳大利亚自贸协定，积极推动中国—东盟自贸区升级谈判，推进中日韩、区域全面经济伙伴关系（RCEP）、中国—海湾国家合作委员会、中国—以色列、中国—斯里兰卡等自贸协定谈判和建设进程，稳步推进亚太自贸区建设，适时启动与其他经贸伙伴的自贸协定谈判。大力推动内地和港澳的经济一体化，继续推进两岸经贸合作制度化。加强顶层设计，积极同“一带一路”沿线国家和地区商建自贸区，加快形成立足周边、辐射“一带一路”、面向全球的高标准自贸区网络。

七、营造法治化国际化营商环境

（一）优化公平竞争的市场环境。学习借鉴成熟市场经济国家的贸易规制，完善符合我国国情和国际惯例的外贸法律法规体系。加强外贸企业诚信体系建设，建立商务、海关、质检、工商等部门协调机制，探索建立进出口企业信用评价体系，以适当方式对外公布或推荐我信用状况良好的企业。加强知识产权保护，依法查处制售侵权假冒商品违法企业，建立诚信守法便利和违法失信惩戒机制。探索建立规范外贸经营秩序新模式，完善重点行业进出口管理和竞争自律公约机制。加强外贸及产业政策的合规性审查。加强双边对话与合作，促美欧等发达国家放宽对华出口管制。

（二）提高贸易便利化水平。加大贸易便利化改革力度，降低贸易成本。推进大通关建设，全面实现口岸管理相关部门信息互换、监管互认、执法互助。加快区域通关一体化改革，建立高效便捷的通关制度，推行通关作业无纸化。增强海关查验的针对性和有效性。加快电子口岸建设，推进国际贸易“单一窗口”建设。建立完善国际贸易供应链管理机制，推动实施“经认证的经营者”（AEO）国际互认。清理规范进出口环节经营性服务和收费，切实减轻企业负担。

（三）提升国际经贸规则话语权。推进全球经济治理体系改革，推动引领多边、区域、双边国际经贸规则制订。继续深入参与多边贸易体制运作，广泛参与出口管制国际规则和管制清单制订。积极参与全球价值链合作，加强贸易增加值核算体系建设，建立健全全球价值链规则制订与利益分享机制。

（四）积极应对贸易摩擦。建立应对贸易摩擦部门协调机制，加强贸易摩擦和贸易壁垒预警机制建设，强化贸易摩擦

预警信息公共服务，积极提供法律技术咨询和服务，指导相关行业和企业应对贸易摩擦。积极参加多双边规则谈判，充分利用世界贸易组织规则，有效化解贸易摩擦和争端。分析评估国外贸易投资法律、政策及措施，调查涉及我国的歧视性贸易壁垒措施并开展应对。依法发起贸易救济调查，维护国内产业安全和企业合法权益。

八、完善政策体系

（一）深化外贸体制改革。完善外贸政策协调机制，加强财税、金融、产业、贸易等政策之间的衔接和配合。完善外贸促进政策和体系。根据安全标准、环保标准、社会责任等要求，依法完善商品进出口管理。加强外贸行政审批事项下放后的监管体系建设，强化事中事后监管。优化通关、质检、退税、外汇管理方式等，加快海关特殊监管区域整合优化，支持跨境电子商务、外贸综合服务平台、市场采购贸易等新型贸易方式发展。

（二）加强贸易政策与产业政策的协调。适时修订产业结构调整指导目录和外商投资产业指导目录。促进战略性新兴产业国际化发展，密切跟踪世界科技和产业发展方向，突破一批关键核心技术，加快形成先导性、支柱性产业。加强贸易政策和产业政策的互动，鼓励优势产业产能向外拓展发展空间。加快产业布局调整，推进区域协调发展。进一步深化国际产业合作，提高国际竞争力。

（三）完善财税政策。在现有支持政策基础上进一步丰富和完善支持内容和方式，加强对社会资金的引导，改善公共服务，促进优化对外贸易结构和布局，推动创新发展、品牌培育、产品和服务质量提升及国际营销网络、境外服务机构建设。促进边境贸易发展。完善支持服务贸易发展的政策促进体系。进一步优化进出口关税结构。逐步实施国际通行的退税政策，进一步完善出口退税分担机制。

（四）完善金融政策。鼓励金融机构为企业在境外提供融资支持。支持金融机构灵活运用流动资金贷款等方式，加强对有效益的企业的信贷支持。积极创新外汇储备运用，通过外汇储备委托贷款等多种方式支持企业“走出去”。研究建立融资保险长期制度性安排，强化对外贸发展的促进和保障作用。扩大人民币在跨境贸易和投资中的使用，继续完善人民币汇率形成机制。鼓励金融机构向企业提供更多的直接或间接投融资产品，开发适应实体经济发展需要的避险产品和风险管理工具，帮助企业有效规避汇率风险。大力发展政府支持的融资担保和再担保机构，完善银担合作机制，不断创新产品和服务。鼓励金融机构“走出去”，加快金融机构海外布局，提高为实体企业服务的能力。

（五）提高公共服务能力。加强对重点市场相关法律、准入政策、技术法规等收集发布。加快技术性贸易措施公共信息服务平台建设。发挥驻外使领馆在提供市场信息、应对贸易摩擦等方面的作用。深化商协会管理体制改革，推动其在行业信息交流、行业标准体系建设、组织企业参加国内外展会、推进行业自律等方面发挥更大作用。加强外贸人才培养，营造良好的外贸人才发展环境。大力发展职业教育和培训，提升劳动者职业技能。

九、加强组织实施

培育外贸竞争新优势是一项长期的、涉及面广的系统工作，各有关方面要加强协调，形成合力。商务部要会同相关部门制订培育外贸竞争新优势的行动计划，建立协调工作机制。各部门要抓紧研究制订具体工作方案。地方各级人民政府要结合本地实际，出台有针对性的相关措施，抓好政策落实工作。

国务院

2015 年 2 月 12 日

国务院关于同意设立
中国（杭州）跨境电子商务综合试验区的批复

国函〔2015〕44号

浙江省人民政府、商务部：

你们关于设立中国（杭州）跨境电子商务综合试验区的请示收悉。现批复如下：

一、同意设立中国（杭州）跨境电子商务综合试验区（以下简称综合试验区），具体实施方案由浙江省人民政府负责印发。

二、综合试验区建设要以邓小平理论、“三个代表”重要思想、科学发展观为指导，贯彻落实党中央、国务院的决策部署，以深化改革、扩大开放为动力，着力在跨境电子商务交易、支付、物流、通关、退税、结汇等环节的技术标准、业务流程、监管模式和信息化建设等方面先行先试，通过制度创新、管理创新、服务创新和协同发展，破解跨境电子商务发展中的深层次矛盾和体制性难题，打造跨境电子商务完整的产业链和生态链，逐步形成一套适应和引领全球跨境电子商务发展的管理制度和规则，为推动全国跨境电子商务健康发展提供可复制、可推广的经验。

三、有关部门和浙江省人民政府要努力适应新型商业模式发展的要求，转变观念和工作方式，积极做好服务，大力支持综合试验区大胆探索、创新发展，同时控制好试点试验的风险。要在保障国家安全、网络安全、交易安全、进出口商品质量安全和有效防范交易风险的基础上，坚持在发展中规范、在规范中发展，为综合试验区各类市场主体公平参与市场竞争创造良好的营商环境。试点工作要循序渐进，适时调整，逐步推广。

四、浙江省人民政府要切实加强对综合试验区建设的组织领导，健全机制、明确分工、落实责任，有力有序有效推进综合试验区建设发展。要在商务部等部门的指导下，尽快修改完善具体实施方案并抓好组织实施。要进一步细化先行先试任务，突出重点，创新驱动，充分发挥市场配置资源的决定性作用，有效引导社会资源，合理配置公共资源，扎实推进综合试验区建设。要建立健全跨境电子商务信息化管理机制，根据有关部门的管理需要，及时提供相关电子信息。综合试验区建设涉及的重要政策和重大建设项目要按规定程序报批。

五、国务院有关部门要按照职能分工，加强指导和服务。要加强部门之间的沟通协作和相关政策衔接，深入调查研究，及时总结经验，指导和帮助地方政府切实解决综合试验区建设发展中遇到的困难和问题，进一步为综合试验区发展营造良好的环境。商务部要加强综合协调、跟踪分析和督促检查，适时对综合试验区试点成果进行评估，重大问题和情况及时报告国务院。

国务院

2015年3月7日

国务院关于大力发展电子商务加快培育经济新动力的意见

国发〔2015〕24号

各省、自治区、直辖市人民政府，国务院各部委、各直属机构：

近年来我国电子商务发展迅猛，不仅创造了新的消费需求，引发了新的投资热潮，开辟了就业增收新渠道，为大众创业、万众创新提供了新空间，而且电子商务正加速与制造业融合，推动服务业转型升级，催生新兴业态，成为提供公共产品、公共服务的新力量，成为经济发展新的原动力。与此同时，电子商务发展面临管理方式不适应、诚信体系不健全、市场秩序不规范等问题，亟需采取措施予以解决。当前，我国已进入全面建成小康社会的决定性阶段，为减少束缚电子商务发展的机制体制障碍，进一步发挥电子商务在培育经济新动力，打造“双引擎”、实现“双目标”等方面的重要作用，现提出以下意见：

一、指导思想、基本原则和主要目标

（一）指导思想。全面贯彻党的十八大和十八届二中、三中、四中全会精神，按照党中央、国务院决策部署，坚持依靠改革推动科学发展，主动适应和引领经济发展新常态，着力解决电子商务发展中的深层次矛盾和重大问题，大力推进政策创新、管理创新和服务创新，加快建立开放、规范、诚信、安全的电子商务发展环境，进一步激发电子商务创新动力、创造潜力、创业活力，加速推动经济结构战略性调整，实现经济提质增效升级。

（二）基本原则。一是积极推动。主动作为、支持发展。积极协调解决电子商务发展中的各种矛盾与问题。在政府资源开放、网络安全保障、投融资支持、基础设施和诚信体系建设等方面加大服务力度。推进电子商务企业税费合理化，减轻企业负担。进一步释放电子商务发展潜力，提升电子商务创新发展水平。二是逐步规范。简政放权、放管结合。法无禁止的市场主体即可为，法未授权的政府部门不能为，最大限度减少对电子商务市场的行政干预。在放宽市场准入的同时，要在发展中逐步规范市场秩序，营造公平竞争的创业发展环境，进一步激发社会创业活力，拓宽电子商务创新发展领域。三是加强引导。把握趋势、因势利导。加强对电子商务发展中前瞻性、苗头性、倾向性问题的研究，及时在商业模式创新、关键技术研发、国际市场开拓等方面加大对企业的支持引导力度，引领电子商务向打造“双引擎”、实现“双目标”发展，进一步增强企业的创新动力，加速电子商务创新发展步伐。

（三）主要目标。到2020年，统一开放、竞争有序、诚信守法、安全可靠的电子商务大市场基本建成。电子商务与其他产业深度融合，成为促进创业、稳定就业、改善民生服务的重要平台，对工业化、信息化、城镇化、农业现代化同步发展起到关键性作用。

二、营造宽松发展环境

（四）降低准入门槛。全面清理电子商务领域现有前置审批事项，无法律法规依据的一律取消，严禁违法设定行政许可、增加行政许可条件和程序。（国务院审改办，有关部门按职责分工分别负责）进一步简化注册资本登记，深入推进电子商务领域由“先证后照”改为“先照后证”改革。（工商总局、中央编办）落实《注册资本登记制度改革方案》，放宽电子商务市场主体住所（经营场所）登记条件，完善相关管理措施。（省级人民政府）推进对快递企业设立非法人快递末端网点实施备案制管理。（邮政局）简化境内电子商务企业海外上市审批流程，鼓励电子商务领域的跨境人民币直接投资。（发展改革委、商务部、外汇局、证监会、人民银行）放开外商投资电子商务业务的外方持股比例限制。（工业和信息化部、发展改革委、商务部）探索建立能源、铁路、公共事业等行业电子商务服务的市场化机制。（有关部门按职责分工分别负责）

（五）合理降税减负。从事电子商务活动的企业，经认定为高新技术企业的，依法享受高新技术企业相关优惠政策，小微企业依法享受税收优惠政策。（科技部、财政部、税务总局）加快推进“营改增”，逐步将旅游电子商务、生活服务类电子商务等相关行业纳入“营改增”范围。（财政部、税务总局）

（六）加大金融服务支持。建立健全适应电子商务发展的多元化、多渠道投融资机制。（有关部门按职责分工分别负责）研究鼓励符合条件的互联网企业在境内上市等相关政策。（证监会）支持商业银行、担保存货管理机构及电子商务企业开展无形资产、动产质押等多种形式的融资服务。鼓励商业银行、商业保理机构、电子商务企业开展供应链金融、商业保理服务，进一步拓展电子商务企业融资渠道。（人民银行、商务部）引导和推动创业投资基金，加大对电子商务初创企业的支持。（发展改革委）

（七）维护公平竞争。规范电子商务市场竞争行为，促进建立开放、公平、健康的电子商务市场竞争秩序。研究制定电子商务产品质量监督管理办法，探索建立风险监测、网上抽查、源头追溯、属地查处的电子商务产品质量监督机制，完善部门间、区域间监管信息共享和职能衔接机制。依法打击网络虚假宣传、生产销售假冒伪劣产品、违反国家出口管制法规政策跨境销售两用品和技术、不正当竞争等违法行为，组织开展电子商务产品质量提升行动，促进合法、诚信经营。（工商总局、质检总局、公安部、商务部按职责分工分别负责）重点查处达成垄断协议和滥用市场支配地位的问题，通过经营者集中反垄断审查，防止排除、限制市场竞争的行为。（发展改革委、工商总局、商务部）加强电子商务领域知识产权保护，研究进一步加大网络商业方法领域发明专利保护力度。（工业和信息化部、商务部、海关总署、工商总局、新闻出版广电总局、知识产权局等部门按职责分工分别负责）进一步加大政府利用电子商务平台进行采购的力度。（财政部）各级政府部门不得通过行政命令指定为电子商务提供公共服务的供应商，不得滥用行政权力排除、限制电子商务的竞争。（有关部门按职责分工分别负责）

三、促进就业创业

（八）鼓励电子商务领域就业创业。把发展电子商务促进就业纳入各地就业发展规划和电子商务发展整体规划。建立电子商务就业和社会保障指标统计制度。经工商登记注册的网络商户从业人员，同等享受各项就业创业扶持政策。未进行工商登记注册的网络商户从业人员，可认定为灵活就业人员，享受灵活就业人员扶持政策，其中在网络平台实名注册、稳定经营且信誉良好的网络商户创业者，可按规定享受小额担保贷款及贴息政策。支持中小微企业应用电子商务、拓展业务领域，鼓励有条件的地区建设电子商务创业园区，指导各类创业孵化基地为电子商务创业人员提供场地支持和创业孵化服务。加强电子商务企业用工服务，完善电子商务人才供求信息对接机制。（人力资源社会保障部、工业和信息化部、商务部、统计局，地方各级人民政府）

（九）加强人才培养培训。支持学校、企业及社会组织合作办学，探索实训式电子商务人才培养与培训机制。推进国家电子商务专业技术人才知识更新工程，指导各类培训机构增加电子商务技能培训项目，支持电子商务企业开展岗前培训、技能提升培训和高技能人才培训，加快培养电子商务领域的高素质专门人才和技术技能人才。参加职业培训和职业技能鉴定的人员，以及组织职工培训的电子商务企业，可按规定享受职业培训补贴和职业技能鉴定补贴政策。鼓励有条件的职业院校、社会培训机构和电子商务企业开展网络创业培训。（人力资源社会保障部、商务部、教育部、财政部）

（十）保障从业人员劳动权益。规范电子商务企业特别是网络商户劳动用工，经工商登记注册取得营业执照的，应与招用的劳动者依法签订劳动合同；未进行工商登记注册的，也可参照劳动合同法相关规定与劳动者签订民事协议，明确双方的权利、责任和义务。按规定将网络从业人员纳入各项社会保险，对未进行工商登记注册的网络商户，其从业人员可按灵活就业人员参保缴费办法参加社会保险。符合条件的就业困难人员和高校毕业生，可享受灵活就业人员社会保险补贴政策。长期雇用5人及以上的网络商户，可在工商注册地进行社会保险登记，参加企业职工的各项社会保险。满足统筹地区社会保险优惠政策条件的网络商户，可享受社会保险优惠政策。（人力资源社会保障部）

四、推动转型升级

（十一）创新服务民生方式。积极拓展信息消费新渠道，创新移动电子商务应用，支持面向城乡居民社区提供日常消费、家政服务、远程缴费、健康医疗等商业和综合服务的电子商务平台发展。加快推动传统媒体与新兴媒体深度融合，提升文化企业网络服务能力，支持文化产品电子商务平台发展，规范网络文化市场。支持教育、会展、咨询、广告、餐饮、娱乐等服务企业深化电子商务应用。（有关部门按职责分工分别负责）鼓励支持旅游景点、酒店等开展线上营销，规范发展在线旅游预订市场，推动旅游在线服务模式创新。（旅游局、工商总局）加快建立全国12315互联网平台，完善网上交易在线投诉及售后维权机制，研究制定7天无理由退货实施细则，促进网络购物消费健康快速发展。（工商总局）

（十二）推动传统商贸流通企业发展电子商务。鼓励有条件的大型零售企业开办网上商城，积极利用移动互联网、地理位置服务、大数据等信息技术提升流通效率和服务质量。支持中小零售企业与电子商务平台优势互补，加强服务资源整合，促进线上交易与线下交易融合互动。（商务部）推动各类专业市场建设网上市场，通过线上线下融合，加速向网络化市场转型，研究完善能源、化工、钢铁、林业等行业电子商务平台规范发展的相关措施。（有关部门按职责分工分别负责）制定完善互联网食品药品经营监督管理办法，规范食品、保健食品、药品、化妆品、医疗器械网络经营行为，加强互联网食品药品市场监测监管体系建设，推动医药电子商务发展。（食品药品监管总局、卫生计生委、商务部）

（十三）积极发展农村电子商务。加强互联网与农业农村融合发展，引入产业链、价值链、供应链等现代管理理念和方式，研究制定促进农村电子商务发展的意见，出台支持政策措施。（商务部、农业部）加强鲜活农产品标准体系、动植物检疫体系、安全追溯体系、质量保障与安全监管体系建设，大力发展农产品冷链基础设施。（质检总局、发展改革委、商务部、农业部、食品药品监管总局）开展电子商务进农村综合示范，推动信息进村入户，利用“万村千乡”市场网络改善农村地区电子商务服务环境。（商务部、农业部）建设地理标志产品技术标准体系和产品质量保证体系，支持利用电子商务平台宣传和销售地理标志产品，鼓励电子商务平台服务“一村一品”，促进品牌农产品走出去。鼓励农业生产资料企业发展电子商务。（农业部、质检总局、工商总局）支持林业电子商务发展，逐步建立林产品交易诚信体系、林产品和林权交易服务体系。（林业局）

（十四）创新工业生产组织方式。支持生产制造企业深化物联网、云计算、大数据、三维（3D）设计及打印等信息技术在生产制造各环节的应用，建立与客户电子商务系统对接的网络制造管理系统，提高加工订单的响应速度及柔性制造能力；面向网络消费者个性化需求，建立网络化经营管理模式，发展“以销定产”及“个性化定制”生产方式。（工业和信息化部、科技部、商务部）鼓励电子商务企业大力开展品牌经营，优化配置研发、设计、生产、物流等优势资源，满足网络消费者需求。（商务部、工商总局、质检总局）鼓励创意服务，探索建立生产性创新服务平台，面向初创企业及创意群体提供设计、测试、生产、融资、运营等创新创业服务。（工业和信息化部、科技部）

（十五）推广金融服务新工具。建设完善移动金融安全可信公共服务平台，制定相关应用服务的政策措施，推动金融机构、电信运营商、银行卡清算机构、支付机构、电子商务企业等加强合作，实现移动金融在电子商务领域的规模化应用；推广应用具有硬件数字证书、采用国家密码行政主管部门规定算法的移动智能终端，保障移动电子商务交易的安全性和真实性；制定在线支付标准规范和制度，提升电子商务在线支付的安全性，满足电子商务交易及公共服务领域金融服务需求；鼓励商业银行与电子商务企业开展多元化金融服务合作，提升电子商务服务质量和效率。（人民银行、密码局、国家标准委）

（十六）规范网络化金融服务新产品。鼓励证券、保险、公募基金等企业和机构依法进行网络化创新，完善互联网保险产品审核和信息披露制度，探索建立适应互联网证券、保险、公募基金产品销售等互联网金融活动的新型监管方式。（人民银行、证监会、保监会）规范保险业电子商务平台建设，研究制定电子商务涉及的信用保证保险的相关扶持政策，鼓励发展小微企业信贷信用保险、个人消费履约保证保险等新业务，扩大信用保险保单融资范围。完善在线旅游服务企业投保办法。（保监会、银监会、旅游局按职责分工分别负责）

五、完善物流基础设施

（十七）支持物流配送终端及智慧物流平台建设。推动跨地区跨行业的智慧物流信息平台建设，鼓励在法律规定范围内发展共同配送等物流配送组织新模式。（交通运输部、商务部、邮政局、发展改革委）支持物流（快递）配送站、智能快件箱等物流设施建设，鼓励社区物业、村级信息服务站（点）、便利店等提供快件派送服务。支持快递服务网络向农村地区延伸。（地方各级人民政府，商务部、邮政局、农业部按职责分工分别负责）推进电子商务与物流快递协同发展。（财政部、商务部、邮政局）鼓励学校、快递企业、第三方主体因地制宜加强合作，通过设置智能快件箱或快件收发室、委托校园邮政局所代为投递、建立共同配送站点等方式，促进快递进校园。（地方各级人民政府，邮政局、商务部、教育部）根据执法需求，研究推动被监管人员生活物资电子商务和智能配送。（司法部）有条件的城市应将配套建设物流（快递）配送站、智能终端设施纳入城市社区发展规划，鼓励电子商务企业和物流（快递）企业对网络购物商品包装物进行回收和循环利用。（有关部门按职责分工分别负责）

（十八）规范物流配送车辆管理。各地区要按照有关规定，推动城市配送车辆的标准化、专业化发展；制定并实施城市配送用汽车、电动三轮车等车辆管理办法，强化城市配送运力需求管理，保障配送车辆的便利通行；鼓励采用清洁能源车辆开展物流（快递）配送业务，支持充电、加气等设施建设；合理规划物流（快递）配送车辆通行路线和货物装卸搬运地点。对物流（快递）配送车辆采取通行证管理的城市，应明确管理部门、公开准入条件、引入社会监督。（地方各级人民政府）

（十九）合理布局物流仓储设施。完善仓储建设标准体系，鼓励现代化仓储设施建设，加强偏远地区仓储设施建设。（住房城乡建设部、公安部、发展改革委、商务部、林业局）各地区要在城乡规划中合理规划布局物流仓储用地，在土地利用总体规划和年度供地计划中合理安排仓储建设用地，引导社会资本进行仓储设施投资建设或再利用，严禁擅自改变物流仓储用地性质。（地方各级人民政府）鼓励物流（快递）企业发展“仓配一体化”服务。（商务部、邮政局）

六、提升对外开放水平

（二十）加强电子商务国际合作。积极发起或参与多双边或区域关于电子商务规则的谈判和交流合作，研究建立我国与国际认可组织的互认机制，依托我国认证认可制度和体系，完善电子商务企业和商品的合格评定机制，提升国际组织和机构对我国电子商务企业和商品认证结果的认可程度，力争国际电子商务规制制定的主动权和跨境电子商务发展的话语权。（商务部、质检总局）

（二十一）提升跨境电子商务通关效率。积极推进跨境电子商务通关、检验检疫、结汇、缴进口税等关键环节“单一窗口”综合服务体系建设，简化与完善跨境电子商务货物返修与退运通关流程，提高通关效率。（海关总署、财政部、税务总局、质检总局、外汇局）探索建立跨境电子商务货物负面清单、风险监测制度，完善跨境电子商务货物通关与检验检疫监管模式，建立跨境电子商务及相关物流企业诚信分类管理制度，防止疫病疫情传入、外来有害生物入侵和物种资源流失。（海关总署、质检总局按职责分工分别负责）大力支持中国（杭州）跨境电子商务综合试验区先行先试，尽快形成可复制、可推广的经验，加快在全国范围推广。（商务部、发展改革委）

（二十二）推动电子商务走出去。抓紧研究制定促进跨境电子商务发展的指导意见。（商务部、发展改革委、海关总署、工业和信息化部、财政部、人民银行、税务总局、工商总局、质检总局、外汇局）鼓励国家政策性银行在业务范围内加大对电子商务企业境外投资并购的贷款支持，研究制定针对电子商务企业境外上市的规范管理政策。（人民银行、证监会、商务部、发展改革委、工业和信息化部）简化电子商务企业境外直接投资外汇登记手续，拓宽其境外直接投资外汇登记及变更登记业务办理渠道。（外汇局）支持电子商务企业建立海外营销渠道，创立自有品牌。各驻外机构应加大对电子商务企业走出去的服务力度。进一步开放面向港澳台地区的电子商务市场，推动设立海峡两岸电子商务经济合作实验区。鼓励发展面向"一带一路"沿线国家的电子商务合作，扩大跨境电子商务综合试点，建立政府、企业、专家等各个层面的对话机制，发起和主导电子商务多边合作。（有关部门按职责分工分别负责）

七、构筑安全保障防线

（二十三）保障电子商务网络安全。电子商务企业要按照国家信息安全等级保护管理规范和技术标准相关要求，采用安全可控的信息设备和网络安全产品，建设完善网络安全防护体系、数据资源安全管理体系和网络安全应急处置体系，鼓励电子商务企业获得信息安全管理体系认证，提高自身信息安全管理水平。鼓励电子商务企业加强与网络安全专业服务机构、相关管理部门的合作，共享网络安全威胁预警信息，消除网络安全隐患，共同防范网络攻击破坏、窃取公民个人信息等违法犯罪活动。（公安部、国家认监委、工业和信息化部、密码局）

（二十四）确保电子商务交易安全。研究制定电子商务交易安全管理制度，明确电子商务交易各方的安全责任和义务。（工商总局、工业和信息化部、公安部）建立电子认证信任体系，促进电子认证机构数字证书交叉互认和数字证书应用的互联互通，推广数字证书在电子商务交易领域的应用。建立电子合同等电子交易凭证的规范管理机制，确保网络交易各方的合法权益。加强电子商务交易各方信息保护，保障电子商务消费者个人信息安全。（工业和信息化部、工商总局、密码局等有关部门按职责分工分别负责）

（二十五）预防和打击电子商务领域违法犯罪。电子商务企业要切实履行违禁品信息巡查清理、交易记录及日志留存、违法犯罪线索报告等责任和义务，加强对销售管制商品网络商户的资格审查和对异常交易、非法交易的监控，防范电子商务在线支付给违法犯罪活动提供洗钱等便利，并为打击网络违法犯罪提供技术支持。加强电子商务企业与相关管理部门的协作配合，建立跨机构合作机制，加大对制售假冒伪劣商品、网络盗窃、网络诈骗、网上非法交易等违法犯罪活动的打击力度。（公安部、工商总局、人民银行、银监会、工业和信息化部、商务部等有关部门按职责分工分别负责）

八、健全支撑体系

（二十六）健全法规标准体系。加快推进电子商务法立法进程，研究制定或适时修订相关法规，明确电子票据、电子合同、电子检验检疫报告和证书、各类电子交易凭证等的法律效力，作为处理相关业务的合法凭证。（有关部门按职责分工分别负责）制定适合电子商务特点的投诉管理制度，制定基于统一产品编码的电子商务交易产品质量信息发布规范，建立电子商务纠纷解决和产品质量担保责任机制。（工商总局、质检总局等部门按职责分工分别负责）逐步推行电子发票和电子会计档案，完善相关技术标准和规章制度。（税务总局、财政部、档案局、国家标准委）建立完善电子商务统计制度，扩大电子商务统计的覆盖面，增强统计的及时性、真实性。（统计局、商务部）统一线上线下的商品编码标识，完善电子商务标准规范体系，研究电子商务基础性关键标准，积极主导和参与制定电子商务国际标准。（国家标准委、商务部）

（二十七）加强信用体系建设。建立健全电子商务信用信息管理制度，推动电子商务企业信用信息公开。推进人口、法人、商标和产品质量等信息资源向电子商务企业和信用服务机构开放，逐步降低查询及利用成本。（工商总局、商务部、公安部、质检总局等部门按职责分工分别负责）促进电子商务信用信息与社会其他领域相关信息的交换共享，推动电子商务信用评价，建立健全电子商务领域失信行为联合惩戒机制。（发展改革委、人民银行、工商总局、质检总局、商务部）推动电子商务领域应用网络身份证，完善网店实名制，鼓励发展社会化的电子商务网站可信认证服务。（公安部、工商总局、质检总局）发展电子商务可信交易保障公共服务，完善电子商务信用服务保障制度，推动信用调查、信用评估、信用担保等第三方信用服务和产品在电子商务中的推广应用。（工商总局、质检总局）

（二十八）强化科技与教育支撑。开展电子商务基础理论、发展规律研究。加强电子商务领域云计算、大数据、物联网、智能交易等核心关键技术研究开发。实施网络定制服务、网络平台服务、网络交易服务、网络贸易服务、网络交易保障服务技术研发与应用示范工程。强化产学研结合的企业技术中心、工程技术中心、重点实验室建设。鼓励企业组建产学研协同创新联盟。探索建立电子商务学科体系，引导高等院校加强电子商务学科建设和人才培养，为电子商务发展提供更多的高层次复合型专门人才。（科技部、教育部、发展改革委、商务部）建立预防网络诈骗、保障交易安全、保护个人信息等相关知识的宣传与服务机制。（公安部、工商总局、质检总局）

（二十九）协调推动区域电子商务发展。各地区要把电子商务列入经济与社会发展规划，按照国家有关区域发展规划和对外经贸合作战略，立足城市产业发展特点和优势，引导各类电子商务业态和功能聚集，推动电子商务产业统筹协调、错位发展。推动国家电子商务示范城市、示范基地建设。（有关地方人民政府）依托国家电子商务示范城市，加快开展电子商务法规政策创新和试点示范工作，为国家制定电子商务相关法规和政策提供实践依据。加强对中西部和东北地区电子商务示范城市的支持与指导。（发展改革委、财政部、商务部、人民银行、海关总署、税务总局、工商总局、质检总局等部门按照职责分工分别负责）

各地区、各部门要认真落实本意见提出的各项任务，于2015年底前研究出台具体政策。发展改革委、中央网信办、商务部、工业和信息化部、财政部、人力资源社会保障部、人民银行、海关总署、税务总局、工商总局、质检总局等部门要完善电子商务跨部门协调工作机制，研究重大问题，加强指导和服务。有关社会机构要充分发挥自身监督作用，推动行业自律和服务创新。相关部门、社团组织及企业要解放思想，转变观念，密切协作，开拓创新，共同推动建立规范有序、社会共治、辐射全球的电子商务大市场，促进经济平稳健康发展。

国务院

2015 年 5 月 4 日

国务院关于促进外贸回稳向好的若干意见

国发〔2016〕27号

各省、自治区、直辖市人民政府，国务院各部委、各直属机构：

外贸是国民经济重要组成部分和重要推动力量。当前，外贸形势复杂严峻，不确定不稳定因素增多，下行压力不断加大。促进外贸回稳向好，对经济平稳运行和升级发展具有重要意义。为此，提出以下意见：

一、充分发挥出口信用保险作用

进一步降低短期出口信用保险费率。对大型成套设备出口融资应保尽保，在风险可控的前提下，抓紧评估和支持一批中长期险项目。

二、大力支持外贸企业融资

通过差别准备金、利率、再贷款、再贴现等政策，引导金融机构加大对小微企业的支持力度。鼓励和支持金融机构对有订单、有效益的外贸企业贷款。加强银贸合作，鼓励和支持金融机构进一步扩大出口信用保险保单融资和出口退税账户质押融资规模。

三、进一步提高贸易便利化水平

积极改善通关便利化的技术条件，提高机检比例，进一步降低海关出口平均查验率，加强分类指导，对信用好的出口企业降低查验率，对信用差的出口企业加大查验力度。2016年年底前将国际贸易“单一窗口”建设从沿海地区推广到有条件的中西部地区，建立标准体系，落实主体责任。全面推进通关作业无纸化。

四、调整完善出口退税政策

优化出口退税率结构，对照相机、摄影机、内燃发动机等部分机电产品按征多少退多少的原则退税，确保及时足额退税，严厉打击骗取退税。完善出口退税分类管理办法，逐步提高出口退税一类企业比例，发挥好一类企业的示范带动作用。

五、减免规范部分涉企收费

落实收费目录清单制度和《港口收费计费办法》，加快推进市场化改革，着重打破垄断，加强和创新收费监管，建立打击违规收费机制。加大对电子政务平台收费查处力度，对海关、出入境检验检疫、税务、商务等部门电子政务平台开展全面检查。合理规范港口、保险、运输、银行等收费，支持实体经济发展。加快将货物港务费并入港口建设费。电器电子产品出口符合政策条件的，可按规定免征废弃电器电子产品处理基金。

六、进一步完善加工贸易政策

综合运用财政、土地、金融政策，支持加工贸易向中西部地区转移。中西部地区要加大加工贸易产业用地保障力度，优先纳入供地计划并优先供应，东部地区加工贸易梯度转移腾退用地经批准可转变为商业、旅游、养老等用途。加工贸易企业依法取得的工业用地可按合同约定分期缴纳土地出让价款，对各省（区、市）确定的优先发展产业且用地集约的工业项目可按不低于相关标准的70%确定土地出让底价。鼓励转移到中西部地区的加工贸易企业参与电力直接交易。抓紧做好阶段性降低社会保险费率政策落实工作。优化财政支出结构，支持中西部地区加工贸易发展。鼓励金融机构为加工贸易梯度转移项目提供金融支持。

在全国范围内取消加工贸易业务审批，建立健全事中事后监管机制。在符合条件的海关特殊监管区域积极探索货物状态分类监管试点，在税负公平、风险可控的前提下，赋予具备条件的企业增值税一般纳税人资格。在自贸试验区的海关特殊监管区域积极推进选择性征收关税政策先行先试，及时总结评估，在公平税负原则下适时研究扩大试点。

七、支持边境贸易发展

将边贸政策与扶贫政策、民族政策相结合。加大中央财政对边境地区转移支付力度，继续支持边境小额贸易企业发展能力建设，并督促地方规范资金使用，确保将资金落实到基层一线地区，大力促进边境小额贸易企业发展。

八、实行积极的进口政策

完善进口贴息政策，调整《鼓励进口技术和产品目录》，重点支持先进设备、先进技术进口，鼓励企业引进消化吸收再创新。完善现行汽车品牌销售管理办法，切实推进汽车平行进口。赋予符合条件的原油加工企业原油使用和进口资质。降低部分日用消费品关税，引导境外消费回流。

九、加大对外贸新业态的支持力度

开展并扩大跨境电子商务、市场采购贸易方式和外贸综合服务企业试点。支持企业建设一批出口产品“海外仓”和海外运营中心。总结中国（杭州）跨境电子商务综合试验区和市场采购贸易方式的经验，扩大试点范围，对试点地区符合监管条件的出口企业，如不能提供进项税发票，按规定实行增值税免征不退政策，并在发展中逐步规范和完善。加快建立与外贸综合服务企业发展相适应的管理模式，抓紧完善外贸综合服务企业退（免）税分类管理办法。

十、加快国际营销服务体系建设

支持企业建立国际营销网络体系，建设一批境外展示中心、分拨中心、批发市场和零售网点等。鼓励企业建立境外服务保障体系，支持重点企业建设汽车、机床、工程机械、通信、轨道交通、航空、船舶和海洋工程等境外售后维修服务中心及备件生产基地和培训中心。鼓励中国出口信用保险公司、进出口银行、开发银行对企业建设国际营销和售后服务网络提供信保和融资支持。鼓励各类金融机构与企业合作，在重点市场为国际营销服务体系建设提供融资和消费信贷支持。

十一、加快培育外贸自主品牌

鼓励外贸企业创立自主品牌，提升出口质量。建立品牌商品出口统计制度。提高非商业性境外办展质量，培育一批重点行业专业性境外品牌展。加强自主品牌对外宣传，利用高层访问、国际会议、广交会等多渠道加大中国品牌推介力度。利用外经贸发展等专项资金支持品牌、专利等方面境外并购和国际营销体系建设。在风险可控前提下对外贸企业收购境外品牌、营销体系等加大信贷支持。

十二、发挥双向投资对贸易的促进作用

提高国家级经济技术开发区和各类园区的发展水平，加大招商引资力度，稳定外商投资规模和速度，提高引进外资质量。积极引导外资投向新兴产业、高新技术、节能环保等领域。进一步改善投资环境，大力引进国际人才，推动中关村国家自主创新示范区有关人才政策尽快在全国复制推广。促进引资和引智相结合，培育新的外贸经营主体。推动对外投资合作和贸易相结合。大力推进“一带一路”建设和国际产能合作，带动我国产品、技术、标准、服务出口。加大磋商协调力度，推动解决企业“走出去”面临的签证申办难点和普遍性问题。

十三、加强外贸知识产权保护

持续开展外贸领域打击侵权假冒专项行动，依法打击有关违法行为。支持企业开展商标、专利注册保护，加强境外知识产权争端解决和维权援助机制建设。健全多双边知识产权交流和执法协作机制，切实支持进出口企业应对境外知识产权纠纷，有效遏止境外恶意注册、恶意诉讼等行为。加强指导和帮助，提高外贸企业防范和应对国际技术性贸易壁垒的能力和水平。加强外贸领域诚信体系建设，探索建立外贸企业信用评价体系。

十四、加强组织实施

各地区、各部门要进一步提高认识，更加重视外贸工作，加强协调，形成合力。要加大政策落实力度，早部署、早落实，加强督促检查。各地区要提高政策的精准度，借鉴有益经验做法，根据形势需要和本地区实际，出台有针对性的配套措施。各部门要明确责任分工，抓紧制定实施细则。要多措并举，促进外贸创新发展，千方百计稳增长，坚定不移调结构，努力实现外贸回稳向好。

国务院

2016 年 5 月 5 日

国务院关于积极推进“互联网+”行动的指导意见

国发〔2015〕40号

各省、自治区、直辖市人民政府，国务院各部委、各直属机构：

“互联网+”是把互联网的创新成果与经济社会各领域深度融合，推动技术进步、效率提升和组织变革，提升实体经济创新力和生产力，形成更广泛的以互联网为基础设施和创新要素的经济社会发展新形态。在全球新一轮科技革命和产业变革中，互联网与各领域的融合发展具有广阔前景和无限潜力，已成为不可阻挡的时代潮流，正对各国经济社会发展产生着战略性和全局性的影响。积极发挥我国互联网已经形成的比较优势，把握机遇，增强信心，加快推进“互联网+”发展，有利于重塑创新体系、激发创新活力、培育新兴业态和创新公共服务模式，对打造大众创业、万众创新和增加公共产品、公共服务“双引擎”，主动适应和引领经济发展新常态，形成经济发展新动能，实现中国经济提质增效升级具有重要意义。

近年来，我国在互联网技术、产业、应用以及跨界融合等方面取得了积极进展，已具备加快推进“互联网+”发展的坚实基础，但也存在传统企业运用互联网的意识和能力不足、互联网企业对传统产业理解不够深入、新业态发展面临体制机制障碍、跨界融合型人才严重匮乏等问题，亟待加以解决。为加快推动互联网与各领域深入融合和创新发展，充分发挥“互联网+”对稳增长、促改革、调结构、惠民生、防风险的重要作用，现就积极推进“互联网+”行动提出以下意见。

一、行动要求

（一）总体思路。

顺应世界“互联网+”发展趋势，充分发挥我国互联网的规模优势和应用优势，推动互联网由消费领域向生产领域拓展，加速提升产业发展水平，增强各行业创新能力，构筑经济社会发展新优势和新动能。坚持改革创新和市场需求导向，突出企业的主体作用，大力拓展互联网与经济社会各领域融合的广度和深度。着力深化体制机制改革，释放发展潜力和活力；着力做优存量，推动经济提质增效和转型升级；着力做大增量，培育新兴业态，打造新的增长点；着力创新政府服务模式，夯实网络发展基础，营造安全网络环境，提升公共服务水平。

（二）基本原则。

坚持开放共享。营造开放包容的发展环境，将互联网作为生产生活要素共享的重要平台，最大限度优化资源配置，加快形成以开放、共享为特征的经济社会运行新模式。

坚持融合创新。鼓励传统产业树立互联网思维，积极与“互联网+”相结合。推动互联网向经济社会各领域加速渗透，以融合促创新，最大程度汇聚各类市场要素的创新力量，推动融合性新兴产业成为经济发展新动力和新支柱。

坚持变革转型。充分发挥互联网在促进产业升级以及信息化和工业化深度融合中的平台作用，引导要素资源向实体经济集聚，推动生产方式和发展模式变革。创新网络化公共服务模式，大幅提升公共服务能力。

坚持引领跨越。巩固提升我国互联网发展优势，加强重点领域前瞻性布局，以互联网融合创新为突破口，培育壮大新兴产业，引领新一轮科技革命和产业变革，实现跨越式发展。

坚持安全有序。完善互联网融合标准规范和法律法规，增强安全意识，强化安全管理和防护，保障网络安全。建立科学有效的市场监管方式，促进市场有序发展，保护公平竞争，防止形成行业垄断和市场壁垒。

（三）发展目标。

到 2018 年，互联网与经济社会各领域的融合发展进一步深化，基于互联网的新业态成为新的经济增长动力，互联网支撑大众创业、万众创新的作用进一步增强，互联网成为提供公共服务的重要手段，网络经济与实体经济协同互动的发展格局基本形成。

——经济发展进一步提质增效。互联网在促进制造业、农业、能源、环保等产业转型升级方面取得积极成效，劳动生产率进一步提高。基于互联网的新兴业态不断涌现，电子商务、互联网金融快速发展，对经济提质增效的促进作用更加凸显。

——社会服务进一步便捷普惠。健康医疗、教育、交通等民生领域互联网应用更加丰富，公共服务更加多元，线上线下结合更加紧密。社会服务资源配置不断优化，公众享受到更加公平、高效、优质、便捷的服务。

——基础支撑进一步夯实提升。网络设施和产业基础得到有效巩固加强，应用支撑和安全保障能力明显增强。固定宽带网络、新一代移动通信网和下一代互联网加快发展，物联网、云计算等新型基础设施更加完备。人工智能等技术及其产业化能力显著增强。

——发展环境进一步开放包容。全社会对互联网融合创新的认识不断深入，互联网融合发展面临的体制机制障碍有效破除，公共数据资源开放取得实质性进展，相关标准规范、信用体系和法律法规逐步完善。

到 2025 年，网络化、智能化、服务化、协同化的“互联网 +”产业生态体系基本完善，“互联网 +”新经济形态初步形成，“互联网 +”成为经济社会创新发展的重要驱动力量。

二、重点行动

（一）“互联网 +”创业创新。

充分发挥互联网的创新驱动作用，以促进创业创新为重点，推动各类要素资源聚集、开放和共享，大力发展众创空间、开放式创新等，引导和推动全社会形成大众创业、万众创新的浓厚氛围，打造经济发展新引擎。（发展改革委、科技部、工业和信息化部、人力资源社会保障部、商务部等负责，列第一位者为牵头部门，下同）

1. 强化创业创新支撑。鼓励大型互联网企业和基础电信企业利用技术优势和产业整合能力，向小微企业和创业团队开放平台入口、数据信息、计算能力等资源，提供研发工具、经营管理和市场营销等方面的支持和服务，提高小微企业信息化应用水平，培育和孵化具有良好商业模式的创业企业。充分利用互联网基础条件，完善小微企业公共服务平台网络，集聚创业创新资源，为小微企业提供找得着、用得起、有保障的服务。

2. 积极发展众创空间。充分发挥互联网开放创新优势，调动全社会力量，支持创新工场、创客空间、社会实验室、智慧小企业创业基地等新型众创空间发展。充分利用国家自主创新示范区、科技企业孵化器、大学科技园、商贸企业集聚区、小微企业创业示范基地等现有条件，通过市场化方式构建一批创新与创业相结合、线上与线下相结合、孵化与投资相结合的众创空间，为创业者提供低成本、便利化、全要素的工作空间、网络空间、社交空间和资源共享空间。实施新兴产业“双创”行动，建立一批新兴产业“双创”示范基地，加快发展“互联网 +”创业网络体系。

3. 发展开放式创新。鼓励各类创新主体充分利用互联网，把握市场需求导向，加强创新资源共享与合作，促进前沿技术和创新成果及时转化，构建开放式创新体系。推动各类创业创新扶持政策与互联网开放平台联动协作，为创业团队和个人开发者提供绿色通道服务。加快发展创业服务业，积极推广众包、用户参与设计、云设计等新型研发组织模式，引导建立社会各界交流合作的平台，推动跨区域、跨领域的技术成果转移和协同创新。

（二）“互联网 +”协同制造。

推动互联网与制造业融合，提升制造业数字化、网络化、智能化水平，加强产业链协作，发展基于互联网的协同制造新模式。在重点领域推进智能制造、大规模个性化定制、网络化协同制造和服务型制造，打造一批网络化协同制造公共服务平台，加快形成制造业网络化产业生态体系。（工业和信息化部、发展改革委、科技部共同牵头）

1. 大力发展智能制造。以智能工厂为发展方向，开展智能制造试点示范，加快推动云计算、物联网、智能工业机器人、增材制造等技术在生产过程中的应用，推进生产装备智能化升级、工艺流程改造和基础数据共享。着力在工控系统、智能感知元器件、工业云平台、操作系统和工业软件等核心环节取得突破，加强工业大数据的开发与利用，有效支撑制造业智能化转型，构建开放、共享、协作的智能制造产业生态。

2. 发展大规模个性化定制。支持企业利用互联网采集并对接用户个性化需求，推进设计研发、生产制造和供应链管理等关键环节的柔性化改造，开展基于个性化产品的服务模式和商业模式创新。鼓励互联网企业整合市场信息，挖掘细分市场需求与发展趋势，为制造企业开展个性化定制提供决策支撑。

3. 提升网络化协同制造水平。鼓励制造业骨干企业通过互联网与产业链各环节紧密协同，促进生产、质量控制和运营管理系统全面互联，推行众包设计研发和网络化制造等新模式。鼓励有实力的互联网企业构建网络化协同制造公共服务平台，面向细分行业提供云制造服务，促进创新资源、生产能力、市场需求的集聚与对接，提升服务中小微企业能力，加快全社会多元化制造资源的有效协同，提高产业链资源整合能力。

4. 加速制造业服务化转型。鼓励制造企业利用物联网、云计算、大数据等技术，整合产品全生命周期数据，形成面向生产组织全过程的决策服务信息，为产品优化升级提供数据支撑。鼓励企业基于互联网开展故障预警、远程维护、质量诊断、远程过程优化等在线增值服务，拓展产品价值空间，实现从制造向“制造＋服务”的转型升级。

（三）“互联网＋”现代农业。

利用互联网提升农业生产、经营、管理和服务水平，培育一批网络化、智能化、精细化的现代“种养加”生态农业新模式，形成示范带动效应，加快完善新型农业生产经营体系，培育多样化农业互联网管理服务模式，逐步建立农副产品、农资质量安全追溯体系，促进农业现代化水平明显提升。（农业部、发展改革委、科技部、商务部、质检总局、食品药品监管总局、林业局等负责）

1. 构建新型农业生产经营体系。鼓励互联网企业建立农业服务平台，支撑专业大户、家庭农场、农民合作社、农业产业化龙头企业等新型农业生产经营主体，加强产销衔接，实现农业生产由生产导向向消费导向转变。提高农业生产经营的科技化、组织化和精细化水平，推进农业生产流通销售方式变革和农业发展方式转变，提升农业生产效率和增值空间。规范用好农村土地流转公共服务平台，提升土地流转透明度，保障农民权益。

2. 发展精准化生产方式。推广成熟可复制的农业物联网应用模式。在基础较好的领域和地区，普及基于环境感知、实时监测、自动控制的网络化农业环境监测系统。在大宗农产品规模生产区域，构建天地一体的农业物联网测控体系，实施智能节水灌溉、测土配方施肥、农机定位耕种等精准化作业。在畜禽标准化规模养殖基地和水产健康养殖示范基地，推动饲料精准投放、疾病自动诊断、废弃物自动回收等智能设备的应用普及和互联互通。

3. 提升网络化服务水平。深入推进信息进村入户试点，鼓励通过移动互联网为农民提供政策、市场、科技、保险等生产生活信息服务。支持互联网企业与农业生产经营主体合作，综合利用大数据、云计算等技术，建立农业信息监测体系，为灾害预警、耕地质量监测、重大动植物疫情防控、市场波动预测、经营科学决策等提供服务。

4. 完善农副产品质量安全追溯体系。充分利用现有互联网资源，构建农副产品质量安全追溯公共服务平台，推进制度标准建设，建立产地准出与市场准入衔接机制。支持新型农业生产经营主体利用互联网技术，对生产经营过程进行精细化信息化管理，加快推动移动互联网、物联网、二维码、无线射频识别等信息技术在生产加工和流通销售各环节的推广应用，强化上下游追溯体系对接和信息互通共享，不断扩大追溯体系覆盖面，实现农副产品“从农田到餐桌”全过程可追溯，保障“舌尖上的安全”。

（四）“互联网 +”智慧能源。

通过互联网促进能源系统扁平化，推进能源生产与消费模式革命，提高能源利用效率，推动节能减排。加强分布式能源网络建设，提高可再生能源占比，促进能源利用结构优化。加快发电设施、用电设施和电网智能化改造，提高电力系统的安全性、稳定性和可靠性。（能源局、发展改革委、工业和信息化部等负责）

1. 推进能源生产智能化。建立能源生产运行的监测、管理和调度信息公共服务网络，加强能源产业链上下游企业的信息对接和生产消费智能化，支撑电厂和电网协调运行，促进非化石能源与化石能源协同发电。鼓励能源企业运用大数据技术对设备状态、电能负载等数据进行分析挖掘与预测，开展精准调度、故障判断和预测性维护，提高能源利用效率和安全稳定运行水平。

2. 建设分布式能源网络。建设以太阳能、风能等可再生能源为主体的多能源协调互补的能源互联网。突破分布式发电、储能、智能微网、主动配电网等关键技术，构建智能化电力运行监测、管理技术平台，使电力设备和用电终端基于互联网进行双向通信和智能调控，实现分布式电源的及时有效接入，逐步建成开放共享的能源网络。

3. 探索能源消费新模式。开展绿色电力交易服务区域试点，推进以智能电网为配送平台，以电子商务为交易平台，融合储能设施、物联网、智能用电设施等硬件以及碳交易、互联网金融等衍生服务于一体的绿色能源网络发展，实现绿色电力的点到点交易及实时配送和补贴结算。进一步加强能源生产和消费协调匹配，推进电动汽车、港口岸电等电能替代技术的应用，推广电力需求侧管理，提高能源利用效率。基于分布式能源网络，发展用户端智能化用能、能源共享经济和能源自由交易，促进能源消费生态体系建设。

4. 发展基于电网的通信设施和新型业务。推进电力光纤到户工程，完善能源互联网信息通信系统。统筹部署电网和通信网深度融合的网络基础设施，实现同缆传输、共建共享，避免重复建设。鼓励依托智能电网发展家庭能效管理等新型业务。

（五）“互联网 +”普惠金融。

促进互联网金融健康发展，全面提升互联网金融服务能力和普惠水平，鼓励互联网与银行、证券、保险、基金的融合创新，为大众提供丰富、安全、便捷的金融产品和服务，更好满足不同层次实体经济的投融资需求，培育一批具有行业影响力的互联网金融创新型企业。（人民银行、银监会、证监会、保监会、发展改革委、工业和信息化部、网信办等负责）

1. 探索推进互联网金融云服务平台建设。探索互联网企业构建互联网金融云服务平台。在保证技术成熟和业务安全的基础上，支持金融企业与云计算技术提供商合作开展金融公共云服务，提供多样化、个性化、精准化的金融产品。支持银行、证券、保险企业稳妥实施系统架构转型，鼓励探索利用云服务平台开展金融核心业务，提供基于金融云服务平台的信用、认证、接口等公共服务。

2. 鼓励金融机构利用互联网拓宽服务覆盖面。鼓励各金融机构利用云计算、移动互联网、大数据等技术手段，加快金融产品和服务创新，在更广泛地区提供便利的存贷款、支付结算、信用中介平台等金融服务，拓宽普惠金融服务范围，为实体经济发展提供有效支撑。支持金融机构和互联网企业依法合规开展网络借贷、网络证券、网络保险、互联网基金销售等业务。扩大专业互联网保险公司试点，充分发挥保险业在防范互联网金融风险中的作用。推动金融集成电路卡（IC 卡）全面应用，提升电子现金的使用率和便捷性。发挥移动金融安全可信公共服务平台（MTPS）的作用，积极推动商业银行开展移动金融创新应用，促进移动金融在电子商务、公共服务等领域的规模应用。支持银行业金融机构借助互联网技术发展消费信贷业务，支持金融租赁公司利用互联网技术开展金融租赁业务。

3. 积极拓展互联网金融服务创新的深度和广度。鼓励互联网企业依法合规提供创新金融产品和服务，更好满足中小微企业、创新型企业和个人的投融资需求。规范发展网络借贷和互联网消费信贷业务，探索互联网金融服务创新。积极引导风险投资基金、私募股权投资基金和产业投资基金投资于互联网金融企业。利用大数据发展市场化个人征信业务，加快网络征信和信用评价体系建设。加强互联网金融消费权益保护和投资者保护，建立多元化金融消费纠纷解决机制。改进和完善互联网金融监管，提高金融服务安全性，有效防范互联网金融风险及其外溢效应。

（六）“互联网 +”益民服务。

充分发挥互联网的高效、便捷优势，提高资源利用效率，降低服务消费成本。大力发展以互联网为载体、线上线下互动的新兴消费，加快发展基于互联网的医疗、健康、养老、教育、旅游、社会保障等新兴服务，创新政府服务模式，提升政府科学决策能力和管理水平。（发展改革委、教育部、工业和信息化部、民政部、人力资源社会保障部、商务部、卫生计生委、质检总局、食品药品监管总局、林业局、旅游局、网信办、信访局等负责）

1. 创新政府网络化管理和服务。加快互联网与政府公共服务体系的深度融合，推动公共数据资源开放，促进公共服务创新供给和服务资源整合，构建面向公众的一体化在线公共服务体系。积极探索公众参与的网络化社会管理服务新模式，充分利用互联网、移动互联网应用平台等，加快推进政务新媒体发展建设，加强政府与公众的沟通交流，提高政府公共管理、公共服务和公共政策制定的响应速度，提升政府科学决策能力和社会治理水平，促进政府职能转变和简政放权。深入推进网上信访，提高信访工作质量、效率和公信力。鼓励政府和互联网企业合作建立信用信息共享平台，探索开展一批社会治理互联网应用试点，打通政府部门、企事业单位之间的数据壁垒，利用大数据分析手段，提升各级政府的社会治理能力。加强对“互联网 +”行动的宣传，提高公众参与度。

2. 发展便民服务新业态。发展体验经济，支持实体零售商综合利用网上商店、移动支付、智能试衣等新技术，打造体验式购物模式。发展社区经济，在餐饮、娱乐、家政等领域培育线上线下结合的社区服务新模式。发展共享经济，规范发展网络约租车，积极推广在线租房等新业态，着力破除准入门槛高、服务规范难、个人征信缺失等瓶颈制约。发展基于互联网的文化、媒体和旅游等服务，培育形式多样的新型业态。积极推广基于移动互联网入口的城市服务，开展网上社保办理、个人社保权益查询、跨地区医保结算等互联网应用，让老百姓足不出户享受便捷高效的服务。

3. 推广在线医疗卫生新模式。发展基于互联网的医疗卫生服务，支持第三方机构构建医学影像、健康档案、检验报告、电子病历等医疗信息共享服务平台，逐步建立跨医院的医疗数据共享交换标准体系。积极利用移动互联网提供在线预约诊疗、候诊提醒、划价缴费、诊疗报告查询、药品配送等便捷服务。引导医疗机构面向中小城市和农村地区开展基层检查、上级诊断等远程医疗服务。鼓励互联网企业与医疗机构合作建立医疗网络信息平台，加强区域医疗卫生服务资源整合，充分利用互联网、大数据等手段，提高重大疾病和突发公共卫生事件防控能力。积极探索互联网延伸医嘱、电子处方等网络医疗健康服务应用。鼓励有资质的医学检验机构、医疗服务机构联合互联网企业，发展基因检测、疾病预防等健康服务模式。

4. 促进智慧健康养老产业发展。支持智能健康产品创新和应用，推广全面量化健康生活新方式。鼓励健康服务机构利用云计算、大数据等技术搭建公共信息平台，提供长期跟踪、预测预警的个性化健康管理服务。发展第三方在线健康市场调查、咨询评价、预防管理等应用服务，提升规范化和专业化运营水平。依托现有互联网资源和社会力量，以社区为基础，搭建养老信息服务网络平台，提供护理看护、健康管理、康复照料等居家养老服务。鼓励养老服务机构应用基于移动互联网的便携式体检、紧急呼叫监控等设备，提高养老服务水平。

5. 探索新型教育服务供给方式。鼓励互联网企业与社会教育机构根据市场需求开发数字教育资源，提供网络化教育服务。鼓励学校利用数字教育资源及教育服务平台，逐步探索网络化教育新模式，扩大优质教育资源覆盖面，促进教育公平。鼓励学校通过与互联网企业合作等方式，对接线上线下教育资源，探索基础教育、职业教育等教育公共服务提供新方式。推动开展学历教育在线课程资源共享，推广大规模在线开放课程等网络学习模式，探索建立网络学习学分认定与学分转换等制度，加快推动高等教育服务模式变革。

（七）“互联网 +”高效物流。

加快建设跨行业、跨区域的物流信息服务平台，提高物流供需信息对接和使用效率。鼓励大数据、云计算在物流领域的应用，建设智能仓储体系，优化物流运作流程，提升物流仓储的自动化、智能化水平和运转效率，降低物流成本。（发

展改革委、商务部、交通运输部、网信办等负责）

1. 构建物流信息共享互通体系。发挥互联网信息集聚优势，聚合各类物流信息资源，鼓励骨干物流企业和第三方机构搭建面向社会的物流信息服务平台，整合仓储、运输和配送信息，开展物流全程监测、预警，提高物流安全、环保和诚信水平，统筹优化社会物流资源配置。构建互通省际、下达市县、兼顾乡村的物流信息互联网络，建立各类可开放数据的对接机制，加快完善物流信息交换开放标准体系，在更广范围促进物流信息充分共享与互联互通。

2. 建设深度感知智能仓储系统。在各级仓储单元积极推广应用二维码、无线射频识别等物联网感知技术和大数据技术，实现仓储设施与货物的实时跟踪、网络化管理以及库存信息的高度共享，提高货物调度效率。鼓励应用智能化物流装备提升仓储、运输、分拣、包装等作业效率，提高各类复杂订单的出货处理能力，缓解货物囤积停滞瓶颈制约，提升仓储运管水平和效率。

3. 完善智能物流配送调配体系。加快推进货运车联网与物流园区、仓储设施、配送网点等信息互联，促进人员、货源、车源等信息高效匹配，有效降低货车空驶率，提高配送效率。鼓励发展社区自提柜、冷链储藏柜、代收服务点等新型社区化配送模式，结合构建物流信息互联网络，加快推进县到村的物流配送网络和村级配送网点建设，解决物流配送"最后一公里"问题。

（八）"互联网+"电子商务。

巩固和增强我国电子商务发展领先优势，大力发展农村电商、行业电商和跨境电商，进一步扩大电子商务发展空间。电子商务与其他产业的融合不断深化，网络化生产、流通、消费更加普及，标准规范、公共服务等支撑环境基本完善。（发展改革委、商务部、工业和信息化部、交通运输部、农业部、海关总署、税务总局、质检总局、网信办等负责）

1. 积极发展农村电子商务。开展电子商务进农村综合示范，支持新型农业经营主体和农产品、农资批发市场对接电商平台，积极发展以销定产模式。完善农村电子商务配送及综合服务网络，着力解决农副产品标准化、物流标准化、冷链仓储建设等关键问题，发展农产品个性化定制服务。开展生鲜农产品和农业生产资料电子商务试点，促进农业大宗商品电子商务发展。

2. 大力发展行业电子商务。鼓励能源、化工、钢铁、电子、轻纺、医药等行业企业，积极利用电子商务平台优化采购、分销体系，提升企业经营效率。推动各类专业市场线上转型，引导传统商贸流通企业与电子商务企业整合资源，积极向供应链协同平台转型。鼓励生产制造企业面向个性化、定制化消费需求深化电子商务应用，支持设备制造企业利用电子商务平台开展融资租赁服务，鼓励中小微企业扩大电子商务应用。按照市场化、专业化方向，大力推广电子招标投标。

3. 推动电子商务应用创新。鼓励企业利用电子商务平台的大数据资源，提升企业精准营销能力，激发市场消费需求。建立电子商务产品质量追溯机制，建设电子商务售后服务质量检测云平台，完善互联网质量信息公共服务体系，解决消费者维权难、退货难、产品责任追溯难等问题。加强互联网食品药品市场监测监管体系建设，积极探索处方药电子商务销售和监管模式创新。鼓励企业利用移动社交、新媒体等新渠道，发展社交电商、"粉丝"经济等网络营销新模式。

4. 加强电子商务国际合作。鼓励各类跨境电子商务服务商发展，完善跨境物流体系，拓展全球经贸合作。推进跨境电子商务通关、检验检疫、结汇等关键环节单一窗口综合服务体系建设。创新跨境权益保障机制，利用合格评定手段，推进国际互认。创新跨境电子商务管理，促进信息网络畅通、跨境物流便捷、支付及结汇无障碍、税收规范便利、市场及贸易规则互认互通。

（九）"互联网+"便捷交通。

加快互联网与交通运输领域的深度融合，通过基础设施、运输工具、运行信息等互联网化，推进基于互联网平台的便捷化交通运输服务发展，显著提高交通运输资源利用效率和管理精细化水平，全面提升交通运输行业服务品质和科学治理能力。（发展改革委、交通运输部共同牵头）

1. 提升交通运输服务品质。推动交通运输主管部门和企业将服务性数据资源向社会开放，鼓励互联网平台为社会公众提供实时交通运行状态查询、出行路线规划、网上购票、智能停车等服务，推进基于互联网平台的多种出行方式信息服务对接和一站式服务。加快完善汽车健康档案、维修诊断和服务质量信息服务平台建设。

2. 推进交通运输资源在线集成。利用物联网、移动互联网等技术，进一步加强对公路、铁路、民航、港口等交通运输网络关键设施运行状态与通行信息的采集。推动跨地域、跨类型交通运输信息互联互通，推广船联网、车联网等智能化技术应用，形成更加完善的交通运输感知体系，提高基础设施、运输工具、运行信息等要素资源的在线化水平，全面支撑故障预警、运行维护以及调度智能化。

3. 增强交通运输科学治理能力。强化交通运输信息共享，利用大数据平台挖掘分析人口迁徙规律、公众出行需求、枢纽客流规模、车辆船舶行驶特征等，为优化交通运输设施规划与建设、安全运行控制、交通运输管理决策提供支撑。利用互联网加强对交通运输违章违规行为的智能化监管，不断提高交通运输治理能力。

（十）“互联网+”绿色生态。

推动互联网与生态文明建设深度融合，完善污染物监测及信息发布系统，形成覆盖主要生态要素的资源环境承载能力动态监测网络，实现生态环境数据互联互通和开放共享。充分发挥互联网在逆向物流回收体系中的平台作用，促进再生资源交易利用便捷化、互动化、透明化，促进生产生活方式绿色化（发展改革委、环境保护部、商务部、林业局等负责）

1. 加强资源环境动态监测。针对能源、矿产资源、水、大气、森林、草原、湿地、海洋等各类生态要素，充分利用多维地理信息系统、智慧地图等技术，结合互联网大数据分析，优化监测站点布局，扩大动态监控范围，构建资源环境承载能力立体监控系统。依托现有互联网、云计算平台，逐步实现各级政府资源环境动态监测信息互联共享。加强重点用能单位能耗在线监测和大数据分析。

2. 大力发展智慧环保。利用智能监测设备和移动互联网，完善污染物排放在线监测系统，增加监测污染物种类，扩大监测范围，形成全天候、多层次的智能多源感知体系。建立环境信息数据共享机制，统一数据交换标准，推进区域污染物排放、空气环境质量、水环境质量等信息公开，通过互联网实现面向公众的在线查询和定制推送。加强对企业环保信用数据的采集整理，将企业环保信用记录纳入全国统一的信用信息共享交换平台。完善环境预警和风险监测信息网络，提升重金属、危险废物、危险化学品等重点风险防范水平和应急处理能力。

3. 完善废旧资源回收利用体系。利用物联网、大数据开展信息采集、数据分析、流向监测，优化逆向物流网点布局。支持利用电子标签、二维码等物联网技术跟踪电子废物流向，鼓励互联网企业参与搭建城市废弃物回收平台，创新再生资源回收模式。加快推进汽车保险信息系统、“以旧换再”管理系统和报废车管理系统的标准化、规范化和互联互通，加强废旧汽车及零部件的回收利用信息管理，为互联网企业开展业务创新和便民服务提供数据支撑。

4. 建立废弃物在线交易系统。鼓励互联网企业积极参与各类产业园区废弃物信息平台建设，推动现有骨干再生资源交易市场向线上线下结合转型升级，逐步形成行业性、区域性、全国性的产业废弃物和再生资源在线交易系统，完善线上信用评价和供应链融资体系，开展在线竞价，发布价格交易指数，提高稳定供给能力，增强主要再生资源品种的定价权。

（十一）“互联网+”人工智能。

依托互联网平台提供人工智能公共创新服务，加快人工智能核心技术突破，促进人工智能在智能家居、智能终端、智能汽车、机器人等领域的推广应用，培育若干引领全球人工智能发展的骨干企业和创新团队，形成创新活跃、开放合作、协同发展的产业生态。（发展改革委、科技部、工业和信息化部、网信办等负责）

1. 培育发展人工智能新兴产业。建设支撑超大规模深度学习的新型计算集群，构建包括语音、图像、视频、地图等数据的海量训练资源库，加强人工智能基础资源和公共服务等创新平台建设。进一步推进计算机视觉、智能语音处理、生物特征识别、自然语言理解、智能决策控制以及新型人机交互等关键技术的研发和产业化，推动人工智能在智能产品、工业制造等领域规模商用，为产业智能化升级夯实基础。

2. 推进重点领域智能产品创新。鼓励传统家居企业与互联网企业开展集成创新，不断提升家居产品的智能化水平和服务能力，创造新的消费市场空间。推动汽车企业与互联网企业设立跨界交叉的创新平台，加快智能辅助驾驶、复杂环境感知、车载智能设备等技术产品的研发与应用。支持安防企业与互联网企业开展合作，发展和推广图像精准识别等大数据分析技术，提升安防产品的智能化服务水平。

3. 提升终端产品智能化水平。着力做大高端移动智能终端产品和服务的市场规模，提高移动智能终端核心技术研发及产业化能力。鼓励企业积极开展差异化细分市场需求分析，大力丰富可穿戴设备的应用服务，提升用户体验。推动互联网技术以及智能感知、模式识别、智能分析、智能控制等智能技术在机器人领域的深入应用，大力提升机器人产品在传感、交互、控制等方面的性能和智能化水平，提高核心竞争力。

三、保障支撑

（一）夯实发展基础。

1. 巩固网络基础。加快实施“宽带中国”战略，组织实施国家新一代信息基础设施建设工程，推进宽带网络光纤化改造，加快提升移动通信网络服务能力，促进网间互联互通，大幅提高网络访问速率，有效降低网络资费，完善电信普遍服务补偿机制，支持农村及偏远地区宽带建设和运行维护，使互联网下沉为各行业、各领域、各区域都能使用，人、机、物泛在互联的基础设施。增强北斗卫星全球服务能力，构建天地一体化互联网络。加快下一代互联网商用部署，加强互联网协议第 6 版（IPv6）地址管理、标识管理与解析，构建未来网络创新试验平台。研究工业互联网网络架构体系，构建开放式国家创新试验验证平台。（发展改革委、工业和信息化部、财政部、国资委、网信办等负责）

2. 强化应用基础。适应重点行业融合创新发展需求，完善无线传感网、行业云及大数据平台等新型应用基础设施。实施云计算工程，大力提升公共云服务能力，引导行业信息化应用向云计算平台迁移，加快内容分发网络建设，优化数据中心布局。加强物联网网络架构研究，组织开展国家物联网重大应用示范，鼓励具备条件的企业建设跨行业物联网运营和支撑平台。（发展改革委、工业和信息化部等负责）

3. 做实产业基础。着力突破核心芯片、高端服务器、高端存储设备、数据库和中间件等产业薄弱环节的技术瓶颈，加快推进云操作系统、工业控制实时操作系统、智能终端操作系统的研发和应用。大力发展云计算、大数据等解决方案以及高端传感器、工控系统、人机交互等软硬件基础产品。运用互联网理念，构建以骨干企业为核心、产学研用高效整合的技术产业集群，打造国际先进、自主可控的产业体系。（工业和信息化部、发展改革委、科技部、网信办等负责）

4. 保障安全基础。制定国家信息领域核心技术设备发展时间表和路线图，提升互联网安全管理、态势感知和风险防范能力，加强信息网络基础设施安全防护和用户个人信息保护。实施国家信息安全专项，开展网络安全应用示范，提高“互联网 +”安全核心技术和产品水平。按照信息安全等级保护等制度和网络安全国家标准的要求，加强“互联网 +”关键领域重要信息系统的安全保障。建设完善网络安全监测评估、监督管理、标准认证和创新能力体系。重视融合带来的安全风险，完善网络数据共享、利用等的安全管理和技术措施，探索建立以行政评议和第三方评估为基础的数据安全流动认证体系，完善数据跨境流动管理制度，确保数据安全。（网信办、发展改革委、科技部、工业和信息化部、公安部、安全部、质检总局等负责）

（二）强化创新驱动。

1. 加强创新能力建设。鼓励构建以企业为主导，产学研用合作的“互联网 +”产业创新网络或产业技术创新联盟。支持以龙头企业为主体，建设跨界交叉领域的创新平台，并逐步形成创新网络。鼓励国家创新平台向企业特别是中小企业在线开放，加大国家重大科研基础设施和大型科研仪器等网络化开放力度。（发展改革委、科技部、工业和信息化部、网信办等负责）

2. 加快制定融合标准。按照共性先立、急用先行的原则，引导工业互联网、智能电网、智慧城市等领域基础共性标准、关键技术标准的研制及推广。加快与互联网融合应用的工控系统、智能专用装备、智能仪表、智能家居、车联网等细分领域的标准化工作。不断完善“互联网+”融合标准体系，同步推进国际国内标准化工作，增强在国际标准化组织（ISO）、国际电工委员会（IEC）和国际电信联盟（ITU）等国际组织中的话语权。（质检总局、工业和信息化部、网信办、能源局等负责）

3. 强化知识产权战略。加强融合领域关键环节专利导航，引导企业加强知识产权战略储备与布局。加快推进专利基础信息资源开放共享，支持在线知识产权服务平台建设，鼓励服务模式创新，提升知识产权服务附加值，支持中小微企业知识产权创造和运用。加强网络知识产权和专利执法维权工作，严厉打击各种网络侵权假冒行为。增强全社会对网络知识产权的保护意识，推动建立“互联网+”知识产权保护联盟，加大对新业态、新模式等创新成果的保护力度。（知识产权局牵头）

4. 大力发展开源社区。鼓励企业自主研发和国家科技计划（专项、基金等）支持形成的软件成果通过互联网向社会开源。引导教育机构、社会团体、企业或个人发起开源项目，积极参加国际开源项目，支持组建开源社区和开源基金会。鼓励企业依托互联网开源模式构建新型生态，促进互联网开源社区与标准规范、知识产权等机构的对接与合作。（科技部、工业和信息化部、质检总局、知识产权局等负责）

（三）营造宽松环境。

1. 构建开放包容环境。贯彻落实《中共中央国务院关于深化体制机制改革加快实施创新驱动发展战略的若干意见》，放宽融合性产品和服务的市场准入限制，制定实施各行业互联网准入负面清单，允许各类主体依法平等进入未纳入负面清单管理的领域。破除行业壁垒，推动各行业、各领域在技术、标准、监管等方面充分对接，最大限度减少事前准入限制，加强事中事后监管。继续深化电信体制改革，有序开放电信市场，加快民营资本进入基础电信业务。加快深化商事制度改革，推进投资贸易便利化。（发展改革委、网信办、教育部、科技部、工业和信息化部、民政部、商务部、卫生计生委、工商总局、质检总局等负责）

2. 完善信用支撑体系。加快社会征信体系建设，推进各类信用信息平台无缝对接，打破信息孤岛。加强信用记录、风险预警、违法失信行为等信息资源在线披露和共享，为经营者提供信用信息查询、企业网上身份认证等服务。充分利用互联网积累的信用数据，对现有征信体系和评测体系进行补充和完善，为经济调节、市场监管、社会管理和公共服务提供有力支撑。（发展改革委、人民银行、工商总局、质检总局、网信办等负责）

3. 推动数据资源开放。研究出台国家大数据战略，显著提升国家大数据掌控能力。建立国家政府信息开放统一平台和基础数据资源库，开展公共数据开放利用改革试点，出台政府机构数据开放管理规定。按照重要性和敏感程度分级分类，推进政府和公共信息资源开放共享，支持公众和小微企业充分挖掘信息资源的商业价值，促进互联网应用创新。（发展改革委、工业和信息化部、国务院办公厅、网信办等负责）

4. 加强法律法规建设。针对互联网与各行业融合发展的新特点，加快“互联网+”相关立法工作，研究调整完善不适应“互联网+”发展和管理的现行法规及政策规定。落实加强网络信息保护和信息公开有关规定，加快推动制定网络安全、电子商务、个人信息保护、互联网信息服务管理等法律法规。完善反垄断法配套规则，进一步加大反垄断法执行力度，严格查处信息领域企业垄断行为，营造互联网公平竞争环境。（法制办、网信办、发展改革委、工业和信息化部、公安部、安全部、商务部、工商总局等负责）

（四）拓展海外合作。

1. 鼓励企业抱团出海。结合“一带一路”等国家重大战略，支持和鼓励具有竞争优势的互联网企业联合制造、金融、信息通信等领域企业率先走出去，通过海外并购、联合经营、设立分支机构等方式，相互借力，共同开拓国际市场，推进国际产能合作，构建跨境产业链体系，增强全球竞争力。（发展改革委、外交部、工业和信息化部、商务部、网信办等负责）

2. 发展全球市场应用。鼓励“互联网+”企业整合国内外资源，面向全球提供工业云、供应链管理、大数据分析等网络服务，培育具有全球影响力的“互联网+”应用平台。鼓励互联网企业积极拓展海外用户，推出适合不同市场文化的产品和服务。（商务部、发展改革委、工业和信息化部、网信办等负责）

3. 增强走出去服务能力。充分发挥政府、产业联盟、行业协会及相关中介机构作用，形成支持“互联网+”企业走出去的合力。鼓励中介机构为企业拓展海外市场提供信息咨询、法律援助、税务中介等服务。支持行业协会、产业联盟与企业共同推广中国技术和中国标准，以技术标准走出去带动产品和服务在海外推广应用。（商务部、外交部、发展改革委、工业和信息化部、税务总局、质检总局、网信办等负责）

（五）加强智力建设。

1. 加强应用能力培训。鼓励地方各级政府采用购买服务的方式，向社会提供互联网知识技能培训，支持相关研究机构和专家开展“互联网+”基础知识和应用培训。鼓励传统企业与互联网企业建立信息咨询、人才交流等合作机制，促进双方深入交流合作。加强制造业、农业等领域人才特别是企业高层管理人员的互联网技能培训，鼓励互联网人才与传统行业人才双向流动。（科技部、工业和信息化部、人力资源社会保障部、网信办等负责）

2. 加快复合型人才培养。面向“互联网+”融合发展需求，鼓励高校根据发展需要和学校办学能力设置相关专业，注重将国内外前沿研究成果尽快引入相关专业教学中。鼓励各类学校聘请互联网领域高级人才作为兼职教师，加强“互联网+”领域实验教学。（教育部、发展改革委、科技部、工业和信息化部、人力资源社会保障部、网信办等负责）

3. 鼓励联合培养培训。实施产学合作专业综合改革项目，鼓励校企、院企合作办学，推进“互联网+”专业技术人才培训。深化互联网领域产教融合，依托高校、科研机构、企业的智力资源和研究平台，建立一批联合实训基地。建立企业技术中心和院校对接机制，鼓励企业在院校建立“互联网+”研发机构和实验中心。（教育部、发展改革委、科技部、工业和信息化部、人力资源社会保障部、网信办等负责）

4. 利用全球智力资源。充分利用现有人才引进计划和鼓励企业设立海外研发中心等多种方式，引进和培养一批“互联网+”领域高端人才。完善移民、签证等制度，形成有利于吸引人才的分配、激励和保障机制，为引进海外人才提供有利条件。支持通过任务外包、产业合作、学术交流等方式，充分利用全球互联网人才资源。吸引互联网领域领军人才、特殊人才、紧缺人才在我国创业创新和从事教学科研等活动。（人力资源社会保障部、发展改革委、教育部、科技部、网信办等负责）

（六）加强引导支持。

1. 实施重大工程包。选择重点领域，加大中央预算内资金投入力度，引导更多社会资本进入，分步骤组织实施“互联网+”重大工程，重点促进以移动互联网、云计算、大数据、物联网为代表的新一代信息技术与制造、能源、服务、农业等领域的融合创新，发展壮大新兴业态，打造新的产业增长点。（发展改革委牵头）

2. 加大财税支持。充分发挥国家科技计划作用，积极投向符合条件的“互联网+”融合创新关键技术研发及应用示范。统筹利用现有财政专项资金，支持“互联网+”相关平台建设和应用示范等。加大政府部门采购云计算服务的力度，探索基于云计算的政务信息化建设运营新机制。鼓励地方政府创新风险补偿机制，探索“互联网+”发展的新模式。（财政部、税务总局、发展改革委、科技部、网信办等负责）

3. 完善融资服务。积极发挥天使投资、风险投资基金等对“互联网+”的投资引领作用。开展股权众筹等互联网金融创新试点，支持小微企业发展。支持国家出资设立的有关基金投向“互联网+”，鼓励社会资本加大对相关创新型企业的投资。积极发展知识产权质押融资、信用保险保单融资增信等服务，鼓励通过债券融资方式支持“互联网+”发展，支持符合条件的“互联网+”企业发行公司债券。开展产融结合创新试点，探索股权和债权相结合的融资服务。降低创新型、成长型互联网企业的上市准入门槛，结合证券法修订和股票发行注册制改革，支持处于特定成长阶段、发展前景好但尚未盈利的互联网企业在创业板上市。推动银行业金融机构创新信贷产品与金融服务，加大贷款投放力度。鼓励开发性金融机构为“互

联网+”重点项目建设提供有效融资支持。（人民银行、发展改革委、银监会、证监会、保监会、网信办、开发银行等负责）

（七）做好组织实施。

1. 加强组织领导。建立“互联网+”行动实施部际联席会议制度，统筹协调解决重大问题，切实推动行动的贯彻落实。联席会议设办公室，负责具体工作的组织推进。建立跨领域、跨行业的“互联网+”行动专家咨询委员会，为政府决策提供重要支撑。（发展改革委牵头）

2. 开展试点示范。鼓励开展“互联网+”试点示范，推进“互联网+”区域化、链条化发展。支持全面创新改革试验区、中关村等国家自主创新示范区、国家现代农业示范区先行先试，积极开展“互联网+”创新政策试点，破除新兴产业行业准入、数据开放、市场监管等方面政策障碍，研究适应新兴业态特点的税收、保险政策，打造“互联网+”生态体系。（各部门、各地方政府负责）

3. 有序推进实施。各地区、各部门要主动作为，完善服务，加强引导，以动态发展的眼光看待“互联网+”，在实践中大胆探索拓展，相互借鉴“互联网+”融合应用成功经验，促进“互联网+”新业态、新经济发展。有关部门要加强统筹规划，提高服务和管理能力。各地区要结合实际，研究制定适合本地的“互联网+”行动落实方案，因地制宜，合理定位，科学组织实施，杜绝盲目建设和重复投资，务实有序推进“互联网+”行动。（各部门、各地方政府负责）

国务院

2015年7月1日

国务院关于推进国内贸易流通现代化建设法治化营商环境的意见

国发〔2015〕49号

各省、自治区、直辖市人民政府，国务院各部委、各直属机构：

国内贸易流通（以下简称内贸流通）是我国改革开放最早、市场化程度最高的领域之一，目前已初步形成主体多元、方式多样、开放竞争的格局，对国民经济的基础性支撑作用和先导性引领作用日益增强。做强现代流通业这个国民经济大产业，可以对接生产和消费，促进结构优化和发展方式转变。党中央、国务院高度重视内贸流通工作，对深化改革、开展内贸流通体制改革发展综合试点工作作了部署。为深入贯彻落实党中央、国务院的决策部署，现就推进内贸流通现代化、建设法治化营商环境提出以下意见。

一、总体要求

（一）指导思想。

全面贯彻党的十八大和十八届二中、三中、四中全会精神，按照国务院部署要求，主动适应和引领经济发展新常态，坚持问题导向与超前谋划相结合、顶层设计与基层探索相结合、整体推进与重点突破相结合，加快法治建设，推动体制机制创新，优化发展环境，完善治理体系，促进内贸流通发展方式转变，推动我国从流通大国向流通强国转变，更好地服务经济社会发展。

（二）基本原则。

坚持以市场化改革为方向。充分发挥市场配置资源的决定性作用，打破地区封锁和行业垄断，促进流通主体公平竞争，促进商流、物流、资金流、信息流自由高效流动，提高流通效率，降低流通成本。

坚持以转变政府职能为核心。进一步简政放权，加强事中事后监管，推进放管结合、优化服务，做好规划引导，完善促进政策，增强调控能力，增加公共产品和公共服务供给，推进信息公开和共享。

坚持以创新转型为引领。顺应“互联网+”的发展趋势，加快现代信息技术应用，完善促进创新的体制机制，推动内贸流通内涵式发展、可持续发展。

坚持以建设法治化营商环境为主线。健全内贸流通法律法规、标准、信用等制度体系，提升监管执法效能，依法规范市场主体行为，加快建设法治市场。

（三）主要目标。

到2020年，基本形成规则健全、统一开放、竞争有序、监管有力、畅通高效的内贸流通体系和比较完善的法治化营商环境，内贸流通统一开放、创新驱动、稳定运行、规范有序、协调高效的体制机制更加完善，使内贸流通成为经济转型发展的新引擎、优化资源配置的新动力，为推进内贸流通现代化夯实基础。

二、健全内贸流通统一开放的发展体系

（四）加强全国统一市场建设，降低社会流通总成本。

消除市场分割。清理和废除妨碍全国统一市场、公平竞争的各种规定及做法。禁止在市场经济活动中实行地区封锁，禁止行政机关滥用行政权力限制、排除竞争的行为。推动建立区域合作协调机制，鼓励各地就跨区域合作事项加强沟通协商，探索建立区域合作利益分享机制。

打破行业垄断。完善反垄断执法机制，依法查处垄断协议、滥用市场支配地位行为，加强经营者集中反垄断审查。禁止利用市场优势地位收取不合理费用或强制设置不合理的交易条件，规范零售商供应商交易关系。

（五）统筹规划全国流通网络建设，推动区域、城乡协调发展。

推进大流通网络建设。提升环渤海、长三角、珠三角三大流通产业集聚区和沈阳—长春—哈尔滨、郑州—武汉—长沙、成都—重庆、西安—兰州—乌鲁木齐四大流通产业集聚带的消费集聚、产业服务、民生保障功能，打造一批连接国内国际市场、发展潜力较大的重要支点城市，形成畅通高效的全国骨干流通网络。

推进区域市场一体化。推进京津冀流通产业协同发展，统筹规划建设三地流通设施，促进共建共享。依托长江经济带综合立体交通走廊，建设沿江物流主干道，推动形成若干区域性商贸物流中心，打造长江商贸走廊。将流通发展所需的相关设施和用地纳入城乡规划，实施全国流通节点城市布局规划，加强区域衔接。

推进城乡流通网络一体化。统筹规划城乡商业网点的功能和布局，提高流通设施利用效率和商业服务便利化水平。整合商务、供销、邮政等各方面资源，加强农村地区商业网点建设。加强对贫困地区、民族地区、边疆地区和革命老区市场建设的支持，保障居民基本商业服务需要。

创新流通规划编制实施机制。县级以上地方人民政府要将内贸流通纳入同级国民经济和社会发展规划编制内容，做好流通规划与当地土地利用总体规划和城乡规划的衔接，确保依法依规推进流通设施项目建设，各地制修订相关规划时应充分征求本行政区域流通主管部门的意见。探索建立跨区域流通设施规划编制协调机制和相关部门之间规划衔接机制，推动规划对接、政策联动和资源共享。

（六）构建开放融合的流通体系，提高利用国际国内两个市场、两种资源的能力。

实施流通“走出去”战略。加大对流通企业境外投资的支持，统筹规划商贸物流型境外经济贸易合作区建设，支持企业建设境外营销、支付结算和仓储物流网络，推动国内流通渠道向境外延伸，打造全球供应链体系。鼓励流通企业与制造企业集群式“走出去”，促进国际产能和装备制造合作。鼓励电子商务企业“走出去”，提升互联网信息服务国际化水平。

创建内外贸融合发展平台。服务“一带一路”战略，促进国内外市场互联互通，打造内外贸融合发展的流通网络。培育一批经营模式、交易模式与国际接轨的商品交易市场。打造一批内外贸结合、具有较强国际影响力的大型会展平台。发展一批连接国际国内市场、运行规范有序的跨境贸易电子商务综合服务平台。

进一步提高内贸流通领域对外开放水平。放开商贸物流等领域外资准入限制，鼓励外资投向共同配送、连锁配送以及鲜活农产品配送等现代物流服务领域。更加注重引进国外先进技术、管理经验、商业模式和知名品牌，鼓励跨国公司在华设立采购、营销等功能性区域中心。

（七）完善流通设施建设管理体系，加强流通领域重大基础设施建设。

创新基础性流通设施建设模式。对于公益性农产品批发市场建设，通过多种形式建立投资保障、运营和监督管理新模式，增强应对突发事件和市场异常波动的功能。

完善微利经营的流通设施建设保障制度。落实新建社区商业和综合服务设施面积占社区总建筑面积的比例不得低于10%的政策，优先保障农贸市场、社区菜市场和家政、养老、再生资源回收等设施用地需求。加强大型物流节点和公共物流配送设施系统性布局、协同性建设，提升物流配送的集约化水平。

改进市场化商业设施建设引导方式。支持有条件的城市开展城市商业面积监测预警，定期发布大型商业设施供给信息，合理引导市场预期。统筹大型实体和网络商品交易市场建设，避免盲目重复建设。

三、提升内贸流通创新驱动水平

（八）强化内贸流通创新的市场导向。

推动新兴流通方式创新。积极推进“互联网 +”流通行动，加快流通网络化、数字化、智能化建设。引导电子商务企业拓展服务领域和功能，鼓励发展生活消费品、生产资料、生活服务等各类专业电子商务平台，带动共享、协同、融合、集约等新兴模式发展。促进农产品电子商务发展，引导更多农业从业者和涉农企业参与农产品电子商务，支持各地打造各具特色的农产品电子商务产业链，开辟农产品流通新渠道。推广拍卖、电子交易等农产品交易方式。大力推进电子商务进农村，推广农村商务信息服务，培育多元化的农村电子商务市场主体，完善农村电子商务配送服务网络。促进电子商务进社区，鼓励电子商务企业整合社区现有便民服务设施，开展电子商务相关配套服务。

推动传统流通企业转型模式创新。鼓励零售企业改变引厂进店、出租柜台等经营模式，实行深度联营，通过集中采购、买断经营、开发自有品牌等方式，提高自营比例。鼓励流通企业通过兼并、特许经营等方式，扩大连锁经营规模，提高经营管理水平。鼓励流通企业发挥线下实体店的物流、服务、体验等优势，与线上商流、资金流、信息流融合，形成优势互补。支持流通企业利用电子商务平台创新服务模式，提供网订店取、网订店送、上门服务、社区配送等各类便民服务。引导各类批发市场自建网络交易平台或利用第三方电子商务平台开展网上经营，推动实体市场与网络市场协同发展。推动流通企业利用信息技术加强供应链管理，鼓励向设计、研发、生产环节延伸，促进产业链上下游加强协同，满足个性化、多样化的消费需求。大力发展第三方物流和智慧物流，鼓励物联网等技术在仓储系统中的应用，支持建设物流信息服务平台，促进车源、货源和物流服务等信息高效匹配，支持农产品冷链物流体系建设，提高物流社会化、标准化、信息化、专业化水平。

推动绿色循环低碳发展模式创新。鼓励绿色商品消费，引导流通企业扩大绿色商品采购和销售，推行绿色包装和绿色物流，推行绿色供应链环境管理，推动完善绿色商品认证制度和标准体系。鼓励旧货市场规范发展，促进二手商品流通。研究建立废弃商品回收的生产者、销售者、消费者责任机制，加快推进再生资源回收与垃圾清运处理网络体系融合，促进商贸流通网络与逆向物流体系（即商品废弃后，经消费端回到供应端的活动及过程，包括废物回收、再制造再加工、报废处理等）共享。制订内贸流通领域节能节水和环保技术、产品、设备推广目录，引导流通企业加快设施设备的节能环保改造。

推动文化培育传播形式创新。弘扬诚信文化，加强以诚信兴商为主的商业文化建设。加强对内贸流通领域传统技艺的保护，支持中华老字号创新发展，促进民族特色商品流通。鼓励商品创意设计创新，支持消费类产品提升新产品设计和研发能力，以创意设计增加消费品附加值。提升商业设施的文化内涵，引导流通企业在商品陈列、商场装饰、环境营造等方面突出创意特色，增加商业设施和商业街区的文化底蕴，推动现代商业与传统文化融合创新。建立健全品牌发展公共服务体系。促进传统节庆、民俗文化消费，培育健康文明的消费文化。

（九）增强内贸流通创新的支撑能力。

完善财政金融支持政策。加快设立国家中小企业发展基金，加大对包括流通领域在内的各领域初创期成长型中小企业创新创业的支持。支持发展创业投资基金、天使投资群体，引导社会资金和金融资本加大对流通创新领域的投资。完善流通企业融资模式，推广知识产权质押融资，依法合规开展股权众筹融资试点，支持创业担保贷款积极扶持符合条件的中小流通企业。

健全支撑服务体系。推动现代物流、在线支付等电子商务服务体系建设，鼓励各类创业孵化基地为电子商务创业人员提供场地支持和孵化服务，支持发展校企合作、商学结合等人才培养模式。支持专业化创新服务机构发展，创新产学研合作模式。完善创新成果交易机制，积极发展各类商贸服务交易平台。研究建立流通创新示范基地，鼓励创业创新基地提高对中小流通企业的公共服务能力和水平。

推动流通企业改革创新。加快发展内贸流通领域混合所有制经济，鼓励非公有资本和国有资本交叉持股、相互融合。鼓励流通企业通过兼并重组整合创新资源，提高创新能力。各地可根据实际情况，依法完善相关政策，按照主体自愿的原则，引导有条件的个体工商户转为企业。

（十）加大内贸流通创新的保护力度。

加强知识产权保护。严厉打击制售侵权假冒商品行为，加大对反复侵权、恶意侵权等行为的处罚力度。研究商业模式等新形态创新成果的知识产权保护办法。完善知识产权保护制度，健全知识产权维权援助体系，合理划分权利人举证责任，缩短确权审查、侵权处理周期。

引导电子商务平台健康发展。推动电子商务平台企业健全交易规则、管理制度、信用体系和服务标准，构建良好的电子商务生态圈。加强区域间统筹协调，引导各地有序建设电子商务交易平台。

四、增强内贸流通稳定运行的保障能力

（十一）完善信息服务体系。

强化大数据在政府内贸流通信息服务中的应用。利用大数据加强对市场运行的监测分析和预测预警，提高市场调控和公共信息服务的预见性、针对性、有效性。推进部门间信息共享和信息资源开放，建立政府与社会紧密互动的大数据采集机制，形成高效率的内贸流通综合数据平台。夯实内贸流通统计基层基础，完善行业统计监测制度，建立完善电子商务、服务消费等统计调查制度，完善综合统计与部门统计协作机制，强化统计监测制度执行刚性。

推动内贸流通行业中介组织开展大数据的推广应用。利用政府采购、服务外包等方式，鼓励行业中介组织深入挖掘和研发大数据公共服务产品，加强对大数据技术应用的宣传和推广，服务流通企业创新转型和大数据产业发展需要。

鼓励流通企业开展大数据的创新应用。引导流通企业利用大数据技术推进市场拓展、精准营销和优化服务，带动商业模式创新。建立社会化、市场化的数据应用机制，推动第三方电子商务平台等企业开放数据资源，引导建立数据交换交易的规范与标准，规范数据交易行为。

（十二）创新市场应急调控机制。

完善市场应急调控管理体系。按照统一协调、分级负责、快速响应的原则，健全市场应急供应管理制度和协调机制。应对全国范围和跨区域市场异常波动由国务院有关部门负责，应对区域性市场异常波动主要由当地人民政府负责。

健全突发事件市场应急保供预案。细化自然灾害、事故灾难、公共卫生事件、社会安全事件等各类突发事件情况下市场应急保供预案和措施。根据突发事件对市场影响的范围和程度，综合运用信息引导、企业采购、跨区域调运、储备投放、进口组织、限量供应、依法征用等方式，建立基本生活必需品应急供应保障机制。

完善商品应急储备体系。建立中央储备与地方储备、政府储备与商业储备相结合的商品应急储备体系。建立储备商品定期检查检验制度，确保储备安全。推广商业储备模式，推进商业储备市场化运作和储备主体多元化。

增强市场应急保供能力。建设应急商品数据库，及时掌握相关应急商品产销和库存情况，保障信息传导畅通和组织调度科学有序。实施应急保供重点联系企业动态管理，保持合理库存水平，增强投放力量，合理规划设置应急商品集散地和投放网点。探索利用商业保险稳定生活必需品供应机制，推动重要生活必需品生产流通保险产品创新。

（十三）构建重要商品追溯体系。

建设重要商品追溯体系。坚持政府引导与市场化运作相结合，以食用农产品、食品、药品以及其他对消费者生命健康有较大影响的商品为重点，利用物联网等信息技术建设来源可追、去向可查、责任可究的信息链条，逐步增加可追溯商品品种。

完善重要商品追溯体系的管理体制。坚持统一规划、统一标准、分级建设、属地管理的原则，整合现有资源，建设统一的重要商品追溯信息服务体系，形成全国上下一体、协同运作的重要商品追溯体系管理体制。推进跨部门、跨地区追溯体系对接和信息互通共享。地方各级人民政府要建立商品追溯体系持续有效运行的保障机制。

扩大重要商品追溯体系应用范围。完善重要商品追溯大数据分析与智能化应用机制，加大商品追溯信息在事中事后监管、行业发展促进、信用体系建设等方面的应用力度，提升追溯体系综合服务功能。

五、健全内贸流通规范有序的规制体系

（十四）加快推进流通立法。

完善流通法律制度。加快推进商品流通法立法进程，确立流通设施建设、商品流通保障、流通秩序维护、流通行业发展以及市场监管等基本制度。推动完善知识产权和商业秘密保护、网络信息安全、电子商务促进等法律制度。

健全流通法规规章。完善反垄断、反不正当竞争法律的配套法规制度，强化对市场竞争行为和监管执法行为的规范。加快制订内贸流通各行业领域的行政法规和规章，规范相关参与方行为，推动建立公平、透明的行业规则。对内贸流通领域与经济社会发展需要不相适应的现行法规、规章及规范性文件，及时予以修订或废止。

推进流通领域地方立法。坚持中央立法与地方立法相结合，鼓励地方在立法权限范围内先行先试。

（十五）提升监管执法效能。

加强流通领域执法。创新管理机制，加强执法队伍建设，合理配置执法力量，严格落实执法人员持证上岗和资格管理制度。健全举报投诉服务网络，完善受理、办理、转办和督办机制。开展商务综合行政执法体制改革试点。

推进行政执法与刑事司法衔接。建立信息共享、案情通报和案件移送制度，完善案件移送标准和程序，相关工作纳入中央、省、市、县四级人民政府统一建设的行政执法与刑事司法衔接信息共享平台。

创新市场监管方式。加强事中事后监管，坚持日常监管与专项治理相结合。加强大数据等现代信息技术在监管执法中的应用，推进行政处罚案件信息公开和流通企业信息公示，加强市场监管部门与行业协会商会、专业机构的合作，引入社会监督力量。创新企业产品质量执法检查方式，推行企业产品质量承诺制度。创新电子商务监管模式，健全消费者维权和交易争端解决机制。

（十六）加强流通标准化建设。

健全流通标准体系。加快构建国家标准、行业标准、团体标准、地方标准和企业标准相互配套、相互补充的内贸流通标准体系。扩大标准覆盖面、增强适用性，加强商贸物流、电子商务、农产品流通、居民生活服务等重点领域标准的制修订工作。

强化流通标准实施应用。建立政府支持引导、社会中介组织推动、骨干企业示范应用的内贸流通标准实施应用机制。推动建立经营场所服务标准公开公示制度，倡导流通企业以标准为依据规范服务、交易和管理行为。

完善流通标准管理。加快内贸流通标准管理信息化建设，简化行业标准制修订程序、缩短制修订周期。选择具备条件的社会团体开展团体标准试点。建立重点标准实施监督和评价制度，加强标准在认证认可、检验检测、市场准入、执法监督等行政管理中的使用。

（十七）加快流通信用体系建设。

推动建立行政管理信息共享机制。以统一社会信用代码为基础，推动各地建设流通企业信用信息系统并纳入全国统一的信用信息共享交换平台，实现信息互通共享。建立健全企业经营异常名录、失信企业“黑名单”制度及跨部门联合惩戒机制，依法向社会提供信用信息查询服务。在行政管理中依法使用流通企业信用记录和信用报告，对企业实施信用分类管理。

引导建立市场化综合信用评价机制。在商品零售、居民服务等行业推动建立以交易信息为基础的企业信用评价机制。引导商品交易市场、物流园区以及第三方电子商务平台等建立入驻商户信用评价机制，鼓励按照信用级别向入驻商户提供差别化的信用服务。

支持建立第三方信用评价机制。支持信用调查、信用评估、信用保险、商业保理等信用服务行业加快发展，创新信用产品和服务。鼓励行业协会商会建立会员企业信用档案，推动具有上下游产业关系的行业协会商会建立信用信息共享机制。

六、健全内贸流通协调高效的管理体制

（十八）处理好政府与市场的关系。

明确政府职责。加强内贸流通领域发展战略、规划、法规、规章、政策、标准的制订和实施，整顿和规范市场经济秩序，推动信用建设，提供信息等公共服务，做好生活必需品市场供应应急调控，依法管理特殊流通行业。深化行政审批制度改革，依法界定内贸流通领域经营活动审批、资格许可和认定等管理事项，加快推广行政审批“一个窗口”受理，规范行政许可流程，取消涉及内贸流通的非行政许可审批。结合市场准入制度改革，推行内贸流通领域负面清单制度。

严格依法履职。建立健全内贸流通行政管理权力清单、部门责任清单等制度，公开涉及内贸流通的行政管理和资金支持事项。

（十九）合理划分中央与地方政府权责。

发挥中央政府宏观指导作用。国务院有关部门要研究制订内贸流通领域全国性法律法规、战略、规划、政策和标准，加强跨区域整顿和规范市场经济秩序、信用建设、公共服务、生活必需品市场供应应急调控，按国务院有关规定对特殊流通行业进行监督管理。

强化地方人民政府行政管理职责。地方各级人民政府要加强内贸流通领域全国性法律法规、战略、规划、政策和标准的贯彻实施，结合当地特点，制订本地区的规划、政策和标准，着力加强本行政区域整顿和规范市场秩序、信用建设、公共服务、应急保供等职责。

（二十）完善部门间协作机制。

进一步理顺部门职责分工。商务主管部门要履行好内贸流通工作综合统筹职责，加强与有关部门的沟通协调，完善工作机制，形成合力。探索建立内贸流通领域管理制度制定、执行与监督既相互制约又相互协调的行政运行机制。

探索建立大流通工作机制。鼓励有条件的地方整合和优化内贸流通管理职责，加强对电子商务、商贸物流、农产品市场建设等重点领域规划和政策的统筹协调。

（二十一）充分发挥行业协会商会作用。

推进行业协会商会改革。积极稳妥推进内贸流通领域行业协会商会与行政机关脱钩，厘清行业协会商会与行政机关的职能边界，创新行业协会商会管理体制和运行机制，推动建立政府与行业协会商会的新型合作关系。

支持行业协会商会加快发展。制订支持和鼓励内贸流通领域行业协会商会发展的政策措施，提升行业服务和管理水平，发挥其在加强行业自律、服务行业发展、反映行业诉求等方面的作用。

各地区、各部门要充分认识推进内贸流通现代化、建设法治化营商环境的重要意义，切实抓好各项政策措施的落实，重要的改革要先行试点，及时总结和推广试点经验。各地区要结合本地实际，因地制宜制订实施方案，出台有针对性的具体措施，认真组织实施。各部门要明确分工，落实责任，加强协调，形成合力。商务部会同有关部门负责对本意见落实工作的统筹协调、跟踪了解、督促检查，确保各项任务措施落实到位。

国务院

2015 年 8 月 26 日

国务院关于促进快递业发展的若干意见

国发〔2015〕61 号

各省、自治区、直辖市人民政府，国务院各部委、各直属机构：

快递业是现代服务业的重要组成部分，是推动流通方式转型、促进消费升级的现代化先导性产业。近年来，我国快递业发展迅速，企业数量大幅增加，业务规模持续扩大，服务水平不断提升，在降低流通成本、支撑电子商务、服务生产生活、扩大就业渠道等方面发挥了积极作用。但与此同时，快递业发展方式粗放、基础设施滞后、安全隐患较多、国际竞争力不强等问题仍较为突出。为促进快递业健康发展，进一步搞活流通、拉动内需，服务大众创业、万众创新，培育现代服务业新增长点，更好发挥快递业对稳增长、促改革、调结构、惠民生的作用，现提出以下意见。

一、总体要求

（一）指导思想。以解决制约快递业发展的突出问题为导向，以“互联网 +”快递为发展方向，培育壮大市场主体，融入并衔接综合交通体系，扩展服务网络惠及范围，保障寄递渠道安全，促进行业转型升级和提质增效，不断满足人民群众日益增长的寄递需求，更好服务于国民经济和社会发展。

（二）基本原则。

市场主导。遵循市场发展规律，进一步开放国内快递市场，用市场化手段引导快递企业整合提升，鼓励企业持续提高服务能力和服务质量。进一步简政放权，发挥法律法规、规划、标准的规范引导作用，形成有利于快递业发展的市场环境。

安全为基。进一步强化安全生产红线意识，加强寄递安全制度体系建设，落实企业主体责任，夯实快递业安全基础。依靠科技手段创新管理方式、提升监管能力，保障寄递渠道安全。

创新驱动。鼓励不同所有制资本在快递领域交叉持股、相互融合，激发市场主体活力和创造力。支持快递企业加快推广应用现代信息技术，不断创新商业模式、服务形式和管理方式。

协同发展。推动快递业加快融入生产、流通和消费环节，充分发挥服务电子商务的主渠道作用，联通线上线下，实现与先进制造业、现代农业、信息技术等产业协同发展。

（三）发展目标。到 2020 年，基本建成普惠城乡、技术先进、服务优质、安全高效、绿色节能的快递服务体系，形成覆盖全国、联通国际的服务网络。

——产业规模跃上新台阶。快递市场规模稳居世界首位，基本实现乡乡有网点、村村通快递，快递年业务量达到500亿件，年业务收入达到 8000 亿元。

——企业实力明显增强。快递企业自主航空运输能力大幅提升，建设一批辐射国内外的航空快递货运枢纽，积极引导培育形成具有国际竞争力的大型骨干快递企业。

——服务水平大幅提升。寄递服务产品体系更加丰富，国内重点城市间实现 48 小时送达，国际快递服务通达范围更广、速度更快，服务满意度稳步提高。

——综合效益更加显著。年均新增就业岗位约 20 万个，全年支撑网络零售交易额突破 10 万亿元，日均服务用户 2.7 亿人次以上，有效降低商品流通成本。

二、重点任务

（四）培育壮大快递企业。鼓励各类资本依法进入快递领域，支持快递企业兼并重组、上市融资，整合中小企业，优化资源配置，实现强强联合、优势互补，加快形成若干家具有国际竞争力的企业集团，鼓励“走出去”参与国际竞争。大力提升快递服务质量，实施品牌战略，建立健全行业安全和服务标准体系，加强服务质量监测，降低快件延误率、损毁率、丢失率和投诉率，引导快递企业从价格竞争向服务竞争转变。积极推广快递保险业务，保障用户权益。支持骨干企业建设工程技术中心，开展智能终端、自动分拣、机械化装卸、冷链快递等技术装备的研发应用。

（五）推进“互联网+”快递。鼓励快递企业充分利用移动互联、物联网、大数据、云计算等信息技术，优化服务网络布局，提升运营管理效率，拓展协同发展空间，推动服务模式变革，加快向综合性快递物流运营商转型。引导快递企业与电子商务企业深度合作，促进线上线下互动创新，共同发展体验经济、社区经济、逆向物流等便民利商新业态。积极参与涉农电子商务平台建设，构建农产品快递网络，服务产地直销、订单生产等农业生产新模式。发挥供应链管理优势，积极融入智能制造、个性化定制等制造业新领域。支持快递企业完善信息化运营平台，发展代收货款等业务。

（六）构建完善服务网络。实施快递“向下、向西、向外”工程，建设快递专业类物流园区、快件集散中心和快递末端服务平台，完善农村、西部地区服务网络，构建覆盖国内外的快件寄递体系。支持快递企业加强与农业、供销、商贸企业的合作，打造“工业品下乡”和“农产品进城”双向流通渠道，下沉带动农村消费。鼓励快递企业发展跨境电商快递业务，加大对快递企业“走出去”的服务力度，在重点口岸城市建设国际快件处理中心，探索建立“海外仓”。鼓励传统邮政业进一步加快转型发展，支持邮政企业和快递企业创新合作模式，充分利用现有邮政网点优势，提高邮政基础设施利用效率。

（七）衔接综合交通体系。实施快递“上车、上船、上飞机”工程，加强与铁路、公路、水路、民航等运输企业合作，制定并实施快递设施通用标准，强化运输保障能力。在铁路枢纽配套建设快件运输通道和接驳场所，建立健全利用中欧班列运输邮（快）件机制。稳妥推进公路客运班车代运快件试点和快件甩挂运输方式，因地制宜发展快件水路运输，大力推动快件航空运输。在交通运输领域，完善快件处理设施和绿色通道，辐射带动电子商务等相关产业集聚。鼓励快递企业组建航空货运公司，在国际航线、航班时刻、货机购置等方面给予政策支持。

（八）加强行业安全监管。实施寄递渠道安全监管“绿盾”工程，全面推进快递企业安全生产标准化建设，落实邮政业安全生产设备配置规范等强制性标准，明确收寄、分拣、运输、投递等环节的安全要求。落实快递企业和寄件人安全责任，完善从业人员安全教育培训制度，筑牢寄递渠道安全基础。强化安全检查措施，严格执行收寄验视制度，加强对进出境快件的检疫监管，从源头防范禁寄物品流入寄递渠道。积极利用信息技术提升安全监管能力，完善快递业安全监管信息平台，健全信息采集标准和共享机制，实现快件信息溯源追查，依法严格保护个人信息安全。落实寄递渠道安全管理工作机制，加强跨部门、跨区域协作配合，提升安全监管与应急处置能力。

三、政策措施

（九）深入推进简政放权。深化快递行业商事制度改革，探索对快递企业实行同一工商登记机关管辖范围内“一照多址”模式。简化快递业务经营许可程序，改革快递企业年度报告制度，精简企业分支机构、末端网点备案手续。发挥电子口岸、国际陆港等“一站式”通关平台优势，扩大电子商务出口快件清单核放、汇总申报通关模式的适用地域范围，实现进出境快件便捷通关。

（十）优化快递市场环境。充实监管力量，创新监管方式，强化事中事后监管，全面提升市场监管能力。建立健全用户申诉与执法联动机制，依法查处违法违规行为，规范市场经营秩序。发挥行业自律和社会监督作用，利用企业信用信息公示系统和行业监管信息系统，建立违法失信主体“黑名单”及联合惩戒制度，营造诚实守信的市场环境。

（十一）健全法规规划体系。加快制定快递条例和相关法规规章，提高快递业法治化、标准化水平。编制快递业发展“十三五”规划和重点区域规划，与综合交通运输、物流业、现代服务业、电子商务、物流园区等专项规划做好衔接。有关方面要将发展快递业纳入国民经济和社会发展规划，在城乡规划、土地利用规划、公共服务设施规划中合理安排快递基础设施的布局建设。

（十二）加大政策支持力度。中央预算内投资通过投资补助和贴息等方式，支持农村和西部地区公益性、基础性快递基础设施建设，各级财政专项资金要将符合条件的企业和项目纳入支持范围。快递企业可按现行规定申请执行省（区、市）内跨地区经营总分支机构增值税汇总缴纳政策，依法享受企业所得税优惠政策。各地区要在土地利用总体规划和年度用地计划中统筹安排快递专业类物流园区、快件集散中心等设施用地，研究将智能快件箱等快递服务设施纳入公共服务设施规划。鼓励金融机构创新服务方式，开展适应快递业特点的抵押贷款、融资租赁等业务。快递企业用电、用气、用热价格按照不高于一般工业标准执行。

（十三）改进快递车辆管理。制定快递专用机动车辆系列标准，及时发布和修订车辆生产企业和产品公告。各地要规范快递车辆管理，逐步统一标志，对快递专用车辆城市通行和临时停靠作业提供便利。研究出台快递专用电动三轮车国家标准以及生产、使用、管理规定。各地可结合实际制定快递专用电动三轮车用于城市收投服务的管理办法，解决“最后一公里”通行难问题。

（十四）建设专业人才队伍。引导高等学校加强物流管理、物流工程等专业建设，支持职业院校开设快递相关专业。探索学校、科研机构、行业协会和企业联合培养人才模式，建立一批快递人才培训基地。实施快递人才素质提升工程，建立健全人才评价制度，落实就业创业和人才引进政策。支持快递企业组织从业人员参加相关职业培训和职业技能鉴定，对符合条件的企业和人员可按规定给予补贴。

四、组织实施

各地区、各有关部门要充分认识促进快递业健康发展的重要意义，加强组织领导，健全工作机制，强化协同联动，加大支持力度，为快递业发展营造良好环境。各地区要根据本意见，结合本地区实际情况研究出台有针对性的支持措施并认真抓好落实。各有关部门要各负其责，按照职责分工抓紧制定相关配套措施。交通运输部、发展改革委、邮政局会同有关部门负责对本意见落实工作的统筹协调、跟踪了解、督促检查。

国务院

2015 年 10 月 23 日

国务院关于加快实施自由贸易区战略的若干意见

国发〔2015〕69号

各省、自治区、直辖市人民政府，国务院各部委、各直属机构：

加快实施自由贸易区战略是我国新一轮对外开放的重要内容。党的十八大提出加快实施自由贸易区战略，十八届三中、五中全会进一步要求以周边为基础加快实施自由贸易区战略，形成面向全球的高标准自由贸易区网络。当前，全球范围内自由贸易区的数量不断增加，自由贸易区谈判涵盖议题快速拓展，自由化水平显著提高。我国经济发展进入新常态，外贸发展机遇和挑战并存，“引进来”、“走出去”正面临新的发展形势。加快实施自由贸易区战略是我国适应经济全球化新趋势的客观要求，是全面深化改革、构建开放型经济新体制的必然选择。为加快实施自由贸易区战略，现提出如下意见：

一、总体要求

（一）指导思想。全面贯彻党的十八大和十八届三中、四中、五中全会精神，认真落实党中央、国务院决策部署，按照“四个全面”战略布局要求，坚持使市场在资源配置中起决定性作用和更好发挥政府作用，坚持统筹考虑和综合运用国际国内两个市场、两种资源，坚持与推进共建“一带一路”和国家对外战略紧密衔接，坚持把握开放主动和维护国家安全，逐步构筑起立足周边、辐射“一带一路”、面向全球的高标准自由贸易区网络。

（二）基本原则。

一是扩大开放，深化改革。加快实施更加主动的自由贸易区战略，通过自由贸易区扩大开放，提高开放水平和质量，深度参与国际规则制定，拓展开放型经济新空间，形成全方位开放新格局，开创高水平开放新局面，促进全面深化改革，更好地服务国内发展。

二是全面参与，重点突破。全方位参与自由贸易区等各种区域贸易安排合作，重点加快与周边、“一带一路”沿线以及产能合作重点国家、地区和区域经济集团商建自由贸易区。

三是互利共赢，共同发展。树立正确义利观，兼顾各方利益和关切，考虑发展中经济体和最不发达经济体的实际情况，寻求利益契合点和合作公约数，努力构建互利共赢的自由贸易区网络，推动我国与世界各国、各地区共同发展。

四是科学评估，防控风险。加强科学论证，做好风险评估，努力排除自由贸易区建设中的风险因素。同时，提高开放环境下的政府监管能力，建立健全并严格实施安全审查、反垄断和事中事后监管等方面的法律法规，确保国家安全。

（三）目标任务。近期，加快正在进行的自由贸易区谈判进程，在条件具备的情况下逐步提升已有自由贸易区的自由化水平，积极推动与我国周边大部分国家和地区建立自由贸易区，使我国与自由贸易伙伴的贸易额占我国对外贸易总额的比重达到或超过多数发达国家和新兴经济体水平；中长期，形成包括邻近国家和地区、涵盖“一带一路”沿线国家以及辐射五大洲重要国家的全球自由贸易区网络，使我国大部分对外贸易、双向投资实现自由化和便利化。

二、进一步优化自由贸易区建设布局

（四）加快构建周边自由贸易区。力争与所有毗邻国家和地区建立自由贸易区，不断深化经贸关系，构建合作共赢的周边大市场。

（五）积极推进“一带一路”沿线自由贸易区。结合周边自由贸易区建设和推进国际产能合作，积极同“一带一路”沿线国家商建自由贸易区，形成“一带一路”大市场，将“一带一路”打造成畅通之路、商贸之路、开放之路。

（六）逐步形成全球自由贸易区网络。争取同大部分新兴经济体、发展中大国、主要区域经济集团和部分发达国家建立自由贸易区，构建金砖国家大市场、新兴经济体大市场和发展中国家大市场等。

三、加快建设高水平自由贸易区

（七）提高货物贸易开放水平。坚持进出口并重，通过自由贸易区改善与自由贸易伙伴双向市场准入，合理设计原产地规则，促进对自由贸易伙伴贸易的发展，推动构建更高效的全球和区域价值链。在确保经济安全、产业安全和考虑产业动态发展需要的前提下，稳步扩大货物贸易市场准入。同时，坚持与自由贸易伙伴共同削减关税和非关税壁垒，相互开放货物贸易市场，实现互利共赢。

（八）扩大服务业对外开放。通过自由贸易区等途径实施开放带动战略，充分发挥服务业和服务贸易对我国调整经济结构、转变经济发展方式和带动就业的促进作用。推进金融、教育、文化、医疗等服务业领域有序开放，放开育幼养老、建筑设计、会计审计、商贸物流、电子商务等服务业领域外资准入限制。

加快发展对外文化贸易，创新对外文化贸易方式，推出更多体现中华优秀文化、展示当代中国形象、面向国际市场的文化产品和服务。讲好中国故事、传播好中国声音、阐释好中国特色，更好地推动中华文化“走出去”。吸引外商投资于法律法规许可的文化产业领域，积极吸收借鉴国外优秀文化成果，切实维护国家文化安全。

在与自由贸易伙伴协商一致的基础上，逐步推进以负面清单模式开展谈判，先行先试、大胆探索、与时俱进，积极扩大服务业开放，推进服务贸易便利化和自由化。

（九）放宽投资准入。大力推进投资市场开放和外资管理体制改革，进一步优化外商投资环境。加快自由贸易区投资领域谈判，有序推进以准入前国民待遇加负面清单模式开展谈判。在维护好我国作为投资东道国利益和监管权的前提下，为我国投资者“走出去”营造更好的市场准入和投资保护条件，实质性改善我国与自由贸易伙伴双向投资准入。在自由贸易区内积极稳妥推进人民币资本项目可兑换的各项试点，便利境内外主体跨境投融资。加强与自由贸易伙伴货币合作，促进贸易投资便利化。

（十）推进规则谈判。结合全面深化改革和全面依法治国的要求，对符合我国社会主义市场经济体制建设和经济社会稳定发展需要的规则议题，在自由贸易区谈判中积极参与。参照国际通行规则及其发展趋势，结合我国发展水平和治理能力，加快推进知识产权保护、环境保护、电子商务、竞争政策、政府采购等新议题谈判。

知识产权保护方面，通过自由贸易区建设，为我国企业“走出去”营造更加公平的知识产权保护环境，推动各方完善知识产权保护制度，加大知识产权保护和执法力度，增强企业和公众的知识产权保护意识，提升我国企业在知识产权保护领域的适应和应对能力。

环境保护方面，通过自由贸易区建设进一步加强环境保护立法和执法工作，借鉴国际经验探讨建立有关环境影响评价机制的可行性，促进贸易、投资与环境和谐发展。

电子商务方面，通过自由贸易区建设推动我国与自由贸易伙伴电子商务企业的合作，营造对彼此有利的电子商务规则环境。

竞争政策方面，发挥市场在资源配置中的决定性作用，通过自由贸易区建设进一步促进完善我国竞争政策法律环境，构建法治化、国际化的营商环境。

政府采购方面，条件成熟时与自由贸易伙伴在自由贸易区框架下开展政府采购市场开放谈判，推动政府采购市场互惠对等开放。

（十一）提升贸易便利化水平。加强原产地管理，推进电子联网建设，加强与自由贸易伙伴原产地电子数据交换，积极探索在更大范围实施经核准出口商原产地自主声明制度。改革海关监管、检验检疫等管理体制，加强关检等领域合作，逐步实现国际贸易“单一窗口”受理。简化海关通关手续和环节，加速放行低风险货物，加强与自由贸易伙伴海关的协调与合作，推进实现“经认证经营者”互认，提升通关便利化水平。提高检验检疫效率，实行法检目录动态调整。加快推行检验检疫申报无纸化，完善检验检疫电子证书联网核查，加强与自由贸易伙伴电子证书数据交换。增强检验检疫标准和程序的透明度。

（十二）推进规制合作。加强与自由贸易伙伴就各自监管体系的信息交换，加快推进在技术性贸易壁垒、卫生与植物卫生措施、具体行业部门监管标准和资格等方面的互认，促进在监管体系、程序、方法和标准方面适度融合，降低贸易成本，提高贸易效率。

（十三）推动自然人移动便利化。配合我国“走出去”战略的实施，通过自由贸易区建设推动自然人移动便利化，为我国境外投资企业的人员出入境提供更多便利条件。

（十四）加强经济技术合作。不断丰富自由贸易区建设内涵，适当纳入产业合作、发展合作、全球价值链等经济技术合作议题，推动我国与自由贸易伙伴的务实合作。

四、健全保障体系

（十五）继续深化自由贸易试验区试点。上海等自由贸易试验区是我国主动适应经济发展新趋势和国际经贸规则新变化、以开放促改革促发展的试验田。可把对外自由贸易区谈判中具有共性的难点、焦点问题，在上海等自由贸易试验区内先行先试，通过在局部地区进行压力测试，积累防控和化解风险的经验，探索最佳开放模式，为对外谈判提供实践依据。

（十六）完善外商投资法律法规。推动修订中外合资经营企业法、中外合作经营企业法和外资企业法，研究制订新的外资基础性法律，改革外商投资管理体制，实行准入前国民待遇加负面清单的管理模式，完善外商投资国家安全审查制度，保持外资政策稳定、透明、可预期。

（十七）完善事中事后监管的基础性制度。按照全面依法治国的要求，以转变政府职能为核心，在简政放权的同时，加强事中事后监管，通过推进建立社会信用体系、信息共享和综合执法制度、企业年度报告公示和经营异常名录制度、社会力量参与市场监督制度、外商投资信息报告制度、外商投资信息公示平台、境外追偿保障机制等，加强对市场主体“宽进”以后的过程监督和后续管理。

（十八）继续做好贸易救济工作。在扩大产业开放的同时，有效运用世贸组织和自由贸易协定的合法权利，依法开展贸易救济调查，加大对外交涉力度，维护国内产业企业合法权益。强化中央、地方、行业协会商会、企业四体联动的贸易摩擦综合应对机制，指导企业做好贸易摩擦预警、咨询、对话、磋商、诉讼等工作。

（十九）研究建立贸易调整援助机制。在减少政策扭曲、规范产业支持政策的基础上，借鉴有关国家实践经验，研究建立符合世贸组织规则和我国国情的贸易调整援助机制，对因关税减让而受到冲击的产业、企业和个人提供援助，提升其竞争力，促进产业调整。

五、完善支持机制

（二十）完善自由贸易区谈判第三方评估制度。参照我国此前自由贸易区谈判经验，借鉴其他国家开展自由贸易区谈判评估的有益做法，进一步完善第三方评估制度，通过第三方机构对自由贸易区谈判进行利弊分析和风险评估。

（二十一）加强已生效自由贸易协定实施工作。商务部要会同国内各有关部门、地方政府，综合协调推进协定实施工作。优化政府公共服务，全面、及时提供有关自由贸易伙伴的贸易、投资及其他相关领域法律法规和政策信息等咨询服务。加强地方和产业对自由贸易协定实施工作的参与，打造协定实施的示范地区和行业。特别要加强西部地区和有关产业的参与，使自由贸易区建设更好地服务西部地区经济社会建设，促进我国区域协调发展。做好宣传推介，定期开展评估和分析，查找和解决实施中存在的问题，不断挖掘协定潜力，研究改进实施方法，提升企业利用自由贸易协定的便利性，提高协定利用率，用足用好优惠措施。

（二十二）加强对自由贸易区建设的人才支持。增强自由贸易区谈判人员配备，加大对外谈判人员教育培训投入，加强经济外交人才培养工作，逐步建立一支政治素质好、全局意识强、熟悉国内产业、精通国际经贸规则、外语水平高、谈判能力出色的自由贸易区建设领导、管理和谈判人才队伍。积极发挥相关领域专家的作用，吸收各类专业人士参与相关谈判的预案研究和政策咨询。

六、加强组织实施

加快实施自由贸易区战略是一项长期、涉及面广的系统工作，各有关方面要加强协调，形成合力。商务部要会同相关部门研究制订加快实施自由贸易区战略的行动计划，建立协调工作机制。地方各级人民政府要结合本地实际，围绕实施自由贸易区战略推进地方相关工作，调动有关企业充分利用自由贸易协定的积极性，提高协定利用率。

国务院

2015年12月6日

国务院办公厅关于印发《2015 年全国打击侵犯知识产权和制售假冒伪劣商品工作要点》的通知

国办发〔2015〕17 号

各省、自治区、直辖市人民政府，国务院各部委、各直属机构：

《2015 年全国打击侵犯知识产权和制售假冒伪劣商品工作要点》已经国务院同意，现印发给你们，请认真贯彻执行。

国务院办公厅

2015 年 3 月 25 日

2015 年全国打击侵犯知识产权和制售假冒伪劣商品工作要点

2015 年，全国打击侵犯知识产权和制售假冒伪劣商品工作要贯彻党的十八大和十八届二中、三中、四中全会精神，落实国务院有关工作部署，深入推进法规和制度建设，依法加强市场监管和集中整治，健全行政执法与刑事司法衔接机制，广泛开展宣传教育，构建社会共治格局，营造公平竞争、放心消费的市场环境。

一、完善法律法规，健全规章制度

（一）加强立法顶层设计。系统梳理打击侵权假冒相关法律法规，深入分析违法犯罪行为新情况、新问题、新趋势，适时提出立法建议，推动出台相关司法解释，完善配套制度，增强法律法规的针对性、有效性。（全国打击侵权假冒工作领导小组各成员单位按职责分工分别负责）

（二）制订修订法律法规。配合制订电子商务法。（发展改革委、工业和信息化部、财政部、商务部、人民银行、海关总署、税务总局、工商总局、质检总局、法制办、网信办、邮政局按职责分工分别负责）推进修订著作权法、专利代理条例。（法制办牵头负责，新闻出版广电总局、知识产权局按职责分工分别负责）研究修订专利法、药品管理法、知识产权海关保护条例。（知识产权局、食品药品监管总局、海关总署按职责分工分别负责）配合修订种子法。（法制办、农业部、林业局按职责分工分别负责）修订无照经营查处取缔办法、化妆品卫生监督条例。开展相关调研，推动完善商业秘密保护的法律规定。（工商总局、食品药品监管总局按职责分工分别负责）

（三）完善部门规章制度。制修订知识产权海关保护备案办法、进出口侵权违法行为处罚规定、流通领域商品质量监管办法、电子商务企业七日无理由退货指引、农资市场监管办法等部门规章。（海关总署、工商总局按职责分工分别负责）

（四）加强标准体系建设。出台客车安全要求、婴幼儿及儿童纺织产品安全技术规范、空气净化器等产品标准。（质检总局负责）制订林业植物新品种测试指南。（林业局负责）做好“打击侵权假冒相关产品检验鉴定方法研究”项目成果梳理、总结和验收，为执法提供技术支撑。（质检总局牵头负责）

二、围绕社会热点，加强监管执法

（五）互联网领域专项行动延长一年。将打击互联网领域侵权假冒专项行动延长至2015年底。健全监管制度，深化生产加工源头治理，强化重点网站特别是网络交易平台的监管和在线监测，严格对跨境电子商务的执法监管，加强政府与企业、行业组织合作，落实企业主体责任。（全国打击侵权假冒工作领导小组办公室、工业和信息化部、公安部、农业部、文化部、海关总署、工商总局、质检总局、新闻出版广电总局、食品药品监管总局、知识产权局、网信办、邮政局按职责分工分别负责）加强域名属地化、IP地址精细化管理和网站备案管理，推进网络实名制。（工业和信息化部牵头负责）开展2015年红盾网剑专项行动。（工商总局负责）梳理排查线索，打击利用互联网制售假药行为。（食品药品监管总局负责）开展邮递、快件渠道专项执法，重点打击“海外代购”和“蚂蚁搬家”等进出口环节侵权行为。（海关总署负责）健全网络文化市场执法协作机制，加强网络（手机）游戏、音乐、动漫内容监管，及时发现和查处侵权行为。（文化部、新闻出版广电总局按职责分工分别负责）开展第十一次网络侵权盗版专项治理“剑网行动”。（新闻出版广电总局牵头负责，公安部、工业和信息化部、网信办按职责分工分别负责）推进国家版权监管平台建设，扩大版权重点监管范围，把应用程序（APP）等新型传播方式纳入监管范围。加强印刷复制发行特别是网络发行日常监管，开展印刷复制发行专项检查。（新闻出版广电总局负责）打击针对含有著作权的标准类作品的侵权盗版行为。（新闻出版广电总局、质检总局按职责分工分别牵头负责）开展电子商务领域专利执法维权，强化执法办案督办和激励机制，发挥维权中心的支持协助作用，建立健全网上专利纠纷案件办理机制。（知识产权局负责）将打击侵权假冒列为邮政行业安全监管常态化项目。督促邮政企业、快递企业加强对电子商务企业等协议客户的资格审查，签署不得寄递侵权假冒商品的承诺书。（邮政局负责）总结专项行动经验，针对突出问题和工作瓶颈，研究提出相关措施，推动建立部门联动、政企协作、社会共治的长效机制。（全国打击侵权假冒工作领导小组办公室负责）

（六）深入推进农村和城乡结合部专项整治。上半年，围绕春耕、夏种和节庆等重要时段，对各类产品集中制造地区、商品集散地、商品批发市场及其周边地区、侵权假冒案件高发地，加强生产源头治理和流通领域监督检查，查处侵权假冒、无证生产销售等违法犯罪行为，推动农村市场诚信建设，畅通农村商品流通渠道。（全国打击侵权假冒工作领导小组办公室、工业和信息化部、公安部、农业部、商务部、工商总局、质检总局、食品药品监管总局、林业局、邮政局按职责分工分别负责）开展2015年全国林木种苗质量监督抽查和执法检查，在交易集中区域检查质量、许可、档案、标签、检验等制度落实情况。继续开展打击侵犯林业植物新品种权专项行动。（林业局负责）

（七）在全国范围内开展车用汽柴油专项整治。加强成品油生产加工和流通环节质量监管，将省域交界处和农村列为重点监管地区。清理“山寨加油站”和“黑加油站”。将收缴的劣质汽柴油实施环境无害化处理。推动完善车用燃油标准体系、检测体系和质量监督检查体系。（全国打击侵权假冒工作领导小组办公室、中央宣传部、公安部、环境保护部、商务部、国资委、税务总局、工商总局、质检总局按职责分工分别负责）

（八）开展中国制造海外形象维护“清风”行动。制定三年行动计划，对出口非洲、阿拉伯、拉美和“一带一路”沿线国家和地区的重点商品，开展专项整治。建立健全跨境执法协作机制。结合全球价值链布局，积极为优秀企业“走出去”创造条件，拓展正规产品销售渠道。（全国打击侵权假冒工作领导小组办公室、中央宣传部、公安部、商务部、海关总署、工商总局、质检总局、食品药品监管总局、知识产权局、邮政局按职责分工分别负责）

（九）推进软件正版化。推动各级政府机关建立健全软件正版化工作责任落实、软件采购、安装使用、资产管理、审计监督和督促检查等制度，研究建立正版软件管理系统，完善工作机制。利用技术手段，加强督促检查。（新闻出版广电总局牵头负责）继续做好计算机出厂前预装正版操作系统工作。（工业和信息化部牵头负责）推广使用“正版软件采购网”，将联合采购范围扩展至15个省（区、市）。建立中央国家机关正版软件采购数据库。落实《政府机关办公通用软件资产配置标准（试行）》、《中央行政事业单位软件资产管理暂行办法》、《中央国家机关通用办公软件配置标准》。（财政部、国管局按职责分工分别负责）开展中央企业使用正版软件情况检查，组织集中采购，督促完成中央企业软件正版化“三年目标”。开展中央企业、地方国资委使用正版软件业务培训，推进地方国有企业软件正版化工作。建立企业使用正版软件情况信息统计制度，督促企业建立软件资产台账，加强软件资产管理。（国资委、新闻出版广电总局按职责分工分别负责）加快推进金融机构软件正版化。（新闻出版广电总局牵头负责）

（十）各部门加强行业重点监管。深入推进农资打假专项治理。以农药、兽药、饲料和饲料添加剂、肥料、种子、种苗、农机等为重点，开展春季、夏季百日、秋冬种和“红盾护农”等专项行动，对农资主产区、小规模经营聚集区等重点区域加强监督检查，深挖制售假劣农资源头，查处制假售假、无照经营等违法犯罪行为。加强对种子质量和品种真实性以及农药、兽药、饲料有效成分含量和违禁成分的检测，完善农资质量追溯体系，对不合格的农资采取下架、退市、召回等措施。加强对农药、化肥等产品的生产许可管理和农药产品生产批准证书的监督检查，严格农药生产企业核准和农药产品生产批准证书的颁发，严格实施磷铵、合成氨行业准入。开展打击非法种子进口“绿蕾”行动。（农业部牵头负责，工业和信息化部、公安部、工商总局、质检总局、高法院、高检院按职责分工分别负责）开展消毒产品专项整治，全面核查生产企业卫生许可资质、厂区环境与布局情况，查处不符合生产条件、消毒产品非法添加药物以及抗（抑）菌制剂包装、标签、说明书虚夸疗效等违法行为。（卫生计生委负责）以建筑材料、汽车产品、强制性产品认证目录内产品、有机产品和消费品为重点，深入开展“质检利剑”打假战役。打击非法生产、销售、使用“地条钢”行为。（质检总局牵头负责）开展儿童用品质量安全专项整治。（工商总局、质检总局按职责分工分别负责）开展空气和饮用水净化类用品专项整治。以电子产品、服装鞋帽、装饰装修材料、交通工具等为重点，开展流通领域商品质量抽查检验。（工商总局负责）在进出口环节开展针对药品、食品和汽车配件等商品侵权行为的执法行动。（海关总署负责）查处侵犯地理标志违法行为。（农业部、工商总局、质检总局按职责分工分别负责）查处伪造、冒用和超期、超范围使用认证标志违法行为。（农业部、工商总局、质检总局按职责分工分别负责）开展文化市场交叉执法检查和暗访抽查。（文化部负责）以知名商标、涉外商标为重点，查处侵权和违法使用行为。遏制商标确权、商标代理中的不正当竞争行为，制止恶意抢注，规范代理市场秩序。（工商总局负责）开展医药类虚假违法广告专项整治。（工商总局牵头负责，卫生计生委、食品药品监管总局按职责分工分别负责）开展旅游纪念品市场专项整治。（商务部牵头负责）对重点区域开展质量问题集中整治。（质检总局负责）以高新技术和民生领域为重点，加大打击侵犯专利权和假冒专利行为力度。积极开展大型商业场所、展会专利执法维权。（知识产权局负责）

三、强化保障措施，提高执法效能

（十一）广泛运用新一代信息技术。运用云计算、物联网、移动互联网等新一代信息技术，创新市场监管手段，对侵权假冒商品实施追踪溯源，及时发现问题和线索，采取针对性整治措施。（全国打击侵权假冒工作领导小组各成员单位按职责分工分别负责）行政执法机关和公安、检察、审判机关建立完善本系统上下贯通的监督管理工作平台，实现信息报送、案件督办、监督检查等功能。积极推动部门间工作平台的互联互通和信息共享。（公安部、农业部、文化部、海关总署、工商总局、质检总局、新闻出版广电总局、食品药品监管总局、林业局、知识产权局、高法院、高检院按职责分工分别负责）完善打假溯源技术平台的运用，细化与重点电子商务企业的协作机制。（公安部负责）建设运行知识产权海关保护备案移动执法查询系统。完善知识产权海关保护系统“一期”工程，着手开发“二期”工程。（海关总署负责）完善知识产权证据材料公证保管执业管理平台。（司法部牵头负责，工商总局、新闻出版广电总局、知识产权局按职责分工分别负责）强化知识产权维权援助与举报投诉服务信息平台建设。（知识产权局负责）

（十二）完善跨区域跨部门执法协作机制。鼓励发展水平相近、地理位置接近的地区建立执法协作工作机制，完善跨地区衔接配合的工作程序。以协调开展全国打击侵权假冒工作领导小组统一部署的专项整治和重大案件为切入点，推动建立跨部门协同、信息共享、案情通报、执法联动等制度机制。（全国打击侵权假冒工作领导小组办公室牵头负责，各地区和公安部、农业部、文化部、海关总署、工商总局、质检总局、新闻出版广电总局、食品药品监管总局、林业局、知识产权局、高法院、高检院按职责分工分别负责）

（十三）完善监督保障措施。推动建立健全包括政府、企业、用户在内的寄递安全责任体系。（邮政局负责）推动打击侵权假冒维权、商品鉴定、涉案物品保管处理等公共服务体系建设。（全国打击侵权假冒工作领导小组办公室牵头负责）完善侵权假冒商品无害化销毁的部门协作、信息共享机制，强化监督考评。（环境保护部牵头负责）完成2014年度省（区、市）打击侵权假冒违法犯罪活动绩效考核，制定2015年度绩效考核办法。（全国打击侵权假冒工作领导小组办公室、中央综治办牵头负责）将打击侵权假冒执法资源向基层和一线倾斜，加强组织领导，完善地方打击侵权假冒工作领导小组统筹协调工作机制，落实经费保障。（各地区负责）

四、深化改革创新，强化司法保护

（十四）推动行政执法与刑事司法无缝衔接。完善部门协作规范和案件移送标准与程序，建立行政执法机关、公安机关、检察机关和审判机关信息共享、案情通报、案件移送相关制度，明确信息共享范围、信息录入内容和时限。加快省、市、县三级行政执法与刑事司法衔接信息共享平台建设，完成中央平台与省级平台的对接互联，推动省、市、县三级信息共享平台与同级行政执法机关、公安机关、检察机关、审判机关业务信息实现共享。（全国打击侵权假冒工作领导小组办公室、高检院牵头负责，公安部、农业部、文化部、海关总署、工商总局、质检总局、新闻出版广电总局、食品药品监管总局、林业局、知识产权局、高法院按职责分工分别负责）贯彻落实《国务院办公厅关于促进内贸流通健康发展的若干意见》（国办发〔2014〕51号）精神，制订实施强化市场监管协作行动计划。（商务部牵头负责）

（十五）加大刑事打击力度。突出“打大、打多、打深、打精”，探索深化集群战役的战术战法，完善集群战役指挥调度平台，优化情报导侦条件下信息拓展、批量研判、合成联动的信息化作战机制。探索破解重点领域专业、疑难案件的侦查方法、取证规格、法律适用等难题，进一步规范办案活动。（公安部负责）

（十六）依法及时批捕、起诉侵权假冒涉嫌犯罪案件。继续开展危害食品药品安全犯罪专项立案监督活动，强化对侵权假冒涉嫌犯罪案件行政执法机关移送和公安机关立案侦查的监督。制订检察机关办理侵权假冒犯罪案件审查逮捕指引。深挖侵权假冒案件背后的失职渎职、徇私舞弊等职务犯罪线索，严肃查办一批职务犯罪案件。（高检院负责）

（十七）依法及时受理、审判侵权假冒案件。加强民生领域案件审理工作。深化知识产权审判体制改革，优化审判资源配置，发挥好北京、上海、广州知识产权法院案件审理的示范作用。（高法院负责）

五、推动社会共治，引导全民守法

（十八）利用案件信息公开服务社会。依托有关政府网站，依法公开依照一般程序办结的侵权假冒行政处罚案件结果信息。推动建立侵权假冒案件公开数据库，向社会提供查询服务。（全国打击侵权假冒工作领导小组办公室牵头负责，农业部、文化部、海关总署、工商总局、质检总局、新闻出版广电总局、食品药品监管总局、林业局、知识产权局按职责分工分别负责）办好中国法院裁判文书网、中国知识产权裁判文书网、人民法院知识产权审判网，落实案件庭审、听证、审判流程、裁判文书和执行的信息公开制度。（高法院负责）依托检察机关案件信息公开网，及时公开侵权假冒犯罪案件的相关法律文书和重要案件信息，向当事人及其法定代表人、近亲属、辩护人、诉讼代理人等与案件有利害关系的人员提供案件程序性信息查询服务。（高检院负责）

（十九）推进社会信用体系建设。以打击侵权假冒为突破口，建立和实施以组织机构代码为基础的法人和其他组织信用代码，加快建设全国统一的社会信用代码制度和信用信息共享交换平台。推进信用记录共建共享，建立违规失信经营主体“黑名单”，建立健全失信行为多部门联合惩戒机制。（发展改革委、人民银行牵头负责）建设运行“信用中国”网。（发展改革委牵头负责）推进质量信用信息公开，公示质量守信和失信企业名单。（质检总局负责）推动建立互联网市场主体信用评价体系，推进分级分类管理。（工业和信息化部负责）将打击侵权假冒行为纳入互联网诚信体系建设重点内容。（网信办负责）积极推进知识产权保护社会信用评价体系建设。（工商总局、新闻出版广电总局、知识产权局按职责分工分别负责）

（二十）广泛开展社会宣传教育。制订打击侵权假冒年度宣传工作要点，开展多元化、常态化宣传教育。（中央宣传部、新闻办、新闻出版广电总局、网信办、全国打击侵权假冒工作领导小组办公室牵头负责）围绕“3·15”国际消费者权益日、“12·4”全国法制宣传日等重要节点，开展集中主题宣传。（司法部、工商总局按职责分工分别牵头负责）在“4·26”世界知识产权日前后，开展“知识产权宣传周”活动。（知识产权局牵头负责）开展打击侵权盗版集中宣传活动。（新闻出版广电总局负责）围绕“5·15”打击和防范经济犯罪宣传日等重要节点和重点集群战役、典型案件，开展集中宣传。（公安部负责）坚持把全民普法作为打击侵权假冒的长期基础性工作，深入开展法治宣传教育，推动打击侵权假冒执法活动与普法宣传相结合。继续依托“法律六进”主题活动，推动日常宣传教育与集中宣传教育相结合，增强企业和公民的守法意识。（司法部负责）启用并向社会开放中国海关博物馆“海关与知识产权”展厅。（海关总署负责）发挥社会组织作用，召开行业协会打击侵权假冒工作座谈会。（全国打击侵权假冒工作领导小组办公室牵头）

（二十一）面向企业做好服务。推动将知识产权纳入企业涉外法律服务的重要内容。组织律师对知识产权密集型企业开展知识产权法律咨询服务，防范企业法律风险。（司法部负责）开展互联网管理人员、网站负责人知识产权相关培训。（网信办负责）加强邮政行业安全管理人员宣传教育，提高企业及从业人员参与打击侵权假冒工作的自觉性。（邮政局负责）督促引导经营者主动与消费者化解消费纠纷，落实消费者权益保护法。（工商总局负责）开展执法、司法和知识产权管理人员业务培训。（各地区、全国打击侵权假冒工作领导小组各成员单位按职责分工分别负责）

六、深化合作交流，做好涉外应对

（二十二）做好多双边谈判磋商。利用中美战略与经济对话机制，就知识产权保护问题与美方进行政策沟通协调，促进双边合作。（财政部牵头负责）做好第 26 届中美商贸联委会知识产权议题磋商。举办中欧知识产权对话和与欧盟、俄罗斯、巴西、瑞士等的知识产权工作组会议。做好 2015 年度世界贸易组织相关成员贸易政策涉及知识产权议题的审议工作。（商务部牵头负责）

（二十三）加强跨境执法协作。加强与境外执法部门的沟通交流，开展线索通报、协查取证、司法协助等合作，围绕重大涉外案件组织开展跨境联合执法行动。（公安部、海关总署、工商总局、质检总局、新闻出版广电总局、知识产权局按职责分工分别负责）开展中美海关打击跨境侵权商品贸易产业链条联合执法行动。落实上海合作组织成员国加强知识产权海关保护合作备忘录。（海关总署负责）推进检验检疫电子证书国际合作，加大进境检验检疫证书核查力度。（质检总局负责）

（二十四）深入开展跨境交流。制订实施中欧知识产权合作项目 2015 年工作计划。以中欧建交 40 周年为契机，办好中欧知识产权工作组建立 10 周年的系列活动。（商务部牵头负责）会同有关国际组织和有关国家执法部门联合举办知识产权刑事保护培训班。（公安部负责）在世界知识产权组织大会、万国邮联大会等场合，加强对我打击侵权假冒工作的宣传，营造良好的外部氛围。（知识产权局、邮政局按职责分工分别负责）针对国际舆论关注热点，加强舆论引导，回应社会关切。（新闻办负责）举办金砖国家知识产权论坛、2015 年国际工商知识产权峰会等活动。（贸促会负责）

国务院办公厅关于促进跨境电子商务健康快速发展的指导意见

国办发〔2015〕46号

各省、自治区、直辖市人民政府，国务院各部委、各直属机构：

近年来，我国跨境电子商务快速发展，已经形成了一定的产业集群和交易规模。支持跨境电子商务发展，有利于用“互联网＋外贸”实现优进优出，发挥我国制造业大国优势，扩大海外营销渠道，合理增加进口，扩大国内消费，促进企业和外贸转型升级；有利于增加就业，推进大众创业、万众创新，打造新的经济增长点；有利于加快实施共建“一带一路”等国家战略，推动开放型经济发展升级。为促进我国跨境电子商务健康快速发展，经国务院批准，现提出以下意见：

一、支持国内企业更好地利用电子商务开展对外贸易。加快建立适应跨境电子商务特点的政策体系和监管体系，提高贸易各环节便利化水平。鼓励企业间贸易尽快实现全程在线交易，不断扩大可交易商品范围。支持跨境电子商务零售出口企业加强与境外企业合作，通过规范的“海外仓”、体验店和配送网店等模式，融入境外零售体系，逐步实现经营规范化、管理专业化、物流生产集约化和监管科学化。通过跨境电子商务，合理增加消费品进口。

二、鼓励有实力的企业做大做强。培育一批影响力较大的公共平台，为更多国内外企业沟通、洽谈提供优质服务；培育一批竞争力较强的外贸综合服务企业，为跨境电子商务企业提供全面配套支持；培育一批知名度较高的自建平台，鼓励企业利用自建平台加快品牌培育，拓展营销渠道。鼓励国内企业与境外电子商务企业强强联合。

三、优化配套的海关监管措施。在总结前期试点工作基础上，进一步完善跨境电子商务进出境货物、物品管理模式，优化跨境电子商务海关进出口通关作业流程。研究跨境电子商务出口商品简化归类的可行性，完善跨境电子商务统计制度。

四、完善检验检疫监管政策措施。对跨境电子商务进出口商品实施集中申报、集中查验、集中放行等便利措施。加强跨境电子商务质量安全监管，对跨境电子商务经营主体及商品实施备案管理制度，突出经营企业质量安全主体责任，开展商品质量安全风险监管。进境商品应当符合我国法律法规和标准要求，对违反生物安全和其他相关规定的行为要依法查处。

五、明确规范进出口税收政策。继续落实现行跨境电子商务零售出口货物增值税、消费税退税或免税政策。关于跨境电子商务零售进口税收政策，由财政部按照有利于拉动国内消费、公平竞争、促进发展和加强进口税收管理的原则，会同海关总署、税务总局另行制订。

六、完善电子商务支付结算管理。稳妥推进支付机构跨境外汇支付业务试点。鼓励境内银行、支付机构依法合规开展跨境电子支付业务，满足境内外企业及个人跨境电子支付需要。推动跨境电子商务活动中使用人民币计价结算。支持境内银行卡清算机构拓展境外业务。加强对电子商务大额在线交易的监测，防范金融风险。加强跨境支付国内与国际监管合作，推动建立合作监管机制和信息共享机制。

七、提供积极财政金融支持。鼓励传统制造和商贸流通企业利用跨境电子商务平台开拓国际市场。利用现有财政政策，对符合条件的跨境电子商务企业走出去重点项目给予必要的资金支持。为跨境电子商务提供适合的信用保险服务。向跨境电子商务外贸综合服务企业提供有效的融资、保险支持。

八、建设综合服务体系。支持各地创新发展跨境电子商务，引导本地跨境电子商务产业向规模化、标准化、集群化、规范化方向发展。鼓励外贸综合服务企业为跨境电子商务企业提供通关、物流、仓储、融资等全方位服务。支持企业建立全球物流供应链和境外物流服务体系。充分发挥各驻外经商机构作用，为企业开展跨境电子商务提供信息服务和必要的协助。

九、规范跨境电子商务经营行为。加强诚信体系建设，完善信用评估机制，实现各监管部门信息互换、监管互认、执法互助，构建跨境电子商务交易保障体系。推动建立针对跨境电子商务交易的风险防范和预警机制，健全消费者权益保护和售后服务制度。引导跨境电子商务主体规范经营行为，承担质量安全主体责任，营造公平竞争的市场环境。加强执法监管，加大知识产权保护力度，坚决打击跨境电子商务中出现的各种违法侵权行为。通过有效措施，努力实现跨境电子商务在发展中逐步规范、在规范中健康发展。

十、充分发挥行业组织作用。推动建立全国性跨境电子商务行业组织，指导各地行业组织有效开展相关工作。发挥行业组织在政府与企业间的桥梁作用，引导企业公平竞争、守法经营。加强与国内外相关行业组织交流合作，支持跨境电子商务企业与相关产业集群、专业商会在境外举办实体展会，建立营销网络。联合高校和职业教育机构开展跨境电子商务人才培养培训。

十一、加强多双边国际合作。加强与“一带一路”沿线国家和地区的电子商务合作，提升合作水平，共同打造若干畅通安全高效的电子商务大通道。通过多双边对话，与各经济体建立互利共赢的合作机制，及时化解跨境电子商务进出口引发的贸易摩擦和纠纷。

十二、加强组织实施。国务院有关部门要制订和完善配套措施，做好跨境电子商务的中长期总体发展规划，定期开展总结评估，支持和推动各地监管部门出台相关措施。同时，对有条件、有发展意愿的地区，就本意见的组织实施做好协调和服务等相关工作。依托现有工作机制，加强部门间沟通协作和相关政策衔接，全力推动中国（杭州）跨境电子商务综合试验区和海峡两岸电子商务经济合作实验区建设，及时总结经验，适时扩大试点。在此基础上，逐步建立适应跨境电子商务发展特点的政策体系和监管体系。

地方各级人民政府要按照本意见要求，结合实际情况，制订完善发展跨境电子商务的工作方案，切实履行指导、督查和监管责任。组建高效、便利、统一的公共服务平台，构建可追溯、可比对的数据链条，既符合监管要求，又简化企业申报办理流程。加大对重点企业的支持力度，主动与相关部门沟通，及时协调解决组织实施工作中遇到的困难和问题。

国务院办公厅

2015 年 6 月 16 日

国务院办公厅关于促进进出口稳定增长的若干意见

国办发〔2015〕55号

各省、自治区、直辖市人民政府，国务院各部委、各直属机构：

推进新一轮更高水平对外开放，是经济提质增效升级的重要支撑。要进一步推动对外贸易便利化，改善营商环境，为外贸企业减负助力，促进进出口稳定增长，培育国际竞争新优势。为此，经国务院同意，现提出如下意见：

一、坚决清理和规范进出口环节收费。深入开展全国范围内的涉企收费集中整治专项行动。对依法合规设立的进出口环节行政事业性收费、政府性基金以及实施政府定价或指导价的经营服务性收费实行目录清单管理，未列入清单的一律按乱收费查处。加大对取消收费项目落实情况的督查力度，形成外贸企业松绑减负长效机制，防止乱收费问题反弹。增强口岸查验针对性和有效性，对查验没有问题的免除企业吊装、移位、仓储等费用，此类费用由中央财政负担；对有问题的企业依法加大处罚力度。（发展改革委、工业和信息化部、财政部、交通运输部根据各自职责分别牵头）

二、保持人民币汇率在合理均衡水平上基本稳定。完善人民币汇率市场化形成机制，扩大人民币汇率双向浮动区间。进一步提高跨境贸易人民币结算的便利化水平，扩大结算规模。研究推出更多避险产品，帮助企业规避汇率风险，减少汇兑损失。（人民银行、外汇局负责）

三、加大出口信用保险支持力度。进一步扩大短期出口信用保险规模，加大对中小微企业及新兴市场开拓的支持力度。实现大型成套设备出口融资保险应保尽保，进一步简化程序。（财政部、商务部、进出口银行、中国出口信用保险公司负责）

四、加快推进外贸新型商业模式发展。抓紧落实《国务院办公厅关于促进跨境电子商务健康快速发展的指导意见》（国办发〔2015〕46号）。积极推进中国（杭州）跨境电子商务综合试验区建设。抓紧启动扩大市场采购贸易方式试点工作，将江苏海门叠石桥国际家纺城、浙江海宁皮革城列入试点范围。制订支持外贸综合服务企业发展的政策措施。2015年底前提出进一步扩大相关试点范围和推广外贸新型商业模式的方案，于2016年初开始实施。（商务部、发展改革委、财政部、海关总署、税务总局、工商总局、质检总局、外汇局负责）

五、继续加强进口工作。扩大优惠利率进口信贷覆盖面，将《鼓励进口技术和产品目录》纳入支持范围。2015年7月底前调整出台《鼓励进口技术和产品目录》，相应调整进口贴息政策支持范围，促进国内产业升级。完善消费品进口相关政策，对部分国内需求较大的日用消费品开展降低进口关税试点，适度增设口岸进境免税店，合理扩大免税品种，增加一定数量的免税购物额，丰富国内消费者购物选择。（商务部、发展改革委、财政部、工业和信息化部、海关总署、税务总局、质检总局、进出口银行负责）

六、进一步提高贸易便利化水平。进一步简政放权，提高服务效率。进一步落实出口退税企业分类管理办法，加快出口退税进度，确保及时足额退税。提高口岸通关效率，强化跨部门、跨地区通关协作，加快推进形成全国一体化通关管理格局。加快复制推广自由贸易试验区的贸易便利化措施，在沿海各口岸开展国际贸易“单一窗口”试点。（海关总署、税务总局、质检总局、商务部、财政部、交通运输部、外汇局负责）

七、切实改善融资服务。加大对有订单、有效益企业的融资支持。鼓励采取银团贷款、混合贷款、项目融资等方式支持企业开拓国际市场，开展国际产能合作，推动中国装备“走出去”。支持金融机构开展出口退税账户托管贷款等融资业务。鼓励商业银行按照风险可控、商业可持续原则开展出口信用保险保单融资业务。大力拓展外汇储备委托贷款平台业务，继续扩大外汇储备委托贷款规模和覆盖范围，进一步推进外汇储备多元化运用。在宏观和微观审慎管理框架下，稳步放宽境内企业人民币境外债务融资，进一步便利跨国企业开展人民币双向资金池业务。（人民银行、银监会、财政部、商务部、外汇局、进出口银行、中国出口信用保险公司负责）

各地区、各部门要进一步提高认识，更加重视外贸工作，加强组织领导，顾全大局，增强工作主动性、针对性和有效性。要深化与“一带一路”沿线国家的经贸合作，突出创新驱动，切实加大稳增长政策落实力度，共同推动对外贸易平稳健康发展。各地区要结合实际主动作为，多措并举，促进本地区对外贸易稳定增长和转型升级。各部门要根据本意见制订具体工作方案，并进一步在简化手续、减免收费等方面加力增效，用便利和稳定增长的进出口助力经济发展。商务部要加强指导、督促检查，确保各项政策措施落实到位。

国务院办公厅

2015 年 7 月 22 日

国务院办公厅关于同意在上海等9个城市开展国内贸易流通体制改革发展综合试点的复函

国办函〔2015〕88号

上海市、江苏省、浙江省、福建省、山东省、河南省、湖北省、广东省、四川省人民政府，商务部：

你们关于请求批准在上海等9个城市开展国内贸易流通体制改革发展综合试点的请示收悉。经国务院批准，现函复如下：

一、国务院同意在上海市、南京市、郑州市、广州市、成都市、厦门市、青岛市、黄石市和义乌市9个城市开展国内贸易流通体制改革发展综合试点。

二、试点工作要坚持市场化改革方向，以建设法治化营商环境为主线，以新的流通创新为引领，通过深化改革，推动政府转变职能、简政放权，打破地区封锁和行业垄断，充分发挥市场配置资源的决定性作用，优化内贸流通发展的体制机制，完善流通法规、规则和诚信体系，逐步形成政府依法行政、企业守法经营、中介组织规范自律、社会公众有效监督的法治化营商环境和分工明确、协调高效的内贸流通管理体制，增强内贸流通服务经济社会发展全局的能力。

三、试点城市人民政府要根据《国内贸易流通体制改革发展综合试点方案》，围绕探索建立创新驱动的流通发展机制、建设法治化营商环境、建立流通基础设施发展模式、健全统一高效的流通管理体制等主要任务，结合实际，突出特色，制订本市试点工作方案，报商务部备案。

四、试点城市人民政府要加强对试点工作的组织领导，搞好综合协调，强化政策保障，认真落实各项试点任务，及时总结报送试点工作进展及取得的经验。试点城市所在省级人民政府要高度重视，加强对试点工作的指导和政策支持。

五、商务部要会同发展改革委、工业和信息化部、财政部、交通运输部、工商总局、质检总局、邮政局和供销合作总社做好宏观指导和督查落实，适时开展考核评估，并将考核结果报国务院。

附件：国内贸易流通体制改革发展综合试点方案

国务院办公厅

2015年7月29日

附件

国内贸易流通体制改革发展综合试点方案

为全面贯彻落实党中央、国务院的决策部署，推进国内贸易流通体制改革，建设法治化营商环境，促进流通产业创新发展，提高对经济发展的拉动力，特制定本方案。

一、总体要求

（一）指导思想。深入贯彻党的十八大和十八届二中、三中、四中全会精神，认真落实党中央、国务院的决策部署，以市场化改革为方向，以建设法治化营商环境为主线，以创新转型为引领，以转变政府职能为重点，厘清政府与市场、中央与地方、政府部门之间、政府与中介组织的关系，探索建立规则健全、统一开放、竞争有序、畅通高效的内贸流通体系和分工明确、权责统一、协调高效的内贸流通管理体制，努力增强内贸流通服务经济社会发展能力。

（二）总体目标。力争通过一年左右的探索，在流通创新发展促进机制、市场规制体系、基础设施发展模式、管理体制等方面形成一批可复制推广的经验和模式，为全国统一市场建设打好基础，为出台国内贸易流通体制改革总体意见和全面深化改革提供有益借鉴。需要出台法规规章的试点地区，试点时间可适当延长。

二、试点任务

（一）探索建立创新驱动的流通发展机制。支持电子商务企业拓展业务领域和范围，创新电子商务发展模式，完善政府监管方式，营造有利于电子商务发展的良好环境。支持电子商务、连锁经营、物流配送等现代流通方式相互融合，促进线上线下互动发展，创新批发、零售供应链管理，推动传统流通企业加快转型升级。加强商贸物流网络建设，提升物流专业化、信息化、社会化、标准化水平，提高流通效率。统筹规划城乡商业网点建设，构建农产品、工业品双向畅通的流通网络，促进城乡一体化发展。推动建立内外贸统一的管理方式、结算方式和标准体系，构建内外贸一体化的商品流通体系。

（二）探索建设法治化营商环境。推进地方流通法规建设，依法确立流通设施、流通秩序、市场监管以及促进流通产业发展等方面的基本制度。深化流通领域市场监管体制改革，利用现代信息技术提升监管执法效能，加强行政执法和刑事司法衔接，建立监管互认、执法互助、信息共享的综合监管与联合执法机制。建立以行政管理信息共享、社会化综合信用评价、第三方专业信用服务为核心的内贸流通信用体系。

（三）探索建立流通基础设施发展模式。对于公益性农产品批发市场建设，通过多种形式建立投资保障、运营管理和监督管理机制，增强应对突发事件和市场异常波动的功能；对于微利经营的社区居民生活服务网点等设施，通过完善扶持政策，支持其加快发展；对于完全市场化的大型商场等设施，通过加强规划、建立预警机制和听证制度等，引导其合理布局、有序发展。

（四）探索健全统一高效的流通管理体制。进一步转变政府职能，加快简政放权，优化职责分工，加强部门协作，建立适应大流通、大市场发展需要的新型流通管理体制。建立健全内贸流通行政管理权力清单、部门责任清单和市场准入负面清单，提高行政审批便利化水平，支持大众创业、万众创新。完善规范性文件合法性审查程序，加强行政垄断案件查处，建立打破地区封锁和行业垄断的长效机制，促进商品、要素自由流动和企业公平竞争。推动流通行业协会改革，制订政府职能转移目录、服务采购目录、行业组织资质目录，将部分工作事项交由行业协会承担，加大政府购买服务力度，推动行业协会与行政机关脱钩，充分发挥行业协会作用。适时推进药品流通领域改革。

试点城市要根据上述要求细化试点方案，在全面推进落实四项试点任务的同时，结合自身实际突出1-2个方面重点工作，形成可在全国复制推广的改革经验。

三、组织实施

各有关方面要加强组织领导，落实工作责任。试点城市人民政府作为试点工作的责任主体，负责试点工作的组织领导、实施推动、综合协调及措施保障。试点城市所在省级人民政府要加强对试点城市的指导和政策支持。商务部会同发展改革委、工业和信息化部、财政部、交通运输部、工商总局、质检总局、邮政局和供销合作总社负责宏观指导、督促推动、考核评估和跨部门政策协调，适时总结试点工作经验，组织复制推广，并将考核结果报国务院。

国务院办公厅关于推进线上线下互动加快商贸流通创新发展转型升级的意见

国办发〔2015〕72号

各省、自治区、直辖市人民政府，国务院各部委、各直属机构：

近年来，移动互联网等新一代信息技术加速发展，技术驱动下的商业模式创新层出不穷，线上线下互动成为最具活力的经济形态之一，成为促进消费的新途径和商贸流通创新发展的新亮点。大力发展线上线下互动，对推动实体店转型，促进商业模式创新，增强经济发展新动力，服务大众创业、万众创新具有重要意义。为落实国务院决策部署，推进线上线下互动，加快商贸流通创新发展和转型升级，经国务院同意，现提出以下意见：

一、鼓励线上线下互动创新

（一）支持商业模式创新。包容和鼓励商业模式创新，释放商贸流通市场活力。支持实体店通过互联网展示、销售商品和服务，提升线下体验、配送和售后等服务，加强线上线下互动，促进线上线下融合，不断优化消费路径、打破场景限制、提高服务水平。鼓励实体店通过互联网与消费者建立全渠道、全天候互动，增强体验功能，发展体验消费。鼓励消费者通过互联网建立直接联系，开展合作消费，提高闲置资源配置和使用效率。鼓励实体商贸流通企业通过互联网强化各行业内、行业间分工合作，提升社会化协作水平。（商务部、网信办、发展改革委、工业和信息化部、地方各级人民政府）

（二）鼓励技术应用创新。加快移动互联网、大数据、物联网、云计算、北斗导航、地理位置服务、生物识别等现代信息技术在认证、交易、支付、物流等商务环节的应用推广。鼓励建设商务公共服务云平台，为中小微企业提供商业基础技术应用服务。鼓励开展商品流通全流程追溯和查询服务。支持大数据技术在商务领域深入应用，利用商务大数据开展事中事后监管和服务方式创新。支持商业网络信息系统提高安全防范技术水平，将用户个人信息保护纳入网络安全防护体系。（商务部、工业和信息化部、发展改革委、地方各级人民政府）

（三）促进产品服务创新。鼓励企业利用互联网逆向整合各类生产要素资源，按照消费需求打造个性化产品。深度开发线上线下互动的可穿戴、智能化商品市场。鼓励第三方电子商务平台与制造企业合作，利用电子商务优化供应链和服务链体系，发展基于互联网的装备远程监控、运行维护、技术支持等服务市场。支持发展面向企业和创业者的平台开发、网店建设、代运营、网络推广、信息处理、数据分析、信用认证、管理咨询、在线培训等第三方服务，为线上线下互动创新发展提供专业化的支撑保障。鼓励企业通过虚拟社区等多种途径获取、转化和培育稳定的客户群体。（商务部、工业和信息化部、网信办、地方各级人民政府）

二、激发实体商业发展活力

（四）推进零售业改革发展。鼓励零售企业转变经营方式，支持受线上模式冲击的实体店调整重组，提高自营商品比例，加大自主品牌、定制化商品比重，深入发展连锁经营。鼓励零售企业利用互联网技术推进实体店铺数字化改造，增强店面场景化、立体化、智能化展示功能，开展全渠道营销。鼓励大型实体店不断丰富消费体验，向智能化、多样化商业服务综合体转型，增加餐饮、休闲、娱乐、文化等设施，由商品销售为主转向“商品+服务”并重。鼓励中小实体店发挥靠近消费者优势，完善便利服务体系，增加快餐、缴费、网订店取、社区配送等附加便民服务功能。鼓励互联网企业加强与实体店合作，推动线上交流互动、引客聚客、精准营销等优势和线下真实体验、品牌信誉、物流配送等优势相融合，促进组织管理扁平化、设施设备智能化、商业主体在线化、商业客体数据化和服务作业标准化。（商务部、发展改革委）支持新型农业经营主体对接电子商务平台，有效衔接产需信息，推动农产品线上营销与线下流通融合发展。鼓励农业生产资料经销企业发展电子商务，促进农业生产资料网络营销。（农业部、发展改革委）支持零售企业线上线下结合，开拓国际市场，发展跨境网络零售。（商务部）

（五）加快批发业转型升级。鼓励传统商品交易市场利用互联网做强交易撮合、商品集散、价格发现和信息交互等传统功能，增强物流配送、质量标准、金融服务、研发设计、展览展示、咨询服务等新型功能。鼓励传统批发企业应用互联网技术建设供应链协同平台，向生产、零售环节延伸，实现由商品批发向供应链管理服务的转变。支持发展品牌联盟或建设品牌联合采购平台，集聚品牌资源，降低采购成本。深化电子商务应用，引导商品交易市场向电子商务园区、物流园区转型。以电子商务和现代物流为核心，推动大宗商品交易市场优化资源配置、提高流通效率。鼓励线上行业信息服务平台向综合交易服务平台转型，围绕客户需求组织线下展示会、洽谈会、交易会，为行业发展提供全方位垂直纵深服务。（商务部、工业和信息化部、发展改革委）

（六）转变物流业发展方式。运用互联网技术大力推进物流标准化，重点推进快递包裹、托盘、技术接口、运输车辆标准化，推进信息共享和互联互通，促进多式联运发展。大力发展智慧物流，运用北斗导航、大数据、物联网等技术，构建智能化物流通道网络，建设智能化仓储体系、配送系统。发挥互联网平台实时、高效、精准的优势，对线下运输车辆、仓储等资源进行合理调配、整合利用，提高物流资源使用效率，实现运输工具和货物的实时跟踪和在线化、可视化管理，鼓励依托互联网平台的“无车承运人”发展。推广城市共同配送模式，支持物流综合信息服务平台建设。鼓励企业在出口重点国家建设海外仓，推进跨境电子商务发展。（发展改革委、商务部、交通运输部、邮政局、国家标准委）

（七）推进生活服务业便利化。大力推动吃住行及旅游、娱乐等生活服务业在线化，促进线上交易和线下服务相结合，提供个性化、便利化服务。鼓励餐饮企业发展在线订餐、团购、外卖配送等服务。支持住宿企业开展在线订房服务。鼓励交通客运企业、旅游景点及文化演艺单位开展在线订票、在线订座、门票配送等服务。支持家政、洗染、维修、美发等行业开展网上预约、上门服务等业务。鼓励互联网平台企业汇聚线下实体的闲置资源，发展民宿、代购、合乘出行等合作消费服务。（商务部、旅游局、文化部、交通运输部）

（八）加快商务服务业创新发展。鼓励展览企业建设网上展示交易平台，鼓励线上企业服务实体展会，打造常态化交流对接平台，提高会展服务智能化、精细化水平。支持举办中国国际电子商务博览会，发现创新、引导创新、推广创新。提升商务咨询服务网络化水平。（商务部）提升知识产权维权服务水平。（知识产权局）积极探索基于互联网的新型服务贸易发展方式，培育服务新业态，推动服务贸易便利化，提升商务服务业国际化水平。（商务部）

三、健全现代市场体系

（九）推进城市商业智能化。深入推进智慧城市建设，鼓励具备条件的城市探索构建线上线下互动的体验式智慧商圈，支持商圈无线网络基础设施建设，完善智能交通引导、客流疏导、信息推送、移动支付、消费互动、物流配送等功能，健全商圈消费体验评价、信息安全保护、商家诚信积累和消费者权益保障体系。实施特色商业街区示范建设工程，鼓励各地基于互联网技术培育一批具有产业特色、经营特色、文化特色的多功能、多业态商业街区。（商务部、发展改革委、科技部、工业和信息化部、人民银行、工商总局、地方各级人民政府）

（十）推进农村市场现代化。开展电子商务进农村综合示范，推动电子商务企业开拓农村市场，构建农产品进城、工业品下乡的双向流通体系。（商务部、财政部）引导电子商务企业与农村邮政、快递、供销、“万村千乡市场工程”、交通运输等既有网络和优势资源对接合作，对农村传统商业网点升级改造，健全县、乡、村三级农村物流服务网络。加快全国农产品商务信息服务公共平台建设。（商务部、交通运输部、邮政局、供销合作总社、发展改革委）大力发展农产品电子商务，引导特色农产品主产区县市在第三方电子商务平台开设地方特色馆。（商务部、地方各级人民政府）推进农产品“生产基地+社区直配”示范，带动订单农业发展，提高农产品标准化水平。加快信息进村入户步伐，加强村级信息服务站建设，强化线下体验功能，提高新型农业经营主体电子商务应用能力。（农业部）

（十一）推进国内外市场一体化。鼓励应用互联网技术实现国内国外两个市场无缝对接，推进国内资本、技术、设备、产能与国际资源、需求合理适配，重点围绕“一带一路”战略及开展国际产能和装备制造合作，构建国内外一体化市场。（商务部、发展改革委、网信办）深化京津冀、长江经济带、“一带一路”、东北地区和泛珠三角四省区（福建、广东、广西、海南）区域通关一体化改革，推进全国一体化通关管理。（海关总署）建立健全适应跨境电子商务的监管服务体系，提高贸易便利化水平。（商务部、海关总署、财政部、税务总局、质检总局、外汇局）

四、完善政策措施

（十二）推进简政放权。除法律、行政法规和国务院决定外，各地方、各部门一律不得增设线上线下互动企业市场准入行政审批事项。根据线上线下互动特点，调整完善市场准入资质条件，加快公共服务领域资源开放和信息共享。（有关部门按职能分工分别负责）简化市场主体住所（经营场所）登记手续，推进一照多址、一址多照、集群注册等住所登记制度改革，为连锁企业、网络零售企业和快递企业提供便利的登记注册服务。（工商总局）

（十三）创新管理服务。坚持促进发展、规范秩序和保护权益并举，坚持在发展中逐步规范、在规范中更好发展。注意规范方式，防止措施失当导致新兴业态丧失发展环境。创新管理理念、管理体制和管理方式，建立与电子商务发展需要相适应的管理体制和服务机制，促进线上线下互动，充分发挥流通在经济发展中的基础性和先导性作用。开展商务大数据建设和应用，服务监管创新，支持电子商务产品品牌推广。（商务部、工商总局、质检总局）在不改变用地主体、规划条件的前提下，各类市场主体利用存量房产、土地资源发展线上线下互动业务的，可在5年内保持土地原用途、权利类型不变，5年期满后确需办理变更手续的，按有关规定办理。（国土资源部）

（十四）加大财税支持力度。充分发挥市场在资源配置中的决定性作用，突出社会资本推动线上线下融合发展的主体地位。同时发挥财政资金的引导作用，促进电子商务进农村。（财政部、商务部）营造线上线下企业公平竞争的税收环境。（财政部、税务总局）线上线下互动发展企业符合高新技术企业或技术先进型服务企业认定条件的，可按现行税收政策规定享受有关税收优惠。（财政部、科技部、税务总局）积极推广网上办税服务和电子发票应用。（税务总局、财政部、发展改革委、商务部）

（十五）加大金融支持力度。支持线上线下互动企业引入天使投资、创业投资、私募股权投资，发行企业债券、公司债券、资产支持证券，支持不同发展阶段和特点的线上线下互动企业上市融资。支持金融机构和互联网企业依法合规创新金融产品和服务，加快发展互联网支付、移动支付、跨境支付、股权众筹融资、供应链金融等互联网金融业务。完善支付服务市场法律制度，建立非银行支付机构常态化退出机制，促进优胜劣汰和资源整合。健全互联网金融征信体系。（人民银行、发展改革委、银监会、证监会）

（十六）规范市场秩序。创建公平竞争的创业创新环境和规范诚信的市场环境，加强知识产权和消费者权益保护，防止不正当竞争和排除、限制竞争的垄断行为。推进社会诚信体系建设，强化经营主体信息公开披露，推动行政许可、行政处罚信息7个工作日内上网公开。建立健全电子商务信用记录，纳入“信用中国”网站和统一的信用信息共享交换平台，完善电子商务信用管理和信息共享机制。切实加强线上线下一体化监管和事中事后监管，健全部门联动防范机制，严厉打击网络领域制售假冒伪劣商品、侵犯知识产权、传销、诈骗等违法犯罪行为。（商务部、发展改革委、工业和信息化部、公安部、工商总局、质检总局、食品药品监管总局、知识产权局）

（十七）加强人才培养。鼓励各类企业、培训机构、大专院校、行业协会培养综合掌握商业经营管理和信息化应用知识的高端紧缺人才。支持有条件的地区建设电子商务人才继续教育基地，开展实用型电子商务人才培训。支持开展线上线下互动创新相关培训，引进高端复合型电子商务人才，为线上线下互动企业创新发展提供服务。（商务部、人力资源社会保障部、地方各级人民政府）

（十八）培育行业组织。支持行业协会组织根据本领域行业特点和发展需求制订行业服务标准和服务规范，倡导建立良性商业规则，促进行业自律发展。发挥第三方检验检测认证机构作用，保障商品和服务质量，监督企业遵守服务承诺，维护消费者、企业及个体创业者的正当权益。（商务部、工商总局、质检总局）

各地区、各部门要加强组织领导和统筹协调，结合本地区、本部门实际制订具体实施方案，明确工作分工，落实工作责任。商务部要会同有关部门做好业务指导和督促检查工作，重大情况及时报告国务院。

国务院办公厅
2015年9月18日

国务院办公厅关于加强互联网领域侵权假冒行为治理的意见

国办发〔2015〕77 号

各省、自治区、直辖市人民政府，国务院各部委、各直属机构：

当前，以“互联网 +”为主要内容的电子商务发展迅猛，成为我国经济增长的强劲动力，对推动大众创业、万众创新发挥了不可替代的作用。但是，互联网领域侵犯知识产权和制售假冒伪劣商品违法犯罪行为也呈多发高发态势。为深入贯彻落实《国务院关于大力发展电子商务加快培育经济新动力的意见》（国发〔2015〕24 号），加强互联网领域侵权假冒行为治理，营造开放、规范、诚信、安全的网络交易环境，促进电子商务健康发展，经国务院同意，现提出以下意见：

一、总体要求

（一）指导思想。深入贯彻党的十八大和十八届二中、三中、四中全会精神，按照党中央、国务院部署，以全面推进依法治国为统领，以改革创新监管制度为保障，以新信息技术手段为支撑，以建立健全长效机制为目标，着力完善电子商务领域法律法规，加强跨部门、跨地区和跨境执法协作，提升监管能力和技术水平，遏制互联网领域侵权假冒行为多发高发势头，净化互联网交易环境，促进电子商务健康发展，为创新创业增添新活力，为经济转型升级注入新动力。

（二）基本原则。

依法监管。加快推进打击互联网领域侵权假冒行为相关法律法规建设，运用法治思维和法治方式履行市场监管职责，强化事中事后监管，构建法治化市场环境。

技术支撑。积极创新监管方式和手段，加强大数据、云计算、物联网、移动互联网等新信息技术在网络交易监管中的研发应用，提高对网上侵权假冒违法犯罪线索的发现、收集、甄别、挖掘能力。

统筹协作。充分发挥打击侵权假冒工作统筹协调机制作用，加强行政执法、行业管理、宣传、司法等部门间协作配合，形成工作合力。

区域联动。推进线上线下一体化监管，加强跨区域、跨境监管执法信息共享，强化对侵权假冒违法犯罪线索的追踪溯源和联合行动，铲除侵权假冒违法犯罪链条。

社会共治。充分发挥行业组织的自律作用，落实电子商务相关企业主体责任，畅通社会举报投诉渠道，加强网络数据信息的共享和分析，构建多方参与打击侵权假冒工作新格局。

（三）主要目标。用3年左右时间，有效遏制互联网领域侵权假冒行为，初步形成政府监管、行业自律、社会参与的监管格局，相关法律法规更加健全，监管技术手段更加先进，协作配合机制更加完善，网络交易秩序逐步规范，电子商务健康有序发展。

二、突出监管重点

（四）打击网上销售假劣商品。以农资、食品药品、化妆品、医疗器械、电器电子产品、汽车配件、装饰装修材料、易制爆危险化学品、儿童用品以及服装鞋帽等社会反映集中、关系健康安全、影响公共安全的消费品和生产资料为重点，组织开展集中整治行动，加强监管执法。坚持线上线下治理相结合，在制造加工环节，组织开展电子商务产品质量提升行动，加强风险监测，净化生产源头；在流通销售环节，加强网络销售商品抽检，完善网上交易在线投诉及售后维权机制。将打击侵权假冒行为纳入邮政行业常态化监管，督促邮政企业、快递企业加强对电子商务企业等协议客户的资格审查。依法依规处置互联网侵权假冒有害信息。（工业和信息化部、公安部、农业部、海关总署、工商总局、质检总局、食品药品监管总局、网信办、邮政局按职责分工分别负责）

（五）打击网络侵权盗版。以保护商标权、著作权、专利权等知识产权为重点，严厉打击利用互联网实施的侵权违法犯罪。加大对销售仿冒知名商标、涉外商标商品的查处力度，维护权利人和消费者的合法权益。开展打击网络侵权盗版专项行动。强化对网络（手机）文学、音乐、影视、游戏、动漫、软件及含有著作权的标准类作品等重点领域的监测监管，及时发现和查处网络非法转载等各类侵权盗版行为。依托国家版权监管平台，扩大版权重点监管范围，将智能移动终端第三方应用程序（APP）、网络云存储空间、微博、微信等新型传播方式纳入版权监管。加强网上专利纠纷案件办理和电子商务领域专利执法维权，推进网络商业方法领域发明专利保护。开展邮件、快件寄递渠道专项执法，重点打击进出口环节“蚂蚁搬家”等各种形式的侵权行为。（工业和信息化部、公安部、文化部、海关总署、工商总局、新闻出版广电总局、知识产权局、网信办、邮政局按职责分工分别负责）

（六）提升监管信息化水平。充分利用大数据、云计算、物联网、移动互联网等新信息技术，创新市场监管手段。加强域名属地化、网际协议地址（IP 地址）精细化管理和网站备案管理，推行网络实名制，推广使用电子标签，实现侵权假冒行为网上发现、源头追溯、属地查处，全程追查不法分子住所地址、IP 地址、银行账户等，提高执法打击的精准度。加强业务培训，增强利用新信息技术进行市场监管的能力。（工业和信息化部、公安部、农业部、商务部、文化部、人民银行、海关总署、工商总局、质检总局、新闻出版广电总局、食品药品监管总局、林业局、知识产权局、网信办、邮政局按职责分工分别负责）

三、落实企业责任

（七）落实电子商务企业责任。指导和督促电子商务平台企业加强对网络经营者的资格审查，建立健全网络交易、广告推广等业务和网络经营者信用评级的内部监控制度，制止以虚假交易等方式提高商户信誉的行为，建立完善举报投诉处理机制，实施侵权假冒商品信息巡查清理及交易记录、日志留存，履行违法犯罪线索报告等责任和义务，配合执法部门反向追溯电子商务平台上的侵权假冒商品经营者。指导和督促电子商务自营企业加强内部商品质量管控和知识产权管理，严把进货和销售关口，严防侵权假冒商品进入流通渠道和市场。（公安部、文化部、海关总署、工商总局、质检总局、新闻出版广电总局、食品药品监管总局、林业局、知识产权局按职责分工分别负责）

（八）落实网络服务商责任。督促网络服务商落实“通知—删除”义务，对利用网络服务实施侵权假冒行为的网络信息，及时采取删除、屏蔽、断开链接等必要措施。（工业和信息化部、公安部、文化部、海关总署、工商总局、质检总局、新闻出版广电总局、食品药品监管总局、林业局、知识产权局按职责分工分别负责）

（九）落实上下游相关企业责任。指导和督促配送、仓储、邮政、快递等企业推行寄递实名制，完善收寄验视、安检制度，拒绝接收、储运、配送、寄递侵权假冒商品，为执法部门核查违法犯罪线索提供支持。指导和督促网站落实主体责任，建立健全信息发布审核制度，不得发布侵权假冒商品信息。提供商品竞价排名搜索服务的网站，应当提醒消费者搜索结果来自竞价排名，避免误导消费者。（中央综治办、公安部、商务部、海关总署、工商总局、网信办、邮政局按职责分工分别负责）

四、加强执法协作

（十）完善部门间执法联动机制。加强工作统筹协调与部门合作，完善执法与司法部门之间的线索通报、案件咨询、联席会议制度。加强行政执法与刑事司法衔接，实现行政执法部门与公安、检察、审判机关的信息共享，及时移送涉嫌犯罪案件。加大刑事打击力度，充分利用集群战役模式，摧毁犯罪网络和产业链条。完善跨境电子商务物品通关与检验检疫监管模式。充分发挥税务机关在案件查办中线索发现、协助核查等职能作用。探索建立资金流动监管工作机制，根据侵权假冒犯罪线索，依法追查交易资金账户，控制非法资金。（公安部、农业部、文化部、人民银行、海关总署、税务总局、

工商总局、质检总局、新闻出版广电总局、食品药品监管总局、林业局、知识产权局、高法院、高检院按职责分工分别负责）

（十一）健全区域间执法协作机制。建立健全电子商务产品执法区域协查机制，实现案件线索与执法信息在区域间流转。鼓励地理位置邻近的地区特别是京津冀、长三角、泛珠三角等地区，推进案件线索和信息共享，开展区域执法联动。（全国打击侵权假冒工作领导小组办公室牵头，有关地区打击侵权假冒工作领导小组按职责分工分别负责）

（十二）完善跨境执法交流协作机制。加强境内外执法部门的合作，建立侵权假冒违法犯罪网上追溯、跨境协作、联合查办的工作机制，围绕重大涉外案件组织开展联合执法行动。（全国打击侵权假冒工作领导小组办公室牵头，公安部、商务部、海关总署、工商总局、质检总局、新闻出版广电总局、知识产权局、贸促会按职责分工分别负责）

五、健全长效机制

（十三）加快电子商务领域法规建设。针对互联网领域侵权假冒行为的特点、趋势，查找监管执法的薄弱环节，完善相关法律法规和规章制度。推动电子商务立法，明确网络商品交易规范、争议解决方式、法律责任以及监管执法依据。推动明确各类电子交易凭证、电子检验检疫报告和证书的法律效力，细化电子证据规格。研究制定电子商务平台与网络经营者侵权假冒责任划分的相关规定。制定统一编码的电子商务交易产品质量信息发布规范，建立电子商务纠纷解决和产品质量担保责任机制。制定电子商务产品质量和互联网食品药品经营的监督管理办法。针对利用微信、微博等社交网络平台制售侵权假冒商品等现象，研究相关监管和防范措施。（全国打击侵权假冒工作领导小组办公室牵头，中央综治办、工业和信息化部、公安部、农业部、商务部、文化部、海关总署、工商总局、质检总局、新闻出版广电总局、食品药品监管总局、林业局、知识产权局、法制办、网信办、高法院按职责分工分别负责）

（十四）推进电子商务领域信用体系建设。充分利用全国统一的信用信息共享交换平台和“信用中国”网站等政府网站，加强侵权假冒违法犯罪案件等信息公开。建立健全电子商务信用信息管理制度，推进人口、法人、商标和产品质量等信息资源向电子商务企业和信用服务机构开放，促进电子商务信用信息与其他领域相关信息的交换共享，完善电子商务领域信用评价和失信行为联合惩戒机制。加快推进企业标准自我声明公开和监督制度建设，组织地方开展试点，加强企业标准信息公开服务。组织各行业骨干企业开展产品质量承诺活动，对承诺企业全面开展执法检查，公开执法检查结果。指导电子商务行业组织加强行业自律，推行行业诚信公约、企业诚信守法等级评估，引导企业增强信用意识。发布失信企业“黑名单”。（发展改革委、人民银行牵头，公安部、农业部、商务部、文化部、卫生计生委、海关总署、工商总局、质检总局、新闻出版广电总局、食品药品监管总局、林业局、知识产权局、网信办按职责分工分别负责）推动电子商务领域应用网络身份证，完善网店实名制，鼓励发展社会化的电子商务网站可信认证服务。（公安部、工商总局、质检总局按职责分工分别负责）

（十五）加强政企沟通与协作。加强执法部门与电子商务企业的信息沟通与交流，与电子商务平台企业建立投诉举报、违法案件信息通报机制。加强执法部门与行业协会、商会、同业公会等社会组织的沟通联系，完善公示、约谈工作机制，共同防范和打击侵权假冒违法犯罪。（公安部、农业部、文化部、海关总署、工商总局、质检总局、新闻出版广电总局、食品药品监管总局、林业局、知识产权局、网信办按职责分工分别负责）指导地方政府帮助生产企业与电子商务企业开展合作，扩大品牌影响，促进优质商品网上销售，推动产业转型升级。（全国打击侵权假冒工作领导小组办公室牵头负责）

（十六）加强舆论和社会监督。借助各类媒体和网络信息平台，广泛开展宣传报道，曝光侵权假冒行为，及时发布网络购物消费警示，震慑违法犯罪，增强消费者自觉抵制侵权假冒商品的意识。畅通网络举报投诉渠道，鼓励和引导消费者、权利人积极举报投诉侵权假冒违法犯罪行为。积极利用国际多双边场合，宣传展示我国打击互联网领域侵权假冒工作成效，增信释疑，创造良好的舆论氛围。（全国打击侵权假冒工作领导小组办公室、中央宣传部牵头，公安部、农业部、商务部、文化部、海关总署、工商总局、质检总局、新闻出版广电总局、食品药品监管总局、林业局、知识产权局、网信办、贸促会按职责分工分别负责）

国务院办公厅

2015 年 10 月 26 日

国务院办公厅关于促进农村电子商务加快发展的指导意见

国办发〔2015〕78号

各省、自治区、直辖市人民政府，国务院各部委、各直属机构：

农村电子商务是转变农业发展方式的重要手段，是精准扶贫的重要载体。通过大众创业、万众创新，发挥市场机制作用，加快农村电子商务发展，把实体店与电商有机结合，使实体经济与互联网产生叠加效应，有利于促消费、扩内需，推动农业升级、农村发展、农民增收。经国务院批准，现就促进农村电子商务加快发展提出以下意见：

一、指导思想

全面贯彻党的十八大和十八届三中、四中、五中全会精神，落实国务院决策部署，按照全面建成小康社会目标和新型工业化、信息化、城镇化、农业现代化同步发展的要求，深化农村流通体制改革，创新农村商业模式，培育和壮大农村电子商务市场主体，加强基础设施建设，完善政策环境，加快发展线上线下融合、覆盖全程、综合配套、安全高效、便捷实惠的现代农村商品流通和服务网络。

二、发展目标

到2020年，初步建成统一开放、竞争有序、诚信守法、安全可靠、绿色环保的农村电子商务市场体系，农村电子商务与农村一二三产业深度融合，在推动农民创业就业、开拓农村消费市场、带动农村扶贫开发等方面取得明显成效。

三、重点任务

（一）积极培育农村电子商务市场主体。充分发挥现有市场资源和第三方平台作用，培育多元化农村电子商务市场主体，鼓励电商、物流、商贸、金融、供销、邮政、快递等各类社会资源加强合作，构建农村购物网络平台，实现优势资源的对接与整合，参与农村电子商务发展。

（二）扩大电子商务在农业农村的应用。在农业生产、加工、流通等环节，加强互联网技术应用和推广。拓宽农产品、民俗产品、乡村旅游等市场，在促进工业品、农业生产资料下乡的同时，为农产品进城拓展更大空间。加强运用电子商务大数据引导农业生产，促进农业发展方式转变。

（三）改善农村电子商务发展环境。硬环境方面，加强农村流通基础设施建设，提高农村宽带普及率，加强农村公路建设，提高农村物流配送能力；软环境方面，加强政策扶持，加强人才培养，营造良好市场环境。

四、政策措施

（一）加强政策扶持。深入开展电子商务进农村综合示范，优先在革命老区和贫困地区实施，有关财政支持资金不得用于网络交易平台的建设。制订出台农村电子商务服务规范和工作指引，指导地方开展工作。加快推进信息进村入户工作。加快推进适应电子商务的农产品分等分级、包装运输标准制定和应用。把电子商务纳入扶贫开发工作体系，以建档立卡贫困村为工作重点，提升贫困户运用电子商务创业增收的能力，鼓励引导电商企业开辟革命老区和贫困地区特色农产品网上销售平台，与合作社、种养大户等建立直采直供关系，增加就业和增收渠道。

（二）鼓励和支持开拓创新。鼓励地方、企业等因地制宜，积极探索农村电子商务新模式。开展农村电子商务创新创业大赛，调动返乡高校毕业生、返乡青年和农民工、大学生村官、农村青年、巾帼致富带头人、退伍军人等参与农村电子商务的积极性。开展农村电子商务强县创建活动，发挥其带动和引领作用。鼓励供销合作社创建农产品电子商务交易平台。引导各类媒体加大农村电子商务宣传力度，发掘典型案例，推广成功经验。

（三）大力培养农村电商人才。实施农村电子商务百万英才计划，对农民、合作社和政府人员等进行技能培训，增强农民使用智能手机的能力，积极利用移动互联网拓宽电子商务渠道，提升为农民提供信息服务的能力。有条件的地区可以建立专业的电子商务人才培训基地和师资队伍，努力培养一批既懂理论又懂业务、会经营网店、能带头致富的复合型人才。引导具有实践经验的电子商务从业者从城镇返乡创业，鼓励电子商务职业经理人到农村发展。

（四）加快完善农村物流体系。加强交通运输、商贸流通、农业、供销、邮政等部门和单位及电商、快递企业对相关农村物流服务网络和设施的共享衔接，加快完善县乡村农村物流体系，鼓励多站合一、服务同网。鼓励传统农村商贸企业建设乡镇商贸中心和配送中心，发挥好邮政普遍服务的优势，发展第三方配送和共同配送，重点支持老少边穷地区物流设施建设，提高流通效率。加强农产品产地集配和冷链等设施建设。

（五）加强农村基础设施建设。完善电信普遍服务补偿机制，加快农村信息基础设施建设和宽带普及。促进宽带网络提速降费，结合农村电子商务发展，持续提高农村宽带普及率。以建制村通硬化路为重点加快农村公路建设，推进城乡客运一体化，推动有条件的地区实施农村客运线路公交化改造。

（六）加大金融支持力度。鼓励村级电子商务服务点、助农取款服务点相互依托建设，实现优势互补、资源整合，提高利用效率。支持银行业金融机构和支付机构研发适合农村特点的网上支付、手机支付、供应链贷款等金融产品，加强风险控制，保障客户信息和资金安全。加大对电子商务创业农民尤其是青年农民的授信和贷款支持。简化农村网商小额短期贷款手续。符合条件的农村网商，可按规定享受创业担保贷款及贴息政策。

（七）营造规范有序的市场环境。加强网络市场监管，强化安全和质量要求，打击制售假冒伪劣商品、虚假宣传、不正当竞争和侵犯知识产权等违法行为，维护消费者合法权益，促进守法诚信经营。督促第三方平台加强内部管理，规范主体准入，遏制“刷信用”等欺诈行为。维护公平竞争的市场秩序，推进农村电子商务诚信建设。

五、组织实施

各地区、各部门要进一步提高认识，加强组织领导和统筹协调，落实工作责任，完善工作机制，切实抓好各项政策措施的落实。

地方各级人民政府特别是县级人民政府要结合本地实际，因地制宜制订实施方案，出台具体措施；充分发挥农村基层组织的带头作用，整合农村各类资源，积极推动农村电子商务发展。同时，加强规划引导，防止盲目发展和低水平竞争。

各部门要明确分工，密切协作，形成合力。商务部要会同有关部门加强统筹协调、跟踪督查，及时总结和推广经验，确保各项任务措施落实到位。

国务院办公厅
2015 年 10 月 31 日

国务院办公厅关于加快推进重要产品追溯体系建设的意见

国办发〔2015〕95号

各省、自治区、直辖市人民政府，国务院各部委、各直属机构：

追溯体系建设是采集记录产品生产、流通、消费等环节信息，实现来源可查、去向可追、责任可究，强化全过程质量安全管理与风险控制的有效措施。近年来，各地区和有关部门围绕食用农产品、食品、药品、稀土产品等重要产品，积极推动应用物联网、云计算等现代信息技术建设追溯体系，在提升企业质量管理能力、促进监管方式创新、保障消费安全等方面取得了积极成效。但是，也存在统筹规划滞后、制度标准不健全、推进机制不完善等问题。为加快应用现代信息技术建设重要产品追溯体系，经国务院同意，现提出以下意见：

一、总体要求

（一）指导思想。贯彻落实党的十八大和十八届二中、三中、四中、五中全会精神，按照国务院决策部署，坚持以落实企业追溯管理责任为基础，以推进信息化追溯为方向，加强统筹规划，健全标准规范，创新推进模式，强化互通共享，加快建设覆盖全国、先进适用的重要产品追溯体系，促进质量安全综合治理，提升产品质量安全与公共安全水平，更好地满足人民群众生活和经济社会发展需要。

（二）基本原则。坚持政府引导与市场化运作相结合，发挥企业主体作用，调动各方面积极性；坚持统筹规划与属地管理相结合，加强指导协调，层层落实责任；坚持形式多样与互联互通相结合，促进开放共享，提高运行效率；坚持政府监管与社会共治相结合，创新治理模式，保障消费安全和公共安全。

（三）主要目标。到2020年，追溯体系建设的规划标准体系得到完善，法规制度进一步健全；全国追溯数据统一共享交换机制基本形成，初步实现有关部门、地区和企业追溯信息互通共享；食用农产品、食品、药品、农业生产资料、特种设备、危险品、稀土产品等重要产品生产经营企业追溯意识显著增强，采用信息技术建设追溯体系的企业比例大幅提高；社会公众对追溯产品的认知度和接受度逐步提升，追溯体系建设市场环境明显改善。

二、统一规划，分类推进

（四）做好统筹规划。按照食品安全法、农产品质量安全法、药品管理法、特种设备安全法和民用爆炸物品安全管理条例等法律法规规定，围绕对人民群众生命财产安全和公共安全有重大影响的产品，统筹规划全国重要产品追溯体系建设。当前及今后一个时期，要将食用农产品、食品、药品、农业生产资料、特种设备、危险品、稀土产品等作为重点，分类指导、分步实施，推动生产经营企业加快建设追溯体系。各地要结合实际制定实施规划，确定追溯体系建设的重要产品名录，明确建设目标、工作任务和政策措施。

（五）推进食用农产品追溯体系建设。建立食用农产品质量安全全程追溯协作机制，以责任主体和流向管理为核心、以追溯码为载体，推动追溯管理与市场准入相衔接，实现食用农产品“从农田到餐桌”全过程追溯管理。推动农产品生产经营者积极参与国家农产品质量安全追溯管理信息平台运行。中央财政资金支持开展肉类、蔬菜、中药材等产品追溯体系建设的地区，要大力创新建设管理模式，加快建立保障追溯体系高效运行的长效机制。

（六）推进食品追溯体系建设。围绕婴幼儿配方食品、肉制品、乳制品、食用植物油、白酒等食品，督促和指导生产企业依法建立质量安全追溯体系，切实落实质量安全主体责任。推动追溯链条向食品原料供应环节延伸，实行全产业链可追溯管理。鼓励自由贸易试验区开展进口乳粉、红酒等产品追溯体系建设。

（七）推进药品追溯体系建设。以推进药品全品种、全过程追溯与监管为主要内容，建设完善药品追溯体系。在完成药品制剂类品种电子监管的基础上，逐步推广到原料药（材）、饮片等类别药品。抓好经营环节电子监管全覆盖工作，推进医疗信息系统与国家药品电子监管系统对接，形成全品种、全过程完整追溯与监管链条。

（八）推进主要农业生产资料追溯体系建设。以农药、兽药、饲料、肥料、种子等主要农业生产资料登记、生产、经营、使用环节全程追溯监管为主要内容，建立农业生产资料电子追溯码标识制度，建设主要农业生产资料追溯体系，实施全程追溯管理，保障农业生产安全、农产品质量安全、生态环境安全和人民生命安全。

（九）开展特种设备和危险品追溯体系建设。以电梯、气瓶等产品为重点，严格落实特种设备安全技术档案管理制度，推动企业对电梯产品的制造、安装、维护保养、检验以及气瓶产品的制造、充装、检验等过程信息进行记录，建立特种设备安全管理追溯体系。以民用爆炸物品、烟花爆竹、易制爆危险化学品、剧毒化学品等产品为重点，开展生产、经营、储存、运输、使用和销毁全过程信息化追溯体系建设。

（十）开展稀土产品追溯体系建设。以稀土矿产品、稀土冶炼分离产品为重点，以生产经营台账、产品包装标识等为主要内容，加快推进稀土产品追溯体系建设，实现稀土产品从开采、冶炼分离到流通、出口全过程追溯管理。

三、统一标准，互联互通

（十一）完善标准规范。结合追溯体系建设实际需要，科学规划食用农产品、食品、药品、农业生产资料、特种设备、危险品、稀土产品追溯标准体系。针对不同产品生产流通特性，制订相应的建设规范，明确基本要求，采用简便适用的追溯方式。以确保不同环节信息互联互通、产品全过程通查通识为目标，抓紧制定实施一批关键共性标准，统一数据采集指标、传输格式、接口规范及编码规则。加强标准制定工作统筹，确保不同层级、不同类别的标准相协调。

（十二）发挥认证作用。探索以认证认可加强追溯体系建设，鼓励有关机构将追溯管理作为重要评价要求，纳入现有的质量管理体系、食品安全管理体系、药品生产质量管理规范、药品经营质量管理规范、良好农业操作规范、良好生产规范、危害分析与关键控制点体系、有机产品等认证，为广大生产经营企业提供市场化认证服务。适时支持专业的第三方认证机构探索建立追溯管理体系专门认证制度。相关部门可在管理工作中积极采信第三方认证结果，带动生产经营企业积极通过认证手段提升产品追溯管理水平。

（十三）推进互联互通。建立完善政府追溯数据统一共享交换机制，积极探索政府与社会合作模式，推进各类追溯信息互通共享。有关部门和地区可根据需要，依托已有设施建设行业或地区追溯管理信息平台。鼓励生产经营企业、协会和第三方平台接入行业或地区追溯管理信息平台，实现上下游信息互联互通。开通统一的公共服务窗口，创新查询方式，面向社会公众提供追溯信息一站式查询服务。

四、多方参与，合力推进

（十四）强化企业主体责任。生产经营企业要严格遵守有关法律法规规定，建立健全追溯管理制度，切实履行主体责任。鼓励采用物联网等技术手段采集、留存信息，建立信息化的追溯体系。批发、零售、物流配送等流通企业要发挥供应链枢纽作用，带动生产企业共同打造全过程信息化追溯链条。企业间要探索建立多样化的协作机制，通过联营、合作、交叉持股等方式建立信息化追溯联合体。电子商务企业要与线下企业紧密融合，建设基于统一编码技术、线上线下一体的信息化追溯体系。外贸企业要兼顾国内外市场需求，建设内外一体的进出口信息化追溯体系。

（十五）发挥政府督促引导作用。有关部门要加强对生产经营企业的监督检查，督促企业严格遵守追溯管理制度，建立健全追溯体系。围绕追溯体系建设的重点、难点和薄弱环节，开展形式多样的示范创建活动。已列入有关部门开展的农产品质量安全、食品药品安全、质量强市、质量提升等创建活动的地区，尤其要加大示范创建力度，创造可复制可推广的经验。有条件的地方可针对部分安全风险隐患大、社会反映强烈的产品，在本行政区域内依法强制要求生产经营企业采用信息化手段建设追溯体系。

（十六）支持协会积极参与。行业协会要深入开展有关法律法规和标准宣传贯彻活动，创新自律手段和机制，推动会员企业提高积极性，主动建设追溯体系，形成有效的自律推进机制。有条件的行业协会可投资建设追溯信息平台，采用市场化方式引导会员企业建设追溯体系，形成行业性示范品牌。支持有条件的行业协会提升服务功能，为会员企业建设追溯体系提供专业化服务。

（十七）发展追溯服务产业。支持社会力量和资本投入追溯体系建设，培育创新创业新领域。支持有关机构建设第三方追溯平台，采用市场化方式吸引企业加盟，打造追溯体系建设的众创空间。探索通过政府和社会资本合作（PPP）模式建立追溯体系云服务平台，为广大中小微企业提供信息化追溯管理云服务。支持技术研发、系统集成、咨询、监理、测试及大数据分析应用等机构积极参与，为企业追溯体系建设及日常运行管理提供专业服务，形成完善的配套服务产业链。

五、挖掘价值，扩大应用

（十八）促进质量安全综合治理。推进追溯体系与检验检测体系、企业内部质量管理体系对接，打造严密的全过程质量安全管控链条。发挥追溯信息共享交换机制作用，创新质量安全和公共安全监管模式，探索实施产品全过程智能化“云监管”。构建大数据监管模型，完善预测预警机制，严防重要产品发生区域性、系统性安全风险。充分挖掘追溯数据在企业质量信用评价中的应用价值，完善质量诚信自律机制。建立智能化的产品质量安全投诉、责任主体定位、销售范围及影响评估、问题产品召回及应急处置等机制，调动公众参与质量安全和公共安全治理的积极性。

（十九）促进消费转型升级。加大宣传力度，传播追溯理念，培育追溯文化，推动形成关心追溯、支持追溯的社会氛围。逐步建立与认证认可相适应的标识标记制度，方便消费者识别。探索建立产品质量安全档案和质量失信“黑名单”，适时发布消费提示，引导消费者理性消费。加大可追溯产品推广力度，推动大型连锁超市、医院和团体消费单位等主动采购可追溯产品，营造有利于可追溯产品消费的市场环境。

（二十）促进产业创新发展。加强追溯大数据分析与成果应用，为经济调节和产业发展提供决策支持。在依法加强安全保障和商业秘密保护的前提下，逐步推动追溯数据资源向社会有序开放，鼓励商业化增值应用。鼓励生产经营企业以追溯体系建设带动品牌创建和商业模式创新。鼓励生产经营企业利用追溯体系进行市场预测与精准营销，更好地开拓国内外市场。推动农产品批发市场、集贸市场、菜市场等集中交易场所结合追溯体系建设，发展电子结算、智慧物流和电子商务，实现创新发展。

六、完善制度，强化保障

（二十一）完善法规制度。制修订有关法律法规和规章，进一步完善追溯管理制度，细化明确生产经营者责任和义务。研究制定农产品质量安全追溯管理办法，细化农产品追溯管理和市场准入工作机制。针对建立信息化追溯体系的企业，研究建立健全相应的随机抽查与监管制度，提高监管效率。研究制定追溯数据共享、开放、保护等管理办法，加强对数据采集、传输、存储、交换、利用、开放的规范管理。

（二十二）加强政策支持。推动建立多元化的投资建设机制，加大政策支持力度，带动社会资本投入。鼓励金融机构加强和改进金融服务，为开展追溯体系建设的企业提供信贷支持和产品责任保险。政府采购在同等条件下优先采购可追溯产品。完善追溯技术研发与相关产业促进政策。

（二十三）落实工作责任。地方各级人民政府要将重要产品追溯体系建设作为一项重要的民生工程和公益性事业，结合实际研究制定具体实施方案，明确任务目标及工作重点，出台有针对性的政策措施，落实部门职责分工及进度安排，确保各项任务落到实处。有关部门要按照职责分工，加强协调，密切配合，共同推进。商务部要会同有关部门加强对地方工作的检查指导。

国务院办公厅

2015 年 12 月 30 日

第二章　部委规章及一般性文件

侵害消费者权益行为处罚办法

（2015 年 1 月 5 日 国家工商行政管理总局令第 73 号公布）

第一条　为依法制止侵害消费者权益行为，保护消费者的合法权益，维护社会经济秩序，根据《消费者权益保护法》等法律法规，制定本办法。

第二条　工商行政管理部门依照《消费者权益保护法》等法律法规和本办法的规定，保护消费者为生活消费需要购买、使用商品或者接受服务的权益，对经营者侵害消费者权益的行为实施行政处罚。

第三条　工商行政管理部门依法对侵害消费者权益行为实施行政处罚，应当依照公正、公开、及时的原则，坚持处罚与教育相结合，综合运用建议、约谈、示范等方式实施行政指导，督促和指导经营者履行法定义务。

第四条　经营者为消费者提供商品或者服务，应当遵循自愿、平等、公平、诚实信用的原则，依照《消费者权益保护法》等法律法规的规定和与消费者的约定履行义务，不得侵害消费者合法权益。

第五条　经营者提供商品或者服务不得有下列行为：

（一）销售的商品或者提供的服务不符合保障人身、财产安全要求；

（二）销售失效、变质的商品；

（三）销售伪造产地、伪造或者冒用他人的厂名、厂址、篡改生产日期的商品；

（四）销售伪造或者冒用认证标志等质量标志的商品；

（五）销售的商品或者提供的服务侵犯他人注册商标专用权；

（六）销售伪造或者冒用知名商品特有的名称、包装、装潢的商品；

（七）在销售的商品中掺杂、掺假，以假充真，以次充好，以不合格商品冒充合格商品；

（八）销售国家明令淘汰并停止销售的商品；

（九）提供商品或者服务中故意使用不合格的计量器具或者破坏计量器具准确度；

（十）骗取消费者价款或者费用而不提供或者不按照约定提供商品或者服务。

第六条　经营者向消费者提供有关商品或者服务的信息应当真实、全面、准确，不得有下列虚假或者引人误解的宣传行为：

（一）不以真实名称和标记提供商品或者服务；

（二）以虚假或者引人误解的商品说明、商品标准、实物样品等方式销售商品或者服务；

（三）作虚假或者引人误解的现场说明和演示；

（四）采用虚构交易、虚标成交量、虚假评论或者雇佣他人等方式进行欺骗性销售诱导；

（五）以虚假的“清仓价”、“甩卖价”、“最低价”、“优惠价”或者其他欺骗性价格表示销售商品或者服务；

（六）以虚假的“有奖销售”、“还本销售”、“体验销售”等方式销售商品或者服务；

（七）谎称正品销售“处理品”、“残次品”、“等外品”等商品；

（八）夸大或隐瞒所提供的商品或者服务的数量、质量、性能等与消费者有重大利害关系的信息误导消费者；

（九）以其他虚假或者引人误解的宣传方式误导消费者。

第七条 经营者对工商行政管理部门责令其对提供的缺陷商品或者服务采取停止销售或者服务等措施，不得拒绝或者拖延。经营者未按照责令停止销售或者服务通知、公告要求采取措施的，视为拒绝或者拖延。

第八条 经营者提供商品或者服务，应当依照法律规定或者当事人约定承担修理、重作、更换、退货、补足商品数量、退还货款和服务费用或者赔偿损失等民事责任，不得故意拖延或者无理拒绝消费者的合法要求。经营者有下列情形之一并超过十五日的，视为故意拖延或者无理拒绝：

（一）经有关行政部门依法认定为不合格商品，自消费者提出退货要求之日起未退货的；

（二）自国家规定、当事人约定期满之日起或者不符合质量要求的自消费者提出要求之日起，无正当理由拒不履行修理、重作、更换、退货、补足商品数量、退还货款和服务费用或者赔偿损失等义务的。

第九条 经营者采用网络、电视、电话、邮购等方式销售商品，应当依照法律规定承担无理由退货义务，不得故意拖延或者无理拒绝。经营者有下列情形之一并超过十五日的，视为故意拖延或者无理拒绝：

（一）对于适用无理由退货的商品，自收到消费者退货要求之日起未办理退货手续；

（二）未经消费者确认，以自行规定该商品不适用无理由退货为由拒绝退货；

（三）以消费者已拆封、查验影响商品完好为由拒绝退货；

（四）自收到退回商品之日起无正当理由未返还消费者支付的商品价款。

第十条 经营者以预收款方式提供商品或者服务，应当与消费者明确约定商品或者服务的数量和质量、价款或者费用、履行期限和方式、安全注意事项和风险警示、售后服务、民事责任等内容。未按约定提供商品或者服务的，应当按照消费者的要求履行约定或者退回预付款，并应当承担预付款的利息、消费者必须支付的合理费用。对退款无约定的，按照有利于消费者的计算方式折算退款金额。

经营者对消费者提出的合理退款要求，明确表示不予退款，或者自约定期满之日起、无约定期限的自消费者提出退款要求之日起超过十五日未退款的，视为故意拖延或者无理拒绝。

第十一条 经营者收集、使用消费者个人信息，应当遵循合法、正当、必要的原则，明示收集、使用信息的目的、方式和范围，并经消费者同意。经营者不得有下列行为：

（一）未经消费者同意，收集、使用消费者个人信息；

（二）泄露、出售或者非法向他人提供所收集的消费者个人信息；

（三）未经消费者同意或者请求，或者消费者明确表示拒绝，向其发送商业性信息。

前款中的消费者个人信息是指经营者在提供商品或者服务活动中收集的消费者姓名、性别、职业、出生日期、身份证件号码、住址、联系方式、收入和财产状况、健康状况、消费情况等能够单独或者与其他信息结合识别消费者的信息。

第十二条 经营者向消费者提供商品或者服务使用格式条款、通知、声明、店堂告示等的，应当以显著方式提请消费者注意与消费者有重大利害关系的内容，并按照消费者的要求予以说明，不得作出含有下列内容的规定：

（一）免除或者部分免除经营者对其所提供的商品或者服务应当承担的修理、重作、更换、退货、补足商品数量、退还货款和服务费用、赔偿损失等责任；

（二）排除或者限制消费者提出修理、更换、退货、赔偿损失以及获得违约金和其他合理赔偿的权利；

（三）排除或者限制消费者依法投诉、举报、提起诉讼的权利；

（四）强制或者变相强制消费者购买和使用其提供的或者其指定的经营者提供的商品或者服务，对不接受其不合理条件的消费者拒绝提供相应商品或者服务，或者提高收费标准；

（五）规定经营者有权任意变更或者解除合同，限制消费者依法变更或者解除合同权利；

（六）规定经营者单方享有解释权或者最终解释权；

（七）其他对消费者不公平、不合理的规定。

第十三条 从事服务业的经营者不得有下列行为：

（一）从事为消费者提供修理、加工、安装、装饰装修等服务的经营者谎报用工用料，故意损坏、偷换零部件或材料，使用不符合国家质量标准或者与约定不相符的零部件或材料，更换不需要更换的零部件，或者偷工减料、加收费用，损害消费者权益的；

（二）从事房屋租赁、家政服务等中介服务的经营者提供虚假信息或者采取欺骗、恶意串通等手段损害消费者权益的。

第十四条 经营者有本办法第五条至第十一条规定的情形之一，其他法律、法规有规定的，依照法律、法规的规定执行；法律、法规未作规定的，由工商行政管理部门依照《消费者权益保护法》第五十六条予以处罚。

第十五条 经营者违反本办法第十二条、第十三条规定，其他法律、法规有规定的，依照法律、法规的规定执行；法律、法规未作规定的，由工商行政管理部门责令改正，可以单处或者并处警告，违法所得三倍以下、但最高不超过三万元的罚款，没有违法所得的，处以一万元以下的罚款。

第十六条 经营者有本办法第五条第（一）项至第（六）项规定行为之一且不能证明自己并非欺骗、误导消费者而实施此种行为的，属于欺诈行为。

经营者有本办法第五条第（七）项至第（十）项、第六条和第十三条规定行为之一的，属于欺诈行为。

第十七条 经营者对工商行政管理部门作出的行政处罚决定不服的，可以依法申请行政复议或者提起行政诉讼。

第十八条 侵害消费者权益违法行为涉嫌犯罪的，工商行政管理部门应当按照有关规定，移送司法机关追究其刑事责任。

第十九条 工商行政管理部门依照法律法规及本办法规定对经营者予以行政处罚的，应当记入经营者的信用档案，并通过企业信用信息公示系统等及时向社会公布。

企业应当依据《企业信息公示暂行条例》的规定，通过企业信用信息公示系统及时向社会公布相关行政处罚信息。

第二十条 工商行政管理执法人员玩忽职守或者包庇经营者侵害消费者合法权益的行为的，应当依法给予行政处分；涉嫌犯罪的，依法移送司法机关。

第二十一条 本办法由国家工商行政管理总局负责解释。

第二十二条 本办法自 2015 年 3 月 15 日起施行。1996 年 3 月 15 日国家工商行政管理局发布的《欺诈消费者行为处罚办法》（国家工商行政管理局令第 50 号）同时废止。

工商总局关于认真做好 2015 年流通领域商品质量抽查检验工作的通知

工商消字〔2015〕13 号

各省、自治区、直辖市工商行政管理局、市场监督管理部门：

为贯彻落实全国工商行政管理工作会议部署，切实按照《消费者权益保护法》（以下简称《消法》）和《流通领域商品质量抽查检验办法》（以下简称《抽检办法》）的要求，认真开展流通领域商品质量抽查检验工作，努力营造安全放心的消费环境，现就做好 2015 年流通领域商品质量抽查检验工作通知如下：

一、严格执行《抽检办法》，进一步提升抽检工作法治化、规范化水平

《抽检办法》是落实新《消法》赋予工商部门监管职责的重要规章，是依法规范流通领域商品质量抽检工作的重要体现，是深入开展重点领域消费维权工作的重要抓手。各省（区、市）工商、市场监管部门（以下简称各省工商部门）要按照《抽检办法》的要求，健全完善商品质量抽检工作机制，严格规范抽检工作程序，切实提高商品质量抽检工作法治化、规范化水平。各省工商部门要统筹管理和组织开展辖区流通领域商品质量抽检工作，及时制定年度抽检计划，确定抽检重点商品和区域。要依法依规选择具备法定资质且信誉良好的检验机构承担抽检检验工作，明确检验任务和质量要求，采取有效措施防止检验机构低价恶意竞争，影响抽检工作效能。要按照《抽检办法》规定，及时将抽检结果通知被抽样的经营者，对检验不合格的，还应当通知样品标称的生产者。收到复检申请后，应当及时确定具备法定资质的复检机构，并书面通知复检申请人和承检机构。

二、积极创新抽检方式方法，进一步提升抽检工作的科学性、有效性

根据全国消费者投诉举报数据分析、有关组织、大众传播媒介以及各地行政执法中反映的商品质量问题，总局在家用电子电器、服装鞋帽、装饰装修材料、交通工具等重点领域中安排了电视机、电热水器、儿童服装、羊毛羊绒服装、人造板、涂料、电动自行车、刹车片等 22 种商品，部署各地开展抽检工作（见附件 1）。各省工商部门要结合本通知要求和当地商品质量实际状况，统筹规划抽检工作，有针对性地加大重点领域商品质量抽检工作力度。要加强商品质量日常监督检查，督促经营者自觉履行商品质量管理的法定职责，确保重点领域商品质量抽检工作取得实效，不断提升流通领域商品质量水平。总局将进一步加强专项执法检查，统一部署对眼镜、节能灯、手机等商品质量抽检，并将适时在全国范围内针对质量问题突出的商品组织开展抽检工作。各地工商、市场监管部门要配合相关部门继续做好建材市场和消防产品质量的专项整治，进一步规范市场秩序。

各地工商、市场监管部门要强化抽检结果的运用，严厉查办销售假冒伪劣和不合格商品违法案件。对经抽检并依法认定为不合格的商品，经营者故意拖延或者无理拒绝消费者退货要求的，应当依法予以处罚。发现并认定商品存在缺陷，有危及人身、财产安全危险的，应当立即责令经营者采取停止销售、警示等措施，并及时通报商品标称生产者所在地有关行政部门。实施抽检的工商、市场监管部门公布有危及人身、财产安全危险且不符合强制性标准的商品名单后，对辖区内经营者未停止销售名单中同一商标的同一规格型号商品的要依法处罚。对质量问题突出的商品品种，要集中执法力量开展专

项整治；对质量问题较多的行业，要会同有关部门和行业协会开展治理整顿，切实解决群众反映强烈的热点难点问题。要加强案件督查协办和联动执法协作，组织协调商品质量安全大要案件的办理工作，对严重侵害消费者权益的案件挂牌督办、限时办结，依法及时移送涉嫌犯罪案件，切实保障商品市场的消费安全。

各省工商部门要按照《消法》和《抽检办法》的规定，及时向社会公布抽检结果。实施行政处罚的工商、市场监管部门应当将处罚情况记入经营者信用档案，并通过企业信用信息公示系统及时向社会公布，通过信用的约束，用社会的力量惩戒侵害消费者权益的违法经营者。对总局安排的抽检工作，各省工商部门在抽检工作结束后，要及时将抽检结果以及有关处理工作情况形成书面报告，并填写《2015 年流通领域商品质量抽查检验工作统计表》（见附件 2）、《2015 年流通领域商品质量抽查检验结果汇总表》（见附件 3），按时报送工商总局消费者权益保护局。

附件：1. 2015 年部分重点商品质量抽查检验安排表（略）

2. 2015 年流通领域商品质量抽查检验工作统计表（略）

3. 2015 年流通领域商品质量抽查检验结果汇总表（略）

工商总局

2015 年 1 月 21 日

商务部办公厅等关于进一步加强零售商供应商交易监管工作的通知

商办秩函〔2015〕42号

近年来，各地区有关部门针对大型零售企业向供应商违规收费等问题，联合开展清理整顿工作，探索建立长效机制，采取多种方式促进零售商供应商公平交易。总体看，企业收费行为逐步规范，行业自律意识不断提高，零售商供应商交易（以下简称零供交易）关系逐步改善。但部分企业逃避市场监管、违规收取费用等现象仍不同程度存在。为切实加强零供交易监管，促进公平交易，现就有关事项通知如下：

一、严格规范促销行为，健全收费公示制度

商务主管部门要会同有关部门依据《零售商供应商公平交易管理办法》（商务部令2006年第17号，以下简称《办法》），严格规范零售商促销服务收费行为。零售商为吸引消费者、扩大销售，依照合同约定开展促销服务可以收取相应费用，但不应以促销行为代替应向供应商提供的基本营销服务。促销服务主要包括印制促销海报和刊物、制作促销宣传品、在网站或移动终端特定专区发布促销信息等相应服务；开展顾客体验、主题推广等促销活动；提供店内特定造型摆放、集中品牌展示等相应服务。零售企业未按照合同约定提供相应服务且不返还未提供服务部分的费用，收取其他与销售商品没有直接关系、应当由零售企业自身承担的费用或要求无条件返利及不合理扣款等，均属于违反《办法》的不正当行为。地方商务主管部门要会同发展改革（物价）、工商等相关部门，依据有关法律法规，引导零售企业规范促销服务费用具体项目，合理合法收费。

发展改革（物价）部门要会同商务主管部门指导、督促零售企业建立健全收费公示制度，实行明码标价，并加大对收费公示情况的日常监督检查。零售企业总部及其门店均应建立有关收费公示的管理制度，落实责任人员，加强内部管理和检查；要明确收费项目、收费标准（价格）、适用对象、收费条件，并与应提供的服务内容相对应；要在谈判室、财务室或经营场所的醒目位置，设置（放置）标价牌或价目表或价格手册，并可通过显示屏、电脑、多媒体终端等现代信息技术手段进行查询。

二、强化执法协作机制，加大监督检查力度

商务主管部门要会同发展改革（物价）、公安、税务、工商等部门进一步完善工作机制，健全定期会商制度，加强执法协作，严肃查处不公平交易和不正当竞争行为。

商务主管部门要规范零售企业促销服务行为，依法检查零售企业收费后未按约定向供应商提供相应服务、拖欠供应商货款等行为。发展改革（物价）部门要加强市场价格监管，规范零售商、供应商价格行为，依法查处各类价格违法和价格垄断行为。税务主管部门要检查零售企业促销服务费纳税情况，依法查处零售企业涉税违法行为。工商行政管理部门要加强对零售企业经营活动的监督检查，依法查处零供交易活动中的不正当竞争行为和垄断行为。公安机关要对涉嫌犯罪行为及时立案侦查。

要发挥商务（12312）、价格（12358）、工商（12315）、税务（12366）等部门的举报投诉平台作用，建立举报投诉

移交转办和执法信息共享机制，对发现的违法违规线索一查到底。建立重大案件挂牌督办制度，始终保持打击违规收费行为的高压态势。

三、拓宽产品销售渠道，增强供应商竞争实力

商务主管部门要发挥市场运行调节机制作用，及时发布市场监测信息，引导产销有效衔接。促进供应商加强市场分析，开发适销对路产品，避免产品同质化竞争。要会同有关部门加快推动电子商务发展，引导中小供应商充分利用网络平台、移动终端等新型营销手段，拓宽销售渠道，创新营销方式。鼓励有条件的供应商探索形成统一采购、配送和经营的直营或加盟销售模式。加强中小流通企业公共服务体系建设，鼓励零售企业推行中小供应商扶持计划，为中小供应商融资提供便利。

积极促进有条件的地方建立供应商协会，培育独立、专业、有广泛代表性的行业组织。支持中小供应商建立销售联盟，增强与零售企业谈判和议价能力。

四、鼓励创新发展模式，引导零售企业转型升级

商务主管部门要支持传统零售企业拓展业务发展模式，加强内部经营管理和品牌培育，通过开展职业“买手”、供应链和品类管理等业务培训，提升人才队伍素质，形成经营和服务的新优势。鼓励有条件的零售企业建立产品直采基地和物流配送中心，加强产销衔接，建立零售商和供应商长期互惠合作关系。引导零售企业运用现代信息技术，提高采购、仓储、运输（配送）等环节的科学管理水平，积极探索线上线下融合发展。协调有关部门出台商贸流通企业融资支持政策，为企业发展和转型升级提供必要的资金保障。

五、健全纠纷调解机制，加强行业诚信建设

鼓励零售企业建立健全与供应商的纠纷调解机制，通过完善相关管理制度，设置专门岗位，安排专人负责，及时调解纠纷。支持行业协会等社会中介组织建立零售商供应商信息交流平台，及时化解零供交易矛盾。指导行业协会研究制订行业标准和合同规范。

加强行业信用体系建设。将违法违规企业和相关人员的信息纳入有关部门的信用信息系统和国家统一的信用信息共享交换平台，建立“黑名单”，依法向社会公示，加大对失信行为的惩戒力度。继续推动行业协会建立会员企业信用信息数据库，鼓励行业协会与有资质的第三方信用服务机构合作，依法开展行业信用评价，树立诚信经营典型。大力开展宣传教育和舆论引导，强化企业契约意识和诚信经营理念。

促进零售商供应商公平交易，对于转变流通发展方式，规范市场经济秩序，建设法治化营商环境具有重要意义。各地区有关部门要加强组织领导，健全工作机制，细化工作任务，落实工作责任，切实做好零供交易监管工作，促进零售商供应商和谐共赢发展。

商务部办公厅
发展改革委办公厅
公安部办公厅
税务总局办公厅
工商总局办公厅
2015 年 1 月 26 日

商务部办公厅关于印发《2015年规范市场秩序工作要点》的通知

商办秩函〔2015〕77号

各省、自治区、直辖市、计划单列市及新疆生产建设兵团商务主管部门：

现将《2015年规范市场秩序工作要点》印发给你们，请结合本地区实际认真贯彻执行。

商务部办公厅

2015年2月25日

2015年规范市场秩序工作要点

2015年，商务领域规范市场秩序工作要认真贯彻党的十八届三中、四中全会、中央经济工作会议、全国商务工作会议精神，围绕营造法治化营商环境的工作目标，依法行政，全面履职，加强市场监管，规范市场秩序，重点抓好4个方面、14项工作任务。

一、大力整顿和规范市场秩序

（一）协调整顿扰乱市场秩序的突出问题。发挥整顿和规范市场秩序协调机制牵头作用，会同有关执法部门，针对群众反映强烈、影响市场经济秩序的突出问题，组织开展专项整治，严格市场监管，查处违法违规行为，积极构建长效机制，努力探索治本之策。

（二）消除地区封锁，打破行业垄断。组织开展地区封锁状况监测。研究修订《国务院关于禁止在市场经济活动中实行地区封锁的规定》。积极配合发展改革、财政部门落实好维护统一市场和公平竞争的相关改革任务。

（三）规范零售商供应商交易关系。推进《零售商供应商公平交易管理条例》立法进程。贯彻落实商务部等5部门《关于进一步加强零售商供应商交易监管工作的通知》（商办秩函〔2015〕42号），研究制订零售商供应商购销合同规范，条件成熟的地方要出台合同示范文本，推行促销服务协议制度。指导行业协会建立矛盾调解机制，及时化解交易纠纷。

（四）加强单用途商业预付卡管理。修订出台《单用途商业预付卡管理办法》，将电子商务平台、购物中心等新的发卡主体和代理销售等新的发卡方式纳入监管范围。各地要加强发卡企业备案工作，检查备案企业预收资金管理状况，防范各类资金风险。

二、全面推进商务诚信建设

（五）加快行政管理信息共享机制建设。抓紧建设商务信用信息交换共享平台，与相关部门进行信用信息互换共享。实施“商务诚信建设重点推进行动计划”，有条件的地方要探索建设区域性商贸流通企业行政管理信息平台。推动在行政管理事项中使用相关信用信息。

（六）加快市场化综合信用评价机制建设。各地要积极培育和引导市场化平台企业建立基于交易主体评价和社会综合评价的虚拟信用评价机制，推动评价信息在平台之间共享和互认。在大众消费领域推动建设一批覆盖线上网络或线下实体消费的区域性消费信用信息平台；在批发、物流等领域推动建设一批具有行业特色的企业交易信用信息平台。

（七）加快第三方专业信用评价机制建设。研究制订《商业保理业管理办法》，支持并规范第三方信用服务行业发展。各地要继续实施国内贸易信用保险补助政策，研究运用企业信用交易评价信息。继续指导行业商协会开展行业信用评价，各地区要组织开展“诚信兴商宣传月”活动，宣传推广行业信用评价结果。

三、提高行业管理和保障水平

（八）大力推进流通追溯体系建设。积极承担牵头职责，编制实施重要产品追溯体系建设规划，强化统筹协调，做到全国统一部署与地方分级推进相结合。狠抓项目建设进度和质量管理，前四批 50 个肉菜追溯试点城市、前两批 11 个中药材追溯试点省市要确保年底前全部建成运行。建立有效的运行管理与保障机制，落实运行维护责任。完善大数据分析与智能化应用机制，提升追溯体系综合服务功能。

（九）加强药品流通行业管理。总结药品流通行业“十二五”规划纲要落实情况，根据医改新形势、行业发展新趋势，研究制订“十三五”规划。加强药品价格、医保制度等改革中的政策协调，加快发展现代医药物流和连锁经营，提高行业集中度。推进中药材现代物流体系建设。加强行业标准、统计和人才培训等基础建设。

（十）规范无店铺零售和直销业健康发展。规范无店铺零售行为，加强行业统计分析；推动建立跨部门综合治理机制，切实维护行业经营秩序。完善直销审批备案程序，加大政务公开，做好行业发展情况研究分析。会同公安、工商部门加强直销经营活动事中事后监管，督促企业规范经营。

（十一）做好食品安全相关工作。做好商务领域食品安全相关工作。积极履行商务主管部门行业管理职能，推动完善食品流通相关制度。加强食品安全宣传培训，组织好食品安全宣传周等各项宣传活动。

四、切实加强执法监管能力建设

（十二）制定监管执法信息共享标准。落实《国务院关于促进市场公平竞争维护市场正常秩序的若干意见》（国发〔2014〕20 号），综合考虑不同类别监管执法信息共性与特点，按照先易后难、先简后繁、分段实施、逐步推进的原则，科学制订部门监管执法信息共享原则、共享标准、共享内容。

（十三）加强和改进市场监管执法。深入推进综合执法，各地商务主管部门要加强执法队伍建设，合理配置执法力量。大力开展执法宣传教育和培训，提升执法人员业务素质和办案能力。完善管理制度，加强日常监督检查，全面履行市场监管职责。

（十四）强化市场监管公共服务体系建设。重点支持全国 12312 举报投诉服务网络建设，畅通举报投诉渠道。各地商务主管部门要加强日常管理，确保 12312 举报投诉中心正常运转；完善案件受理及转办督办机制和流程，提高工作效率，拓宽服务领域。

工商总局关于完善消费环节经营者首问和赔偿先付制度切实保护消费者合法权益的意见

工商消字〔2015〕36号

各省、自治区、直辖市及计划单列市、副省级市工商行政管理局、市场监督管理部门：

为落实《国务院关于促进市场公平竞争维护市场正常秩序的若干意见》（国发〔2014〕20号）要求，进一步加强市场监管，促进消费维权社会协同共治，营造公平竞争的市场环境和安全放心的消费环境，切实保护消费者合法权益，依据《消费者权益保护法》、《产品质量法》等法律法规规定，现就完善消费环节经营者首问和赔偿先付制度提出如下意见：

一、完善消费环节经营者首问制度，督促经营者切实履行消费维权第一责任人的责任

（一）消费环节经营者应当依法履行消费维权第一责任人的责任，依据“谁销售商品谁负责，谁提供服务谁负责”的原则，及时受理和依法处理消费者投诉，主动和解消费纠纷。

消费环节经营者首问制度，是指消费者因购买、使用商品或者接受服务导致合法权益受损时，可以向销售者或者服务者进行维权，该经营者必须依法承担首问责任，不得推诿。

（二）消费者通过网络交易平台购买商品或者接受服务导致合法权益受损的，可以直接向销售者或者服务者要求赔偿。网络交易平台经营者不能提供销售者或者服务者的真实名称、地址和有效联系方式的，消费者可以向网络交易平台经营者要求赔偿。网络交易平台经营者作出更有利于消费者承诺的，应当履行承诺。网络交易平台赔偿后，依法向销售者或者服务者追偿。

（三）消费者在展销会、租赁柜台购买商品或者接受服务导致合法权益受损的，可以直接向销售者或者服务者要求赔偿。展销会结束或者柜台租赁期满后，可以向展销会的举办者、柜台的出租者要求赔偿；展销会的举办者、柜台的出租者赔偿后，依法向销售者或者服务者追偿。

（四）消费者或者其他受害人因商品缺陷造成人身、财产损害的，可以向销售者要求赔偿，也可以向生产者要求赔偿。消费者向销售者要求赔偿的，销售者不得推诿；销售者赔偿后，依法向生产者追偿。

（五）对于消费者维护权益的合理要求，经营者不得推诿，不得故意拖延处理或者无理拒绝。对于消费者和经营者双方自愿和解的，经营者应当及时履行和解协议；双方和解不成，消费者又向有关行政部门或者消费者保护组织投诉的，经营者应当积极配合调查处理。

（六）销售者、服务者等经营者要建立健全消费纠纷和解、消费侵权赔偿制度，设立专门部门或者指定专人负责处理消费者投诉，并应当在其经营场所的醒目位置或者以其他便于消费者知悉的方式，公开其处理消费纠纷相关程序。

二、鼓励和引导消费环节经营者建立赔偿先付制度，提高消费纠纷解决效率

（七）鼓励、引导有柜台或者场地出租的商场、超市，特别是具备一定规模的家具、建材、家电等大型商场（以下简称商场），摊位较多的集贸市场、批发市场（以下简称市场），网络交易平台、电视购物平台（以下简称平台）等为销售者、服务者提供经营条件及相关服务的经营者，建立和完善赔偿先付制度。

消费环节赔偿先付制度，是指商场、市场和平台经营者与场所内的销售者或者服务者在双方自愿的基础上签订消费者投诉赔偿先付协议（条款），当出现侵害消费者合法权益的行为，而销售者或者服务者故意拖延处理或者无理拒绝赔付，以及因销售者或者服务者撤场等情况导致消费者无法获得赔偿时，由商场、市场和平台经营者向消费者进行先行赔付。商场、市场和平台经营者向消费者进行赔偿先付后，可以依法或者依约定向有关销售者、服务者进行追偿。

（八）已经建立赔偿先付制度的商场、市场和平台经营者要明确启动赔偿先付的条件、流程、方式、范围，完善赔偿先付程序，向广大消费者和商场、市场、平台内的销售者或者服务者进行公示，接受社会监督。

1. 启动赔偿先付制度应当具备以下基本条件：（1）消费者提供发票等购货凭证或者服务单据；（2）除适用《消费者权益保护法》第二十三条第三款规定的举证倒置情形外，由消费者证明其合法权益受到损害；（3）消费者主张维护自身合法权益的时效应当符合《消费者权益保护法》第二十四条的有关规定；（4）负有赔偿责任的销售者或者服务者存在故意拖延、无理拒绝或者因撤场等原因造成消费者难以索赔的情形。

2. 赔偿先付制度的一般流程为：（1）消费者认为自身合法权益受损时，可以直接向销售者或者服务者索赔；消费者对销售者或者服务者的处理结果不满意的，可以向商场、市场和平台经营者投诉；（2）商场、市场和平台经营者接到投诉后，应当及时安排专人处理，组织销售者或者服务者和消费者进行协商；（3）协商一致的，商场、市场和平台经营者要督促销售者或者服务者及时履行协议；（4）协商不能达成一致，经核实消费者投诉的销售者或者服务者确实存在过错的，商场、市场和平台经营者要按照建立的赔偿先付制度向消费者先行赔付。

3. 赔偿先付的方式主要包括对商品进行修理、重作、更换、退货、补足商品数量、退还购货款项和服务费用或者赔偿损失。

4. 赔偿先付的范围主要包括：因商品或者服务质量问题而引起的商品或者服务价值损失；消费合同中规定的违约金；因售后、安装等问题而给消费者引起的损失。

（九）商场、市场和平台经营者可以与场内销售者、服务者在平等协商的基础上，实施场内经营资质信用管理。即与场内销售者或者服务者签订合同（协议）时明确消费者权益保护条款，对多次被消费者投诉且拒不整改，或者多次被认定存在侵害消费者合法权益行为的销售者或者服务者，通过解除合同、不续签合同等方式终止其经营资格，以此为手段规范销售者、服务者的经营行为，营造诚信经营环境。

（十）鼓励、引导商场、市场和平台经营者根据自身经营特点，积极设立“消费维权服务站”，公示受理消费者投诉途径，并利用投诉服务电话、互联网以及移动互联通讯等多种方式，及时受理和处理消费者投诉。

消费者通过其他法定渠道维护自己权益的，商场、市场和平台经营者应当依据消费者的请求，及时提供相关销售者或者服务者的真实登记信息、交易信息等有关情况，积极协助消费者维护自身合法权益。

三、大力推进 12315“五进”建设，将经营者首问和赔偿先付制度落到实处

（十一）完善消费环节经营者首问和赔偿先付制度是国发〔2014〕20 号文件赋予工商行政管理部门的重要任务，是构建协同共治消费维权新机制、营造安全放心消费环境的重要举措。各地工商、市场监管部门要从完善市场监管体系、维护市场秩序、保护消费者合法权益的高度，采取切实有效措施，推动经营者首问和赔偿先付制度的落实。

（十二）各地工商、市场监管部门要将大力推进 12315“五进”建设作为完善经营者首问和赔偿先付制度的重要抓手，积极推动商场、市场和平台经营者设立“消费维权服务站”，督促其切实履行消费维权的社会责任，及时

受理和处理消费者投诉。要根据经营主体的不同特点，综合考虑地区、行业和经营规模的差异，加强分类指导，督促经营者切实履行首问责任，鼓励和引导有条件的商场、市场和平台经营者建立赔偿先付制度，提高消费纠纷处理效率。

（十三）各地工商、市场监管部门要与辖区内的“消费维权服务站”建立健全日常联系机制，及时通报消费者投诉处理情况；加强对“消费维权服务站”工作人员的业务培训，提高其处理消费纠纷的能力。对于将消费者投诉通过“绿色通道”（维权直通车）转至被诉经营者和解处理的，要对处理结果进行跟踪督办；对消费者投诉相对集中或处理消费纠纷不力的经营者，要通过行政约谈、发送建议书等方式及时进行督促整改。要积极推进“诉转案”机制建设，对拒不履行首问责任的经营者，要依据《消费者权益保护法》、《产品质量法》以及《侵害消费者权益行为处罚办法》（工商总局令第73号）等法律法规和规章予以处理；经营者因拒不履行首问责任而被工商、市场监管部门处罚的，要将其处罚信息通过企业信用信息公示系统及时向社会公布。

（十四）各地工商、市场监管部门要大力宣传消费维权政策法规，加强对经营者的教育引导。对积极处理消费纠纷和建立赔偿先付制度效果好的经营者，要发挥典型示范作用，联合有关政府部门、行业协会、新闻媒体等进行宣传表彰。有条件的地区可以探索将落实经营者首问责任和赔偿先付制度与“放心消费创建活动”、“建设星级信用市场”等活动相结合，引导经营者积极参与，共同营造安全放心的消费环境，更好地保护消费者合法权益。

工商总局

2015年3月4日

商务部办公厅关于印发《2015年流通业发展工作要点》的通知

商办流通函〔2015〕98号

各省、自治区、直辖市、计划单列市及新疆生产建设兵团商务主管部门：

现将《2015年流通业发展工作要点》印发给你们，请结合本地区实际贯彻执行。

商务部办公厅

2015年3月20日

2015年流通业发展工作要点

2015年，流通业发展工作要认真贯彻党的十八届三中、四中全会、中央经济工作会议和全国商务工作会议精神，以改革和创新为工作主线，深化内贸流通体制改革，推动现代流通方式融合发展，培育创新型流通主体，完善政策制度环境，促进流通产业转型升级，更好服务商务发展大局。

一、深入推进内贸流通体制改革

贯彻落实党中央、国务院决策部署，选择部分城市组织开展国内贸易流通体制改革发展综合试点，在流通创新发展促进机制、市场规制体系、基础设施建设运营模式、管理体制等方面探索形成一批可复制的经验和模式并及时总结推广，为全面深化流通体制改革提供借鉴。进一步简政放权，转变政府职能，在上海、天津、广东、福建四个自由贸易试验区开展融资租赁、典当管理体制改革试点。落实好拍卖企业设立“先照后证”改革工作。加强跨区域流通改革发展工作指导，支持长江经济带等区域市场一体化建设。各地商务主管部门要结合当时实际，参照全国试点做法组织开展省级内贸流通体制改革试点，以深化改革促进流通业发展。

二、推动传统商业转型升级

组织编制《“十三五”零售业发展规划（2016-2020）》，引导传统商业企业加快转型升级，创新商业模式，促进连锁经营、物流配送、电子商务融合发展。加强信息化技术推广应用，支持建设智能商业设施和智能商圈，推广统一商品信息编码。优化零售业统计数据分析，加强数据信息成果应用，提高对行业发展指导作用。加快《商业特许经营管理条例》修订工作。支持建设品牌产品集采分销平台，鼓励大型零售企业自营代理国外品牌、发展自主品牌，继续推进品牌消费集聚区建设。建立和完善中华老字号电子档案，加强中华老字号品牌宣传，加大老字号侵权行为打击力度，支持老字号企业开拓市场。继续推进现代服务业综合试点，加强试点考核评估，总结推广试点经验，适时扩大试点范围。

三、大力发展商贸物流

加强规划指导，组织编制《商贸物流发展中长期规划》、《电子商务物流发展专项规划》、《京津冀商贸物流专项规划》。深入推进城市共同配送试点，总结推广试点地区经验，完善城市物流配送服务体系，促进物流园区分拨中心、公共配送中心、末端配送点三级配送网络合理布局，培育一批具有整合资源功能的城市配送综合信息服务平台，推广共同配送、集中配送、网订店取、自助提货柜等新型配送模式。加强商贸物流标准化建设，组织实施《商贸物流标准化专项行动计划》，抓好托盘标准化试点，研究提出托盘循环共用、城市配送等商贸物流重点领域标准体系框架，推进物流信息平台标准化建设，加快重点标准制修订工作。加强电子商务、生产资料、冷链等重点领域物流建设。贯彻实施有关国家标准，开展绿色仓储与配送示范活动，引导仓储物流企业规范开展担保存货管理业务，研究提出仓储业发展指数体系。继续开展两岸冷链合作试点，深入推进两岸产业务实合作。

四、促进绿色流通发展

组织实施《再生资源回收体系建设中长期规划》，指导各地编制省级再生资源回收规划。认真贯彻落实《商务部关于大力发展绿色流通的指导意见》，完善再生资源回收体系，会同有关部门选择部分地区开展废电池回收体系建设试点，推动再生资源回收体系与生活垃圾清运体系两网协同发展，积极推进废弃电器电子产品、废弃包装物回收体系建设。组织开展《再生资源回收管理条例》前期研究工作。推动流通领域节能减排，组织开展低碳节能绿色流通宣传活动，推广绿色采购，组织开展绿色流通、绿色供应链、绿色商场等试点工作。发布“十二五”期间零售业节能状况调查报告。做好散装水泥推广工作。

五、加强流通标准化建设

贯彻落实国家标准化制度改革意见，修改完善内贸流通标准立项、审查、发布、宣贯等制度和程序。组织编制《“十三五”时期国内贸易流通标准化建设规划》，创新流通标准化工作体制机制，建立流通标准化体系框架，明确重点领域标准制修订、宣贯实施的中长期计划。加大重点标准制修订力度，增强标准覆盖面和实效性、先进性，突出商贸物流、电子商务、农产品冷链、居民生活服务等重点领域，重点制定基本经营要求、服务规范、交易规则、消费者保护、安全健康、节能环保、信息化自动化技术应用等方面的管理标准和技术标准。开展老旧标准清理和复查工作。加强标准应用实施力度，会同国家标准委组织开展流通标准化试点。根据国家标准化制度改革意见实施进程，研究开展流通领域社团标准建设试点。

六、支持中小商贸流通企业创新发展

编制《中小商贸流通企业“十三五”发展规划》，明确中小商贸流通企业发展方向、主要工作任务和政策措施。在全国范围推进中小商贸流通企业服务体系建设，完善省级、市级服务平台，推动中央与地方网络平台对接，加快形成部、省、市互联互通的服务平台网络，引导和支持更多社会力量进入公共服务领域，逐步建立包括政府公共服务、市场化专业服务和行业协会自律服务的综合服务体系。会同相关部门选择部分城市开展中小企业创新发展综合试点，创新政策和制度体系，支持建设帮助中小商贸流通企业连锁式、集聚式、品牌式发展的集聚区专业化平台，促进中小商贸流通企业转型创新发展。

七、引导特殊行业健康快速发展

加快行业立法工作，推动出台《典当业管理条例》，组织起草《融资租赁企业管理条例》，开展《拍卖法》修订前期研究工作。完善典当行设立审批和监督管理工作规则，促进地方审批、监管工作公开化、透明化、科学化和规范化。推动出台促进融资租赁发展的政策措施，加强融资租赁企业事中事后监管，加强地方监管队伍建设，支持行业协会充分发挥行业自律、统计分析、人员培训等方面作用。会同有关部门研究推动发展进境免税店，引导境外消费回流。会同有关部门推动境外旅客购物退税政策落实。

八、强化商贸流通领域安全生产工作

进一步强化安全生产红线意识和底线思维，深入贯彻落实全国安全生产工作会议精神。协助指导商场、超市、批发市场、宾馆、饭店等商贸企业加强安全管理，贯彻新的《中华人民共和国安全生产法》，落实安全防范措施。指导加强人员密集场所和各类大型商业活动的安全监督管理，抓好节假日安全监管和风险防范。完善内贸流通领域安全生产标准体系。加强安全生产法律法规和相关知识的宣传培训力度，提高安全生产管理工作信息化水平。

商务部关于网络零售第三方平台交易规则制定程序规定（试行）

（2014 年 12 月 24 日商务部令第 7 号公布，自 2015 年 4 月 1 日起施行）

第一条　为了促进网络零售的健康发展，保护依托第三方平台网络零售活动中各主体的合法权益，维护公共利益，加强公共信息服务，根据有关法律法规，制定本规定。

第二条　网络零售第三方平台经营者制定、修改、实施交易规则应当遵守本规定。

第三条　本规定所称交易规则，是指网络零售第三方平台经营者制定、修改、实施的适用于使用平台服务的不特定主体、涉及社会公共利益的公开规则。

本规定所称网络零售第三方平台经营者，是指为其他经营者进行网络零售提供虚拟经营场所及相关服务，且在中华人民共和国境内经营的法人及其他组织。

本规定所称网络零售，是指以互联网为媒介向消费者销售商品或提供经营性服务的行为。

第四条　网络零售第三方平台交易规则的制定、修改、实施应当遵循公开、公平、公正的原则，遵守法律、行政法规，尊重社会公德，不得扰乱社会经济秩序，损害社会公共利益。

第五条　商务部负责建设网络零售第三方平台交易规则备案系统，省、自治区、直辖市商务主管部门（以下称省级商务主管部门）负责网络零售第三方平台交易规则备案等日常管理。

第六条　网络零售第三方平台经营者制定、修改、实施的下列交易规则应按照本规定公示并备案：

（一）基本规则，指网络零售经营者和消费者在第三方平台注册的规则及关于交易成立、有效性和履行的基础性规则。

（二）责任及风险分担规则，指网络零售第三方平台经营者对网络零售经营者和消费者承担民事责任或者免除责任的规则及风险分担的规则。

（三）知识产权保护规则，指保护知识产权以及防止假冒伪劣商品的规则。

（四）信用评价规则，指网络零售第三方平台经营者为交易双方提供信用评价服务，以及收集、记录、披露交易双方信用情况的规则。

（五）消费者权益保护规则，指保护消费者知情权、合理退货权、获得赔偿权等合法权益，保护消费者个人信息及交易记录的规则。

（六）信息披露规则，指网络零售第三方平台经营者对网络零售经营者进行实名登记、审核其法定营业资格的规则。

（七）防范和制止违法信息规则，指网络零售第三方平台经营者防范和制止在其平台上发布违反国家法律法规规定的商品和服务信息、网络广告等规则。

（八）交易纠纷解决规则，指网络零售第三方平台经营者解决与网络零售经营者、消费者之间争议的机制及规则。

（九）交易规则适用的规定，指交易规则适用对象、范围和期限的规定。

（十）交易规则的修改规定，指交易规则变更、修改的程序和方式的规定。

（十一）其他必要的交易规则或与规则相关的措施。

第七条 网络零售第三方平台经营者制定或修改的交易规则，应当在网站主页面醒目位置公开征求意见，并应采取合理措施确保交易规则的利益相关方及时、充分知晓并表达意见，通过合理方式公开收到的意见及答复处理意见，征求意见的时间不得少于七日。

第八条 符合下列情形之一的交易规则，可以不公开征求意见：

（一）为符合法律法规要求修改的交易规则；

（二）根据省级人民政府有关部门要求，为保护消费者权益，需紧急采取措施的交易规则。

第九条 网络零售第三方平台经营者应在交易规则实施前七日在网站醒目位置予以公开，涉及商业秘密的除外。

第十条 网络零售第三方平台经营者制定、修改、实施的交易规则对网络零售经营者和消费者有重大影响的，应制定合理过渡措施。

第十一条 网络零售第三方平台经营者应当主动采取合理的方式保障利益相关方全面、方便地了解所实施的交易规则的内容，并提请其注意有关免除或限制网络零售第三方平台经营者或者利益相关方责任的内容。

网络零售第三方平台经营者应当按照利益相关方的要求，在收到申请之日起七日内以合理方式对交易规则作出说明。

第十二条 网络零售第三方平台经营者应在交易规则实施七日内自行登录网络零售第三方平台交易规则备案系统，提交本规定所列交易规则、征求的公众意见及意见答复处理情况。

第十三条 网络零售第三方平台经营者对其交易规则进行修改时，应按本规定第十二条的要求将修改部分重新备案。

第十四条 商务主管部门通过网络零售第三方平台交易规则备案系统免费提供已备案交易规则的公开查询服务。

第十五条 任何单位和个人可通过网络零售第三方平台交易规则备案系统向网络零售第三方平台经营者所在地省级商务主管部门举报违反本规定的交易规则。

省级商务主管部门确定举报内容属于本部门职责的应依法及时处理，不属于本部门职责的应及时移送相关部门。

第十六条 国家鼓励行业组织开展行业规范自律，对已备案的交易规则提出意见，建立与网络零售第三方平台经营者的互动机制，推进第三方平台交易规则的标准化与规范化。

第十七条 网络零售第三方平台经营者有下列情形之一的，根据举报，所在地省级商务主管部门可以向其提出行政指导建议书：

（一）未按本规定第十一条提醒利益相关方注意有关免除或者限制责任内容的；

（二）未按本规定备案交易规则的；

（三）备案信息不完整、不真实的。

第十八条 网络零售第三方平台经营者未按本规定制定、修改、实施交易规则的，由所在地省级商务主管部门依据职权责令限期改正，拒不改正的，处以警告，并向社会公布。

第十九条 网络零售第三方平台经营者制定、修改、实施交易规则损害社会公共利益，构成犯罪的，依法追究刑事责任。

第二十条 网络零售第三方平台经营者违反本规定第十二条、第十三条，未备案或提交虚假备案信息的，由所在地省级商务主管部门依据职权责令限期改正，拒不改正的，处以警告，并向社会公布。

第二十一条 商务主管部门及其工作人员违反本规定，拒不履行职责，依法给予处分；构成犯罪的，依法追究刑事责任。

第二十二条 本规定施行之日前已经实施的交易规则，网络零售第三方平台经营者应当在本规定施行之日起六十日内进行备案。

第二十三条 本规定自2015年4月1日起施行。

商务部办公厅关于印发《2015 年电子商务工作要点》的通知

商办电函〔2015〕116 号

各省、自治区、直辖市、计划单列市及新疆生产建设兵团商务主管部门：

现将《2015 年电子商务工作要点》印发给你们，请结合本地区实际认真贯彻执行，确保落实到位，并于 2015 年 11 月 10 日前将本年度电子商务工作总结报商务部。

商务部办公厅

2015 年 4 月 3 日

2015 年电子商务工作要点

2015 年电子商务工作的总体要求是：全面贯彻落实党的十八大和十八届三中、四中全会精神，按照中央经济会议和全国商务工作会议部署，主动适应经济发展新常态，落实“互联网 +”行动计划，发挥电子商务拓市场、促消费、带就业、稳增长的重要作用，突出创新驱动，促进转型升级，配合国家“一带一路”、长江经济带和自贸区等发展战略，统筹考虑国内国际两个市场，构建统一开放竞争有序的电子商务市场体系，为加快商务领域创新发展做出新贡献。

一、全面推进，助力商务发展

（一）全面推进以信息化促进流通现代化工作。研究制订《关于以信息化促进流通现代化的若干意见》，从营商环境、企业应用、基础设施、大数据体系、公共服务支撑、追溯体系建设、信用体系构建、治理能力提升等 8 个方面，做好“发现”、“引导”、“扶持”，深化信息化在贸易领域的应用，加快我国商贸流通现代化进程。

地方商务主管部门要结合当地实际制订落实《关于以信息化促进流通现代化的若干意见》的实施方案，切实抓好落实工作。

（二）开展促进规范电子商务发展专项行动。按照在发展中规范、以规范促发展的思路，制订促进和规范电子商务发展专项行动计划并组织实施，做大做强电子商务。大力发展网络消费，支持发展综合性电子商务服务平台，促进传统企业应用电子商务，培育一批专精特新型电子商务企业，支持中小企业开展网络营销，促进线上线下市场融合发展。

地方商务主管部门要加强对专项行动计划的组织实施，建立健全本地区跨部门电子商务工作协调机制，根据行动计划研究制订相关配套政策措施，争取财政等部门支持，加大扶持力度。

（三）加强电子商务重点问题研究。认真研究我国电子商务快速发展的内在动因和潜在问题，深入分析电子商务发展的现实状况和未来趋势，为制订相关政策措施和战略决策提供支撑。跟踪电子商务发展热点领域，重点开展电子商务模式创新、技术进步、产业应用、市场融合等方面的专项研究。

地方商务主管部门要结合当地实际，加强对电子商务热点和难点问题的研究，及时总结报送电子商务创新发展的典型经验。

（四）开展“十三五”电子商务发展顶层设计。根据商务领域深化改革、创新发展和建设法治化营商环境的总体要求，启动研究“十三五”电子商务发展指导意见。

各地商务主管部门要全面做好本地区“十三五”电子商务发展的顶层设计，明确发展目标，细化实施方案，科学指导电子商务发展。

二、重点突破，拓展应用领域

（五）促进农产品流通和农村电子商务应用。推进电子商务进农村综合示范，支持电子商务企业、供销社、邮政以及大型龙头流通企业建设改造农村电子商务配送及综合服务网络，促进电子商务在工业消费品、生产资料下乡和农产品、特色产品进城双向流通网络中的应用。加大农村商务信息服务工作力度，扩大服务范围，建立完善农产品网上购销常态化对接和卖难预警救助机制。多渠道培训农村电子商务从业人员和消费群体，支持农村青年和返乡大学毕业生网上创业。与主流媒体合作宣传推广农产品电子商务典型案例。

地方商务主管部门要着力完善农村、农产品电子商务应用环境，研究制订促进政策和措施，推动农产品电子商务规范有序发展和农村商务信息服务普及应用。

（六）积极促进城市社区电子商务应用。以中心城市（直辖市、计划单列市、省会城市）为重点，探索城市社区商业新模式，应用电子商务促进便利消费进社区，便民服务进家庭。鼓励企业建设社区电子商务平台和移动客户端，整合线上线下供给渠道，实现全方位的居民生活服务供求衔接，打造社区便利、快捷的网络消费“微环境”。

地方商务主管部门要研究制订鼓励社区电子商务发展的政策措施，完善社区综合服务功能和服务环境，着力解决网络购物终端配送等问题，促进社区居民便利消费。

（七）推进服务业应用电子商务创新发展。支持养老家政、健康服务、信息服务、旅游休闲等生活服务业应用电子商务开拓市场，通过线上线下互动结合，满足和带动多样化、个性化的居民服务消费需求。支持研发设计、商务咨询、服务外包、检验认证等生产性服务业深入应用电子商务，推动产业结构优化调整和转型升级。完善电子商务服务生态链，培育一批国内外市场知名的综合性、专业性第三方电子商务平台，支持电子商务领域信息技术、营销推广、支付融资、人才培训等专业服务业发展。

地方商务主管部门要积极支持传统服务业应用电子商务创新发展，结合本地产业特色加快电子商务服务体系建设。

（八）加快推进中小城市电子商务发展。研究制订关于推进中小城市电子商务健康发展的政策措施，支持建设中小城市电子商务综合服务平台，整合商品流通、居民服务等线下市场资源，搭建工业品下乡、农产品进城和便民网络消费的综合服务渠道。完善电子商务相关配套服务支撑体系，培育线上线下融合发展的特色产业集群和骨干企业。

地方商务主管部门要积极促进本地中小城市电子商务发展，支持发展具有地方特色的电子商务模式，总结推广成熟经验，培育扩大网络消费市场。

（九）开展电子商务与物流快递协同发展试点。指导试点城市落实试点工作方案，建立健全试点工作领导机制，开展电商物流规划编制、管理制度改革、标准规范制定等工作，统筹规划基础设施建设，促进运营车辆规范化，解决末端配送难题，加强从业人员基本技能培训。总结评估试点经验，及时宣传推广。

试点城市商务主管部门要主动工作，发挥牵头和主导作用，协调解决重点难点问题，确保试点工作实现预期目标。

（十）推动跨境电子商务健康发展。加快建立健全适应跨境电子商务的监管服务体系，提高各环节便利化水平。支持企业运用跨境电子商务开拓国际市场，推动建立电商企业“走出去”的境外支撑服务体系，引导跨境电子商务产业集群综合发展，培育一批互联网时代中国企业抢占国际市场的“航空母舰”和“排头兵”。加强知识产权及消费者权益保护，促进跨境电子商务规范发展。

地方商务主管部门要结合产业特色和资源优势，支持当地企业应用电子商务拓展国际市场，不断优化政策环境，培育跨境电子商务产业链。

（十一）深入推进电子商务示范创建工作。开展第二批示范基地、2015-2016年度示范企业遴选和创建工作。总结推广示范基地、示范企业典型案例，适时组织工作经验交流，促进东中西部地区电子商务全面平衡发展。示范城市要结合自身特点和优势，积极开展重点区域和特色领域的电子商务创新应用，探索促进和规范电子商务发展的政策创新。示范基地要发挥产业集聚优势，加快建设电子商务生态链，促进传统产业转型升级。

地方商务主管部门要对首批示范基地创建工作及中央专项补助资金使用情况进行绩效评估，加强对当地示范基地和示范企业创新发展的具体指导。

（十二）加强电子商务人才培养。创新电子商务人才培养机制，建立科学合理的分级分层培训体系，培养一批电子商务高端人才、紧缺人才和专业技能人才，促进高校毕业生就业创业。推进国家电子商务专业人才知识更新工程，支持有条件的地方建设电子商务人才继续教育基地。

地方商务主管部门要贯彻落实《商务部办公厅关于加快电子商务人才培训工作指导意见》，加快人才继续教育基地建设，指导电子商务示范基地加大人才培训工作力度，加强实训，开展岗位对接。

三、巩固基础，优化发展环境

（十三）推进电子商务立法工作。继续参与并推进《电子商务法》立法和电子商务相关法律的修订完善，立足商务工作职能有效发挥作用。贯彻执行《网络零售第三方平台交易规则制定程序规定》，保证交易相关方充分参与交易规则制订和修订，防止平台企业滥用市场支配地位，保障行业健康发展。推动出台《网上商业数据保护办法》。

地方商务主管部门要积极推动并参与研究制订本地区电子商务法规规章，积极配合国家有关部门推进电子商务立法。

（十四）健全电子商务标准体系。推动出台《跨境电子商务服务规范》、《移动电子商务服务规范》、《基于网络零售开放平台的第三方服务标准》和《电子商务信用信息共享规范》。根据电子商务与网络零售标准规范框架体系研究成果，继续开展基础性关键标准的研究。

地方商务主管部门要重视电子商务标准化工作，加强《电子商务信用评价指标标准》等各项标准规范的宣传贯彻和推广应用，鼓励推动研究机构、中介组织、骨干企业研究起草地方性电子商务标准。

（十五）加强电子商务统计和信用体系建设。研究制订商务领域大数据应用工作方案，推动开展试点应用。推进电子商务信息管理分析系统的全面深度应用，建立数据共享机制。发布《中国电子商务报告（2014）》和《2014年中国网络零售市场评估报告》。研究提出电子商务信用建设方案，加快信用基础数据库建设。积极推动建立部门信息共享和协同监督机制，推动建立面向第三方信用服务机构的信用信息采集、共享与使用机制，形成政府主导、多方参与、标准统一的电子商务信用体系。

地方商务主管部门要加强部门协作，研究政策措施，全力督促本地电子商务平台企业及时准确地报送统计数据，积极探索电子商务信用信息采集、共享和使用的有效方式。

（十六）积极参与国际规则制订。积极推动和参与国际电子商务规则体系建设，加强电子商务的多双边交流与合作。落实APEC电子商务创新发展倡议和中韩自贸协定电子商务条款，开展中日韩、区域全面经济伙伴关系等自贸协定电子商务议题谈判，推进金砖国家、上合组织及两岸电子商务交流合作机制。推进“中国－东盟信息港”建设。

地方商务主管部门要积极配合国家自贸区战略、“一带一路”战略以及多双边和区域经贸交流合作机制，推动本地区电子商务企业和中介组织“走出去”，积极开展国际合作。

商务部办公厅关于建立百家百亿市场联系制度的通知

商办建函〔2015〕152号

各省、自治区、直辖市、计划单列市及新疆生产建设兵团商务主管部门：

为贯彻落实《国务院办公厅关于促进内贸流通健康发展的若干意见》(国办发[2014]51号),推进商品交易市场转型升级，商务部决定建立百家百亿市场联系制度，重点对年成交额100亿元以上的商品交易市场（以下简称百亿市场）开展分类指导。现将有关事项通知如下：

一、建立联系制度是开展行业管理的基础

当前，随着互联网、云计算等新技术的广泛应用，商品交易市场亟待转型升级。建立百家百亿市场联系制度，及时掌握市场发展情况，是开展行业管理的一项基础工作，也是推动市场转型升级的重要举措。通过建立联系制度，加强市场信息分析，逐步积累和完善商务大数据，可以为宏观决策提供参考。通过对重点市场的剖析，总结发展经验和模式，可以为推动行业发展和转型升级提供借鉴。在联系制度基础上，进一步研究市场发展需求，可以更好地促进产销衔接和内外贸融合，为构建完善、高效的流通骨干网络奠定基础。

二、联系制度的主要内容

（一）开展统计分析。建立百家百亿市场信息直报制度，定期分析市场经营和转型升级情况，为地方商务主管部门和百家百亿市场提供行业发展、市场供需等信息服务，编写商品交易市场年度发展报告。

（二）推进转型升级。建立联系工作机制和沟通渠道，加强调研和培训，指导市场创新商业模式，拓展服务功能，转变发展方式，完善经营管理机制，提高核心竞争力。

（三）加强政策引导。加大对百家百亿市场的政策支持，在实施全国农产品流通骨干网建设行动计划、培育内外贸结合的商品市场等工作中予以重点考虑。协调金融机构加大对转型升级示范市场的支持力度，提高对市场的授信额度。

（四）积极宣传推广。不定期组织不同层次的专题座谈交流，通过全国商品交易市场信息服务系统等渠道，宣传推广百家百亿市场发展经验和好的做法，推进现代化发展模式。

三、市场申请条件、程序和材料要求

（一）申请条件。

1. 近两年年度成交额100亿元以上的商品交易市场。没有百亿市场或百亿市场不足5家的省份，可推荐成交额排名前5位的市场。

2. 市场依法设立、经营正常、规章制度健全，近3年无重大违法违规经营行为和环境保护及安全事故，行业影响力、市场辐射力和产业带动力较强。

（二）申请程序和材料要求。

1. 市场向所在地地市级以上商务主管部门提交书面申请（一式3份）。申请材料包括但不限于：申请报告，市场概况

和 2014 年经营情况，近年来转型升级的主要做法和成效，存在的问题，下一步打算和政策建议。市场应通过全国商品交易市场信息服务系统（http://spsc.mofcom.gov.cn），填写《百家百亿市场基本情况表》（附件 2），并打印盖章，一并上报。

2. 地市级以上商务主管部门对受理的市场申请材料进行审核，提出初审意见，报省级商务主管部门。

3. 省级商务主管部门复核汇总，可有针对性地考察部分市场后，提出推荐市场名单，并通过全国商品交易市场信息服务系统（用户名、编码和初始密码见附件 3）予以确认，打印《百家百亿市场汇总表》（附件 1）。请于 5 月 15 日前将推荐函、《百家百亿市场汇总表》、市场申请材料和《百家百亿市场基本情况表》报送商务部。

四、工作要求

（一）各地商务主管部门要建立市场联系工作机制，加强组织领导，明确责任分工，推动工作落实。

（二）各地商务主管部门要督促市场及时、如实报送相关材料，加强审核把关，确保材料真实有效。

附件：1. 百家百亿市场汇总表（略）

2. 百家百亿市场基本情况表（略）

商务部办公厅

2015 年 4 月 29 日

商务部办公厅关于印发《"互联网+流通"行动计划》的通知

商办电函〔2015〕179号

为贯彻落实李克强总理在政府工作报告中提出的"互联网+"行动计划，商务部研究制定了《"互联网+流通"行动计划》，加快互联网与流通产业的深度融合，推动流通产业转型升级，提高流通效率，努力打造新的经济增长点，培育新产业，释放消费潜力。

现将工作方案印发给你们，请结合《促进规范电子商务发展行动计划》，认真组织落实，并于每年底报送年度工作总结（含附表）。

商务部办公厅

2015年5月13日

附件："互联网+流通"行动计划.doc

2015年度"互联网+流通"行动计划执行情况统计表.xls（略）

"互联网+流通"行动计划

开展"互联网+流通"行动，对于引导生产、扩大消费、吸纳就业、改善民生具有重要意义。现提出以下工作方案：

一、工作思路与工作目标

以"互联网+流通"为载体，完善顶层设计，加强公共投入和环境建设，以示范、培训、宣传为抓手，以技术创新和商业模式创新驱动，推动传统流通产业转型升级，充分发挥电子商务在释放消费潜力、激发行业活力和增加就业机会等方面的重要作用，推动形成"大众创业、万众创新"的新格局。

重点在电子商务进农村、电子商务进中小城市、电子商务进社区、线上线下互动、跨境电子商务等领域打造安全高效、统一开放、竞争有序的流通产业升级版。力争在1到2年内，实现以下具体目标：

（一）在全国创建培育200个电子商务进农村综合示范县，示范县电子商务交易额在现有基础上年均增长不低于30%。

（二）创建60个国家级电子商务示范基地，培育150家国家级电子商务示范企业，打造50个传统流通及服务企业转型典型企业，培育100个网络服务品牌。

（三）运用市场化机制，推动建设100个电子商务海外仓。

（四）指导地方建设50个电子商务培训基地，完成50万人次电子商务知识和技能培训。

（五）力争在2016年底，我国电子商务交易额达到22万亿元。网上零售额达到5.5万亿元。

二、重点工作任务

（一）推动电子商务进农村，培育农村电商环境。

继续推动电子商务进农村综合示范，支持县域电子商务发展，打造一批农村电子商务示范县，总结经验做法并向全国推广。全面推广农村商务信息服务工作，推进农产品网上购销常态化对接。支持农产品品牌建设和农村电子商务服务业发展，支持电子商务企业开展面向农村地区的电子商务综合服务平台、网络及渠道建设。

（二）鼓励电子商务进社区，拓展服务性网络消费范围。

促进大中城市社区电子商务应用，发展以社区生活服务业为核心的电子商务服务。鼓励电子商务企业整合社区现有便民服务设施开展电子商务配套服务。鼓励依托互联网创新电子商务服务模式。鼓励物业服务企业开展面向社区居民的电子商务相关增值服务。设立电子商务综合服务点，开展物流分拨、快件自取、电子缴费等便民服务。

（三）支持电子商务进中小城市，提升网络消费便利性。

制订出台关于加快推进中小城市电子商务健康发展的政策文件。鼓励中小城市本地化网络服务平台及服务网络建设。支持大型电子商务平台企业服务网络向中小城市延伸。

（四）推动线上线下互动，激发消费潜力。

支持大型实体零售、餐饮、家政、洗衣、家电维修、票务、生鲜配送企业利用电子商务平台开展网订店取、网络订票、预约上门服务、社区配送等业务，制定线上线下服务规范和标准，利用基于位置服务等互联网技术，提高资源配置效率，激发线上线下消费潜力。

（五）促进跨境电子商务发展，拓展海外市场。

加快建立健全适应跨境电子商务的监管服务体系，协同推进跨境电子商务通关、商检、结汇、退税等环节“单一窗口”综合服务体系建设，提高服务便利化水平。加强知识产权和消费者权益保护，规范跨境电子商务健康发展。支持涉外会展平台开展电子商务服务。

（六）加快电子商务海外营销渠道建设，助力电商企业“走出去”。

鼓励电子商务企业“走出去”建立海外营销渠道，创立自有品牌，多渠道、多方式建立海外仓储设施等，提升电商企业全球化经营能力。

三、主要措施

（一）夯实基础，优化环境。

1. 加强顶层设计，坚持规划引领。

研究制订发展智慧流通的政策性文件，深化“互联网 + 流通”应用，支持和鼓励流通方式创新、商业模式创新、消费服务创新、跨境贸易创新、政务服务创新，建立健全智能化流通支撑体系，释放消费潜力，提高市场效率，发挥市场配置资源的决定性作用，引领我国经济转型升级。加强电子商务热点问题的跟踪研究，启动研究“十三五”电子商务发展指导意见，做好电子商务的顶层设计。

2. 提升流通基础设施网络服务能力。

协调有关部门进一步完善电子商务基础设施，包括有线宽带和移动网络覆盖、物流配送网络、售后服务体系，加强城市冷链物流基础设施建设和共享。

3. 加快推动快递物流与电子商务协同发展。

积极推进电子商务与物流快递协同发展，继续深入开展电子商务与物流快递协同试点，积极落实相关政策措施，探索推动体制机制创新，突破制约电子商务发展的瓶颈障碍，加强试点绩效评估，总结推广试点经验。

4. 加强电子商务监测体系建设。

加强流通行业统计，充分利用统计数据，做好行业分析评价，科学引导行业发展。有条件的地区积极推进商务大数据建设，逐步建立商品数据库、各类交易市场数据库、流通企业法人库、市场交易规则数据库、交易信息数据库、仓储物流信息数据库，汇聚流通大数据平台。做好食用农产品、生产资料等重要商品的监测工作，强化市场运行监测和调控。

5. 大力打击侵权售假行为。

建立完善电子商务领域打击侵犯知识产权和制售假冒伪劣商品常态化工作机制，加快建设行政执法与刑事司法衔接信息共享平台，加强侵权假冒行政处罚案件信息公开。发展电子商务可信交易保障公共服务，加强个人信息在电子商务领域应用的隐私保护，引导建立良性竞争的电子商务市场环境。

（二）示范引导，推动创新。

1. 深入推进电子商务示范创建工作。

开展第二批电子商务示范基地、2015-2016 年度电子商务示范企业遴选和创建工作。支持国家级经济技术开发区创建电子商务示范基地。以示范城市为载体开展重点区域和特色领域电子商务创新应用，探索促进和规范电子商务发展的政策创新。以示范基地为载体加快电子商务生态链建设，促进传统产业转型升级。

2. 引导传统流通服务企业电子商务创新。

支持传统零售企业拓展营销渠道，转变经营方式，开展全渠道运营。支持餐饮、住宿、休闲娱乐、家政服务等生活服务企业深化电子商务应用，提升服务质量，线上线下融合发展。鼓励通过电子商务手段开展特色农产品交易、再生资源回收、旧货流通、拍卖交易、边境贸易、跨境直销等便民服务领域电子商务应用。

（三）加大宣传，开展培训。

1. 加大电子商务应用的宣传推广力度。

加大电子商务工作的宣传引导，组织相关媒体，利用各种载体，宣传推广电子商务领域“大众创业、万众创新”经验和做法，引领、带动、启发现代流通及其关联领域的创业者。选择已探索出具有示范作用的基地和企业作为典型案例予以总结和宣传。加强不同地区间示范工作经验交流，通过调研和案例推广、召开座谈会和现场会等方式，组织相互学习和借鉴，促进各地电子商务全面平衡发展。

2. 加强电子商务人才培养。

完善电子商务人才培训工作机制，推进国家电子商务专业人才知识更新工程，指导地方加快人才继续教育基地建设，创新人才培训机制，夯实电子商务人才培养基础，建立适应电子商务发展和促进现代流通体系建立的继续教育体系。针对流通领域加强实训，开展岗位对接，缓解人才供需矛盾。

（四）制订法规，规范发展。

1. 进一步完善电子商务政策法规环境。

继续推动《电子商务法》立法工作。贯彻执行《网络零售第三方平台交易规则制定程序规定》，研究出台《网上商业数据保护办法》。研究出台《跨境电子商务服务规范》、《移动电子商务服务规范》、《基于网络零售开发平台的第三方服务标准》、《电子商务信用信息共享规范》等电子商务标准规范。

2. 参与和主导电子商务国际规则制定。

积极发起或参与多双边或区域电子商务规则的谈判和交流合作，力争国际电子商务规则制定的主动权和跨境电子商务发展的话语权。落实 APEC 电子商务创新发展倡议和中韩自贸协定电子商务条款，开展中日韩、区域全面经济伙伴关系等自贸协定电子商务议题谈判，积极参与世贸组织电子商务工作计划相关讨论，推进金砖国家、上合组织及两岸电子商务交流合作机制。推进“中国－东盟信息港”建设。利用援外资金和丝路基金、亚投行资金支持“一带一路”国家和地区间的跨境电子商务基础设施建设，促进电子商务多双边合作。

商务部办公厅关于
智慧物流配送体系建设的实施意见

商办流通函〔2015〕548 号

各省、自治区、直辖市、计划单列市及新疆生产建设兵团商务主管部门：

智慧物流配送体系是一种以互联网、物联网、云计算、大数据等先进信息技术为支撑，在物流的仓储、配送、流通加工、信息服务等各个环节实现系统感知、全面分析、及时处理和自我调整等功能的现代综合性物流系统，具有自动化、智能化、可视化、网络化、柔性化等特点。发展智慧物流配送，是适应柔性制造、促进消费升级，实现精准营销，推动电子商务发展的重要支撑，也是今后物流业发展的趋势和竞争制高点。根据国务院《物流业发展中长期规划（2015-2020 年）》和《“互联网 +”行动计划》，及商务部《关于促进商贸物流发展的实施意见》（商流通函 [2014]790 号），现提出智慧物流配送体系建设实施方案，请认真组织实施：

一、指导思想与工作目标

（一）指导思想。

以“互联网 +”理念为指导，将满足生产和消费需求作为出发点，把握互联网、物联网背景下物流业发展规律，以信息化、智能化设备为载体，加强技术创新和商业模式创新，优化供应链管理和资源配置，推动物流业与制造业、商贸业的融合，物流与商流、信息流、资金流的融合，互联网、移动互联网、物联网与车联网的融合，促进提高效率、降低成本，提升物流业综合服务能力和整体发展水平。

（二）工作目标。

重点提升物流设施设备智能化水平，物流作业单元化水平，物流流程标准化水平，物流交易服务数据化水平，物流过程可视化水平。在推广物联网技术、信息技术应用；加强物流企业订单处理、需求分析、数据安全管理；推动物流业线上线下结合，电子商务与物流协同发展；促进物流业经营模式创新等领域重点推进。在 1-2 年内，在全国创建 10 个智慧物流配送示范城市、打造 50 个智慧物流配送示范基地（园区）、培育 200 个智慧物流配送示范企业。通过示范创建工作，推动配送效率提高 20%，仓储管理效率提高 20%。

二、主要任务

（一）建立布局合理、运营高效的智慧物流园区（基地）。

按市场需求科学规划、有序建设有较强辐射能力，可提供跨区域服务，信息化创新能力较强的智慧化物流园区（基地）。加快物流园区基础设施现代化建设，实现数据监控和物流流程监控，形成园区内部各个功能区之间的互联互通。加快先进物流技术和产业装备在园区企业运营中的应用，通过业务整体解决方案，推动园区企业有序竞争和互相合作，提高园区物流服务整体水平。鼓励智慧型物流企业落户园区，实现智慧物流产业孵化。通过信息化手段，统一园区内部管理和对外合作，建设服务于园区内外的电子商务平台和信息管理系统，实现公共管理和服务智能化。

（二）建立深度感知的智慧化仓储管理系统。

鼓励发展自动化物流仓储中心，支持企业利用信息化手段，将订单运营、分拣加工、客户服务等功能进行整合，建立智慧化仓储管理信息系统。利用二维码、无线射频识别（RFID）等感知技术，提高货物信息在仓库管理流程中数据录入的效率和准确性，确保企业及时准确地掌握货物流转情况，合理保持和控制企业库存。通过商品编码技术，提高各类订单需求的出入库处理能力，对库存货物的批次、保质期等进行管理，实现智能盘点。利用信息系统的库位管理功能，及时掌握所有库存货物所在位置，提升物品拣选、传送、识别等设备的自动化水平，推广高性能货物搬运设备和快速分拣技术，提高仓库管理工作效率。加强仓储管理系统与生产制造企业和终端零售企业信息系统有效衔接，促进供需信息精准对接，提高货物调度效率。

（三）建立高效便捷的智慧化末端配送网络。

支持物流、电子商务、快递等企业和专业化末端配送企业进行多方合作，通过信息化手段整合末端配送资源，实现末端物流配送的专业化、统一化，构建基于互联网和移动互联网的末端物流配送体系。鼓励配送企业与社区服务机构、连锁商业网点、大型写字楼、机关事业单位、大学校园等单位开展广泛合作，设立物流末端配送站。大力发展以自助电子快递箱、智能快递站等为代表的智慧末端物流设施，提升自助设施的人性化体验和便捷性。

（四）建立科学有序的智慧化物流分拨调配系统。

提高分拨效率，促进物流园区、仓储中心、配送中心货物信息的精准对接，加强人员、货源、车源和物流服务信息的有效匹配。优化配送路线，利用大数据技术采集路况信息，建立交通状况模型，与智能交通系统对接，依据实时路况动态调整配送路线。实现自动调配，鼓励运用北斗等导航定位技术，实时记录配送车辆位置及状态信息，利用云计算技术，做好供应商、配送车辆、门店、用户等各环节的精准对接。加强流程控制，运用信息技术，加强对物流配送车辆、人员、环境及安全、温控等要素的实时监控和反馈。

（五）建立互联互通的智慧化物流信息服务平台。

支持通过物流信息服务平台，集聚整合物流供需资源，为用户提供采购、交易、运作、跟踪、管理和结算等全流程服务，加强平台间互联互通，实现全国全网联网调度，线下线上同步整合。通过物流信息服务平台，对物流业务分布热点、货源结构、流向分布以及车源结构等大数据进行挖掘分析，为客户提供个性化服务，提升用户管理、运作、决策和竞争能力，提高与物流业发展配套的金融、法律、咨询等服务的信息化水平。通过物流信息服务平台，推动制造、商贸企业与物流企业信息互通、联动发展，提高生产、流通和物流企业的及时响应能力，促进精益生产和服务，并带动产业链上下游协同联动。

（六）提高物流配送标准化、单元化水平。

加快研究、制订和推广物流信息技术、编码、安全、管理和服务等方面标准，推动物流信息化标准体系建设。深入开展物流标准化专项行动，支持行业协会、重点龙头企业、物流信息服务企业、高等院校、科研机构参与物流信息标准的制定和宣贯工作。以信息化为基础，对物流全流程进行监控，推动物品在起始地整合为规格化、标准化的货物单元，并且保持单元化状态直至终点，从而进一步提高物流效率。

（七）提升物流企业信息管理和技术应用能力。

鼓励企业在仓储、分拣、包装、配送等各环节采用先进适用的物流装备设施，提高作业自动化水平。积极推进物联网、云计算、大数据等新技术应用。重点支持电子标识、自动识别、信息交换、智能交通、物流经营管理、移动信息服务、可视化服务和位置服务等先进适用技术的应用。积极推进物流企业物流管理信息化，运用企业资源计划（ERP）和供应链管理（SCM）技术，促进信息技术在物流领域的推广应用。建立物流技术创新体制。鼓励企业技术改造和新技术研发推广，支持对重点领域关键技术的联合攻关。

三、保障措施

（一）做好组织协调。

各地商务主管部门要加强对智慧物流配送工作的指导，会同有关部门，明确责任，加强组织协调。要坚持市场主导，注重发挥政府部门、社团组织、企业等各方力量，形成合力。建立健全行业管理部门之间信息共享机制，提高跨部门、跨区域、跨行业物流监管和服务协同能力。

（二）创新示范引导。

重点以智慧物流示范城市、示范企业和示范基地（园区）为载体，以智慧物流技术应用带动模式创新和产业发展，支持一批物流信息服务平台企业、智慧型物流企业做大做强。探索促进和规范智慧物流发展的有效途径，推动我国物流业转型升级。

（三）加强政策支持。

各地商务主管部门要认真落实国家“互联网 +”相关政策，协调相关部门，研究出台本地化、差别化扶持政策，整合利用现有财政专项资金，加大对信息化、智能化物流设施设备的支持投入，研究给予智能化配送和仓储中心建设发展资金扶持。支持符合条件的物流企业参与高新技术和技术先进型服务企业认定，加大现代物流技术设备进口贴息、固定资产加速折旧企业所得税等政策落实力度。加强物流信息化知识产权保护。

（四）加强人才队伍建设。

建立专家库，吸引在国际领域具有物流先进技术开发、应用经验的人才，为智慧物流发展提供支持和服务。依托社团组织、科研院所、大专院校和职业技术学院，通过专题培训、课题研究、操作指南等多种方式，加快对技术型、管理型和操作型人才的培养，打造一支结构合理、素质优良的人才队伍。

（五）做好宣传引导。

利用各种交流形式，宣传推广智慧物流领域先进经验做法，及时总结典型企业、典型案例、典型模式。做好各地之间、企业之间、行业上下游之间的经验交流，促进我国智慧物流配送水平全面提升。

商务部办公厅

2015 年 7 月 7 日

商务部等19部门关于加快发展农村电子商务的意见

商建发〔2015〕306号

各省、自治区、直辖市、计划单列市及新疆生产建设兵团商务、发展改革、工业和信息化、财政、人力资源社会保障、交通运输、农业、人民银行、工商、质监（市场监督管理）、银监、证监、保监、邮政、扶贫、供销合作、共青团、妇联、残联主管部门：

近年来，随着互联网的普及和农村基础设施的完善，我国农村电子商务快速发展，农村商业模式不断创新，服务内容不断丰富，电子商务交易规模不断扩大。但总体上我国农村电子商务发展仍处于起步阶段，存在着市场主体发育不健全、物流配送等基础设施滞后、发展环境不完善和人才缺乏等问题。

加快发展农村电子商务，是创新商业模式、完善农村现代市场体系的必然选择，是转变农业发展方式、调整农业结构的重要抓手，是增加农民收入、释放农村消费潜力的重要举措，是统筹城乡发展、改善民生的客观要求，对于进一步深化农村改革、推进农业现代化具有重要意义。根据《中共中央国务院关于加大改革创新力度加快农业现代化建设的若干意见》（中发（2015）1号）和《国务院关于大力发展电子商务加快培育经济新动力的意见》（国发（2015）24号）的要求，为加快推进农村电子商务发展，现提出以下意见：

一、总体要求

（一）指导思想。

以邓小平理论、“三个代表”重要思想、科学发展观为指导，深入贯彻落实党的十八大和十八届三中、四中全会精神，按照全面建成小康社会目标和新型工业化、信息化、城镇化、农业现代化同步发展的要求，主动适应经济发展新常态，充分发挥市场在资源配置中的决定性作用，加强基础设施建设，完善政策环境，深化农村流通体制改革，创新农村商业模式，培育和壮大农村电子商务市场主体，发展线上线下融合、覆盖全程、综合配套、安全高效、便捷实惠的现代农村商品流通和服务网络。

（二）基本原则。

1. 市场为主、政府引导。充分发挥市场在资源配置中的决定性作用，突出企业的主体地位。加快转变政府职能，完善政策、强化服务、搭建平台，加强事中事后监管，依法维护经营者、消费者合法权益。为农村电子商务发展营造平等参与、公平竞争的环境，激发各类市场主体的活力。

2. 统筹规划、创新发展。将发展农村电子商务纳入区域发展战略和新型城镇化规划，作为农村发展的重要引擎和产业支撑，促进城乡互补、协调发展。以商业模式创新推动管理创新和体制创新，改造传统商业的业务流程，提升农村流通现代化水平，促进农村一二三产业融合发展。

3. 实事求是、因地制宜。结合本地区农村经济社会发展水平、人文环境和自然资源等基础条件，认真研究分析，着眼长远，理性推进。注重发挥基层自主性、积极性和创造性，因县而异，探索适合本地农村电子商务发展的路径和模式。

4. 以点带面、重点突破。先行先试、集中力量解决农村电子商务发展中的突出矛盾和问题，务求实效，对老少边穷地区要重点扶持、优先试点；总结先行地区经验，不断提升示范效应，形成推广机制。

（三）发展目标。

争取到2020年，在全国培育一批具有典型带动作用的农村电子商务示范县。电子商务在降低农村流通成本、提高农产品商品化率和农民收入、推进新型城镇化、增加农村就业、带动扶贫开发等方面取得明显成效，农村流通现代化水平显著提高，推动农村经济社会健康快速发展。

二、提升农村电子商务应用水平

（四）建设新型农村日用消费品流通网络。

适应农村产业组织变化趋势，充分利用“万村千乡”、信息进村入户、交通、邮政、供销合作社和商贸企业等现有农村渠道资源，与电子商务平台实现优势互补，加强服务资源整合。推动传统生产、经营主体转型升级，创新商业模式，促进业务流程和组织结构的优化重组，增强产、供、销协同能力，实现线上线下融合发展。支持电子商务企业渠道下沉。加强县级电子商务运营中心、乡镇商贸中心和配送中心建设，鼓励“万村千乡”等企业向村级店提供B2B网上商品批发和配送服务。鼓励将具备条件的村级农家店、供销合作社基层网点、农村邮政局所、村邮站、快递网点、信息进村入户村级信息服务站等改造为农村电子商务服务点，加强与农村基层综合公共服务平台的共享共用，推动建立覆盖县、乡、村的电子商务运营网络。

（五）加快推进农村产品电子商务。

以农产品、农村制品等为重点，通过加强对互联网和大数据的应用，提升商品质量和服务水平，培育农村产品品牌，提高商品化率和电子商务交易比例，带动农民增收。与农村和农民特点相结合，研究发展休闲农业和乡村旅游等个性化、体验式的农村电子商务。指导和支持种养大户、家庭农场、农民专业合作社、农业产业化龙头企业等新型农业经营主体和供销合作社、扶贫龙头企业、涉农残疾人扶贫基地等，对接电商平台，重点推动电商平台开设农业电商专区、降低平台使用费用和提供互联网金融服务等，实现“三品一标”、“名特优新”、“一村一品”农产品上网销售。鼓励有条件的农产品批发和零售市场进行网上分销，构建与实体市场互为支撑的电子商务平台，对标准化程度较高的农产品探索开展网上批发交易。鼓励新型农业经营主体与城市邮政局所、快递网点和社区直接对接，开展生鲜农产品“基地＋社区直供”电子商务业务。从大型生产基地和批发商等团体用户入手，发挥互联网和移动终端的优势，在农产品主产区和主销区之间探索形成线上线下高效衔接的农产品交易模式。

（六）鼓励发展农业生产资料电子商务。

组织相关企业、合作社，依托电商平台和“万村千乡”农资店、供销合作社农资连锁店、农村邮政局所、村邮站、乡村快递网点、信息进村入户村级信息服务站等，提供测土配方施肥服务，并开展化肥、种子、农药等生产资料电子商务，推动放心农资进农家，为农民提供优质、实惠、可追溯的农业生产资料。发挥农资企业和研究机构的技术优势，将农资研发、生产、销售与指导农业生产相结合，通过网络、手机等提供及时、专业、贴心的农业专家服务，与电子商务紧密结合，加强使用技术指导服务体系建设，宣传、应用和推广农业最新科研成果。

（七）大力发展农村服务业。

按照新型城镇化发展要求，逐步增加农村电子商务综合服务功能，实现一网多用，缩小城乡居民在商品和服务消费上的差距。鼓励与服务业企业、金融机构等加强合作，提高大数据分析能力，在不断完善农民网络购物功能的基础上，逐步叠加手机充值、票务代购、水电气费缴纳、农产品网络销售、小额取现、信用贷款、家电维修、养老、医疗、土地流转等功能，进一步提高农村生产、生活服务水平。与城市社区电子商务系统有机结合，实现城乡互补和融合发展。

（八）提高电子商务扶贫开发水平。

按照精准扶贫、精准脱贫的原则，创新扶贫开发工作机制，把电子商务纳入扶贫开发工作体系。积极推进电商扶贫工程，密切配合，形成合力，瞄准建档立卡贫困村，覆盖建档立卡贫困户。鼓励引导易地扶贫搬迁安置区和搬迁人口发展电子商务。提升贫困地区交通物流、网络通讯等发展水平，增强贫困地区利用电商创业、就业能力，推动贫困地区特色农副产品、旅游产品销售，增加贫困户收入。鼓励引导电商企业开辟贫困老区特色农产品网上销售平台，与合作社、种养大户建立直采直供关系。到2020年，对有条件的建档立卡贫困村实现电商扶贫全覆盖。

三、培育多元化农村电子商务市场主体

（九）鼓励各类资本发展农村电子商务。

支持电商、物流、商贸、金融、邮政、快递等各类社会资本加强合作，实现优势资源的对接与整合，参与农村电子商务发展。加快实施“快递下乡”工程，支持快递企业“向下”、“向西”发展。支持第三方电子商务平台创新和拓展涉农电商业务。引导涉农信息发布平台向在线交易和电商平台转型，提升服务功能。

（十）积极培育农村电子商务服务企业。

引导电子商务服务企业拓展农村业务，支持组建区域性农村电子商务协会等行业组织，成立专业服务机构等。为农村电子商务发展提供咨询、人员培训、技术支持、网店建设、品牌培育、品质控制、营销推广、物流解决、代理运营等专业化服务，引导市场主体规范有序发展，培育一批扎根农村的电子商务服务企业。

（十一）鼓励农民依托电子商务进行创业。

实施农村青年电商培育工程和巾帼电商创业行动。以返乡高校毕业生、返乡青年、大学生村官、农村青年、巾帼致富带头人、退伍军人等为重点，培养一批农村电子商务带头人和实用型人才，切实发挥他们在农村电子商务发展中的引领和示范作用。指导具有特色商品生产基础的乡村开展电子商务，吸引农民工返乡创业就业，引导农民立足农村、对接城市，探索农村创业新模式。各类农村电子商务运营网点要积极吸收农村妇女、残疾人士等就业。

四、加强农村电子商务基础设施建设

（十二）加强农村宽带、公路等设施建设。

完善电信普遍服务补偿机制，加快农村信息基础设施建设和宽带普及，推进“宽带中国”建设，促进宽带网络提速降费，积极推动4G和移动互联网技术应用。以建制村通硬化路为重点加快农村公路建设，推进城乡客运一体化，推动有条件的地区实施公交化改造。

（十三）提高农村物流配送能力。

加强交通运输、商贸流通、农业、供销、邮政各部门和单位及电商、快递企业等相关农村物流服务网络和设施的共享衔接，发挥好邮政点多面广和普遍服务的优势，逐步完善县乡村三级物流节点基础设施网络，鼓励多站合一、资源共享，共同推动农村物流体系建设，打通农村电子商务“最后一公里”。推动第三方配送、共同配送在农村的发展，建立完善农村公共仓储配送体系，重点支持老少边穷地区物流设施建设。

五、创建农村电子商务发展的有利环境

（十四）搭建多层次发展平台。

鼓励电商基础较好的地方积极协调落实项目用地、利用闲置厂房等建设农村特色电子商务产业基地、园区或综合运营服务中心，发挥孵化功能，为当地网商、创业青年和妇女等提供低成本的办公用房、网络通信、培训、摄影、仓储配送等公共服务，促进网商在农村的集聚发展。支持地方依托第三方综合电商平台，开设地方特色馆，搭建区域性电商服务平台。促进线下产业发展平台和线上电商交易平台的结合，推动网络经济与实体经济的融合。研究建立适合农村情况的电子商务标准、统计制度等。发挥各类农业信息资源优势，逐步覆盖农产品生产、流通、销售和消费全程，提高市场信息传导效应，引导农民开展订单生产。

（十五）加大金融支持力度。

鼓励有条件的地区通过拓宽社会融资渠道设立农村电子商务发展基金。鼓励村级电子商务服务点、助农取款服务点相

互依托建设，实现优势互补、资源整合，提高利用效率。提高农村电商的大数据分析能力，支持银行业金融机构和支付机构研发适合农村特点、满足农村电子商务发展需求的网上支付、手机支付、供应链贷款等金融产品，加强有关风险控制，保障客户信息安全和资金安全。加大对电商创业农民的授信和贷款支持。充分利用各地设计开发的“青”字号专属金融产品，或依托金融机构现有产品，设计“青”字号电商创业金融服务项目，支持农村青年创业。协调各类农业信贷担保机构，简化农村网商小额短期贷款办理手续，对信誉良好、符合政策条件的农村网商，可按规定享受创业担保贷款及贴息政策。

（十六）加强培训和人才培养。

依托现有培训项目和资源，支持电子商务企业、各类培训机构、协会对机关、企业、农业经营主体和农民等，进行电子商务政策、理论、运营、操作等方面培训。有条件的地区可以建立专业的电商人才培训基地和师资队伍，努力培养一批既懂理论、又懂业务、会经营网店、能带头致富的复合型人才。引导具有实践经验的电商从业者返乡创业，鼓励电子商务职业经理人到农村发展。进一步降低农村电商人才就业保障等方面的门槛。

（十七）规范市场秩序。

加强网络市场监管，打击制售假冒伪劣商品、虚假宣传、不正当竞争和侵犯知识产权等违法行为，维护消费者合法权益，促进守法诚信经营。督促第三方交易平台加强内部管理，规范主体准入，遏制“刷信用”等欺诈行为。维护公平竞争的市场秩序，营造良好创业营商环境。推进农村电子商务诚信建设。加强农产品标准化、检验检测、安全监控、分级包装、冷链仓储、加工配送、追溯体系等技术、设施的研究、应用和建设，提高对农产品生产、加工和流通等环节的质量管控水平，建立完善质量保障体系。

（十八）开展示范和宣传推广。

开展电子商务进农村综合示范，认真总结示范地区经验做法，梳理典型案例，对开展电商创业的农村青年、农村妇女、新型农业经营主体和农村商业模式等进行总结推广。加大宣传力度，推动社会各界关注和支持农村电子商务发展。加强地区间沟通与交流，促进合作共赢发展。

电子商务进农村是三农工作的新领域。各地要加快转变政府职能，打破传统观念和模式，大胆探索创新，加强组织领导，加强部门沟通协调，改进工作方式方法，提升政府服务意识和水平，推动农村电子商务健康快速发展，促进农村现代市场体系建立完善，加快推进农业现代化进程。

附件：农村电子商务发展重点工作

商务部 发展改革委 工业和信息化部

财政部 人力资源社会保障部 交通运输部

农业部 人民银行 工商总局 质监总局

银监会 证监会 保监会 邮政局

国务院扶贫办 供销合作总社

共青团中央 全国妇联 中国残联

2015 年 8 月 21 日

附件：

农村电子商务发展重点工作

工作名称	工作内容	牵头部门
一、农村青年电商培育工程	加强农村青年电子商务培训，引导农村青年运用电子商务创业就业，提高农村青年在县、乡、村电子商务服务体系建设中的作用。	共青团中央
二、“快递向西向下”服务拓展工程	完善中西部、农村地区快递基础设施，发挥电子商务与快递服务的协同作用，提升快递服务对农村电子商务的支撑能力和水平。	邮政局
三、电商扶贫工程	在贫困县开展电商扶贫试点，重点扶持建档立卡贫困村贫困户，推动贫困地区特色农副产品、旅游产品销售。	扶贫办
四、巾帼电商创业行动	建立适应妇女创业的网络化、实训式电子商务培育模式，借助互联网和大数据，助推农村妇女创业致富。	全国妇联
五、电子商务进农村综合示范	培育一批农村电子商务示范县，健全农村电子商务支撑服务体系，扩大农村电子商务应用领域，提高农村电子商务应用能力，改善农村电子商务发展环境。	财政部、商务部

全国农产品市场体系发展规划

（中国商务部网站 8 月 31 日发文，商务部、国土资源部、住房和城乡建设部、交通运输部、农业部、中国人民银行、国家税务总局、国家质检总局、国家标准委、中华全国供销合作总社等 10 部门近日联合发布《全国农产品市场体系发展规划》，提出将于 2020 年初步建成中国特色农产品市场体系。）

目录

一、现状与形势
（一）发展现状
（二）面临形势
二、指导思想、规划原则与发展目标
（一）指导思想
（二）规划原则
（三）发展目标
三、规划布局
（一）全国农产品流通骨干网络布局
（二）区域农产品流通网络布局
（三）农产品零售市场网络布局
（四）公益性农产品市场布局
四、重点任务
（一）加强农产品流通基础设施建设
（二）培育壮大农产品市场主体
（三）完善农产品产销衔接体系
（四）推动农产品流通信息化建设
（五）维护农产品市场安全稳定运行
（六）建立农产品市场公益性实现机制
五、保障措施
（一）建立健全法律法规标准体系
（二）改革创新投融资方式
（三）强化土地节约集约利用体制
（四）着力减轻企业税费负担
（五）充分发挥行业协会作用
（六）切实加强规划组织实施
附图：全国农产品流通骨干网络规划布局图（略）

为引导农产品市场在新型工业化、信息化、城镇化、农业现代化加快推进形势下合理布局，提升农产品市场服务功能，构建高效畅通、安全规范、竞争有序的农产品市场体系，编制此规划。

本规划依据《中共中央 国务院关于全面深化农村改革加快推进农业现代化的若干意见》（中发〔2014〕1号）、《国务院办公厅关于促进内贸流通健康发展的若干意见》（国办发〔2014〕51号）、《国务院关于深化流通体制改革 加快流通产业发展的意见》（国发〔2012〕39号）、《国务院办公厅关于加强鲜活农产品流通体系建设的意见》（国办发〔2011〕59号）、《全国蔬菜产业发展规划（2011～2020）》等编制。

本规划中的农产品主要指鲜活农产品。农产品市场包括农产品批发市场和零售市场。规划期为2015-2020年。

一、现状与形势

（一）发展现状。

1. 市场规模不断扩大。2014年，我国鲜活农产品总产量为12.4亿吨，同比增长3%。随着农产品产量的增加，我国农产品市场交易规模不断扩大。全国农产品批发市场成交额达39785.3亿元，同比增长6%。

2. 基础设施逐步完善。2014年，我国三分之二的农产品批发市场建有检验检测中心，53%的市场建有信息中心，42%的市场建有废弃物处理中心，29.8%的市场建有电子结算中心。全国冷库总容量3320万吨，公路冷藏车7.5万辆，同比增长分别为24%和39%。

3. 市场主体多元发展。在国家一系列惠农、支农政策支持下，各类农产品市场主体快速发展。2014年，全国共有农产品批发市场4512家，农业产业化龙头企业超过12万家，农民合作社116万个。

4. 流通模式多样并存。随着经济社会的发展，农超对接、电子商务等新型流通模式快速发展，农产品流通模式日益多样化。目前“农超对接”在农产品流通中的占比已达15%，超过1000家连锁企业与约1.6万个农民合作社实现对接。2014年全国农产品电子商务交易额超过870亿元，电子商务成为农产品流通创新的重要推动力。

总体上看，覆盖城乡的农产品市场体系已基本形成，但仍处于初级发展阶段，市场发展缺乏统筹规划、布局不合理，组织化和标准化程度低，市场信息不对称，市场制度建设滞后等问题依然存在。

（二）面临形势。

随着我国经济发展进入新常态，农产品市场体系发展过程中，既存在“生产小农户、运输长距离、销售大市场、消费高要求”的旧有矛盾，又面临新型工业化、信息化、城镇化和农业现代化快速推进的新要求和新挑战。

一是新型工业化、城镇化推动农产品市场格局深刻变化。随着我国新型工业化和城镇化进程的不断推进，大量农村人口进城务工和落户，农产品消费逐渐向经济发达地区集聚，消费总量不断增长，城市农产品自给率大幅下降，农产品市场格局发生深刻变化。大规模、跨区域、反季节、长距离流通需求快速增长，在给农产品市场体系发展带来机遇的同时，也提出了新的要求和挑战。

二是新型农业现代化加速农产品市场转型升级。随着农村综合改革的不断深入，农业现代化步伐逐步加快，农业生产由传统、粗放经营向现代、集约经营转变。这就要求农产品市场在硬件设施、组织方式、流通方式和交易手段等方面加快转型升级，更好发挥流通的基础和引导作用，以适应新型农业现代化的要求。

三是新型信息化促进农产品流通模式不断创新。随着移动互联网和物联网等技术在农产品流通领域的应用和发展，流通方式不断创新，传统的农产品流通模式受到挑战，电子商务等新型方式在农产品流通中发挥着越来越重要的作用。“互联网+”成为创新农产品流通模式、密切农产品产销衔接、推动农产品市场体系健康发展的重要力量。

四是消费结构升级要求农产品市场建设量质并重。随着城乡居民收入水平提高和生活质量的提升，我国农产品消费结构持续升级并趋于多样化，鲜活农产品的市场需求潜力将进一步释放。同时，消费者也越来越注重农产品的安全和品质，农产品市场体系建设的目标从保供为主向量质并重提升。

二、指导思想、规划原则与发展目标

（一）指导思想。

深入贯彻党的十八届三中、四中全会精神，充分发挥市场在资源配置中的决定性作用，同时更好发挥政府作用，厘清中央与地方事权，科学规划农产品流通网络布局，加强基础设施建设，推进流通方式创新，加快制度建设，构建与新型工业化、信息化、城镇化和农业现代化相适应的农产品市场体系，促进全国农产品流通产业健康发展。

（二）规划原则。

1．统筹规划，分级实施。坚持立足当前和着眼长远相结合，综合考虑人口分布、交通条件、产业布局等因素，统筹规划农产品市场建设，优化农产品市场结构和布局。中央负责规划全国农产品市场体系建设，地方负责规划本行政区域内农产品市场体系建设，并与相关省市统筹协调跨区域农产品市场体系建设。

2．市场运作，政府引导。处理好政府和市场的关系，调动企业积极性，引导社会资本参与农产品市场体系建设；加快转变政府职能，营造良好的市场环境。形成企业为经营主体，政府规划引导、有效监管和适度调节的发展机制，推进农产品市场体系健康发展。

3．科学发展，鼓励创新。促进各类农产品市场协调有序发展。健全产销衔接机制，促进农产品市场与农业生产、城镇化建设的统筹协调发展。坚持新建与改造并举，不断创新发展理念，推进农产品流通方式创新、管理创新、组织创新和制度创新。

4．完善功能，体现公益。依托现有市场资源，强化流通设施建设，完善农产品市场服务功能，提升服务水平。在市场化运作的基础上，加大政府投入力度，建立公益性保障机制，增强农产品市场的公益性，提升政府宏观调控能力和民生保障能力。

（三）发展目标。

到 2020 年，初步建立起以产地集配中心和田头市场为源头，以农产品批发市场为中心，以农产品零售市场为基础，以高效规范的电子商务等新型市场为重要补充，有形和无形结合、线上和线下融合、产地和销地匹配，统一开放、竞争有序、布局合理、制度完备、高效畅通、安全规范的中国特色农产品市场体系。

三、规划布局

规划布局总体思路：依据我国各地经济社会、交通区位、人口、农产品流通基础等因素，结合“一带一路”、长江经济带、京津冀协同发展等国家战略部署和全国主要商业功能区、农产品优势产销区分布，在全国农产品生产、集散和消费集中区域确定全国性农产品流通骨干市场和市场集群，形成以全国骨干农产品批发市场为节点，连接东西、贯穿南北、辐射内外的全国农产品流通骨干网络。各地根据本地实际，合理布局区域农产品流通网络，与全国农产品流通骨干网络对接，形成全国网与区域网相结合、公益性与市场化相结合、实体网与虚拟网相结合、批发网络与零售网络相结合的全国农产品市场体系。

（一）全国农产品流通骨干网络布局。

按照规划布局总体思路，规划形成“八大骨干市场集群和 100 个左右全国骨干农产品批发市场”，依托市场集群，形成“三纵三横”的全国农产品流通骨干网络。全国农产品流通骨干网络规划布局图见附图。

1．全国骨干农产品批发市场及市场集群布局。根据人口和现有市场分布情况等因素，布局形成八个骨干市场集群，100 个左右全国骨干农产品批发市场。

京津冀市场集群。以北京、天津、河北为中心，辐射内蒙古中部、山西、山东。依托京津冀，向北衔接东北市场集群，对促进京津冀协同发展具有重要意义。

东北市场集群。以辽宁、吉林为中心，辐射黑龙江、内蒙古东部。该集群向南连接京津冀，向北面向东北亚市场，是连接国内外市场、促进东北地区农产品流通的主要市场集群。

长三角市场集群。以长三角经济区为中心，包括上海、江苏和浙江。该集群位于长江经济带东端，向北连接京津冀、向西沿长江经济带连接成渝经济区，向南连接珠三角经济区，在全国农产品流通中发挥重要作用。

珠三角市场集群。以珠三角为中心，辐射广东、福建、广西和海南。该集群与长江经济带相衔接，面向港澳台和东南亚地区，是通江达海、连接国内外市场的重要枢纽。

中原市场集群。以河南为中心，辐射安徽、山东、山西、陕西。该集群向北连接京津冀，向南连接长江经济带，向东连接长三角，向西连接陕甘宁市场集群，是连接东西、贯穿南北的市场集群。

长江中游市场集群。以湖北、湖南、江西为中心，辐射安徽、福建、广西和贵州。该集群向东连接长三角、向北连接中原市场集群，向西沿长江经济带连接成渝经济区，向南连接珠三角，在全国农产品流通中处于枢纽地位。

成渝市场集群。以重庆和四川为中心，辐射贵州、云南和西藏。该集群依托成渝经济区，北连陕甘宁市场集群，向东衔接长江经济带，是促进西南地区农产品流通的重要市场集群。

陕甘宁市场集群。以陕西、甘肃、宁夏为中心，辐射青海、新疆、西藏和内蒙古西部盟市。该集群向南与长江经济带相连，向东与中原经济区衔接，是连接国内外市场、促进西北部农产品流通的市场集群。

2. “三纵三横”骨干网络布局。依托市场集群，形成“三纵三横”为骨架的全国农产品流通骨干网络。其中“三纵”分别为:

哈广通道。北起黑龙江，南至广东，贯穿东北、京津冀、长三角、珠三角四大市场集群，形成贯穿南北、辐射全国的农产品流通大通道。

京琼通道。北起北京，南至海南，连接京津冀、中原、长江中游和珠三角四大市场集群，是贯穿南北、连接东西、辐射全国的重要流通大通道。

兰昆通道。北起兰州，南至昆明，连接陕甘宁、成渝两大市场集群，是西部纵贯南北的重要通道。

“三横”分别为：

京疆通道。东起北京，西至新疆，连接京津冀和陕甘宁两大市场集群，是丝绸之路经济带的流通大通道。

长江通道：东起上海，西至成都，连接长三角、长江中游和成渝三大市场集群，依托长江水道，成为承东启西、通江达海的农产品流通大通道。

闽昆通道。东起福建，西至昆明，连接珠三角和成渝两大市场集群，成为我国南部农产品流通的重要通道。

3. 全国骨干农产品批发市场布局条件。地处重要流通节点或重要的交通枢纽城市，区位优越，交通便利，辐射 10 个省（市）以上；东部地区年交易额 100 亿元及以上、市场产出率 3.8 及以上，中部地区年交易额 80 亿元及以上、市场产出率 3.6 及以上，西部地区年交易额 60 亿元及以上、市场产出率 2.8 及以上；符合国家发展战略和所在省（市）发展规划。

（二）区域农产品流通网络布局。

各地根据自身实际情况制订规划，布局区域农产品流通网络。区域重点农产品批发市场布局条件可按以下原则：市场位于区域流通节点城市或重要的区域交通枢纽城市；市场辐射范围 3 个省（市）以上；市场产出率不低于全国骨干市场；符合区域发展战略和所在省（市）发展规划。

（三）农产品零售市场网络布局。

各地根据本地经济社会发展水平、人口密度、消费习惯等因素，合理布局农产品零售市场网络，与批发市场网络对接，在城市规划中合理配置菜市场、生鲜超市、农贸市场、便民菜店、农产品连锁销售网点等，丰富居民“菜篮子”、满足城乡居民消费需求。

（四）公益性农产品市场布局。

根据资源禀赋、人口分布、消费能力等因素，结合全国农产品市场体系规划布局，在全国规划建设一批公益性的产地集配中心、田头市场、农产品批发市场和零售市场，形成由产地集配中心、田头市场、批发市场和零售市场共同组成的公益性农产品市场网络。

. 全国公益性农产品批发市场布局。在全国骨干农产品批发市场中，根据所在地人口分布、消费能力和市场条件等因素，择优规划建设全国公益性农产品批发市场。布局因素包括：含有市辖区人口超过400万的城市数量、居民恩格尔系数、居民消费倾向、少数民族人口占所在省市人口比例、食品价格波动幅度、工作基础等。

．区域公益性农产品批发市场和零售市场布局。各地根据本地农产品流通网络布局及资源禀赋、人口分布、消费能力等因素，统筹规划建设一批区域公益农产品批发市场和平价菜店、社区菜店。

．田头公益性市场布局。根据本地生产集中度高、已形成良好的集散基础，农产品生产组织化程度相对较高、商品化处理需求明显，主营的品种在县或乡镇有优势或特色，与市、县、乡镇的农业发展规划相协调等因素，规范建设一批田头市场。

四、重点任务

（一）加强农产品流通基础设施建设。

重点加强全国性、区域性农产品产地、集散地和销地批发市场，具有国际影响力的农产品交易（会展）中心以及物流节点建设。加快农产品产地预选分级、加工配送、包装仓储等基础设施建设，强化农产品产地集配中心、田头市场的仓储、物流、冷链设施建设。推进农产品批发市场转型升级，完善标准化交易专区、集配中心、冷藏冷冻、电子结算、检验检测等设施设备，鼓励市场应用节能设施设备，加强废弃物循环利用与处理、安全监控等设施建设，提升农产品批发市场综合服务功能。加大农产品冷链物流基础设施建设力度，鼓励大型农产品批发市场、连锁超市、农产品流通企业推广现代冷链物流管理理念、标准和技术，建设具有集中采购和跨区域配送能力的农产品冷链物流集散中心，配备预冷、低温分拣加工、冷藏运输、冷库等冷链设施设备，建立覆盖农产品生产、加工、运输、储存、销售等环节的全程冷链物流体系。鼓励各地建设或改造农贸市场、菜市场、社区菜店、生鲜超市等农产品零售市场网络基础设施建设，完善农产品零售网络。

（二）培育壮大农产品市场主体。

鼓励农产品流通企业和批发市场通过参股控股、兼并收购、特许经营等方式实现跨区域发展。培育农产品物流企业，发展农产品第三方物流，优化整合农产品供应链，推动农产品物流集约化、规模化发展，为农产品流通提供社会化的公共物流服务。支持供销合作社和国有流通企业参与农产品产销体系建设，提升农产品流通服务水平。加强农产品流通合作组织建设，鼓励农民兴办合作社，积极培育农民经纪人队伍和经纪公司，引导农民合作社、家庭农场、专业大户的经营活动向加工、流通领域拓展，建设农产品初加工、仓储保鲜、集配中心等设施，提高农产品销售规模、议价能力和抵御风险能力。鼓励城镇从事农产品零售经营的小商小贩通过加入协会的形式提高组织化程度。鼓励从事运销批发经营的商贩向企业化方向发展，逐步培育批发、运销联合体。培育新型流通主体，促进农产品流通领域创业创新。

（三）完善农产品产销衔接体系。

鼓励具备条件的农产品市场主体利用自身优势，向农产品生产和消费两端延伸经营链条，建立稳定的产销关系，减少流通环节，降低流通成本，提高流通效率。支持农产品批发市场、连锁超市和合作社积极开展“农批零对接”、“农超对接”、“农社对接”等各种形式的产销对接，以委托生产、订单农业等形式，与农产品生产企业和合作社建立利益联结机制，形成长期稳定的产销关系。支持农产品批发市场、农产品生产企业和合作社通过建设直供市场或菜店、在农产品销地批发市场和农贸市场设立农民和农民合作社免费直销专区等形式，发展直供直销，带动农产品基地发展和品牌建设。

（四）推动农产品流通信息化建设。

加快移动互联网、物联网、二维码、无线射频识别等信息技术在农产品流通领域应用，发展“互联网+农产品流通”，促进农产品商流、物流、信息流、资金流四流融合。鼓励传统农产品流通企业树立互联网思维，推动智慧型农产品批发市场发展，鼓励各类农产品流通主体完善信息化管理系统，整合各类涉农信息服务资源，构建覆盖生产、流通、消费的农产品流通大数据平台，建设互联互通的全国农产品流通信息服务体系。发展农产品电子商务，支持农产品批发市场和流通企业开展线上线下相结合的一体化经营，逐步扩大网上交易的品种和配送范围，完善网上交易技术标准、统计监测和信用体系，促进农产品产销与物联网、互联网协同发展。积极培育各类农产品电子商务平台，鼓励各类电商、物流、商贸流通、金融等企业，参与平台建设和运营。完善市场监测、预警和信息发布机制，重点对关系居民日常生活、容易出现“卖难买贵”问题的农产品的供求、质量、价格等信息进行实时监测。鼓励有条件的地区和农产品流通企业建立区域性农产品信息数据库和企业网上信息平台。

（五）维护农产品市场安全稳定运行。

加强市场交易和管理制度建设，规范交易行为，保障市场高效运行。支持第三方检测机构为农产品企业提供专业化服务，建立政府部门监督抽检和第三方检测相结合的农产品检验检测制度。积极推进农产品质量安全追溯管理。完善农产品市场准入、索证索票、信息传递与查询等管理制度。鼓励农产品批发市场、农贸市场利用绿色市场、有机产品、良好农业规范等认证手段提高农产品质量安全水平。加强农产品市场信用体系建设，推动农产品生产经营者建立信用记录，并纳入国家统一的信用信息平台，形成违法违规行为“黑名单”，实现全国农产品市场信用信息共享。建立健全重要农产品储备制度，依托农产品批发市场加强重要农产品商业储备，完善农产品跨区域应急调运、调剂机制。

（六）建立农产品市场公益性实现机制。

开展公益性农产品市场建设试点，探索市场化环境下公益性的实现方式，以投资入股、股权回购等多种方式，建设改造一批公益性的全国骨干农产品批发市场，重点支持检验检测中心、消防安全监控中心、废弃物处理设施等公共服务设施建设，建立完善公益性农产品流通基础设施投资保障、运营管理、政府监管等长效运行机制和应急保供、稳定价格、食品安全保障等公益性功能刚性约束机制，在保障市场供应、稳定市场价格和促进食品安全等公益性功能方面发挥示范带动作用。各地合理规划布局建设一批区域公益性农产品批发市场和平价菜市场、平价社区菜店等公益性零售网点。在生产组织化程度高的农产品生产基地及村镇，试点示范建设一批田头公益性市场。通过公益性农产品市场建设，增强政府对农产品市场的宏观调控能力和民生保障能力。

五、保障措施

（一）建立健全法律法规标准体系。

推动《农产品批发市场管理条例》等农产品流通领域立法工作。鼓励各地根据本地实际制订、出台地方性法规，将农产品市场体系纳入城乡规划统一建设，通过立法增强规划的约束力和保障力，使农产品流通体系建设步入健全的法制轨道。加快农产品流通标准体系建设，制定和推广主要农产品冷链物流操作规范和技术标准，加强农产品批发市场、零售市场、仓储物流、冷藏运输、包装标识等各系统标准化建设，推进农产品质量等级化、包装规格化、标识规范化、产品品牌化。

（二）改革创新投融资方式。

优化政府投资，通过设立农产品流通产业发展基金、建立国有资本投资运营公司、推广公私合营等方式，带动社会资本投入，支持农产品市场体系建设。对于政府投资建设，具有公益性质的农产品市场，可按作价出资（入股）方式办理用地手续。加强宏观信贷政策指导，鼓励金融机构开展股权、债权、债券、票据、融资租赁等多样化金融服务，支持融资担保公司对农产品批发市场及商户提供担保增信服务。

（三）强化土地节约集约利用机制。

农产品市场应在符合土地利用总体规划和城乡规划的前提下进行选址建设，坚持最严格的节约用地制度，严格控制新增建设用地占用耕地，优先保障符合农产品市场发展规划的市场用地。城区农产品批发市场需异地搬迁改造的，在政府收回原国有建设用地使用权后，经批准可采取协议出让方式为原土地使用权人另行安排用地。鼓励新建大型农产品市场立体综合开发，提高土地利用强度，促进功能融合和农产品市场综合服务功能提升。支持利用工业企业旧厂房、仓库和存量土地资源兴办农产品市场。在符合规划和用途管制的前提下，鼓励农村集体经济组织依法以集体经营性建设用地使用权入股、联营等形式兴办农产品市场。农产品批发市场用地作为经营性商业用地，严禁擅自改变土地用途，确需改变用途、性质或进行转让的，应当符合土地利用总体规划并经依法批准。

（四）着力减轻企业税费负担。

落实农产品批发市场、农贸市场用电、用气、用热与工业同价政策以及小型微利农产品流通企业所得税优惠政策。严格执行蔬菜流通环节增值税免征政策，落实鲜活农产品运输“绿色通道”政策，确保整车合法装载运输鲜活农产品车辆优先便捷通行并免收车辆通行费，坚决查处和打击假冒鲜活农产品运输车辆逃缴车辆通行费等违法行为。对于政府投资建设或控股的农产品市场收费，可按法定程序纳入地方政府定价目录，实行政府指导价或政府定价管理。清理超市向供应商收取的违反国家相关法律法规的费用。

（五）充分发挥行业协会作用。

鼓励发展农产品批发商、运销商、加工商、零售商、服务商等各类协会组织，提高其协调、服务、自律、维权能力。将行业协会作为加强和改善农产品流通行业管理的重要支撑，指导行业协会健全各项自律性管理制度。加大政府向第三方购买公共服务力度，支持行业协会参与行业调查统计、公共信息服务、产销衔接促进和标准化推进等工作。发挥行业协会优势，推进农产品市场国际交流与合作，推进农产品流通领域人才队伍建设和舆论宣传。

（六）切实加强规划组织实施。

建立规划实施部门协调联动机制和落实责任制，加强沟通协调，通力协作，制定新的政策举措。厘清央地事权，中央负责统筹规划全国农产品流通骨干网络和全国公益性农产品批发市场建设，各地负责统筹规划区域农产品流通网络和公益性批发市场、零售市场建设。根据本规划要求，各地结合自身实际分解落实各项任务。加强年度计划与本规划的衔接，年度目标要充分体现本规划任务要求。建立规划实施的监测评估机制，对规划实行年度监督、中期评估和终期总结。

国家工商行政管理总局
网络商品和服务集中促销活动管理暂行规定

（2015 年 9 月 2 日国家工商行政管理总局令第 77 号公布）

第一章　总则

第一条 为规范网络商品和服务集中促销活动，保护消费者和经营者的合法权益，维护公平有序的网络商品和服务交易秩序，根据《消费者权益保护法》《反不正当竞争法》《广告法》等法律、法规的规定，制定本规定。

第二条 本规定所称网络商品和服务集中促销活动（以下简称网络集中促销），是指在特定时间内网络集中促销组织者组织网络集中促销经营者在互联网上，通过提供优惠条件开展销售商品或者提供服务的经营活动。

第三条 本规定所称网络集中促销组织者，是指组织网络集中促销的第三方交易平台。

网络集中促销组织者应当是经工商行政管理部门登记注册并领取营业执照的企业法人。

第四条 本规定所称网络集中促销经营者，是指在网络集中促销中向消费者销售商品或者提供服务的企业、个体工商户、其他经济组织以及已在交易平台办理实名登记的自然人。

网络集中促销经营者销售的商品或者提供的服务属于法律、行政法规或者国务院决定规定应当取得行政许可的，应当依法取得有关许可并在网页显著位置予以公示。

第五条 网络集中促销组织者、经营者应当遵守相关法律、法规、规章的规定，遵循自愿、公平、诚实信用的原则，遵守商业道德和公序良俗。

第二章　网络集中促销组织者的义务

第六条 网络集中促销组织者应当对网络集中促销经营者的经营主体身份进行审查和登记。

网络集中促销组织者应当按照《网络交易管理办法》的规定，记录、保存促销活动期间在其平台上发布的商品和服务信息内容及其发布时间。

第七条 网络集中促销组织者应当对网络集中促销经营者的促销活动进行检查监控，发现有违反工商行政管理法律、法规、规章的行为的，应当向平台经营者所在地工商行政管理部门报告，并及时采取措施制止，必要时可以停止对其提供第三方交易平台服务，并予公示。

第八条 网络集中促销组织者应当在网站显著位置并以显著方式，事先公示网络集中促销的期限、方式和规则等信息。

第九条 网络集中促销组织者不得采用格式条款设置订金不退、预售商品不适用七日无理由退货、自行解释商品完好、增加限退条件等排除或者限制消费者权利、减轻或者免除经营者责任、加重消费者责任等对消费者不公平、不合理的规定。

第十条 网络集中促销组织者应当依据可以查验的统计结果公布网络集中促销的成交量、成交额，不得对成交量、成交额进行虚假宣传，不得直接或者间接为网络集中促销经营者虚构交易、成交量或者虚假用户评价。

虚构交易、成交量或者虚假用户评价是指，网络集中促销经营者通过不正当方式获得关于其销售商品的销量、经营者店铺评分、信用积分、商品好评度评分、删除不利评论等有助于其产生商业利益、妨害消费者和其他经营者合法权益的行为。

第十一条 网络集中促销组织者不得违反《反垄断法》《反不正当竞争法》等法律、法规、规章的规定，限制、排斥平台内的网络集中促销经营者参加其他第三方交易平台组织的促销活动。

第三章 网络集中促销经营者的义务

第十二条 网络集中促销经营者除应当依照《网络交易管理办法》第十一条的规定提供商品或者服务的信息外，还应当在网店页面显著位置并以显著方式公示网络集中促销的期限、方式和规则。

第十三条 网络集中促销经营者的广告应当真实、准确，不得含有虚假内容，不得欺骗和误导消费者。

附条件的促销广告，应当将附加条件在促销广告页面上一并清晰完整表述。

第十四条 禁止采用下列不正当手段进行促销活动：

（一）标示商品的品名、用途、性能、产地、规格、等级、质量、价格或者服务的项目、价格等有关内容与实际不符；

（二）在促销中提供赠品、免费服务的，标示的赠品、免费服务的名称、数量和质量、履行期限和方式、安全注意事项和风险警示、售后服务等与消费者有重大利害关系的信息与实际不符；

（三）采用虚构交易、成交量或者虚假用户评价等不正当方式虚抬商誉，损害消费者和其他经营者合法权益。

第十五条 网络集中促销经营者在促销的商品或者服务销售完毕后，应当在促销页面、购买页面及时告知消费者。

第十六条 网络集中促销经营者在促销活动中销售、附赠的商品应当符合《产品质量法》的规定，不得销售、附赠国家明令禁止销售的商品，不得因促销降低商品质量。

网络集中促销中附赠的商品，应当依照《消费者权益保护法》和《产品质量法》的规定提供“三包”服务。

第十七条 网络集中促销经营者在促销活动中赠送消费积分或者发放优惠券的，应当标明消费积分或者优惠券的使用条件、方法和期限。

网络集中促销经营者改变消费积分或者优惠券使用条件、方法和期限的，应当征得消费者同意。增加有利于消费者权益的变更除外。

第十八条 网络集中促销经营者在促销活动中开展有奖促销的，应当符合《反不正当竞争法》的规定并公示可查验的抽奖方法，不得虚构奖品数量和质量，不得进行虚假抽奖或者操纵抽奖。

第四章 法律责任

第十九条 网络集中促销组织者违反本规定第六条规定的，依照《网络交易管理办法》第五十条的规定查处。

第二十条 网络集中促销组织者违反本规定第九条规定的，依照《合同违法行为监督处理办法》的规定查处。

第二十一条 网络集中促销组织者或者网络集中促销经营者违反本规定第十条、第十四条、第十八条规定的，依照《反不正当竞争法》的规定查处。

第二十二条 网络集中促销组织者违反本规定第十一条规定的，依照《反垄断法》《反不正当竞争法》等法律、法规、规章的规定查处。

第二十三条 网络集中促销经营者违反本规定第十三条规定的，依照《广告法》的规定查处。

第二十四条 网络集中促销经营者违反本规定第十六条规定的，依照《消费者权益保护法》《产品质量法》等法律、法规的规定查处。

第五章 附则

第二十五条 本规定由国家工商行政管理总局负责解释。

第二十六条 本规定自 2015 年 10 月 1 日起施行。

农业部 国家发展和改革委员会 商务部关于印发《推进农业电子商务发展行动计划》的通知

农市发〔2015〕3号

各省、自治区、直辖市、计划单列市、新疆生产建设兵团农业（农牧、农村经济）厅（委、局、办）、发展改革委、商务主管部门：

按照《国务院关于大力发展电子商务加快培育经济新动力的意见》（国发〔2015〕24号）和《国务院关于积极推进“互联网+”行动的指导意见》（国发〔2015〕40号）的部署要求，发挥电子商务在培育经济新动力、打造“双引擎”、实现“双目标”方面的重要作用，扎实推进农业电子商务快速健康发展，农业部、国家发展和改革委员会、商务部共同研究制定了《推进农业电子商务发展行动计划》，提出了发展农业电子商务的指导思想、基本原则、总体目标，并明确了5方面重点任务和20项行动计划。现印发你们，请认真贯彻落实。

农业部

国家发展和改革委员会

商务部

2015年9月6日

推进农业电子商务发展行动计划

当前，农业电子商务发展迅猛，正在深刻改变着传统农产品流通方式，成为加快转变农业发展方式、完善农产品市场机制、推动农业农村信息化发展的新动力，对发展现代农业、繁荣农村经济、改善城乡居民生活的作用日益凸显。与此同时，我国农业电子商务发展仍处在初级阶段，面临着基础设施条件差、标准化程度低、流通链条不完整、市场秩序不规范、诚信体系不健全、配套政策不完善等困难和问题，亟需提高认识，采取有效措施切实加以解决。为认真贯彻落实2015年中央1号文件、十二届全国人大三次会议和《国务院关于大力发展电子商务加快培育经济新动力的意见》（国发〔2015〕24号）、《国务院关于积极推进“互联网+”行动的指导意见》（国发〔2015〕40号）的部署要求，发挥农业电子商务在培育经济新动力、打造“双引擎”、实现“双目标”方面的重要作用，积极实施“互联网+”现代农业行动，扎实推进农业电子商务快速健康发展，努力把农业电子商务打造成为大众创业、万众创新的平台，提出以下行动计划。

一、深刻认识推进农业电子商务发展的重大意义

（一）推进农业电子商务发展是完善农产品市场机制的重要举措。党的十八届三中全会指出要使市场在资源配置中起决定性作用。实践证明，电子商务可以为传统农产品产销注入信息化元素，以信息流带动物流、技术流、人才流、资金流，实时反映供求状况，解决市场信息不对称问题，提升农产品生产者话语权，拓展新渠道、新客源和新市场；能够有效促进产销衔接，降低流通成本，同时有利于稳定市场预期、减缓价格波动，是建立健全现代农产品流通体系的必然要求。迫切

需要通过加快发展农业电子商务，有效引导市场主体广泛参与，促进资源要素合理有序流动，消除妨碍公平竞争的制约因素，推动全国农产品统一市场的进一步完善，更好地发挥市场配置资源的决定性作用。

（二）推进农业电子商务发展是促进现代农业发展的重要途径。发展现代农业的基础和前提是市场化，农业电子商务是农业市场化的重要组成部分，是现代服务业的重要内容。推进农业电子商务，将产业链、价值链、供应链等现代经营管理理念融入农业，可以促进现代信息技术与传统农业全面深度融合，推动农业生产由以产品为中心转变为以市场为导向、以消费者为中心，倒逼农业生产标准化、品牌化，优化农业生产布局和品种结构，发展高产、优质、高效、生态、安全农业，实现农业发展方式根本性转变，提高农业产业素质和国际竞争力，为新型工业化、信息化、城镇化和农业现代化同步发展拓展新的空间、增添新的动力。

（三）推进农业电子商务发展是扩大和提升消费需求的重要动力。在经济新常态下，扩大和提升消费需求对促进经济发展的关键作用日益凸显。促进电子商务创新发展，是实施"互联网+"行动的重大举措，对主动适应经济发展新常态、打造经济社会发展新引擎、有效应对经济下行压力具有重要现实意义。推动农业电子商务发展是顺应消费方式、生活方式深刻变化的现实需要，可以满足不同消费群体的个性化、多样化、便捷性需求，能够突破购销的时空限制，进一步挖掘市场需求潜力，促进消费转型升级。同时，农业电子商务的发展，还可以创新流通方式，带动农业生产资料和消费品下乡，加快形成城乡产品和要素市场双向流动的新格局，激活农村消费市场活力，让农村居民分享信息经济发展的成果。

（四）推进农业电子商务发展是加快转变政府职能的客观要求。在充分发挥市场配置资源决定性作用的同时，要更好发挥政府作用，为市场主体创造良好发展环境，切实加强公共服务、市场监管、社会管理等职责。农业部门在继续抓好农业生产的同时，应更加重视搞活农产品流通，创新农业生产资料下乡渠道。农业电子商务作为农产品流通和农业生产资料销售的新业态，在发展的过程中出现了一些新情况新问题，需要政府部门转变观念、转变职能，切实把推进农业电子商务发展作为一项重要工作来抓，加强政策创设和规划制定，健全农产品和农业生产资料市场信息监测预警体系、标准体系、质量安全追溯体系、诚信体系和法律法规建设，强化市场监管和行政执法，努力营造安全可信、规范有序的农业电子商务发展环境。

二、指导思想、基本原则和总体目标

（五）指导思想。全面贯彻党的十八大和十八届三中、四中全会精神，以邓小平理论、"三个代表"重要思想、科学发展观为指导，深入贯彻习近平总书记系列重要讲话精神，按照中央1号文件的部署要求，紧紧围绕农业农村经济发展"两个千方百计，两个努力确保，两个持续提高"的目标任务，以改革创新为动力，以加快转变农业发展方式、有效提升消费需求为主线，强化顶层设计和政策引导，着力解决农业电子商务发展中的困难和问题，着力完善制度、机制和模式，着力营造开放、规范、诚信、安全的发展环境，为加快实现农业现代化和城乡发展一体化提供新的动力。

（六）基本原则。一是市场主体，政府引导。正确处理好市场与政府的关系，充分发挥市场主体作用，提高农业电子商务资源配置效率，同时加强政策、规划、信息指导，强化制度建设和市场监管，为农业电子商务发展创造良好环境。二是统筹兼顾，重点突破。注重农村与城市相结合、农产品与农业生产资料和消费品相结合、线上与线下相结合，分类别、分阶段、分区域拓展和推动农业电子商务应用。重点探索鲜活农产品与农业生产资料的电子商务模式，支持发展产地田头市场、城乡仓储、冷链物流、终端配送，突破发展瓶颈。三是创新驱动，示范引领。推动技术创新、管理创新、服务创新和制度创新，将移动互联网、云计算、大数据、物联网等新一代信息技术贯穿到农业电子商务的各领域各环节，切实增强自主创新能力。注重典型引路和示范带动，因地制宜探索发展适应当地实际的农业电子商务模式。四是规范有序，健康发展。在发展中求规范，以规范促发展。立足需求导向，坚持必要和可行的原则，明确方向和重点，采取先易后难、循序渐进的策略，找准切入点和突破口，有力有序推进，避免盲目跟风，保障农业电子商务快速健康持续发展。

（七）总体目标。到2018年，农业电子商务基础设施条件明显改善，制度体系和政策环境基本健全，培育出一批具有重要影响力的农业电子商务企业和品牌，电子商务在农产品和农业生产资料流通中的比重明显上升，对完善农产品和农业生产资料市场流通体系、提升消费需求、繁荣城乡经济的作用显著增强。

三、重点任务

（八）积极培育农业电子商务市场主体。围绕提升新型农业经营主体电子商务应用能力、支持农产品和农业生产资料网络营销、推进农业生产性服务线上交流与交易、壮大农业电子商务企业的发展目标，培育农业电子商务市场主体，推动形成各类市场主体竞相发展农业电子商务的新格局。

专项行动1——能力提升行动：积极参与国家电子商务专业技术人才知识更新工程，开展新型农业经营主体培训。充分利用新型职业农民教育、农村实用人才培训等项目，重点组织专业大户、家庭农场、农民合作社等新型农业经营主体和农业企业负责人，联合有关教育培训机构、电子商务企业，开展电子商务平台使用、农产品和农业生产资料网上经营策略和技巧培训，有计划培养一批有理论和实践能力的农业电子商务人才，切实提高新型农业经营主体电子商务应用能力。

专项行动2——平台对接行动：充分发挥农业、商务部门牵线搭桥的作用，积极组织、引导电商企业，加强农业电子商务业务建设。依托各类会展平台和论坛，组织专业大户、家庭农场、农民合作社等新型农业经营主体、农产品经销商、国有农场和农业企业等，开展形式多样的交流活动，对接各类涉农电子商务平台和电子商务信息公共服务平台，有效衔接产需信息，促进农产品和农业生产资料实现网上销售。

专项行动3——电商拓展行动：加强政策和信息引导，鼓励综合型电子商务企业拓展农业电子商务业务，扶持垂直型农业电子商务企业发展壮大，推动电子商务企业适当降低农业电子商务门槛，引导有条件的传统农产品流通企业和农业生产资料生产经销企业发展电子商务。

（九）着力完善农业电子商务线上线下公共服务体系。探索农产品和农业生产资料线上与线下协同发展模式，完善农产品监测预警、质量标准和追溯体系，推动农业电子商务相关数据信息开放共享，实现农业全产业链数据互联互通，完善农业电子商务线上线下公共服务体系，为农业电子商务提供公共服务支撑。

专项行动4——网络集货行动：构建农产品网络集货平台，依托农产品产地市场，完善电子商务平台集货对接功能，引导在集货过程中实现标准化、规模化，提高重复性购买产品的一致性。

专项行动5——产品推介行动：完善农产品展示推介平台，在继续做好农产品营销促销工作的同时，集中打造网上展示大厅，推动“名特优新”“三品一标”“一村一品”农产品上网营销，加强宣传推介，提高农产品网络销售的公信力、信誉度和美誉度。

专项行动6——信息共享行动：健全农产品市场信息监测预警体系，强化农产品产销动态监测统计，拓展信息获取渠道，加强农产品市场信息预警分析，及时全面准确发布农产品生产、消费、贸易、库存、成本收益、价格及未来趋势等市场信息，加大农产品质量安全信息发布公开力度，推动涉农数据信息开放共享。

专项行动7——质量监管行动：完善农产品质量标准和质量安全追溯体系，加快农产品质量、包装标准制修订进程，健全“名特优新”“三品一标”“一村一品”等电子商务基础数据库，健全国家农产品质量安全追溯管理信息系统，推进农药、兽药、肥料等农业投入品追溯系统建设，探索与涉农电子商务企业建立数据共享机制，实现质量可追溯、责任可追查。

专项行动8——运行保障行动：建立农业生产经营全产业链电子商务公共服务平台，在各行业各领域大力推进电子商务发展基础上，实现种植、畜牧、水产以及种子、化肥、农药、兽药、饲料、农机等电子商务信息共享和互联互通，为农业电子商务协同快速发展提供公共服务。健全诚信体系，整合银行、税务、工商、质检、商务等领域和电子商务相关主体的信用信息，推行信用档案制度，净化市场环境，提高农业电子商务信任度。

（十）大力疏通农业电子商务渠道。加强与相关部门的沟通协调、形成合力，加快推动网络、物流、冷链、仓储等基础设施建设，鼓励相关经营主体开展技术、机制、模式创新，深入推进信息进村入户，开展电子商务进农村综合示范，为全面发展农业电子商务创造良好条件、提供经验。

专项行动 9——渠道延伸行动：深入推进信息进村入户试点，加强部省 12316 三农综合信息服务体系建设，加快村级信息服务站建设，支持开展电子商务业务，为农民提供信息咨询、代卖代购等服务。加快完善农村物流体系布局，实施快递“向西”“向下”工程，推动农村综合服务社、超市、邮政“三农”服务站、村邮站、快递网点等基层农村物流节点建设，鼓励物流快递企业向乡、村延伸业务。

专项行动 10——市场转型行动：指导支持农产品电子商务企业有效衔接农产品品种、产量、产地、收获时期等生产者信息，促进农产品网络销售。鼓励产地和销地农产品批发市场开展信息技术、经营方式、服务模式等创新，充分发挥线上与线下相结合的优势，推动批发市场创新发展农产品电子商务。促进农产品批发市场流通基础设施、质量检测设备、产品流通渠道等应用于农产品电子商务。

专项行动 11——模式创新行动：推动电子商务企业、国有农场、农民合作社与城市社区开展合作，共同设立农产品体验店、自提点和提货柜，试点“基地 + 城市社区”的鲜活农产品直配模式。推动销地批发市场发挥优势，支撑电子商务发展，探索满足城市日常消费的“批发市场 + 宅配”模式。鼓励种子、农药、化肥等农业生产资料企业，依托各地村级信息服务站探索“放心农资进农家”模式。配合相关部门支持电子商务企业建立海外营销渠道，创立自有品牌，推动跨境农业电子商务发展。

专项行动 12——基础支撑行动：加快农村宽带基础设施建设，扩大第四代移动通信网络在农村的覆盖面。支持农业生产基地加强规模化、标准化、智能化和质量追溯能力建设。鼓励有条件的地方建设农业电子商务产业基地、物流园、创业园。支持电子商务市场主体在农村和城市建设仓储、冷链、分级包装、智能配货等设施设备，改善农业电子商务发展的基础条件。

（十一）切实加大农业电子商务技术创新应用力度。按照“需求牵引、重点跨越、支撑发展、引领未来”的原则，开展农业电子商务发展战略研究，突破核心关键技术，制定完善相关标准、法规，大力推广先进实用信息化技术在流通等领域的应用，全面提升农业电子商务技术创新应用能力。

专项行动 13——技术创新行动：加强农业电子商务核心关键技术研发，着力在核心芯片、射频识别、智能终端、系统集成、网络与信息安全以及大数据处理、应用软件等共性和关键技术研发应用上取得突破，加大自主知识产权保护力度，加快建立以企业为主体、市场为导向、产学研用相结合的技术创新体系。

专项行动 14——示范推广行动：积极参与国家电子商务示范城市建设。继续开展两年一次的农业农村信息化示范基地申报认定工作，并向农业电子商务倾斜，引导各类新型农业经营主体入驻电商平台，树立农业电子商务企业典型。支持移动互联网、云计算、大数据、物联网等新一代信息技术在农业电子商务全链条中的示范应用。鼓励金融机构、非银行支付机构为农业电子商务企业、物流企业及相关用户提供安全、高效的支付服务，在农村地区推广网上支付、手机支付等支付方式。推进农产品批发市场电子商务技术应用，加快推进农产品电子结算、电子交易、电子拍卖、电子商务应用，提高流通效率和信息公开程度。

专项行动 15——标准推进行动：鼓励支持电子商务企业制定适应电子商务的农产品产品质量、分等分级、产品包装、物流配送、业务规范等标准，鼓励支持快递企业制定适应农业电子商务产品寄递需求的定制化包装、专业化服务等标准。加快农产品、农业生产资料产品质量国家、行业标准和生产技术规程制修订进程，加快国家农业标准化示范县建设，引导各类电子商务主体共同建立农产品标准化生产示范基地。同时研究制定农业电子商务技术标准和业务规范。

专项行动 16——政策研究行动：依托各有关直属单位，与有关科研和教学单位、企业合作开展发展战略研究，追踪热点问题，提出政策建议，编制农业电子商务发展年度报告。鼓励各级发展改革、农业、商务部门会同有关部门组织相关科研、教学单位和企业联合开展农业电子商务重大问题研究，为规划制定和政策措施出台提供决策参考。加快建立以企业为主体、市场为导向、产学研用相结合的技术创新体系，推动农业电子商务相关技术中心、工程中心、重点实验室建设。

专项行动 17——智库应用行动：在每年中国电子商务创新发展峰会和农业信息化高峰论坛期间组织举办农业电子商务分论坛，支持地方、行业组织、企业举办论坛、研讨会，总结交流各地推进农业电子商务发展的好做法、好经验、好模式，研究农业电子商务发展过程中遇到的困难和问题，引导农业电子商务快速健康发展。

（十二）加快完善农业电子商务政策体系。按照“政府引导，市场主体”的原则，强化顶层设计和政策创设，配合有关部门优化农业电子商务相关审批事项和流程，推动落实支持农业电子商务发展扶持政策，充分发挥市场在资源配置中的决定性作用，为农业电子商务发展提供良好政策环境。

专项行动 18——政策支撑行动：联合相关部门，大力加强农业电子商务政策创新，推动出台并落实支持农业电子商务发展的用地、用水、用电、用网等政策，建立健全适应电子商务发展的多元化、多渠道投融资机制。配合相关部门全面清理农业电子商务领域现有前置审批事项，无法律法规依据的一律取消，严禁违法设定行政许可、增加行政许可条件和程序。

专项行动 19——硬件支撑行动：针对农产品流通的特殊性，积极争取各级政府对田头集货、产地预冷、冷藏保鲜、分级包装、冷链物流、运输车辆、集散仓储、城市配送设施等方面建设给予扶持，按照相关规定，对符合条件的纳入农机购置补贴、农产品产地初加工补助项目等支持范围。鼓励保险公司开展鲜活农产品配送质量保险试点。

专项行动 20——运营支撑行动：积极推动成立农业电子商务标准化技术专业委员会、协会。组织相关科研和教学单位、企业开展农业电子商务核心和关键技术研发。经认定为高新技术企业的农业电子商务企业依法享受相关优惠政策。推进信息进村入户，积极争取农村信息服务站建设、信息员培训，以及政府购买公益服务支持。鼓励新型农业经营主体应用电子商务平台开展农产品上线营销、市场推广，指导新型职业农民、大学生村官、返乡农民工、农村经纪人、农村信息员等依托电子商务创业。

四、保障措施

（十三）强化组织领导。各级发展改革、农业、商务部门要进一步提高认识、转变观念，把农业电子商务作为创新农产品流通、建设现代农业、繁荣农村经济的重要举措予以推进。加强相关工作力量，明确负责机构和人员，注重调查研究，制定推进方案，细化政策措施，狠抓任务落实，会同有关部门形成工作合力，为农业电子商务快速健康发展提供组织保障。

（十四）强化制度建设。积极参与电子商务法律法规建设，围绕市场监管和公共服务职能职责，配合有关部门制定完善诚信经营、公平竞争、权益保护、信息公开、网络安全、行政执法等方面的规章制度。严格执法，严厉查处违法违规行为，切实保障相关市场主体和消费者合法权益，同时加强部门合作，避免多头重复执法。引导行业组织制定行业规范和服务要求，加强行业自律和信用评价。

（十五）强化示范宣传。将农业电子商务与“互联网 +”现代农业行动以及农业物联网、大数据应用示范统筹推进，推动农业电子商务纳入国家电子商务示范城市和智慧城市建设内容。将农业电子商务作为农业农村信息化示范基地、国家现代农业示范区、农业社会化服务示范县建设与认定的重要指标，培育和树立一批具有引领示范作用的农业电子商务企业。及时总结农业电子商务发展经验、运行模式，加强先进典型的宣传和推广，努力营造社会各界关注和支持农业电子商务发展的良好氛围。

工商总局关于加强网络市场监管的意见

工商办字〔2015〕183号

各省、自治区、直辖市工商行政管理局、市场监督管理部门：

为贯彻落实党的十八届三中、四中全会和《国务院关于大力发展电子商务加快培育经济新动力的意见》《国务院关于促进市场公平竞争维护市场正常秩序的若干意见》等文件精神，加强事前规范指导，强化事中事后监管，构建线上线下一体化的网络市场监管工作格局，推动网络市场健康有序发展。现提出如下意见：

一、加强网络市场监管规范化建设，推进“依法管网”。积极参与电子商务立法及相关法律法规制修订工作。推动工商法律法规向网络市场延伸应用。适应业态发展和监管需要，以问题为导向，完善规章制度，为监管工作提供充分的法律支撑。鼓励支持各地工商、市场监管部门结合各自实际，进一步健全完善网络市场规制体系。依法履行职责，强化执法监督，不断规范执法行为。面向全系统和全社会开展法律法规宣传教育，推动网络市场监管法治化建设。

二、强化技术手段与监管业务的融合，推进“以网管网”。充分利用信息网络技术手段，提高监管执法效能。以深化商事制度改革和电子营业执照推广应用为契机，进一步完善网络经营主体数据库，提高数据质量。加强网络市场监管事前、事中和事后的大数据应用，提高监测监管的前瞻性、实效性。优化网络监管平台功能。建设第三方网络交易平台监管系统。根据各地软硬件水平和监管压力，探索跨区域监测、监管协作机制，逐步实现总局与各地监管平台之间、工商内部各业务条线之间的互联互通和资源共享。完善网络市场监管工作基础设施，提升运用技术手段发现违法线索和电子数据取证能力。

三、充分发挥信用激励约束机制的作用，推进“信用管网”。结合企业信用信息公示系统建设，强化网络经营企业信息公示责任，加强部门间信息共享，落实网络经营企业信用信息公示、经营异常名录、严重违法企业名单等制度，及时向社会公示违法处罚信息，实现“一处违法，处处受限”，有效发挥失信惩戒机制在网络市场监管中的作用。发挥“守合同、重信用”等激励机制作用，促进网络经营者守信经营。继续深入推进电子商务可信交易环境建设试点工作，推动形成公正可信的网络交易信用信息评价体系。注重发挥第三方信用服务机构作用，支持第三方信用服务和产品应用于网络交易。

四、加强监管统筹和推动一体化监管，推进“协同管网”。网络市场监管是工商行政管理职责整体延伸至网络领域的全局性工作。总局成立网络市场监管工作领导小组，各级工商、市场监管部门参照建立相应的统筹协调机制。推进网上网下一体化监管，各业务条线部署工作要同时涵盖网上和网下。明晰跨地区网络交易案件查办、消费维权、质量抽检、定向监测等工作的协同规则，建立衔接顺畅的跨地域监管协作机制。推动建立各级政府层面的网络市场监管工作协调机制，畅通与公安等部门的刑事司法衔接，建立与通信管理部门的经营性网站监管协作机制，加强与物流快递、金融支付等行业监管部门的沟通协调，实现信息共享、联合惩戒。落实网络交易平台等市场主体责任，指导网络经营企业和行业组织加强自律。充分运用各类新媒介，加大违法行为曝光力度，发挥公众和舆论监督作用，引导消费者理性消费，促进市场自我净化，构建社会共治格局。

五、严厉打击销售侵权假冒伪劣商品违法行为，突出对网络交易平台的重点监管。持续开展红盾网剑专项行动，建立网络交易商品定向监测常态化机制。加大网络交易商品质量抽检力度。完善案件查办机制，依法查处各类网络商品交易违法行为。加强行政指导，督促网络交易平台经营者落实法定责任和义务，遏制侵权假冒、刷信用等违法行为，完善消费维权措施。加强网络促销行为监管。规范网络交易平台合同格式条款。加大对网络交易平台违法违规行为的查处力度。

六、紧密结合商事制度改革，加强网络经营主体规范管理。落实登记注册制度便利化政策措施，指导各地放宽电子商务市场主体住所（经营场所）登记条件，营造宽松平等的准入环境。鼓励网络经营者进行工商注册登记，更好地落实网店实名制。在企业信用信息年度报告和抽查制度中完善涉网经营信息相关内容，逐步建立网络经营者信用档案。依法打击网络交易非法主体网站。

七、积极推进12315体系建设，依法维护网络消费者合法权益。完善网络交易投诉和维权机制，建设全国12315互联网平台，创新在线消费投诉、举报的技术手段，打通条线、地区间“诉转案”通道，将消费投诉举报作为网络案件线索的重要来源。督促、引导网络经营者和网络交易平台落实消费者个人信息保护、七日无理由退货等消法新规定，健全完善消费环节经营者首问和赔偿先付制度。建立网购消费警示机制，及时发布消费提示、警示，推进消费投诉公开，加强消费引导。引入行业协会、第三方机构参与网购消费投诉纠纷处理，实现投诉处理工作前移。

八、规范各类涉网经营行为，维护公平竞争的市场秩序。加强对互联网广告的监测监管，加大对网络虚假违法广告的查处力度。研究规范商业信息发布类网站经营行为、互联网广告发布和推送行为、微信等社交网络营销行为。依法打击网络经营企业滥用市场支配地位违法行为。依法查处利用互联网进行引人误解的虚假宣传、诋毁他人商业信誉和产品声誉等不正当竞争行为。打击利用互联网从事传销和非法直销等违法行为。

九、加强网络市场新业态研究，把握监管规律。探索建立相关部门、研究机构等多方参与的网络规范制度研究机制。推进网络市场监管研究基地和专家库建设。积极开展网络市场监管机制建设前瞻性研究。研究社交电商、跨境电子商务、团购、O2O等商业模式、新型业态的发展变化，针对性提出依法监管的措施办法。

十、强化基层基础建设，提高网络市场监管能力和水平。完善网络市场监管机构，充实专业工作力量，加强专项经费保障，优化装备配备。积极开展网络市场监管全员业务培训，增强培训的实效性、针对性，不断加强监管能力建设。

各地工商和市场监管部门要根据本意见要求，结合各自实际，制定实施方案或者提出贯彻的具体措施。

附件：工商总局网络市场监管工作领导小组成员名单（略）

国家工商行政管理总局

2015年11月6日

工商总局关于加强和规范网络交易商品质量抽查检验的意见

工商消字〔2015〕189 号

各省、自治区、直辖市工商行政管理局、市场监督管理部门：

为贯彻落实《国务院关于促进市场公平竞争维护市场正常秩序的若干意见》（国发〔2014〕20 号）、《国务院关于大力发展电子商务加快培育经济新动力的意见》（国发〔2015〕24 号）以及《国务院办公厅关于加强互联网领域侵权假冒行为治理的意见》（国办发〔2015〕77 号）的要求，加强网络交易商品质量监督管理，营造安全放心的消费环境，促进电子商务健康发展和培育经济新动力，依据《消费者权益保护法》《产品质量法》及《流通领域商品质量抽查检验办法》（以下简称《抽检办法》）等规定，现就加强和规范网络交易商品质量抽查检验（以下简称网络商品抽检）提出如下意见：

一、总体要求

加快建立开放、规范、诚信、安全的电子商务发展环境，依法规范网络市场秩序，维护市场公平竞争，保护消费者和经营者的合法权益，净化互联网交易环境，促进网络经济持续健康发展。

——依法监管，逐步规范。在发展中逐步规范，以规范促健康有序发展，依法履行网络交易商品质量监督管理职责，有序开展网络商品抽检，查处销售不合格商品等违法行为，净化网络市场环境。

——问题导向，重点抽检。充分利用消费者投诉举报以及日常监管执法中发现的情况，深入排查网络商品交易中存在的质量问题，科学确定抽检范围和重点商品品种，有针对性地开展网络商品抽检。

——随机抽查，互动结合。坚持“以网管网”，运用大数据等现代化信息手段，实现高效抽查监管。强化线上线下结合，同步开展商品质量抽检，大力推广随机抽查，提高抽检工作效能。

——源头追溯，社会共治。及时公布网络商品抽检结果，强化源头追溯，依法查处销售不合格商品的违法行为；加强商品质量安全风险警示，促进经营者自律、行业治理和社会监督，推进区域协作，部门协作和社会共治。

二、网络商品抽检的管辖

国家工商行政管理总局负责指导全国网络商品抽检工作，根据需要开展或者组织开展网络商品抽检。

省、自治区、直辖市工商行政管理、市场监督管理部门（以下统称工商行政管理部门）负责统筹管理辖区网络商品抽检工作，组织开展对本辖区内依法登记的网络商品经营者经营商品的抽检。第三方交易平台经营者所在地省级工商行政管理部门负责组织开展对自然人通过第三方交易平台经营的商品、第三方交易平台经营者自营商品的抽检，也可以根据需要对其他通过第三方交易平台经营的商品开展抽检。

上级工商行政管理部门可以根据工作需要委托下级工商行政管理部门具体实施抽检工作。

三、网络商品抽检的组织实施

网络商品抽检的组织实施依照本意见执行，对本意见未规定的依照《抽检办法》的规定执行。通过网络商品经营者的实体店或者仓储地抽取样品的，依照《抽检办法》规定执行。

工商行政管理部门要大力推广随机抽查，随机确定被抽查的网络商品经营者，加强网络商品质量监管。针对消费者投诉、有关组织反映和行政执法中发现质量问题集中的商品，组织开展网络商品抽检，制定抽检工作计划并确定抽检实施方案。抽检实施方案应当包括《抽检办法》第九条规定的内容以及买样人、用户名、收货地址等。买样人可以是工商行政管理执法人员、承检机构人员或者消费者等。抽检实施方案可作为买样人报销费用的依据。

（一）样品的抽取。

网络商品抽检应当由买样人按照抽检实施方案要求，通过网络交易的方式购买样品和备份样品。收到样品后，由买样人、承检机构人员、工商行政管理执法人员共同拆包查验、对样品和备份样品分别封样，并通知网络商品经营者。通知内容应当包括订单编号等，并明确其接受备份样品退货的义务。

对网络商品经营者及商品信息、网络交易过程要采用网络截屏、电子视频录像等取证手段，予以全程记录；对商品拆包查验、封样等应当全程录像并留存。必要时，工商行政管理部门可要求第三方交易平台经营者对被抽检样品的交易订单等电子单据及信息等相关证据信息予以确认，协助提供相关交易记录及日志，为网络商品抽检提供技术支持和协作配合。

（二）抽检结果的通知。

组织实施网络商品抽检的工商行政管理部门应当在收到检验结果之日起五个工作日内通知被抽样的网络商品经营者。检验不合格的，还应当通知样品标称的生产者；通过第三方交易平台抽样的，同时通知第三方交易平台经营者。

因经营者地址不详等原因而无法通知的，工商行政管理部门可以通过其官方网站公告通知。

（三）复检的申请与办理。

被抽样的网络商品经营者或者样品标称生产者对检验结果有异议的，应当自收到检验结果通知书或自官方网站公告通知之日起十五日内，向组织实施抽检的工商行政管理部门提出书面复检申请并办理复检手续，未办理复检手续的视为放弃复检。未在期限内申请复检或者放弃复检的，视为对检验结果无异议，检验结果即为最终结果。

四、网络商品抽检结果的后处理

（一）抽检结果的公布及效力。

工商行政管理部门应当依法及时向社会公布网络商品抽检结果。网络商品抽检结果信息应当包括样品名称、被抽检网络商品经营者、标称商标、标称生产者名称、规格型号、生产日期、主要不合格项目、综合判定结论等。通过第三方交易平台抽检的，同时公布第三方交易平台经营者名称。

网络商品抽检结果与线下抽检结果具有同等效力，可作为实施抽检工商行政管理部门辖区内执法依据。

（二）不合格商品的处理。

对经网络商品抽检并依法认定为不合格商品的，工商行政管理部门应当责令被抽样的网络商品经营者立即停止销售；消费者要求退货的，经营者应当负责退货。

工商行政管理部门发现并认定商品存在缺陷，有危及人身、财产安全危险的，应当立即责令被抽样的网络商品经营者采取警示、停止销售等措施，并及时通报商品标称生产者所在地有关行政部门。

工商行政管理部门公布有危及人身、财产安全危险且不符合强制性标准的商品名单后，被抽检的网络商品经营者、被抽检的第三方交易平台上该商品的经营者及辖区内线下经营者应当立即停止销售该名单中同一商标的同一规格型号的商品，第三方交易平台经营者应当立即采取措施停止提供对相关商品的交易平台服务。

网络商品经营者无法联系的，通过第三方交易平台交易的，可根据商品不合格的情况，要求第三方交易平台经营者对不合格商品信息及被抽检网络商品经营者的虚拟店铺实施商品信息删除、屏蔽、断开链接等措施；非通过第三方交易平台交易的，如需采取措施制止网络销售不合格商品违法行为的，可依照有关规定，提请网站许可或者备案地通信管理部门依法责令暂时屏蔽或者停止该网站的接入服务。

（三）查处违法行为。

工商行政管理部门要依法查处网络商品经营者线上线下销售不合格和假冒侵权商品、作虚假或者引人误解的宣传以及拒绝工商行政管理部门开展监督检查等违法行为；涉及第三方交易平台经营者的违法行为，应当移交第三方交易平台经营者所在地工商行政管理部门处理。要将行政处罚结果记入企业信用档案，通过企业信用信息公示系统向社会公布。

因消费者投诉举报案件处理中需要对商品质量进行检验或鉴定的，不适用《抽检办法》和本意见的规定。

五、第三方交易平台经营者的质量管理责任

（一）第三方交易平台经营者要加强对网络商品经营者的管理，健全完善商品质量管控制度和措施，主动开展商品质量检查，督促网络商品经营者履行商品质量及服务义务，及时制止消费侵权行为，促进网络交易商品质量的提升。对消费者因商品质量问题要求赔偿，第三方交易平台经营者不能提供网络商品经营者的真实名称、地址和有效联系方式的，要承担赔偿责任。鼓励第三方交易平台经营者建立健全商品质量承诺和担保制度，主动和解消费纠纷。

（二）第三方交易平台经营者要建立协助有关行政部门开展监管执法的制度，采取技术手段确保网络商品交易数据和资料的完整和安全，配合工商行政管理部门依法开展商品质量监督管理，如实提供网络商品经营者的相关情况，协助做好网络商品抽检和执法办案等工作。

（三）第三方交易平台经营者应当协助工商行政管理部门将开展网络商品抽检、抽检结果等信息及时通知网络商品经营者，对被抽检的不合格商品及其经营者采取相关措施。对工商行政管理部门要求提供技术支持和协作配合的，第三方交易平台经营者不得拒绝或者拖延。

六、工作要求

（一）提高思想认识。强化网络交易商品质量监管，依法开展网络商品抽检是工商行政管理部门的重要职责。依法处罚网络销售不合格商品违法行为，规范网络市场秩序，营造安全放心的消费环境，可以有效激活消费潜力，为大众创业、万众创新营造发展新空间，实现经济持续健康平稳增长。各地工商行政管理部门要充分认识网络商品抽检工作的重要意义，加强组织领导，协调监管力量，抓好网络商品抽检工作的落实。

（二）完善制度机制。各地要加强对网络经济发展现状的研究，鼓励新型业态发展，逐步规范网络市场秩序。要根据《消费者权益保护法》《抽检办法》和本意见的要求，按照国务院推广随机抽查的规定，认真开展流通领域商品质量监管工作，建立健全网络商品抽检工作机制和制度，完善监管方式方法和技术手段，及时公布网络商品抽检结果，发布消费警示提示，不断提高网络交易商品质量监管水平。网络商品质量抽查检验文书参考式样参见附件。

（三）促进社会共治。各地工商行政管理部门要加强与有关行政主管部门的协作配合，注重信息交流共享和执法协作联动，提高执法效能；发挥消费者协会、行业协会和有关社会组织、新闻媒体的作用，共同开展消费教育引导，促进社会协同共治；教育和鼓励网络商品经营者、第三方交易平台经营者加强自律，自觉履行商品质量保障义务，切实保护消费者合法权益，共同营造安全放心的网络消费环境。

附件：网络商品质量抽查检验文书参考式样（略）

国家工商行政管理总局

2015 年 11 月 12 日

第三章　地方性法规

北京市

北京市商务委员会关于征集2015年中央内贸发展专项资金项目的通知

京商务财务字〔2015〕12号

各区县商务委，各有关单位：

根据中央内贸发展资金有关管理要求，结合我市商务工作实际，现就征集2015年中央内贸发展专项资金项目有关事项通知如下：

一、资金支持范围

（一）促进农超对接项目

支持大型连锁零售企业新建改建用于农超对接的生鲜配送中心、产地集配中心、冷库和改造卖场生鲜经营环境，支持品质保障体系建设（以信息化为手段，覆盖农产品从农田到餐桌全过程的质量可追溯系统，主要用于购置或开发软件和硬件设备），扩大农超对接规模效益。大型连锁零售企业应从年总产值200万元以上的农产品基地或大型农业合作社、农业生产化龙头企业、种养植大户直采蔬菜、水果等生鲜农产品到店销售，减少中间环节，方便居民消费。

（二）现代服务业综合试点通州商务园电子商务示范基地项目

优先支持示范基地内具有示范作用的公共服务平台项目，加强政府政策创新和资源整合。支持开展地方法规标准、管理规范、统计监测、信用体系等电子商务软环境建设及工作创新。支持示范基地和示范企业扩大宣传，推广公用技术应用，带动企业利用电子商务转型升级，探索线上线下协同的营销模式；支持第三方电子商务服务平台及生活服务类电子商务平台建设，鼓励电子商务服务业发展创新，支持中小微企业应用电子商务提升竞争力，带动就业；支持农产品流通中的电子商务应用和创新，建立常态化网上网下对接模式；支持电子商务领域紧缺人才和技能人才培养以及岗位能力培训。

（三）商业品牌发展项目

支持民族品牌新品展示、推介活动，鼓励企业进行新品研发，开发自有商品品牌；支持企业设立品牌博物馆；支持行业协会提供品牌研发、注册认证、市场开拓、人才培训等专业化咨询服务，开设和完善品牌网站，开展品牌专题研究，组织品牌发展培训交流，收集和发布品牌信息，打造品牌信息公共服务平台。

二、项目申报条件

（一）在北京市登记注册、独立核算的企业、机构、经济组织等单位；

（二）项目申报单位经营状况良好，财务管理制度健全；

（三）项目申报单位近三年无违法违规记录；

（四）申报项目能够按申报计划实施；

（五）为避免重复支持，对于已获得或确定将获得其他政府资金支持的项目原则上不得参加申报；

（六）申报现代服务业综合试点通州商务园电子商务示范基地项目的单位应在北京市通州商务园区内注册。

三、项目申报材料

（一）项目申报书、项目可行性报告；

（二）项目申报单位承诺书；

（三）项目单位法人证明文件复印件（营业执照、组织机构代码证书、法定代表人身份证明等）；

（四）项目单位近两年财务报表（资产负债表、损益表、现金流量表）；

（五）项目已发生费用明细表及相关有效凭证复印件；

（六）其他与项目相关的证明材料。

项目申请材料一式两份，应按顺序装订成册，并加盖单位公章。

四、项目申报程序

项目申报原则上按照隶属关系管理，市属企业项目由市属商业集团汇总并初审后报市商务委；其他企业项目及现代服务业综合试点电子商务基地项目由项目单位注册地商务委汇总并初审后报市商务委。

五、时间安排

项目集中申报时间自本通知发布之日起至2015年7月1日，各区县商务委、市属商业集团应于2015年7月8日前汇总上报材料。

六、工作要求

（一）专项资金应当用于支持范围内与项目建设实施直接相关的费用，不得用于征地拆迁、车辆购置以及人员经费、设施维护等经常性开支。

（二）各项目申报单位应确保申报材料真实、准确、完整，保证项目各项建设手续合规、建设资金及时落实到位、项目按时保质完成，并向市商务委做出书面承诺。获得专项资金支持的项目单位应在项目完成后1个月内将项目实施、资金使用等情况报有关区县商务委或市属商业集团。

（三）各初审单位应积极组织项目单位进行申报，切实做好指导与审核，严格把关，按照规定时间和程序做好相关工作。

（四）各初审单位应加强对已支持项目的后续指导和跟踪监管，确保项目实施效果，充分发挥财政资金使用效益。

（五）项目申报单位原则上应将获得的专项资金列入“营业外收入”科目核算，相关法规另有规定的从其规定。

附件1. 项目申报书（略）

附件2. 项目申报单位承诺书（略）

附件3. 项目已发生费用明细表（略）

附件4. 2015年中央内贸发展专项资金申报项目情况汇总表（略）

北京市商务委员会

2015年6月15日

关于支持北京地区跨境电子商务发展的通知

京商务外运字〔2015〕26号

各区县商务委，有关单位：

为发挥首都区位资源优势，引导本市跨境电子商务加快发展，推进对外贸易转方式、调结构，北京市商务委员会、北京市财政局决定对北京地区跨境电子商务发展进行支持。具体通知如下：

一、支持条件

支持对象包括：跨境电子商务企业（包括自建跨境电子商务销售平台的电子商务进出口企业、利用第三方跨境电子商务平台开展电子商务进出口的企业、为电子商务进出口企业提供交易服务的跨境电子商务第三方平台）、物流企业、第三方支付机构企业及其他相关经营单位。应具备以下条件：

（一）在北京市行政区域内依法设立、具有独立承担民事责任的各类所有制法人企业（法人经营单位）；

（二）已经实现与北京跨境电子商务公共信息平台（以下简称“公共信息平台”）对接并有实际经营业绩（以公共信息平台统计数据为准），或为跨境电商企业提供现场通关服务，或为通关申报系统与公共信息平台提供对接服务；

（三）企业在进出口业务、电子商务业务、财务、税收、外汇管理、海关监管等方面无违法、违规记录。

二、支持方向与标准

（一）支持与公共信息平台对接的信息系统建设、升级改造等项目，每个申报单位（申报主体）依据评审后的金额给予一次性资金补助。

（二）支持跨境电子商务通关辅助系统建设，包括安检机、同屏比对系统、视频监控系统、查验设备、机检系统、监管场所专用围网、防火墙系统、辅助设备和管理信息系统等，每个申报单位（申报主体）依据评审后的总投资给予不超过50%资金支持，每个项目最高不超过300万元。

（三）支持进口商品展示交易中心（直购体验店）、智能口岸仓、出口集货仓和海外仓建设，包括货架（货柜）、视频监控系统、传送系统、物流专用盒、专用推车（叉车）、辅助设备和管理信息系统等，每个申报单位（申报主体）依据评审后的总投资给予不超过50%资金支持，每个项目不超过200万元。

三、申请申报审核程序

（一）企业（经营单位）向北京市商务委员会提交项目申报资料，包括：

1．项目申报书（含项目实施、资金使用等情况报告）；

2．企业法人营业执照；

3．提供在公共信息平台上的注册号（不含为跨境电商企业提供现场通关辅助服务的企业）；

4．项目已发生费用明细表；

5．2015年跨境电子商务发展专项资金申报项目情况汇总表；

6．费用支出发票复印件；

7．项目申报单位承诺书。

（二）集中申报时间：2015 年 8 月 1 日至 8 月 20 日。

（三）北京市商务委员会外贸运行处、财务处负责组织专家组对申报项目进行评审，并公示。

（四）原始发票审核。资金拨付书面申请材料审核通过的项目单位按照北京市财政局及北京市商务委员会通知要求，参加由北京市财政局聘请的会计师事务所对企业申报项目资料所对应的原始发票的审核，结果由北京市财政局和北京市商务委员会最终审定。

（五）资金拨付。通过资金拨付申请及原始发票审核的项目在“专项资金管理系统”上进行为期七天的公示。

四、账务处理

企业（经营单位）收到支持资金后，应按国家相关规定进行财务处理。

五、监督与检查

（一）获得资金支持的企业（经营单位）应接受政府有关部门的监督和检查。任何单位和个人不得以任何形式骗取、挪用和截留支持资金。对违反规定的，按照《财政违法行为处罚处分条例》（国务院令第 427 号）予以处理。

（二）区县商务部门和开发区、天竺综保区、中关村科技园区管委会主管部门要加强对支持项目的监督管理和跟踪服务。

北京市商务委员会

北京市财政局

2015 年 7 月 29 日

附件 1：项目申报书 . doc（略）

附件 2：项目申报单位承诺书 . doc（略）

附件 3：已发生费用明细表 . doc（略）

附件 4：2015 年跨境电子商务发展专项资金申报项目情况汇总表 . doc（略）

天津市

天津市人民政府办公厅关于
促进内贸流通健康发展的实施意见

津政办发〔2015〕15号

各区、县人民政府，各委、局，各直属单位：

为深入贯彻党的十八大和十八届三中、四中全会精神，认真落实中央和全市经济工作会议部署，主动适应经济发展新常态，着力激发市场消费潜力，深化内贸流通领域改革，建设法治化营商环境，推动转型升级，增强创新驱动，促进内贸流通稳定健康发展，根据《国务院办公厅关于促进内贸流通健康发展的若干意见》（国办发〔2014〕51号），经市人民政府同意，现提出如下实施意见：

一、推进现代流通方式发展

（一）支持和引导电子商务发展。

1．壮大电子商务产业规模。加强电子商务集聚区建设。按照科学规划、合理布局、突出特色的要求，明确认定标准，出台实施办法，创建6至8个要素集聚、政策创新、产业集中度高的电子商务产业示范基地，推动全市电子商务集聚化、规模化发展。进一步完善政策环境和支撑体系。实施“千百十”工程，打造5个年交易额超千亿元的电子商务交易平台，借重用好首都资源，培育和引进10家年交易额超百亿元的电子商务企业，扶持和发展一批年交易额超十亿元的电子商务企业。至2016年力争使我市电子商务年交易规模突破1万亿元。（牵头单位：市商务委，配合单位：市发展改革委、市工业和信息化委、市农委等）

2．深化与阿里巴巴集团战略协作。引导支持轻工、轻纺、老字号产品和旅游产品扩大网络销售，建设银泰线上线下（020）体验中心项目，推进电子商务向农村延伸，创建一批电子商务服务中心和服务站。推进以直邮、集货和保税备货等模式为主的跨境电子商务业务。加快武清菜鸟智能骨干物流中心项目建设，将武清打造成为辐射环渤海及北方地区的电商产业城。拓展网络消费领域，利用“飞天”云计算核心技术，支撑大数据产业发展，推动我市工业、金融业、服务业转型升级。推动我市医药、医保、医疗领域的数据逐步贯通，打造“未来医院”新模式。（牵头单位：市商务委，配合单位：市工业和信息化委、市卫生计生委、市农委、市旅游局、市中小企业局等）

3．推进电子商务与物流快递协同发展。落实财政部、商务部和国家邮政局开展电子商务与物流快递协同发展试点任务。加强基础设施建设，利用3年时间，建设2至3个大型电子商务物流快递产业园区，升级改造4至6个物流分拨中心、快件处理中心、保税仓储中心。推行运营车辆规范化，研究制定城市快递配送运输管理办法，推动新能源汽车在邮政快递领域应用，推进配送车辆统一标识。加强物流快递信息化建设，打造电子商务与物流快递综合信息服务平台，力争2015年底搭建信息对接平台、快递诚信服务网等信息服务平台。构建快递末端配送网络，推进农村快递综合服务中心建设，开展智能快件箱示范工程建设，3年内在各级机关、企事业单位、中高档写字楼等区域布设智能快件箱3000台。推进超市、便利店、社区物业等末端自提网络建设，力争2至3年内实现全市社区覆盖率30%。（牵头单位：市商务委、市财政局、市邮政局，配合单位：市发展改革委、市交通运输委、市农委等）

4. 促进网络支付规范发展。扩大个人消费电子发票试点范围，建立健全电子会计凭证报销、登记入账及归档保管等配套措施。落实注册资本登记制度改革方案，完善市场主体住所（经营场所）管理。在控制风险的基础上鼓励支付产品创新，营造商业银行和支付机构等支付主体平等竞争环境。（牵头单位：市国税局、人民银行天津分行、市市场监管委，配合单位：市财政局、市发展改革委等）

（二）增强商贸物流配送功能。

5. 大力发展冷链物流。落实天津台湾食品冷链物流产业合作发展规划，建立食品冷链物流服务升级、技术合作、网络建设相关标准与认证，编制食品冷链物流6大类10个标准。建设区域性冷链物流配送中心，延伸冷链运输物流配送，培育冷链物流龙头企业，鼓励农业企业、农村合作社采取直供直销、会员制等多种销售形式，形成冻品从出库到消费者的全程冷链无缝对接，打造京津冀1小时冷链配送链。（牵头单位：市商务委，配合单位：市发展改革委、市供销总社、市财政局等）

6. 加强物流标准化建设。按照“政府引导定规则、企业主导贯标准”的思路，实施商贸物流标准化专项行动，以快速消费品、农副产品、药品等领域为重点，以龙头骨干企业为载体，开展标准托盘应用推广及循环共用，鼓励对非标准托盘进行标准化更新，鼓励增加标准化托盘使用量，鼓励托盘生产企业生产符合国家标准的高质量托盘。支持与标准托盘关联的叉车、货架、月台、运输车辆等物流设备设施标准化改造，促进上下游设备衔接，逐步形成托盘应用标准体系。（牵头单位：市商务委，配合单位：市发展改革委、市市场监管委、市财政局、市交通运输委等）

7. 促进商贸物流共同配送。支持龙头企业依托物流园区、批发市场以及连锁经营单位向社会提供配送服务，支持商贸物流园区、仓储企业转型升级，经认定为高新技术企业的第三方物流和物流信息平台企业，依法享受高新技术企业相关优惠政策。启动城市IC卡（集成电路卡）电子路单管理系统和危险品货物运输IC卡电子路单管理系统建设和应用。推动城市配送车辆统一标识管理，保障运送生鲜食品、主食制品、药品等车辆便利通行，推进分时段配送和夜间配送。（牵头单位：市商务委，配合单位：市发展改革委、市财政局、市交通运输委、市国税局、市科委等）

（三）加快发展连锁经营。

8. 提升连锁经营规模效应。支持连锁经营企业建设直采基地和信息系统，实现居民生活服务业规模化与专业化有机结合，资本经营的集约化与居民生活服务业的个性化有机结合。规范和拓展便利店代收费、代收货等便民服务功能，推广津工超市“社区居民日常生活一站式服务终端”模式。鼓励超市、便利店、机场等相关场所依法依规发展便民餐点。（牵头单位：市商务委，配合单位：市发展改革委等）

二、完善流通基础设施建设

（四）推进商品市场提升发展。

9. 提升农村消费网络建设水平。加快便利店业态进农村，实施“一村一店”工程，利用3年时间，新建和改造提升1400个村级便利店，实现农村连锁化便利店全覆盖。完善村级便利店服务功能，增加金融、缴费等综合配套服务。改造提升50个农村集市，使农村商业面貌焕然一新。（牵头单位：市商务委，配合单位：市发展改革委、市农委、市供销总社、市财政局等）

10. 加快商品批发市场转型升级。推动西青卓尔商城、静海义乌等批发市场，积极承接北京商贸批发功能转移，开展错位招商，打造立足天津、辐射环渤海的北方小商品市场集群。按照政府支持、公益功能、企业投资、市场运作的原则，加强公益性农产品批发市场建设，支持国有资本带动社会资本共同参与公益性农产品批发市场建设。加强市场周边道路、停车位、公交站点等交通基础设施建设，将市场周边道路纳入全市道路卡口改造工程，优化客货运交通组织，填补公交空白区域。推动城区商品批发市场异地搬迁改造，政府收回原国有建设用地使用权后，可采取协议出让方式安排商品批发市场用地。（牵头单位：市商务委，配合单位：市发展改革委、市农委、市供销总社、市公安交管局、市环保局、市建委、市国土房管局等）

（五）加强居民生活服务设施建设。

11．加快社区便民服务网络建设。鼓励建设社区综合服务中心，编制并落实社区商业中心规划，探索建立社区商业中心网格化管理新机制。严格按照天津市居住区公共服务设施配置标准配建相关内容。引导支持综合性便民网络和放心早餐工程建设，制订全市早餐提升工程三年行动计划，培育10家早餐龙头企业和6家中央（主食）厨房，提升改造早餐示范店100家。（牵头单位：市商务委，配合单位：市供销总社、市建委、市国土房管局、市规划局等）

12．扩大家政服务供给。完善公益性家政服务网络中心的服务功能，支持研发智能无线应用系统，推进家政服务电子商务等现代信息技术应用，推动区县生活服务业公共服务平台试点建设。做大做强家政服务企业，2015年新建或改造30个连锁经营门店，培育一批员工制家政服务企业。健全家政服务人员培训体系，建设全市家政综合培训实习中心，开展千名家政服务人员培训。（牵头单位：市商务委）

（六）建设绿色循环消费设施。

13．培育绿色循环商品市场。建设一批集节能改造、节能产品销售和废弃物回收于一体的绿色市场，鼓励利用旧厂房、闲置仓库等建设符合规划的流通设施，涉及原划拨土地使用权转让和租赁的，经批准可采取协议方式供应。加快推进旧物商品交易市场建设，创办我市最大的旧物超市和跳蚤市场。推动绿色回收进社区、进商场、进园区、进校园、进机关等活动，建设绿色环保便利店，推广废弃物自动回收机。抓好居民社区回收网点、综合分拣加工中心及拆解基地建设，推进企业在津建设废旧电池回收体系。（牵头单位：市商务委，配合单位：市环保局等）

14．打造绿色低碳供应链。推广绿色低碳采购，支持流通企业与绿色低碳商品生产企业对接。加强建筑节能科技普及，推广绿色建筑。促进报废汽车回收拆解体系建设，推进报废汽车资源综合运用。2015年6月30日前，对依规定淘汰的黄标车按照车辆类型、注册日期、使用性质等给予一定的资金补贴。（牵头单位：市商务委、市建委、市环保局，配合单位：市公安局、市财政局、市交通运输委等）

三、推进流通领域改革创新

（七）培育和壮大现代流通企业。

15．推动优势流通企业做大做强。扶持和培育10家具有国际竞争力的大型零售商、批发商、物流企业、快递服务商，促进一批流通企业兼并重组，依法做好流通企业经营者集中反垄断审查工作。支持大型企业集团开展供应链管理试点，鼓励企业成立财务公司，打造集贸易、仓储、加工、配送和金融服务于一体的流通模式。引导金融机构加大对流通企业兼并重组的金融支持力度，支持商业银行扩大对兼并重组商贸企业综合授信额度。（牵头单位：市商务委、市邮政局，配合单位：市发展改革委、市国资委、市财政局、市金融局等）

（八）支持中小商贸流通企业发展。

16．大力扶持中小商贸流通企业。编制中小商贸流通企业发展专项规划，建立促进中小商贸流通企业健康发展的部门协调机制，加快推动万企转型升级。搭建中小商贸流通企业公共服务平台，建立健全服务对接、规范、评价和激励等功能，推动各类专业服务机构针对中小商贸流通企业的现实需求提供专业化服务。支持中小商贸流通企业参加各类展会以及展销、促销活动，拓宽营销渠道。（牵头单位：市商务委，配合单位：市科委、市中小企业局等）

17．落实中小商贸流通企业融资支持政策。建立中小商贸流通企业贷款风险补偿机制，鼓励中小商贸流通企业集中与商业银行对接，建立长期合作关系，发展互助担保融资、供应链融资、商圈融资。引导金融机构为流通企业提供贸易融资支持，加强金融产品和服务方式创新，推广专利权、商标权和股权质押贷款等创新性金融产品，扩大对有订单、有效益、符合审慎信贷条件企业的信贷支持。（牵头单位：市金融局，配合单位：市中小企业局、天津银监局等）

（九）拓宽内外贸融合渠道。

18．打造内外贸结合市场。深化5个内外贸结合市场试点建设，提升检验检测、商品展示、市场信息等公共服务平台建设水平，拓展市场对外贸易功能。引进国际著名品牌企业、品牌商品和品牌服务，积极试点设立免税商店、进口商品零售店，吸引更多国际知名品牌来津设立代理总部。引导和支持优势内资企业实行跨国采购与营销，推动国际贸易商拓展内销渠道，开设高品质的进口商品直营中心。（牵头单位：市商务委，配合单位：市财政局、人民银行天津分行、天津海关、天津检验检疫局等）

19．大力开拓国内外市场。鼓励具备条件的流通企业“走出去”，建立海外营销、物流和售后服务网络，利用埃及苏伊士经贸合作区，拓展我市企业对外贸易渠道，借助绿地投资带动贸易出口。组织企业赴国内重点城市举办天津商贸企业专题推介会，组织产品展销推广，拓展对接洽谈渠道。举办中国（天津）·中华老字号精品博览会，2015年策划组织3场天津老字号企业“走出去”活动，引导支持老字号企业开拓国内外市场。（牵头单位：市商务委，配合单位：市发展改革委、市财政局、天津检验检疫局、天津海关等）

四、进一步优化营商环境

（十）深化流通领域审批改革。

20．提高内贸流通领域行政审批效率。坚持法无授权不可为、法定职责必须为，严格执行行政许可事项目录，搞好重大商贸项目联合审批，协调做好项目前期的环保工作，加快审批进度。（牵头单位：市审批办，配合单位：市商务委、市环保局等）

21．减轻企业税费负担。坚持每月在市发展改革委和市财政局门户网站公开行政事业性收费项目清单并实行动态管理。加大对擅自设立行政事业性收费项目、扩大收费范围、提高收费标准的查处力度，坚决制止各类乱收费、乱罚款等行为。进一步推进工商用电同价，鼓励大型商贸企业参与电力直接交易。按照国家统一部署，推进生活性服务业营改增工作，落实小微企业税收优惠政策，支持小微企业发展。（牵头单位：市发展改革委，配合单位：市国税局、市财政局等）

（十一）推进法治化营商环境建设。

22．提升商业服务质量。利用大众点评网天津商业点评系统，鼓励企业在总服务台、银台、柜台设置服务满意度应答器。组织志愿者搜集商业企业服务质量、环境卫生方面存在的问题和意见。加强与媒体沟通合作，开辟提升服务质量专栏，组织开展系列宣传活动，营造良好的社会氛围。（牵头单位：市商务委）

23．破除各类市场壁垒。发挥反垄断执法职能作用，加大反垄断执法力度，重点规范和查处滥用行政权力对外地企业或产品和服务设定歧视性收费项目、实行歧视性收费标准或者规定歧视性价格等违法行为。落实国家对零售商、供应商公平交易行为的相关规定。（牵头单位：市市场监管委，配合单位：市发展改革委、市商务委等）

（十二）健全市场整治长效机制。

24．集中开展专项整治行动。集中整治社会关注度高、群众反映强烈的商业贿赂、限制竞争、仿冒和虚假宣传等突出问题。开展流通领域专项整治行动，加大对家用电器、服装鞋帽、交通工具、装修材料等重点商品抽查检验力度。开展酒类市场专项整治行动，依法查处销售假冒伪劣白酒、葡萄酒、进口酒违法行为。开展药品医疗器械销售专项整治行动，加强对重点医药企业、购销企业和医疗服务单位的监督检查。开展假烟查处专项整治行动，加强对大案、要案的查处。开展“红盾护农”专项整治行动，以农资打假为重点，依法查处制售假冒伪劣种子、肥料、农药等违法行为。（牵头单位：市市场监管委）

25．搭建网络商品交易监管服务系统。建成天津市网络商品交易监管服务网和天津市网络商品交易监管服务平台，实现网络经营主体核实建档、网上检查、调度指挥、案件线索管理、数据统计分析等功能。（牵头单位：市市场监管委，配

合单位：市商务委等）

26．加强行政执法与刑事司法衔接。建立部门间、区域间信息共享和执法协作机制，健全行政执法与刑事司法相衔接的部门联动机制，建成区县行政执法与刑事司法相衔接的信息平台，实现市、区两级信息平台联网运行，并与全国信息平台有效对接。实现信息平台与行政执法、司法机关业务系统对接，解决数据接口标准不一致和二次录入的问题。（牵头单位：市商务委，配合单位：市市场监管委等）

（十三）加强商务诚信建设。

27．完善信用信息记录和披露制度。发挥企业信用信息监管平台作用，加强对涉及侵权和假冒伪劣行为等案件信息的收集、录入和运用，推进信用信息系统互联互通，实施企业信用激励、限制措施。完善信用信息查询和披露制度，推行企业和个体工商户信用风险分类标注，并予以公开，引导企业诚信经营。（牵头单位：市市场监管委，配合单位：市发展改革委、市商务委等）

28．建立健全信用评价机制。发挥市场监管部门投诉举报信息平台作用，健全投诉举报接转工作制度，提高社会消费维权网络覆盖面，推动“12315”进商场、进超市、进市场、进企业、进景区的规范化建设。发挥行业组织诚信自律作用，完善第三方测评机构独立开展暗访调查工作，定期编制测评报告，及时公布典型案例。（牵头单位：市市场监管委，配合单位：市商务委等）

五、切实加强组织领导

（十四）建立工作责任制。按照国务院有关要求和部门职能，进一步理顺内贸流通领域治理的权责划分，做好工作责任分解，确定工作任务及时间进度，研究制定工作方案，出台针对性措施。

（十五）建立工作会商机制。由市商务委牵头，定期组织相关部门召开会议，通报我市内贸流通发展情况，提出存在问题，分析产生原因，商议解决办法，切实促进任务落实。

（十六）建立工作联动机制。各部门要加强协调配合，建立联席会议制度和例会制度，充分发挥部门资源、政策优势，联手推动项目，联手组织活动，形成工作合力，确保各项任务落到实处。

天津市人民政府办公厅

2015年3月25日

天津市商务委关于印发《2015 年天津市商务工作要点》的通知

津商务〔2015〕2 号

各区、县商务主管部门，商务系统直属单位，各有关单位：

现将《2015 年天津市商务工作要点》印发给你们，请结合实际，认真贯彻落实。

2015 年 2 月 6 日

2015 年天津市商务工作要点

2015 年是全面深化改革、加快建设美丽天津的关键之年，是全面完成“十二五”规划的收官之年，也是商务经济转型发展的关键一年。全市商务工作总的要求是：深入贯彻党的十八大、十八届三中、四中全会和习近平总书记系列重要讲话精神，认真落实全国商务工作会议和市委十届六次全会、全市经济工作会议部署，坚持稳中求进工作总基调，主动适应经济发展新常态，深化商务领域改革，推动高水平对外开放，加快转型发展，形成新的优势，实现商务各项事业再上新水平，为建设美丽天津、打造城市和经济两个升级版做出新贡献。商务工作主要预期目标是：实际利用外资增长 12% 突破 200 亿美元，进出口增长 6% 突破 1400 亿美元，境外投资增长 12% 超过 35 亿美元，社会消费品零售额增长 8% 突破 5000 亿元，批发零售业商品销售额增长 13% 超过 4 万亿元。

一、坚持改革引领，构建商务发展制度创新高地

（一）全力推动中国（天津）自由贸易试验区建设。推动总体方案报批，落实部门责任分工，全面做好自贸试验区挂牌和运营工作，推动实施外商投资准入前国民待遇加负面清单管理模式。加快口岸监管服务模式创新，深化“一线放开、二线安全高效管住”监管模式，建设国际贸易“单一窗口”。组织相关制度创新的研究与实施。行使好市领导小组办公室职能，研究建立市商务主管部门与自贸试验区管委会的协调工作机制。

（二）推动涉外投资贸易领域改革。按照商务部统一部署，适时将不含股比要求的鼓励类、允许类外商投资合同章程审批改为备案管理。落实服务业扩大开放政策，积极争取试点先行。完善外商投资企业年报工作机制，探索加强事中事后监管的有效措施。完善境外投资统计工作，构建覆盖全部业务流程的综合监管体系。推动口岸通关“一次申报、一次查验、一次放行”全面实施，扩展加工贸易联网审批部门，稳定我市出口退税分担机制，落实好国家有关清理整顿进出口环节收费工作的部署。

（三）加快国内贸易流通体制创新。破除阻碍统一市场建设的壁垒。探索构建社区商业中心网格化管理新机制，制定新建大型流通设施的商业影响评价办法。推动放宽物流配送行业准入管理，协调促进连锁经营发展税收政策落实，加强小微商贸流通企业促进体系建设。建立流通工作部门协调机制，探索以商协会为依托的流通共同治理模式。建立健全电子商务、会展等行业统计制度。

二、促进区域协同，推动京津冀市场一体化发展

（四）开展京津冀务实合作。落实三地商务主管部门廊坊“行动方案”，建立信息沟通机制、定期会晤机制和工作对

接机制。突出合作重点，推动跨域双打执法协作、区域通关便利化协调、区域流通服务平台建设、会展服务区域联盟、应急市场供应互助等。支持子牙产业园、中心渔港建设服务京津冀的再生资源处理中心和冷链物流中心。

（五）推进京津双城商务联动。以北京区域物流服务、商品集散功能纾解为重点，制定承接转移的工作措施，开展专题对接活动。推进京津会展业交流与合作，研究制定支持政策，吸引一批北京品牌展会和展览公司落户天津。发挥我市开发区、园区资源优势，有序承接北京产业转移；支持滨海新区功能区、国家级开发区与北京共建产业转移园区。

三、力促双向投资，实现引进来与走出去新跨越

（六）强化重大项目推动。完善利用外资大项目库、境外投资大项目库，加强动态管理，全面反映在谈、在建重大项目信息。狠抓一批重大投资项目，推动通用电气能源、大众整车及配套、英力士化工等在谈外资项目落户，促进大众汽车变速箱、中沙石化二期、托普索二期等在建外资项目投产；推动渤钢集团境外铁矿开采、狗不理海外营销网络建设等项目落地，加快钢管集团美国德州生产、俊安集团泰国煤焦化等项目进度。

（七）深化主题招商行动。继续深入实施面向世界500强招商专项行动。组织好生物医药、装备制造等产业圆桌会，支持区县开展产业链招商活动。大力实施“自贸试验区”招商，办好“选择天津”系列城市推介活动，强化达沃斯论坛、新津理事会、厦门投洽会等平台宣传与对接，组织邀请在华跨国公司天津考察活动。扩大服务业招商，积极推动融资租赁、商业保理、航运物流、航空维修检测、医疗等领域利用外资。

（八）加快境外投资合作。深入落实《进一步扩大境外投资合作加快企业“走出去”工作的实施意见》，实施“走出去”企业培育和激励计划。着力开发东盟、上合组织及中东欧、北非东南非、美国加勒比、香港等市场，深入开展资源能源、基础设施、加工贸易、石油化工、航运物流等领域投资合作。抢抓“一带一路”机遇，研究制定重点领域境外投资合作路线图，组织天津企业跟进国家重点项目和在津中央企业境外工程承包项目。开展“走出去”企业家交流活动，办好境外重大投资项目推介周。

（九）推进投资载体建设。引导开发区创新发展，出台指导意见，完善考评体系，支持申报国家级生态工业示范园区和循环化改造试点，启动市级生态工业示范园区建设。提升境外载体水平，完成埃及苏伊士经贸合作区6平方公里拓展区规划并启动建设，争取聚龙印尼产业园进入国家级境外经贸合作区序列，完善优联柬埔寨旅游度假区公共配套设施。

（十）提高投资促进水平。加强渠道建设，建立与外国驻华使领馆、我驻外经商参处、国际商协会等机构更加紧密的合作关系，支持区县及其开发区、园区建设海外招商网络，在重点国家探索建立天津境外投资促进中心。强化大项目部门联合服务机制，组织中介机构建立服务联盟，充分发挥经贸外事信息的投资促进作用。组织好开放型经济发展服务月等优化环境系列活动。

四、加快转型升级，培育贸易流通竞争新优势

（十一）加快外贸发展方式转变。依托自贸试验区，深入研究并积极发展转口贸易、过境贸易和离岸贸易。实施自主品牌、民营企业、科技型中小企业的出口扶持计划。提升一批外贸基地产业发展水平和进出口竞争能力，推进内外贸相结合的商品交易市场建设。推行进口商品营销“民园”新模式和保税展示交易，探索开展“平行汽车进口”试点。建设特色服务贸易基地，扶持“专、精、特、新”服务外包中小型企业，争取开展保税维修业务综合试点。强化公平贸易预警体系建设，提高国际贸易摩擦案件应对水平。推动解决中小外贸企业的融资难融资贵问题。

（十二）引导流通业态不断创新。制定和实施《天津市促进内贸流通健康发展的实施意见》，推动重点商业企业、商品交易市场、商业街区发展模式和经营业态创新。支持重点商圈智能化、数字化建设，鼓励大宗商品流通、商贸物流服务等领域发展平台经济。加快构建城市共同配送体系，支持大型连锁零售企业向社会提供第三方物流服务，发展“网订店取”、“网订店送”等新型配送模式，开展标准托盘循环共用示范试点工作。支持主题消费、定制消费和买手制、体验式等新型商业业态和模式发展。

（十三）推动电子商务跨越发展。培育一批本地电商企业（平台），吸引一批电商企业（平台）在津设立地区总部或功能型机构，发展2～3个电商产业集聚区。扩大淘宝特色馆天津名优商品品种，打造“网上金街”，支持一批电商拓展移动端。推进跨境电子商务创新试验区建设，争取保税进口试点，实现综合服务平台与海关、商检电子数据系统对接。建

设一批电商物流园区、快递分拨中心和覆盖城乡的末端配送网点。全面落实与阿里巴巴集团的战略合作协议。加快武清菜鸟智能骨干物流中心项目建设。举办高校电商定制班，开发建立全市电商人才库。

（十四）促进高能级主体加快聚集。培育与引进相结合，更多聚集有影响力和辐射力的贸易流通主体。推动优势流通企业利用参股、控股、联合、兼并等方式做大做强，壮大大型零售商、批发商、物流服务商队伍。推进“招商引贸”，培育一批具有采购、分拨、营销、结算、物流等功能的贸易主体。支持外贸综合服务企业发展，增强其通关、物流、退税、融资等服务能力。培育和引进创新能力强、集成服务水平高、具有国际竞争力的服务外包龙头企业。

（十五）推进服务支撑体系建设。完善商贸载体布局，制定“南京路”、“老城厢”两大商圈发展规划。推动红星国际、嘉里中心等大项目加快建设，规划建设旧物交易市场。制定促进会展经济发展政策，建立会展公共信息服务平台；办好“津洽会”等品牌展会和天津购物节、七里海河蟹文化节等节庆活动，组织好天津老字号“神州行”、“亚洲行”和自主出口品牌海外行系列活动。

五、贴紧民计民生，强化商务惠民保障功能

（十六）提升城乡便民商业水平。完善和落实社区商业中心规划，推广津工超市“一站式服务终端”模式。深入实施农村消费网络建设工程，村级连锁便利店覆盖率提升到90%。改造提升一批农村集市，推进涉农区县全密闭民用煤配送示范站点建设。提升早餐工程建设水平，制定三年行动计划，新培育 2 ～ 3 家龙头企业，打造百家示范店。开展家政服务千人培训及竞赛活动。

（十七）推进农产品流通体系建设。落实“津台冷链物流规划”，制定和推广储运销各环节标准，加快建设一批重点项目。支持农批市场提升跨区域交易功能，加快翰吉斯、韩家墅、金元宝、碧城等市场发展。完成猪肉追溯系统全部节点建设任务并联网运行。

（十八）确保市场供应稳定有序。完善统计监测体系，优化统计监测样本结构，加强对网络零售、服务消费等领域的统计监测。完善应急预案与应对机制，加强商品数据库、投放网点和调运体系建设，调整扩大应急保供重点联系企业名单，建立应急调用指挥平台。持续深化提升商业服务质量专项行动。扎实做好商贸企业安全生产工作，确保重大商贸活动安全稳定。

六、加强综合保障，有力支撑商务改革与发展

（十九）推进依法兴商。继续落实《天津市促进商业发展若干规定》。会同制定《中国（天津）自由贸易试验区管理办法》，推进自贸试验区管理条例、酒类流通管理条例、再生资源回收利用条例的立法调研。制定商务执法工作规程，落实《商务行政处罚程序规定》，研究探索综合执法。充分发挥打击侵权假冒专项行动机制作用，推动两法衔接信息平台建设，积极开展行政处罚案件信息公开。落实“市场主体信用信息公示系统”中商务信息归集录入和查询使用工作，组织开展“诚信经商宣传月”活动。

（二十）明确政策导向。加强对改革创新、转型升级、民计民生和公共服务的资金政策支持。加大信息公开和政策的宣传贯彻力度，提高项目申报、评审、验收和资金分配的透明度。做好商务领域规划工作，组织编制外向型经济发展和商贸流通业发展两个“十三五”重点规划，形成若干指导“十三五”发展的专项规划。发布 2015 天津投资环境白皮书、天津电子商务发展报告、境外投资系列指引等。

（二十一）加快职能转变。坚决落实简政放权的各项部署，加快建立商务主管部门权力清单、责任清单、负面清单制度。严格执行重大行政决策公众参与、专家论证、风险评估、合法性审查、集体讨论决定等程序。规范行政审批流程，提高审批效率，提高“窗口”单位服务质量。进一步转变文风会风，坚持从严从紧、实事求是地审核审批因公出国事项。加强商务重点亮点工作新闻宣传，提高新闻宣传的针对性和影响力。高水平建设天津商务网、商务政务微博等平台。

（二十二）加强党建工作。深入推进党的思想、组织、作风、制度和反腐倡廉建设。发挥理论学习中心组示范作用，深入学习贯彻习近平总书记系列重要讲话精神。巩固和拓展党的群众路线教育实践活动成果，坚持作风建设抓常、抓细、抓长。落实党建工作责任制，坚持党建工作与中心工作一起谋划、一起部署、一起考核。认真落实党风廉政建设主体责任和监督责任，保持反腐倡廉高压态势，完善以项目管理、资金管理、干部管理、政府采购管理为重点的廉政风险防范体系，继续严格执行中央八项规定，强化严格执纪制度建设。牢固树立正确选人用人导向，严格按照好干部五条标准和“三严三实”要求选拔干部，把“从严”原则贯穿干部选拔任用、考核评价、管理监督全过程。做好老干部、工会和共青团工作。

河北省

河北省商务厅关于加强城镇商业网点规划的指导意见

冀商建设字〔2015〕8号

各设区市商务局，各省直管县（市）商务局：

为全面推动城市和重点乡镇商业网点规划工作，加快城乡市场体系建设，制定如下指导意见。

一、指导思想

编制城镇商业网点规划要认真贯彻落实国家和省有关商贸流通发展和新型城镇化等一系列文件精神，以建立统一开放竞争有序的城乡市场体系、提高人民群众生活水平为目标，注重发挥市场配置资源的决定性作用和规划的科学性、约束力作用，进一步推动商业网点优化布局和城镇化建设提质提速，避免低水平重复建设和无序竞争，促进城乡社会和经济的协调发展。

二、基本原则

（一）商业网点规划要与城市总体规划相结合。商业网点规划是城市总体规划的重要组成部分，其规划发展目标应当符合城市总体规划，与人口分布、消费需求、道路交通及相关产业发展相协调，并做好与控制性详细规划的衔接。

（二）商业网点规划要与新型城镇化规划相结合。城镇化规划是明确未来城镇发展的路径、主要目标和战略任务，统筹相关领域制度创新和政策调整，指导全省城镇化健康发展的宏观性、战略性、基础性规划。商业网点规划应当在城镇化规划框架内，既要充分考虑现有商业网点结构和布局，更要具有一定的前瞻性和超前性，科学确定预期商业网点的规模、档次和业态，与提高城镇化质量的总要求和城镇化的发展速度相适应。

（三）商业网点规划要与京津冀协同发展相结合。商业网点规划要紧密结合京津冀协同发展的相关要求，既要服务于当地民生需求和经济发展，利用京津冀协同发展带来的机遇促进商业网点建设提档升级、转型发展，更要服从于京津冀发展大局，在京津冀协同发展的大背景下，找准定位，确定功能目标。

（四）商业网点规划要与市场配置资源的基础性作用相结合。城镇商业网点是城乡公共服务设施的重要组成部分，商业网点规划要充分尊重市场配置资源的基础性作用，体现政府的社会管理和公共服务职能，真正发挥引导社会资本投入、避免重复建设和无序竞争、减少资源浪费的作用。既要体现发展新型业态，也要注重改造提升传统业态；既要体现大型商业设施建设，也要注重中小商业生存发展；既要保证便民利民服务网络和设施建设，也要注重城镇总体面貌提升。

三、具体要求

（一）科学规划布局。将城镇商业网点建设纳入城市（乡）总体规划和土地利用总体规划，乡镇商业网点建设纳入小城镇建设规划，设区市商业网点规划要包括内设区，县（市）商业网点规划要包括主要乡镇。

（二）建立大型商业设施项目建设听证制度。对新建5000平方米以上的商业网点，由城乡建设、商务部门会同发展改革、环保、工商、交通、质监等相关部门和商业企业、行业协会、社区代表举行听证后，有关部门方可办理规划手续。

（三）建立商业网点建设指导目录制度。坚持民生导向，突出区域特色，符合环保、能耗等要求，依据规划，适时制定和发布本地政府鼓励的商业网点建设指导目录或流通设施目录，优化增量结构，带动存量调整，合理引导社会资金投向，推动落实规划引导的重点建设项目。

（四）完善社区商业网点配置。适应城乡发展需要，城市要打造5分钟到便利店、10分钟到菜市场、15分钟到大型超市的便民生活圈。新建社区商业和综合服务设施面积，占社区总建筑面积的比例不得低于10%。新建大型商业网点的选址以及城市新区开发、旧城更新过程中商业网点的规划布置，应当征求商务主管部门的意见。农村要加快乡镇集贸市场升级改造和乡镇商贸中心建设。

（五）突出公益性市场网络建设。严格商业网点用途监管，不得随意改变社区必备商业网点的用途和性质，拆迁改建时应保证其基本功能不缺失。积极探索投资入股、产权回购、公建配套等多种公益性实现方式，加强公益性农产品批发市场、农贸市场和菜市场建设，支持国有控股企业投资建设农产品市场。探索制定公益性社区商业网点、农产品市场、物流设施和和农村流通基础设施业态标准。

四、保障措施

（一）加强组织领导。各设区市、省直管县（市）商务部门要主动协调城乡规划部门，认真贯彻落实国家及省有关商业网点规划的要求，加强商业网点规划工作的组织领导，强化部门间协作，推动商业网点规划的编制和实施。

（二）强化规划编制的质量保障。商业网点规划涉及诸多领域和部门，是一项集科学性、政策性和社会性于一体的系统工作。编制商业网点规划要充分考虑现有网点结构和布局情况，突出地域特色，杜绝贪大求洋，广泛征求意见，符合商务部《城市商业网点规划编制规范》，确保规划的可操作性。

（三）强化规划的实施保障。商业网点规划由商务部门负责组织编制，编制完成后报请市、县（市）人民政府批准、发布实施。同时，各地要将大型商业设施项目建设听证制度、发布商业网点建设年度分类指导目录和公益性商业网点业态标准，作为商业网点规划的保证措施，增强商业网点规划的权威性。

（四）编制时限要求。2015年底前，各设区市完成商业网点规划修编，各省直管县（市）、各县级市、各城乡发展一体化试点县（市）完成规划编制，其它各县2016年底全部完成。凡未按期完成、或虽已完成但不符合商业网点规划的商业设施项目，一律不得享受财政资金支持。

2015年8月10日

关于印发《河北省服务外包、会展业、电子商务发展三年行动计划实施方案》的通知

各设区市商务局，辛集市商务局、定州市商务局：

根据省政府办公厅《关于印发河北省现代服务业重点行业发展三年行动计划的通知》（冀政办字〔2015〕87号），我厅研究制定了《河北省服务外包发展三年行动计划实施方案》、《河北省会展业发展三年行动计划实施方案》和《河北省电子商务发展三年行动计划实施方案》，并征得省人社厅、省贸促会等有关部门意见，现将该行动方案印发给你们，请认真落实执行。

各单位要结合方案和本地实际制定推进措施，针对不足及时整改，我厅将适时对方案落实进度、推进效果及存在问题进行督促检查，确保完成目标任务。

附件：

1.《河北省服务外包发展三年行动计划实施方案》（略）

2.《河北省会展业发展三年行动计划实施方案》（略）

3.《河北省电子商务发展三年行动计划实施方案》

河北省商务厅

2015年10月30日

河北省电子商务发展三年行动计划实施方案

根据省政府办公厅《关于印发河北省现代服务业重点行业发展三年行动计划的通知》（冀政办字〔2015〕87号），现制定电子商务发展实施方案如下：

一、量化和分解目标任务

全省电子商务交易额：到2017年力争达到1.8万亿元，其中2015年达到1.3万亿元，2016年达到1.5万亿元。

培育电子商务龙头企业23家，建设电子商务平台9个，重点园区11个，网络购物额1800亿元。

以上具体指标量化分解到11个设区市和2个省直管县（市）（详见附表〔略〕）。

二、主要工作举措

（一）培育龙头企业。根据3年推进计划，把培育电商龙头企业作为工作重点，在政策扶持，规划发展，融资服务，环境建设等方面给予重点倾斜。同时加大资源整合力度，发挥河北省电子商务推广联盟的作用，对全省龙头企业全方位宣传、策划、包装、塑造、提升，加速培育我省电商龙头企业。在省、市级层面在各个行业和业态培育一批电子商务龙头企业。一是移联网信本土化运营，塑造河北农村电商龙头；二是河北慧聪电子商务有限公司打造县域产业电商龙头；三是培育河北点点乐网络科技有限公司（点点乐）成为广告行业领航者；四是石家庄北人集团（如意购物网020电商模式）打造网购龙头等10个省级龙头企业。

（二）推进平台建设。一是推进 7 个大宗电商平台建设。通过对河北钢铁交易中心等大宗商品交易平台的清理整顿，实现在规范提升基础上的平稳运行。由河北慧聪电子商务有限公司建设的河北商品交易中心于 2015 年 5 月上线运营；由天士力集团和安国市政府联合建设的数字本草交易中心已经完成软件开发及测试，正在与银行对接相关业务，将于近期上线试运营；曹妃甸铁矿石交易平台，已完成总体设计，正在进行软件开发，预计年底上线。二是围绕县域特色产业和特色产品，河北传统优势产业，已具规模的行业网商等，推进县域电商、行业电商、网购电商、农村电商、跨境电商、创新电商等 6 大特色点上平台。其中跨境电商一直以来备受省委、省政府高度重视，由省口岸办、石家庄海关牵头，省信产投承办的河北省跨境电子商务综合服务平台进展顺利，年底前可上线运营。由秦皇岛火柴盒计算机服务有限公司建设的“长城 e 贸”跨境交易平台已上线运营，实现了 200 多万美元的跨境交易，由河北辰帮集团建设的冀商达跨境平台将于 8 月上线，将填补我省企业端跨电商交易平台的空白。

（三）打造园区载体。抓园区就是抓支撑。我省电商园区呈现高速发展态势，在 2014 年已建成投入运营的白沟、清河、沙河、辛集、蠡县、正定、唐山高新区等 7 家基础上，又新增石家庄聚赢电商产业园、衡水大营皮草电子商务园区、邯郸肥乡平原电商产业园、邯郸网商园、沧州好日子电子商务物流园区等 5 个园区投入运营。另外，还有石家庄电子商务产业园石家庄绿岛电商基地、廊坊世界商谷、固安电商基地、沧州滨海电子商务基地等一批在建园区已全面启动。其中，石家庄电子商务产业园区规模和投资位居全省之最。把电子商务产业园区作为聚集电商企业，强化电商资源配置，引领电商产业发展的平台和抓手。同时，不断完善白沟和道国际、清河羊绒、沙河玻璃、新集皮革等 7 个已投入运营的电商园区功能和服务，充分发挥电子商务产业聚集优势，有效整合社会、市场资源，优化园区创业环境，积极吸纳相关企业入驻，提升园区运营水平。

（四）强化示范引领。一是推荐白沟和道国际、唐山高新区电商产业园、清河电商产业园为国际电子商务示范园区为候选单位，完成了国家电子商务示范基地、示范企业的遴选和申报工作。其中，清河电商产业园获得国家电子商务示范园区；廊坊训成网络科技、北国如意购电子商务有限公司、衡水玛世电子商务有限公司等 3 家为国家示范企业。二是积极争取电子商务与物流快递协同发展试点工作，石家庄市成为全国电子商务与物流快递协同发展 5 个试点城市之一。三是有序推进第一批国家农村电子商务 7 个示范县工作，业务培训已全面展开；第二批国家农村电子商务 10 个示范县工作正在加快推进。四是加强与京津电子商务产业对接，打造京津电子商务产业外包服务基地。

（五）优化发展环境。一是全面开展高端人才引进和业务培训，缓解人才需求矛盾。二是建立电子商务专家智库，30 位全国电子商务及信息化知名专家、学者及行业领军人物作为河北电子商务专家、顾问，率先入驻。三是采取政府主导与市场化运作相结合，充分调动社会资源，依托河北北方电子商务研究院、河北慧聪、石家庄无界电商、淘宝大学、京东商城等机构，启动“大学生村官电子商务火种计划”、“县域特色产业带电商化培训计划”、“电子商务人才培养计划”。四是是举办各类大型电子商务发展论坛、峰会等活动，创造电商发展的浓厚氛围。下半年，商务厅将与邢台市政府共同组织河北省（邢台）电子商务大会，进一步推动全省电子商务健康发展。五是每年举办一次河北省电子商务项目发布暨对接洽谈会。邀请河北国创股权投资基金、信产投旗下中创电子商务股权基金、河北青创会电子商务天使基金等省内基金投资机构，还有中国银行河北分行、民生银行石家庄分行、华夏银行等金融机构参加，精心筛选 100 个电子商务项目对外发布，并从 100 个项目中，精选 10 个项目参加了路演，吸引更多的投资机构对我省的路演项目达成合作意向。六是深化与阿里巴巴、慧聪网、京东集团、华为、腾讯、美团网、中国国际电子商务中心等一批国内电商龙头企业在电子商务产业园区、研发中心、运营中心、大数据等领域的合作。七是健全电子商务管促机制，与省发展改革委、财政厅、工业和信息化厅、商务厅等部门分工明确，强化合作、彰显合力。充分发挥省电子商务协会、河北省北方电子商务研究院、中国（廊坊）电子商务发展高层论坛、河北省电子产业发展基金（天使基金）、中国石家庄 020 电子商务博览会的作用，形成“一会一院一论坛一基金一展会”发展框架，构建电子商务研究、运营、推介、融资、对接、展示等支撑单元，加快优化了我省电子商务产业发展环境。

三、保障措施

（一）完善工作机制。该项实施方案要在省政府办公厅《关于印发河北省现代服务业重点行业发展三年行动计划的通知》（冀政办字〔2015〕87号）文件精神的指导下，由省商务厅牵头，省发改委、省财政厅、省工信厅、省工商局、省国税局、省地税局、省金融办等省部门，明确分工，统筹协调，加强全省电子商务发展战略、规划、政策、标准等制订和实施，切实抓好推进和落实工作。

（二）加大政策扶持力度。贯彻落实《河北省电子商务发展3年推进计划（2014-2016年）》，根据电子商务发展需要，及时制定相关支持政策，加大扶持力度。指导各设区市和省直管县（市）及相关企业利用好扶持政策，充分发挥电子商务专项资金的撬动作用。

（三）强化行业协会建设。充分发挥电子商务协会的协调、协商与中介服务作用。通过协会开展调研、分析等工作，定期向社会公布电子商务发展情况报告。委托协会建立电子商务诚信体系，加强对各类电子商务交易平台的监督指导，组织行业交流合作，加强行业协调自律，提高行业整体素质，创造公平、公开、公正的市场环境和竞争秩序。

（四）完善统计体系。建立以商务部门为主导的统计调查体系，科学制定行业统计调查方法和指标体系，对电子商务平台、交易金额、从业人员等方面进行及时、全面、准确的调研分析，反映和掌握电子商务的发展动态。

（五）严格目标考核。强化对电子商务发展情况的考核，将其纳入有关部门年度工作目标任务考核内容。省商务服务业领导小组及其办公室加强统筹协调，实行专项督促检查，建立定期报告和通报制度。

山西省

山西省人民政府办公厅关于发展商贸流通扩大消费的若干意见

晋政办发〔2015〕29 号

各市、县人民政府，省人民政府各委、办、厅、局：

为引导生产、扩大消费、吸纳就业、改善民生，进一步发挥流通对拉动经济增长的基础性和先导性作用，经省人民政府同意，现就发展商贸流通扩大消费提出如下意见。

一、夯实扩大消费产业基础

（一）发展商贸物流配送。引导商贸物流配送资源的有效整合，出台《山西省促进商贸物流发展的意见》和《山西省商贸物流中长期发展规划》。推进城乡配送与城市商贸服务网点、农村便利店的有效衔接，建设城乡一体化物流配送体系，支持电子商务与物流快递协同发展。做好城市共同配送国家试点工作，支持太原城市公共物流信息平台建设，培育城市货运的士、公共仓储等第三方物流服务，推进以托盘为突破口的物流标准化建设。推动城市配送车辆车型选型标准化和统一标识管理，保障运送生鲜食品、主食制品、药品等生活资料配送车辆便利通行和就近停靠，允许符合标准的非机动快递车辆从事社区配送。支持商贸物流园区、仓储企业转型升级，经认定为高新技术企业的第三方物流和物流信息平台企业，依法享受高新技术企业相关优惠政策。

（二）促进电子商务发展。支持各类经济主体利用电子商务开展经济活动，提升流通现代化水平。促进传统商贸企业和电子商务企业实现网上网下融合，支持在社区、学校、机关、车站周边设立自提货柜，推广“网订店取”“网订店送”“网订自提”等配送模式。支持电子商务向农村延伸，促进万村千乡市场工程农家店与电子商务企业融合。培育和引进一批在国内拥有较高知名度、较强服务能力的电子商务企业，鼓励有条件的企业开展跨境电子商务业务。支持太原市创建国家电子商务示范城市，重点引导鲜活农产品、物流配送经营企业在电子商务应用方面取得突破性进展。推动侯马经济开发区国家电子商务示范基地建设，吸引更多优秀电商企业入驻，形成聚集和示范效应。对获得全国电子商务示范基地的给予补贴。对在我省设立全国性、区域性或功能性总部的知名电子商务企业，给予一次性补贴。

（三）大力发展连锁经营。鼓励省外百强连锁企业在我省设立区域总部、采购配送中心和连锁店铺，支持我省品牌连锁企业开展跨区域连锁经营。鼓励连锁经营向生活服务业延伸，培育一批餐饮、家政、美容美发、洗浴、洗染、药品等行业连锁龙头企业。鼓励大型商贸流通企业与中小零售商合作，发展自愿连锁，提升自愿连锁服务机构联合采购、统一分销、共同配送能力。引导便利店等业态进社区、进农村，拓展便利店一店多能、一网多用的功能，支持农村便利店开展农资、图书、服务费代收代缴、小件商品代存代送等服务。鼓励超市、便利店、机场等相关场所经营便民餐点，并享受大众餐饮优惠政策。落实跨地区经营企业总分支机构汇总纳税政策。

（四）做大做强流通主体。实施骨干流通企业“515”工程，建立重点流通企业联系制度，帮助企业解决发展中遇到的实际问题。支持各类市场主体通过参股、控股、联合、兼并、合资、合作等方式，跨行业、跨地区整合商业资源，形成核心竞争力强的大型流通企业。鼓励和引导金融机构加大对流通企业兼并重组的金融支持力度，支持商业银行扩大对兼并重组商贸企业的授信额度。推进长治、朔州等市的中小商贸流通企业公共服务平台建设国家试点工作，为中小商贸流通企业提供质优价惠的信息咨询、创业辅导、市场拓展、企业融资、品牌建设等服务。商贸企业在资产重组过程中，通过合并、分立、出售、置换等方式，将全部或者部分实物资产以及与其相关联的债权、债务和劳动力一并转让给其他单位和个人的行为，其中涉及的不动产、土地使用权转让，不征收营业税。支持小微商贸企业开展商圈融资、供应链融资。

（五）推进农产品现代流通。培育一批全省性农产品骨干市场、区域性农产品批发市场，支持产地小型农产品收集市场、集配中心和销地农贸市场建设，形成布局合理、功能齐全的农产品流通网络。鼓励鲜活农产品冷链物流建设，新建或改造一批产地预冷、销地冷藏、保鲜加工和运输等冷链物流基础设施。鼓励农超对接等直供直销模式，减少流通环节，降低流通成本。探索采用国有资本投资、设立产业发展基金、公私合营等方式，推进全省公益性农产品流通体系建设。做好大晋中农产品流通和农产品跨区域流通基础设施建设国家试点工作。对城区农产品批发市场异地搬迁改造，在政府收回原国有建设用地使用权后，经批准可采取协议出让方式安排农产品批发市场用地。

（六）推进商贸基础设施建设。优化社区商业网点、公共服务设施的规划布局和业态配置，发挥商业聚集功能，建设一批社区综合服务中心和乡镇商贸中心。将菜市场、便利店、快餐店、再生资源回收点及健康、养老、看护等大众化服务网点纳入社区综合服务中心，将零售、餐饮、文化、生活、配送等功能纳入乡镇商贸中心，使其成为能为居民提供综合服务的重要平台。整合国家、省、市、县各类商贸流通专项资金，重点支持社区综合服务中心和乡镇商贸中心建设。落实好新建社区商业和综合服务设施面积占社区总建筑面积比例不低于10%的政策。

二、引导扩大城乡居民消费

（七）引导餐饮消费。引导餐饮企业向大众化转型，扩大低价套餐、家常菜、平民菜的经营比例，优先发展特色店、老字号、农家乐等面向大众的餐饮企业，到2015年底，使大众餐饮占餐饮消费的比例达到85%。鼓励餐饮企业开展婚宴策划、电话订餐、预约送餐、送厨上门等多种形式的服务。促进电子商务与餐饮业的融合，推广运用网络团购、微型展示、网上支付等现代营销手段，为居民提供时尚便捷的餐饮服务。继续实施早餐工程，支持中央厨房建设，完善冷链生产与配送系统，发展早餐店、早餐车、早餐亭等多样化的早餐网点。集中宣传山西“十大晋菜”、“十大凉菜”、山西面食，打造晋菜品牌。培育本土大型餐饮品牌龙头企业，支持建设山西餐饮文化产业园。鼓励大型餐饮企业在全国建设以山西面食为主的经营网络，引导有实力的餐饮企业开发美国、韩国等发达国家和地区的餐饮市场。餐饮企业员工餐饮服务国家职业资格证、健康体检证按申领地省、市、县三级向下兼容使用。允许规范经营的早餐亭、早餐车在不影响交通和市容环境卫生的情况下在城市主干道外指定地点布点经营。

（八）培育家庭服务消费。拓展家庭服务业服务范围，引导家庭服务从传统的保洁、维修、烹饪、搬家向文化教育、健康养老、婴幼保育等方面延伸，培育家庭服务消费新热点。在全省11个设区市建立公益性家庭服务网络中心，设置统一呼号，实行24小时全天候便民服务。培育一批员工制家庭服务企业，加大对从业人员的培训，提升人员素质。加强标准化建设，落实居家养老、母婴护理、清洗保洁、家庭餐饮制作等地方标准。加强行业自律，家庭服务企业遵守《山西省家庭服务行业服务公约》，工作人员履行《山西省家庭服务从业人员服务承诺》，推广使用《山西省家庭服务行业合同示范文本》。积极探索采取多种模式，发展居家养老、社区养老等面向大众的养老服务产业。

（九）扩大会展消费。整合全省会展资源，提高会展馆（场）利用率，以低成本、高服务引进一批品牌展览展会，带动相关产业发展，推动会展消费增长。举办好中国（太原）国际能源产业博览会，打造国际低碳论坛中心。完善太原市长风商务区商贸配套设施，将其打造成会展经济集聚区。鼓励网上办展模式，把中国（太原）能源博览会网上展会平台打造成全省企业免费的产品展示平台。对在我省举办2万平方米以上的展会争取列入国家重点支持的展会范围。

（十）促进品牌消费。在全省规划建设一批集商贸、文化、旅游、休闲、餐饮为一体的品牌消费集聚区，集中发展工厂店、折扣店、体验店、专卖店等新型业态，引进国际、国内品牌，引导品牌消费。在全国主要城市和我省旅游景区建立山西省名优特产品展销中心，在省内大型超市、商场、机场和火车站设立山西名优特产品展销专区或专柜，扩大省内品牌产品消费。组织开展山西品牌集中展示，继续在全国主要城市举办“山西品牌中华行”，开展“山西品牌丝路行”和“山西品牌网上行”。鼓励企业品牌创建，对获得国家驰名商标的企业，可按照《山西省人民政府办公厅印发关于进一步支持中小微企业发展的措施的通知》（晋政办发〔2013〕48 号）有关规定，对符合条件的企业给予奖励。

（十一）推动绿色消费。支持创建国家绿色示范市场，在商品准入、经营环境、管理应用等方面起到示范效应，引导绿色低碳经营和消费理念。倡导绿色低碳采购，支持流通企业与绿色低碳生产企业对接，打造绿色低碳供应链。推进商务领域节能减排，支持流通企业使用低碳节能设施设备，实施照明、空调、电梯等设施设备节能改造。完善再生资源回收利用体系，建立集回收站、分拣中心、交易市场、加工中心为一体的再生资源回收利用网络。鼓励餐饮企业对餐厨垃圾进行无害化、资源化处理。促进报废汽车回收拆解体系建设，推进报废汽车资源综合利用。加快新能源汽车推广应用，推进甲醇加注站、天然气加气站、充电设施等基础设施建设，鼓励新能源汽车消费。落实国家、省内加快淘汰黄标车及老旧车的政策措施，推进淘汰工作，拉动新车销售。推动清洁能源消费，全面完成国四标准车用柴油升级工作。

（十二）发展信用消费。加大宣传力度，逐步转变居民消费观念，努力提高信用消费意识。鼓励银行业金融机构完善消费信贷机制，积极扩大消费信贷规模。鼓励涉农金融机构积极开发涉农消费信贷产品，统筹发展城乡两级信用消费市场。鼓励有条件的企业开展直接面向消费者的信用消费业务试点。引导保险机构开发信用消费业务保险产品，创新信用风险防控手段。

三、营造扩大消费良好环境

（十三）深化流通领域改革创新。加快推进行政审批制度改革，系统评估和清理涉及流通领域的审批、登记、备案等行政事项，公开行政权力清单。推进流通企业股权多元化改革，鼓励境内外各类投资者参与流通企业重组。推进内外贸融合发展，鼓励具备条件的内贸企业“走出去”，建立国际营销网络，鼓励外贸企业建立国内营销渠道，拓展国内市场。

（十四）强化市场监管。整顿和规范市场秩序，继续推进商务领域市场监管公共服务体系试点工作。打击侵犯知识产权和制售假冒伪劣商品行为，建立部门间、区域间信息共享和执法协作机制，加快行政执法和刑事司法衔接信息平台建设。完善流通追溯体系，抓好太原市、晋中市肉菜流通追溯体系和中药材流通追溯体系建设国家试点工作。加快推进商务信用建设，建立完善流通企业信用信息记录和披露制度，依法发布失信企业“黑名单”，营造诚信文化氛围。

（十五）保障市场平稳运行。依托山西商务数据中心，构建全省商务领域大数据公共信息服务平台，为政府、企业、消费者提供信息服务。完善我省消费品市场运行监测体系，优化样本企业结构，扩大区域覆盖率，提高监测数据的质量和时效性，构建全方位、多层次市场信息发布渠道，提高信息对市场的引导。健全省、市两级重要商品储备调控机制和生活必需品市场应急管理制度，在太原、大同等 100 万人口以上城市建立冬春蔬菜储备制度，保障城市 5-7 天的需求量。

（十六）降低流通企业成本。对按照法律、行政法规及国家有关政策规定设立的涉企行政事业性收费、政府性基金，实行目录清单管理，不断完善公示制度。加大对违规设立行政事业性收费的查处力度，坚决制止各类乱收费、乱罚款和摊派等行为。进一步推进工商用电同价。支持符合条件的大型商贸企业参与电力直接交易。在有条件的地区开展试点，允许商业用户选择执行行业平均电价或峰谷分时电价。

（十七）加快推进政策落实。建立全省发展商贸流通扩大消费联席会议机制，办公室设在省商务厅，牵头指导、协调解决发展商贸流通扩大消费的重大问题，提出相关政策措施，督促检查政策的贯彻实施。各市、各部门要充分认识发展商贸流通扩大消费的重要性和紧迫性，把扩大消费工作纳入年度目标责任考核体系。

附件：工作任务分工及进度安排表（略）

山西省人民政府办公厅

2015 年 4 月 13 日

山西省商务厅关于建立百亿交易市场联系制度的通知

各市商务局：

按照《商务部办公厅关于建立百家百亿市场联系制度的通知》（商办建函〔2015〕152号）安排和要求，省商务厅将建立全省百亿交易市场联系制度，重点对年成交额100亿元以上的商品交易市场（以下简称：百亿市场）开展分类指导。为做好百亿市场联系工作，现将有关事项通知如下：

一、建立联系制度是行业管理的基础

建立百亿市场联系制度，是开展交易市场行业管理的一项基础工作。通过建立联系制度，应用互联网、云计算等技术，逐步积累和完善商务大数据，及时掌握研究市场发展情况，总结重点市场发展经验和模式，为宏观决策提供基础依据，促进产销衔接、内外贸融合、行业发展和市场转型升级，构建完善高效的流通骨干网络，具有重要意义。

二、联系制度的主要内容

（一）开展统计分析。建立百亿市场信息直报制度，定期分析市场经营和转型升级情况，为商务主管部门和百亿市场提供行业发展、市场供需等信息服务，编写商品交易市场年度发展报告。

（二）推进转型升级。建立联系工作机制和沟通渠道，加强调研和培训，指导市场创新商业模式，拓展服务功能，转变发展方式，完善经营管理机制，提高核心竞争力。

（三）加强政策引导。加大对百亿市场的政策支持，在实施全省农产品流通骨干网建设、培育内外贸结合的商品市场等项工作中予以重点考虑。协调金融机构加大对转型升级市场的支持力度，提高对市场的授信额度。

（四）积极宣传推广。不定期组织不同层次的专题座谈交流，通过全国商品交易市场信息服务系统等渠道，宣传推广百亿市场发展经验和好的做法，推进现代化发展模式。

三、市场申请条件、程序和材料要求

（一）申请条件。

1. 近两年年度成交额100亿元以上的商品交易市场。没有百亿市场的市，可推荐成交额排名前5位的市场。

2. 市场依法设立、经营正常、规章制度健全，近3年无重大违法违规经营行为和环境保护及安全事故，行业影响力、市场辐射力和产业带动力较强。

（二）申请程序和材料要求。

1. 市场向所在地地级市商务局提交书面申请（一式4份），通过全国商品交易市场信息服务系统（网址http://spsc.mofcom.gov.cn），填写《百亿市场基本情况表》（附件1），并打印盖章。

申请材料包括但不限于：申请报告，市场概况和2014年经营情况，近年来转型升级的主要做法和成效，存在的问题，下一步打算和政策建议。

2. 各市商务局对受理的市场申请材料进行审核，现场考察后提出初审意见，务于6月15日前将推荐函、《百亿市场汇总表》（见附件2）、市场申请材料和《百亿市场基本情况表》，一并报省商务厅。

3. 省商务厅复核汇总，在针对性地考察部分市场后，提出推荐市场名单报商务部。

四、工作要求

（一）各市商务局要明确百亿市场联系责任人，建立市场联系工作机制，加强组织领导，推动工作落实。

（二）各市商务局要结合大型商业网点调查底数情况，督促有关市场及时、如实报送相关材料，加强审核把关，确保材料真实有效。

（三）各大型交易市场要积极配合，从信息提供、工作联系等方面，认真负责地做好百亿市场联系工作。

附件：1. 百亿市场基本情况表（略）

2. 百亿市场汇总表 . doc（略）

山西省商务厅

2015 年 6 月 1 日

内蒙古自治区
关于印发《内蒙古自治区农村牧区电子商务示范村试点工作实施方案》的通知

内商流通字〔2015〕527号

呼和浩特市、通辽市、赤峰市、巴彦淖尔市商务局、金融办：

为贯彻落实《中共中央 国务院关于加大改革创新力度 加快农业现代化建设的若干意见》（中发〔2015〕1号）及自治区电子商务发展规划，进一步促进农村牧区电子商务发展，拟在我区部分地区开展农村牧区电子商务试点工作。试点实施方案已经自治区人民政府同意，现印发给你们，请认真组织实施。

附件：内蒙古自治区农村牧区电子商务示范村试点工作实施方案

内蒙古自治区商务厅 内蒙古自治区金融工作办公室

2015年6月8日

附件

内蒙古自治区农村牧区电子商务示范村试点工作实施方案

按照《中共中央国务院关于加大改革创新力度加快农业现代化建设的若干意见》（中发〔2015〕1号）和《商务部、财政部关于开展电子商务进农村综合示范的通知》（财办建〔2014〕41号）精神，为进一步落实《2014-2020年内蒙古自治区电子商务发展规划》，加快推动电子商务在农村牧区的推广和应用，制定本方案。

一、试点目的

通过“政策引导、部门推动、市场运作、创业主体参与、传统产业互动升级”的推进模式，建设覆盖农牧业生产、流通、销售全过程和农牧民日常生活消费的农村牧区电子商务服务体系，完善覆盖农村牧区的物流配送网络，解决农牧民日常生活消费品“引进来”和农村牧区绿色鲜活产品“走出去”难题，促进电子商务在农村经济发展、推动城镇化进程、方便农牧民生产生活、提高农畜产品商品化率、提升农村牧区流通现代化水平等方面发挥明显作用。

二、试点目标

到2015年底前，建成20-40个农村牧区电子商务示范村，发展农畜产品和工业消费品双向流通，提高农牧民生活质量，促进自治区农村牧区经济发展方式转变，为实现全区农村牧区电子商务全覆盖积累经验。

三、试点范围

按照《内蒙古自治区2014～2020年电子商务发展规划》中“三核两带”电子商务发展总体格局规划，2015年在电子商务核心圈内电子商务发展基础条件较好，电子商务产业园区创建工作突出的呼和浩特、巴彦淖尔、通辽、赤峰四个市选择物流配送条件较好、电子商务具备一定基础、助农金融服务设施齐全、金融交易活跃、已经建成“助农金融服务点”或电子商务服务站点的行政村，确定 20 ～ 40 个村先行试点。在首批示范村的基础上，总结经验，逐步扩大试点范围。

四、建设内容

（一）改造提升现有平台功能。选择我区已经建成涉农涉牧电子商务服务平台、拥有一定数量电子商务服务网点、辐射能力强的专业电子商务企业作为农村牧区电子商务试点承办企业，支持其依托助农金融服务点、农信社网点、邮政便民网点、“万村千乡”市场工程配送企业、农家店等现有实体网点，与城市共同配送、“农超对接”体系相结合，通过改造提升现有平台功能，采用电商平台 + 支付终端、网订店取、网订店配等模式，发展面向农村牧区生活服务业的电子商务，为农村牧区供应化肥、种子、地膜、粮油以及吃、住、购、行、游、娱、家政、维修、缴费等多方面的生产生活服务，探索开展特色农畜产品终端直送，与城市共同配送、“农超对接”体系相结合，完善末端物流配送服务体系，建立面向以区内外城市为核心、城市家庭为服务对象、绿色生鲜以及特色农畜产品为销售主体的电子商务服务体系，通过电子商务渠道实现工业品下乡和农畜产品进城双向流通。

（二）建设电子商务服务终端。支持已经建成并能够提供电子商务服务的网点，依据实际需要提升电子商务服务终端的支付结算功能，升级已有电子商务平台、助农服务机具等，实现网销商品展示、买卖双方即时交流、在线购买支付等功能，尝试拓展保留小额现金取款、转账、查询、缴费等服务，完善农村电子商务交易和便民服务等功能。

（三）整合物流配送体系。支持信誉好、实力强、服务质量高、服务网点齐全的电子商务企业、物流企业和快递公司承担电子商务示范村的物流配送工作，加快全区农村牧区电子商务物流配送网络的建设，构建适应农村牧区电子商务发展的物流配送体系。

五、实施步骤

（一）启动和实施阶段（2015 年 4 月 - 2015 年 11 月）

制定和下发“内蒙古自治区开展农村牧区电子商务示范村建设工作方案”，组织相关部门和机构实施。选定试点盟市、村和承办企业，通过有效的激励手段和措施，打造首批“内蒙古自治区农村牧区电子商务示范村”。

（二）总结阶段（2015 年 11 月 - 2015 年 12 月）

全面总结全区农村牧区电子商务示范村建设情况，对示范村建设项目开展评估工作，总结经验，为后续全区推广提供重要参考依据。

六、保障机制

（一）协同开展各项试点任务。试点工作各参与单位依据各自职能，统筹协调配合，负责督促完成农村牧区电子商务试点各项具体任务，以及相关业务的宣传和实施工作。相关金融机构负责对农村牧区电子商务相关项目给予信贷支持，简化办理手续，同时充分发挥“助农金融服务点”的作用，为农牧民提供更加多样化的“一站式”综合金融服务。助农金融服务商户、电子商务企业、物流企业等参与方按照市场化运作方式，推进日常生活用品“引进来”和特色农畜产品“走出去”，并为农牧民提供高效快捷的物流配送保障。

（二）严把建设标准。各电子商务示范村的服务点均需配备统一标识牌、支持商品选购和农畜产品销售信息发布的智能服务机具，以及宣传海报、宣传单页等配套用品，各服务点商户都要与物流配送企业签订服务协议，及时完成各自承担的工作任务。

（三）落实扶持政策。2015 年促进内贸流通服务业发展专项资金将按照因素法切块到盟市，请各盟市商务局积极与当地财政局协调沟通，落实对建设农村牧区电子商务示范村承办机构的补贴政策。

辽宁省

辽宁省服务业委 省财政厅
关于开展电子商务进农村综合示范工作的通知

各相关市（县）服务业委、财政局：

为有效推进电子商务进农村综合示范工作，根据财政部办公厅、商务部办公厅《关于开展2015年电子商务进农村综合示范的通知》（财办建〔2015〕60号，以下简称《通知》）文件要求，结合我省实际，现将有关事项通知如下：

一、工作目标

力争用3年时间，我省首批8个电子商务进农村综合示范县在探索农村电子商务发展模式和农村电子商务应用取得突破，形成示范带动效应。电商推广应用水平明显提高，电商运营服务体系基本建成，物流配送体系逐渐完善，基本实现快递到乡镇、配送到村，农村电商交易额大幅提升。在提高农产品商品化率、促进农村经济发展、推进城镇化进程、方便农民生产生活等方面取得明显成效。

二、工作任务

（一）健全农村电子商务支撑服务体系。结合现代城镇化建设，整合利用农村现有乡镇商贸中心、配送中心等流通网络资源，充分发挥商贸中心的销售、配送以及金融、邮政、电信、家电维修等服务功能，建立健全适应农村电子商务发展需要的支撑服务体系。完善农村物流配送体系，发展与电子交易、网上购物、在线支付协同发展的物流配送服务。完善面向农村综合物流信息服务平台，推动第三方配送、共同配送在农村的发展。

（二）扩大农村电子商务应用领域。扩大电子商务在工业品下乡、农产品进城双向流通网络中的应用，实现线上和线下融合发展；重点依托已有电商平台，支持社会青年和大学毕业生创办电子商务企业或开展网络销售，拓宽农产品销售渠道，促进农业生产的组织化与标准化；加快农村商业网点信息化改造，完善网购、缴费、电子结算和取送货等服务功能，打通农村电子商务“最后一公里”。

（三）提高农村电子商务应用能力。加强电子商务进农村的培训与宣传，提高基层政府、涉农企业、农民专业合作社和农民对电子商务的认识和推广应用电子商务能力。多渠道培训农村电子商务从业人员，增强农村利用信息化手段开展电子商务的能力，促进网购、网销规模扩大，加快农村电子商务发展。

（四）改善农村电子商务发展环境。建立有利电子商务发展的财政、金融、土地、费税等政策体系；制定适应电子商务发展需要的标准、统计、信用制度等。

三、中央财政资金支持重点

（一）支持建立完善县、乡、村三级物流配送机制。充分发挥邮政、供销、“万村千乡市场工程”等点多面广、物流、资金流、信息流合一及普遍服务的优势，着重解决由乡镇到村“最后一公里”物流瓶颈问题。鼓励包括邮政、供销、商贸流通、第三方物流和本地物流等企业在内的各类主体，在充分竞争的基础上建立农村电子商务物流解决方案。重点支持县级公共配送中心、乡镇物流配送站、村级物流配送点建设，对展示、包装、配送、仓储、自提、结算、信息、查验、监控、追溯等设施建设改造、设备购置安装等给予支持。

（二）支持县域电子商务公共服务中心、村级电子商务服务站点建设改造。县域电子商务公共服务中心能够实现区域运营服务功能，为从事网络创业和服务人员提供技术支持、信息服务、营销推广、管理咨询及其他增值业务等全面服务。村级电子商务服务站点能够实现具备线下体验、仓储配送等功能，为村民提供网购网销、代销代购、缴费、充值、订票、代收代发等服务。重点对县域电子商务公共服务中心、村级电子商务服务站点展示体验、电子结算、信息系统、追溯体系、增值服务等相关设施建设改造、设备购置安装等给予支持。

（三）支持为发展农村电子商务而开展的农产品和农村特色产品的品牌培育和质量保障体系建设，农产品标准化、分级包装、初加工、配送等设施建设。对农产品流通企业与电商开展采购会、展销会、对接会、洽谈会的专业布展、设备设施、场地租赁等必要支出给予支持；对分拣加工、储藏冷冻、冷链配送、质量监控、检验检测、追溯体系等相关设施建设改造、设备购置安装等给予支持。

（四）支持开展各类农村电子商务学习和培训。支持电子商务企业、各类培训机构、协会对县、乡、村政府机关、企业、合作社工作人员和农民等，进行电子商务政策、理论、运营、实际操作等方面培训，重点培训农村青年、返乡大学生、退伍军人等。有关工作要符合中央和地方关于学习培训的相关规定。

各示范县要充分利用政府与商业化电商平台，最大限度利用社会化资源，避免重复建设和资源浪费。要按照《中央财政服务业发展专项资金管理办法实施细则》（辽财流〔2015〕422 号）相关要求管理使用专项资金。专项资金不得用于网络平台建设及购买流量支出。如有违反的，将取消综合示范资格，收回专项补贴资金。

请各市于 9 月 10 日前将完善细化后的实施方案以及专项资金安排意见报省服务业委和省财政厅备案，省将据此对各市县试点实施情况、资金安排使用情况进行检查和评估。

四、工作要求

各地要高度重视电子商务进农村示范工作，充分认识其重要意义，广泛开展电商基础调研，摸清家底，找准开展农村电子商务的切入点，明确重点支持方向、重点支持的电商和商贸流通企业、拟支持项目及具体建设内容，推动电子商务进农村健康有序发展。

（一）高度重视，严密组织。加强指导示范县推进工作，协调解决问题和困难。各市要成立电子商务进农村推进工作领导机构，做好电子商务进农村示范县推荐工作，督促和检查示范县推进工作。各示范县要成立工作领导小组，县政府主要领导要亲自挂帅，配备专职工作人员，科学制定工作方案，细化工作任务，明确职责分工，强化工作措施。

（二）落实政策，创新机制。要积极落实《国务院关于大力发展电子商务加快培育经济新动力的意见》（国发〔2015〕24 号）、《商务部办公厅关于印发＜“互联网＋流通”行动计划＞的通知》（商办电函〔2015〕179 号）等文件要求，做好配套政策衔接，形成政策合力，共同解决示范过程中遇到的困难与问题，推动电子商务在农村的发展。示范县要根据地方实际情况，加大对示范工作的资金投入力度，并在金融、土地、收费等方面出台支持政策。要积极推动体制机制创新，破除制约电子商务在农村发展的障碍和瓶颈。

（三）完善制度，严格管理。各地要加强对示范项目事中事后的监督检查，完善第三方绩效考评制度，公开项目申报、评审、评估等环节的工作，接受社会监督。加强对示范项目的动态管理，定期考核评估项目建设和应用情况。示范县人民政府是实施电子商务进农村的责任主体，要切实负起主体责任，做好项目建设、运营状况等调查统计工作，定期上报项目进展情况和年度工作总结，务实推进，确保如期实现试点目标和财政资金安全。

（四）搞好培训，加强指导。要重视项目实施的业务培训工作，掌握政策和内容，明确标准和要求。示范县要制定电子商务进农村培训计划，合理安排相关培训经费，适时培训相关部门和企业操作人员。加强项目实施过程中的跟踪指导，帮助项目单位解决遇到的困难和问题，做好示范项目建设、运营状况等调查统计工作，定期上报动态信息，及时总结推广好经验、好做法，加大对典型地区、典型企业的宣传力度。

辽宁省服务业委员会 辽宁省财政厅

2015 年 9 月 1 日

辽宁省服务业委 省外经贸厅关于印发《辽宁省“互联网 + 流通”行动计划》的通知

辽服发（2015）47 号

各市、绥中、昌图县服务业委（局）、外经贸局：

为贯彻落实省委、省政府关于“互联网 +”一系列决策部署和《商务部办公厅关于印发＜“互联网 + 流通”行动计划＞的通知》（商办电函〔2015〕179 号）要求，结合我省实际情况，省服务业委、省外经贸厅研究制定了《辽宁省“互联网 + 流通”行动计划》。现将工作方案印发给你们，请认真组织实施，并于 12 月 25 日前将落实工作情况（含电子版）分别报送省服务业委、省外经贸厅。

辽宁省服务业委员会 辽宁省对外贸易经济合作厅

2015 年 9 月 16 日

辽宁省“互联网 + 流通”行动计划

为贯彻落实省委、省政府关于“互联网 + 流通”一系列决策部署和商务部《“互联网 + 流通”行动计划》的要求，加快互联网与流通产业的深度融合，提高流通效率，推动流通产业转型升级，助力辽宁老工业基地新一轮振兴，现结合我省实际，制定辽宁省“互联网 + 流通”行动计划。

一、工作思路

以应用电子商务推进现代流通体系建设为目标，以提升我省流通产业竞争力、转变流通发展方式为主线，以电子商务进社区、进农村，推动线上线下一体化经营为重点，以国家和省级电子商务示范体系建设为抓手，以政策扶持和环境营造为支撑，创新服务民生方式，释放消费潜力，努力打造新的经济增长点。

二、工作目标

力争在 2 年内，实现以下具体目标：

（一）全省电子商务交易额超过 6000 亿元，网上零售额超过 1000 亿元。

（二）创建 10 个省级电子商务示范县，20 个省级电子商务示范基地，30 个省级电子商务示范流通企业。建设 15 个省级电子商务培训示范基地。

（三）培育 20 个电子商务特色专业平台。

三、重点任务

（一）加强电子商务应用和创新，推动流通产业转型升级。鼓励大型流通企业依托实体资源优势，融合互联网经营新模式，实现实体店与网上商城的有机结合，提高流通效率，拓展流通渠道，扩大销售规模。推动中小流通企业利用第三方交易平台或借助龙头企业的网上购销体系，开展网络营销。鼓励有条件的大型零售企业建设网上商城，创新利用移动互联网、地理位置服务、大数据等信息技术，提升流通效率和服务质量。加快大型批发市场、专业市场电子商务应用，实现线上线下融合发展的全新营销体系，推动转型升级。支持大型实体餐饮、住宿、家政、洗染、家电维修等流通企业利用电子商务平台开展网订店取、预约上门服务等业务，提高资源配置效率，激发消费潜力。

（二）推进电子商务示范工程，发挥典型示范引领作用。开展电子商务示范工程建设，发挥典型示范的带动和引领作用。积极创建国家电子商务示范城市，支持大连等市创建国家电子商务示范城市。推进重点区域和特色领域电子商务创新，建设一批省级电子商务示范县。推动电子商务产业集聚发展，推进省级示范基地（园区）建设。鼓励结合当地优势产业，建设各具特色的电子商务基地（园区），吸引国内外电子商务企业和相关配套企业入驻，在中小企业孵化、服务模式创新、公共平台建设、产业链条搭建等方面发挥带动作用。鼓励各类电子商务基地（园区）设立电子商务创业园、孵化器，支持大专院校与电商企业共建孵化基地、创业园，鼓励大学毕业生在电子商务领域实现就业创业。开展省级电子商务示范企业创建，支持示范企业建设一批骨干性电商平台，在创新经营模式、整合市场资源、带动流通企业发展等方面发挥引领示范作用。

（三）依托优势资源，打造辽宁特色知名电商平台。依托我省优势产业和地方特色资源，打造辽宁优势产业名片。加强与阿里巴巴集团等互联网强势资源平台对接合作，引导我省流通企业入驻辽宁制造馆（产业带）和辽宁特色馆，扩大辽宁商品网上销售规模。稳步推进集交易、结算、信息、物流和融资服务于一体的大宗资源性商品电子商务交易平台建设，支持有条件的企业和专业市场开展大宗商品网上现货交易。在装备制造、石油化工、钢铁、煤炭、粮食、农副产品、服装等我省优势产业和领域，重点培育一批有较大影响力的辽宁本土特色行业电子商务平台。

（四）鼓励电子商务进社区，拓展网络便民消费服务。促进城市社区电子商务应用，发展以生活服务业为核心的电子商务服务。鼓励各类电子商务企业整合社区现有便民服务设施和线上线下销售渠道，构建直观、互动、方便、快捷的社区电子商务服务平台和移动客户端，为社区居民提供购物、餐饮、医疗保健、家政、维修等便捷服务。鼓励电子商务服务企业改造社区传统商贸流通和服务业模式，依托互联网不断创新消费模式，延伸交易网络，解决网络购物终端配送等问题，引导和促进社区居民网上消费。鼓励商贸物流企业设立社区电子商务综合服务点，开展物流分拨、快件自取、电子缴费等便民服务。

（五）推动电子商务进农村，拓展农产品网上交易渠道。支持县域电子商务发展，打造一批省级电子商务示范县。支持电子商务企业开展面向农村地区的电子商务综合服务平台、网络及渠道建设。在农村地区和农产品流通领域推广电子商务应用，鼓励电子商务服务平台与农业产业化基地、大型超市、农产品批发市场、加工企业、大型餐饮连锁企业进行对接，拓宽农产品流通渠道，实现城市和农村网络交易服务平台有效衔接。支持电子商务企业、供销社、邮政以及大型龙头流通企业建设改造农村电子商务配送及综合服务网络，推动解决农副产品标准化、物流标准化、冷链仓储建设等关键问题，发展农产品个性化定制服务，促进电子商务在工业消费品、生产生活资料下乡和农产品、特色产品进城双向流通网络中的应用。

（六）完善物流配送服务体系，提高快递配送速度和服务质量。构建面向全国、覆盖全省的城市快递配送网络，并逐步向县级城市、中心镇延伸，逐步建立适应我省电子商务发展的物流快递管理和服务体系。大力发展第三方物流，推进第四方物流发展，提高物流配送的社会化、组织化和信息化水平。引导电子商务物流配送经营模式创新，建立电子商务与物流快递协调发展机制。支持电子商务企业与我省流通企业合作共建仓储、配送等物流设施，建立高效通畅的电子商务物流配送网络。培育一批信誉良好、服务到位、运作高效的快递物流企业，支持城市社区开设网络购物快递投送场所。

（七）促进跨境电子商务发展，助力电商企业“走出去”。加快实现“单一窗口—区域通关—跨国电商”平台建设，改进口岸通关环境，提升外贸业务一站式服务水平。积极争取开展跨境电子商务进出口试点，探索政策突破和业务模式创新，支持有条件的城市先行先试。推动跨境电商进园区、进中小企业，支持“出口时代网”综合电商和葫芦岛泳装跨境电子商务平台拓展。加快海外仓储及国际营销网络建设，建立辽宁企业和产品国际营销网络。支持电子商务企业“走出去”，创立自有品牌，多渠道、多方式建立海外仓储设施。

（八）加强电子商务培训，满足电子商务发展人才需求。结合我省电子商务发展水平和人才实际需求，因地制宜，制订电子商务人才培训工作的规划，建设一批省级电子商务培训基地。加强与专业培训机构合作，针对各级商务主管部门和相关政府部门工作人员、企业人员组织开展各种形式电子商务培训。加大对电子商务紧缺人才、高端人才和专业技能人才的引进和培养支持力度，充分发挥省内各大专院校、社会专业培训机构、电子商务企业和行业协会的作用，开展岗位对接，缓解人才供需矛盾。

（九）加强宣传引导，营造良好发展环境。充分发挥省内外主流媒体舆论导向作用，大力宣传电子商务的重要作用和发展趋势，普及电子商务应用知识，推介电子商务优秀网站和典型案例，提高社会各界对电子商务普及应用的认识，积极营造良好的社会氛围。

四、主要措施

（一）加强组织领导。各级服务业、外经贸等部门要在当地政府统一领导下，建立和完善电子商务发展组织保障体系和工作机制，强化对电子商务的工作指导和协调，及时解决全省电子商务发展中的重大问题。

（二）做好规划指导。研究制定全省电子商务发展 “十三五”规划，做好电子商务发展的系统设计。推动“互联网+流通”行动计划实施，营造“互联网+流通”应用氛围，积极推动流通企业进行电子商务模式创新、技术创新和机制创新，实现转型升级。

（三）制定政策措施。贯彻落实国务院《关于大力发展电子商务加快培育经济新动力的意见》（国发〔2015〕24号），按省政府要求，尽快拟定出台《辽宁省人民政府关于大力发展电子商务加快培育经济新动力的实施意见》，加强政策扶持力度，优化发展环境。

（四）加强基础设施建设。协调有关部门进一步完善电子商务基础设施，包括有线宽带和移动网络覆盖、物流配送网络、售后服务体系，加强城市冷链物流基础设施建设和共享，夯实“互联网+流通”发展基础。

（五）规范电商交易秩序。建立完善电子商务领域打击侵犯知识产权和制售假冒伪劣商品常态化工作机制，坚决打击侵权售假行为。开展电子商务可信交易保障公共服务，实现侵权假冒行政处罚案件信息公开，加强个人信息在电子商务领域应用的隐私保护，引导建立电子商务市场良性竞争环境。

（六）建设电子商务统计体系。建立、健全电子商务统计等基础工作，扩充省级典型电子商务监测样本，全面开展省市两级电子商务统计监测工作。积极推进商务大数据建设，逐步建立商品数据库、各类交易市场数据库、流通企业法人库、交易信息数据库、仓储物流信息数据库。做好食用农产品、生产资料等重要商品监测工作，加强市场运行监测和调控。

（七）发挥社团组织作用。支持与电子商务相关的各类社团组织建设，充分发挥民间组织在统计监测、技术推广、交流合作、市场开拓等方面的作用。建立全省电子商务专家库和培训教学指导机构，发挥专家智库的指导与咨询作用。

吉林省

吉林省商务厅关于全面推动商贸业拓展网上销售加快转型升级的通知

各市州、长白山管委会商务局，公主岭、梅河口市商务局：

电子商务作为信息化与现代商业融合催生的新兴经济活动，已经成为经济发展的重要驱动力。为进一步转变商贸业营销方式，鼓励传统企业运用互联网思维触网，以线上线下融合方式扩大销售，促进商贸企业主体做强做大，按照省政府部署，就全面迅速推动商贸业拓展网上销售，加快转型升级工作通知如下：

一、充分认识拓展网上销售的重要意义

随着网络消费的快速增长，其对消费品市场的挤占和分流愈加明显，实体店与电商互搏的局面不可持续。唯一可供选择的正确途径是运用“互联网 +”思维拓宽销售渠道，适应流通领域的深刻变革，发挥电商平台化、开放性、低成本、高效率优势，结合商贸业现状和特点，使传统商贸与现代商贸融合互动，全面推动传统商贸业转型升级。这对于活流通扩消费、稳增长调结构、促改革惠民生具有深刻现实意义，对于创新发展生态、增强发展动力、打造区域经济升级版将产生深远影响。各地商务部门要充分认识、高度重视，切实增强责任感、使命感，全渠道、全网络、全覆盖推进传统商贸业电商化改造和提升工作。

二、明确网上扩销工作目标和重点

（一）鼓励和引导限额以上商贸企业单位开展网上销售。限额以上商贸企业和单位包括批发零售、住宿餐饮企业及大个体，对整个商贸行业具有引领示范作用。率先推进限上企业单位开展网上销售，有利于增强限上企业单位对全省社会消费品零售额增长的贡献率，带动消费品市场又好又快发展。各地要结合实际，按照市场化运作，企业为主体、政府引导的原则，采取切实可行措施，尽快实现全省 4091 户限额以上单位全面触网，带动各类批零、住宿餐饮及服务企业单位扩大网上营销。

（二）多形式发展和利用电商网络销售平台。采取自建平台和利用省内外知名第三方平台方式，扩大网络销售。支持特色农产品交易市场建设电子交易平台，鼓励营销企业、销售大户以及中介组织应用电商开展农产品营销。以工业园区为载体，加快构建一批食品、医药、加工制造等区域性、行业性 B2B 平台，推动园区内企业整体应用。鼓励大型企业自建电商平台，将电商与企业采购、生产、销售等不同层面深度融合，降低库存、提高供应链效率。支持大型百货商场、购物中心、连锁超市建设网上商城。鼓励专业市场大力发展网上批发、网上拍卖等 B2B 和 B2C 电子商务。鼓励支持大型卖场和连锁店做大线上业务，建立集产品展示、网络营销、产品推荐、订购、支付和配送为一体的都市商贸交易平台。引导利用移动终端发展微店，扩展更多个性化营销功能，增强用户黏性，提升实体终端品牌竞争力。

（三）实行“双线”融合，发展线上线下（020）模式。在零售业、住宿餐饮业和社区商业发展网上购物、网下实体店体验是未来商贸业发展的主要形态。真正实现线上线下全面贯通，将以“电商 + 实体店 + 物流”经营理念，打造全新融

合模式。推进购物渠道融合，为卖场商品配备二维码，同一商品在实体店和网上商城均可销售，顾客在实体店可扫描商品二维码，查阅商品属性、价格信息；推进支付渠道融合，为实体店购物顾客提供移动支付功能，顾客在店内使用APP扫描商品二维码后，可在线上直接下单，也可在银台生成订单后，利用二维码扫描等技术移动支付；推进物流配送融合，顾客在线上或线下购买任意产品，均可选择自提或送货上门。强化实体商场购物体验，突出个性特色、实施差异化经营策略，把以互联网为载体、线上线下互动的新兴消费搞得红红火火。

三、有关工作要求

（一）精心组织，立即行动。各地商务部门要通过走访、座谈等形式摸清当地电商发展情况，加大培训力度，指导各类商贸流通及服务企业转变营销观念，早日开展网上销售。要将推动商贸企业触网、发展网络销售纳入重要日程，加强组织领导，争取专项工作经费，培养专业技术人才，推动工作扎实开展。

（二）内外互动，发展本地电商与积极引进有机结合。吸引IT、软件和服务外包等领域的高新技术企业开拓本地电商软件运营和代营运市场，满足传统商贸业应用电商拓宽销售渠道及业务转型需求。同时，支持本地商会组织、园区、专业市场、中介机构、专业电子商务运营商等打造行业公共电子商务平台，为电商发展提供服务支撑与保障，增强电商专业服务的辐射力和渗透力。

（三）千方百计优化电商发展环境。普及推广电子商务知识，提高对发展电商重要性认识，提升市场主体及公众应用电商能力。健全电子商务人才培养、引进机制，将高级电商人才培育和引进纳入当地人才计划，为电子商务发展提供智力资本支撑。商务部门要加强与工信、农业、供销、邮政、统计等部门协作配合，形成工作合力，共同推进工作开展。省级财政将对限上企业单位开展网上扩销，择优给予支持。各地也要结合实际出台相关扶持政策，采取有效措施，扩大宣传、营造氛围。

（四）大力发展电商物流。吸引大型电商企业和物流企业建立本地物流配送中心和电商分拨结算中心。支持电商物流产业链中的物流管理商、仓储服务商、承运商的管理信息系统及其他配套硬件软件建设，提升物流服务水平，为电商的快速发展提供有力支撑。

各地请于每月30日前将此项工作推进情况及时报送省厅市场运行和消费促进处。

吉林省商务厅
2015年5月8日

吉林省商务厅关于印发《“互联网 + 流通”行动的指导意见》的通知

各市（州）县（市）商务局、长白山管委会商务局：

为贯彻落实《国务院关于大力发展电子商务加快培育经济新动力的意见》（国发〔2015〕24 号）、《国务院关于积极推进“互联网 +”行动的指导意见》（国发〔2015〕40 号）以及商务部《“互联网 + 流通”行动计划》，充分发挥“互联网 + 流通”在推动流通产业转型升级，培育新兴产业，促进消费的积极作用。省商务厅研究提出《吉林省商务厅关于“互联网 + 流通”行动的指导意见》，现予印发。请各地结合实际，抓好组织实施。

附件：《吉林省商务厅关于“互联网 + 流通”行动的指导意见》

2015 年 11 月 9 日

吉林省商务厅关于“互联网 + 流通”行动的指导意见

电子商务是现代信息技术和商贸活动高度融合的新型经济活动，已成为引领生产生活方式变革的重要力量。为推动我省电子商务产业健康发展，激发创业、创新活力，打造内贸流通转型发展新引擎，加快培育经济发展新动力，现就加快实施“互联网 + 流通”行动提出如下意见。

一、总体要求

（一）指导思想。贯彻落实《国务院关于大力发展电子商务加快培育经济新动力的意见》（国发〔2015〕24 号）、《国务院关于积极推进“互联网 +”行动的指导意见》（国发〔2015〕40 号）、《国务院办公厅关于推进线上线下互动加快商贸流通创新发展转型升级的意见》（国办发〔2015〕72 号）、商务部《“互联网 +”流通行动计划》以及《吉林省人民政府关于促进互联网经济发展的指导意见》（吉政发〔2015〕10 号）等文件精神，加速推动互联网与流通产业的深度融合，促进流通产业转型升级，提高流通效率，降低流通成本，打造新的经济增长点。通过优化电子商务发展环境，构筑电商产业生态，大力推动电子商务领域的创业创新，催生新兴业态，进一步释放城乡消费潜力，为稳增长、促改革、调结构、惠民生发挥积极有效作用。

（二）基本原则。

1. 加强引导，优化环境。强化全省电商产业发展的政策环境打造和规划布局指导，精准施策。着力研究解决电商发展中的深层次矛盾和重大问题，清理阻碍电商发展的不合理制度政策，突破瓶颈因素，释放电商发展潜力。

2. 构建体系，夯实基础。以“互联网 + 流通”为载体，搞好顶层设计，强化公共服务、电商产业链配套、物流配送、实用性人才培养等有利于电商发展的支撑体系建设，为传统产业转型，新兴产业培育创造条件。

3. 突出特色、注重创新。立足本地产业和产品优势，在园区建设、平台搭建、品牌打造、电商龙头企业培育等方面突出特色，通过资源整合、要素汇聚，新技术应用与开发，形成电商模式创新的有效力量，实现差异化发展。

4. 示范带动，引领发展。发挥国家级和省级示范项目推进的成功经验和引领带动作用，确立扶持一批、壮大一批、孵化一批、提升一批的工作思路，加速推进电商产业集群式发展。

（三）主要目标。

力争 2017 年，实现以下目标：

1. 培育电商主体，健全支撑电商发展的产业链条。创建一批国家级电子商务示范基地，20 个省级电子商务示范基地，公共服务、运营服务、电商孵化体系初步形成。培育一批国家级电子商务示范企业，100 家省级电子商务示范企业，行业引领作用显著。培育具有一定规模的电子商务“三创”（创业创新创客）基地 10 个。

2. 城市社区电子商务加快步伐。建成 200 个覆盖市州、县市的集网上购物、预约服务、查询服务、居家服务、政务服务、信息发布、数据采集等于一体的社区电子商务服务平台。

3. 农村电子商务加速发展。在现有 8 个国家级电子商务进农村综合示范县的基础上，再培育创建一批国家级示范县。39 个县市全部建成县级电子商务运营服务中心，全省一半以上的行政村建成村级服务站点。国家级综合示范县电子商务交易额在现有基础上年均增长不低于 30%。培育本土涉农产品网销品牌 300 个以上。

4. 优先扶持涉农产品服务平台和专业化平台建设。打造一批具有全国影响力的本土电商平台和龙头企业，提升吉林电子商务品牌知名度。

5. 推进跨境电商发展。力争跨境电商出口实现 3 亿美元以上。

6. 支持商业模式创新，鼓励线上线下融合互动。大力开展电商进企业、进市场、进商场，推动全省工商企业电商应用率超过 50%，其中内贸流通企业电商应用率超过 70%，力促传统企业运用电子商务手段加快转型升级。积极探索创新，推动电商在餐饮、教育、旅游、医疗、文化、交通、市政等领域扩大应用。

7. 加快电商人才培育和孵化。推动设立 3-5 个省级电子商务实训基地，20 个市县两级电商专业培训机构。采取政府主导，公益性和市场化相结合的方式，线下完成 30 万人次电子商务应用技能培训，线上完成 600 万人次电子商务知识普及培训。

8. 实现交易规模跨越式发展，网上活跃卖家突破 30 万户，网销达到 5000 亿，网络零售突破 900 亿元，网络零售占社会消费品零售总额超过 10%。

二、重点任务

重点推动电子商务进中小城市、进社区、进农村，大力促进传统商贸企业、专业市场线上线下融合发展，提升社会各领域电子商务应用率和应用水平，扩大跨境电子商务交易规模。

（一）支持并推动中小城市电子商务发展，提升应用水平。通过政策鼓励和项目促进，引导中小城市加快本地化网络服务支撑体系建设。持续抓好省级示范项目创建活动，推动市州、县市具有产业优势和特色的综合性、专业化的电商园区建设。支持大型或专业电子商务平台企业服务网络向中小城市延伸。

（二）继续深入抓好电子商务进社区，依托互联网创新居家服务模式。以促进居民消费和提供公共服务、居家服务为重点，在大中城市推广复制社区信息化服务平台成功模式。同时依托技术开发实力强的电商企业，采取政策引导，企业自主投入等多元投资形式，创新社区服务模式，为社区居民提供更多需求和相关增值服务，实现商品消费更加精准，服务消费更加便利。

（三）加速推动电子商务进农村，培育农村电商环境。以国家电子商务综合示范项目为引领，以省级县域试点为依托，进一步探索互联网+农产品流通+服务等新兴流通模式，建设一批电商县市、电商乡镇、电商村屯，打通“农产品进城”和“工业品下乡”双向流通渠道。指导电商企业瞄准县域及农村巨大的市场空间，下沉渠道，推动“电商扶贫”攻坚。

（四）加强与第三方平台共赢合作，扩大吉林产品网络销售。继续支持本省开犁网的开发建设和宣传推介，做大交易平台，做强公共服务功能。在深化与阿里巴巴合作基础上，加强与 1 号店、京东、苏宁等大型电商平台合作，鼓励各市州、县市建设各类地方特色馆或名优特产品特产馆，推动“吉字号”产品实现全网营销。

（五）积极引导传统商贸企业和各类交易市场线上线下互动发展。推动传统商贸企业如零售、餐饮、住宿、休闲娱乐、家政服务等企业运用互联网技术加快转型升级，引导各类交易市场通过自建电商平台、鼓励商户开设网店、开展网上现货交易，积极发展 020 体验式消费模式，实现传统商贸企业、交易市场与电子商务的融合发展，释放线上线下消费潜力。

（六）坚持内外贸结合，同步推进跨境电商发展。利用省内外、国内外两种资源、两个市场，推动跨境电子商务发展，加强吉林电子口岸和跨境贸易电商公共服务平台建设，发挥兴隆保税区政策优势，引进优质电商企业落户。打造以“吉林制造网”为主的网络电子商务平台，鼓励企业利用网络平台开展对接。

三、保障措施

（一）切实加强组织领导，营造宽松的电商发展环境。各地应立足本地实际，研究制定有利于电子商务发展的政策措施和行动计划，推动完善有线宽带和移动网络覆盖，特别是支持偏远地区宽带建设和网络维护，强化城乡物流配送体系、售后服务等流通体系建设，破解制约电商发展的瓶颈障碍，打造良好环境。

（二）加大政策扶持，突出当地特色电商发展。各地要运用“互联网 +”模式，围绕重点产业、特色行业、优势产品，整合利用各类有效资源，优先发展具有本地特色的电子商务平台，做强特色电商产业。加大域外知名电商企业引进力度，培育壮大运营服务、网络推广、分销服务、网页设计、产品包装、认证追溯、仓储物流等，推动互联网企业与传统企业进行对接合作，有效提升传统企业的互联网应用水平，促进转型升级。

（三）加强电商人才培养培训。各地应重视电商实训和人才培养、园区孵化等中高级电商人才基地建设，采取政府主导与市场化、社会化培育结合的办法，开展公益性普及和实操培训，大力孵化和培育卖家。推动学校、企业及社会组织联合办学，探索电商人才培养和专业培训新机制。各地商务主管部门要主动联合农业、人社、教育、林业、共青团、妇联、残联等职能部门，围绕大学生和社会青年就业、创业，农民触网，帮扶肢残人员就业等，不拘形式，大力开展公益性电商培训，缓解电商从业人员紧缺局面。

（四）加大电子商务应用的宣传推广力度。加强电子商务工作的宣传引导，利用各种行之有效手段，宣传普及推广电商知识技能。通过举办各类电商会议论坛、专业展览、现场交流等活动载体，促进相互学习和借鉴，形成良好氛围和全社会电商发展合力。

（五）加强电子商务监测体系建设。加强电商公共服务信息平台建设，加强流通行业统计，充分利用统计数据，做好行业分析评价。研究推进商务大数据建设，逐步建立商品数据库、各类交易市场数据库、流通企业法人库、市场交易规则数据库、交易信息数据库、仓储物流信息数据库，汇聚流通大数据平台。

黑龙江省

关于印发《黑龙江省“互联网＋流通”行动计划》的通知

黑商函〔2015〕247号

各市（地）商务局，绥芬河市电商办、抚远县商务局，省农垦、森工总局商务局（经贸局）：

为促进互联网与流通产业深度融合，推动流通产业转型升级，提高流通效率，释放消费潜力，打造新的经济增长点，我厅制定了《黑龙江省“互联网＋流通”行动计划》，现印发给你们，请认真贯彻落实。

附件：黑龙江省“互联网＋流通”行动计划

2015年7月9日

附件：

黑龙江省“互联网＋流通”行动计划

为贯彻落实李克强总理在政府工作报告中提出的“互联网＋”行动计划，按照国务院《关于积极推进“互联网＋”行动的指导意见》和商务部“互联网＋流通”行动计划的总体要求部署，进一步促进互联网与流通产业深度融合，推动流通产业转型升级，提高流通效率，释放消费潜力，打造新的经济增长点，现制订黑龙江省“互联网＋流通”行动计划。

一、工作思路

贯彻落实党的十八大和十八届二中、三中、四中全会精神，按照党中央、国务院关于“互联网＋”的一系列重大决策部署，主动适应和引领经济发展新常态，以推动“互联网＋流通”为目标，以促进对俄跨境贸易、农产品和绿色食品销售、商贸流通、社会生活领域电商应用为重点，以省级电子商务示范体系建设和电子商务人才培训为抓手，充分发挥电子商务在带动商品流通、激发行业活力和释放消费潜力等方面的重要作用，有效推动黑龙江省经济社会快速发展。

二、工作目标

大力实施“互联网＋流通”行动计划，重点推动对俄跨境贸易、农产品和绿色食品销售、商贸流通和社会生活与电子商务深度融合，全面推进电子商务进农村、电子商务进中小城市和城市社区。力争在2年内实现以下目标：

（一）创建6个国家级和15个省级电子商务示范基地，培育15家国家级和30家省级电子商务示范企业，打造5个传统流通及服务企业转型典型企业，培育5个网络服务品牌。

（二）创建20个国家电子商务进农村综合示范县和5个省级电子商务示范县。国家电子商务进农村综合示范县和省级电子商务示范县电子商务交易额在现有基础上年均增长达到30%以上。

（三）运用市场化机制，打造 5 个具有一定知名度的对俄跨境电商平台，推动建设 5 个俄罗斯电子商务海外仓，培育 100 家对俄跨境电商服务企业。

（四）指导市地建设 15 个电子商务培训基地，完成 5000 人次电子商务知识和技能培训。

（五）2016 年底，全省电子商务交易额达到 1200 亿元，网上零售额达到 120 亿元。

三、重点工作任务

（一）大力发展对俄跨境电子商务，促进对外贸易转型升级

1. 培育引入对俄跨境电商平台和服务企业。重点培育 COME365、中机网、绥芬河购物网、达俄通等本省对俄跨境电商平台品牌做大做强，形成核心竞争力。积极引进国内外知名跨境电商平台在黑龙江省注册落户，促进对俄跨境贸易开展。不断提升对俄跨境电商服务能力，培育和引进提供交易服务、物流仓储、报关、检验检疫、退税、支付等专项服务或综合服务的对俄跨境电商服务企业，提供对俄跨境电商相关服务，带动传统对俄贸易企业实现转型升级。鼓励本省电子商务企业“走出去”建立俄罗斯营销渠道，创立自有品牌，提升经营能力。

2. 建设对俄跨境电商通关服务平台体系。推广绥芬河中俄跨境电商通关服务平台建设经验，推动跨境贸易电子商务服务试点城市建设对俄跨境电商通关服务平台，逐步构建覆盖口岸城市的对俄跨境电商通关服务平台体系，实现与“海关总署跨境电商通关服务平台”数据互通，与对俄跨境电商平台、电商企业、物流企业操作系统对接，通过三单申报（订单、运单、清单）、清单核放、散单集报、海关纳统等方式，实现对俄跨境电商商品便捷通关和海关监管，将对俄跨境电商零售出口纳入外贸统计。

3. 推动跨境贸易电子商务服务试点城市建设。支持哈尔滨、牡丹江、绥芬河等跨境贸易电子商务服务试点城市加快发展对俄跨境电商产业，争取跨境电子商务进口试点资格，建立健全适应跨境电子商务的监管服务体系，形成跨境电子商务通关、商检、结汇、退税等环节“单一窗口”综合服务能力，提高服务便利化水平，破解进出口、电商、物流、支付等相关企业在跨境电商贸易过程中的通关、结汇、退税和跨境零售中的诚信交易等难题，把哈尔滨打造成对俄跨境贸易的电子商务交易中心、金融结算中心和物流发寄中心，把牡丹江打造成对俄跨境贸易的电子商务前沿，把绥芬河打造成对俄跨境电商陆路大通道关键节点。

4. 提升对俄跨境电商物流仓储服务能力。全力推进哈尔滨机场周边临空经济区内跨境电商物流基地建设。鼓励本省物流企业和电商企业建设对俄跨境电子商务边境仓，并与国内外知名跨境电子商务企业合作，拓展对俄跨境电商物流仓储业务。鼓励企业在俄罗斯主要城市建设海外仓或境外服务网点，打造辐射俄罗斯全境的跨境电商物流枢纽。拓展哈尔滨对俄跨境电商航空货运大通道，壮大俄速通哈尔滨边境仓，提升对俄跨境电商航空货运和揽货能力。推进对俄跨境电商陆路货运大通道建设，提升俄速通绥芬河边境仓、绥芬河“中俄云仓”项目规模和服务能力，实现对俄跨境电商货物陆路规模化运输，降低物流成本，提高运送时效。

（二）大力发展农村电子商务，提升农业电商服务能力

5. 打造龙江特色区域性农业电商平台。针对农产品销售和农村生产生活资料采购需求，建设 B2B、B2C 型龙江农业电子商务平台，提供交易服务，开展农产品、农机农资、生活用品批发零售和交易撮合服务，嵌入绿色食品溯源服务、绿色食品企业信用查询等模块化系统。加大龙江农业电子商务平台宣传推广力度，将其打造成省内广泛应用、国内知名的龙江农业电子商务平台品牌，带动农业企业和农民群体冲破条块分割的市场格局，摆脱区域性市场的限制，面向全国开展销售。

6. 提升农业电子商务服务能力。推动电子商务服务企业转型开展农业电子商务业务，重点培育一批面向农村地区提供农产品交易、综合服务、物流服务、金融服务、撮合服务等涉农电子商务相关服务的农业电子商务服务企业。建设完善农业电子商务服务体系，提升农业电子商务服务能力，带动农村电子商务应用，促进农产品流通。全面推广农村商务信息服务，利用商务部“全国农产品商务信息公共服务平台”和本省农业电子商务平台开展农业信息和农产品供求信息发布服务，

推进农产品网上购销常态化对接，畅通农产品销售渠道，解决卖难问题。

7. 拓展龙江绿色食品电商销售渠道。大力推动龙江绿色食品网上销售，通过龙江农业电子商务平台、本省现有各类电子商务平台和天猫、京东等国内知名第三方电子商务平台开展龙江绿色食品销售。推动黑龙江省绿色食品展示交易中心、旗舰店、连锁店等现有绿色食品营销渠道开展电子商务应用，逐步构建覆盖全国的龙江绿色食品线上线下销售网络。建设绿色食品溯源服务和绿色食品企业信用查询系统，推动绿色食品生产标准化和标识统一化，绿色食品生产企业信用信息查询便捷化，确保绿色食品产品标签标识内容真实、规范，易于消费者辨认和识读。

8. 开展电子商务进农村综合示范。推动明水、尚志、庆安、富裕、肇源、拜泉、集贤等 7 个“电子商务进农村”综合示范县（市）建设。支持新型农业经营主体和农产品批发市场对接电商平台，积极发展以销定产模式。支持电子商务企业、供销社、邮政以及大型龙头流通企业建设改造农村电子商务配送及综合服务网络，着力解决农副产品标准化、物流标准化、冷链仓储建设等关键问题，发展农产品个性化定制服务，促进电子商务在工业消费品、生产生活资料下乡和农产品、特色产品进城双向流通网络中的应用。总结“电子商务进农村”综合示范县（市）建设经验，在全省范围内推动电子商务进农村工作开展。

（三）发展电子商务服务业，推动商贸流通企业开展电商应用

9. 加快发展电子商务服务业。扶持电子商务平台和电子商务服务企业加快发展，全面提升龙江电子商务服务能力，构建“大有规模、小有特色”的电子商务平台和电子商务服务企业群体。宣传推广省内优秀电子商务平台和电子商务服务企业，搭建电子商务平台、电子商务服务企业同传统企业的联系渠道，带动传统企业应用电子商务拓展销售渠道，促进商品流通。

10. 推动商贸流通企业电子商务应用。推动省内各类专业市场线上转型，引导传统商贸流通企业与电子商务企业整合资源，积极向供应链协同平台转型，实现线上线下融合发展。鼓励有条件的商贸流通企业建设网上商城，利用移动互联网、地理位置服务、大数据等信息技术提升流通效率和服务质量。支持大型实体零售、餐饮、家政、洗衣、家电维修、票务、生鲜配送企业利用电子商务平台开展网订店取、网络订票、预约上门服务、社区配送等业务。支持中小零售企业应用第三方电子商务平台开展销售。

（四）推动社会生活领域电商应用，提升网络消费便利性

11. 推动电子商务进中小城市和社区。促进中小城市和社区电子商务应用，发展以生活服务业为核心的电子商务服务。鼓励电子商务企业建设区域性电子商务平台和移动客户端，整合中小城市、社区现有便民服务设施和线上线下销售渠道，打造便利快捷的中小城市和社区网络消费“微环境”，实现全方位的居民生活服务供求衔接。支持大型电子商务平台企业服务网络向中小城市和社区延伸，整合商品流通、居民服务等线下市场资源，解决网络购物终端配送等问题。鼓励物流服务企业面向中小城市和社区居民开展电子商务相关增值服务。鼓励中小城市和社区设立电子商务综合服务点，开展物流分拨、快件自取、电子缴费等便民服务。

四、主要措施

（一）完善发展环境，促进电商发展

1. 做好规划指导推动计划实施。研究制定指导全省电子商务发展的政策文件，加强政策扶持，优化发展环境，推动“互联网 + 流通”行动计划实施，营造“互联网 + 流通”应用氛围，积极推动流通企业进行电子商务经营模式创新、技术创新和机制创新，实现转型升级。

2. 加强流通基础设施网络服务能力。推动网络基础设施和物流配送设施建设，拓展宽带网络和移动互联网覆盖范围，构建覆盖全省城乡范围的物流快递配送体系，加强冷链物流设施建设，提升物流配送服务能力，夯实“互联网 + 流通”发展基础。

3. 建设完善电子商务统计监测体系。建立电子商务统计监测机制，扩充省级典型电子商务监测样本，全面开展省市两

级电子商务统计监测工作。加强流通行业统计，充分利用统计数据，做好行业分析评价，科学引导行业发展。积极推进商务大数据建设，逐步建立商品数据库、各类交易市场数据库、流通企业法人库、交易信息数据库、仓储物流信息数据库。做好食用农产品、生产资料等重要商品监测工作，加强市场运行监测和调控。

4. 规范电商交易秩序，建立良性竞争环境。建立完善电子商务领域打击侵犯知识产权和制售假冒伪劣商品常态化工作机制，大力打击侵权售假行为。开展电子商务可信交易保障公共服务，实现侵权假冒行政处罚案件信息公开，加强个人信息在电子商务领域应用的隐私保护，引导建立电子商务市场良性竞争环境。

（二）加强示范引导，实现集聚发展

5. 发挥国家示范、试点城市和示范基地示范作用。加快哈尔滨、牡丹江、绥芬河等国家电子商务示范城市、跨境贸易电子商务服务试点城市和哈尔滨经济技术开发区等国家电子商务示范基地建设，发挥国家示范、试点城市和示范基地的示范带动作用，推进重点区域和特色领域电子商务创新，推动电子商务产业集聚发展，促进传统产业转型升级。

6. 创建省级电子商务示范体系。在全省范围内开展电子商务示范体系创建工作，遴选一批最具特色和发展潜力的电商产业园区和企业，创建省级电子商务示范基地和示范企业，示范带动电子商务产业发展；遴选一批对全省电子商务或某一领域电子商务发展具有示范和带动效应的县区，创建省级电子商务应用示范县（市、区、局），推动地方电子商务应用。

（三）营造发展氛围，培养电商人才

7. 加大电子商务宣传推广力度。充分利用网络、电视、广播、报纸等媒体，宣传推广电子商务领域“大众创业、万众创新”经验和做法，引领、带动、启发现代流通及其关联领域的创业者开展电子商务应用。加强电子商务典型案例宣传，遴选优秀电子商务产业园区、电子商务服务企业和电子商务应用企业进行宣传推广，构建有利于电子商务发展的外部环境。

8. 加大电子商务人才培育力度。完善电子商务人才培训机制，建立科学合理的市、县、乡电商人才分级培训体系，全面开展电商人才培训，做到商务部门工作人员懂电商、善应用，企业管理人员通电商、善营销。推动大专院校、电子商务服务企业和电子商务示范基地、电子商务产业园区合作建立一批电商人才培训基地，培养具备电子商务、市场营销、网络推广等方面技能的专业人才和综合人才。重点针对传统流通企业开展电商应用实训，带动企业形成“互联网+流通”应用能力。

上海市

上海市商务委、江苏省商务厅、浙江省商务厅、安徽省商务厅、江西省商务厅关于推进2015年长三角区域市场一体化发展工作要点

（发布日期：2015-05-08）

为贯彻党的十八届三中、四中全会和中央经济工作会议精神，加快完善现代市场体系，根据《推进长三角区域市场一体化发展合作协议》内容，现提出2015年工作要点。

一、总体要求

结合深化国内贸易流通体制改革，以专题合作和项目为抓手，大力推动"规则体系共建、创新模式共推、市场监管共治、流通设施互联、市场信息互通、信用体系互认"，着力消除行政壁垒，打破地区封锁，加快构建"统一开放、竞争有序"的区域现代市场体系，促进内外贸市场融合发展，服务于全国统一大市场建设。

二、主要内容

（一）物流标准化（牵头省市：上海、江西）

1. 推进以托盘社会化共用为重点的托盘标准化。推广标准托盘及其循环共用，支持标准化物流设备服务商开展标准化托盘租赁、维修、保养等专业化服务，鼓励在长三角地区有网络布局的企业在区域内带托运输，提高一贯化物流作业效率。

2. 搭建服务于物流标准化的公共信息服务平台。推动长三角地区中小微物流企业提升标准化服务水平，通过统一数据交换标准，促进物流产业链上下游企业之间信息协调，提高资源整合能力，降低供应链成本。

（二）农产品流通（牵头省市：浙江、上海）

1. 搭建长三角地区农产品产销合作平台。建立覆盖长三角地区的农产品流通对接互动机制，整合产销资源，通过现场展示、品牌推介和采购洽谈活动，促进长三角地区优质农产品的产销合作和高效流通。探索发布农产品批发、零售指数，引导农产品有序流动。

2. 建立从源头到终端的农产品物流体系。加强农产品生产基地和销地批发市场的衔接，逐步整合农产品包装、周转箱、车辆以及配送中心等物流设备设施标准化，推广标准化托盘在农产品全流程的应用，推进农产品流通产业链、冷藏链、供应链的系统建设。

3. 完善长三角地区农产品安全保障体系。建立综合性农产品现代流通及食品安全服务信息平台，完善食品流通和食品

安全追溯信息的共享机制，建立长三角统一的食品检测认证体系，提高追溯系统在食品安全、价格监测等方面的使用效能。

（三）商品市场转型升级（牵头省市：江苏）

1. 共同推广商品市场转型升级创新模式。挖掘长三角地区转型升级市场典型，召开专题研讨会总结交流各地经验，组织企业相互参观学习，推动商品市场由传统交易场所型向现代综合服务平台型转变。鼓励市场结合自身特点和优势，以“互联网 +”思维推动商品市场线上线下融合、内外贸融合、大市场与大电商融合发展。

2. 完善适应商品市场转型升级的政府管理和政策体系。研究提出进一步促进商品市场转型发展的财政支持、税收管理、信息共享、诚信体系建设等政策措施。探索以市场诚信为基础、事中事后监管为保障、行业组织自律规范为支撑的三位一体综合治理模式。着力提升商品市场信息化建设，促进商品市场的专业化提升和精细化管理。

（四）打击侵权假冒（牵头省市：安徽）

1. 建立长三角地区打击侵权假冒长效机制。各省市加快建设公共信用信息共享平台，适时实现信用信息共享平台互联互通。探索推行打击侵权假冒行政处罚信息共享互认。对打击侵权假冒行政处罚信息公开所涉企业，探索建立信用评价机制，发布失信企业“黑名单”和诚信企业“红名单”，并在区域内共享。对跨部门跨地域重大案件，推进实现网上数据交换。

2. 加强专项行动联动。探索建立互联网领域打击侵权假冒工作治理模式。推进建立权利人沟通机制，定期与权利人企业、第三方会商，分析侵权现象新特点、新规律，并提出行政机关应对策略。推行网上可疑交易报告制度，提升区域内发现侵权假冒行为的时效性，提高打击行动的针对性。协同开展车用汽柴油专项整治工作，探索建立区域内成品油加工企业信息登记制度，健全产品质量源头保障机制。推进建立违法违规线索通报制度，依法查办跨区域制售假冒伪劣车用汽柴油行为。

三、保障措施

各省市商务部门要明确推进长三角区域市场一体化工作的牵头处室和责任处室。各项重点工作的牵头省市商务部门要制定工作方案，明确具体项目，其他省市商务部门要积极参与配合，将重点工作落到实处。

在商务部的指导下，实行跟踪问效，年中由牵头省市商务部门组织对重点工作推进情况进行阶段性评估，年末总结工作推进中的做法和经验，梳理存在的问题，汇总至推进长三角区域市场一体化发展联席会议办公室，并报商务部。

上海市人民政府关于印发《上海市国内贸易流通体制改革发展综合试点方案》的通知

沪府发〔2015〕66号

各区、县人民政府，市政府各委、办、局：

现将《上海市国内贸易流通体制改革发展综合试点方案》印发给你们，请认真按照执行。

上海市人民政府

2015年12月3日

上海市国内贸易流通体制改革发展综合试点方案

为贯彻落实《国务院关于推进国内贸易流通现代化建设法治化营商环境的意见》（国发〔2015〕49号），加快推进国内贸易流通体制改革，建设法治化营商环境，根据《国务院办公厅关于同意在上海等9个城市开展国内贸易流通体制改革发展综合试点的复函》（国办函〔2015〕88号）和上海市委全面深化改革领导小组2015年工作要点，制订本方案。

一、总体要求

（一）指导思想

按照国务院部署要求，坚持以建设法治化营商环境为主线，围绕上海“四个中心”和具有全球影响力的科技创新中心建设，推广中国（上海）自由贸易试验区（以下简称“上海自贸试验区”）可复制改革试点经验，以流通技术为引擎，以制度创新为支撑，理顺内贸流通领域中政府与市场、企业、社会之间的关系，创新流通发展模式，建立适应大流通、大市场发展需要的新型流通管理体制，构建区域一体化大市场，为全国统一市场建设、为全国内贸流通体制改革和发展方式转变探索可复制、可推广的路径和经验。

（二）基本原则

1. 坚持发挥市场作用与转变政府职能相结合。严格遵循市场经济规律，发挥市场配置资源的决定性作用，提升企业在市场中的主体地位，激发企业创新发展活力，支持大众创业、万众创新。加快转变政府职能，强化政府对流通领域的公共服务、市场监管、行政执法、保障公平等职责。

2. 坚持深化改革与扩大开放相结合。顺应现代流通发展趋势，借鉴国际先进的流通理念、发展模式和治理体系，围绕创新驱动发展、经济转型升级，以扩大开放、创新发展倒逼体制机制改革。深化内贸流通领域各项改革，通过改革进一步激发流通业发展活力，推动现代服务业和先进制造业发展。

3. 坚持整体推进与重点突破相结合。紧紧把握加快转变发展方式的核心要求，从影响上海国内贸易发展全局的关键领域和薄弱环节入手，着力解决发展中面临的体制机制障碍等突出问题。通过创新示范、能力建设、改革探索等方式，统筹兼顾，有序衔接，带动上海流通业的整体发展。

（三）总体目标

改革目标：经过一年的改革发展，建立“市场决定、政府有为、社会协同”三位一体的现代流通治理模式，推动形成法规制度健全、规则公开透明、竞争规范有序、管理体制顺畅高效的法治化营商环境。

发展目标：以创新转型为引领，激发市场活力和企业内在动力，提升流通信息化、品牌化、标准化、国际化水平，增强流通业服务经济社会发展全局的能力，加快步入国际消费城市行列，加快建成国际贸易中心，带动形成区域一体化大市场。

二、主要任务

（一）建设开放创新的流通发展体系

1. 推动形成统一开放大市场。实施“互联网+流通”计划，大力发展平台经济，依托上海自贸试验区，探索新型交易方式，拓展国内外市场，整合产业链、服务链，促进商品、要素自由流动，提高市场资源配置效率。支持传统商品交易市场转型，培育一批在国内外具有辐射力、竞争力的商品、服务交易中心和平台企业。完善长三角区域合作机制，配合国家部委建立长江经济带地方政府协商合作机制，推动商品市场信息共享、农产品产销对接、物流资源优化配置，构建区域一体化大市场。在上海自贸试验区内探索设立面向国际的金属、能源、化工、农产品等大宗商品现货交易市场，开展大宗商品现货保税交易，试点以实物为标的的“仓单、提单、订单”交易，构建内外贸一体化的商品流通体系。

2. 引导激活消费需求升级。大力发展电子商务，推进电子商务示范城市建设，促进网络购物发展。完善推动商业转型升级政策措施，支持商业企业提升核心竞争力，加快发展自有品牌，积极探索新业态、新模式。大力发展线上线下互动，支持实体店通过互联网展示、销售商品和服务，提升线下体验、配送和售后等服务。鼓励企业通过品牌交易，盘活无形资产。合理增加进口消费，鼓励发展跨境电商、保税展示销售、进口商品直销等新型贸易方式，推进“国家进口贸易创新示范区”和平行进口汽车公共服务平台建设。完善会商旅文体联动发展，以核心商圈、特色街区、重点功能区、旅游度假区和重大体育赛事为重点，促进商旅休闲、文化创意、时尚设计、特色演艺、商务会展和体育竞技等相互融合。创新发展社区商业，探索建设集创业工作、居家生活和休闲娱乐为一体的复合型社区商业，完善创新创业宜居环境。建立社区生活服务业联动发展机制，鼓励生活服务业商业模式创新，引导各类生活服务平台进入社区。

3. 促进流通业先进技术应用创新。大力推广应用现代管理方式和先进技术，带动流通效率大幅提升。健全支持流通企业创新投入的政策，推进流通领域技术先进型服务企业建设和认定工作。布局一批物联网和供应链管理技术应用重大战略项目，实施流通业流程再造。重点推进基于大数据的精准信息服务、基于第三方支付及互联网金融的支付服务、基于城市智慧物流配送服务等技术的示范应用。开展智慧商圈建设，实现重点商圈无线网络全覆盖，发展智能交通引导、移动支付、商圈 VIP 移动服务平台等现代技术，打造线上线下协同发展的信息化智能型商业街区。

4. 创新流通基础设施发展模式。破解流通基础设施建设缺乏长效投入机制、投融资模式单一等问题，统筹规划、土地、资金等政策，支持公益性农产品流通基础设施和生活性服务业基本设施建设，通过多种形式，建立投资保障、运营管理和监督管理机制，增强应对市场波动和保障群众基本生活需要的能力。大力发展面向长三角城市群的共同配送，建设服务全国、连接国际的，以“重点物流园区分拨中心、公共及专业配送中心、城市末端配送网点”为架构的城市配送物流三级服务网络，推广“网订店（点）取”等服务模式及新能源城市配送车辆应用，整合存量配送资源，建设城市末端配送节点网络。建立全市统一的大型商业设施建设、运营和预警信息服务平台。探索建立大型商业网点建设项目的听证、意见征询等制度，落实商业、商业办公用地的全生命周期管理制度。

（二）建立公开透明的市场规则体系

5. 改革市场准入制度和退出机制。进一步放宽内贸流通市场准入，凡符合法律规定的条件，不属于法律法规规章禁止或限制的情形，均可自由进入；对影响市场主体权益或增加其义务的决定，均需有法律法规规章的依据。在国内贸易领域，实施负面清单管理模式。推进商事制度改革，完善鼓励新模式、新业态企业市场准入机制，全面推行“三证合一”、“一址多照”，提升工商注册便利化水平。推进网上营业执照公示。试点市场主体简易注销程序，完善市场主体退出机制。梳理国内贸易流通行政权力和行政责任事项，建立行政权力和行政责任清单，推进行政权力标准化管理。

6. 健全流通关键领域法规规章。顺应国内贸易流通新业态、新模式快速发展需要，依法确立促进流通发展的基本制度。研究起草促进和规范会展业发展的地方性法规，研究启动《上海市商品交易市场管理条例》修订工作。针对国内贸易流通发展的新情况、新问题，开展电子商务、农产品流通、商务信用、单用途商业预付卡、商业保理等领域的立法研究。研究流通业发展遇到的财税政策问题，完善大型连锁商业企业总分支机构汇总纳税和财力分配办法，扩大电子发票试点范围，探索开展会计档案电子化，研究大宗商品交易、二手车交易和再生资源回收等税收政策，提出改革建议方案。

7. 注重发展战略和规划布局引导。对接国家和上海城市发展战略，研究加快完善现代市场体系、建设国际消费城市以及实施长江经济带战略、推进长三角区域市场一体化、发展现代物流业的思路和主要任务，形成“十三五”专项规划思路。加强商业布局规划与城市总体规划的衔接，加强城市商业布局规划与各区县编制单元规划和控制性详细规划的衔接，组织实施好《上海市商业网点布局规划（2014-2020年）》《上海市食用农产品批发和零售市场发展规划（2013年-2020年）》等。

8. 加强商贸流通标准化建设。优化商贸领域地方标准体系，重点研制电子商务、农产品流通、家政服务、物流快递等领域的标准。推进商业服务、电子商务、家政服务、物流等领域的标准化建设，提升管理和服务水平。发挥社会组织作用，协调相关市场主体共同制订满足市场创新和发展需求的团体标准。探索建立商贸服务企业服务标准自我声明公开机制。开展国家物流标准化试点，推进托盘标准化循环共用、农产品物流包装标准化、城市配送公共基础设施标准化、物流设备设施标准化，建立相应的公共信息服务平台，构建城市物流标准体系。支持鼓励商贸流通企业在各级标准制订中积极采用国际标准和国外先进标准，推动建立内外贸统一的标准体系。

（三）建立高效统一的市场治理体系

9. 促进市场公平竞争。建立打破地区封锁和行业垄断的长效机制，促进商品、要素自由流动和企业公平竞争。支持非公有制经济主体平等进入各类市场领域，在重大项目、新兴业态等准入方面降低门槛。消除市场竞争中招投标、信息公开、政策扶持等方面的差别化待遇。继续清理和废除歧视外省市商品和服务、实行地方保护的各类规定和政策。研究建立包含审查清理制度、考核评价机制、社会监督机制在内的长效机制。健全完善反不正当竞争、反垄断工作机制，加强部门协同配合，信息互通，协调推进重大案件的审查及执法。

10. 加强事中事后监管。推动市场监管互认、执法互助、信息共享，形成权责一致、运转高效的市场综合监管体系。在内贸流通领域推进行业监管与综合执法相衔接，在浦东新区等有条件的区县先行试点，将商务执法纳入综合执法中。启动建设上海自贸试验区大宗商品第三方仓单公示平台和资金清算平台、商业保理协同监管信息平台，推广应用动产质押信息服务平台，完善食品安全信息追溯管理平台。引入消费品质量风险和产品伤害预警机制，开展电子商务等消费品质量提升行动。发挥计量、检测、认证等专业服务机构在市场监管中服务、沟通、鉴证、监督等功能。推动长三角内贸流通领域质量、计量监管和检测互认。推进内贸流通领域诚信计量示范社（街）区创建活动。在内贸流通领域试点推动建立法律顾问制度。进一步健全打击侵权假冒工作机制，加大知识产权保护力度。推进行政执法和刑事司法相衔接。

11. 建立健全市场信用体系。贯彻落实国务院《企业信息公示暂行条例》和《上海市公共信用信息归集和使用管理试行办法》，推进流通领域登记类、资质类、监管类、违约类等信用相关信息向市公共信用信息平台和企业信用信息公示系统归集。加快形成“事前告知承诺、事中评估分类、事后联动奖惩”的全过程信用管理模式。建立完善流通领域信用信息的征集、评价和应用标准规范。探索建立以行政管理信息共享、社会化综合信用评价、第三方专业信用服务为核心的内贸流通信用体系。加快培育信用经济，发展与信用有关的新型服务业。扩大商业保理试点范围，鼓励有条件的大型零售企业开展直接面向消费者的信用消费。

12. 发展流通领域公共服务。按照《上海市行业协会商会规范化建设评估标准》，加强流通行业协会服务规范化建设，支持行业组织提高服务能力并承接部分政府服务职能。积极发挥“上海市中小商贸流通企业公共服务平台”作用，开展小微企业创业创新基地城市示范工作，完善服务于中小商贸流通企业的融资、诚信、走出去、电子商务拓展的支持政策。鼓励金融机构创新金融产品和服务，发展动产质押、供应链融资、国内贸易信用保险、商业保理等业务，构建多层次的金融服务体系，促进中小商贸流通企业创新发展。研究提出反映上海内贸流通发展新情况、新趋势的评价性指标，加强市场运行监测和统计分析，向社会发布市场运行信息、大宗商品“上海价格”和“上海指数”、上海时装周“时尚指数”。

三、重点工程

（一）区域市场一体化

依托长三角地区合作与发展联席会议制度，在苏浙皖沪三省一市签署的“推进长三角区域市场一体化发展合作协议”基础上，由三省一市及江西省商务部门牵头，进一步深化长三角区域市场一体化发展工作机制，聚焦规则体系共建、创新模式共推、市场监管共治、流通设施互联、市场信息互通、信用体系互认等，着力打破地区封锁和行业垄断，探索建立长三角现代市场体系联动发展机制。

（二）流通创新发展示范区

在浦东新区、普陀区、长宁区、宝山区等区域，试点建设平台经济创新发展示范区，推动企业运用互联网、物联网技术集群式发展，打造一批“虚实结合、二三融合、区域联动、内外连接”的资源配置型平台。在黄浦区、静安区、徐汇区、杨浦区等区域，试点建设商业转型升级示范区，培育一批具有时代特征的新颖经营方式和商业模式，满足个性化消费需求，提升消费能级。打造具有国际影响力的“上海时装周”，建设国际时尚之都。

（三）流通标准化试点

以财政部、商务部、国家标准委在上海开展物流标准化试点为契机，聚焦快消品、农产品两大领域，推进以托盘社会化循环共用为重点的托盘标准化，开展以新能源车辆为载体的城市末端配送服务标准化，实施农产品物流包装标准化，推进长三角区域物流标准化应用，降低物流成本，提高流通效率。设立上海市物流标准化技术委员会。实施农产品批发市场、菜市场管理规范；完善电子商务服务规范；深化生活性服务业重点行业规范。

（四）流通领域公共服务平台

建设“上海市中小商贸流通企业公共服务平台”，为企业提供融资、法律咨询、信息技术应用等服务。贯彻“人才强商”战略，加快推动内贸流通领域人才引进和培养。建设“上海市商业网点地理信息系统”，为宏观调控提供科学依据，为投资者提供决策参考。建设“上海市商务产业公共监测服务平台”，加强产业运行分析和预测预警。建设“上海经贸仲裁中心”平台，维护企业权益，规范行业发展。

（五）信用信息服务平台

在全市推进基于数据、应用和行为“三清单”的全过程信用管理模式，全面提升市公共信用信息服务平台服务能级。启动国家“商务诚信公众服务平台建设”试点工作，着力培育一批以平台型企业为代表的市场化信息子平台，以及第三方信用服务机构为代表的专业化信息子平台，逐步形成商务诚信体系建设的基本框架。

（六）市场综合监管平台

根据统一社会信用代码、企业信息公示和区县市场监管等改革要求，进一步加强市法人库数据管理能力，提升法人库数据质量，提高政府行业管理和协同监管效能。在大宗商品现货市场领域，先行在上海自贸试验区试点依托第三方清算机构和第三方仓单公示平台等，建立市场综合监管平台。升级完善集信息发布、涉嫌案件移送、案件咨询、案件统计等功能为一体的行政执法与刑事司法衔接工作信息共享平台，优化案件移送、受理、反馈、监督、公开等工作机制。

四、保障措施

（一）加强组织领导

成立上海市国内贸易流通体制改革发展综合试点领导小组（以下简称“领导小组”），统筹协调重大问题，由市政府领导担任组长，市商务委、市发展改革委、市经济信息化委等部门和单位参加。领导小组下设办公室（设在市商务委），负责具体工作推进。

（二）建立工作机制

建立与商务部深化国内贸易流通体制改革领导小组的工作会商机制，定期或不定期召开协商会议，解决试点过程中的重大问题。建立试点信息通报制度，定期向商务部报送试点进展等情况。

（三）强化政策保障

在土地、财政政策等方面，加大对流通业的支持力度。对于流通业的公益性基础设施建设用地予以重点保障。在资金投入、银行贷款、业绩考核等方面研究出台相关鼓励流通企业加快技术进步政策。落实国家相关税收政策，支持流通业发展。

（四）实行跟踪问效

根据确定的试点目标任务和进度安排，邀请第三方定期对试点情况进行阶段性评估，及时总结试点工作中的做法和经验以及试点过程中出现的问题。

附件：上海市国内贸易流通改革任务分工表（略）

江苏省

江苏省政府办公厅关于推动内贸流通健康发展促进消费的实施意见

苏政办发〔2015〕43 号

各市、县（市、区）人民政府，省各委办厅局，省各直属单位：

为贯彻落实《国务院办公厅关于促进内贸流通健康发展的若干意见》（国办发〔2014〕51 号），充分发挥内贸流通对经济社会发展的推动作用，进一步拉动消费需求，催生新的经济增长点，更好地保障和改善民生，现提出以下意见。

一、推动流通基础设施建设纳入城乡规划

各市、县（市、区）人民政府在组织制定国民经济和社会发展规划、城乡规划时，要将商业网点规划作为重要组成部分统一考虑。商业网点的新建和改建扩建，改变现有商业网点的用途，都必须符合城乡规划。对公益性批发市场、现代物流项目及流通基础设施建设用地，在土地利用规划、交通基础设施规划中要予以支持。充分考虑内贸流通发展的用地需求，按照节约集约、保障重点和有序安排的原则，在土地利用总体规划中予以统筹安排。将农村流通体系建设纳入新型城镇化规划，保障建设用地。（责任单位：省住房城乡建设厅、省国土资源厅、省商务厅）

二、提高现代商圈建设水平

围绕“一带两圈”（南京商圈、徐州商圈和苏锡常商业带）总体布局，结合城市转型发展、流通现代化以及商圈的战略定位，制定商圈发展规划，体现“一带两圈”各自特点和发展方向，增强对相关产业和资源的整合力度，扩大对周边区域的辐射作用。在做好现代商圈规划定位的基础上，加快研究推进商圈建设的具体措施，使规划更具可操作性。鼓励通过商圈融资等方式支持商圈内企业特别是中小商贸企业发展，增强商圈的吸纳和辐射能力。（责任单位：省商务厅）

三、增强社区便民商贸服务功能

在居民集中居住区规划建设社区综合服务中心、邻里中心、睦邻中心等便民商贸服务设施。鼓励地方政府出台政策意见，落实《国务院关于深化流通体制改革加快流通产业发展的意见》（国发〔2012〕39 号）关于新建社区（含廉租房、公租房等保障性住房小区、棚户区改造和旧城改造安置住房小区）商业和综合服务设施面积占社区总建筑面积比例不得低于 10% 的要求。商务部门要从社区实际情况出发，对社区商业的必备业态提出意见和要求，满足居民的多样化生活需求。加快对老旧小区生活服务设施的提档升级。鼓励地方政府回购部分商业用房，支持社区菜店、菜市场、农副产品平价商店、便利店、早餐店、家政服务点等生活必备设施的建设。在有条件的中心乡镇规划建设集购物、餐饮、文化、生活、配送等为一体的多功能乡镇商贸综合体，建设商业步行街或专业特色街，着力打造乡镇小型商圈。（责任单位：省商务厅、省住房城乡建设厅、省物价局）

四、引导商品市场加快转型升级

重点推进 50 个大型商品交易市场的转型发展，加快商品交易市场专业化提升和精细化改进，拓展商品展示、研发设计、

品牌孵化、价格发现等功能。支持引导大宗商品市场实施信息化改造，强化与金融部门的合作，引进供应链金融，推动大宗商品市场与物流配送结合。借鉴镇江惠龙易通模式，结合大宗商品交易，打造货物集中配送综合服务平台。引导农产品批发市场合理布局，推进农产品批发市场升级改造。鼓励盘活存量建设用地促进内贸流通发展，提高土地利用率。城区商品批发市场异地搬迁改造，政府收回原国有建设用地使用权后，可采取协议出让方式安排商品批发市场用地。开展公益性农产品批发市场项目建设和改革试点，探索建立公益性农产品流通基础设施投资保障、运营管理和政府监管等长效机制，实现农产品批发市场保供应、保安全、稳价格等公益性功能。（责任单位：省商务厅、省国土资源厅、省金融办）

五、促进大众消费和绿色消费发展

认真研究经济新常态下消费市场的主要特征，引导企业顺应大众消费从模仿型、排浪式向个性化、多样化的发展，调整经营结构和方式，实现精准化营销和个性化服务，形成与大众化消费相适应的商业模式。支持中小商贸流通企业开展定制服务，特色化经营，增强发展活力。逐步建立省、市两级中小商贸流通企业服务中心，以中小商贸流通企业公共服务平台为载体，开展市场开拓、科技应用、管理创优、法律咨询、投融资等服务，优化我省中小商贸流通企业发展的政策、制度、服务等环境。积极引导企业运用商标战略，加强商标知识产权的创造、运用、保护和管理，打造一批具有江苏特色的品牌企业和消费名品，满足品质化消费需求。创建一批集门店节能改造、节能产品销售、废弃物回收于一体的绿色商场。引导企业按照有关国家标准和行业标准，重点做好建筑、照明、空调、电梯、冷藏等耗能关键领域的技术改造，使用屋顶、墙壁光伏发电等节能设备和技术。开展节能产品进商场活动，鼓励和引导批零企业向消费者推广使用太阳能热水器、节能灯等环保产品。研究出台改进报废机动车回收管理的意见。（责任单位：省商务厅、省住房城乡建设厅、省环保厅、省公安厅、省工商局）

六、推动农村电子商务加快发展

鼓励大学生回乡进行电子商务创业，开展农民触网培训和农产品电子商务万人培训，推动特色农产品和加工品开展网络营销。着力培育和打造100个省级“电商村”，带动农村经济转型升级。加快农产品电子商务平台建设，鼓励建设各类地方特色馆。支持农业经营主体应用电子商务，采购农业生产资料，销售土特产品，促进生产与市场的对接。扶持有条件的企业开展生鲜农产品同城及区域配送业务。深入推进农村商务信息服务试点，积极开展农产品网上购销对接。推动电子商务企业与“万村千乡”市场工程合作，支持有条件的企业在中心镇和行政村建立服务点，开展网上代购代销服务。整合农村地区物流配送、电商培训、农副产品检验检测等资源，构建“消费品下乡、农村产品进城”的流通体系。推进电子商务进农村综合示范工作和农村信息化示范基地建设，促进农村青年互联网创新创业活动。（责任单位：省商务厅、省经济和信息化委、省农委）

七、抓好电子商务示范工程建设

积极创建国家电子商务示范城市、示范基地和示范企业，稳步推进省级多层次的电子商务示范工程建设，培育壮大电子商务培训（实训）基地。鼓励电子商务示范城市开展政策先行先试，在营造发展环境、加强制度建设、完善服务体系等方面发挥示范作用。着力打造20个左右品牌效应突出、辐射带动效应明显的省级电子商务示范基地（园区），推动示范基地发挥产业集聚优势，在中小企业孵化、服务模式创新、公共平台建设、产业链条搭建等方面发挥带动作用。培育10个左右专业性、特色化电商平台，扶持30个左右产业特色明显、发展潜力大的省级电子商务示范企业做大做强，支持示范企业在创新经营模式、整合市场资源、带动关联企业发展等方面发挥引领作用。积极推进省级信息消费试点城市建设。充分发挥培训（实训）基地的骨干作用，广泛开展电子商务各类人才的培训。（责任单位：省商务厅、省发展改革委、省经济和信息化委）

八、提升连锁经营发展水平

以电子商务、信息化及物流配送为依托，推进发展直营连锁，规范发展特许连锁，引导发展自愿连锁。支持连锁经营企业建设直采基地和信息系统，提升自愿连锁服务机构联合采购、统一分销、共同配送能力。引导连锁企业从增开门店向注重绩效转变，鼓励在城区和主要乡镇重点发展直营连锁。实施商标战略示范工程，大力促进老字号传承保护和创新发展，支持老字号企业开展连锁经营。引导连锁企业完善配送设施，积极采用新技术和现代化设备，不断提高配送中心的现代化管理水平。规范和拓展连锁经营门店代收费、代收货等便民服务功能。鼓励发展农产品连锁专卖，大力推进“农超对接”，搭建产销衔接平台。（责任单位：省商务厅、省工商局、省农委）

九、推进商贸物流现代化建设

鼓励商贸物流企业通过参股控股、兼并重组、协作联盟等方式做大做强，形成一批技术先进、主营业务突出、核心竞争力强的大型现代物流企业集团。规范物流综合信息服务平台建设和服务，统一接口标准，完善撮合交易、保险、融资、仓储地图、政务资讯、诚信和统计等服务功能，提高商贸物流需求和供给匹配效率。鼓励托盘租赁运营企业、大型商贸连锁企业、托盘生产企业、商贸物流园区（第三方物流企业）在快速消费品、农副产品等领域，率先开展标准托盘应用推广及循环共用。加强商贸物流标准宣传贯彻和实施工作，支持各类企业、社会团体参与商贸物流标准的制定和修订。加快商贸物流管理、技术和服务标准的推广。优化商贸物流园区规划布局，拓展服务功能，提升信息化、专业化和标准化水平。（责任单位：省商务厅、省发展改革委、省农委、省质监局）

十、健全城市共同配送体系

各地要建立城市共同配送工作机制，制定政策意见，明确职责分工，完善配套措施。支持南京市开展国家城市共同配送试点。扶持省级重点物流基地（园区）等载体建设，支持一批骨干物流配送企业做大做强。鼓励推广共同配送、统一配送、集中配送等先进模式。依托专业化第三方物流或供应商为多个商贸企业、社区门店、市场入驻商户等共同配送。依托物流园区推广配送班车，开展干线与支线结合的城区集中配送。支持大型连锁零售企业通过集中采购提高统一配送率，利用其物流系统为所属门店和社会企业统一配送。鼓励在学校、社区、地铁等周边设立末端配送站或建设公共自助提货柜等，推广“网订店取”“网订店送”等新型配送模式，完善城市“最后一公里”的终端配送网络。完善冷链基础设施，发展冷链共同配送。完善城市物流配送货车通行证管理制度，推动城市配送车辆统一标识管理，保障运送生鲜食品、主食制品、药品等车辆便利通行。允许符合标准的非机动快递车辆从事社区配送。对涉及物流配送的商业建设项目，严格落实停车泊位和装卸车专用泊位配建标准。根据道路交通流量和通行状况，合理设置临时、限时停靠点。科学组织物流中心、大型市场、商业中心等周边道路交通，完善交通标志标线，创造良好道路交通环境。新社区建设应配套一定数量的快递投放点，鼓励老旧小区完善相应快递投放设施。（责任单位：省商务厅、省公安厅、省发展改革委、省住房城乡建设厅）

十一、加快商贸服务业转型升级

积极实施“互联网 +”战略，加快改造提升传统商贸服务业。大力扶持家政服务网络中心、e 生活、家电管家等公共服务平台建设。大力实施“三名”工程，积极培育商贸服务业名企、名品和名师。重点扶持连锁企业中央厨房建设和品牌家政企业发展。组织开展商贸服务业优质服务竞赛活动，全面提升从业人员的职业素养和服务技能。按照企业集聚发展、污染物达标排放的要求，鼓励各地建设生活衣物和公用纺织品洗涤集中区，在用电、用地、车辆通行等方面给予扶持，引导企业入园生产经营。加大对无证照经营、污染物超标排放等违法行为的打击力度。（责任单位：省商务厅、省环保厅、省国土资源厅、省食品药品监管局）

十二、打造一批内外贸一体化企业和市场

鼓励和引导流通企业兼并重组，推进混合所有制发展，推动优势流通企业利用多种方式做大做强，形成若干具有国际竞争力的大型零售商、批发商、物流服务商。鼓励具备条件的流通企业“走出去”，拓展海外营销、物流和服务网络，推动我省更多优质商品通过海外营销网络走向世界。鼓励外贸企业建立国内营销渠道，开拓国内市场。打造一批竞争力强、内外贸一体化经营的跨国企业。总结推广南通叠石桥市场等市场采购贸易方式试点经验，借鉴国际贸易通行标准、规则和

方式，拓展商品交易市场的对外贸易功能，打造一批布局合理、功能完善、管理规范、辐射面广的内外贸结合市场。（责任单位：省商务厅、南京海关、江苏检验检疫局）

十三、创造公平竞争的市场环境

组织开展消除地区封锁、打破行业垄断工作，着力破除各类市场壁垒。贯彻落实零售商、供应商公平交易行为规范及相关制度。健全举报投诉办理和违法行为曝光机制，严肃查处违法违规行为。推进商务综合行政执法改革，提升市场监管水平，营造法治化营商环境。加快推进商务诚信体系建设，促进信用交易发展，依法依规发布严重失信企业“黑名单”，形成“守信得益、失信受制”的信用激励约束机制。支持第三方机构开展具有信誉搜索、同类对比等功能的综合评价；鼓励行业组织开展以信用记录为基础的第三方专业评价；引导企业开展以商品质量、服务水平、购物环境为内容的消费体验评价。加快肉菜等重要商品流通追溯体系建设，构建全省互联互通的追溯网络。依法打击严重危害民生和社会公共安全的侵权假冒违法犯罪活动。集中开展重点商品、重点领域专项整治行动，完善网络商品的监督抽查、风险监测、源头追溯、质量担保、损害赔偿、联合办案等制度。积极推进侵权假冒行政执法案件信息公开，建立完善案件曝光平台。加强行政执法与刑事司法衔接，建立部门间、区域间信息共享和执法协作机制。强化对农村市场、城乡结合部和网络商品交易的监管，切实维护消费者合法权益。（责任单位：省发展改革委、省商务厅、省工商局、省质监局、省公安厅、省法制办、省物价局等）

十四、加大财政和金融支持力度

用好中央财政促进服务业发展专项资金。加大省级财政对内贸流通发展的支持力度，突出国家政策导向和我省工作重点，确定好资金使用方向，强化绩效考核，提高资金使用效益。加大对流通企业的融资支持。扩大小微企业转贷方式创新试点范围，鼓励相关银行机构将符合条件的小微型流通企业纳入名单制管理，参与转贷试点。大力推进直接融资，支持流通企业上市或到“新三板”和江苏股权交易中心挂牌；鼓励流通企业发行短期融资券、中期票据、中小微企业私募债等各类债券。（责任单位：省财政厅、省金融办）

十五、认真落实税收支持政策

支持符合条件的第三方物流和物流信息平台企业申请高新技术企业认定，经认定为高新技术企业的，减按 15% 的优惠税率征收企业所得税。减轻农产品批发市场、农贸市场税收负担，2015 年 12 月 31 日前对专门经营农产品的农产品批发市场、农贸市场使用的房产、土地，暂免征收房产税和城镇土地使用税。按照国家财税体制改革的统一部署，推进生活性服务业营改增。充分发挥税收职能作用，扶持生活性服务业小微企业发展，2015 年 12 月 31 日前对月营业额 3 万元以下的营业税纳税人免征营业税，2017 年 12 月 31 日前对年应纳税所得额低于 20 万元（含 20 万元）的小型微利企业，其所得减按 50% 计入应纳税所得额，按 20% 的税率缴纳企业所得税。加强网络电子发票的试点和推进工作。认真落实国家鼓励连锁经营等总分机构汇总缴纳增值税政策，税务部门和财政部门要密切配合，不断优化汇总纳税企业的服务和监管。对跨地区经营汇总纳税企业实行“统一计算、分级管理、就地预缴、汇总清算、财政调库”的企业所得税征收管理办法。对总机构及其分支机构均在我省的，分支机构暂不就地预缴企业所得税，由总机构统一计算，汇总缴纳。（责任单位：省国税局、省地税局、省科技厅、省财政厅）

江苏省人民政府办公厅
2015 年 5 月 4 日

江苏省政府办公厅关于印发《江苏海门叠石桥国际家纺城市场采购贸易方式试点工作实施方案》的通知

苏政办发〔2015〕107 号

南通市人民政府，省各有关部门和单位：

《江苏海门叠石桥国际家纺城市场采购贸易方式试点工作实施方案》已经省人民政府同意，现印发给你们，请遵照执行。

江苏省人民政府办公厅

2015 年 11 月 3 日

江苏海门叠石桥国际家纺城市场采购贸易方式试点工作实施方案

为贯彻落实《国务院办公厅关于促进进出口稳定增长的若干意见》（国办发〔2015〕55 号）文件精神，加快推进江苏海门叠石桥国际家纺城市场采购贸易方式试点进程，构建快捷便利贸易新通道，增创开放型经济新优势，拓展对外开放新空间，制定本实施方案。

一、指导思想

抢抓新一轮对外开放机遇，以转变外贸发展方式为主线，以政策创新为驱动，积极完善功能配套，融入世界市场，提高国际竞争力，为全国专业市场改革积累经验，努力建成政策体系完善、公共服务健全、产业链条衔接、市场管理有序、内外贸易融合的区域性重要外贸基地。

二、工作原则

（一）改革创新。按照国家和有关部委改革总体要求，主动作为，加快推进试点各项工作。着眼于贸易便利化，为专业化市场发展探索新路径。

（二）转型发展。以试点为契机，积极构建新型贸易模式，推动市场内外贸一体化发展，加快市场国际化进程。

（三）高效便捷。打造顺畅的运作平台和服务体系，使监管、税收、结汇等各环节有效衔接，进一步提升贸易便利化水平。

（四）协同联动。推动各级人民政府和相关部门整体联动，协同推进，建立和完善适用于市场采购贸易方式的工作机制。

（五）监管有序。构建监管系统平台，规范贸易行为，确保风险可控、源头可溯、责任可究。

三、实施要件

市场采购贸易方式，是指由符合条件的经营者在经国家商务主管部门认定的市场集聚区内采购的、单票报关单商品货值 15 万美元（含 15 万美元）以下、并在采购地办理出口商品通关手续的贸易方式。

（一）特定区域。根据中国南通国际家纺商务城规划批准范围，市场采购贸易方式适用区域为以江苏海门叠石桥国际家纺城为中心的商业街区（具体范围见附件 2）。

（二）特定主体。在市场集聚区所在地商务主管部门办理市场采购贸易方式备案登记的对外贸易经营者。

（三）特定通关地。江苏海门叠石桥市场集聚区所在地。

（四）市场采购贸易综合管理系统。依托电子口岸系统建立贸易全流程的监管平台，确保风险可控、源头可溯、责任可究，做到分得清、管得住、通得快，为市场采购贸易提供全方位一体化支持。

（五）市场采购贸易适用商品。除国家禁止、限制出口的商品以及贸易管制主管部门确定的不适用市场采购贸易方式的商品以外的其他商品。

四、基本流程

从事市场采购贸易的对外经营者，通过市场采购贸易综合管理系统实现数据共享，提供流程相关信息，提交相关单据，办理相关手续。主要分为 5 个环节：

（一）备案环节。提交经营者信息，取得对外贸易经营者资格；提交商品信息，保证商品来源明晰、可靠和可追溯。

（二）交易环节。提交交易信息，包括商品名称、数量、金额、结算货币、采购人身份信息（姓名、国籍和身份证或护照号码等）。

（三）组货环节。设立市场组货拼箱场所，完成装箱后运达监管场所，市场国际贸易中心协助完成拼箱，填报装箱清单。

（四）通关环节。市场国际贸易服务中心协助完成报检、通关等相关手续。

（五）核销环节。相关管理部门通过市场采购贸易综合管理系统对贸易行为监督，保证贸易行为真实合规。

五、试行政策

（一）放宽主体准入。政府在放宽准入时应对各类市场主体一视同仁，允许符合条件的在商务主管部门办理了备案登记手续的对外贸易经营者开展市场采购贸易。

（二）实现通关便利。海关设立市场采购贸易监管方式（海关代码：1039），依托市场采购贸易综合管理系统，实现科学监管，对符合条件的商品允许组柜拼箱，实行简化归类申报。以信息化系统为依托，建立完善市场采购贸易方式检验检疫监管模式，实现无纸化申报、监管和通行。

（三）实施免税政策。依托市场采购贸易综合管理系统，对市场集聚区的市场经营户以市场采购贸易方式出口的商品实施增值税免税。

（四）便利跨境收支。按照便利化优先的原则，建立以动态监测、总量核查和分类管理为主要内容的市场采购贸易外汇管理制度，支持市场采购贸易项下跨境人民币结算，便利市场采购贸易跨境收支。

在叠石桥市场采购贸易方式试点期间，试行政策参照义乌市场采购贸易方式相关政策执行。

六、组织保障

（一）加强组织领导。建立市场采购贸易方式组织推进工作机构，健全联席会议制度，统筹协调解决试点过程中的相关问题。

（二）健全公共平台。加快推进叠石桥家纺国际物流港建设，建设和完善国际贸易服务中心、国际货运服务中心、国际贸易呼叫中心、国际结算中心、跨境电子商务检验检测认证基地等外贸综合服务平台。

（三）加强贸易预警。建立政府、行业协会、中介机构和企业“四位一体”的贸易监测预警机制，探索建立贸易互信和贸易协同应对机制。

（四）保护知识产权。鼓励自主创新、自创品牌，提高国际市场竞争力和影响力。建立健全知识产权维权保护机制，加大知识产权执法力度，提升知识产权保护水平。

（五）强化管理引导。做好运行监测、效果评估等相关工作，有力有序推进各项工作开展。建立退出机制，对违规违法的经营主体，暂停或取消市场采购贸易特定主体资格。

附件：1. 江苏海门叠石桥国际家纺城市场采购贸易方式基本流程（略）

2. 江苏海门叠石桥国际家纺城市场采购贸易方式市场集聚区范围

附件 2

江苏海门叠石桥国际家纺城市场采购贸易方式市场集聚区范围

根据中国南通国际家纺商务城的规划批准范围，东至浒通河，南至宁启高速、S336，西至锡通大道，北至规划镇中路。具体范围包括：叠石桥国际家纺城一、二、三、四期，商业步行街、布艺广场、绣品城、商贸城、电商城、跨境电子商务产业中心、商务大厦、信息产业园，叠石桥港、叠石桥国际物流港，大岛路、现代大道、绣女路、震蒙大道、叠港公路、西三街、叠林路、纺都大道沿线商业街区；南通家纺城一、二、三期，财富中心、飞鹤物流园区、电子商务产业园、新天地电子商务产业园、家纺研究院，金川大道、五洲路、金茂路、华润路、新村路、石江公路、川叠公路、温州路、南海路、镇南路沿线商业街区。

浙江省

浙江省商务厅等12部门关于加快发展社区连锁便利店的若干意见

浙商务联发〔2015〕1号

各市、县（市、区）商务主管部门、公安局、财政局、人社局、建委（建设局）、规划局、地税局、国税局、市场监管局、人民银行、银监分局、烟草局：

社区连锁便利店作为生活服务业的重要组成部分，是居民综合消费的重要载体之一，承担着便利居民生活、保障消费安全、扩大劳动就业、提升城市品质等社会公益性职能。但今年以来，受宏观环境紧缩、经营成本上升、网络购物分流等因素影响，行业发展面临严峻挑战。为促进社区连锁便利店健康可持续发展，特提出如下意见：

一、高度重视社区连锁便利店发展，强化政策规划落实

各级政府和有关部门要高度重视社区连锁便利店的发展，并把它作为服务民生的重点工作来抓，认真梳理《浙江省人民政府关于深化流通体制改革加快流通产业发展的实施意见》（浙政发〔2013〕41号）、《浙江省人民政府办公厅关于深化万村千乡市场工程的实施意见》（浙政办发〔2011〕142号）、《浙江省人民政府办公厅转发省经贸委等部门关于切实加强千镇连锁超市和万村放心店工程建设意见》（浙政办发〔2005〕36号）等流通政策贯彻情况，清理一批阻碍社区连锁便利店发展的政策规定，加强对文件贯彻情况的督促检查，确保支持社区连锁便利店发展的各项政策落实到位。各级商务和城乡规划行政主管部门要科学制定城乡商业网点规划，统筹大型商业网点和社区连锁便利店的网点布控，引导各种商业业态协同发展；推进城乡商业网点规划落实，积极探索建立商业网点规划的实施保障机制，将社区便利店纳入居民生活必备商业网点目录，新建社区（含廉租房、公租房等保障性住房小区、棚户区改造和旧城改造安置住房小区）商业和综合服务设施面积占社区总建筑面积的比例不得低于10%。

二、积极引导社区连锁便利企业练好内功，加快转型发展

广大企业要顺应形势，积极发挥市场主体作用，加快转变经营策略，走差异化经营之路，努力练好“内功”。围绕便利居民消费，调整优化商品结构，大力发展自有品牌，增加盈利水平和消费者黏性。强化供应链支撑，实施绿色低碳经营，提升节能降耗管理水平。创新适合便利店配送特点的物流配送模式，降低物流成本。拓展多元化便民服务，积极开展代售电话卡、公交充值、代缴水电费、信用卡还款、电动车充电、票务预订等业务，探索向集便民服务平台、按需预约体验、金融服务、快递服务等多功能于一体的社区服务综合体发展。加快线上线下（O2O）融合发展，鼓励有条件的社区便利店拓展线上订购、统一配送功能，探索发展网货体验店、提货点、配送站和服务中心等O2O服务模式。鼓励品牌连锁便利企业做大做强，通过连锁经营等现代流通方式，整合改造社区食杂店、杂货店、副食品店等传统商贸业态。积极推进城乡统筹，深化农村“万村千乡市场工程”，鼓励品牌连锁便利企业深入农村拓展连锁便利店网络，发挥连锁便利店“一网多用”，

提升农村流通网络服务功能。

三、加大政策扶持，优化连锁便利企业发展环境

（一）放宽卷烟零售准入。浙政办发〔2011〕142 号、浙政办发〔2005〕36 号文件中有关连锁便利龙头企业烟草专卖优惠政策尚未落实到位的地区，要在 2015 年 6 月底前制定出台实施细则。对拥有直营门店数 20 家以上且纳入省重点流通企业培育范围的连锁便利龙头企业，在符合《烟草专卖许可证管理办法》第十四条规定的“经营资金”和“与住所相独立的固定经营场所”的前提下，可进一步放宽烟草经营准入门槛。

（二）简化证照办理程序。工商、食药、建设等部门要深化审批制度改革，主动公布实施取消、下放的各类审批审核事项，逐步改“先证后照”为“先照后证”。加强各部门审批对接，优化审批流程，提升审批效能。连锁便利企业开设社区便利店，可持加盖总部确认印章的总部营业执照复印件等材料到所在地工商行政管理部门办理登记手续。税务、食药、烟草等部门也要对社区便利店相关证照办理给予方便，简化相关程序。

（三）加大财政税收等政策支持力度。进一步优化省商务促进资金支持方向，加大对社区便利店等公益性流通设施建设的支持力度，重点支持社区连锁便利企业加强品牌建设、提升信息化水平、创新 O2O 模式等。积极争取财政部和国家税务总局支持，为我省社区连锁便利企业发展营造有利的税收环境。加强政策宣传培训，支持符合条件的连锁便利企业依法享受汇总纳税、就业扶持等政策，确保各项扶持政策落实到位。

（四）完善城市物流配送体系。加强城市配送车辆停靠作业管理，对不同经营性质、不同车种、不同区域和时段进行分级分类通行管理，对于生鲜类以及与群众生活密切相关的连锁便利企业配送车辆，优先发放通行证。在交通问题突出的商业集聚区推行共同配送和夜间配送方式。加快推广城市配送标准和技术应用，支持专业配送企业使用符合规范的汽车尾板、笼车等物流装备。

（五）支持社区便利店提升便民服务功能。各地商务部门要积极向当地政府汇报，协调公用事业部门与连锁便利企业对接，商洽在社区便利店开展水电煤气费用缴纳、汽车票和火车票购买等便民项目，满足社区居民多元化、多层次消费需求。鼓励银行机构在社区便利店布放 ATM 机，鼓励银行机构、支付机构在社区便利店布放具有便民服务功能的银行卡受理终端，增加公共事业缴费项目和火车票订购、网络自助购物等便民支付功能，提升社区便利店便民服务水平。

浙江省商务厅

浙江省公安厅

浙江省财政厅

浙江省人力资源和社会保障厅

浙江省住房和城乡建设厅

浙江省国家税务局

浙江省地方税务局

浙江省工商行政管理局

浙江省食品药品监督管理局

中国人民银行杭州中心支行

中国银监会浙江监管局

浙江省烟草专卖局

2015 年 1 月 5 日

浙江省人民政府关于大力发展电子商务加快培育经济新动力的实施意见

各市、县（市、区）人民政府，省政府直属各单位：

为贯彻落实《国务院关于大力发展电子商务加快培育经济新动力的意见》（国发〔2015〕24号）精神，大力推进我省电子商务提升发展，打造大众创业、万众创新的新引擎，培育促进经济转型升级的新动力，提出如下实施意见：

一、指导思想和主要目标

（一）指导思想。主动适应和引领经济发展新常态，围绕信息经济先行区建设，按照市场主导、政府推动、鼓励创新、规范引导的要求，坚定不移地推进“电商换市”，加快构建完善的电子商务产业体系，大力推进电子商务政策、模式、管理和服务创新，推动解决电子商务发展中的深层次矛盾和问题，建立开放、规范、诚信、安全的电子商务发展环境。

（二）主要目标。到2020年，全省基本建成完整的电子商务产业体系，实现电子商务交易额超过4万亿元，网络零售额突破1.6万亿元，农产品网络销售额1000亿元，跨境网络零售额1000亿美元；实现电子商务与农业、工业、服务业深度融合，成为促进创业、稳定就业、改善民生服务的重要平台，形成统一开放、竞争有序、诚信守法、安全可靠的电子商务大市场，努力把我省建成国际电子商务中心，确保浙江电子商务“走在前列”，发挥先行和示范作用。

二、构建完善的电子商务产业体系

（三）积极培育电子商务市场主体。进一步巩固和发展网络零售平台，提升发展企业间交易电子商务平台，创新发展服务领域电子商务平台。推动专业化电子商务企业扩大经营规模，支持个体网商向电子商务企业转型，按规定享受“小升规”“个转企”相关政策。鼓励传统企业通过开设网店或者设立电子商务企业开展经营活动，全面扩大电子商务市场主体数量和经营规模。

（四）加快构建电子商务服务体系。大力发展软件开发、网店建设、仓储管理、营销推广、视频美工、售后服务、跨境服务和代运营等电子商务服务业。加快推进省、市、县三级电子商务公共服务平台建设，为辖区内各类市场主体开展电子商务提供多层次、全方位服务。将电子商务公共服务纳入政府购买服务范围。

（五）有序建设电子商务产业平台。落实全省电子商务产业基地规划，有序建设电子商务综合功能区、产业园和创业园（孵化园）；建设一批农业农村电子商务、跨境电子商务、互联网金融等专业电子商务产业基地。鼓励利用存量土地发展电子商务产业平台，对列入全省电子商务产业基地名录且利用工业厂房、仓储用房等存量房产、土地资源兴办电子商务产业基地的，其用地性质可暂不变更；在符合有关法律法规、当地城市总体规划和质量安全的前提下，经规划、建设部门批准后可实施改建、扩建，适当提高土地利用强度和效率。

（六）大力推进电子商务领域项目建设。改造和建设一批电子商务平台项目，新建一批大数据、云计算等电子商务技术支撑项目，建设一批物流配送、公共仓储、摄影基地、客服中心等电子商务服务项目。建立电子商务重点建设项目库，每年排出一批重点建设项目，由省电子商务工作领导小组办公室公布名录并协调落实相关支持政策，引导社会资本投向电子商务领域重点建设项目，进一步增强我省电子商务发展后劲。

三、全面提升电子商务应用范围和水平

（七）创新工业领域电子商务模式。全面普及工业企业电子商务应用，鼓励中小企业依托第三方电子商务平台开展网络销售，推进规上企业电子商务业务全覆盖，鼓励有条件的企业大力发展网络品牌，加快建立与浙江产业特色相适应的工业品网络零售和分销体系；创新网络销售模式，逐步发展“以销定产”“个性化定制”等经营方式；支持龙头骨干企业发展集研发、设计、采购、生产和销售为一体的全流程电子商务，有条件的可自建电子商务平台。支持生产制造企业深化物联网、云计算、大数据、三维（3D）设计及打印等信息技术的应用，实现与客户电子商务系统对接，提高加工订单的响应速度及柔性制造能力。

（八）大力发展农村电子商务。鼓励农产品经营者开展网络零售、大宗批发、网上预订、生鲜配送等电子商务业务，加快构建农产品网络销售体系。大力发展农家乐休闲旅游等乡村休闲旅游和其他农村服务业电子商务。深入实施“电子商务进万村”工程，加快农村电子商务服务网点建设，逐步拓展建材、农资、药品网上商品代购种类和缴费、票务、包裹存取等业务。高校毕业生、登记失业人员、就业困难人员等重点人群从事农村电子商务创业的，可享受一次性创业社保补贴和创业带动就业补贴，补贴标准可上浮 20%。对从事农产品网络销售、农民网络消费服务的电子商务企业招用毕业年度离校未就业的高校毕业生，按企业为其实际缴纳部分给予社保补贴，期限不超过 3 年。城乡劳动者在村级电子商务服务站服务 1 年以上并经认定，可享受一次性创业社保补贴。就业困难人员到村级电子商务服务站就业并经考核合格，可参照公益性岗位政策给予岗位补贴和社保补贴，不再享受一次性创业社保补贴。推进农村电子商务服务网点与银行卡助农服务点合作共建，推广电子支付等金融服务应用。推进国家农村信息化示范省建设。拓展村邮站服务功能，促进快递服务与农村电子商务协同发展。推进农村电子商务园区、公共服务中心和公共仓储设施建设，建设一批电子商务小镇，培育发展一批电子商务村。建立健全特色农产品地方标准体系和产品质量保证体系，加强鲜活农产品标准体系、动植物检疫体系、安全追溯体系、质量保障与安全监管体系建设，大力发展农产品冷链基础设施。

（九）创新发展跨境电子商务。加快推进跨境电子商务经营主体、销售渠道、服务支撑和监管机制等环节的衔接，构建与电子商务特点相适应的跨境电子商务运营和监管体系。合理规划并加快推进跨境电子商务产业园区和公共海外仓建设；有序发展跨境电子商务保税备货进口业务，规范发展代购直邮业务，大力发展进口商品网络分销业务。全面推进中国（杭州）跨境电子商务综合试验区建设，加快省内试点城市跨境电子商务业务发展，尽快形成可复制、可推广的经验并在全省范围推广。

（十）引导传统商贸企业发展电子商务。充分发挥百货、超市、便利店等实体零售业良好的用户体验等优势，探索发展网货体验店、提货点、快递合作营业场所、配送站和网货服务中心等业态，推进实体商业与电子商务的良性互动发展。积极发展智能商圈，推进移动互联网、地理位置服务、大数据等信息技术在传统零售中的应用，提升流通效率和服务质量。开展专业市场电子商务应用专项行动，推动各类专业市场实现线上线下融合发展。规范发展能源、化工、钢铁、林业等行业电子商务平台，加快发展大宗商品网上交易。推动医药电子商务发展，加强互联网食品药品市场监测监管体系建设，完善互联网食品药品经营监督管理措施。

（十一）规范发展互联网金融服务。鼓励银行、证券、保险、公募基金等金融机构及企业依法进行网络化创新，落实互联网金融产品的销售适当性原则和信息披露制度。规范发展网贷、众筹等网络融资业务，创新发展在线融资租赁，探索建立与互联网金融活动相适应的新型监管方式。按照国家有关规定，规范金融企业电子商务平台建设，鼓励发展适合网上销售的各种金融业务。支持支付机构规范开展面向电子商务和民生领域的业务创新。支持重点电子商务企业申报支付牌照，加强支付机构管理，推动第三方支付业务健康发展。

（十二）推进服务业发展电子商务。推进商务服务、生活服务和公共资源的网上交易。创新发展餐饮、家政、缴费、票务、医疗等生活性服务业电子商务。创新媒体在线服务方式，提升文化企业网络服务能力，推进演艺、动漫等文化产业重点领

域的电子商务应用。支持旅游景点、酒店等开展线上营销，推动旅游在线服务模式创新。培育一批教育、会展、广告、法律、典当、拍卖、租赁、人力资源等专业性电子商务平台。加大政府利用电子商务平台进行采购的力度。

（十三）推进电子商务新技术新模式发展。开展电子商务基础理论、发展规律和技术创新研究，推动成立全省性、全国性的电子商务研究机构。鼓励高等院校、科研院所与企业组建产学研协同创新联盟。推进电子商务技术和模式创新，大力发展移动电子商务，探索易货交易、网络定制等新模式。加强电子商务领域云计算、大数据、物联网、智能交易等核心关键技术研究开发和推广应用。开展网络定制、电子商务平台升级、网络交易保障服务技术的研发与应用示范工程。重点围绕跨境电子商务、农村电子商务、服务业电子商务等方面开展改革试点，打造我省电子商务产业升级版。

四、构建通畅高效的电子商务物流体系

（十四）合理布局全省电子商务物流设施。结合城乡规划、各地电子商务市场规模和发展趋势，编制全省电子商务物流布局规划，并纳入全省电子商务发展规划。支持杭州、宁波、温州和金华等地建设电子商务物流分拨中心，其他设区市建设电子商务物流仓储中心，县（市、区）建设电子商务物流配送交换站点，加强偏远地区仓储设施建设。对纳入规划的，各地要在城乡规划中合理规划布局物流仓储用地，在土地利用总体规划和年度供地计划中合理安排仓储建设用地。引导现有快递企业、电子商务仓储企业及其他社会资本参与电子商务仓储设施投资建设或再利用，严禁擅自改变物流仓储用地性质。

（十五）发展多层次电子商务物流业务。开展“仓配一体化”建设试点，支持快递企业投资或者与仓储企业合作建设公共仓储，为中小网商提供仓储及物流服务。鼓励在法律规定范围内发展共同配送、“移动互联网+众包”等配送组织新模式。引导快递企业开展代收货款、差异化配送等增值服务。加快快递网点向乡镇和农村覆盖，探索与农产品网络销售渠道的有效对接，提供适应农产品生产季节性特点的快递服务。加强快递企业与“电子商务进万村”工程的衔接，根据实际需要建设农村电子商务中转站，开展农村电子商务物流试点，提高农村电子商务物流效率和效益。加快发展产地预冷、冷冻运输、冷库仓储和定制配送等冷链物流，为生鲜农产品电子商务提供保障。开展跨境电子商务物流综合服务试点，构建集商品采购、报关报检、结汇退税、国际物流、海外仓储及售后服务于一体的跨境电子商务物流服务体系。

（十六）推进智慧物流平台及配送终端建设。推广国家交通运输物流公共信息平台应用，有效整合运输、公共仓储和企业订单等信息，促进电子商务市场主体间的业务对接；推进杭州市全国电子商务与物流快递协同发展试点，逐步向全省推广。加快城市社区电子商务服务网络建设，在城市社区、商业楼宇、校园等场所建设智能投递终端，并逐步向县城和乡村地区延伸。鼓励便利店、社区物业、农村电子商务服务站等提供快件派送服务。加强电子商务物流快递、配送仓储和公共设施建设，城市新建居民住宅区、大专院校和商业楼宇要把投递服务设施作为配套基础设施纳入住房建设规划和城市建设规划；已建成的居民住宅区、大专院校和商业楼宇，要积极落实投递服务基础设施。

（十七）提升电子商务物流管理和服务水平。规范物流配送车辆管理，各市要按照有关规定，推动城市配送车辆的标准化、专业化发展；制定并实施用于城市配送的汽车、电动三轮车等车辆管理办法，保障配送车辆的便利通行；鼓励采用清洁能源车辆开展物流和快递配送业务，支持充电、加气等设施建设；合理规划物流和快递配送车辆通行路线和货物装卸搬运地点。对物流和快递配送车辆采取通行证管理的城市，应明确管理部门、公开申请条件、引入社会监督。推广现代物流、物品编码技术在电子商务物流领域的应用，提升电子商务物流企业现代化水平。推进电子商务仓储、服务网点、产品追溯等标准体系建设，开展网络购物商品包装物回收和循环利用试点。

五、加强电子商务创业创新和人才培养

（十八）鼓励电子商务领域就业创业。把发展电子商务促进就业纳入全省就业发展规划和电子商务发展整体规划。建立电子商务就业和社会保障指标统计制度。加强电子商务企业用工服务，举办电子商务人才供需对接会。经工商登记注册的网络商户从业人员，同等享受各项就业创业扶持政策。未进行工商登记注册的网络商户从业人员，可认定为灵活就业人员，按规定享受灵活就业人员扶持政策，其中通过网上交易平台实名注册认证的，经当地人力社保部门、财政部门认定，可按

规定享受创业担保贷款和贴息。实施电子商务创业创新工程，设立电子商务众创空间和创业创新基地，举办电子商务创业创新大赛，完善电子商务项目和资本对接机制，建立电子商务创业创新公共服务体系。对符合条件的电子商务众创空间执行科技企业孵化器税收优惠政策。加强农村电子商务创业支持力度，鼓励返乡大学毕业生、大学生村官和返乡创业青年参与电子商务，培育一批农村电子商务创业带头人，营造良好的电子商务创业氛围。

（十九）保障电子商务从业人员劳动权益。规范电子商务企业特别是网络商户劳动用工，经工商登记注册取得营业执照的，应与招用的劳动者依法签订劳动合同；未进行工商登记注册的，可参照劳动合同法相关规定与劳动者签订民事协议，明确双方的权利、责任和义务。切实落实网络从业人员各项社会保险缴纳规定，对未进行工商登记注册的网络商户，其从业人员可按灵活就业人员参保缴费办法参加社会保险。符合条件的就业困难人员和高校毕业生，可享受灵活就业人员社会保险补贴政策。长期雇用 5 人及以上的网络商户，可在工商注册地进行社会保险登记，并缴纳社会保险费。

（二十）加强人才培养培训。鼓励大专院校结合我省电子商务产业发展实际，创新电子商务人才培养方式，引导电子商务相关专业特色发展；支持学校、企业及社会组织合作办学，探索实训式电子商务人才培养与培训机制。鼓励有条件的职业院校、社会培训机构和电子商务企业开展网络创业培训。整合农办、人力社保、商务、团委等单位培训资源，制定统一的培训计划和考核标准，有序组织实施，避免多头重复培训。组织开展电子商务岗位技能和师资知识更新培训，建立与电子商务产业发展相适应的人才培训和评价机制。对参加职业培训和职业技能鉴定的人员，以及组织职工培训的电子商务企业，可按规定享受职业培训补贴和职业技能鉴定补贴政策。

（二十一）培育和引进高层次电子商务人才。探索建立电子商务学科体系，引导高等院校加强电子商务学科建设和人才培养，建设专业性电子商务院校，为电子商务发展提供高层次复合型人才。把电子商务人才纳入我省紧缺急需人才目录，依托“千人计划”“万人计划”和领军型创新创业团队引进培育计划等人才工程和项目，加快引进、集聚一批高层次电子商务人才。将电子商务纳入领导干部及公务员培训内容，提升政府发展和管理电子商务的水平。组织开展电子商务职业经理人培训，探索推行重点企业首席电子商务官制度。

六、提升电子商务领域对内对外开放水平

（二十二）推进电子商务对内开放。积极引进知名电子商务企业在我省设立总部、地区总部和物流配送基地。将电子商务投资项目纳入“浙商回归”重点内容，落实相应的支持政策。推动省内电子商务平台企业向全国范围拓展业务，支持电子商务服务企业在全国范围设立分公司、子公司拓展业务。

（二十三）加强电子商务对外合作交流。积极参与国家开展的多双边或区域关于电子商务规则的谈判和交流合作，个别领域可发起和主导进行多边合作，提升参与国际电子商务规则制定的主动权和话语权。推动电子商务“走出去”，简化电子商务企业境外直接投资备案和外汇登记手续，推行无纸化网上备案；支持电子商务企业加快境外投资布局，鼓励收购境外优质电子商务企业，投资建立海外营销渠道、仓储场所和服务网点，创立自有品牌。结合国家“一带一路”战略推动我省电子商务服务“走出去”；积极争取设立海峡两岸电子商务经济合作实验区，开展涉侨电子商务试点工作。加强与我国驻外机构联系，提升为我省电子商务企业“走出去”的服务力度。

（二十四）提升跨境电子商务通关效率。率先推进跨境电子商务通关、检验检疫、结汇、缴退税等关键环节“单一窗口”综合服务体系建设，简化、完善跨境电子商务货物返修与退运通关流程，提高通关效率。探索建立跨境电子商务货物负面清单、风险监测制度，完善跨境电子商务货物通关与检验检疫监管模式，建立跨境电子商务及相关物流企业诚信分类管理制度，防控毒品、武器等违禁物品出入境，防止疫病疫情传入、外来有害生物入侵和物种资源流失。

七、营造良好的发展和安全环境

（二十五）加大财税政策支持。根据电子商务产业发展实际需要，进一步加大财政支持力度，发挥省信息产业基金的引导作用投向电子商务领域，鼓励与社会资本合作成立电子商务基金。积极鼓励电子商务企业申请高新技术企业认定，按

规定享受高新技术企业相关优惠政策，小微企业按规定享受相关税收优惠政策。逐步将旅游电子商务、生活服务类电子商务等相关行业纳入“营改增”范围。积极落实电子商务企业职工教育经费税前扣除等税收政策。优化电子商务企业税收服务。各地要根据当地实际，加大对电子商务及电子支付等基础配套服务的财政支持。

（二十六）加大金融服务支持。建立和创新适应电子商务发展的多元化、多渠道投融资机制。积极推动符合条件的互联网企业在境内上市。支持商业银行、担保存货管理机构及电子商务企业开展无形资产、动产质押和订单授信等多种形式的融资服务，探索发展投贷结合、大数据信用融资等新业务；积极推行供应链金融、商业保理等服务，探索建立网店等网络资产的交易制度，进一步拓展电子商务企业融资渠道。引导和推动创业投资基金，加大对电子商务初创企业的支持。鼓励商业银行与电子商务企业开展多元化金融服务合作，提升电子商务金融服务质量和效率。争取国家政策性银行加大对我省电子商务领域建设项目的贷款支持。

（二十七）降低准入门槛。全面清理电子商务领域现有前置审批事项，无法律法规依据的一律取消，严禁违法设定行政许可、增加行政许可条件和程序。进一步简化注册资本登记，深入推进电子商务领域由“先证后照”改为“先照后证”改革。落实《注册资本登记制度改革方案》，电子商务市场主体住所（经营场所）登记推行“一址多照”。落实快递企业设立非法人快递末端网点实施备案制管理。鼓励电子商务领域的跨境人民币直接投资，引导外资投向电子商务领域。积极争取国家部委支持，率先探索建立能源、铁路、交通、房地产、公共事业等领域电子商务服务的市场化机制。

（二十八）维护市场公平竞争。规范电子商务市场竞争行为，促进建立开放、公平、健康的电子商务市场竞争秩序，按照国家统一部署，重点查处达成垄断协议和滥用市场支配地位的问题，组织开展经营者集中反垄断审查，鼓励电子商务市场的充分竞争。各级政府部门不得滥用行政权力排除、限制电子商务市场竞争。

（二十九）保障电子商务网络安全。指导电子商务企业按照国家网络与信息安全等级保护管理规范和技术标准相关要求，建立完善网络安全防护体系、数据资源安全管理体系和网络安全应急处置体系。在电子商务领域推广信息安全管理体系认证。推动电子商务企业与网络安全专业服务机构、相关管理部门合作，共享网络安全威胁预警信息，共同防范网络攻击破坏、窃取公民个人信息等违法犯罪活动。

（三十）确保电子商务交易安全。研究制定电子商务交易安全管理制度，明确电子商务交易各方的安全责任和义务，推广第三方电子商务平台安全建设规范等地方标准。加强电子商务交易各方信息保护，保障电子商务消费者个人信息安全。推动建立电子认证信任体系，推广数字证书在电子商务交易领域的应用。推广应用具有硬件数字证书、采用国家密码管理局认可的密码算法的移动智能终端，实现移动金融在电子商务领域的规模化应用；落实在线支付管理规范和制度，提升电子商务在线支付的安全性。

八、加强电子商务行业管理与服务

（三十一）加强电子商务市场监管。充分利用电子商务平台大数据开展综合执法，完善部门间、区域间监管信息共享和职能衔接机制，提升电子商务市场监管水平。完善电子商务产品质量监督管理措施，组织开展电子商务产品质量提升行动，探索建立风险监测、网上抽查、源头追溯、属地查处的电子商务产品质量监督机制。发挥 12315 互联网平台作用，完善网上交易在线投诉、纠纷快速处理及售后维权机制，督促依法执行 7 天无理由退货制度，推行消费环节经营者首问和先行赔付制度，促进网络购物消费健康快速发展。依法打击网络虚假宣传、生产销售假冒伪劣产品、侵犯知识产权、价格欺诈、不正当竞争、违反国家出口管制法规政策跨境销售两用品和技术等违法行为，规范发展在线旅游预订市场。打击虚构信用、虚假消费和网络刷单等违法违规行为，促进电子商务企业合法、诚信经营。建立适合电子商务特点的投诉管理制度，制定基于统一产品编码的电子商务交易产品质量信息发布规范，加强消费者权益保护。

（三十二）预防和打击电子商务领域违法犯罪。督促电子商务企业履行违禁品信息巡查清理、交易记录及日志留存、违法犯罪线索报告等责任和义务，落实对销售管制商品网络商户的资格审查和对异常交易、非法交易的监控，建立数据库和分析模型，配合执法机关对其数据的依法运用，为打击网络违法犯罪提供技术支持。打击利用电子商务在线支付给违法犯罪活动提供洗钱便利等的行为，查处大型电子商务平台工作人员商业贿赂等违法行为。建立大型电子商务企业与行政管理部门的协作机制，加大对制售假冒伪劣商品、网络盗窃、网络诈骗、网上非法交易等违法犯罪活动的打击力度。建立预防网络诈骗、保障交易安全、保护个人信息等相关知识的宣传与服务机制。打击利用跨境电子商务交易进行外汇违法违规活动的行为。

（三十三）健全法规标准体系。加快电子商务地方立法进程，明确交易规则、主体责任，依法保障我省电子商务快速有序发展。开展国家电子商务统计工作试点，探索电子商务统计制度改革，创新统计方式方法，建立在线实时统计监测体系，增强统计数据的及时性、真实性。加强与大型电子商务平台合作，推广商品条码应用，统一线上线下的商品编码标识；把电子商务标准纳入标准强省重要内容，积极执行国家现有电子商务相关标准规范，加快建立具有浙江特色的电子商务地方标准体系，主导或参与制定电子商务国家、国际标准。逐步推行电子发票和电子会计档案，完善相关技术标准和规章制度。

（三十四）加强信用体系建设。建立健全电子商务信用信息管理制度，推动电子商务企业信用信息公开，推动电子商务信用评价；推动电子商务领域应用网络身份证，完善网店实名制；建立健全电子商务领域失信行为联合惩戒机制。促进电子商务信用信息与社会其他领域相关信息的交换共享，完善电子商务信用服务保障制度；鼓励行业组织、中介机构发展社会化的电子商务网站可信认证、电子商务可信交易保障等服务，积极发展电子商务领域的信用调查、评估和担保等第三方信用服务和产品。

（三十五）协调推动电子商务全面发展。编制电子商务发展规划，并纳入全省经济和社会发展规划重要内容。充分发挥各地优势，引导各类电子商务业态和功能聚集，推动全省电子商务产业统筹协调、错位发展。积极创建国家电子商务示范城市、示范基地，开展省级电子商务示范县（市、区）、电子商务特色小镇、电子商务示范村和示范企业、基地建设。推进电子商务发展改革与创新，按照电子商务产业特点和发展趋势，完善管理制度，创新管理方式，加强管理队伍建设，尽快形成与电子商务发展相适应的体制机制。

各地、各部门要认真落实本意见提出的各项任务，制定出台具体的操作方案或细则。省电子商务工作领导小组及其办公室要加强全省电子商务工作的综合协调，研究解决重大问题，加强工作考核、指导和服务，督促各项政策落到实处。

浙江省人民政府

2015 年 12 月 30 日

安徽省

安徽省人民政府关于促进外贸稳增长调结构加快培育竞争新优势的实施意见

皖政〔2015〕86号

为贯彻落实国务院《关于加快培育外贸竞争新优势的若干意见》（国发〔2015〕9号）、《关于促进服务外包产业加快发展的意见》（国发〔2014〕67号）、《关于加快发展服务贸易的若干意见》（国发〔2015〕8号）、《关于改进口岸工作支持外贸发展的若干意见》（国发〔2015〕16号），以及国务院办公厅《关于促进跨境电子商务健康快速发展的指导意见》（国办发〔2015〕46号）、《关于促进进出口稳定增长的若干意见》（国办发〔2015〕55号），主动适应经济新常态，促进外贸稳增长、调结构，加快培育竞争新优势，实现开放型经济新发展，结合我省外贸发展实际，提出以下实施意见：

一、促进外贸稳定增长

1．壮大外贸经营主体。实施外贸主体倍增计划，健全省市县三级外贸企业孵化培育机制，加大对进出口孵化促进机构支持力度，培育外贸综合服务平台，引导帮助中小企业开展外贸业务。支持重点外贸企业采取重组兼并、参股控股等多种方式强强联合，加快形成一批具有全球资源整合能力和竞争力的跨国集团。鼓励创新型、创业型和劳动密集型中小企业开拓国际市场，支持“专精特新”企业与外贸企业合作发展。加强外贸专业人才开发、培养和培训，为壮大外贸主体提供人才支撑。（省商务厅、省贸促会、省工商联负责，列在首位的为牵头单位，其他为参与单位，下同）

2．优化国际市场布局。实施市场多元化发展战略，在巩固挖掘传统市场基础上，重点开拓“一带一路”沿线国家和地区市场。省、市每年一季度发布重点展会目录，支持引导企业参加广交会、华交会、亚欧博览会、东盟博览会、东北亚博览会、中博会等境内外知名展会。制订加快境外营销网络建设促进措施，支持企业自建或并购境外产品展示交易中心，海外仓储、分拨和配送中心，售后服务中心等境外营销网络。支持当地华人华侨建立安徽商会，探索开展境外经贸合作。（省商务厅、省财政厅、省外办、安徽出入境检验检疫局、合肥海关、省农委、省贸促会、省工商联负责）

3．促进进出口协调发展。在积极扩大出口的同时，发挥《安徽省重点鼓励进口先进技术、设备和产品目录》的引导作用，扩大传统优势产业和战略性新兴产业所需先进技术设备和关键零部件进口。利用国家进口贴息和优惠利率等政策，鼓励支持企业通过申报重大技术装备项目、国家级企业技术中心和工程中心资质，以及国家专项支持项目扩大进口，支持有需求的企业扩大重要资源性产品进口。推动大中型商贸流通企业与境外供应商、省内进口商对接，合理增加大众需求旺盛的一般消费品进口。（省商务厅、省财政厅、省发展改革委、省经济和信息化委、安徽出入境检验检疫局、合肥海关负责）

二、推动外贸结构优化调整

4．优化出口商品结构。实施创新驱动战略，增强国家和省级汽车及零部件、科技兴贸、机电、高新技术、农轻纺等转型示范基地的带动作用，提高智能制造、绿色制造水平，扩大高新技术、高附加值、高效益产品出口规模。鼓励有条件的地方创建出口商品质量安全示范区，支持企业创建中国出口质量安全示范企业，按照国际标准组织生产和质量检验，提高出口产品质量，提升传统出口商品竞争力。（省商务厅、省发展改革委、省科技厅、省经济和信息化委、省工商局、省质监局、安徽出入境检验检疫局负责）

5．推进加工贸易转型升级。引导加工贸易企业延伸产业链、价值链，加快转型升级。抢抓“一带一路”、长江经济带建设等国家战略机遇，积极探索承接加工贸易产业转移新模式。引导加工贸易梯度转移重点承接地与沿海及港澳台地区合作建设特色园区。争创国家级加工贸易梯度转移示范区，努力提高加工贸易进出口占比。（省商务厅、安徽出入境检验检疫局、合肥海关负责）

6．大力培育出口品牌。加强出口品牌建设，完善出口品牌促进机制。探索建立我省境外品牌推广中心，支持举办安徽出口品牌境外展。鼓励企业开展境外商标专利注册和产品认证，并购国际品牌，重点扶持科技型、创新型中小企业创建出口品牌，提高安徽品牌出口占比。（省商务厅、省财政厅、省科技厅、省经济和信息化委、省农委、省工商局、省质监局、省贸促会、省国税局、安徽出入境检验检疫局、合肥海关负责）

三、加快发展新型贸易方式

7．促进服务贸易加快发展。制订我省服务贸易发展规划，确立主导行业和发展重点，扶持特色优势产业发展。巩固旅游、建筑等劳动密集型服务领域规模优势，着力提升运输、通信、金融、保险、计算机和信息服务、咨询、研发设计、节能环保、环境服务等资本技术密集型服务领域发展水平。积极推动文化艺术、广播影视、新闻出版、教育、文化创意、数字出版、动漫游戏等文化服务出口，培育和推出一批国家和省级文化出口重点企业和重点项目。鼓励发展亟需的生产性服务进口，支持技术引进吸收再创新。支持服务贸易企业通过境外投资建设国际营销网络和研发中心、引进先进技术和商业模式等方式拓展国际市场。（省商务厅、省财政厅、省发展改革委、省科技厅、省文化厅、省旅游局、省新闻出版广电局、省文化发展改革办公室负责）

8．促进服务外包加快发展。加快发展软件和信息技术、设计、研发、互联网、医疗、工业、能源、金融等领域服务外包，引导发展文化创意、教育、交通物流、健康护理、科技服务、批发零售、休闲娱乐、人力资源等领域服务外包，促进产业向价值链高端延伸。推进国家服务外包示范城市和省级示范园区建设，鼓励和支持有条件的市创建国家服务外包示范城市。积极引进培育一批创新能力强、集成服务水平高、具有国际竞争力的服务外包龙头企业和成长性好的中小型服务外包企业。加快在岸市场潜力释放，积极推动行政和事业单位、大中型企业、在皖各类金融机构等开展非核心业务外包。巩固和拓宽海外市场渠道，积极运用贸易、出口信贷、对外投资合作和对外援助等多种措施带动国际服务外包业务拓展，支持在境外设立科研机构、研发中心和接单中心。推进人才体系建设，鼓励高校、服务外包企业、培训机构创新合作模式，开展互动式人才培养，共建教育实践基地。支持行业协会开展服务外包人才标准研究，依照标准开展人才培养、培训、录用和评估。（省商务厅、省发展改革委、省经济和信息化委、省教育厅、省科技厅、省财政厅、省统计局、人民银行合肥中心支行、安徽银监局、合肥海关等负责）

9．促进跨境电子商务加快发展。建立适应跨境电子商务特点的政策体系和监管体系，积极利用“互联网＋外贸”，推动外贸发展方式转变。支持有条件的市构建跨境电子商务通关等公共服务平台，申建国家跨境电子商务综合试验区，设立国际邮件互换局。支持有实力的企业建设跨境电子商务公共海外仓、购销平台，逐步实现经营规范化、管理专业化、物流生产集约化和监管科学化。促进跨境电子商务产业园区建设，加大跨境电子商务关联企业引进和培育力度，鼓励省内企业与境外电子商务企业强强联合。优化跨境电子商务进出境报关、检验检疫、跨境结算、出口退税等环节的监管服务。落实国家有关跨境电子商务零售出口和进口的税收政策。发挥行业组织作用，规范跨境电子商务经营行为。建立跨境电子商务统计体系。（省商务厅、省国税局、安徽出入境检验检疫局、合肥海关、省外汇管理局、省邮政管理局、省邮政公司负责）

10．促进内外贸一体化加快发展。加快推进内外贸结合商品市场建设，增强大宗商品集散地、特色专业市场进出口功能，支持符合条件的专业商品市场争取国家市场采购贸易试点。支持省内流通企业与外贸企业对接，开展进口商品直销，促进内外贸一体化发展。（省商务厅、合肥海关、安徽出入境检验检疫局负责）

四、加大财税金融支持力度

11．完善财税支持体系。完善省级外贸促进专项资金等现有支持政策，优化和创新资金支持内容和方式，加大对新型贸易方式支持力度，改善公共服务，增强财政资金引导作用。加快省级外贸专项资金兑现拨付进度。全面落实支持小微企业税收优惠政策。企业从事国家鼓励的投资项目，进口自用且国内不能生产的先进设备，按照国家有关规定免征关税。各地要加大外贸政策支持力度。从2015年起，出口退税（包括出口货物退增值税和营业税改征增值税出口退税）全部由中央财政负担，市县2014年原负担的出口退税基数，定额上解中央，市县因此减轻负担而形成的财力，要用于支持外贸发展。（省商务厅、省财政厅、省国税局、省地税局、合肥海关负责）

12．拓宽金融服务渠道。引导推动金融机构为外贸企业提供融资咨询和规划服务，开展出口退税账户托管贷款等融资业务，创新贸易融资产品，探索对外贸企业供应链的融资模式，扩大对有订单、有效益、有竞争优势的外贸企业贷款规模。落实“税融通”政策，根据企业进出口规模、纳退税情况，核定贷款规模，加大融资支持。发挥政策性银行优势，扩大政策性进出口信贷业务规模，落实大型成套设备出口融资支持政策。进一步优化结汇服务，引导和鼓励企业使用人民币结算。鼓励外贸企业在主板、中小板、创业板、全国股转系统、省区域性股权市场等上市（挂牌），利用多层次资本市场拓展融资渠道。（省政府金融办、省商务厅、省财政厅、省国税局、省地税局、安徽银监局、人民银行合肥中心分行、国家开发银行安徽省分行、中国进出口银行安徽省分行负责）

13．强化政银企担合作。发挥中小进出口企业风险准备金作用，推动和完善统借统还贷款业务，加大对中小进出口企业支持力度。强化政策性融资担保和再担保机构的担保增信服务，发挥政银担风险分担和补偿机制对外贸的促进作用。加快跨境人民币担保业务发展。积极开展出口信用保险保单融资业务，丰富信保项下跨境贸易融资产品，扩大外贸企业抵押担保物的范围。发挥各级政府控股、参股融资担保机构作用，为外贸企业增信提级。（省商务厅、省财政厅、省政府金融办、省信用担保集团、中国出口信用保险公司安徽分公司负责）

14．扩大出口信用保险规模和覆盖面。进一步扩大短期出口信用保险规模，加大对新兴市场、品牌出口、跨境电子商务、战略性新兴产业、服务贸易支持力度，实施有针对性的积极承保政策，鼓励保险机构对重点行业和企业适当下调承保费率，提高限额满足率。加大对大型成套设备出口融资保险支持力度，在风险可控前提下应保尽保。进一步优化小微外贸企业承保方案，扩大统保覆盖率。（中国出口信用保险公司安徽分公司、安徽保监局、省商务厅、省财政厅负责）

15．优化出口退（免）税服务。生产性企业免抵退税审批权限下放至县。全面实施出口退税企业分类管理，合理提高一类企业比重，简化出口退税审批程序。对申报信息（资料）齐全无误的一类企业，2个工作日内办结退（免）税手续，二类企业在10个工作日内办结退（免）税手续。推进税库银联网试点，进一步加快出口退税进度。（省国税局负责）

五、提升口岸开放和通关便利化水平

16．提升口岸开放水平。制订口岸支持外贸发展措施，深化口岸协作，优化口岸服务，拓展口岸对外开放功能。推动芜湖港、马鞍山港、合肥港等一体化发展。用好启运港退税政策。加快皖北、皖西、皖东等地区内陆“无水港”建设，支持开展铁海联运业务，发挥合肥新亚欧大陆桥国际班列货运通道作用，降低物流成本。制订全省进境指定口岸建设规划，引导合理布局发展。推进九华山机场口岸开放，支持合肥、黄山机场争取72小时入境免签。落实消费品进口和“离境退税”政策，支持有条件的企业申报、备案设立口岸进境免税店和退税商店。（省商务厅、省发展改革委、省交通运输厅、省财政厅、省公安厅、省外办、省旅游局、省国税局、安徽出入境检验检疫局、合肥海关、省公安边防总队、芜湖海事局、安庆海事局、上海铁路局合肥铁路办事处、安徽民航机场集团负责）

17．落实“三互”推进大通关建设。深化区域通关、通检一体化、关检合作“三个一”改革，提高无纸化报关报检比例，实行节假日 24 小时预约通关通检，提升通关验放效率。加快安徽电子口岸建设，加强口岸单位协作，积极推进“一站式作业”。在全省范围内和海关特殊监管区分类复制推广自贸区改革试点经验，探索开展国际贸易“单一窗口”试点。支持符合条件的地方申建海关特殊监管区域（场所），发挥现有的综保区、出口加工区、保税物流中心等海关特殊监管区域（场所）保税功能，支持企业开展保税加工、物流仓储、展示交易等业务，强化海关特殊监管区促进开放型经济发展的平台作用。（合肥海关、安徽出入境检验检疫局、省商务厅负责）

六、推动外资外经外贸联动发展

18．加强外向型大项目招商。以各类开发区、产业集聚区和特色园区、加工贸易产业梯度转移重点承接地等为载体，加大外向型大项目招商力度，推动集群式、产业链式项目承接。积极引导外资投向新兴产业、高新技术、节能环保、现代服务业等领域，吸引跨国公司总部和营销中心、采购中心、物流中心等功能性机构入驻我省，加快培育新的外贸增长点。（省商务厅、省发展改革委、省贸促会负责）

19．加强外经外贸联动。以大型骨干企业为龙头，加快培育境外资源合作开发、先进制造业合作发展、农业产业化、工程总承包等“走出去”联盟。支持重点企业在境外建立生产基地和产业园区。加强国际产能合作，带动我省相关设备和产品出口，提高“走出去”的能力和水平。推动海外投资带动进出口，鼓励企业将境外资源开发权益产品运回。大力发展高端劳务输出。（省商务厅、省发展改革委、省经济和信息化委、省农委、省国资委、省工商联负责）

七、着力构建法治化国际化营商环境

20．规范进出口环节收费。对依法合规设立的进出口环节行政事业性收费、政府性基金、实施政府定价或指导价的经营服务性收费以及政府性保证金，实行目录清单管理。深入开展涉企收费集中整治专项行动，加大对取消收费项目落实情况的监督检查力度，确保进出口环节收费名目逐年只减不增、收费范围只缩不扩。增强口岸查验针对性和有效性，对查验没有问题的免除企业吊装、移位、仓储等费用，对有问题的企业依法加大处罚力度。各口岸监管单位要进一步规范进出口服务行为，政府部门建设运营的进出口电子公共服务平台，免费向外贸企业开放。进出口环节行政审批部门所属事业单位、主管的社会组织及所办企业，不得开展与本部门行政审批相关的中介服务，需要开展的应转企改制或与主管部门脱钩。（省物价局、省财政厅、省法制办、省交通运输厅、省经济和信息化委、省商务厅、安徽出入境检验检疫局、合肥海关负责）

21．加强外贸风险防范和贸易摩擦应对。完善应对贸易摩擦协调合作机制，建立预警信息平台，加强国际贸易规则、竞争政策、知识产权保护与风险应对业务培训，支持行业和企业应对国外反倾销、反补贴和知识产权调查等维权活动。加强外贸法律援助平台建设。深化商协会管理体制改革，推动其在行业信息交流、行业标准体系建设、组织企业参加境内外展会、推进行业自律等方面发挥更大作用。加强外贸企业诚信体系建设，严厉打击出口侵犯知识产权和假冒伪劣商品违法行为。（省商务厅、省贸促会、省工商联、安徽出入境检验检疫局、省进出口商会）

各地、各有关部门要高度重视，切实抓好外贸稳增长调结构、培育竞争新优势工作，加强组织领导，完善协调机制，强化责任落实。省开放型经济工作领导小组办公室（省商务厅）要会同相关部门，抓紧研究制订相关具体工作方案，细化配套政策措施，定期开展专项督查，积极组织第三方评估，强化政策执行力和实效性，促进全省外贸健康可持续发展。

安徽省人民政府

2015 年 9 月 18 日

福建省

福建省促进快递行业发展办法

（2015 年 1 月 20 日福建省政府令第 151 号公布）

第一章　总则

第一条　为了促进和规范快递行业健康发展，加强对快递市场的监督管理，维护快递渠道安全畅通，保护企业和用户合法权益，适应经济社会发展和人民生活需要，依据《中华人民共和国邮政法》及有关法律法规，结合本省实际，制定本办法。

第二条　在本省行政区域内经营快递业务、使用快递服务以及相关监督管理等活动，应当遵守本办法。

第三条　县级以上人民政府及其有关部门应当采取措施，支持快递行业发展。

第四条　邮政管理部门负责对本辖区快递市场实施监督管理，建立完善快递市场监管体系，促进快递企业规范化运作。

发展改革、财政、公安、国家安全、交通运输、经信、建设、商务、规划、工商、税务、海关、检验检疫、价格等部门按照各自职责，建立健全安全保障机制，共同做好快递市场的相关管理工作。

第五条　快递企业应当加强服务质量管理，完善安全保障措施，按照国家规定的相关标准，为用户提供迅速、准确、安全、方便的服务。

第六条　快递行业协会应当制定行业规范，加强行业自律，维护会员的合法权益，提高快递企业的经营管理水平和从业人员的业务素质。

第二章　支持措施

第七条　县级以上人民政府应当将快递行业发展纳入国民经济和社会发展规划，将快递服务基础设施建设纳入本级城乡规划和土地利用总体规划，保障快递服务与当地经济社会协调发展。

城市新建住宅小区和旧城改造应当将快递服务网点纳入社区服务基础设施，同步规划、同步建设，并应当规划安排快递服务所需的停车和装卸用地。

支持快递企业利用工业企业旧厂房、仓库和存量土地资源建设快件处理中心，项目建设用地享受工业用地政策。

第八条　各级人民政府应当将快递服务纳入农村基本公共服务，支持快递企业在农村设置快递服务网点或者利用村邮站、农村超市、农家店等开展农业生产资料、生活消费品和农副产品等寄递服务。

第九条　县级以上人民政府应当制定扶持和鼓励措施，支持快递行业与电子商务、制造业等关联产业构建合作发展平台，促进快递行业与电子商务、制造业等关联产业有机融合和联动发展。

第十条　鼓励快递企业整合资源，与民航、铁路、公路等运输行业联动发展。机场、车站、口岸等单位应当支持快递企业建设快件集中处理场所，提供快速配载、装卸、交接等服务。安检机构应当对快件实行分类管理、优先查验，提高检验效率，确保快件传递畅通。

第十一条 人力资源和社会保障行政部门应当将快递业务员职业技能培训纳入管理，对通过社会化考试取得职业资格证书的个人，按照相关规定给予补贴。

第十二条 公安机关交通管理部门对经邮政管理部门核准的从事快递业务的车辆，在其收寄、投递快件时，依法提供城区通行和临时停车的便利。从事快递运输业务的车辆应当由邮政管理部门核准喷涂统一快递专用标志，专用标志式样由省邮政管理部门制定。

支持快递企业依法使用非机动车收投快件。鼓励快递企业购置新能源汽车作为城市快件运输和收投服务工具，并按照国家规定给予补贴优惠。

第十三条 机关、企事业单位、住宅小区管理单位、高等院校等应当为快递企业收寄和投递快件提供通行、临时停车、代收、保管等便利服务。

鼓励通过设立快件集中代收代投服务点、设置自助服务终端等形式，为快件收寄和投递提供便利和安全保障。

第十四条 鼓励快递企业的总部、区域总部、分拨中心或者呼叫中心等落户本省，按照规定享受本省总部经济的相关政策。

第三章 快递服务

第十五条 快递企业提供快递服务应当符合以下要求：

（一）在收寄快件时，应当要求寄件人如实完整填写快递运单，应当明确提示寄件人选择保价业务或者保险业务，并告知其权利义务；

（二）不得野蛮分拣，严禁抛扔、踩踏或者以其他危险方法处理快件；

（三）根据业务处理流程，及时准确将快件流转信息上传网络，并向用户提供电话或者网络等查询渠道，方便用户跟踪查询快件流转情况；

（四）快递企业收派员收寄和投递快件时应当统一穿着具有本企业标识的服装，并佩戴工号牌或者胸卡。

第十六条 快递企业应当采取按址投递、用户领取或者与用户协商的其他方式投递快件。快递企业应当对快件提供至少 2 次免费投递。

收件人本人无法签收的，经征得收件人同意，可以由收件人指定的其他人代收。

第十七条 快递企业可以委托连锁商业机构等第三方代办快件收投服务，委托人应当与被委托人签订委托合同，明确约定双方权利义务、快件收投服务规范和快件损失的赔偿责任等。

第十八条 快递企业投递快件，应当告知收件人或者代收人当面验收。快件外包装完好的，由收件人或者代收人签字确认。投递的快件注明为易碎品或者外包装出现明显破损的，收派员应当告知收件人或者代收人先验收内件再签收。

对于网络购物、代收货款以及与用户有特殊约定的其他快件，快递企业应当与寄件人在合同中明确投递验收的权利义务，并提供符合约定的验收服务，验收无异议后，由收件人或者代收人签字确认。

验收过程中，发现快件损毁或者内件短少等异常情况的，收派员应当在快递运单上注明情况，并由收派员和收件人或者代收人共同签字。

第十九条 快件发生延误、丢失、损毁或者内件短少的，快递企业应当按照与用户的约定，依法予以赔偿。

第二十条 快递企业应当建立快递运单实物及电子数据档案管理制度，采取技术措施确保用户信息安全，防止用户信息泄露、丢失。快递运单的实物和电子数据档案保存应当符合快递服务国家标准规定的保管期限，保管期满后，应当按照规定集中销毁。

第二十一条 用户对快递服务质量存在异议的，可以向快递企业投诉。快递企业应当自接到投诉之日起15日内作出处理。

因快递企业逾期未处理或者对处理结果不满意的，用户可以依法向邮政管理部门申诉。

邮政管理部门应当依法及时处理用户的申诉，并自接到申诉之日起30日内作出答复。快递企业应当积极配合邮政管理部门处理用户的申诉。

第四章　快递安全

第二十二条　快递企业应当建立并执行收寄验视制度，收寄快件时应当当场验视交寄物品，检查是否属于国家禁止寄递或者限制寄递的物品，是否与快递运单所填写的内容一致。用户拒绝验视或者拒绝如实填写快递运单的，快递企业不予收寄。

第二十三条　快递企业应当对收寄、分拣、运输、投递环节实行安全监控和信息化管理，实现对快件的全程跟踪和实时查询，防止快件在寄递过程中丢失、损毁或者内件短少。监控设备应当全天24小时运转，监控资料保存不少于30天，并按照邮政管理部门的规定报送。

第二十四条　快递企业应当建立安全检查制度，落实安全检查责任和措施，建立隐患排查、登记、报告、整改管理制度，加强安全防范和隐患排查治理。

第二十五条　快递企业在许可的经营区域范围内，设置用于快件临时配载、装卸、理货、保管等内部配套作业的小型临时中转场所，且不对外开展现场收件或者为社会提供服务的，应当在设置之日起20日内，报所在地邮政管理部门备案，邮政管理部门应当在备案之日起5日内抄告同级工商行政管理部门。

第二十六条　快递企业及其从业人员不得实施下列损害用户合法权益的行为：

（一）毁弃、倒卖、盗窃、私自开拆或者违法扣留用户快件；

（二）非法出售、泄露或者向他人非法提供从事快递服务过程中知悉的用户信息；

（三）法律、法规禁止的其他行为。

第二十七条　有下列情形之一的，公安机关、国家安全机关接到报案后，应当及时受理并依法处理：

（一）违反规定寄递国家禁止寄递或者限制寄递物品，危害国家安全或者公共安全的；

（二）以围堵、拦截、聚众闹事等形式，扰乱快递服务场所正常秩序的；

（三）倒卖、盗窃、私自开拆或者违法扣留用户快件的；

（四）非法出售用户快递服务信息的；

（五）其他影响快递服务安全和用户权益的违法犯罪行为。

第二十八条　邮政管理部门应当与有关部门配合，妥善处置快递行业突发事件，查明事件原因和责任，提出整改措施，并依法对有关企业或者个人作出处理。

第五章　闽台快递合作

第二十九条　县级以上人民政府及其有关部门应当采取措施，鼓励发展闽台快递服务合作，支持快递企业服务闽台电子商务、金融、保险、旅游等经贸和文化交往。

第三十条　支持闽台快递合作基础设施建设，完善两岸快件交换、包裹处理等功能，支持通过闽台通道发展跨境快递业务。

支持开辟闽台快件通关绿色通道，完善闽台快件通关环境，创新快件通关监管模式，简化报检程序，实现闽台口岸关检互认。

第三十一条　支持在本省台商投资区、台湾农民创业园等对台合作区域拓展快递服务业务。

第三十二条　鼓励有条件的快递企业开展对台直航包机，扩大两岸快件运输直航范围，支持扩大对台海运快件业务范围，增强闽台快递服务时效性。

第三十三条 鼓励闽台快递企业相互合作，支持闽台之间相互设立快递企业或者快递企业分支机构。

支持闽台快递企业、快递行业协会建立定期联络协调机制，推动同业人员定期对话、互访交流和业务合作。

第六章 法律责任

第三十四条 违反本办法第二十条规定，快递企业未按照要求保管和销毁快递运单的实物和电子数据档案的，由邮政管理部门责令改正，处 1000 元以上 5000 元以下罚款；情节严重的，处 5000 元以上 2 万元以下罚款。

第三十五条 违反本办法第二十一条规定，快递企业未按照规定处理用户投诉的，由邮政管理部门责令改正，可处 1000 元以上 5000 元以下罚款；情节严重的，处 5000 元以上 2 万元以下罚款。

第三十六条 违反本办法第二十二条规定，快递企业未执行收寄验视制度的，由邮政管理部门责令改正，可处 1 万元以上 3 万元以下罚款。

第三十七条 违反本办法第二十三条规定，快递企业未按照规定实行安全监控的，由邮政管理部门责令限期改正，可处 3000 元以上 1 万元以下罚款；逾期未改正的，处 1 万元以上 3 万元以下罚款。

第三十八条 快递企业及其从业人员违反本办法及相关法律、法规、规章规定，受到邮政管理部门或者有关行政管理部门依法处罚的，邮政管理部门应当依法公开其违法信息，并纳入相关信用信息系统，供单位和个人查询。

第三十九条 邮政管理部门工作人员在监督管理中滥用职权、玩忽职守、徇私舞弊，依法给予处分；构成犯罪的，依法追究刑事责任。

第七章 附则

第四十条 本办法自 2015 年 5 月 1 日起施行。

福建省人民政府关于印发《推进内贸流通现代化建设法治化营商环境实施方案》的通知

闽政文〔2015〕482号

各市、县（区）人民政府，平潭综合实验区管委会，省人民政府各部门、各直属机构，各大企业，各高等院校：

现将《福建省推进内贸流通现代化建设法治化营商环境实施方案》印发你们，请认真组织实施。

福建省人民政府

2015年12月22日

福建省推进内贸流通现代化建设法治化营商环境实施方案

为贯彻落实《国务院关于推进内贸流通现代化建设法治化营商环境的意见》（国发〔2015〕49号）和《国务院办公厅关于推进线上线下互动加快商贸流通创新发展转型升级的意见》（国办发〔2015〕72号），结合我省实际，制定以下实施方案。

一、总体要求

牢固树立创新、协调、绿色、开放、共享的发展理念，坚持以市场化改革为方向，以转变政府职能为核心，以创新转型为引领，以建设法治化营商环境为主线，大力促进流通信息化、标准化、集约化。到2020年，全省基本形成规则健全、统一开放、竞争有序、监管有力、畅通高效的内贸流通体系和比较完善的法治化营商环境，将内贸流通打造成经济转型发展的新引擎、优化资源配置的新动力和推动创新创业的新平台，助推全省发展再上新台阶。

二、健全内贸流通统一开放的发展体系

（一）加强全省统一市场建设

1. 消除市场分割。清理和废除妨碍统一市场、公平竞争的各种规定及做法。禁止在市场经济活动中实行地区封锁，禁止行政机关滥用行政权力限制、排除竞争的行为。不得限制非本地注册企业开展业务，不得将企业注册地作为参与政府机关、事业单位、国有企业采购、招标等公开性竞争的条件和评分标准。打破行业垄断，禁止利用市场优势地位收取不合理费用或强制设置不合理的交易条件，规范零售商供应商交易关系。

责任单位：各设区市人民政府、平潭综合实验区管委会

2. 降低市场准入门槛。凡是外省允许的做法，除国家明确规定外，原则上我省也一律允许，凡是省内有地市允许经营的，其他地市也要参照执行。只要是省内注册的拍卖企业，全省范围均可开展业务，无需先在业务开展所在地设立分支机构。只要是合法屠宰的生猪等畜禽，全省均可销售。允许具有24小时服务能力、门店较多的连锁便利店现场经营熟食和设置便

民药柜，扩大便民消费。

责任单位：省商务厅、农业厅、食品药品监管局，各设区市人民政府、平潭综合实验区管委会

（二）统筹规划全省流通网络建设

1. 创新流通规划编制实施机制。县级以上地方人民政府要将内贸流通纳入同级国民经济和社会发展规划编制内容，做好流通规划与当地土地利用总体规划和城乡规划的衔接，确保依法依规推进流通设施项目建设，各地编制修订相关规划时应充分征求本行政区域商务部门的意见。

2. 加强流通节点城市建设。福州、厦门、泉州、漳州市等流通节点城市要根据自身在全国流通中的区位和流通功能定位，将流通发展所需的相关设施和用地纳入城乡规划，加强区域衔接。

3. 创建内外贸融合发展平台。服务“一带一路”战略，组织我省企业参加在“海丝”沿线国家举办的重点境外展。加大力度培育泉州石狮服装城、晋江陈埭鞋城等内外贸结合商品市场，积极向国家有关部委申报试行“市场采购”贸易方式。

责任单位：省发改委、国土厅、住建厅、商务厅，各设区市人民政府、平潭综合实验区管委会

（三）完善流通设施建设管理体系

1. 推动公益性农产品流通设施建设。鼓励各级政府通过自身投资新建或以参股、回购等方式建设改造具有公益性功能的农产品交易市场，并通过多种形式建立投资保障、运营和监督管理新模式，增强应对突发事件和市场异常波动的能力。

2. 完善微利经营的流通设施建设保障制度。落实新建社区商业和综合服务设施面积占社区总建筑面积的比例不得低于10% 的政策，优先保障农贸市场、社区菜市场和家政、养老、再生资源回收等设施用地需求。

3. 改进市场化商业设施建设引导方式。支持有条件的城市开展城市商业面积监测预警，定期发布大型商业设施供给信息，建立大型商业网点规划建设听证会制度，科学引导商业网点合理布局，避免盲目重复建设。

责任单位：省商务厅、住建厅、国土厅，各设区市人民政府、平潭综合实验区管委会

（四）推进线上线下互动发展

1. 推进零售业改革发展。鼓励零售企业利用互联网技术推进实体店铺数字化改造，增强店面场景化、立体化、智能化展示功能，开展全渠道营销。鼓励中小实体店，特别是连锁便利店，发挥靠近消费者优势，完善便利服务体系，增加快餐、缴费、网订店取、社区配送等附加便民服务功能。

2. 加快批发业转型升级。推动一批具有本省特色、现有基础扎实、发展前景较好，能有效拉动产业发展、改善民生的商品交易市场开展改造提升，对其 o2o 改造、统一结算平台等重大改造项目投入予以支持。

3. 深入推进信息进村入户。加快村级信息服务站建设，支持开展电商业务，开展网上代购代销和信息咨询等服务，鼓励种子、农药、化肥等农业生产资料企业，依托村级信息服务站探索“放心农资进农家”模式。

4. 推进生活服务业便利化。大力推动旅游、住宿、餐饮、健康、教育培训等生活服务业在线化，促进线上交易和线下服务相结合，提供个性化、便利化服务。鼓励互联网平台企业汇聚线下实体的闲置资源，发展民宿、代购、合乘出行等合作消费服务。

5. 加快商务服务业创新发展。推进会展业数字化进程，充分利用数字福建资源，整合现有虚拟展会资源，发展基于互联网的新型展览业态。支持建设展览业公共信息服务平台，加强网上统计、报备、核准等互动办事功能。

6. 提升知识产权维权服务水平。进一步健全知识产权维权援助体系，完善知识产权维权援助专家库建设，健全电商领域维权援助机制，提升维权援助服务能力和水平，为创新创业者知识产权维权提供有效服务。

责任单位：省商务厅、农业厅、旅游局、知识产权局

（五）加快智慧物流配送体系建设

1. 提升物流配送水平。运用北斗导航、大数据、物联网等技术，构建智能化物流通道网络，建设智能化仓储体系、配

送系统。支持商贸流通企业和第三方物流企业优化配送模式，发展统一配送、集中配送、共同配送。加快推进快递公共服务，形成快递综合服务站点、智能快件箱、标准化网点建设“三位一体”新型配送模式。

2. 加快物流信息平台建设。鼓励龙头物流企业搭建面向中小物流企业的物流信息服务平台，促进各类平台之间的互联互通和信息共享。

责任单位：省经信委、交通运输厅、商务厅、住建厅、邮政管理局

三、增强内贸流通稳定运行的保障能力

（六）完善信息服务体系

强化大数据在政府内贸流通信息服务中的应用，采取政府采购、服务外包等方式，鼓励行业中介组织、科研院所、流通企业开展大数据的挖掘研发和推广应用。利用大数据加强市场运行监测与统计分析，提高信息服务水平。依托商务部监测系统，优化样本结构，拓宽信息采集渠道，重点关注节假日、异常气候期间市场运行态势，做好主要副食品市场运行监测分析。建立健全综合统计和部门统计协助机制，加快互联网经济运行监测服务平台和“正统网”建设，促进网络经营主体信息共享，不断提高市场调控和公共信息服务的预见性、针对性、有效性，做好政府决策信息支持。

责任单位：省商务厅、统计局、数字办

（七）创新市场应急调控机制

1. 完善市场应急调控管理体系。按照统一协调、分级负责、快速响应的原则，健全市场应急供应管理制度和协调机制，完善突发事件市场应急保供预案。应对全省范围和跨地市的市场异常波动由省级有关部门负责，应对区域性市场异常波动主要由当地人民政府负责。根据突发事件对市场影响的范围和程度，综合运用信息引导，增加市场投放、动用储备、直供直销、启动平价商店和价格协商机制、限量供应、依法征用等方式，保障生活必需品市场供应和价格稳定。

2. 增强市场应急保供能力。依托福建省应急物资储备信息网，做好应急物资储备信息的监测预警，保证应急物资数量充足，加强相关部门配合，加快信息传递和突发事件处置进程。建立健全运转高效的生活必需品市场应急调控机制，依托商务部应急商品数据库，实施应急保供企业动态管理，保持合理库存水平，推广商业储备模式，提高生活必需品市场应急调控能力。

责任单位：省商务厅、物价局，各设区市人民政府、平潭综合实验区管委会

（八）建设重要商品追溯体系

本着“政府扶持、企业建设”为原则，积极引导企业开展追溯体系建设。以肉品、禽蛋、果蔬、中药材和酒类等产品以及经营以上产品相关的批发市场、物流、超市、连锁专卖店、农贸市场等为重点，支持企业建立质量安全可追溯体系，利用视频监控、二维码、互联网等现代信息技术对商务流通领域企业以及种植养殖、加工生产等企业的销售流通环节、各关键点进行信息收集记录，形成“来源可查、去向可查、责任可究”的信息链条。坚持“统一规划、统一标准、分级建设、属地管理”的原则，整合现有资源，建设并完善省级12312市场秩序（追溯）监管平台，加大商品追溯信息在事中事后监管、行业发展、信用体系建设等方面的应用力度，提升追溯体系综合服务功能。

责任单位：省商务厅，各设区市人民政府、平潭综合实验区管委会

四、健全内贸流通规范有序的规制体系

（九）提升监管执法效能

1. 继续完善市场监管体系。建立健全政府各职能部门之间衔接配合、信息互通、资源共享、协调联动、监督制约等运行机制，推进行政执法与刑事司法衔接。进一步推进12315行政执法体系建设，探索构建市场监管投诉举报综合服务平台，统一市民诉求、消费投诉、经济违法行为举报以及行政效能投诉受理渠道，构建综合性的维护市场竞争秩序的执法机构。加强知识产权和消费者权益保护，防止不正当竞争和排除、限制竞争的垄断行为。健全12312举报投诉服务网络，完善受理、

办理、转办和督办工作机制，加强商务流通领域执法队伍建设。加大内贸流通创新的保护力度，严厉打击制售侵权假冒商品行为，加大对反复侵权、恶意侵权等行为的处罚力度。完善知识产权保护制度，健全知识产权维权援助体系，合理划分权利人举证责任，缩短确权审查、侵权处理周期。

责任单位：省工商局、商务厅、知识产权局

2. 加强网络领域市场监管。继续深入开展打击侵犯知识产权和制售假冒伪劣商品专项行动，加大对侵犯电子商务产品专利、商标专用权和网上销售假冒伪劣商品行为的打击力度，组织开展网络商品交易非法主体网站专项整治，净化网络交易环境。严厉打击网络制售假冒伪劣商品、侵犯知识产权、传销、诈骗等违法犯罪行为，维护群众合法权益和社会大局稳定。建立健全适应跨境电子商务的监管服务体系，实行全申报管理，建立责任追溯体系和先行赔付制度，明确电商经营主体的质量安全责任。完善跨境电子商务进口商品管理，明确禁止以跨境电子商务形式进口的商品名录。

责任单位：省工商局、公安厅、知识产权局，福建出入境检验检疫局、厦门出入境检验检疫局

（十）加快流通信用体系建设

积极运用大数据、云计算、物联网等信息化手段，依托全国企业信用信息公示系统，进一步完善“福建省工商系统市场主体信用信息共享系统”，形成全省统一的市场监管信息平台，建立行政管理信息共享机制，及时公开流通领域市场监管信息。全面落实国家发展改革委、工商总局等 38 个部门联合制定的《失信企业协同监管和联合惩戒合作备忘录》，加大对违法市场主体的行政处罚和信用约束力度，依法实施对被吊销营业执照、吊销注销撤销许可证、列入经营异常名录和黑名单等市场主体的惩戒措施，推动形成依法诚信经营的社会氛围。开发“福建省网络经营主体数据库”和“工商系统执法取证工作云”信息化监管执法系统，推动我省电商代表企业组织“福建省电子商务企业诚信承诺联盟”建设，积极推进网络商品可信交易环境试点工作。构建市场化的第三方信用评价机制，支持信用调查、信用评估、信用保险、商业保理等信用服务行业加快发展，创新信用产品和服务。鼓励征信机构开展专业化征信服务，建立健全失信联合惩戒和守信激励机制。鼓励行业协会商会建立会员企业信用档案，推动具有上下游产业关系的行业协会商会建立信用信息共享机制。

责任单位：省工商局、发改委

（十一）加强流通标准化建设

推动标准与内贸流通产业政策、市场准入和监督监管相互衔接，强化标准的实施执行，促进内贸流通标准化和规范化发展。鼓励和支持商贸流通领域企业参与产品标准自我公开声明工作，建立“企业信用记录”。推进电子商务标准化建设，着重推动应用标准、流程标准和技术支持标准制定，开展电子商务标准化建设示范工作。

责任单位：省质监局、商务厅

五、健全内贸流通协调高效的管理体制

（十二）加快政府职能转变

1. 明确政府职责。加强内贸流通领域发展战略、规划、法规、规章、政策、标准的制订和实施，整顿和规范市场经济秩序，推动信用建设，提供信息等公共服务，做好生活必需品市场供应应急调控，依法管理特殊流通行业。深化行政审批制度改革，依法界定内贸流通领域经营活动审批、资格许可和认定等管理事项，加快推广行政审批“一个窗口”受理，规范行政许可流程，取消涉及内贸流通的非行政许可审批。结合市场准入制度改革，推行内贸流通领域负面清单制度。

2. 严格依法履职。建立健全内贸流通行政管理权力清单、部门责任清单等制度，公开涉及内贸流通的行政管理和资金支持事项。进一步理顺部门职责分工。商务主管部门要履行好内贸流通工作综合统筹职责，加强与有关部门的沟通协调，完善工作机制。探索建立内贸流通领域管理制度制定、执行与监督既相互制约又相互协调的行政运行机制。厦门市要做好国内贸易流通体制改革发展综合试点，以体制机制创新为出发点和落脚点，坚持先行先试，为国家和全省深化改革和创新发展积累经验。

责任单位：省商务厅，各设区市人民政府、平潭综合实验区管委会

（十三）创新管理服务

积极探索推行全程电子化登记，加快推进以电子营业执照为支撑的网上申请、网上受理、网上审核、网上公示、网上发照等全程电子化登记管理模式，完善“网上工商办事大厅”，落实电子文件证照的及时推送，提高市场主体登记管理的信息化、便利化、规范化水平。全力推进增值税发票系统升级版工作，简化报税手续。扎实做好电子发票系统软件推行准备，选取部分电商纳税人进行实地运行测试和验证，为全省推行做好准备。

责任单位：省工商局、国税局

（十四）充分发挥行业协会商会作用

推进行业协会商会改革，支持行业协会商会加快发展，提升行业服务和管理水平，发挥其在加强行业自律、服务行业发展、反映行业诉求等方面的作用。支持行业协会组织根据本领域行业特点和发展需求制定行业服务标准和服务规范，倡导建立良性商业规则，促进行业自律发展。鼓励行业协会竞争性承接政府职能转移，推动部分行业协会市场化运作，探索“业必归会”发展模式。

责任单位：省经信委、商务厅，各设区市人民政府、平潭综合实验区管委会

（十五）加大内贸流通发展资金支持

加大力度支持促进现代商贸物流业发展、商贸企业安全生产标准化建设、绿色流通体系建设、中小商贸流通企业服务体系建设和商贸流通产业优化升级等，相关资金纳入商务部门工商流通发展专项统筹安排。

责任单位：省商务厅、财政厅，各设区市人民政府、平潭综合实验区管委会

江西省

江西省商务厅关于印发《2015 年全省商贸流通工作要点》的通知

赣商务运函〔2015〕33 号

各设区市、省直管县（市）商务主管部门：

现将《2015 年全省商贸流通工作要点》印发给你们，请结合实际，认真抓好贯彻落实。

江西省商务厅

2015 年 2 月 26 日

2015 年全省商贸流通工作要点

2015 年是全面深化改革扩大开放的关键之年，是省委“发展升级、小康提速、绿色崛起、实干兴赣”方针的深入推进之年，做好全省商贸流通工作意义重大。2015 年全省商贸流通工作的总体要求是：深入贯彻落实党中央、国务院和省委、省政府的决策部署，按照全国商务工作会议和全省商务工作会议部署要求，充分发挥商贸流通业作为国民经济基础性和先导性产业作用，以创新思路、务实举措，全面实施商贸流通业发展三年行动计划，推进商贸流通业发展升级，着力建设商贸繁荣的江西。

2015 年全省商贸流通工作目标任务是：实现社会消费品零售总额 5770 亿元，同比增长 12.5% 左右；主要商品市场运行基本平稳、有序、安全。

一、积极培育消费增长点，推动商贸流通创新发展

1. 切实抓好消费促进工作。贯彻落实《国务院办公厅关于促进内贸流通健康发展的若干意见》（国办发〔2014〕51 号）等新出台的促消费文件精神。抓好已出台的各项扩大消费政策的贯彻落实。精心打造江西金秋购物消费促进月等影响力大、带动力强的活动平台，广泛开展各类促消费活动。加快各设区市在中心城区打造都市消费集聚区。

2. 加速发展电子商务。大力培育电子商务特色和优势，积极引导我省优势产业建设网上产业带，努力培育网上瓷都、旅游、赣南脐橙、金溪香料等特色平台，加快推进铜产业、钢铁、稀土、钨、粮食等大宗商品电子商务交易中心建设。大力组织电子商务专题招商，加快推进跨境电子商务公共服务体系建设，促进跨境电子商务发展。推动南昌、赣州创建国家电子商务示范城市，开展进贤县等 7 个国家电子商务进农村综合示范县建设，积极组织创建国家电子商务示范基地、示范企业。支持 18 家省级电子商务示范基地、43 个示范企业和 6 个省级电子商务进农村综合示范县加快发展。组织举办农产品电子商务对接活动，着力抓好电商人才培育，开展十佳电商县、十大电商领军人物和十大重点电商企业评选。

3. 加快发展现代物流业。编制《全省物流重点产业集群（集聚区）发展规划（2015-2020）》，培育50个物流重点产业集群（集聚区），重点打造20个物流重点产业集群（集聚区）。建立集聚区推进机制，完善物流统计制度。认定第三批全省商贸物流重点园区（中心）和重点商贸物流企业。进一步推进赣州市省级城市配送试点，争取南昌市成为全国城市共同配送试点城市。推进第四方物流信息平台企业发展。培育一批物流行业龙头企业。推动开展现代物流区域合作，招引知名物流企业来赣投资兴业。实施商贸物流标准化专项行动计划。

4. 推进养老服务产业发展。重点抓好养老服务产业基金试点，扶持我省养老服务企业发展壮大，培育养老服务产业龙头企业和知名品牌，促进养老服务产业的消费。

5. 加快内外贸一体化进程。引导省内流通企业走出去，组织赴境外参加展会和出国洽谈对接，推动有条件的企业加快境外投资和营销网络布局步伐。在国际市场上进口国内市场需求的商品，丰富商品市场，满足国民多层次需求。积极引进国内外名牌消费品供应商来赣开设分销总部、实体品牌直营店，推动工厂店、奥特莱斯、折扣店等新型业态发展。支持省内商贸流通企业利用各种方式跨境采购，引导大型批发零售企业设立进口商品专区（柜）。

6. 促进传统商贸流通业转型升级。研究出台促进批发零售业转型发展措施，培育一批业态模式新的连锁企业。对认定的50条特色商业街进行重点培育，引导改造提升1-2条特色商业街，并积极申报国家级特色商业街。建立全省特色商业街信息库和经营统计制度。编制《江西省“老字号”名录》，加大对“老字号”的保护、促进和宣传，对“老字号”实现信息化管理，适时开展第二批江西“老字号”推荐认定工作。完善全省家庭服务业公共平台，抓好江西省地方标准“月嫂”等规范的实施，继续开展行业示范单位、金牌服务员等创先争优评选活动。抓好养老服务产业基金试点，支持社会力量进入养老服务领域。

7. 推进商贸流通业重大项目建设。积极开展商贸流通及服务业招商引资，编制全省商贸流通及服务业招商引资项目册，组织赴沿海省市开展现代服务业专题招商活动，引进一批投资规模较大、技术含量较高、辐射带动较强、经济效益较好的项目，加大力度培育大型商贸流通企业，迅速做大全省商贸流通及服务业总量。

二、构建城乡流通新体系，推动城乡商贸统筹发展

8. 加快城市商业发展。引导各地合理建设城市商贸示范综合体，打造城市商贸集聚区。加大商业地产招商力度，帮助商贸企业引进国内外知名商业企业和商品、服务品牌。大力发展连锁经营、社区超市、餐饮店、便利店、蔬菜店、家政服务等商业网点，创建一批省级商业示范社区。推动出台《江西省鼓励类流通设施目录》，继续实施城区标准化菜市场建设改造。引导和推进县级农贸市场改造升级。加快对公益性流通设施和网点的建设改造和政府回购回租。

9. 推进商品交易市场转型升级。重点培育10个省级重点市场。推动市场升级和信息化改造，提升我省商品交易市场竞争力。依托我省资源和特色产业优势，推进大宗商品现货交易市场健康发展。推动开展绿色市场创建工作。鼓励和引导现有商品交易市场创新和拓展服务功能，推进流通信息化，促进电子商务、连锁经营、物流配送融合发展。

10. 加快中小商贸流通企业服务体系建设。建立省、市二级中小商贸流通企业服务体系。建设省级中小商贸流通企业公共服务平台，推动非试点城市开展服务体系建设。充分调动各类专业服务机构积极性，为中小商贸流通企业提供专业服务，培育创新型流通主体。

11. 完善再生资源回收体系。加强再生资源回收行业管理，促进再生资源回收规范经营。开展绿色回收工程，突出支持公益性回收活动，完成全省首个废弃节能灯回收网络和处置基地项目建设。推动上饶等再生资源回收体系建设试点城市加快建设。

三、推动江西商品走出去，努力扩大省外市场份额

12. 组织开展省产品推介活动。组织省内名特优企业赴广东、西安等地举办省产品推介活动。推动每个设区市在省外至少举办1次具有当地特色的产品推介、展销活动。每个县（市、区）至少组织10家以上的当地重点企业到省外推介销

售省产品。推进我省与长三角省市建立市场体系一体化合作关系，促进商贸流通率先融入长三角。

13. 继续实施拓展省外销售市场工程。加强北京江西产品展示销售中心和南昌华南城江西特色商品展销交易中心建设。引进国内外企业在赣设立商品采购中心和供应基地。指导省内大中型商贸零售企业开设和扩大省产品销售专区、专柜。

14. 加强江西好产品品牌宣传。在省内外媒体广泛宣传江西好产品，在全国大型综合展会中设立江西品牌展区，举办江西品牌产品整体宣传推介活动，扩大江西商品在全国的知名度和影响力。

15. 大力推动赣菜推广工程。组织省内重点赣菜企业走出去，大力宣传20道精品赣菜，打响赣菜品牌。继续在全省范围内组织开展美食之街、美食之乡的评选工作。组织举办好中国赣菜文化美食节，指导南昌市承办好中国辣文化美食节。组织实施赣菜标准化工程，提升我省餐饮行业管理水平。

四、探索市场保供新举措，提升市场运行调控水平

16. 加强市场监测预测预警。优化样本企业结构，加强信息泵安排，加快市场监测成果转化，加强运行分析和调查研究。完善四级商务预报平台体系，及时发布市场信息。健全市场监测、分析和预警队伍，加强队伍培训，完善队伍管理、考核和激励机制。

17. 推进生活必需品应急保供体系建设。组织修订省、市、县《生活必需品市场供应应急预案》及相关专项预案。督促各设区市、县（市、区）进一步加强生活必需品市场供应应急工作队伍和应急企业建设，着力完善生活必需品应急保供网络。

18. 建立和落实重要商品储备制度。建立省级猪肉、食糖储备或调用补偿制度。督促设区市落实猪肉储备计划，初步建立设区市城区蔬菜储备制度。研究在应急商品货源企业实行商业代储的操作办法。

19. 完善应急商品投放网络。进一步完善应急商品投放供应网络，建立重要应急商品投放网点名单，制订应急商品投放供应预案。加强对中央在赣储备猪肉、食糖的监管工作。

五、推进市场监管常态化，规范市场流通经济秩序

20. 扎实推进商务综合执法。进一步落实《商务部关于进一步加强商务行政执法工作的意见》，充分发挥12312商务举报投诉服务平台作用，继续实施市场监管公共服务体系项目。

21. 加大规范市场秩序力度。抓好清除地区封锁打破行业垄断工作。组织开展无店铺销售专项整治工作。抓好规范零售商供应商交易行为，治理大型零售商向供应商违规收费；深入开展打击侵权假冒工作。加强成品油市场监管。制定《江西省成品油分销体系“十三五”发展规划》。开展加油站“四项规范”建设验收，修订完善《江西省成品油管理实施办法》（试行）。

22. 扎实推进追溯体系建设。推进南昌市肉菜流通追溯体系批发市场电子结算应用，强化机制保障巩固南昌市肉菜流通追溯体系正常运行，开展九江市肉类追溯体系建设试点，加快我省中药材流通追溯体系建设。

23. 深入推进商务信用建设。制定我省商务领域信用建设工作改革方案。完善省商务系统征信体系和信用信息数据库，加强商务领域信用信息征集、共享及应用。加强单用途商业预付卡管理。启动推进监管信息共享制度建设。引导内贸流通企业利用内资信用保险扩大信用消费规模，逐步扩大商业保理试点范围、积极开展“诚信兴商宣传月”活动。

24. 加强商贸流通特殊行业管理。加强酒类流通、汽车流通、药品流通、茧丝绸行业的管理，进一步强化拍卖、典当、融资租赁、商业特许经营、直销、旧货流通、再生资源回收、二手车交易、报废汽车回收等行业的监管。

25. 加强行业安全生产工作。重点做好节假日等特殊时期商贸流通领域的安全生产工作，严格落实监管责任和安全隐患检查整治制度。

六、加强自身建设上台阶，着力夯实商贸基础工作

26. 加强内贸流通规划工作。启动“十二五”内贸规划实施效果评估和“十三五”内贸流通发展规划编制工作。完成

井冈山市、共青城市和15个以上县商业网点规划编制任务。推进内贸流通主要行业和重点领域发展专项规划编制工作。加强规划编制工作的前期研究。加强规划的管理和实施。

27. 重视商贸流通工作宣传。定期召开媒体通气会，增加主流媒体对商贸流通工作的宣传报道。建立和完善商贸流通工作信息报送制度，确保全省商贸流通工作信息渠道畅通。

28. 推进商贸流通数据建设。加强商贸流通数据统计、数据整合和数据测算工作，加强商务指标对经济发展贡献度的科学测算。研究开发全省商贸流通业统计信息平台，调整和完善商贸业统计典型企业。

29. 加大业务培训力度。加强对商贸流通领域知识学习和业务培训，重视对商贸流通发展理论和政策的研究，牢牢把握商贸流通发展的重点问题，及时解决制约商贸流通发展的难点问题，提高各级商务干部做好商贸流通工作的能力和水平。

30. 严格专项资金管理。认真做好项目的申报、监管和验收工作，加强商贸流通项目资金管理，确保项目资金安全。认真开展项目建设绩效评价，重点对项目在决策、进度、效果和资金管理等方面的实施情况进行全面评估。

江西省商务厅办公室
2015年2月26日印发

江西省人民政府办公厅关于印发《江西省商贸流通业发展三年行动计划》的通知

赣府厅字〔2015〕29号

各市、县（区）政府，省政府各部门：

《江西省商贸流通业发展三年行动计划》已经省政府同意，现印发给你们，请结合工作实际认真贯彻执行。

江西省商贸流通业发展三年行动计划

为贯彻落实《国务院办公厅关于促进内贸流通健康发展的若干意见》（国办发〔2014〕51号），充分发挥流通业作为国民经济基础性和先导性产业作用，推进消费扩大和升级，加快转变全省经济发展方式，特制定本计划。

一、总体要求

（一）发展思路。以扩大内需为战略基点，以加快转变经济发展方式为主线，深化商贸流通体制改革，壮大商贸流通主体、培育新型业态、提高流通效率、创优发展环境，进一步做大江西商贸流通业总量规模、优化产业结构、提升发展水平，为实现发展升级、小康提速、绿色崛起、实干兴赣奠定坚实基础。

（二）主要目标。经过三年努力，到2017年，商贸流通业总量规模明显扩大，全省社会消费品零售总额6828亿元以上，年均增长10%，初步建成统一开放、公平竞争、城乡一体、安全高效的现代流通体系。商贸流通业结构明显优化，电子商务、现代物流等新兴业态蓬勃发展，批发、零售、住宿、餐饮业等传统商贸流通业增加值2020亿元以上，年均增长10%，占全省国内生产总值10%以上。商贸流通业发展水平明显提高，信息化、现代化和内外贸一体化明显提速，商贸流通业竞争力显著提高。流通业发展环境明显改善，基础平台不断夯实，政策措施日益完善，市场化、法治化、标准化、国际化营商环境加速形成。

二、重点工作

（一）夯实三大基础平台。

适应流通现代化发展需要，进一步夯实商贸流通业发展基础平台，加快流通领域数据库和信用体系建设，提高商贸流通工作服务水平。

1. 建立完善全省国内贸易行业数据平台。改革国内贸易监测统计工作体制，加快建立和完善以政府数据为主体、社会数据为补充、涵盖国内贸易各子行业和国内外重要商品市场的统一大数据平台。加强与统计、工商等部门及相关协会、科研院所等机构的合作，不断开发新的国内贸易信息服务应用平台，重点建设国内贸易监测统计系统、重要商品预测预警系统、国内贸易管理评价系统和国内贸易综合数据中心。进一步优化监测统计样本结构，注重与统计部门样本企业的衔接，力争三年左右，全省国内贸易监测统计样本企业销售额占社会消费品零售总额比重达到30%以上。拓宽数据采集渠道，采用定点采集、部门合作、购买服务等方式，提高数据采集质量。提高市场与行业分析水平，增强预测预警能力。加强省、市、县三级“商务预报”平台建设，提高国内贸易监测统计信息发布影响力，更好地服务政府决策、行业管理、企业经营和居民消费。

2. 打造全省商贸流通领域诚信信息平台。按照商务部《关于加快推进商务诚信建设工作的实施意见》，有序推进商务领域诚信建设。重点完善以商务领域企业基本信息、资质信息、违法违规信息为主的信用信息数据库，健全失信惩戒和守信激励机制。加快重要商品流通追溯体系建设。推动出台《关于加快全省重要商品流通追溯体系建设的实施意见》，建立全省重要商品流通追溯体系建设工程联席会议制度，加快推进肉菜、中药材及酒类等重要商品的流通追溯体系建设。创优商贸流通领域信用环境。持续开展“诚信兴商宣传月”主题活动，营造诚信经营的良好社会氛围。适时启动“江西商务领域诚信企业示范建设”，树立一批诚信经营企业典型，引导更多企业诚信经营。切实履行法定职责，深入推进商务综合行政执法，强化市场监管，营造公平市场环境。

3. 建立全省中小商贸流通企业服务平台。开发省中小商贸流通企业信息服务系统，建立全省中小商贸流通企业服务体系。整合、共享商贸流通领域服务资源，在信息咨询、管理提升、电子商务、市场开拓、融资对接、创业辅导、集采分销、商业特许经营、品牌推进等方面为中小商贸流通企业提供全方位的服务，帮助中小商贸流通企业增强市场竞争力。提升服务水平，建立网上服务对接机制和市级服务平台绩效评价机制，推动非中小商贸流通企业服务体系试点城市加快开展服务体系建设。力争用三年时间，构建起部、省、市三级服务体系，促进全省中小商贸流通企业加快发展。

（二）实施十项重点工程。

立足当前我省流通产业发展实际，着眼于发展升级目标，大力实施十项重点工程，促进在全省商贸流通重点领域率先突破，引领和带动全省商贸流通业发展升级。

1. 电子商务发展工程。加强规划引领，按照全省电子商务产业发展规划，打造昌九电子商务核心区、赣东北电子商务企业重点承接地、赣西和赣中南地区特色电商聚集区，引导形成全省“一核三区”电商产业空间布局，培育一批特色明显、产业链完善、服务体系健全的电商产业聚集区。推进示范建设，支持南昌、赣州建设国家电子商务示范城市，积极推动全省创建1-2个国家电子商务示范基地、7个电子商务进农村示范县；培育20个省级电子商务示范基地（园区）和100家省级电子商务示范企业。完善政策支持，加快健全电商配套支持政策和电商产业配套体系，着力推进跨境电子商务发展，加快电子商务内外贸一体化步伐，加大土地、财税、金融等政策落实力度，建立省、市、县支持全省电子商务发展的政策体系，营造电商发展的良好环境。培育特色产业，以产业集群、产业园区、专业市场为依托，培育壮大一批地方本土企业和特色电商平台。以农村流通现代化为目标，以电子商务示范县建设为抓手，建设完善农村电子商务综合服务体系，扩大农村电子商务应用领域，改善农村电子商务发展环境，大力推进电子商务进农村工作。

到2017年，全省电子商务交易额超4000亿元，全省规模以上企业电子商务应用率达95%以上，中小企业电子商务应用率超70%，在全省打造一批国家级、省级电子商务进农村综合示范县。

2. 物流重点产业集群（集聚区）发展工程。支持物流重点产业集聚区加快发展，依托我省相关重点产业、重点园区、重点产品，培育建设一批全省物流重点产业集聚区。鼓励工业园区建设园区物流港，整合开辟零担物流专线，降低园区企业物流成本。对符合条件的园区物流港，优先列入全省重点物流产业集聚区。培育第三方物流企业，培育一批全省重点商贸物流园区（中心）和重点商贸物流企业，支持引进投资兴建高标准物流项目，支持组建若干现代物流集团。开展城市配送试点，在赣州、南昌等地实施省级城市配送试点，重点着力在快速消费品、生鲜食品、药品、家电、快递等领域率先实现共同配送，建成涵盖一个信息平台、若干配送中心、一批配送末端网点、一支绿色配送车队等城市配送体系。充分发挥江湖水运、高速路网、铁路干线、航空运输等优势，大力推进铁路进港、进园区（产业集聚区）工程。发展多式联运，建设现代物流园区。鼓励制造业、商贸业与物流业联动、融合发展。优化物流业发展环境，加大通行便利、财税、融资等政策落实力度；推进物流信息化和标准化建设，推广吉安万吉全国物流信息平台经验，支持第四方物流公共信息平台建设，鼓励物流业采用标准化托盘。

力争到2017年，全省培育50个物流重点产业集群（集聚区），物流费用占GDP比率下降0.5个百分点，物流业在信息化、标准化、专业化、集约化、社会化等方面有明显提升。

3. 城市商业提升工程。提升城市商业综合服务功能，加强城市商业网点规划，有序引导城市商业网点建设，促进商业网点合理布局，增强城市的集聚功能和辐射能力。加快推进大型商贸综合体、商业功能区、特色商业街区及中央商务区建设，鼓励通过招商引资引进国内外品牌商品、管理及投资者。大力发展社区商业，支持提升社区智能商业便民服务，鼓励有实力的连锁经营企业采取自营、特许加盟等形式在社区设立综合超市、蔬菜直销店、便民消费店、餐饮店等各类便民商业网点。建立完善社区商业民生服务平台，为市民提供保姆、搬家、维修、养老、医疗、慈善、配送等民生服务。

到2017年，全省建成一批具有引领示范作用的城市商贸示范综合体和100个省级社区商业示范区，建设省级特色街50条以上，推动城市商业不断提档升级。

4. 便民菜市场建设改造工程。加强对各设区市菜市场设置规划引导，合理规划布局新建菜市场，鼓励发展连锁便民菜店和蔬菜直销店。继续实施城区标准化菜市场建设改造，支持设区市中心城区菜市场改造升级，积极推进县级城市菜市场和乡镇农贸市场建设改造。推进城区菜市场标准化和信息化建设，鼓励使用便捷结算工具，完善可追溯体系。支持开展公益性菜市场建设，引导各地加大对公益性菜市场的建设改造，支持政府回购回租便民菜市场。建立菜市场管理长效机制，鼓励各地出台管理办法，搭建齐抓共管的长效机制。

到2017年，全省城区标准化菜市场建设改造实现全覆盖，乡镇农贸市场改造达50%，社区便民菜店覆盖全省各设区市主要社区，形成全省菜市场建设管理长效机制。

5. 会展产业化工程。培育展会品牌，依托我省资源及特色优势，着力将世界低碳博览会、中国绿色食品博览会、中国（景德镇）瓷博会、中国（樟树）药交会、赣州脐橙节、南丰蜜桔节等展会打造成为知名展会。推动出台加快江西省会展业发展政策。加大会展企业的引进，加强与国内外龙头会展企业的合作，引进一批行业影响力大、示范效应好、带动作用强的会展企业，提升我省办展水平。加强会展队伍培育，鼓励利用院校资源培育一批展览专业人才，壮大会展业主体队伍，提升我省会展业管理和服务水平。

到2017年，培育一批有较强竞争力的会展公司和知名展会，年举办各类展会200余个，会展直接经济效益300亿元，拉动社会经济效益超1000亿元，并带动交通、住宿、餐饮、旅游、设计等产业发展。

6. 家庭服务业惠民工程。建立全省家庭服务业运营体系，2015年初步建立省级家庭服务业公共信息网站平台、全省家庭服务业运营监测管理系统和省级12343呼叫中心。健全公共平台服务功能，通过电话、互联网、短信等多种渠道，实现从预订查询拓展到资质查询、服务评价，服务项目实现从提供保姆、月嫂、小时工等家庭服务逐步扩大到维修服务、养老服务、医疗服务、物业管理、社区导购、房屋租赁、人才招聘、法律服务、生活百事等类别。探索养老服务业、健康服务业与家庭服务业融合发展模式，扶持健康养老平台建设，统筹发展居家养老、社区养老和机构养老相结合的养老服务体系。

到2017年，建立起我省家庭服务业公共平台和监管体系，形成覆盖全省、惠及城乡、较为健全的多层次、多形式家庭服务体系，全省家庭服务整体水平明显提升。

7. 餐饮产业千亿工程。精心打造江西餐饮业集聚发展平台，组织举办中国赣菜文化美食节，承办中国辣文化美食节，推广江西鲜辣饮食文化。推动实施餐饮业标准化建设，重点制订涵盖赣菜食材与原产地、赣菜中央厨房、赣菜特色服务、赣菜文化传承、赣菜金牌厨师、赣饮食非物质文化遗产、赣饮食地方特色保护、赣菜地方小吃、20道精品赣菜等主要内容的标准，用标准实现我省餐饮行业的规范化与规模化，提升我省餐饮行业管理水平。继续开展美食之街、美食之乡评选工作，打造20个餐饮业集聚区。全力打造赣菜精品和品牌，广泛挖掘赣菜历史文化传承，创新赣菜菜品，大力推广“20道精品赣菜”，扩大赣菜影响力和知名度。加大赣菜厨师培育，建立全省赣菜大师专家库，发掘和培育一批赣菜烹饪大师，引导发展餐饮专业教育。

到 2017 年，全省餐饮业经营网点 6 万余家，从业人员超 130 万人，营业额超 1000 亿元，有力带动农产品、陶瓷、旅游等产业发展，成为全省服务业的支柱。

8. 商品交易市场升级工程。加强规划指导，引导各地规划一批凸显本地资源、产业或产品等优势和特色的商品交易市场，促进市场科学规划、合理布局。加大市场建设，依托我省资源和特色产业优势，积极建设大宗商品交易和资源配置平台。突出示范引领，开展商品交易市场示范建设，培育一批专业特色鲜明、市场业态先进、产业带动作用明显、在同类市场中占有较大份额、辐射范围较广的省级示范商品交易市场；着力健全完善市场集散、交易、结算、物流、配送、信息化等功能，培育一批内贸外贸相结合、线上线下相结合、物流信息相配套的功能完善的专业市场，引领市场发展升级。完善政策支持，出台推进全省商品交易市场发展升级的政策意见，推动各地各部门落实相关配套支持政策，着力形成推动商品交易市场发展升级合力。

力争到 2017 年，培育 20 个左右在全国有重要影响的省级示范商品交易市场，全省年交易额百亿元以上商品交易市场超 10 家，年交易额亿元以上市场超 200 家，亿元以上商品交易市场年交易总额突破 3000 亿元。

9. 千企万品拓市场工程。打造省产品展销活动平台，每年组织省内千家（次）以上企业万种以上商品在国内外重点城市和网上平台举办江西产品展示展销活动，支持江西企业和商品赴境内外参展参会。推进江西商品展销平台和销售网络建设，在北京、广州、上海和南昌等地建立江西特色商品展示交易平台，支持企业在省外、境外和网上开设江西商品馆、专卖店、销售专区、销售专柜和进驻省外大型市场等，支持省内大中型批发市场、商业零售企业设立江西品牌商品综合展销区，鼓励国内外企业在赣投资设立大宗农产品、特色品牌商品采购中心和供应基地，鼓励企业发展经销商、代理商和经纪人。培育省产品销售品牌，发挥特色农产品资源优势，开展畅销农产品品牌评选与培育。营造支持省产品开拓市场的良好环境，推荐更多省产名优商品进入政府采购目录，支持加大省产品产需对接、产销对接、农超对接、农批对接等，广泛开展江西品牌产品宣传推介活动，出台省产品促销奖励办法。

力争到 2017 年，初步建立江西商品拓展全国市场的平台框架和营销网络，形成较为完善的鼓励和支持省产品开拓市场的政策体系。

10. 内外贸融合工程。引导省内流通企业走出去，组织赴境外参加展会和出国洽谈对接，推动有条件的企业加快境外投资和营销网络布局步伐。加快推进内外贸一体化步伐，在国际市场上进口国内市场需求的商品，丰富商品市场，满足国民多层次需求。支持省内商贸流通企业利用各种方式跨境采购，引导大型批发零售企业设立进口商品专区（柜）。

力争到 2017 年，省内更多的流通企业和品牌商品走出“国门”，享誉全球；国外更多的质优价廉商品在省内大型零售企业销售，满足省内消费者多样化、多层次的消费需求。

三、保障措施

（一）加强组织领导。各地各部门要充分认识发展商贸流通业的重大意义，切实加强对商贸流通业发展的指导推进。积极发挥全省搞活流通扩大消费工作领导小组职能作用，省商务厅要加强统筹协调，会同有关部门，加强重大战略研究、重大政策制定、重大项目实施、重大事项协调，落实工作责任，形成工作合力，努力探索新时期商贸流通业发展升级新方法、新机制。

（二）狠抓工作落实。要把全面落实好近年国家和省里加快流通业发展政策作为当前重要工作，采取有力措施，将流通业用水、用电、用地、财税、金融等各项具体支持政策落实到位。各级商务主管部门要会同相关职能部门，深入推进三大平台、十项重点工程建设，对推进落实进行督促检查，定期向全省搞活流通扩大消费工作领导小组报告落实情况。

（三）夯实基础工作。切实加强商贸流通业发展规划，完善政策措施。加强舆论引导，广泛宣传国家和省里促进商贸流通业发展的政策举措，营造商贸流通业发展升级的良好氛围。

山东省

山东省商务厅关于印发《“互联网+流通”行动计划》的通知

各市商务主管部门：

为贯彻落实国务院《关于大力发展电子商务加快培育经济新动力的意见》（国发〔2015〕24 号）和商务部《“互联网+流通”行动计划》（商办电函〔2015〕179 号），加快我省互联网与流通产业深度融合，推动传统流通产业转型升级，现就“互联网+流通”行动提出以下工作方案，请认真组织落实。

一、工作思路与目标

（一）工作思路。大力推进电子商务在商贸流通领域的广泛普及和深度应用，以电子商务模式创新、示范创建、品牌培育和园区建设为抓手，突出农村电商、社区电商、跨境电商三大重点领域，着力实施电子商务进农村、进社区，着力推动传统商贸流通企业、外贸企业转型升级，着力抓好规划政策、人才队伍、物流配送、公共服务等支撑保障体系，使电子商务在服务民生、拉动消费、增加就业等方面发挥更重要作用。

（二）工作目标。全省电子商务交易规模进一步扩大，2017 年交易额达到 3 万亿元，网络零售额达到 6000 亿元，网络零售额占消费品零售总额的比重提升到 18%；商贸流通领域电子商务应用水平显著提升，限额以上批发、零售、住宿、餐饮等企业电子商务应用普及率达到 70% 以上，在线电子商务交易额占销售总额的比重达到 30% 以上。培育 100 个网络服务知名品牌，全省跨境电子商务年交易额突破 200 亿美元。

二、重点任务

（一）推动电子商务进农村。实施电商进村工程，完善农村电子商务服务体系，促进工业品下乡和农产品进城双向流通。支持阿里、京东、苏宁等电商企业开发农村市场，推动建立县级电子商务服务中心和村级服务点，切实发挥电子商务服务机构在信息发布、网上代购代销、人员培训、物流中转、售后服务等方面的作用。加强农村商务信息服务工作，推进农产品网上购销常态化对接。培育农村电商经营主体，支持商品配送中心、商场（超市）、乡镇商贸中心、农家店、邮政服务网店等发展电子商务，实现实体店与虚拟店融合发展。支持农村青年、大学毕业生、农村致富带头人和农民合作社开设网店，开展农产品、手工艺品、乡村旅游服务等网上销售。推广“淘宝村”发展经验，加快电商村、电商镇的建设发展。

（二）推进电子商务进社区。积极发展以社区生活服务为核心的电子商务，推动电子商务企业整合社区商业资源和便民服务设施，实现社区商业与城市便民服务、社区政务、物流配送的互联互通。支持建设社区电子商务服务平台，提供居民日常消费、家政服务、远程缴费、健康医疗、紧急求助、电子政务等方面的在线服务。支持设立社区电子商务综合服务点，推进连锁超市、便利店、社区物业等开展物流分拨、快件自提等便民服务。

（三）大力发展跨境电子商务。实施跨境电子商务“635 工程”，加快跨境电子商务主体队伍建设。打造一批跨境电子商务公共服务平台、应用企业和综合服务商。集中培育一批省级跨境电子商务园区，引领跨境电子商务产业聚集发展。

支持跨境电子商务零售出口企业通过海外仓、体验店等拓展营销渠道，培育自有品牌和自建平台。推进跨境电子商务物流快递分拨海外设点布局，集中建设一批跨境电子商务公共海外仓。加快推进中韩自贸协定框架下跨境贸易电子商务的先行先试，支持青岛创建国家跨境电子商务综合试验区。到 2017 年，培育 600 家跨境电子商务重点企业，建设 30 个省级跨境电子商务园区，50 个跨境电子商务公共海外仓。开展“跨境电商进万企”培训活动，推动全省 3 万家企业开展跨境电子商务。加大跨境电子商务政策扶持，健全跨境电子商务政策促进体系。

（四）促进传统商贸企业线上线下融合。推动百货商场、连锁超市、便利店等传统零售企业，依托原有实体网点、货源、配送等商业资源，发展全渠道、O2O、定制化营销模式，促进电子商务与传统零售业的融合发展。提升传统批发市场、农贸市场信息化水平，加快发展电子商务、现代物流等新型流通方式，提高交易效率。稳妥推进大宗商品交易市场开展网上现货交易，扩大交易规模。

（五）深入开展电子商务示范创建。加强对国家级、省级电子商务示范基地和示范企业的指导和考核，鼓励创新发展。继续开展国家级、省级电子商务示范基地、示范企业创建工作，到 2017 年底，创建 10 个国家级、50 个省级电子商务示范基地，培育 20 家国家级、100 家省级电子商务示范企业。结合实施电子商务进农村工程，组织开展电子商务示范县创建工作。到 2017 年底，创建 10 个国家级、30 个省级电子商务示范县。

（六）着力培育电子商务品牌。推动一批行业垂直 B2B 平台向交易型平台转型，整合行业产业链，扩大网络销售规模。培育一批网络零售企业，借助阿里巴巴、京东等第三方平台开设网络旗舰店，创建网络零售品牌。鼓励依托地方农产品、手工艺品、老字号和旅游服务等特色商品，在阿里巴巴等平台上开设“地方特色馆”。支持举办电子商务展会活动，加强电子商务的交流与合作，打造电子商务展会品牌。

（七）推动电子商务集聚发展。支持建设电子商务产业园区，吸引电子商务、物流、培训、金融等服务企业入驻，推动产品展示、产业孵化、人才培训等公共服务，丰富和完善电子商务产业生态体系，促进电子商务产业集聚发展。

三、保障措施

（一）加强电子商务政策引导。研究出台促进我省电子商务发展的政策措施，制订商贸流通“十三五”电子商务发展规划。加大产业发展引导基金对电子商务领域的支持力度，重点支持区域或行业电子商务平台、公共服务平台建设和电子商务人才培训。指导各市研究制定符合本地区实际的电子商务发展规划和扶持政策。

（二）构筑电子商务末端配送体系。推进电子商务与物流快递协同发展，统筹利用“万村千乡”、交通、邮政、供销和商贸企业等现有农村渠道资源，推动电子商务第三方配送、共同配送在农村的发展。支持城市社区建设快递投送场所，推进连锁超市、便利店、社区物业、智能快件柜等末端自提网点建设，打通电子商务物流配送的农村“最后一公里”和城市社区“最后一百米”。

（三）强化电子商务人才支撑。制定电子商务人才培训机构认定办法，认定 50 家有规模的专业培训机构和实训基地。推动大专院校、专业培训机构、电商企业和行业协会合作开展电商培训，争取用 3 年时间，培训电子商务专业人员 100 万人次。支持阿里巴巴淘宝大学、各类培训机构与高校合作，开展中高端跨境电商人才培训。扎实推进“百县万人”农村创业青年电子商务培训计划，为农村电商发展提供人才支撑。

（四）建立电子商务统计监测体系。建设完善山东省电子商务公共服务平台，开发电子商务统计监测系统，建立电子商务企业统计直报制度，扩大数据统计范围，加强与有关部门协作，推动建立信息共享和协同监督机制。完善农产品市场监测、预警和信息发布机制，及时发布农产品供求、质量、价格等信息，强化市场运行监测和调控。

（五）发展电子商务行业组织。支持建立和完善电子商务促进会、商（协）会，发挥其在行业自律、诚信评价、商业推广、会展服务、合作交流、人才培训等方面的积极作用，促进电子商务健康发展。

山东省商务厅

2015 年 6 月 19 日

山东省人民政府办公厅关于印发《山东省跨境电子商务发展行动计划》的通知

鲁政办发〔2015〕33 号

各市人民政府，各县（市、区）人民政府，省政府各部门、各直属机构，各大企业，各高等院校：

《山东省跨境电子商务发展行动计划》已经省政府同意，现印发给你们，请认真贯彻执行。

山东省人民政府办公厅

2015 年 7 月 30 日

山东省跨境电子商务发展行动计划

为深入贯彻《国务院关于大力发展电子商务加快培育经济新动力的意见》（国发〔2015〕24 号）和《国务院办公厅关于促进跨境电子商务健康快速发展的指导意见》（国办发〔2015〕46 号）等文件精神，推动我省跨境电子商务健康快速发展，特制定以下行动计划。

一、工作思路与工作目标

按照“政策引领、模式创新、整体推进、分步实施”的总体思路，以“互联网+外贸”为载体，以商业模式创新为重点，以示范、培训和政策支持为抓手，全面推广跨境电子商务出口业务，鼓励有条件的市和企业开展跨境电子商务进口业务试点。大力发展跨境电子商务平台、企业、服务商、产业园区和境外物流服务体系，创新优化报关、检验检疫、结汇、出口退税等外贸供应链各环节管理方式，健全跨境电子商务服务体系和管理机制，推进外贸营销手段创新，完善跨境电子商务产业链和生态链，促进我省跨境电子商务实现跨越式发展，打造推动我省外贸发展的新引擎，促进开放型经济发展提质增效。实施跨境电子商务“635 工程”，到 2017 年，力争培育 600 家跨境电子商务领军企业，建设 30 个省级跨境电子商务园区、50 个跨境电子商务公共海外仓，开展“跨境电子商务进万企”培训活动，推动全省 30000 家企业开展跨境电子商务，力争全省跨境电子商务年交易额突破 200 亿美元。

二、重点工作任务

（一）培育壮大跨境电子商务主体队伍。开展省级跨境电子商务企业认定工作，推动各市培育一批跨境电子商务主体队伍。促进传统外贸企业发展跨境电子商务，支持生产企业和商贸流通企业利用电子商务开展国际贸易。培育一批竞争力较强的外贸综合服务企业，为跨境电子商务企业提供通关、退税、结汇、物流、仓储、融资等全方位服务。鼓励跨境电子商务企业创建自主品牌，实施品牌化、规模化经营。2015 年、2016 年、2017 年，分别认定 100 家、200 家、300 家省级跨境电子商务企业，到 2017 年年底，全省累计达到 600 家。

（二）做大做强跨境电子商务服务平台。支持各市加快建设跨境电子商务跨国采购和产销对接平台、跨境电子商务综合服务平台和海关、检验检疫通关报检平台。通过引进省外和培育本省相结合，培育一批影响力较大的电子商务公共平台，为外贸企业沟通、洽谈提供优质服务；培育一批竞争力较强的外贸综合服务企业，为跨境电子商务企业提供全面的配套支持；发挥各地产业集群优势和区域品牌优势，培育一批跨境电子商务特色专业平台；鼓励企业利用自建平台加快品牌培育，支持省内企业与境外电商平台强强联合，拓展境外营销渠道。

（三）着力打造跨境电子商务产业聚集区。着眼服务创新和监管模式创新，推动济南市、青岛市建设国家级跨境电子商务综合试验区，发挥我省建设中韩自贸区地方经济合作示范区优势，支持威海市创建中韩跨境电子商务综合试验区，推动中韩跨境电子商务率先突破发展。开展省级跨境电子商务园区认定培育工作，支持有条件的市依托现有各类经济开发区、高新技术产业开发区、综合保税区等海关特殊监管区域，培育一批省级跨境电子商务产业园区，鼓励跨境电子商务产业园区设立电子商务实训基地、体验中心，开展专业人才培训，在中小企业电商孵化、服务模式创新、公共平台建设、产业链条搭建等方面先行先试，积极发挥引领示范作用，引导跨境电子商务产业园区向规模化、标准化、集群化、规范化方向发展。2015 年、2016 年、2017 年，分别认定 5 个、10 个、15 个省级跨境电子商务园区，到 2017 年年底，全省累计达到 30 个。

（四）加快建设跨境电子商务公共海外仓。引导有实力的企业通过租用或自建方式，到日本、韩国、美国、欧盟、俄罗斯、东盟、非洲、拉美等重点市场建立跨境电子商务公共海外仓。搭建以公共海外仓为支点的目的国配送辐射网点，提供一站式仓储配送服务。支持跨境电子商务零售出口企业加强与境外企业合作，通过体验店和配送网店等模式，融入境外零售体系。推动企业建立全球物流供应链和境外物流服务体系。2015 年、2016 年、2017 年，分别认定 10 个、15 个、25 个省级公共海外仓，到 2017 年年底，全省累计达到 50 个。

（五）大力推动外贸转型升级。创新“互联网 + 产业集群”的营销模式，支持跨境电子商务企业与外贸转型升级基地、出口农产品质量安全示范区等产业集群对接，打造跨境电子商务优质供应商，提升国际市场营销能力。运用跨境电子商务打造向海外推广山东品牌的公共服务平台，建立山东品牌网上展示中心，增强品牌产品国际影响力。鼓励企业运用跨境电子商务完善境外营销网络和售后服务体系。加强与“一带一路”沿线国家和地区的电子商务合作，共同打造畅通安全高效的跨境电子商务通道。

（六）加快跨境电子商务进口发展。支持符合条件的跨境电子商务企业与跨境电子商务公共信息平台对接，开展网上直购进口和网购保税进口试点。支持大型商贸流通企业开设跨境电子商务体验店，线下体验、线上成交。发挥我省率先建设威海中韩自贸区地方经济合作示范区优势，支持企业开展对韩国跨境电子商务进口模式创新，扩大日用消费品进口，引导境外消费回流。

三、创新提升贸易便利化水平

（一）优化海关通关作业流程。创新跨境电子商务进出境货物管理模式，积极推广跨境电子商务一般出口“清单核放、汇总申报”通关模式。鼓励 B 类及以上的物流企业、电商企业自建平台和符合标准的综合服务平台纳入直购进口试点范围。实行“全年无休日、24 小时内办结海关手续”，提高跨境电子商务通关效率。积极推广跨境电子商务认证管理、信用管理和负面清单管理。加快山东电子口岸公共服务平台建设，2015 年年底前在沿海各口岸实现“单一窗口”，加快建设跨境电子商务通关服务平台，推动跨境电子商务全程无纸化通关，实现关检合作“一次申报、一次查验、一次放行”。

（二）完善检验检疫监管政策措施。对跨境电子商务进出口商品实施集中申报、集中查验、集中放行等便利措施。对跨境电子商务经营主体及商品实施备案管理和分类监管，给予诚信企业更多便利化措施。实施跨境电子商务负面清单管理制度，建立完善质量风险信息采集机制、风险评估分析机制和风险预警处置机制。

（三）落实进出口税收扶持政策。落实跨境电子商务零售出口货物退免税政策，对符合条件的电子商务出口货物实行增值税和消费税免税或退税政策，并予以优先办理。顺应国家跨境电子商务零售进口税收政策调整，积极争取国家进口税收优惠政策。

（四）完善电子商务支付结算管理。稳妥推进支付机构跨境外汇支付业务试点，允许符合条件的第三方支付机构办理跨境外汇资金收付等业务。跨境电子商务网络购物单笔交易限额提高到 5 万美元。海关监管的跨境电子商务经营主体凭借海关报关信息办理货物出口收结汇业务；采取行邮、包裹寄送的小微经营主体可通过第三方支付机构办理收结汇。推动跨境电子商务使用人民币结算，网络购物单笔交易不设限额。对第三方支付机构与银行开展的跨境电子商务人民币结算合作实行事后备案管理。

（五）支持邮政、快递开展跨境电子商务业务。加快建设国际邮政、快递和跨境网购业务服务平台。支持威海—仁川海运邮路。推动有条件城市建设国际邮件互换局（交换站），促进寄递服务与跨境电子商务联动发展。鼓励有条件的快递企业在海外建立跨境电子商务公共海外仓和快递物流分拨中心。

四、完善跨境电子商务工作促进体系

（一）建立部门联合工作机制。商务部门会同财政、金融、口岸、国税、海关、检验检疫、外汇、保险、邮政等相关部门建立联合工作机制，加强部门协调、相关政策衔接和信息沟通，解决跨境电子商务发展中遇到的问题。制定省级跨境电子商务企业、产业园区、公共海外仓、培训机构等培育认定实施办法，组织联合开展评审认定工作。

（二）加大财政金融支持力度。落实财政扶持政策，省、市外贸发展资金加大对跨境电子商务服务平台、主体培育、园区建设、公共海外仓等扶持力度，集中支持跨境电子商务商业模式创新、研发设计、营销推广、中小企业电商孵化等重点项目。利用省市现代商务发展引导基金支持跨境电子商务重点项目。发挥金融、保险机构作用，向跨境电子商务企业提供有效的融资、保险支持。完善跨境电子商务出口信用保险保费补贴政策，探索建立中小外贸企业出口信用保障机制，增强对跨国采购商吸引力，提高中小企业网上接单能力。

（三）强化宣传、培训、信息等综合服务。联合知名跨境电商机构，策划举办“山东跨境电子商务生态峰会”，打造我省具有较大影响力的跨境电商展会品牌。支持各市举办各类跨境电商宣传、培训活动，积极营造有利于跨境电子商务发展的良好社会氛围。实施“跨境电子商务进万企”专项培训计划，鼓励各市设立跨境电子商务人才孵化中心、展示体验中心和实务操作培训基地。推动省内高校、各类职业培训机构与知名电商企业开展各种形式的合作，加快跨境电子商务专业实用人才培养。发挥驻外经商机构作用，为企业开展跨境电子商务提供信息服务和必要协助。

（四）建立监测运行统计体系。开发全省跨境电子商务企业备案登记服务系统，对开展跨境电子商务企业试行备案登记制度，实现企业“一次备案、跨部门信息共享、全流程使用”。开发全省跨境电子商务数据监测统计系统，采取全面统计与抽样调查相结合的方式，与电商平台建立信息共享和交互机制，完善跨境电子商务统计制度，力争全面、准确、及时反映我省跨境电子商务发展状况。

（五）加强诚信体系建设。建立跨境电子商务及相关物流企业诚信分类管理制度，完善信用评估机制，推进跨境电子商务进口第三方认证采信，实现各监管部门信息互换、监管互认、执法互助，构建跨境电子商务交易保障体系。引导跨境电子商务主体规范经营行为，承担质量安全主体责任，建立健全经营商品可追溯体系。加强执法监管，加大知识产权保护力度，打击跨境电子商务中出现的各种违法侵权行为。

（六）加快培育中介服务组织。推动建立全省跨境电子商务行业组织，指导各地行业组织有效开展相关工作。发挥行业组织在政府与企业间的桥梁作用，引导企业公平竞争、守法经营。加强与省内外相关行业组织交流合作，支持跨境电子商务企业与相关产业集群、专业商会在境外举办实体展会，建立营销网络。

各市、各有关部门要积极适应“互联网+”发展的新趋势，切实转变观念，提高服务水平。省有关部门要完善具体配套措施，定期开展总结评估，逐步建立适应跨境电子商务发展特点的政策体系和服务监管体系。各市应本着“在发展中逐步规范，在规范中健康发展”的原则，积极开展“先行先试”，推动体制机制创新，切实履行指导、督查和监管责任，推动我省跨境电子商务健康快速发展。

抄送：省委各部门，省人大常委会办公厅，省政协办公厅，省法院，省检察院，济南军区，省军区。各民主党派省委。

山东省人民政府办公厅

2015 年 7 月 30 日印发

河南省

河南省商品条码管理办法

（2015 年 5 月 7 日河南省人民政府令第 170 号公布）

第一章 总则

第一条 为规范商品条码管理，保证商品条码质量，加快商品条码推广应用，促进电子商务、商品流通信息化建设，根据《中华人民共和国标准化法》等有关法律、法规，结合本省实际，制定本办法。

第二条 本办法所称商品条码，是指由一组规则排列的条、空及其对应代码组成的表示商品特定信息的全球统一标识，包括零售商品、非零售商品、物流单元、位置等的代码和条码标识。

第三条 本省行政区域内商品条码的注册、编码、设计、印刷、应用及其管理，适用本办法。

第四条 省质量技术监督部门主管全省商品条码工作。

县级以上质量技术监督部门负责本行政区域商品条码监督管理工作。

中国物品编码中心设在本省行政区域内的分支机构（以下简称编码分支机构），按照规定职责开展工作并提供相应技术服务。

县级以上人民政府有关部门按照各自职责做好商品条码相关工作。

第五条 县级以上人民政府应当引导、支持和鼓励商品生产者、销售者和服务提供者使用商品条码，并将推广应用商品条码纳入当地信息化建设内容。

第二章 注册、续展、变更和注销

第六条 厂商识别代码是商品条码的重要组成部分。生产者、销售者和服务提供者应当先申请注册厂商识别代码，经核准注册成为中国商品条码系统成员（以下简称系统成员）后，方可使用商品条码。

集团公司中具有独立法人资格的子公司需要使用商品条码的，应当单独申请注册厂商识别代码。

第七条 申请人申请注册厂商识别代码，应当向编码分支机构提出申请，填写《中国商品条码系统成员注册登记表》，出示营业执照或者相关合法资质证明并提供复印件。

第八条 编码分支机构应当自受理申请之日起 5 个工作日内完成初审。初审合格的，签署意见并报送中国物品编码中心审批；初审不合格的，应当将申请资料退给申请人并说明理由。

第九条 申请人获准注册厂商识别代码的，由中国物品编码中心发给《中国商品条码系统成员证书》（以下简称《系统成员证书》），取得系统成员资格。

第十条 具有下列情形之一的，不予注册厂商识别代码：

（一）不能出示营业执照或者相关合法经营资质证明文件的；

（二）社会组织、行业协会、中介机构等组织或者单位，非本单位使用厂商识别代码的；

（三）违反法律、法规或者国际物品编码协会章程的其他情形。

第十一条 厂商识别代码有效期为 2 年。

系统成员应当在厂商识别代码有效期届满前 3 个月内，到编码分支机构办理续展手续。有效期届满前未办理续展手续的，注销其厂商识别代码和系统成员资格。

第十二条 系统成员变更名称、地址、法定代表人等信息的，应当自有关主管部门批准之日起 30 日内，持变更证明文件和《系统成员证书》到编码分支机构办理变更手续。

第十三条 系统成员停止使用厂商识别代码的，应当自停止使用之日起 3 个月内到编码分支机构办理注销手续。

已被注销厂商识别代码的生产者、销售者和服务提供者需要使用商品条码的，应当重新申请注册厂商识别代码。

第十四条 在本省行政区域内生产下列预包装产品，生产者应当在其产品或者产品包装上使用商品条码：

（一）食品（含保健食品、食品添加剂）、卷烟；

（二）药品、医疗器械；

（三）儿童玩具、家用电器、日用化学品、陶瓷制品；

（四）服装、纺织制成品、针织品；

（五）种子、农药、化肥、兽药；

（六）电线电缆、光缆、汽车零部件；

（七）家具、装饰材料。前款规定的产品类别需要调整的，由省质量技术监督部门提出，报省人民政府批准后向社会公布。

第三章 编码、设计和印刷

第十五条 商品条码的编码、设计和印刷应当符合有关国家标准规定。

商品条码印刷面积超过商品包装表面或者标签可印刷面积 1/4 的，可以申请使用缩短版商品条码。

第十六条 系统成员应当按照有关国家标准编制商品代码，并自商品代码编制完成之日起 30 日内向编码分支机构通报编码信息。

第十七条 从事商品条码印刷的企业应当具备下列条件：

（一）具有依法取得的印刷经营许可证和特种行业许可证；

（二）具有保证商品条码印刷质量的技术设备；

（三）具有健全的商品条码印刷质量保证体系，并有效运行；

（四）具有商品条码印刷质量检测技术人员和检验能力。

第十八条 印刷企业承揽商品条码印刷业务时，应当查验印刷委托人的《系统成员证书》或者合法使用商品条码的证明文件，并登记证书号码或者文件批号。

印刷企业不得为未取得《系统成员证书》或者不能提供合法使用商品条码证明文件的委托人印刷商品条码。

第四章 应用和管理

第十九条 系统成员对其厂商识别代码和相应的商品条码享有专用权，不得将其厂商识别代码和相应的商品条码转让他人使用。

第二十条 任何单位和个人不得有下列行为：

（一）未经核准注册使用厂商识别代码和相应的商品条码；

（二）使用已经注销的厂商识别代码和相应的商品条码；

（三）伪造、冒用商品条码，或者以其他条码冒充商品条码。

第二十一条 销售者应当积极采用商品条码进行零售结算，在其经销的商品或者商品包装上已有合格商品条码的，不应再使用店内条码予以替换、覆盖；在其经销的商品或者商品包装上没有商品条码的，可以使用店内条码。

店内条码是指销售者自行加工店内销售的商品和变量零售商品的条码标识。店内条码的使用，应当符合国家标准《店内条码（GB/T18283）》有关规定。

第二十二条 销售者进货时，应当查验与商品条码对应的《系统成员证书》或者合法使用商品条码的证明文件。

销售者不得经销印有未经核准注册或者伪造的商品条码的商品。

第二十三条 委托他人生产的产品，需要在产品或者产品包装上标注商品条码的，被委托方应当标注委托方注册的厂商识别代码和相应的商品条码。

第二十四条 生产者在本省行政区域内生产的产品，使用本生产者在境外注册的厂商识别代码和相应的商品条码时，生产者应当提供该厂商识别代码和相应的商品条码的注册证明、授权委托书等相关证明，并向编码分支机构备案。

第二十五条 县级以上质量技术监督部门应当依法对商品条码的使用、印刷进行监督检查，纠正和查处与商品条码有关的违法行为。

第二十六条 县级以上质量技术监督等有关部门应当按照各自职责，利用商品条码对直接关系人体健康和人身、财产安全的预包装产品依法建立和实施质量跟踪与追溯制度。

第二十七条 编码分支机构应当建立商品条码信息系统，定期公告系统成员注册、注销和商品条码印刷企业等相关信息。

第五章 法律责任

第二十八条 违反本办法第十四条规定，生产者未在其产品或者产品包装上使用商品条码的，由县级以上质量技术监督部门责令限期改正；逾期不改正的，处1000元以上3000元以下罚款。

第二十九条 违反本办法第十五条规定，商品条码的编码、设计和印刷不符合有关国家标准规定的，由县级以上质量技术监督部门责令限期改正；逾期不改正的，处1000元以上2000元以下罚款。

第三十条 违反本办法第十九条规定，系统成员转让厂商识别代码和相应的商品条码的，由县级以上质量技术监督部门责令改正，处3000元罚款。

第三十一条 违反本办法第二十条规定情形之一的，由县级以上质量技术监督部门责令改正，处3万元以下罚款。

第三十二条 违反本办法第二十二条规定，经销的商品印有未经核准注册或者伪造的商品条码的，由县级以上质量技术监督部门责令改正，处1万元以下罚款。

第三十三条 商品条码管理工作人员有下列行为之一的，由主管部门或者监察机关依法给予处分；构成犯罪的，依法追究刑事责任：

（一）不依法办理厂商识别代码注册申请和续展手续的；

（二）不依法履行对商品条码的使用、印刷监督检查职责的；

（三）违法实施行政处罚的；

（四）有其他玩忽职守、滥用职权、徇私舞弊行为的。

第六章 附则

第三十四条 本办法自2015年9月1日起施行。

河南省人民政府关于印发《河南省促进外贸稳定增长若干政策措施》的通知

豫政〔2015〕77 号

各省辖市、省直管县（市）人民政府，省人民政府各部门：

现将《河南省促进外贸稳定增长若干政策措施》印发给你们，请结合实际，认真贯彻执行。

河南省人民政府

2015 年 12 月 10 日

河南省促进外贸稳定增长若干政策措施

为认真贯彻落实国务院关于促进外贸稳定增长的决策部署，积极有效应对国内外经济发展新变化，主动适应外贸发展新常态，进一步促进贸易便利化，改善营商环境，减轻企业负担，推动全省外贸稳定增长和转型升级，培育国际竞争新优势，特制定如下措施

一、着力扩大出口

（一）大力开拓市场。开展“千企百展”活动，收集、发布 100 个左右境内外中国品牌商品展会信息，引导支持 1000 家左右企业有针对性地参加有关活动，推动企业与境外经销商直接对接。鼓励企业深入开发欧、美、日等传统市场。支持各类商协会及中介机构组织企业参加境外展览展示活动。组织企业参加广交会、深交会、京交会、东盟博览会、亚欧博览会等知名展会，进一步拓展市场。对参加境内外大型展会的企业，财政给予一定支持。（责任单位：省商务厅、财政厅和相关省辖市、县〔市、区〕政府）

（二）扩大自主品牌商品出口。鼓励企业培育创建自主品牌或采取收购、授权使用等形式推进品牌建设。支持有条件的地方、行业组织和龙头企业建设品牌设计、推广中心。支持出口基地开展集体商标注册、地理标志产品保护、生态原产地产品保护，积极打造区域品牌。在国家外经贸发展资金使用方向上突出支持品牌建设，对企业在境外开展商标和专利注册，获取国际认证的费用给予 50% 补贴。鼓励加工贸易企业从委托加工向设计制造和自主品牌一体化转型。（责任单位：省商务厅、河南出入境检验检疫局和相关省辖市、县〔市、区〕政府）

（三）加快建立国际营销网络。支持企业自建海外营销渠道或并购销售网络。推动企业在俄罗斯格林伍德、阿联酋迪拜、英国纽卡斯尔、匈牙利布达佩斯、墨西哥墨西哥城等地中国商城设立河南自主品牌商品展示中心。着力推动我省汽车、农用车、石油装备、制冷设备等在西亚、中亚、东欧、非洲、拉美等地建立营销和售后服务网络。（责任单位：省商务厅、外汇管理局和相关省辖市、县〔市、区〕政府）

二、积极鼓励扩大进口

（四）扩大我省鼓励进口技术和产品目录范围。结合我省经济建设和居民消费实际，扩大优惠利率进口信贷覆盖面，修改完善我省鼓励进口商品目录，鼓励企业进口先进技术、关键设备、重要零部件、能源原材料等，扩大支持范围。支持

国内流通企业开展进口自营销售，经营代理国外品牌消费品。支持重要物资进口，鼓励企业开展商业储备业务和境外能源资源开发，适度扩大再生资源进口。（责任单位：省商务厅、郑州海关、河南出入境检验检疫局、省外汇管理局、财政厅）

（五）积极构建进口平台。鼓励企业在海关特殊监管区域内设立进口分拨、物流配送中心。扩大我省进口肉类、水果、冰鲜水产品等指定口岸业务规模，加快建设汽车整车进口口岸二期工程、药品进口口岸、进境粮食指定口岸等。加快推进郑州航空港国际网购集散分拨中心、郑州欧洲制造之窗和欧洲精品街建设。（责任单位：省政府口岸办、省商务厅、郑州海关、河南出入境检验检疫局、郑州航空港经济综合实验区管委会和相关省辖市、县〔市、区〕政府）

三、积极融入“一带一路”战略

（六）加快开拓“一带一路”沿线市场。充分发挥我省作为“一带一路”重要经济腹地和郑欧班列优势，积极布局“一带一路”沿线国家等重点新兴市场。加大对郑欧班列的宣传推介力度，进一步扩大郑欧班列集疏范围，支持企业利用郑欧班列优势扩大进出口。充分发挥原产地签证作为自由贸易协定实施手段的重要作用，服务我省装备“走出去”，支持省内优质产品出口至“一带一路”沿线国家和地区，享受进口方优惠关税减免待遇。组织举办和参加“一带一路”沿线国家和地区知名展会。鼓励企业充分利用政策性出口信用保险工具开拓“一带一路”沿线市场，加强“一带一路”沿线国家的风险研究和信息共享。加快拓展国际客货运航线，推进“一带一路”综合运输通道建设，构建面向“一带一路”沿线国家的国际货运枢纽。（责任单位：省商务厅、财政厅、交通运输厅、省政府口岸办、郑州海关、河南出入境检验检疫局、中国信保河南分公司、河南物资集团）

四、加快推动外贸新业态发展

（七）加快发展跨境电子商务。加快申建中国（郑州）跨境电子商务综合试验区，推动跨境电子商务多模式发展、多点布局，突出推广以B2B（企业对企业）为代表的主流电商模式，规范B2C（企业对终端消费者）跨境电商发展。加快郑州航空港区跨境电子商务发展，建成全省跨境电商集聚示范区。支持企业利用第三方电子商务平台开展线上展示、撮合成交和线下交割、报关报检等业务。加快中部电子商务港和各类电子商务示范园区建设进度，积极推进与谷歌、阿里巴巴、京东商城等知名企业合作，推动电子商务平台完善服务功能、提升服务质量和水平。加快跨境电子商务通关服务平台、省电子商务平台建设，力争尽快投入运营。（责任单位：省商务厅、省政府口岸办、郑州海关、河南出入境检验检疫局和相关省辖市、县〔市、区〕政府）

（八）大力发展服务贸易。研究制定《河南省文化产品和服务出口指导目录》。支持郑州、洛阳申建国家级服务外包示范城市，推动建立国家服务外包交易中心洛阳分平台。认定一批省级服务外包示范城市、示范园区、示范企业和重点培育企业。打造郑州少林武术、濮阳杂技等一批文化出口基地。探索建立河南技术进出口交易平台。组织参加商务部香港服务贸易大会、上海国际技术进出口交易会、中国东盟博览会文化展、中国国际软件和信息服务交易会、深圳文博会等境内外知名专业展会。（责任单位：省商务厅、财政厅、文化厅、科技厅、工业和信息化委、旅游局和相关省辖市、县〔市、区〕政府）

（九）支持外贸综合服务企业发展。认定一批省级外贸综合服务试点企业，在通关、出口退税、检验检疫、融资服务、出口信用保险等方面给予支持。鼓励省内外贸综合服务试点企业建设和完善线上服务平台，并积极申请海关认证。鼓励外贸综合服务企业做大做强，为中小企业提供进出口代理、运输、融资、担保、出口信用保险、报关报检等综合服务。（责任单位：省商务厅、财政厅、国税局，郑州海关、河南出入境检验检疫局、人行郑州中心支行、中国信保河南分公司和相关省辖市、县〔市、区〕政府）

五、着力提高贸易便利化水平

（十）认真贯彻落实国家自贸区战略。积极复制推广上海自贸区经验做法，加快推进我省自贸区申建工作。依托河南电子口岸平台，加快国际贸易“单一窗口”试点，建立电子口岸跨部门共建、共管、共享机制，实现申报人一次申报，口岸管理相关部门共享信息数据，执法结果通过“单一窗口”反馈申报人。2016年在郑州航空港经济综合实验区初步建成“单一窗口”，2017年在全省口岸、海关特殊监管区、物流园区等全面建成“单一窗口”。（责任单位：省商务厅、省政府口岸办、郑州海关、河南出入境检验检疫局、郑州航空港经济综合实验区管委会、省电子口岸建设领导小组有关成员单位）

（十一）加快推进通关一体化。强化跨部门、跨区域通关协作和检验检疫一体化进程，加快实现口岸监管部门间信息互换、监管互认和执法互助。全面推行关检合作“三个一”（一次申报、一次查验、一次放行），推行 24 小时预约通关和绿色通道工作制度。探索对出入境运输工具、货物实行联合查验、一次放行等新模式。全面深化区域通关一体化改革，积极构建全国海关通关一体化新格局。（责任单位：省政府口岸办、郑州海关、河南出入境检验检疫局、省公安厅、商务厅、郑州航空港经济综合实验区管委会）

六、进一步完善支持政策

（十二）完善财税支持政策。用足用好国家外经贸发展和我省商务促进等专项资金，规范专项资金分配流程，加快财政资金支出进度，切实提高财政资金使用效益。全面做好出口退税工作，贯彻落实《全国税务机关出口退（免）税管理工作规范（1.0 版）》，提升出口退税服务时效。有序下放出口退税审批权限，实现生产企业出口退税全部由县级国税部门一级审核审批。全面推行出口退税分类管理，对资信好、资产优的出口企业实行先退后审。对出口企业申报符合规定的退（免）税，在 20 个工作日内完成审批并办结相关退（免）税手续。（责任单位：省财政厅、商务厅、国税局和相关省辖市、县〔市、区〕政府）

（十三）拓宽金融服务渠道。加强对有订单、有效益企业的融资及信贷支持，鼓励企业采取银团贷款、混合贷款、项目融资等方式开拓国际市场，开展国际产能合作，推动我省装备走出去。鼓励在郑州航空港经济综合实验区开展跨境人民币创新业务，推动跨境电子商务活动中使用人民币结算，支持省内支付机构参与外汇支付业务试点。拓展针对外贸企业的远期结售汇、人民币对外汇掉期、人民币对外汇期权等业务，降低汇率波动风险。进一步发挥政策性银行资金引领作用，通过组建银团、引入专业担保机构等方式，带动其他金融机构参与我省“走出去”项目融资，为省内外贸企业提供一揽子金融服务。全力推动信用保险项下融资业务发展，降低融资门槛，推动融资便利化，丰富信保保单融资产品，鼓励商业银行按照风险可控、商业可持续原则开展出口信用保险单融资业务，做到大型成套设备出口融资应保尽保。（责任单位：省政府金融办、省商务厅、人行郑州中心支行、河南银监局、保监局、中国信保河南分公司）

（十四）加大出口信用保险支持力度。强化政策性出口信用保险对外贸发展的促进和保障作用，加大对自主品牌、高新技术、战略性新兴产业、跨境电商、出口示范基地、服务贸易等方面政策性出口信用保险的支持力度，实施有针对性的积极承保政策。鼓励出口信用保险公司根据企业需要，扩大进出口信用保险业务范围。进一步完善信贸协作机制，保持出口信用保险扶持政策的连续性，对企业一般贸易出口信用保险所缴保费给予 50% 补贴。积极发展针对小微企业的出口信用保险，扩大小微企业承保覆盖面，对上年度出口 300 万美元（含）以下企业所缴保费给予全额补贴。对跨境电子商务出口信用保险做到应保尽保，努力扩大我省跨境电子商务出口规模。（责任单位：中国信保河南分公司、省商务厅、财政厅、省政府金融办、河南银监局、保监局、各金融机构）

七、加大企业减负力度

（十五）清理规范进出口环节收费。深入开展涉企收费专项整治活动，加大对取消收费项目落实情况的督查力度，形成外贸企业松绑减负长效机制。对出境货物、运输工具、集装箱及其他法定检验检疫物免收出境检验检疫费，免收各类原产地证签证费和工本费。增强口岸查验的针对性，对查验没有问题的免除企业吊装、移位、仓储等费用，并按《国务院办公厅关于促进进出口稳定增长的若干意见》（国办发〔2015〕55 号）规定由中央财政承担。开展进出口环节收费专项督查，公布涉企行政事业性收费目录清单、进出口环节经营服务性收费项目清单，坚决取缔违规设立的收费项目。（责任单位：省发展改革委、财政厅、交通运输厅、商务厅、国税局、外汇管理局、郑州海关、河南出入境检验检疫局）

各地、各部门要进一步加强领导，提高认识，切实把外贸工作作为当前一段时期的重要工作来抓。各地要结合实际主动作为，增强工作的主动性、针对性和有效性，促进本地对外贸易稳定增长和转型升级。各有关部门要制定具体工作方案，进一步在简化手续、减免收费等方面加力增效，切实加大稳增长政策落实力度，共同推动我省对外贸易平稳健康发展。商务部门要加强指导、督促检查，确保各项政策措施落实到位。

湖北省

湖北省人民政府关于印发《湖北省交易场所监督管理办法》的通知

鄂政发〔2015〕43号

各市、州、县人民政府，省政府各部门：

《湖北省交易场所监督管理办法》已经省政府常务会议讨论通过，现印发给你们，请结合实际，认真贯彻执行。

2015年7月14日

湖北省交易场所监督管理办法

第一章 总则

第一条 为充分发挥市场在资源配置中的决定性作用，支持各类交易场所创新发展，加强交易场所监督管理，规范市场秩序，保护投资者权益，防范金融风险，根据《国务院关于清理整顿各类交易场所切实防范金融风险的决定》（国发〔2011〕38号）、《国务院办公厅关于清理整顿各类交易场所的实施意见》（国办发〔2012〕37号）等有关法律和规定，结合本省实际，制定本办法。

第二条 本办法适用于在湖北省设立的交易场所及省外交易场所在湖北省设立的分支机构和派出机构。

第三条 本办法所称交易场所，是指从事权益类交易、大宗商品交易以及其他交易的各类交易场所，包括名称中未使用“交易所”字样的交易场所（如“交易中心”等），但仅从事车辆、房地产等实物交易的交易场所除外。其中，权益类交易包括产权、股权、债权、林权、矿权、知识产权、文化艺术品权益及金融资产权益等交易；大宗商品交易指以商品现货为主要标的，具有公开性、经常性特点，同时附带信息、物流等配套服务功能的交易，可包含非标准化的远期合约、互换合约、期权合约等场外衍生品交易；其他交易特指碳排放权、排污权等交易。

经国务院和国务院金融监管部门批准设立的从事金融业务的交易场所，其监督管理按国家有关规定办理。

第四条 省人民政府金融管理领导小组办公室（以下简称省政府金融办）是全省交易场所的政策监管单位，提请设立交易场所的市州人民政府应明确一个部门作为该交易场所的日常监管单位。省政府相关部门依职能对交易场所进行行业管理。

交易场所设立的登记结算机构，应当接受省政府金融办的监督管理。

银行业金融机构应当对交易场所账户托管资金进行监督管理。

证券公司、律师事务所、会计师事务所、资产评估机构及其他中介服务机构应依法依规为交易场所提供服务。

第五条 交易场所及其经纪会员应当遵守法律、行政法规和监督管理机构的规定，遵循公开、公正、规范和风险可控的原则，坚持市场化方向，公开透明、自主交易、公平竞争、规范有序、自负盈亏、自担风险，履行对客户的诚信义务。d

第二章 设立、变更及终止

第六条 省人民政府按照“总量控制、合理布局、审慎审批”的原则，统筹规划各类交易场所的数量规模和区域分布，制定交易场所品种结构规划和审查标准，审慎批准设立交易场所，使交易场所的设立与实体经济发展水平及监管能力相协调。交易场所确因业务发展需要，可跨市州设立分支机构。

设立交易场所应符合但不限于以下条件：

（一）应由具备相关行业背景、信用优良、实力雄厚的骨干企业牵头组建，主发起人具备符合规定的资本实力和风险承受能力；

（二）有符合需要的注册资本金，且为现金资本，组织形式一般为公司制，公司治理结构完善；

（三）有符合任职条件的董事、监事和高级管理人员，以及具备相应专业知识和从业经验的工作人员；

（四）有明确的交易品种、完善的交易制度，以及与业务经营相适应的营业场所和设施，建立风险控制、信息披露、交易安全保障、投资者适当性等制度。

第七条 发起人发起设立交易场所，应向拟注册地市州人民政府书面申请，市州人民政府审查同意后向省政府报送设立申请。省管企业（单位）发起设立交易场所，可由其主管部门直接向省政府书面申请。申请材料由省政府金融办征求相关部门意见后，报省人民政府批准。提请设立交易场所的市州人民政府或省直有关部门，负责对该交易场所的日常监管。新设立交易场所名称中使用“交易所”的，省政府批准前须征求国务院清理整顿各类交易场所部际联席会议的意见。文化产权交易所的设立，按照中宣部等五部委下发的《关于贯彻落实国务院决定加强文化产权交易和艺术品交易管理的意见》（中宣发〔2011〕49号）执行。

未经批准，任何单位或个人不得设立交易场所，不得以任何形式组织交易场所的交易或相关活动。

第八条 提请设立交易场所，应向省人民政府报送以下材料：

（一）所在市州人民政府或省有关部门的请示文件、初步审核意见和风险承诺函；

（二）可行性研究报告、公司章程、交易品种及业务规则、管理制度、运营风险评估及控制方案等草案；

（三）出资人概况（资信证明等有关资料），股东会或理事会候选人名单及简历，拟任用管理人员的情况，拟加入经纪会员名单，场地、设备及资金情况等说明材料；

（四）与资金托管银行的合作协议；

（五）工商部门核发的企业名称预先核准通知书，通知书名称一般为行政区划+字号+交易产品类别（行业）+交易所（交易中心）有限公司（组织形式）；

（六）需要提交的其他资料。

交易场所获得省人民政府批准设立文件后，其主发起人应当依法向工商行政管理部门申请设立登记，领取营业执照后，方可从事经营活动。

第九条 交易场所章程除按《公司法》有关要求制定外，还应包括下列事项：

（一）设立目的；

（二）经纪会员的资格和加入、退出程序；

（三）经纪会员的权利、义务和违规处理；

（四）高级管理人员的产生、任免及其职责；

（五）资本和财务事项；

（六）解散的条件和程序；

（七）监管部门要求的其他事项。

第十条　本省设立的交易场所需跨省区设立营业性分支机构的，应当分别报经省人民政府及拟设立营业性分支机构所在地省级人民政府批准。省外交易场所申请在湖北省设立分支机构和派出机构的，应持所在地省级人民政府批准文件，向湖北省人民政府提交书面申请，并按要求提供相关申请材料，经省政府金融办审核并报省人民政府批准。本省设立的交易场所在省内设立分支机构，应当向当地工商行政管理部门申请设立登记，并向其日常监管单位和省政府金融办报备。

第十一条　交易场所有下列事项之一的，应由日常监管单位初审、省政府金融办复审，报省政府批准，方可到工商部门办理有关登记手续。

（一）变更名称；

（二）变更注册地；

（三）变更最大股东、实际控制人；

（四）变更 50% 以上股权；

（五）分立或合并；

（六）省政府规定的其他重大事项。

公司修改章程以及变更注册资本、经营范围、法定代表人、董事、监事、高级管理人员，应经其申报单位审核同意后，报省政府金融办备案。

第十二条　交易场所因解散而终止的，应提前 30 个工作日告知相关权利人，依法提出申请，在确保交易各方合法权益的条件下，经日常监管单位、省政府金融办审核同意后，报省人民政府批准，依法成立清算组，并在媒体公告。

第三章　交易制度

第十三条　交易场所的营运机构应当建立健全内部治理结构，依法规范运作，创造公开、公正、规范的市场环境，保证市场的正常运行。交易场所的职能包括：

（一）提供交易的场所和设施；

（二）制定交易场所的业务规则；

（三）接受挂牌交易申请、安排交易品种挂牌交易；

（四）组织、监督市场交易；

（五）对经纪会员进行监管；

（六）对挂牌交易过程进行监管；

（七）提供登记结算服务；

（八）管理和公布市场信息；

（九）省政府许可的其他职能。

第十四条　交易场所的营运机构应参照《公司法》和《证券法》的要求，加强对员工及高管人员的聘用管理。

（一）交易场所的总经理、副总经理不得在任何营利性组织、团体和机构中兼职；

（二）交易场所的高级管理人员及其他工作人员在履行职责时，遇到与本人或者其亲属等有利害关系情形的，应当回避。具体回避事项由其章程、业务规则规定；

（三）交易场所的高级管理人员及其他工作人员不得以任何方式泄露或者利用非公开信息直接或间接买卖本交易场所交易的品种。

第十五条　交易场所的营运机构应当对市场参与各方行为进行实时监控，发现异常情况的或遇有下列重大事项，应及时按照交易规则和相关制度处理，并向其日常监管单位和省政府金融办报告。

（一）交易场所或其董事、监事、高级管理人员因涉嫌重大违法违规被立案调查或者采取强制措施；

（二）交易场所重大财务支出和财务决策，可能带来较大财务或经营风险；

（三）涉及对其经营风险有较大影响的诉讼和仲裁；

（四）对社会稳定产生重大不利影响的各类事项；

（五）交易场所因不可抗力的突发性事件或为维护正常交易秩序，而采取技术性停牌措施或决定临时停市；

（六）监管机构规定的其他重大事项。

第十六条 交易场所应当加强信息报告制度，定期向省政府金融办和日常监管单位报告其财务报告、业务品种评估报告、年度报告等重大事项。

交易场所营运机构的董事（理事）、高级管理人员应当对交易场所年度报告签署确认意见；营运机构的主要负责人和财务负责人应当对财务报告、业务品种评估报告签署确认意见。在交易场所财务报告、业务品种评估报告、年度报告上签字的人员，应当保证报告的内容真实、准确、完整；对报告内容持有异议的，应当注明自己的意见和理由。

交易场所披露、报送或者提供的资料、信息应当真实、准确、完整，不得有虚假记载、误导性陈述或者重大遗漏。

第十七条 交易场所的营运机构应当制定业务规则，规范日常管理，切实防范市场风险。交易场所的业务规则包括交易规则、经纪会员管理、投资者适当性、交易品种挂牌、登记结算、资金存管、信息披露等。

（一）建立健全业务规则和管理制度，并在经营场所及网站公示。采取有效的投资者合法权益保护和风险管理措施，建立风险防控和应急处理机制，发现风险隐患的，应及时处理并报告省人民政府；

（二）建立规范的经纪会员管理制度，明确经纪会员的权利和义务，要求经纪会员严格遵守市场规则，公示经纪会员名单和相关资料，建立诚信档案，采取有效措施防范经纪会员损害投资者合法权益；

（三）建立投资者适当性管理制度，要求投资者为具备一定风险承受能力的合格投资者，明确合格的机构投资者和个人投资者的标准并予以公示。交易场所及其经纪会员为投资者开立账户时，应当了解投资者的基本情况并对其风险承受能力进行测评，确定投资者满足适当性管理要求，向投资者充分揭示风险，要求投资者签署风险揭示书。交易场所及其经纪会员应对投资者基本信息和账户信息予以保密；

（四）对挂牌交易品种规定必要的条件并予以公示；

（五）采取有效措施严格控制价格操纵行为。为投资者提供网上或柜台报价、转让等服务时，应当遵守国家有关规定，定期在其营业场所或以其他形式公布成交信息。交易场所探索其他交易方式的，应当符合国家有关规定，并能有效控制风险；

（六）明确登记结算规则、方式和程序并予以公示。登记结算事宜，由交易场所营运机构根据监管规定设立机构负责或委托具有资质的机构负责。负责登记结算的机构应当诚实守信，具备相应的专业能力，建立健全风险管理制度，保证权益持有人名册和登记过户记录真实、准确、完整，不得隐匿、伪造、篡改或毁损；

（七）健全完善资金存管制度。交易场所的营运机构应当在本地商业银行设立投资者资金托管账户，实行客户交易资金第三方（金融机构）存管制度，与存管银行签署账户监管协议，确保交易信息系统符合安全稳定性要求，明确投资者资金的动用情形、划转路径、管理措施及各方职责，并报主管、监管部门备案。任何单位和个人不得以任何方式挪用投资者资金。开户银行一旦发现异常情形，应及时向监管部门报告并采取应急处置措施，保障投资者资金的安全；

（八）交易场所的营运机构要与交易系统软件开发商签署协议，业务参数要自行控制，掌控系统软件管理权限，不得由软件开发商等第三方随意设置、更改。不具备机房的交易场所应将交易系统、数据灾备系统委托省内电信运营商托管，安排专门信息技术人员进行实时维护；

（九）建立健全信息披露制度，明确各参与主体的信息披露要求，指定适当的信息披露途径，提高信息披露质量；

（十）交易场所制定、修改业务规则和新增交易品种，由股东会或董事会通过，经日常监管单位提交省政府金融办审核，报省人民政府批准。

第十八条 交易场所的营运机构应制定中介机构进场的执业规范，督促为市场提供服务的证券公司、会计师事务所、律师事务所、评估事务所等中介机构及其从业人员勤勉尽责，严格遵守执业规范和职业道德，独立进行核查和判断，出具专业意见，切实履行中介机构职责。

第四章 交易行为

第十九条 交易场所的营运机构应依法规范组织交易，不得有以下行为：

（一）将任何权益拆分为均等份额公开发行。股份公司股份公开发行适用《公司法》、《证券法》相关规定；

（二）采取集中交易方式进行交易。本办法所称集中交易包括集合竞价、连续竞价、电子撮合、匿名交易、做市商等交易方式，但协议转让、依法进行的拍卖以及经国家有关部门批准的交易方式不在此列；

（三）将权益按照标准化交易单位持续挂牌交易。本办法所称的标准化交易单位是指将股权以外的其他权益设定最小交易单位，并以最小交易单位或其整数倍进行交易；

（四）权益持有人累计超过200人。除法律、行政法规另有规定外，任何权益在其存续期间，无论在发行还是转让环节，其实际持有人累计不得超过200人，以信托、委托代理等方式代持的，按实际持有人数计算；

（五）以集中交易方式进行标准化合约交易；

（六）未经国务院金融管理部门批准，从事须国家特许的金融产品交易。

第二十条 大宗商品交易场所的营运机构应具有明显的产业优势，股权结构合理、组织结构完善、经营管理规范、资源要素丰富，在国内同行业具有较强影响力和知名度。须在本地设立现货交割仓库，定期盘存，并做好实物交收记录。可开展非标准化的远期合约、互换合约、期权合约等场外衍生品交易。在现有政策允许的交易方式基础上，探索创新交易模式，提升市场效率。应加强与期货交易所的沟通衔接，促进大宗商品交易市场和商品期货市场联动发展。

第二十一条 交易场所不得直接或者间接从事：

（一）发布对交易品种价格进行预测的文字和资料；

（二）为他人提供担保；

（三）未经省人民政府批准或备案的其他业务。

第二十二条 商业银行、证券公司、期货公司、保险公司、信托公司、资产管理公司等金融机构不得为违反上述规定的交易场所提供承销、开户、托管、资产划转、代理买卖、投资咨询、保险等服务。

第五章 监督管理

第二十三条 各市、州人民政府和省政府有关部门，按照“谁申报、谁监管、谁负责”的原则，各司其责，分工协作，对交易场所进行持续监管，防范风险，维护市场秩序，保护投资者权益。

第二十四条 省政府金融办负责对全省交易场所进行政策监管，并履行以下职责：

（一）制定全省交易市场发展战略规划和交易场所监管政策，报省人民政府批准后实施；

（二）审核交易场所设立、交易品种及其交易规则等的申请材料，向省人民政府出具相关意见，经省政府批准后按规定的权限和程序公布；

（三）组织协调交易场所日常监管单位和省行业主管部门，对经省人民政府批准设立的交易场所经营行为实施监管，查处违法违规行为；

（四）会同省有关部门和地方政府对未经批准设立的交易场所及其分支机构进行清理整顿，做好相关风险处置工作；

（五）组织省相关部门完成国家清理整顿各类交易场所部际联席会议及其成员单位部署的工作；

（六）履行省人民政府授予的其他管理职责。

第二十五条 交易场所的申报单位负责初审所申报的交易场所及其交易产品、交易规则的合法合规性。

第二十六条 省行业主管部门依照职责，指导交易场所日常监管单位督促交易场所营运机构贯彻落实国家行业管理的政策规定。工商部门依法对交易场所进行注册登记管理，加强对经营行为的监督管理。公安机关负责督促交易场所做好安全保卫工作，对交易场所涉嫌违法犯罪行为进行立案侦查。国务院金融管理部门驻鄂机构负责对金融机构参与交易市场的行为进行指导和监管。

第二十七条 监管单位有权采取下列措施，对交易场所的业务活动、财务状况、经营管理情况进行监督检查：

（一）要求交易场所营运机构定期或不定期报送有关资料；

（二）进入交易市场的办公场所或者营业场所进行现场检查；

（三）询问交易市场的董事、监事、工作人员，要求其对有关检查事项作出说明；

（四）查阅、复制与检查事项有关的文件、资料，对可能被转移、隐匿或者毁损的文件、资料、电子设备予以封存；

（五）检查交易场所的计算机信息管理系统，复制有关数据资料；

（六）列席交易场所经纪会员大会、股东会、理事会等会议；

（七）监管单位认为必要的其他措施。

第二十八条 监管单位可以要求交易场所及相关单位和人员，在指定的期限内提供与交易市场经营管理和财务状况有关的资料、信息：

（一）交易场所董事、理事、监事、高管人员及工作人员；

（二）交易场所股东、实际控制人；

（三）交易场所控股或者实际控制的企业；

（四）交易场所开户银行、合作商业银行；

（五）监管单位认定的其他单位或者个人。

第二十九条 交易场所应设立自律性组织，维护会员合法权益，维护公平竞争，协调会员之间关系，为会员提供服务，促进交易所规范发展。交易场所自律性组织必须遵守法律、法规和规章，不得损害社会公共利益。

第三十条 交易场所在经营过程中，出现违法违规或违反本办法行为的，监管单位可以采取风险提示、约谈高管、责令整改等方式处置；情节严重的，由省政府金融办报省人民政府同意后予以关闭；构成犯罪的，移交司法机关依法处理。

第六章　附则

第三十一条 各市州人民政府和省相关部门可以根据本办法制定对辖内交易场所监督管理的实施细则。

第三十二条 本办法由省政府金融办负责解释。

第三十三条 本办法自公布之日起施行。

湖南省

湖南省人民政府办公厅关于促进外贸稳定增长若干政策措施的通知

湘政办发〔2015〕24号

各市州、县市区人民政府，省政府各厅委、各直属机构：

为了促进全省外贸稳定增长，根据《国务院办公厅关于支持外贸稳定增长的若干意见》（国办发〔2014〕19号）精神，经省人民政府同意，制定促进外贸稳定增长的若干政策措施，现通知如下：

一、完善出口退税政策。积极落实国家出口退税政策，进一步完善出口退税负担机制，加大以奖代补政策支持力度。

二、加大进口贴息力度。参照国家《鼓励进口技术和产品目录》制订《湖南省鼓励进口技术和产品目录》，对全省企业以一般贸易方式进口的先进技术设备、关键零部件、短缺资源性产品及一般消费品给予贴息支持。

三、支持加工贸易发展。支持加工贸易企业进行技术改造和技术创新。培育加工贸易产业集群，重点扶持有色金属、电子信息、工程机械、轨道交通、线路板、皮草加工、发制品、食品加工食品罐头等产业集群做强做大。对加工贸易企业租赁和建设生产用厂房给予支持。对新引进的年进出口额达到10亿美元的加工贸易企业给予重点服务等方面的支持。

四、支持各类外贸平台建设。支持外贸平台企业建设，为中小外贸企业提供专业化服务。对经认定的进出口达到一定规模的外贸综合服务企业，给予一定支持。对外贸综合服务企业投保出口信保和出口信保项下融资，参照小微企业政策适当提高保费补贴和融资贴息标准，不受单个企业最高保费补贴和最高融资贴息额度限制。支持通关代理企业开展业务，降低服务收费，减轻外贸企业负担。海关对符合条件的平台企业优先实行“属地申报、口岸验放”、“属地申报、属地放行”的便捷通关模式。检验检疫部门为平台企业优先提供无纸化报检、通报通签、绿色通道和直通放行等便利化服务。国税部门积极优化退税服务，加快退税进度，对符合退税条件的平台企业确保在20个工作日内退税到位，并积极支持金融机构开展为外贸企业的退税融资业务。外汇管理部门进一步促进贸易投资便利化，为平台企业提供更好的外汇服务。出口信保在承保条件、保费等方面给予平台企业优惠。金融机构将外贸平台企业作为重点支持对象，提高其综合授信额度，提供退税融资、信保融资（赊销O/A或承兑交单D/A）、订单融资、信用证融资等业务支持；在融资条件和费率方面给予优惠。

五、支持重点外贸项目。对新引进除加工贸易企业、外贸平台之外的年进出口额达到10亿美元以上的重点外贸项目，采用“一事一议”的办法，给予重点服务等方面的支持。

六、支持跨境电子商务发展。对跨境电子商务公共服务平台、跨境电子商务服务试点园区在建设和运行维护费用方面给予支持。支持外贸企业开展跨境电子商务业务。

七、支持公共外贸物流平台和出口基地建设。对于发展前景好、贡献大的外贸物流平台给予适当资金支持。对国家级和省级出口基地建设给予一定的资金支持，鼓励其打造各类外贸公共服务平台。

八、加大国际营销网络建设力度。在重点境外市场设立商务代表处，为深度开拓相关市场提供公共服务。对省外贸企业在境外投资设立销售子公司、零售店铺、产品分拨中心、展示贸易中心等营销网络给予适当支持。

九、支持外贸“破零倍增”。支持县市区和省级以上园区（不含工业集中区）推动本地区、本园区及外贸企业进出口实际业绩实现零的突破，支持市州、县市区和省级以上园区（不含工业集中区）推动本地区和本园区的外贸企业进出口实际业绩快速增长。

十、创新金融服务。探索各级政府和金融机构参与、市场机制与政府调节相结合、加快企业资金周转、减轻企业负担的金融服务新模式。

十一、增强政策合力。整合省发展开放型经济领导小组各成员单位相关资金，统筹有关支持政策措施，进一步形成促进开放型经济发展的合力。各市州、县市区要制订相应的配套措施，安排配套资金，扩大各项相关政策措施的实施效果。

湖南省人民政府办公厅

2015 年 3 月 25 日

湖南省人民政府关于大力发展电子商务加快培育经济新动力的实施意见

湘政发〔2015〕50号

各市州、县市区人民政府，省政府各厅委、各直属机构：

为促进我省电子商务健康快速发展，培育经济新动力，根据《国务院关于大力发展电子商务加快培育经济新动力的意见》（国发〔2015〕24号）精神，结合我省实际，现提出以下实施意见：

一、总体要求

（一）指导思想。全面贯彻党的十八大和十八届二中、三中、四中、五中全会精神，以改革创新为动力，着力解决电子商务发展中的深层次矛盾和重大问题，加快培育电子商务平台，深化普及电子商务应用，完善配套支撑体系，优化电子商务发展环境，激发电子商务创新创业活力，推动电子商务产业集聚发展，把湖南打造成在全国具有较强影响力的区域性电子商务中心，促进经济提质增效升级。

（二）基本原则。一是积极推动。整合资源、优化服务，综合运用政策、服务、资金等手段，积极协调解决电子商务发展中的各种矛盾与问题，优化电子商务发展环境，推动实体经济与网络经济融合发展、实体市场向网络市场拓展。二是逐步规范。以企业为主体，以市场增效为目标，运用市场机制优化资源配置，进一步激发社会创业活力，拓宽电子商务发展领域和空间。简政放权、放管结合，最大限度减少对电子商务市场的行政干预，进一步释放电子商务发展潜力。三是加强引导。把握趋势、因势利导，加强对重点、热点、难点问题的研究，加大对电子商务发展重点领域的支持力度，扶持电子商务龙头企业做大做强，引领电子商务向打造“双引擎”、实现“双目标”发展。四是示范带动。因地制宜、创新举措，积极推进电子商务试点示范，促进电子商务服务业聚集，扩大电子商务普及应用，加快电子商务创新发展步伐。

（三）主要目标。力争到2020年，全省统一开放、竞争有序、诚信守法、安全可靠的电子商务大市场基本建成，电子商务年交易额超过15000亿元。电子商务与其他产业深度融合，成为促进创业、稳定就业、改善民生的重要平台，为全省工业化、信息化、城镇化、农业现代化同步发展作出重要贡献。

二、营造宽松发展环境

（四）降低准入门槛。全面清理电子商务领域现有前置审批事项，无法律法规依据的一律取消，严禁违法设定行政许可、增加行政许可条件和程序。（有关部门按职责分工分别负责）进一步简化注册资本登记，深入推进电子商务领域由“先证后照”改为“先照后证”改革。落实《注册资本登记制度改革方案》，放宽电子商务市场主体住所（经营场所）登记条件，完善相关管理措施，营造宽松平等的准入环境。（省工商局）对快递许可准入实行全流程网上办理，简化办理手续，对快递企业设立非法人快递末端网点实行市州备案制管理，引导快递企业加强末端服务网络建设。（省邮政管理局）鼓励电子商务领域的跨境人民币直接投资。（省发改委、省商务厅、省外汇管理局）按照国务院要求，放开外商投资电子商务业务的外方持股比例限制。（省通信管理局、省发改委、省商务厅）探索建立能源、铁路、公共事业等行业电子商务服务的市场化机制。（有关部门按职责分工分别负责）

（五）合理降税减负。对电子商务企业确有纳税困难的，经地税部门批准，酌情减免房产税、城镇土地使用税。对电子商务企业符合条件的研究开发费用，未形成无形资产计入当期损益的，在按规定据实扣除的基础上，按研究开发费用的50% 加计扣除；形成无形资产的，按照无形资产成本的 150% 摊销。从事电子商务活动的企业，可认定为高新技术企业、技术先进型服务企业，并依法享受相关优惠政策，小微企业依法享受税收优惠政策。实行电子商务企业用水、用电、用气与工业企业同价政策。积极研究解决物流企业代理采购、电子商务税收管辖、税务登记等相关问题，加快网络（电子）发票推广与应用。（省财政厅、省国税局、省地税局、省科技厅、省发改委）按照国务院统一部署，加快推进“营改增”，逐步将旅游电子商务、生活服务类电子商务等相关行业纳入“营改增”范围。（省财政厅、省国税局、省地税局）

（六）加大金融服务支持。建立健全适应电子商务发展的多元化、多渠道投融资机制。（有关部门按职责分工分别负责）支持电子商务企业通过境内外资本市场融资，符合条件的可列为重点上市培育企业。对在新三板和湖南股权市场挂牌融资企业和发行私募债、集合债的电子商务企业给予一定的融资补助。（省政府金融办、湖南证监局）引导银行机构加强与担保公司、保险公司等机构的合作，推广信用保证保险贷款、银担合作贷款、互联网 + 信贷、无形资产和动产质押等融资方式，扩大对电子商务企业的信贷投入；引导银行机构围绕资金链、产业链和物流链，为电子商务企业提供量身定制的金融服务，开发个性化专属金融产品；鼓励商业银行、商业保理机构、电子商务企业开展供应链金融、商业保理服务；鼓励境外投资者以人民币作为出资币种新设或增资电子商务企业。（人民银行长沙中心支行、省商务厅）引导省级创业投资基金加大对电子商务初创企业的支持力度。（省发改委、省科技厅等）

（七）维护公平竞争。规范电子商务市场竞争行为，促进建立开放、公平、健康的电子商务市场竞争秩序。引导电子商务企业建立健全产品质量管理制度，创新电子商务产品质量监管手段，履行质量主体责任。探索建立风险监测、网上抽查、源头追溯、属地查处、信用管理的监管机制，完善部门间、区域间监管信息共享和职能衔接机制。依法打击网络虚假宣传、生产销售假冒伪劣产品、违反国家出口管制法规政策跨境销售两用品和技术、不正当竞争等违法行为，规范商业信息发布类网站经营行为、互联网广告发布和推送行为、微信等社交网络营销行为，打击利用互联网从事传销和非法直销等违法行为。重点查处达成垄断协议和滥用市场支配地位的问题，通过经营者集中反垄断审查，防止排除、限制市场竞争的行为。（省工商局、省质监局、湖南出入境检验检疫局、省公安厅、省商务厅等部门按职责分工分别负责）加强电子商务领域知识产权保护，加快建立健全电子商务领域专利执法维权监管工作机制，加大涉及电子商务领域的知识产权维权援助工作力度。对电子商务进出境产品的相关知识产权提供预警咨询，维护湖南产品海外良好形象，提升出口商品质量。（省知识产权局、湖南出入境检验检疫局、长沙海关、省工商局、省商务厅、省新闻出版广电局、省经信委等部门按职责分工分别负责）进一步加大政府利用电子商务平台进行采购的力度。（省财政厅）各级政府部门不得通过行政命令指定为电子商务提供公共服务的供应商，不得滥用行政权力排除、限制电子商务的竞争。（有关部门按职责分工分别负责）

三、促进就业创业

（八）鼓励电子商务领域的创新创业。把发展电子商务促进就业纳入全省就业发展规划和电子商务发展整体规划。建立电子商务就业和社会保障指标统计制度。经工商登记注册的网络商户从业人员，同等享受各项就业创业扶持政策。未进行工商登记注册的网络商户从业人员，可认定为灵活就业人员，享受灵活就业人员扶持政策，其中在网络平台实名注册、稳定经营且信誉良好的网络商户创业者，可按规定享受创业担保贷款及贴息政策。支持中小微企业应用电子商务拓展业务领域，鼓励有条件的地区建设电子商务创业园区，指导各类创业孵化基地为电子商务创业人员提供场地支持和创业孵化服务。对于入驻电子商务企业较为集中的基地、园区，在认定省级或市级创业孵化基地时予以支持。支持青年、大学生充分利用“互联网 +”的优势创办电子商务企业。支持省内高校建立大学生创业培育示范基地，支持大学科技园为大学生创业提供场所和公共服务，促进电子商务领域的创新创业。加强创业导师队伍建设，建立一支高素质的创业导师队伍。加强电子商务企业用工服务，完善电子商务人才供求信息对接机制。（省人力资源社会保障厅、省科技厅、省教育厅、省商务厅、省经信委、省统计局，各市州、县市区人民政府）

（九）加强人才培养培训。支持学校、企业及社会组织合作办学，探索实训式电子商务人才培养与培训机制，共建人才培养基地。支持电子商务企业开展岗前培训、技能提升培训和高技能人才培训。参加职业培训和职业技能鉴定的人员，以及组织职工培训的电子商务企业，可按规定享受职业培训补贴和职业技能鉴定补贴政策。将电子商务相关职业（工种）纳入就业技能培训和高技能人才培训补贴范围。鼓励有条件的职业院校、社会培训机构和电子商务企业开展网络创业培训，对参加网络电子商务创业培训的劳动者，按有关规定给予创业培训补贴。对电子商务企业引进的高层次人才，按照国家和我省人才引进的相关规定，享受居留和出入境、落户、子女入学、医疗保险等方面的优惠政策。在推荐选拔百千万人才工程、国务院政府特殊津贴以及省政府特殊津贴等高层次人才选拔项目时，注重向电子商务类人选倾斜。（省人力资源社会保障厅、省商务厅、省教育厅、省财政厅）

（十）保障从业人员劳动权益。规范电子商务企业特别是网络商户劳动用工，经工商登记注册取得营业执照的，应与招用的劳动者依法签订劳动合同；未进行工商登记注册的，也可参照《劳动合同法》相关规定与劳动者签订民事协议，明确双方的权利、责任和义务。按规定将网络从业人员纳入各项社会保险，对未进行工商登记注册的网络商户，其从业人员可按灵活就业人员参保缴费办法参加社会保险。符合条件的就业困难人员和高校毕业生，可享受灵活就业人员社会保险补贴政策。长期雇用5人及以上的网络商户，可在工商注册地进行社会保险登记，参加企业职工的各项社会保险。满足统筹地区社会保险优惠政策条件的网络商户，可享受社会保险优惠政策。（省人力资源社会保障厅）

四、推动转型升级

（十一）创新服务民生方式。积极拓展信息消费新渠道，创新移动电子商务应用，支持面向城乡居民社区提供日常消费、家政服务、远程缴费、健康医疗等商业和综合服务的电子商务平台发展。加快推动传统媒体与新兴媒体深度融合，提升文化企业网络服务能力，支持文化产品电子商务平台发展，规范网络文化市场。支持教育、会展、咨询、广告、餐饮、娱乐等服务企业深化电子商务应用。（有关部门按职责分工分别负责）推动旅游在线服务、网络营销、网上预订、网上支付等智慧旅游服务，加快旅游在线服务模式创新步伐。（省旅游局、省工商局）完善网上交易在线投诉及售后维权机制，建立网购消费警示机制，落实消费者个人信息保护、7天无理由退货等规定，建立消费环节经营者首问和赔偿先付制度，引入行业协会、第三方机构参与网购消费投诉纠纷处理，促进网络购物消费健康快速发展。（省工商局）

（十二）推动传统商贸流通企业发展电子商务。积极推进互联网与商贸流通产业融合发展，依托“互联网+商贸流通”行动计划、“湘品网上行”、湖南网购节、特色・湖南馆、线上产业带等深化普及电子商务应用，扩大湖南产品销售，帮助电子商务企业做大做强。鼓励有条件的大型零售企业开办网上商城，利用移动互联网、地理位置服务、大数据等信息技术提升流通效率和服务质量。支持中小零售企业与电子商务平台优势互补，加强服务资源整合，促进线上交易与线下交易融合互动。（省商务厅）促进城市社区电子商务应用，发展以社区生活服务业为核心的电子商务服务。推动各类专业市场建设网上市场，通过线上线下融合，加速向网络化市场转型，加快完善能源、化工、钢铁、林业等行业电子商务平台规范发展的相关措施。（有关部门按职责分工分别负责）完善市场监测监管体系，规范食品、保健食品、药品、化妆品、医疗器械网络经营行为，推动医药电子商务健康快速发展。（省食品药品监管局、湖南出入境检验检疫局、省卫生计生委、省商务厅）

（十三）积极发展农村电子商务。加强互联网与农业农村融合发展，引入产业链、价值链、供应链等现代管理理念和方式，完善支持农村电子商务发展的政策体系。支持农村电子商务综合服务平台、网络及渠道建设，加快农村电子商务服务业发展。（省商务厅、省农委）加强农产品标准体系、动植物检疫体系、安全追溯体系、质量保障与安全监管体系建设，大力发展农产品冷链基础设施。（省质监局、省发改委、省商务厅、省农委、省食品药品监管局）支持县域电子商务发展，开展电子商务进农村综合示范，推动信息进村入户，利用“万村千乡”市场网络改善农村地区电子商务服务环境，加强农村电子商务基础设施建设，引导知名电商平台建立农村电商县级服务中心和村级服务站。（省商务厅、省农委）加大农产品品牌建设力度，鼓励特色农产品申报地理标志，支持电子商务平台宣传和销售地理标志产品，鼓励电子商务平台服务“一村一品”，促进品牌农产品“走出去”。鼓励农业生产资料企业发展电子商务。（省农委、省质监局、省工商局）支持林业电子商务发展，逐步建立覆盖全省的线上线下林权和林产品交易网络体系。（省林业厅、省商务厅）

（十四）创新工业生产组织方式。支持生产制造企业深化物联网、云计算、大数据、三维（3D）设计及打印等信息技术在生产制造各环节的应用，建立与客户电子商务系统对接的网络制造管理系统，提高加工订单的响应速度及柔性制造能力；面向网络消费者个性化需求，建立网络化经营管理模式，发展“以销定产”及“个性化定制”生产方式。（省经信委、省科技厅、省商务厅）鼓励电子商务企业大力开展品牌经营，优化配置研发、设计、生产、物流等优势资源，满足网络消费者需求。鼓励创意服务，探索建立生产性创新服务平台，面向初创企业及创意群体提供设计、测试、生产、融资、运营等创新创业服务。加快制造与服务的协同发展，促进生产型制造向服务型制造转变，大力发展服务型制造。（省经信委、省科技厅）

（十五）推广金融服务新工具。大力推进金融 IC 卡在电子商务、物流等领域的应用；加快推广以金融 IC 卡为基础的移动金融应用，指导协调省内金融机构推出基于 TSM（可信服务管理）、HCE（基于主机的卡模拟）等技术的移动支付创新产品，优化移动支付线上线下应用环境，扩大移动支付用户和交易量，支持电子商务创新发展。推广应用具有硬件数字证书、采用国家密码行政主管部门规定算法的移动智能终端，保障移动电子商务交易的安全性和真实性；完善在线支付标准规范和制度体系，提升电子商务在线支付的安全性，满足电子商务交易及公共服务领域金融服务需求；鼓励商业银行与电子商务企业开展多元化金融服务合作，提升电子商务服务质量和效率。（省政府金融办、人民银行长沙中心支行、省密码管理局、省质监局）

（十六）规范网络化金融服务新产品。鼓励证券、保险、公募基金等企业和机构依法进行网络化创新，完善适应互联网证券、保险、公募基金产品销售等互联网金融活动的监管方式。鼓励银行机构借助电子商务平台，优化授信流程、产品种类和服务方式，切实加强对实体经济和“三农”、小微企业的金融支持。（省政府金融办、人民银行长沙中心支行、省网信办、湖南银监局、湖南证监局、湖南保监局）规范保险业电子商务平台建设，加强银行、信托、保险、担保、基金等金融机构合作，完善电商产品体系，鼓励发展小微企业信贷信用保险、个人消费履约保证保险等新业务，扩大信用保险保单融资范围。完善在线旅游服务企业投保办法。（省政府金融办、湖南银监局、湖南保监局、省旅游局等部门按职责分工分别负责）

五、完善物流基础设施

（十七）支持物流配送终端及智慧物流平台建设。以湖南交通物流信息共享平台为依托，建立跨地区、跨行业、覆盖全省的物流公共信息平台，实现物流园区、物流企业等信息资源共享。鼓励在法律规定范围内发展共同配送等物流配送组织新模式。（省发改委、省交通运输厅、省商务厅、省邮政管理局）支持物流（快递）配送站、智能快件箱等物流设施建设，鼓励快递企业与社区物业、村级信息服务站（点）、便利店等合作开展快件派送服务，促进快递服务网络向农村延伸。（各市州、县市区人民政府，省商务厅、省邮政管理局、省农委等部门按职责分工分别负责）推进电子商务与物流快递协同发展试点，促进快递服务与网络零售协同发展。（省财政厅、省商务厅、省邮政管理局）鼓励学校、快递企业、第三方主体因地制宜加强合作，通过设置智能快件箱或快件收发室、委托校园邮政局所代为投递、建立共同配送站点等方式，促进快递进校园。（各市州、县市区人民政府，省邮政管理局、省商务厅、省教育厅）根据执法需求，研究推动被监管人员生活物资电子商务和智能配送。（省司法厅）有条件的城市应将配套建设物流（快递）配送站、智能终端设施纳入城市社区发展规划，鼓励电子商务企业和物流（快递）企业对网络购物商品包装物进行回收和循环利用。（有关部门按职责分工分别负责）

（十八）规范物流配送车辆管理。打通电子商务流通“最后一公里”，着力解决城市配送车辆通行难、停靠难、装卸难等突出问题。推动城市配送车辆的标准化、专业化发展；制定并实施城市配送用汽车、电动三轮车等车辆管理办法，强化城市配送运力需求管理，保障配送车辆的便利通行；鼓励采用清洁能源车辆开展物流（快递）配送业务，支持充电、加气等设施建设；合理规划物流（快递）配送车辆通行路线和货物装卸搬运地点。对物流（快递）配送车辆采取通行证管理的城市，应明确管理部门、公开准入条件、引入社会监督。（各市州、县市区人民政府）

（十九）合理布局物流仓储设施。将物流仓储规划纳入城乡规划，统筹城乡物流仓储布局，明确物流仓储用地的配置标准。在编制控制性详细规划时，合理确定物流仓储用地。在土地利用总体规划和年度供地计划中合理安排仓储建设用地，对重点物流园区和项目建设用地，在土地储备或土地利用年度计划指标内优先予以保障。（省国土资源厅、省住房城乡建设厅，各市州、县市区人民政府）鼓励物流企业建设标准化、现代化仓储设施，统筹有关专项资金及创新创业园区“135”工程的相关政策，对省级以上产业园区新建物流标准仓库给予补助。在政策范围内，优先保障偏远山区仓储设施建设用地，合理减免土地使用税。（省住房城乡建设厅、省公安厅、省发改委、省商务厅、省林业厅）引导社会资本进行仓储设施投资建设或再利用，严禁擅自改变物流仓储用地性质。（各市州、县市区人民政府）鼓励物流（快递）企业发展“仓配一体化”服务。积极推进电商快递物流园区建设。（省商务厅、省邮政管理局）

六、提升对外开放水平

（二十）提升跨境电子商务通关效率。积极推进跨境电子商务通关、检验检疫、结汇、缴进口税等关键环节“单一窗口”综合服务体系建设，简化与完善跨境电子商务货物返修与退运通关流程，提高通关效率。在符合条件的跨境电子商务监管中心优先开展国际贸易“单一窗口”试点，全面实施关检合作“三个一”和“一机双屏双控”查验，推动口岸联检单位一站式作业。依托湖南电子口岸，建设全省跨境电子商务公共服务平台，建成规范统一、互联互通、信息共享、监管互助、协同高效的跨境电子商务公共服务体系。探索建立跨境电子商务货物负面清单、风险监测制度，完善跨境电子商务货物通关与检验检疫监管模式，建立跨境电子商务及相关物流企业诚信分类管理制度。（省商务厅、长沙海关、省财政厅、省国税局、湖南出入境检验检疫局、省外汇管理局）依托海关电子商务通关管理平台，采取事前预备案、事中“清单核放、汇总申报”的方式简化报关流程。对跨境电子商务实行全年（365天）无休日、货到海关监管场所24小时内办结海关手续的通关监管。（长沙海关）优化检验检疫监管作业流程，对跨境电子商务进出口商品实行集中申报、集中查验、集中放行等便利措施。加强跨境电子商务质量安全监管，对跨境电子商务经营主体及商品实施备案管理制度。（湖南出入境检验检疫局）简化跨境电子商务收结汇和购付汇业务的单证审核。对有真实交易背景，但无法提供海关进出口报关单，或虽有海关进出口报关单，但经营主体与收付汇主体不一致的跨境电商交易，允许企业依据跨境电商交易清单在银行办理收结汇、购付汇业务。积极推进第三方支付机构跨境外汇支付业务试点工作。（省外汇管理局）

（二十一）深化电子商务区域合作。争取国家政策性银行在湘分支机构加大对电子商务企业境外投资并购的贷款支持力度，支持符合条件的电子商务企业境外上市。（人民银行长沙中心支行、湖南证监局、省商务厅、省发改委、省经信委）根据国家规定，简化电子商务企业境外直接投资外汇登记手续，拓宽其境外直接投资外汇登记及变更登记业务办理渠道。（省外汇管理局）加大对电子商务企业“走出去”的服务力度，及时为企业提供投资信息咨询、国际法律援助等方面支持。支持电子商务企业建立海外营销渠道，创立自有品牌。积极参与面向“一带一路”沿线国家的电子商务合作。（省商务厅会有关部门按职责分工分别负责）依托我国认证认可制度和体系，完善我省电子商务企业和商品的合格评定机制，提升国际组织和机构对我省电子商务企业和商品认证结果的认可程度。（省商务厅、省质监局、湖南出入境检验检疫局）

七、构筑安全保障防线

（二十二）保障电子商务网络安全。电子商务企业要按照国家信息安全等级保护管理规范和技术标准相关要求，采用安全可控的信息设备和网络安全产品，建设完善网络安全防护体系、数据资源安全管理体系和网络安全应急处置体系，鼓励电子商务企业获得信息安全管理体系认证，提高自身信息安全管理水平。鼓励电子商务企业加强与网络安全专业服务机构、相关管理部门的合作，共享网络安全威胁预警信息，消除网络安全隐患，共同防范网络攻击破坏、窃取公民个人信息等违法犯罪活动。引导基础电信企业、IDC企业等接入商提高对电子商务网站的网络安全防护等级，建立电子商务网站服务细则和应急预案，保障电子商务网站的网络安全。（省网信办、省公安厅、省通信管理局、省密码局）

（二十三）确保电子商务交易安全。健全电子商务交易安全管理机制，明确电子商务交易各方的安全责任和义务。（省工商局、省通信管理局、省公安厅）建立电子认证信任体系，促进电子认证机构数字证书交叉互认和数字证书应用的互联互通，推广数字证书在电子商务交易领域的应用。建立电子合同等电子交易凭证的规范管理机制，确保网络交易各方的合法权益。加强电子商务交易各方信息保护，保障电子商务消费者个人信息安全。（省经信委、省通信管理局、省工商局、省密码管理局等有关部门按职责分工分别负责）

（二十四）预防和打击电子商务领域违法犯罪。电子商务企业要切实履行违禁品信息巡查清理、交易记录及日志留存、违法犯罪线索报告等责任和义务，加强对销售管制商品网络商户的资格审查和对异常交易、非法交易的监控，防范电子商务在线支付给违法犯罪活动提供洗钱等便利，并为打击网络违法犯罪提供技术支持。加强电子商务企业与相关管理部门的协作配合，建立跨机构合作机制，加大对制售假冒伪劣商品、网络盗窃、网络诈骗、网上非法交易等违法犯罪活动的打击力度。加强对网络平台、网络促销行为的监管，规范网络交易平台合同格式条款。（省公安厅、省工商局、人民银行长沙中心支行、湖南银监局、省通信管理局、省商务厅等有关部门按职责分工分别负责）

八、健全支撑体系

（二十五）健全法规标准体系。制定适合电子商务特点的投诉管理制度，制定基于统一产品编码的电子商务交易产品质量信息发布规范，建立电子商务纠纷解决和产品质量担保责任机制。（省工商局、省质监局等部门按职责分工分别负责）逐步推行电子发票和电子会计档案，完善相关规章制度。（省国税局、省地税局、省财政厅、省档案局、省质监局）认真落实电子商务统计制度，逐步扩大电子商务统计的覆盖面，保障统计的及时性、真实性。（省商务厅、省统计局）根据国家规定，统一线上线下的商品编码标识，完善电子商务地方标准规范体系。（省质监局、省商务厅）

（二十六）加强信用体系建设。建立健全电子商务信用信息管理制度，推动电子商务企业信用信息公开。推进人口、法人、商标和产品质量等信息资源向电子商务企业和信用服务机构开放，逐步降低查询及利用成本。加快构建电子商务信用信息系统，完善企业信用信息基础数据库，建立以组织结构代码实名制为基础的企业质量信用档案数据库系统，对网络经营者实行信用监管。（省工商局、省商务厅、省公安厅、省质监局等部门按职责分工分别负责）鼓励推广应用电子商务信用评价结果，加快建立健全电子商务领域失信行为联合惩戒机制。（省发改委、人民银行长沙中心支行、省工商局、省质监局、省商务厅）推动电子商务领域应用网络身份证，完善网店实名制，鼓励发展社会化的电子商务网站可信认证服务。（省公安厅、省工商局、省质监局）发展电子商务可信交易保障公共服务，完善电子商务信用服务保障制度，推动信用调查、信用评估、信用担保等第三方信用服务和产品在电子商务中的推广应用，建设网络商品交易市场诚信体系。（省工商局、省质监局）

（二十七）强化科技与教育支撑。开展电子商务基础理论、发展规律研究。加强电子商务领域云计算、大数据、物联网、智能交易等核心关键技术研究开发。实施网络定制服务、网络平台服务、网络交易服务、网络贸易服务、网络交易保障服务技术研发与应用示范工程。强化产学研结合的企业技术中心、工程技术（研究）中心、重点实验室建设。鼓励企业牵头组建产业技术创新战略联盟。探索建立电子商务学科体系，引导高等院校加强电子商务学科建设和人才培养，为电子商务发展提供更多的高层次复合型专门人才。（省科技厅、省教育厅、省发改委、省商务厅）建立预防网络诈骗、保障交易安全、保护个人信息等相关知识的宣传与服务机制。（省公安厅、省工商局、省质监局）

（二十八）协调推动区域电子商务发展。各市州要把电子商务纳入经济与社会发展规划，加大电子商务龙头企业培养和引进工作力度，完善电子商务配套支撑体系，加快建成一批国内知名的集研发、设计、物流配送、配套服务于一体的电子商务（含快递物流）产业园区，引导各类电子商务业态和功能聚集，推动电子商务产业统筹协调、错位发展。鼓励条件成熟的城市创建国家电子商务示范城市和国家移动电子商务试点示范城市。鼓励电子商务产业集聚基地或园区创建国家电子商务示范基地。（各市州、县市区人民政府）依托长沙市、株洲市等国家电子商务示范城市，加快开展电子商务法规政策创新和试点示范工作。（省发改委、省财政厅、省商务厅、人民银行长沙中心支行、长沙海关、湖南出入境检验检疫局、省国税局、省地税局、省工商局、省质监局等部门按照职责分工分别负责）

全省各级各部门要提高对加快发展电子商务的认识，转变观念、创新举措、加强配合，认真落实各项工作任务。省商务厅等部门要建立电子商务跨部门协调工作机制，及时协调解决重大问题，加强指导服务，共同推动全省电子商务健康快速发展。

湖南省人民政府

2015 年 12 月 28 日

广东省

广东省人民政府关于促进内贸流通健康发展的实施意见

粤府函〔2015〕298号

各地级以上市人民政府，顺德区人民政府，省政府各部门、各直属机构：

为贯彻落实《国务院关于推进国内贸易流通现代化建设法治化营商环境的意见》（国发〔2015〕49号）和《国务院办公厅关于促进内贸流通健康发展的若干意见》（国办发〔2014〕51号）精神，进一步深化内贸流通体制改革，创新现代流通方式，完善城乡流通网络，积极挖掘消费潜力，做大做强商贸服务业，结合我省实际，现提出以下实施意见：

一、加快推进现代流通方式发展

（一）加快推进电子商务发展。深入贯彻《国务院关于大力发展电子商务加快培育经济新动力的意见》（国发〔2015〕24号），以创新开展“广货网上行”活动为抓手，整合生产、销售和第三方服务等全产业链资源，进一步拓展网络消费。支持利用信息技术促进贸易创新发展，推动传统制造业、商贸流通业、居民生活服务、休闲娱乐、旅游、金融等领域电子商务应用，推广“网订店取”、“网订店送”等新型配送模式，促进线上线下融合发展。推进商务领域大数据公共信息服务平台建设，将“广货网上行”官网打造成省级电子商务公共服务平台。深入推进国家电子商务示范城市、示范基地和示范企业建设，加快培育本土电子商务标杆企业。大力推进农村地区及农产品流通领域电子商务应用。加快推进电子发票应用，完善电子会计凭证管理配套措施。落实国务院《注册资本登记制度改革方案》，完善市场主体住所（经营场所）管理。在控制风险基础上鼓励支付产品创新，营造商业银行和支付机构等支付服务主体平等竞争环境。

（二）大力推进商贸物流发展。以托盘标准化及循环共用为切入点，深入推进物流标准化建设。加强物流信息化建设，打造一批跨区域物流综合信息服务平台。提高物流社会化、专业化水平，支持电子商务与物流快递协同发展。深入实施“快递下乡”工程，加快推进城市共同配送体系建设，将城市配送基础设施布局纳入城乡规划，总结推广广州、东莞市开展城市共同配送试点经验，推动城市配送车辆统一标识管理，保障运送生鲜食品、主食制品、药品等车辆便利通行。允许符合标准的非机动快递车辆从事社区配送。支持商贸物流园区和仓储企业转型升级，经认定为高新技术企业的第三方物流和物流信息平台企业，依法享受高新技术企业相关优惠政策。

（三）促进连锁经营发展。以电子商务、信息化及物流配送为依托，推进发展直营连锁，规范发展特许连锁，引导发展自愿连锁。以提高连锁经营企业核心竞争力和连锁经营效率为核心，支持连锁经营企业跨地区开设连锁店，建设配送中心，加快连锁经营企业信息化建设，推动连锁经营向更广范围、更宽领域发展。支持连锁经营企业建设直采基地和信息系统，提升自愿连锁服务机构联合采购、统一分销、共同配送能力。引导便利店、综合服务社等业态进入社区和农村，规范和拓展代收费、代收货等便民服务功能。鼓励超市、便利店等场所依法依规发展便民餐点。

二、完善现代流通基础设施

（四）加快建设城乡一体化的现代流通网络。加强商业网点规划与城乡规划的衔接，促进大型商业网点合理布局，加快构建农产品、工业品双向畅通的流通网络。制订政府鼓励的流通设施目录，对纳入目录的项目在土地利用年度计划和土地供应计划中予以安排。发挥中心城市的辐射带动作用，打造不同层级的商贸城市、商业中心群、大型购物中心和城市商业功能街区，促进消费集聚。引导大型流通企业进农村，培育一批集零售、餐饮、文化、生活、配送于一体的多功能乡镇商贸中心，促进城乡一体化发展。

（五）促进商品交易市场转型升级。发挥各地优势和产业特色，大力推进专业市场和市场集群升级改造，支持年交易额超百亿元的商品交易市场不断发展壮大。对城区商品批发市场异地搬迁改造，政府收回原国有建设用地使用权的，可采取协议出让的方式安排商品批发市场用地。鼓励商品交易市场商业模式创新和信息化应用，拓展商品展示营销、研发设计、品牌孵化、检测回收、电子商务、物流配送和商务服务等功能。重点培育建设进口商品交易中心，构建“国际采购－进口－销售”一体化现代交易平台。拓展国内商品市场对外贸易功能，打造一批功能完善、管理规范、辐射面广的内外贸结合市场。加强批发市场周边道路、停车位、公交停靠站点等交通设施规划建设，优化客货运交通组织，切实解决批发市场物流配送难的问题。

（六）推动农产品流通体系建设。加大财政性资金和政策支持力度，加快推进产地集配中心、标准化冷库以及农产品冷链物流等公益性基础设施和农产品批发市场信息平台建设。全面推进农超、农餐对接，推进农产品直采直购，完善产销衔接体系。鼓励引导民营资本参与投资经营，做好公益性批发市场发展规划与土地利用总体规划、城乡规划的衔接，培育一批公益性农产品批发市场。落实农产品批发市场、农贸市场城镇土地使用税和房产税优惠政策。

（七）加快居民生活服务行业发展。严格执行国家关于城市居住区规划设计规范对公共服务设施的相关规划标准，落实新建社区商业和综合服务设施面积占社区总建筑面积不低于 10% 的政策。整合各类社会资源，建设公益性家政服务网络中心，加快培育一批龙头家政服务企业，健全养老护小型家政服务人员培训体系，扩大家政服务供给，提升服务水平。完善餐饮行业标准体系，研究制定《粤菜标准体系框架结构》等地方标准。按照国家统一部署，加快生活性服务业“营改增”步伐，积极落实国家对小微企业增值税和营业税优惠政策，进一步促进生活性服务业小微企业发展。

（八）推进绿色循环消费设施建设。鼓励商业企业运用绿色低碳节能设备设施，推动节能技术改造，在具备条件的商业企业推广分布式光伏发电，试点夹层玻璃光伏组件等新材料产品应用，培育一批集节能改造、节能产品销售和废弃物回收于一体的绿色市场、商场和饭店。支持流通企业与绿色低碳商品生产企业（基地）对接，推广绿色低碳采购，打造绿色低碳供应链，倡导绿色消费。逐步完善报废机动车回收拆解企业规划布局，积极鼓励相关企业加快升级改造，推进报废汽车资源综合利用。

三、深化内贸流通支撑体系建设

（九）创新内贸流通管理体系。健全内贸流通行政管理的权力清单、部门的责任清单和市场准入的负面清单，建立适应大流通、大市场发展需要的流通管理体制。推动流通行业协会改革，鼓励通过政府购买服务的形式，充分发挥其连接政府与企业的纽带作用。支持广州市开展国内贸易流通体制改革发展综合试点，坚持以制度创新为核心，推动专业批发市场、零售、会展、生活服务业等传统流通领域转型升级，加快推进电子商务、商贸物流、融资租赁等新业态创新发展，探索建立新型流通管理体制，深化监管方式改革，形成更多的可复制可推广的经验和模式，带动全省流通业改革创新。

（十）培育大型流通企业集团。引导优势流通企业采取参股、控股、兼并、合资、合作等方式做大做强。落实国家推进国有流通企业兼并重组有关政策，鼓励各类投资者参与国有流通企业改制重组，推进混合所有制发展。督促达到标准的流通企业依法进行经营者集中申报。鼓励和引导金融机构加大对流通企业兼并重组的金融支持力度，提高对商贸企业综合授信额度。鼓励具备条件的流通企业“走出去”，建立海外营销、物流及售后服务网络。各地要建立重点流通企业台账服务制度，对促进地区消费贡献突出、营业额排名前列的批发市场、大型商场、连锁超市、物流配送等企业，采取挂点联系和“一企一策”等方式，协调解决企业的实际困难。

（十一）推动中小商贸流通企业发展。贯彻落实商务部《关于促进中小商贸流通企业健康发展的指导意见》（商流通函〔2014〕919 号），积极推动有条件的地市开展中小商贸流通企业公共服务平台建设，依托平台优势开展贸易洽谈、展览展销、采购对接、购物促销、电子商务等服务。整合社会服务资源，为中小商贸流通企业提供优质的咨询和推广服务。落实小微企业融资支持政策，推动商业银行开发符合商贸流通行业特点的融资产品，在风险可控的基础上，发展商圈融资、供应链融资，完善小微商贸流通企业融资环境。

四、实施扩内需、促消费工程

（十二）继续办好全省消费促进月活动。依托重点商贸流通企业，通过省市联动，每年举办不少于600场消费促进活动，各地至少在当地举办2-3场规模较大的促销展销活动。鼓励创新促销方式，支持"商文结合"、"商旅结合"、"商娱结合"、"商展结合"。拓展文化旅游、休闲娱乐、教育培训、养老服务、家政服务、医疗保健、体育健身、信息消费等。公安、消防、城管等有关部门要积极支持流通企业举办各类促销活动，确保活动安全有序举行。

（十三）促进消费结构升级和模式创新。加快推动高新产品进入消费领域，引导生产企业研发更符合市场需求的产品，促进耐用消费品更新换代。积极促进汽车消费，开展汽车销售、维修、置换等联展促销活动，研究制定鼓励性的新能源汽车应用和充电基础设施补助政策。鼓励"网下体验、网上下单"或"线上营销、线下成交"相结合的新型消费模式。支持发展信用消费，鼓励竞争，改善电子支付环境。加强银商合作，扩大银行卡使用范围，方便刷卡消费。

（十四）建立和完善商贸流通业统计监测体系。做好消费指标分析，加强信息、住房、旅游休闲、教育文体、养老健康家政等领域的消费情况分析。充实样本企业数量，优化样本企业结构，拓展稳定的统计数据来源。加强市场监测和信息引导，提高市场调控的预见性和针对性。

五、切实改善营商环境

（十五）降低流通企业营商成本。继续实施降低流通费用、提高流通效率行动计划，对涉企行政事业性收费、政府性基金和实施政府定价或指导价的经营服务性收费实行目录清单管理，完善公示制度，加大对违规收费的查处力度。进一步推进工商用水同网同价政策全面实施。鼓励大型商贸企业参与电力直接交易。落实跨地区经营企业总分支机构汇总纳税政策。规范银行卡业务市场，促进收单机构合规经营，切实落实银行卡刷卡手续费定价相关规定。

（十六）消除区域市场壁垒和行业垄断。着力破除市场壁垒，不得滥用行政权力制定含排除、限定竞争等内容的规定，不得限定或变相限定单位或个人经营、购买、使用指定经营者提供的商品。开展专项清理工作，重点整治设置地区封锁、阻碍商品自由流通等行为，取消针对外地企业、产品和服务设定歧视性收费项目、实行歧视性收费标准或规定歧视性价格等行为。

（十七）进一步规范市场秩序。坚持属地管理原则，减少执法层次，实现市场监管与执法重心下移。根据不同层级政府事权和职责，推广商务综合行政执法试点城市经验，扩大试点范围，加强商务综合行政执法队伍建设。大力推行在线监管、信用监管、溯源监管等现代监管模式，重点加强农产品、食品药品、电子商务等行业领域监管。完善网络商品的监督抽查、风险监测、源头追溯、质量担保、损害赔偿、联合办案等制度，依法惩治侵权假冒违法行为，切实保护消费者合法权益。健全举报投诉办理和违法行为曝光机制，严肃查处违法违规行为，进一步规范市场秩序。

（十八）加快商务信用建设。认真落实国家有关工作部署，深入开展商务诚信体系建设试点，整合公安、工商、税务、质监、金融、卫生等部门的信息资源，加快建设全省商务诚信公共服务平台。推动物流企业建立基于诚信交易单数、纠纷处理等指标为基础的信用等级评价，引导零售企业开展商品质量、服务水平、购物环境等消费体验评价。支持第三方机构开展具备信誉搜索、同类对比等功能的综合评价，鼓励行业组织开展以信用记录为基础的第三方专业评价。建立健全守信激励机制和失信惩戒机制，建立完善国内贸易企业信用信息记录和披露制度，依法发布失信企业"黑名单"。加大诚信兴商宣传力度，继续开展诚信兴商宣传月、百城万店无假货、守合同重信用公示、正版正货承诺等活动，发挥商务诚信建设重点推进单位示范带动作用，积极营造诚信文化氛围。

各地、各部门要进一步加强宣传引导，结合实际抓紧细化完善配套措施，明确任务分工，落实责任，切实解决工作中存在的问题。省商务厅要加强统筹协调，及时汇总各地有关工作落实情况并上报省政府。

附件：重点任务分工及进度安排（略）

广东省人民政府
2015年11月3日

广东省人民政府办公厅
关于印发《广东省供销合作社
综合改革试点实施方案》的通知

粤办函〔2015〕573 号

各地级以上市人民政府，各县（市、区）人民政府，省政府各部门、各直属机构：

《广东省供销合作社综合改革试点实施方案》已经省人民政府同意并报中华全国供销合作总社批准，现印发给你们，请认真贯彻执行。试点工作由省供销社组织实施，有关重大改革举措要按照管理权限履行报批手续。

广东省人民政府办公厅

2015 年 11 月 18 日

广东省供销合作社综合改革试点实施方案

为贯彻落实《中共中央国务院关于深化供销合作社综合改革的决定》（中发〔2015〕11 号，以下简称《决定》）精神，按照《中共广东省委广东省人民政府关于深化供销合作社综合改革的实施意见》（粤发〔2015〕12 号）的部署要求，进一步深化我省供销合作社综合改革，力争在重点领域和关键环节率先取得突破，以点带面推进我省供销合作社综合改革全面深入开展，制订本方案。

一、总体要求

（一）指导思想。深入贯彻《决定》精神，落实省委、省政府和全国供销总社关于全面深化供销合作社综合改革的工作部署，遵循“改造自我、服务农民”的总思路，坚持社会主义市场经济改革方向，立足广东供销合作社系统发展实际，坚持为农服务根本宗旨，坚持因地制宜突出重点，坚持以上率下健全组织，坚持市场运作支持基层，以密切与农民利益联结为核心，以提升为农服务能力为根本，以服务规模化、流通现代化为重点，加快推进经营创新、服务创新、组织创新和管理创新，打造市场经济条件下的供销新优势。

（二）主要目标。适应社会主义市场经济要求和现代流通业发展趋势，构建上下贯通、高效对接、各业务板块有机融合的经营服务综合平台，增强服务功能，提升服务水平，使供销社成为承接强农惠农富农政策的重要载体和党委、政府推动“三农”工作的重要抓手。到 2016 年底，在试点地区初步建立起适应广东新型城镇化和农业现代化发展要求的供销合作社经营服务体系：

——省供销社与试点单位层级间联合合作有效强化，社有企业实现资本、产权、业务等多种形式对接；

——启动建设一批规模较大、功能较强的综合经营服务平台，服务“三农”领域不断拓展，能力和水平明显提升；

——基层社分类改造基本完成，合作经济组织体系比较健全；

——联合社体制改革有序推进，职能加快转变，符合市场经济要求的治理机制初步建立。

二、试点范围及实施时间

（一）试点范围。在省供销社和 20 个试点县（市、区）供销合作社（下称原试点单位）试点基础上，按照自愿申报原则，新增 20 个供销合作社作为试点单位。

（二）试点时间。整体试点时间调整为 2014 年 3 月～ 2016 年 12 月。原试点单位完成原方案设定试点任务的时间为 2016 年 3 月；全部试点单位完成本方案设定试点任务的时间为 2016 年 12 月。

三、主要任务

（一）建立高效对接、服务城乡的现代经营服务体系。

1．做大做强龙头企业。坚持龙头带动，组建联合社社有资本投资公司，推动社有资本集中到农资、农技、粮油、农产品冷链物流、再生资源、农村金融等为农服务优势产业和关键领域。确保供销合作社对重要为农服务骨干企业的控制力，支持社有企业对外兼并重组，加强与社会资本对接，启动实施事业合伙人计划和事业创始人计划，推行经营层、骨干员工持股，大力发展混合所有制经济，深化社有企业产权制度改革，激发企业发展活力和创造力。充分利用多层次资本市场，加快推动龙头企业在中小企业板或新三板上市，拓宽融资渠道。到 2016 年底，试点单位重点企业全面实现产权多元化。

2．推动经营网络转型升级。坚持创新驱动，深入实施新农村现代流通服务网络工程建设，大力发展现代流通组织形式和经营方式，推动农资、农产品、日用消费品和再生资源等传统供销流通网络改造升级，构建高效对接、双向流通的现代经营服务网络。加快建成以农技服务为牵引的农资经营服务体系，创办一批庄稼医院、农技服务机构，促进农资流通向农业技术服务转型。积极实施供销合作社“互联网 +”行动计划，加快商业模式创新，打造农资、重要农产品、再生资源等行业电子交易平台，推动与全国供销总社电子商务平台有效对接，促进线上线下融合发展、城乡商品双向流通。到 2016 年底，建成 2 ～ 3 个省级专业化电子交易平台，并与试点单位实现业务对接；全部试点单位积极开展农技服务业务，初步实现农资流通向农技服务转型。

3．推进产权业务对接。坚持自愿互利、协同发展，资源更多地向基层倾斜，利益更多地留给基层，推进社有企业相互参股和并购重组，加快跨层级纵向整合和跨区域横向联合，构建各业务板块有机融合、高效对接、服务城乡的供销合作社经营服务体系。依托省供销社直属企业，建立省级农资服务、农产品流通、日用消费品配送、再生资源回收利用、合作金融等平台，对接重组试点单位相关经营业务。到 2016 年底，省级经营服务平台与全部试点单位实现业务对接，省供销社直属企业与 50% 以上试点单位实现产权对接。

（二）建立规模化、可持续的为农综合服务体系。

4．拓展经营服务领域。坚持合纵连横，依托农村经营网络优势，围绕供销合作社产业链，加快建立全省性合作金融服务平台，鼓励有条件的供销合作社通过设立小额贷款公司、融资性担保公司、融资租赁公司、农业保险经纪公司及参股农商行，开展农业小额贷款、融资性担保、融资租赁、农村保险经纪等业务。支持有条件的供销合作社按照社员制、封闭性原则，在不对外吸储放贷、不支付固定回报的前提下，按规定发展农村资金互助合作业务；围绕“一网多用”，支持开展农具农械经营，提供农机作业、收储加工和种子供应等农业社会化服务。整合供销合作社职业技术教育资源，充分发挥在农业技术推广和农民技能培训中的积极作用。加强校企、校社合作，积极参与新型职业农民培训。到 2016 年底，省级农村金融服务平台经营服务覆盖 60% 的试点单位，试点单位全面启动农业社会化服务惠农工程建设。

5．建设经营服务综合平台。坚持共建共享，省市、省县供销合作社联手，在重要农产品主产区、主销区或集散地新建、扩建或改建一批集商品交易、质量检测、仓储加工、冷链物流、电子商务、金融保险等功能于一体的专业化、综合性农产品交易服务平台，衔接上游供应链、经营服务网络和下游基层服务组织、经营网点；加快粮食、冻肉储备基地和冷链物流园区等流通基础设施建设，提升农产品流通服务水平。结合“三旧”改造和新型城镇化建设，统筹整合供销合作社存量土地、房产资源，建设城乡社区商贸服务中心或经营服务综合体；积极参与建设农村综合服务社和城乡社区服务中心（站），承接政府购买公共服务，为城乡居民提供多层次、专业化社会服务。到 2016 年底，全部试点单位通过新建或改造方式，建设多种形式、不同层级的经营服务综合平台。

6．分类推进基层社改造。坚持强基固本，按照现代服务业发展要求和“重组—改造—提升”的路径，推进基层社改造重组，广泛吸纳农民和各类新型农业经营主体入社，不断强化基层社与农民在组织上和经济上的联结。对经济实力较强的基层社，着力支持其扩大经营服务领域和区域，加快发展生产合作、供销合作、消费合作、信用合作，办成以农民为主体的综合性合作社；对经济实力较弱的基层社，通过经营服务网络对接、社有企业带动、社会资本投资、专项资金扶持等方式，着力提升其服务能力；对已承包或租赁的基层社经营网点，通过业务对接、产权重组等方式，逐步将其纳入供销合作社经营服务体系；在没有基层社的地区，要通过经济实力较强的基层社或社有企业经营服务网络延伸，加快创建一批具有自主经营实体、为农服务载体、合作经济联合体性质的新型基层社。到 2016 年底，试点单位 80% 以上基层社完成改造重组。

7．领办创办农民合作社。鼓励具备条件的基层社以业务板块为基础，通过共同出资、共创品牌、共用渠道、共享利益等方式，吸纳农民、新型农业经营主体和基层社干部职工组建一批管理民主、制度健全、产权清晰、带动力强的农民合作社或股份合作制企业。支持供销合作社充分发挥综合服务平台作用，引导发展农民合作社联合社和行业协会，带动农民合作社围绕优势产业开展全程系列化服务。到 2016 年底，各试点单位创办不少于 3 家省级以上农民合作社示范社，80% 以上试点单位组建农民合作社联合社。

（三）建立上下贯通、运转高效的合作经济组织体系。

8．转变联合社职能。坚持改造自我、服务农民，省级和市级联合社要全面贯彻落实党委、政府和上级社的决策部署，切实把握好为农服务方向，着力加强本区域内供销合作社的行业管理、政策协调、资产监管、教育培训等主要工作。县级联合社要加强对基层社的管理监督，保持基层社组织和资产的完整性，组织实施好基层社改造，强化市场运营，搞好直接面向农民生产生活的服务网点建设。支持有条件的县级联合社进行实体性合作经济组织或企业化管理改革试点。联合社机关实行企业化管理改革试点和县级联合社进行实体性合作经济组织改革试点应制订试点方案并按管理权限履行报批手续后实施。到 2016 年底，全部试点单位初步建立起政事分开、社企分开、管理高效、监督有力的联合社治理机制。

9．建立双向评价监督机制。坚持以上率下、以下促上，开展试点单位对省供销社年度工作报告评议工作，建立试点单位对省供销社工作评价机制；制订工作考核办法，建立省供销社对试点单位工作考核机制，并将考核结果和有关意见建议通报当地党委、政府，进一步健全上下相互监督、协调配合的工作机制，强化试点单位责任意识和使命意识，激发干事创业热情。到 2016 年底，初步建立省供销社与试点单位双向考核评价机制。

10．强化联合合作发展。坚持合作开放，设立供销合作社合作发展基金，各级联合社每年从本级社有资产收益中，提取不少于 20% 的资金注入到本级合作发展基金；按照自愿参与、共建共管、使用优先、效率为重、收益共享原则，鼓励下级合作发展基金将其中一部分上缴上级合作发展基金，统筹支持基层建设和供销系统重点项目。大力整合社会资源，加快引入各种社会资本，做大合作发展基金，为供销合作社综合改革提供资源保障。到 2016 年底，全部试点单位设立合作发展基金，基金运营管理机制比较健全，省级合作发展基金实力和带动作用得到增强。

（四）构建适应市场经济要求的社有资产监管体系。

11．创新社有资产监管模式。认真落实联合社理事会作为社有资产出资人代表职责。推动县级以上联合社理事会设立社有资产管理委员会，按照理事会授权，建立社有资本经营预算制度，并接受同级审计机关和财政部门监督，以管资本为主加强对社有资产的监督管理；采取委派法人代表管理和特殊管理股股权管理等办法，探索对社有企业的多种管理方式。到2016年底，试点单位全面完成设立社有资产管理委员会。

12．完善现代企业治理机制。建立健全现代企业制度，规范社有企业股东会、董事会、监事会及管理层责权利关系，形成各负其责、协调运转、有效制衡的法人治理结构。推进职业经理人制度试点，实行市场化选聘、任期制契约化管理，鼓励现任企业负责人向职业经理人过渡。建立完善与绩效挂钩的激励约束机制，探索建立切合实际的中长期激励机制。到2016年底，试点单位重点企业建立健全“三会一层”治理机制。

13．强化监事会监督职能。加强联合社监事会建设，创新监事会的组织形式和工作机制，强化对本级社有资产和经济活动的监督。在各级联合社的社有资产管理委员会中，设立监事会工作部门，负责领导管理派驻本级社有企业的监事会负责人。推动社有资产交易公开化、透明化。到2016年底，试点单位全面实现对重点社有企业派驻监事会负责人。

四、保障措施

（一）加强对综合改革试点的组织领导。要把供销合作社综合改革试点纳入全面深化改革大局，加强领导，统筹谋划，协调推进。全省供销合作社综合改革试点工作在省委全面深化改革领导小组的领导下，由省委农村工作领导小组统筹协调把关，具体工作由省供销社等部门按职能分工负责落实。试点供销合作社综合改革方案要履行报批手续，经本级人民政府和上级供销合作社审核后，报省供销社批准实施。

（二）加强对综合改革试点的政策指导。省供销社要加强对各地综合改革试点工作的指导。各地要按照粤发〔2015〕12号文的要求，加强统筹协调，推动各有关部门出台具体措施，为供销合作社综合改革试点创造良好的环境条件。

（三）加强对综合改革试点的支持。国家和省财政支持供销合作社新农村现代流通服务网络工程建设和实施农业社会化服务惠农工程的专项资金，重点向试点单位倾斜。对试点单位农产品市场、农资和粮油仓储加工基地、冷链物流配送中心等重点项目建设，各级发展改革、财政、农业、商务等有关部门要予以优先支持。

广西壮族自治区

广西壮族自治区商务厅等转发《商务部办公厅 发展改革委办公厅 公安部办公厅 税务总局办公厅 工商总局办公厅关于进一步加强零售商供应商交易监管工作的通知》

桂商秩发〔2015〕5 号

各市商务局（委）、物价局、公安局、国税局、地税局、工商局：

现将《商务部办公厅 发展改革委办公厅 公安部办公厅 税务总局办公厅 工商总局办公厅关于进一步加强零售商供应商交易监管工作的通知》（商办秩函〔2015〕42 号）转发给你们。结合我区实际，并就抓好贯彻落实工作提出如下要求：

一、明确职责分工，强化监督检查

商务主管部门负责规范零售企业促销服务行为，依法检查零售企业收费后未按约定向供应商提供相应服务、拖欠供应商货款等行为。物价部门负责加强市场价格监管，规范零售商、供应商价格行为，建立健全收费公示制度，依法查处各类价格违法和价格垄断行为。税务主管部门负责重点检查零售企业促销服务费纳税情况，依法查处零售企业涉税违法行为。工商行政管理部门负责加强对零售企业经营活动的监督检查，依法查处零供交易活动中的不正当竞争行为和垄断行为。公安机关负责依法对零供交易活动中涉嫌犯罪行为及时立案侦查。

各部门要按照职责分工，认真履行职责，强化日常监督核查。同时，要加强协调配合，形成监管合力。

二、发挥协会作用，促进公平交易

各市各部门要充分发挥有关行业协会的作用，指导行业协会研究制定行规行约、行业标准和合同规范，加强行业自律，营造公平竞争环境。支持行业协会建立零售商供应商信息交流平台，及时做好信息沟通，化解零供交易矛盾。

要积极促进有条件的地方建立供应商协会，培育独立、专业、有广泛代表性的行业组织。支持中小供应商建立销售联盟，增强与零售企业谈判和议价能力。

三、加强政策宣传，推动诚信建设

各市各部门要充分利用商务（12312）、价格（12358）、工商（12315）、税务（12366）等部门的举报投诉平台以及新闻媒体、网站等多种渠道和方式，开展对规范零售商供应商公平交易以及零售商促销行为相关政策法规的宣传教育和舆论引导，强化企业契约意识和诚信经营理念。

要加强行业信用体系建设，将本地违法违规企业和相关人员的信息纳入部门的信用信息系统和国家统一的信用信息共享交换平台，建立“黑名单”，依法向社会公示，加大对失信行为的惩戒力度。同时，积极推动行业协会建立会员企业信用信息数据库，鼓励行业协会与有资质的第三方信用服务机构合作，依法开展行业信用评价，树立诚信经营典范。

特此通知。

广西壮族自治区商务厅

广西壮族自治区物价局

广西壮族自治区公安厅

广西壮族自治区国家税务局

广西壮族自治区地方税务局

广西壮族自治区工商行政管理局

2015 年 4 月 1 日

广西壮族自治区人民政府办公厅关于印发《2015～2017 年全区农村电子商务工作实施方案》的通知

桂政办发〔2015〕41 号

各市、县人民政府，自治区人民政府各组成部门、各直属机构：

《2015-2017 年全区农村电子商务工作实施方案》已经自治区人民政府同意，现印发给你们，请认真组织实施。

广西壮族自治区人民政府办公厅

2015 年 5 月 28 日

2015～2017 年全区农村电子商务工作实施方案

为进一步发挥电子商务对于破解“三农”问题，推动农村经济新一轮发展的重要作用，根据《国务院办公厅关于促进内贸流通健康发展的若干意见》（国办发〔2014〕51 号）精神，结合我区实际，特制定本方案。

一、总体思路和目标

（一）总体思路。

全面贯彻落实党的十八大和十八届三中、四中全会精神，按照中央经济工作会议和全国商务工作会议部署，以电子商务进农村综合示范县建设为抓手，支持搭建全区农村电子商务平台，重点促进农村消费品、农业生产资料、农产品流通交易和电商进农村体系建设等，建设完善农村电子商务配送及综合服务网络，积极探索建立促进农村电子商务发展体制机制，促进农村流通现代化水平全面提升。

（二）工作目标。

力争 3 年内在全区农村建设 1 万个电子商务服务点和一批县级电子商务配送和服务中心，创建一批具有带头模范作用的示范县。在发展农村电子商务的政策和体制机制方面有所突破。示范县电子商务网购网销得到快速发展，农村商品物流配送能力和农产品商品化率大幅提高，基本实现快递到乡镇、配送到村屯、电子商务氛围浓厚、配套体系健全、与“三农”融合发展。开展农产品、手工艺品、乡村旅游等农村特色商品销售的网商或网店得到较快发展，电子商务交易额在现有基础上年均增长不低于 30%，电子商务物流成本逐年下降，农村流通现代化水平显著提高。实现“一网多用、城乡互动、双向流通、平急共用、融合一体”的农村现代流通体系。

二、积极培育农村电子商务市场主体

（一）发展壮大第三方涉农电子商务平台。支持相关第三方电子商务平台创新和拓展涉农电子商务业务，引导区内涉农“万村千乡市场工程”、供销、邮政、农党网体系以及大型龙头流通企业、电子商务企业的信息发布平台，向在线交易

的网络平台提升转型。规范发展大宗农产品现货交易电子商务平台，支持发展一批特色农产品销售和消费品下乡的专业化电子商务平台，逐步形成多层次、宽领域的涉农电商交易平台服务体系。

（二）积极培育专业化农村电子商务企业。引导农产品经营企业、农民合作社、家庭农场和农产品经纪人等积极开展农产品网上销售等业务，支持涉农网商进一步转型发展。引导电子商务服务企业拓展农村业务，为农村电子商务发展提供网店建设、仓储物流、市场推广、代运营等专业化服务，带动更多企业参与农村电商发展。

（三）鼓励农村青年依托电子商务进行创业。加强电子商务知识培训和政策引导，以返乡大学毕业生、大学生村官、农村青年致富带头人、返乡创业青年和部分个体经营户为重点，积极培育一批农村电子商务创业带头人，切实发挥其在农村电子商务发展中的引领示范作用。

三、加快构建农产品网络销售体系

（一）拓展农产品网络零售市场。以“淘宝广西特色馆”、“京东商城中国特产广西馆”、苏宁云商等第三方平台建设为主要载体，全面建设覆盖全区范围的农产品网络销售平台和14个市级馆，并逐步向其他知名电商平台拓展网络零售业务。引导部分农业龙头企业、品牌农产品经营企业开设第三方电子商务平台旗舰店，培育农产品网络销售品牌。积极探索农产品跨境电子商务零售出口，加快形成向全球市场辐射的农产品网络零售体系。

（二）构建多层次的农产品网上批发渠道。结合农产品特点，积极发展农产品网上批发、大宗交易和产销对接等电子商务业务。推动特色农产品生产和加工基地依托知名电商平台建设区域性电子商务专区，开展农产品网上批发业务。拓展农民信箱农产品商务功能，促进农民持续增收。引导有条件的农产品交易市场和生产基地发展网络分销业务，推动一批标准化水平较高的农产品进行网上大宗商品交易，支持有条件的农产品批发市场建设网上现货交易平台。引导农产品经营者在国内知名的涉农商品信息平台发布农产品供求信息，促进农产品产销对接。

（三）积极探索生鲜农产品网上直销。引导我区现代农业园区、特色农产品生产基地开展“网上农产品直销”和“时令农产品预订”等形式的农产品网络直销基地建设，推动农产品生产基地和农村专业合作社转型升级。鼓励发展生鲜农产品“网订店取、网订店送”业务，引导电子商务企业和社区便利店等传统商贸企业合作，提升生鲜农产品网上销售的客户体验度和服务水平。

（四）适时开展季节性农产品网上促销。依托第三方网络团购促销平台，开展季节性特色农产品团购促销活动，促进季节性特色农产品销售，逐步缓解区域性农产品滞销等问题；加强全区协作，探索“网络购物节”等促销机制，培育一批季节性、固定式的我区农产品网络促销活动。

四、逐步完善农村网络消费服务体系

（一）加快电子商务进万村工程实施进度。认真抓好工程的实施，力争用3年时间建成全区农村电子商务服务平台、县级区域商品配送服务中心和1万个村级电子商务服务点，并按照市场化运作方式拓展村级电子商务服务点数量，增加服务功能。

（二）采取多种方式建设农村电子商务服务点。支持电子商务进万村工程区级平台承建企业加强与各地企业的合作，推进当地区域商品配送中心和村级电子商务服务点建设，在国家级、自治区级美丽乡村示范点率先建设农村电子商务服务点；加强与银行卡助农服务承办银行的合作，可将具备条件的银行卡助农服务点建设成为村级电子商务服务点；已由当地企业建成村级电子商务服务点的部分县（市、区），可在全区统一推进的框架下，将相关服务网点纳入全区服务平台。

（三）不断增强村级网点和配送中心的服务功能。结合电子商务发展趋势和农村居民实际需求，逐步增加农村电子商务服务点的服务功能。全面推进与区农信联社、区邮政储蓄银行（邮政公司）等机构的合作，充分发挥农信金融机构村级便民金融服务点的作用。村级电子商务服务点在完善农民网络购物服务的同时，可逐步延伸小额现金存取、转账汇款、手机充值、水电费缴纳、车票代购、农产品网上销售、快递包裹存取等服务功能，为农村居民提供“一站式”综合服务。区域商品配送和服务中心要进一步整合资源，有条件的可提升为电子商务公共服务中心，以便纳入全区电子商务服务体系建设的支持范围，更好地为当地提供电子商务公共服务。

五、搭建农村电子商务产业发展平台

（一）培育发展电子商务村。重点推动一批具有特色产品和电商从业人员等条件的乡村开展电子商务，进一步鼓励当地村民进行网络创业，加强知识技能培训、产品质量管控、仓储物流等公共配套服务，促进网商在农村的集聚发展。

（二）建设乡镇电子商务创业园。鼓励有条件的乡镇（街道）利用闲置厂房建设网商创业园，为当地网商和农村创业青年提供低成本的办公用房、网络通信、培训、摄影、仓储等电商公共服务。充分发挥创业园的孵化功能，对有发展潜力的农村网商进行重点孵化，努力培育一批在农村扎根的电子商务企业。

（三）建设农村特色电子商务产业基地。结合全区电子商务产业基地建设要求，推动一批基础较好的县（市、区）建设具有当地特色的农村电子商务产业基地。以基地项目为载体，搭建区域性电子商务服务平台，通过线下产业发展平台和线上电子商务交易平台的结合，打造一批立足农村、面向全国及全球市场的电商产业基地。

六、提升农村电子商务管理和服务水平

（一）完善农村电子商务公共服务。推进区域性、专业性的农村电子商务公共服务中心建设，加强与全区电子商务综合服务平台的对接，在乡镇、村屯设立电子商务服务联络点，为农业、农村电子商务发展提供网店建设、业务咨询和人才培训等服务。整合各类农业信息资源，逐步建立农村电子商务统计体系，规范统计口径，建立统计数据库、农业主体数据库以及典型企业库。加强农村电子商务市场监测、统计和分析，为企业经营和政府决策提供依据。

（二）加强农村电子商务配套体系建设。推进农村电子商务物流渠道建设，加快村级电子商务服务点布局，改造完善村屯邮站，搭建城乡仓储物流平台，打造“农产品进城，工业品下乡”的双向商贸流通体系。整合物流资源，合理规划和布局农村物流基础设施，发展产地预冷、冷链运输、冷库仓储、定制配送等全冷链物流，构建适应农村电子商务发展的物流配送体系。加快农村地区通信基础设施建设，全面推进光纤进村入户，支持农村电子商务创业园区提升带宽。在农村地区大力推广网上支付、手机支付等支付方式，依托村级电子商务服务点银行卡助农服务点，为各类农村电子商务主体提供全程电子支付服务。

（三）强化农村电子商务人才支撑。鼓励电子商务培训机构针对农村电子商务进行专业化培训，并落实一批电子商务实践基地，培养一批兼有电商理论和实操能力的复合型人才。引导具有实践经验的电子商务从业者回乡创业，鼓励电子商务职业经理人到农村发展。在各级农民培训工作中，开展针对知识农民的电子商务知识培训，为农村电子商务发展提供人才支撑。

（四）规范农村电子商务市场秩序。加强对农产品生产、加工、销售、贮藏、运输等环节的质量管控，完善农产品检验检测和安全监控等设施建设。推广组织机构代码与商品条码在农村电子商务的应用，逐步建立农产品电子商务溯源体系，从源头防止假冒伪劣商品进入交易环节，推进农村电子商务诚信建设。加强市场监管，打击制售假冒伪劣商品等违法行为，有效保护消费者合法权益，保障我区农村电子商务有序健康发展。

（五）加强农村电子商务技术支撑。重点加强农产品标准化安全生产、农产品保鲜、加工与流通质量控制、生鲜农产品冷链物流、农产品质量安全追溯等技术的研究与应用。在部分县（市、区）建设一批农产品电子商务科技示范工程。力争在农村尽快实现无线网络全区覆盖。

七、加大农村电子商务的政策支持力度

（一）积极争取中央财政专项资金，优化自治区服务业发展专项资金等，支持建立县、乡、村三级物流配送机制，支持县域电子商务公共服务中心和村级电子商务服务站点的建设改造，支持为发展农村电子商务而开展的农产品和农村特色产品的品牌培育和质量保障体系建设，支持农村电子商务培训。鼓励市、县安排专项资金支持电子商务监管平台、电子商

务园区及农村信息通信基础设施的发展和建设。

（二）加强税费减免、融资、建设用地及其他政策支持。具体措施由商务、金融、国土资源、通信行政主管部门和网络运营商等协商落实。

八、营造良好的农村电子商务发展氛围

（一）提高认识，加强领导。各地各部门要进一步提高认识，把电子商务作为我区农村经济新一轮发展的战略举措予以推进。加强农村电子商务发展领导机构建设，做好日常联络、协调和督促。全区各地、各相关部门要全面做好本地区"十三五"电子商务发展顶层设计，建立健全本地区跨部门电子商务工作协调机制，着力研究制定促进政策和配套措施，加大扶持力度，合力推进农产品电子商务规范有序发展和农村商务信息服务普及应用。

（二）鼓励创新，示范带动。鼓励开展农村电子商务标准研制、标准化项目建设等标准化工作。在农村电子商务企业、创业园和创业青年中树立一批典型，培育一批示范单位和个人。鼓励农村电子商务发展模式创新，提升农村电子商务发展水平。

（三）加大宣传，营造氛围。各地要加大宣传力度，引导社会各界关注和支持农村电子商务发展。进一步梳理典型案例，将农村青年创业故事、企业发展经验、产业基地运营模式等进行宣传推广。推进农村电子商务行业组织建设，加强行业内部沟通和互相学习，促进共赢发展。

海南省

海南省商务厅关于进一步做好农产品流通体系项目建设管理工作的通知

琼商务建〔2015〕45 号

各市县商务局：

自 2010 年底商务部、财政部在我省开展农产品现代流通综合试点以来，各市县商务主管部门在市县人民政府的大力支持和财政部门的积极参与下，推进了一批农产品流通体系项目建设。近几年来，随着各地项目的陆续建成和投入使用，极大地完善和提高了我省农产品流通现代化水平和应急收储能力，有效缓解了我省农产品大面积“卖难”问题，有力地带动和促进了农民增产增收，取得了良好的经济和社会效益。但从部分市县涉农审计的情况看，少数项目仍存在冷库库容建设数量缺额和淡季使用率不高等问题。对此，省厅已于 2014 年 9 月下旬要求第三方监管单位对全省试点项目进行了一次全面绩效检查，并将检查发现的问题向有关市县和企业通报，提出了具体的整改要求。为进一步抓好工作落实，现就有关问题强调如下：

一、要切实指导企业落实好整改工作要求。各市县商务主管部门要进一步强化属地监管的主体意识，认真落实省厅相关整改工作要求，深入一线对企业整改情况开展一次全面督查，并分类梳理不同情况，提出不同处置意见。对整改尚未达标的项目，如因客观困难暂时无法完成整改的，要采取积极措施帮助企业解决存在的突出问题，明确整改时限，确保整改按期完成。对整改不积极或因客观条件限制无法完成整改的项目，请于 3 月 20 日前将情况向省厅详细报告，并提出核减相关扶持资金的意见，省厅将据此商省财政厅提出具体处理意见。

二、要切实指导好企业充分发挥已建设施作用。为确保财政资金的使用效益，各市县商务主管部门既要重视做好项目申报推荐，也要重视加强项目后继绩效跟踪管理等工作。尤其是在解决冷库“半年闲”的问题上，要想方设法采取积极措施加快推进。对处于城市周边试点项目，可引导企业积极参与常年蔬菜供应基地及配送中心的建设，发挥冷库在保障常年“菜篮子”供应中的积极作用，或引导有条件的企业在淡季时将冷库用于蘑菇培育及槲槟和水海产品冷藏，切实提高冷库在淡季的使用效率。各市县主管部门也可根据本地的情况，采取不同措施帮助企业提高冷库利用水平。对部分加工设备基础条件较好企业，可引导企业在初加工体系的基础上发展瓜果菜常年精深加工，延长产业链，提高产业附加值。对交易大棚等设施，可结合当地农产品批发交易市场规划建设，充分发挥利用现有产地集配中心的作用，解决常年本地瓜菜或进岛瓜菜批发交易的场地。

三、要切实加强企业生产安全工作。各市县商务主管部门主要负责人须牢固树立“安全第一、以人为本”、“安全生产责任重于泰山”观念，高度重视安全生产工作，按照属地责任管理原则，明确自身责任，切实加强对试点项目的安全生产管理，发现问题及时整改。要督促企业落实安全生产领导责任制，制定完善安全生产规章制度和安全操作规程，加强安全生产教育培训，建立事故应急处理（救援）机制，配置相应的应急处理（救援）设施，做好隐患梳理排查及防范工作，努力减少和控制各类事故的发生。

请各市县务必认真落实以上事项，对工作中发现的问题可及时与我厅联系。海南省商务厅

2015 年 2 月 28 日

重庆市

重庆市人民政府关于推进大型商品交易市场健康发展的指导意见

渝府发〔2015〕30号

各区县（自治县）人民政府，市政府有关部门，有关单位：

按照《国务院办公厅关于促进内贸流通健康发展的若干意见》（国办发〔2014〕51号）关于“推进商品市场转型升级”的要求，为贯彻实施五大功能区域发展战略，促进全市大型商品交易市场（交易额1亿元以上及营业面积1万平方米以上建成投运市场，建筑面积1万平方米以上在建和新建市场）健康发展，提出如下指导意见。

一、重要意义

重庆直辖以来，伴随我市城区不断扩展，大量人流、物流、资金流、信息流向城市区域迅速集聚，大型商品交易市场取得长足发展。截至2014年年底，全市建成投运大型商品交易市场239个，营业面积2252万平方米，交易额5696亿元；在建大型商品交易市场70个，建筑面积2995万平方米。这些市场的发展，对扩大内需、拉动消费、完善城市功能、增强重庆集聚辐射能力起到了积极作用。但从总体上看，大型商品交易市场还存在布局欠科学合理、市场规模过剩、同质化竞争严重、新兴业态培育不足等问题。加快完善商品交易市场体系，解决大型商品交易市场规划、建设、发展过程中存在的问题，有利于推动商品交易市场健康发展，完善城市功能，提升城市品质，加快建成长江上游商贸物流中心，充分发挥重庆在“一带一路”和长江经济带战略中的战略支撑点作用。

二、总体要求

全面深入贯彻党的十八大和十八届三中、四中全会精神，融入国家“一带一路”和长江经济带战略，认真实施五大功能区域发展战略，以深化区域合作、优化资源配置为抓手，坚持从严控制新建大型商品交易市场和推动现有商品交易市场转型升级相结合，按照政府引导、市场主导、统筹规划、有序开发的原则，充分发挥市场在资源配置中的决定性作用，优化存量，严控增量，加强与周边地区的衔接协作，增强重庆大型商品交易市场的区域集聚辐射功能。到2020年，基本形成定位明确、布局合理、规模适度、功能完善的大型商品交易市场体系，增强重庆长江上游商贸物流中心功能。

三、规划布局

全市大型商品交易市场重点沿“两环”和“两线”进行规划布局。

“两环”：沿绕城高速公路布局区域性大型商品交易市场，重点在沙坪坝团结村、九龙坡白市驿、九龙坡西彭－江津珞璜、巴南南彭、南岸迎龙、江津双福六大区域布局，形成全市商品交易市场核心环；沿三环高速公路布局地区性重点市场，重点在涪陵－长寿、綦江－南川－万盛、永川－大足－荣昌、合川－铜梁－潼南四个片区布局，形成城市发展新区重点商品交易市场拓展环。

“两线”：沿长江黄金水道和渝湘大通道布局重点商品交易市场，形成渝东北和渝东南商品交易市场发展延伸线，建成带动渝东北、渝东南商贸物流发展重要增长极。

其他区县（自治县）结合本地实际，突出区域之间联动错位发展，重点建设以满足本地需求为主的中小型批发市场和特色产业产地型批发市场。

四、重点工作

（一）严格控制新建续建大型商品交易市场。都市功能拓展区用地规模 200 亩以上及建筑面积 10 万平方米以上、其他区域用地规模 100 亩以上及建筑面积 5 万平方米以上的新建、续建大型商品交易市场需实行听证制度，由区县（自治县）人民政府提出听证申请，报市商委组织听证，市商委出具听证意见供提出申请的区县（自治县）人民政府和市级国土房管、规划、城乡建设等部门参考。都市功能拓展区用地规模 200 亩以下及建筑面积 10 万平方米以下 1 万平方米以上、其他区域用地规模 100 亩以下及建筑面积 5 万平方米以下 1 万平方米以上的新建、续建大型商品交易市场由区县（自治县）人民政府自行组织听证。主城区新建以批发为主的农产品市场要从严控制，原则上由所在区人民政府报市商委组织实施听证，出具听证意见。对达到上述听证条件而未实行听证的，或者不采纳听证意见的区县（自治县）人民政府，由市商委进行约谈。

（二）制定实施大型商品交易市场建设指导目录。根据五大功能区域功能定位和经济社会发展实际情况，制定五大功能区域大型商品交易市场用地规模、市场类型等指导目录并严格执行。各区县（自治县）根据实际情况，对市场用地和总建筑面积实行总量控制，对不同类型商品交易市场，明确投入产出强度标准，促进土地资源节约高效利用。对单个用地规模超过 500 亩的建设项目，根据建设计划和规划方案，经评估后分期分批报批和供应土地，通过对每期的建设进度、投入产出、招商运营情况等进行综合考核后确定是否继续供地及后续供地规模，严防借机圈地，引导市场有序建设发展。

（三）积极推进现有大型商品交易市场转型升级。加快推进大型商品交易市场专业化提升和精细化改进，拓展商品展示、研发设计、品牌孵化、回收处理等功能，带动产业集群发展。推进市场信用分类监管，指导市场开办者建立完善信用管理、诚信教育、信用信息公示、诚信预警和“黑名单”制度等市场诚信管理体系，加强市场自身信用建设和管理水平。加快推进在建的重庆华南城、重庆朝天门国际商贸城等大型商品交易市场建设，加大项目推进力度，促进项目早日建成开市。鼓励城区内交通拥堵、消防隐患严重的商品批发市场外迁。城区商品批发市场异地搬迁改造，政府收回原国有建设用地使用权后，可采取协议出让方式安排商品交易市场用地。落实和完善农产品批发市场房产税和城镇土地使用税政策。

（四）引导市场仓储物流信息一体化。鼓励和引导在建及新建市场与工商产业、各级重点物流园区紧密结合，建立现代物流体系，实现市场与物流园区在展示批发、物流配送、流通加工、信息化等方面的功能一体化和联动发展。推进实体市场与电子商务深度融合，积极推行商户同步入驻实体市场与电子商务平台，实现线上与线下融合发展。加快大型商品交易市场仓储物流设施的分离，实现商流物流分离，销售配送同步，实现传统市场向现代采购中心、品牌展贸中心的转型发展。

五、保障措施

（一）加强组织领导。各区县（自治县）人民政府和市政府有关部门要切实加强组织领导，明确职能职责，形成齐抓共管的工作格局。市商委牵头负责指导大型商品交易市场布局规划和建设营运行业管理，组织实施大型商品交易市场听证和约谈制度；市发展改革委负责组织编制大型商品交易市场发展战略规划；市国土房管局负责大型商品交易市场土地供应管控和土地房屋权属确认发证工作；市规划局负责大型商品交易市场的规划管控和规划管理；市城乡建委负责协调大型商品交易市场周边城市基础设施项目建设工作；市交委负责大型商品交易市场周边综合运力的调配和管理；市工商局及市政府有关部门依据各自职责，加强市场管理，规范市场秩序。各区县（自治县）人民政府负责统筹协调本行政区域内大型商品交易市场的规划建设和管理，严格执行听证制度和落实指导目录。

（二）营造发展环境。要紧紧围绕大型商品交易市场健康发展的目标，坚持依法行政，完善执法监督体系，规范执法行为，提高执法效率。切实提高服务水平，加速完善市场正常运营所需的水、电、路等公共基础设施，优化配置经营户正常生活所需的教育、医疗等公共资源，提高办证审批效率。通过加强商品交易市场周边道路、停车位、公交停靠站点等交通基础设施规划建设，优化客货运交通组织等有效措施，切实解决大型商品交易市场存在的通行难、停车难、卸货难等问题，为市场运营发展创造良好的环境。

（三）加强行业自律。鼓励支持行业协会制定行业规范和服务标准，加强行业自律和信用评价，引导和规范行业经营行为。发挥行业协会在数据统计、预测分析等方面的作用，支持建立各类数据库，适时发布市场信息，引导市场健康发展。

附件：1. 重庆市大型商品交易市场空间布局规划

2. 重庆市大型商品交易市场建设指导目录

重庆市人民政府

2015 年 5 月 19 日

附件 1

重庆市大型商品交易市场空间布局规划

主体功能区	区县（市场集聚区）	发展定位	市场类别
都市功能拓展区	南岸迎龙	1. 承接渝中区朝天门综合交易市场群和南岸区南坪医药市场群业态调整； 2. “二环”区域性大市场集聚区； 3. 全市乃至西南地区小商品、医药集散地和价格形成中心； 4. 辐射西南地区，影响全国。	小商品、医药。
	沙坪坝团结村	发展以进口汽车整车等进口商品展示交易、工业消费品为主的市场群，辐射服务西部地区。	进口商品（整车、汽车零部件、肉类、水果及生活消费品）、家居建材、钢材。
	巴南南彭	以重庆华南城、京东商城为龙头，重点发展第三方物流、第四方物流和专业市场群，辐射西部地区。	汽摩配件、小商品、五金机电、建材、钢材。
	九龙坡白市驿	重点发展粮油、冻品等涉农物流及加工、冷链物流及相关市场群，辐射服务西部地区。	农副产品、粮油、汽摩配件、家居建材（以石材为主）、五金机电。
	九龙坡西彭—江津珞璜	1. 九龙坡西彭依托现代制造业基地，发展以金属材料为主的生产资料市场，辐射服务西部地区； 2. 江津珞璜重点发展大件散货物流、集装箱物流，辐射服务西部地区。	钢材等金属材料。

主体功能区	区县（市场集聚区）	发展定位	市场类别
城市发展新区	江津双福	重点发展农副产品、钢材、汽摩及相关市场群，辐射服务西部地区。	农副产品、钢材、汽摩等。
	涪陵－长寿片区	1．城市发展新区东部地区核心节点； 2．承接主城市场集聚区商品的集散，辐射周边区县。	家居建材、钢材、小商品、农副产品、再生资源、工业品、其他类别（以化学品为主）。
	合川－铜梁－潼南片区	1.城市发展新区北部地区主要的商贸物流中心； 2．成渝城市群商贸物流重要节点； 3．潼南县作为城市发展新区省际区域性边贸中心，依托本地特色产业，发展大型边贸商品交易市场，辐射渝西、川东地区。	灯具、汽摩配件、家居建材、小商品。
	綦江－南川－万盛片区	1.城市发展新区南部地区重要的商贸物流中心； 2．渝南黔北区域商贸合作示范区，与巴南南彭市场集聚区商贸流通联动发展。	汽摩配件、家居建材、农副产品、小商品。
	永川－大足－荣昌片区	1．城市发展新区西南地区重要的小商品、家居建材集散地及再生资源交易中心； 2．成渝城市群商贸物流重要节点； 3．荣昌县作为城市发展新区省际区域性边贸中心，依托本地特色产业，发展大型边贸商品交易市场，辐射渝西、川东地区。	小商品、家居建材、汽摩配件、五金机电、农副产品以及其他类别（以再生资源为主）。
	璧山区	重点发展以满足本地需求为主的批发市场和特色产业产地型批发市场，与沙坪坝团结村、九龙坡白市驿、江津双福联动发展。	
渝东北生态涵养发展区	万州区	1．渝东北地区区域性大市场集聚区； 2．长江经济带商贸物流重要节点； 3．辐射渝东北、鄂西、陕南、川东北地区。	钢材、汽摩配件、家居建材、五金机电、中西医药、农副产品、小商品。
	其他区县	1．巫山县、巫溪县和城口县作为渝东北生态涵养发展区省际区域性边贸中心，依托本地特色产业，发展边贸商品交易市场； 2．巫山县辐射渝东鄂西地区，巫溪县辐射渝陕鄂交界区域，城口县辐射秦巴山区； 3．其余区县重点发展以满足本地需求为主的中小型批发市场和特色产业产地型批发市场。	

主体功能区	区县（市场集聚区）	发展定位	市场类别
渝东南生态保护发展区	黔江区	1．“辐射渝东南，影响武陵山”的区域性商贸物流中心； 2.带动武陵山地区商贸物流发展的重要增长极。	农副产品、家居建材、五金机电、汽摩配件、小商品（电子电器）以及中西药品。
	秀山县	1．武陵山地区最大的省际边贸批发市场集群； 2．对外辐射酉阳、花垣、松桃等周边地区。	农副产品、小商品、中西药品、家居建材。
	其他区县（自治县）	重点发展以满足本地需求为主的中小型批发市场和特色产业产地型批发市场。	

附件 2

重庆市大型商品交易市场建设指导目录

主体功能区	市场类型及规模控制指导目录
都市功能核心区	1．淘汰落后的批发市场，禁止需搬迁或关闭的市场整体或分散搬迁至本区域内； 2．禁止新建、扩建任何类别生产资料、工业消费品和农副产品批发市场。
都市功能拓展区	1．除都市功能拓展区规划的5大区域性大市场集聚区外，其他区域禁止新建钢材、五金机电、汽摩配件、家居建材、小商品类批发市场及农副产品一级批发市场，限制单体用地规模超过100亩的其他类别市场； 2．限制新增布局任何类别的低水平传统批发市场。
城市发展新区	1．限制新建及扩建单体用地规模超过100亩的钢材、五金机电、汽摩配件、家居建材、农副产品类批发市场； 2．上述类别外的其他类市场，单体用地规模不超过100亩； 3．限制新增布局任何类别的低水平传统批发市场。
渝东北生态涵养发展区	限制新建及扩建单体用地规模超过100亩的生产资料、生活用品及农副产品类批发市场。
渝东南生态保护发展区	限制新建及扩建单体用地规模超过100亩的生产资料、生活用品及农副产品类批发市场。

注：低水平传统批发市场指以“现金、现货、现场”交易方式为主的批发市场

重庆市人民政府办公厅关于转发市商委《重庆市智慧商圈建设实施方案》的通知

渝府办发〔2015〕111 号

各区县（自治县）人民政府，市政府有关部门，有关单位：

市商委《重庆市智慧商圈建设实施方案》已经市政府同意，现转发给你们，请认真贯彻执行。

重庆市人民政府办公厅

2015 年 7 月 20 日

重庆市智慧商圈建设实施方案

商圈是城区商业商务资源富集、集约化程度高的商业商务核心区。直辖以来，重庆商圈建设取得长足发展，组团式城市布局结构逐渐形成，已成为人民群众购物消费、休闲娱乐和旅游观光的重要场所。经济发展新常态下，重庆商圈面临电子商务冲击、同质化发展、承载能力不足等问题，商圈转型升级势在必行。利用物联网、云计算和大数据等先进技术建设智慧商圈，是加快我市商圈转型升级的重要抓手，是重庆智慧城市建设的重要内容，是实现“互联网＋商圈”发展的创新模式。为适应发展新形势，推进全市智慧商圈建设，制定本实施方案。

一、总体要求

认真贯彻落实市委四届五次、六次全会精神，围绕“科学发展、富民兴渝”总任务，深入实施五大功能区域发展战略，以服务民生和便民利商为导向，以智慧生活和智慧消费为目标，以智慧管理和智慧服务为重点，以智慧技术运用和智慧基础设施建设为路径，大力发展物联网、电子商务、智能终端、商圈物流配送和智能化公共服务平台，建设覆盖全市智慧商圈的标准化服务体系，优化提升消费环境和企业创业发展环境，促进商圈管理向智能化、个性化、人性化服务发展，推动传统商圈向科技时尚、信息互通、服务智能、安全规范的智慧商圈转型升级，全面提升重庆商圈发展水平，增强经济发展活力。

二、基本原则

（一）政府规划，分步推进。充分发挥政府组织协调、规划指导及监督管理作用，采用先进适用的信息化技术，高标准规划和统筹建设区县（自治县）智慧商圈项目，有计划、分层次、分阶段推进智慧商圈建设。

（二）企业主导，市场运作。充分发挥市场配置资源的决定性作用，以需求为导向，利用市场化手段，引导有资金、有技术、有经验的市场主体参与智慧商圈项目建设。探索各方共赢的市场运作机制，建立支撑商圈公共服务事业发展新模式。

（三）资源共享，鼓励创新。加快信息化基础网络和信息共享平台建设，强化信息资源有效整合和共享交换。鼓励根据自身定位、消费特点和现实需求开发具有创新性、实用性的智能公共服务和应用平台，满足多样化、个性化需求，推动消费模式创新。

（四）重点突破，示范带动。将智慧商圈建设纳入智慧城市建设总体规划，以主城区商圈和商业集聚区为突破口，以提高普及率和使用率为出发点，先行先试，拓展功能，以试点和示范带动全市智慧商圈建设整体推进。

（五）开放合作，安全高效。加强对外交流合作，积极借鉴国内外资源和先进经验，为重庆智慧商圈建设服务。高度重视信息安全，加强管理，规范运营，以安全保发展，在发展中求安全。

三、建设目标

（一）总体目标。

到 2017 年，全面完成主城各区及其他部分区县（自治县）商圈的免费网络设施建设，实现全商圈信息互通互联，完成商圈智慧交通平台、中小商户融资服务平台、现代物流平台建设，基本完成智慧商圈总体建设布局。到 2020 年，全面完成智慧商圈建设，实现全市智慧商圈服务体系全覆盖，将重庆智慧商圈打造成为科技时尚、功能强大、运用广泛、安全高效的高端商业品牌。重庆商圈智慧化发展、智慧化管理和智慧化消费走在西部地区前列。

（二）具体目标。

实现“六个智慧化”：

——数据获取智慧化。实现商圈实时数据（商品、服务、人流量、车流量等）自动获取，促进商圈信息的共享与流动，为商圈消费者和企业提供主动式、智能化、个性化的信息服务。

——商圈消费智慧化。利用互联网技术整合商圈实体商家产品和服务，发展商圈 O2O 电子商务，无缝对接各类主流电商平台和营销工具，引导商圈线上线下消费，实体商圈与虚拟商圈融合发展。

——交通引导智慧化。针对商圈交通拥堵、“停车难”等突出问题，整合商圈车库车位资源，建立基础数据库，通过物联网、图像识别等技术智能检测商圈空余车位信息，并利用智能手机、互联网等多种途径实现车位查询、车位预订、移动支付、路线引导、流量统计与分析等智能交通服务。

——物流配送智慧化。依托商圈电子商务平台，建设商圈物流支撑平台和物流配送体系，逐步实现商圈“即时配送、主城区 4 小时内送达、区县（自治县）24 小时内送达”的物流配送服务，探索推行“先行赔付”消费保障计划。

——公共服务智慧化。整合商圈及周边便民、公共设施信息和服务资源，建设智慧商圈便民和公共服务平台，提供免费上网、服务机构和公共设施查询、水电气缴费以及就业、社保、政务服务等各类服务，为商户和市民提供便捷的生活服务。

——商圈管理智慧化。建立市级商圈信息中控服务平台，实现与各区县（自治县）商圈信息互通互联，实时监测各商圈运行状况，实现商圈数据的统一管理和分析展示，打造数据统计、分析与可视化展示中心，并在有条件的区县（自治县）建立区县级商圈中控平台。

四、建设任务

具体内容为建设“两网络三中心”：

（一）建设智能物联网。针对商业企业被动服务的现状，打造免费 WIFI 网络、移动终端、户外智能终端、高清摄像头、智能传感器等设备互通互联的物联网，对商圈区域全覆盖，实现商圈信息（商品、服务、人流量、车流量等）的自动采集和控制，实现感知、互联网与智能化应用的集成和对接。通过智能物联网，帮助商业企业实现与消费者的全面沟通，为消费者提供主动、个性化特色服务和智能位置等服务，全面提升商圈商业服务水平。

（二）建设重庆商圈网。发挥重庆商圈独特优势，以各大商圈为组织形式，以实体零售商场、商家为依托，整合商家、商品和服务资源，引进有实力的企业开展战略合作，打造统一的商圈电子商务平台，建立战略合作关系。积极发展商品和服务全景展示、网订店取、移动支付、智能配送、实时评价、先行赔付等新型商业模式，为传统实体商家提供高质量低成本的电子商务交易平台，为人民群众提供网上购物与实体店体验相结合的消费新模式，实现商圈线下实体商业与线上电子商务融合发展，增强商圈消费吸引力，使主城区以外的消费者与主城区商圈建立更加紧密的消费关系。通过与各大电商平台和推广渠道无缝对接，将重庆商圈消费扩展到市外，走向全国。

（三）建设智慧商圈信息服务中心。打造商圈商品与服务分类信息展示、电子商务对接、3D全景虚拟商圈、智能信息服务交互平台、智能车位预订和导引系统等信息综合服务平台和各类免费服务终端，让商业企业和消费者享受智慧化带来的便利。通过该中心整合分散信息资源和业务应用，解决商圈信息分散、实效性不强和响应能力不足等问题，提高商圈消费满意度，提升商圈软实力和竞争力。

（四）建设商圈公共管理中控展示中心。以信息技术手段整合商圈公共资源和服务，实现商圈政务、产业分布、企业需求、楼面价值、公共设施、能源监控、应急处置等实时可视化。提升管理机构和商业企业之间、商业企业与消费者之间信息互通性和协作能力，帮助商圈发现潜在的招商引资目标，全面提升商圈管理服务基础环境，提高商圈资源管理和调配能力，促进管理向服务转型。将区县级智慧商圈智能物联网、信息服务中心、展示中心与市级中控平台互联对接，重要信息与市级部门之间共享互通。

（五）建设商圈中小商户融资服务中心。利用重庆智慧商圈商业模式创新和技术优势，建立商圈大数据交易分析中心，掌握商圈物流、信息流和资金流等情况。通过大数据对企业进行分析评估，改变以抵押担保为主的传统融资模式，为商家提供基于大数据征信方式的金融解决方案，实现中小商贸企业与金融机构低成本高效对接，帮助商圈中小商户和商贸供应链企业解决融资难题。

五、工作要求

（一）精心组织实施。全市各级政府各有关部门要高度重视和积极支持智慧商圈建设，将其纳入智慧城市建设规划，作为发展商圈经济和服务民生的重要任务，切实加以推进。各区县（自治县）人民政府可根据实际情况和需求选择合适的运营模式，建立智慧商圈建设和发展的长效工作机制，确保智慧商圈可持续发展。要加强网络安全监管，遵守国家网络信息安全管理法律法规，严格执行信息安全技术标准，保障信息安全和稳定运行。

（二）强化政策支持。主城区智慧商圈建设纳入两江新区现代服务业试点项目给予支持，主城区以外的智慧商圈建设项目由当地区县（自治县）人民政府组织实施。充分利用商圈公共资源，以公共资源为杠杆，引入社会资本投资智慧商圈项目建设。建立审批绿色通道，对智慧商圈建设管理涉及的审批事项，要简化审批手续，提高审批效率。

（三）落实工作责任。市商委负责全市智慧商圈的统筹规划和指导协调。各区县（自治县）人民政府具体负责智慧商圈建设实施、日常管理和协调服务工作。发展改革、财政、经济信息、科技、交通、公安、国安、规划、市政、税务、工商、安监、园林等部门，要积极支持智慧商圈建设，在智慧商圈项目规划、选址、监管、审批、安全评估、广告营销、科技奖励、税收政策等方面提供便利条件，确保智慧商圈建设顺利推进。要多形式加强宣传，为智慧商圈建设营造良好舆论环境。

四川省

四川省人民政府办公厅关于促进内贸流通健康发展的实施意见

川办发〔2015〕5号

各市（州）人民政府，省政府各部门、各直属机构，有关单位：

为充分发挥内贸流通引导生产、扩大消费、吸纳就业、改善民生等基础性和先导性作用，带动全省主动适应经济发展新常态，保持经济持续健康发展，根据《国务院办公厅关于促进内贸流通健康发展的若干意见》（国办发〔2014〕51号）精神，结合我省实际，经省政府同意，现就促进全省内贸流通健康发展提出如下实施意见。

一、积极推进内贸流通创新发展

（一）促进电子商务健康快速发展。认真落实《四川省人民政府办公厅关于促进电子商务健康快速发展的实施意见》（川办发〔2013〕82号）和《四川省人民政府办公厅关于印发四川省五大新兴先导型服务业发展工作推进方案的通知》（川办发〔2014〕90号），加快建立规范发展的电子商务产业体系。加快建设省级农村、农产品电子商务服务平台及流通信息公共服务平台，围绕四川特色优势产业，打造全国领先的本土电子商务平台。实施“全企入网工程”，促进线上线下融合发展，推广“网订店取”、“网订店送”等新型配送模式，支持电子商务向农村延伸，推动居民服务、休闲娱乐、旅游、金融等领域电子商务的应用。积极支持政府投融资平台公司建设省级互联网支付结算中心，开展电子商务产业链上下游的互联网金融服务，积极推进全省统一开放式融资信息网络平台和P2P（互联网点对点借贷平台）网络投融资平台建设。发挥示范引领作用，争创国家级电子商务示范城市、基地和企业，培育省级电子商务示范基地（企业），建设电子商务进农村综合示范县，打造成都移动电子商务集聚发展区。加强电子商务人才培养。落实电子商务科技支持、要素保障和财税支持政策，支持符合条件的互联网企业、电子商务企业积极申报高新技术企业认定，依法享受高新技术企业所得税优惠税率等政策。大型数据中心用电执行大工业电价政策，鼓励其参与直购电试点。县域内经工商登记注册，并从事网络商品交易及有关服务的法人、其他经济组织或者个体工商户，应申请营业执照电子链接标识亮标经营。

（二）加快建设物流配送体系。有效衔接城市配送、城际配送、农村配送，有序建设物流枢纽、物流园区、物流中心和基地，高质量发展现代物流集聚区，逐步建立城乡一体、集聚发展、运转高效的物流配送网络。提高物流信息化水平，建设四川省物流公共信息平台，培育区域物流信息服务平台，支持电子商务与物流快递协同发展。提高物流社会化水平，支持大型连锁零售企业向社会提供第三方物流服务，鼓励生产、商贸企业剥离或外包物流功能，加快推进成都开展全国商贸物流城市共同配送试点。提高物流专业化水平，推进物流技术创新和应用，积极推进托盘标准化，推广多式联运、集装箱及甩挂运输，大力发展冷链物流。提高物流服务“三农”水平，选择一批重要农产品产销和交通节点地区，建设具有集中采购和跨区域配送能力的农产品冷链物流集散中心。逐步推行城市配送车辆统一标识管理，允许符合标准的非机动快递车辆从事社区配送，对进入城市市区的物流配送车辆继续执行优先发放货车通行证的政策，采取改善城市物流节点规划布局、指定时段放宽入城限制、许可更多配送鲜活农产品货车入城、推广商贸物流城市共同配送、统一配送等措施，切实解决配送货车“最后一公里”中转难、进城难、停靠难等问题。

（三）大力推进连锁经营发展。以提高连锁经营效率和增强连锁经营企业竞争力为核心，加快连锁经营企业信息化建设，推广应用先进管理方式和技术，支持连锁经营企业跨地区开设连锁店、建设配送中心，推动连锁经营向更大范围、更宽领域、更深层次发展。大力促进连锁经营行业拓展，加快推动向零售、餐饮行业纵深发展，积极向住宿、美发美容、家政、洗染、摄影、沐浴、维修等居民服务业发展，探索向教育培训、健身保健、育幼养老等新型服务业发展。引导大型连锁经营企业纵向突破，从成都等中心城市向二、三级城市、人口大县、重点商贸镇延伸。推进连锁经营企业横向发展，以“一刻钟便民服务圈”建设为契机，拓展社区、农村、高校、机场等经营领域。完善连锁经营企业服务功能，拓展代收费、代售票、代收货、便民餐、充值、还款等便民服务功能。促进连锁经营多形式发展，以电子商务、信息化及物流配送为依托，推进发展直营连锁，规范发展特许连锁，引导发展自愿连锁。支持连锁经营企业加强产销衔接，与农民合作社、生产基地等建立直采供货关系，降低流通成本，提高流通效率。连锁经营企业经营专营专卖商品的，在符合国家法律法规的前提下，由有关部门对其直营门店统一办理专项商品经营许可手续。

二、完善现代流通体系

（四）健全现代商品市场体系。强化规划引领，做好“十三五”规划的衔接编制工作。以流通节点城市为重点，促进一批消费品、农产品、生产资料大型批发市场转型升级，推动专业化提升和精细化改进，拓展市场功能。制订全省公益性批发市场发展规划，统筹公益性市场建设，加快建设公益性农贸市场和社区菜市场。加快农产品产销地和交通枢纽批发市场建设，重点发展农产品特色专业市场，建立服务城市、连接城乡的农产品流通骨干网络体系。加强产销衔接，支持开展“农批对接”、“农超对接”。支持流通企业和供销合作社、农民合作社等经济实体及各类经纪人、个体经营者发展壮大。落实农产品批发市场、农贸市场城镇土地使用税和房产税政策。对纳入政府鼓励的流通设施目录的项目用地予以支持。城区商品批发市场异地搬迁改造，地方政府应依法收回原国有土地使用权，按照城市规划确定的土地用途依法供应土地。全面落实执行国家、省促进流通业发展税收、价格、土地和燃气等方面扶持政策。

（五）完善居民生活服务体系。大力促进餐饮企业转型升级，支持餐饮业发展连锁经营、网络营销，创新管理方式和经营模式。推动具备条件的川菜企业加快“走出去”步伐，加快川菜产业向大众化、信息化、品牌化、标准化、国际化发展。推动成都全力开展国家优化环境促进餐饮业转型发展试点工作。健全家政服务体系，着力培育一批管理规范、信誉良好、服务全面、竞争力强的家政服务龙头企业。加强社会和居民生活服务人员技能培训，加快保洁、育婴、病患陪护、家电维修等专业服务人员技能培训。引导菜市场、便利店、快餐店、美容美发、洗染、沐浴、织补、维修、养老、再生资源回收等贴近居民生活的服务网点进入社区，推动发展“网络 + 实体”的现代社区商业服务体系，增强“一刻钟便民服务圈”便民服务能力。探索建设城市社区便民生活综合服务中心，并逐步向农村地区推广。规范发展农村商品物流配送中心和便民利民、集销售配送服务等功能于一体的乡镇商贸中心，增强农家店的综合服务功能。按照国家“营改增”税制改革步骤，落实生活服务业企业税收政策。贯彻落实国家银行卡刷卡手续费定价机制，取消刷卡手续费行业分类，进一步从总体上降低餐饮业刷卡手续费支出。落实新建社区商业和综合服务设施面积占社区总建筑面积比例不低于 10% 的政策。

（六）构建绿色循环服务体系。深入推进现代再生资源回收体系建设，加快成都、内江、绵阳、达州、资阳、眉山、南充等地再生资源回收体系和区域性大型再生资源回收利用基地建设，规范建设城市社区再生资源回收站点、分拣中心和回收市场。扎实开展流通领域节能减排工作，在各类批发零售等经营场所，推广和采用节电、节水、节材型产品和新技术；持续推动我省纳入商务部流通领域节能环保“百城千店”示范工程企业、四川省“万家企业节能低碳行动”企业搞好示范试点工作，带动一批集节能改造、节能产品销售和废弃物回收绿色市场、商场、饭店等节能减排示范企业发展。引导汽车绿色循环消费，大力发展品牌二手车经营，支持二手车交易市场升级改造，加速淘汰老旧汽车、黄标车，促进报废汽车回收拆解体系建设。鼓励大型商贸流通企业扩大节能产品销售，减少使用一次性用品、塑料袋，遏制商品过度包装。加快以旧换新、收旧售新、旧货流通等循环流通网络建设，推动旧货市场和二手设备、二手电子产品等交易市场发展。

三、深化流通领域改革开放

（七）积极培育大型流通企业。加快推进本土骨干内贸流通企业创新经营模式、拓展业务渠道、丰富服务内涵、提高专业水平，提升企业自主创新和综合竞争能力，实施自有品牌战略，形成一批具有核心竞争力的大型内贸流通企业和集团。以重大项目建设为载体，促进内贸流通业集聚集约发展。科学有序引进一批国际、国内知名内贸流通大公司、大集团，引领带动全省内贸流通行业提高商品质量和服务水平。鼓励和引导各类金融机构通过扩大综合授信额度，简化审批流程，提供专业化、差异化、个性化金融服务等方式，加大对流通企业兼并重组的金融支持力度，对进入“四川省重点培育的大企业大集团名单”且生产经营正常的企业继续加大信贷支持力度，利率适当优惠。支持流通企业直接融资，拓宽企业融资渠道。

（八）扶持中小商贸流通企业。组织编制全省中小商贸流通企业发展专项规划。提升中小商贸流通企业的组织化、品牌化、规范化水平，激发企业创新活力，建立完善规范的服务机制，构建优质高效的服务体系，重点解决中小商贸流通企业在资金、市场、人才、管理等方面的困难，改善中小商贸流通企业生产发展环境。鼓励流通领域自主创新，积极引导和扶持商贸流通个体工商户转为中小微企业，支持小微企业进入限额以上企业，鼓励个体工商户、合伙企业变更为有限责任公司。支持大型连锁零售、批发、物流等企业为中小商贸流通企业提供联合采购、共同配送服务。支持中小商贸流通企业参加各类展会、展销促销活动。推进中小商贸流通企业公共服务平台建设，整合社会力量，提供质优价惠的服务。加大对中小商贸流通企业扶持力度，落实各项已明确的对中小商贸流通企业的财政支持、费用降低政策以及国家出台的税收减免政策。推进小微流通企业融资体系建设，支持银行、担保、保险、典当、融资租赁、商业保理等融资机构创新融资产品。

（九）推进内外贸一体化。提高统筹利用两个市场、两种资源的能力，加快内外贸融合发展。构建内外贸联动新机制，搭建内外贸协作平台，积极向商务部争取市场采购贸易方式试点，鼓励大型批发市场开展国际商贸对接活动，拓展对外贸易功能；支持具备条件的内贸流通企业在境外建立营销、物流、售后服务等网络；加快发展跨境电子商务，培育一批内外贸一体化经营企业。推进口岸贸易功能建设，拓展特殊监管区商品展示、销售功能，加快“进口食品交易中心”、“国际商贸展示中心”、“汽车整车进口口岸”、“肉类进口指定口岸”等进口商品经营平台项目建设和营运，扩大进口商品销售规模。鼓励外贸企业开展国内贸易，促进“扩大进口”与“促进消费”联动发展。

四、发挥流通促进消费功能

（十）激活省内消费市场。推动全省内贸流通企业深入开展“惠民购物全川行动”。重点突出全省性重大活动，举办好“迎春购物月”、“天府网交会”等一批辐射带动能力强、发展潜力大的展会促销活动；积极培育区域性展会，大力发展专业性强、办展档次高、辐射影响广的特色专业展会，各地要突出特色，开展节庆促销活动；引导大型商贸流通企业开展形式多样、内容丰富的优质服务、让利促销等活动，繁荣活跃城乡消费品市场，促进全省消费稳定增长。

（十一）拓展省外市场销售渠道。深入开展“川货全国行”活动，扩大四川商品在全国的市场占有率。组织企业参加全国品牌展会，通过展示展销、对接推介、交流合作、建立营销网络等形式，拓展市场，提高四川产品竞争力。鼓励各地根据产业特色，到省外开展市场拓展活动。加快商（协）会等中介机构培育和建设，发挥重点省（市）四川商会的资源优势，搭建销售平台，畅通销售渠道。

（十二）推进行业融合促进消费。加强对消费品市场发展规律和深层次动力的研判，大力推动内贸流通业与旅游、文化、健身、养老、医疗、体育、休闲、娱乐等服务业融合发展，推动相关行业主管部门统筹协调政策措施，形成合力，共同构建消费促进长效机制，切实贯彻落实国务院部署，推进信息、绿色、住房、旅游休闲、教育、养老健康六大领域消费。

五、着力构建法治化营商环境

（十三）切实减轻流通企业负担。深化内贸流通领域行政审批制度改革，进一步清理和调整内贸流通领域的行政审批、备案等事项，全面取消面向公民、法人或其他组织的非行政许可审批事项；加快清理行政审批前置条件，凡无法律法规规章依据的原则上一律取消；凡是国务院、省政府决定取消和下放的有关行政许可或行政审批事项，省直有关部门应及时取消和下放到位。重点清理和减少涉企行政事业性收费和实行政府定价或政府指导价的经营服务性收费，清理各类年审、年检和与之挂钩的培训、收费。规范对内贸流通企业的检查制度，坚决制止各类乱收费、乱罚款和乱摊派，以及增加企业不合理负担的行为。对取得健康证，连续在餐饮行业工作的员工，不再收取卫生知识培训费；餐饮企业员工的健康证可在省内跨区域使用，在省内流动的餐饮企业员工，1 年内不重复体检。

（十四）依法规范市场。切实转变职能，建立健全内贸流通相关法律、法规的宣传贯彻与执行机制，加强执行情况的检查和评估，切实履行相关法律、法规赋予的监管职责。研究制定我省具有地方特色的法规规章，完善多部门参与的监管执法协作机制，强化事中事后监管。提高执法人员素质和执法规范化水平，畅通“12312”、“12315”、“12358”、“12366”、“12331”等举报投诉服务热线，规范举报投诉工作程序，有效维护市场秩序，净化消费环境。

（十五）严厉打击侵权假冒行为。持续开展重点商品、重点领域、重点环节专项整治行动，加快建立产品质量追溯制度。加强对互联网搜索引擎的监测，健全“网上发现、线索通报、源头追溯、属地查处”机制，强化网络商品源头集中治理。依法整治农村和城乡结合部市场食品药品、农资、日用小商品等侵权假冒行为。构建省、市、县三级“两法”衔接信息共享平台，并实现与省、市、县三级行政权力依法规范公开运行平台和中央打击侵权假冒“两法”衔接信息共享平台有效对接。通过政府网站、报刊、广播、电视等媒体，采取公告栏、新闻发布会、信息查询点等形式，依法公开制售假冒伪劣商品和侵犯知识产权行政处罚案件信息。

（十六）加强诚信体系建设。利用全省社会信用信息统一平台系统和全省企业信用信息系统公开、发布和查询商贸流通企业信用信息记录。推动在政府采购、招标投标、行政审批、市场准入、资质审核、事中事后监管等行政事项中使用企业信用报告和信用评级报告。支持商贸流通企业利用内贸信用保险扩大信用销售规模。推动商贸流通企业与商业银行、消费金融公司合作，开展各类信用消费业务。引导建立市场化综合信用评价机制，支持建立第三方专业信用评价机制。加强商贸流通信用文化建设，开展“诚信兴商宣传月”、“诚信经营示范创建”等宣传推广活动。

六、强化组织保障

（十七）建立协调推进机制。建立省直相关部门促进内贸流通健康发展协调推进机制，完善内贸流通产业配套，改善内贸流通发展环境。各部门要按照职责分工，切实负起责任，各牵头单位要根据本意见抓紧制定贯彻落实工作方案，明确时限，确保政策落实到位。各地要根据形势需要和本地实际，统筹协调，研究制定有针对性的配套措施，加快形成省、市、县三级联动促进机制。强化督查和考核，确保各项工作任务落到实处。

附件：重点任务分工及进度安排（略）

四川省人民政府办公厅
2015 年 1 月 12 日

四川省商务厅关于印发《“互联网+商贸流通”实施方案》的通知

川商电商〔2015〕24号

各市（州）、扩权县（市）商务主管部门：

现将《“互联网+商贸流通”实施方案》印发给你们，请结合实际认真贯彻落实。

四川省商务厅

2015年8月19日

“互联网+商贸流通”实施方案

为贯彻落实省政府办公厅《关于印发四川省2015年“互联网+”重点工作方案的通知》（川办发〔2015〕55号）文件精神，推进互联网与流通产业的深度融合，制定如下实施方案。

一、总体要求

充分发挥“互联网+”在商贸流通中的生产要素配置、优化集成作用，集聚优势资源，将互联网创新成果深入应用到商贸流通领域，提升商贸流通业发展模式的创新创造能力，降低流通成本，提高流通效率，释放消费潜力。重点在传统产业电子商务应用、农村电商、跨境电商以及电商进社区等方面创新流通方式。力争到2017年，实现以下目标：

（一）培育5家具有较强影响力的骨干龙头，打造5个在全国行业发展水平领先的本土平台。

（二）创建5个国家级电子商务示范基地、5家国家级电子商务示范企业、20个国家级电子商务进农村综合示范县；建设10个省级电子商务示范基地、50家省级电子商务示范企业、5个省级电子商务示范城市、20个省级电子商务进农村综合示范县；打造10个商贸流通转型典型企业，培育10个网络服务品牌。

（三）培育10个省级跨境电商企业（平台、基地），打造10个海外商标品牌，建设美国、欧洲等地海外仓，跨境电子商务交易额力争占进出口总额的10%以上。

（四）全省电子商务市场交易额超过2万亿元，网络零售交易额超过2600亿元，相当于社会消费品零售总额的15%，电子商务交易规模位居全国前5。

二、重点工作任务

（一）大力提升电子商务应用水平

1. 深入推进“全企入网”工程，选择在传统生产企业、名优特商品（含老字号、著名商标）企业、农产品企业等10个企业开展运用电子商务强化供应链管理示范，推动传统产业加速转型升级，创新发展模式。（责任处室：电商处）

2. 培育和认定一批省级电子商务示范企业、示范基地和示范城市，争取国家电子商务示范，推动有条件的城市开展电子商务改革创新示范工作。推动建设一批大宗商品及川酒川茶、文化旅游、家居、鞋类、农产品等专业性、垂直型平台。（责任处室：电商处）

3. 加快构建"众创空间"互联网创业服务平台，择优推进建设一批产业链完整、集聚效应明显的电商集聚区。（责任处室：电商处）

4. 推进国家级移动电子商务示范基地建设，探索政府公共服务和产业政策环境建设的新模式，注重产学研合作机制，使示范基地成为电商服务企业、应用企业的集聚地和电子商务创业创新平台，充分发挥示范带动作用。（责任处室：电商处）

5. 建成并运营四川农产品综合服务平台，优化升级"天府网交会"等公共服务平台。推进中建电商谷等重大电商项目建设，引进5家知名电商企业建立区域性总部。推进电子商务在政务、交通、医疗、教育、文化、旅游等领域的广泛应用，建立城市服务新体系。（责任处室：电商处、服务业处、市建处）

6. 加快申请全国性网络支付牌照，培育非金融机构争取国家第三方支付许可（含跨境支付）。制订《省电子商务产业发展投资基金组建方案》，力争设立电子商务发展投资基金，推进商业银行结算网络与电子商务企业线上交易数据互联互通示范，开展供应链融资服务。（责任处室：电商处）

（二）积极发展农村电子商务

7. 加快农村传统流通网络的信息化改造。推进电子商务进农村，整合万村千乡、邮政、供销、交通和商贸企业等现有农村商贸流通资源，实现线上线下融合发展。（责任处室：市建处）

8. 大力发展农产品电子商务。在全省全面实施"电子商务进农村"综合示范建设成功经验。鼓励各类电商、物流、商贸流通、金融等企业，参与农产品电子商务平台提升和运营。引导本地农业生产商贸企业、农业合作社利用自建或第三方平台开设电商专区或旗舰店，开展农产品网上批发、零售和产销对接。鼓励有条件的农产品批发市场、农贸市场对标准化程度高的产品进行网上批发分销、线下配送业务，引导农民开展订单生产。加强农产品标准化的制订和追溯系统的应用等支撑体系建设。（责任处室：市建处）

9. 提高农业生产资料电子商务水平。支持农资、农机生产和供销企业发展电子商务，打造扁平化的营销渠道，将"万村千乡"农资店改造提升为农村电商服务网点，为农民提供优质、实惠、可追溯的农业生产资料。（责任处室：市建处）

10. 丰富农村电子商务综合服务内容。鼓励服务业企业、金融、通信、能源等行业融入农村电商发展，叠加农产品网络销售与公共服务功能。让农民通过电子商务综合服务享受与城市居民同样的商品和服务。（责任处室：市建处）

（三）大力发展跨境电子商务

11. 建成省级跨境电子商务通关综合服务平台，开通海关、检验检疫等服务，逐步实现支付、退税、营销等服务功能，鼓励电商企业、支付企业、物流企业入驻。（责任处室：电商处、外贸处、贸发处）

12. 学习借鉴宁波、重庆、杭州等地跨境电子商务发展经验，加快制定促进跨境电子商务发展工作方案。（责任处室：电商处、贸发处）

13. 复制借鉴试点政策的平行运用，加快成都双流跨境电商基地建设，支持绵阳、泸州、资阳等地跨境电子商务集聚区建设，进一步拓展成都空港、青白江铁路口岸功能，利用快件中心、保税物流中心开展多种模式的跨境电商业务。（责任处室：贸发处、外贸处）

14. 打造特色行业跨境电子商务优势。支持区域性、综合性大宗商品电子商务交易平台，开展跨境电子商务业务；在汽配、家具家居、川茶、农特产品等领域进行重点转型培育，挖掘一批有竞争优势的优质产品。（责任处室：贸发处、外贸处）

15. 在节点城市的中心区域建设跨境电子商务保税体验店，试点鼓励外贸流程一体化服务企业为跨境电子商务提供通关、仓储、融资等服务。（责任处室：电商处、贸发处、外贸处）

16. 支持跨境电子商务零售出口企业建设海外仓、体验店和境外服务网点，培育自有品牌和自建平台，拓展营销渠道，增加消费品进口。（责任处室：贸发处、外贸处）

（四）推动线上线下融合发展

17. 提高商品交易市场电子商务运用能力。加大对市场交易主体的电子商务培训，提高电子商务普及率和交易比重。推进大宗商品交易市场营运管理和风险防范机制，鼓励创新电子商务服务方式。支持有条件的大型批发市场向外向型市场发展，开展跨境电子商务。（责任处室：市建处）

18. 推动药品流通企业深化电子商务应用，推动行业转型升级。引导药品（中药材）流通企业探索搭建在线交易平台、药事和健康服务平台等。引导药品零售企业利用电子商务平台拓展业务，创新消费服务模式，提升消费便利性。鼓励药品

批发企业加快信息化建设，拓展药品物流服务延伸。（责任处室：秩序处）

19. 积极鼓励商业零售企业运用电子商务，不断提高商业零售企业特别是限额以上商业零售企业电子商务应用率。大力推广 020 商业模式，强化互动体验，开展同城短途物流配送，建立线上线下一体化流通方式。加强网络商业数据挖掘与分析，引导零售和连锁经营企业将网络流量转化为商业价值，培育一批本土“互联网 +”龙头传统零售企业。（责任处室：流通业处）

20. 引导居民服务业企业积极运用互联网，以餐饮、洗染、家政等行业为重点，利用位置服务等互联网技术，推行 020 等新模式的应用，开展网订店取、网络订票、社区配送等业务，培育壮大本土居民服务业电商平台，带动特色商品、服务扩大影响渠道。支持服务外包企业运用“互联网 +”创新商业模式，加大与居民服务相关的垂直行业的合作，运用互联网技术提升服务水平，扩大服务范围。（责任处室：服贸处、流通业处、市建处）

（五）推动商贸物流转型升级

21. 重点支持实力较强的物流企业，建设自有物流交易信息平台，实现仓储、交易、结算的信息化、智能化。大力引进基于互联网技术的现代物流企业，形成我省物流企业运用互联网技术应用的示范点。推广应用配送路径优化、配送车辆动态导航等技术。（责任处室：服务业处、流通业处）

三、主要措施

（一）加强组织领导。充分发挥省电子商务业发展推进小组办公室作用，统筹协调“互联网 + 商贸流通”发展相关工作，部署和落实重点任务，督促检查各项工作的实施。各地要结合本地区实际制定具体工作方案，建立健全分工合理、责任明确的工作机制。商贸流通企业要根据自身发展战略和实际，制定“互联网 +”整体发展规划。建立健全商贸流通行业“互联网 +”发展推进机制，引导行业协会、中介组织和各行业企业广泛参与。

（二）坚持规划引领。研究制订进一步促进电子商务产业发展和加快发展跨境电子商务的政策性文件，支持和鼓励流通方式创新、商业模式创新、服务创新、跨境贸易创新、政策服务创新。积极推进电子商务与物流快递协同发展。加强电子商务顶层设计，编制《“十三五”电子商务产业发展规划》。

（三）开展试点示范。在传统产业应用、农村电子商务、跨境电子商务、居民服务业等重点领域、重点行业，统筹开展“互联网 + 商贸流通”试点示范。鼓励电子商务企业“走出去”，积极参与“一带一路”跨境电子商务建设。总结提炼示范企业的转型升级经验，挖掘分析“互联网 + 商贸流通”创新发展的关键因素和有效路径，推广新业务、新模式、新机制。

（四）加大资金扶持。优化电子商务专项资金配置，围绕“互联网 + 商贸流通”发展试点示范项目、大型平台、龙头企业、集聚孵化、公共平台等给予倾斜扶持，优先安排专项补助资金。完善金融服务体系，引导信贷资金、各类投资基金重点投向“互联网 + 商贸流通”重点项目、优势企业、产业基地以及公共服务平台建设。

（五）强化人才培养。大力吸引省外及海外高层次互联网人才和团队在我省创新创业。制订电子商务人才培训工作方案，实施启明星电商人才培训计划。依托高校、科研院所及专业培训机构，形成省—市—县三级培训服务能力。建成国家中西部电子商务人才培训与孵化中心。鼓励职业院校加强实用型人才培养，推行教产研结合培养模式，开展电子商务职业技能培训及鉴定考评工作。开展“互联网 +”专家咨询活动，建立专家服务长效机制。

（六）优化要素保障。支持各地规划建设与当地经济发展相匹配的电子商务基地，力争到 2017 年每个市、县建成 1 个功能完善的创新创业孵化中心。鼓励各地优先保障“互联网 + 商贸流通”重点项目的资源要素需求。支持产业集聚区把发展“互联网 +”作为重点任务，规划发展空间，实施重点项目，切实保障企业对资源要素的合理需求。

（七）加大宣传推广。强化“互联网 + 商贸流通”在产业转型升级、新型业态培育、政府公共服务、民生保障改善中的地位和作用，重点宣传“互联网 + 商贸流通”企业品牌、标杆案例、模式创新和服务创新，增强全社会对“互联网 + 商贸流通”工作的认知度、参与度。建立健全电子商务大数据统计平台，做好跨境电子商务统计工作，定期发布全省各地电子商务发展情况。举办中国（四川）电子商务发展大会等全国性互联网经济盛会，开展电子商务重要论坛、国际交流、创新大赛等活动，营造良好的大众创新创业氛围。

贵州省

贵州省商务厅 贵州省财政厅
关于印发《贵州省跨区域农产品
流通基础设施建设实施方案》的通知

黔商发〔2015〕4号

各市（州）商务主管部门、财政局：

经省人民政府同意，现将《贵州省跨区域农产品流通基础设施建设实施方案》印发给你们，请认真遵照执行。

附件：《贵州省跨区域农产品流通基础设施建设实施方案》

贵州省商务厅 贵州省财政厅

2015年1月8日

贵州省跨区域农产品流通基础设施建设实施方案

为合理布局我省跨区域农产品流通基础设施，进一步加强农产品流通体系建设，根据《财政部办公厅、商务部办公厅关于开展全国农产品流通骨干网络建设工作的通知》（财办建〔2014〕36号）、《财政部关于下达2014年第二批服务业发展专项资金的通知》（财建〔2014〕257号）要求，结合我省实际，制定如下实施方案。

一、总体思路

利用2014年中央财政支持我省跨区域农产品流通骨干网络建设的专项资金，结合《国务院关于进一步促进贵州经济社会又好又快发展的若干意见》（国发〔2012〕2号）关于我省农产品基础设施建设的部署，在2013年开展跨区域或反季节农产品产销衔接链条建设试点的基础上，加快推进农产品流通领域的改革创新，围绕我省100个现代高效农业示范园区建设和夏秋蔬菜产业带布局，合理布局跨区域农产品流通基础设施，促进农产品产销与冷链物流、电子商务等协同发展，推动构建高效、畅通的跨区域流通主渠道，在减少流通环节、降低流通成本和推进流通创新等方面发挥综合示范作用。

二、工作目标

在省内农产品主产区选取5个重点项目进行投资建设，力争到2017年，建成具有一定引领性和示范带动作用的跨区域流通基础设施项目，在一定范围内初步建立起以冷链物流、电子商务等现代技术为支撑，联通产地和销地的跨区域农产品流通骨干网络。

三、支持重点

支持具有集中采购和跨区域配送能力的农产品冷链物流集散中心、综合性加工配送中心和产地集配中心，发展农产品电子商务，促进农产品产销与供应链、物联网、互联网协同发展，建立产供销一体化的省级公共信息平台等。

四、资金支持方式、标准及股权投资管理

（一）支持方式

按照政府股权投资方式，由省人民政府授权省商务厅履行财政资金出资人职责，省商务厅委托省商贸投资有限公司对符合条件的项目进行投资支持，分为：1. 直接投资。由省商贸投资公司与项目公司签订投资协议，将财政支持资金直接投资到项目公司并持有股份；2. 合作建设。采取由省商贸投资公司与合作企业按比例出资共同成立项目建设运营公司的方式参与项目建设。

（二）支持标准

1 、直接股权投资比例不超过企业实际项目投资总额的 30%。

2 、与合作企业共同成立项目公司的方式，投资比例原则上不超过项目公司注册资本金的 40%。

（三）股权投资管理

1、投资退出方式：投资时间最长不超过 5 年；对达到投资项目建设约定投资年限或投资收益条件的项目，通过适时进行股权转让、其他股东回购等方式实现财政性资金退出。具体退出方式在项目投资协议中约定。

2、退出资金和投资收益管理：财政性资金退出后继续用于支持农产品流通体系建设；国有股权实现的收益重点用于市场监测、统计等公益性平台功能建设。

五、承办企业条件

（一）项目申报企业应同时具备以下条件

1. 具有独立法人资格的我省县级以上骨干农产品流通企业，从事农产品流通行业 3 年以上，在主产区已有对接的合作社、经销户。经营渠道广，示范带动作用强，企业注册资本金 500 万元以上。

2. 具有一定交易规模，其中：对改扩建项目，上年度农产品交易额须达 1 亿元以上；对新建项目，申报项目须完成投资总额的 50% 以上，交易额大、投资额大的项目优先安排。

3. 企业财务制度健全、管理规范，具有专业的财务核算管理人员；近三年在财务管理、税收管理等方面无违法、违规行为；近三年内没有违规申报、截留、骗取财政专项资金行为，未拖欠应缴还的财政性资金。

（二）申请项目应具备以下条件

1. 符合国家产业政策和我省跨区域流通基础设施建设发展规划，有具体的项目建设规划和实施方案。

2. 有利于加快推进我省农产品流通基础设施建设，降低流通费用、提高流通效益，促进市场体系建设，加强品牌培育。

3. 具有较好的经济和社会效益预期；具有较强的示范、带动和促进作用。

4. 单个项目投资规模不低于 5000 万元，项目建设时间最长不超过两年。

六、实施程序

（一）项目申报。各市（州）商务主管部门会同财政部门，按照有关要求组织企业申报项目，对符合申报条件和要求的项目，联合出具推荐文件，于 2015 年 1 月 20 日前报省商务厅（市场体系建设处）。

（二）项目筛选与尽职调查。省商务厅将收集的项目按本实施方案要求进行筛选，对符合条件的项目，由省商贸投资公司组织法律、财务审计、资产评估等第三方机构开展尽职调查、实地考察、可行性分析、投资方案谈判等，提出尽职调查报告及投资方案建议。

（三）项目确定。省商贸投资公司将尽职调查报告和投资方案建议报省商务厅核准，并商省财政厅共同确定纳入财政

资金投资范围项目。

（四）项目实施。投资项目经省商务厅批准后，由省商贸投资公司与项目实施主体进行投资洽谈，拟定投资方案，签订投资协议，按要求组织实施项目。

（五）资金拨付。项目批准实施后，省商务厅会同省财政厅按有关程序将资金拨付到省商贸投资公司，由省商贸投资公司根据签订的投资协议如期将资金划拨到项目承办企业，并实施投资经营管理。

（六）项目验收。项目竣工后，由项目承办企业和省商贸投资公司共同向项目所在市（州）商务主管部门提出验收申请。由市（州）商务主管部门会同财政部门组织初验，省商务厅会同省财政厅组织验收。省、市（州）商务主管部门会同财政部门分别组织有关专家成立项目验收小组，按照验收权限及要求对项目进行现场验收。主要通过听取汇报、现场察看、核对资料、咨询提问等方式进行验收，重点查验项目是否符合专项资金的支持方向，是否符合有关建设标准，是否通过相关专业部门验收，建设资金是否通过专项审计等。（验收标准另文下发）

七、申报资料

（一）项目申报表及对财政资金参与项目股权投资的申请报告，申请报告须包含财政资金投资比例、方式、期限和退出方式、收益承诺等内容；

（二）项目可行性报告（包括建设内容、建设规模、资金来源、预期效果等）；

（三）相关部门的立项审批文件；

（四）企业资质证明（企业营业执照复印件，产销双方长期采购、供货和投资合作合同等复印件，中介机构出具的财务会计报告和审计报告等）；

（五）项目涉及贷款的相关文件；

（六）其他应提供的材料；

（七）市（州）商务、财政部门联合推荐文件；

（八）企业对提供材料真实性完整性负责的声明，以及承诺在发生重大自然灾害等突发事件时，积极配合各级政府开展农产品调运、收储等各项应急保障相关工作的承诺书。

以上文件资料须一式 5 份（A4 纸）并装订成册。

八、工作要求

（一）加强组织领导。开展跨区域农产品流通基础设施建设是构建全国农产品流通骨干网络的重要内容，对于建立高效、畅通、安全的农产品市场体系，解决农产品“卖难”问题，促进农民增收，稳定产销关系，保障市场供应，改善人民生活水平具有重要意义。各市（州）商务、财政部门要进一步提高认识，完善工作机制，加强组织领导，明确责任，层层落实，确保各项工作任务如期完成，取得实效。

（二）抓紧项目实施。开展跨区域农产品流通基础设施建设一定要规划先行，各市（州）商务、财政部门要结合实际，因地制宜制定本地农产品流通体系建设规划和实施方案。要深刻领会文件精神，理清工作思路，抓住重点环节，按程序择优筛选推荐承办企业和建设项目，切实做好好项目申报、实施、验收（初验）、管理等工作。

（三）建立工作机制。开展跨区域农产品流通基础设施建设涉及面广，各市（州）商务、财政部门要加强与农业、工商、质检、国土、税务等部门的合作，建立和完善促进农产品市场体系建设长效机制。要会同有关部门，认真贯彻落实商务部等 13 部门《关于进一步加强农产品市场体系建设的指导意见》（商建发〔2014〕60 号）、省人民政府《关于加快商贸流通业改革发展的意见》（黔府发〔2014〕10 号）等文件精神，引导企业开展具有公益性质的项目建设，充分发挥骨干企业和项目的区域示范、引领和支撑作用。

（四）加强项目管理。各市（州）商务、财政部门对本地项目申报、实施、验收（初验）、督促、检查、后续管理和资金使用等负总责。对推荐的承办企业和项目，要按程序组织申报，一个项目不得多处申报。对项目实施过程要实行动态监管，分阶段掌握工程进度和资金到位情况，发现问题及时协调解决。要加强项目运营后的管理和督查，确保项目正常运行并发挥实效。要按照有关规定加强专项资金管理，确保资金的有效、合理使用。

（五）加强项目专项资金监管。各市（州）商务主管部门要按照省委办公厅、省政府办公厅《关于进一步加强涉农专项资金监督管理的意见》（黔委厅字[2008]68号）和《贵州省商务厅建立涉农惠民项目资金监管网络系统工作实施方案》（黔商发〔2013〕116号）的要求，及时将项目录入《贵州省涉农项目资金监管网络系统》，加强项目专项资金监管。

（六）营造良好的工作氛围。各市（州）商务、财政部门要充分发挥报纸、电台、电视台等媒体的舆论导向作用，大力宣传跨区域农产品流通基础设施建设工作的重要意义，引导社会各界共同关注，营造良好的工作氛围。要运用信息、简报、情况交流等多种形式，及时总结和推广工作中的好经验、好做法，推动跨区域农产品流通基础设施建设工作不断向纵深发展。

附件：

1. 贵州省跨区域农产品流通基础设施建设项目申报汇总表；（略）

2. 贵州省跨区域农产品流通基础设施建设项目申报表。（略）

云南省

云南省人民政府关于推进内贸流通现代化建设法治化营商环境的实施意见

云政发〔2015〕99 号

各州、市人民政府，省直各委、办、厅、局：

为认真贯彻落实《国务院关于推进国内贸易流通现代化建设法治化营商环境的意见》（国发〔2015〕49 号）和全国推进内贸流通现代化电视电话会议精神，结合我省实际，现就推进内贸流通现代化、建设法治化营商环境提出以下意见：

一、工作思路和主要目标

（一）工作思路

深入贯彻落实国务院关于推进国内贸易流通现代化、建设法治化营商环境的决策部署，紧紧围绕云南发展新定位，主动服务和融入国家“一带一路”、长江经济带建设和中国—中南半岛、孟中印缅经济走廊建设，以市场化改革为方向，以转变政府职能为核心，建立完善内贸流通体系，推动内贸流通创新驱动发展，努力增强内贸流通在促进我省经济发展中的重要作用。

（二）主要目标

到 2020 年，基本建立规则健全、统一开放、竞争有序、安全高效、监管有力、城乡统筹的内贸流通体系和比较完善的法治化营商环境，形成内外联动、互为支撑的内贸流通开放合作新格局，把我省打造成为辐射南亚东南亚的重要区域性商贸物流中心和消费中心。

——流通规模不断扩大。全省社会消费品零售总额略高于 GDP 增长，构建“农产品进城、工业品下乡”双向畅通的流通网络。

——流通效率显著提高。全省物流业增加值年均增长 13% 左右，社会物流总费用占 GDP 的比率下降至 18% 以下。

——流通技术广泛应用。“互联网 + 流通”行动计划全面实施，流通领域现代化技术进一步普及，流通行业实现网络化、数字化、智能化。

——流通布局更加合理。全省流通网络一体化基本建成，连接相邻省区、周边国家的互联互通能力大幅提升。

——流通环境不断优化。政府与市场关系进一步厘清，基本形成比较完善的法治化营商环境。

二、加强流通体系建设

（一）推进大流通网络建设。依托交通枢纽、生产基地、中心城市和大型商品集散地，构建内连西南、东中部腹地和泛珠三角的骨干流通网络。加快建设以滇中城市经济圈为中心的物流配套设施，合理布局滇中地区通往滇东北、滇西北、滇西、滇西南和滇南的流通产业，构建以大型物流基地为核心，各类物流配送中心为节点，布局合理、技术设施先进、信息畅达高效的现代流通体系。充分发挥海关特殊监管区作用，大力开展保税物流业务，建设面向南亚东南亚的国际物流大通道。（省发展改革委、工业和信息化委、交通运输厅、商务厅、供销合作社联合社，昆明海关负责）

（二）推进城乡流通网络一体化。加快推进城乡流通基础设施建设，优化城市流通网络布局，加强城市商业网点建设统筹规划，构建便民生活服务网络。完善农村现代流通网络，升级、建设县级标准化菜市场、生鲜超市和乡镇农贸市场，推进农村集贸市场、特色农产品市场、“农改超”及农家店建设，增加农村商业网点，拓展网点功能。支持建设和改造一批规模大、覆盖面广的大型物流配送中心和农产品冷链物流设施，加快乡镇商贸中心建设，实现商品配送中心覆盖所有县、市、区，商贸中心覆盖大部分乡镇，标准化农家店覆盖所有行政村。鼓励大型药品流通企业向农村延伸经营网络，增加农村药品流通网点。（省发展改革委、工业和信息化委、住房城乡建设厅、商务厅、农业厅、食品药品监管局、供销合作社联合社负责）

三、鼓励内贸流通创新发展

（三）鼓励传统商贸企业创新发展。鼓励零售企业改变引厂进店、出租柜台等经营模式，实行深度联营，通过集中采购、买断经营、开发自有品牌等方式，提高自营比例。大力培育和扶持一批龙头连锁企业，鼓励有条件的商贸流通企业连锁化发展，支持开放连锁店、建设配送中心，提高连锁经营效率和增加连锁经营企业竞争力。鼓励流通企业发挥线下实体店的物流、服务、体验等优势，与线上商流、资金流、信息流融合，形成优势互补。支持流通企业利用电子商务平台创新服务模式，提供网订店取、网订店送、上门服务、社区配送等各类便民服务。引导各类批发市场自建网络交易平台或利用第三方电子商务平台开展网上经营，推动实体市场与网络市场协同发展。推动流通企业利用信息技术加强供应链管理，鼓励向设计、研发、生产环节延伸，促进产业链上下游加强协同，满足个性化、多样化的消费需求。（省工业和信息化委、商务厅，省邮政管理局负责）

（四）大力推进产销衔接。支持农产品经营主体在产地建设生产基地，在销地建设农产品展销中心、直销店或直销专区，在具备条件的社区发展周末蔬菜、粮油直销市场，推广农超对接、农批对接、农校对接、农社对接等产销衔接方式，构建上联生产基地、下接零售终端的农产品产销一体化流通链条。建立连接产销两地的农产品信息服务平台，通过互联网等现代信息手段进一步完善高原特色产业流通体系。支持工业品流通企业加强与上下游企业合作，开展工商对接，共同拓展设计、展示、配送、分销、回收等业务，构建稳定高效的现代商品供应链。（省商务厅、农业厅、发展改革委、交通运输厅、供销合作社联合社负责）

（五）积极发展现代物流。加强流通领域现代物流示范工程建设，吸引国内外品牌物流企业进驻云南，发挥示范引领作用，构建以大型物流总部基地为核心、多级配送中心为节点、信息服务平台为支撑的现代物流体系。推进城市配送与商贸服务网点、农村配送与农村便利店的有效衔接，建设城乡一体化物流配送体系。整合仓储配送、货运代理、交通运输等物流资源，大力培育第三方物流企业，提高物流社会化水平。支持大型连锁零售企业向社会提供第三方物流服务，建立和完善商贸物流城市共同配送网络，发展面向企业和消费者的社会化共同配送。完善农产品冷链物流体系，建设具有集中采购和跨区域配送能力的农产品冷链物流集散中心。积极探索和推进智慧物流和配送体系建设，开展智慧物流基地（园区）和智能物流企业试点工作。（省商务厅、发展改革委、工业和信息化委、交通运输厅、供销合作社联合社负责）

（六）大力发展电子商务。实施“互联网+流通”行动计划，加快流通网络化、数字化、智能化建设。积极推动建设昆明市国家级电子商务示范城市和昆明高新区电子商务示范基地建设，引导电子商务企业拓展服务领域和功能，鼓励发展生活消费品、生产资料、生活服务等各类专业电子商务平台，带动共享、协同、融合、集约等新兴模式发展。整合全省流通领域公共信息服务平台，支持流通企业信息化改造，推动信息系统互联互通，提高企业仓储、采购、运输、订单等环节科学管理水平。支持流通企业建立或依托第三方电子商务平台开办网上商城，发展网上购物、电话购物、电视购物等商品交易。发挥电子口岸作用，搭建通关服务平台，发展跨境电子商务。推动现代物流、在线支付等电子商务服务体系建设，鼓励各类创业孵化基地为电子商务创业人员提供场地支持和孵化服务，支持发展校企合作、商学结合等人才培养模式。（省商务厅、工业和信息化委，昆明海关、云南出入境检验检疫局、省邮政管理局负责）

（七）推动绿色循环低碳流通发展。鼓励绿色商品消费，引导流通企业扩大绿色商品采购和销售，推行绿色包装和绿色物流，推行绿色供应链环境管理，推动完善绿色商品认证制度和标准体系。研究建立废弃商品回收的生产者、销售者、消费者责任机制。大力推广绿色低碳节能设施设备，推动节能技术改造，培育一批集节能改造、节能产品销售和废弃物回收于一体的绿色市场、商场和饭店。制定内贸流通领域节能节水和环保技术、产品、设备推广目录，引导流通企业加快设施设备的节能环保改造。鼓励旧货市场规范发展，促进二手商品流通。推进现代再生资源回收体系建设，规范建设城市社区再生资源回收站点、分拣中心和回收市场。积极引导汽车绿色循环消费，大力发展品牌二手车经营，支持二手车交易市场升级改造，加速淘汰老旧汽车、黄标车，促进报废汽车回收拆解体系建设，推进报废汽车资源综合利用。（省发展改革委、工业和信息化委、商务厅、质监局、公安厅负责）

（八）推动创新文化培育传播形式。弘扬诚信文化，推进商务领域诚信体系建设。加大“云南老字号”培育力度，支持在国内一线城市建立“云品”展示中心，推动“云品”出滇。鼓励商品创意设计创新，支持消费类产品提升新产品设计和研发能力，以创意设计增加消费品附加值。提升商业设施的文化内涵，引导流通企业在商品陈列、商场装饰、环境营造等方面突出创意特色，增加商业设施和商业街区的文化底蕴，推动现代商业与传统文化融合创新。建立健全品牌发展公共服务体系，支持将服务企业和产品纳入云南品牌认定。促进传统节庆、民俗文化消费，培育健康文明的消费文化。（省商务厅、发展改革委、工业和信息化委、环境保护厅、文化厅、工商局、知识产权局负责）

（九）增强内贸流通创新支撑能力。完善财政金融支持政策，拓宽内贸流通企业融资渠道，鼓励金融机构加大对内贸流通企业的信贷支持。支持发展创业投资基金、天使投资群体，引导社会资金和金融资本加大对流通创新领域的投资。完善流通企业融资模式，推广知识产权质押融资，依法合规开展股权众筹融资试点，支持创业担保贷款积极扶持符合条件的中小流通企业。支持专业化创新服务机构发展，完善创新成果交易机制，积极发展各类商贸服务交易平台。研究建立流通创新示范基地，鼓励创业创新基地提高对中小流通企业的公共服务能力和水平。加快发展内贸流通领域混合所有制经济，鼓励非公有资本和国有资本交叉持股、相互融合。鼓励流通企业通过兼并重组整合创新资源，提高创新能力。进一步完善有关政策，按照主体自愿的原则，引导有条件的个体工商户转为企业。（省财政厅、商务厅、国资委、金融办、工商局，人民银行昆明中心支行、云南银监局、云南证监局负责）

（十）加大内贸流通创新保护力度。充分发挥各级打击侵权假冒工作领导小组及其办公室的作用，组织开展重点商品、重点领域、重点时段专项整治行动，严厉查处各类侵权假冒伪劣违法犯罪行为，加大对反复侵权、恶意侵权、多次侵权和制售假冒商品等行为的处罚力度。对跨区域、跨部门的重大侵权假冒犯罪案件，建立线索通报、案件协办、定期会商、联合执法等工作机制，发挥部门联合监管优势，形成监管合力。（省商务厅、知识产权局、公安厅、农业厅、林业厅、文化厅、工商局、质监局、食品药品监管局，昆明海关、云南出入境检验检疫局负责）

四、增强内贸流通稳定运行的保障能力

（十一）完善信息服务体系。推进我省商务领域大数据公共信息服务中心平台建设，加快商务数据资源集聚能力和管理能力建设，建立以政府数据为主体、社会数据为补充、涵盖全省乃至国内外市场的商务领域大数据信息化服务平台、基础商务数据存储中心和重点流通企业数据中心。鼓励行业中介组织深入挖掘和研发大数据公共服务产品，加强对大数据技术应用的宣传和推广，服务流通企业创新转型和大数据产业发展需要。建立完善内贸流通行业统计监测制度以及电子商务、服务消费等统计调查制度。（省商务厅、统计局、工业和信息化委负责）

（十二）健全市场应急调控机制。按照“统一协调、分级负责、快速响应”的原则，进一步健全市场应急供应管理制度和协调机制。根据突发事件对市场影响的范围和程度，综合运用信息引导、企业采购、跨区域调运、储备投放、进口组织、

限量供应、依法征用等方式，建立基本生活必需品应急供应保障机制。（省商务厅，各州、市人民政府负责）

（十三）增强市场应急保供能力。进一步加强省、州市、县三级应急保供队伍建设，充分依托我省滇中、滇西、滇东南等地区的大型流通企业，建立市场保供应急物资调运基地，支持建设和改造一批规模大、覆盖面广且具有公益性质的大型物流配送中心、农产品冷链物流设施，发挥流通基础设施在满足消费需求、保障市场稳定、提高应急能力中的重要作用。建立跨区域、跨部门的市场保供联动机制，积极支持基层商务部门和流通企业开展自然灾害或突发公共事件情况下的市场应急物资调运。（省商务厅，各州、市人民政府负责）

（十四）完善商品应急储备体系。健全省、州市两级重要商品储备制度，积极争取中央储备，重点加强省内大中城市及自然灾害多发地区储备能力建设，优化储备品种和区域结构。完善重要生活必需品应急保供储备制度，综合运用信息引导、区域调剂、收储投放、进出口调节等手段调运储备商品，提高调集能力，保障市场供求基本平衡。（省商务厅，各州、市人民政府负责）

（十五）构建重要商品追溯体系。建设重要商品追溯体系。坚持政府引导与市场化运作相结合，以食用农产品、食品、药品以及其他对消费者生命健康有较大影响的商品为重点，利用物联网等信息技术建设来源可追、去向可查、责任可究的信息链条，建立、完善质量安全追溯体系，逐步增加可追溯商品品种。完善重要商品追溯体系的管理体制。按照“统一规划、统一标准、分级建设、属地管理”的原则，整合现有资源，建设统一的重要商品追溯信息服务体系，形成全省上下一体、协同运作的重要商品追溯体系管理体制。扩大重要商品追溯体系应用范围。完善重要商品追溯大数据分析与智能化应用机制，加大商品追溯信息在事中事后监管、行业发展促进、信用体系建设等方面的应用力度，提升追溯体系综合服务功能。（省商务厅、质监局、食品药品监管局，各州、市人民政府负责）

五、健全内贸流通管理体制

（十六）制定完善规章制度。进一步完善内贸流通领域制度建设，根据国务院扩内需、促消费的决策部署，研究制定我省内贸流通各行业领域的地方性法规、政府规章或者规范性文件，规范有关参与方行为，推动建立公平、透明的行业规则，及时将我省在扩内需、促消费和强化市场竞争以及监管等方面的经验做法上升为地方立法和制度规定予以保障。对内贸流通领域与经济社会发展需要不相适应的现行地方性法规、政府规章及规范性文件，及时予以修订或废止，为内贸流通企业发展创造法治化营商环境。（省商务厅、法制办负责）

（十七）提升监管执法效能。在全省开展地区封锁状况调查，进一步了解掌握企业开展生产经营活动过程中遭遇的地区封锁问题。加强市场监管公共服务和商务举报投诉体系建设，畅通流通领域举报投诉体系建设，畅通流通领域举报投诉服务，充实基层执法力量，提高执法水平。加强内贸流通领域监管能力建设，促进社会消费安全健康发展。依法建立成品油、典当、拍卖、二手车市场的准入、监管、退出管理机制，加强流通领域商品质量监督检查。加强事中事后监管，坚持日常监管与专项治理相结合。加强大数据等现代信息技术在监管执法中的应用，推进行政处罚案件信息公开和流通企业信息公示，加强市场监管部门与行业协会商会、专业机构的合作，引入社会监督力量。创新企业产品质量执法检查方式，推行企业产品质量承诺制度。创新电子商务监管模式，健全消费者维权和交易争端解决机制。（省商务厅、公安厅、司法厅、工商局、质监局、法制办、新闻办负责）

（十八）加强流通标准化建设。健全流通标准体系，鼓励并支持我省流通企业和有关技术组织积极参与国家、行业和地方标准研制，加强商贸物流、电子商务、农产品流通、居民生活服务等重点领域标准的制修订工作。强化流通标准实施应用，建立政府支持引导、社会中介组织推动、骨干企业示范应用的内贸流通标准实施应用机制。推动建立经营场所服务标准公开公示制度，倡导流通企业以标准为依据规范服务、交易和管理行为。完善流通标准管理，加快内贸流通标准管理信息化建设，建立重点标准实施监督和评价制度，加强标准在认证认可、检验检测、市场准入、执法监督等行政管理中的使用。（省商务厅、质监局负责）

（十九）加强诚信体系建设。积极推进商务诚信体系建设，逐步完善商贸流通企业信用评价基本规则和信用等级评价指标体系，探索建设以商贸流通行业为重点、以资质企业信息为主体、覆盖全省的商务领域企业信用信息数据库。对全省“两法衔接”平台进行项目升级改造，进一步拓展现有“两法衔接”平台的功能，实现对市场主体及其法人代表的行政处罚和刑事司法信息进行有效提取汇总，逐步建立起对失信市场主体及其法人代表的“黑名单”制度，进一步提升有关行政部门的监管效率，切实增强对失信主体和失信行为的惩戒和打击力度，进一步打造“守信得益、失信受制”的良好商务信用环境。（省发展改革委、商务厅、工商局、质监局，人民银行昆明中心支行负责）

（二十）加快推进行政审批制度改革。对涉及内贸流通领域的行政审批、备案等事项，按照简政放权、职能转变的要求，能取消的坚决取消，能下放的坚决下放，不能取消和下放的要进一步优化流程，简化手续，最大限度方便基层和企业。对按照法律、行政法规和国家有关政策规定设立的涉企行政事业性收费、政府性基金和实施政府定价或指导价的经营服务性收费，完善公示制度，实行目录清单管理。加大对违规设立行政事业性收费的查处力度，坚决制止各类乱收费、乱罚款和摊派等行为。（省编办、发展改革委、商务厅、法制办负责）

六、加强组织协调

（二十一）建立协调推进机制。各级商务部门要履行好内贸流通工作综合统筹职责，加强与有关部门的沟通协调，完善工作机制，形成工作合力。探索建立大流通工作机制，整合和优化内贸流通管理职责，加强对电子商务、商贸物流、农产品市场建设等重点领域规划和管理的统筹协调。（省商务厅、发展改革委、工业和信息化委，各州、市人民政府负责）

（二十二）发挥行业协会商会作用。推进行业协会、商会改革，加大政府购买服务力度，积极稳妥推进内贸流通领域行业协会、商会与行政机关脱钩，厘清行业协会、商会与行政机关的职能边界，创新行业协会、商会管理体制和运行机制，推动建立政府与行业协会、商会的新型合作关系。积极发挥行业协会的桥梁纽带作用，加强政府与行业协会的沟通协作，支持行业协会建设。完善流通行业协会的运行机制，引导行业组织制定行业规范和服务要求，加强行业自律和信用评价。支持行业协会为流通企业提供法律、政策、管理、技术、市场信息等咨询及人才培训等服务，及时反映行业诉求，维护企业合法权益。（省商务厅、民政厅负责）

云南省人民政府

2015 年 12 月 21 日

陕西省

陕西省人民政府关于加快培育外贸竞争新优势的实施意见

陕政发〔2015〕50号

各设区市人民政府，省人民政府各工作部门、各直属机构：

为全面贯彻落实《国务院关于加快培育外贸竞争新优势的若干意见》（国发〔2015〕9号）精神，巩固我省外贸传统优势，培育外贸竞争新优势，实现外贸持续健康发展，现提出如下实施意见。

一、推动外贸结构调整

（一）推动国际市场结构调整。推动进出口市场结构从传统市场为主向多元化市场全面发展转变。深耕美、欧、日等传统市场。加大拉美、非洲和中亚等新兴市场开拓力度，选择若干个新兴市场重点开拓，逐步提高新兴市场在我省外贸中的比重。（省商务厅、省工业和信息化厅、省财政厅、省农业厅、省贸促会负责。列第一位者为牵头部门，下同）

（二）推动省内区域协调发展。发挥地区比较优势，鼓励关中地区重点发展高端产业、高增值环节和总部经济，支持陕北重点发展能源高端化项目，陕南重点发展循环经济，积极承接产业转移，形成产业链合理分工的区域协调发展新局面。（省发展改革委、省商务厅、省科技厅、省工业和信息化厅、省财政厅、省人力资源社会保障厅、省农业厅、省环境保护厅、省金融办、省口岸办、省地税局、省工商局、省政府研究室、省国税局负责）

（三）推动各类外贸经营主体协调发展。鼓励行业龙头企业延长产业链，提高国际化经营水平。推动优势企业强强联合、跨地区兼并重组和对外投资合作。鼓励创新型、创业型和劳动密集型中小微企业发展，支持企业走“专精特新”和与大企业协作配套发展的道路。支持有创新能力的外向型民营企业加快发展。（省发展改革委、省商务厅、省科技厅、省工业和信息化厅、省财政厅、省农业厅、省金融办、省地税局、省工商局、省国税局、省贸促会、西安海关、陕西出入境检验检疫局、人民银行西安分行、国家外汇管理局陕西省分局、中国进出口银行陕西省分行、中国出口信用保险公司陕西分公司负责）

（四）推动外贸商品结构调整。加强对重点行业出口的分类指导。在巩固提升劳动密集型产品优势地位的同时，提升农产品精深加工能力，强化电力、通信设备、工程机械、航空航天等装备制造业和大型成套设备出口的综合竞争优势，着力扩大投资类商品出口。进一步提高节能环保、信息技术、新能源等战略性新兴产业的国际竞争力。扩大先进技术设备、关键零部件等进口，稳定能源资源产品进口，完善战略储备体系。合理增加一般消费品进口，引导境外消费回流。（省商务厅、省发展改革委、省科技厅、省工业和信息化厅、省财政厅、省农业厅、省环境保护厅、省地税局、省知识产权局、省国税局、省贸促会、西安海关、陕西出入境检验检疫局负责）

（五）推动贸易方式优化。提升一般贸易出口产品附加值，发挥品牌增值效应，不断提高盈利能力。创新加工贸易模式，促进西安地区加工贸易转型升级，向品牌、研发、分拨和结算中心等产业链高端延伸。稳妥推进有条件的企业承接整机、零部件、原材料配套、研发结算等的转移，形成产业集群，构建发展新格局。（省商务厅、省发展改革委、省工业和信息化厅、

省质监局、西安海关、陕西出入境检验检疫局负责）

（六）大力发展服务贸易。加强研发服务、技术转移等科技服务业发展。稳定和拓展旅游、运输、劳务等传统服务业出口。扩大金融、物流等服务业对外开放，重点培育和扩大通信、金融、会计等新兴服务贸易。推进省内服务市场健全制度、标准、规范和监管体系，促进专业人才和专业服务跨境流动便利化。积极发展服务外包。（省商务厅、省发展改革委、省科技厅、省工业和信息化厅、省人力资源社会保障厅、省农业厅、省金融办、人民银行西安分行、国家外汇管理局陕西省分局负责）

二、提升对外贸易国际竞争力

（七）加快提升出口产品技术含量。加快运用现代技术改造传统产业，推动传统产业向中高端迈进。加大科技创新投入，支持企业原始创新。鼓励企业以进口、境外并购、国际招标、招才引智等方式引进先进技术，促进消化吸收再创新。支持企业通过自建、合资、合作等方式设立海外研发中心。鼓励跨国公司和境外科研机构在我省设立研发机构。支持企业、行业组织参与国际标准的制定及在海外的推广应用。构建以企业为主体、市场为导向、产学研贸相结合的技术创新体系。（省科技厅、省商务厅、省发展改革委、省工业和信息化厅、省财政厅、省人力资源社会保障厅、省农业厅、省金融办、人民银行西安分行、国家外汇管理局陕西省分局负责）

（八）加快培育外贸品牌。建立出口品牌统计制度，支持省内有条件的市（区）、行业和企业建立品牌推广中心。鼓励企业创立品牌、收购品牌。大力培育区域性、行业性品牌。加大陕西品牌海外推介力度，支持企业通过商标和专利国外注册保护等方式开展海外维权活动。（省商务厅、省质监局、省工商局、省统计局、省知识产权局负责）

（九）不断提高出口产品质量。积极采用国际先进质量标准，建立国际认可的产品检测和认证体系，鼓励企业按照国际标准组织生产和质量检验。推动出口产品质量安全示范区建设。加强重要产品追溯体系建设，完善产品质量安全风险预警和快速反应机制，建立完善出口产品质量检测公共平台。支持出口企业开展质量管理体系认证，加强出口农产品质量提升工作。严厉打击出口侵犯知识产权和假冒伪劣商品违法行为。（省质监局、陕西出入境检验检疫局、省商务厅、省科技厅、省工业和信息化厅、省农业厅、省工商局、省知识产权局、西安海关负责）

（十）建立出口产品服务体系。鼓励企业将售后服务作为开拓国际市场的重要途径。鼓励企业有计划地针对不同市场、不同产品，采取与国外渠道商合作、自建等方式，建设服务保障支撑体系，完善售后服务标准，提高用户满意度。积极运用信息技术发展远程监测诊断、运营维护、技术支持等售后服务新业态。在境外建立电力、通信、工程机械等大型成套设备的售后维修服务中心和备件生产基地，带动我省装备和服务出口。（省商务厅、省财政厅、省工业和信息化厅、省农业厅负责）

（十一）加快培育新型贸易方式。推动跨境电子商务发展，打造陕西跨境电子商务人民币结算平台，培育一批跨境电子商务平台和企业，支持企业运用跨境电子商务开拓国际市场。鼓励跨境电子商务企业通过规范的“海外仓”等模式，融入境外零售体系。促进市场采购贸易发展，培育若干个内外贸结合商品市场。培育一批外贸综合服务企业，加强其通关、物流、退税、金融、保险等综合服务能力。（省商务厅、省工业和信息化厅、省财政厅、省金融办、省口岸办、省地税局、省工商局、省政府研究室、省国税局、西安海关、陕西出入境检验检疫局、人民银行西安分行、国家外汇管理局陕西省分局负责）

（十二）加强区域开放载体建设。积极复制中国（上海）自由贸易试验区可复制改革试点经验，加快推进我省自由贸易园区申报工作。加强与韩国中小企业的对接合作，推动陕西韩国中小企业产业园建设。推进西安航空城实验区建设。积极探索开放平台转型升级的新途径，以国家级经济技术开发区、国家级高新技术产业开发区及海关特殊监管区域等外贸核心平台为依托，打造我省高端制造、物流、研发、销售、结算、维修中心。（省发展改革委、省商务厅、省科技厅、省工业和信息化厅、省财政厅、省农业厅、省外事办、省金融办、省口岸办、省地税局、省工商局、省知识产权局、省国税局、西安市政府、宝鸡市政府、咸阳市政府、榆林市政府、汉中市政府、安康市政府、西咸新区管委会、西安海关、陕西出入境检验检疫局、人民银行西安分行、国家外汇管理局陕西省分局负责）

（十三）加快建设对外贸易平台。全力办好“一带一路”高峰论坛，继续办好欧亚经济论坛、丝绸之路国际博览会暨中国东西部合作与投资贸易洽谈会、中国杨凌农业高科技成果博览会、上合组织商品展、陕粤港澳经济合作活动周等品牌展会。加快外贸转型升级基地建设，培育一批国家级和省级综合型、专业型和企业型基地。加强培育有国际影响力的证券、大宗商品及金融衍生品市场，提升参与国际市场竞争的能力。加快国际营销网络建设，鼓励企业在境外建设展示中心、分拨中心、批发市场、零售网点等。（省商务厅、省发展改革委、省工业和信息化厅、省财政厅、省农业厅、省金融办、省地税局、省工商局、省国税局、省贸促会、西安海关、陕西出入境检验检疫局、人民银行西安分行、国家外汇管理局陕西省分局、中国进出口银行陕西省分行、中国出口信用保险公司陕西分公司、省会展中心、西安市政府、杨凌示范区管委会负责）

三、全面提升与“一带一路”沿线国家经贸合作水平

（十四）深化贸易合作。稳定劳动密集型产品等优势产品出口，支持我省企业与丝路沿线国家开展绿地投资、联合投资。抓住沿线国家基础设施建设机遇，带动大型成套设备及技术、标准、服务出口。顺应沿线国家产业转型升级趋势，加快机电产品和高新技术产品出口，扩大与沿线国家农产品贸易，扩大自沿线国家进口，促进贸易平衡。（省商务厅、省工业和信息化厅、省农业厅、省贸促会、中国进出口银行陕西省分行、中国出口信用保险公司陕西分公司负责）

（十五）大力拓展产业投资。推动我省优势产业产能“走出去”，拓展发展空间。组织协调较高技术水平的输变电、工程机械、汽车制造、建筑建材、能源矿产和高科技农业等行业企业到沿线国家投资。支持轻工纺织、食品加工等行业企业到沿线国家投资办厂。开展现代农业、农机及农产品流通等领域深度合作。深化能源资源合作。支持境外产业园区、科技园区等建设，促进产业集聚发展。（省商务厅、省发展改革委、省工业和信息化厅、省农业厅、省贸促会、人民银行西安分行、国家外汇管理局陕西省分局、中国进出口银行陕西省分行、中国出口信用保险公司陕西分公司负责）

四、努力构建互利共赢的国际合作新格局

（十六）加快对外贸易与对外投资有效互动。深化对外投资管理体制改革，实行备案为主的管理模式，提高对外投资便利化水平。大力推动我省装备“走出去”，推进国际产能合作，提升合作层次。着力推动机械装备、轻工纺织等行业有实力、有条件的企业加快境外产业合作，积极稳妥开展境外技术和营销网络等并购。深化国际能源资源开发和加工互利合作，稳步推进境外农业投资合作，带动相关产品进出口。（省商务厅、省发展改革委、省工业和信息化厅、省财政厅、省农业厅、省金融办、人民银行西安分行、国家外汇管理局陕西省分局、中国进出口银行陕西省分行、中国出口信用保险公司陕西分公司负责）

（十七）提高利用外资的质量和水平。稳定外商投资规模和速度，提高引进外资质量。创新利用外资管理体制，探索实行准入前国民待遇加负面清单管理模式。将承接国际制造业转移和促进省内产业转型升级相结合，积极引导外资投向新兴产业、高新技术、节能环保等领域。鼓励跨国公司在陕设立地区总部、采购中心、财务管理中心，促进引资与引智相结合，进一步发挥外资作为引进先进技术、管理经验和高素质人才载体的作用。（省商务厅、省发展改革委、省科技厅、省工业和信息化厅、省财政厅、省人力资源社会保障厅、省农业厅、省金融办、省地税局、省工商局、省国税局、人民银行西安分行、国家外汇管理局陕西省分局负责）

五、营造法治化国际化营商环境

（十八）优化公平竞争的市场环境。加强外贸企业诚信体系建设，建立商务、海关、检验检疫、工商、质监等部门协调机制，探索建立进出口企业信用评价体系。加强知识产权保护，依法查处制售侵权假冒商品违法企业，建立诚信守法便利和违法失信惩戒机制。探索建立规范外贸经营秩序新模式，完善重点行业进出口管理和竞争自律公约机制。加强外贸及产业政策的合规性审查。加强涉外商事认证和法律服务。（省商务厅、省金融办、省口岸办、省地税局、省工商局、省质监局、省知识产权局、省国税局、省贸促会、省政府法制办、西安海关、陕西出入境检验检疫局、人民银行西安分行、国家外汇管理局陕西省分局、中国进出口银行陕西省分行、中国出口信用保险公司陕西分公司负责）

（十九）提高贸易便利化水平。加大贸易便利化改革力度，降低贸易成本。推进大通关建设，逐步实现口岸管理相关部门信息互换、监管互认、执法互助。推进关检合作“三个一”，在旅检、邮递和快件监管等环节，全面推行关检一机两屏。加快区域通关、丝绸之路经济带检验检疫一体化改革，推进通报、通检、通放，实施出口直放、逐步实施进口直通，建立高效便捷的通关制度，推行通关作业无纸化。增强海关、检验检疫口岸查验的针对性和有效性。加快电子口岸建设，推进

国际贸易“单一窗口”建设。建立完善国际贸易供应链管理机制，推动实施“经认证的经营者”（AEO）国际互认。清理规范进出口环节经营性服务和收费，切实减轻企业负担。（省口岸办、西安海关、陕西出入境检验检疫局、省发展改革委、省商务厅、省国税局、国家外汇管理局陕西省分局负责）

（二十）积极应对贸易摩擦。建立应对贸易摩擦部门协调机制，加强贸易摩擦和贸易壁垒预警机制建设，强化贸易摩擦预警信息公共服务，积极提供法律技术咨询和服务，指导相关行业和企业应对贸易摩擦。（省商务厅、省发展改革委、省工业和信息化厅、省财政厅、省农业厅、省质监局、省知识产权局、省贸促会、西安海关、陕西出入境检验检疫局负责）

六、完善政策体系

（二十一）深化外贸体制改革。完善外贸政策协调机制，加强财税、金融、产业、贸易等政策之间的衔接和配合。完善外贸促进政策和体系。根据安全标准、环保标准、社会责任标准等要求，依法完善商品进出口管理。加强外贸行政审批事项下放后的监管体系建设，强化事中事后监管。优化通关、检验检疫、退税、外汇管理方式等，加快海关特殊监管区域整合优化，支持跨境电子商务、外贸综合服务平台、市场采购贸易等新型贸易方式发展。（省商务厅、省发展改革委、省科技厅、省工业和信息化厅、省财政厅、省农业厅、省金融办、省口岸办、省地税局、省工商局、省质监局、省政府研究室、省国税局、省贸促会、西安海关、陕西出入境检验检疫局、人民银行西安分行、国家外汇管理局陕西省分局、中国进出口银行陕西省分行、中国出口信用保险公司陕西分公司负责）

（二十二）加强贸易政策与产业政策的协调。促进战略性新兴产业国际化发展，密切跟踪世界科技和产业发展方向，突破一批关键核心技术，加快形成先导性、支柱性产业。加强贸易政策和产业政策的互动，鼓励优势产业产能向外拓展发展空间。加快产业布局调整，推进区域协调发展。进一步深化国际产业合作，提高国际竞争力。（省发展改革委、省商务厅、省科技厅、省工业和信息化厅、省财政厅、省农业厅、省知识产权局、人民银行西安分行、国家外汇管理局陕西省分局、中国进出口银行陕西省分行、中国出口信用保险公司陕西分公司负责）

（二十三）完善财政政策。完善中、省外经贸发展专项资金等现有支持政策，丰富和改进资金支持内容和方式，加强对社会资金的引导，提升公共服务，促进优化对外贸易结构和布局，推动创新发展、品牌培育、产品和服务质量提升及国际营销网络、境外服务机构建设。（省财政厅、省商务厅、人民银行西安分行、国家外汇管理局陕西省分局负责）

（二十四）完善金融政策。鼓励金融机构为企业在境外提供融资支持。支持金融机构灵活运用流动资金贷款等方式。加强对效益良好企业的信贷支持。强化融资保险对外贸发展的促进和保障作用。扩大人民币在跨境贸易和投资中的使用。鼓励金融机构向企业提供更多的直接或间接投融资产品，开发适应实体经济发展需要的避险产品和风险管理工具，帮助企业有效规避汇率风险。充分利用跨境担保、境外放款等方式，支持企业在境外融资，鼓励企业在境外发行债券等，降低融资成本，鼓励大型企业积极开展跨国公司资金集中运营试点，提高资金使用效率。大力发展政府支持的融资担保和再担保机构，完善银担合作机制，不断创新产品和服务，支持金融机构“走出去”，提高为实体企业服务的能力。（省金融办、人民银行西安分行、国家外汇管理局陕西省分局、中国进出口银行陕西省分行、中国出口信用保险公司陕西分公司负责）

（二十五）提高公共服务能力。加强对重点市场相关法律、准入政策、技术法规等收集发布。加快技术性贸易措施公共信息服务平台建设。在重点区域建立商务代表处，为企业提供及时有效的服务。深化商协会管理体制改革，推动其在行业信息交流、行业标准体系建设、组织企业参加国内外展会、推进行业自律等方面发挥更大作用。加强外贸人才培养，营造良好的外贸人才发展环境。大力发展职业教育和培训，提升劳动者职业技能。（省商务厅、省人力资源社会保障厅、省科技厅、省政府研究室、省贸促会、西安海关、陕西出入境检验检疫局负责）

各地、各部门要加强组织领导，建立工作机制，形成培育外贸竞争新优势的合力。省商务厅要会同相关部门制定培育外贸竞争新优势的行动计划。省级相关部门、单位要研究制订具体工作方案，各设区市政府要出台有针对性的措施，并抓好政策落实。

陕西省人民政府

2015 年 11 月 22 日

甘肃省

甘肃省人民政府关于推进国内贸易流通现代化建设法治化营商环境的实施意见

甘政发〔2015〕95号

各市、自治州人民政府，兰州新区管委会，省政府有关部门，中央在甘有关单位：

为认真贯彻落实《国务院关于推进国内贸易流通现代化建设法治化营商环境的意见》（国发〔2015〕49号）精神，做强现代流通产业，进一步拉动消费需求，建设法治化营商环境，充分发挥内贸流通对经济社会发展的推动作用，现提出如下实施意见。

一、总体要求

（一）指导思想。

全面贯彻党的十八大和十八届三中、四中、五中全会精神，遵循创新、协调、绿色、开放、共享的发展理念，按照建设大市场、发展大流通的要求，加快法治建设，创新体制机制，优化发展环境，转变发展方式，以流通产业和互联网融合发展促进流通信息化、标准化、集约化发展，全面提升我省流通产业现代化水平，着力增强对国民经济的基础性支撑作用和先导性引领作用。

（二）基本原则。

坚持市场化改革，增强活力。充分发挥市场配置资源的决定性作用，强化企业市场主体地位，打破地区封锁和行业垄断，促进流通主体公平竞争，提高流通效率，降低流通成本。

坚持转变政府职能，优化服务。进一步简政放权，加强事中事后监管，提升政府公共服务、市场监管和宏观调控能力，增加公共产品和公共服务供给，推进信息公开和共享。

坚持创新转型，提升竞争力。深入实施“互联网+”行动，创新发展模式、营销方式和企业组织形式，加快现代物流配送体系建设，推动线下线上融合发展，提升流通企业核心竞争力。

坚持法治化营商环境建设，保障发展。健全内贸流通地方性法规、规章、标准、信用等制度体系，提升监管执法效能，依法规范市场主体行为，加快建设法治市场。

（三）主要目标。

到2020年，基本形成规则健全、统一开放、竞争有序、监管有力、畅通高效的内贸流通体系和比较完善的法治化营商环境，内贸流通统一开放、创新驱动、稳定运行、规范有序、协调高效的体制机制更加完善，全省流通网络布局更加合理，基础设施建设不断加强，信息技术在流通领域广泛应用，逐步形成一批核心竞争力强、业态先进、实力较大、能够引领内贸流通加快发展的流通企业集团，流通产业现代化水平显著提升，成为全省脱贫致富和经济社会转型发展的重要力量。

二、完善统一的内贸流通市场体系

（四）积极融入全国流通网络，提高区域竞争力。

融入全国流通大网络建设。抢抓国家推进大流通网络建设和区域市场一体化的有利时机，积极融入西安—兰州—乌鲁木齐流通产业集聚带，打造兰州等重要内贸流通支点城市，着力提升消费集聚、产业服务、民生保障功能，构建生产流通相互促进、沟通全国、面向世界，具有丝绸之路特色的开放型、市场化、社会化、现代化商贸中心。（责任单位：省发展改革委、省商务厅、兰州市政府等。列第一位的为牵头单位，下同）

完善区域流通网络布局。实施《全国流通节点城市布局规划》，立足陇海兰新沿线流通大通道，提升兰州国家级流通节点城市和天水、酒泉区域级流通节点城市功能，积极培育平凉、庆阳、临夏、武威等市州成为我省地区级流通节点城市，承担网络连接功能、提供基础服务，带动全省流通业发展。实施《全国农产品市场体系发展规划》，立足“陕甘宁”市场集群和“兰昆通道”、“京疆通道”等全国农产品流通骨干网络，合理布局我省农产品流通网络，形成公益性与市场化相结合、全国网络与区域网络相结合、实体网络与虚拟网络相结合、批发网络与零售网络相结合的全省农产品市场体系。（责任单位：省商务厅、省发展改革委、省建设厅、省农牧厅等）

（五）打破地区封锁和行业垄断，降低流通成本。

消除地区封锁。按照国家统一部署，全面清理和取消妨碍公平竞争、设置行政壁垒、排斥外地商品和服务以及经营者进入本地市场的规定及做法。禁止在市场经济活动中实行地区封锁。对已设有甘肃总部的连锁企业，如法律没有规定的，在省内跨地区经营时不得要求注册独立法人。加强跨区域合作事项沟通协商，探索建立区域合作利益分享机制。（责任单位：省政府各有关部门、各市州政府）

打破行业垄断。加强反垄断执法，严厉查处经营者通过垄断协议等方式排除、限制竞争的行为；强化经营者集中反垄断审查，禁止行政机关滥用行政权力限制、排除竞争的行为。贯彻落实零售商、供应商公平交易行为规范及相关制度，禁止利用市场优势地位收取不合理费用或强制设置不合理的交易条件，规范零售商供应商交易关系。（责任单位：省商务厅、省发展改革委、省工商局等）

（六）统筹规划全省流通网络建设，推动地区、城乡协调发展。

推进城乡流通网络一体化。积极推动大型商品交易市场、公益性大型农产品批发市场及农产品产地批发市场建设，扎实推进县乡便民市场建设。围绕商品配送中心覆盖到县区，农贸市场覆盖到重点乡镇，农家店和村级综合商贸服务社覆盖到行政村的目标任务，加快推进县乡流通网络建设。加强城乡商业网点规划编制和修编，完善商业网点功能和布局，提高流通设施利用效率和商业服务便利化水平。整合商务、供销、邮政等各方面资源，加强农村地区商业网点建设。加大对贫困地区、民族地区和革命老区市场建设的支持力度，保障居民基本商业服务需求。（责任单位：省商务厅、省发展改革委、省建设厅、省农牧厅、省供销社、省邮政管理局等）

创新流通规划编制实施机制。科学编制全省内贸流通总体规划。各市州及县市区政府要将内贸流通纳入本级国民经济和社会发展规划，与当地土地利用总体规划和城乡规划相衔接，确保依法依规推进流通设施建设。商业网点的新建、改扩建以及改变现有商业网点用途，必须符合城乡规划。对公益性批发市场、现代物流项目及流通基础设施建设用地，在土地利用规划、交通基础设施规划中要予以支持。将流通体系建设纳入新型城镇化规划，切实保障建设用地。各地制修订相关规划时应充分征求本行政区域流通主管部门的意见。（责任单位：省商务厅、省发展改革委、省建设厅、省国土资源厅、省财政厅、省农牧厅、各市州政府等）

三、健全开放的内贸流通发展体系

（七）构建开放融合的流通体系，提高利用两个市场、两种资源的能力。

进一步扩大内贸流通领域对外开放。认真贯彻落实国家放开商贸物流等领域外资准入相关政策，进一步优化内贸流通领域吸引外资的环境，鼓励外资投向共同配送、连锁配送以及鲜活农产品配送等现代物流服务领域。注重引进国外先进技术、管理经验、商业模式和知名品牌，鼓励跨国公司在甘设立采购、营销等功能性区域中心。（责任单位：省商务厅、省发展改革委、省供销社、省邮政管理局等）

加快流通企业“走出去”步伐。立足服务“一带一路”战略，以沿线国家为重点，支持流通企业投资建设境外营销、支付结算和仓储物流网络，推动国内流通渠道向境外延伸，打造全球供应链体系。支持省内拥有自主品牌和自主知识产权、具有国际竞争力的流通企业到境外开店设场，培育国际化品牌。鼓励流通企业与制造企业联合“走出去”，建设“海外仓”，促进国际产能和装备制造合作。鼓励电子商务企业“走出去”，提升互联网信息服务国际化水平。（责任单位：省商务厅、省发展改革委、省工信委、人行兰州中心支行等）

加快内外贸一体化。支持流通企业开展内外贸一体化经营，引导内外贸企业兼并重组和业务合作。鼓励流通企业在兰州新区综合保税区、武威保税物流中心等海关特殊监管区域设立采购中心、分拨中心和配送中心，享受海关特殊监管区优惠政策。开展内外贸一体化经营的流通企业，可优先享受培育龙头骨干流通企业的扶持政策、各项促进流通业发展和外经贸发展的优惠政策。（责任单位：省商务厅、省发展改革委、省财政厅、省供销社、省邮政管理局等）

创建内外贸融合发展平台。支持发展大型品牌展会，培育中小型和专业展会，构建多种类型的国内合作、中外合作桥梁和纽带，努力将中国兰州投资贸易洽谈会、丝绸之路（敦煌）国际文化博览会等重点展会打造成内外贸结合、具有较强国际影响力的大型会展平台。合理布局建设大型商品交易市场，打造一批经营模式、交易模式与国际接轨的商品交易市场，建设一批连接国际国内市场、运行规范有序的跨境贸易电子商务综合服务平台，促进国内外市场互联互通。（责任单位：省商务厅、省发展改革委、兰州海关、省国税局、甘肃出入境检验检疫局、省外汇局、相关市州政府等）

（八）完善流通设施建设管理体系，加强流通领域重点基础设施建设。

创新基础性流通设施建设模式。认真组织实施好公益性农产品批发市场建设试点。用足用好中央支持资金和省级配套资金，采取政府与社会资本合作模式（PPP），初步建立起覆盖重要集散地、销地和产地的农产品流通骨干网络。在探索建立公益性农产品流通基础设施投资保障、运营管理和政府监管等长效机制的基础上，利用 3 ～ 5 年的时间，实现公益性市场建设 14 个市州全覆盖。探索采取设立农产品流通产业发展基金、政府参股等模式，强化公益性功能的约束机制，发挥公益性流通设施和骨干流通企业在满足消费需求、保障市场稳定、提高应急能力中的重要作用。（责任单位：省商务厅、省财政厅、省农牧厅、省供销社等）

完善微利经营的流通设施建设保障制度。落实新建社区商业和综合服务设施面积占社区总建筑面积的比例不得低于 10% 的政策，优先保障农贸市场、社区菜市场和家政、养老、再生资源回收等设施用地需求。加大对列入商务部、国家发展改革委、建设部印发的《政府鼓励流通设施目录》的项目支持力度，加强大型物流节点和公共物流配送设施系统性布局、协同性建设，提升物流配送的集约化水平。（责任单位：省商务厅、省发展改革委、省建设厅、省国土资源厅等）

改进市场化商业设施建设引导方式。支持有条件的城市开展城市商业面积监测预警，定期发布大型商业设施供给信息，合理引导市场预期。引导大型实体和网络商品交易市场建设，避免盲目重复建设。（责任单位：省商务厅、省发展改革委、省工信委、省建设厅等）

四、提升内贸流通创新驱动水平

（九）强化内贸流通创新的市场导向。

推动新兴流通方式创新。积极推进“互联网 +”流通行动，加快流通网络化、数字化、智能化建设。突出主体创新，培育壮大本土电商特色平台，采用线上线下融合、本地纳税模式，拉动地方经济发展。狠抓应用创新，引导电子商务企业拓展服务领域和功能，鼓励发展生活消费品、生产资料、生活服务等各类专业电子商务平台。大力培育骨干电商平台，带动共享、协同、融合、集约等新兴模式发展。落实全省电商扶贫行动计划，促进农产品电子商务发展，支持各地打造各具特色的农产品电子商务产业链，开辟农产品流通新渠道。推广拍卖、电子交易等农产品交易方式。大力推进电子商务进农村，培育多元化的农村电子商务市场主体，完善农村电子商务配送服务网络。促进电子商务进社区，鼓励电子商务企业整合社区现有便民服务设施，开展电子商务相关配套服务。（责任单位：省商务厅、省发展改革委、省工信委、省农牧厅、省扶贫办、省供销社等）

推动传统流通企业转型模式创新。鼓励零售企业改变引厂进店、出租柜台等经营模式，实行深度联营，通过集中采购、买断经营、开发自有品牌等方式，提高自营比例。鼓励流通企业通过兼并、特许经营等方式，扩大连锁经营规模，提高经营管理水平。探索“互联网+”传统百货业模式，鼓励流通企业发挥线下实体店的物流、服务、体验等优势，与线上商流、资金流、信息流融合，实现优势互补。支持流通企业利用电子商务平台创新服务模式，提供网订店取、网订店送、上门服务、社区配送等各类便民服务。推动流通企业利用信息技术加强供应链管理，鼓励向设计、研发、生产环节延伸，促进产业链上下游加强协同，满足个性化、多样化的消费需求。引导各类批发市场自建网络交易平台或利用第三方电子商务平台开展网上经营，推动实体市场与网络市场协同发展。大力发展第三方物流和智慧物流，支持利用物联网等技术建设物流信息服务平台，促进车源、货源和物流服务等信息高效匹配，支持农产品冷链物流体系建设，提高物流社会化、标准化、信息化、专业化水平。（责任单位：省商务厅、省发展改革委、省工信委等）

推动绿色循环低碳发展模式创新。鼓励绿色商品消费，引导流通企业扩大绿色商品采购和销售，推行绿色包装和绿色物流。鼓励旧货市场规范发展，促进二手商品流通。加快推进再生资源回收与垃圾清运处理网络体系融合，促进商贸流通网络与逆向物流体系（即商品废弃后，经消费端回到供应端的活动及过程，包括废物回收、再制造再加工、报废处理等）共享。对列入国家推广目录的内贸流通领域节能节水和环保技术、产品、设备等给予支持，引导流通企业加快设施设备节能环保改造。（责任单位：省商务厅、省发展改革委、省工信委、省农牧厅、省扶贫办、省环保厅等）

推动文化培育传播形式创新。强化以诚信兴商为主的商业文化建设，加强对内贸流通领域传统技艺保护，支持中华老字号创新发展，促进民族特色商品流通。鼓励商品创意设计创新，支持消费类产品提升新产品设计和研发能力，以创意设计增加消费品附加值。提升商业设施的文化内涵，引导流通企业在商品陈列、商场装饰、环境营造等方面突出创意特色，增加商业设施和商业街区的文化底蕴，推动现代商业与传统文化融合创新。促进传统节庆、民俗文化消费，培育健康文明的消费文化。（责任单位：省商务厅、省发展改革委、省文化厅等）

（十）增强内贸流通创新的支撑能力。

完善财政金融支持政策。积极争取国家中小企业发展基金，加大对包括流通领域在内的各领域初创期成长型中小企业创新创业的支持，引导社会资金和金融资本更多投资流通创新领域。鼓励金融机构创新金融产品和服务方式，拓宽流通企业融资渠道，支持符合条件的流通企业用好上市融资、设立财务公司及发行公司（企业）债券和中期票据等融资工具。完善流通企业融资模式，推广知识产权质押融资，依法合规开展股权众筹融资试点，发挥小额贷款公司、融资租赁、典当等行业作用，支持创业担保贷款积极扶持符合条件的中小流通企业。（责任单位：省商务厅、省财政厅、省政府金融办等）

健全支撑服务体系。推动现代物流、在线支付等电子商务服务体系建设，鼓励各类创业孵化基地为电子商务创业人员提供场地支持和孵化服务，支持发展校企合作、商学结合等人才培养模式。支持专业化创新服务机构发展，创新产学研合作模式。完善创新成果交易机制，大力发展各类商贸服务交易平台。积极申报建立流通创新示范基地，鼓励创业创新基地提高对中小流通企业的公共服务能力和水平。（责任单位：省商务厅、省发展改革委、省工信委、省文化厅等）

推动流通企业改革创新。打破地域、行业、所有制界限，以资本为纽带，加快发展内贸流通领域混合所有制经济，鼓励非公有资本和国有资本交叉持股、相互融合。鼓励流通企业通过兼并重组整合创新资源，提高创新能力。依法完善相关政策，支持限下企业上限入库，按照主体自愿的原则，引导有条件的个体工商户转为企业。（责任单位：省商务厅、省发展改革委、省政府国资委、省工商局等）

加快创新平台建设。推动电子商务平台企业健全交易规则、管理制度、信用体系和服务标准，构建良好的电子商务生态圈。引导各地有序建设电子商务交易平台，支持企业建设具有地方特色的电子商务自营平台。依托区域性企业集群和产品市场，着力发展装备制造、新材料、新能源等重点领域行业电子商务平台，规范发展钢铁、有色冶金、稀有贵金属等大宗商品电子交易平台。支持有条件的大型龙头企业电子商务平台向行业平台转化，增强集群聚合效应。（责任单位：省商务厅、省发展改革委、省工信委等）

五、增强内贸流通稳定运行的保障能力

（十一）完善信息服务体系。

强化大数据在政府内贸流通信息服务中的应用。在继续完善全省商务系统市场公共信息服务体系和平台建设的基础上，探索利用大数据加强对市场运行的监测分析和预测预警，提高市场调控和公共信息服务的预见性、针对性、有效性。夯实内贸流通统计基础，完善综合统计与部门统计协作机制和行业统计监测体系，建立健全电子商务、服务消费等统计调查制度，切实加强统计监测。（责任单位：省商务厅、省工信委、省统计局等）

推动内贸流通行业中介组织开展大数据的推广应用。利用政府采购、服务外包等方式，鼓励行业中介组织深入挖掘和研发大数据公共服务产品，加强对大数据技术应用的宣传和推广，服务流通企业创新转型和大数据产业发展需要。（责任单位：省商务厅、省发展改革委等）

鼓励流通企业开展大数据的创新应用。引导流通企业利用大数据技术推进市场拓展、精准营销和优化服务，带动商业模式创新。建立社会化、市场化的数据应用机制，推动第三方电子商务平台等企业开放数据资源，引导建立数据交换交易的规范与标准，规范数据交易行为。（责任单位：省商务厅、省发展改革委、省工信委等）

（十二）创新市场应急调控机制。

健全突发事件市场应急保供预案。细化自然灾害、事故灾难、公共卫生事件、社会安全事件等各类突发事件情况下市场应急保供预案和措施。根据突发事件对市场影响的范围和程度，综合运用信息引导、企业采购、跨区域调运、储备投放、进口组织、限量供应、依法征用等方式，建立基本生活必需品应急供应保障机制。应对全省范围和跨区域市场异常波动由省政府有关部门负责，应对各市州区域性市场异常波动主要由当地政府负责。（责任单位：省商务厅、省发展改革委、各市州政府等）

完善商品应急储备体系。建立中央储备与地方储备、政府储备与商业储备相结合的商品应急储备体系。做好牛羊肉、猪肉和白菜、萝卜、马铃薯等冬春蔬菜的储备。建立储备商品定期检查检验制度，确保储备安全。推广商业储备模式，推进商业储备市场化运作和储备主体多元化。（责任单位：省商务厅、省发展改革委、省农牧厅等）

增强市场应急保供能力。建设应急商品数据库，及时掌握相关应急商品产销和库存情况，保障信息传导畅通和组织调度科学有序。实施应急保供重点联系企业动态管理，保持合理库存水平，增强投放力量，合理规划设置应急商品集散地和投放网点。探索利用商业保险稳定生活必需品供应机制，推动重要生活必需品生产流通保险产品创新。（责任单位：省商务厅、省发展改革委、省工信委等）

（十三）构建重要商品追溯体系。

建设重要商品追溯体系。坚持政府引导与市场化运作相结合，以食用农产品、食品、药品、酒类、肉类以及其他对消费者生命健康有较大影响的商品为重点，建设来源可追、去向可查、责任可究的信息链条，逐步增加可追溯商品品种。不断扩大重要商品追溯体系应用范围，加大商品追溯信息在事中事后监管、行业发展促进、信用体系建设等方面的应用力度，

提升追溯体系综合服务功能。（责任单位：省商务厅、省发展改革委、省工信委、省卫生计生委、省农牧厅、省食品药品监管局等）

完善重要商品追溯体系的管理体制。按照统一规划、统一标准、分级建设、属地管理的原则，整合现有资源，建设统一的重要商品追溯信息服务体系。推进跨部门、跨地区追溯体系对接和信息互通共享，建立商品追溯体系持续有效运行的保障机制。（责任单位：省商务厅等）

六、健全内贸流通规范有序的规制体系

（十四）严格落实国家流通法律制度。

严格落实知识产权和商业秘密保护、网络信息安全、电子商务促进等法律法规及流通设施建设、商品流通保障、流通秩序维护、流通行业发展和市场监管等基本制度，按照中央立法与地方立法相结合的要求，加快制订全省内贸流通各行业领域的地方性法规和行政规章，规范相关参与方行为，推动建立公平、透明的行业规则。（责任单位：省政府法制办、省政府相关部门）

（十五）提升监管执法效能。

加强流通领域执法。加强执法队伍建设，合理配置执法力量，严格落实执法人员持证上岗和资格管理制度。健全举报投诉服务网络，完善受理、办理、转办和督办机制。根据国家统一部署，积极开展商务综合行政执法体制改革试点。建立信息共享、案情通报和案件移送制度，完善案件移送标准和程序，加快推进行政执法与刑事司法衔接，切实将相关工作纳入统一的行政执法与刑事司法衔接信息共享平台。（责任单位：省商务厅等）

创新市场监管方式。依法履行各级商务主管部门的执法职责，坚持日常监管与专项治理相结合，推进行政处罚案件信息公开和流通企业信息公示，加强市场监管部门与行业协会商会、专业机构的合作，引入社会监督力量。创新电子商务监管模式，健全消费者维权和交易争端解决机制。创新企业产品质量执法检查方式，推行企业产品质量承诺制度。完善执法保障，改善执法条件，健全执法经费保障机制。（责任单位：省商务厅、省质监局等）

强化流通标准实施应用。按照国家标准、行业标准、团体标准、地方标准和企业标准相互配套、相互补充的内贸流通标准体系，建立政府支持引导、社会中介组织推动、骨干企业示范应用的内贸流通标准实施应用机制。推动建立经营场所服务标准公开公示制度，倡导流通企业以标准为依据规范服务、交易和管理行为。加强标准在认证认可、检验检测、市场准入、执法监督等行政管理中的使用。（责任单位：省商务厅、省质监局等）

（十六）加快流通信用体系建设。

推动建立行政管理信息共享机制。以统一社会信用代码为基础，推动各地建设流通企业信用信息系统并纳入全国统一的信用信息共享交换平台，实现信息互通共享。建立健全企业经营异常名录、失信企业“黑名单”制度及跨部门联合惩戒机制，依法向社会提供信用信息查询服务。在行政管理中依法使用流通企业信用记录和信用报告，对企业实施信用分类管理。（责任单位：省商务厅、省工商局等）

引导建立市场化综合信用评价机制。在商品零售、居民服务等行业推动建立以交易信息为基础的企业信用评价机制。引导商品交易市场、物流园区以及第三方电子商务平台等建立入驻商户信用评价机制，鼓励按照信用级别向入驻商户提供差别化的信用服务。（责任单位：省商务厅等）

支持建立第三方信用评价机制。支持信用调查、信用评估、信用保险、商业保理等信用服务行业加快发展，创新信用产品和服务。鼓励行业协会商会建立会员企业信用档案，推动具有上下游产业关系的行业协会商会建立信用信息共享机制。（责任单位：省商务厅、省工商联等）

七、健全内贸流通协调高效的管理体制

（十七）处理好政府与市场的关系。

加强内贸流通领域全国性法律法规、战略、规划、政策和标准的贯彻实施，进一步强化本行政区域整顿和规范市场秩序、信用建设、公共服务、应急保供、依法管理特殊流通行业等方面的职责。要严格依法履职，结合国家市场准入制度改革，推行内贸流通领域负面清单制度，建立健全内贸流通行政管理权力清单、部门责任清单等制度，公开涉及内贸流通的行政管理和资金支持事项。深化行政审批制度改革，规范行政许可流程，取消涉及内贸流通的非行政许可审批。（责任单位：省政府有关部门、各市州政府）

（十八）完善部门间协作机制。

进一步理顺部门职责分工。商务主管部门要履行好内贸流通工作综合统筹职责，加强与有关部门的沟通协调，完善工作机制，形成合力，逐步形成内贸流通领域政策制定、执行与监督既相互制约又相互协调的行政运行机制。探索建立大流通工作机制，鼓励整合和优化内贸流通管理职责，加强对电子商务、商贸物流、农产品市场建设等重点领域规划和政策的统筹协调。（责任单位：省商务厅、各市州政府）

（十九）充分发挥行业协会商会作用。

落实支持和鼓励内贸流通领域行业协会商会发展的政策措施，支持行业协会商会加快发展，提升行业服务和管理水平，发挥其在加强行业自律、服务行业发展、反映行业诉求等方面的作用。鼓励各类专业人才到行业协会商会创业就业，规范行业协会商会依法运行。推进行业协会商会脱钩改革，大力推动行业协会商会“去行政化”。建立政府与行业协会商会的新型合作关系，理清政府、社会、市场三者关系，提倡政府向行业协会商会购买服务，鼓励行业协会商会参与相关行业立法、行业规划、行业标准制定以及行业数据统计等事务。（责任单位：省政府有关部门、各市州政府）

各地各部门要充分认识推进内贸流通现代化、建设法治化营商环境的重要意义，切实抓好各项政策措施的落实，重要的改革事项和措施要先行试点，及时总结和推广试点经验。各市州政府要结合本地实际，因地制宜制订实施方案，出台有针对性的措施办法，切实抓好本实施意见的贯彻落实。省商务厅要会同各有关部门加强对本实施意见落实情况的统筹协调、跟踪了解、督促检查，确保各项任务措施落实到位。

甘肃省人民政府
2015年12月9日

青海省

青海省人民政府
关于印发《青海省商贸领域
促消费稳增长政策措施》的通知

青政〔2015〕82号

各市、自治州人民政府，省政府各委、办、厅、局：

现将《青海省商贸领域促消费稳增长政策措施》印发给你们，请认真贯彻执行。

青海省人民政府

2015年9月8日

青海省商贸领域促消费稳增长政策措施

扩大内需是党中央国务院和省委省政府确定的一项战略任务，既是应对当前经济下行压力的重要抓手，也是推动未来经济持续稳定健康发展的关键举措。为更好地发挥消费对引导生产、调整结构、繁荣市场、稳定物价、改善民生的基础性作用，特制定我省商贸领域促消费稳增长政策措施。

一、加快流通体系建设，筑牢消费基础

（一）完善城乡市场体系建设。充分发挥国家、省级商贸流通服务业发展专项资金引导作用，积极推进社区便民商业网点建设，提升“万村千乡市场工程”功能效益。在州（市）建设（改造）一批农产品骨干批发市场，在县（区）建设一批农贸市场和标准化菜市场，优化农产品批发市场结构和布局，构建功能完善的现代城乡市场销售 网络体系。加大政府投入力度，进一步发挥好农产品市场建设股权投资作用，增强农产品市场公益性功能。

（二）加快物流配送体系建设。加快物流园区、配送中心和公共末端建设，构建层级明晰的物流配送体系。支持企业加大仓储、冷链等基础设施建设，增强物流配送能力。促进电子商务与物流快递协同发展。推动标准化托盘循环共用和城市共同配送服务体系建设。鼓励物流企业向农牧区延伸经营网络，加强农牧区主要农产品物流配送中心建设。

（三）推动传统商贸企业转型升级。大力发展连锁经营，着力培育大型商业零售连锁龙头企业、大型医药连锁经营企业、新兴社区连锁综合超市。加快西宁市、海东市、格尔木市等重点城市、州府所在地重点城镇、重点商圈综合商贸中心建设，打造定位准确、特色鲜明、消费便捷、服务良好的区域商业服务网络。加快推进“青海省老字号”认定和保护工作，对认定的老字号企业给予资金扶持。

（四）加快重点领域体系试点建设。大力推进全国跨区域农产品流通体系建设、中药材流通追溯体系建设试点省份及海东全国肉菜追溯体系建设试点城市建设。加快推进全省家政服务网络体系建设，力争家政网络服务中心平台覆盖州市所在地。加快再生资源回收体系建设工程，重点培育一批大型再生资源回收龙头企业。

二、抓重点行业龙头企业，激发消费活力

（五）支持重点零售业扩销。支持大型服装鞋帽、家用电器、日用百货、家具、食品类零售企业丰富商品种类，延长营业时间，创新促销形式，开展形式多样促销活动。对纳入统计直报系统年零售额5000万元以上、增幅10%以上的企业在项目安排、资金支持上给予倾斜。

（六）促进餐饮业转型提质。引导餐饮企业调整结构，鼓励发展大众餐饮、品牌餐饮、特色餐饮，促进餐饮业转型提质。支持餐饮企业发展连锁经营，支持休闲农业与乡村旅游提档升级，支持西宁、海东、格尔木及主要旅游城镇特色美食街、美食广场、农家乐建设；培育餐饮业著名品牌和驰名商标。支持海东市发展“拉面经济”。

（七）扩大汽车消费。支持重点汽车销售企业降低销售价格，扩大购买群体，提升销售增长。对纳入统计直报系统年零售额5000万元以上、增幅10%以上的企业在项目安排、资金支持上给予倾斜。支持举办汽车展会，特别是支持新能源汽车扩大销售。

（八）稳定油品消费。支持在省内销售成品油、天然气重点企业创新经营模式，完善加油站配套设施建设，开展重点工程与油品销售企业对接活动，进一步提高油品零（销）售额。对纳入统计直报系统年零售额上亿元、增幅8 %以上的企业在项目安排、资金支持上给予倾斜。支持中石油、中石化青海公司依托其全国加油站销售网络，扩大我省地方特色产品市场销售份额。

三、开展系列促消费活动，拉动消费增长

（九）举办消费促进月活动。结合季节特点及消费习惯，依托重点商圈、人流密集区，通过大型商贸流通企业联动，适时在全省开展消费促进月活动。

（十）开展节日促销及打折让利活动。充分利用春节、国庆等重大节日开展节日促销活动。利用大型经贸、文化、旅游活动，开展名优特商品、特色文化及旅游产品展销。引导商贸流通企业开展打折让利活动，有效扩大市场销售规模。

四、搭建促消费平台，扩大地产品销售

（十一）举办好省内促销展会。引导各类会展企业积极策划、举办专业性和消费类会展活动，做强会展项目，发挥带动效应。积极打造永不落幕的“清真食品用品展”、“藏毯展览会”、“文化旅游节”。支持在全省主要旅游城镇建设我省特色产品、旅游文化产品销售网点。

（十二）支持走出去办展开店。鼓励我省特色企业参加国内外知名展会活动，提高我省产品知名度。在省外举办青海商品大集。鼓励内贸企业在境外开商店、拓市场，开 展境外贸易。支持企业在省内开设国外知名品牌商品专卖店和展示交易体验店。支持在国内重点城市及“丝绸之路经济带”沿线国家开设“青海精品之窗”店，加大市场营销推广力度。

五、加快电子商务建设，促进网络消费

（十三）鼓励传统零售企业开展网络促销。支持大中型传统百货、购物中心、连锁超市等零售企业通过自建的网上商城或依托本省成熟电商交易平台开展网络促销，对销售实行线上线下融合并纳入统计直报系统的商贸流通企业年网上交易额达500万元以上的，在项目安排、资金支持上给予倾斜。

（十四）推动农畜产品和农牧区电子商务应用。支持条件成熟的市州依托当地特色农牧业，建立产供销一体的农畜产品网上营销平台。探索开展“万村千乡”农家店线上线下融合发展，做好农村电子商务试点工作。

六、加大市场供应，稳定消费品价格

（十五）加大主要生活必需品调运储备。加强产销衔接，加大蔬菜、水果、禽蛋、水产品的调运力度，增加主要生活

必需品市场供应量。统筹用好价格调节基金，加快建立州（市）、县级地方肉类及蔬菜储备，提高市场应急调控能力。

（十六）积极参与市场价格调控。通过农超对接、设立平价肉类蔬菜专区、增加蔬菜肉类直销车等方式，加大主要生活必需品直销力度，稳定主要生活必需品价格，保障群众消费需求。

七、培育市场主体，提高企业经营能力

（十七）加大市场主体培育力度。结合东部城市群建设，积极引进沃尔玛、家乐福等国内外知名商贸服务企业，培育一批有品牌、竞争力强的大中型商贸流通企业，进一步提高全省商贸行业组织化水平。加强对限额以上批发、零售、住宿、餐饮企业培育扶持，将达到限额以上条件的企业逐步纳入直报系统，对新增加的企业在项目安 排、资金支持上给予倾斜。支持鼓励中小商贸流通企业发展壮大，为广大创新创业者提供良好的平台，形成商贸领域大众创业万众创新的良好局面，进一步繁荣消费品市场。

八、加强市场监管，改善消费环境

（十八）大力整顿和规范市场秩序。各级商务、工商、物价、公安、食品药品等监管部门要加强工作协调、形成合力，进一步开展打击侵权假冒专项整治，重点抓好农村和城乡结合部假冒伪劣专项整治和车用燃油专项整治，加大稽查力度，杜绝劣质成品油进入青海市场。加快推进商务领域信用体系建设，加强信用消费，继续开展 “诚信兴商”宣传月等活动，畅通 12312 商务举报投诉渠道，深入推进商务综合执法，净化市场环境，维护良好的市场秩序。

（十九）提高重点行业管理水平。加强药品流通行业管理，做好我省成品油分销体系网点规划编制，加强酒类流通备案登记及酒类随附单制度落实。

九、强化保障，确保消费品市场平稳运行

（二十）创新财政金融投入方式。建立促消费专项资金常态机制，充分发挥政府财政资金“四两拨千斤”作用，撬动金融和社会资本投入。合理安排财政资金作为风险金，开展与金融机构合作，建立全省商务融资平台，充分利用资本市场，加大直接融资比例，开发金融产品，加大银企对接，放大资金总量，降低融资成本，为商贸企业发展创造良好融资环境和条件。支持设立消费类金融公司，大力开展商业保理业务，拓展商贸流通企业融资渠道。

（二十一）简政放权深化流通领域改革。按照商务部内贸流通体制改革总体思路，有效借鉴全国改革试点城市经验，积极推进我省内贸流通领域改革。指导各地商务主管部门承接好省级部分内贸审批事项下放。

（二十二）提高统计质量。加强与统计部门协调，建立联席会议制度，积极监管督促达到限额以上条件的企业，尽快纳入联网直报系统，做到应统尽统，完善优化限额以下社会消费品零售。

（二十三）完善促消费工作协调机制。各级政府要加强对促消费工作组织领导，进一步明确任务，落实责任，强化监督检查。各级商务主管部门要组织商务干部下企业，针对重点地区、重点行业、重点企业，深入开展“一企一策”帮扶活动，及时解决企业困难，挖掘企业销售潜力。健全月、季消费形势分析制度，加强对消费品市场的分析研判，着力解决突出问题。

本措施自 2015 年 10 月 7 日起实施，有效期至 2020 年 10 月 6 日。

青海省人民政府关于落实“三互”推进大通关建设促进外贸发展的实施意见

青政〔2015〕89号

各市、自治州人民政府，省政府各委、办、厅、局：

为贯彻落实《国务院关于印发落实“三互”推进大通关建设改革方案的通知》（国发〔2014〕68号）和《国务院关于改进口岸工作支持外贸发展的若干意见》（国发〔2015〕16号）精神，结合我省实际，提出以下贯彻实施意见。

一、总体要求

（一）指导思想。

以党的十八大和十八届二中、三中、四中、五中全会精神为指导，牢固树立并贯彻创新、协调、绿色、开放、共享的发展理念，按照“四个全面”战略布局和青海“三区”建设任务，坚持大开放战略，提高通关效率，保障口岸安全，深化关检合作一次申报、一次查验、一次放行（以下简称“三个一”）改革，推进国际贸易“单一窗口”新型通关模式，加强我省与“一带一路”、沿海沿边地区开展跨部门、跨区域通关协作，完善口岸工作机制，实现口岸服务相关部门信息互换、监管互认、执法互助（以下简称“三互”）。

（二）发展目标。

——近期（2015～2016年）：逐步完善口岸基础设施建设，强化口岸综合治理，做好口岸服务保障工作。在全面实施关检合作“三个一”的基础上，加快丝绸之路经济带通关一体化改革和检验检疫一体化改革。

——中期（2017～2018年）：强化口岸综合治理，建立口岸管理相关部门间执法互助有效机制，建立健全常态化的口岸安全联合防控机制，推进无纸化报关、报检，简化通关流程，探索建立符合我省实际的“单一窗口”跨部门协调合作机制。加快曹家堡机场航空口岸货运设施建设，力争开通货运包机。积极申请进境水果、肉类等指定口岸。建成青海曹家堡保税物流中心（B型），在保税监管场所内逐步实施“先进区、后报关”、“区内自行运输”、加工贸易工单式核销、保税展示交易、内销选择性征税、简化统一进出境备案清单、仓储企业联网监管和智能化卡口验放等制度。推动口岸作业环节前推后移，“推进一站式作业”改革，提高通关便利化水平。

——远期（2019～2020年）：积极推进电子口岸建设，逐步建成青海电子口岸信息服务平台，实现口岸管理部门信息互换、监管互认、执法互助，到2020年，力争建成符合我省实际的信息共享共用机制。

二、优化口岸服务，促进外贸稳定增长

（三）加大简政放权力度。建立规范口岸相关部门行政审批管理制度。在现有基础上再取消下放一批涉及口岸通关及进出口环节的行政审批事项，严格控制新设行政审批事项，不得违法设定或变相设定审批。明确审查标准，承诺办理时限，不得违法提高审批门槛、延长审批时限。进一步完善行政审批制度改革配套管理制度，优化内部核批程序，减少审核环节，做到放管结合，加强事中事后监管。逐步推行行政审批全过程、全环节的网上审批，提供网上咨询、网上预约和办理时限提示，开展网上查询、网上评议等服务，真正实现口岸通关的便捷高效。

（四）改进口岸通关服务。加强口岸执法政务公开的系统性、及时性，逐步规范和公布通关作业时限，推进口岸监管方式创新。坚持以风险分析为先导，收集分析各类风险信息和数据，准确把握查验工作重点和风险点，提高风险布控的精准性，增强查验针对性和有效性，提高非侵入、非干扰式检查检验比例。对符合条件的进出口企业和产品依法给予通关便利，对违法失信企业依法进行处罚。出台符合我省实际的边检便民利民措施，优化通关服务，创造和谐口岸通关环境。

（五）清理规范收费。坚决取缔进出口环节违规设立的行政事业性收费，进一步规范进出口环节经营服务性收费，切实减轻外贸企业负担。对依法合规设立的进出口环节行政事业性收费、政府性基金以及实施政府定价或指导价的经营服务性收费实行目录清单管理，未列入清单的一律按乱收费查处。对征收对象相同、计征方式相似、使用范围相近的收费项目予以归并，适当降低收费标准。厘清各类电子商务平台边界，属于政府投入的免费向社会开放，属于市场化增值服务的放开资质要求，鼓励多元化投入。清理整顿报关、报检、货代服务等环节收费。

（六）推进通关作业无纸化。将纸质的报关单和随附单证全部转变为电子单证报关单、随附单证传输方式，在通关作业的全过程实现无纸化，提高企业申报时效，节约报关成本。积极推进税费电子数据联网进程，实现税单无纸化。进一步完善和优化联网核查管理，逐步取消人工验核纸质单证，加快推进监管证件无纸化进程。取消纸质出口货物报关单（出口退税专用），推动税务部门凭海关电子数据为企业办理出口退税手续，加快企业出口退税速度。

三、加强口岸建设，推动外贸转型升级

（七）加强口岸基础设施建设。加快完善我省口岸基础设施功能，整合使用口岸监管设施资源和查验场地，实现共享共用的目标。研究规范口岸查验设施建设、改造、运行维护等资金管理，积极拓宽资金来源渠道，加大资金投入力度，改善口岸通关条件。

（八）积极推进国际贸易“单一窗口”建设。学习借鉴上海自贸试验区“单一窗口”建设试点经验，根据我省实际，在全面实施关检合作“三个一”的基础上，逐步向“单一窗口”转变，实现口岸相关部门信息共享共用，促进通关便利化。

（九）支持新型贸易业态和平台发展。逐步建立跨境电子商务通关管理系统和质量安全监管系统，支持企业运用跨境电子商务开拓国际市场。推进与海关、检验检疫、税务、外汇管理等监管平台实现数据联网，初步实现“一个公共平台、一个窗口、一点出入、跨部门共享”的服务机制。积极申请建设进境水果、肉类等指定口岸。提升西宁机场航空货运能力，使航空口岸成为我省进出口货物集散、配送、保税仓储、进出口贸易、商品检验、物流信息服务等综合功能于一体的国际物流中心，逐步形成与沿海、沿边口岸战略合作平台。

（十）推动海关保税监管场所制度创新。在我省第一家海关保税监管场所—曹家堡保税物流中心（B型）封关运营的基础上，复制推广上海、广东、福建、天津自贸试验区制度创新的试点经验，积极落实海关保税监管场所各项优惠政策措施，为保税物流中心企业创造公平竞争的政策环境。

（十一）依托口岸发展促进对外经济。依托青海曹家堡保税物流中心（B型）、青藏高原东部国际物流商贸中心，打造集综合加工、商贸流通、现代物流、文化旅游等于一体的口岸经济增长极。推动我省与沿海沿边口岸之间的物流合作和联动发展，发展国际物流，构建集仓储、运输、加工为一体的现代物流体系。积极落实国家产业政策，在条件具备时设立航空口岸免税店。

四、深化口岸合作，改善外贸发展环境

（十二）创新口岸通关模式。推进口岸监管方式创新，口岸相关部门在口岸通关现场仅保留必要的查验、检验检疫等执法作业环节，通过属地管理、前置服务、后续核查等方式，将口岸通关现场非必要的执法作业前推后移，把使口岸通关现场执法内容缩减到最低限度。对企业实施分类管理，拓宽企业集中申报、提前申报范围，支持企业扩大出口、增加进口。完善查验办法，增强查验的针对性和有效性。逐步推广海关以机检查验为主、人工查验为辅的新型查验模式。根据海关总署和国家质量监督检验检疫总局的统一部署，逐步推进关检合作“三个一”通关模式，全面覆盖所有依法报关报检的货物

和物品。逐步实现对进出境运输工具、货物实施联合查验，一次放行，减少重复查验。

（十三）推进通关诚信体系建设。按照国家社会信用体系建设总体部署和《青海省社会信用体系建设规划（2014～2020）》要求，加强进出口企业信用评价、信用分类管理和联合监管。及时公布进出境活动管理相对人违法行为信息，并与口岸相关部门实现信息共享。根据守信激励、失信惩戒原则，对诚信守法者予以支持和激励，对失信违法者实行相应的限制和禁止，实现差别化通关管理。

（十四）保障口岸安全通畅。口岸相关部门应立足维护国家安全，依法履职，做好口岸安全防控工作。建立健全口岸突发事件应急联动机制和处置预案。开展部门合作、风险研判，联合防控暴恐、应对突发事件，打击走私、打击骗退税、反偷渡、查处逃避检验检疫和制止不安全产品及假冒伪劣商品进出境等，提高查验监管科技水平和疾病疫情防控能力，确保口岸安全通畅。

五、扩大口岸开放，提升对外开放水平

（十五）扩大口岸对外开放。积极融入丝绸之路经济带建设，加快铁路、公路、机场等基础设施建设，设立可以直接办理货物进出境手续的查验场所，大力发展多式联运。加强与中亚、南亚、西亚等“丝绸之路”沿线国家的商贸交流和人员往来，积极利用中欧国际班列为我省企业打开“丝绸之路”沿线国家国际市场。申请设立国际邮件省级互换局或进出境快件监管中心，设立海关国际邮件、快件监管点，畅通国际邮件、快件通关渠道，有效服务企业和大众，充分发挥区位优势，辐射服务周边省份。大力发展航空口岸，加快完善航空口岸基础设施功能，加大对国际航线扶持力度，加快开通国际航空货运包机。力争实现麦加朝觐包机从西宁航空口岸出入境，积极开辟更多的国际和（地区）航线。

六、加强对口岸工作组织领导

（十六）完善口岸发展领导和协调机制。充分发挥省政府口岸办职能作用，建立健全口岸工作综合协调机制，制定落实国家口岸发展规划的配套措施，推动大通关体制机制建设。进一步完善口岸基础设施功能，强化口岸综合治理，推进跨区域的口岸合作和大通关建设，做好口岸服务保障工作。建立省政府口岸工作联席会议制度，研究口岸重大改革方案和政策措施。协调解决口岸发展中的重大问题，统筹解决口岸基础设施建设、改造、运行维护等经费保障，确保口岸安全高效运行。各相关部门要通力合作，加大力度，强化责任，细化任务，推进各项任务和措施落实。

（十七）加快培养口岸人才队伍。积极适应全省对外开放的新形势、新任务，从提高素质能力入手，不断加强适应口岸工作需求的人才队伍建设，造就一支政治强、业务精、作风优、纪律严、素质高的高层次专业人才队伍。积极组织口岸单位业务人员工作培训，学习借鉴国内外先进口岸、综合保税区、自贸区先进经验，引进高端人才和先进管理模式，为加快我省口岸发展引入新思路、新资源，进一步提升我省口岸发展管理水平。

附件：任务分工方案（略）

2015 年 11 月 17 日

宁夏回族自治区

宁夏回族自治区人民政府办公厅关于促进内贸流通健康发展的实施意见

宁政办发〔2015〕150 号

各市、县（区）人民政府，自治区政府各部门、直属机构：

为贯彻落实《国务院办公厅关于促进内贸流通健康发展的若干意见》（国办发〔2014〕51 号）精神，加快推进我区内贸流通健康发展，现提出如下实施意见：

一、大力发展电子商务

（一）积极拓展电子商务应用领域。发挥银川市国家级电子商务示范城市和跨境贸易电子商务示范城市、宁夏软件园国家电子商务示范基地的示范引领作用，通过电子商务应用，重点推进特色农副产品、清真食品、穆斯林用品等实现线上与线下交易结合。加快推进电子商务进农村综合示范县和千村电商工程，支持电子商务企业向农村延伸业务，推动居民生活服务、休闲娱乐、金融等领域电子商务应用。实施“规范促进电子商务”行动计划，推动落实《网络零售第三方平台交易规则制定程序规定（试行）》（商务部令 2014 年第 7 号）。引进阿里巴巴、京东商城、苏宁易购等第三方电商平台企业落户我区。鼓励电商企业利用物品编码技术，实现商品条码在电子商务、移动商务领域的运用。推动本地专业电子商务平台建设，充分利用国内外知名电商平台设立的宁夏特色产品馆，拓展我区名优特产品外销渠道。（自治区商务厅牵头，自治区发展改革委、经济和信息化委、农牧厅、信息化建设办、质监局、工商局、供销社等部门配合。）

（二）落实电子商务科技支持、要素保障和财税支持政策。加快推进电子发票应用，完善电子会计凭证报销、登记入账及归档保管等配套措施。支持符合条件的互联网企业、电子商务企业积极申报高新技术企业认定，依法享受高新技术企业所得税优惠税率等政策。大型数据中心用电执行大工业电价政策，鼓励其参与直购电试点。（自治区经济和信息化委牵头，自治区财政厅、科技厅、物价局、地税局、宁夏国税局等部门配合。）

（三）规范电子商务主体注册经营。县域内经工商登记注册，并从事网络商品交易及有关服务的法人、其他经济组织或者个体工商户，应申请营业执照电子链接标识亮标经营，并按照有关规定取得统一社会信用代码和登记证照。（自治区工商局牵头，自治区质监局、宁夏通信管理局等部门配合。）

（四）推动金融与电子商务融合发展。组织地方性商业银行加快本地移动金融安全可信公共服务平台建设，构建移动电子商务可信交易环境，探索创新符合电子商务企业和消费者多元化需求的移动金融服务。通过信息技术和移动金融业务创新，形成线上线下相融合的电子商务新模式，推进传统线下零售企业的移动电子商务化，引领传统企业升级转型，妥善解决电子商务对传统产业的利益冲击，切实提升移动电子商务应用的安全性和便捷性。（人行银川中心支行牵头，自治区商务厅等部门配合。）

二、加快发展物流配送

（一）提高商贸物流社会化、专业化、标准化、信息化水平。引导生产和商贸流通企业剥离或外包物流功能，支持传统仓储企业向配送运营中心和专业化、规模化第三方物流发展，支持银川市继续做好城市共同配送试点工作，鼓励推广共同配送、统一配送、集中配送等模式。推广“网订店取”模式，鼓励物流企业在学校、社区、写字楼等周边设立公共自助提货柜。鼓励引导电子商务企业和快递物流企业集聚到电商快递物流基地，实行统一集中仓储、运输、分拣、配送，打造全区电子商务快递物流基地。鼓励各类农产品生产加工、冷链物流、商贸服务企业改造、新建一批适应现代流通和消费需求的冷链物流基础设施，鼓励物流企业加大绿色物流装备、技术、仓储等设施的使用力度。加快商贸物流技术和服务标准推广，继续加大商品条码在物流供应链领域的应用，以标准化托盘循环共用试点工作为切入点，逐步提高标准化托盘普及率，促进相关配套设施设备的标准化改造。推进自治区级物流公共信息平台建设，支持企业不断提升物流信息化建设水平，解决物流信息不对称和物流成本高的问题。（自治区商务厅牵头，自治区发展改革委、经济和信息化委、质监局、交通运输厅、信息化建设办、宁夏邮政管理局等部门配合。）

（二）完善物流配送车辆管理。推动城市配送车辆（包括小型快递运输车辆）统一标识管理，促进配送车型标准化发展。加快推广城市配送车辆新技术应用，支持专业配送企业使用符合规范的新能源专用物流配送车。允许符合国家标准或行业标准的非机动物流配送车辆从事社区配送。对运送生鲜食品、主食制品、药品等车辆，实行特殊运行管理。（自治区公安厅牵头，自治区商务厅、经济和信息化委、交通运输厅、质监局、食品药监局、宁夏邮政管理局等部门配合。）

（三）改善城市道路交通管理。加强大型商业网点周边道路、停车位、公交停靠站点等交通基础设施规划建设。优化客货运交通组织，解决城市物流配送存在的通行难、停车难、卸货难等问题。（自治区住房城乡建设厅牵头，自治区交通运输厅、公安厅配合。）

三、大力发展连锁经营

（一）促进连锁经营向多领域延伸。推进发展直营连锁，规范发展特许连锁，引导发展自愿连锁。支持连锁经营企业建设直采基地和信息系统，提升自愿连锁服务机构联合采购、统一分销、共同配送能力。大力发展社区连锁便利店，拓展代收水电煤气费、代收快递、提供旅游资讯服务等便民服务功能。鼓励商业银行在小型超市、便利店、小型餐饮企业等场所布放POS机等金融服务机具，使消费者能够持金融IC卡实现快速支付。培育农村连锁龙头企业，引导其由规模扩张型向质量升级型转型，提高服务农村生产和农民生活能力。支持品牌连锁、老字号企业优先进驻学校医院、机场车站、高速公路服务区和旅游景点，带动商品品质和服务水平提高。（自治区商务厅牵头，自治区财政厅、经济和信息化委、工商局、交通运输厅、人行银川中心支行、宁夏银监局等部门配合。）

（二）落实连锁企业汇总纳税。对跨省设立不具有法人资格分支机构的企业，按照《跨地区经营汇总纳税企业所得税征收管理办法》（国家税务总局公告2012年第57号），由企业总机构统一计算企业全部应纳税所得额、应纳税额，总机构、分支机构分别按规定向所在地主管税务机关申报缴纳所得税。对在自治区行政区域内，固定业户的总分支机构不在同一县（市）的企业，按照《关于跨地区经营总分机构增值税征收管理有关事项的通知》（宁财税发〔2015〕202号）的相关规定，进行总机构统一核算分配应纳税额，各分支机构就地申报缴纳增值税。（宁夏国税局牵头，自治区地税局、财政厅配合。）

四、推进商品市场转型升级

（一）提升发展商品市场。制定并发布政府鼓励的流通设施目录，进一步推动商品市场提升专业化和精细化水平，拓展商品展示、品牌集聚、电子商务、信息发布、物流服务、商品检测等服务功能，促进商品市场转型升级。制定出台全区公益性农产品市场布局规划，做好与土地利用总体规划等各类规划的衔接工作，抓好公益性农产品批发市场建设试点和覆盖五市的公益性农产品零售终端建设，加快形成布局合理、功能完善、便民惠民的公益性市场体系。（自治区商务厅牵头，自治区发展改革委、财政厅、农牧厅、国土资源厅、住房城乡建设厅、供销社，五市人民政府配合。）

（二）支持农产品骨干流通网建设。积极与市场对接，吸引社会投资人与自治区政府产业引导基金共同发起设立农产品骨干流通网建设子基金，专项用于鼓励和扶持农产品骨干流通网建设。（自治区商务厅牵头，自治区财政厅配合。）

（三）减免土地使用税和房产税。2015 年年底前，对符合减免条件的专门经营农产品的批发市场和农贸市场使用的房产、土地，暂免征收房产税和城镇土地使用税。对同时经营其他产品的农产品批发市场和农贸市场使用的房产、土地，按其他产品与农产品交易场地面积的比例确定征免房产税和城镇土地使用税。（自治区地税局牵头，自治区财政厅配合。）

（四）保障市场搬迁改造用地需求。支持城区商品批发市场异地搬迁改造，政府收回原国有建设用地使用权后，可采取协议出让方式安排商品批发市场用地。（自治区国土资源厅牵头，自治区住房城乡建设厅配合。）

五、增加居民生活服务设施投入

（一）强化商业网点规划落实。建立完善商业网点规划实施保障机制，将商务行政主管部门作为城市规划议事协调机构的成员单位。加强城市商业网点规划与城市总体规划、土地利用总体规划衔接，将乡镇商业网点建设纳入小城市培育试点镇内容和小城镇建设规划。研究制定宁夏商业网点布局规划，修订完善并严格执行城市商业网点规划，加强对大型商业网点（5000 平方米以上）规划选址的公示，实行大型商业网点（5000 平方米以上）规划建设听证制度。完善社区商业网点配置，新建社区商业和综合服务设施面积占社区总建筑面积比例不低于 10%，并在规划审核和竣工验收等环节加强把关。（自治区住房城乡建设厅牵头，自治区国土资源厅、商务厅配合。）

（二）完善生活性服务体系。以便民消费、便民生活为宗旨，以社区双进、早餐示范、再生资源体系建设、家政服务等工程为切入点，大力推进生活性服务体系建设。整合各类社会资源，加快建设市级公益性家政服务网络中心和服务人员供给基地，培育一批员工制家政服务企业，健全养老护小型家政服务人员培训体系，扩大家政服务供给。鼓励各类经营主体在社区设立便利店、菜市场、早餐店、药店、维修点、家政服务点、再生资源回收站等居民日常生活必需的商业网点，建设布局合理、功能完善的便民流通体系，打造“51015”居民便利生活服务圈。（自治区商务厅牵头，自治区财政厅、住房城乡建设厅、环境保护厅、供销社等部门配合。）

（三）稳步推进营改增改革。按照国家税务总局的统一部署，积极做好生活服务业等行业的营改增准备工作，努力实现增值税货物领域全覆盖。（宁夏国税局牵头，自治区地税局、财政厅配合。）

六、推进绿色循环消费设施建设

（一）发展绿色流通。培育一批集节能改造、节能产品销售和废弃物回收于一体的绿色市场、商场和饭店。推广绿色低碳采购，支持流通企业与绿色低碳商品生产企业（基地）对接，打造绿色低碳供应链。促进报废汽车回收拆解体系建设，支持淘汰老旧汽车，加大黄标车淘汰力度，推进报废汽车资源综合利用。（自治区商务厅牵头，自治区环境保护厅、经济和信息化委、公安厅、供销社配合。）

（二）推进节能降耗。大力推广绿色低碳节能设备设施，支持商贸流通企业开展节能技术改造，在具备条件的企业推广分布式光伏发电，试点夹层玻璃光伏组件等新材料产品应用。（自治区经济和信息化委牵头，自治区商务厅配合。）

七、培育大型流通企业

加大自治区重点流通企业培育力度，推动优势流通企业利用参股、控股、联合、兼并、合资、合作等方式做大做强，培育一批名企、名店和名品。大力培育宁夏清真餐饮品牌，认定宁夏清真餐饮龙头企业。推进流通企业股权多元化改革，鼓励各类投资者参与国有流通企业改制重组，实现混合所有制发展。支持商业银行扩大对兼并重组商贸企业综合授信额度，鼓励银行、担保、保险、典当、融资租赁、商业保理等融资机构开发符合商贸流通行业特点的融资产品，提升对商贸流通企业的增值服务。引导培育流通企业创建知名品牌，申创驰名商标、著名商标、农产品地理标志，支持“老字号”企业加快产业开发、品牌建设，提升规模化、信息化、品牌化水平，打造一批拥有自主品牌、主业突出、竞争力强的大型流通产业集团。（自治区商务厅牵头，自治区财政厅、金融办、工商局，人行银川中心支行、宁夏银监局等部门配合。）

八、提升中小商贸流通企业活力

（一）推进公共服务平台建设。整合利用社会服务力量，建设自治区中小商贸流通企业公共服务平台，完善服务平台功能，为中小商贸流通企业提供质优价惠的信息咨询、创业辅导、市场拓展、电子商务应用、特许经营推广、企业融资、品牌建设等服务。（自治区商务厅牵头，自治区经济和信息化委、工商局等部门配合。）

（二）落实中小微企业融资政策。在充分把控行业和产业链风险的基础上，发展商圈融资、供应链融资，完善小微商贸流通企业融资环境。支持融资租赁、融资担保、典当等企业创新服务产品。指导小微企业通过创新发展，走“专精特新”的发展道路，实现转型升级。（自治区金融办牵头，自治区商务厅、经济和信息化委、工商局，宁夏银监局、人行银川中心支行等部门配合。）

（三）落实小微企业税收优惠政策。2017 年 12 月 31 日前，对月销售额 2 万元至 3 万元的小微企业、个体工商户和其他个人免征增值税和营业税；2015 年 10 月 1 日起到 2017 年 12 月 31 日前，对年应纳税所得额低于 30 万元（含 30 万元）的小微企业，其所得减按 50% 计入应纳税所得额，按 20% 的税率缴纳企业所得税。对纳税确有困难且符合困难性减免条件的企业，经有权限的税务机关审批，可减征或免征房产税、城镇土地使用税。（自治区地税局牵头，自治区财政厅、宁夏国税局等部门配合。）

九、促进内外贸融合发展

支持符合条件的市场申报国家内外贸结合商品市场试点，推动自治区内大型商业零售企业与外贸企业、国际供应商加强合作，鼓励企业建设进口商品销售网点，引导企业开展内外贸一体化经营。支持流通企业“走出去”，通过合资、并购及联合直接投资等方式进入国际市场，发展跨国连锁经营，建立海外营销、物流及售后服务网络。鼓励商业企业与金融机构合作开展各类信用消费业务，鼓励直接面向消费者进行赊销。积极鼓励内外贸企业利用银川综合保税区的平台功能，承接加工贸易转型升级，促进内外贸融合发展。（自治区商务厅牵头，自治区发展改革委、财政厅、地税局，银川海关、人行银川中心支行配合。）

十、努力改善营商环境

（一）着力减少行政审批。进一步减少和下放内贸流通领域的行政审批事项，凡是国务院、自治区人民政府决定取消和下放的有关行政审批事项，区直有关部门应及时取消和下放到位。全面取消面向公民、法人或其他组织的非行政审批事项，凡无法律法规规章依据的行政审批前置条件，原则上一律取消。严格执行涉企收费清单制度，加强涉企收费清单动态管理。重点清理涉企行政事业性收费和实行政府定价或政府指导价的经营服务性收费，清理各类年审、年检和与之挂钩的培训、收费。加大对违规设立行政事业性收费的查处力度，坚决制止各类乱收费、乱罚款和乱摊派以及增加企业不合理负担等行为。（自治区商务厅牵头，自治区编办、财政厅、政府法制办、物价局、工商局等部门配合。）

（二）实行工商用电同价。鼓励大型商贸流通企业参与电力直接交易，商业用电实行与普通工业用电同价政策。（自治区物价局牵头，自治区经济和信息化委、商务厅配合。）

十一、营造公平竞争的市场环境

推进商贸流通领域法治化建设，加快流通领域地方立法。全面清理涉及市场准入、经营行为规范的法规规章，建立维护全区市场统一开放、竞争有序的长效机制。规范市场主体竞争行为，查处垄断和不正当竞争行为。建立完善零售商、供应商公平交易行为规范及相关制度，健全举报投诉办理和违法行为曝光机制，强化日常监管，严肃查处违法违规行为。健全消费环节经营者首问和赔偿先付制度，保护消费者合法权益。（自治区商务厅牵头，自治区政府法制办、工商局、公安厅、物价局配合。）

十二、加大市场整治力度

（一）完善联合监管机制。完善打击侵犯知识产权和制售假冒伪劣商品行为的工作机制，加强部门协作，严厉打击虚假宣传、侵权假冒、商业欺诈等违法行为，形成监管合力。健全举报投诉办理机制，在大型商业网点和网购平台建立投诉快速处理绿色通道，严肃查处违法违规行为。（自治区商务厅牵头，自治区工商局、质监局、食品药监局等部门配合。）

（二）加大市场监管力度。加大对重点商品、重点领域的专项整治力度，强化流通领域商品质量、计量监管和抽查，集中开展互联网、城乡结合部侵权假冒伪劣商品专项整治。加强网上市场监管，建设智慧型商品市场监管体系，加快市场管理信息系统、信息查询公告系统和联网监测监管系统建设，建立工作联系和指导服务制度，促进网上市场健康发展。（自治区工商局牵头，自治区食品药监局、物价局、公安厅、商务厅、质监局配合。）

十三、加快推进商务领域信用建设

（一）加强商务诚信体系建设。认真落实宁夏回族自治区社会信用体系建设规划（2015 年～ 2020 年），完善流通服务领域信用记录，推动零售商与供应商建立形式多样的信用合作模式，逐步建立完善批发零售、住宿餐饮及居民服务等流通企业信用档案。鼓励内贸流通企业利用国内贸易信用保险扩大销售规模。积极开展商业保理，规范预付消费行为，扩大企业信用销售，促进个人信用消费。指导行业协会、商会等组织在食品、药品等行业开展企业信用认证和信用等级评价工作。进一步完善商贸企业履行社会责任评价指标体系，认真做好商贸流通企业履行社会责任评价试点工作。开展“诚信兴商宣传月”等活动，弘扬诚信文化，营造诚实、自律、守信、互信的商务诚信环境。（自治区商务厅牵头，自治区发展改革委、工商局、食品药监局、公安厅、人行银川中心支行配合。）

（二）健全企业信用信息披露制度。加强宁夏企业信用信息公示系统平台建设，及时披露企业侵权假冒、行政处罚等信息，依法发布失信企业“黑名单”。进一步加强行政执法与刑事司法衔接，建立案件曝光平台，推进案件信息公开，提高企业失信成本，使其“一处违规、处处受限”，营造统一开放、公平诚信、竞争有序的市场环境。（自治区工商局牵头，自治区商务厅、高级人民法院、人民检察院、质监局、食品药监局、公安厅、宁夏国税局、自治区地税局等部门配合。）

十四、加强组织领导

各部门、各单位要加强协调配合，按照分工要求，切实负起责任，根据本意见抓紧落实工作举措，明确时限要求，确保政策落实到位。各市、县（区）人民政府要根据本地实际，统筹协调，落实责任单位，出台有针对性的配套措施，加大执行力度，形成政策合力。

宁夏回族自治区人民政府办公厅

2015 年 10 月 28 日

新疆维吾尔自治区

新疆商务厅关于印发《自治区农产品流通基础设施建设布局规划（2015～2020年）》和《自治区公益性农产品流通基础设施目录》的通知

新商发〔2015〕15号

伊犁州商务局，各地、州、市商务局：

为推进我区农产品流通骨干网络建设，自治区商务厅制定了《自治区农产品流通基础设施建设布局规划（2015-2020年）》和《自治区公益性农产品流通基础设施目录》，现印发给你们，请各地结合实际，认真贯彻落实。

2015年2月11日

自治区农产品流通基础设施建设布局规划（2015～2020年）

一、总则

为认真贯彻落实《国务院办公厅关于促进内贸流通健康发展的若干意见》（国办发〔2014〕51号）、《财政部、商务部办公厅关于全国农产品流通骨干网络建设工作的通知》（财办建〔2014〕36号）和《关于推进新疆丝绸之路经济带核心区建设的实施意见》、《关于印发推进新疆丝绸之路经济带核心区建设行动计划（2014-2020年）的通知》、《关于转发<商务部等13部门关于进一步加强农产品市场体系建设指导意见>的通知》（新商发〔2014〕219号）的精神，大力推进全区农产品流通基础设施建设，加快构建农产品流通体系，特制定《自治区农产品流通基础设施建设布局规划（2015-2020年）》。

本文阐述了自治区农产品流通基础设施建设的总体思路、发展目标、空间布局和保障措施。

本规划实施期限为2015年-2020年。

二、总体思路

创新政府投资方式，参与农产品流通基础设施改造升级，在重要流通节点规划建设跨区域农产品流通基础设施，促进农产品产销与冷链物流、电子商务等协同发展，畅通跨区域流通主渠道，完善全区农产品流通骨干网络。通过有效发挥财政资金引导作用，带动社会资本加大投入，增强保供稳价促安全等公益性功能，提高政府宏观调控能力，从而拉动就业、服务“三农”、保障和改善民生。

三、发展目标

争取到2020年，初步建立覆盖重要集散地、销地和产地，流转顺畅、安全高效、调控有力的农产品流通骨干网络。完善公益性保障机制，新建改造3-5个公益性强，具有保障供应、稳定市场运行等功能的大型农产品批发市场，提供基本服务、增强宏观调控和保障民生能力。培育一批以冷链物流、电子商务等现代技术为支撑，联通重要产地和销地的跨区域产销衔接体系的骨干流通企业，在减少流通环节、减低流通成本和推进流通创新等方面发挥综合示范作用。

四、空间布局

（一）充分发挥乌鲁木齐市一级流通节点城市区域性农产品集散中心功能，建设一批大型跨区域农产品冷链物流集散中心、综合性加工配送中心。完善现有大型农产品批发市场功能，支持发展农产品跨境电子商务，促进农产品产销与供应链、物联网、互联网协同发展。

（二）在吐鲁番、哈密布局一批大型农产品交易市场、农产品产地集配中心、冷链物流集散中心和综合性加工配送中心，将其打造成向东辐射内地市场的农产品流通大通道。

（三）将喀什、霍尔果斯两个“经济特区”列为农产品现代流通先行先试区，支持其创新流通模式，完善农产品出口加工、冷链物流、综合加工配送等农产品流通基础设施，探索农产品现代流通新模式。

（四）支持塔城、吉木乃、阿拉山口等口岸城市，建设内外贸兼顾、具有对外开放和较强集聚功能的边境贸易型农产品批发市场、综合性加工配送中心等流通基础设施，发展农产品跨境电子商务，扩大农产品外销规模。

（五）在昌吉、奎屯、伊宁等天山北坡重要流通节点城市，建设一批农产品产地集配中心、大型农产品批发市场、农产品冷链物流集散中心，提升物流集散功能，服务当地群众，满足当地农产品消费市场。

（六）依托克拉玛依、库尔勒、石河子等地现有信息化设施，加大农产品流通基础设施与信息化互联互通建设力度，促进农产品产销与供应链、物联网、互联网协同发展。

（七）在巴州、阿克苏、喀什、克州、和田等环塔里木优势农产品产业带，建设具有集中采购和跨区域配送能力的农产品产地集配、冷链集散、加工配送等流通基础设施。

（八）推进电子商务进农村，挑选部分县市作为试点，提升“万村千乡市场工程”既有配送体系和行政村连锁零售网络的服务能级，促进网上网下结合，打通县乡农村物流，建立县村物流服务网络，支持农产品电子商务业态向农村延伸。

五、保障措施

（一）建立健全部门协同推进机制。建立自治区农产品流通体系建设工作部门联动协同推进机制，完善政策支持体系。加强规划落实监管，健全市场监管体系，从业务指导、资金扶持、政策优惠、市场准入等方面协同配合，放大政策效应，形成共同推进农产品流通体系建设合力。各地州市要建立相应工作机制，扎实推进我区农产品流通体系建设。

（二）增强政府宏观调控能力。创新政府投资方式，推动国有股权投资模式，参与农产品流通骨干网络基础设施改造升级，增强保供稳价促安全等公益性功能。积极创新财政投入方式，支持公益性农产品市场和流通基础设施建设，引导带动银行、保险等社会资本加大对公益性流通基础设施的投入力度。

（三）完善支持农产品流通体系发展相关政策。各地州市认真贯彻落实《关于转发〈商务部等13部门关于进一步加强农产品市场体系建设指导意见〉的通知》（新商发〔2014〕219号）文件精神，在土地利用总体规划和城乡建设规划中统筹安排农产品批发市场用地规模、布局，优先保障符合农产品市场建设规划的市场用地供应。认真落实有利于农产品市场等公益性流通基础设施和批发商的税收政策，加强宏观信贷政策指导，支持融资担保公司对农产品批发市场等公益性流通基础设施及商户提供增信服务，培育优质农产品流通主体。要加大运输保障力度，确保绿色通道的高效便捷通行。

自治区公益性农产品流通基础设施目录（2015年版）

为推进自治区农产品流通体系建设，自治区商务厅制定了《自治区公益性农产品流通基础设施目录（2015年版）》（以下简称《目录》）。各地要采取以点带面的方式，对列入《目录》的项目进行扶持，进而带动全区公益性流通基础设施发展水平进一步提升。自治区商务厅负责对《目录》进行解释和定期调整。

一、农产品批发市场

促进目标：充分发挥部分重要流通节点城市辐射作用，打造一批大型跨区域农产品批发市场，逐步形成布局合理、功能完善、公益性作用明显的农产品骨干批发网络。

培育重点：具备公益性功能，并能发挥跨区域辐射能力大型骨干农产品批发市场，完善交易厅棚、加工配送、保鲜、冷藏运输等基础设施，配置农产品检验检测设施设备，开发完善信息管理和电子结算系统，改善交易环境，完善商品集散、价格形成、信息发布等功能。

二、农产品冷链物流集散中心

促进目标：建设一批建设标准高、技术先进、保鲜能力强的农产品物流集散中心，鼓励其加强产销对接，为增强农产品错峰上市能力、稳固产销链条等发挥重要作用。

培育重点：服务于当地广大涉农企业、农民专业合作社和种植户等，具有分级预冷、加工包装、仓储运输、批发零售等功能为一体的农产品冷链物流集散中心。

三、农产品产地集配中心

促进目标：在农产品主产区，建设一批功能完善、设施先进、辐射服务能力强的农产品产地集配中心，强化加工、保鲜、信息等服务产区的公益性功能，增加农产品附加值，促进当地农民增收、农业增效。

培育重点：服务于广大中小涉农企业、农民专业合作社和种植户等，具有预冷、贮藏、包装、加工和信息服务等功能的产地集配中心。

四、农产品销地交易配送中心（外销平台）

促进目标：在内地大型农产品批发市场、商业综合体等，建设具有品牌展示、冷藏保鲜、物流配送等功能为一体的农产品销地交易配送中心（外销平台），拓展农产品零售终端，建立稳定的农产品流通渠道，推动建成稳固的商流链条和物流管道。

培育重点：在集散地和销地批发市场建设服务于主产区，具有品牌展示等功能的大型综合性加工配送中心、冷藏设施、信息中心和标准化销售专区。

五、农产品流通主导型产业链

促进目标：逐步完善农产品流通的支撑体系，完善生产加工、冷藏保鲜、物流配送、展示销售、信息交流等各环节功能，延伸服务于农产品流通的产业链，推动自治区农产品外销平台建设。

培育重点：具有公共服务能力，在产区建设冷藏设施、加工配送中心，在销区建设冷藏设施、销售网点，完善信息系统等功能的农产品流通主导型产业链。

六、乡镇集贸市场（大巴扎）

促进目标：推动农产品零售终端体系建设，在中心乡镇布局建设一批公益性功能明显、基础设施完善、服务能力强的乡镇集贸市场（大巴扎），充分发挥示范作用，拉动当地群众就业，盘活城乡消费市场，改善农村消费环境。

培育重点：在改善民生、搞活农村消费市场、扩大农村消费等方面发挥积极作用，辐射能力强，设施完善、设备齐全，符合相关建设标准的乡镇集贸市场（大巴扎）。

七、服务于农产品产销对接的电子商务设施

促进目标：支持企业依托国内大型电商平台，在实体物流配送网络的支持下，实现线上与线下采取无缝对接。完善农产品流通公共信息平台功能，为政府决策、农民种植、企业经营和居民消费提供良好的信息服务。

培育重点：服务于农产品产销对接，具备科技创新、孵化等功能，有利于促进农产品产销与供应链、物联网、互联网协同发展电子商务服务设施。

注：对于跨区域辐射能力强、投资规模大、示范作用明显并列入《自治区公益性农产品流通基础设施目录》的项目，应予以重点扶持，扶持资金规模累计不超过总投资额（不含流动资金等非建设性内容发生的费用）的 50%。

新疆生产建设兵团

新疆生产建设兵团商务局关于做好兵团“电子商务进农村”综合示范工作的通知

各师商务局：

随着兵团国民经济和社会快速发展，信息技术和基础设施建设不断完善，兵团各优势产业已具备发展特色电子商务产业的基础条件，并呈现出对电子商务应用的迫切需求。因此，立足兵团实际情况大力推进电子商务进农村综合示范工作，不仅是兵团突破地理空间约束，促进各师、团场产业转型升级，拉动农民消费的战略举措，也是加快城乡一体化发展、提升居民生活品质、增加就业岗位的重要支撑。

为认真落实《财政部办公厅 商务部办公厅关于开展2015年电子商务进农村综合示范的通知》文件精神，加快推进兵团电子商务进农村综合示范工作，兵团商务局拟以师（市）为示范单位，参与国家电子商务进农村综合示范工作。现将有关要求通知如下：

一、申报原则

请开展电子商务基础较好，水平较高，有能力执行国家2015年电子商务进农村综合示范行动的各师商务局，结合本师实际情况，本着自愿原则，做好本师（市）综合示范方案（今年没有能力开展此项行动的各师，可与地理位置较近的兄弟单位共同开展电子商务活动）。兵团商务局组织专家对申报材料进行评审，按国家分配给兵团的名额择优向国家申报。

二、申报内容

（一）总体方案

本师（市）电子商务进农村综合示范工作总体方案，包括但不限于农村电子商务发展总体情况、存在问题、发展思路、发展目标、实施内容及投资规模、资金来源、工作时间节点等内容。

（二）政策环境

本师（市）出台的发展电子商务的相关政策措施和文件，领导机构和工作机构建立和职责情况。

（三）基础条件

本师（市）农村公路、邮路、通信情况，互联网村级覆盖率及在全国的排名情况；师（市）域电子商务指数及在全国的排名情况；从事电商的企业、人员、网销与网购金额、顺逆差等，电商服务企业、协会运作情况；农特产品资源及优势产业等情况。

（四）物流配送解决方案

本师（市）农村物流配送体系发展情况和解决方案，邮政快递企业、快递收派货数量等情况；“万村千乡”、邮政、供销、商贸等传统农村商品流通企业电商应用情况。

三、财政资金重点支持方向

（一）支持建立完善师、团、连三级物流配送机制，充分发挥邮政点多面广、物流、资金流、信息流合一及普遍服务的优势，着重解决由乡镇到村最后一公里的物流。鼓励包括邮政、供销、商贸流通、第三方物流和本地物流等企业在内的各类主体，在充分竞争的基础上建立农村电子商务物流解决方案。示范师（市）申报方案要明确师（市）与邮政等物流企业的合作方式与资金补贴额度。

（二）支持师（市）电子商务公共服务中心和村级电子商务服务站点的建设改造；支持为发展电子商务而开展的农产品和农村特色产品的品牌培育和质量保障体系建设，农产品标准化、分级包装、初加工配送等设施建设。

（三）支持农村电子商务培训。支持电子商务企业、各类培训机构、协会对当地政府机关、企业、合作社工作人员和农民等，进行电子商务政策、理论、运营、实操等方面培训，重点培训农村青年、返乡大学生、退伍军人等。有关工作要符合中央和地方关于培训的相关规定。

（四）示范师（市）要充分利用政府与商业化电商平台，最大限度利用社会化资源，避免重复建设和资源浪费。中央财政资金不得用于网络平台建设支出及购买流量支出。

附件：国家电子商务进农村综合示范县申报条件和要求

兵团商务局

2015 年 7 月 1 日

附件：

国家电子商务进农村综合示范县申报条件和要求

一、申报示范县基本条件

（一）机构健全，政策配套。县政府高度重视电子商务进农村工作，建立了以县政府主要领导为组长的工作协调机制和班子，制定了本地电子商务进农村发展规划或实施方案；县商务部门配备精干专职人员，有能力推进电子商务进农村工作。示范县要出台相应的财政、金融、土地、收费等配套扶持政策，能有效整合县域内商务、交通、农业、邮政、供销、移动、联通、广电等网络资源，营造推进农村电子商务建设的良好社会环境。

（二）电子商务发展基础条件较好。交通、通信、物流配送等基础设施较完备，公路、有线宽带、无线网络基本实现“村村通”；农特产品、手工艺品、旅游产品等相对丰富或者优势产业明显，农村人口相对集中；拥有一定数量的骨干流通企业、邮政、快递和电商服务企业，初步形成电子商务产业链条。

（三）农村流通网络比较健全。以“万村千乡”市场工程、邮政、供销等为主的商贸流通网络基础条件较好，县级物流配送中心、乡镇商贸中心、直营店体系比较完善，覆盖全县 70% 以上的乡镇。

（四）有一批电子商务实施主体。拟实施的项目明确具体，符合政策支持方向，项目建设数量符合县域实际，具有一定规模；实施电子商务的企业有积极性和较强投资能力。

（五）省级财政和商务主管部门认为必要的其他条件。

二、申报材料

1. 县人民政府申请报告。

2. 电子商务进农村实施方案，包括实施目标、实施内容及投资规模、资金安排情况、时间进度安排、推进措施、人员培训等内容。

3. 当地农村配送网络和物流快递业发展现状、入驻县城快递企业、全县物流快递收派货数量等情况，以及当前物流快递平均成本；农村电子商务物流配送解决方案。

4. 当地政府对本地电子商务发展出台的相关政策措施和文件；领导机构和工作机构建立和职责情况。

5. 电子商务进农村示范工作基础条件，即当地公路、邮路、通信、互联网使用情况、覆盖率及在本省的排名情况，从事电商的企业、人员、重点网销产品、交易额以及本地网购金额等，人口数量和农特产品资源及优势产业等情况；面向农村的商贸流通网络建设情况，电商平台建设情况，当地组建成立电子商务协会及其运作情况。

6. 当地实体企业应用电子商务、推动线上线下融合发展的情况等。

7. 县人民政府作为推进电子商务进农村综合示范责任主体的承诺书。

第三篇

市场综述

关于“十三五”期间我国流通发展趋势的分析判断

◎荆林波

摘要：基于近几年中央对经济社会发展的总体思路和要求，在学习十八大以来系列会议精神，特别是十八大三中、四中全会精神的基础上，结合经济发展的总体态势以及《十三五规划纲要》的指导思想，提出未来五年我国的流通业将面临巨大的变革和挑战，并将之提炼为“五大变革和四大趋势”。“五大变革”即一是消费成为我国经济增长新动力，社零总额不断创造新纪录；二是城镇化对流通空间布局的影响日益强化；三是信息化推动流通模式升级，效率提升；四是实体商业创新、转型是大势所趋；五是流通治理法制化、规范化和程序化。“四大趋势”即一是批发市场将分化：1／3淘汰，1／3转型，1／3升级；二是百货店倒闭潮频现，百货业困境逼迫自身流程再造；三是购物中心倒闭风险积聚，需提前预防；四是网络零售快速增长，但交易秩序混乱，亟需规范。

2015年11月3日，《中共中央关于制定国民经济和社会发展第十三个五年规划的建议》对外公布，站在一个新的历史起点，如何对未来五年我国流通发展趋势做一个总体判断，这是需要回答的核心问题。我们认为，未来五年里，我国的流通业将面临巨大的变革，如何应对流通变革带来的系列挑战是我国流通业未来必须正视的问题。

一、“十三五”期间我国流通发展面临巨大变革

（一）第一个变革——随着消费成为我国经济增长的新动力，社会消费品零售总额会不断创造新的纪录

我与王雪峰在2008年发表了《消费率决定理论模型及应用研究》的论文，首先，提出消费率决定理论模型，为消费率高低判定提供基准，该模型是基于经济运行系统从生产决定和经济增长角度构建的消费率内生决定模型；揭示了在一定生产技术水平下，消费率由经济增长、资本存量、有效劳动力增长内生决定。其次，提出消费率的合理区间，为消费率是否合理提供判定依据。在消费率决定理论模型的基础上，依据消费率与净出口和通货膨胀的决定和影响关系测算出消费率变动的合理区间，为消费率是否合理提供判定依据。最后，揭示出实际消费率与理论消费率的关系。实际消费率与理论消费率决定机理不同，实际消费率与理论消费率经常发生偏离，理论消费率及其合理区间是判定实际消费率高低的标准。特别是，运用模型测算了2009～2010年理论消费率及其合理区间，并对2011年和“十二五”及“十三五”期间的消费率及其合理区间做出预测。

很显然，我国传统的需求侧的三架马车——投资、进出口与消费，目前，只有消费贡献对经济增长的作用日益显现。2011～2014年，最终消费对经济增长的年均贡献率为54.8%，高于投资贡献率7.8个百分点。2015年上半年，消费对经济增长的贡献率上升为60%。商务部在2016年公布的数据显示，消费对国民经济增长的贡献率进一步提升到66.4%，比上年提高了15.4个百分点，创15年以来新高。与此同时，我国的社会消费品零售总额在2015年突破了30万亿大关。

2015 年 11 月 23 日，国务院印发《关于积极发挥新消费引领作用 加快培育形成新供给新动力的指导意见》，提出了消费升级的六大方向，主要包括服务消费、信息消费、绿色消费、时尚消费、品质消费和农村消费，通过发挥新消费的引领作用，培育形成新供给的力量。根据“十三五”规划建议，要着力扩大居民消费，引导消费向智能、绿色、健康、安全方向转变。我们判断：消费成为拉动经济增长的主动力，在扩大内需战略的带动下，消费的基础性作用会进一步得到较好发挥，特别是消费结构升级带动居民消费潜力有序释放，我们预计到 2020 年，我国的社会消费品零售总额将突破 50 万亿元。

（二）第二个变革——城镇化对流通空间布局的影响作用会越来越大

我国流通产业规模持续扩大，流通发展水平显著提高，城市流通设施不断完善，一批大中城市的流通功能和节点作用显著增强，我国骨干流通网络的基础初步形成。但是，也存在流通成本高、环节多、效率低，流通网络布局缺乏统筹，发展环境需进一步改善等问题，流通产业发展潜力尚未充分发挥。国内的流通成本远远高于国外的流通费用，曾经有人测算从广州到北京的运费比从广州到纽约的费用还要高。举例来说，在中国的农产品流通市场，仅流通成本一项就占据了农产品售价的 50% ～ 60%。中国农产品流通由田间到餐桌一般要经过 5 ～ 7 个环节，每经过一个环节都要加价 10% ～ 20%，而诸如蔬菜、水果一类的农产品流通损耗高达 30% 之多，这些成本最终均会由消费者承担，即消费者最终承担的价格，是农产品初始价格的至少 230%。

1. 构建全国骨干流通网络，提升流通节点城市功能

适应我国经济发展进入新常态的新形势、新要求，为加快构建全国骨干流通网络，更好发挥流通产业基础性和先导性作用，进一步提升流通节点城市功能，2012 年 8 月国务院《关于深化流通体制改革 加快流通产业发展的意见》（国发〔2012〕39 号），明确提出“制定全国流通节点城市布局规划”。为此， 2015 年 5 月 25 日，商务部等 10 部门印发《全国流通节点城市布局规划（2015 ～ 2020 年）》。《规划》包括发展现状与规划意义、总体要求、空间布局、增强基础设施支撑保障能力、发挥流通节点城市功能作用、大力推进节点城市流通创新、促进区域协调发展、保障措施等八部分内容。按照规划目标和总体布局思路，确定“3 纵 5 横”全国骨干流通大通道。

2. 加快城市国内贸易流通体制改革发展综合试点

2015 年 7 月 29 日，国务院办公厅印发了《关于同意在上海等 9 个城市开展国内贸易流通体制改革发展综合试点的复函》，同意在上海、南京、郑州、广州、成都、厦门、青岛、黄石和义乌 9 个城市开展国内贸易流通体制改革发展综合试点。许多城市都希望加入到综合试点的行列中。试点的目标是：探索建立规则健全、统一开放、竞争有序的内贸流通体系和分工明确、权责统一、协调高效的内贸流通管理体制。而这些目标似乎是过去 30 多年改革以来我们一直追求的目标。明确提出力争通过一年左右时间的探索，形成一批可复制的经验和模式。按照商务部的部署，各个试点各有侧重：上海构建区域一体化大市场，南京推动线上线下融合发展，郑州建立多层网络多式联运的现代物流体系，广州加快传统商贸业转型升级，成都促进城乡流通一体化发展，厦门构建开放创新的内贸流通发展机制，青岛建设法治化营商环境，黄石以内贸流通体制改革带动地方经济发展，义乌促进内外贸一体化发展。

2015 年 8 月 26 日，国务院又印发了《关于推进国内贸易流通现代化 建设法治化营商环境的意见》，提出到 2020 年，基本形成规则健全、统一开放、竞争有序、监管有力、畅通高效的内贸流通体系和比较完善的法治化营商环境，内贸流通统一开放、创新驱动、稳定运行、规范有序、协调高效的体制机制更加完善，使内贸流通成为经济转型发展的新引擎、优化资源配置的新动力，为推进内贸流通现代化夯实基础，特别是明确提出要把“加强流通标准化建设”作为一项重要任务来抓。2015 年 12 月 4 日，国内首个城市间的标准化联盟组织——城市标准化创新联盟在京成立。在国家标准委的积极推动下，由首批国内贸易体制改革发展综合试点城市共同发起成立城市标准化创新联盟，该联盟由上海质监局、南京质监局、郑州质监局、广州质监局、成都质监局、厦门质监局、青岛质监局、黄石质监局、义乌市市场监管局共同发起，秘书处设在上海质监局，将率先以内贸流通标准化作为联盟第一项重点工作，探索制定相关领域团体标准或城市间联盟标准。

2015 年 12 月 22 日，我国城市工作会议制定了指导思想：贯彻创新、协调、绿色、开放、共享的发展理念，坚持以人为本、科学发展、改革创新、依法治市，转变城市发展方式，完善城市治理体系，提高城市治理能力，着力解决城市病等突出问题，不断提升城市环境质量、人民生活质量、城市竞争力，建设和谐宜居、富有活力、各具特色的现代化城市，提高新型城镇化水平，走出一条中国特色城市发展道路。城市工作是一个系统工程。做好城市工作，要顺应城市工作新形势、改革发展新要求、人民群众新期待，坚持以人民为中心的发展思想，坚持人民城市为人民。

3. 中心城市的聚集作用越来越大，超大型城市的社会零售总额会不断创造新高

根据中国社科院的《中国新型城镇化道路的选择》报告，中国过去城市人口比重增加主要在大城市。全国近5年新增城市人口的36%是100万人口以上的大城市吸纳的。另外建制镇吸纳了47%，50万～100万人口的大城市和小于50万人口的中小城市，分别吸纳了8%、9%。小城市人口数量比重在下降。

据北京市统计局数据，2015年1～11月，北京市的社会消费品零售额已经达到9300亿元，12月一个月规模预计在700到800亿元，两者加和月底将首次突破一万亿规模，连续七年成为全国最大的城市消费市场。最新数据显示，2015年全年北京市社会消费品零售总额为10338亿元。

2015年1～11月，上海实现社会消费品零售总额9179.85亿元，全年实现社会消费品零售总额10055.76亿元，比上年增长8.1%，其中无店铺零售额1250.60亿元，增长26.9%。网上商店零售额1091.35亿元，增长31.6%，占社会消费品零售总额的比重为10.9%，比上年提高1.5个百分点。

2014年，广州市社会消费品零售总额为7697.85亿元，2015年广州市推进重点商圈升级改造，巩固提升批发市场、百货商场等传统业态，积极培育信息、文化、健康、旅游等消费新热点、新业态，消费集聚能力不断提高。2015年，实现社会消费品零售总额7932.96亿元，同比增长11.0%，增幅高于全国（10.7%）和全省（10.1%）。

我们预计五年以后，这些超大型城市的社会零售总额会再上新台阶，北京、上海与广州的社会零售总额都会保持在1万亿元以上，尤其是上海社会零售总额会进一步随着长三角地区的发展而成为引领全国的龙头。令人关注的上海迪士尼乐园由六大主题园区组成，包括：米奇大街、奇想花园、探险岛、明日世界、宝藏湾及拥有奇幻童话城堡的“梦幻世界”，这必将极大的带动上海当地乃至周边的消费。在北京与上海争夺战中，我们看好上海未来的增长潜力。

4. 交通便利，需要我们重新理解“商圈”、“生活圈”乃至“经济圈”

高效、便捷的铁路网、公路网、航空运输网、城际铁路网、航道网逐渐形成，我国的交通运输能力持续增强。2014年末，铁路营业里程、公路里程、高速公路里程、定期航班航线里程分别达到11.2万公里、446.4万公里、11.2万公里、463.7万公里，分别比2010年末增长22.6%、11.4%、51.0%、67.7%。特别是，高速铁路迎来了史无前例的大发展，2014年高速铁路运营里程突破1.6万公里，位居世界第一。国家“十三五”规划中明确指出：“打造一体衔接的综合交通枢纽——优化枢纽空间布局，建设北京、上海、广州等国际性综合交通枢纽，提升全国性、区域性和地区性综合交通枢纽水平，加强中西部重要枢纽建设，推进沿边重要口岸枢纽建设，提升枢纽内外辐射能力。完善枢纽综合服务功能，优化中转设施和集疏运网络，强化客运零距离换乘和货运无缝化衔接，实现不同运输方式协调高效，发挥综合优势，提升交通物流整体效率。”

以长三角为例，不仅是中国最重要的区域经济圈之一，还是中国人口密度最大的地区：22个城市，人口将近1亿，形成了世界公认的“第六大城市群”。

目前，长三角地区形成了全里程超过1500公里的快速铁路网，特别是形成了以上海、南京、杭州为中心的“铁路三角”，实现了沿线各个城市的“一小时都市圈”。如此一来，周边的中小城市的商业设施会受到中心城市的虹吸现象的影响，有可能出现“大树底下不长草”的问题。

上海此前设定的2020年建设用地规模目标为3226平方公里，已接近全市陆域面积的48%，这一比例已经明显高于其他国际大都市，因此，如何打破地域限制成为一个新课题。为此，上海社科院在《上海“十三五”发展规划思路研究》中，提出构建上海大都市圈，它是指城际高铁通勤时间为半小时以内，包括上海、苏州、无锡、南通、嘉兴、湖州“1+5”的区域，将建设成为由特大城市、大城市、中等城市和小城市所组成的四级城镇体系。

上海构建区域一体化大市场，将带动周边消费。上海大都市圈地区在 2014 年的社会消费品零售总额突破了 2.8 万亿元。上海构建区域一体化大市场，将带动周边消费，2015 年已经突破了 3 万亿元，估计到 2020 年长三角地区的社会消费品零售总额会突破 5 万亿元，仍然占全国社会消费品零售总额的 1/10。

（三）第三个变革——信息化对我国流通业的影响

电子商务提高了流通效率而没有改变流通的本质。流通，归根到底是以货币为媒介进行交换从而实现商品与服务的所有权转移的经济活动。而一切商业活动都是围绕着如何降低交易成本、提高流通效率而展开的。

中央经济工作会议将降成本列入 2016 年五项重点经济工作之一，提出要帮助企业降低成本，要开展降低实体经济企业成本行动，打出“组合拳”，并明确提出“要降低物流成本，推进流通体制改革”。中国物流与采购联合会报告显示，2014 年，我国社会物流总费用 10.6 万亿元，与 GDP 的比率为 16.6%，较 1991 年下降 7.2 个百分点，但仍高于美国、日本和德国 8 个百分点左右，高于全球平均水平约 5 个百分点。目前中国企业社会物流总费用高企主要表现在仓储保管费用高位运行、综合运输费用总体较高等方面，例如仓储费用占 GDP 比例高达 5.8%，是美国的两倍以上，而美国运输费用占比也仅为我国的 60%。

信息化对我国流通业的影响表现在以下几个方面。首先，传统流通业态面临着如何充分利用信息技术，提升自己的竞争力。其次，新型的电子商务模式层出不穷，对传统的流通业态带来“冲击”。特别是，跨境电子商务的发展，打通了国内商务与境外商务的价值链。农村电子商务的发展，不仅仅是帮助农民获得了购买工业消费品的便捷、省钱的途径，而且帮助农产品进城、农资下乡。最后，O2O 模式形成了线上与线下的深度融合。我们看到过去的冤家对头苏宁与阿里在 2015 年达成相互参股；京东参股了永辉超市，加强了生鲜方面的投入；苏宁与万达也签署了战略联盟，相互支持。百度发端于搜索引擎，致力于基于地理位置的相关服务（LBS），同时其在电子商务方面也做了相应的布局。阿里巴巴一直靠电子商务起家，它在电子商务领域的投资也不断增加。腾讯的发展得益于其社交媒体、网络游戏等，在微信大获成功之际，腾讯也不断加强电子商务领域的投资。

（四）第四个变革——实体商业何去何从（以书店为例）

我们曾在 2011 的《中国流通产业发展报告》中提出“中国商业：回归主流”，那么，实体商业是否没有出路了？而如今，我们看到了图景是电子商务企业纷纷加大了对实体商店的投入，我们这里以书店业态为例，展开说明。对于其它业态（百货店、购物中心等）将放在未来猜想部分分析。

2014 年 10 月，网络书店的开山鼻祖——亚马逊曾经计划在纽约曼哈顿最繁华的 34 街上开设旗下首家实体零售店。实体店将坐落在帝国大厦和梅西百货旗舰店之间，两者每年能吸引几千万的客流。而到 2015 年 11 月，在经过与实体书店 20 年竞争后，亚马逊第一家实体书店日前在美国西雅图的购物中心 University Village，占地约 511 方，摆放 5000 ～ 6000 本图书，包括畅销书、亚马逊网站客户最喜欢的书、亚马逊员工甚至贝索斯本人推荐的书等。亚马逊还将参考其珍贵的数据宝库，找出哪些书值得保留在书架上。

与亚马逊类似，中国最大的网络书店当当网 2015 年 11 月 23 日宣布，将推行开设实体书店计划。而当当网发布的 2015 年第三季度财报显示，总净营收为 23.719 亿元人民币（约合 3.732 亿美元），同比增长 22.6%；净亏损为 2810 万元人民币（约合 440 万美元），2014 年同期为净利润 2450 万元人民币。当当第一家 MALL 店梅溪书院，将于 2016 年 4 月在长沙步步高 · 梅溪新天地开业，书店面积约为 1200 平方米，线上线下同价。当当网宣布，未来 3 年将在全国开设 1000 家线下书店，涵盖 MALL 店、超市书店、县城书店多个类型。

据相关资料显示，我国实体书店在 2007 到 2014 年期间，大约减少 1.5 万家，全国 2011 年上半年停业的中小型书店在1.2万家以上。中华全国工商联合会书业商会在一份调查中指出，在过去10年里，有近五成的民营书店倒闭，而倒闭趋势还在加剧。另外，据开卷图书统计，2008～2010年全国图书零售市场地面书店渠道增长速度连续三年低于5%，2011年回升到6%左右，但2012年、2013年又连续两年负增长，一些实体书店因租金等问题结业甚至倒闭的现象屡见不鲜。有数据显示，1994年前，广州新华书店网点有50多个，大多数集中在繁华的闹市区，67%是租房，自有房只占33%，而目前只剩下20多个网点。近20年间广州有20多间新华书店网点撤销，平均每年至少会有一间新华书店消失。

当然，一些实体书店开始纷纷转变思路，通过开设咖啡馆、文具店等周边产品提振业绩。其实，方所、西西弗、字里行间、猫的天空之城和中信书店等本土体验式书店都在实现深跨界情怀式大逆袭，这些创新也让我们看到了未来实体商店的希望。

（五）第五个变革——上述各种变革对流通治理现代化的影响

政府如何顺势而为？从2012年8月国务院发布《关于深化流通体制改革 加快流通产业发展的意见》（国发〔2012〕39号），到2015年12月22日，商务部部长助理童道驰在召开的全国商务法律工作会议上透露，2015年5月公布征求意见的《商品流通法》草案征求意见稿，已经完成修改，形成较为成熟的送审稿，于2015年底前报送国务院。

期间，可以说我国有关流通方面的新政策频繁出台，我们估计平均每个月要出台至少两项与流通有关的政策。然而，即使如此，我们仍然面临着“六个部门管理一头猪”的尴尬局面。政府决策部门的“尴尬”地位还体现在政府从过去的信息优势地位逐步转变为劣势地位，过去政府有关部门掌握了大量的数据与信息，而今海量的数据、碎片化的数据被平台数据公司所控制，政府调控流通的手段由过去高度集权、集中有效逐步变成分散、低效的状态，从某种程度上讲，目前政府调控流通的手段比较有限，在有限的手段里面，如何提高流通的调控效率，则显得更为重要。

政府进行决策的门槛在提升，政府的决策水平需要不断提高，由过去靠拍脑袋决策的方式转变为科学决策，以适应日益复杂的经济环境。

总之，流通治理的现代化问题显得日益紧迫，政府有关部门“要有所为、有所不为”，而在“有所为”方面，如何作为、何时作为、何处作为，都是问题。

二、“十三五”我国流通发展趋势的猜想

（一）第一个猜想：中国实体批发市场面临三分天下

我国商品交易市场经过30多年的恢复、培育、发展、规范和调整，已经形成了数量基本稳定、经营规模分层、经营方式分化、经营主体多元、区域布局差异、运营相对规范的商品市场体系。然而，长期以来，我国商品交易市场面临着宏观与监管诸多问题，法律地位不明确，随着大中城市不断调整城市空间布局，商品交易市场面临着外迁的问题，同时，在信息化浪潮的推进下，网上交易对线下的实体交易带来了较大的冲击，我国商品交易市场如何转型升级成为各级政府部门、商务管理部门、批零商户乃至实业投资者必须解决的现实而紧迫的问题。

在城镇化进程中，传统商品交易市场配套服务无法跟上现实需求，面临的外迁压力较大。经过30多年的发展，全国范围内大量的商品市场基础设施依然比较落后，有的十几年甚至二十几年的市场设施依然在使用，配套服务设施和综合服务能力不足，大部分市场依然处于大棚市场、室内市场等国内市场发展的第一或第二阶段，市场整体硬件配套服务及能力不足。在软件方面，绝大多数商品交易市场仍然以传统的“摊位制”和“三现”交易为主。此外，伴随城镇化的快速发展和大城市的快速扩张，一些原来位于大城市城乡结合部的市场已经发展成了市区繁华地带，考虑到交易安全、交通便利以及城市的整体规划，商品交易市场在许多大中城市都面临着外迁的问题。而市场主办者与市场内经营者都不愿意外迁，外迁中的配套服务、外迁后的交易是否平稳等成为各利益主体都关注的核心话题。

同时，商品交易市场受到新兴业态与信息化的冲击。在面临来自国内外竞争压力的同时，商品交易市场的发展还承受着来自基于购物中心、超市、专卖店、便利店等新兴业态的冲击，特别是电子商务各种商业模式的冲击。逐

级批发的流通方式面临着新的挑战，扁平化的流通层级组织成为未来发展的方向，有形批发市场必将弱化。我们大胆预言：未来5年内，我国的商品交易市场有1／3将淘汰，1／3转型为批零兼有的体验式的购物中心，1／3成功实现线上与线下对接，所以，我国商品交易市场如何嫁接互联网是当前一个严峻的课题。

其实，我过去早指出：商品市场未来转型升级的方向要向平台化、信息化积极转变。平台化是商品市场转型升级的重要特征。目前，商品市场的“天花板”在下降，利润空间在下降，成本却在不断的上升。在这种情况下，商品市场要创新就要努力打造一个新的平台，不仅提供传统的产品交易，同时还要提供包括信息、展示、体验等在内的综合服务，向增值发展。信息化则是商品市场转型升级面临的最大的挑战。面对电子商务的冲击，传统市场不能束手就擒，而应考虑从线下向线上发展，向B2B、B2C、C2B转型。

传统商品交易市场如何去对接我们现在的互联网，大致有三种途径。

第一种途径：直接找互联网的巨头们合作。比如阿里巴巴的1688专门在推传统市场触网，这种对接已经尝试了七八年了，但是目前来讲，电子商务和传统市场完全对接成熟的案例是没有的。这里面有很多问题，一个很现实的问题就是互联网的大佬们他们的诉求和批发市场的经营者以及批发市场的商铺的诉求是相矛盾的。特别是长期和互联网大佬们对接以后，商品交易市场会像吸鸦片一样长期依赖它，依赖它帮你引流。就目前来看，互联网帮助商户引流的成本越来越高。过去一个传统市场投入十几、二十万引流的效率是非常高的，实际点击量换成交易量是非常高的。但现在，你投入三百万、五百万都会打水漂。这是现在客观的现实。

第二种途径：批发市场自己嫁接上互联网。代表案例就是义乌小商品。它的运营模式是第三代B2B，第一代B2B是以阿里巴巴，是以收会员费为主要模式，一年交多少钱然后帮你打理。第二代B2B是以跨境电商敦煌网为代表，它的模式是收佣金。交易成功后按交易额的1%还是0.5%来收取，按交易量的多少来决定。义乌小商品为代表的这种模式的运营特点在于它不收佣金和年费，完全免费。市场完全免费帮商户嫁接到网上，同时，力图打造可视化的交易平台，它的收益则是通过其他增值服务，比如物流配送。更重要的是，它固化了原有的商铺，使它们的商业租金稳定的增长不要稀释掉，这是它的运营模式。

第三种途径：大多数的商户都无法走前面两条路，只能走第三条路，借桥过河。（1）利用第三方的服务平台，第三方的服务公司，像震海批发网就是一个第三方的服务平台，它可以和很多企业嫁接，客户越多费用会越低，每个商铺投入不大，但是企业可以专心做市场。（2）利用外包的方式来解决自己的生存问题，解决嫁接互联网的问题。（3）借助政府力量搭建一个公共平台，但是政府参与搭建公共平台，很难市场化运营，无法持续发展。

（二）第二个猜想：关于中国百货店发展的分析

进入2013年以来，我国百货店进入一个倒闭潮阶段，国家有关部门应当高度关注百货店倒闭潮带来的众多问题，积极探讨相对政策，对百货业这个传统业态进行有效疏导，防止由于百货店倒闭潮触发的系列震荡。

1. 近年来我国百货店倒闭潮的现状

近年来，我国国内的百货店纷纷倒闭，这种倒闭潮表现如下：

（1）无论是国内的中小型百货店还是大型百货店都面临倒闭的威胁。从2013年开始，我国开始出现中小百货店倒闭的情况，而后，大型百货店也开始加入倒闭行列。RET睿意德中国商业地产研究中心最新数据显示，2014年以来，大型百货已明确将要关店的数量达到38家。2015年，位居百货业之首的万达百货也开始危机四伏。万达百货从2015年6月开始大调整，总部将从150人裁到50人，万达将关闭10家严重亏损的百货门店，并压缩25家经营不善百货门店的楼层，门店准备精简到50个。

（2）外资百货店也难逃倒闭的厄运。泰国尚泰集团旗下的购物中心尚泰百货2015年8月底将在华关闭最后一家店铺，正式撤出中国市场。英国零售商玛莎百货也决定8月之前关闭上海市内的5家店铺。关店数量较多的外资百货品牌还有马来西亚的百盛百货、日本的华堂商场、港资的NOVO等等。

（3）百货店倒闭的现象在一二三线城市都有出现。

一线城市以北京、上海、广州为代表，二线城市以杭州、成都等省会城市为代表，三线城市以青岛、常州等为代表。百货店在一二三城市都出现倒闭现象，说明这是一个全局的问题，而不是区域的、局部的问题。

（4）百货店的倒闭趋势仍然在加剧发酵，部分购物中心也加入倒闭潮。根据有关统计，我们预计北京、上海、广州、杭州等地仍然有数十家百货店在2015年关门，而且部分购物中心也开始出现倒闭的现象。成都101购物艺术中心2014年9月刚刚开业，而到了2015年5月中旬突然关店。类似的事例还有很多。

2. 造成近年来我国百货店倒闭潮的成因

（1）根本原因在于百货店的盈利模式存在致命问题。在我国，百货店的盈利模式基本上是：百货企业作为“二房东”，收取租金，同时采取联营分成方式，从厂商的销售额中抽成，大部分百货企业的自营商品比例在10%左右，一线百货企业毛利率也仅在20%左右，这比国外同行低出近一倍左右。甚至万达百货对入驻商家不需要缴纳租金，只需要缴纳水电物业费，万达百货参与销售抽成。万达集团利用“低租养场”策略，实现万达广场的满租开业。上述种种运作，使得百货店的主要目标不是在商品经营上，而是在地产开发上，所以，百货店的盈利能力无法直接实现，只能通过交叉补贴实现各业务之间平衡。

（2）消费环境受到影响，是造成百货店倒闭的外部客观因素。首先，经济连续减速，影响了消费者的预期；其次，我国有效推进反腐倡廉，随之而来的公款支出大幅度下降，对许多百货店而言，失去了许多大顾客，尤其是购买各类礼品卡的下降，对百货店的经营带来巨大冲击；最后，由于奢侈品国内购买的价格较高，所以，消费者对珠宝、手表、箱包、化妆品等奢侈品在国内百货店购买下降明显，而越来越多的消费者到选择到境外购买。

（3）竞争加剧，同业的过度竞争，加上快速崛起的电子商务的冲击，是造成百货店倒闭的致命原因。首先，我国近年来商业设施增长过快，出现了盲目开发的现象。根据有关调查显示，仅中国50个主要城市的商业设施净增合计面积就比2年前增加了80%，达到5.6亿平方米，显然如此多的商业设施无法在短期内被市场消化完毕。其次，我国的百货店存在着“千店一面”的问题，百货店品牌同质化非常严重，百货店之间品牌重复率一般都在60%以上，同一商圈许多的百货店出现品牌同质化90%以上的问题，而百货店提供的商品和服务与当今消费者的日益增长的需求之间仍然存在较大的差距。再次，电子商务在我国的快速发展，由于其交易快速便捷、价格合理透明，满足了新一代消费者的现实需求，也抢占了传统百货业的市场份额。最后，百货企业的人力、租金等经营成本急剧攀升，是压倒众多百货店的“最后一根稻草”。

3. 关于化解百货店倒闭潮的政策建议

（1）高度关注百货店倒闭潮的升级问题，防止由于百货店倒闭潮触发的系列震荡。积极探讨相对政策，对百货业这个传统业态进行有效疏导，防止百货店倒闭引发的供应商哄抢物品带来的问题。政府有关部门应该提供设立专项培训资金，对下岗人员进行必要的培训，引导下岗人员寻找就业出路，安抚处理好相关社会问题。

（2）鼓励百货店探索改进传统的盈利模式。国外知名百货店的经验表明，独家经营和自有品牌组成的自营业务能够创造丰厚的经营利润，形成差异化。我们应当鼓励百货店参与商品的深度管理，比如对部分热卖品牌的品类和款式进行买断营销，以增强价格话语权，提高企业的盈利能力。

（3）顺应业态变革潮流，百货企业要积极转型。比如，目前百货业购物中心化已经势在必行。换言之，未来的百货业将越来越多地注入购物中心元素，并最终形成“满足全家全日服务、全方面享受”，即集购物、休闲娱乐、文教和餐饮于一体以购物中心为特色的综合百货业态。

（4）充分利用信息技术，推进线上线下（O2O）融合互动。传统百货业要积极借助新的信息技术手段，实现线上线下的优势互补——线上突出购物方便为优势，线下则以购物体验为核心。百货店可以利用对顾客的大数据分析，实时进行动态监测，整合线上线下资源，为消费者提供更好的服务。

（5）百货企业必须脱胎换骨，全面流程再造，实现全渠道零售。根据市场研究机构IDC Retail Insights最近的研究结果，全渠道消费者是标准的黄金消费者。相对于单渠道消费者，多渠道消费者平均要多消费15%～30%。而相比于多渠道消费者，全渠道消费者平均要多消费 20%。更为重要的是，全渠道消费者的顾客忠诚度要远远高于前两者，还会通过社交媒体和在线活动影响更多的顾客。总之，全渠道的一体化不是简单的拼接，而是考虑了多种渠道的适用性和互补性，甚至可创造更好的整合效益。百货企业必须引入技术转型的基因，增强创新能力，防止固步自封，这样，才能不断进化而避免成为恐龙。

（6）地方政府充分认识过度开发商业地产所带来的潜在风险。伴随着新一轮五年规划的启动，我们建议各级地方政府应当科学规划，审慎开发商业地产，防止再次造成购物中心、奥特莱斯、城市综合体、甚至电子商务产业园区等的开发热。必须因地制宜，科学设计，合理布局，保持商业设施的适度、协调与稳定，既要避免大干快上的一哄而上，更要防止风卷残云式的一哄而散。

（三）第三个猜想：关于我国购物中心发展的思考

近年来，我国国内的百货店纷纷倒闭，而今这股倒闭潮已经开始向购物中心转移。

1. 新一轮的倒闭潮的表现

（1）购物中心的倒闭比百货店的倒闭冲击大。购物中心少则 10 万平方米，多则数十万平方米，体量是百货店的好多倍，而且购物中心中包括百货店、餐饮企业、休闲与教育等相关企业，其倒闭带来的冲击也必然比百货店倒闭的冲击大得多。

（2）购物中心的在建与倒闭数量惊人，势头迅猛。目前，我国有购物中心近 4000 家，是美国的三倍之多。另外，据中国购物中心产业咨询中心预测，从现在到 2025 年，还会有 7000 家购物中心建成开业，届时中国内地的购物中心将超过 1 万家。而目前运营的购物中心有一半面临着经营困难，有近千家面临着停业调整、倒闭的风险。

（3）购物中心的倒闭会触发当地经济乃至政治生态的变化。一个庞大的购物中心的开发，涉及到一个地方的诸多监管部门，关联着相关业态，同时也涉及产品供应商、经销商、地产开发商、商业地产的营运商、银行、物流等相关服务商的利益。所以，购物中心的倒闭的连锁效应非常大。

2. 造成我国购物中心倒闭潮的成因

（1）购物中心的盲目建设违背了商业地产的供需规律。中国多地盲目开发购物中心的背后是人们把购物中心乃至城市综合体看作城市的名片，把购物中心异化为城市领导人新政绩的表现，因此导致各地纷纷上马超大无比的购物中心，而违背了商业地产的供需规律。比如，成都的在建购物中心面积为 320 万平方米，在中国仅次于上海，在全球是购物之都巴黎在建购物中心面积的 30 多倍，严重的超过了成都市对购物中心的需求。

（2）地方土地财政推波助澜，加速了购物中心的开发。中国地方政府为确保财源，不断地将土地的使用权出售给房地产开发商。而近年来，在国家的宏观调控政策下，限贷限购导致各地住宅市场相对萎缩，所以，地方政府倾向利用商业地产打造升值潜力更大的商圈，提升周边的地价，进而解决当地税收、就业等问题，化解“土地财政”难题。

（3）开发商过于乐观，开发速度过快。目前，日本、韩国人均购物中心面积约为 1 平方米，香港地区约为 1.5 平方米，但中国内地的一些二三线城市人均购物中心的面积已经达到或超过了 2 平方米，可见近年我国开发商投入的力度相对惊人。另外，全球在建的购物中心面积最大的前 20 个城市中，中国占了 13 个。其中，上海、成都和深圳在建购物中心面积为 330 万平方米、320 万平方米和 260 万平方米，分列全球前三位。就像惠州这样的城市，城区人口只有不到 150 万人，已经投入的购物中心超过 70 万平方米，未来 3 年又有超过 11 家购物中心开业，预计开业总面积超过 120 万平方米，可以预见，这些购物中心开业之时就是倒闭之日。

（4）地产开发商、商业地产的经营商与品牌经营者的关注焦点不同。地产开发商关注的重点在地产收益。其地产收益包括：通过商业地产开发带动的住宅地产收益的倍增；通过商业地产开发带来的级差地租收益；商业租金收入；配套设施垄断经营的相关收益等等。而商业地产的经营商则只能从购物中心的运营中获得收益，其收益包括：租金收益；联营分成收益；相关服务的收益。而与购物中心息息相关的各类品牌经营者才是在第一线真实的商家，他们只能从日常的经营中获利。可见，各类经营者的关注点不同，导致了各自利益的诉求不同，最终肯定是苦乐不均。

（5）购物中心同质化严重，缺乏个性设计，购物消费的体验感较差。我国的购物中心目前基本上处于靠一两家主力店带动购物中心发展的阶段，购物中心在业态选择、品牌组合乃至动线规划都大同小异，缺乏特色与个性化设计，无法激发消费者的再次体验的兴趣，也就难以形成固定的目标顾客，甚至造成消费者对购物中心的错误认识——购物中心就是多个百货店、餐饮店的简单组合。

此外，我国近年消费增长乏力，加上快速崛起的电子商务的冲击，各类新型业态的替代（比如奥特莱斯品牌折扣店、厂商直营店等），也是造成购物中心倒闭潮的客观原因。

3. 化解购物中心倒闭潮的政策建议

（1）认真研究我国包括购物中心在内的商业地产的供需状况，做好各地“十三五”规划中的空间布局，避免触发倒闭潮的升级。认真排查现有的在建、待建的大型商业项目，严格按照商业地产的供需规律，进行彻底清理，避免一哄而上、一哄而散的现象再次发生。

（2）积极探索解决地方财政问题的新出路。购物中心的过多开发只是地方财政的冰山一角，而要彻底解决此问题，仍然需要探索地方财政的解决新出路，培育新的税种，而不能简单地靠开发土地来维持地方政府的运行。

（3）主动引导地产开发商，做好预警，对购物中心等倒闭潮触发的系列震荡做好疏导。尤其是对相关人员提供培训，做好再就业的指导；做好相关财务纠纷的处理，避免引发连锁的危机；做好媒体的引导，客观真实报道，不夸大、不回避。

（4）夯实购物中心开发的基础。购物中心的核心竞争力在于体验式消费，通过消费者参与娱乐、互动享受，增加差异化，提升顾客的忠诚度。而真正达成如上的设计要求，需要专业化队伍对目标顾客进行精确细分，针对不同的顾客群进行不同的定位，包括产品品类的搭配、定制服务的跟进、不同的主题乐园、动线业态设计和空间的体验感。

（四）第四个猜想：关于网络零售占全社会零售总额比例的猜想以及对“双十一”的分析

2012年，我国社会消费品零售总额为21万亿元，网络零售总额为1.3万亿元，网络零售总额占社会消费品零售总额比重为6.3%。2015年，我国社会消费品零售总额突破30万亿元，网络零售总额突破4万亿元，网络零售总额占社会消费品零售总额比重突破13%。我们预计到2020年，我国社会消费品零售总额将突破50万亿元，网络零售总额将突破20万亿元，网络零售总额占社会消费品零售总额比重将突破40%。

2015年“双十一”的阿里天猫平台交易额突破912亿元时，而在喧闹之后一周，又一股暗潮开始涌动，退货量能达到每天总快递量的两成。各界人士对于“双十一”也发出了不同的声音，特别是在“双十一”前夕，京东通过“京东黑板报”发布声明称，阿里巴巴在“双十一”促销活动中胁迫商家“二选一”，已向国家工商总局实名举报阿里巴巴集团扰乱电子商务市场秩序。那么，如何客观评价“双十一”呢？为此，我们做出如下评论，提出相关政策建议。

1. 关于“双十一”的整体评价：喜忧参半

第一，“双十一”在全国作了一个推广，尤其是对普及电子商务知识、推广网络购物起到了积极的作用。2008年，我国网民不足3亿人，网络购物者刚突破1亿人，2014年12月，我国网络购物用户规模达到3.61亿人，而到2015年12月，网络购物用户规模进一步提升至4.13亿人，网民使用网络购物的比例提升至60%；截至2015年12月，我国网民规模达6.88亿，互联网普及率为50.3%，全年共计新增网民3951万人。“双十一”从购物入手，对网民的生活方式的影响进一步深化。

第二，展示了我国消费的巨大能量，增强了我国经济逐步转向以消费促进经济增长的信心。京东下单量超过3200万单，苏宁易购订单量达358%的高增长，而来自阿里巴巴的数据显示，超过3000万的消费者当天购买了国际品牌的商品。进口母婴用品、进口牛奶、进口美妆整体创下成交新纪录，其中，13个国家馆预售的进口食品早早售罄，10个海外商家和品牌预售额突破千万。

第三，对我国电子商务相关设施与服务进行了一次检验。众所周知，我国的火车购票系统，一到春节期间就宕机，而我们却极少听说哪家电子商务企业的系统出现崩盘。以天猫为例，2015年1分12秒交易额超过10亿。

12分28秒，交易额超100亿元，其中无线交易额占比74.83%。可见，相关电子商务企业的设施相当先进，服务比较到位。

然而，在惊喜的背后，我们也深深感受到一些忧虑。

第一，不正当竞争行为时有出现。比如，有些电子商务企业使用“今日特惠”、“仅限今日”、“明天涨价”等不实语言或者其他带有欺骗性、误导性的语言、文字、图片等标价，诱导顾客购买。为此，国家发改委、价格监督检查与反垄断局公开发布《关于规范网络零售价格行为的提醒书》，予以警示。2015年12月29日，国家发展改革委组织召开2015年度“双十一”第三方综合信用评价工作媒体通气会，中国改革报社会同国家信息中心、奇虎360等单位共同编制的《2015年“双十一”综合信用评价报告》显示，与两个月内的历史低价相比，“双十一”当天的促销价格中有53.6%的商品实际上是上涨的，实质性下调的只有34.6%。再比如，京东实名举报阿里巴巴在“双十一”促销活动中胁迫商家“二选一”，的确，国家工商总局发布的《网络商品和服务集中促销活动管理暂行规定》，明确规定从10月1日开始，电商平台不得“限制、排斥平台内的网络集中促销经营者参加其他第三方交易平台组织的促销活动”。

第二，“双十一”的盛宴助推了企业为了排名而刷单造假。很显然，如此重要的促销日子，每家企业都不甘心落后，都希望晋升前列，然而，现实是残酷的，销售额背后有多少水分也只有商家自知，但刷单已成为每年“双十一”饱受诟病的话题。以手机行业为例，销量前三名的华为、小米、魅族互相指责对方刷单制造虚假的交易额，这让国产手机“争第一”的光彩口号陷入尴尬的境地。

第三，“双十一”促销浪潮中，良莠不齐，有的企业明显把此时期作为甩尾货的契机，更有企业以次充好、以假乱真，以低价格“迎合”消费者，损害消费者的权益。2015年是新修订的《消费者权益保护法》颁布后的第一个“双十一”，对于那些违法经营的企业而言，这是一个坏消息。有了“七天无理由退货”等消费者保护法新条款，消费者利用法律理直气壮地退货，导致2015年退货率较高，有的消费者90%退货，更有媒体报道某些平台近一半出现退货。

2. 关于“双十一”有序进行的政策建议

第一，政府有关部门必须对目前平台企业日益形成的垄断行为有所警觉，有必要对其垄断行为进行调查，防止它们的垄断行为扼杀了其他中小企业的创新。对某些不正当竞争行为展开调查，严惩不贷，否则，有损公平竞争环境，有害中国的法律威严。

第二，制造商与经销商一定要保持一定的利润，没有利润的实体是没有前途的。如果只是鼓励刷单，鼓励平台斩杀制造商与经销商，最终只能使得商业生态更加恶化、更加野蛮。我们不能为了虚假的促销繁荣，而鼓励造假，鼓励彼此欺骗，而使得国内外民众对中国的商业生态失去信任。

第三，适当疏导、合理释放我国的消费购买潜力。政府有关部门应当为国内消费者构建宽松的购物环境，让消费者放心消费；帮助消费者树立正确的消费观念，避免突击消费，倡导理性消费；引导相关平台企业实时释放购买潜能，而不必聚集一个时点，多层次、多时点、多形态做好促销工作。

我国商品交易市场发展的现状、问题及对策研究

◎王雪峰

一、我国商品交易市场发展现状

经过近40年的培育发展和规范调整，我国起源于路边、河边、墙边等原始形态的集贸市场已经形成了经营规模分层、方式分化、主体多元，运营相对规范、完善的商品交易市场体系。近年来，伴随经济社会的发展和国家治理理念的转变，市场在经济社会中的地位和功能进一步提升，商品交易市场也进入到了转型升级和提质增效的新阶段。

（一）多层次多元市场体系形成，产业带动功能增强

我国商品交易市场不但数量众多，而且处于不同发展水平的市场同时存在。2011年底，全国共有64141家，其中，各类批零兼营和零售市场有57142家，各类批发市场6999家，亿元以上市场有5089家，占比分别是89.09%、10.91%和7.91%；呈以大型亿元市场引领、中型批零市场联结以及小型集贸市场为基础的多层次共存的纵向结构。在纵向层次化的同时，市场横向分工也日益细化。全国各类市场中有综合市场50336家、专业市场13805家，占比分别为78.48%和21.52%；有消费品市场有59256家、生产资料市场4885家，占比分别92.38%和7.62%。整体上，我国市场纵向表现为露天集贸市场、大棚市场、室内市场、商场式市场、商城式市场、国际商贸城式市场多层次共存，横向表现为综合市场、专业市场、农产品市场与工业消费品市场、商品市场与物流及服务市场多元并存的立体式、金字塔型的市场体系。

伴随我国立体式市场体系的形成和稳定，我国商品交易市场进入到了硬件基础设施改善、商品集散、价格形成功能增强、服务意识强化、规章措施完善、运营规范提升的新阶段，呈现商品分拣、配送、物流、信息传递功能提升和强化，市场的诚信和品牌打造等综合服务功能提升的态势。特别是在十八大以来，政府强化市场配置资源功能、激活内部市场政策的刺激下，我国商品交易市场的商品集散、价格形成、规模经济、范围经济以及信息传递和商品配送的功能将得到进一步提升，市场对产业发展的带动效应也不断增强。越来越多的市场经营者意识到市场对产业带动及提升功能，逐步建立了市场和经营商户以及生产企业的战略合作关系，共同开辟和培育商品品牌、打造知名企业品牌和市场品牌。市场、商户和生产企业之间呈现出产业链内融合发展，提升产业链价值和竞争力的合作发展的态势，强化了市场对产业发展的提升功能。

（二）规模化专业化态势明显，实体和网络融合发展

在国内相对稳定的经济环境和数量庞大的各类中小规模市场的支撑下，我国商品交易市场运营稳健，呈规模化、专业化发展态势。在规模化方面，我国市场体系孕育出了一批亿元以上的市场，占市场总数的7.91%；且市场内的平均摊位数、平均营业面积、摊位平均营业面积不断增加、市场平均成交额和单位面积成交额持续增长。2009年到2013年，市场的平均摊位数和摊位营业面积分别由638.95个和77.57平方米增加到685.43个和82.76平方米；市场平均成交额分由2011年的10.43亿元、增长到2013年的14.29亿元。在专业化方面，亿元以上市场中专业市场有3316个，占比高达72.67%。整体上，规模化、专业化和信息化的发展态势下，由于竞争压力市场开始分化：一部分基础设施滞后、管理粗放、服务水平较低的市场开始走下坡路；而综合

管理服务能力较强、具有创新能力的市场开始转型升级，走向由大到强的可持续发展道路。

在规模化、专业化发展的同时，伴随信息技术的日益成熟和互联网应用的普及，我国商品交易市场信息化、网络化发展日益凸显。信息技术和互联网正在改变着人们的消费习惯和购物行为。在电子商务和网络市场平台的冲击下，我国传统商品交易市场对信息技术应用日益重视，纷纷启动场内商品价格提取、分析和发布系统；启动在线交易和物流配送服务功能，促进了我国商品交易市场的信息化进程加快。特别是亿元以上市场中的多数市场正逐步摒弃了现场、现金、现货的“三现”交易方式，开始向电话或网上下单，货到付款或先付款后发货以及市场担保下付款和发货同时进行，客户收到货物确认无误后，担保支付平台再划账等多种交易支付方式转变。总之，众多实体市场正在依托自身的实体优势，利用信息和互联网技术搭建了自己的网上市场，启动了信息发布、商品展示、订单交易、资金交割以及物流配送的相关功能，呈现出信息化加快，线上和线下融合发展的态势。

（三）经营主体稳定增加，运营效益改善

商品交易市场内的经营主体是企业单位法人，其数量情况是市场发展的基本反映和市场繁荣的保证。2009 年以来，我国限额以上批零企业法人单位数持续增加，5 年年均增长 14207 家。2013 年底，限额以上批零企业法人单位数量增至 171973 家，相对上年增加了 33108 家，其中，批发企业单位法人增加 18663 个；零售企业单位增加 14445 家。市场内的从业人员是具体从事交易活动的主体，从业人数的变化也是市场繁荣和萧条转换的重要体现。2009 年以来，我国批发和零售企业就业人数持续增加，5 年年均增加 80 万人，其中，批发业年均增长 33.77 万人，零售业年均增长 46.65 万人。经过 2011 年的市场低迷和 2012 年的市场缓慢回苏后，2013 年底限额以上批发和零售业就业人数达到了 1140 万人；相对上年批发和零售业从业人数增加 154 万人，其中批发业从业人员增加了 73.81 万人和 80.12 万人。市场内单位法人数和从业人数的稳定增加说明我国商品交易市场正逐步恢复活力。

在市场经营单位法人主体和从业人员交易主体稳定增加的基础上，我国商品交易市场运营效益向好，具体体现在购销差额、库存占比和利润率等方面。购销差额反映的是购货和销售情况是企业毛收益的基础，购销差额越大、经济效益越好，企业的生存空间就越大、市场活力越强、市场就越繁荣。尽管国际金融危机的冲击下，2009 年我国限额以上批零业购销差额下降到了 21963.3 亿元；但在国家各项措施的推进下，2010 年批零业的购销差额提升至 28594.8 亿元；2011 年和 2012 年均稳定在 3.2 万亿以上，到 2013 年批零业购销差额大幅升至 45338.7 亿元 。近年来，在购销差额平稳增长的基础上，我国批零业的利润率自 2009 年以来呈持续下滑态势，但 2013 年开始回升。具体来看，批发业的利润率自 2009 年开始下滑，至 2012 年由 2008 年的 7.82% 降至 5.97%，但 2013 年回升到了 6.27%；零售业的利润率近几年一直在低位徘徊，到 2013 年也回升至 11.44% 。同时，伴随批零业购进和销售额的增加，批零业库存也不断增加，但库存占比重却逐年下降：库存由 2009 年的 16024 亿元提升到了 2013 年的 32422 亿元，但占比却由 7.97% 降低到 2013 年的 6.53%，反映出我国商品交易市场趋于活跃，市场整体运营效益向好。

二、我国商品交易市场发展存在的问题

尽管我国的商品交易市场体系已经形成，成为市场经济体制运行的重要支撑，但在具体运营中依然存在一些认识、法规以及管理方面的问题阻碍着市场的发展和功能的发挥，主要体现在以下几个方面：

（一）概念不清、开办无标准

目前，国内对商品交易市场的概念还没有明确、权威、统一的界定，对这种特殊经济组织形式的属性认识也不明确。什么是商品交易市场？它是一个场所，一个企业；还是一个平台，一个载体；还是具有社会公众性的特殊经济组织形式？市场开办方到底是以经济性为主，还是以社会性为主？是应该强调盈利性，还是应该突出公益性？在市场载体的社会性与经济性以及盈利性和公益性之间如何平衡？特别是农贸市场，它与民生息息相关，直接涉及到百姓日常生活和食品消费安全。由于没有清晰、权威的市场概念，造成对市场构成各主体，特别是开办主体属性认识的模糊，引致对政府与市场开办方、开办方与经营者之间职责权限边界模糊的局面。

商品交易市场是多主体聚集的公众交易场所，具有平

台性、社会性、公益性和经济性，是一种特殊的社会经济组织形式。理论上，市场开办需要满足一定的资质条件和标准；也就是说，市场开办需要有准入门槛和退出的标准和机制。目前，我国的市场建设已由原来国有投资建设为主，转变为国有、集体、私营、个体等多主体共同投资和运营，形成投资运营主体多元化的投资运营结构。由于对市场开办、管理还没有明确的资质要求，致使市场开办建设标准缺失，处于开办和经营管理无门槛和没有退出机制的状态。这为随意开办市场打开了闸门，造成谁想办市场就办市场的局面，导致市场的盈利性增强，社会性、公益性弱化、开发过度的局面。

（二）规划无效，职责边界模糊

在市场建设方面，很多地方的市场都不是依据实际需求和规划来开办。市场开办取决于领导意志或政绩工程需要，随着政府领导的调整而改变，各地均存在本届不遵守上一届规划，下一届将本届规划推倒重来的问题，致使市场建设规划有效性下降，处于市场建设规划实际缺失的局面。各地把这种现象形象地说法是“换一届市长就换一批市场，市长走市场变”。各地政府为了促进本地市场和经济的发展，相互间采用土地使用优惠、财政补贴、税费减免或优惠等政策措施展开激烈的竞争，致使地方保护政策盛行，成为相邻区域间商品交易市场恶性竞争，阻碍商品统一大市场形成、提高市场辐射、增加市场规模效应和提高市场效率，促进市场发展的桎梏。由于群里干预致使规划无效，再加上政府间相互招商引资的竞争，各地市场开办门槛降低，致使市场重复建设严重，基本处于无序状态；进而致使市场间恶性竞争不断，市场秩序处于混乱状态，出现一些不必要的空壳市场和僵尸市场。譬如，江苏南通中国叠石桥国际家纺城和中国南通家纺城都是500亿左右的家纺市场，只是以一条马路为行政边界，在地理上完全相邻；但只因分别隶属海门市和通州区两个不同的县级行政区域，相互间由于地方保护，造成了各自为政、市场被人为阻隔的无奈局面。

商品交易市场是特殊的多主体经济组织形式，主要包括政府监管主体、市场开办主体、场内经营主体以及消费主体。由于法律法规的缺陷或管理体制等多方面的原因致使各主体间职责边界模糊。在市场监管方面，涉及到卫生、消防、质检、工商、商务、城管、交通、公安等部门，具有多部门的综合管理性。按规定，各职能部门应该各司其职、各履其责、相互配合，共同维护好市场的交易环境和交易秩序；但是，各部门间由于履职意识、履职能力和履职积极性的差异，再加上部门间衔接协调不顺，往往会出现“遇到好处争功、遇到责任推卸”的“多头管理就是无管理”的推诿扯皮的局面。市场开办方对不作为、相互推诿扯皮的政府管理部门也一定要笑脸相迎，不能得罪任何一个部门。至于市场开办主体，伴随《行政许可法（2004）》的颁布，《商品交易市场登记管理条例》随之废止，市场开办主体的法律地位也随之丧失。由于不具备法定主体资格，市场开办主体也失去了独立承担民事责任和享有法定权利的主体能力，开办主体的责任也处于模糊状态。总之，鉴于对商品交易市场概念认识的不统一和对其属性的认识不清，致使政府、市场开办方及场内经营主体的职责边界不清，市场开办方和场内经营主体的法律责任不明。市场内各主体即使不尽责也没有相应处罚或者处罚难度较大，进而造成市场开办方和场内经营主体责任意识淡薄，形成市场开办方和场内经营者与政府监管部门间相互指责和抱怨的局面。

（三）管理混乱、履责意愿弱

伴随市场开办方式的多样化和市场主体的多元化，我国市场开办主体属性已经形成了国有、集体和私人的多元化格局；同时也出现了市场内摊位产权自有、租赁、转租结构的复杂化。在市场内摊位多种产权结构的情况下，全国范围内大部分市场都还是采用传统的摊位出租、收取摊位费和管理费的低水平的物业管理模式，缺乏高素质的管理团队和规范化、标准化的管理理念，更没有引导场内经营户提升的意识和能力。复杂混乱的产权结构和低水平的管理方式带来市场统一“划行归市”管理的两难困境：管，个人产权所有者不听，也不服从管理；不管，市场环境差、秩序混乱，政府不满、消费者有意见，市场很难提升。

在市场开办准入门槛低的条件下，开办方守法意识淡薄，经营管理随意性较强，履责意愿弱，蕴含的风险较大。开办方普遍存在即使违反了相关法律规定，由于不知法、不懂法，只要不出事，不被查处，就认为没有问题的现象。与此同时，由于缺乏行业组织自律机制，只要不出大事就很难查处，形成经营管理水平低、经营风险较高的经营管理现状。譬如：在市场登记取消后，市场举办方改变市场结构、改变摊位情况，也不向工商、消防、规划等部门备案。对入场经营户资质审核不严，对商户发布的信息也不核查，造成场内商户无照经营、信息真假混杂的局面。另外，在盈利需求的主导下，市场管理主体对场内经营行为管理不到位，对场内经营商品的质量缺乏监管，出现只收摊位费和管理费，并不履行管理职责的现象。场内经营户出了问题，责任全部由经营户承担，开办方也不承担相应的管理责任和连带责任。整体上，市场开办方和经营户的守法意识和履责意愿都不强的局面。

（四）诚信水平低、融资困难

市场经济的本质是信用经济和法治经济，也就是说，诚信和法治是市场经济高效运行基础和驱动轮。在市场经济条件下，诚信是经商的灵魂，守法是经商的底线，自律是行业的基本准则。尽管我国推行社会主义市场经济已经 30 多年，但毕竟时间短，还处于市场经济的初级阶段，市场内的经营商户还处于诚信水平较低、守法意识不强、自律能力缺失的阶段；绝大多数商户在盈利、挣钱的思维模式下从事经营，短视问题非常严重。再加上政府监管不严，行业组织涣散甚至缺失，整个行业内部缺乏自律。在这种经营环境下，造成了重利益、轻责任、轻信用，商业欺诈较多，消费纠纷不断的局面。另外，由于违法成本低，处罚较轻，造成了违法经营屡禁不止的现象。追根求源，就在于我国市场机制不完善，征信体系缺失；法律法规不完善和执法不严以及行业组织不成熟以及经营户诚信意识不强，缺乏守法意识和诚信自律的经营环境。

在市场内经营的商户主要是个体户和中小企业，他们以市场为依托，以摊位为基础在市场内进行商品批发或零售业务。由于没有土地、厂房、设备等固定资产抵押，再加上国内也没有形成完善的商业信用评价体系，致使商户信誉不高，再加上诚信水平低，没有机构愿意为他们融资提供担保，形成了商户经营过程中“融资难”的问题。当前，商户融资的主要渠道是银行和小额贷款公司，为了控制风险，他们对商户融资审查都会比较严格，同时提高贷款利率，造成“融资贵”的问题。多年来，“融资难、融资贵”一直是困扰商户拓展经营的重大难题。个别发展较好，服务意识较强的市场，为了解决商户的融资问题也开始主动拓展服务。譬如，义乌小商品城推出了摊位抵押和市场担保的融资方式；但提供这类服务的市场是少之又少，绝大多数市场没有提供这类服务。也有部分市场内的商户开展了合作贷款方式，但是融资风险依然较大，波及效应更强，潜在威胁也很大。譬如，绍兴柯桥轻纺城市场和常熟服装批发市场，近几年因为经营困难和融不到资金造成跑路的现象时有发生；并且在多家合作贷款的情况下，一家还不上贷款就要牵连多家商户，很可能会造成多家商户同时关门，甚至破产。

（五）品牌意识差、引领能力弱

我国大多数市场都处于中低端经营状态，缺乏品牌经营意识，造成场内品牌商品少，市场知名度低，提升困难的窘境。譬如，义乌市场国内第一，国际知名；可是因义乌商品是低端商品，义乌市场也就成为了低端市场的代名词。再如义乌某知名袜子生产企业，由于“贴牌”加工环节把关不严，产品质量越来越差，沦为“地摊货品牌”。近几年，一些知名规模市场已经意识到品牌的重要性，开始投入大量的人力、物力和财力，积极打造和培育市场及场内商品品牌。比如，广州红棉国际时装城在加强对硬件设施进行升级改造的同时，大力促进思想观念的改变，通过创新升级与品牌建设，在树立自身品牌的同时，努力打造“时尚品牌孵化基地”。可在全国范围内，绝大多市场的品牌意识并不强，依然处于追求规模和利润的状态，真正大力实施推进品牌战略的市场仍然是极少数，而且品牌战略是一项长期的工作，任重而道远。

伴随经济增长，居民收入增加和人口结构变化，消费者的消费能力、消费动机、消费行为和对产品的消费需求都在发生变化，整体上处于质量意识、品牌意识、个性化需求提高的消费结构调整和升级阶段。特别是在互联网环境下成长起来的 80、90 后正在成长为消费的中坚力量，他们的消费动机、消费行为和消费习惯正在成为引领我国消费变动的重要力量。同时，随着老龄人口的增加，老年的消费观念和习惯也在调整。在此背景下，商品交易市场经营管理方由于研发投入较少，与学术界合作不够紧密，对消费趋势的把握有限，引导场内商户经营的能力也有限，只是在被动跟随市场的调整，以致市场缺乏先见性和引领性。另外，信息技术的成熟和网络应用的普及已经将我们带入到了信息时代。我国绝大多数市场信息技术应用的水平较低，与信息时代管理信息化的要求差距较大。在受到新兴电子商务和网络市场的冲击后，大多经营者的感受是不公平，但求变意愿并不是特别强烈，而是期望政府加强对电子商务和网络市场的监管来缓解新型商业模式带来的影响。譬如，全国各地服装市场、小商品市场内的场内经营户普遍反映受电商冲击较大，传统批零业被电商和网络市场分流，场内经营行情每况愈下；但是，绝大部分商户基于各种原因都处在束手无策的状态；即使市场开办方予以免费培训支持，但商户参与的积极性也不高。整体上看，市场及场内经营户在信息技术应用方面都处于较低水平的状态，无法但担起引领消费趋势的任务。

三、规范提升商品交易市场发展的对策建议

（一）明确概念，规范标准

概念不清，主体分类不明是造成对商品交易市场认识模糊、监管困难、效能不高的首要原因。针对概念混乱问题，本文认为，商品交易市场应该是指由开办主体依法提供场所或空间平台载体和管理服务，经营主体和消费主体在场所或空间平台聚集并在遵守开办方的管理规则、享受其提供的服务、遵循市场机制的基础上进行合法、自主交易的复合型经济组织形式。该概念不但体现了商品交易市场构成的多主体性、聚集性和交易性，还反映了市场的经济性、组织性的本质内涵以及其经济组织的复合性的特征，为市场监管提供了强力的理论支撑。这样，在主体构成上，商品交易市场包括开办主体、场内经营主体和购买主体三大类基本主体。开办主体依法提供场所、空间平台载体和管理服务及维护市场秩序；场内经营主体依法取得经营资质后入场守规经营；购买主体依法守规自由进入市场采购商品。

依据商品交易市场的主体构成以及其组织的复合性，需要对市场主体进行分类规范和管理。譬如，市场平台或空间载体具有基础性、社会性、公众性等属性，属于准公共产品的范畴；因而，市场开办方不能等同于一般法人企业，应该满足相应的资质门槛要求。场内经营主体属于个体或一般法人，不需要设置准入门槛，只需按规定注册登记即可获得市场准入资格。

（二）提高规划效能，减少行政干预

一直以来，行政权力干预是市场建设规划无效、开办门槛降低、随意性性强，重复建设严重、恶性竞争不断、市场秩序混乱的重要原因；地方保护、行政干预执法是市场监管部门执法遇阻、执法困难，推进统一市场监管困难的重要原因。理论上，商品交易市场是具有公众性、平台性、聚集性和社会性的准公益性产品，市场建设需要政府先行规划，市场开办需要有准入门槛和退出的标准和机制；市场监管部门是政府基于市场失灵而对市场进行干涉的独立行政机构，具有行政性、法定性和独立性。

鉴于商品交易市场的组织特殊性和市场监管的多部门性和监管的相对独立性，在“简政放权”、“独立监管”和“依法监管”的大趋势以及建立全国统一大市场的政策要求下，为了扭转市场建设、开办无序的局面，保证市场监管的有效性和稳定性，在市场建设和监管方面要强化规划严肃性、提高规划的效能，设置市场开办准入门槛和退出机制。同时，要“强化地方政府责任、约束地方政府权力”，尽量防止行政权力干涉市场建设和市场监管，以防市场建设无序和市场监管无效，扭转“多头管理就是无管理”、推诿扯皮以及市场秩序混乱的局面。具体来讲，就是要在市场建设的准入和开办环节强化市场建设规划，禁止行政权力干预；在执法环节要强化政府责任，提高政府对市场监管部门工作的支持力度；在市场主体退出环节，要制定退出规则，并严格按规则强制退出。

（三）完善法规，分类规范

在我国当前的法规体系中，还没有一部统一的《市场法》或者《商事法》来界定市场各类主体的职责边界；致使政府各监管部门之间、市场主体与监管部门间以及不同市场主体之间权责不明，进而导致政府监管部门间职能交叉错位、缺位与越位并存；开办方只收费不管理；开办方与场内经营主体间关系不顺、管理服务不到位，以及连带责任缺失等问题。依据国务院《注册资本登记制度改革方案》“加快完善市场主体准入与监管的法律法规”和“开展相关规章和规范性文件的“立、改、废”工作“的要求，为了厘清各市场主体间的权责利关系，相关部门应加快市场立法的推进工作。长期来看，需要在5-10年内制定出台一部能够统领市场发展的《商品交易市场法》或《商事法》。中期，也就是3到5年内尽可能争取以国务院令的形式出台《商品交易市场管理办法》。短期，也就是1到3年内应力争能够以国务院意见的形式发布《商品交易市场管理的措施和意见》。这样，在国家层面以意见、办法、法律逐步递升的形式厘清并明确各主体之间的权责利关系及其职责边界。

商品交易市场是一种多主体组成的复合型经济组织，

由于不同主体在市场中地位和功能的差异，为了规范和维护市场秩序，需要对市场主体实施分类规范，突出重点，提高效率。开办主体提供的场所、空间平台、管理和服务都具有准公益性，其经营管理水平不但对市场环境、交易秩序直接产生影响，还会对居民消费和社会生活产生间接的影响，外部效应较大；因而开办主体不能等同于一般性的法人企业，应是政府规范的重点。众多不同属性的经营主体在市场构成中处于主体地位，其职责是遵守管理规定、自主交易，其行为决定着市场秩序，反映了市场的管理水平和政府监管的状况。场内经营主体应该是政府规范的一般对象，监管部门应贯彻国家工商登记制度改革的精神，清理工商登记前置审批项目，放宽工商登记条件，实现工商登记的便利化。采购和消费主体在市场构成中处于松散、随机地位，依据自己的采购和消费意愿自主进入商品交易市场采购或消费。市场秩序好、交易有保障，进入意愿就强，市场繁荣；否则，进入意愿差、市场就萧条。对采购和消费主体只需要依据相关的法律和法规实行依法监管。

（四）培育中间组织、促进行业自律

行业协会等社会中介组织是国家治理体系和治理能力现代化的有机组成部分，是现代市场体系的有机组成部分，承担着建立和形成市场规则、维护市场秩序和为会员单位提供服务的责任，在承接政府职能转移、服务企业发展中起着越来越重要的作用。目前，在我国政府简政放权的执政思路下，在政府和市场边界的模糊地带需要中间组织来承担起来，行业协会等中介组织是实现政府和市场无缝隙衔接，促进市场经济体系的完善和社会的繁荣发展的必要一环。行业协会等中介组织是行业发展与政府监管的中介和桥梁，也是推动成员企业依法经营和自律的重要中间组织。在我国，商品交易市场对经济发展和社会稳定都很重要，但目前却没有一个全国性的行业协会组织来统领行业的规范，促进行业自律。各地有的成立了市场协会，但是，由于不作为或者政府干涉过多，基本成为摆设，处于无效运行的状态；有的根本没有成立市场协会，甚至有的已经成立的省份在当前职能转变政策的要求下，为了各自不同的目的也正在取消市场协会。在市场内部，很多市场没有商会组织，有商会组织的市场也因缺乏相应的支持，无力维权，也无法承担市场内的行业自律的职能。整个行业处于中间组织涣散，行业自律不力状态。鉴于我国商品交易市场中间组织的发展现状和运行存在的问题，我们建议要大力培育市场协会和商会组织的发展，在行业层面上推进行业自律。

（五）统一平台，增强信用自律

在市场经济条件下，政府对市场的监管重点在于制定规则，营造规范有序、公平竞争的市场环境，而不再直接干预可以由企业自主、市场选择的事情。企业和政府将企业的各类信息及时、公开、准确、透明地提供给市场，由市场做出选择，选择是否与企业业务往来，是否购买企业的商品或服务，从而实现由市场决定资源或增或减地配置于不同的企业，促进市场自律。基于电子商务和网络市场的迅猛发展以及实体与网络市场融合发展的趋势，国内各地各自建立本部门、本地区的市场监管平台，但互不兼容，致使监管部门间信息很难对接，造成了资源的浪费。为了适应市场发展和监管的需要，监管部门要加快统一监管平台建设，并以市场监管平台为抓手，有效整合利用系统内资源，推进各类市场主体的营业执照、注册登记以及违法、违规经营信息电子化和各业务条线监管执法信息纵向、横向整合、实体与虚拟整合，推进对市场的科学化、精细化、实体和网络市场一体化网络监管。这样，政府监管部门在统一平台的基础上，重点监管网络市场平台主体和实体市场开办主体，并通过网络平台主体和实体开办主体实施对一般网络或实体经营主体的监管。

信用是市场经济的灵魂，具有激励约束的双重功能，因而，信用激励和市场自律将成为我国社会主义市场经济监管的主要方式。在统一平台的基础上，政府可以通过强化市场主体的信息公示，利用市场信用调节机制、促进市场主体自律、规范市场主体行为。为了发挥信用的激励约束功能，需要政府推动建设统一规范的企业信用管理系统，提升对企业信息的采集、整合和分析能力，运用信息公示、信息共享、信息约束等手段，对列入经营异常名录的企业进行公示、警示，对列入严重违法企业名单的企业进行限制，纳入信用监管体系。政府部门可以利用信用管理系统，以企业征信报告的形式可以有效解决银行与经营户之间信息不对称的问题，帮助诚信守法企业解决融资难的问题，激励企业诚信经营；还能够使违法主体“一处违法，处处受限”，对违法企业进行有效的约束。《企业信息公示暂行条例》的推出使我国信用激励和监管开始起步。

第四篇

行业文选

第一章 政策解读

迎接新《广告法》 共建市场诚信
——访国家工商总局广告司司长张国华

□ 文/乔小尊 邵甜甜

2015年4月24日，十二届全国人大常委会第十四次会议表决通过了新修订的《广告法》，新《广告法》自2015年9月1日起施行，引起社会各界高度关注。《广告法》修订的背景和意义是什么？修订后的《广告法》有哪些亮点值得关注？国家工商总局在此次修法过程中承担了哪些工作？工商和市场监管部门为贯彻实施新《广告法》做了哪些准备？下一步将采取什么举措？带着这些问题，笔者近日专访了国家工商总局广告司司长张国华，邀请他就相关问题做深入解读。

问：我国现行《广告法》自1995年施行至今已有20年，20年来，我国广告业取得了哪些成就？成就取得的原因是什么？

答：广告业是现代服务业和文化产业的重要组成部分，是引导消费、扩大内需、拉动经济增长的重要力量。自1995年我国现行《广告法》施行以来，我国广告业取得了举世瞩目的发展成就，2014年，我国广告经营额突破5600亿元，广告市场总体规模居世界第二位，为促进经济社会发展作出了积极贡献。

我国广告业取得巨大发展成就离不开整个经济社会发展的支撑。改革开放以后，中国逐渐由卖方市场转变为买方市场，以前的“酒香不怕巷子深”变成了“酒香也得勤吆喝”，这促使各类企业产生广告营销的意愿和需求，从而推动广告业的发展。

此外，随着科技的不断进步，我国广告发布平台和技术也获得了十分迅猛的发展。广告媒体在传统的广播、电视、报刊和户外广告牌等基础上，增加了网络等新媒体类型。

因此，技术的进步成为推动中国广告业发展的另一大动力。

问：本次修订是《广告法》施行以来的第一次修订，请您介绍一下修法的背景和意义，以及国家工商总局在此次修法过程中承担了哪些工作。

答：我国现行《广告法》自1995年施行至今，在规范广告经营行为，维护广告市场秩序，保护消费者合法权益方面，发挥了重要作用。但是，随着我国广告业的飞速发展，广告业的经营环境发生了很大变化，广告监管执法工作也面临许多新情况、新问题，有必要适时修改这部法律。此次《广告法》的修订，是新形势下规范广告市场秩序、加强广告市场监管的迫切需要，是促进广告行业持续健康发展的必然要求，是提升广告监管执法水平、保护消费者合法权益的一项重大举措。

修订后的《广告法》，细化了广告内容准则、广告活动规范，为加强广告监督管理、促进广告业持续快速健康发展提供了重要的法制保障。此次修订，进一步完善了广告监管法律制度，保障和规范行政主管部门职权的实施，加大了虚假违法广告惩治力度，对构建文明诚信的广告市场秩序具有极其重要的现实意义，对我国广告市场将产生深远的影响。

国家工商总局全程参与了此次《广告法》的修订过程，广告司和法规司承担了修订草案的起草论证工作。我们提供了修订草案的初稿，并且参与每一次具体的修改和讨论过程，即使当修订草案被提交到全国人大后，我们在一些比较重要的条款上还是提出了自己的意见，并部分被采纳。

问：修订后的《广告法》有哪些亮点值得关注？将对我国经济社会发展产生怎样的影响？

答：此次《广告法》的修订体现了全面深化改革、切实调整政府职能、加强市场监管的要求。总体上看，修订草案与现行《广告法》相比，修改幅度较大，涉及面广，内涵丰富（新法由49个条款增加到75个，新增33条，删除3条，修改37条，原文保留8条）。

与现行法相比，修订草案充实和细化了广告内容准则，如修订完善或新增保健食品、医疗、教育培训、招商投资、房地产等广告的准则；加大了对违法广告相关行为主体的处罚力度，同时处罚也更加规范；强化了对执法者的责任追究，并对执法者的执法能力提出了更高的要求。

具体来看，修订后的《广告法》值得关注的亮点及其影响主要包括以下几个方面：

第一，新增广告代言人的法律义务和责任的规定，明确规定广告代言人不得为虚假广告代言，不得为未使用过的商品和服务代言。这意味着明星代言责利相当有了依据，明星代言应当“言于律己”。

第二，明确虚假广告的定义和典型形态。新《广告法》坚持问题导向，立足解决我国广告监管存在的主要问题，着重解决广大人民群众关注的虚假违法广告治理问题，明确规定广告内容虚假及内容引人误解均属于虚假广告，同时列明构成虚假广告的具体情形，为工商机关打击虚假违法广告提供了法律武器。

第三，提高法律责任的震慑力。按照过罚相当原则，新法区分违法行为的社会危害程度和具体情节，对严重的广告违法行为，如发布虚假广告、利用广告推销禁止生产销售的商品或者提供的服务等，设定了较重的法律责任。新法增加了行政处罚种类，加大打击力度，包括：增加了资格罚，对情节严重的广告违法行为增加吊销营业执照的处罚；增加了信用惩戒，规定有关违法行为信息要记入信用档案。

第四，严控烟草广告发布。严控烟草广告有利于遏制烟草消费，维护人民群众身体健康，根据我国履行《烟草控制框架公约》的需要，此次修法进一步规定禁止向社会公众发布烟草广告。以上立法规定，既符合《烟草控制框架公约》的要求，也兼顾了我国国情。

第五，新增关于互联网广告的规定。我国互联网蓬勃发展，互联网广告因其具有的针对性强、速度快、受众面广等其他传统媒体无法比拟的优势，已经发展成为当今最具活力的新兴广告形式。为了规范互联网广告的发布行为，保护消费者合法权益，新法明确规定互联网广告活动也必须遵守《广告法》的各项规定。针对垃圾邮件广告问题，新法规定未经当事人同意或请求，不得向其发送广告。弹出广告应当确保一键关停。互联网信息服务提供者对利用其平台发布违法广告的，应当予以制止。

第六，增加公益广告，扩大《广告法》调整范围。现行《广告法》仅规范商业广告没有涉及公益广告。公益广告具有引领道德风尚、传播先进文化、推动社会和谐的重要功能。但在现阶段，与商业广告相比，我国公益广告的管理、激励措施不健全，公益广告的选题质量、制作水平不高，广告主与广告媒体发布公益广告的意识有待增强，这些突出问题制约了公益广告的进一步发展。为此，新《广告法》增加规定国家鼓励、支持开展公益广告宣传活动，大众传播媒介有义务发布公益广告。

问：工商和市场监管部门为贯彻实施新《广告法》做了哪些准备工作？下一步还将采取什么举措？

答：工商和市场监管部门一直期待新《广告法》的出台和实施，在新法正式施行之前，我们已经做了比较充分的准备工作。

首先，新法中修订完善和新增的一些条款实际上就是工商和市场监管部门在此前执法实践中的经验总结，对于新法新内容，我们在实践中已经有了一定的摸索。

其次，运用大数据技术，构建了统一监管执法平台。从2014年开始，国家工商总局开始建设广告数据中心，该数据中心是基于大数据理念建成的集广告监管、广告信用、广告业发展、广告信息交流四大平台于一体的系统，现已基本实现对全国31个省（区市）332个市所有媒体、全类广告的全覆盖、全天候监测，3年后监测范围将进一步扩展到全国2800多个县。总局及省局、市局、县局四级广告监管机关，可依托该系统提供的大数据，实时掌握了解各地广告市场秩序情况，及时派发监测发现的违法广告线索，形成证据提供、案件交办、立案查处、结果反馈一体化的监管指挥系统，提升广告监管执法效能。

最后，重点查办一些大案要案。国家工商总局以前办案较少，但是从2014年开始，我们开始统一调度指挥办案，并加大对违法广告的惩处力度。

新修订的《广告法》赋予了工商部门广告监管工作新任务，也提出了更高要求。下一步，各级工商和市场监管部门将抓住新《广告法》实施的重要机遇，凝心聚力，开拓创新，扎实推进广告监管执法工作取得新成绩。

一是认真组织新《广告法》的宣传培训工作，扩大法律的社会认知度和执行力。二是及时做好配套规章的制定完善工作，提高依法行政水平。三是全面建立并完善大数据管理下的广告市场监管新体系。四是加大广告专项整治工作力度，加强重点案件的统一调度指挥，建立线索移送、证据提供、案件督办、结果反馈一体化的监管执法办案指挥系统；加大对跨省发布违法广告的查办力度，查办一批典型、恶劣虚假广告案件。五是切实发挥部际联席会议制度作用，进一步完善工作制度，明确职能分工，构建整治虚假违法广告新常态化工作模式。

问：新《广告法》施行过程中可能会遇到一些操作层面的问题，这些问题都是基层广告执法人员非常关注的。为了增强执法的可操作性，对于之前与广告规范管理相关的一些不合时宜的规章和规范性文件，国家工商总局能否在新《广告法》施行前清理完毕，并及时出台与新法配套的规章？

答：在大的方向上，国家工商总局将根据“宽进严管”的原则处理这个问题。在具体操作上，总局将按照新《广告法》的要求，加快配套广告法规规章的制定修改和清理废止工作，抓紧修订《医疗广告管理办法》《医疗器械广告审查办法》等配套规章；尽快推动出台《公益广告促进和管理暂行办法》《互联网广告监督管理暂行办法》等部门规章，争取与新《广告法》同步实施；推动废止《广告管理条例》《户外广告登记管理规定》《外商投资广告企业管理规定》《印刷品广告管理办法》等行政法规和规章。此外，各地工商、市场监管部门要积极配合地方人大做好相关地方性法规的修订、完善和清理工作。

问：新修订的《广告法》提高了对工商和市场监管部门广告监管工作的要求。比如，新法要求工商及有关部门向社会公开受理投诉、举报的电话、信箱或者电子邮件地址，对于接到的投诉、举报，应当自收到投诉、举报之日起七个工作日内予以处理，并将处理结果及时告知投诉、举报人。对于这样的要求，工商和市场监管部门有什么样的感受，将采取哪些应对措施？

答：面对新法新要求，工商和市场监管部门最大的感受就是压力更大了。新《广告法》为我们查处违法广告、整顿广告市场秩序提供了有力的武器，能不能用好这个武器，使它发挥应有的作用，是我们面临的很现实的问题。新法还加大了对工商和市场监管部门监管不力的问责力度，对监管不力的单位要追究行政责任乃至刑事责任，这都激励我们采取更加有力的措施。

近日，国家工商总局召开了相关动员会，启用广告数据中心，还将在5月中旬举办学习新《广告法》培训班，尽快让系统内部人员熟悉、理解法律，以便提高日后的监管效能。对于监管不力的地区和媒体，总局将进行通报和曝光。通过采取这些措施，工商和市场监管部门将进一步贯彻落实新《广告法》，更好地维护广告消费者合法权益，体现“宽进严管”的改革理念，为构建诚信社会发挥应有的作用。

中央一号文件解读：农业转方式要念好“六字诀”

□ 文／陈良彪

2015 年的中央一号文件指出，我国农业资源短缺，开发过度、污染加重，如何在资源环境硬约束下保障农产品有效供给和质量安全、提升农业可持续发展能力，是必须应对的一个重大挑战。

加快推进中国特色农业现代化，必须充分考虑我国耕地、淡水、气候等资源条件，充分考虑国内农产品需求和消费结构发展趋势，充分考虑国际农产品贸易环境和供求格局变化，念好减、退、转、改、治、保“六字诀”，在转变农业发展方式上寻求新突破。

减，就是要把化肥和农药的施用量减下来。一方面，要扩大测土配方施肥项目实施的范围，到 2020 年，测土配方施肥技术推广覆盖率从 2014 年的 76.7% 提升到 90% 以上（提高约 13 个百分点），肥料利用率从 33.8% 提到 40% 以上（提高约 6 个百分点），化肥使用总量实现零增长。另一方面，要推动农作物病虫害统防统治和绿色防控，优先采用生态控制、物理防治和生物防治措施，开展低毒低残留农药的示范推广，到 2020 年，主要农作物病虫害绿色防控覆盖率从 2014 年的 20.7% 提高到 30%，化学农药使用量实现零增长。

退，就是要把超资源承载力的生产退出来。一段时间以来，我们为了吃饱饭，开荒种地、围湖造田，过度施用化肥农药农膜，资源生态已不堪重负。现在应该是还账的时候了，再不还账，我们这代人过不好，对子孙后代更无法交代。对那些污染严重、生态脆弱、资源环境压力大的耕地、草原、水面等等，该改种的就要改种，该治理的就要治理，该退耕的就要退耕。2015 年重点要做好 3 项工作：一是实施新一轮退耕还林还草工程；二是扩大重金属污染耕地修复、地下水超采区综合治理、退耕还湿试点范围；三是加快实施退牧还草。

转，就是要把农业废弃物变为资源用起来。目前，我国近 8 亿吨的农作物秸秆、约 20 亿吨的畜禽排泄物，60% 以上未被有效利用，随处堆放或就地焚烧，对自然环境及农村人居环境都产生了不利影响甚至是严重的破坏。农业废弃物资源化利用，既是生态文明建设的迫切要求，也有广阔的空间和前景。2015 年，这个方面的主要任务，就是开展秸秆、畜禽粪便资源化利用和农田残膜回收区域性示范。

改，就是要把传统种养模式和农产品商流模式改过来。2015 年，重点做好 3 个方面的工作。一是开展粮改饲试点，大力发展草牧业，支持青储玉米和苜蓿等饲草料种植，促进粮食、经济作物、饲草料三元种植结构协调发展。二是开展种养结合模式试点，探索一定规模的农田加上一定规模的养殖场配套经营，利用秸秆作饲料，利用畜粪当肥料，促进种养业协调循环发展，实现经济效益、生态效益双赢。三是支持电商、物流、商贸、金融等企业参与涉农电子商务平台建设，开展电子商务进农村综合示范，创新农产品商流模式，提高农村商品流通的效率和效益。

治，就是要加大农业面源污染和农业生态治理力度。大力推广生物有机肥、低毒低残留农药。开展西北旱区农牧业可持续发展、农牧交错带已垦草原治理、东北黑土地保护试点。全面实施区域规模化高效节水灌溉行动，推进重要水源地生态清洁小流域等水土保持重点工程建设，实施湿地生态效益补偿、湿地保护奖励试点和沙化土地封禁保护区补贴政策。落实畜禽规模养殖环境影响评价制度。推进山水林田路综合治理，加大污水和垃圾处理力度。建立健全农业生态环境保护责任制，加强监管，依法依规严肃查处各种破坏生态环境的行为。

保，就是无论如何都要把粮食这个根基和命脉保住。不管怎么调，吃饱饭是第一条。饭都吃不饱，什么都干不成。

农业调结构转方式，从主要追求产量转到数量质量效益并重上来，并不是说产量不再重要，更不是说粮食生产可以放松。我国有13亿多人口，而且还在继续增加，人们的消费水平也在不断提高，粮食安全绝对不能出任何问题。只有粮食安全有了保障，我们应对各种风险挑战才有底气。为此，中央提出三点要求：一要严防死守，把耕地保住。全面开展永久基本农田划定工作，把口粮生产能力落实到田块地头。二要继续加大政策支持力度，把农民务农种粮和地方重农抓粮的积极性保住。三要大兴农田水利，推动农业科技创新，把粮食丰产丰收的基础打牢夯实。

商务部市场秩序司负责人解读《国务院办公厅关于加快推进重要产品追溯体系建设的意见》

国务院办公厅2015年12月30日印发《关于加快推进重要产品追溯体系建设的意见》（国办发〔2015〕95号，以下简称《意见》）。为了让公众更好地了解《意见》，商务部市场秩序司负责人就《意见》出台的背景意义和主要内容等进行了解读。

一、《意见》出台的背景和意义是什么？

党中央、国务院高度重视重要产品追溯体系建设。《国务院关于促进市场公平竞争维护市场正常秩序的若干意见》（国发〔2014〕20号）、《国务院关于推进国内贸易流通现代化建设法治化营商环境的意见》（国发〔2015〕49号）等重要文件提出了明确要求。近年来，各地区和有关部门适应物联网技术发展趋势，围绕食用农产品、食品、药品等重要产品，积极推动应用物联网、云计算等现代信息技术建设追溯体系，在提升企业质量管理能力、促进监管方式创新、保障消费安全等方面取得积极成效。但是，也存在统筹规划滞后、制度标准不健全、推进机制不完善等问题，需要加强顶层设计，统筹推进。在上述背景下，国务院办公厅印发了《意见》。这是指导今后一段时期重要产品追溯体系建设的纲领性文件，必将对我国重要产品追溯体系建设产生深远影响。

二、近年来商务部推进追溯体系建设情况如何？

近年来，商务部陆续支持部分地方开展了肉类、蔬菜、中药材、酒类等产品流通追溯体系建设，探索运用物联网等技术手段，实现产品“来源可查、去向可追、责任可究”，以技术创新推进食品药品安全治理模式创新，以发展方式转变促进食品药品安全保障模式转变。

几年来，累计支持58个城市开展肉类蔬菜流通追溯体系建设试点，18个省（市）开展中药材流通追溯体系建设试点，8家企业开展酒类流通追溯体系建设试点。截至2015年底，前四批城市已在1.35万家企业建成肉类蔬菜中药材流通追溯体系，覆盖20多万商户，初步形成辐射全国、连接城乡的追溯网络，中央平台累计汇总追溯数据近10亿条。茅台、五粮液、古井等8家企业也初步建成追溯体系。追溯体系的建成，在保障食品药品安全、提振消费信心、促进行业发展等方面发挥了积极作用。

三、推进重要产品追溯体系建设的指导思想是什么？

《意见》明确提出了加快推进重要产品追溯体系建设的指导思想，即贯彻落实党的十八大和十八届二中、三中、四中、五中全会精神，按照国务院决策部署，坚持以落实企业追溯管理责任为基础，以推进信息化追溯为方向，加强统筹规划，健全标准规范，创新推进模式，强化互通共享，加快建设覆盖全国、先进适用的重要产品追溯体系，促进质量安全综合治理，提升产品质量安全与公共安全水平，更好地满足人民群众生活和经济社会发展需要。

四、推进重要产品追溯体系建设的基本原则是什么？

《意见》提出了加快推进重要产品追溯体系建设要坚

持的四项原则：一是坚持政府引导与市场化运作相结合，发挥企业主体作用，调动各方面积极性；二是坚持统筹规划与属地管理相结合，加强指导协调，层层落实责任；三是坚持形式多样与互联互通相结合，促进开放共享，提高运行效率；四是坚持政府监管与社会共治相结合，创新治理模式，保障消费安全和公共安全。

五、重要产品追溯体系建设的主要目标是什么？

《意见》明确了重要产品追溯体系建设的目标。到2020年，追溯体系建设的规划标准体系得到完善，法规制度进一步健全；全国追溯数据统一共享交换机制基本形成，初步实现有关部门、地区和企业追溯信息互通共享；重要产品生产经营企业追溯意识显著增强，采用信息技术建设追溯体系的企业比例大幅提高；社会公众对追溯产品的认知度和接受度逐步提升，追溯体系建设市场环境明显改善。

六、下一步追溯体系建设的重点产品有哪些？

《意见》要求围绕对人民群众生命财产安全和公共安全有重大影响的产品，统筹规划全国重要产品追溯体系建设。从必要性和现实可行性出发，按照有关法律法规规定，《意见》明确了当前及今后一段时期重点推进的七大类产品，即食用农产品、食品、药品、农业生产资料、特种设备、危险品、稀土产品等，明确了每类产品追溯体系建设的具体任务与要求。

七、如何调动各方积极性合力推进追溯体系建设？

《意见》强调坚持政府引导与市场化运作相结合，发挥企业主体作用，调动各方面积极性。一是强化企业主体责任。生产经营企业要严格遵守有关法律法规规定，切实履行主体责任，鼓励建立信息化的追溯体系。二是发挥政府督促引导作用。有关政府部门要加强对企业监督检查，开展形式多样的示范创建活动，创造可复制可推广的经验。三是支持行业协会积极参与。行业协会要创新自律手段和机制，推动会员企业主动建设追溯体系。四是发展追溯服务产业。支持社会力量和资本投入追溯体系建设，培育创新创业新领域，完善配套服务产业链。

八、地方如何履行属地责任推进追溯体系建设？

《意见》强调要坚持统筹规划与属地管理相结合，层层落实责任。从以下几方面明确了地方属地责任：一是要统筹好当地追溯体系建设。结合实际制定实施方案或规划，确定追溯体系建设的重要产品名录，明确目标、任务和政策措施。二是保证肉菜中药材追溯体系有效运行。中央财政资金支持开展肉类、蔬菜、中药材等产品追溯体系建设的地区，要大力创新建设管理模式，加快建立保障追溯体系高效运行的长效机制。三是重点地区要先行先试。农产品质量安全、食品药品安全等各类创建活动区域要先行先试，创造可复制可推广的经验。有条件的地方可针对部分安全风险隐患大、社会反映强烈的产品，依法强制推行信息化追溯体系。

九、如何推进不同环节追溯体系对接？

《意见》强调坚持形式多样与互联互通相结合，促进开放共享，确保追溯体系互联互通。一是完善标准规范。科学规划配套标准体系，加强标准制定工作统筹。抓紧制订实施一批关键共性标准，统一数据采集指标、传输格式、接口规范及编码规则。二是完善数据共享机制。建立完善政府追溯数据统一共享交换机制，推进各类追溯信息互通共享。三是推进统一查询。开通统一的公共服务窗口，面向社会公众提供追溯信息一站式查询服务。

十、加快推进重要产品追溯体系有哪些保障措施？

《意见》从两方面提出了比较有力的保障措施。一是完善法规制度。制修订有关法律法规和规章，细化明确生产经营者责任和义务。研究建立相应的随机抽查与监管制度，提高监管效率。二是加强政策支持。推动建立多元化的投资建设机制，带动社会资本投入。鼓励金融机构为企业追溯体系建设提供信贷支持和产品责任保险。政府采购在同等条件下优先采购可追溯产品。（摘自商务部网站）

商务部市场秩序司负责人就《商务部办公厅关于加快推进中药材现代物流体系建设指导意见的通知》进行解读

2015年1月，商务部办公厅印发了《关于加快推进中药材现代物流体系建设指导意见的通知》（以下简称《通知》），商务部秩序司负责人对《通知》进行了解读。

一、出台《通知》的背景和意义是什么？

中医药是中国的国粹，为促进和保障人民健康，为中华民族的繁衍昌盛发挥着重要作用，而中药材是中医药事业传承和发展的物质基础。随着我国经济社会的发展，人们生活水平日益提高，对健康需求的不断扩大，中药材使用量随之增长。但传统的中药材物流现状已经难以适应中医药事业的发展和人们日益扩大的医疗健康需求。

商务部自2009年承担药品流通行业管理职责以来，一直关注中药材流通状况并就该问题进行了多次专题调研，组织开展了课题研究。当前，我国中药材物流现状较工业消费品和其他农产品物流现状更为落后，包装缺乏标准规范，仓储物流处于分散状态，集约化、规模化程度很低，现代存储设施与技术应用很少等问题已严重影响到中药材的品质保障以及我国中医药事业的持续健康发展。可以说，传统的中药材物流状况急需改善，中药材现代物流体系亟待建立。在全国药品流通“十二五”规划中，我们就对中药材流通提出了要求。目前，我国现代信息技术、中药材气调养护、冷藏保质技术的发展及集中仓储与管理模式的成熟，已经为改变传统中药材物流方式提供了较好的条件。

据此，我们出台了《通知》。《通知》提出了推进中药材现代物流体系建设的指导思想、主要目标、重点任务和保障措施，对于提高中药材流通的组织化、现代化水平，提升中药材流通对中药材质量安全保障能力，促进中医药事业的持续健康发展，具有重要意义。在即将制定的药品流通“十三五”规划中，我们将进一步对中药材现代物流体系的发展做出部署。

二、建设中药材现代物流体系的主要目标是什么？

我们的总体目标是 到2020年，初步形成采收、产地加工、包装、仓储和运输一体化的中药材现代物流体系，基本满足中药材专业市场与电子商务交易的物流需求，基本适应中医药事业发展的要求和人民群众日益增长的健康需求。

为达到总体目标，我们确定了五个具体目标：一是基本建立中药材物流的标准体系。二是基本建成以中药材主要产销区为流通节点的物流基础设施和流通网络，实现大宗中药材与贵细、毒麻限剧中药材的集中仓储。三是物流信息化管理技术和中药材新型养护技术得到普遍应用。四是流通追溯体系全面发挥作用。五是创造良好市场环境使大中型中药材物流企业综合实力得到显著增强。

三、建设中药材现代物流体系主要任务有哪些？

建设中药材现代物流体系的主要任务有六项：

一是建设中药材产地加工基地。这是针对目前中药材分散、粗放的产地加工方式提出的。我们鼓励有条件的中药材经营企业、中药材饮片与制药企业、第三方物流企业等市场主体，根据国家相关标准与中药材特性在大宗中药材主产区建设集约化、规模化的产地加工基地，逐步改变传统的加工方式。

二是规范中药材包装。这是针对中药材无包装、滥包装、无标识的现状提出的。我们将通过完善相关标准，推动中药材产地加工基地采用规范包装，引导药农和中药材专业合作社实行统一规范包装，切实转变中药材包装混乱的局面。

三是建设集中仓储配送网络。这是针对中药材分散储存、民宅储存的落后状况提出的。我们希望通过政府引导和市场化的方式，鼓励围绕大宗中药材主产区与中药材专业市场，建设布局标准化、社会化的中药材仓储基地及辐射全国、集约高效的中药材仓储配送体系。

四是推广应用现代物流管理与技术。这是针对目前中药材仓储管理中人背肩扛、手工操作的现状以及磷化铝熏蒸、硫磺熏蒸等传统储存方式提出的。我们鼓励应用符合国家标准的中药材干燥、包装、搬运、装卸等方面的机械设备及现代仓储管理系统、气调养护等技术，提高中药材物流的机械化、信息化、专业化水平。

五是完善中药材专业市场的配套物流服务功能。这是针对中药材专业市场配套仓储设施缺乏及分散落后的问题提出的。我们鼓励中药材专业市场与电子商务企业自行或引入第三方物流企业建设规模化中药材仓库设施，提供中药材公共仓储服务，完善物流服务功能。

六是做强做大中药材仓储物流企业。这是针对目前中药材仓储物流企业粗放的经营状况及仓储物流企业“小、散、乱”的局面提出的。我们鼓励这些企业立足中药材物流需求，建设规模化仓库，提供产地加工包装、质量检测、储存养护与运输配送等一体化物流服务，逐步形成大而强、覆盖面广的中药材物流企业。

四、中药材现代物流体系与中药材流通追溯体系的关系是什么？

为贯彻落实《国家药品安全“十二五”规划》、《全国药品流通行业发展规划纲要（2011～2015年）》，改变中药材流通组织化程度低、交易方式落后、购销台帐制度欠缺、制假掺假等问题，商务部自2012年起通过中央财政支持开展了中药材流通追溯体系建设试点工作，旨在运用现代化技术实现种植、流通、生产、使用的全链条追溯，从而实现中药材“来源可追、去向可查、责任可究”。目前，我们已完成了全国追溯网络的构架，有18个省市在积极部署推动中药材流通追溯体系建设工作。但由于中药材从采收之后的产地加工、包装、仓储及运输均十分分散，导致追溯体系的建设在组织上存在一定难度。

推动中药材现代物流体系建设，就要建设集约化、规模化产地初加工基地，实行中药材集中仓储，应用现代物流管理与技术，推广规范的中药材包装。这不仅有利于在源头上记录交易主体与中药材质量等相关信息的组织工作，还有利于形成完整的追溯链条，提高追溯体系的建设效率。我们认为，中药材流通追溯体系的建设能够带动中药材物流体系的现代化，中药材现代物流体系的建设能为追溯体系的建设提供便利和保障。中药材现代物流体系与中药材流通追溯体系的紧密衔接、相互促进，将进一步推动我国中药材流通的现代化进程。

五、建设中药材现代物流体系，如何处理好政府与市场的关系？

建设中药材现代物流体系必须处理好市场与政府的关系。《国务院办公厅关于实施＜国务院机构改革和职能转变方案＞任务分工的通知》（国办发〔2013〕22号）对转变政府职能提出了明确要求。党的十八届三中全会进一步明确提出发挥市场在资源配置中的决定性作用。我们考虑，建设中药材现代物流体系的主体是企业，应当充分发挥市场机制的作用，激发市场主体的积极性，鼓励引导专业合作社、大型饮片与制药企业、第三方物流企业、金融机构等市场主体参与建设，形成适应市场机制的经营模式。

发挥市场机制作用，并不是不要政府作为，而是要更好发挥政府作用。针对中药材现代物流体系建设，政府部门应当发挥好规划引导、组织协调和制度与机制建设等方面的作用。

一是加强规划引导。各地商务主管部门要将中药材现代物流体系建设纳入药品流通和商贸流通工作体系进行统筹规划，结合当地中药材产业发展实际情况，编制本地区中药材现代物流体系建设规划。同时，积极会同当地中药材产业管理、食品药品监管、国土资源等部门建立工作协调机制。

二是充分整合相关商贸发展促进资金，加强与有关部门沟通协调，争取在中药材集约化产地加工基地、社会化仓储基地建设方面提供土地、资金、融资支持。

三是加强制度与机制建设，组织引导广大药农与市场商户委托中药材经营企业和仓储物流企业进行中药材集中加工与仓储。

四是组织宣贯《中药材仓库技术规范》、《中药材仓储管理规范》等已发布的行业标准，动员行业组织和企业研究制定中药材从初加工到包装、仓储、运输等全过程的标准体系。

六、建设中药材现代物流体系，行业组织应发挥什么作用？

《国务院办公厅关于实施＜国务院机构改革和职能转变方案＞任务分工的通知》（国办发〔2013〕22号）对如何发挥行业组织的作用提出了明确要求。我们认为，推动中药材现代物流体系建设，行业组织有很大的工作空间。一是建立中药材仓储专业型行业组织，充分发挥相关行业协会在中药材标准制定与宣传贯彻、人才培养、专业咨询等方面的积极作用。二是推动行业协会深入研究中药材物流体系建设相关问题，加强行业自律和业务交流，积极倡导和推广新型物流模式。三是探索由相关行业组织按照国家有关标准的要求，对从事中药材产地加工与仓储服务的企业开展中药材仓储质量认证工作，确保从事中药材公共仓储服务的企业具备相应的储存条件。（摘自商务部网站）

商务部电子商务司负责人就《“互联网+流通”行动计划》进行解读

一、《计划》出台的背景是什么？

2015年十二届全国人大三次会议上，李克强总理在政府工作报告中首次提出“互联网+”行动计划。“互联网+”代表了一种新的经济形态，即充分发挥互联网在生产要素配置中的优化和集成作用，将互联网的创新成果与经济社会各领域深度融合，提升实体经济的创新力和生产力，形成更广泛的以互联网为基础设施和实现工具的经济发展新形态。5月4日，国务院发布《关于大力发展电子商务加快培育经济新动力的意见》（国发〔2015〕24号），进一步明确了国家鼓励电子商务快速发展的态度，指明了利用电子商务培育经济新动力的发展方向。

为贯彻落实国务院的行动部署，加快互联网与流通产业的深度融合，推动流通产业转型升级，提高流通效率，打造新的经济增长点，创新服务民生方式，释放消费潜力，商务部制定了《“互联网+流通”行动计划》（以下简称“行动计划”）。行动计划立足于互联网技术在我国流通领域的应用现状，明确提出了以互联网为载体、推进现代流通体系建设的工作思路、总体目标、重点任务和主要措施，对于引导生产、促进流通、扩大消费、吸纳就业以及改善民生具有重要意义。

二、行动计划的工作思路和主要目标是什么？

我们的工作思路是以“互联网+流通”为载体，发挥市场主体作用，完善政府在公共服务、市场监管和宏观引导方面的职能，加大公共环境建设投入，夯实发展基础。以示范、培训、宣传为抓手，以技术创新和商业模式创新为驱动，整体推进和重点突破相结合，进一步深化电子商务应用，推动传统流通产业转型升级，开辟就业增收新渠道，形成“大众创业、万众创新”的新局面。

主要目标是在电子商务进农村、电子商务进中小城市、电子商务进社区、线上线下融合互动、跨境电子商务等领域打造安全高效、统一开放、竞争有序的流通产业升级版，实现流通方式的不断创新、流通效率的大幅提升以及流通环境的进一步完善。在主要目标的基础上，我们还制定了培育200个电子商务进农村综合示范县、创建60个国家级电子商务示范基地、培育150家国家级电子商务示范企业、推动建设100个电子商务海外仓、指导地方建设50个电子商务人才培训基地等具体目标。

三、行动计划的重点工作任务有哪些？

行动计划基于我国电子商务的发展现状、社会公众的关注重点以及现代流通业今后发展趋势，根据《国务院关于大力发展电子商务加快培育经济新动力的意见》内容，提出了6项重点工作任务：一是推动电子商务进农村，打造工业品和生活用品下乡及农产品进城的便利渠道，促进农村电子商务发展，培育农村电商环境；二是鼓励电子商务进社区，创新和拓展服务型网络消费范围；三是支持电子商务进中小城市，提升网络消费便利性；四是推广线上线下互动，激发消费潜力；五是促进跨境电子商务发展，助力企业拓展海外市场；六是加快电子商务海外营销渠道建设，推动电商企业“走出去”。

四、商务部制定了哪些措施来确保行动计划的落实？

为保障主要目标的实现和重点任务的落实，我们提出了四项主要措施。这些主要措施既包括深化普及电子商务应用等现实问题，也涵盖了完善“互联网＋流通”发展环境、开展示范引导、鼓励电子商务技术创新与模式创新等基础性和长远性工作，主要包括4个方面11项举措：

一是基础和环境建设方面，具体措施一是加强顶层设计，坚持规划引领，研究制定发展智慧流通的政策性文件，建立健全智能化流通支撑体系，启动研究“十三五”电子商务发展指导意见；二是协调有关部门进一步完善移动宽带、物流配送等电子商务基础设施，提升服务能力；三是继续深入开展电子商务与物流快递协同试点，加快推动快递物流与电子商务协同发展；四是通过推进商务大数据建设加强电子商务统计监测；五是建立完善电子商务领域打击侵犯知识产权和制售假冒伪劣商品常态化工作机制，大力打击侵权售假行为。

二是示范引导推动创新方面，一是通过继续开展电子商务示范基地和示范企业遴选和创建推进电子商务示范创建工作；二是支持传统零售企业开展全渠道运营，支持生活服务企业深化电子商务应用，线上线下融合发展，引导传统流通服务企业电子商务创新。

三是宣传培训方面，措施包括组织利用各种媒体宣传推广电子商务领域经验做法，引领带动“大众创业、万众创新”；通过推进国家电子商务专业人才知识更新工程、指导地方建设人才继续教育基地等，进一步完善电子商务人才培训工作机制，加强人才培养。

四是法规规范方面，一是继续推动《电子商务法》立法工作，研究出台《网上商业数据保护办法》等法律法规，进一步完善电子商务政策法规环境；二是积极发起或参与APEC、中韩、中日韩、金砖国家、上合组织等多双边电子商务谈判和合作，参与和主导电子商务国际规则制定。

五、行动计划具有哪些特点？

行动计划是商务部主动适应经济发展新常态，积极响应国务院相关部署和要求，大力营造电子商务发展环境，促进互联网与流通业深度融合的重要举措，有利于进一步发挥电子商务在培育经济新动力，打造“双引擎”、实现“双目标”等方面的重要作用。总体来说，行动计划体现出两个特点：

一是着眼于“互联网＋流通”工作发展中的深层次问题，突出顶层设计和支撑环境的完善。通过出台相关政策、优化物流基础设施、提升网络服务能力、加强统计监测和知识产权保护等措施夯实发展基础，优化发展环境，同时还通过完善政策法规标准，开展人才培训和宣传，推进对外开放等进一步打造“互联网＋流通”的支撑体系。

二是落脚于电子商务深化应用的重点领域和环节，提出了细微、具体的工作目标和重点任务，一方面要解决电商“最后一公里”问题，例如积极发展中小城市和农村电商，完善其快递配送、物流仓储等基础设施，同时，鼓励电商企业走出去，通过建设海外仓打造境外物流体系；另一方面是要打破电商“最后一百米”的瓶颈，比如鼓励电商进社区、推广线上线下互动、创新服务民生方式等。这些举措既是目前企业和社会公众关注的热点，也是政府利用“互联网＋”积极推进经济发展方式转型升级的重要内容。

今后，商务部将根据互联网技术和电子商务发展的新形势，按照党中央、国务院的相关部署，加强与各相关政府部门的协调配合，研究“互联网＋流通”出现的新情况，提出新思路，解决新问题，努力为加快电子商务创新步伐，推动商贸流通的现代化，加速推动经济结构战略性调整，实现经济提质增效升级做出贡献。（摘自商务部网站）

商务部市场建设司负责人就《全国流通节点城市布局规划（2015～2020年）》进行解读

2015年5月25日，商务部等10部门印发《全国流通节点城市布局规划（2015～2020年）》（以下简称《规划》），商务部市场建设司负责人就《规划》进行了解读。

一、《规划》编制的背景是什么？

近年来，我国流通产业规模持续扩大，流通发展水平显著提高，城市流通设施不断完善，一批大中城市的流通功能和节点作用显著增强，我国骨干流通网络的基础初步形成。但是，也存在流通成本高、环节多、效率低，流通网络布局缺乏统筹，发展环境需进一步改善等问题，流通产业发展潜力尚未充分发挥。

适应我国经济发展进入新常态的新形势、新要求，为加快构建全国骨干流通网络，更好发挥流通产业基础性和先导性作用，进一步提升流通节点城市功能，2012年8月国务院《关于深化流通体制改革加快流通产业发展的意见》（国发〔2012〕39号），明确提出“制定全国流通节点城市布局规划”。

二、《规划》编制的意义是什么？

在新形势下，编制《全国流通节点城市布局规划（2015～2020年）》，对深化流通体制改革，加快流通产业发展，转变经济发展方式具有重要意义。

一是构建全国骨干流通网络的有效抓手。《规划》立足城市流通产业发展现状，综合考虑未来发展趋势和潜力，从全局和战略高度规划布局全国流通节点城市，有利于适度整合分散于各城市的流通设施，推动流通节点城市加强合作，共建共享大型流通设施，引导流通功能衔接、优势互补，促进区域协调发展，逐步健全全国骨干流通网络。

二是发挥流通产业基础性和先导性作用的客观需要。流通节点城市是流通产业发展的主要载体。通过统筹规划、合理布局，加强流通基础设施建设，促进节点城市协同发展，优化流通产业布局和结构，提升节点城市流通功能，提高流通现代化水平，健全全国骨干流通网络，有利于推动完善现代商品市场体系，充分发挥流通在国民经济中的基础性和先导性作用。

三是提升流通节点城市功能的重要举措。流通节点城市经济规模和商品流通量较大，示范引领和辐射带动作用明显。科学合理规划全国流通节点城市，有利于推动流通节点城市加速发展，进一步释放流通节点城市的发展潜力，充分发挥流通节点城市在引领消费升级、实现创新驱动、优化产业结构和促进资源节约等方面的功能作用。

三、《规划》的总体框架和重点任务是什么？

《规划》包括发展现状与规划意义、总体要求、空间布局、增强基础设施支撑保障能力、发挥流通节点城市功能作用、大力推进节点城市流通创新、促进区域协调发展、保障措施等八部分内容。确定了完善流通大通道基础设施、建设公益性流通设施、提升流通节点城市信息化水平、建设商贸物流园区、完善城市共同配送网络、发展国家电子商务示范基地、提升沿边节点城市口岸功能、促进城市商业适度集聚发展、强化流通领域标准实施和推广等九项重点任务。

四、《规划》的主要特点有哪些？

一是加强整体谋划。明确划分出国家级、区域级和地区级流通节点城市，更加符合推动形成全国骨干流通网络、提高流通效率的要求。为充分发挥《规划》的指导性，地区级流通节点城市的选择，由各省（区）根据本地流通网络体系发展需要自行确定。

二是注重区域协调。在选择确定流通节点城市时，结合国家重大发展战略，综合考虑有关城市在国家交通、物流等规划中的定位，以及对外开放战略需要等因素，同时注意搞好省内、区域间的平衡。

三是兼顾国内国际。《规划》结合国家对外开放新形势，将全国骨干流通网络与国际流通网络衔接。在流通大通道设计中，体现了内贸流通与国际贸易融合发展的理念，在工作任务中设置专门章节进行阐述。

四是体现四流合一。《规划》按照商流、物流、资金流和信息流四流汇集的要求，构建由商流指标、物流指标、信息流指标和资金流指标构成的流通节点城市基础条件评价指标体系，以商流为重点，兼顾物流、信息流、资金流。

五、如何推动《规划》的贯彻落实？

为保证《规划》的顺利实施，真正发挥其对全国骨干流通网络建设的指导作用，商务部将采取多种措施加以落实。一是会同发展改革委、国土资源部、住房城乡建设部、交通运输部、人民银行等部门认真做好《规划》实施的组织、指导；二是加强部门间的沟通配合，协调解决《规划》实施中的重大问题；三是加强《规划》实施的跟踪分析，适时组织开展评估；四是要求地方有关部门加强组织领导，建立健全协调机制，结合本地实际做好《规划》贯彻落实工作。

（摘自商务部网站）

商务部市场建设司负责人就《全国农产品市场体系发展规划》进行解读

2015 年 8 月 3 日，商务部等 10 部门联合发布《全国农产品市场体系发展规划》（以下简称《规划》），商务部市场建设司负责人就《规划》进行了解读。

一、《规划》编制的背景和意义是什么？

改革开放以来，我国农产品市场规模不断扩大，流通基础设施逐步完善，市场主体多元化发展，流通模式不断创新。总体看，覆盖城乡的农产品市场体系已基本形成，但仍处于初级发展阶段，市场发展缺乏统筹规划、布局不合理，组织化和标准化程度低，市场信息不对称，市场制度建设滞后等问题依然存在。为引导农产品市场在新型工业化、信息化、城镇化、农业现代化加快推进形势下合理布局，提升农产品市场服务功能，构建高效畅通、安全规范、竞争有序的农产品市场体系，商务部等 10 个部门贯彻落实党中央、国务院部署，组织编制了此规划。

《规划》的编制，有利于健全农产品市场体系，优化农产品流通网络布局；有利于加快流通现代化进程，提升农产品流通效率；有利于提升服务三农能力，促进农业发展和农民增收；有利于提高公共服务水平，更好地满足城乡居民消费；有利于统筹国际国内两个市场发展，提升农产品流通产业竞争力。

二、《规划》的定位是如何考虑的？

《规划》的功能定位主要在于发挥政府规划管理和宏观调控作用，科学布局全国农产品流通骨干网，指导地方根据本地实际规划区域农产品流通网络布局，引导市场主体行为和行业发展方向，推动农产品市场体系又好又快发展，促进农产品流通效率提升。

三、《规划》的总体框架是什么？

《规划》包括五个部分。第一部分发展现状与形势，分析了《规划》的现实基础、存在问题以及面临形势；第二部分明确了《规划》指导思想、规划原则与发展目标；第三部分提出了总体空间规划布局；第四部分提出了加强基础设施建设、培育壮大市场主体、完善产销衔接体系、推动信息化建设、维护市场安全稳定运行和建立公益性实现机制等六个方面的重点任务；第五部分从建立健全法规标准体系、改革创新投融资方式、强化土地节约集约利用机制、减轻企业税费负担、发挥行业协会作用和加强规划组织实施等六个方面提出了保障措施。

四、《规划》的主要特点有哪些？

（一）《规划》是立体的规划。《规划》不仅包括了线下实体建设，还包括线上平台建设；既有设施建设，也有主体培育和制度建设；在点线面的平面规划基础上把面立起来，形成立体的规划。

（二）《规划》是开放的规划。一是统筹考虑了产业融合、供应链整合、国内外市场对接等因素，是一部体现开放融合的规划。二是与重要规划紧密衔接。《规划》与《全国流通节点城市布局规划》等在空间和功能布局上进行了充分衔接。

（三）《规划》是现代的规划。《规划》对互联网+、电子商务等现代流通技术和方式均有所体现，对传统农产品批发市场转型升级也提出了明确要求。

（四）《规划》是接地气的规划。《规划》编制过程中，做了大量调研，有关部门、地方政府、企业以及专家学者提出了很多有价值的意见和建议，《规划》充分吸收了这些意见，对我国农产品市场体系现状和发展趋势进行了深入分析，提出的目标、任务和措施符合我国国情。

五、《规划》要重点解决哪些问题？

《规划》的总体目标是：到2020年，初步建立起以产地集配中心和田头市场为源头，以农产品批发市场为中心，以农产品零售市场为基础，以高效规范的电子商务等新型市场为重要补充，有形和无形结合、线上和线下融合、产地和销地匹配，统一开放、竞争有序、布局合理、制度完备、高效畅通、安全规范的中国特色农产品市场体系。

为实现这一目标，《规划》中重点解决三个主要问题。

一是对全国农产品流通骨干网进行总体布局。《规划》明确了全国农产品流通骨干网的含义和布局，即在农产品生产、集散和消费集中区域确定全国骨干农产品批发市场和骨干市场集群，形成以100个左右全国骨干农产品批发市场为点、以“三纵三横”六条流通通道为线、以八大市场集群覆盖区域为面的全国农产品流通骨干网络。依托骨干网能够在保障市场供应、稳定市场运行等方面发挥骨干作用。二是对公益性农产品市场体系作了统筹规划。公益性农产品市场体系由全国公益性农产品批发市场（一级）、区域公益性农产品批发市场（一级或二级）及公益性农产品零售市场共同组成。《规划》提出要根据资源禀赋、人口分布、消费能力等因素，结合全国农产品市场体系规划布局，对公益性农产品市场体系进行规划布局，并明确了中央与地方的职责。中央负责开展公益性农产品批发市场建设试点，建设全国公益性农产品批发市场，地方负责统筹规划区域公益性农产品批发市场及公益性农产品零售市场。三是明确了农产品流通现代化的发展方向和任务。《规划》对电子商务、冷链物流、大数据、物联网等现代信息技术及现代流通方式在农产品流通领域的应用和发展给予了充分考虑。既明确了支持现代流通发展的主要任务，又对农产品批发市场等传统企业如何适应形势发展需要，开展线上线下相结合的一体化经营、推动智慧型农产品批发市场建设等提出了方向性要求。

六、《规划》多处提及公益性农产品市场，商务部准备如何推进公益性农产品市场建设？

2014年、2015年，商务部会同财政部在全国13个省（区、市）开展公益性农产品批发市场建设试点工作。目前试点工作进展顺利，机制建设不断完善，公益功能逐步实现，示范作用日益凸显，投资拉动效果显著。公益性农产品市场建设是一个系统工程，需要中央地方共同努力；需要资金支持，更需要法律标准等方面的保障。下一步，我们将结合公益性农产品批发市场建设试点工作，围绕“强调控、惠民生”两个目标，完善“投资保障、运营管理和政府监管”三大机制，强化“保障市场供应、稳定市场价格、促进食品安全、推动绿色环保”四大功能，分三步推进公益性农产品市场体系建设：第一步是试点建设。会同财政部继续做好试点工作，同时推动地方落实《规划》，加快区域农产品批发和零售环节公益性市场建设。加大对试点地区的业务指导和督促检查力度，及时总结成功经验。第二步是标准规范。根据试点情况，健全公益性农产品批发市场标准和运营监管机制，对公益性市场建设提出规范性要求。对于符合标准的市场进行认定和授牌。第三步是法律约束。推进相关立法工作，从制度上保障公益性农产品市场的建设、运营和监管，从顶层设计上增强农产品市场体系的公益性。（摘自商务部网站）

商务部市场建设司负责人就《关于加快发展农村电子商务的意见》进行解读

2015年8月21日，商务部等19部门联合发布《关于加快发展农村电子商务的意见》（以下简称《意见》），商务部市场建设司负责人就《意见》进行了解读。

一、《关于加快发展农村电子商务的意见》出台的背景是什么？

近年来，随着互联网的普及和农村基础设施的完善，我国农村电子商务发展迅速，农村商业模式不断创新，服务内容不断丰富，电子商务交易规模不断扩大。但总体上我国农村电子商务发展仍处于起步阶段，存在着市场主体发育不健全、物流配送等基础设施滞后、发展环境不完善和人才缺乏等问题。2014年中央1号文件要求“完善农村物流服务体系”、“启动农村流通设施信息化工程”；2015年中央1号文件进一步明确要“开展电子商务进农村综合示范”；十二届全国人大三次会议上，李克强总理在政府工作报告中首次提出“互联网+”行动计划。5月4日，国务院发布《关于大力发展电子商务加快培育经济新动力的意见》（国发〔2015〕24号），要求研究制定促进农村电子商务发展的意见，分工由商务部牵头负责。为贯彻落实中央、国务院的决策部署，完善农村现代市场体系，促进农村流通现代化，提高农村流通效率，释放农村消费潜力，商务部等19部门联合制定了《关于加快发展农村电子商务的意见》（以下简称《意见》）。

二、《意见》出台的意义是什么？

农村电子商务作为一种新兴业态，已经渗透到农业产业链全过程，逐渐改变中国农村经济发展方式和农民生产生活方式。它牵涉到农业经济发展、农村基础设施建设、农村物流、农民就业、农民生活品质提升等事关“三农”的全方位课题。加快发展农村电子商务，是创新商业模式、推动农村传统市场转型升级、完善农村现代市场体系的必然选择，是提高农民收入、释放农村消费潜力的重要举措，是统筹城乡发展、改善民生的客观要求。《意见》出台和实施，将加强部门间的协作和配合，更好地发挥农村电子商务的引领作用，对于进一步深化农村改革、推进农业现代化具有重要意义。

三、《意见》的工作思路和主要目标是什么？

我们的工作思路是按照全面建成小康社会目标和工业化、信息化、新型城镇化、农业现代化同步发展的要求，主动适应经济发展新常态，充分发挥市场在资源配置中的决定性作用，加强基础设施建设，完善政策环境，深化农村流通体制改革，创新农村商业模式，培育和壮大农村电子商务市场主体，发展线上线下融合、覆盖全程、综合配套、安全高效、便捷实惠的现代农村商品流通和服务网络。

目标是：争取到2020年，在全国培育一批具有典型带动作用的农村电子商务示范县。电子商务在降低农村流通成本、提高农产品商品化率和农民收入、推进新型城镇化、增加农村就业、带动扶贫开发等方面取得明显成效，农村流通现代化水平显著提高，推动农村经济社会健康发展。

三、《意见》的重点任务有哪些？

意见基于我国农村电子商务的发展现状、存在的问题以及发展趋势，根据《国务院关于大力发展电子商务加快培育经济新动力的意见》及商务部《互联网＋流通行动计划》的内容，提出了五方面重点任务：一是建设新型农村日用消费品流通网络，用现代信息技术推动传统生产、经营主体转型升级，创新商业模式，促进业务流程和组织结构的优化重组，实现线上线下融合发展；二是推进农村产品电子商务，包括农产品与农村生产的各种手工艺品、制品及乡村旅游等，通过加强对互联网和大数据的应用，提升商品质量和服务水平，培育农产品品牌，提高商品化率和电子商务交易比例；三是发展农业生产资料电子商务，鼓励各类电商平台依托现有各部门的农村网络渠道、站点，开展化肥、种子、农药、农机等生产资料电子商务；四是发展农村服务业，增加农村电子商务综合服务功能，在完善农民网络购物功能的基础上，叠加手机充值、票务代购、水电气费缴纳、农产品网络销售、小额取现、信用贷款等；五是推动电子商务扶贫，创新扶贫开发工作机制，把电子商务纳入扶贫开发工作体系，提升贫困人口利用电商创业就业能力，促进贫困地区特色农副产品、旅游产品销售。

四、各部门制定了哪些措施来确保《意见》的落实？

为保障主要目标的实现和重点任务的落实，我们提出了三项主要措施，包括培育农村电子商务市场主体、加强农村电商基础设施建设和创建政策环境。具体有10项举措：

在培育农村电子商务市场主体方面，一是鼓励电商、物流、商贸、金融、邮政、快递等各类资本参与农村电子商务发展，加快实施“快递向下、向西工程”，支持第三方平台创新和拓展涉农电商业务。二是培育农村电商服务企业，支持组建区域性农村电商协会等行业组织，成立专业服务机构，为农村电商发展提供咨询、培训、技术支持、网店建设、品牌培育、营销推广、物流解决、代理运营等专业化服务。三是引导农民依托电子商务进行创业就业，实施农村青年电商培育工程和巾帼电商创业行动。

在农村电商基础设施建设方面，一是加强农村宽带、公路等设施建设，完善电信普遍服务补偿机制，推动宽带网络提速降费；二是提高农村物流配送能力，加强交通运输、商贸流通、农业、邮政等各部门及电商、快递等各相关农村物流服务网络和设施的共享衔接，逐步完善县乡村三级物流节点基础设施网络。

在创建政策与服务环境方面，一是搭建多层次发展平台，二是加大金融支持力度，三是加强电商人才的培养、引进与培训，四是规范电商市场秩序，五是开展电子商务进农村综合示范与典型案例选出推广，引领带动“大众创业、万众创新”营造全社会关注、支持农村电子商务发展的氛围。

五、当前发展农村电子商务有哪几项重点工作？

我们梳理了一下各部门当前推进农村电子商务的情况，有五项重点工作：一是共青团中央牵头的“农村青年电商培育工程”，二是由国家邮政局牵头的“快递向西、向下服务拓展工程”，三是由国务院扶贫办牵头的“电商扶贫工程”，四是由全国妇联牵头的“巾帼电商创业行动”，五是由财政部、商务部牵头的“电子商务进农村综合示范工程”。

今后，商务部将按照党中央、国务院的决策部署，进一步加大与各相关政府部门的协调力度，深入调查研究农村电子商务推进过程中出现的新情况、总结新典型、推广新模式，提出新思路，为加快电子商务在农村的发展，推动农村流通现代化，带动农民增收致富、促进农村经济发展做出贡献。

（摘自商务部网站）

第二章 农产品市场

电子商务对农产品批发市场的影响及建议

□ 文／商务部驻郑州特派员办事处

近期，笔者到郑州万邦国际农产品物流城（以下简称万邦国际），就电子商务对农产品批发市场的影响问题进行了调研。总体来看，电子商务对农产品批发市场短期内影响相对不大，但潜在影响不容忽视；国内大型农产品批发市场积极顺应电子商务发展趋势，加快转型升级和创新发展，但也面临不少困难和问题，需要国家给予必要的政策支持。

一、电子商务对农产品批发市场短期影响有限，但潜在影响不容忽视

据万邦国际介绍，由于农产品不易储存、运输，缺乏统一标准，售后退货导致货物变质等问题，相对于其他消费品批发零售行业来说，农产品批发市场受到影响有限，但近年来部分农产品电子商务销售量逐年增加，已经对农产品批发市场产生一定影响。从品种看，精品水果、干果、副食品和干调料网络销售增长较快，生鲜大宗农产品影响不大，跨境电商是进口水果价格降低，销量不断增加。从环节看，在上游部分农户、农业生产基地等通过电商平台，直接将农产品从产地销售给终端客户；在中游配送环节，各种 B2B 配送企业自己租建大仓库，雇佣分拣团队进行精细化管理；在下游部分原来在批发市场经营的批发商跟电商平台建立稳定的关系后，直接绕开批发市场进行农产品销售。

万邦国际认为，与传统农产品批发市场平台不同的是，电商平台相对小而轻，模块化程度高，社会化程度高，以低成本、高效率、无地域界限、易形成规模经济效应等优势，对过度依赖收取租赁费和入场交易费的传统农产品批发市场形成很大的潜在冲击。笔者认为，国内农产品流通环节多、效率低、成本高是一大难题，实现电子商务可以使流通扁平化、交易方式公平化、交易过程透明化，有效缓解这一难题，特别是随着冷链物流建设步伐加快，农产品生产标准化不断推进，农产品电子商务障碍逐步降低，潜在影响还会进一步显现。

二、大型农产品批发市场顺应电子商务发展趋势，加快转型升级和创新发展

万邦国际反映，农产品批发市场电子商务化是一种必然趋势，国内大型农产品批发市场以电子商务化为抓手，加快转型升级和创新发展。北京新发地、寿光农产品物流园和深圳农产品公司等都在打造电商平台。万邦国际也已建立电商平台，由电子结算、综合信息、质量安全可追溯、物流配送和网上交易等五大管理系统组成，积极与相关云平台、投资企业、第三方支付企业等开展合作，引入云概念、供应链管理和大数据分析等网络服务，配套建设电子监控、数据统计和分析、物流跟踪定位、信息安全和预警等系统，形成完善的农产品综合电商服务平台。

目前，万邦国际电商平台拥有用户超过 10 万家，累计发信息数量 320 多万条，累计访问量约 130 万人次，平均日访问量约 1000 人次。农产品物流配送系统基本形成。计划 2015 年全面推广农产品电子商务服务平台，成

熟运营B2B网上交易平台，实现全省及全国大宗农产品在万邦国际电商平台线上交易，实现竞价交易、挂牌交易、专场交易和期货交易等各类交易形式。到2017年底，实现把有形市场与无形市场有机结合，实现农产品电商线上线下交易有机结合，逐步转变现有农产品的传统交易模式。

三、农产品批发市场推进电子商务、加快转型发展面临的主要困难和问题

据万邦国际反映，面临的主要困难和问题有：

一是电商专业人才匮乏。由于企业缺乏电子商务方面的专业技术人才，导致农产品批发市场电商网店闲置，成为空壳，沦为摆设。靠自身培养积累，需要一个过程。从外部引进工资待遇又比较高。专业人才缺乏，导致电子商务模式创新跟不上，电子商务的优越性难以发挥，使得传统农产品批发市场涉足电商心有余而力不足。

二是线上流量优势缺乏。大型农产品批发市场在本地往往是有相当知名度的，但在以全国为辐射范围的电子商务平台上，由于没有先发优势，又没有流量优势，需要投入大量成本和资源去培育市场知名度。而且，天猫、京东、顺丰等巨头在前面，农产品批发市场想要直接上平台，再培育和发展客户，难度太大，成本太高。

三是自我改造动力不足。电商模式重要任务之一就是尽可能消除流通中间环节，实际上就是消除中间商。而农产品批发市场内的交易方大都是中间商，推动电商模式，实际上是革自己的命。而且，农产品批发市场作为农产品流通链条上的既得利益者，收租模式简单有效，在一定程度上缺乏自我改造动力。

四是生鲜农产品电商制约因素多。农产品价值低、品种繁多、标准化程度不高、不易储存和运输等特点，严重制约生鲜农产品电商发展。主要表现为：一方面缺乏农产品质量标准，使农产品生产过程中无标可依或有标不依，导致农产品质量缺乏公信力；另一方面流通环节标准不健全，缺乏分拣标准、包装标准、配送标准、验收标准和管理标准。目前线上线下相结合的网络销售模式仍在推广阶段，客户认同度提高还需要一个过程。

五是前期投入大风险高。据万邦国际反映，电商平台作为一个系统工程，建设板块多，范围广，实施难度大。项目建设包括硬件设施、软件投资、运营退管投资等，总投资预算达到5000多万元。由于社会上对农产品电子商务认知度接受度不高，农产品电商平台项目在建设、运营、维护和宣传等方面需要持续大量投入，风险较高。

四、相关思考和建议

总体来看，电子商务化是农产品交易的一个趋势。但现有农产品批发市场又为线下交易奠定了坚实基础。积极推动农产品批发市场+互联网，需要在支持思路和政策措施上进行必要的转变。结合企业的建议，提出如下建议：

一是引导农产品批发市场与电商平台合作。农产品批发市场出租或提供基础设施，与电商平台合作，共同搭建线上线下相结合的销售体系。这样可以实现优势互补，既减少了电商平台的线下基础设施建设，又缓解了农产品批发市场建设电商平台的人才不足和巨大投入等难题。

二是引导批发市场重构农产品流通模式。可以考虑选择和保留附加值高的流通环节，通过电子商务，合并或减少附加值低的环节。如在农产品流通领域中，以传统的农产品批发市场为载体，去除中间环节，构建农产品新型电子商务流通链：生产者—电子批发市场—网上零售商—消费者，减少农产品流通环节，加快商品和信息流动。

三是适当支持大型农产品批发市场电商平台建设。针对企业发展实际情况，在系统架构、软件开发、设备购置和后期运营维护等方面给予奖补资金支持，减轻企业负担，引导企业将农产品电商做大做强，降低农产品流通成本。

四是积极推进农产品生产流通标准化。一方面健全农产品质量标准体系并强制推行，使农产品生产有标可依，有标必依；另一方面要健全流通环节标准，包括分拣标准、包装标准、配送标准、验收标准和管理标准等。加快推进农产品冷链流通工作，实现农产品从生产、采摘、包装、运输到销售的全程标准化冷链流通，积极为农产品网上销售创造良好的外部环境。

中国农产品批发市场发展现状及热点问题

□ 文／马增俊

农产品批发市场自20世纪80年代初在我国出现后，得到了迅猛发展，迄今已走过30多年的历程，不仅加快了我国农产品流通现代化进程，而且对农产品流通体制改革也起了重要作用。

一、农产品批发市场发展概况

1. 农产品批发市场基本情况

（1）农产品批发市场规模。商务部《2013年农产品批发市场行业统计分析报告》显示，截至2013年底，全国共有农产品批发市场4476家，年成交总额37414.4亿元，同比增长18.6%；年成交量78138.7万吨，同比增长9.5%；市场总摊位数246.8万个，同比增长11.7%，其中固定摊位170.7万个，非固定摊位75.1万个；总交易面积15268.5万平方米，同比增长12.5%，其中交易厅棚面积9623.4万平方米，露天交易面积5644.1万平方米；经销商共计213.9万个，同比增长7.8%，从业人员646.4万人，同比增长9.1%。据国家统计局统计，2013年年交易额亿元以上的农产品批发市场为1759家。

（2）农产品批发市场分类情况。农产品批发市场根据经营品种的多少分为综合市场和专业市场。综合农产品批发市场是指主营品种超过三类以上（含三类）农产品的批发市场；专业农产品批发市场是指主要经营某一类农产品的批发市场，主要包括蔬菜、果品、水产品、肉禽蛋、粮油、花卉、干菜副食调味品（以下简称“干调”）、食用菌等批发市场。

2013年，全国农产品批发市场中，综合市场数量1772家，占全部市场总数量的39.6%，是农产品流通行业的主力军，其中综合市场的摊位数127.7万个，同比增加12万个，占总摊位数的51.7%，经营面积7802.1万平方米，占总经营面积的51.1%；果蔬市场1150家，占市场总数量的25.7%；肉禽蛋市场将近370家，占市场总数量的8.3%；水产品市场237家，占市场总数量的5.3%；花卉、茶叶、调味品等专业市场合计约占市场总数量的12.7%，其他专业性市场占比8.4%。

山东寿光蔬菜批发市场是蔬菜批发市场标杆性企业；广州江南果菜批发市场是果菜类专业市场的典型；海鲜类典型市场为广州黄沙海鲜市场；湛江霞山水产品批发市场是全国最大的对虾交易市场，年交易额达110亿元以上；济南维尔康肉类水产批发市场以冻品和鲜肉为主，年交易额超过300亿元；干调类市场的代表是河南郑州信基调味品城；禽蛋类市场的代表为河北馆陶金凤禽蛋批发市场。

（3）农产品批发市场地区分布情况。我国东部地区农产品批发市场较之中西部地区具有数量多、规模大的特点。东部地区人口密度高，农业和交通运输业基础好，商品经济比较发达，农产品批发市场数量占全国总数量的43.6%，最大经营面积为121万。全国城市农贸中心联合会2013年公布的百强市场中，名列前五的分别为：广东13家、北京12家、江苏9家、山东8家、辽宁7家，均分布在东部及沿海地区。中部地区农产品批发市场数量占全国总数的30.3%，河南以拥有6家百强市场的实力位居第六。西部地区占比26.1%，西部综合交通枢纽与经济发展高地的四川有4家市场进入百强。

2. 农产品批发市场发展的政策环境

从历史沿革看，20世纪70年代末至今，农产品批发市场的经营管理一直采用“谁投资、谁建设、谁管理、谁受益”的行业政策，依次经历了管理摸索阶段（1978～1990年）、多部门分块管理阶段（1991～2003年）、多部门分职能管理阶段（2004年至今），管理方式也经历了市场管办合一、多部门分头管理各自系统内的批发市场以及管办分离（按照一个监管环节由一个部门监管的原则，分段监管为主、品种监管为辅）等多种方式。

自2011年以来，国家进一步加大了对农产品批发市场的关注力度，各项政策密集出台。《国务院办公厅关于促进物流业健康发展政策措施的意见》（国办发〔2011〕38号）、《国务院办公厅关于加强鲜活农产品流通体系建设的意见》（国办发〔2011〕59号）、《国务院关于深化流通体制改革加快流通产业发展的意见》（国发〔2012〕39号）等文件，提出了包括财税、金融、土地、制度建设、规范收费、运输便利等各方面的政策措施，旨在降低农产品市场和流通企业的经营成本、提高农产品流通效率。2012 年 12 月，《商务部关于加快推进鲜活农产品流通创新的指导意见》（商建发〔2012〕432 号）中指出，支持农产品批发市场引入拍卖等现代交易方式，支持加强信息中心、物流中心和加工配送中心等建设，支持发展全程冷链物流。2013 年 1 月，《国务院办公厅关于印发降低流通费用提高流通效率综合工作方案的通知》（国办发〔2013〕5 号），针对农产品生产流通领域，从降低经营成本、清理整顿收费、减轻税收负担、规范执法行为、加大用地支持力度等方面多管齐下，为农产品流通降费减负。

2014 年 3 月，商务部会同农业部等 13 个部门，印发了《关于进一步加强农产品市场体系建设的指导意见》，指出要“积极稳妥推进公益性农产品市场建设”，农产品批发市场行业“谁投资、谁建设、谁管理、谁受益”的模式逐渐被打破。目前，农产品批发市场行业政策正处于转型期，但如何转型，各方认识很不一致。

3. 农产品批发市场的发展历程及特点

伴随经济体制改革与发展的进程，我国农产品批发市场经历了从少到多、从产地市场兴起到产地市场与销地市场并行发展、从民间自发形成到政府推动建设的过程，大体可分为六个阶段：

（1）第一阶段：自发萌芽阶段（1978 ～ 1984 年）。1978 年 12 月，党的十一届三中全会召开，实行改革开放政策，城乡集市贸易快速恢复和发展起来，一些传统集市向批发市场发展，从而在集市母体中孕育出我国最初一批农产品批发市场。1984 年 3 月，山东寿光蔬菜批发市场建立，成为我国农产品批发市场建设划时代的转折点。到 1984 年末，全国已建立起城市贸易中心 2248 个，其中农产品贸易中心 753 个，综合贸易中心 241 个；城乡集市贸易点由上年末的 4.8 万个增加到 5.6 万个。

（2）第二阶段：快速发展阶段（1985 ～ 1990 年）。随着农村商品经济迅速发展，国家因势利导，加大流通体制改革步伐，1985 年初宣布废止已实施 30 多年的统购派购政策，农产品自由产销局面自此全面推开。除棉花等极少数品种外，批发市场成长为农产品批发流通的主渠道。据工商部门统计，农产品批发市场 1986 年有 892 个，总成交额 28.35 亿元，平均每个市场成交额 317.8 万元；1990 年发展到 1340 个，是 1986 年的 1.5 倍，总成交额 115.79 亿元，是 1986 年的 4 倍多，平均每个市场成交额 864.1 万元，是 1986 年的 2.7 倍多。

（3）第三阶段：盲目发展阶段（1991 ～ 1995 年）。为改善农产品流通特别是城市农产品供应，国家于 20 世纪 80 年代末推出“菜篮子工程”，要求各地加强农产品批发市场建设。在此背景下，不少地方提出“谁投资，谁受益”方针，很快便在全国形成带有几分盲目的批发市场建设热潮。在许多地方，确实是建一个市场、兴一个产业、富一方百姓。至此，我国农产品批发市场已基本形成了以大中城市为核心、遍布城乡、多层次、多门类的市场体系，但同时，一些地方出现了有场无市的“空壳市场”，市场管理方面也出现了一些问题。这一阶段，农产品批发市场由 1991 年的 1509 个增长到 1995 年的 3517 个，连续 5 年递增率超过两位数，其中 1995 年甚至高达 42.3%。每年增加 400 多个新建的农产品批发市场，在短短几年时间内增加近 1.3 倍。

（4）第四阶段：规范发展阶段（1996 ～ 2001 年）。1996 年前后，农产品供过于求，刺激了地方保护主义，对农产品批发市场造成很大影响。国家采取了一系列措施对批发市场进行规范：一是推行市场办、管分离；二是实行市场登记与年检制度；三是整顿市场秩序，打击车匪路霸和欺行霸市的违法行为，清理撤销地方政府不当的政策措施；四是调整基层工商行政管理机构，改由省（市、区）局垂直领导，减少基层政府对市场管理执法的干扰等。这些措施，提高了农产品批发市场运行的规范化程度。据工商部门统计，农产品批发市场数量 1996 年为 3844 个，总成交额是 1906 亿元，平均每个市场成交额为 4958.4 万元；2001 年是 4351 个，总成交额 3423.1 亿元，每个市场平均成交额为 7867.4 万元，市场数量、总成交额及平均成交额都是逐年小幅增加，其中，2001 年市场数量比 2000 年的 4532 个减少 181 个，首次在市场数量上呈现负增长，这说明批发市场的数量发展已渐趋平稳。

（5）第五阶段：质的提升阶段（2002 ～ 2008 年）。加入世界贸易组织后，随着市场的逐步对外放开，经济发展客观上要求农产品批发市场进一步实现规范化、制度化和法制化，实现质的提升，农产品批发市场进入二次创业阶段。从 2002 年开始，商务部等有关部门先后启动了“国债项目”（2003 ～ 2008 年）、“标准化市场工程”、“三绿工程”、“双百市场工程”、“升级拓展 5520 工程”等，支持农产品批发市场的提档升级和规范化。这一阶段，国家发展计划委员会（2003 年 3 月更名为国家发展和改革委员会）等六部委

《关于印发进一步加快农产品流通设施建设的若干意见的通知》，把农副产品流通设施明确为社会基础设施的一个重要组成部分。《农副产品绿色批发市场标准》、《农副产品绿色零售市场标准》、《农产品批发市场管理技术规范》等国家标准的颁布和实施，填补了我国农副产品流通领域国家标准的空白。《流通领域食品安全管理办法》、《农产品批发市场食品安全操作规范》，推动了农产品批发市场的规范化、法制化进程。

（6）第六阶段：集团化发展阶段（2009 年至今）。此阶段之前的批发市场大多采取单体经营和发展的模式，而在这一阶段，我国农产品批发市场发展呈现出一系列新特征，其中，集团化发展不得不引起重视，即一些有实力的批发市场通过多种方式，在全国各地投资建设批发市场和物流园区。2012 年 12 月，商务部出台《关于加快推进鲜活农产品流通创新指导意见》，其中提到“鼓励鲜活农产品流通企业跨地区兼并重组和投资合作，提高产业集中度”，进一步加快了批发市场集团化发展的步伐。集团化发展的企业实力都比较强，其中深圳农产品股份有限公司、雨润控股集团发展最为迅猛。目前发展数量最多的是深圳农产品股份有限公司，其分布在各地的市场数量已经达到32家；其次是雨润控股集团，在全国各地投资和准备投资兴建的批发市场和全球农产品采购中心已经超过 20 家；新发地股份有限公司也达到了 10 家。

4. 农产品批发市场发挥的作用

（1）促进农产品大流通格局形成。20 世纪 90 年代末，农产品大流通格局已基本形成，进入 21 世纪以来逐渐趋于完善。我国有 4000 多家农产品批发市场，覆盖了所有的大中小城市和农产品集中产区，构筑起贯通全国城乡的农产品流通大动脉。全国 70% 以上的鲜活农产品通过批发市场流向消费终端，农贸市场 80% 的货源、超市 60% 的货源均来自农产品批发市场。我国农产品批发市场交易规模逐年上升，2013 年成交总额已达 37414.4 亿元，年成交量 78138.7 万吨。大型集散地农产品批发市场由于具有交通便利、功能齐全、辐射范围广等特点，发挥了远距离运输集货和中转批发作用，有力推动了农产品大流通格局的形成。

（2）促进农业生产的规模化、标准化、集约化。农产品批发市场的发展不仅大大促进了农产品的大流通，带动了农业产业结构的调整，同时也促进了农业生产的规模化、标准化、集约化。在农产品全国大流通形成之前，我国农产品都是分散的小农生产，无法实现规模化。随着农产品批发市场规模的不断发展，促使农村出现了规模化生产方式：有些产地出现了专业生产合作社，有些产地出现了农产品种植的公司甚至集团公司，有些产区还通过土地的集体改造，形成了一些基地。这些生产合作社、公司、基地的出现，就是农产品批发市场引导农民按市场组织生产、带动农业生产规模化的反映。

批发市场的发展不仅促进了农业生产的规模化，也促进了农业生产的标准化，在标准化推动过程中，政府的推动虽然有力度，但如果市场没有要求，农民就会放松，而通过批发市场的反作用，可以有效带动农产品生产的标准化，增加农产品的附加值。以湛江霞山水产品批发市场为例，尽管湛江市早在 20 世纪 90 年代中期就开始推行养殖证制度，但标准化养殖推广起来困难重重。2003 年，霞山水产品批发市场开始利用价格杠杆和市场准入引导农民标准化养殖后，农民开始自觉自愿地实施标准化养殖。可见，市场是推进农业生产标准化最强劲的力量。集约化主要体现在农产品流通链条上功能的整合与丰富，批发市场将农产品加工、包装、配送、信息等多个环节整合在一起，改变原先单个商户“各自为战”局面，在整个农产品流通过程中实现农产品保值和增值，降低农产品生产与流通成本，提高农业生产的整体效益。

（3）保障城市供应稳定，品种丰富。农产品批发市场承担着城区居民蔬菜、水果、肉禽蛋等农产品供应保障任务，完善的批发市场体系网络，稳定了城市供应，为城市居民提供新鲜、丰富的食品，对保障城镇居民的“菜篮子”和“果盘子”、提高百姓生活水平发挥了重要作用。例如，新发地批发市场作为首都的大菜篮子，承担着北京80%的农产品供应。随着农产品市场体系逐渐健全，市场开始在引导农产品价格形成上发挥作用。当前畜产品、水产品、蔬菜、水果等鲜活农产品已形成了市场决定价格的格局。大量农产品集聚在农产品批发市场，便于同类农产品之间的比较，有利于同种农产品的平等竞争和按质论价，产生的价格能够基本反映市场供求平衡的真实状态。政府通过探索推进农产品价格形成机制与政府补贴脱钩的改革，逐步建立农产品目标价格制度。

二、当前农产品批发市场行业热点问题

1. 农产品批发市场的公益性问题

从其产生过程和发挥的作用看，批发市场本身就具有公益性的本质属性，即批发市场与生俱来的稳定市场供应、应急保

供、提供公平交易平台、把关食品质量安全的公益功能。针对社会各界争论的焦点，应该对公益性批发市场、批发市场的公益性、批发市场的公益功能这三个概念进行科学的区分和界定。

在国际上，实现农产品批发市场的公益性主要是解决两个问题：一是限定收费，市场收费是由政府相关部门来确定的，不能随意涨价，而农产品价格则由“农产品价格风险调节基金”来调节；二是解决“卖难”问题，对产地进行指导，建立产销关系，保持产销和价格相对稳定，以解决农民卖难和城市低保收入者买难的两难问题。

目前，4000多家批发市场全部由政府投资是不现实的，我国实现农产品批发市场的公益功能，既有效又经济的一种方式是以现有已发挥重要作用的批发市场为抓手，由政府对其公益功能进行支持，让市场将“解决卖难、稳定价格、把关农产品质量安全、促进循环经济”等公益功能发挥出来。

2. 新一轮恶性竞争和集团化问题

当前，批发市场已进入集团化发展阶段。集团化发展可以有效整合相关资源，使企业资金实力更加雄厚，帮助企业提升自身素质。同时，集团化发展也带来了一些新的问题：一是开辟市场过程中导致无序竞争；二是市场之间恶性竞争；三是人才掠夺。其中比较突出的是恶性竞争，但恶性竞争并不是由集团化发展本身造成的，集团化发展在布局过程中，比如几家企业都看中了同一个区域建市场，但区域内的容量有限，自然就出现了恶性竞争。现在批发市场的恶性竞争现象非常普遍，武汉、成都、西安、沈阳、哈尔滨等地均有类似情况。恶性竞争频出主要有两个原因：一是地方政府招商引资环境造成的恶性竞争；二是对市场建设发展定位缺乏规划和监管。恶性竞争已成为当前摆在各级政府面前一道亟待破解的难题。

3. 电子商务问题

目前，随着电子商务政策环境的不断完善，农产品电子商务面临着前所未有的发展机遇。电子商务在农产品流通中起到越来越重要的作用，电子商务的介入为现代农产品批发市场的业务创新提供了很好的机会，物联网也是很好的农产品流通的平台。批发市场也在积极推动将批发市场业务和电子商务相结合，借助政府对电子商务发展的支持，在世界批发市场行业中研究形成我国独有或领先的业态、技术和经验。

4. 农产品冷链物流问题

尽管国家对冷链投入很多，但“断链”问题依旧严重，不少在生产、屠宰、储藏环节采用低温处理的产品，在运输销售阶段出现“断链”。据统计，目前我国人均冷库容量仅7kg，冷藏保温车占货运汽车的比例仅为0.3%，现有冷冻冷藏设施普遍陈旧老化，且区域分布不平衡，大型农产品批发市场、区域性农产品配送中心等关键物流节点缺少冷冻冷藏设施。全国果蔬、肉类、水产品冷链流通率仅达到5%、15%、23%。

我国冷链应用率低的主要原因是全程冷链成本高而投资回报率低，造成价值无法实现。因此，应分类研究我国农产品的冷链应用，如对冻品的研究可以从完善冷链、解决“断链”问题着手。

三、农产品批发行业今后的发展重点

1. 公益性的实现

强化我国农产品批发市场的公益性，应在充分利用现有农产品批发市场的基础上，从“公益功能、政府支持、企业投资、市场运作”四个方面入手。一是财政资金支持，对批发市场的追溯系统、信息化、废弃物处理等公益性设施项目的日常运营、维护和检验检测费用提供长期补贴；二是政策环境，通过税费、水电、土地、交通等方面的政策为农产品批发市场公益性功能的发挥创造良好环境，助推批发市场实现公益功能。

2. 发展第三代批发市场

第一代批发市场的特征是“圈地、圈院子、盖围墙”，硬件设施不健全。第二代批发市场虽然硬件设施基本健全，但功能发挥不完善。第三代批发市场是设施先进、功能完善、管理科学、主动承担社会责任的现代化市场。

第三代批发市场的特征包括：与城市和谐发展，市场与城市风格相一致，符合城市商业网点建设规划，并与城市的交通、环保等相适应；以保证农产品质量为核心竞争力，通过索证、索票，建立可追溯制度，严把食品安全关；创立品牌，即市场根据当地特色结合自身定位，以做强、做精为指导，以消费者满意为宗旨，着力培育市场品牌和特色；管理系统化，从“人治化”的管理转化为“系统化”的管理，企业管理体系做到不因领导者的改变而改变；做好废弃物处理，发展循环经济，早在商务部“双百市场工程”实施之初就将建设废弃物处理中心列为项目内容之一，第三代批发市场应切实负起社会责任，强化环境保护意识；与批发商建立合作伙伴关系，即批发市场应打造与批发商融洽的合作共赢关系；打造批发市场的国际贸易平台功能，不仅可以使其形成国际产品的集散中心，也可以形成国际农产品价格中心，提升本国农产品的议价能力。

“买难卖难”问题仍突出 多措并举促进农产品流通

□ 文／陈 芳

由于我国农业长期处于分散的小生产经营状态，农产品生产、加工、包装、流通等方面的技术比较落后，农产品的有效流通被严重制约，“买难卖难”问题时有发生。

我国是一个幅员辽阔的农业大国，农产品品种丰富，产量大。然而，由于长期处于分散的小生产经营状态，农产品生产、加工、包装、流通等方面的技术比较落后，加上市场信息不对称以及农产品生产的季节性、区域性、保鲜性等特点，严重制约了我国农产品的有效流通，“买难卖难”问题时有发生，促进农民增收的一些困难依然存在。

正因如此，2015 年政府工作报告中就五次提到了农产品，比 2014 年增加了三次。其中，还特别指出，要保障农产品供给、全面提高农产品质量、加强大型农产品批发等现代物流设施建设，深化流通体制改革，努力大幅降低流通成本，凸显做好农产品流通工作的重要意义。

“买难卖难”问题仍突出

农产品流通连接农民和市民，事关民生大计，搞活农产品流通是惠顾多方的大事，但截至目前，我国农产品流通依然难言高效。

2015 年 3 月 4 日，李克强总理在参加政协经济界和农业界联席小组讨论会议时，听到宋丰强介绍其从事农产品生产加工时，一边倾听一边记录，还着重问了公司的产销量如何？有无品牌？

宋丰强的身份是全国政协委员、丰乐园实业集团董事长、河南绿色中原现代农业集团董事长，他带领的公司主要生产绿豆芽、花生芽、苜蓿芽等芽苗菜，品种很多，年产量近 1000 吨，主要销往河南省内的超市、批发市场、农贸市场等。

作为河南当地现代化农业企业掌舵者，宋丰强一直希望将公司生产的绿色、无污染、无公害的农产品推向全国。但宋丰强无奈地表示：“将芽菜卖到周边市场的难度很大，因为有个保鲜问题，路途远、售价高就没有竞争力。”

农业企业有好的产品卖不出去，而生活在大都市的人们却经常买不到物美价廉的农产品。“买难卖难”一直是困扰我国农产品流通发展的大问题。

民建中央在相关提案中指出，由于我国农产品的生产、加工、包装、流通等过程，长期处于分散的小生产经营状态，再加上市场信息不对称以及农产品生产的季节性、区域性、保鲜性等特点，严重制约了我国农产品的有效流通。

改革将激活供销社

2015 年的政府工作报告中提道，要在稳定家庭经营的基础上，支持农民合作社、产业化龙头企业等新型经营主体发展，培养新型职业农民，推进多种形式适度规模经营。并深化供销社、农垦等改革，办好农村改革试验区和现代农业示范区。

这让多位代表委员看到了改变农村流通现状的新希望。

全国政协委员、中国供销集团公司党委书记兼董事长顾国新表示，历史上基层供销社的网络很发达、很健全，几乎是每个乡镇都有。但后来随着市场环境变化，有些供销社撤掉了，供销社对农产品流通所起的作用也越来越弱。如果改革供销社体制肯定能在一定程度上解决农产品流通不高效的问题。

改革从来都不是一件容易的事，全国政协委员、中国农产品流通经纪人协会会长于培顺认为，当前，供销社过去建立的渠道网络还在，改革要有向自我开刀的勇气，除了恢复网络外，供销社还要放下架子深入农村，了解农民需要什么，洞悉市场需要什么，解决这些必须深入田间地头，而不是坐在办公室里。

对此，顾国新进一步表示，未来在市场化的道路上，供销社可以考虑与新型经营主体进行合作，一方面加强基层供销社的恢复工作，另一方面，也要提升自己的能力，弄清楚农民需要什么，农业生产需要什么。

在顾国新看来，降低流通成本的过程中，供销社会起到骨干作用。因为，供销社有网络优势，有服务经验，有队伍人才。但在发展的过程中供销社要去行政化，因为包办代理的行政手段改变不了问题本质。要在明晰市场规则的同时，充分发挥市场的调节作用。

发力电商有新举措

值得注意的是，在互联网背景下，当前很多省市都在大力推进农村电子商务发展，希望利用现代化的技术手段和商务手段，整合传统物流和现金流，突破时空界限，降低流通成本，为消费者提供便利并增加生产经营者的利润空间。

据顾国新介绍，当前供销社已经开始探讨将传统服务网络与电子商务结合起来的可能性，供销社准备通过电子商务把供销社拥有的资源有效整合起来，以此提高农产品流通效率。

互联网这个新技术的出现，也为宋丰强早日走出去开拓市场创造了可能。宋丰强说：“目前，我们正在研发具有耐储藏、高品质的新产品以适应电商要求。”

于培顺建议，农产品有着自身的特殊性，毛利率低、保鲜难度大，未来可以从高端农产品入手先行先试。因为，随着人们生活水平的提高，有很大一部分消费者愿意为高品质的农产品埋单。

发力电商被认为是提升农产品流通效率的一个方法，但是农村当前的信息化程度还比较低。全国政协委员、民革辽宁省委主委施中岩建议，信息化是发展现代农业的标志，它对于加快转变农业发展方式具有驱动作用。

“国家应该加快建立农产品电子商务交易平台，抓紧实施对全国大型农产品批发市场基础设施的改造和升级，完善全国农产品批发市场信息网络和农村市场供求信息系统，建立农产品市场信息服务系统，引导和鼓励龙头企业大力搭建电子商务平台，形成以批发市场、商贸中心、物流调度中心和商品集散地为依托的农业电子商务服务系统，实现网络与实物的对接。”施中岩进一步解释说。

推动标准化和品牌化

解决农产品流通效率低的问题，推进农产品早日实现标准化、品牌化是一项必不可少的工作。

“小作坊式生产出来的农产品，伴随了很多食品安全问题的出现，也阻碍了农产品生产流通产业的发展和壮大。而解决问题的关键，是早日取消小作坊式生产，对产业进行升级，实现标准化生产，规模化运营。”宋丰强表示。

推进农产品标准化的作用并不仅限于此。于培顺表示，不同于工业品，我国农产品的溢价空间很低，卖十颗白菜所挣的钱还不如卖一个钱包多，这里面就有我国农产品标准化程度低的因素。如果能推进我国农产品早日实现标准化生产，就能方便我国农产品步入品牌化的发展道路。

时代在发展，“缝缝补补又三年”的时代早已经过去，人们的消费水平正在提高。于培顺表示，“以前很难想像为何一个美国蛇果能卖5元，这相当于当年我们一箩筐苹果的价格，但现在实现了。这是因为美国的农产品已经实现标准化和品牌化，这让其农产品有了更大的溢价空间。”

未来我国农产品发展只有走上标准化、品牌化的发展道路，才能进一步促进农产品流通效率的提高。

民建中央建议，加强农产品标准化与品牌化建设，首先要实施标准化战略。政府要加强农产品质量检测、认证、标准化体系和市场准入体系建设，严格监督其各个实施环节，努力加大农产品标准化贯彻力度。要从市场及相关加工组织层面加强农产品分级、分拣、加工和包装的规格化、统一化工作，进行信息化的编码，方便网络销售。第二，实施品牌化战略。政府鼓励有关组织和企业进行品牌申报和产品认证，全面提升农产品档次。依托绿色食品、无公害产品认证和标志使用，积极培育一批质量稳定、特色明显、信誉好、市场占有率高的农产品，促进网络销售。第三，鼓励实力较强的农村合作社或者农产品加工企业为龙头，以龙头企业对农产品品牌的开发和塑造为核心，通过深加工，把分散的资源通过契约、市场买卖等形式整合起来，提升农产品品牌价值。

农产品批发市场公益之路该怎么走

——以北京盛华宏林市场（王四营市场）为例

□ 文／杨 帆

2011 年，国务院办公厅发布《关于加强鲜活农产品流通体系建设的意见》，首次明确提出农产品市场“公益性”的概念。此后，中央 1 号文件、《国务院关于深化流通体制改革加快流通产业发展的意见》及《商务部等 13 部门关于进一步加强农产品市场体系建设的指导意见》、《关于加强公益性农产品市场体系建设的指导意见》等文件也多次要求加强公益性农产品批发市场建设，主要目的是充分发挥农产品批发市场的公益属性，着力在投资保障、运营管理、政府监管等方面建立长效机制，增强政府在应对突发事件和市场异常波动时的宏观调控能力和民生保障能力；开展跨区域农产品流通基础设施建设，着力打造全国农产品流通骨干网。

公益性农产品批发市场提出的背景

近年来，我国农产品价格、食品安全等问题层出不穷，虽然国家及有关部门不断出台各种政策手段进行调节、治理，但未能从根本上予以解决。

目前，我国农产品批发市场有 4000 多家，是农产品流通的主渠道，承担着我国 70% 以上农产品流通的重任，在解决农民“钱袋子”和市民“菜篮子”、“米袋子”、“鱼盘子”、“油瓶子”等方面，都发挥着不可替代的作用。可以说，我国农产品批发市场从最早的“马路市场”、“公园市场”开始，经过 30 多年的发展，这种自由无序竞争的市场体系发展到今天，虽然国家和地方政府也相继出台了一些关于农产品批发市场治理的政策和措施，但收效甚微。

农产品批发市场在快速发展的同时，农产品批发市场行业的问题也逐渐显露，除了食品价格、食品安全外，部分市场高收费、乱收费、农产品“卖难、买贵”等问题也屡见不鲜，严重阻碍了农产品批发市场的健康发展。

专家认为，这些问题的背后，深层次反映的正是市场化与公益性矛盾的本质。一些学者将上述问题出现的部分原因归结为农产品批发市场公益性缺失，“企业化运营的批发市场的逐利性构成了其公益性实现的主要阻碍”。所以，一些专家呼吁国家应当尽快加强公益性批发市场建设。在对农产品批发市场公益性回归呼声日渐高涨的背景下，政府主管部门也日益关注农产品批发市场的性质，正如本文开头描述的那样，目前国家已出台了一些关于公益性农产品批发市场建设的文件和指导意见。

许多专家、学者和行业协会也纷纷撰文，支持国家建设公益性农产品批发市场，而且国家、行业也多次召开各种层次的研讨会，深入研讨公益性农产品批发市场，达成了一些建设性的意见和建议，有力推动了公益性农产品批发市场的建设步伐。

目前，在全国许多城市正在试点进行公益性农产品批发市场的建设，并提供了一些可复制可推广的经验。

公益型和公益性不能划等号

从现实来看，目前全国共有农产品批发市场 4000 多家，主要由社会资金所办，虽然从未被作为公益性设施来建设，国家的法律地位也从未确立，但通过国家政策调控和各级地方政府的引导，从发展 30 多年的农产品批发市场实践证明，现有的农产品批发市场一直承担着公益性功能，在保障市场供应、稳定农产品价格、把关农产品质量等多方面都做出了巨大贡献。所以说，农产品批发市场的公益型和公益性不能划等号。

以北京盛华宏林市场（王四营市场）为例，是一家以粮油、水产品批发为主的综合性粮油批发市场，是北京市朝阳区王四营村投资兴建的村集体企业，属盈利性的。经营 13 多年来，一直承担着公益性：食品安全始终是盛华宏林市场（王四营市场）加强公益性建设的中心工作。

第一，建立了食品安全长效监管机制，全面推进食品安全常态化。一是加强食品安全领导，成立了市场管理部和食品安全部，加强对市场商户经营的日常管理。二是加强食品购销台账管理。三是制定了《三商管理制度》。四是建立健全商户信息，实行分类管理。五是检查督促商户索票。六是创建诚信市场，实现高效监管。七是对商户证照实行信息化精准管理，及时掌握商户证照有效期。八是坚持每日对市场销售的食品进行抽样检测。九是建立健全储备粮监督管理制度。

第二，设立了电教室，配备了电教设备设施，主要是对市场商户进行法律法规培训，如2015年新修订的《食品安全法》和2016年《食用农产品市场销售质量安全监督管理办法》正式实施之际，盛华宏林市场（王四营市场）分批组织了全体商户，通过PPT的授课形式，对商户进行培训。同时，结合市场商户实际经营情况，有的放矢地组织经营成品粮的商户，进行知识产权保护法（商标法）培训。通过系统培训，进一步增强了市场商户经营的法律意识。

第三，盛华宏林市场（王四营市场）是保障首都市民日常生活粮油、水产品供应的主力军，为首都居民生活提供源源不断的农产品，是首都百姓的“米袋子”、首都粮油水产鲜活价格的晴雨表。还承担着北京市储备粮的承储任务。

第四，盛华宏林市场（王四营市场）按照国家发改委、北京市发改委、朝阳区发改委及国家粮食局、北京市粮食局与农业部、北京市农业局、北京市商委要求，圆满完成食品信息采集、上报工作，确保了信息上报的及时性、准确性和有限性。荣获了国家发改委颁发的“价格监测先进单位”流动奖杯，在北京市发改委价格检测单位中，还荣获季度第三名一次，第五名两次。同时，还完成了节假日及其他临时性价格、库存和销售统计的报送工作。并多次得到地方政府相关部门和行业部门的肯定，为国家和地方政府决策提供依据。

第五，在市场建设方，积极响应国家及北京市政府的号召，主动履行社会责任。一是在2015年，市场通过“抓大放小”，共淘汰商户52户，减少从业及相关人员312人，为北京市控制人口过快增长做出了自己的贡献。二是在2015年，市场完善了道闸系统的安装使用，共安装7套道闸系统，有效调整了市场进出的车流量，每天减少车流量约40%，极大缓解了市场内和市场周边的车流量。三是加强了市场车辆管理，杜绝了长期停泊在市场的社会车辆，减少了市场周边交通压力。四是根据水产品批发特点，制定了水产品交易规定。在市场经营水产品批发，经营时间为晚上十二点至第二天早上八点，早上八点前必须全部清场，实施了错峰交易，极大地缓解了市场周边的交通压力。五是大宗的粮油交易，规定在夜间进行。六是整治市场环境卫生，形成了村保洁组、市场保洁人员和外包保洁人员的三级联动保洁队伍，有效改变了批发市场脏、乱、差的局面。

第六，在民生保障方面，安排本地就业400人。多年来，一直承担着本地区村民大部分的收入和福利资金的支出，2014～2015年，每年支出资金5000万元左右，且逐年递增。在拉动王四营地区经济发展、安置就业、上缴税收和缓解周边地区的人口、交通、垃圾等方面压力，在确保地区安全稳定、保障民生、服务便捷、食品安全、美化环境、农民增收等方面，进一步发挥了重要的作用，做出了巨大贡献。

公私合营是农产品批发市场发展的选择

目前，我国经过30多年的发展的农产品批发市场，市场化程度已非常高，市场经营者经过长期的合作，已形成非常稳定的各户群和庞大的销售网络，批发市场体系在中国独具竞争优势。除了形成了全国市场的商品集散、交易结算等功能，还起到了价格形成、信息综合、调整供需等作用。

专家指出，在现有市场格局中再重新构建公益性农产品批发市场体系的难度相当大。而且当前，我国公益性农产品批发市场建设工作刚刚起步，虽然已在全国许多地方试点开始建设公益性农产品批发市场，但还需要政府不断加大扶持力度，努力营造有利于公益性功能发挥的良好环境，今后还有许多工作要做。

专家指出，正常情况下的市场格局，是不能完全任由市场自我调节的。需要有一部分是公益性市场，有一部分是半公益性市场，有一部分是完全竞争的市场，国家应该进行分类管理。

以日本为例，日本是一个农业高度发达的国家，目前已经形成了从农业生产到农产品流通一整套的理论和体制。

日本的农产品流通已经形成了以中央批发市场为主，地方批发市场和其他批发市场为辅的批发市场体系。基于消费需求拉动和生产供给推动两方面需求的原因，日本农产品流通体系中创新了一种新型的零售业态——直销所。随着时间的推移，市场环境的变化，农产品直销所的运营方式也日益完善，经营规模日益扩大，直销所已经成为主导日本地域经济发展的一个重要主体。

公益型和企业型合营能否成功取决于政策

我国正在推行的公益性农产品批发市场，如果采取不同的方式将会产生不同的作用，公益性农产品批发市场和企业性农产品批发市场合营能否成功取决于政策。有的专家提出，公益性农产品批发市场就是要让政府出资建新市场。如果公益性是不收费或者收费很低，那么国家直接投资建立的公益性农产品批发市场，就会影响到市场的公平竞争，可能会形成新一轮的恶性竞争，类似当前市场间的恶性竞争，势必会影响到现有已成型的、经营效益状况良好的市场的健康发展。

专家指出，公益性批发市场体系的建设是对现有农产品批发市场行业的挑战。公益性批发市场将来的顶层设计的政策或者方向至关重要。过去农产品批发市场的关键是“谁投资，谁建设，谁受益，谁管理”。公益性农产品批发市场的提出，引发了未来农产品批发市场发展方向的思考：是以公益性农产品批发市场为骨干，公益型和企业型合营，还是“一刀切”，对整体行业实行公益性。

借用一句名言：不管白猫黑猫，抓到老鼠就是好猫。同样，不管是企业性农产品批发市场，还是公益性农产品批发市场，能起到稳定产销，稳定价格，保障供应；把关农产品质量，承担食品安全责任；传输供求信息，承担突发事件应急保障等作用的，国家的政策都要支持。否则，即使是公益性农产品批发市场，也无法实现其公益性。

旺季不旺，中国茶市为什么掀起关店潮

□ 文／吴勇毅

一声喷嚏，茶业也随之感冒。

2015 年 4 月 26 日，离五一劳动节只有 4 天，春茶已上市，此时照惯例是一年中各类茶叶大小商家们最忙碌的时节之一。

然而这一天，全国知名茶乡、福建省最具规模和影响力的福州五里亭茶叶批发市场（主要包括茶叶街、茶叶市场西区、茶叶市场南区、海峡茶都四个部分）大入口不见了往年车水马龙、人声鼎沸的热闹景象，不时有茶商们三三两两地站着闲聊，还有人干脆提前锁了铺门回家。即便是功能最优、声名最大的海峡茶都虽然整个卖场也和平日一样洁净，不过里面顾客却有些稀落，往常排队购物的场景难见了。

在五里亭有 15 年茶生意史的陈辉正看着自己的店面叹息：“往年这时应是五里亭最热络的时候，许多顾客、商客都电话催着、排着队来提茶，可你看现在一反腐一打喷嚏，我们都感冒了，哪有什么好生意，我们一楼的其他商户情况也一样，主人比客人多，不少人都想把铺位转出去。”

据悉，福州近年出现了一个关店潮，不止茶叶批发市场的门店，大街上一些茶专卖店、连锁店要么关门，要么转行了。“有的茶业店 2013 年时每个月营业额还有十几二十万，到现在最多只能三四万，而店租却不断上涨，难于开下去了。”

福建是中国茶叶产量最多的省份之一，五里亭则是福建最重要的桥头堡，五里亭茶叶批发市场曾经以一街之势，执整个华东茶业市场之牛耳。而此时此番景象，却令人感叹昨是今非。而此番景象，难道仅止于五里亭吗？

的确如此，不止在福州五里亭茶叶批发市场，从南到北，从北京马连道到广州芳村市场，这些全国知名地方茶业批发市场、茶城许多商家都曾见证了 20 年来中国茶产业飞速发展，也是中国茶叶市场体系中最具标志性的探路者、成功者，然而如今都感慨日子难过，同样出现了“门前冷落车马稀”的局面，退店、关门、转型屡见不鲜，不免令人唏嘘。

中国著名茶乡福建安溪中国茶都批发市场一位负责人表示，前几年生意好的时候，每年的春茶还没上市，就已经有不少客户前来预定了，2015 年这种情况少了，不少厂商也缩减了顶级春茶生产的数量，反正卖不掉还不如不生产。而在价格方面，春茶基本保持往年的水准，高档茶的原茶供应价格下降了 10% ～ 15% 左右。

而前年福建铁观音集团率先代表全国茶企冲刺 A 股上市然而最终却黯然败退，此后华祥苑、信阳毛尖集团、四川竹叶青茶业、杭州龙井茶业集团等多家茶企都在力争成为“茶叶第一股”，但最后依然无果而终。这些也让全国茶叶行业很多人头脑开始警醒起来——中国茶业寒冬已来？

茶市落寞关店，非一日之寒

根据一份来自中国茶叶流通协会的资料显示，2014 年中国茶叶的总产量大致为 195 万吨，较 2013 年同期增产 8%

左右，预计到2015年，我国茶叶产量将达到200万至210万吨，而消费量将达到130万至135万吨，出口量将达到32.5万至32.8万吨，供需缺口在40～50万吨之间，茶产业呈供远大于求的市场态势。

内销不好，外销也困窘。日前，中国食品土畜进出口商会茶叶分会公布了2014年我国茶叶出口数据，2014年我国茶叶出口30.1万吨，同比下降7.5%。

然而就在茶市供需不平衡同时，位于市场最终端的茶叶消费市场却一天天不景气。事实上只要稍加回顾，我们就会明白，在中国以茶叶及其相关产品的批发为主要业态的茶城市场，从2013年开始，就出现了市场衰退，导致关店企业逐渐上升。

兴也勃焉，衰也忽焉。国内茶市落寞关店，何以至此？国内礼茶龙头清源渊老总洪明楷认为，和白酒市场一样，茶叶市场的中高档产品也受到市场上的各种不利因素严重影响，在中国整体经济结构调整和政府限制三公经费支出的大背景下，茶叶市场的终端消费能力明显疲软，茶叶销售价格持续走低，往年以高档礼品茶团购为主要赢利支柱的中国茶城经营户们，结束了“一年开张靠节假日”的经营模式，当前一二线名茶政军消费占比已从高峰期35%下降到10%左右。而仅仅依靠平时散客、商务的消费量和消费水平，又难于支撑在经济高预期阶段膨胀起来的高额租价。

遗憾的是，在中国茶叶市场日益严峻形势下，一部分茶企在无法增加营收、保证盈利的情况下依然热衷于大力招商开店扩张，这无疑使国内茶叶市场“雪上加霜”。洪明楷认为，2014年底，已有国内有多家茶叶批发市场爆出门可罗雀、生意冷淡的消息，预计在今后的两三年里，将有大批茶叶批发城的茶叶店关停。

不过，在深圳市华巨实业有限公司总裁杨文标看来，茶叶市场面临的挑战除了政府、国企消费的锐减，还有电商带来的重大冲击。“过去以产品为中心，以实体店为中心的零售分销模式被新一代的以顾客为中心的、以电子商务为中心的模式所取代。而许多茶叶企业却停留在传统的实体门店卖茶中，这让新生一代的消费者逐渐远离他们。”的确，中国茶城虽多，茶城的面目和经营内容却是大同小异的，整整20年的时间里，作为市场经营主体的中国茶城，基本上还在慢悠悠地走老路——至少90%以上的茶商茶企沿用最保守的传统方式开店卖茶，对茶叶新产品的变革、茶叶消费新现象的关注和对消费者需求的研究都远远落后于市场的动态，自己茶叶的产品品牌也最终没有建设起来。最为突出的是遇到了难以突破的渠道困局，而电子商务却不得其门而入，束手无策，导致市场疲软的效应更加明显。一些专家甚至尖锐地称，许多茶企网销水平还停留在“供销社时代”。

茶城、专卖店成本压力过大。在营销专家李志起看来，国内各地茶城、茶店从业者的困境，与来自市场大幅上涨的租金矛盾日益加剧。由于中国近十年来的房地产价格飙升，茶城、专卖店的店面租金在中大城市已经涨到每天每平方米十多块钱，再加上人工工资的持续上涨，专卖店的人工工资和店面租金这两项成本几乎要占到销售额的30%左右。如此高额的成本使得茶店、专卖店的盈利能力急剧下降，市场又遇冷，无疑令茶商雪上加霜。

而在中国茶文化国际交流协会会长杨孙西看来，日益提高的国外标准阻碍国茶出口，使那些以出口为主的茶商遭遇更大的挑战。近几年来，欧美、日本等发达国家不断提高茶叶检测标准，中国茶企的日子越来越不好过。比如欧盟把茶叶中的农药硫丹残留的检测标准一下子提高了3000倍，对进口茶叶的检验由原来的100多项增加到200多项，而日本对茶叶农残限制也有明显变化，将设限农药残留由83种增加到约144种。另外，随着中国人工、材料成本的增加，中国出口的茶叶已没有价格优势，中国茶叶的出口份额逐渐被印度、肯尼亚和斯里兰卡等国挤占了。这使不少靠出口营生的茶店茶商日子越发难过。

批发流通诚信缺失则是茶城批发商和流通贸易业主一大硬伤。市场竞争日益激烈，生存压力增大，以及长期以来利用信息不对称来推销产品的习惯，国内茶城批发商普遍祭起了价格战的大旗，而这些价格战总带有水分、虚假、血性的成分，于是原本茶业流通领域坚守的“童叟无欺”的商业诚信就屡遭摧破，这使进入茶城的消费者日渐减少。

如何应对茶业“关店潮”升级之势？

中国是茶叶大国，但不等于茶叶强国。中国几万茶企抵不过一个英国立顿。7年过去了，至今这一面貌仍未有多大改观，中国茶产业与世界其他主要产茶大国相比差距仍很大。在内需不硬、外需疲软的如此关景下，近20年基本一路顺风顺水的中国茶叶在突遭“反腐之风”之后而掀起一波关店潮也并不奇怪。

优胜劣汰是市场规律之一，需求疲软、市场竞争、电商化、关店潮等都将迫使茶企勤修内功和加快转型升级。在这过程中，国内茶业将迎来一场大变革。那么面对时局，中国茶业如何革新图强，全面提高自身生存能力，应对茶叶店“关店潮”升级之势？

全面走上电商之路。早在2012年，就有不少专家指出，中国茶叶行业正处于拐点，供应量将超过需求量，未来3～5年中国茶叶需求量会稳定下来，很难再看到以往30%至40%的超高增速，许多茶企会碰到规模的天花板，所以茶商应转型成为茶服务商、配套商，即使规模碰到天花板后企业也能找到新的增长点。如今看来O2O正是其中转型方向之一。而为应对电商时代的到来以及不利的市场形势，清雅源作出变革性质的改革，加大了电商的投资，入驻淘宝、天猫，建立清雅源O2O旗舰店，并开启微营销之路，在全国多家平媒、网站投放形象广告，以阻止清雅源400家加盟商的销售下滑风险，给各地茶叶加盟商带来实在的帮助。

布局全渠道营销扭转销售颓势。消费者在新媒体时代改变了传统的消费方式，消费方式愈来愈多样化。深圳市华巨实业有限公司总裁杨文标因此认为，中国茶业市场在重新整合、洗牌中，茶商销售渠道结构也必须调整、创新，在渠道布局上布控不同形式的营销渠道，以多元渠道分销实现消费群体的广泛覆盖，联合实体店、网店、移动商店、社交媒体甚至涵盖持有目录、呼叫中心、社交游戏、移动终端、游戏机、电视、网络电视上门服务等等，这一切形式的全渠道融合将为扭转当前颓势、促进未来茶产业复兴带来无可估量的影响。

创新茶叶销售手段脱颖而出。武夷山市率先在全国通过传统的民间斗茶赛、茶王赛、拍卖等活动创新茶叶销售手段，让金骏眉品牌短短几年在全国一炮走红。中国岩茶第一村武夷山天心村每年斗茶赛时都热闹非凡，商家云集，盛况非凡。厦门郑福星创设茶美学营销模式，利用茶美学的展演来推广茶就很有特色，在茶城、茶楼推广就很成功。而面对市场需求的多元化、个性化，进一步促进茶叶市场的细分，集中力量打造某一领域的强势产品以求脱颖而出。如清雅源将目标客户群体的选择由大众市场、通用产品转向细分产品市场，致力于打造礼茶第一品牌，现已是礼茶行业的龙头品牌。因此不管是拥有生产端、售卖终端的茶楼茶商，还是只有售卖终端的茶商，摆脱“品类强、品牌弱”的局面，唯一不断创新营销手段才能独树一帜。

向民茶转化，更为亲民。八马时近推出的“18渡”品牌系列茶，包装时尚且亲民，与八马传统的茶叶包装厚重贵气的设计完全不同，迎合普通白领消费心理。福建政和一家以制作、售卖高端红茶为主的知名茶楼杨老板市场嗅觉敏锐，2013年早早就接地气了，不再“高大上”，简化包装，降低价格，在别人还抱守高端、市场持续萎缩中，自己的产品实现“逆袭”，薄利多销，蒸蒸日上。在杨老板眼里，未来茶楼、茶城决不是喝茶、卖茶简单之处，未来的茶城业态，既表现为茶生活馆、茶博物馆、茶体验馆等，也可能是茶叶品饮中心、茶叶交易所、茶业金融银行等形式，如此才能基业常青。

坚持诚信、做好服务是成功不二道理。天道酬勤，商道酬信。诚信不管是对茶楼茶城等实体店还是电商，都是永恒不变的成功真理，坑蒙拐骗，只能做一锤子买卖，就再也没人会理你。诚信另一个涵义就是要敢于承诺退货。目前茶界能做到不满意就退货大概凤毛麟角，但是能做出承诺退货，往往就是迈出成功一大步了。李劲松在淘宝开了一家名叫“中国后街”的普洱茶网店就是坚持“信誉”、“信义”，实行近乎无条件的退货制度，生意却越做越大，单周最高支付宝交易额达60多万元，单月最高销售额突破200万元。李劲松坚持认为，在退货前给出太多解释是苍白的。而良好的服务则是致胜之本。在客户关怀互动方面，安溪铁观音发挥到了极致。比如安溪铁观音的客户咨询系统，软件厂商为其设计了至少200多个标准问答话术，客服人员可以根据关键词匹配，直接发给相应的咨询客户，大大提高时间效率，而且成功率高，减少了人为的回答不正确而丢失客户的几率，而且这个话题库一直在持续改善中，让客户十分满意。

未来，国内茶业仍面临着行业发展去产能去市场饱和阶段的新挑战，茶业消费开始全面转向大众化的趋势，如何适应茶业发展的“新常态”，不致落寞关店，并以新模式开启变革走上新征程，是每个茶企茶商所必须认真思考、认真解决的问题。

江苏省农产品批发市场建设现状及建议

□ 文／王志刚　周宁馨　周永刚

农产品批发市场是我国改革开放以后形成的商业形态，承担着国家促进商品集散、平抑农产品价格、保障城市农产品供应、引导农作物生产及增加农民收入等重要职能。农产品流通体系是从“田头到餐桌”的一个完整链条，包括生产、批发、零售等环节，连接着生产基地、大型农产品批发市场、中小农贸市场、连锁超市和社区平价店。伴随着城市化进程的加快和农产品流通方式的转变，农产品批发市场逐渐成为农产品流通体系的核心环节。因此，抓好农产品批发市场的建设，促进其功能的完善和发展转型，提升居民消费水平、服务“三农”具有十分重要的意义。近年来，江苏省一直致力于构建一个市场渠道畅通、运行秩序良好、保供稳价有效的产销对接的农产品流通体系，在农产品批发市场的建设与管理方面开展了诸多试点工作，成效显著。本研究以江苏省为例，系统地梳理了该省农产品批发市场的现状特点、取得的成效及存在的问题与不足，并提出了相关政策建议，以期能为我国农产品批发市场的健康、有序发展提供现实依据和借鉴。

一、现状特点

近年来，江苏省把农产品批发市场建设作为加快农产品流通创新、推进农产品现代流通体系建设的重中之重，切实加强基础设施建设，健全完善市场综合功能，不断提升商品流通的现代化水平，取得了良好的成效。

1. 市场结构逐步优化

江苏省各地按照“政府引导、企业自主、市场运作”的原则，加快农产品批发市场的提升改造和标准化建设，着力建设带动力强、辐射面广的全国性或区域性农副产品批发市场，淘汰基础设施落后、管理水平低下、辐射能力薄弱的小型市场，提升农产品批发市场层次和建设水平。农产品批发市场是“菜篮子”“果盘子”“米袋子”供应的重要载体，一方面，为居民提供最基本的食物与营养来源，确保其生产生活的有序性；另一方面，一旦农产品价格异常波动，其就会成为政府增加应急储备量或是扩大市场供应的载体，起到平抑物价的作用。为此，2006 年南京市政府提出建设一个“运作高效、管理规范、产品安全、业态先进”的现代农产品物流配送中心的建设发展思路。经过 30 个月的建设，先期建成了投资 26 亿元、占地 8 公顷、建筑面积 50 万平方米的集蔬菜、果品、水产、肉品、粮油、副食等交易的农产品物流配送中心，现已发展成为覆盖南京、辐射周边的唯一农产品源头集散市场。于此同时，南京市基于集约化、规模化发展的要求，关闭了主城区八大农产品批发市场，有效整合了市场资源，促进了传统型农产品批发市场向现代型物流配送中心的转变。

2. 市场流通设施明显改善

按照商务部的部署，江苏省组织实施了“双百市场工程”、“标准化批发市场改造”和农产品现代流通综合试点，重点扶持大中型农产品批发市场进行农产品流通基础设施和功能设施的升级改造。南京市目前已基本形成以批发市场为基础、农贸市场为支持、生鲜超市为补充的农产品流通网络。在服务设施的建设上，南京市导入现代物流理念和经营方式，建设了农产品交易市场展示、加工配送、仓储冷链以及商务配套等基础服务设施，形成集交易展示、信息采集发布、农产品检测、物流配送、指挥调度等功能于一体的现代物流服务体系。

3. 市场交易方式向现代化转型

在延续传统经营方式的同时，江苏省各地区不断创新交易方式，积极开展连锁经营、物流配送，进一步拓宽农产品市场流通渠道。南京众彩、无锡朝阳等大型农批市场通过升级结算设备，使得蔬菜、果品交易实行全过程 IC 卡结算，有效缩短了交易时间，提高了流通效率。徐州市淮海蔬菜批发市场于 1998 年率先引进了电子交易系统，后经 3 次升级换代，逐步实现农产品质量的安全可追溯体系。目前，该电子交易系统已拥有向交易双方提供快捷结算、查询、统计等多项功能，较好地诠释了农产品批发市场现代化、规范化、准确化的发展要求。

二、工作成效

1. 加强农产品批发市场规划布局

按照中央“在各省辖市规划建设一个大型综合性农产品批发市场”的总体要求，江苏省各地区合理规划农产品批发市场布局，杜绝低水平重复建设和恶性竞争行为的出现。常州市于 2005 年对当地的龙头市场凌家塘批发市场进行异地搬迁升级改造，规划“八区一街”，即蔬菜、果品、粮油副食品、水产品、物流配载、加工配送、仓储冷藏、生产配套服务共 8 个区域与 1 条商业服务街的经营格局，在全国南菜北运、北菜南调、东西互补方面发挥了重要作用。南通市农副产品物流中心项目建设时的主要内容包括“十区、二街、八中心”。其中，“十区”包括蔬菜、水果、粮油、南北货副食品、水产品、肉禽蛋、豆制品和花卉交易区、仓储冷藏区、物流配载及加工配送区；“二街”为生活配套后勤服务街和绿色食品街；“八中心”主要有废弃物处理中心、农产品检测检疫中心、农产品会展中心、电子结算中心、商务中心、信息管理中心、物流管理中心和旅客集散中心，充分改造了传统农批市场的规划布局。

2. 推动农产品批发市场转型升级

2011 年以来，江苏省以商务部组织开展农产品现代流通综合试点工作为契机，引导各类投资，加强农产品流通基础设施和冷链储运、加工配送、分级包装、检验检测、信息发布、电子结算等功能设施的建设，提高农产品批发市场的集散能力。依托市场一流的硬件设施、信息管理平台和日趋成熟的市场资源，南京市与全国 82 个市（县）政府、生产基地建立了战略合作伙伴关系，先后引进海南、广东、广西、云南等全国主要产区的蔬菜水果生产基地进场设立销售专区，建立分销中心和总部平台，推动农批市场的升级，促进农民增收。在创新转型发展上，南京市坚持先行先试，打造“众彩行”网上交易平台，建设“e 鲜美”城市生鲜农产品直供直配体系。目前已基本建立上联生产基地、下联零售终端、团购大户和社区居民的众彩“e 鲜美”城市生鲜农产品信息管理服务平台，投入使用建筑面积约 2000 平方米的生鲜农产品分拣加工中心，正式开通了订购服务网站和呼叫中心，上线的品种达 1400 多个，发展社区直供直配点 24 个。目前南京市政府正全力推进实施农贸市场提档升级工作，不断改善市场设施，完善空间布局，建立健全农贸市场服务网络。

3. 提升农产品批发市场公益性地位

江苏省各地逐步提升了对农产品流通基础设施公益性地位的认识，对农产品市场建设普遍给予了政策引导和资金支持，出台了农产品批发市场升级改造实施意见和扶持政策，增大了对市场国有与集体股权的比重。如新建的南京众彩农副产品批发市场国有股比重为 70%，南通市农副产品批发市场股权全部国有。由于提升了公益属性，这大大增强了政府对农副产品保供稳价的调控能力。此外，为更好地落实南京地区元旦、春节及冰雪灾害天气蔬菜市场供应量足价稳的社会责任，南京农副产品物流中心连续几年与市政府签署冬储蔬菜保供协议，采取在库储备、在田储备、委托紧急调运相结合的方式，落实冬储保供蔬菜 1.7 万多吨，超额完成了市政府下达的蔬菜保供任务。苏州南环桥市场利用场地和仓储，充分组合资源，做好储“根”于场、储“茎”于库、储“叶”于田的应急保供预案，保证应急状态下每天可有 840t 蔬菜叶菜进入市场，进一步完善和增强了城市保供的应急实施能力，充分发挥了市场的公益性和社会责任的担当作用。

4. 延伸农产品批发市场流通链条

2012 年 9 月江苏省以“完善链条、创新模式、促进产销衔接”为主题召开了全省农产品现代流通推进工作会议。会议交流总结了各地开展农产品流通体系建设的新经验和各类市场主体探索出的农产品流通新模式。目前，各地已初步形成以农产品批发市场为主要载体，上联生产基地、下延销售终端的全新产业链条。苏州市本土企业江苏新合作常客隆连锁超市有限公司立足于“三农”的发展理念，采取“公司 + 专业合作社 + 农户”的营销新模式，将农副产品直接引进超市，让百姓在餐桌上吃到更放心的食品，真正实现了农副产品与市场的有效对接。苏州市南环桥市场从 2011 年开始实施“平价农产品社区直销项目”，建立起以“预约订购、社区直销”为特色的平价菜直销点，受到社区居民的普遍欢迎。此外，该市场通过农批对接，特别是与本地地产基地的对接，进一步提高了城市自给率。2013 年，常州市积极探索农超对接新模式，先后为全市大型卖场、大型连锁企业、餐饮企业、菜市场、电商企业与市级以上农业龙头企业搭建了对接平台。目前市内经营蔬菜等农副产品的大卖场与连锁超市销售量超过全市蔬菜销量的 10%。农超对接模式的推广极大地减少了流通环节，降低了流通成本，使该市的蔬菜价格一般比周边城市低 15% ～ 20%，实现了菜农与市民的双赢。

5. 落实食品安全责任制度

农产品批发市场是连接生产与销售的中间环节，在此环节做好备案监测工作，把好食品质量安全关就显得尤为重要。为此，南京市农副产品物流中心专门建立了农产品市场准入与实验室检测两级管理控制体系，确保溯源管理全覆盖。2012 年，该中心共检测农产品超过 36 万批次，检测率达 100%。无锡市作为商务部首批肉菜流通追溯体系建设 10 个试点城市之一，截至 2012 年底，已先后在市区 34 家菜市场、78 家超市大卖场等 130 多个流通节点建成肉菜流通追溯项目并投入运行，实现了肉菜来源可追、去向可查、责任可究，可借鉴性极强。苏州市南环桥农副产品批发市场与江苏省内外 80 多个无公害农产品种植、养殖基地建立了产销合作关系，坚持“海纳百川蔬果，心系万家餐桌”的理念，市场经营品种丰富，蔬菜品种常年保持 120 个以上，销售的各类农副产品 80% 来自规模型基地。另外，严格贯彻蔬菜每车必检原则，坚决落实“不检测不进场、不合格不上市”的要求，确保农产品质量安全。

三、存在问题

1. 发展地区差异大，市场建设落后

就江苏省而言，农产品批发市场在苏南地区发展迅速，而在苏北地区发展明显滞后。部分地区还没有建设大型综合农产品批发市场。比如地处苏北的徐州市，坐拥 900 多万人口，在既有农产品生产基地，又有较大的农产品消费市场，且交通条件良好，但受资金、技术、信息平台等因素影响，至今尚未形成有区域性集散功能的大型综合农产品批发市场，区位功能没能很好的凸显。

2. 标准化水平低，交易方式有待改进

2005 年，中央下发了《关于开展农产品批发市场标准化工作的通知》要求，但多数地区的标准化水平仍然有待提高。徐州市虽然在市场标准化建设方面做了大量工作，进行了一系列标准化改造，但总体来看，大多数农产品批发市场的标准化水平仍然较低，缺乏半成品加工、农产品分等分级与规格化包装等方面的服务，市场竞争意识薄弱。这既影响农民的收入，又影响农产品的拍卖、电子商务、直供直销等新型农产品流通模式的进一步发展。目前南京市农产品批发市场的交易方式仍以现货、现金交易为主，批发零售兼营相对比较普遍，大多采用一对一的对手交易，而拍卖交易、期货交易等方式运用较少。

3. 缺乏相关法律法规的保障，不健全

目前，国家尚未就农产品批发市场的规划布局、用地保障、市场准入、交易监管等方面作出具体规定，使得政府部门在加强市场规划建设管理中缺乏监管依据和手段。虽然当前骨干性的农产品批发市场都配有检验检测中心与先进的检测设备，但批发市场对产品的检测结果多数不具备法律效力。因此，检测结果只起到参考作用，不能作为行政处罚的依据。

4. 生产与交易主体规模小，组织化程度低

现在我国农产品大多是小规模生产种植，所属地区的质量监督设施与水平参差不齐，加之农民安全意识淡薄，多数农民在利益驱动下都不会主动获取与进场相关的证票依据，使得索证索票制度的实施存在困难。另外，市场的交易主体经销户多以个体经营户为主，经营规模小，组织化程度低，经营的季节性也很强，处于高度分散化状态。由于缺乏对总体市场和有效信息的了解与把握，这些经销户在实际经营中很容易跟风行事，不利于市场稳定。

四、建议及展望

“菜篮子”工程事关民生福祉和社会稳定。因此，加快推进农产品批发市场建设步伐，建立和健全农产品现代流通体系，不仅有利于促进农产品产销合作，减少中间环节、降低流通成本和销售价格，更有利于缓解农民“卖菜难”和城市居民“买菜贵”的矛盾，提升农产品质量安全水平。基于此，根据江苏省农产品批发市场的实际，本研究提出以下 4 点建议：

一是不断优化环境，引导行业可持续发展。“十二五”期间，对已面临饱和、占用土地资源较大的商品市场要严格控制准入，限制新设立粮油、猪肉、水产、果蔬等农产品批发市场，避免在同一区域内重复建设和同质化竞争，确保资源的有效配置。同时，因地制宜，优化农产品现代流通体系，

突出批发市场公益性作用；处理好生产基地、批发市场、零售网点三者之间的关系，探索促进农批对接、农超对接和批零对接的各项举措，努力实现农民增收、市民实惠、企业发展、政府满意的“共赢”局面。

二是推动农产品批发市场的标准化、品牌化建设。引导农产品批发市场由“商业地产商”向“商业地产商 + 品牌经销商”的模式转变。从原来单纯地提供场所批发向两头延伸，参照供应链原理，理顺产业上下游之间的关系。借鉴南京众彩、常州凌家塘、苏州南环桥等大型农产品批发市场从“批零对接”着手，利用市场自身品牌开设连锁经营店，建立农产品直供直销体系的经验，开展农产品全程营销，发挥农产品批发市场的组织优势，加强批发市场品牌建设，实现自身由“场所型”向“流通组织型”的转变。

三是加快相关法律法规的制定。结合当前农产品批发市场的现状，充分借鉴其他地区的有益经验，尽快出台关于农产品批发市场的法律规范，明确农批市场的管理者责任、经营商行为及政府的职能，赋予其相应法律地位，为经营者创造公平的竞争环境和良好的市场秩序。落实农产品流通环节的税收优惠政策，一方面坚定不移地执行鲜活农产品运输“绿色通道”政策，进一步扩大农产品运输绿色通道范围，降低运输成本；另一方面，通过借鉴一些国家将农产品批发市场视为公益性设施予以免税的政策，尽量减少或者免除农产品批发市场在土地使用、营业所得等方面的税费。

四是加强专业人才的培养与培训。现代农产品流通涵盖现代批发交易、物流配送、连锁经营、电子商务、期货市场等许多新兴领域，不仅涉及市场贸易、流通加工等高技术含量的专业知识，而且对于农批市场的经营管理也日趋精细化、综合化。因此，现代化的农产品批发市场建设需要大量具备专业知识和技能的人才，有必要引导相关高校与科研机构开展对该领域从业人员的专业职业培训，构建全面的人才培训机制，以推动农产品批发市场的有序发展。

总体而言，江苏省在农产品批发市场建设方面坚持“政府主导、民生为先、市场运作”的发展模式，不断推进农产品现代流通体系的发展转型，取得了较大成绩。但是，现有农产品批发市场的设施条件与农产品流通的现代化仍存在一定距离。可见，农产品批发市场的建设与规范管理是一项长期性的工作，如何建设新时期幸福“菜篮子”工程、促进农产品批发市场更好更快地发展值得继续探索与思考。相信随着国家对农产品批发市场支持力度的不断增大，信息技术水平不断提升，相关法律制度的不断健全，未来我国农产品批发市场必将会在稳定农产品供应、确保农产品质量安全、提升农产品流通专业化水平、促进农业长效发展方面发挥越来越大的作用。

福州茉莉花茶重塑品牌

□ 文 / 王欣然

曾几何时，茉莉花茶红极一时，飘香大江南北，当时福州新店、城门一带城郊，大片大片全是茉莉花种植园。然而，近年来随着观音、龙井、普洱等茶叶产品声名鹊起，茉莉花茶产业日渐由盛转衰，市场不断萎缩、被瓜分。茉莉花茶产业的衰退情况引起了福州市政府的高度重视，他们采取了一系列措施，使茉莉花茶再次飘逸茉莉之香。

近年来，在花茶的各主要销区，花茶的市场份额近年呈下降趋势。由于茉莉花基地面积越来越小，花源不能满足企业需求，北京茉莉花茶销量最大的吴裕泰、张一元等老字号茶叶企业和福州几家大型花茶厂纷纷把茉莉花基地外迁，福州茉莉花茶行业正面临着一场危机。

缘何“芳香”不再

究竟是什么原因让一个原本市场广阔的知名品牌沦落成了“垃圾茶”？事实上，这与福州本地茶商的短视行为不无关系。

在福州茉莉花茶最知名的年代，有部分当地个体茶厂为牟取暴利，采取以次充好、以旧充新的营销手段，使福州茉莉花茶市场总体质量和形象下降，而产品的低价销售严重影响了一些品牌茶厂的生存和发展，导致了福州茉莉花茶的整体品质和品牌效应逐渐缺失。产品的低廉价格和拙劣品质，促使消费者对福州茉莉花茶的观念产生了转变，甚至认为花茶是一种低档次、不入流的产品。

事实上，即使是现在市场上销售的茉莉花茶也有一部分并非正宗的福州茉莉花茶。而不是正宗的福州茉莉花茶，口感肯定有失水准。因此购买到这些山寨的“福州茉莉花茶”的人对于福州茉莉花茶的印象肯定是福州茉莉花茶也不过如此，这必然使福州茉莉花茶的形象大打折扣。

这也解释了为何笔者从多名茶叶经销人员口中听到：“茉莉花茶没档次、口感差，年轻人都不喝，市场前景不大。另外还有口感问题，茶味淡而花香味又太浓，年轻人都喜欢口味刺激的饮料，自然偏爱有回甘的铁观音和大红袍。”

当然，以上只是部分原因。客观上来看，目前确实有品种越来越繁多的茶叶充斥着茶市场，人们更多的是对铁观音、普洱茶的了解，而且也更倾向于购买这些茶叶，并且每逢佳节这些茶叶在礼品市场上也备受青睐。同时，福州茉莉花种植面积锐减。种植最多的是福州苍山区盖山镇，但也随着城市的扩建种植面积逐年减少。现有产量无法满足消费者的需求，这才是导致市场上出现冒充产品的原因。而且，尽管福州茉莉花茶历史渊源较长，但在漫长的时间里却并没有形成较强的品牌效应。像人们提到铁观音时，第一反应就是安溪铁观音，而福州茉莉花茶的品牌效应却并没有产生这样的效果。

品牌之路从政府开始做起

幸运的是茉莉花茶产业的衰退情况引起了福州市政府的高度重视。近年来，政府高度重视福州茉莉花茶产业的发展，在各种场合都提出了振兴福州茉莉花茶产业措施。甚至早在2006年3月份，福州市政府就组织各相关部门召开了有关福州茶叶产业发展的座谈会，决定对福州茶叶产业发展投入100万元资金，其中对茉莉花茶将投入25万元。为增加茉莉花的种植面积，福州市对茉莉花生产基地进行补贴，单位面积补贴100元。

2008年9月5日，福州市政府向福建省质量技术监督局上报了《关于申请将福州茉莉花茶列入地理标志产品保护的请示》。2009年9月21日福州茉莉花茶顺利获得国家质量监督检验检疫总局批准，成为继平潭水仙花、永泰李干、福州脱胎漆器之后的福州市第四个国家地理标志产品。地理标志产品保护使福州茉莉花茶这一独具地方特色的名优农产品质量和产品附加值大大提高。2009年，福州茉莉花茶的产值与受保护前相比增长了6.2%。同年，福州茉莉花茶先后获得地理证明商标、地理标志保护产品、国家农产品地理标志保护，成为唯一获得三大地理标志认证的茶。2011年，福州荣获“世界茉莉花茶发源地”称号。2012年，福州茉莉花茶被授予“世界名茶”称号。2013年，福州茉莉花种植与茶文化系统被农业部授予“首批中国重要农业文化遗产”。2014年4月，在联合国粮农组织全球重要农业遗产指导和科学委员会会议上，福州茉莉花种植与茶文化系统入选“全球重要农业文化遗产”。

在福建省茶叶学会会长冯廷佺看来，正是福州市特殊的地理位置和气候环境，加上传统的种植与加工制作技艺，造就了福州市所产茉莉花茶与众不同的优良品质。而此前，由于城乡建设的快速发展，使得福州市茉莉花种植面积逐年减少。而且对茉莉花茶制作工艺的传承和品牌的保护明显不够，为此，有必要通过地方立法，加强对福州市茉莉花茶的保护。

在2014年4月25日，福州市第十四届人大常委会第十八次会议表决通过了《福州市茉莉花茶保护规定》。该决定对于茉莉花种植基地的划定、茉莉花种植基地的征收、茉莉花茶加工制作工艺的传承以及茉莉花茶的品牌推广工作做出了明确规定。

该《规定》不仅划定茉莉花种植基地，还实行分级保护的做法，以保证高品质茉莉花的种植面积。还加强了对茉莉花茶制作技艺传承人的培养，一方面对茉莉花茶制作技艺给予保护，另一方面对传承人给予奖励和资助，支持传承人通过带徒授艺等方式传承优秀的茉莉花茶制作技艺。同时为了保护福州茉莉花茶品牌，《规定》对福州茉莉花茶地理标志产品做了更加严格的要求，不仅要从质量上保证产品的信誉。同时，还要提高茉莉花茶整体品质，提升其知名度和美誉度。此外，还在建立茉莉花茶进货查验制度、建立交易平台和信息平台、挖掘茉莉花茶文化等方面都做出了规定。

用科技创新重塑品牌

如今，在闽侯县苏洋村花农老张的茉莉花种植基地里，百亩花田绿枝舞动，摇曳生姿，工人们正加紧除草。这批茉莉花采摘后，将送进附近的茶企生产车间，进行花茶窨制。老张介绍说，近几年，茉莉花的收购价格一路水涨船高，2014 年最高时曾达每千克 52 元。他和几个花农成立了合作社，种植茉莉花 300 多亩，年产值 300 多万元，纯经济效益约 150 万元。

目前，福州茉莉花种植面积已达 1.5 万亩，辐射周边面积 1.8 万亩，茉莉花茶年产量 1.5 万吨，产值达 20 亿元。“每卖出 100 元的茉莉花茶，就有 65 元是茶农和花农的收入。”据福州市农业局负责人测算，“扣除成本费用，每亩花田预计可为农民增收 5000 元”。福州市政府的一系列举措，不仅制定统一的质量标准，也恢复了优质茉莉花生产基地，更提升了福州茉莉花茶产业整体水平。

不过，要让茉莉花茶产品走向世界，单靠提升种植产量和水平肯定是不行的。由于福州茉莉花茶属于加工类产品，它的原料是由茉莉花和绿茶两种组成的。相对单种原料茶品制作而言，福州茉莉花茶的加工技艺要求比其他茶类更高。所以，依靠科技改进工艺创新产品正成为实现茉莉花茶产业链条增值的一条重要途径。

过去，茉莉花、茶融合时，都是通过碎化茶叶和茉莉花完成的，这样造成茶末过多，泡起来茶汤也浑浊，观感不佳，口感不顺。而春伦集团董事会主席傅天龙带领科研人员攻关，发明“抖筛”方法，成功地解决了这个问题。而今，春伦茉莉花茶泡起来汤色鹅黄，观感和口感都更好。2011 年 3 月，“茶叶筛选装置”获实用新型专利证书。同时，春伦集团还建设了现代茶业加工生产示范园区 100 亩，计划引进国际化标准生产线两条，一是茶多酚生产线，二是缩浓粉生产线。另外，还将茶叶包装升级为数控自动包装，同时投入 300 多万元购买 20 多台数控自动包装机，形成 3 条自动包装流水线。流水线升级之后，减少了包装二次污染，提高了产品称重精确率。

而为了解决提高茉莉花香气利用率的问题，福州仓山区城门海西茶厂经过几年时间的研究攻关和探索，在传统的福州茉莉花茶窨花工艺 11 道工序基础上，又增加茶坯增湿、盖膜隔离氧化、连窨茶等四道新工序，延长成品茶的香气。现在，该厂生产的“南台岛金种子”茉莉花茶茶汤保绿，醇厚甘甜，香气四溢，每千克销售价 6000 元左右，单项产品每千克增值 48.8%。

以往，玫瑰配红茶，茉莉拼绿茶，似乎已成为茶界的一条定律。但是，这个定律被福建九峰农业发展有限公司打破了。九峰茗茶在传统茉莉花工艺基础上，创新性地将茉莉花与红茶结合，孕育了花茶新品 89 度茉莉红。经过反复试验，九峰茗茶团队发现，发酵度在 89 度左右的红茶最适合与茉莉花拼配窨制，在这个基础上，两种大自然赐予的芬芳相互融合，可以产生最佳效果。业界人士普遍认为，九峰茗茶将福州独有的茉莉花茶千年窨制工艺与红茶工艺创造性地结合一体，是一件具有特殊意义的事。泡饮时，一改花茶“清汤淡茶”的旧貌，在保留花茶鲜香的同时，呈现出红茶的甘醇、顺滑。如今，九峰 89 度茉莉红在北京、东北等地市场热卖，营业额占到 20% 以上。

在福州海峡茶业交流协会会长吴依殿看来，福州正是通过创新和科技，才推动了茉莉花茶工艺不断进步，这不仅增加了产品链条附加值，还提升了茶品的档次和水平。对此他还表示：“今后我们要进一步加强茉莉花茶综合利用，开发茉莉花茶及其系列茶品，如茉莉速溶茶粉、茉莉多糖、茉莉花酮和茶饮料、茶多酚等食品，全面推动茉莉花茶工艺提升和茉莉花茶工艺品开发。实现产业链条全面增值，促进产业转型升级，进一步做大做强福州茉莉花茶产业。”

与此同时，福州市茉莉花茶企业龙头一致瞄准“海丝”沿线国家和城市作为自己的市场布局，主打茉莉花茶文化营销品牌战略。当然，一个产品要进入一个地方，很重要的是要改变当地的生活方式，福州茉莉花再次焕发光彩，还需要企业引导全球健康喝茶理念上的创新。也只有这样，福州的茉莉花茶才能借此契机来振兴茉莉花产业，重塑茉莉花茶产业发展的引擎。

第三章　纺织服装市场

服装批发市场上演生死时速 路在何方

□ 文／冉隆楠

现在服装批发市场处于一个比较尴尬的境地，一方面还有一定的客户需要这种渠道来进货，一方面受到网购冲击，商家又很难维持相应的利润。

随着北京各种批发市场外迁进程的逐步推进，已经有一些批发市场迁往了天津、河北等地，批发市场这一传统行业也再次得到了人们的关注。在诸多批发市场中，服装批发市场作为过去服装销售中重要的一个流通渠道和环节，随着用户消费的升级，现在已经鲜能见到从前那种人声鼎沸、熙熙攘攘的场景了。

那么，服装批发市场该何去何从呢？

盛况不再

实际上，尽管现在有不少服装批发市场还在经营，但与过去相比，它们的情况已差了不少。

日前，笔者前往万通、天意等北京知名批发市场探访。同为 2016 年北京市西城区规划中需要外迁的对象，万通和天意的情况并不完全相同。一进入万通，很明显就没有多少客流，大多数摊主都显得有些漫不经心，只有少数摊位聚集了一些客流。客流较多的是万通的五层亦购特惠商场，那里以品牌工厂店为主，耐克、阿迪达斯、李宁等运动品牌多以五折的价格示人。尽管如此，和笔者后来探访的天意批发市场相比，万通也显得冷清很多。

在以小商品批发为主的天意批发市场里，服装批发所占的比例并不能跟主营服装的大红门和“动批”相比。不过，由于“动批”已经基本外迁完毕，大红门也有不少商场或外迁或关停升级，不少客户就聚集到了天意批发市场。尽管是工作日，天意批发市场的内部还是有很多商户在进货。“我们之前是去‘动批’批发的，现在‘动批’已经搬了，我们就过来天意批发，还是不太想去河北那边，感觉并没有北京方便。”正在进货的小陈说。尽管和万通相比，天意的客流量只多不少，但有店主表示也没有以前手忙脚乱的盛况了。就目前而言，天意并没有十分明显的搬迁前“甩货”的景象。笔者向摊主们询问关于今年搬迁的问题，大多数摊主比较回避，还有摊主表示并不清楚，也没有收到相关的通知，目前还在正常经营。

过去火热的服装批发市场为何会消沉下来？

有专家表示，其实现在服装批发市场处于一个比较尴尬的境地，一方面还有一定的客户需要这种渠道来进货，一方面受到网购冲击，商家又很难维持相应的利润。租金问题一直以来都是各种实体产业难以解决的问题，这对服装批发市场来说也毫不例外。曾在“动批”干过的赵老板表示，光从租金一项来说，就根本没办法跟现在的网络销售相比。“以前淘宝还没有那么厉害的时候还好，就这几年来受到的打击太大，租金又在一直涨，每年光这一项开支就十几万元，更不要说其他的水电杂费之类的了，成本真的很难控制。”已经在北京打拼快十年的赵老板表示，他不打算继续做服装批发了，开始“试水”别的行业。“现在服装真的不好做，也没想到干了这么多年还要转行，打算回老家和朋友一起做点别的生意，总归还是要生活的。”

赵老板的例子代表了不少服装批发商户的现状。作为过去服装销售中的重要一环，服装批发市场现在很难再回归到从前的盛况了。除了店铺租金不断上涨外，正如赵老板说的那样，网络销售对实体服装批发的冲击也非常严重。打开淘宝的网页，很容易就能找到各种十几元、二十几元的衣服，甚至在这么便宜的价格下店家还能包邮。“我们真的没办法做到这种地步。”赵老板说。

转型阵痛犹在

在遇到经营困境的目下，转型升级已经成为大多数服装批发市场选择的生路。然而，对于这些传统服装批发市场而言，转型升级也并非一件容易的事情。

目前服装批发市场转型升级的过程大多为“清退低端商铺后市场装修升级”，重新开业后不少都变为了与购物中心相类似的商场。如北京三里屯原来的雅秀服装批发市场，主要做的是涉外服装批发，2015 年 10 月闭店整顿重新装修后升级为了现代购物中心。“动批”的天皓成市场升级成宝蓝金融创新中心，占据“动批”市场半壁江山的世纪天乐则将“变身”为四大中心——服装展示体验中心、服装新品发布推广中心、服装设计师创意设计中心及服装电商操作中心。大红门的天雅女装、新世纪商贸城、方仕轻纺城、福成大厦等 4 家市场也于 2015 年启动了升级改造工作。不过，对于这种转型升级，具体的效果还需要时间来证明。

以升级后的雅秀为例，目前其已经改名为 Sanlitun 雅秀，以前拥挤的摊位已经不见踪影，现在商场里都是各种品牌服装店，平均每层的店铺不足 20 个。目前新雅秀已经不再销售低端产品，主要以国内外知名品牌为主。然而，这一转型升级对目前的雅秀来说可能并不那么符合预期。尽管重装亮相已半年多，但雅秀的商铺仍未被填满，主打高级定制的第三层还尚未开业。按照 2015 年 10 月开业时的规划，雅秀五层为美食区域，但目前通往五层的楼梯已被封堵。工作人员表示，该区域在经营了 3 个月左右后，因内部问题停业了，现处于整顿中。

对于新雅秀目前的情况，有顾客对笔者表示并不能让人满意。“作为老北京人，我以前也总是到雅秀来淘些东西，觉得便宜又别致，现在重装以后感觉是高级了不少，但东西也贵了，品种也少了，很难再找到以前的乐趣，而且感觉失去了自己的特色，变得很普通。”在雅秀一层试衣服的王女士表示，如果不是正好路过也不会想着来看看。

无独有偶，万通批发市场就曾经做过一次升级，在五层引入了以品牌工厂店为主的亦购特惠商场，并在周边增加了不少餐饮和便利店之类的业态。然而就笔者观察的情况来看，很少有客人在旁边的便利店等业态消费完毕后进入万通商城消费，周边的业态与商城内部的批发商铺似乎被分割成了两个体系。商城内的商户只是有一些零售的生意，鲜见量大的批发。“动批”的万容天地市场在今年闭市前曾于 2015 年 4 月进行了一次升级改造，当时在一层引进了 18 家韩国原创品牌，把自己打造成“韩国城”。不过这一改造对于一些顾客来说也很难接受。“这些韩国服饰说是直营，价格都贵得不得了，随便一件上衣都和国内大品牌差不多价格，但是看着那些标签什么的又不太认识，有些还没有标识，感觉花这么多钱不值。”有顾客这么对笔者说。还有顾客表示，虽然环境好了很多，但是也只有一层这样，而且就价格来说，以低价闻名的“动批”出现价格这么高的产品也让人难以接受。目前“动批”的各色商城基本已经撤店完毕，笔者走访“动批”时发现那里差不多成了“空城”，只有极少数商家还在营业，显得十分冷清。

很明显，目前很多消费者认为批发市场还是以低价获客的业态，只是装修和招商的变化并不能让他们改变自己的观念。中国市场学会批发委常务副主任金陆成说：“很多人对批发市场的认识存在误区，觉得批发市场是低端的三现交易——现金、现场、现货。甚至认为应该尽快消除这种三现交易模式。而我认为，这种模式在短时间内是不会消失的。它是人们消费的一种方式，一种享受消费、休闲娱乐的过程。”

有业内人士认为，这种转型的阵痛是传统服装批发市场必须要经历的，只有经历了市场的考验，优胜劣汰，淘汰掉跟不上时代的部分，才能让传统的服装批发市场获得新生。

升级路在何方

面对传统服装批发市场目前转型的阵痛，金陆成认为，市场转型升级首先是思想意识的转变，其次才是设施设备的升级。

“批发市场应该怎样转型？哪些形态需要转？怎么升级？是单纯地扒旧楼盖新楼，批发市场加上电商平台加上互联网，就是转型升级了吗？”金陆成表示转型并不是简单的“1+1”。

作为目前各种传统行业转型升级的必备手段，“互联网 +”似乎一直在人们面前“刷”着存在感，在全民“互联网 +”的浪潮下，不仅是普通的实体商场将目光投向了互联网，定位较为低端的传统服装批发市场也打算搭乘上这班顺风车。

“动批”的世纪天乐大厦主营服装批发业务，目前就正在建设服装批发 020 平台，受到众多商户的追捧，并呈现出高速的发展态势。

据世纪天乐方面透露，世纪天乐大厦的未来发展有一个重要内容就是要继续推进服装批发 020 平台的建设，有效完善线上、线下相结合的服装批发业务模式；还要积极与北京周边服装批发市场洽谈合作，为世纪天乐大厦商户逐步搬迁做准备，确保公司服装批发业务的持续性；此外就是要推动世纪天乐大厦业态的升级改造，打造“四大中心”。

不过对于服装批发市场与互联网的结合，不少专家认为这还处于摸索的阶段，毕竟服装批发产业与普通的服装零售还不太一样，与互联网的结合并没有零售那么容易。“大家认为批发市场转型升级必须要加互联网，没有这样的改变就不叫转型升级。”金陆成指出：“互联网应该是批发市场、批发商拓展销售的手段之一，无论发展到哪一步，利用互联网销售都不会完全替代原有销售模式。”中国国际电子商务中心党委书记姚广海则认为，批发市场要想转型升级必须拥抱互联网，但目前大多数市场对互联网的应用还处于一个初级阶段。“在网上开个店或网站，除了在线下销售商品之外，在线上也销售商品，这是目前大家都能做到的，也是做得比较普遍的。这是‘互联网 +’没错，但当大家普遍都这么做了以后，并没有改变我们当前的压力并实现真正的转型升级，因为这种对互联网的初级形态的应用是远远不够的。”

那么，传统的批发市场的转型之路究竟在哪里？金陆成认为，应该以专业化、国际化、现代化为导向，以区域商品规范为基础，充分考虑到区域的消费习惯和消费面，改变原来交通拥堵、人员混杂、卫生环境差、消防和治安隐患等众多诟病。

日前，在出席由中国市场学会主办的“第十七届中国商品交易市场发展论坛”时，中国商业联合会会长姜明则表示品牌发展、物流和电子商务都是转型的关键所在。

“从经验来看，首先要抓住品牌建设，要以品牌为中心，从市场的管理、团队管理、商业模式、市场经营的商品等方面全方位地抓品牌，这个是核心。其次，还要抓物流，以抓品牌为核心抓好现代物流。现在，物流确实还处于一个比较低的水平，严重影响到了交易市场的效率和效果。第三，要抓电子商务，以品牌为核心，以现代物流和电子商务为两翼，能够推动交易市场的起飞。但是目下我们存在的问题确实也很多，比如说规划无序，且体量很大，这可能会对企业效率造成影响，而且造成整个行业的衰败。”姜明说。

服装批发市场
发展电子商务的转型战略探讨

——以广州为例

□ 文／张小英

近年来，随着电子商务在我国的快速发展，其影响日渐深远，不仅对传统零售业态、消费者购物行为方式等产生重要影响，也将重塑了生产—批发—零售供应链模式，作为商品流通业一个重要环节——批发对这一新形势变化也正做出积极的响应与反馈。专业批发商正积极尝试结合电子商务手段探索未来转型升级道路。

广州是华南地区乃至全国商品的集散地，批发市场是广货通向国内外的一个重要流通渠道，有不少大型批发市场辐射到国内外广大地区，其上游生产商分布全国各地，下游经销商更是规模庞大，地域分布广，产品销售辐射了国内外各地。面对电子商务大发展新形势，广州服装批发市场也积极探索线上批发业务，在利用电子商务方面积累了一定经验。

服装批发市场发展电子商务的现状

（一）服装批发市场纷纷搭建电子商务平台

随着电子信息技术的发展和电子商务的快速崛起，电子信息技术在广州服装批发市场中也得到推广，推动了传统服装批发市场交易方式创新和转型升级发展。当前，广州白马服装市场、广州富丽网络服装批发市场等服装批发市场都开通了电子商务平台，探索实现线下实体档口与线上商品展示、交易互补的销售模式。也出现了一些由第三方开发的服装批发网络信息共享平台，如衣联网、www.59pi.com、www.shfzpf.roboo.com 等。网上批发市场的出现改变了传统批发市场的“三现”（现场、现货、现金）交易方式，使批发市场的经营方式从传统有形市场转变为有形市场与虚拟市场相结合的互动经营模式。

（二）服装批发商发展网批业务呈快速增长

在电子商务发展的早期阶段，少数服装批发商开始探索网上批发业务，随着电子商务发展环境不断成熟及网上服装批发市场份额的日益壮大，传统服装批发商发展网上批发业务的数量呈现快速增长趋势。广州一些服装批发市场为适应电子商务的发展，积极普及网络、无线等基础设施，配套了摄影棚、快递区等配套服务，为传统批发商拓展网上批发业务创造了有利条件。

（三）服装批发市场与网络零售商互动方式多样化

广州电子商务蓬勃发展，不但产生了唯品会等一批国内知名的电商企业，而且还集聚了大量的中小网络零售商。目前，在服装销售领域，批发商与网上零售商已经形成了多样化的互动模式，其主要模式有：一是与传统批发—零售相似的经营模式，网上零售商定期去服装批发市场选货、拿货（包括款式图片等），把批发商提供的款式图片上传到网店上，顾客下单后将商品在批发市场或拿回店快递给顾客，完成交易。目前多数中小网上零售商采用该种销售模式。二是网络零售商在淘宝、拍拍等零售网络平台开店，在服装批发网站看样本，选择服装款式直接连接到自己网站，顾客下单后去服装批发市场拿货再快递给顾客，或者直接联系批发商通过快递方式发货给顾客。通过该模式，网上零售商实现了零库存、低成本、低风险的经营。三是部分网络零售商发展到一定阶段，拥有一定的顾客群基础，自创服装品牌，也会定期去批发市场了解最新的款式、当季的时尚潮流等信息，结合自身市场定位目标，与生产商合作生产自主品牌，然后通过网上销售。四是有实力的批发商创立品牌服装，寻找网络代理商销售其品牌商品，网络零售商成为商品推广的重要销售渠道。目前，网络零售商直接绕过批发商与生产商建立供需关系的情况还占少数。上述分析发现，服装类商品属于快速消费品，具有价格不高、销售量大、消费者需求多样化、附加值低等特点，在网络销售渠道日益占据重要地位的情况下，批发市场在服装流通环节中的货物集散功能、信息集散中心等功能中依然扮演重要角色。

服装批发市场转型发展面临的问题

随着城市经济社会发展，广州传统批发市场尤其是服装批发市场粗放式的经营方式也越来越不适应商贸流通业的发展形势，对广州城市管理产生了一系列负面的影响，主要表现以下方面：

交易方式落后。当前，广州服装批发市场的交易方式依然以“三现”（现金、现货、现场）的传统经营模式为主，大量货物集中在交易现场，商流与物流长期无法分离处理。传统的批发交易手段带来的是高成本、低效益、信息不全面的缺陷，制约了批发业的发展壮大。

安全隐患多。广州服装批发市场大多集中于中心城区，消防、治安、交通、安全等问题日益突出。建筑及配套设施老化严重，消防设施配备不齐全等现象存在，在服装批发市场周边地区还因为货物仓储需要，出现了许多“住改仓”的现象，存在消防隐患。物流方式比较原始，在路边装卸货物等现象普遍，导致交通拥堵现象严重。

市场监管难度大。服装批发市场以小批发商为主体，交易量大，现金交易比例大，逃税漏税现象比较多，假货、串货等现象普遍存在，商品通过批发商直接代理快递给顾客由此造成网店信用受损等负面影响，而通过传统的方式进行市场监管的成本高、难度大、效果不佳，有待探索更为有效的市场监管手段加以规范市场行为。

利用电商相对滞后。目前，广州服装批发商拓展网上批发业务，多是应市场需求而涉足不久，对电子商务的应用还处于探索尝试阶段。现阶段，一些批发商因对电子商务了解不多，对电子信息技术的掌握不足、相关人才及技术缺乏、涉足电子商务需要增加企业的经营成本等因素影响，电子商务应用的广度、深度有待拓展。下一步如何利用电子信息技术加强市场数据收集、挖掘、分析与处理，准确把握市场动向，加强对流通、仓储、销售等环节的智能管理与应用，提高商贸流通效率；进而进行服装业生产、批发、销售、配送等上下游产业链的深度整合还有待深入探索和大胆革新。

服装批发市场发展电子商务实现转型的形势分析

网络经济的兴起与电子商务的发展对服装批发市场是一次新的挑战，同时也为服装批发市场的职能再造与转型升级带来新的机遇。

（一）面临机遇

一是我国电子商务保持快速发展态势。我国电子商务正处于快速发展阶段，根据中国互联网络信息中心（CNNIC）发布的《2013年中国网络购物市场研究报告》显示，截至2013年底，我国网络购物用户规模达到3.02亿，增长率为24.7%，网民使用网络购物的比例提升至48.9%。2013年我国网络购物交易额达到1.85万亿元，比上年增长40.9%，网络零售市场交易总额占社会消费品零售总额的7.9%。与此同时，国家提出了“互联网+”战略，地方政府也大力支持、扶持电子商务发展，为电子商务发展提供良好政策环境。

二是网批已成为网络零售商重要货源渠道。当前，随着国内知名的网上批发交易平台的运作日益成熟，越来越多的网络卖家选择通过网上批发渠道进行选款、拿货等，国内涌现出了一批B2B平台，如衣联网、1688.com等，网络批发已经成为网络零售商重要货源渠道。

三是广州电子商务发展水平位居全国前列。广州出台了《广州关于加快电子商务发展的实施方案（试行）》等系列支持鼓励政策，成立了广州电子商务行业协会，形成了多个电子商务产业集聚区。广州先后被评为国家电子商务示范城市、中国电子商务应用示范城市、中国电子商务最具创新活力城市，并成功创建跨境贸易电子商务服务试点城市。按照“阿里巴巴电子商务发展指数”（aEDI），“2013年电商百佳城市”广州排名第二。广州电子商务的蓬勃发展将为服装批发市场利用电商推进改造升级提供了有利支撑。

四是广州大力推进批发市场改造升级。广州市高度重视批发市场的转型发展，出台了《广州市人民政府关于推动专业批发市场转型升级的实施意见》，特别强调批发市场要积极引入电子商务、现代物流、会展经济、国际贸易等新的交易方式和新经营模式，促进批发市场向现代化、国际化、展贸化、电子化方向转型发展。广州服装批发市场可抓住契机，结合电子商务及现代物流等革新发展时机，探索转型升级道路正当时。

（二）面临挑战

一是国内批发市场竞争更加激烈。改革开放以来，全国形成了广州、东莞、杭州、成都、武汉、北京等知名的服装批发集散中心，如北京的动物园南门、杭州的四季青、东莞的虎门、上海七浦路以及近年来兴起的郑州银基、成都九龙等一些服装批发市场竞争日益激烈。随着电子商务发展，杭州、东莞、普宁等纷纷部署批发市场发展电子商务战略，争抢商贸流通业新一轮发展先机，广州作为全国服装生产基地和批发中心地位受到挑战。

二是新业态促成生产商与零售商直接交易。电子商务的发展加速了商品流通效率与信息沟通的便捷性，加快生产商一体化与零售商连锁化进程，促成生产商与零售商直接交易，如凡客诚品通过网络虚拟平台建立连接生产商和消费者的流通模式，或者生产商借助淘宝商城等平台网络分销商或代理商建立代销关系向消费者销售产品，新销售模式的产生使传统批发商面临更加严峻挑战。

三是新消费方式对商品流通提出更高要求。随着物质生活水平的日益提高，消费者消费方式更加追求个性化、差异化、多元化，对服装鞋帽品类的要求越来越高，消费需求种类和变化频率加快，对加快商品流通速度、缩短流通渠道等方面提出更高要求。以大批量、规模化为特征的传统批发业如不能以更加灵活弹性的销售方式满足消费者复杂多变的消费需求，其生存空间将受到挑战。

四是专业批发市场实现转型升级难度大。广州在批发市场转型升级过程中也遇到诸多困难。目前，批发市场的转型升级主要有就地改造、搬迁、关停等方式。采用异地搬迁的方式，可能面临着批发商抵触情绪大，异地搬迁阻力大，新址相关配套设施建设滞后，市场商业氛围一时难以形成，批发市场的影响力与辐射力下降等。就地改造可能面临发展空间受限、交通拥堵、消防、安全等隐患难以有效解决等难题，如何尊重市场发展规律，顺应宏观发展新形势，结合批发市场自身发展特色，选择转型升级路径值得思考。

服装批发市场发展电子商务实现转型的总体思路

从流通业角度看，批发市场具有集散功能、交易功能、信息发布功能、价格功能和结算功能五大功能相辅相成，有效地推动批发市场成为一个有机整体而运转（林伟，2005）。在电子商务发展背景下，商贸流通业正经历着一场深刻变革，传统批发市场应遵循网络经济运作法则与特色，创新发展战略，重构批发企业在商业流通体系中功能，进行流程升级再造，实现转型升级抢占新一轮发展先机。

（一）拓展电子商务功能

广州服装批发市场应借助广州 B2B 电子商务发展和信息化领先水平优势，依托自身已有的良好品牌优势、雄厚的资产、稳定的客户群以及强大的物流基础优势，顺应商业新业态发展趋势，转变传统批发业发展思路，积极拓展发展电子商务业务，突破时空限制，借助电子商务平台实现信息发布、网络交易、网上结算等功能，改造业务流程，减少交易环节，提高交易机会，降低交易成本，缩短交易周期，延伸交易半径，扩大批发市场的辐射商圈。

（二）加强信息服务功能

网络经济发展背景下，批发业最有可能确立成本优势的流通职能是信息职能（韩耀，2005）。广州服装批发市场在现代流通环节中应强化信息集散中心的职能。对于一些大批发商，可以建立信息处理系统，聘请信息管理专家，对信息进行有效管理、处理与分析，针对中小批发商，请专业化公司代为信息分析处理，通过职能转换和技术改造，为生产商及时提供市场销售信息，便于生产者准确调整生产计划、减少库存，又为零售商提供货源信息、时尚流行信息，指导库存补给行为，减少商户仓储行为的盲目性，巩固自身在流通环节中的地位，实现批发商户、零售商“以销定产”和“以需定货”的批发模式。

（三）提供全面支援服务

日本为了促进批发业的发展，曾提出“零售支援策略”，促进了批发业的持续繁荣发展（程艳菲、刘新，2006）。在网络零售市场快速增长的新形势下，批发商要抢占网批市场，不但要提高商品的质量，还要结合网络零售商需求，创新服务内涵，提供全面支援服务。批发商除了向零售商销售商品外，要提供产品介绍的图片、视频等附加产品，还可向零售商提供零售定价指导、信息服务、合作促销、广告推广指导等综合性服务，满足网络零售商的需求。

（四）优化物流配送功能

在电子商务发展背景下，流通渠道中的物流也发生了改变，网络平台可以实现物流与商流分离，电子商务发展将带动第三方物流和供应链管理的专业化、组织化发展。批发市场可以发挥品牌效应、区位优势及商业氛围，利用电子商务改造提升为展示、交易、信息集散的平台，强化“商流”功能，实现“物流”功能转移，在城市周边区域建立物流配送中心或现代物流园，鼓励发展现代第三方物流企业，建立电子商务下的物流配送体系，优化供应链管理，降低物流成本，实现流通环节的效率整体提升。

（五）提升信息化管理水平

传统批发市场还要重视利用信息技术提升批发企业管理水平与批发市场实体空间的职能化改造。批发企业要应用电子信息技术建立企业内部信息管理系统，实现订单发货、结算、包装、分拣、出库信息化管理，并将在库管理系统与交易管理系统、客户管理系统等实现对接，满足零售商弹性变化的订货需求，及时向生产商反馈市场动态，实现供应链管理的信息化、动态化和科学化。针对批发市场存在消防、安全、交通拥堵等诸多问题，可以引进新一代智能化技术在批发市场管理中的应用，如设立电子智能停车场、消防报警应急系统、视频监控系统等，打造“智慧批发市场”，提高批发市场管理水平。

服装批发市场发展电子商务实现转型的策略探讨

（一）引领批发市场与电子商务协同发展

广州市委市政府高度重视对传统批发市场的转型升级，在现有就地改造、搬迁、关停等分类改造思路基础上，应重视电子商务对商贸流通业带来的影响与变革，前瞻性谋划推进传统批发市场与电子商务的融合发展，出台相关扶持政策，引导传统批发企业建立或应用现有网络购物平台，发展线上线下联动的新型营销模式，促进电子商业协会与专业市场协会等社会组织的交流与合作，搭建批发商与电子商务服务企业的合作平台，整合各方资源，共同谋划批发市场与电子商务有效融合发展路径，推动批发市场转型升级。

（二）强化区域产业链支撑体系

建设区域产业链的发展水平是支撑批发市场长期繁荣发展的基础。广州服装批发市场能够保持全国领先水平，除了中心城市的自身优势外，与珠三角地区发达的纺织产业链体系保障密不可分。广州应加强区域合作和分工协作，出台相关配套产业支持、扶持政策，强化全国服装集散中心地位，优化区域产业链的空间格局，巩固珠三角作为全国服装生产、销售中心地位。

（三）鼓励多方参与电子商务平台开发

电子商务网络批发平台的搭建是批发市场实现线上经

营的技术支撑。电子商务网站的开发运营包括技术支撑及网站品牌建设和营销推广等工作，前期需要资金、人力及技术保障才能成功。广州应研究制定在项目前期阶段给予资金、场地等支持，鼓励批发市场经营者、网络零售商、软件开发公司等多方主体立足广州批发市场体系，开发网上批发交易平台，通过虚拟平台的功能拓展，促进传统批发市场参与到网上商贸流通供应链中，增强广州服装批发市场的市场服务半径与辐射范围，强化广州服装批发市场的品牌影响力。

（四）加强电商技术人才引进及培养

广州应制定针对性较强的鼓励政策、营造良好的工作生活环境，吸引信息技术专业人才，满足传统产业发展电子商务的人才需求。还可以发挥电子商务行业协会及相关教育培训机构的组织作用，开展电子商务专业培训与人才培育，壮大电子商务人才队伍。鼓励批发商学习电子商务技术，实现电子商务技术在批发业中的普及，开展与杭州、义乌、北京等城市的人才培育合作交流，提高批发市场应用电子商务开展业务能力。

（五）加快基础配套设施支撑体系建设

批发市场发展电子商务需要相关基础设施支撑，一是加快推进信息基础设施的建设，促进批发市场宽带网络、无线网络普及，提高批发市场通讯网络覆盖面，为批发商开展电商业务提供支持。二是完善物流交通等相关配套设施建设，在城市交通网络建设中，充分考虑现代物流对城市交通网络体系的要求，合理规划建设现代物流园及物流配送中心，优化物流网络，加快现代城市物流配送体系建设，提升批发市场的商品集散功能、物流配送功能。三是结合“智慧广州”建设，将批发市场的智慧化改造作为“智慧广州”的试点工程之一进行升级改造，提升批发市场经营环境，促进传统批发市场向第四代、第五代批发市场转型升级。

（六）探索建立网络信用评价体系

在批发业管理中，应加强市场监管，规范批发市场秩序，提高市场透明度，创造公平竞争环境。电子商务的信用评价制度的产生对企业行为具有较强的约束和激励效应，这为批发市场监管提供了新的手段与可能。相关管理部门除了要进一步加强对产品质量的日常监督管理，坚决打击假冒伪劣商品，严厉打击以次充好、坑蒙拐骗等不法行为，还可以探索电子商务信用体系建设，完善网络监管平台，利用网络评价机制，对批发商经营活动实现动态、实时反馈并及时披露，提升对商户与企业监管力度，推进商品交付标准化、交易透明化和监管规范化。

有人跨界转型，有人苦苦坚守，四季青商户艰难求变

当传统市场风光不再，另一种商道又路在何方？

□ 文／毛晔 敖煜华

杭州四季青服装市场，中国最具影响力的服装一级批发和流通市场之一。现如今在四季青，尝试“触网”已成为商家的普遍选择。通过移动端“+互联网”并不难，难的是商业模式的迭代更新。

近江地铁站C出口出来，迎面即是天阳亲子广场，一只橙红色的“大龙虾”攀附于灰色的墙面，“虾帮”二字分列两边。

这是一家做夜宵生意的新开餐馆，两层店面，约500平方米，出售的餐品仅三类——小龙虾、蒸菜、烧烤。

尽管身为“新人”，“虾帮”自3月18日开业之日起，已多次登上杭州餐饮界“话题榜”，原因不外乎一个——该店创始人曾是单季一款裤子卖出40万条的四季青“裤王”。

“一个夏天卖出40万条裤子，是我在四季青11年里的最好业绩。”那年是2006年，之后，“裤王”风光难再。

200 万条 / 年、100 万条 / 年、80 万条 / 年，销量节节走低，甚至还在 2014 年打了对折。

“服装批发生意交给老婆负责，我目前的重心放在餐饮上。”跨界餐饮、两条腿走路，成为“裤王”在服装批发行业遇困下的自救稻草。

跨界转型的不止“裤王”一个。2007 年起电商来袭，价格透明、去中间化……种种模式打击下，杭州服装批发市场的商家身陷窘境。据统计，杭州四季青服装一条街上共有 18 家专业服装市场，自 2012 年起，有的市场出现了大量商铺空置的情况，有的市场不得不以“不涨租金”来挽留人心。而按照过往的行情，这些市场每年都要以 5% ～ 10% 的幅度来递增租金。

传统市场不再风光，像“裤王”这样的传统市场人，不得不摸索另一条商道。

转型者的尝试：曾经，他是名噪一时的“裤王”。如今，他卖起了小龙虾。而横亘于两个行业之间的，是一段不怎么顺利的转型经历。

盛极而衰 “裤王”荣耀未能持久

采访约在上午 9 点半。此时，“虾帮”已开门，员工正在店内打扫，唯独不见“裤王”身影。

“平时他六七点就到店里转悠了。”员工也有些奇怪。

半个多小时后，一个男人形色匆匆地赶来：“抱歉抱歉，昨天监工夜宵到凌晨，太累了，也没有回家，在楼上找了个地方躺躺，结果睡过头了。”

个头不高，架一副眼镜，斯斯文文。此人正是传说中的“裤王”，本名余华。

这个来自千岛湖的男人，1991 年在杭州半山一家服装厂打工，设计、打样、裁衣、缝纫，样样都做。2001 年，他和妻子离开服装厂，做来料加工生意。每年的服装加工量很可观，但利润却很低，干了四年多后，余华意识到这并非长久之计，于是在 2005 年租下四季青的一个档口，开启了加工与销售相“捆绑”的自产自销之路。

“我们的产品很单一，只有女裤。”2006 年，余华老婆设计的一款女裤大受市场欢迎，一个夏天单款卖出了 40 万条。当年的业绩也由此拉高，卖出 200 万条裤子。余华由此在四季青名声大噪，人称“裤王”。对于这条“神裤”，余华记忆犹新，全棉七分裤，很多小姑娘搭配棉 T 恤穿。

余华没有想到，让他意气风发的 2006 年，也是他的转折年。2007 年之后的几年，尽管平均每年能卖出 100 万条女裤，但余华发现生意有“走下坡路”的趋势。

“下面的代理商拿货慢慢地少了，据他们反映生意没原来好做。”起初，余华认为是正常的市场起伏，直到近几年，他发现形势更严峻了——2014 年全年女裤销量为 80 万件，2015 年出现“腰斩”，仅售出四五十万件。

尝试触网 转型升级的现实很骨感

“除了经济下行，电商冲击是一个重要因素。”余华说，大众消费从线下转至线上，实体店生意受挫，代理商的分销量减少，由此影响到生产供应商的出货量。事实上，除了像他一样的生产供应商，上下游生产链条上的商家（比如拉链厂、钮扣厂、花边厂等）都在抱怨生意难做。

既然电商冲击使得 B2B 的线下生意难做，那么可否借力互联网拓展“网上生意”？

2013 年，余华开了个天猫店，把自己的档口搬到线上。

余华说，由于自己不懂互联网，他是花钱请人来打理线上生意的，这样“隔着一层”做事，使得天猫店的运营、推广等方面拿捏不好火候，导致该花钱的时候没花钱，不该花钱的时候又砸了不少冤枉钱。结果不到一年时间，淘宝店关停，最后还亏了钱。

彻底跨界 选择一条稳当的转型路径

在找不到更好的解决路径后，余华开始琢磨着“多条腿走路”。

2014 年，他在服装企业集聚的乔司开了一家 100 平方米的餐馆，主打中餐和夜宵。“生意好的时候，一天营业额能达到五六十万元。”这次试水，让余华发现做餐饮或是一条稳当的转型路径，于是在 2015 年初他深挖“夜宵经济”，开出了规模档次都上一个台阶的“虾帮”。

林林总总的转型选项中，为什么选择迈进餐饮行业？余华说，主要有两个原因，一是餐饮行业的准入门槛较低，二是这个行业的现金流比较充裕。“这两年四季青市场上跨界转型的人不少，有开饭店的，开咖啡馆的，还有去做小微金融的。有些是‘两条腿’走路，有些则彻底离开了老本行。”

然而，跻身陌生领域并不意味着没有恐惧和烦恼。余华说，选择做夜宵，是看中杭州小龙虾消费市场还有很大的掘金空间，但是这个商机并非他一个人能嗅到，不少餐饮大佬已在布局小龙虾市场，这意味着接下来的生意不容易做。为了抢得先机，他绞尽脑汁地创新。比如，以众筹模式降低资金筹集成本，并且拿到可观的客流量；以“中央厨房”模式实现标准化操作，从而降低运营成本；以“社群经济”等新玩法撬动“90后”消费群。

守望者的坚持：在四季青，更多人选择了坚守，选择以“+互联网”的模式来应对电商的冲击。然而，商业模式的更迭，并不仅仅是把商品搬到网上那么简单。

面对困境，除了像“裤王”一样跨界转型，更多的人依旧选择继续留守。

杨佳，来自山东的“80后”，2008年在四季青租下一间30平方米的档口，批发简洁中性风格的女装。2013年，生意做大后，又在四季青租了一间170平方米的档口。

在四季青一条街上，杨佳属佼佼者，全国客户达千家，年营业额达几千万。然而，来势汹汹的电商让她颇感力不从心——2014年营业额比2013年增长100%，2015年比2014增长50%，今年势头不好，预计只能增长20%。

但除了营业额增长率下降，她更担心的是价格透明化所引发的信任危机。杨佳说，近年很多服装工厂在积极“触网”，把货品发布到服装批发网站上，找她家拿货的老客户于是有了比价的渠道，她进货价是多少、赚了多少一清二楚，彼此间的信任感降了许多。

“每一行的生意都不好做。”杨佳打算坚守在她最熟悉的服装批发行业。她说，新形势下，她必然需要自我升级，她也感觉到“触网”的重要性，但苦于无从下手。

“在市场走低的情境下，很多人对电商有一种抵触情绪，但也有一些人尝试着触网，希望通过线上的增量弥补线下萎缩的部分，但最终真正能做起来的没几个。”四季青服装电子商务有限公司CEO倪水泉说，商家自己不精通互联网运营是一个原因，还有一个原因是，淘宝是B2C模式，而商家常年打交道的批发生意是B2B模式，用B2B的思维模式去做B2C的生意，很难成功。

谈到B2B和B2C的区别，倪水泉分析说，两者价格体系不同，一个批发，一个零售，更关键的是，B2C必须营造优质的客户体验，需要时间和人手，这对于天天连轴转的传统批发商来说是很难实现的。另外，库存也是个问题，批发商每天的线下走量是很大的，如果做电商，或许货品刚挂到网上，线下的存货就卖光了。而且，在传统批发商的生意逻辑里，是没有像电商平台一样的“无理由退货”的，也没有精力去应付零碎的退换货。“这些都导致了商家的单体触网，很难做成线上生意。”

四季青的求变：业主的归去来兮，反映着传统市场在互联网浪潮下的生存压力。作为主体，传统市场在这波浪潮中必须主动求变。向上下游要市场，开启“变型计”，成为四季青的必然选择。

危机面前，仅依靠个体力量找寻出路，很难。那么，四季青市场又能否为商家提供强有力的助力？

2015年10月、12月，中纺中心服装城、杭派精品服装市场相继入驻阿里巴巴旗下1688网站推出的云市场。两家市场的线下档口货源与1688云市场相连通，全国各地的买家可通过支付宝内的云市场入口查看及采购到真实档口的货源。杭州杭派女装商会会长、中纺中心服装城董事长吴文宏表示，牵手阿里，不仅可获得大数据资源、金融服务支持，并可实现抱团营销。

“除了搭建互联网平台，最重要的是帮助商户提升核心竞争力。我们市场有2600家商户，40%～50%的商户在生产链中扮演‘中间人’角色，一旦市场‘大浪淘沙’，这些人肯定第一批倒下。”四季青服装一条街上最老的一家市场、杭州四季青服装集团，正通过“打通上下游”的方式增强商家及市场的竞争力。杭州四季青服装集团董事长祝浩泉说，他们正通过两手着力，一是筹建自己的服装设计研究院，整合设计师资源，每天开发新款服装，并免费提供给市场商户挂摆，如果好销再下订单。这样做，既帮助“中间人”商家降低成本，又提升了他们的竞争力，同时让自产自销商家产生一种危机感，倒逼他们降低成本。二是渠道下沉，在全国各县城建立大数据为核心、以信息技术为支撑的实体店，帮助买家掌握服装市场动态，确保不屯货，同时为退换货、物流配送提供便利，由此强化买家与卖家、市场之间的黏性。

无论是牵手互联网大佬抱团触网，还是筑高产业链上游的设计研发力、将触角向终端渠道延伸，传统服装批发市场正以不同的姿态探寻转型升级之路。或许，互联网时代在带给它们强烈危机感的同时，又为它们开启了全新的商机。

服装批发市场日渐衰落 “互联网 +”是时候用起来了

□ 文／沙 水

服装批发市场曾是服装销售中最重要的一个流通渠道和环节，汇聚了本区域甚至是全国各地的批发商与零售商，大街小巷人声鼎沸。但随着用户消费升级对品牌的认知提升，加之市场档口租金日益高涨，传统服装批发市场的生意已经越来越不好做。尤其是近年电商在服装行业领域的渗透率越来越高，服装批发市场仅存的价格优势也逐渐被摧毁。

最近，就在国内最大最集中的服装批发基地，广州十三行服装批发市场爆发了一次大规模的租户抗议行动。小档主们拉起的横幅上打出：“2 平方米不到的铺面，月租金已高达 17 万元”。经营成本日益高涨，加上电商价格透明化冲击，似乎已经把传统服装行业赶上了“末路”。

服装批发行业的发展现状

（1）档口租金成本高企。年年看涨的租金成本已经让服装批发的老板们苦不堪言。以广州十三行的新中国大厦为例，一个位于一楼且大小仅有 1 平方米，月租金竟高达 14 万元，粗鲁统计，这个地段的档口每天最少要卖出 100 件货才能做到“回本”。据一个档主介绍，她的店铺所在的位置，2014 年每个标准档口的月租金是 6 万元，而 2015 年涨到了 8 万元，涨幅超过 30%。所以，租金是难以言说的痛。

（2）电商发展价格透明化的冲击。不仅是租金涨了，而且随着网购的兴起，服装价格已赤裸裸地摆在消费者眼前，最直接受到冲击的就是线下的实体零售服装店，下游销货流转不畅，最终影响的是上游的服装批发行业，传统服装行业进行转型升级已是避无可避。

服装批发行业的痛点

（1）信息化程度很低。对于众多服装批发市场的批发商来说，他们一直习惯了传统的批发模式，不管大小订单，仍大多采用人手抄写作为记录方式，如碰到电话下单之类口头下单方式，则很容易造成忘记发货、漏收货款等问题。传统服装批发行业在信息化销售管理上投入低，从而导致销售的协同性变差，小至客户流失，大至档口账目混乱，面临倒闭。

（2）“触电”缓慢导致成本无法转移。据权威调查报告显示，在广州的服装批发商户中，8 成批发市场没有做过电商，两三成档口甚至连电脑都没有。不难看出，在客流量越来越少、租金越来越高的经营环境下，大多数商户仍没从传统的经营思想中走出来，更谈不上利用互联网的方式去进行销售管理，也无法从根本上摆脱批发市场店铺租金的压力。

服装批发行业需要信息化管理

从服装批发行业面临的现状与痛点来看，目前服装批发市场的销售规模已经开始走下坡了。从近期十三行商户的涨价示威事件中我们也可以发现“减本增效”将是服装批发行业的迫切需求。至于怎么减本、怎么增效，“互联网 +”无疑是最好的选择，零售服装业在“互联网 +”的道路上大红大紫已得到验证，同理，服装批发行业销售管理的“互联网 +”化不仅是急需，更是必需。

对于服装行业来说，目前最需要的是一套不仅功能完善，而且还要考虑到服装批发商普遍互联网水平不高的信息化云端管理工具，从易用性入手，让服装商家能够以最低的学习成本掌握云销售管理、信息化管理，使得档口的库存管理、订单管理、客户管理进入信息化时代，最终提升整个行业的经营效益。

试想下，如果有一款专门为服装行业提供云批发管理的移动工具，能够为商家提供免费开店功能与商品、订单、客户管理服务，实现移动化、标准化和无纸化管理，还能够提供数据统计及分析，那么档主就可以随时随地的掌握生意情况，及时调整销售策略，以提高销售利润。

但我们想深一层，服装批发行业的转型升级问题，很多批发业者不是不想做，而是心有余力而不足。在很多其他行业中，厂商通过自建品牌专卖网已经甩掉了批发商，像服装、建材、家具无一例外都是如此。大流通的格局很大程度上被大品牌商自建品牌零售体系这一举动给打破了。从整体趋势来看，未来从品牌厂到零售终端，中间的环节会越来越少。批发行业如果不及时应变，很可能五年至十年内，其生存的空间就不存在了，转而被更好的供应链取代。

但近年来，服装批发行业“触电”的势头已经渐渐兴起，国内渐渐出现一些关于服装批发的网上进货平台，让线下的实体批发商走上互联网销售的道路，但目前很多网络服装批发的经营还是离不开电脑，这要求档主必须抽出时间花在电脑操作上，无疑还是增加了经营成本，互联网的服装生意还是显得不够快捷，简单。

前白马服装市场电商总监、现广州微革网络 CEO 马昂宇指出，目前服装批发行业的困境，主要还是整个行业缺乏信息化、数据化管理，为此他创办了“优衣客”手机服装管理应用。马昂宇认为，批发商其实是希望能优化管理从而提高利润的，不过由于目前市面上大部分的管理工具使用门槛较高，使得他们宁愿继续采用纸化管理。而手机端的管理应用，能承载系统化，数据化管理，同时也具备便携性、易用性，能很好地契合服装批发行业的需求。可以预见，手机服装管理必然为服装批发行业带来转机。

总结来说，在全国服装销售总额不可能有大增幅的环境下，提升管理效率，降低成本是服装批发行业发展升级的关键。只有运用好互联网的优势，通过全方位协助服装批发商突破传统模式的制约，降低时间成本，大幅减少各个环节中的疏漏，才能推动服装批发行业的转型升级。随着众多专注于服装行业的电商平台以及移动管理应用的出现，服装批发行业的信息化建设肯定将越来越完善，行业发展也将突破发展瓶颈的桎梏而向前推进。

批发商被抛弃
广州十三行服装市场生死劫

□ 文／伊晓霞

国内最大最集中的服装批发基地，广州十三行服装批发市场在 2015 年 10 月初爆发了一次大规模的租户抗议行动。小档主们拉起的横幅上显示，2 平方米不到的铺面，月租金已高达 17 万。零售业发展的整体放缓，电商冲击的加剧，似乎已经把实体店赶向了“末路”。

针对十三行批发市场小业主的生存状况，笔者近日进行了采访调查。与其他零售业态相比，批发行业的转型升级速度似乎更慢一些。随机采访的 20 个小档口，仅 3 家同时经营网店。罗兰贝格管理咨询公司高级合伙人任国强向笔者表示，目前很多厂商和品牌商都在借助互联网自建品牌销售体系，大流通的生态格局留给批发商的空间越来越小。批发行业如果不及时应变，很可能在五至十年内，就失去了存在的价值，被更好的供应链取代。

现状：租金贵，1 平方米小铺档主都要对半转租

广州十三行商圈主要由新中国大厦、诚大时装广场和红遍天服装交易中心构成。根据客流和人气的不同，三家的租金水平也相差较大。

笔者先来到人气最旺的新中国大厦。只见商场的一楼，仍然可以用人潮涌涌来形容，特别是靠进门口的批发档，都围着客人在咨询或交易。穿梭其中，根本感受不到服装批发行业的萧条。笔者也试图找几个档主聊天，结果都被拒绝，表示没有时间。

然而往里面走，人流稀疏了起来，也终于可以找到正闲着等客上门的业主。据一位女老板介绍，她的店铺面积 1 平方米左右，目前的月租金为 14 万元。她说：“每天连 100 件衣服都卖不到，根本填不上这个租金支出。”

到了二楼，人明显减少，租金水平也大幅降低。据一个档主介绍，她的店铺所在的位置，2014 年每个标准档口的月租金是 6 万元，而 2015 年涨到了 8 万元，涨幅超过 30%。“租金涨了，但生意没有往年好做。因为不仅是电商，现在微商都发展起来了，冲击很大。跟 2014 年比，我们的销量减少了一半。”老板一边说一边用手比画着：“你看，根本就没什么人来。”

到了三楼，不仅客流少，还能见到个别档口挂起了转租的告示。在拐角偏僻的位置，有一些空铺正在招商。笔者打听了一下，这一层店铺的月租金只有 2 万元。

诚大时装广场紧挨着新中国大厦，但租金水平就差了一大截，一楼标准档口每月租金为 5.5 万元。跟新中国大厦相比，已经算是非常低了，但即使这样，也有部分档口迫于经营压力急着要将铺面转租出去。为了能尽快找到承租者，老板甚至同意可用 2.8 万元的价格只租“半档”：一个 1 平方米的小档口，从中间对分，大家一起经营，以减轻每一家的租金压力。

因为定位稍低，红遍天服装交易中心一楼的租金水平更低一些，每月在 3 万～ 4 万元间。

转型：“触电”慢了半拍成本更高

虽然受访的小业主不愿意透露具体销售额，不过可以粗略计算一下。笔者从一个档主口中得知，她所销售的一件当季的秋装连衣裙，卖价在 130 元左右，进货成本在八九十元。卖一件获利 40 多元，如果按一天卖 100 件算的话，一个月收入为 12 万元左右，确实无法支撑 14 万元的月租。跟往年比，很多档主都表示，现在来拿货的人确实少了。其实，这不是近期才出现的情况。在 2014 年年底，广州个别服装批发市场就已经被爆出成交额下降以亿元计。

生意难做，批发小业主是否在寻求解决之道呢？所有受访的档主都认为是电商分流了客源，但笔者在新中国大厦 1～3 楼随机询问了 20 家商铺，却只有 3 家同时在经营网店。据广东财经大学流通经济研究所提供的数据显示，广州目前有 1260 个专业市场，市场商户 550 多万个。而据一份调查报告显示，8 成批发市场没有做过电商，两三成档口连电脑都没有。

为何还在固守这个不到 2 平方米的实体铺面呢？所有的回答都是“电商不太懂”、“习惯了”、“老客户喜欢来这里”。不过更主要的原因，应该是他们不愿意直说的“资金投入”问题。在采访中，有一家档口刚刚注册了淘宝店，正拿着衣服要去拍照。据老板娘介绍，她在线下卖 130 元的衣服，在网上的标价要 150 元。“要增加物流成本，请客服，再加上前期投入，算下来衣服就得卖这个价才不赔。”

罗兰贝格管理咨询公司高级合伙人任国强表示，很多大的互联网平台，通过早期的亏本经营后，已经聚集了大量人流和客流，现在是依靠卖流量来获利。对于平台上的卖家而言，如果依靠平台去聚拢人气，就需要付出成本。这对中小企业来说，触网做电商，都是要花钱的。而且进入得越晚，付出的成本可能越高。

未来：批发商或被厂商“甩掉”，线上渗透势在必行

谈及批发行业的转型升级，任国强表示，一方面，很多批发业者不是不想做，而是心有余力不足；另一方面，尽管有些业主生意不如前两年了，但还没有被逼到绝境，所以没有痛定思痛，主动求新求变。

针对国内专业批发市场而搭建的大型电商平台“批霸商城”的董事长黄汉忠接受笔者采访时介绍，能守到三年以上的，才能算真正做批发的。根据他们此前的调查，还有 7 成批发商生存期超过了 3 年，也就是说，目前来看大部分人还是能坚持下去。

但长远来看，危机正在来的路上。任国强表示，在很多行业中，厂商通过自建品牌专卖网，已经甩掉了批发商。像服装、建材、家具无一例外都出现了这种状况。大流通的格局很大程度上被大品牌商自建品牌零售体系这一举动给打破了。黄汉忠也透露，在他的“批霸商城”上线后，有很多厂家找到他，想在上面卖东西。为此他又开辟了一个叫“厂霸”的板块。

“从整体趋势来看，未来从品牌厂到零售终端，中间的环节会越来越少。批发行业如果不及时应变，很可能五年至十年内，其生存的价值就不存在了，而是被更好的供应链取代。”任国强表示。

不过，目前批发业上网的势头已经兴起了。据黄汉忠介绍，他们的“批霸商城”是专精垂直于国内专业批发市场的电商平台，只开放给有实体店的批发商，可以说是专门针对线下批发转型商升级的。筹办于 2014 年 7 月，2015 年 6 月正式开放，至今日访问量就飙升至 13 万人次。而根据罗兰贝格的数据，近年来中国的服装业线上渗透率不断攀升，2014 年已达到 15.6%，位居全球第一。

可见，批发业转型升级的路虽然难走，但已有先行者勇敢地迈出了脚步。

第四章 转型升级

全国中心城市市场外迁转型升级的必然趋势

□ 文／洪 涛

一、中国经济进入一个新常态时期

我国现在正处于一个转型时期，中央用“新常态”表示，其表述为9个特点，即：（1）模仿型排浪式消费阶段基本结束，个性化、多样化消费渐成主流；（2）基础设施互联互通和一些新技术、新产品、新业态、新商业模式的投资机会大量涌现；（3）我国低成本比较优势发生了转化，高水平引进来、大规模走出去正在同步发生；（4）新兴产业、服务业、小微企业作用更凸显，生产小型化、智能化、专业化将成产业组织新特征；（5）人口老龄化日趋发展，农业富余人口减少，要素规模驱动力减弱，经济增长将更多依靠人力资本质量和技术进步；（6）市场竞争逐步转向质量型、差异化为主的竞争；（7）环境承载能力已达到或接近上限，必须推动形成绿色低碳循环发展新方式；（8）经济风险总体可控，但化解以高杠杆和泡沫化为主要特征的各类风险将持续一段时间；（9）既要全面化解产能过剩，也要通过发挥市场机制作用探索未来产业发展方向。结合我国商品交易市场而言，呈现4个特点：

（一）快经济向慢经济转型

我国经济增长由快增长向中速增长转型，即由过去的“八九不离十”转变到“七上八下”（最高不超过8%，最低不低于7%），当经济增长速度减缓时，如果提高流通效率、降低流通成本，等于是提高了国民经济的产出。因此当我国粮食“十一连增”后，倡导不要再提粮食“十二连增”。

但是伴随着经济趋缓的背景下也有一些新的增长点，比如2013年我国电子商务以26.8%的高速的增长，农村社会消费品零售总额从2012年以来连续30多个月增幅高于城镇。这种变化使我们看到现在整个经济重心由一二线城市向三四线城市转移，三四线城市成为投资转移的“热土”。

（二）快消费向慢消费转型

消费由“快增长”进入到“慢增长”的过程，“快消费”向“慢消费”转型，改革开放36年来，我国社会消费品零售总额保持较高的经济增长速度，从1992年1万亿元，上升到2013年的23万多亿元，2014年将超过25万亿元。2008年我国社会消费品零售总额增幅曾经达到22.7%。2011～2014年连续这几年增速分别为17%、14%、13%、12%，2015年预计11%。改革开放以来我国社会消费品零售总额高速增长，既有消费内在的动力，也存在低价倾销，或者以价格为主要竞争手段的疲劳促销。借鉴西方一些发达国家的案例，在快消费达到一定程度后，追求“慢城模式”为代表的高质量的慢消费也是一种消费方式的升级。

（三）快服务向好服务转型

2009～2014年“双十一”销售额分别为5200万元、9.36亿元、53亿元、191亿元、350亿、571亿元，这是阿里从2009年到2014年双11的支付宝成交额，这是一场全球购物的消费盛宴，从全国来看，2014年“双十一”销售额达到805.11亿元，再历史创新。但具体分析“双十一”的本质是低价促销、疲劳促销、疲劳消费。由此低价竞争带来的是假冒伪劣产品、服务质量的打折、社会资源的浪费。数据显示，2014年11月10日到11月17日的7天时间，全行业需要处理的快件量近6亿件，日最高处理量将接近1亿件，是2014年以来日常处理量的3倍。随着人们消费升级，迫切需要快服务向好服务的转型与升级。

（四）快时尚向好时尚转型

在我国消费升级过程中，消费时尚越来越快，有些时尚具有模仿型排浪式消费的特征，各种消费流行不断在发生变化，甚至出现了 30 多万元一桌的满汉全席，每年消费在餐桌上的粮食高达 2000 亿元，被倒掉的食物，相当于 2 亿多人一年的口粮，实际上相当于消耗了大量的耕地。因此由快时尚向好时尚转变是一个发展趋势，如生态、环保、可持续消费及其方式成为社会的发展趋势。

在当前经济背景下，我们又看到了很多问题，大量百货店倒闭，商品交易市场特别是批发市场的规模越来越大，占地 2000 ～ 3000 亩，单体规模 500 多万平方米，新建的更大，购物中心现在超过 5000 家，物流园区全国 700 多家，电子商务园区 300 多家，预计 2014 年可能要超过 1000 家，2015 年达到 1500 多家，这些大型综合体数据可能有些是重复的，但总体数量是巨大的，隐藏巨大的经济风险，应引起我们的高度重视。

由此可见，在新的时期我国商业地产将会面临着一个巨大的挑战，从某种意义上来讲在某些地方出现了危机，很多地方商业设施的空置、闲置，导致投资的问题非常严重。

二、我国商品交易市场面临的调整、转型、升级的背景

改革开放 36 年来，我国有 8 万多个商品交易市场，到 2013 年亿元以上商品交易市场有 5089 个，交易额超过 9.9 万亿元。在商品交易市场现代化建设过程中，出现了许多网上交易市场，如广西糖网（1993 年）、中华粮网（1995 年）、中国网上粮食市场（2003 年）、网上轻纺城（2011 年）、义乌购（2012 年）等。

如北京新发地农产品批发市场与京东商城结盟，在京东商城开设旗舰店，形成 B2B2C 模式，马连道茶叶网、琉璃厂古玩艺术品交易网上线。秀水街市场、北京动物园批发市场也在探索网上交易市场。

随着城市化建设的发展，许多城市在原面积的基础迅速扩张，形成原有的新城和老城，以及采取北京“摊大饼”环形建设的城市模式，一般而言，随着商流、物流、信息流、客流、支付流的迅速增加，许多老城区面临着商业机构的协度集聚，导致交通的拥堵、客流和物流配送的堵塞，于是老城区商品需求与物理空间不足的矛盾十分突出起来，于是就有了类似北京剥离“批发与物流功能”的空间结构的调整和转型。归纳起来主要有两个方面：

（1）外迁发展（空间结构调整）。将一些物流量大、客流量大的批发型市场外迁出去，转移到城郊和城郊结合部，或者周边城市或城区。

（2）转型升级（就地），迁批留零。在外迁发展的基础上，许多非批发和物流功能则在原地保留下来，但是并非简单的“迁批留零”，而是就地转型升级。

三、中心城市商品交易市场转型升级案例

（一）京津冀协同发展案例

1986 年环渤海经济圈提出，成为京津冀一体化初步设想，由于地缘相近，京津冀自古以来，不但是近邻还是亲戚，2004 年国家发改委地区经济司召集三地官员在廊坊形成了“廊坊共识”，2014 年李克强在政府工作报告中指出，推进长三角地区经济一体化，深化泛珠三角区域经济合作，加强环渤海及京津冀地区经济协作。2014 年 5 月 8 日，北京丰台与保定白沟签订了战略合作协议，将白沟新城作为搬迁意向地。5 月 16 日，大红门的 8 家主力市场签约落户河北永清。6 月 28 日，天津西青区某市场举行签约仪式，一批大红门市场商户赫然在列。8 月 13 日有 1500 多户商户落户白沟，至年底，北京已有 10000 多家商户落户白沟新城。2014 年京津冀协同发展做到 5 个方面的联动，如：

（1）市场联动——北京市场与迁入市场所在地相互联动发展。（2）品牌联动——北京市场与迁入市场所地实现“双品牌运营”——白沟大红门国际服装城。（3）物流配送联动——北京市场物流配送与迁入市场所在地联动。（4）海关联动——北京市场海关与迁入地市场所在地海关联动。（5）支付联动——北京市场支付与迁入地市场支付联网运行。

（二）江西洪城市场外迁案例

江西洪城大市场区域约有 2 平方公里范围，集聚了近 20 家专业市场，年成交额数百亿元，洪城商圈是江西省当之无愧的“第一商圈”。然而，繁荣了 20 年的洪城商圈如今也面临着巨大的转型压力，以改变“品位低、乱糟糟”的现状。2014 年 12 月 21 日，南昌市规划部门公布了洪城商圈转型蓝图，不丢掉商贸特色，依托多年积累下的品牌效应，再融入总部经济、休闲旅游等元素，洪城商圈要升级为城市

商业中心。

洪城商圈目前现有洪城大市场、联信大市场、华东商贸城等18家市场，经营的产品种类涵盖日用百货、农副产品、文化用品、五金家电等27大类。洪城商圈建立伊始，便缺乏政府的长远规划，商圈内市场数量较多，存在各自为政、缺乏特色、同类竞争等问题，如商圈内从事服装行业的市场就有七八家。

南昌市希望通过对洪城商圈的升级改造，整合市场资源，统一规划管理，引导各自为战的18家大市场加强合作，充分发挥商圈的群体优势，使之升级为一个华中地区最有潜力、最具品牌的新型商圈。为此，南昌市2014年向国内外设计单位征集“第一商圈”转型升级方案。

《洪城商圈及周边地区控制性详细规划》范围为：西起赣江、南至水厂路、东达抚河西岸、北抵洪城路。总用地面积5.4平方公里，规划常住人口约11万人。未来的洪城商圈仍将保留浓郁的“商味”，功能定位是商贸为主导，集总部经济、休闲旅游高端服务业于一体的城市商业中心，与朝阳新城商务中心错位发展，共同构建大朝阳片区城市副中心。在功能划分方面也更加清晰，自西往东分别布局为滨江商务综合片区、抚生居住片区、洪城商贸综合片区和安石路居住片区。

目前洪城商圈布局的大多是“大商业”，今后将按服务半径300至500米布局，集中建设满足居民日常生活基本需要的各类日用超市、零售商店、菜市场、餐饮店等。这一区域的交通状况今后也将会有明显改善，规划有等级合理的路网体系，包括沿江南大道和九洲高架两条快速路，洪城路、桃花路、灌缨路、抚生路4条主干路，同时，结合用地布局加密支路和服务性道路，提升路网容量，支撑洪城商圈的升级改造。

（三）郑州商品交易市场外迁案例

2012年6月，郑州市做出重大决策：用三年左右对中心城区177家批发市场实施外迁。按照“市区联动、以区为主、科学布局、集聚发展、规划引领、先建后迁”指导思想和三年行动计划安排，市场外迁工作正在有序推进。2013年已完成外迁市场76家，2014年计划完成外迁市场54家，实现三年任务“大头落地”。

从中心城区177家批发市场，到外迁后全新的12家新型承接市场，绝不是简单的“空间挪移”，更不是数字的“化零为整”，而是一场重塑郑州商业生态链的新长征。由散乱无章、业态落后的传统批发市场，演进到集散能力强大、辐射范围广阔、业态先进的新型市场集聚区；由市区内一个个拥堵“引爆点”，到变为大物流、大市场、大产业的“新引擎”；由制约产业升级的“短板”，到打通“世界商都”内外循环体系；由最初众多商户“痛苦纠结”到毅然踏上转型之路，这场由郑州批发市场外迁引发的商业大变革，正在深刻影响着向国家中心城市迈进的商都郑州。

（四）广东商品交易市场外迁案例

广州市内批发市场和货运站场散布于繁华路段，堵塞交通，隐患重重，有人建议将它们全部迁建到城市外围的东南西北四个方向，并采用B2B交易电子平台集散。经过论证，最终达成一致，即将禁止中心城区新开办专业批发市场，并对存量市场进行分类指导。

商品交易市场转型升级是一个发展趋势，在探讨出路之前，我们应该正确评价商品交易市场的现实角色，摆正其规划地位。2014年广州有1200个专业市场，存活状态相对较好的近1000个，从业人员300万人，基于广州千年商都积淀的市场优势，诸如广东塑料交易平台、黄沙水产市场、江南果菜市场、狮岭皮革、新塘牛仔等一批“广州价格”正逐渐成为具有全国影响力的价格指数。

与此同时，随着城市功能调整和业态自身发展变迁，专业批发市场确实存在结构分布不合理和无序发展等诸多问题，某些类型批发市场的关停、转移是必然趋势。按市场自身规律，低端市场也会渐被淘汰，政府只需要做好市场分类改造指引工作，按照不同类型市场，给出各自的处理方法，通过制定时间表，让“有形之手”和“无形之手”相结合，逐步引导市场的空间合理布局。

广州中心城区不再新建商品交易市场，同时中心城区也面临“存量优化”难题。政府强势主导商品交易市场大搬迁应与实际相结合，若在东南西北设四个大而全的商品交易市场园区：一是规划上是否能预留足够的土地空间、完善的交通体系和配套设施，需要多长时间？二是众多专业市场非一日形成，涉及利益关系复杂，政府主导搬迁是否现实？尤需提防的是，强制全部搬迁，可能会导致城市外围设置的大规模市场园区对市场无法承接，而原有多年形成的市场氛围却被破坏，这样反复几次，老市场散了，新市场也没搞起来，黄埔国际玩具城就是一个失败的案例。

因此，将中心城区商品交易市场转型升级，纳入老城区成片“三旧”改造计划中，推动商品交易市场转型升级成为展贸平台，不要单纯为改造市场而改造。这样，在解决专业市场发展空间瓶颈的同时，也可借片区改造将专业市场的整体功能进行重新规划组合，以现代流通体系为支撑，将展贸功能、交易功能保留在中心城区，物流、仓储功能外移至城区之外。

从整个城市的角度而言，规划建设大型公共物流仓、中转仓迫在眉睫。货运仓储杂乱是专业市场在老城区备受诟病的主要根源。随着中心城区的发展，确实应该选取适当的地点建设大型物流仓和中转仓，为中心城区市场提供仓储物流的保障，也可促进广州 B2B 电商平台的发展。

（五）新发地农产品批发市场外迁案例

北京新发地农产品批发市场成立于 1988 年 5 月 16 日，经过 26 年的建设和发展，现已成为首都北京，乃至全国交易规模最大的专业农产品批发市场，在全国同类市场中具有较大辐射力和影响力。

在转型中，市场实施了“内升外扩”发展战略：市场内部提档升级，市场外部向河北等城市和区域建设分市场。市场业务正在稳步向生产源头和零售终端同步延伸，在北京周边和农产品主产区投资建设了 13 家分市场和 500 多万亩基地，在北京市区内建立了 150 多家便民菜店，有效平抑了市场物价，方便了社区居民，有效保障了首都农产品的安全稳定供应。

市场现占地 1820 亩，管理人员 1759 名，固定摊位 5558 个、定点客户 8000 多家，日均车流量 3 万多辆（次）、客流量 6 万多人（次），日吞吐蔬菜 1.6 万吨、果品 1.6 万吨、生猪 3000 多头、羊 3000 多只、牛 500 多头、水产 1800 多吨。市场内现有 4 家上市公司的分公司，年交易额过亿以上的有 32 家，年交易额过千万的有 883 家。目前，市场已形成以蔬菜、果品批发为龙头，肉类、粮油、水产、调料等十大类农副产品综合批发交易的格局。

市场成立 26 年来，始终秉承“让客户发财，求市场发展”的宗旨；以“服务首都、服务三农”为己任；坚持以道德和责任做好农产品安全供应这个天大的事；用讲良心、守诚信、为百姓，承担了首都 90% 以上的农产品供应，2013 年交易量 1400 万吨，交易额 500 亿元人民币，交易量、交易额连续 12 年双居全国第一。同时，市场业务还辐射全国及外蒙古、俄罗斯等国家，是首都名副其实的大“菜篮子”和大“果盘子”。2011 年 7 月，“新发地”商标被国家工商总局认定为全国驰名商标，这是全国农产品批发市场行业第一家被认定为全国驰名商标的企业。

（六）白沟商品交易市场接替外迁市场案例

2014 年 5 月，丰台大红门地区与河北保定白沟举行对接合作的会议，明确将大红门部分业态外迁至白沟。至今已经有了新的进展，搬迁商户 10000 多户，大红门白沟国际服装城正式运营，开启了大红门—白沟双品牌运营的成功案例。一方面大红门批发市场转移到白沟商城，同时又保留了大红门服装城的品牌，同时实现了白沟新城的成功对接，白沟也成功完成了对接，实现“双品牌”运营的体制。

（七）昆明商品交易市场外迁案例

从 2010 年开始，昆明市开始对主城区三环以内的批发和批零兼营市场进行搬迁或原址改造提升 3 年行动，到 2012 年已拆迁或改造了 76 个市场。2013 年 9 月 22 日，昆明市政府制定出台《关于完善商贸流通体系促进商贸流通产业科学发展的实施意见》，明确了主城区商品交易市场关闭搬迁和转型升级的行动路线图。2013 ～ 2014 年内主城区要关闭搬迁和转型升级 103 个商品交易市场，涉及商户 19788 户，总经营面积达 3941854 平方米。

1. 2013 年 9 月底前关闭搬迁 16 个市场

按照“有承接平台的先搬迁、对周围交通影响大的先搬迁、同一业态的统一搬迁”的原则，2013 年 7 月 31 日关闭昆明菊花园中药材市场；8 月 30 日关闭叁斗钢材物流中心能承接的 7 个钢材市场；9 月 30 日关闭包括十堰大车汽配城在内的 8 个市场。16 个市场将于 9 月底前关闭搬迁，而 2015 年将一共完成 39 个市场的关闭搬迁工作，对暂时无承接平台的商品交易市场列入 2014 年的工作任务。

据了解，昆明市从 2010 年开始，对主城区三环路以内批发及批零兼营市场开展搬迁或原址改造提升三年行动，同时在绕城线交通节点附近区域，新规划建设 14 个泛亚商贸物流中心。到 2012 年共实际拆迁市场 38 个，面积 18 万平方米，转移经营户 22992 户，转移从业人员 51237 人。原址改造提升38个市场，因承接平台新的市场尚未建成不具备关闭条件的市场有38个。与此同时，14个泛亚商贸物流中心中的昆明螺蛳湾国际商贸城、晋宁青山物流园区中的叁斗钢铁物流中心、晋宁晋城云南泛亚商用车物流城等项目已经建成，晋宁晋城泛亚工业品商贸物流中心也将相继建成。

2014年为加快商贸流通产业发展，新一轮商品交易市场整治搬迁范围从前三年的三环路内扩大到主城区范围内，在2014年底前完成主城区范围内103个商品交易市场的整治搬迁转型升级工作。

2.7 大钢材市场已歇业

按照昆明市政府要求，2013年8月30日前必须关闭的7个钢材市场分别为：叁斗钢材交易市场、浩宏钢材批发市场、昆明金马正昌金属物资商场（铁公鸡钢材市场）、云南省钢材市场、明波钢材批发市场、昆明明波泰来钢材市场、昆明市西山区钢材现货市场。

在此次搬迁的7个钢材市场中，位于东站凉亭片区的云南省钢材市场是规模最大的市场。该市场建于上世纪60年代，每年的钢材吞吐量达到了300多万吨，云南全省的钢材大多由此流向全省各地。

走进云南省钢材市场，昔日车水马龙的车流已不复存在，熙熙攘攘的人流也已散去。在市场大门口，一个关于告知市场已关停的横幅很是打眼。“市场8月30日正式关停，上月24日市场的货物已经只出不进了，市场库存已搬走数千吨。”市场办公室一位工作人员介绍。同样的情况还发生在其他6个钢材市场。钢材市场的多数商户已经拉下了卷帘门，少数商户在清点货物，极少商户开门，但几无生意。

市商务局的要求是2013年8月30日关停，之后陆续搬迁至昆明市政府规划的商贸物流中心里边。由于钢材量大，难以搬迁，之后的搬迁工作可能持续一两个月。

3. 满足搬迁商户衣食住行

为方便企业办理证照，晋宁县制定入驻企业涉及工商、税务、机构代码、消防等手续的办证指南，明确行政审批手续帮办人，抽调了相关人员到晋宁承接主城商贸物流项目搬迁工作协调服务办公室，集中为搬迁企业办理证照和手续，节约搬迁企业的办证时间。

据了解，云南叁斗钢铁物流中心、云南泛亚商用车物流城、晋城泛亚工业品商贸物流中心周边有868家餐饮服务企业、17家医疗机构、102家住宿企业、7所小学、2所中学、2所高中，并有4条公交线路通过该区域，运行车辆104辆，可以满足搬迁企业医、食、住、行及子女的就学需求。

4. 改善人居环境，引导产业升级

近些年来，昆明市商贸流通业虽然取得长足发展，成为第三产业的重要组成部分，但昆明市商贸流通业布局不合理、体系不完善、流通成本高等问题依然突出。目前主城区内的部分商品交易市场，都以经营大宗商品为主，进出商品量较大，都需大型货运车辆运输，大货车进出主城区域增加城市交通拥堵。并且随着城市建设的扩张，多数市场周边都建成居民小区，而市场交通拥堵、影响居民出行，环境脏乱差、扰民等问题较为突出，严重影响人居环境。昆明市政府已经决定，将逐步对货运交通系统进行调整，扩大大型货运车辆限行范围，今后绕城线范围内区域将禁止大型货运车辆通行。

通过实施商品交易市场外迁，把分散于主城区的商品交易市场，按照经营业态的不同，把同一业态的市场逐步外迁到新规划建设的商贸物流中心，实现集聚发展，形成规模效应；同时利用置换出来的市场原址土地，发展总部经济、楼宇经济等新兴产业，不仅可以实现第三产业的转型升级，也可以提高土地的利用效率和产出效益。并加快发展现代服务业和便民商业服务设施，改善市民的人居环境。另外，此次市场搬迁是按照城市规划和产业规划搬迁，将避免过去市场才搬了几年又要搬迁、反复搬迁的情况发生，减少市场业主和商户的损失。

（八）武汉商品交易市场外迁案例

2014年12月为期一个月的第五届中国汉口北商品交易会在汉口北国际商品交易中心隆重开幕，展会全方位展示汉口北在全国率先电商化、产业化、物流智能化转型升级成果，吸引全国各地消费品制造及贸易商汇聚，成为中国消费品最佳内贸会展平台。

汉交会被列为商务部重点引导支持展会，是由中国商业联合会支持的华中最大规模商品交易盛会，致力于打造“中国内需贸易第一展”。展会由武汉市商业总会、卓尔控股有限公司主办，汉口北商贸物流枢纽区管委会、汉口北集团有限公司承办，汉口北各大专业市场参与协办。汉交会积极响应国家经济结构转型、拉动内需战略，对扩大内贸消费市场发挥有力影响。

开幕式当天，举行了“2014 批发市场年会暨全国商品交易市场搬迁·转型·升级经验交流会”，来自全国的专家、学者及全国重点市场代表将纵论全国商品市场转型升级新趋势、新路径，共同探讨汉口北模式的新亮点、新发展。

五湖四海客商云集，全国产地货源汇聚，宏大规模，鼎盛人气，商机繁茂。从 2010 年起，汉交会已连续举办四届，成交额逐年攀升，已成长为中国内陆市场最具影响力的商品交易盛会，形成“外贸有广交会，内贸有汉交会”的格局，被誉为“中国内需第一展”。

2014 年，汉口北发展再提速，进入市场快速繁荣和业态再度转型升级的新阶段。汉正街整体转移大力推进，文化体育用品、床上用品等一大批商品市场实现整体迁移落户，汉口北汽车城开业，汉口北产品、品牌阵容强势扩张。作为汉口北核心市场，汉口北国际商品交易中心 20 大专业市场投入运营，总计 1.8 万家商户开门营业，预计 2014 年市场成交额可达 420 亿元，汉口北成功打造为对湖北及中西部消费品市场形成较强辐射力，中国最有影响力的新兴消费品交易中心。

近几年来，各地有一些商品交易市场成功外迁的案例，如在会上交流经验的河南万邦国际农产品物流股份有限公司、浙江南浔建材市场开发有限公司，也有失败的案例，如广州黄埔国际玩具城等，值得我们认真地进行研究。

四、中心城市商品交易市场转型、升级、外迁的趋势

（一）转型：传统市场向现代市场转型

传统市场向现代市场转型，所谓只有传统的技术，没有传统市场。用现代信息科技可以将传统商品交易市场改造成为现代市场，当前最主要的是电子商务科技来改造传统商品交易市场，促进商品交易市场的转型升级和可持续发展。

（二）升级：交易升级、管理创新

商品交易市场升级包括两个方面的内容，即交易升级、管理创新。这里交易升级，不仅仅是改变传统“三现交易”，更主要的是改变传统的经营理念和经营方式；管理创新涉及到商品交易市场对商户及其交易各个方面的管理，包括市场内部管理，以及智慧市场建设，不仅仅是商品交易市场现代化。

（三）外迁：不仅仅是空间转移——“迁批留零”

商品交易市场外迁，不仅仅是空间转移，也不仅仅是“迁批留零”，而是在空间转移过程中提档升级，外迁后对原地的业态进行提档升级，如就地的批发转零售，零售由传统零售转为体验性新的零售业态。归纳起来：

1. 数量扩张向质量提升的转变。加强商品交易市场功能建设，过去我们重视商品交易市场大楼建设、圈地运动，现在我们过多地依靠科技进行商品交易市场功能建设，如商品交易市场应具有交易聚散功能、价格信息功能、商品展示功能、商品质检功能、商品进出口功能等。

2. 规模扩张向结构优化的转变。全国 8 万多家商品交易市场从数量上已经能够满足需要，更重要的是商品质量和效益的提高，功能的发挥，不仅仅是圈地，不仅仅是看规模，而应发挥其市场特色功能。

3. 快增长速度向适当速度转变。随着我国经济“由快经济向慢经济转型，由快消费向慢消费转型，由快服务向好服务转型，由时尚快速变化向时尚健康转型”，使我国商品交易市场步入可持续发展的轨道。我们经常所讲的追求效益，这里应包括社会效益，也包括经济效益两个方面，既包括眼前效益，更应包括长远效益。

五、在转型升级外迁中应探索“1+5”盈利模式

（一）一个核心框架体系

商品交易市场在外迁、转型、升级过程中，应注重根据商户为核心的商品交易市场框架体系的构建，形成交易、支付、物配等一体化的体系框架。

（二）明确“五个基本点”

一个好的商品交易市场应明确五个基本点：

明确的利润对象：你的服务对象是谁？

明确的利润点：你提供的实务商品和服务商品是什么？

明确的利润源：你的收入来源是哪些，难道仅仅是物业费收入吗？

明确的利润杠杆：你采取哪些方式将商户吸引到你的市场来，将商户紧密地凝聚在市场，你所采取的方式应该合法、合规、合标。

明确的利润屏障：也就是你的核心竞争力，你的特有的本质的东西，即你特有的商业模式、特有的科技、特有的商业文化。

商品交易市场加快转型升级 多方寻求新的发展空间

□ 文/傅龙成

商品交易市场是商品流通的重要载体，包括批发市场、零售市场以及批零兼营市场三种类型。改革开放以来，国内交易市场建设快速发展，为搞活流通、扩大消费、衔接产销、调整结构、增加就业与税收、促进城镇建设和区域经济发展，均作出了重要贡献。

据国家统计局资料，2013 年全国年成交额亿元以上商品交易市场即达到 5089 个，年末出租摊位数 348.8 万个，营业面积 28868 万平方米，成交额为 9.83 万亿元。

近年来，国内市场建设和发展呈现出以下变化和特点：

一是亿元商品交易市场数量略有减少，但总体成交额持续上升，表明市场平均销售规模和辐射能力不断提高。2013 年全国亿元以上市场数量比上年减少 105 个，下降 2%，但总成交额却上升 5.74%。

二是专业性市场发展好于综合性市场，表明市场细分的专业性趋势增强。近几年综合市场和专业市场的数量都在增加，但后者增加的数量数倍于前者，市场出租摊位、营业面积和成交额也呈同向变化。截止到 2013 年全国综合性市场数量为 1381 个，占 27.1%，成交额为 2.03 万亿元，占 20.7%，而专业性市场数量为 3708 个，占 72.9%，成交额为 7.8 万亿元，占 79.3%。

三是大型商品交易市场多数集中于沿海经济比较发达的省份，明显呈现东多西少、东强西弱态势。2013 年亿元以上市场分布前 10 名的省市和百分比分别为：浙江 767 个，占 15.1%；山东 558 个，占 11.1%；江苏 547 个，占 10.7%；广东 364 个，占 7.2%；湖南 327 个，占 6.4%；河北 253 个，占 5.0%；辽宁 217 个，占 4.3%；河南 170 个，占 3.3%；湖北 169 个，占 3.3%；上海 164 个，占 3.2%。这 10 个省市亿元市场数量合计达 3536 个，占全国总数的 69.5%，其余 21 省市合计为 1553 个，仅占 30.5%。而如果用商品交易额加以对比，则悬殊更大。

四是网上批发零售对传统商品交易市场的“现场、现货、现金”交易方式冲击明显。根据中国电子商务中心监测数据，截止到 2013 年底，仅浙江省已登记的商品交易网上市场就达 157 家，当年全省市场网上网下共实现总成交额 3.74 万亿元，同比增长 30.3%，而据该省义乌小商品城反映，其线下市场近两年成交额增幅趋缓以至于基本持平，两相对照，不难想见网络市场分流力度之大。目前义乌市已经注册 21 万家网商，每天发送 70 万个快递包裹，数量之巨与国内京、沪、穗、深、杭等电商最发达的城市同处第一梯队。

五是一些大城市批发商品交易市场出城外迁，按照规划集聚发展。易址迁场的主要目的是解决市场周边交通拥堵、环境污染和噪音扰民等问题，同时腾出市区宝贵的土地资源发展高附加值的产业或开展绿化等。上海市 2011 年在青浦新建占地 1680 亩的大型西郊国际农产品交易中心，将市区部分农产品交易吸纳；2013 年发布的《上海市食用农产品批发和零售市场规划》中，又明确将这个市场作为“一主一副”两个中心批发市场中的主市场；该《规划》还提出“中心城区不设置区域批发市场”。南京市 2010 年在江宁区新建众彩农产品物流园，将主城区 8 个农产品批发市场整体迁入。武汉市 2010 年在黄陂区新建占地 3000 亩的汉口北批发市场，将汉正街等市场转移迁入。杭州市于 2008 年即已将市区 9 个农产品专业市场全部迁入郊区余杭新建的农产品物流中心，其中，供销社的一个果品市场实行了买卖双方全部使用 IC 卡开展交易和结算，即交易和结算的电子化。2014 年

2月，国家主席习近平考察北京市时提出，京津冀一体化发展应当疏解首都的非核心功能，其中包括“疏解区域性物流基地、区域性专业市场等部分第三产业”。此后，北京市动批、大红门等批发市场开始加快向河北等地转移疏解。河北白沟、永清、天津武清等地正积极承接转移市场迁出的商户。

六是公益性农产品批零市场发展加快。自2010年国务院39号文件提出“支持建设和改造一批具有公益性质农产品批发市场、农贸市场、菜市场”以来，许多城市如上海、北京、杭州等纷纷通过新建、回购、投资控股、增资改扩建、公建配套、税费减免等方式，建设公益性农产品批发和零售网点。

有专家认为，国内商品交易市场的转型升级主要沿着五个方向：（1）部分农产品批发市场公益化；（2）城区内批发市场外迁发展集聚化；（3）批发市场交易与电商融合化；（4）交易结算电子化；（5）传统落后市场减量化，存续市场品牌化。许多专家指出，目前商品交易市场存在的主要问题是，总体上仍属粗放型发展，数量型扩张，设施配套不足，交易方式落后；布局和建设缺乏科学规划，有的市场占地面积盲目求大，招商不足，出租率低；许多市场群定位不合理，同质化竞争严重，市场秩序混乱；绝大多数市场品牌集聚度和国际化程度不高，等等。

对于2015年国内商品交易市场如何转型升级、转变发展方式，专家提出以下建议：

一、加快传统交易市场信息化建设步伐，实行线上线下市场有机融合。从信息发布、商品展示、订单处理、资金支付以及物流配送等方面积极利用信息化手段。“义乌购”、浙江塑料网上交易市场、临沂商城市场等都已经实施了线上线下结合的发展战略，效果初显，势头良好。还有一些商品交易市场对于采集的商品成交价格信息，在分析整理后，以信息指数的形式向外发布，范围包括小商品、女装、童装、纺织品、丝绸、蔬菜等，深受业内欢迎。此外，还应大力推广实体批发市场的电子化交易及统一结算，继续支持食用农产品批发市场电子化追溯示范工程。

二、引进新的交易形式，实行品牌化经营，规范化发展。近年来，越来越多的市场重视品牌建设，引导经销商实行品牌化经营，改变市场低端形象，树立品牌市场声誉。2014年“义乌小商品市场”已在国家工商局进行商标注册，以此促进义乌商品交易市场的规范化经营和品牌形象传播。上海、深圳、寿光等地农产品批发市场则试水拍卖交易，已经取得一定成果，具有示范意义。拍卖方式对于农产品生产、流通的标准化具有重要推动作用，今后应当在更大范围、更多市场推广。将市场摊位交易者由个体工商户向公司制法人转变，有利于市场规范化经营，义乌、石家庄、山东等地一些市场经营户已经主动寻求向法人企业转型注册，应从政策上予以鼓励支持。

三、加快大型商品市场国际化进程。这里有两重含义，一是推进市场同时开展内外贸业务；二是走出国门办市场。商务部外贸司已在义乌小商品城、叠石桥国际家纺城、海宁皮革城试办了第一批内外贸结合的商品市场。2013～2014年义乌市场的外销率已达65%，商务部确定在义乌进行国际贸易综合改革试点。临沂的市场也在大力发展出口业务，2013年出口额比上年增长1.5倍，2014年1～6月同比增长80%以上。多年来，中国特色的小商品市场越来越多地走向全球，在中欧、南欧、中东、东南亚、非洲等地开办市场200个以上。随着中国推进“一带一路”建设，业内应敏锐地抓住中国商品交易市场走向世界出现的新机遇。

四、对城市中心区的区域性批发市场加快向外疏解转移。要通过迁址改造，在市场设施、信息化程度、交易功能、商品配送、食品安全追溯等方面实现全面提升。同时，应按照《国务院办公厅关于促进内贸流通健康发展的若干意见》（国办发〔2014〕51号）文件要求，在加快商品批发市场转型升级中，推动专业化提升和精细化改进，拓展商品展示、研发设计、品牌孵化、回收处理等功能，带动产业集群发展。

五、对具有公益性质的大型骨干农产品批发市场，政府应当继续予以扶持，但也要防止批发市场建设中“泛公益化”大包大揽的倾向。总之，应当根据政府财力的可能与发挥示范引导作用的初衷，开展公益性批发市场建设，合理把握公益性市场与营利性市场之间的“度”。

“互联网+”时代 批发市场如何转型升级

□文/任国省 位书贤 宋璺

“80%的批发商户销售额及利润与2014年同期相比出现下降，同时表示批发比重比原来减少；73.3%的被调查商户主要销售渠道为县乡批发，不足三成商户拥有网店。”近日，国家统计局石家庄调查队发布《石家庄批发市场生存现状调查报告》，着眼于石家庄市批发业存在的问题，并通过对现状的分析，来寻找石家庄市批发业的发展之路。

现状发布：八成商户销售额和利润出现下滑

调查结果显示，80%的批发商户销售额及利润与2014年同期相比出现下降，同时表示批发比重比原来减少；剩下20%被调查对象中，一家经营童装的老店因客源较为稳定，销售额及利润与2014年同期相比基本持平；一家经营水果批发业务的商户由于经营规模扩大，销售额及利润均比2014年同期增长40%左右；一家童装店因营业时间只有两个月，无法提供此项数据。

马上就访：商户生意受到电商冲击

“2000年左右时，生意特别好，干什么都挣钱。”南三条批发市场一位经营毛巾用品的商户说，那时可以说是生意的鼎盛时期，客户来自全国各地，像内蒙古、山西、陕西的比较多，而且都是大客户，年销售额都在百万元以上。但是这种好时候在2010年前后发生了变化，“近几年明显感觉生意难做了，而房租、人工成本却在不断上涨。”该商户说。对于八成商户销售额及利润出现下降的调查数据，该商户表示还是相对保守。“据我了解，几乎所有商户的销售额和利润都出现了下降，而且近几年退出的也有不少。”在他看来，生意不好的原因来自多方面，电商的冲击、人工成本的上涨、经济大环境的影响等，“包装费、代办费、装卸人工费、运输费等销售费用不断上涨，销售成本不断提高。”

采访中，不少商户都提到了电商的冲击。“像阿里巴巴网站，使许多中小企业之间的商品流通不用再通过经销商或批发商，而是直接由厂商进行商品交流，使批发商的生存空间进一步缩小。”一位商户说。此外，零售业的直接采购影响批发业的销售额和利润。批发商之所以存在，是因为商品从厂商通过批发商走向终端零售商的过程中，批发商可以获得利润。一些大型的零售商由于其采购量非常大，越过批发商直接从厂商进行采购，而且大多数厂商为了能够进入一些大型商场也非常希望和这些零售商进行合作，这无疑缩减了批发商的市场份额。而许多中小型的零售终端，为缩减货物流通成本，也采取联合采购的方式，对批发商业也形成了较大压力。

现状发布：主要销售渠道为县乡批发，不足三成商户拥有网店

“从我们调查的三个批发市场看，石家庄市批发市场中个体户数量众多，规模普遍偏小，市场辐射力较弱。”石家庄调查队有关专家介绍，调查结果显示，73.3%的被调查商户主要销售渠道为县乡批发，并且此销售渠道销售额占销售总额比重均超过50%；只有13.3%的被调查商户主要销售渠道为市区批发；主要销售渠道为零售及网店的商户所占比重均为6.7%。

根据调查，只有26.7%的批发商户拥有网店，除一家销售名牌产品、规模较大的商户网店销售额占销售总额比重达到30%外，其余商户均未超过10%。

马上就访：客源不少，但多以散户为主

“刚给孩子采购了一些美术用品。”赵女士告诉笔者，孩子马上上初中了，从小到大，她可没少和批发市场打

交道。“孩子小时候用的、玩的、穿的都来批发市场采购，选择范围大，又便宜。”赵女士说，她清楚地记得，十年前她来批发市场采购时，经常要拎个大黑塑料袋装成小卖铺的老板，“要不人家都不搭理你，那时商户们只有在下午不忙时才接待一下散户，而且经常还爱答不理的。”不过，这几年，商户们对她的态度明显好转了，买一件两件的商品，也愿意接待了。而且，现在停车也比以前方便了。“可能大家都去网购了，不过，我还是习惯来这儿采购。”

可能已经过了批发高峰期，笔者随机走访的几家商铺中，客源基本都是本地散户。“以前，来自西北、东北的客户都有不少，现在批发的大都是县里的商贩，大多都集中在早晨。”一位商户坦言，批发客源的减少直接导致了利润的降低。“由于受客源限制，批发市场的交易方式也较为单一，多是一手交钱、一手交货的落后交易方式。这种交易方式存在交易成本高，交易速度慢，交易范围小等致命缺点。”石家庄调查队有关专家说。

现状发布：多数商户品牌意识不强

“由于批发行业进入的门槛较低，经营者素质参差不齐，拥有的客户资源不同，大部分批发商品牌意识不强，批发市场中名牌商品少。”石家庄调查队有关专家说，很多商户只知道销售额下降着急，找不到出路，没办法只有退出市场。“省会批发市场与百货零售相互分离，甚至相互竞争，批发市场得不到大百货业的商品质量要求与质量反馈，使相当一批批发市场形成了批发市场商品价格低、质量不好的不良口碑。”

马上就访：商家强调“批发”忽略品牌

“小李批发部”、“箱包批发超市”……在南三条及新华集贸市场，类似的招牌随处可见。笔者观察发现，一些批发市场的商铺招牌大多仍强调“批发”而忽略品牌。“批发市场的商品以三四线品牌居多，叫得响的品牌很少。”一位商户说。当然，这和大家的思想意识也有关系，商户们还在延续以前的传统思维，殊不知，现在的年轻客户更注意品牌。很显然，“某某品牌总代理”比“某某批发部”对消费者更有吸引力。

在批发市场，想找一些品牌商品，就要耐心淘，大多数商品和街边小卖铺里的商品相差不大。

探索：批发市场如何转型升级？

经济新常态“互联网+”的提出，在很多行业已不是新闻。批发市场如何转型是全国市场共同面临的问题，而品牌、专业与电商被认为是转型的几大抓手。面对来自厂家、零售商等各方面的挤压，批发业只有通过从内到外的改进才能适应经济全球化，信息全球化的经济发展趋势。“批发市场有两项主要功能：一是价格发现，一是信息传播。电子商务的兴起和快速发展，使得价格形成及其商品交易信息的传递具有了传统批发市场无可比拟的优势。”石家庄调查队有关专家表示，传统批发业也要融入“互联网+”思想，从以单纯地扩大门面和摊位，逐步转到利用现代科学技术提高市场运行质量、扩大市场辐射范围的方向上。将有形市场和无形市场结合起来，将代理、配送、连锁、超市、大卖场、精品店等的商品流通方式与电子商务相结合起来。

但是，触网也不可盲目。一项调查显示，批发市场商户中，差不多50%的商户都曾经去淘宝开过店，但是80%都是不赚钱的。“找好精准的发展方向、树立品牌效应都很关键。”石家庄调查队有关专家说，省会批发市场几乎涵盖了各个领域，按照商品流通内在规律，批发市场在一个领域做大做强是一个总趋势，这就需要批发业重新给自己定位，做好转型准备。同时，应大力推动批发业的资本重组，形成大经销商、大代理商、大配送中心、大物流中心，做成集物流库存为一体的大型服务业，同时着力打造高质量、高服务品牌，提高自己的竞争能力和抗风险能力。

传统商贸企业转型升级路径探索

——以商贸百货为例

□ 文／熊家军　翁华斌

在计划经济时代，百货商店一直作为商品流通主渠道，承担着短缺经济下生活物资配给的职能。在改革开放初期，传统百货商店一直在零售市场占据绝对主导地位。时至今日，经过几十年的发展，经济进入新常态，各种零售业态纷纷涌现，受电子商务冲击和行业竞争日趋激烈的影响，传统百货业逐渐失去了其在国内零售市场领先者的地位，毛利逐渐下滑，生存环境日益严峻，步入寒冬。

一、传统商贸企业面临的“五少五高”的处境

一是客流量越来越少，消费结构老龄比重越来越高。

百货商店曾经是一个城市的商贸地标中心，是时尚的代名词，人山人海。现在，商场里客流量比 10 年前下降至少 60%，老年人消费比重越来越高，银发消费市场逐渐增大。年轻消费者大多被分流到网上，中青年消费者大多流向大型商业综合体，传统百货的消费者在不断流失。

二是高端消费品牌越来越少，撤柜比例越来越高。

以前要购买高端名牌产品，首先想到的是百货商场，它代表着品牌和信誉。现在 Lv、Gucci 等国际一线品牌往往选择在更高端的专卖店、万达等商业综合体开店，百货商场高端品牌流失严重，柜台空置率达 10% ～ 20%。数码、家电等消费者体验感比较少的产品，受到冲击最大，数码产品柜台面积下降 50%，家电产品销售额连续几年下降 30%。

三是直接在实体店购买越来越少，线下体验线上购买的比例越来越高。

随着手机、移动互联网的普及，逛街已经单纯变成一种体验。在商场里，看到喜欢的衣服，摸一下，试一试，然后掏出手机网上搜索，在网上买到价格更便宜的同样商品，而且还送货上门。现在，直接到实体店里购买商品的顾客越来越少，大家都采取线下挑产品网上比价格的方式，选择线下体验线上购买的消费者越来越多。

四是毛利越来越少，运营成本越来越高。

传统百货商场销售商品流通环节比较多，盈利空间不断下降，不少实体店收支出现“剪刀差”。2015 年第 4 季度，广西零售企业职工薪酬同比增长 9%，租金同比增长 23.6%，水电煤、楼宇折旧等物业费用、利息支出等财务费用也是逐年递增，而超过 68% 的百货企业销售出现负增长，企业毛利率逐年下降。

五是都市繁华地段开店越来越少，城乡县域开店越来越多。

在城市新兴的商业中心基本上没有了传统百货商场再开设新店，王府井、南宁百货等老牌百货在一些繁华地段甚至还出现了关店潮，2015 年上半年，国内主要零售企业就关闭了 121 家。部分老牌百货选择下沉渠道，到县域挖掘消费市场，在市郊、县城，大百货的分店越开越多。例如广西的传统百货都到横县、宾阳、良庆等多个县区开设了新店。

二、转型升级面临的困难

面对消费疲软与市场不景气，特别是受互联网电商的冲击，传统商贸企业也在千方百计转型升级，但是转型过程中存在思维认识、商业模式、资金投入、专业人才等方方面面问题。

（一）电子商务快速发展，传统商贸企业转型慢

2015 年全国网络零售额超过 4 万亿元，占社会零售额的 13.3%，其中电子商务替代传统消费方式占比达 60%，也就是说有 2.4 万亿的传统消费受到电子商务的冲击。而传统商贸企业对快速发展的电子商务却是束手无策，不知无何是好。首先是不敢转型。传统企业，家大业大，利益复杂，尾大不掉，转型改革要向自己挥刀，砍掉不适应互联网时代的内容，狠不下这个决心。在犹犹豫豫中，还没来得及迈开转型的步子，已经被快速发展的互联网侵蚀了生存空间。其次是缓慢转型。已经知道电子商务的重要性，但是对转型的必

要性认识不足，凡事慢慢来，思维还是停留在传统经营的老路子，想到什么改什么，转型不彻底，最后只能是学到其形而领会不到其神，老顾客已经被新的模式吸引走了。

（二）新业态不断涌现，不知往哪个方向转型

商贸流通是最贴近民生的领域之一，也是随经济发展，改革变化最迅速的领域之一，网上商城、线上线下融合020、社区商圈、城市综合体等新兴业态不断涌现。传统企业都想要转型，但是没有现成的经验模式可以借鉴，这个说要建平台，那个说搞自营，还有的说要抓股改，站在转型的十字路口，方向不明确，根本不知道往哪里转型，只能摸石头过河，小心翼翼，反而越走越慢，转来转去还在原地。

（三）受行政管理体制制约，转型缺乏灵活性

传统商贸企业往往建立在生产、批发、零售层层流通的年代，管理体制普遍落后。绝大多数的百货商场还有国有企业的背景，受政府行政干预管理，开展新的业态、新的尝试，要走七八道程序，层层审批，层层把关。一是反应慢。等一纸批文下来，落后市场已经七八步。互联网时代，先行一步就是胜利，走慢一步就淘汰一个企业，冗长的决策链条让企业缺少灵活性，往往错过转型的时间窗口。二是行政干预不适应发展需求。如百货商场想通过开电影院引来人流量，拉动其他消费提高整个商场的盈利，但电影院单独的经营是亏本的，但往往类似的项目，国资委只会对其项目单独绩效考量，而缺乏通盘考虑，导致转型步步为艰。

（四）缺乏资源投入，转型不够彻底

一是转型投入大。如果企业往互联网方面转型，需要计算机硬件、机房、网站维护、网络营销以及掌握大数据、云计算等一流技术的专业人才；如果往小商贸综合体或县域百货转型，则需要重新修建商城，更新设施设备，投入大量的人力财力。二是竞争对手强。中国连锁企业少有真正全国连锁的企业，但每家企业的电商平台面对的竞争者却是京东、天猫、淘宝这样全国一流的平台，资源投入和整合能力是一个明显的瓶颈。以上两个因素导致一些本来就捉襟见肘的传统企业投入不足，转型不够彻底，跟不上时代，最后转成一个“四不象”，导致企业陷入困境，加速关门倒闭。

（五）缺乏专业人才，转型难以支撑

传统企业转型升级关键还是在人。苏宁电器曾经最反对电子商务，但后来转型大力发展电商，除张近东老总个人魄力之外，还有近4000名电商专业技术人员作强力支撑。在人工成本迅速上升的今天，企业普遍反映用工难，电子商务管理和技术人才更是一员难求。目前，互联网人才大多在北、上、广集聚，落后地区往往缺乏吸引力，很多传统企业的技术岗位招了几年，队伍都招不全。

三、转型升级的建议

针对传统商贸企业在转型中碰到的5个共性问题，政府需要搭好平台，营造好环境，支持传统商贸企业融合先进的技术模式，不断改革创新，凤凰涅槃。

（一）商务部牵头建设中华百货、批发、住宿、餐饮四大平台网站

建议由商务部中国国际电子商务中心投资建设中华百货网、中华批发网、中华住宿网、中华餐饮网四大平台网站，将全国商贸百货、批零住餐统统实现互联网化。一是有利于形成全国商贸流通业的大数据；二是解决单店上网难、不懂上网的问题；三是解决统一采购与生产企业信息不对称的问题；四是解决餐饮酒店、住宿宾馆与客户食宿需求信息不对称问题；五是有利于形成商业对生产的指导；六是解决中国商业与国际供应商在谈判身价和能力不足的问题。

（二）支持创新商业模式，推动线上线下融合发展

线上线下融合发展已经是一种潮流，一种趋势，将会成为发展的主流方向。一是发挥电商优势。传统商贸企业需要加强与电商物流企业的合作，利用电子商务跨时空、受众广、少环节的优势，增加自身功能、降低成本、开拓市场。二是促进融合发展。推动线上交流互动、引客聚客、精准营销等优势与线下真实体验、品牌信誉、物流配送等优势融合发展，促进设备设施智能化、商业主体在线化、商业客体数据化和服务作业标准化，为消费者建立全渠道、全天候的互动平台。

（三）鼓励差异化发展，向智能化、多样化商业综合体转型

面对多方面的冲击，传统商贸企业需要调整发展重心，开展差异化竞争。一是产品差异化。电商也许会代替大众化商业，但高档次的产品不会被取代，需要体验的商品也不会被完全取代。二是服务差异化。数码、家电等标准化的产品可以从网上购买，但是服务、体验还是需要线下的支撑。

传统商贸企业可以推出一些个性化服务，搞一些大卖场，提供线上所不能替代的服务体验。三是向商业综合体发展。商业卖的不仅仅是商品，还是一种体验、情趣、氛围和服务，现在的购物中心基本上是零售占 50%、餐饮占 30%、娱乐占 20% 的“五三二”结构。传统百货通过集休闲、娱乐、购物、餐饮为一体，由商品销售为主转向“商品 + 服务”并重，将购物中心变成消费者的生活场馆。四是创新业态。通过开展跨境商品直购，奥特莱斯等新兴业态，打造消费热点，汇聚人气。

（四）推动企业下沉销售渠道，开拓县域市场

随着城镇化的不断推进，农村消费市场潜力巨大。由于网络水平、物流通达能力的限制，农村居民更愿意到身边看得见、信得过的实体店购物，在镇子里，可能供销社比淘宝更可信、商场比京东更有说服力，传统商贸企业在农村存在着巨大的发展空间。

（五）建立全国采购联盟，降低供应链成本

联合中小百货、商贸企业，建立全国采购联盟。一是促进供货厂商与采购商对接，解决信息不对称问题。二是有利于整合供应链，提高中小商贸企业采购话语权，打造专业买手团队，降低企业采购成本。三是有利于中小企业抱团发展，优化网络布局和人员配置，增强市场竞争力。四是有利于扩大企业规模和融资渠道。

（六）开展国有商贸企业混合股份改革，提高自主经营灵活性

一是推动传统商贸企业特别是国有商贸企业混合股份制改革，充分调动员工积极性。二是改革传统商贸企业原有商业管理模式，促进组织管理扁平化，推动传统企业贴近市场、快速反应、大胆创新，不断提高企业市场竞争能力。

（七）打击电商违法经营，营造公平营商环境

发挥政府管理服务职能，打击线上制假售假、偷税漏税的行为，加强对电子商务违法经营行为的查处力度，为传统企业发展营造健康公平的营商环境。

（八）鼓励优化重组，推进供给侧改革

发挥商贸行业连接消费者和生产企业的作用，建立沟通消费者需求和生产企业的机制，利用电子商务、大数据等手段分析消费者对产品、服务的需求，及时反馈给生产企业，推动供给端转变产能、转型升级。随着消费结构的不断调整，大力推动传统商贸行业供给侧改革。对于不适应新经济发展形势，占据大量人力、资金、土地资源，生产运营成本居高不下的“僵尸企业”，建立退出机制，鼓励传统企业与产业龙头、互联网、先进业态优化重组，促进资源高效配置，重塑发展新动力。

新常态下传统批发市场如何转型升级

□ 文／贾楠

随着近年来的商业地产投资热，各地商品交易市场开工建设也遍地开花，带来严重的同质化竞争。内忧未解，互联网对实体交易的冲击接踵而至，商品交易市场的转型升级已成为业内绕不过去的话题。

2015 年 7 月 25 日下午，在中国商业联合会商品交易市场专业委员会、河北省商品交易市场联合会、石家庄市新华区人民政府主办的“新常态下市场发展研讨会”上，与会专家就当前批发市场的发展和转型进行了深入交流与探讨。

交易市场转型：从大而全走向专业化、品牌化

“2013 年，全国有 9 万多家商品交易市场，其中规模以上（交易额在亿元人民币以上）的商品交易市场有5089家，年交易额达 9.7 万亿，这表明中国商品交易市场经过 30 多年的发展，已经成为整个国民经济的重要组成部分。”中国商业联合会商品交易市场专业委员会副主任兼秘书长骆毓龙介绍。

但是商品交易市场的区域发展并不均衡。骆毓龙用一

组数据直观地作了对比：2013 年统计数据显示，河北省总共有 4000 多家商品交易市场，其中规模以上的有 253 家，年交易额 4500 多亿元人民币。而与此同时，浙江省的数据是全省 4000 多家商品交易市场，规模以上的有 767 家，年交易额近 1.5 万亿元人民币。

“浙江省无论是规模以上市场数量还是交易额都是河北省的大约三倍。从结构上看，同样是 4000 多家商品交易市场，浙江省产生了 767 家规模以上商品交易市场，而河北只有 253 家。”骆毓龙说，巨大差距的背后是河北省商品交易市场大而不强的现实。

如何缩小差距，做大做强，实现转型升级，是河北商品交易市场的经营者以及管理者必须面对和思考的问题。对此，河北省商品交易市场联合会会长何连海说，从发展趋势看，大而全的综合性市场份额在下降，聚焦某一品类的专业性市场份额在上升，河北省商品交易市场必需在专上下功夫，在专的基础上做全，延伸产业链，在全的基础上做精，做出自己的品牌。

“市场定位是决定专业市场成败的基础。市场规模不是越大越好，关键是在符合市场需求的基础上找出自己的特色，实现差异化经营。”何连海说，此次新华集贸中心市场被授予“华北品牌服装第一市”的称号，就是河北商品交易市场向专业化、品牌化转型路上的一个典型代表。

经营者转型：从个体工商户向企业法人迈进

与会专家认为，目前，由自然人、个体工商户为主体的传统批发市场已经相对过剩，而依托先进科技手段、现代经营管理理念和财务结算制度的独立大型批发企业却严重不足。这一强烈反差是批发市场难以做大做强的症结所在，也是长期以来批发市场建设“重数量、轻质量”“重场所建设、轻主体培育”所导致的后果。

“中国现在不缺少专业市场，缺少的是大型批发商，我们要做的是改变长期以来批发市场‘市场大、商人小’的格局，推动有实力的个体户、摊位商向公司化、企业化、法人化转变，为培育大的经济实体创造条件。”中国社会科学院财政与贸易经济研究所主任、商务部发展战略规划编制咨询组专家宋则强调，批发市场首先要夯实“微观基础”，批发市场的微观基础就是商户，靠小商户自发聚集而成的市场已经落后于时代，商户做不大，市场发展就会受影响。

他进一步解释说，同样是 1 亿元的交易额，是由 100 个大商户还是由 1000 个小商户贡献，性质完全不一样。如果商户的总量是下降的，但是大商户在交易额中所占的比重是上升的，那么说明这个市场品牌集中度高，信誉度高，抗风险能力就强。“批发市场要在商户数量上做减法，提高门槛，把大批发商引进来，或是积极主动想方设法地培育自己的大批发商。”

此外，宋则认为，商品交易市场的品牌也要做减法，引入最知名的商品品牌，同时把市场培育的最优质商户品牌推出去。“每个人的记忆力和识别能力是有限的，品牌多了等于没有品牌。因此不能以每年增加多少品牌作为评价批发市场好坏的标准，即便市场内的品牌总数减少，但单一品牌的交易额在增长，这就说明市场在朝着内涵式发展的方向前进。”

与会专家表示，现在我省还有不少地方的商品交易市场处于跑马圈地阶段，市场管理太过粗放，这一状况急需改变。市场管理者应着力推动一批有能力、有行业思维的个体工商户向企业转型，把生意做大，让批发市场成为中国大批发商的孵化器，这是新时期、新常态之下批发市场的新课题。

营销方式转型：从单一实体经营到与互联网融合

价格差和信息的不透明成就了传统批发市场，但在互联网时代，信息变得更加透明，越来越多的传统批发市场的经营者由原来的获利丰厚走向微利，甚至亏损。人们不禁担忧：批发市场会不会被互联网颠覆？互联网对于传统批发市场是机遇还是挑战？

对此，曾担任南三条管委会主任及多家市场总经理的何连海给出的判断是：中国城乡发展远未均衡，批发市场这种业态的需求将长期存在，生命力毋庸置疑。他认为，互联网不是批发市场的削弱因素，而是助力因素，借助互联网可以加快批发市场转型升级的步伐。

“批发市场的合理性在于，它要么最贴近产地，要么最贴近销地。而电商的虚拟部分体现在信息、下单、支付等环节，运营、仓储、选货、运输不可能脱离实体，市场是电商取物直径最短、成本最低的选择。”加快互联网在批发领域的应用，可以有效降低转型成本，提高转型效率。何连海认为，电子商务对传统流通渠道的改造，倒逼商品交易市场加快渠道变革，把经销商由原来的中间商向渠道服务提供商转变，由个体经营者向经营团队转变，由倒卖产品赚取差价向为消费者提供完整的服务转变，一切以消费者为核心。商品交易市场要把握商品这个王牌，线上线下结合实现全方位营销，强化抗风险能力。

随着微信、微博等移动互联网平台的兴起，传统产业纷纷向移动互联网化转型，商家的营销方式和手段也变得更加多样。河北金融学院教授赵永新表示，利用微信、微博等社会化媒体，商家可以和用户直接产生连接，了解到用户的需求、爱好以及消费习惯等信息，从而实现精准营销，同时，可以和用户实现即时交流和互动，从而增强黏性，发展粉丝经济。

“互联网时代，很多功能可以在网上实现，所以没有必要把每个批发市场做得很全面。我认为，应借助互联网整合大量重复建设的市场资源，实现错位经营。当然，这需要一个过程。”宋则说。

中国（龙岩）农产品物流交易城项目
引领海西农产品批发市场的转型升级之路

□ 文／陈良锦 蔡添高

总书记和总理对供销社的殷切希望

“在新的历史条件下，供销合作社要全面深化改革，加快建成适应社会主义市场经济需要、适应城乡发展一体化需要、适应中国特色农业现代化需要的组织体系和服务机制，努力成为服务农民生产生活的生力军和综合平台，谱写发展农业、富裕农民、繁荣城乡的新篇章，为全面建成小康社会、实现中华民族伟大复兴的中国梦作出新的更大贡献。”

2014 年 7 月 24 日，纪念中华全国供销合作总社成立 60 周年电视电话会议在京召开。中共中央总书记、国家主席、中央军委主席习近平就继续办好供销合作社作出重要批示。

中共中央政治局常委、国务院总理李克强也作出批示，希望供销合作社在建设现代农业、发展农村现代流通、服务农民生产生活中发挥更大作用。

这为成立于 1954 年的中华全国供销合作总社在实现中华民族伟大复兴的中国梦进程中如何继续服务好“三农”指明了方向。

构建全国农产品流通体系是国家的重大战略

实现中国梦，基础在“三农”。

2015 年 2 月，《中共中央国务院关于加大改革创新力度加快农业现代化建设的若干意见》正式发布，这是中央一号文件连续第 12 年聚焦“三农”。

2015 年一号文件提出，要创新农产品流通方式。加快全国农产品市场体系转型升级，着力加强设施建设和配套服务，健全交易制度。完善全国农产品流通骨干网络，加大重要农产品仓储物流设施建设力度。加强农产品产地市场建设，加快构建跨区域冷链物流体系，继续开展公益性农产品批发市场建设试点。推进合作社与超市、学校、企业、社区对接。发展农产品期货交易，开发农产品期货交易新品种。支持电商、物流、商贸、金融等企业参与涉农电子商务平台建设。开展电子商务进农村综合示范。

而纵观近些年党中央、国务院连续发布的一系列一号文件和十七届三中全会通过的《中共中央关于推进农村改革发展若干重大问题的决定》，都明确提出要把加强农产品批发市场的升级改造和农村现代流通体系建设，作为发展现代农业、推进社会主义新农村建设的重要支撑。

现代物流业迎来了高速发展的历史性机遇。而在今后相当长时期内，农产品批发市场在农产品流通体系中仍将发挥重要的中枢作用。

农产品批发市场的国家队肩负重任发展强劲

伟大的使命，神圣的责任。

2009 年 9 月注册成立的中国供销农产品批发市场控股有限公司（以下简称中农批）追求的正是“打造农产品批发市场的国家队，构建农产品流通的新体系”的目标，这和国家对“三农问题”勾画的宏伟蓝图不谋而合。

作为中华全国供销合作总社为有效服务“三农”、搞活农产品流通、适应社会主义新农村建设而成立的独资企业，国内唯一“中国”字头，专门从事农产品批发市场和物流中心建设运营的专业公司，中农批近年来发展势头强劲。

截至 2014 年 11 月，公司累计签约农产品批发市场建设项目 34 个，总建筑面积约 1000 万平方米，遍布全国 17 省、12 个地级市、20 个县（市），全国农产品流通网络初见规模；其中已开工市场 25 个，建筑面积约 700 万平方米，另有 30 多个储备项目，公司总资产达百亿元。

中农批布局华东的重要一笔

坐落于 12 个地级市之一的龙岩市的中国（龙岩）农产品物流交易城就是中农批布局华东的重要一笔。

2011 年 12 月 31 日上午，龙岩市人民政府与中国供销农产品批发市场控股有限公司在福州签订中国（龙岩）农产品物流交易城项目投资协议书，标志着海西最大的农产品物流交易中心落户地处闽粤赣三省交界的龙岩市。

2012 年 8 月 16 日上午，中国（龙岩）农产品物流交易城暨中外运龙岩陆地港综合物流中心项目奠基仪式在龙岩陆地港隆重举行。

2013 年 7 月 10 日完成中国（龙岩）农产品物流交易城南区的土地招拍挂工作。

2014 年 12 月 31 日南区规划方案获市规划局批准。

目前项目的前期工作已完成，即将破土动工。

伟大的事业催人奋进，光荣的使命促人自强。

项目选址位于龙岩中心城区南部的龙岩市陆地港内，总规划占地 600 亩，建筑面积约 100 万平方米，计划总投资 25 亿元。中国（龙岩）农产品物流交易城南区（一期工程）已完成招拍挂手续的项目用地为 309 亩，包括 A、B、C 三个区域，建筑面积 34 万平方米，项目内设蔬菜、果品、茶叶、粮油、副食品、特色农副产品、肉类、水产、禽蛋、农资等十大交易区，配备万吨级冷库、大型农展中心、物流配送中心、结算中心、拍卖中心等。项目定位为海西最大的农产品物流交易中心，在立足龙岩带动老区经济发展的基础上，建成辐射闽粤赣三省的区域性集散中心，引领海西农产品批发市场的转型升级之路；依托陆地港联结台湾乃至海内外物产，打造成海峡两岸农产品交流合作的重要平台；作为全国农产品批发市场布局的重要节点型市场、标杆性项目，特别是南方市场布局的重要节点型市场。项目建成后，将形成“千亩商城、万亩基地、百亿产值”的产业链。项目作为城市综合体形态，将有效促进城乡农产品流通业态升级换代，带动资金流、信息流、物流、人流的良性扩张，成为城乡经济的新增长点。项目也将通过现代农产品市场的建设与运营大力推动农业发展、促进农民增收，稳定农副产品价格，为国家“米袋子”、“菜篮子”工程顺利实施提供保障。

第五章 电子商务

出口跨境电商现状及趋势分析

□ 文/黄海 王晓今

2014 年，我国跨境电商交易规模为 4 万亿元，增长率 31%，预计未来几年跨境电商将继续保持平稳快速发展，在 2017 年将达到 8 万亿元的市场交易规模。

对此，我们认为，在整体跨境电商中，出口电商占比较大，未来仍将扮演主要角色；B2B 模式发展趋势：从简单信息撮合到交易。因外贸电商涉及到垫资及大量资金与票据行为，B2B 电商难代替传统线下外贸商，实现纯线上化；在出口电商的具体结构中，B2C 市场交易额较小，但增速较快，呈现出 B2C 占比提升，B2B 和 B2C 协同发展的新业态。

中国出口电商产业链包括：上游卖家（包括生产制造商／品牌商），下游终端／消费者，中游渠道（平台电商：B2B 平台、B2C 平台、信息服务平台、开放平台、交易平台、自营平台以及自建电商网站）。物流服务主要分为三个环节：商品配送上门、国际物流、仓储服务。目前如 UPS、DHL、中国邮政等大型物流供应商提供全产业链的物流配送服务，部分企业则只提供其中的一部分。

目前中国跨境电商支付的主要方式包括 Paypal、Moneybooker、MoneyGram 等在线支付，国际信用卡、国际电汇、银行转账、西联汇款及银行信用证等方式，其中 Paypal、国际信用卡和银行转账占据大部分出口电商支付市场。

上游：中国出口电商卖家

从以往产品品类的发展逻辑来看，物流、毛利以及产品的标准化程度决定着不同品类发展起来的先后顺序。

目前，跨境出口电商卖家的不同发展阶段有：一是单品突破（模仿已有平台的品类结构，选择优势产品切入目标市场）；二是扩大 SKU（提高 SKU 丰富度及拿仓能力，推动销售的增长）；三是人员扩张（较为粗放的增长方式带来运营的负荷及整体效率的降低）；四是精细化运营（细化分工、流程优化，在内容营销和供应链效率上挤压小卖家）；五是发展自有品牌和独立渠道。从当前状况来看，大部分卖家都只是停留在扩大 SKU 这一层次。

中国生产制造商的痛点主要包括厂家生产能力过剩，差异化程度不高，有新品开发能力，但没有能力做面对用户的销售和客服。

中游：平台电商、自营电商

出口电商 B2B 服务是指出口企业与进口企业之间，通过第三方进行信息发布或信息搜索完成交易的服务。而出口电商 B2C 服务则是出口企业与海外最终消费者之间，通过第三方进行信息发布或信息搜索完成交易的服务。其中，B2C 的运营方式又可分为平台模式与新型自营模式。

就平台模式而言，其主要代表企业包括 eBay、Amazon、速卖通、Wish，并呈现出较为特殊的土壤。市场份额方面，平台模式的几个代表企业竞争格局相对稳定；盈利模式上，除速卖通，其他三大平台主要盈利模式为交易佣金；唯一“淘宝生态”的速卖通平台针对低端用户群体；营销策略上，卖家营销推广方式不如淘宝丰富，搜索结果技术主导；平台给予新卖家更多展示机会，强调生态平衡；运营政策上，不鼓励过分运营（尤其是 Amazon），淡化店铺概念，每个卖家只能注册一个账号，在中国卖家擅长的品类上，同质化严重，复购率不高。

对此，我们认为，平台生态下，发展独立电商品牌的机会并不是很大。

就自营模式而言，自营模式主要代表企业包括大龙网、兰亭集势、DealExtreme。它们的缺点是：单位获客成本高，运营和营销成本居高不下；用户重复购买率低，整体营收缩减甚至部分季度出现亏损。此外，移动端浪潮下，依靠搜索引擎换取流量的获客模式已经过时，以及产品售卖依赖于价格优势，相关产品未形成品牌效应，同时流量成本不断上升，导致其原有业务逐渐走向下坡路。

在销售目标市场方面，以美国、英国、德国、澳大利亚、加拿大为代表的成熟市场，由于人均购买力强、跨境网购观念普及、线上消费习惯成熟、物流配套设施完善等优势，在未来仍是跨境电商零售出口产业的主要目标市场，且将持续保持快速增长。

与此同时，不断崛起的新兴市场正成为跨境电商零售出口产业的新动力：俄罗斯、巴西等国家的本土电商企业并不发达，消费需求旺盛，中国制造的产品物美价廉，在这些国家的市场上优势巨大；东南亚市场人口数量较多，且消费偏好与中国较为接近，具有巨大的消费潜力。

出口电商服务商的业务单元包括但不限于：IT 化（ERP、CRM 等）、找货品（前端）、流量运营、广告投放、支付和结汇、物流（仓储、一件代发等）。未来出口电商服务提供商将趋于服务整合商发展。

其中，在 IT 化服务中，提供分销代理有较大想象空间。它是数据分析—信息流、撮合交易—资金流、基础设施服务—物流的集成，有利于小商家实现选品决策、低成本扩充品类、减轻库存压力、利用平台资源提升服务能力，同时扩充了供货商的销售渠道。

基于此，我们认为，出口电商领域目前存在两个显性的机会，一是推动流程优化和各要素优化配置的服务提供商，提供产品或服务交易及相关的 IT 化、流量获取、在线支付、物流配送等服务的业务活动，贯穿于整个产业链之中；二是面向海外消费者的新型出境电商模式具备如下一些明显的优势：包括打造从工厂到产品的最短路径，利润空间大。借助社交媒体营销及口碑传播直接获取用户，有利于树立品牌形象；尽管面临订单量小且不稳定、市场需求周期性明显的风险，但总体贸易更为灵活，产品销售不受地域限制，可以有效地降低单一市场竞争压力，有较大的市场想象力空间。

出口电商发展呈现三大趋势

移动端成为跨境电商发展的重要推动力。相比之下，PC 端更适合做搜索的动作，搜索时购买目的明确，容易产生比价的行为。而移动端更多的是通过碎片化时间进行发现。多为购买目的不明确的碎片化浏览，容易产生冲动消费。全球贸易小额、碎片化发展的趋势明显，从购买前的渠道铺设、产品搜索、产品展示到产品口碑建设到购买后的客户服务、物流跟踪等都可以借助移动端突破时空限制，提升了买卖双方体验。传统几大 B2C 综合平台的优势在于，PC 端的流量投递相对容易直接转化成订单。而在移动端的战场，流量的投递只带来用户对 App 的下载，而营收的转化以及增长有赖于 App 的精细运营、内容展示，从品控和物流上不断优化用户的购买体验。

垂直出口电商发展潜力大。对比综合和垂直出口电商，传统的出口电商多为商品导向，业务来源很大程度上依靠搜索比价，简单地把廉价物品卖出国，用户忠诚度低。针对垂直人群的电商看重社交网络及社区培育对于电商的转化率，相对容易培养用户的忠诚度，有机会实现用户黏性和高客单价。

此外，本地化运营也是出口电商发展的趋势之一。在前端流量获取上，依托于当地主流媒体推广、网盟及社交网络广告投入、优化的页面编辑和线上产品运营，有助于建立并强化外贸电商在当地市场的品牌知名度与美誉度。在后端商品（包装、文字表达的呈现特点）以及物流体验（海外仓、退换货）上，基于本地渠道的高质量服务将进一步推动业务的渗透。

围绕营销、物流、支付的本地化服务竞争将成为未来跨境交易的关键点。

2015年中国O2O发展的六大趋势

□ 文/刘东明 海科 刘洋 沈溪 吴健

“如果你不懂O2O是什么，那么你一定知道团购，团购就是O2O最初级的应用”，这是当年O2O在中国风头正劲时行业专家对O2O价值的定调。

走过不平凡的2014年，回顾团购O2O在中国发展的《战国时代》，它从最初的令人《心花怒放》，到今天离泡沫破灭只有《一步之遥》，过程中有许多值得我们反思和总结的互联网思维，O2O过去如何？未来如何？

就让我们一起来翻开O2O的《匆匆那年》。

趋势一：是行业大势，还是《后会无期》？

行业发展大势多于炒作噱头

在团购发展的过程中，绝大多数的平台和商户都是以反常的低价噱头为运营发端的，从整个行业生态链来讲，赔本赚吆喝而导致的未来链条断裂并不是“天方夜谭”，众多商家盲目的大额促销定位而导致的消费者投机问题已经逐渐成为了困扰团购发展的双刃剑。

纵观互联网领域发展的趋势来看，团购O2O仍然存在巨大的发展机会，随着4G手机的普及，移动互联的崛起，手机平板成为上网终端，线上线下的无缝对接，带来了真正的融合，肯定会产生新的效应，一种叠加、甚至是累积的效应，与此同时，大量的实体消费市场O2O仍旧没有沾染，9万亿的消费市场也是未来巨大的发展机会。

趋势二：《英雄有梦》，所以泡沫无限。

国内的团购O2O大多反人类

“想喝咖啡，京东下单，好邻居就给送上楼”，这是2014年最著名的京东O2O布局，京东基于O2O概念打造“实时点对点”物流配送体系，1个小时须送达，便利店15分钟极速达，在理想中这是一种全新的“京东生态链”。但仔细分析我们不难得出，传统零售业的毛利率普遍不到20%，大型商业品牌掌握谈判主动权，做类似团购的营销就是简单的“你是否配合的问题”。对于中小商户这样的弱势群体，他们压缩了本身就微薄的利润，用投机客户换取好生意的假象，真实的情况就是每卖出一笔便赔一笔，卖得越多亏得越多，商户的服务质量因突然变大的人流跟不上，导致消费者不满且有怨言；而团购类平台利用渠道优势换取自身的扩张和品牌声量，不关心中小商户的生存压力，经常拖压商户的款项不及时回款，中小商户成为消费者和渠道商之间的夹心饼干，压力之大可见一斑，这种英雄壮举是改变世界还是反人类，就看资本市场与用户需求之间谁能真正撑到最后。

趋势三：从“大树底下寸草不生”，到O2O多极化《星图》。

不同于电商，O2O百花齐放

行业舆论无论是“捧”是“杀”，不能否认O2O在未来的巨大前景，线下的拍手叫好，巨头的强烈青睐，资本的热烈追捧，都在无时无刻带动着整个O2O行业的快速发展。根据粗略的统计，目前国内和O2O相关的企业已经有了近1000家。从行业的生态来看，电商领域，除了阿里和京东之外，垂直电商正在大量死去，O2O却区别于电商，O2O的线下优势和地域属性让它有了更大的存在空间和价值，在电商巨头垄断的现状下，O2O仍然可以小而美的活着。

电商重产品，O2O重服务，这好比Online和Offline的差距与碰撞，如今的O2O平台更多让我们看到的却是“线上线下两张皮”。众多的互联网人仍然以“模式为王”和“产品为王”的电商思维运营着所谓O2O，但在实际运作过程中往往发现，在这样的两张皮模式下，用户买得到的线上产品，却买不到线下的服务。因为这种“赔本赚吆喝，流量为王”的传统互联网模式让整个O2O生态链没有生存的空间，不能得到健康发展的机会。互联网行业如今在中国得到了长足的发展，但论国内消费市场体量来说还仍然是冰山一角，众多的线下传统服务业仍然有众多难以撼动的市场优势，如Spa、美发、沐足行业等等，这些领域所占据的市场空前目前仍然很难被互联网颠覆，同时，传统行业没有利益驱动的同时也不希望将线下的服务优势提供给线上消费者，线上难以影响线下，线下不能反转线上，这就是典型“O2O的失败”。O2O从无数人不断失败的征程中走来，走到今天这个时代，诸多的从业者和专家已经意识到了过去所犯的错误，思考如何利用互联网工具将线上线下资源真正的实现“无缝对接”，在这个过程中他们做了很多的尝试与革新，比如现在刚冒头的寻蜜鸟，正在打造中国首家本地生活社交化平台电商，以移动支付为中小商户提供跨界互联增值服务，全方位构筑“吃喝玩乐购”消费生态圈，通过提供技术支持平台，以服务中小型商户获利为最终目标。用互联网思维帮助商户打破时间和物理空间的限制，从而颠覆中国中小型商户未来的生意模式。以创新的商业模式联合中小商户为消费者的常规原价消费提供消费返利。

互联网生态永远像“天道”一样不可琢磨，电商的生态是大树底下寸草难生，而O2O的生态会是百花齐放，目前O2O各个细分领域都崛起了一批优秀企业，不管是餐饮、旅游、家政、美容，还是医疗、房产、社区、婚庆等等，比如大搜车的为广大车主选“最好的二手车”，搜房网的为网民提供“最优质房源”，寻蜜鸟的让天下商户“永不打烊”为愿景等，这一批企业将是未来细分领域O2O时代的后起之秀！

趋势四：O2O独角戏或将《后会无期》。

O2O三国演义共赢可期许

O2O平台自成立发展至今，已经走过了第四个年头，团购网站们自导自演自吹，商户则无动于衷，一旁看戏。这四年的“独角戏”并没有让O2O平台在商家心里留下“救世主”的形象，相反，四年的O2O发展，实际没有哪家商户从中受益。无论是用户的积累、经营规模（如连锁）、品牌塑造提升等等，甚至连最基本的互联网手段都没有学习到多少，重蹈了医疗行业互联网营销的覆辙。

提供给用户消费者服务、体验、感受的主角是商户！当商户的利益不能够保障，商户没有参与，就必然导致了团购市场份额停滞不前。

过去，“流量为王”是被无限追捧的万能互联网模式，但随着互联网生态的变化与发展，流量的生意正在逐渐衰落。起初绝大多数的餐厅和商户都相信O2O会为企业带来大流量，但随着时间和效果的检验，赔本赚吆喝的模式最终迎来的可能只是消费者的投机，做团购时门庭若市，不做团购时门可罗雀，中小商户的互联网O2O营销第一步就陷入了恶性循环，身心疲惫不相信“爱”。共赢是商业持久的法则，当一方利益受损，短期合作循环会形成，但无法持续运行。O2O平台需唱好三国演义，让平台、商户、用户均能获益共赢。当然从商户角度来说，也需要提升内容，增强客户体验。对于希望深耕O2O行业的企业来说，如何从企业内部管理入手，提升企业的供应链管理、内部员工管理、如何开发更多针对B端和C端的跨界互联网增值服务，如何将O2O模式打破时间空间的限制，是需要每个企业去定位和研究的问题。

趋势五：从平台化向交易化的《星际穿越》。

从单纯的信息中介向交易化平台发展

与近期处于风口浪尖的P2P行业类似，O2O在发展初期时都希望只做真正的纯信息中介，打造大平台，但由于商业模式的不清晰，导致这种信息中介中的“信息”很难变现，前期的投入过大，需要资本的长期支持和追捧，但在中国“第二个京东”并不会那么轻易出现，为保证企业的现金流和未来用户的消费习惯，交易化平台会成为重要的发展趋势，在未来，二手车交易、房屋交易这样的大额订单都有可能在线上实现。

趋势六：本地化、社交化、跨界融合，打造O2O《超体》。

O2O未来的发展蓝海是本地化、社交化和无界经营

随着O2O领域的进步，低模式化和高渗透率的行业领域的机会已经越来越少，未来更多的机会可能是在类似于本地服务、家政、健康、婚庆、二手车等等这样的底层品类，未来如何将O2O平台打造的更加本地化、社交化，如何在蓝海中开发更多的商业模式，实现跨界经营，将是未来是否能够成为O2O《超体》的关键。

对于中小商家来说，“修内功”永远比“借外力”来的重要，未来的O2O，是一个会更加关注中小商户利益，让中小商户成功的生态链，走向真正的平台整合互联之路，在2014年整个中国消费市场增长放缓的寒冬，平台之间如何抱团取暖，利用平台吸引更多用户，充分挖掘用户价值，让用户消费行为跟商户真正发生关系，才是互联网思维让商户真正受益的体现。在这个跨界融合的重要时代，打破时间空间限制的商业模式，才是未来重要的发展蓝海。

探索用标准化模式
推动广西电子商务进农村

□ 文／王乃学

电子商务进农村是商务部促进流通现代化发展的重要战略部署，是解决农村与城市、生产与市场时空远隔问题的重大举措。有利于挖掘农产品销售和工业品下乡的价值，有利于拓市场、扩消费、稳增长，有利于农民增收、精准扶贫、实现全面小康。总的来看，开展电子商务进农村就是要实现“三到”：即远在千里之外的消费者能看到，通过农产品电商渠道能买到，使广西农民能赚到。

一、电子商务进农村的发展处境

当前电子商务进农村发展主要面临四个处境：一是县乡政府高度重视，都认为是县乡发展的机遇，但是不知道怎么做；二是农民听说政府要开展电子商务进农村，帮助农民销售农产品致富，很向往参与，但是不会做；三是中央和地方主管部门安排专门资金，期望推动电子商务进农村成为经济增长的亮点，但是担心资金被挪用或乱用，不能实现预期目标；四是平台商、物流商、设备商等各方企业，听说政府要搞电子商务进农村，纷纷行动，都想从国家资金中沾沾光，但是利益交杂、五花八门、越做越乱。

二、电子商务进农村存在的困难

任何产品要上电子商务出售，只要具备产品、人才、网络、快递四个条件就可以起步了，但目前在农村搞电子商务恰恰是“四无”。

（一）无产品

在广大乡村地区的农民，生产组织化程度低，仍然过着日出而作、日落而息，养牛为种田、养猪为过年，养鸡为换盐的传统生产生活方式。有点农产品也没有特色，有特色也没有规模，有规模的也没有价值，有价值的也没有品牌，很难形成网上可销售的商品。

（二）无人才

现在乡村的年轻人大多都外出打工，剩下的以留守老人和留守儿童为主，没有懂电商懂互联网思维的人才。目前，做成功的电商村、淘宝村，大多是通过有头脑的年轻人带头做电商，给村民做出示范，全村照着学跟着做。但是广大的乡村还是很少人懂电商，不会做。

（三）无网络

当前，还有相当部分的村屯还没有宽带网络，没有接入互联网，甚至有些贫困山村连电都没有，或者电压不稳定，硬件基础比较差。

（四）无交通

很多乡村山高水远路不通，不仅没有零担快递的渠道，连基本的邮件都不及时通达，货物的流通无法跟上电子商务发展的要求。而且农产品大多是生鲜，对物流配送体系的要求更加高，通过电商销售受到快递不出去的制约。

三、推动电子商务进农村工作标准化

尽管农村发展的情况千差万别，但农村发展电子商务的基础、问题、思路大同小异。要从省、县、乡、村分层次探索实践，用标准化模式推动电商进农村工作，成熟后复制推广。

（一）省级层面要做到“六有”

1. 要有牵头单位统筹组织

电子商务进农村工程涉及到多领域多部门，需要省级商务厅牵头，统筹协调，制定规划和实施方案，推进电商进农村示范工程的各项工作。

2. 要有省级电商进农村公共服务平台渠道

每个县都开发自己的销售平台似没必要，一是投入维护多，二是知名度低，效果不一定好。可以由省级统一开发电子商务公共销售平台进行营销，为全省区农产品电子商务提供公共销售渠道。同时打通与阿里巴巴、淘宝、京东等国内知名电商平台的销售渠道。

3. 要有省级统一开发的手机 APP

建立本省区农产品营销手机 APP 软件平台和对外宣传窗口，既让农村电商运营服务更便利、更快捷、更全面，也让远在千里之外的人很容易知道，我们偏远的山区有好产品销售。

4. 要有省区级的统一培训

省区商务厅要统筹各方资源，对电商进农村政府相关部门、大学生村官、第一书记、合作社等参与电商进农村工程的管理人员进行统一培训。

5. 要有省区级统一设计的 Logo

设计电子商务进农村统一 Logo，统一形象、统一标识，加大宣传推广力度，提升影响力和关注度。

6. 要有统一建设的二维码溯源体系

在省区级建设二维码溯源中心，县乡建设二维码分中心，形成线上线下相结合的应用体系，实现“一物一码”，使每一件电商农产品都有身份证，流通全程可追溯，提供防伪，提升品牌，汇集数据，提高产品信誉度、美誉度和综合竞争力，保障消费者权益，也为进一步发展订制生产奠定基础。

（二）县、乡层面要做到“九有”

1. 要有适合电商的产品

不是什么农产品都可以开展电商销售，要筛选出代表地方特色、具有新奇特优势、在本地区有一定规模生产供应、适宜长途运输的产品，成熟一批上网一批。

2. 要有检测中心

建立农产品质量检测中心，为筛选出来的产品提供检测、检疫、原产地标注，对产品进行官方的认证，从而提高农产品信誉，保障食品安全，增强消费者信心，提高产品附加值，树立良好的产品形象，打造品牌，持续发展。

3. 要有电商能人

培育回乡大中毕业生、返乡青年或引进电商企业，打通线下、线上联系，完善电商各个环节。关键是有带头人能做成，给乡亲们看到效果。

4. 要有创业孵化平台

在县、乡服务中心要有创业孵化平台，为农村青年、务工回乡人员、电商能人提供场地、技术、培训、资金等创业孵化条件，鼓励农村居民依托农村电商创业致富。

5. 要有电商服务中心

要建立“县、乡、村”三级电子商务服务体系，县级电商服务中心是农产品上行电商集聚区，镇级电商服务站是农产品上行电商服务基本实施和操作单位，村级服务点是重要的宣传阵地和协同服务的网点。三级电商服务机构形成独立可运行、相互有配合的电子商务服务体系，为农产品上行提供全方位支撑。

6. 要有快递公司入驻

政府部门通过招商方式，鼓励包括邮政、供销、商贸流通、第三方物流和本地物流企业在内的各种主体入驻电商物流中心承担快递业务。

7. 要有支付的方式和电商金融服务

银行等金融机构要在乡村服务点开设业务，建立安全、便捷的网上支付渠道，让广大农民群众足不出户就能实现买卖交易。

8. 要有“最后一公里”物流解决方案

建立农村电子商务物流体系，降低物流成本，解决从田间地头到电商物流中心的“最后一公里”问题。

9. 要有县、乡行政领导服务小组

电商进农村是一个系统工程，涉及商务、工商、农业、交通、通讯、教育等方方面面内容，县、乡党政领导要高度重视，成立领导小组，用强有力的领导、组织和服务，统筹部署项目有序实施。

（三）逐项列清投资标准和资金来源

根据省区层面的“六有”和县乡层面的“九有”，逐项列清投资标准和资金来源，如检测中心、电商服务中心配几台电脑、几个桌子、几个椅子、几台检测设备等，以标准化的方式推进。把资金花在明处，可操作、可检查、可验收、可示范。一点建成，百村复制。

四、用“八步曲”推动电子商务进农村

开展电子商务进农村工程，需要坚持三个原则：一是以市场为主体。让企业和农民参与进来有利可赚，才能健康

可持续，避免政府错位、搞运动、搞福利。二是分层有序各司其职。明确各个主体的责任，省区、市、县、乡、村分工有序推进，避免撒胡椒面资源浪费。三是快速见效。农村电子商务方兴未艾，要紧抓机遇，建硬件，成系统，让农民见到产品卖掉、金钱落袋。

紧扣以上三个原则，开展电子商务进农村工程可以具体化为“八步曲”：

一是商务厅要发挥好省级部门牵头协调作用，全省区一盘棋做好制度设计，排除各种利益驱动和干扰，调动各方资源和力量，形成整体合力，把省级“六有”逐项落实到位。

二是县乡政府要逐项完成试点县“九有”的硬件配备，标准化、公开化、透明化，建设试点县的电子商务基础设施。

三是培训骨干，扶持示范。直到教会农村的群众会开店、会维护、会运行，能看得到收益效果。

四是挖掘和包装电商产品。对当地生产的较为繁杂的农产品进行分类筛选，确定具有电商营销价值、突出地方优势、又适合网上销售的农产品，同类产品逐步形成“五统一”：即统一标准、统一品牌、统一包装、统一外运、统一追溯。

五是推动电商集聚发展，在集聚区为快递、银行、保险、培训等设立专门场所。

六是形成规模化、组织化的电商销售主体。鼓励成立协会、联盟、合作社等组织，聚零为整，增强产品规模化经营，开展创业交流会、现场会等活动，提升网商素质，形成合力，互利共赢。

七是各级政府要及时总结电子商务进农村工作的经验和教训，对基层和企业工作给予有效的指导。加强对“电子商务进农村”工作品牌的宣传。给予电商环节必要的资金扶持。

八是打造电商创客城。引入工商、税务、金融、物流等创业支撑服务主体，为电商创业创新团队提供创业辅导、培训、资源对接、风投、成果共享、思路碰撞等“一站式”的创业服务，为电商企业和个人营造良好创业氛围。

五、逐步推动“五人合作社模式”

在电子商务进农村过程中，农民擅长的是种养，最头痛的是上网。要农民家家户户既会种特产、又会上网接单、又要打包快运是很难的，最好是能形成发挥各自比较优势的专业化分工。有技术的专管种、养、加工，头脑灵活的专管上网营销和接订单，妇女体弱者专管包装。形成像亚当•斯密生产别针故事一样的专业分工，避免千家万户一味追求上网。通过“五人合作社模式”形成一个专业化分工、效率最大化的电商链条。“五人”包括：

一是“生产人”，就是种植、养殖、加工者，也许是一人一户，也许是几十人几百户，他们专门负责农产品的生产。

二是“集运人”，有运输车辆和运输经验的专业户，专门负责去田间地头收集农产品，并运到仓储基地。

三是“仓储包装人”，有仓储场地，专门负责农产品的仓储并按订单信息打包。

四是“上网人”，是连接网上网下的信息枢纽，这批人精通网站、网店管理，擅于网上营销接单和与“亲们”沟通，能根据销售情况对生产人提出指导意见，及时把订单信息发给仓储包装人打包。

五是“快递人”，负责将产品快递到消费者手中。

跨境电商模式发展趋势以及运营策略分析

□ 文／刘海政

最近几年，如果你没在微信朋友圈刷出一两条代购信息，那只能说你还没有“国际化”。好吧，说“代购”显得有点 low，那“海淘”你听说过吗？再进一步，最近一年中“跨境电商”这个词总听说过吧？最近一两年跨境电商越来越流行，从一个无人问津的词汇，到现在频繁地出现在各大媒体的头条。从百度指数就能很好地看出来，从 2014 年 7 月份至今搜索指数不断飙升，“跨境电商”会成为继 O2O 之后下一个烂大街的词吗？以现在的趋势来看很有可能。其实从最早的海外代购到“海淘”直到发展到现在的电商平台网站，“跨境电商”让“海外代购”瞬间高大上了。

跨境电商频上头条 已成商家必争之地

跨境电商这行业现在有多火呢？互联网媒体对于跨境电商已经探讨多年，上头条已经不足为奇。但央视《新闻联播》也给了跨境电商一次上头条的待遇，重点报道了商务部发布的中国已成全球第一贸易大国的年度数据报告。当央视提到整个国内进出口贸易下的跨境电商时，却重点强调了跨境电商的惊人增速。“一份大数据报告勾勒出未来全球贸易格局。传统外贸年均增长不足 10%，跨境电子商务却保持 30% 以上的增速。我国 20 多万家小企业在各类网络平台上做买卖，年交易额超过 2500 亿美元。中国正在和美国一起成为全球跨境电子商务的中心。”在由互联网重塑的国际贸易格局当中，中国不仅抢得了先机，而且为贸易增长增加了新的支点。

从 2014 年至今，跨境电商就这样突然火了，天猫、亚马逊、京东、唯品会、一号店等纷纷开辟跨境电商的“第二战场”。最近得知敢做敢当的当当网也要进入跨境电商的“第二战场”。巨头们强势入侵之下，作为创业公司的洋码头、蜜牙宝贝、CN 海淘几家分别获得高额融资，2015 年开年后马云和刘强东亲赴欧洲列国“招商”，跨境电商的竞争在国内已经如火如荼展开了。

跨境电商究其本质 追根溯源

在我来看，跨境电商并不是什么模式创新，而只是概念的更新。从最早的电子商务中的国际贸易就已经有了跨境电商的模式。直到最近几年，移动社交兴盛，人和人之间的联系更加紧密。海外代购、微商、海淘等火起来，一直到现在出现了跨境电商平台。名称一直在变，本质一直没变就是通过互联网做国际贸易。我在以前写的文章中一直强调过一个观点就是：互联网变化很快，有些人你总怕跟不上节奏，其实你最应该明白的是互联网上不变的东西，这样你才能以不变应万变。

其实从 1999 年用互联网连接中国供应商与海外买家后，中国对外出口贸易就实现了互联网化。2004 年创立的敦煌网是全球领先的在线外贸交易平台，是国内首个为中小企业提供 B2B 网上交易的网站。敦煌网致力于帮助中国中小企业通过跨境电子商务平台走向全球市场；兰亭集势自 2006 年创始，已经发展成为国内的外贸出口 B2C 业界最好的网站之一，兰亭集势的使命是为全世界中小零售商提供一个基于互联网的全球整合供应链；全球速卖通是 2010 年阿里巴巴旗下面向全球市场打造的在线交易平台，被广大卖家称为国际版“淘宝”。像淘宝一样，把宝贝编辑成在线信息，通过速卖通平台，发布到海外。

从最早的电子商务国际贸易到现在的跨境电商，可以对外的互联网商业模式共经历了三个阶段，实现从信息服务，到在线交易、全产业链服务的跨境电商产业转型。

跨境电商 1.0 时代（1999 ～ 2003 年），主要商业模式是网上展示、线下交易的外贸信息服务模式。跨境电商 1.0 阶段第三方平台主要的功能是为企业信息以及产品提供网络展示平台，并不在网络上涉及任何交易环节。

跨境电商 2.0 阶段（2004 ～ 2012 年），随着敦煌网的上线，跨境电商 2.0 阶段来临。这个阶段，跨境电商平台开始摆脱纯信息黄页的展示行为，将线下交易、支付、物流等流程实现电子化，逐步实现在线交易平台。

跨境电商 3.0 阶段（2013～ ），2013 年成为跨境电商重要转型年，跨境电商全产业链都出现了商业模式的变化。随着跨境电商的转型，跨境电商 3.0“大时代”随之到来。首先，跨境电商 3.0 具有大型工厂上线、B 类买家成规模、中大额订单比例提升、大型服务商加入和移动用户量爆发五方面特征。对于 3.0 阶段的主要卖家群体正处于从传统外贸业务向跨境电商业务艰难转型期，生产模式由大生产线向柔性制造转变，对代运营和产业链配套服务需求较高。另一方面，3.0 阶段的主要平台模式也由 C2C、B2C 向 B2B、M2B 模式转变，批发商买家的中大额交易成为平台主要订单。

跨境电商“乱花渐欲迷人眼”

上文中说到在跨境电商发展到 3.0 阶段形成了各种平台的商业模式，跨境电商已经变成了“乱花渐欲迷人眼”的形势。除了最为传统的海淘模式，我们根据不同的业务形态将进口零售类电商现有的主要运营模式分为如下五大类：海外代购模式；直发／直运平台模式；自营 B2C 模式；导购／返利平台模式；海外商品闪购模式。

从目前来看，特定电商平台所采用的运营模式可能是多样化的，但通常仍会有比较强的模式定位倾向性。海外代购模式、导购／返利平台模式、海外商品闪购模式等模式在跨境电商领域都存在各自的缺陷。海外代购模式在对产品质量的把控上，越来越多的海外代购已然变质，所谓“正品”很多时候不过是“出国逛了一圈回来”的国产高仿品，一条游离于政策之外的灰色产业链悄然形成，而购买者的权益保障却仍是真空。

除了以上对产品质量的问题之外，代购模式对政策风险的应对上问题都会成为消费者的可信度重要参考标准，而营销消费者的购买决策。从我的观点来看还是比较倾向于自营 B2C 的跨境电商模式，因为经过一段时间的验证，这种模式越来越表现出在跨境电商领域中凸显出它的优越性。

跨境电商怎样“柳暗花明又一村”

上文中看到跨境电商的各种平台模式已经到了“乱花渐欲迷人眼”程度，但是跨境电商怎样才能“柳暗花明又一村”呢？还是从我的认识是自营的 B2C 的跨境电商模式。有一个神奇的网站叫 58 同城，还有一个神奇的公司那就是蜜芽宝贝了，不到两年的时间完成 C 轮融资，团队从不到 10 人壮大到 500 多人。借用蜜芽宝贝 CEO 刘楠的话说“蜜芽宝贝是一个妈妈的偶然创业成功”，但在我来看每一件偶然的事之中必然存在的成功因素，蜜芽宝贝就是在跨境电商中占坑最早，而且是垂直跨境电商。

最近一段时间蜜芽宝贝也是动作频频，不断出手捍卫行业的领先位置。2014 年，跨境母婴电商蜜芽宝贝与平安保险建立合作关系，平安保险将对蜜芽宝贝网上商城所出售的所有商品提供正品保险。蜜芽宝贝目前已经入驻宁波保税区开展跨境电商业务，广州保税仓的跨境业务也正式启动，其他保税城市也被列入计划之中。近日，进口母婴电商蜜芽宝贝又引进了欧洲线下知名连锁药房机构 HCP。目前 HCP 旗下药房中的母婴用品、营养保健品、药妆个护等产品已在蜜芽宝贝上架。此外，蜜芽宝贝宣布与中国最大早教平台红黄蓝成立合资公司，拓展跨境母婴 020 领域，将会在红黄蓝全国范围内的 1300 多家现在亲子园中，设立线下体验终端。我想从蜜芽宝贝的动作可以看出，当一个创业公司的平台壮大之后，对所在领域的深度挖掘是建立壁垒的最好方式了。

我认为既跨境又垂直这才是蜜芽宝贝的成功因素。在产品上，坚持正品、精品加特卖的特色是蜜芽宝贝最大的优势，蜜芽宝贝选择跨境 B2C 自营的模式，在供应链方面，采用“互联网＋国际贸易”的形式，海外直采商品，自行进口，最大程度地降低了产品成本。在人群上，蜜芽宝贝在跨境电商领域的切入点更细，用户更精准。从淘宝店起家，让蜜芽宝贝有了一定用户的口碑，所以形成妈咪口碑是延续降低推广成本的关键因素。移动社交时代，蜜芽宝贝社区蜜芽圈将妈咪们这部分有共同话题的人聚拢到一起，让他们做分享、做口碑传播就形成了社群商业的模式，蜜芽宝贝独特的运营模式和营销策略至关重要的作用。蜜芽宝贝选择跨境 B2C 自营的模式，在供应链方面，减少中间环节降低成本，最大幅度让利于消费者。

但蜜芽宝贝的发展如此之迅速也是堪称神奇的案例，在竞争激烈的母婴电商领域能否保持独占鳌头的优势还需要时间的验证。毕竟蜜芽宝贝在两年时间内完成 C 轮融资，团队从几人发展到几百人。发展如此之快，在对市场的了解上、潜在风险的预判和处理上也是对这只年轻团队巨大的考验。未来会怎样，我们一起关注。

浅析国内大宗商品电子交易发展现状及存在问题

□ 文／郭 涛

大宗商品交易市场特指专业从事电子买卖交易套期保值的大宗类商品批发市场，又被称为现货市场，是由市级以上政府职能部门批准设立，并由商务部、发改委等相关职能部门进行监督和管理。具备生产资料、大宗货物的战略储备、调节物价、组织生产和套期保值四大基本功能。以 2004 年国务院颁布的《大宗商品交易市场管理办法》为标志，现货市场在国内的运作已日臻完善。而基于实物商品为交易标的物的电子仓单交易以其便捷高效的特点，正日益成为广大客户的热土。

市场发展概况

目前的现货电子交易市场一般都是依托商品生产地、消费地或集散地，在比较好的实体现货贸易基础上建立起来的。在市场真实需求的带动下，现货电子交易市场通过搭建电子商务平台和配套第三方物流、质检，连接产销环节，整合信息流、资金流与物流等流量经济，发挥了立足现货、提升现货、服务现货的基础功能。

据中国物流与采购联合会大宗商品交易市场流通分会不完全统计，截止 2014 年底，目前我国大宗商品电子类交易市场共 739 家。其中，处于运营状态的市场为 661 家，处于暂停交易或停业状态的市场为 78 家。

2014 年，我国大宗商品现代流通行业总体呈现向规范化、专业化和规模化发展的良好态势，行业整体综合实力与市场主体质量有明显提升。大宗商品电子类交易市场与实体经济的联系更加紧密，行业分布更加广泛，市场数量同比增长 37.4%，实物交易规模超过 20 万亿元。

我国大宗商品电子类交易市场所涉及的行业，已涵盖能源、化工、农业、林业、牧业、渔业、金属、矿产、纺织、酒类、医药等二十余个行业。其中，农产品类市场 219 家、金属类市场（含黑色、有色、稀贵等）162 家、化工类（含化纤、纺织等）市场 71 家、能源类市场（含石油、成品油、煤炭、天然气等）41 家、畜禽产品类市场（含肉类、禽蛋等）27 家、酒类产品市场 22 家、林产品类市场（含木材、纸浆等）18 家、渔产品类市场 14 家、矿产品市场 14 家、综合类市场 104 家、其他类市场（废旧、易货、再生资源等）47 家。从行业分布看，农产品类市场继续保持龙头地位，约占全国市场总量的 29.6%，其次为金属类市场，约占 21.9%。大宗商品电子商务在各领域与行业的普及和应用更加广泛，能源类、畜禽类、矿产品类和综合类市场的数量有较大增长。此外，因行业竞争加剧和市场清理整顿等原因，处于停业或暂停交易状态的市场数量亦有所增加，尤以贵金属市场和农产品市场居多。

存在的问题

缺乏规范的法律、法规，市场监管主体不明确。大宗商品电子交易市场在交易模式、风险控制、结算方式等方面，均效仿了期货的相关机制，但却缺乏类似《期货交易管理条例》等具有法律效应的管理办法来规范，准入门槛甚至低于传统市场，风险承担与其经营规模明显不匹配。此外，大宗商品电子交易市场缺乏统一的监管主体，政出多门。因此，多数情况下交易所本身具有较大的特权，随意性较大，没有能对市场行为实施有效监管的第三方。另外，还包括风险管理机制缺失。

对现货市场的认识存在误区。大宗商品现货市场应该以服务大宗商品现货生产及贸易流通为经营目的，然而，由于其采用的交易机制与期货交易存在诸多相同之处，使得大宗商品电子交易被很多人称为“准期货”、“类期货”，再加之很多市场管理者、经营者，还在经营过程中“有意误导”。

这些误区、误导，导致无论是投资者、还是市场的经营者，在市场运行过程中均未重视电子交易市场联系现货、服务现货的特点，投资者甚至无法了解到期货市场和电子交易市场的区别，而市场经营者则有意或无意地利用这一误解以获取大量盈利。

部分伪“非营利”模式导致市场存在利益纠葛。现货交易所虽然是非营利性机构，但还是有部分大宗商品交易市场为了追求赢利，放松了对市场会员的监督管理，降低了对交易者的硬性约束，鼓励投机，造成了市场高成交、低交割，以及欺诈行为等问题的层出不穷，严重损害了投资者的利益，影响大宗商品交易在政府和老百姓心目中的形象，导致近年来大量交易投资者纷纷离场。

发展的一些建议

编制大宗商品交易市场发展规划，推进市场向规模优质化发展。由有关商务部门负责编制大宗商品现货交易市场发展规划，统筹各类交易场所的数量规模和区域分布，明确交易场所的品种结构，加快推进大宗商品现货交易平台规划建设和培育。对现有大宗商品交易市场进行提升整合，优化股东结构，完善交易系统，打造上规模、高标准交易平台，做大市场交易量；对拟新申请设立市场的企业，引导其通过收购、兼并、入股等形式盘活现有空壳市场，控制市场数量、提高市场质量、扩大市场规模，使全市大宗商品交易市场提质控量。

制定现货交易所监管办法，完善长效管理机制。制定现货交易所监管办法，明确各部门职责、市场准入条件和审批程序，规范市场的交易对象、方式和行为。建立完善市场日常监督管理机制，借鉴期货市场管理模式，对市场的交易运行实施全程监督。建立市场风险防控基金制度，督促大宗商品交易市场在规范经营的同时，按市场交易额固定比例提取风险防控基金，存入固定账户，用于防控市场风险。

利用“互联网+”思维，变革运营模式。在“互联网+”时代，通过技术实时接入银行监管、仓储监管及大数据、云计算、物联网等手段，大宗商品现货交易流程将真正实现线上线下无缝对接，虚拟与实体合一，极大促进大宗商品的流通，促进产业链的资源整合，提升贸易的整体效率。特别是大数据和云计算将成为连接一切和智能化的根基。大宗商品电子交易市场能运用大数据准确判断行业状况，精准定位客户群及其对产品和服务的需求，据此再结合自身的资源优势设置自身市场定位，创新交易和交收模式。如此能较大程度地减少大宗商品交易平台业务和服务竞争的同质化，实现资源配置的最优化，有利于改变我国当前大宗商品现货交易市场较为混乱的现状。

发展的必要性

建立现代商品市场体系的需要。大宗商品电子交易市场是现货市场发展演进的真实需求，在其向商品期货及金融市场向上延伸的同时，也提升了底层商品现货生产、流通及其市场的质量，为商品现货生产、流通的高效运转，提供了供需直接对接、减少中间环节、降低交易物流成本、扩大营销范围、提高科学管理水平、规避信用风险、管理价格风险的工具。并在区域性乃至全国性市场，形成一个相对权威、公正、合理的商品现货市场价格体系，为对接商品期货与现货市场，搭建了一座稳固而可靠的桥梁。由此，使得一套现代商品市场体系架构，得以清晰地展现出来。

传统产业转型升级的需要。国际有竞争力的产业大多采用集群模式，而大宗商品电子交易市场可在更广的范围上建立集群平台，进行更流畅、更高效的信息共享、集成，从而实现更专业的分工协作，集中整合上、中、下游相互依存和互动的产业链条，有效约束假冒伪劣、恶性竞争等现象，促进联合创新、塑造区域品牌、降低融资成本，提升行业整体竞争力，加快传统产业转型升级。

通过基于大宗商品电子交易市场的第三方交易平台的建设，来建立一系列的包括第三方仓储物流、第三方金融和第三方信用、标准等第三方市场服务体系，以推动包括商品现货、期货在内的整个商品市场体系的发展。并在其自身的服务集成、产业升级的同时，从更广阔的商品、资本及金融市场等领域，推动中国市场经济及商品经济的全面发展。

目前，建设“一带一路”为大宗商品物流和电子交易提供了千载难逢的历史性机遇，契合沿线国家的共同需求，为沿线国家优势互补、开放发展开启了新的机遇之窗，将极大促进国内沿线大宗商品跨境电商和跨境物流的飞速发展，为大宗商品线上交易带来巨大的发展机会。

“医药 + 互联网”掘金医药电商市场

当互联网敲响时代的钟声，其正以无孔不入的速度“侵蚀”着各个行业，逆袭、颠覆、变革、创新成了“互联网 +”时代的代名词。作为传统的医药行业，在生产、批发、采购、物流等环节，如何利用好互联网技术，为产业本身提质增效，成为业内人士关注的焦点，而“医药 + 互联网”正慢慢主导着行业的进程。

当生产企业遇上互联网

在传统的思维模式里，生产作为医药产业的上游企业，只需要关注原材料、流程、品控等几个方面，然而，在互联网的思维里，生产企业需要关流更多的现实因素，相对于其它环节来说难度较大。当生产企业遇上互联网，其可通过互联网技术进行双向信息传递，向终端市场传递企业管理和经营理念以及产品信息，同时，接受市场终端的信息反馈，实现促进消费者购买，提高企业产品市场占有率的目的。

生产企业要想借助互联网的优势转型，首先，要提高对互联网的认识，从思想和理念上进行转变，将互联网视为医统生产企业发展的有益补充和扩展，与互联网相融合，构成全新的运作体系；其次，选择合适的方式、方法，以及切入点，充分认知企业本身的优势与不足，根据企业自身的实际情况，选择适合自身的运营模式（包括 B2B、B2C、O2O 等）；第三，在合适的时机引入互联网技术，过早、过晚都很难取得预期的效果。因此，企业需要梳理内部的流程与环节，积极主动地迎合市场发展规律，结合当前的趋势以及自身特点，通过互联网技术进行优化，来提升企业的竞争力，实现利益最大化。

当医药采购企业遇上互联网

由于药品的特殊性，在采购环节对于价格、疗效、安全性等因素需要考虑到位、周全，从而对医药采购企业提出了更高要求。因此，传统的医药采购企业需要投入大量的时间与人力成本做全国的市场调查，以确保采购的精准度，其中，包括药品销量、疗效、品质、副作用等药品品类调查，以及品牌、信誉、服务质量等医药企业调查。同时，由于药品等大健康产品层层代理销售，流通价格不透明所带来的采购价格虚高，以及从询盘到药品到货时间周期长等都严重影响药品采购的效率和性价比。

针对传统采购企业面临的诸多问题，互联网的出现正好为其提供了更多解决方案。当医药采购企业遇上互联网，采购企业通过互联网平台（如 B2B 第三方平台），首先，可以快速地实现精准采购。因为在第三方平台提供丰富的药品种类的同时，通过方便快捷操作，可进行定向搜索，并一次性采购到所需要的各种药品；其次，可以缩减采购时间与人力成本。通过第三方平台，企业无需再投入大量的时间与人力成本做市场调查，从而在时间与成本上占据优势；第三，可以提升药品性价比。药品通过第三方平台展示，其价格更为透明，也减少了层层代理销售的环节，从而降低了药品的成本与价格。

当医药批发企业遇上互联网

随着我国医药批发企业几十年的发展，已经形成了自已特有的模式，然而，在医药市场上，传统的医药批发模式弊端很多，国内大小医药批发公司近 2 万家，由于批发环节错综复杂，层层加价和利益分配的问题，致使药品价格虚高，而降低药品价格关键之一在于减少批发流转环节，从而节约时间，降低成本。

医药批发企业借助于互联网，首先，可快速拓展销售渠道。医药批发企业通过互联网平台（如 B2B 第三方平台），能够快速地找到大量的零售药店网点，从而在短时间内实现渠道的拓展；其次，可节约开发业务的时间和成本。在传统的医药批发企业销售模式里，更多的是通过业务员挨家挨户推销药品，而有了第三方平台，则省去推销环节；第三，可方便定货。当医药批发企业将产品放在第三方平台上，通过长时间的信息展示，减少了双方交易的距离、时间、线下宣传等人力、物力和财力成本，从而改变了传统的定货模式。当医药批发企业遇上互联网，通过互联网的层层优化，最终，缩减了医药批发企业的中间流转环节，缩短了厂商到药店、医院等终端的距离，从而达到了节约时间与降低成本的目的。

当医药物流企业遇上互联网

在互联网发展的今天，信息不对称对于商业模式的影响越来越小，作为医药下游的物流企业，如何直接影响最终患者，将决定商业模式的成败。针对传统物流配送模式而言，多点对多点的物流配送形式，不仅增加了物流成本，也增加了单次配送金额，更增加了用户收货的频率，同时，也不能与患者建立很好的沟通。

如何迅速扩大规模和覆盖范围，提高物流配送的准确性与及时性，降低运营成本，以及为患者提供增值服务，是医药物流企业在互联网时代发展的关键所在。作为医药产业链中较为重要的一环，当医药物流企业遇上互联网（如B2B第三方平台），首先，可构建统一的物流运作平台。通过互联网技术，在第三方平台上，提升了资源的集约度，生产企业、批发企业、采购企业等成功实现统一物流配送；其次，可提高服务质量、降低成本。通过统一的物流，实现一点向多点配送，从而为各终端企业降低了物流成本，提高了服务质量，增强了用户的服务体验，也增强了整体竞争实力；第三，提供增值服务。传统的医药物流企业在直接影响患者方面，几乎无法做到，因为它们无法引导消费者。然而，有了互联网，可以通过互动技术，实现患者对药品使用评价，以及医生、药师对药品使用建议等功能，从而实现医药物流企业对患者的增值服务。

医药物流作为医药电商产业链上最重要的环节，是盘活整个产业重要的棋子，更是考验医药电商成败的关键，然而，目前国家还没有出台相应的支持政策，更多的是部分地方药监局在做试点工作。因此，笔者呼吁，国家应出台相关的激励政策或机制，以解决医药物流成为医药电商发展痛点的问题。

“医药＋互联网”助推产业升级

通过以上分析可以看出，传统的医药企业要想在原有的传统模式上创新、升级，选择适合自身的发展模式以及平台至关重要，首先必须具备的条件，一是面向全国布局；二是拥有丰富的客户资源；三是具有较强整合渠道的能力，只有具备以上三方面条件，才能为以上终端企业提供更多、更好的服务与支持，才能真正起到第三方平台的桥梁作用。医统天下作为唯一一家覆盖全国B2B电商交易平台，目前，已在全国建立了30个省级事业部，100多家地方运营中心，数千家医药企业签约入驻。在医统平台上，药厂可直接将产品投放在已建的地方运营中心，通过网上平台信息展示，为药批实现精准销售，药店便捷采购；为医药体系去中心化、去渠道化、去介质化，从而在药厂、药批、药店等终端企业之间架起一座桥梁，实现一站式服务。

在互联网时代，无论是“互联网＋”，还是“＋互联网”，其一定要符合行业的发展规律，作为传统的医药产业，如何通过合适的方式和方法，以及切入点与时间点，选择与互联网融合，成为行业发展的关键，而“医药＋互联网”模式，正慢慢主导着行业的进程。其正以根植的历史渊源，拥有的存量、行业的标准，以及固有的业态与互联网快速的融合。因此，如何运用现代化的互联网技术与理念，来提高用户服务效率与质量，并运用“继承—创新—再继承—再创新”逻辑，来助推我国医药产业模式升级转型，是摆在每位医药从业者面前的任务与挑战。（摘自中国新闻网）

以村淘为例
农村电商正处在什么阶段

□ 文／管艺雯

2015 年 10 月 14 日国务院总理李克强召开国务院常务会议，提出部署加快发展农村电商，在改善农村电商发展环境、培养农村电商人才、加大农村电商政策扶持等方面下大功夫。

伴随着政策利好，农村电商眼见着将被推上又一个高潮。

数据显示，2014 年全国农村网购市场规模达 1800 亿元，预测到 2016 年将突破 4600 亿元，而未来农资市场容量有望超过 1.5 万亿元、农产品市场容量超过 4 万亿元、农村消费电商也在万亿元级别。

“互联网 +”风潮投射出的影响力，让人们深深相信，在这片存在万亿级别市场的土地上，凭借“互联网 +”的魔力，可以开垦出巨大的金矿。

但事情并没有那么顺利。技术革新的确能够弥补城乡的数字鸿沟，但要让农村焕发出新活力，实在是一个沉重的话题，不是单单靠喊喊“互联网 +”的口号，刷刷农村的墙就能够解决的。

那么农村电商在呼声如此高涨的情况，目前到底发展到什么阶段？我想借走访安徽舒城农村淘宝服务站的情况予以管窥。

农村淘宝是一项民生工程

马云在此前的内部信中再次明确强调：阿里未来十年的愿景将围绕着全球化，农村经济和大数据发展进行。

追溯到 2014 年美国上市，阿里明确提出将涉农电商作为未来的重点发展方向之一，并在 2014 年 10 月宣布启动“千县万村”计划，即未来 3 ～ 5 年内投资 100 亿元，建立 1000 个县级服务中心和 10 万个村级服务站，覆盖全国 1/3 的县及 1/6 的农村地区。

一年后，根据阿里公布的数据显示，其目前已经对接了全国 27 个省，在全国 5870 个村设立了农村淘宝店。

你可以看到阿里对农村战略的足够重视，我此前的文章中提过，如今的阿里，伴随着人口红利到达天花板，它必须寻求新的增长路径，向上则是全球化，向下则是农村。

而阿里与农村的渊源并非始于一年前。早在几年前，一些村里的村民在淘宝上开店，把农产品销售出去，也曾使得一些村民富裕了起来，这个现象在当时成为淘宝村。然而受制于网络、交通及其他基础设施的落后，这个现象并没有持久，因为自下并不能迅速推动向上的变革。

阿里也同样意识到了这一点。农村淘宝农业发展部总经理朱俊介绍道，农村淘宝，就是通过搭建县村两级服务网络，突破物流和信息流的瓶颈，实现消费品下乡和农产品上行的双向流通功能。

这其中，农村淘宝是作为一项民生工程，由阿里和政府共同合作，自上而下得推动农村淘宝，一个一个村的把基础设施以及菜鸟物流带到农村。

来到舒城县农村淘宝服务中心，建筑有着阿里特有的橙色气质，大厅里陈列着舒城的特色农产品，整个中心分为展示厅、会议厅、物流区等。

从现场来看，县级服务中心更多的是一种展示功能，其职能主要包括村级服务站的开发建设、培训和发展；村级代购市场的运营管理；县村物流服务；市场推广、网购培训、参观接待。

而村级服务站的职能则更具体，包括代购服务、物流收货和资金结算，其五大服务项目主要由农村淘宝合伙人作为桥梁，负责网上代买、网上代卖、网上缴费、创业培育和本地生活的一些工作。

2015 年是“双十一”的第 7 个年头，同时也将是农村淘宝参与“双十一”的第一年，在服务中心，已经有不少“双十一”的爆款商品在实物展示，供村民参观，让村民买之前就可以看到商品实物。

以帮买为主 帮卖才刚刚开始

在舒城农村淘宝的县级服务中心里，值得注意的是一块展示着 57 个村淘合伙人的陈列板，作为农村淘宝独有的合伙人模式，这些合伙人大多是大学生创业与返乡青年的再就业。

来到城关镇马河口村服务站，此站点的合伙人是一名在上海上大学并在毕业选择返乡创业的大学生张玉，因为要陪伴父亲，再加上自己喜欢购物，因此张玉选择返乡为当地村民做些贡献。

据张玉介绍，村淘服务站的设备和场地由当地政府支持，淘宝则提供了一台大尺寸液晶电视、电脑设施以及相关培训。张玉一个月帮助村民代购 9 万元，平均月提成收入在两三千元，同时还有政府和淘宝的奖励补贴，每个月的收入大概在三四千元。

目前村淘服务站主要以帮助村民淘宝购物为主，而大规模帮助居民卖自己的农产品才刚刚开始。10 月 15 日刚刚结束的“团年猪”项目算是张玉参与帮卖的首个项目。这些猪苗来自安徽舒城、江西进贤、黑龙江明水三地的土猪，预售之后猪苗由农户继续代养，等春节前出栏宰杀完毕后配送到消费者手中。

而合伙人的工作，则是每个星期不定期到农户家中采集饲养动态，统一拍照上传到农村淘宝后台，保证消费者实时查看猪的成长动态。目前张玉负责溯源的有几十头猪。

安徽舒城县高峰乡五桥街道农村淘宝服务站合伙人计青跃也全程参与了此次预售活动。计青跃是一名返乡创业青年，之前他曾在杭州一家电子商务企业打工，但总觉得飘在外地，没有依靠。正好 2014 年阿里巴巴提出农村淘宝战略，计青跃和妻子回到农村老家创业。

当地村民舒大妈家里养了 16 头正宗淮黑猪，据舒大妈介绍，当地这种土猪肉一斤卖 15 块钱，整个养猪周期大概 10 个月，一头猪宰杀完能赚约一千块，但猪能不能存活、能不能卖上好价钱等不稳定因素太多。

而“团年猪”项目，则是在预售期间一头整猪的认购费用 2499 元，多人合并认购一头猪的话，每斤猪肉约合 24.8 元，相当于一次性地在预售期间募集了养猪款，通过订单农业的方式解决了农民的后顾之忧。

2015 年 6 月 18 日，计青跃所在的农村淘宝服务站开业。第一个半月，他只赚了 770 元，接下来三个月，1000、2000、3000 元，每月都在增加。计青跃介绍道，目前他的工作主要是帮村民淘宝买东西。

村民在服务站自行挑选好商品后，合伙人代替村民在网上下单，并以支付宝的形式在“农村淘宝”店担保账户里向卖家支付货款，村民在收到货后并试穿 / 试用感觉不错后，才会支付货款给合伙人，如果不满意，则直接把商品交给合伙人安排退货即可，此前不需要付款。

在村淘服务站，到处可见“让农村插上电商翅膀”的标语，以农村淘宝的发展情况管窥，目前的农村电商，在这项民生大于商业的项目中，越来越多的村民参与购物，同时，农产品的“走出去”也正蓄势待发。

第六章 物流建设

2015 中国物流业发展现状与问题分析

电子商务下，物流从内容、技术等方面都与传统意义下的物流有了较大的不同。我国的物流业经过这几年的发展，也取得了较大的进展。而国内物流业的现状如何？又存在什么样的问题？

我国物流企业的分类

目前，我国现有的物流企业大致可以分为以下几类：

1. 中央直属的专业性物流企业，即专营生产资料的物资储运总公司和外运总公司。仓储主要针对系统内部，因此商流与物流分离，受行政控制。

2. 地方专业性物流企业，即地方商业系统的储运公司及粮食仓储系统，完全受当地行政领导。

3. 兼营性物流企业，即集物流与商流为一体的物流企业，比重大且数量正在不断增多。

长期以来，由于受计划经济的影响，我国物流社会化程度低，物流管理体制混乱，机构多元化，原物资部、原商业部、对外经贸部、交通部以及中央各部（煤炭部、林业部等等）、城乡建设环境保护部均有各自的物流系统。这种分散的、多元化的物流格局，导致社会化大生产、专业化流通的集约化经营优势难以发挥，规模经营、规模效益难以实现，设施利用率低，布局不合理，重复建设，资金浪费严重。由于利益冲突及信息不通畅等原因，造成余缺物资不能及时调配，大量物资滞留在流通领域，造成资金沉淀，发生大量库存费用。另外，我国物流企业与物流组织的总体水平低，设备陈旧，损失率大、效率低，运输能力严重不足，形成了“瓶颈”，制约了物流的发展。

我国物流业的现状

针对我国经济发展及物流业的现状，借鉴发达国家走过的道路和经验，我国从 1992 年开始了物流配送中心的试点工作，原国内贸易部印发了《关于商品物流（配送）中心发展建设的意见》（简称《意见》）。《意见》提出，大中型储运企业要发挥设施和服务优势，改造、完善设施，增加服务项目，完善服务功能，向社会化的现代物流中心转变；小型储运企业和有一定储运设施规模的批发企业向配送中心转变。

近年来，随着连锁商业的发展，配送中心的建设受到重视，特别是连锁企业自建配送中心的积极性很高。据有关资料显示，目前全国有 700 多家连锁公司，较大型的连锁公司已在建设自己的配送中心，一些小型的连锁企业店铺数量少、规模不大，也在筹建配送中心，以期实现 100% 的商品由自己配送中心配送。而一个功能完善的、社会化的配送中心的投资相当巨大，配送量过小，必然造成负债过多，回收期长，反过来又影响连锁企业的发展；同时，社会上又有相当数量的仓库设施在闲置，形成了投资上的重复、浪费。

为了使物流配送中心的建设不走或少走弯路，引导配送中心发展建设，原国内贸易部于 1996 年发出了《关于加强商业物流配送中心发展建设工作的通知》，指出了发展建设物流配送中心的重要意义，提出发展建设的指导思想和原则等。同时，原国内贸易部还印发了《商业储运企业进一步深化改革与发展的意见》，提出了“转换机制，集约经营，完善功能，发展物流，增强实力”的改革与发展方针，确定以向现代化物流配送中心转变、建设社会化的物流配送中心、发展现代物流网络为主要发展方向。进入上世纪90年代以来，随着社会主义市场经济体制的确立，出现了物流配送。但由于种种原因，力度不够，没有深入发展下去。这些固然与当时体制和认识有关，更重要的原因是当时市场经济正处于启动阶段，因而制约了物流配送的发展建设。

近几年，中国物流业在经济高速增长的大环境下也有了很大改善，主要体现在以下几个方面：

1. 基础设施：我国目前现有公路里程160万公里，其中高速公路约12万多公里，跃居世界第三；铁路运力跃居亚洲第一；水运方面，港口的吞吐能力有大大的提高，列世界第五；民用航空也有了长足的进步，新建、扩建了一批机场以及支线、国际航线的增开，这些都使空运能力和质量有了很大的提高。

2. 配送体系：形成了一批有一定规模的全国范围配送体系的物流企业，连锁商业和配送服务正在兴起。

3. 第三方物流的发展：在电子商务迅速发展的1999年，不少机制灵活、经营规范的第三方物流企业纷纷崛起，如阳光网、时空网等与原有的国家大中型仓储运输企业一起提供范围较广的物流服务。

我国物流业发展的障碍

近年来，电子商务的发展，扩大了企业的销售范围，改变了企业传统的销售方式以及消费者的购物方式，使得送货上门等物流服务成为必然，促进了我国物流行业的兴起。但目前，我国的物流水平仍难以满足电子商务的需求，造成这种现状的原因主要归纳为以下几点：

1. 与物流发展相关的制度和政策法规尚未完善。我国现代物流的发展仍处于起步阶段，相关制度和法规有待完善。与企业发展息息相关的融资制度、产权转让制度、用人制度、社会保障制度、市场准入与退出制度等方面的改革还远不能适应企业发展的需要。企业在改善自身物流效率时，必然要在企业内外重新配置物流资源，而制度和法规的缺陷阻碍了企业对物流资源的再分配。物流企业跨区域开展物流业务时常常受地方保护主义困扰，国有企业在选择外部更为高效的物流服务，处置原有储运设施和人员时，所遇阻力巨大，这些必然会影响企业物流效率的提高。

2. 缺少综合性物流服务。首先，从发达国家来看，现代物流的功能是设计、执行以及管理客户供应链中的物流需求，其特点是依据信息和物流专业知识，以最低的成本提供客户需要的物流管理和服务。而现在，我国多数物流企业是在传统体制下物资流通企业基础上发展而来的，企业服务内容多数仍停留在仓储、运输、搬运上，很少有物流企业能够做到提供综合性的物流服务，现代物流服务的功能尚不能得到很好的发挥。我国的物流企业，无论是物流服务的硬件还是软件与电子商务要求提供的高效率低成本的现代物流服务还有较大的差距，信息收集、加工、处理、运用能力、物流的专门知识，物流的统筹策划和精细化组织与管理能力都明显不足。

3. 条块分割的物流管理和流通体制制约着物流业的发展。电子商务下，物流的专业化分工特点虽然日益明显，但是物流的组织和管理却不断向综合性发展，各种物流方式和物流载体之间的联系越来越紧密。但是，我国目前的物流行业管理仍沿用计划经济时期的部门分割体制。与物流相关的各部分分别由铁道、交通、民航、内贸等不同政府部门进行管理。依据这种条块管理体制，形成了自上而下的纵向隶属和管理格局，严重制约着在全社会范围内经济合理的对物流进行政体统筹和规划，妨碍着物流的社会化进程，制约着电子商务的进一步推广。

4. 物流和配送方面的人才稀缺。国外物流的发展实践表明，物流从业人员是否具有较高的物流知识和操作经验，直接影响到企业的生存与发展。国外的物流经过多年发展，已形成了一定规模的物流教育系统，许多高校设置了与物流相关的课程，为物流行业培养并输送了大批实用人才。相比之下，我国在物流和配送方面的教育还相当落后，高校中开设物流课程和专业的仅有十几所，与物流相关的职业教育也十分匮乏，物流人才稀缺。　　（摘自中商情报网）

行业格局生变
——2015 年我国快递行业发展现状分析

2015 年，培育现代服务业新增长点，为快递业的发展再添利好。政策吹风的同时，快递行业也发生了显著变化。以下是 2015 年我国快递行业发展现状分析：

“圆通占了中国整个快递市场 21%，目前市场占有率位居中国首位。”日前，在“圆通 2015 产业链协同发展交流大会”上，圆通速递董事长喻渭蛟首次回应市场传闻，确认圆通速递已经取代申通快递坐上了快递行业头把交椅。

申通作为最早创立加盟模式的快递公司，十余年来一直都是快递行业的带头大哥，如今老大地位移交，背后却折射出双方战略转型出现的分化。在快递 3.0 时代向“互联网 +”转型的圆通快递，发展之速正超出传统快递企业。“今年双十一之后，行业分化还将更加明显。”一位不愿具名的快递公司高管向笔者表示道。

云峰基金发起人兼主席虞锋认为，近几年“四通一达”之间还将进一步整合提升，最后很可能只会存活一两个世界级的快递企业，当下正是转型关键期。

行业格局生变

登顶之路固然艰辛，但是要维持第一的身份恐怕得付出更多。

在过去十多年来，快递行业公认的民营老大便是申通快递。申通在快递行业内率先引入加盟模式，此后这一模式已经成了快递行业发展最为普遍的组织架构。在全国前十大快递公司中，目前除了 EMS，其余基本都是采用加盟与直营结合的模式，包括一直以直营模式为卖点的顺丰速递，亦从 2014 年开始尝试加盟模式。

加盟模式让快递行业得以低成本迅速扩张规模，网点也在加速扩张。最先集结成网的申通快递因此占据了业务先机，十余年来一直是行业老大，业务量飞速扩张。

据申通官方介绍，经过二十多年的发展，目前申通共有独立网点及分公司 1370 余家，服务网点及门店 10000 余家，从业人员超过 20 万人。2014 年，申通完成业务量 24 亿件，同比增长 50%，件量在规模性快递企业中继续保持第一。2014 年全国包裹完成总量为 140 亿件，申通贡献 17%。

然而情况在 2015 年发生了改变。圆通方面提供的数据在各方面似乎都超过了申通，目前圆通在全国拥有 8 大管理区、72 个转运中心、遍布全国 20000 余配送网点、22 万名员工、县级以上城市覆盖率达 93%，陆路运送收派车辆 3 万多辆，全网中心场地总面积达 120 万平方米。喻渭蛟还透露目前圆通快递日发件量超千万件，预计 2015 年总快件量将达 33 亿件，增长约 57%，而营收将达 350 亿元。

尽管各家快递公司都在快速增长，但行业增速已经开始放缓，相比较前四十多个月快递行业均维持超过 50% 的增速不同，从 2015 年起，行业增速开始低于 50%。据国家邮政局最新公布的数据，2015 年 1 ～ 9 月，全国快递服务企业业务量累计完成 137 亿件，同比增长 46%，业务收入累计完成 1878.5 亿元，同比增长 33.2%。这一数据也显示着快递行业增量不增收，企业经营压力加大。“行业里只有 50% 能够维持不亏损的状态。”一家快递公司加盟商告诉笔者。

在此情况下，前十大快递公司的发展速度也有了分化。有如圆通一样加速跑的快递巨头，也有开始没落的行业老大。

申通方面一直不愿回应关于第一名的传闻，但业内指出其受累管理体制，增长乏力，年内推进的再一次股改收权虽然增强了总部控制力，却也令业务量受到一定冲击，致使圆通和中通有了可乘之机。

“互联网 +”添变数

“其实圆通、申通和中通三家公司的业务量都差不多，有时你超过我，有时我超过你，谁都有领跑的机会。”前中国快递协会副会长、永泽物联智库资深专家邵钟林告诉笔者，以业务量来统计的排名，存在一定数据水分，行业第一的概念已变得很含糊。

值得考究的是推动这一变化的背后原因，是已不再单纯靠投资、网点铺陈来推动。“互联网 +”、管理体制等因素在快递 3.0 时期发挥着更为重要的驱动作用。

值得注意的是，圆通之所以能在晚申通七年成立，却在十五年后赶超申通，最重要的原因便是搭上了互联网的顺风车。

喻渭蛟透露，圆通快递是第一批跟淘宝洽谈合作的快递公司，随后其主要业务量均是来自淘宝等电商平台。也正是从2005年开始，中国电商开始规模化增长，给了快递公司数以亿计的包裹运送机会。

据商务部电子商务和信息化司副司长聂林海介绍，2005年全国电商交易总额1.3万亿元，而2014年在13万亿元左右，十年增长了十倍。其中网络零售在2005年只是150多亿元，但在2014年达到了2.7万亿元，更是十年前的160多倍，占全社会商品零售总额的比例已超过10%。

聂林海预计，2015年国内电商行业发展将进入快车道，到“十三五”末，网络零售额在全社会商品零售总额的占比可能突破50%，而紧贴电商的快递公司都增速惊人。

圆通可算是最早一批意识到“互联网+”是时代潮流，也是助力圆通进一步发展的重要推动力。喻渭蛟向笔者表示，他很早就打算利用“互联网+快递”的思路激活企业的发展潜能。

为了与互联网更深层次地接触，圆通首次融资选择的对象，不像其他快递公司一样或为风投或为央企，而是选择了阿里巴巴集团。5月12日圆通获得阿里巴巴集团与云锋基金共同投资。据称，双方结合的意愿在于资源共享，比如阿里巴巴旗下的菜鸟网络为圆通提供大数据支持，帮助其改进提升快递链条的运行效率和管理能力。

菜鸟网络CEO童文红指出，搭上电商的快车后，过去十五年内快递行业发展从1.0版本升至2.0版本，业务量获得巨大提升。但从2015年开始，快递行业进入3.0时代，更要求快递企业实现一切业务数据化，并建立人与人之间的服务连接，同时要采用人才为先的策略。

（摘自86信息网）

民营物流企业如何借助“一带一路”做大做强

——访中央党校报刊社副总编杨英杰

□ 文／王晶晶

“作为民营物流企业，对‘一带一路’要有充分的认知和把握，要抓住机遇，顺势而为。”近日，中央党校报刊社副总编、经济学博士杨英杰在接受中国经济时报记者采访时表示，“一带一路”作为我国经济进入新常态后的重大战略之一，民营物流企业应抓住机遇，分一杯羹。

在杨英杰看来，随着区域互联互通建设项目的顺利推进，区域内海运将增加新的航线及班次，陆水联运通道将被不断打通，区域航空货运的规模日趋扩大，集装箱运输、散杂货运输和航空货代业务等国际物流有望迎来新机遇。在面对新机遇的同时，民营物流企业应树立综合的物流产业观，加快提升企业的人力资源水平，打造企业的核心竞争力。此外，政府要加快制定全国统一的物流发展规划，从财政、税收、金融、法律、外汇管理等方面为企业营造良好的发展环境。

“一带一路”为民营物流企业带来机遇

中国经济时报社：你认为，“一带一路”为物流行业带来了哪些新的发展机遇？作为“一带一路”建设的重要生力军，当前民营物流企业在发展中还存在哪些问题和挑战？

杨英杰：“一带一路”是在我国发展面临新挑战的关键时刻所提出的重大发展战略，是我国积极主动融入全球化的一个需要长期为之奋斗的战略目标。“政治沟通、道路连通、贸易联通、货币流通和民心相通”是“一带一路”的美好愿景。这“五通”涉及到政治、经济、文化诸多方面，其中“道路连通”、“贸易联通”和“货币流通”与物流直接相关。

“道路连通”是对物流系统主体的要求，是针对物流平台基础建设提出的要求；“贸易联通”需要物流的基础性支持；“货币流通”则是从金融和资本的角度对物流企业提出了更高要求。对物流行业来说，这里面蕴含着很大的发展机遇和潜力。

当前，改善诸如铁路、港口、园区等基础设施建设是最为基础的一步，民营物流企业完全可以从自身经济实力特别是金融实力出发，积极参与“一带一路”基础设施建设的开发、管理及应用，而不单单是作为基础设施的使用者。当然，在投资过程中既要注意项目本身的经济风险，还要特别关注项目所在地的政治风险，要合理评估风险，保障投资安全。

同时，民营物流企业自身存在的一些问题也使得企业在发展过程中面临着相当大的挑战。一是观念亟待转变。从单一的物流行业观向综合的物流产业观转变，将传统的行业运输行为转化为综合化物流产业行为。二是自身竞争力亟待提升。中国物流业尚缺乏具有国际竞争力的大型民营物流企业，而且物流企业各自为政甚至恶性竞争，缺少深入的合作与交流。物流行为单一、服务标准不统一成为制约中国物流业走向世界的基本因素。

中国经济时报社：为适应发展大势，民营物流企业自身还应从哪些方面进一步提升，以增强企业发展竞争力？

杨英杰：为适应“一带一路”战略构想的物流需求，我国物流企业特别是民营物流企业应着重从两个方面加强自身建设，进一步增强企业竞争力。一是多渠道提升企业人力资源水平。一方面可以通过选聘或与国际物流企业合作等途径引入国际高端人才；另一方面可通过临时聘用、技术合作、技术外包等各种形式聘用人才。二是以创新打造企业核心竞争力。物流企业核心竞争力的来源主要是企业资源配置能力、产品或服务创新能力以及其他企业软实力。随着物流行业规模的扩大和分工的深入，我国民营物流企业要通过知识、技术、信息、管理等方面的创新，在不断提升面向差异化市场需求的同时满足不同客户需求的能力，即不断提升服务差异化竞争优势，以此提升企业的比较优势。

更好地搭建物流网络平台

中国经济时报社：在“互联网+”时代下，如何更好地搭建物流网络平台，促进物流行业发展？你有哪方面的建议？

杨英杰：从国家和政府层面来说，一是要加大对物流信息网络构建的支持。首先，支持物流信息先进技术的研发与应用，如电子标志、自动识别、信息交换、智能交通、物流经营管理等。其次，支持重点企业开展现代信息和通信技术在物流领域的创新与应用。再次，支持开展物流信息技术服务平台建设试点，提高物流信息化关键共性技术研发、推广和应用水平。最后，支持物流基地综合管理系统、智能集装箱管理系统、物流信息管理系统等的开发和应用。二是通过提供财政金融及法律法规政策的支持，形成第三方介入提供物流网络平台。物流信息平台的构建需要大量的资金及技术能力的支持，而目前广大民营中、小物流企业在融资及技术创新等方面存在着先天的不足。鉴于此，可以通过第三方有实力的公司发展构建物流网络平台，借助于高科技手段如“云”服务等，使中、小物流企业可以按需购买服务、按使用量付费，以有限的成本换取无限的服务能力及服务水平。企业可以自身的低配置成本实现对海量信息的处理，使中、小物流企业运营管理效率、服务质量得到大幅度提升。

从企业层面来讲，物流企业要学会用互联网平台思维变革产业。2014 年以来，互联网引发中国物流各大平台陆续孵化出炉，物流园区平台、公路港平台、零担物流专线平台、运力资源平台、融资租赁平台、物流打车模式平台，平台化的商业业态逐渐进入升级和创新期。物流企业要以此为契机，抓住这一难得的机遇，实现自身的脱胎换骨。

完善法律、创新机制：为民营物流企业保驾护航

中国经济时报社：你认为如何进一步从政策、法律、体制机制和发展环境上，为民营企业做大做强物流行业保驾护航？

杨英杰：对此，我主要有以下四方面的思考：

一是政府要营造良好的宏观发展环境。在经济体制转型的重要时期，要加速现代物流业的发展水平，需要政府在政策引导、制定规划、机制保护等方面协调推进，为民营企业做强物流行业保驾护航。

二是加快制定全国统一的物流发展规划。着力解决行业产业链条块分割严重的问题，把规划建立符合中国特色社会主义市场经济要求的政策作为推动物流业发展的重心，推动出台促进物流业发展的法律法规及部门规章。

三是建立完善相应的法律法规体系。要进一步完善土地、贷款、税收等相关政策法规，便利民营物流企业的进一步发展；依法律规制行政垄断，营造跨地区、跨行业、强强合作的有序竞争市场；依法加强信用制度建设，全面推进中国特色社会信用体系的形成与完善，减少物流企业发展中的法律摩擦，降低市场主体交易成本和减少交易风险。

最后，政府相关部门要在民营物流企业走出去的过程中，及时提供财政、税收、金融、法律、外汇管理及相应的政策便利服务，提升企业参与国际化分工的能力和水平。

物流业要多措并举由大做强

□ 文／陈丽芬

新时期，经济发展方式转型和产业结构调整为物流业带来广阔发展前景，城镇化进程推进和区域经济布局变化为物流业带来新机遇，新一代信息技术广泛应用为物流业提供升级动力。顺应物流业发展趋势，以系统化、标准化、智能化和公益性建设为着力点，以体制机制和政策优化为保障，多措并举补齐物流业成本高、发展滞后等短板，推动物流业从大到强地转变。

规划先行推动物流系统化发展

物流系统性不强，呈现分散、各自发展的态势，资源缺乏有效整合，地方保护和区域封锁是制约物流发展的一大短板。《物流业调整和振兴规划》、《商贸物流发展专项规划》以及《全国流通节点城市布局规划（2015～2020）》的编制出台，奠定了全国物流网络布局的基础，使物流业发展的脉络逐渐清晰。《电子商务物流发展规划（2016～2020）》和《京津冀商贸物流协调发展规划》也即将出台。通过规划，统筹国际国内、东中西、城市与农村等不同地区物流体系，合理布局全国、区域、地区等不同物流层级和节点，着眼物流业与制造业、农业、电子商务等其他产业联动发展，协调发展社会化和自营物流，延伸运输、仓储等传统物流企业向上下游服务，初步建立起一套城市、城际、农村物流体系有效衔接，国内外市场相互贯通的国家物流系统。

试点探索逐步推进物流标准化

我国物流业起步较晚，基础比较薄弱，物流设施、设备、包装、运输、仓储等标准不统一、不配套是制约物流效率提高、物流业接轨国际的第二大短板。商务部、国家标准委联合制定的《商贸物流标准化专项行动计划》从托盘标准化入手，在快速消费品、农副产品、药品流通等领域，率先开展标准托盘应用推广及循环共用。从2014年开始，财政部、商务部和国家标准委三家单位在京津冀、长三角、珠三角地区，选择了北京、上海、广州等14个城市开展相关试点工作，确定了两批一共190家重点推进企业，形成了托盘租赁服务企业、大型商贸连锁企业、快速消费品生产企业、托盘生产企业及第三方物流企业五类主体，共同探索物流标准。通过托盘标准化带动提高上下游物流设施设备的标准化水平，建立以标准托盘的应用和包装为核心的商贸物流标准体系，加快单元化物流发展，从而有效降低物流成本。

技术引领发展现代智能物流

物流领域还没有充分享受到信息技术发展带来的红利，应用感知、射频技术、全球卫星定位技术等尚未得到广泛应用，这也是制约物流业实现跨越式发展的第三大短板。把握信息科技迅猛发展的重大机遇，推动物流智能化，抢占物流业未来发展的制高点。将互联网、物联网等信息技术和现代管理手段运用于物流业，实现物流的自动化、可控化、可视化、网络化、信息化、智能化。构建物流公共信息平台，搭建物流信息化网络，打破地区封锁，实现物流信息合理共享、应用和调配。创建智慧物流城市，打造智慧物流基地，培育智慧物流企业，推动配送效率和仓储效率的提高。

公益补位加强物流设施建设

跨区域中继物流、冷链物流、农产品批发市场等物流基础设施短缺是制约我国物流发展的第四大短板。我国冷链运输比例低于20%，美日等发达国家达到80%以上。仓储建设严重滞后，70%左右的全国公共通用仓库是上世纪80年代及以前建造的，21世纪以来新建的仓库仅占1/4，许多仓库可谓是“老态龙钟”。针对此短板，探索采取政府股权投资、专项基金的投融资机制，引导社会资本参与公益性物流基础设施建设，2014年以来累计安排中央财政资金50亿元，支持20家公益性农产品批发市场和304个跨区域农产品冷链物流设施项目建设，覆盖全国28个省区市，逐步实现产地到销地市场冷链物流的无缝衔接，降低农产品损耗。

制度保障优化物流发展环境

据调查，目前，我国物流企业2008～2012年税收支出平均增长约10%，而同期营业收入和营业利润分别增长约5%和3%。我国物流业所需证照资质约70项，行政部门多头管理，重复审批，加重了企业负担。物流企业负担较重、受管制多是制约物流业发展的第五大短板。通过深化流通体制改革逐步补齐制度短板，从而不断优化物流制度环境。《国内贸易流通体制改革发展综合试点方案》中，明确指出要探索建设法治化营商环境，健全统一高效的流通管理体制。商务部出台的《关于促进商贸物流发展的实施意见》提出，要反对地方保护、消除区域封锁，查处价格欺诈、以次充好、虚假仓单、重复质押等违法违规行为，抓紧落实现有的物流企业大宗商品仓储设施用地税收减半政策，将物流企业配送中心、连锁企业配送中心项目内用于建设仓储设施、堆场、货车通道、回转场地及停车场（库）等物流生产性设施用地列入工业、仓储用地范畴，积极推动解决城市配送车辆通行难、停靠难、卸货难，罚款多、收费多“三难两多”等问题。

加快城市物流配送体系建设刻不容缓

□ 文／江跃龙

2013年底，由国家发改委会同有关部门组织编制的《全国物流园区发展规划》出炉，将全国物流园区的布局城市分为三级，北京、上海、广州、长沙等城市成为全国29个一级物流园区布局城市。但目前包括长沙在内的很多城市缺少“高精尖”物流企业，缺乏远景式城市配送规划，以及物流专业化人才不足，这些问题已成为城市物流产业升级的瓶颈，尤其是城市物流配送出现的进城难、配送难、线路选择优化等“最后一公里”问题比较突出。具体来说，城市物流配送存在以下五大问题：

第一，城市物流配送存在“六难”：进城难、停靠难、装卸难、仓储难、用工难、车辆选型难。“进城难”是摆在城市物流配送企业面前的最大问题，为控制车流量，很多城市的市政府通过发放车辆通行证的方式控制货车白天进城。使用通行证对部分货车限行除了降低效率之外，还滋生了部分企业通行证的“权力寻租”行为。城市交通日益拥堵、超市分布街区化，使得城市配送环节成为一个难以协调的问题。目前不少城市快递企业把电动车作为配送车辆来使用，不仅效率低下，而且存在极大安全隐患。

第二，城市物流配送社会化、专业化程度不够。目前城市配送总体呈现出“散、小、差、弱”的发展特点，存在经营规模小、服务能力弱、服务水平差和竞争手段落后、无序竞争的问题。城市物流配送总体效益低下，增值服务少，大多停留在物流某一个层面或某一个环节，缺乏市场综合竞争实力，没有形成城市需求的配送网络。

第三，城市配送基础设施及相关措施亟待完善。城市配送总体发展水平仍然比较低，经营分散，物流布局不合理，物流技术含量不高，现代化程度低、运作水平与物流效率不尽人意。城市物流业的投资主要集中在物流中心、配送中心等基础设施上，对于冷链物流配套设施设备、社区物流服务节点等投资相对不足。

第四，城市配送赢利模式单一，缺乏协同竞争理念，缺乏专业经营人才。城市配送企业目前主要是被动地按照用户的指令和要求，从事单一功能的运输、仓储和配送，赢利模式单一，增值服务少。城市配送企业之间、企业与客户之间缺乏合作，物流企业和客户不愿充分共享信息资源，难以结成相互依赖的伙伴关系。现代物流作业渗透到生产、销售、售后等各个环节中，物流专业急需高素质人才，以长沙为例，每年物流专业本科层次毕业生不超过800人，物流人才供应不能满足社会需求量。

第五，城市配送相关政策支持“落地”困难。如长沙市历时三年编制了《长沙市现代物流业发展规划（2011～2020）》，对未来物流产业发展和空间布局做了科学规划和展望。《规划》不仅在空间布局上，与长株潭城市群现代物流业发展规划以及长沙市“十二五”国民经济发展规划、城市总规、土地利用规划及综合交通规划等相互对接，而且在产业发展上，将生产制造业物流、商贸流通业物流、电子商务物流、城市配送物流和城市特殊物流，确定为重点方向。但通过这几年实践证明，因种种原因，规划随意更改的比较多，真正要把规划落到实处仍有许多困难。

针对城市物流配送存在问题，在此提出以下几点参考建议：

一、建立健全市直部门间的协调机制。现代城市配送物流几乎囊括了运输、仓储、装卸、加工、整理、配送、回收、信息等各方面的内容，并以此为基本要素，紧密结合构成了一条完整的物流供应链。建议各地成立以分管市长任组长的高规格领导小组，下设城市配送统一管理的委员会或办公室，主要协调与调度运管、交警、规划、工商、税务等部门工作关系。

二、政府要转变对城市物流配送管理模式。首先是城市配送体系应当在城市规划、商业网点规划、交通规划的过程中充分考虑；其次是减少政府部门干预，充分发挥市场主导作用。可考虑配送企业及市场的审批转变到许可，一定程度上放开货运车辆的通行路权，引导社会车辆参与城市配送，打击物流配送“黑车”行为。

三、相关部门要做好服务工作。规划部门要为城市配送企业预留配送用地，金融部门要为配送企业提供良好的融资条件，财政部门要加大对物流配送业的基础设施以及高新技术研发的投入，计量部门要对城市配送各项指标设置统一科学的计量标准，交警部门要对城市货运车辆、城市配送车辆的通行、停靠进行规划、管理与监督。

四、完善城市配送基础设施建设。要对城市配送场所实施社会化、专业化、集约化管理，并纳入城市交通运输基础设施规划、建设和运营管理体系；还原城市配送的公共属性，将城市物流配送作为城市公共交通的一部分，与客流的公共交通放到同等重要的位置来看待，由政府牵头合理规划专门物流仓储用地和配送中心，引导企业参与共同配送。

五、建立健全城市配送物流末端节点。建议利用目前小区物业从事这项工作。通过将小区物业纳入城市配送物流末端节点，可以将高度分散的客户一定程度的整合到小区转发中心，提高城市配送的规模优势和效率，有效降低“最后一公里配送”成本，小区物业也可以从代收代发中获取物流公司的管理费，以减轻小区营运成本压力。

六、加速培养高素质物流专业化人才。高素质人才是现代物流发展的关键因素，也是城市配送企业发展的关键因素。要采取多种形式，加速人力资源的开发与培养，尽快培养和造就一批具备现代物流知识和业务能力的专业人才。要实时更新管理理论知识，学习新的管理经验，以及通过城市配送企业与研究咨询机构、各大高校的紧密合作，有效解决城市配送最后一公里问题。

重庆现代物流建设力推“物联网 +”

□ 文／李国 郑荣俊

随着“互联网 +”与“一带一路”战略的推进，当下多地的物流企业开始重视物流行业信息平台的建设与推进，并使得物流行业趋向信息化和智慧化。

为进一步强化“一带一路”和长江经济带“Y”字形大通道的连接点上的战略优势，加快对外大通道建设，促进物流产业协作、区域合作，实现“互联互通”和“跨境联动”，重庆在 2015 年 11 月上中旬，先后举办了第二届中国－重庆国际物流展及第十四届中国物流学术年会。

在物流学术年会上，多位专家坦言，随着“一带一路”战略的推进、渝新欧班列的开通以及中新合作项目的落户，给重庆提供了巨大的发展契机。

物流行业作为其中的基础行业，传统的运营方式已不能满足现实的需要，传统物流必须向信息化、智慧化转变。“物联网 +”则是重庆现代物流系统建设的最佳着力点。

物流行业面临散、乱问题

目前，我国物流成本占据产品本身的 40% 左右，而经济较发达国家的物流成本一般只占其产品的 25% 左右。

业内人士分析称，委托方因无法进行系统性管控、适应业务的实时变化、实现与上下游企业间进行系统对接等方面的因素致使信息孤岛的出现；而服务方由于无法适应变换迅速的上游企业、自身能力有限无法实现信息化、服务单一等方面的原因，造成了我国整个物流行业市场极度分散，实际承运人以个体运输为主，缺乏统一的行业系统管理及规范等问题。

安联程通信息技术有限公司首席执行官陈兴元在第十四届中国物流学术年会上表示，就整个物流行业来看，首先，公路运输仍然是所有运输模式当中的主要运输形式，而公路运输与其他运输通道之间的信息交流缺乏平台，致使信息的透明度不高，物流货物的真实性得不到保障；其次，运作载体比较单一，国有和集体性质的流通企业普遍背负着历史积淀的各类包袱，从执行调拨计划转向市场竞争有一个艰难的适应过程，缺乏竞争优势，其中已有相当一部分企业从物流行业中退出，因而整个物流领域运作主体竞争能力弱的问题十分突出。

此外，他说：“目前我国物流行业普遍存在的‘小、散’问题，国外的物流行业也存在，但是不乱。现阶段如何将物流企业有效整合起来，加强生产企业、客户、物流服务企业之间的信息交流是行业和相关管理部门首先应该解决的问题。”

上海交通大学中美物流研究院中方院长、中国物流学会副会长，中国海关学会常务理事朱道立教授在接受笔者采访时表示，目前，我国还没有形成以物流科技创新和知识型物流人才为核心的物流教育体系，而且这些专业培养出来的人才，又大多侧重于工业产品物流，真正精通物流的却是凤毛麟角。

智慧物流是传统物流行业的出路

据悉，我国物流发展缓慢的一个重要原因，就是物流运作主体陷入发展瓶颈。为此，国务院办公厅发布的《关于推进线上线下互动加快商贸流通创新发展转型升级的意见》提到，要运用互联网技术大力推进物流标准化，信息共享、互联互通，促进多式联运发展，大力发展智慧物流，支持物流综合信息服务平台建设，转变物流业发展方式。

陈兴元认为，货运港、运输通道等硬件设施的建设与物流信息管理平台的建设两大板块左右了行业的发展，其中，货物运输的种类、数量、客户信息以及管理平台是主要影响因素。物流运输环节涉及“出去货物的组合、回来货物的搜集、中间信息的监控”，所以转变物流业发展方式的核心在于如何做到货物运输过程中的信息化和真实性。信息时代，智慧物流才是传统物流行业突破瓶颈，为“一带一路”

战略提供基础支持的出路。

“重庆现阶段所处的战略地位不言而喻，重庆的物流行业应该抓住这次机遇及时促进企业的转型升级。”中国物流与采购联合会副会长、中国物流学会副会长贺登才说，“重庆本身具备优异的区位优势、雄厚的产业基础，但目前，跨境物流运输面临着出去的多，回来的少局面，这也是传统物流不能解决的问题，所以如何创造需求，发展回境货物运输客户，建立科学化、信息化、现代化的智慧物流系统是重庆应该首先考虑的问题。”

力推“互联网＋物流”

随着物联网、云计算、大数据、移动互联网等现代信息技术在物流领域应用的深入，现实物流实体运作与网上虚拟的物流信息开始了全方位融合，现代物流逐步进入了4.0时代。

业内人士称，物流互联网就是实体物理世界的物流系统与线上互联网世界的物流信息系统实现一体化融合的互联网。在这一系统中，互联网成为物流实体运作的主导与控制核心，成为物流系统的“大脑”和神经系统，并通过物流信息互联网向网下物流系统延伸和无缝对接。

“重庆目前的战略地位要求传统的物流方式转向‘互联网＋物流’形成新的‘物联网’模式。”陈兴元说。

据了解，为推动“物联网＋”模式的建设，印发《重庆市促进物流业发展三年行动计划（2015～2017年）的通知》，明确提出要打造具有区域影响力的跨行业和区域的重庆智能物流公共信息平台，要在2015年，完成重庆市物流公共信息平台建设方案编制及公司注册工作；2016年，实现重庆市物流公共信息平台正式上线运行的工作目标。目前，相关建设正在稳步推进。

杭州市快递物流设施建设发展研究

□ 文／沈芬

“十二五”以来，在以阿里巴巴、淘宝天猫等为代表的电子商务平台带动下，杭州市快递物流业务规模以年均50%～100%的速度递增，快递发展规模排名全省首位、全国城市前五位，快递行业增加值年均增长约40%，“互联网＋物联网＋快递网”的智能快递服务模式逐步形成，并促进了快递服务与电子商务协同发展的格局。

一、杭州市快递物流服务设施建设的总体状况

杭州是“中国电子商务之都”，近年来杭州市快递业快速增长，市场规模逐年扩大。2014年，杭州市快递业务量达8.4亿件，较2013年增长3.7亿件，同比增长78.7%，约占全省业务总量的1/3；人均使用快递95件，为全国人均水平的9倍；快递业务收入65.3亿元，同比增长15.99%，占全省23.80%。截至2014年初，已有快递企业278家，企业下属分支机构338家，快递发展规模排名全省首位、全国城市前五位，仅次于北京、上海、广州、深圳。2014年，杭州市快递行业全年实现增加值约占全市地区生产总值的0.71%。杭州已然成为名副其实的快递大市，快递物流服务设施和网络建设也应运得到迅速的完善和拓展。主要表现：

（一）交通、仓储、园区等基础设施建设步伐加快

编制了《杭州市建设全国智慧物流中心三年行动计划（2015～2017年）》、《杭州市快递服务业发展规划》，统筹规划城乡物流快递基础设施，积极推进与国际电商中心相匹配的快递物流中心建设。2014年，杭州全年完成基础设施投资1005.53亿元，同比增长18%。地铁建设力度加大，城市快速路初步成网，萧山机场高速公路改建、文一路地下通道、环城北路地下通道、紫之隧道等重大工程加速推进，萧山国际机场已开通航线222条，全年全社会货物运输总量达2.93亿吨，较上年增长4.9%。在推进陆运、水运、海运、航空综合快递物流体系建设的基础上，合理布局空港物流园区、大型物流快递配送园区、分拨中心、仓储中心、集散中心和“仓配一体化”快件处理中心的建设，保障城市配送基础设施建设用地。目前，杭州物流园区主要聚集在下沙、江

南、临平、江东、康桥、良渚、萧山等区域，汇集了富日、近江、八方、传化、口岸、华商、东方海顺等知名第三方物流企业，以及其它大大小小的物流企业近百家，这些物流企业成为杭州智能快递发展的重要支撑。

（二）服务网点覆盖面不断拓展

至 2014 年，浙江快递企业全行业拥有 7499 个营业网点，在杭快递企业及分支机构有 600 多家，基层营业网点 1000 多个，一级快件分拨中心 10 多个。浙江省邮政公司杭州市分公司利用自有网点、院校、社区、报刊亭等多种模式，大力推进电子商务投递网络终端市场建设，试点建设“E 邮站”52 个，部署“E 邮柜”13 组 57 台，累计转接投递 2 万余件，服务快递公司和电子商务企业 27 个。全国民营快递前三强顺丰、申通、圆通均有项目落户杭州空港新城，天天快递总部落户滨江，萧山国际机场顺丰快递转运中心已建成使用，联邦快递中国区转运中心、DHL 杭州口岸和 UPS 区域物流中心已分别落户杭州萧山机场和临江工业园区。依托发达的综合交通运输体系，重点快递企业在市辖县市网点覆盖率达 100%。

（三）建成上千个“E 邮站”

城市快递“最后 100 米”投送难题，已成为制约电子商务、现代物流进入千家万户的一个瓶颈。2013 年，杭州市邮政部门开始试点“E 邮站”建设，并于当年 9 月在江干区凯旋街道南肖埠社区试点建设了首个“E 邮站”，受到小区居民的欢迎。2014 年，杭州市政府已将“E 邮站”建设列入 2014 年“为民十件实事”之一，当年共建设完成 1282 个 E 邮站，包括申通、圆通、天天等近 50 家快递公司 5100 多名快递员通过 E 邮站投递快件，当年转接邮件突破 285 万件，有效缓解了城市“最后 100 米”邮件投送难题，也成为杭州市打造“智慧城市”、助力“信息经济”的一项具体行动。

（四）电商、快递物流信息化平台建设加速推进

近些年，杭州着力谋划推进电商企业与物流快递企业信息对接公共服务平台建设，运用云计算、物联网、大数据等技术，充分利用现有物流公共信息平台，统一快递企业与电商企业信息交换标准和数据接口标准，发挥信息平台在运力调配、交通引导、供给调解和市场服务等方面的作用，有效降低了物流服务成本、提升了物流服务品质。同时，加快建设第四方物流公共信息平台，为电子商务企业提供全方位、高效率、透明化的物流信息服务。

目前，智能化技术与服务已在杭州的一些大型工商企业和物流快递企业内部迅速推广应用。比如，娃哈哈、杭钢等一批大型工商企业开始引入 ERP 等管理系统，其它一些大型商贸企业基本应用了 POS 和条码技术；一些传统物流企业正在致力于物流信息系统的建设，佑康电子商务物流有限公司、杭州八方物流有限公司、杭州富日物流有限公司等传统物流企业内部已经实现了信息化改造和信息技术的智能化管理。

（五）城乡双向流通的新型智能化快递物流网络体系渐已形成

2012 年，杭州市基本实现村村建邮站的目标。2013 年，全市共建成邮政网点 280 个，村邮站 2251 个（其中信息化村邮站 1314 个，占 58.4%），居全省第一。同时，在全市各地乡村，依托全市供销社系统的市场资源和 3000 多家乡村服务网点支撑，积极推进“万村千乡市场工程”，建成了一批城乡连锁超市龙头企业和日用品配送中心，发展连锁门店，现已实现了行政村连锁超市（便利店）全覆盖，并逐步向自然村延伸。

二、杭州市快递物流设施建设存在的问题

电商与快递物流就像是一对孪生兄弟，二者相辅相成。一方面，快递物流业的崛起借势于电商；另一方面电商的发展离不开快递物流的支撑。就目前来看，杭州智能快递物流服务还存在这样一些问题 比如，科技应用能力不足、成本高、效率低，网络基础不足、末端投递服务相对较弱，行业服务不规范、市场失序、野蛮生长，发展环境受限较多、系统性不强、形不成合力，区域不平衡、城乡不平衡等问题亟待破解。

（一）“最后一公里”忧虑，配送体系不健全

理想的社区物流配送体系是一个四级结构体系，即城市物流中心——社区共同配送站——社区服务站——居民。通过一个综合全面的物流信息系统来支持整个体系的运行，这个系统由一个庞大的电子商务平台和物流需求系统构成。然而，现阶段杭州市的社区物流配送却呈现辐射小、配送主体单一、配送企业鱼龙混杂以及重复配送等不良现象。杭州市的物流中心建设已经能够满足城市物流的需求，但在终端配送方面，智能快递柜为解决“最后一公里”提供了有效途径，但覆盖面存在问题，还有盈利模式的问题，邮政公司投入建设，快递公司和用户免费试用的模式在未来不可能有可持续发展。

（二）居民参与程度不高

调查显示，80%的40岁以上居民习惯于传统的购物方式，60%以上的居民在生鲜、食物等方面的购买更倾向于亲自到商铺挑选。居民参与率不高主要因为首先年龄偏大的居民对网络购物的了解有限，缺乏实际操作的热情；其次，传统观念比较强烈，生鲜食品的购买应当到固定的商铺；再次，缺乏信任，居民对不可控的供货商、物流商的信任不足；最后，是对杭州物流快递企业了解不多，对社区物流的概念不清晰，居民们不理解社区物流能够产生的效益以及其带来的便利。

（三）专业化物流企业参与程度不高

尽管参与杭州农村地区物流配送的企业数量与日俱增，但主要是快递行业、便利店、自营配送以及其他由个体小货车组成的配送队伍，能够有能力全程跨区划配送的专业物流企业不超过20%，顺丰、韵达等物流公司虽然实力雄厚，完全胜任农村物流配送，但是他们并不愿意参与农村物流配送。这是因为农村物流本身特点就影响物流企业参与的积极性，农村物流一般地点分散，业态多，品种多，数量少，地方远，决定了农村物流个性化强、难度大，这样就使得物流公司经营成本不稳定性增大。

（四）缺乏专业的信息平台支持

电子商务是物流快递发展的另一个重要的驱动力，是快递物流需求产生的源头，快递物流的良性循环发展需要一个强大的电子商务平台的支持，尽管当前电子商务购物网站琳琅满目，但一方面社区物流的网购平台具有高度区域性的特点，它供应的物品主要是餐桌生鲜以及日常生活用品，是一个菜市场的电子平台。另外，在物流信息系统的建设上，杭州市物流快递企业的信息化程度还是跟不上电商的信息化发展，依赖各自配送企业的系统，缺乏信息共享，就不可避免出现重复配送等资源浪费现象。

三、加快杭州市快递物流服务设施发展的对策

（一）统筹城乡一体化，着力改善农村快递基础设施建设

发展农村快递物流，实现“乡乡有网点、村村通快递”，关键在于统筹城乡一体化发展，提升农产品商品化率，让农产品与城市工业产品加速自由流通，而政府部门要做的，就是科学规划农村快递物流服务，加强农村基础设施和快递物流平台建设，健全县乡村三级农村快递物流基础设施网络体系，大力推进“一点多能、一网多用、深度融合”的农村快递物流发展新模式。在杭州，智能快递物流将迎来一个全新的历史时期。在此背景下，加强杭州市城乡智能快递服务基础设施建设，借力“互联网+”打造“快递+”，既是推进智慧城市建设和增强快递物流行业竞争优势的重要环节，更是提升城乡快递物流末端服务水平、实现智慧城市创建和城乡快递物流发展惠及百姓、服务民生的必然要求。

（二）加大宣传力度

正是由于居民及第三方物流企业对社区和农村地区物流等终端缺乏认识，才需要终端物流加大宣传和培训力度。加大宣传力度，让更多的居民认识终端物流、喜欢用终端物流、参与物流设施服务建设，通过电视、网络、传单等传媒介质来宣传社区和农村地区物流带来的便利性，当全民都认识到终端物流带来了无可比拟的便利性时，终端物流也将呈现爆炸式增长。另外，尽快对终端物流从业人员进行专业化培训，使终端物流的每个环节都顺畅运行，提高终端物流服务的质量。

（三）健全和完善快递物流信息平台

信息平台是快递物流发展的重要支撑，整个信息平台主要由两个部分组成：一是电子商务网站；二是物流配送系统。建设一个商品种类齐全，涵盖衣、食、住、行的购物网站，方便居民一站式购物下单，使得居民足不出户便可以把一天的生活用品采购齐全；一个综合全面的物流信息平台能够把居民的订单整合，统一采购、统一配送。这样做的好处显而易见，市民不仅可以从天猫、1号店等各种网购平台解放出来，在统一的本市电子商务平台上采购，这样配送的成本就降低很多，方便快捷。

（四）政府主导，出台相关政策支持

快递物流的发展需要巨大的投入，配送网络体系的构建，节点建设等投入均不是一般的民营物流企业能够承担的，因此政府在推动快递物流发展过程中应当起到主导作用，政府牵头规划建设节点，组织社会物流企业进驻，进行各区域各环节合理分工的同时又有一个政府机构在宏观调控整个过程，这是政府对基础设施建设的支持。另外，在引导和支持社会物流企业的政策上，政府应当出台各方面的优惠政策，比如土地出让政策、税收政策、财政补贴政策等，只有政府做到软件、硬件两手抓的情况下才能有效推进杭州市快递物流的发展。

第七章 其 他

中国商品交易市场发展总结报告
——在第十六届中国商品交易市场发展论坛上的发言

□ 文／高铁生

大家上午好！我们花了一个上午的时间，集中讨论的是一个重要的问题，就是在新形势、新常态下，中国商品交易市场的机遇和挑战。虽然发言的内容很丰富，发言的题目也是林林总总，但是归结起来我们来到这里，都是在讨论一个问题“新常态下中国商品交易市场何去何从”，我认为这是一个非常重要的问题。而我们讨论这个问题，也处于一个非常关键的历史时期。

为什么这么说呢？大家可能都知道中国的商品交易市场，是伴随着改革开放步伐一步一步走过来的。如果划分几个重要的历史节点，我认为1978年改革开放无疑是给我们商品交易市场带来了空前未有的发展空间。

第二个重要节点，我认为是2001年的加入世贸组织，这是中国改革开放一个重要的里程碑。加入世贸组织之后国内市场国外市场不断密切的联系起来，也使得很多国外先进商业业态陆续登陆我们国内市场，和国内市场是竞争关系也是合作的关系。当前我认为，到了中国商品交易市场发展的新的重要的历史节点，标志在哪儿呢？

第一，中国经济进入新常态，刚才会上有很多专家都对新常态进行了很好的解读。

第二，中国改革开放，面临一个全新对外开放的大格局。

第三，流通现代化进程中出现新的动力，其中非常重要的就是电子商务给商品交易市场发展带来的冲击、带来的挑战，也带来了新的历史机遇。

我们以前也讨论过这个问题，商品交易市场的红旗到底能打多久？因为不少的学者、专家预言说商品交易市场可能要退出历史舞台。又有那么多崭新的流通业态，他们在发达国家都经过了几十年历史的验证和迭代，登陆中国之后有人认为会取代商品交易市场，当然这个预言没有实现。那么到了现在，又有一种议论，不断地在我们耳边响起，就是电子商务虚拟市场已经对百货业对超市业带来了巨大的冲击。我们都知道不管是外商还是国内的商业、企业在电商冲击下处境艰难，有一些有名的市场也纷纷收缩自己的战线。那么商品交易市场在这种情况下，怎么样能够使自己浴火重生，爆发自己的生机和活力，这个问题摆在我们面前。

我们今天这个会议的议题已经深入的介入，有些专家也有精彩发言，有独到的见解。但是大家不要以为我们已经有了答案已经有了结论。我认为这些问题，还应该进一步的认识，进一步的领悟。特别是联系我们所在的商品交易市场目前的处境，如何破解这些问题，我认为上午的发言可以归结为以下八个问题。

第一，如何应对新常态，要对新常态有一个全面的理解，不是简单认为经济发展下行，我们面临需求这样一个困境。要从发展速度这样一个变化，要从发展模式这样一个转型，要从发展动力，这样一个动力结构的转换来认识新常态，并且要一定结合我们商品交易市场在这种速度、转换、结构转型、动力调整的情况下，商品交易市场的新常态是什么。我想这个问题，不是短短的一次会议就能够解决的，有待于我们深入学习，有待于我们结合自己实践认真总结，我们从这次论坛应该带回去需要进一步解决的问题。

第二，必须认识到，现在我们对外开放对内开放，新的格局究竟对我们商品交易市场会有什么样的影响，会上有些专家也都讲过。习近平总书记提出了“一带一路”的发展战略，我们国家近几年来和十几个国家签订了《自由贸易协定》。《自由贸易协定》的实质就是国际市场和国内市场自由贯通，就意味着关税的减免，就意味着国外商品会比过去更大规模进入我们国内市场。

另外，我们国家还明确地提出，要建立四个自由贸易区，上海、天津、福建、广东，这些自由贸易区使得我们传统的外贸格局有了很大的变化，体制方面有很多创新。还有中央提出了要建立长江经济带，要推进京津冀三省市协同发展。这些对内对外开放的新格局大格局，给我们带来什么机遇？带来什么挑战？我们如何利用改革开放这样一个新的形势，新的机会，我认为这需要我们回去认真思考的问题。

第三，刚才义乌购王总其中谈到的，电子商务和商品交易市场的关系问题，我认为我们对这个问题一定要正视。过去，耳边常常响起“狼来了”，现在电子商务对商品交易市场的发展，已经展示了咄咄逼人的态势。究竟你是敬而远之，你还是和他深入融合？这是摆在我们面前必须认真对待的问题。我最近看了一些材料，都讲了电子商务在城乡攻城掠地、异军突起，我实地也看了一些电子商务进入市场、进入农村的一些最新发展态势。

据我了解，仅仅从 2012 年到 2014 年两年的时间，农村在网上的营销额已经从 7% 发展到 9%，农村的网购以这样一个速度在发展，现在阿里巴巴要在全国 2000 个县市发展农村电商；苏宁提出要在 1500 个市场上，把他的网店重新布局；供销社说在 3 年之内，要使得他们农村的一些传统的网点，能够网上运行。农业部最近又提出来，正在筹备开展电子商务的高端工程建设，“山雨欲来风满楼”，我们商品交易市场不断在向下延伸，下沉到四线五线城市，我们也知道发展农村市场交易的重要性，但是现在供销社、农业部，还有这些大的网站、电商，也要和我们争夺农村市场，我们商品交易市场本来好多市场都是面向农村的，面向中西部地区的，现在电子商务也向这个领域进军渗透。

我代表市场学会去浙江看过，看了浙江江山市发展起来的电子商务，一个是左邻右舍网站，一个是萝卜白菜网站，他和 900 多家大的生产厂家建立合作关系，以优质低价的商品供应，这个集团就搞农村网上网下销售网点。我也到遂昌县看了赶集网，也是帮助农民把农产品在网上销售，也是帮助农民在村子里通过网上购买原来是我们商品交易市场批发销售的产品。面对这样一个竞争，商品交易市场如何转型升级？如何充分利用电子商务的最新成果，来嫁接我们商品交易市场，我们应该努力进行这方面的探索和尝试。

我最近看到的浙江省，他们评了十家专业市场搞 020 试点取得的成绩，当然包括义乌购了，还有杭州四季青服装市场、浙江衢州的粮食市场。我还看到一个材料，是福建泉州的幸福街鞋业商城全面转型，是传统市场和电商很好结合。所以我建议中国市场学会批发市场发展委员会会后能够组织一批有志于把实体市场和电子商务结合起来的市场主体相关人员做调查研究，找到我们更好地利用电子商务发展我们商品交易市场各项业务好的途径。

第四，商品交易市场数量和质量的关系、增量和存量的关系。现在很多在座的老总，都有这样一个感慨，在有些地区交易市场数量发展得太快了，布局太密集了，竞争过分激烈了。我们一直在讨论这个问题，商务部也关注过这个问题，就是我们商品交易市场，从总量上来看是多了还是少了。我们前一年都有一个体会，东边可能多一些，我们就到中西部，大城市多一些，我们到四五线城市。我最近参加的一些活动，多半是在县级市搞的市场论坛。那么我们现在需要认真考虑一下，商品交易市场是不是要继续摊大饼，是不是要继续在数量方面进一步扩大规模，还是减少数量规模上的冲动，搞好市场本身的质量提高和经营方式的转型升级。

因为归根到底商品交易市场也有一个供给和需求问题，不是越多越好。我们参加市场组织的活动，在一个小小的县城里边，大规模的建材商城至少三四个。我们也到了一些江苏的过去我们认为市场发展比较好的地区，每个区都在招商，来者不拒，投资多多益善。地方一些行政长官，并不考虑你这个市场在这个地方开业以后，是不是能够很好的生存和发展下去，几个市场恶性竞争，会不会使市场有一天活不下去？所以我认为这是一个很重要的问题。

我们都知道好多行业，当企业竞争激烈的时候，都会兼并重组，我们商品交易市场有没有这个兼并重组的问题？在一个市场集群里面，不是很好的划行规市，一种专业市场有好几家，你说这个结构合理吗？从理论上来讲，从发展逻辑上来讲应该兼并重组，但是我没有看到这个方面研究深入的文章，商品交易市场需要兼并重组，需要联合起来，走联合发展的道路。

但是怎么兼并重组？你那个交易市场怎么进行资产证券化呢？上个新三版市场，你能够进行产权交易，那么你也可以兼并重组，我认为我们如果在座的这些交易市场，不走联合发展兼并重组的道路，还像现在这样分散化的经营，那么根本不能适应新常态下市场面临的机遇和挑战，我认为这是一个很重要的问题。

第五，商品交易市场的转型升级，转型升级的问题大家谈的比较多，就是如何把虚拟市场和实体市场结合起来，如何把线上交易和线下交易结合起来，这些我们要认真调查研究。另一个我认为，就是实体化的转型，随着地方经济实力的增强，居民收入的提高，消费结构的升级，必然会有这样的一个要求。那么大家已经看到了，我认为这方面，还应该继续努力，这是一个好的尝试，就是我们商品交易市场不再是传统的交易市场，而是向商场、现代商城转化，就是市场商场化，还有向购物中心转型。我们现在不是建一般的市场而是建城市综合体，甚至是商圈的发展。我觉得这都是很好的尝试。所以转型一个是一个虚拟化的转型，一个是实体化转型。一个市场只有通过虚拟转型提供更便捷的服务优势，又通过实体化的升级提供更优越的购物体验，才能增强自身的竞争力。

第六，刚才我们丁俊发会长已经谈到了，市场的供应链优化和升级。现在有一种提法，就是好的市场不是单纯经营商品，而是经营商户。现在发展一个市场，在良莠不齐的吸收商户，恐怕对市场的提高是有害无益的。我们招商一方面是获得优质的经营商品，也同时要获得优质的经营商。什么是优质的经营商？我们过去的判断标准是你能不能交租金，你有没有诚信，你有没有好的商品。但是现在恐怕还要帮助经营商，真正能够从优质厂家采购优质商品。

你不要只关心你商铺能不能卖出去，你要关心你招进来的商户，他从什么地方采购商品，是可靠优质厂家采购的商品，还是通过二三手渠道采购不是非常物美价廉的产品。我刚才讲到的那个公司，我参加了他们的招商会，他把他的网点展示出来，他有几千个网点，让优质的厂家到这儿来参与竞争。谁给我的条件好，提供来自源头优质产品，我就和你签订合同，条件是给我的优质产品价格低廉商品，我只能在我这个范围里面这个网络里面销售，但是征求了几百个有名的品牌商来参与合作。所以我们现在市场开发商、经营者、管理者，你一定要帮助这个商户，如何从名牌厂家采购商品。

这是经营者、经营商一是优化采购渠道，一是优化销售渠道，搞好物流配送。我认为这是提高市场竞争力，打造市场品牌形象的重要条件。

第七，如何适应国内国外市场贯通，内外贸结合这样发展的趋势。这是因为中国不仅仅是世界市场有机的组成部分，我们自身正在变成国际市场。从义乌就看得很明显，外国采购商云集义乌，我们在座有条件的市场，也得学习、移植，向有关部门争取，适应现在给予义乌小商品市场的这样一些对外贸易的优惠政策。

那么中国和十几个国家签订了《自由贸易协定》之后，国外市场的商品可能零关税低关税大量进入国内，有条件的市场恐怕今后不仅仅是销售国内品牌商品，而且要销售国外的一些品牌商品，我们为此是不是做好了准备？

所以今后我们国内的城乡居民，希望在我们国内市场买到物美价廉的外国商品应当不是什么奢望，随着“一带一路”的建设，中国商品交易市场在欧亚大陆桥的联线，在海上丝绸之路经过的各国，来建设中国商城，也不是空想。所以我们在座的市场必须研究，如何适应内外贸加快融合，国内市场和国际市场逐渐联成一片这样一个新的形势。

第八，我们如何规避风险安全运行，我认为这个问题也很重要。火灾不只是在一个商场里面发生过，造成商品和人员的损失可以说是惨痛的教训，谁在这方面都不要有侥幸的心理。

还有一个是有没有经济风险？我们耳闻目睹不少商品交易市场由于铺的摊子过大，出现了资金链的断裂，所以如何合理地规划自己的发展布局，尽量避免出现资金方面的风险，也是非常重要的。

那么还有一个，我们希望我们市场在发展过程中，正确处理市场和政府的关系，这是我们全面深化改革的应有之意。我知道不只一个，几个市场，由于在和地方政府合作中没有把握住自己的底线身陷囹圄。所以市场可能会遇到政治风险，这也是一个新问题，也是值得我们关注和认真防范的。

总之，其他问题还不少，有一些在会上已经涉及了，有一些谈得已经深入了，有一些只是刚刚涉及还没有破题。比如说如何争取国家有关部委的政策支持？如何防范地方政府的不当作为误伤市场？如何提高市场相关人员的素质和能力？如何学习贯彻商务部规范市场的各项标准等等。我们这次会议，由于时间的关系，我们没法安排更多的专家学者来论述这些问题，我们希望在市场关切的许多重大问题上，中国市场学会一如既往，我们愿意和在座的各个单位搞好合作、研究，提供资源服务，做好和有关部门上下沟通，帮助市场排忧解难，寻计问策，以从容地适应新常态，为中国商品交易市场的发展赢得更长久的时间、更宽松的空间以及更好的政策生态环境。

中国市场学会愿与大家披肝沥胆、风雨同行，祝我们明天更美好。

2015年上半年药品流通行业运行分析及发展趋势预测

□ 文／商务部市场秩序司

2015年上半年，受国家宏观经济环境影响，药品流通行业总体运行呈现缓中趋稳的态势，销售与利润增幅继续趋缓。行业进入转型创新、全面升级阶段，行业新常态的运行轨迹凸显，现代医药物流发展和“互联网+”模式的推广应用，带动了行业业务模式、服务模式持续创新与优化。

一、药品流通行业运行基本情况

（一）药品流通行业销售增幅趋缓

据统计，2015年上半年全国七大类医药商品销售总额8410亿元，比上年同期增长12.4%，增幅回落1.7个百分点。其中，药品零售市场销售总额为1682亿元，扣除不可比因素比上年同期增长8.7%，增幅回落0.3个百分点。

（二）药品流通行业利润增幅下滑

据统计，2015年上半年药品流通直报企业（1200家）主营业务收入6581亿元，同比增长12.8%，增幅回落2.1个百分点；实现利润总额108亿元，扣除不可比因素同比增长11.5%，增幅下降2.4个百分点；平均利润率为1.6%，扣除不可比因素与上年同期相比降低0.2个百分点；平均毛利率为6.4%，与上年同期相比降低0.6个百分点；平均费用率为5%，与上年同期持平。

（三）药品流通行业销售规模前百位企业位序变化

批发类前百位企业上半年主营业务收入4595亿元，占全行业主营业务收入的63%，其中8家超过100亿元。

从总体来看，批发企业前十位变化不大，内部位序略有升降；前百位企业中，有5家企业新增进入前百位。

（四）行业资本运作情况

2015年上半年，药品流通行业上市公司又添新军。2月17日，益丰大药房连锁股份有限公司登陆上海证券交易所，股票简称“益丰药房”，股票代码“603939”，公开发行新股4,000万股，发行价格为19.47元／股。4月23日，老百姓大药房连锁股份有限公司登陆上交所，股票简称“老百姓”，股票代码“603883”，首次公开发行新股6700万股，发行价格为16.41元／股。中国龙头药品零售连锁企业陆续进入资本市场，预示着药品零售市场上兼并重组即将全面发力，促进药品零售行业向专业化服务和大健康产业转型发展。

表1：2015上半年药品批发企业主营业务收入前20位排序

序号	企业名称
1	中国医药集团总公司
2	华润医药商业集团有限公司
3	上海医药集团股份有限公司
4	九州通医药集团股份有限公司
5	广州医药有限公司
6	南京医药股份有限公司
7	重庆医药（集团）股份有限公司
8	华东医药股份有限公司
9	中国医药健康产业股份有限公司
10	安徽华源医药股份有限公司
11	四川科伦医药贸易有限公司
12	浙江英特药业有限责任公司
13	天津天士力医药营销集团有限公司
14	康德乐（上海）医药有限公司
15	云南省医药有限公司
16	山东瑞康医药股份有限公司
17	中国北京同仁堂（集团）有限责任公司
18	哈药集团医药有限公司
19	山东海王银河医药有限公司
20	山东海王银河医药有限公司

二、药品流通行业运行主要特点

（一）药品流通市场销售总体平稳增速放缓

2015年上半年，大型药品流通企业的主营业务收入、利润增长、费用控制普遍优于行业整体水平，对行业发展的引领作用进一步提升。药品流通行业总体销售增长放缓、运营成本增加、毛利率降低等一系列现实情况，对全行业发展形成了较大压力。

表 2：药品流通批发企业前 100 位主营业务收入结构分布表

数量单位：家

主营业务收入	2015 年上半年企业数	2014 年上半年企业数	变化	2014 年度企业数
100 亿元以上	8	7	＋1	15
50 亿元～100 亿元	7	6	＋1	10
10 亿元～50 亿元	37	37	0	75

（二）药品零售市场呈结构性调整

2015 年上半年药品零售市场规模总体呈现增长态势，在商务部“十二五”行业发展规划纲要的指导下，大型药品零售连锁企业发展迅速。由于医院药品零加成挤压药店药品价格、医院药房社会化低于预期、医药电商快速增长，使得传统业务增长空间收窄，药品零售市场规模扩张放缓，低于整体药品流通行业的销售增幅。药品零售业态面临经营体系重建、多维竞争的局面。面对市场挑战，不少重点企业积极应对，立足国情，力求多元化、多渠道深耕拓展药品零售市场，以专业化服务和大健康市场为立足点探索新型药店经营模式，如设立 DTP 专业药房，开展直接向消费者提供高值药品的直送业务；开设健康馆、名医馆，向消费者提供个性化的医疗保健服务；开办现代社区药店，开展以消费体验为主导的服务模式等多种适应新常态的经营之路。

（三）医药电子商务市场呈现快速增长态势

2015 年上半年，医药电子商务继续快速发展。据国家食品药品监督管理总局统计，2015 年上半年共批准、换发证书 105 家，截至 2015 年 6 月 30 日，拥有互联网交易资质的企业合计为 425 家，企业数量同比增长 56.3%，其中 B2B 为 90 家、B2C 为 319 家、020 为 16 家，主要的交易模式为 B2B、B2C 形式，其中 B2B 占销售额比重为 90%（020 模式不含其中）。据药品流通统计直报系统不完全统计，拥有互联网资质的医药电子商务营业收入平均增幅超过了 50%，远远高于传统药品流通销售模式的增幅。加快“互联网 +”与医药产业的深度融合、拓展医药产业供应链已成为行业共识。大型药品流通企业纷纷“触网”，如国药进军体检行业合作成立“国药集团健康商城”、英特新型联盟形式“药店在线”、九州通自营式 B2C 模式“好药师网”、第三方 B2C 平台“天猫医药馆”、浙江珍诚自营式 B2B 模式“珍诚在线”、第三方 B2B 平台“我的医药网”、金象网 020 模式、上药 + 京东、阿里健康“云医疗”等多种模式，将为医药电子商务的发展提供更多的业务增长点。

虽然医药电子商务整体销售收入占药品流通市场的比重不高，但其销售增速不断提高。随着“互联网 +”政策的进一步明朗，未来医药电子商务的发展潜力巨大，呈快速增长态势。

（四）医药物流现代化建设水平不断提升

在新版 GSP 实施、第三方现代物流的发展、“互联网 +”的推动下，现代医药物流有了新的发展。据抽样调查，医药物流企业广泛应用了仓储管理系统、仓库控制系统、无线射频系统、运输管理系统等一系列现代化管理软件和先进的管理手段，行业订单处理能力达到 100%，账货相符率达到 95% 以上，准时送达率达 98% 以上，三项运营指标均有了大幅提高。国药控股、华润医药、上海医药及九州通等大型集团公司采用先进物流技术装备，实施全国或区域内物流运营一体化策略；社会第三方物流企业利用自身干线运输能力及网络覆盖能力为医药物流配送提供专业服务，促进了行业物流效率和服务质量的提升。

三、药品流通行业发展预测

（一）转型升级将成为行业发展新常态

2015 年是“十二五”的收官之年，医改的深化，大健康产业的发展，将继续释放市场容量。无论大型还是中小微企业，如何抓住市场机遇，集中优势资源完善网络布局，构建贴近医疗保健需求个性化及服务便利化的新业务组合，强化内部管理做好价值服务，完善药品供应链安全高效管理，以实现转型升级将成为新常态。预测 2015 年下半年，行业市场需求仍将呈现稳中趋缓的发展态势，药品流通行业销售及利润将加速进入中低速发展、微利化的状态。

（二）医改新政推进行业结构调整提速

2015 年“三医联动”系列改革持续深化，招标新政、医保控费、药价放开、市场监管趋严等政策，将会对医药市场药品销售结构产生重大影响。虽然药品市场刚性需求仍将持续，但药品临床需求及零售市场销售已进入“量增利减”阶段。受用量增加、销售价格降幅的影响，药品流通行业将出现成本增加、毛利率降低局面，企业的经营结构面临深刻变化，行业的赢利空间进一步收窄。企业应加速组织结构、经营结构及品种品类结构的调整，创新药品经营和服务模式，转变增长方式，练好内功增强适应能力，增强盈利能力。

（三）信息技术应用快速推动行业发展转型

随着信息技术不断发展，药品流通行业利用内外资源、打破信息壁垒、推动行业跨界向医药供应链上下游服务转型将是未来的发展趋势。现代信息技术的应用将改变医药流通企业与上下游企业之间的关系，加速医药供应链之间的战略合作，拓宽药品流通渠道，提升流通效率，降低流通成本，重构药品流通行业供应链服务管理新格局。传统药品流通企业应该抓住时机加速转型，应用先进互联网技术构建网络化、智能化、个性化、协同化的利益相关方供应保障生态体系，加速互联网与大健康产业的深度融合，拓展业务链，转型、创新发展刻不容缓。

（四）药品流通行业已进入“互联网+”新的发展时期

在国家“互联网+”战略推动下，医药电商潜在发展空间巨大。未来医药电商的跨界融合与发展将是行业服务模式转型的关键。医药互联网发展将带来健康产业的生态发展，构筑全新的药品流通行业智慧健康生态圈。企业将改变医药电商以流量为中心的传统模式，其应用模式由电脑端逐步转向移动客户端，推动医疗健康大数据的应用，提高行业服务能力和管理水平，改变行业的竞争格局。

（五）资本市场将促进药品流通行业实现跨越式发展

资本市场比以往更加关注药品流通行业，也正影响着上市和非上市药品流通企业的运行。以并购方式完成对产业资源的集中占据、对产业链条的系统把持，则可实现行业集中度和结构的优化；以互联网方式完成对传统企业商业模式的改造，对消费者需求的准确把握，则可稳步实现行业转型升级，促进药品流通行业效率的快速提升。未来几年，行业内以上市公司和领先企业为主导的并购整合，以及以互联网和成功嫁接了互联网的传统企业为主导的转型升级，将成为资本市场的关注重点。

服务贸易促进体系亟待完善

□ 文／赵 萍

尽管中国服务贸易规模已经跃居世界第二位，但国际竞争力仍然不强，服务贸易仍是外贸的“短板”。如何建立与中国当前国际地位相适应，与国内创新、协调、绿色、开放、共享的五大发展理念相协调的服务贸易促进体系，是中国提升服务出口能力、转变外贸发展方式的必然选择。

相关数据显示，“十二五”期间，中国服务贸易快速发展，贸易额年均增长14.5%。未来一段时期，预计中国服务贸易仍将保持高速增长态势，到2020年服务进出口额有望超过1万亿美元。为了增强服务贸易国际竞争力，提高外贸对中国经济增长的贡献率，完善服务贸易促进体系至关重要。

逆差持续扩大

中国服务贸易1995年～2014年连续20年保持在逆差状态，且逆差规模持续扩大。长期持续扩大的服务贸易逆差表明，中国服务业整体上国际竞争能力不足，在全球价值链中的地位不高。因此，提升服务贸易竞争力，是稳定外贸增长、实现国际收支平衡的重要手段。

中国服务贸易摩擦近年来骤然增加。国际贸易摩擦正在从单一产品贸易转向以产品贸易为基础的技术贸易和服务贸易。尤其是自2008年全球金融危机爆发以来，国际服务贸易壁垒与贸易摩擦的规模也不断扩大。与中国产生服务贸易摩擦的国家，均为美、欧、加等发达经济体。

服务贸易摩擦主要体现出三个特点：一、影响大于货物贸易。服务贸易摩擦一般不针对具体商品或具体企业发起，而是针对与之相关的政策、法规、管理办法等，一旦发生，将给整个行业带来负面影响。二、取证和申诉困难。由于服务活动具有无形性、生产与消费同时进行、服务行业种类多差别大等特点，在服务贸易摩擦与纠纷中不易取证，增加了调查、取证、辨析与申辩等难度。三、保护难度大。由于服务的无形性，适用于货物贸易的保护手段无法相应地在服务贸易中发挥作用，而服务贸易管理体制、健全的法律法规对服务贸易发展意义重大。

因此，从国家宏观层面不断完善服务贸易促进体系，为服务贸易发展提供全程服务，是在当前国际形势下发展服务贸易的重要举措。

体系仍然很不完善

中国服务贸易体系现存的主要问题在于：

首先，对服务贸易促进的重视程度远不如货物贸易。长期以来，中国外贸促进政策主要针对的是货物贸易，而对服务贸易重视程度不够。

其次，中国服务贸易促进体系仍很不完善。作为世界第一大货物贸易国，中国对外贸易法、出口退税制度、出口信贷、出口保险等法律法规、财税优惠、信息服务等促进政策一应俱全。虽然服务贸易已经上升为世界第二位，但服务贸易促进政策仍然缺乏系统性，促进力度也远未满足服务贸易快速发展的需要。

第三，中国服务贸易促进政策的精准性还有待提高。从事前的制度安排看，WTO《服务贸易总协定》根据服务贸易的提供方式，将国际服务贸易划分为跨境交付、境外消费、商业存在、自然人流动四类，但中国目前的服务贸易政策并没有分类指导的具体举措，促进政策基本上是一刀切。从事后的贸易摩擦应对看，如何在服务贸易发生前合理保护幼稚的和涉及国家战略安全的产业，在服务贸易摩擦发生时依法维护中国服务贸易企业的合法权益，都是当前服务贸易促进的空白点。

重庆商圈　重庆名片

——在第二届重庆商圈发展峰会上的演讲

□ 文／周克勤

值此2015年中国商业街区行业年会暨第二届重庆商圈发展峰会召开之际，我想与大家共同阅览一下重庆商圈这张名片。

一、重庆商圈的由来

重庆历史悠久，巴渝文化古朴厚重，诞生于200万年前的巫山龙骨坡文化是东方人类的起源。重庆商业文明源远流长，商贸兴起于秦汉，发展于明清，繁荣于民国，鼎盛于直辖，自古为西南地区工商业重镇。早在秦代，重庆就有了中国最早的女企业家，她名叫寡妇清，曾受到秦始皇的亲自接见。唐宋时期，重庆已发展成为长江、嘉陵江流域重要的物资集散地；明清时期成为长江上游和西南地区重要的物资集散中心。1891年，重庆海关正式开埠，开启了近代商业文明，重庆成为全国四大洋货交易中心之一。1938年10月，国民政府迁都重庆。重庆作为中国战时陪都，世界反法西斯战争远东指挥中心，成为当时中国的政治、军事、文化和经济中心，从此奠定了重庆在中国商业版图上的重要地位。新中国成立后，重庆作为西南局所在地，商贸得到了较大发展。1997年，重庆直辖后，商贸实现新的腾飞。在漫长的历史时期，重庆地处内陆，交通闭塞，山高水急，经商往来不便。先辈们为了克服自然环境限制与外界通商，历经艰险，百折不挠，进行了执着的艰苦努力，给我们留下了顽强拼搏的创业精神、商业智慧和创新基因。今天重庆人民在崎岖不平的山地建起近千万人口的特大型城市，建起繁华热闹的商圈，就是这种精神的体现。重庆商圈植根于深厚的商业文化土壤，丰厚的商业文化积淀，是重庆商圈产生和创新的动力源泉。

1997年，中央批准重庆成为中国第四个直辖市，重庆迎来重大历史机遇，商贸发展翻开了新的篇章，商圈建设也迎来辉煌时期。直辖之初，重庆作为老工业中心城市，商业基础薄弱，设施落后。市委、市政府将产业转型和城市改造的突破口，放在了商圈建设上，就此拉开了新兴直辖市城市建设的大幕。1997年，市政府和渝中区投入3000多万元，以解放碑为中心，改造建成中国最早的商业步行街之一——解放碑中心购物广场。随后沙坪坝、江北、南岸、九龙坡、大渡口等区结合城市建设，加快商圈打造。2003年，沙坪坝区三峡广场建成，成为继解放碑之后重庆的第二个城市商圈。江北区政府以7.5亿的基础设施投入，吸引30多家企业投资200多亿元，建成观音桥商圈，成功处置十余栋“烂尾楼”，盘活商业设施50万平方米，成为商圈建设的经典案例。之后杨家坪和南坪商圈相继建成，形成了主城区五大商圈发展、五朵金花绽放的格局。万州、涪陵、永川等城市也建成区域特色商圈。2010年，我们针对重庆大城市、大农村并存的实际，将城市商圈的成功经验向基层推广，在全市实施了社区便民商圈和乡镇商圈发展战略。同时，将解放碑、江北嘴、弹子石定位升级为中央商务区，由此形成了中央商务区、城市核心商圈、社区便民商圈（乡镇商圈）三级现代商圈体系。在重庆商圈建设实践中，我们总结出“商住分开，人车分流，立体开发，集中打造”的16字方法，这是重庆商圈工作的经验总结。截至2014年底，全市38个区县建成城市核心商圈30个，其中，社零总额达到400亿级商圈1个、300亿级商圈2个、200亿级商圈2个、100亿级商圈3个。建成特色商业街49条，社区便民商圈152个、乡镇商圈45个。一个层次分明、城乡并重、大小共存的现代商圈网络体系正在形成。

经过多年发展，重庆商圈在产业集聚形成良性互动的同时，也逐步培育了独具特色的商圈文化。重庆因水而生，依山而建，是举世闻名的山水之城。市内山脉纵横，长江、嘉陵江交汇于此，将重庆主城区分割成“两江四岸”，形成组团式、网络化的现代城市群。重庆商圈因重庆多中心、组团式的城市布局结构而逐渐形成。商圈内高楼林立、商家云集，主城区五大核心商圈每天人流量超过120万人，已成为广大民群众购物消费、休闲娱乐和旅游观光的重要场所，是市民群众日常生活不可缺少的公共活动空间。重庆商圈是展示重庆文化的重要窗口。解放碑，原名抗战胜利纪功碑，是中国唯一纪念中华民族抗日战争胜利的国家纪念碑，承载了我们国家民族悲壮的历史，而今转型为高端商圈，沉重的历史和华丽的时尚在这里交相辉映。观音桥、南坪、杨家坪等商圈注重巴渝传统文化挖掘、保护、传承和培育，实现了历史文化遗迹、景观艺术作品与休闲娱乐设施的有机结合，三峡广场商圈是全国特色文化广场。现代商业文明与古老巴渝文化相交融，使重庆商圈不仅是时尚、潮流、繁华的商业街，而且展现了重庆山水之城独特的历史人文、都市气质与时代风范。重庆商圈是重庆城市元素、商业元素、文化元素的重要标志，它与重庆夜景、重庆美食、重庆制造一道展示了城市魅力。重庆商圈文化是新时期重庆城市文化的一种表现形式，与巴渝文化、抗战文化、三峡文化一样，是重庆文化的重要组成部分。重庆商圈伴随城市成长，历经城市变迁，见证城市发展，已经成为重庆的城市历史，并将书写新的历史。

二、重庆商圈的蝶变

在重庆经济要素中，商圈是资源配置和产业集聚的载体，是现代服务业发展的重要平台。研究商圈发展，必须置于全市整体发展战略去谋划和思考。当前，我国正处于经济增速换档期、结构调整阵痛期、前期刺激政策消化期“三期”叠加阶段，处于经济增长动力转换的关键时期，经济的内生动力将由出口导向型、投资拉动型经济向消费主导型经济转变。商圈作为消费主战场，责任更大，任务更重。经济新常态下，中央着眼于优化经济发展空间格局，推出一带一路、京津冀协同发展、长江经济带三大战略，重庆是丝绸之路经济带的重要战略支点、长江经济带的西部中心枢纽、海上丝绸之路的产业腹地，具有承东启西、连接南北的独特区位优势。国家一带一路战略和长江经济带战略，赋予了重庆新的战略机遇，也为重庆商贸流通发展、包括商圈建设带来了发展契机。

根据中央部署和要求，重庆市委四届三次全会作出了五大功能区域发展战略的重大决策，综合考虑人口、资源、环境、经济、社会、文化等因素，将全市划分为都市功能核心区、都市功能拓展区、城市发展新区、渝东北生态涵养发展区、渝东南生态保护发展区五个功能区域。商圈建设是五大功能区域发展战略的重要内容，市委、市政府将商圈转型提质作为五大功能区域发展战略重点专项，定期督查通报。五大功能区域战略实施两年来，全市经济社会保持较快发展。2015年前三季度，重庆GDP增长11%，比全国高出4.1个百分点，位列全国第一。全市社会消费品零售额增长12.3%，比全国高出1.8个百分点，在全国排第二位。按照五大功能区域发展战略，重庆商圈发展坚持城乡统筹、区域协调原则，以差异化、特色化、智慧化和人性化为导向，坚持新建培育与改造提升并举，激活扩大本地消费与吸引集聚外来消费并重，加速构建以中央商务区为龙头，区县核心商圈为骨干，乡镇商圈（社区便民商圈）为支撑的三级商圈网络体系。到 2017 年，建成城市核心商圈 50 个，社区商圈 1000 个，全市社会消费品零售总额达 100 亿元的大商圈 13 个、500 亿元的商圈 3 个，形成城市核心商圈集群，城市建成居住区基本实现社区便民商圈全覆盖，市级中心镇和重点示范镇实现乡镇商圈全覆盖。

为此，我们主要围绕三个层级推进商圈建设。第一个层级中央商务区。市政府出台了《关于加快中央商务区建设的意见》，将重庆中央商务区规划总面积由过去年 5 平方公里扩大到 10 平方公里，其中解放碑地区约 3.5 平方公里、江北嘴地区约 3.5 平方公里、弹子石地区约 3 平方公里。第二个层级城市核心商圈。按照重庆城市规划，未来重庆主城区将在二环区域建设 21 个大型居民集聚区，到 2020 年以后，主城区规划建设面积将扩大到 1200 平方公里，人口将达到 1200 万，其中中心城区 700 万人。围绕这个规划，我们将提升、续建和新建的 17 个主城核心商圈，其中提升优化 4 个主城成熟商圈，新建 7 个、续建 6 个新兴商圈。加上中央商务区，主城区形成“1+17”的商圈布局规划。同时大力推进远郊区县城市商圈建设，以城市综合体建设和商业步行街打造为抓手，以满足本地消费为重点，集中打造一批各具特色的精品商圈。第三个层级社区便民商圈和乡镇商圈。以“居民出家门步行 5 分钟到达便利店，10 分钟到达超市、餐饮店，驱车 15 分钟可到达购物中心”为目标，规划建设一批社区便民商圈，配置善必备型业态和便民服务项目。以市级中心镇和重点示范镇为重点，按照商贸主导型、特色农业主导型、工业主导型、旅游主导型、交通主导型、边贸经济主导型六种类型，规划建设一批乡镇特色商圈。

我们采取的工作措施有六个方面。一是加强商圈建设的规划引导。遵循全市功能区划分要求，加强统筹规划，适度均衡布局。引导各区县商圈合理定位，体现商圈特色和风格。二是推动商圈业态调整提升。积极支持传统商圈升级改造，以商圈大项目为载体，大力引进和发展高端商务、新兴金融、时尚文化、创意设计等产业，全面提升商圈业态的档次和品质。三是加快发展商圈电子商务。加快智慧商圈建设，建成智慧商圈云平台，推进智慧商圈停车引导系统建设，覆盖全市核心商圈。加快商圈网建设，实现实体商圈与虚拟商圈相结合，线上交易与线下交易相结合。四是完善商圈建设管理机制，建立激励机制，进一步提高商圈管理服务水平。五是优化商圈发展环境，切实改善商圈交通环境，营造舒适便利的交通环境。六是发挥区县的主体作用。加强市区联动，相关部门配合，一手抓传统商圈转型升级，一手抓新兴商圈建设培育，在全市掀起新一轮商圈建设的热潮。

三、重庆商圈的启示

近年来，不少兄弟省市同仁到重庆考察商圈工作，总爱问这样的问题。什么叫商圈？有什么标准？随着我市商圈建设渐成体系，我们不断总结探索出一些要义，并将制定《重庆城市核心商圈建设规范》。汇总重庆商圈建设的经验教训，有六点值得重视。

（一）选址要科学。城市商圈一般位于城市的核心地带或重要交通枢纽区域，商圈选址应遵循两个基本要求：一是在老城区，要依托历史形成的商业基础，对已有商业核心集聚区通过改造升级，打造建设核心商圈；二是在城市新区，要充分结合城市总规，选择在城市功能布局规划、道路交通规划和居住人口规划等要素配置优越的区域，布局打造核心商圈。

（二）规模要适度。我们将商圈分为市级城市核心商圈和区县级城市核心商圈两个类型。根据有关研究，消费者购物和逛街的步行时间一般在 5 ～ 10 分钟比较合理，步行距离在 1000 米左右最合理。支撑大型购物中心一般需要 80 万人以上的消费人群，大型百货店需要 50 万人以上，大型超市需要 20 万以上。因此，我们要求市级商圈建设面积应控制在 1 ～ 2 平方公里，商业设施面积达到 100 万平方米以上。区县级商圈应控制在 0.5 ～ 1 平方公里，商业设施面积在 30 万平方米以上。

（三）功能要齐全。商圈应具备六项主要功能。一是零售购物。这是商圈最基本、最主要的功能。市级商圈以大型购物中心、大型百货店、大型超市、大型专业店、国内外知名品牌专卖店为主力业态，零售业态在商圈商业服务业态中占比 60% 左右。拥有 10 家以上大型零售商业网点。二是现代商务。随着经济活跃度提高，商圈的商务功能有逐渐上升的态势，商圈应具有商务办公、研发设计、信息发布和咨询、中介服务、会议研讨、教育培训等商务活动空间。三是酒店住宿。具有多层次的酒店住宿、会议接待、商务宴请等酒店接待设施条件。市级商圈至少3家四星级及以上酒店。四是餐饮服务。具有多层次的餐饮服务场所，特别是具有能够提供中高端餐饮和特色餐饮服务的餐饮集聚区。五是休闲娱乐。具有满足消费者多层次需求的休闲娱乐集聚空间及休闲娱乐场所。市级商圈至少1条以上的步行商业街区。六是都市旅游文化。通过商圈文化氛围，包括影视和文化演艺场所、文化馆、博物馆以及楼宇景观、城市公园等载体，吸引本地居民及外来游客休闲逛街和观光旅游，提供文化体验服务。

（四）交通要便捷。交通问题是未来商圈发展的核心问题，交通不畅，商圈不活。随着商圈的成熟完善和规模不断扩大，人流、物流量日益增多，重庆几大主要商圈不同程度出现交通拥堵的状况，市区两级政府花了很大力气解决这个问题。缓解商圈交通压力，应优先提倡公共交通，合理扩大商业中心步行街。注重停车库建设，尽可能增设停车位，引导人车分流。停车位建设一般按每100平方米商业设施1.1到1.2个车位进行配置。

（五）环境要典雅。商圈是城市的脸面，代表城市形象，体现城市品质。这就要求从商圈建设到管理，都要精益求精，从细节做起，做到格调高雅，品质精致，干净整洁。比如，商圈建筑风格、材料、色彩的选择要体现城市特色。对商圈景观环境、建筑墙体广告、牌匾设置等方面都应制定相关控制要求。尤其要做好商圈夜景灯光设计，做到与周边环境协调，展示城市魅力，突出商业繁荣，烘托商业氛围，体现时代感和现代化气息。搞好商圈绿化，完善市政、环保、消防及卫生等公共服务设施。注重商圈文化培育，通过商圈广场、街头雕塑建设等，为市民提供舒适的消费环境和公共活动空间。

（六）服务要智能。重庆从2013年开始推进智慧商圈建设，经过两年多时间的建设，目前观音桥和南坪商圈进入了智慧商圈运营阶段。实现了免费WiFi全覆盖，开通了商圈便民服务、电商营销和商圈政务等功能。2015年7月，市政府制定了《重庆市智慧商圈建设实施方案》，提出通过智能物联网、商圈网、商圈信息服务中心、商圈公共管理中控展示中心、商圈中小商户融资服务中心“两网络三中心”建设，实现数据获取、商圈消费、交通引导、物流配送、公共服务、商圈管理“六个智慧化”。我们还将推进智慧社区建设，将智慧商圈和智慧社区结合起来，打造一张覆盖城市的智慧商业网络。下一步我们将加快智慧商圈建设，通过信息化技术提升服务体验，实现商圈吃住行、游购娱等服务智能化、个性化。

重庆商圈作为重庆打造长江上游地区商贸物流中心的一张名片，我们正在不断设计、不断打造、不断完善。我们相信，有商务部的关心支持，有来自全国各地的领导、专家和同行们的精心指点，重庆商圈这张名片一定会更响更亮！

2015年1月17日上午，晋商大讲堂系列讲座在山西日报报业集团举行，山西省商务厅党组书记、厅长孙跃进做了题为“从山西品牌到品牌山西”的主题演讲。以下为演讲摘录。

从山西品牌到品牌山西

□ 文／孙跃进

关于新常态

进入了当今时代，我们叫进入了经济的新常态，在新常态下的新思维。互联网思维没有边界，但它给我们提示的是，当今的竞争进入了跨界竞争，跨业分金，跨行融合，叫跨业、跨行、跨界“打劫”，还有种说法叫“海盗嘉年华”。不是你和我，而是在重新洗牌中你能不能站好自己的位置。

解读品牌

品牌的最早两个字叫做烙印，来源于挪威，用于产品的区别。而现在品牌是什么？我们通过自己的亲身体验可以感受到，品牌是我们消费者和产品之间的全部体验。他不一定代表好的产品，但它是一个名字，给人们以心理的感受，满足消费者的情感寄托。对于消费者来说，它是一种经验，一种保障。品牌是个性的展现，同时，对于我们生产者来说，又是一种约束，一种契约。

品牌的成长是要有过程的。品牌就和一个人的身影一样，当旭日东升的时候，影子在你的后面，当中午的时候，影子和你同步，当夕阳出现的时候，影子在你身后。个人是实力，影子就是品牌。

品牌的背后有血有肉有情感，产品是冰冷的，是可复制的；品牌是独一的，是不可复制的，就和文化一样。

山西品牌中华行的影响

17 个城市的“品牌行”，200 多个日日夜夜，政府得到了民心，企业得到了利润，百姓得到了实惠。两年的“品牌行”，活动本身做成了一个品牌。政府从一个活动到一个品牌的塑造，成为了全国的示范。商务部肯定，全国兄弟省市学习，境外对这一活动发出邀请，小物品卖出了大市场，小活动成了大活动。

新形势下的新思路

新形势下的新思路，就是政府有所为，有所不为。什么叫政府指导，企业主导，市场运作，社会参与？山西品牌中华行带给我们政府的思考，就是如何做好服务政府、法制政府、创新政府，做好这些事情，政府就叫尽职尽责。政府这只有形的手，一定要实现职能转变。

“品牌行”带来的深层次思考

通过“品牌行”，我们企业家提升了理念，改变了观念，锻炼了队伍，学到了方法，特别是营销创新、技术创新、服务创新。

但山西的开放还不够，解放思想不够，我们还有好多好的企业，在互联网时代，移动互联网时代，沿袭过去的营销方式。而很多南方省市已经在全球布局，设立自己的营销中心、营销网络，代之以新的流通方式来传播自己的产品。

这一系列的变化给我们企业家提出了深层次的问题。在新常态下，我们三个特征，第一是高速到中高速发展，第二是转型升级调结构，第三是投资的要素向创新驱动转变。

从山西品牌到品牌山西

实现山西品牌到品牌山西的跨越，必须把山西制造变为中国创造，必须把山西速度变为中国质量，必须把山西品牌变为中国品牌。要讲山西故事，要传播山西声音。

这个过程中，一是要树品牌，二要培育能成为品牌的龙头企业，三要建我们的好市场、好企业、好产品、好物流。要想富，先修路，商务部门所承担的工作，就是在这流通最后一公里中，要把“路”修好。

我们通过“品牌行”，要解决好的产品、好的市场、好的物流、好的路径，山西品牌到品牌山西的实现，必须是产品出去，企业出去，产业出去，从而把我们山西的区域品牌，也就是把“区域粮票”做成“全国粮票”。要实现这个跨越，首先要把已有的品牌做好，然后积极地去创新新的品牌。

品牌让山西更受尊敬，让我们每个山西人更受尊敬。如何在新的一年，融合新常态，走好新长征，如何创业、创新、创牌，不仅仅是要延伸“山西品牌中华行”，而且要在这个基础上的创新——山西品牌丝路行。借国家“一带一路”战略，要有山西形象，要有山西产品，要有山西故事，更要有山西主张。

展望山西品牌未来

我们所处的这个时代，不是要申请加入规则，而是要参与规则制订，这就需要提高我们的能力和本领。“品牌行”已经锻炼了我们一批山西名特优产品，我们也培养了一批企业家队伍，储备了一批未来的企业家，也在这个过程中发现我们山西还有很多好的产品必将会成为优秀的品牌。这就需要我们再发力，用省委提出的六大发展，去实现我们的创新发展、转型发展、绿色发展。

行动才有结果，没有做不到，只有想不到！在新的一年，把我们的山西品牌中华行，山西品牌丝路行，沿着丝绸之路，沿着万里茶道，把它办成山西视觉盛宴，山西的文化大餐，传播山西美食的天堂，同时是世界各民族的乐园，使我们的山西品牌走得更高更远更强！

第五篇

行业人物

终身贡献人物

赵尔烈

个人简介

赵尔烈，1944年生，吉林大学经济系毕业，经济学硕士。1981年至1994年在原商业部商业经济研究所从事商业理论研究工作，任室主任、副研究员、特邀研究员。1994年至今，先后任央企中商集团总经济师、中商股份有限公司副总裁等职。兼任中国市场学会、中国商业经济学会、中国蔬菜流通协会、全国城市农贸中心联合会副会长；中国农产品市场协会、中国农学会农业产业化分会常务理事；商务部、农业部特聘流通专家，享受国务院政府特殊津贴。现任北京八里桥农产品中心批发市场有限公司总经理。

北京八里桥农产品中心批发市场是经国家计委批准立项，由北京市政府与原国内贸易部共同决定建设的首都“菜篮子”重点工程。由中央企业中商集团和北京潞运通经贸集团共同投资建设，于1998年建成开业。市场自有土地面积24.33万平方米，土地性质为商业用地。建筑面积149041平方米，其中国有116224平方米，托管集体32817平方米。由110座交易厅、棚、房、楼、亭组成，经营蔬菜、水果、水产品、肉禽蛋、粮油、饮料、副食、调料、食品、建材、百货、花卉观赏鱼等12大类3万多种商品。货源来自全国13个省市、自治区。目前承担着京东地区200万人口的生活必需品的供应。

在赵尔烈的带领下，市场发扬“科学决策，艰苦奋斗，团结协作，勇于创新”的企业精神，以“以人为本，建设绿色放心市场，关爱百姓健康”、“科学发展，做大做强国家龙头企业，带领农民致富”为宗旨，通过实施“依法治市，创建交易者平安市场”、“优质服务，创建交易者满意市场”、“引真、扶优、打假，创建消费者放心市场”和“科技强市，创建现代化批发市场”的四个创建工程，实现了跨越式发展。2015年，市场交易量实现14.5亿公斤，交易额实现96.5亿元，现已成为京东最大的综合性农副产品批发市场。

市场成立18年来，先后荣获国家9部委联合授予的“农业产业化国家重点龙头企业”、商务部授予的全国首批“双百市场”、北京市首批“首都文明市场”称号。在2005年通过《农副产品绿色批发市场》GBT19220-2003标准的认证，成为北京市第一批绿色市场。市场还是农业部、商务部、全国“三绿工程”办公室的定点联系市场和重点联系单位，是北京市“放心食品工程”指定市场。

20多年来，赵尔烈同志在中国农产品流通的理论研究和实践中做出了突出的贡献，收获了众多的奖项和荣誉。1993年与他人合作《建立粮食批发市场和发育市场机制的研究报告》，获国内贸易部商业社会科学研究成果一等奖；《商业企业集团研究报告》获二等奖；论文《商业改革的思路模式：市场经济化》获二等奖；1992年商业部授予“部级优秀专家”；1993年国务院授予享受政府特殊津贴专家；2005年获得全国农产品流通“特别奖”；2013年获“中国农产品批发市场行业年度人物”称号奖。

张玉玺

个人简介

张玉玺，汉族，1949 年出生，北京市丰台区人。先后荣获全国劳动模范、全国农村优秀人才、CCTV 中国年度三农人物、中国农村改革 30 周年功勋人物等多种荣誉称号。现任北京新发地集团董事长（新发地农产品股份有限公司、新发地农产品批发市场、新发地宏业投资中心、新发地国际水产城、新发地丰泰新房地产公司）、新发地党委书记。系丰台区第八届、第九届党代表，丰台区第十三届、第十四届、第十五届人大代表，北京市第十三届、十四届人大代表，北京市高级人民法院、高级人民检察院法律监督员，同时担任国家农业部农产品市场流通专家，中国农业大学、北京工商大学客座教授。从 2002 年开始，连续两届当选为农业部中国农产品市场协会会长、一届执行会长至今。出版有《农产品流通理论思考与实践探索》、《海阔天空》等专著。

张玉玺同志常说，“三农”的核心是农民增收，只有将农民辛辛苦苦种出来的产品在市场上换回“真金白银”，农民才算增收。他无数次痛心疾首地呼吁，没有种不出来的农产品，只有卖不出去的农产品。不关注流通的农业是一个不完整的农业，关注“三农”，一定要关注流通。

为了这份沉甸甸的责任，他历经 28 年的栉风沐雨，把一个当初只有 15 亩地、15 名员工的小型农贸市场，建设成为交易量、交易额在全国 4600 多家农产品批发市场中，连续 12 年双居全国第一的特大型农产品专业批发市场，承担了首都北京 80% 以上的农产品供应。

北京新发地农产品批发市场成立于 1988 年，经过 28 年的建设和发展，现已成为首都北京交易规模最大的农产品专业批发市场，在全国同类市场中也具有很高的知名度和很大的影响力。市场现占地面积 1680 亩，入驻规模经营企业近千家，已形成以蔬菜、果品批发为龙头，粮油、肉类、水产、调料等十大类农副产品综合批发交易的格局。2015 年市场各类农副产品总交易量为 1510 万吨，总交易额为 606 亿元，稳定占有首都 80% 以上的农产品市场份额，是北京市“菜篮子”工程的龙头企业和全国重要的农产品集散地。

建场 28 年来，市场先后获得“全国文明市场”、“农业产业化国家重点龙头企业”等多项荣誉称号。“新发地”商标被国家工商总局评定为“全国驰名商标”，成为全国农产品流通领域响当当的金字招牌。2009 年，在美国纽约发布的中国最有品牌价值的 100 个企业当中，“新发地”榜上有名，品牌价值达 19.05 亿元，被誉为最有发展潜质的朝阳企业。

随着“内升外扩”战略的实施，新发地业务正在稳步向生产源头和零售终端同步延伸，现已在北京市区内设立了 150 多家便民菜店，有效的平抑了市场物价；在北京周边和农产品主产区投资开设了 12 家分市场和 300 多万亩基地，充分的保障首都供应。新发地市场的发展壮大和业务拓展，在服务首都市民、繁荣首都经济、促进农业增效和农民增收等方面发挥着非常重要的作用。目前，新发地市场已成为家喻户晓的全国知名品牌，在国内外具有广泛的影响力。

市场的繁荣与发展，不仅极大地实惠和方便了一日三餐离不开蔬菜的北京市民，搞活了首都城乡经济，加速了中国农业产业化进程，更重要的是培育出了一大批完全能够适应市场经济规律的新型农民，通过他们成功的示范作用，带动了成千上万的中国农民走上了发家致富奔小康的道路，真正实现了"建一个市场，活一片经济，富一方百姓"的建场目标和"兴市富民，兴农报国"的庄严承诺，取得了很好的社会效益。

为此，张玉玺先后获得国家级多项殊荣，被中国农业大学、北京工商大学等聘为客座教授，并应邀为北京大学、清华大学、农业部干部管理学院授课。

28年呕心沥血，埋头苦干，他一心扑在工作上，为农民增收殚精竭虑，放弃了所有的休息日，他的足迹踏遍了祖国大江南北的800多个农业县市；28年披坚执锐，情洒大地，他用一个农民企业家的坚挺脊梁，一头担起了首都的"菜篮子"和"果盘子"，一头担起了"三农"核心的重担。

展望未来，张玉玺决心以新发地市场为核心，把新发地市场打造成首都乃至京津冀菜篮子工程的新地标和崭新亮丽名片，加强全国农产品供应基地和产地市场的建设，为打造集中国农产品信息化展示、交易平台，构建更加科学、高效、规范的农产品供应体系，为保障首都农产品的安全稳定供应，以及更加积极有效地促进我国农业增效、农民增收作出新的、更大的贡献。

应新疆哈密地区行署邀请，张玉玺董事长赴哈密考察

农业部市场司到新发地市场开展生猪消费趋势监测制度调研

张玉玺董事长赴韩国首尔考察可乐洞农水产品批发市场

罗映红

主要职务

长沙市人大代表

湖南省企业家协会常务理事

长沙市雨花区企业家协会会长

湖南高桥大市场股份有限公司董事长

中国市场学会批发市场发展委员会理事会副理事长

自 1974 年到现在，罗映红在商海摸爬滚打 40 年。他将高桥从 1996 年地远人稀、完全跟“商业”搭不上边的郊区农田，发展成为全国第三大综合性市场和中南地区排名第一的国家级综合性市场，带领高桥大市场运营团队深耕高桥九大项目，屡创佳绩，被誉为商贸界的传奇。

罗映红曾荣获“湖南省优秀企业家”、“湖南省劳动模范”、“长沙市劳动模范”、“长沙市优秀中国特色社会主义事业建设者”、“长沙市首届转型升级十佳企业家”等荣誉称号；领导培育的湖南高桥大市场荣获“全国第三大综合性市场”、“中国优秀示范市场”、“中国企业诚信经营示范单位”、“全国日用工业品重点市场”、“湖南省首批保护消费者权益示范单位”、“守合同重信用单位”等。

艰苦创业，高瞻远瞩创办湖南高桥大市场

1995 年，罗映红抓住城市向外拓展、环线建设的机遇，

以敏锐而前瞻的市场眼光，在当时还是菜地的高桥村着手建设市场。1996年，占地面积700多亩的湖南高桥大市场拔地而起。1998年，湖南高桥大市场成功举办“98秋季全国糖酒交易会”，实现成交总额300亿元，创历届糖酒会之最。

专注发展，20年打造全国第三大市场

20年来，罗映红专注湖南高桥大市场发展，在他的领导下，湖南高桥大市场发展成为湖南唯一的“千亿级商贸航母”、中南地区最大、最成熟的综合性市场。目前，湖南高桥大市场占地面积1000亩，拥有优质商户6000余户，年交易额1000多亿元，含酒水食品城、农副产品城、茶叶茶具城、酒店用品城、现代商贸城、文体用品城、医药流通园和服饰家纺城八大专业市场，商品品类达到170多万种，供应了湖南70%以上的日用消费品，辐射周边10多个省市。先后荣获“中国优秀示范市场”、“全国转型升级示范市场”等荣誉称号，获批“湖南省旅游购物示范点”，并获得省市支持，申报市场采购贸易试点。

共享共赢，一个市场繁荣一方经济

罗映红重视与商户共同发展，一方面，坚持“放水养鱼”，让利于经营户，多年来累计让利额达到8亿元；另一方面，积极与银行、政府以及市场管理等部门建立良好的互信关系，为商户营造良好的经营环境。比如实施地税代征，根据商户经营情况与地方税务部门调整纳税额；推动商户与银行联名担保贷款制度，为经营户授信达15亿多元；创立小额贷款公司，为商户贷款融资带来新途径等等。20多年来，在罗映红的带领下，湖南高桥大市场培养了6000多优质商户，资产均在数百万元以上，其中有200余家各省市总经销、总代理。

湖南高桥大市场还带动了周边加工、仓储、运输、餐饮、娱乐等产业的发展，直接带动就业15万人。同时，市场还带动了茶叶、陶瓷、特色农副产品等相关产业的发展，形成了特色产业集群。

开拓创新，转型升级建设第五代市场

罗映红始终坚持市场创新发展，从2008年开始，市场以第二次创业的气魄进行提质改造和转型升级。2008年以来，市场累计投入30亿元，按照“高起点规划、高品质建设”的原则，以第五代市场为建设标准，进行各专业市场提质改造，并配套建设智能停车管理系统、消防安全系统、24小时电子巡更系统、无线智能导购系统等，实现配套设施、硬件环境、整体形象、经营业态、交易方式的大幅提升。确立“国际高桥、世界商港”的定位，重点发展电子商务、建设现代物流园和发展国际贸易三个方向，实施品牌升级、推进国际化、发展电商和建设现代物流园四大战略工作，建设“品牌化、信息化、国际化、专业化”新市场。

乐善好施，缘于企业责任的感恩情怀

罗映红坚持助人为善，认为做企业就要承担社会责任，帮助更多人成功。20多年来，湖南高桥大市场和商户累计上缴税收30多亿元，其中2015年上缴税收达4.08亿元，并以个人和企业的身份累计捐款捐物达2.06亿元，展现了一个企业家的社会责任心。

吴恩福

个人简介

吴恩福是土生土长的上海九星人，历任生产队长、工业大队长、九星村党支部书记、九星村委会主任、九星村党委书记、九星市场党委书记、上海九星控股（集团）有限公司董事长，先后荣获全国劳动模范、上海市模范年度人物、多届上海市劳动模范、全国十大杰出村官、中国功勋村官、全国兴村富民百佳领军人物、中国新农村建设十大杰出人物、全国商品交易市场优秀管理者等荣誉。

吴恩福是远近闻名的全国劳模，在他的带领下，九星村从 20 多年前的一个负债累累的贫困村，经过团结拼搏，开拓创新，快速飞跃成为“中国十大名村”、“中国十佳小康村”、“中国经济发展特色村”、“中国市场第一村”和“全国文明村”。九星集团被授予“全国五一劳动奖状”。九星市场被国家工商总局评定为“2011 年度全国诚信示范市场”和“2014～2015 年度全国诚信示范市场”，又先后被评为“全国 AAAA 级名牌市场”、“全国商品交易市场系统先进单位”、“改革开放三十周年·全国著名品牌市场”、“中国竞争力百强市场”和两届“上海市示范市场”。

九星的特色在市场，成功在市场。九星市场目前是上海市规模最大的综合市场，占地面积 106 万平方米，建筑面积 90 多万平方米，入驻全国各地商户 10000 多家，成功开设五金、灯饰、家具、机电、茶叶、钢材、地板、石材、橱柜、墙纸、胶合板、防盗门、不锈钢、菜市场、陶瓷卫浴、酒店用品、电线电缆、红木家具、PVC 管材、文化收藏品、危险化学品等二十八大类专业商品分市场区，九星蓬勃发展的市场集群，营造出繁荣繁华的商业集聚度，形成了名副其实的大众商品集散地，搭建成大众创业、万众创新的给力平台。2015 年销售额突破 300 多亿元。

九星市场今天的大好局面，凝聚着吴恩福同志的辛劳，饱含着吴恩福同志的心血，他的先进事迹令人敬佩。

一、坚持“以市（场）兴村”

1994 年，吴恩福同志临危受命，出任九星村党支部书记和村委会主任。面对全村欠债 1780 万元，负债率高达 84%，两年无力承担村民退休、医疗保障费等内外交困的局面，吴恩福迎难而上，带领班子成员和广大群众，认真分析九星所处城郊结合部的区位优势和当时的改革开放大好形势，坚定地走上“以市（场）兴村、强村富民”的致富康庄大道，使九星村民的好日子就像芝麻开花节节高，一天更比一天好。

1998 年 7 月，经上海市闵行区工商分局注册颁证，上海九星市场正式挂牌成立。经过持续不断的滚动式开发改造和转型提升，九星市场从小到大、从弱到强形成了“铺天盖地门面房，有街无处不经商”的繁荣兴旺经商环境，四通八达的“棋盘式”道路，水电、通讯、消防等基础设施一应俱全。场内一区一品，划行归市，布局合理。为方便广大消费者购物，主要道路口设置导购亭，免费发放《九星市场导购图》，各大专业市场区平面分布示意图一目了然。九星市场注重运用信息化技术强化市场管理服务，局域网、政务网、九星网等构建起质量管理、财务管理、人事管理、档案信息管理和RTX应用等系统，扎实提升管理服务水平。场内几十个电子显示屏、触摸屏等特别醒目，内容及时滚动更新，为大家提供信息服务。

二、坚持制度建设

吴恩福同志非常重视制度建设，强调以制度管人管事，运用科学有效的管理理念，建立完善系统的管理制度和高效务实的运行模式。在他的主导下，九星集团编印的2005版、2006版、2008版、2009版、2011版、2013版、2015版《规范管理工作手册》，使每一项工作都有章可循，都有程序化、标准化、规范化的管理要求，繁琐变得简单，杂乱变得有序，迟缓变得高效，为九星的可持续发展奠定了坚实的基础。

没有规矩，不成方圆。有了规矩，还必须落到实处。考核机制不断完善，在每周经营户和管理员自查、每月管理区复查、每季度公司考核抽查的三重考核检查基础上，近年来又推出季度第三方考核机制，聘请ISO9001：2008认证专家组成考核检查组，更客观、公平、公正，充分发挥考核“指挥棒”的作用。

三、坚持“诚信建设”

诚信是九星市场的立身之本。吴恩福倡导的“九星诚信市场”创建活动，组织机构、创建方案落实到位，着力推进“个、十、百、千、万、亿”诚信体系建设：即牢固树立一个“诚信”理念，构建十大诚信保障网络，每年开展百家诚信经营户评选活动，强势吸引千种品牌落户九星，签订万家商户诚信经营承诺书，设立亿元诚信质量保证金。在这样的市场氛围中，场内经营户自觉做到诚信经营，守法经营，遵守市场规定，接受监管部门和公司的各项管理。九星市场制定了《文明诚信经营积分制度》，以市场经营户遵纪守法、诚信文明、规范有序经营为主体，引导市场广大经营户自律，对遵纪守法、诚信文明经营户进行奖励，对不诚信守法的经营户进行扣分处理。九星市场严禁销售侵权和假冒伪劣商品，严禁对商品信息作引人误解的虚假宣传，经查处的不合格商品必须下架退市。凡是发现侵权和假冒行为，责令当事经营户当即自查，所售商品出自何处，写出事情经过和保证书，相关广告必须消除，管理区抓紧作出相应的处理决定。

四、坚持品牌建设

在吴恩福的带领下，2011年至2015年，九星市场连续五年都以品牌建设相关内容为年主题，2011年品牌建设年、2012年品牌形象年、2013年品牌形象深化年、2014年品牌服务年、2015年品牌拓展年，并先后每年开展“亮店”、“强店”、“诚信立店”、“品牌兴店”和“服务进店”工程活动，以“名牌战略、质量兴市、星级服务、优化环境”十六字为标准，深入开展每周“质量、安全、清洁、交通、综合”五个服务日，不断提高满意度、知名度、美誉度和忠诚度。九星市场着力推进“三品”建设，一是做好人品，先做人后做事，树立诚实守信的人品形象；二是卖好商品，保质保量，满足广大消费者的需求；三是建好场品，严厉打击侵权假冒行为，营造良好的市场环境和消费环境。

深入持久的品牌建设，取得了丰硕的成果，九星市场内经销的各类知名品牌由2011年的805个上升到2800多个，

上海九星控股（集团）有限公司总部

品牌专卖店也从 208 家到现在已突破 1500 多家，“七宝九星”注册商标被评为“上海名牌”和“上海市著名商标”。

五、坚持“质量强市”

九星市场始终坚持“质量强市”战略，从 2002 年起，先后和上海市商品质量监督检验所、国家灯具质量监督检测中心、华东木材检验所等权威质量管理部门派出的质量工程师共同组建灯饰、机电、五金、家具、陶瓷卫浴、油漆涂料、工具五金等七个商品质量监督站。质监站工程师每天带领管理人员在市场一线巡查，每月组织开展重点商品普查，严把质量关。九星市场紧紧抓住质量和效益这个中心，围绕质量强市战略目标，加快转变经济发展方式，强化商店的企业质量主体意识，全面提升商品质量和服务质量、工程质量、环境质量，推进市场整体质量水平不断迈上新台阶。

九星市场建立和实施的质量管理体系 2011 年和 2014 年两次通过 IS09001：2008 认证。2015 年编印的《九星集团“质量强市（场）战略”、九星市场“品牌拓展年”诚信体系建设——学习手册（9）》，通过组织学习贯彻，取得很好的成效。

六、强化消费维权

九星市场高度重视做好消费维权工作，除了设有市场的 12315 投诉调解总站，各管理区都有消费维权点，受理消费投诉，事事有处理，件件有落实。在市场醒目位置公示投诉、举报电话，建立投诉档案，做到小投诉调解不出管理区，大投诉调解不出市场。2014 年 3 月 15 日开始实施新《消保法》，九星集团编印 10000 册《贯彻落实新消保法学习手册——（8）》，分发到每家经营户和每位管理员手中，并组织 6000 多人次参加 55 场次全覆盖专题培训，做到商户一家不漏，法人一个不缺，培训后还统一组织考试，使消费维权意识深入人心。九星市场以商品质量保证金的形式建立消费者投诉先行赔偿基金，落实先行赔偿制度。九星市场主动接受新闻媒体及社会各界监督，认真面对存在的问题。凡是来自新闻媒体或监管部门的负面信息都主动抓紧整改，并且举一反三，落到实处。

七、勇担社会责任

九星集团认真履行社会责任，出资 450 万元支持山东省“乐义果蔬技术发展计划培训”项目；按市、区要求出资 1350 万元与上海市闵行区浦江镇 3 个经济薄弱村结对帮扶；捐助 100 万元援建江西革命老区 2 所希望小学和饮水工程；出资 108 万元扶持中国农促会培训三农人才攻读博士；向汶川大地震灾区捐款 300 万元；为青海玉树灾区捐款 140 万元；支持教育事业发展方面累计出资 5000 多万元；2014 年 11 月 18 日，又捐赠 1800 万元巨资给闵行区七宝明强小学修建东校区，广受社会各界好评。

最近，九星市场发展又到了一个新的关键节点，九星规划落地、转型升级的攻坚战已经打响。这既是九星的一次宝贵机遇，也是面临的一场严峻挑战。吴恩福坚持站高一步，看远一步，想深一步，凭实干跟上时代步伐，以奋进抓住发展契机，始终保持锐意创新的勇气，敢为人先的锐气，蓬勃向上的朝气，扎扎实实推进九星事业不断实现新跨越，迈上新高峰，铸就新辉煌。我们坚信，“中国市场第一村”这面光辉旗帜必定会在九星大地上高高飘扬，永远飘扬。

办公楼外景

傅森林

主要职务

中国海峡国际五金机电大市场 CEO

中华海外联谊会理事

全国工商联五金机电商会常务副会长

香港福建社团联会副主席

香港福建同乡会永远名誉会长

福建省政协委员

泉州市政协委员

香港泉州市同乡总会第十二届会长

泉州市海外交流协会副会长

香港南安公会会长南安慈善总会永远名誉会长

联合国海陆丝绸之路城市联盟工商理事会理事

香港统益国晖集团董事长

傅森林，1956 年生于福建省泉州市，1982 年泉州医专毕业后，分别在泉州市国专医院和泉州市第一医院任医师，1986 年移民中国香港，1994 年创建统益国晖集团担任董事长。在傅森林的率领下，统益国晖集团现已发展成为以全国性五金机电连锁销售和生产、专业市场开发、生态旅游开发的综合企业集团。2005 年，获得“爱国企业家”称号，在人民大会堂作“国家利益高于一切”的主题发言，获得各界的好评和重视，并多次应邀参加在人民大会堂由国家领导人主持的国庆招待国宴。2012 年，应泉州市政府“二次创业”之感召，联同香港泉州市同乡总会会员企业在福建晋江投资超过 50 亿，建设海西地区最大的福建省重点项目和泉州市五金机电专业市场——中国海峡国际五金机电大市场。2013 年 8 月，在中华海外联谊会、全国工商联和中共福建省委、省人民政府共同主办的第四届世界闽商大会荣获福建省人民政府颁发的“闽商建设海西突出贡献奖”。2013 年 12 月荣获“海西重点专业市场 2013 年度杰出总裁”。同年 12 月获得福建省南安市“慈善贡献奖”，并捐赠 500 万元人民币成立“统益国晖公益慈善基金”。

升级：时不我待

2002 年，时任福建省省长的习近平总书记曾专门赴晋江调研，亲自总结了“晋江经验”，其中“始终坚持以市场为导向经济发展经济”、“始终坚持加强政府对市场经济发展的引导和服务”，正好精彩地演绎了十八届三中全会中所提到的“处理好政府和市场的关系”。

早在 2011 年 8 月，在香港南安公会的一次活动中，傅森林向时任泉州市市长黄少萍建议，必须抓住历史机遇，在泉州发展大型专业化、现代化的专业物流市场。第二年年初，由于他的建议切中泉州转型升级中发展现代服务业的短板，泉州市委、市政府很快将此建议纳入推动“二次创业”的重点规划。

2012 年年初，泉州市召开千名企业家大会，《关于推进民营企业“二次创业”的若干意见》等 4 份政策意见在会上颁布，泉州打出了推进民营经济转型升级的“组合拳”。

经过 30 多年的发展，民营经济已成为泉州经济发展的主要力量和主要支撑。“‘二次创业’给了我们很大鼓舞和激励鞭策，我们一定要为泉州新一轮发展施展才华，实现抱负，回报社会和国家！”作为连任多届的全国工商联五金机电商会常务副会长，傅森林再也按捺不住爱乡之情，激动地说。

傅森林的建议来源于他对全国乃至国际的五金机电市场的观察。多年来，傅森林经常代表全国工商联五金机电商会到国内外各地考察、论证和参与五金机电市场建设，他惊讶地发现，从粤东到福建再到浙西，整个海峡西岸经济区的五金机电行业十分活跃，但是，那里居然还没有一个符合现代服务业发展条件的、专业的五金机电大市场。泉州市的五金机电经营户，大多还散落在大街小巷，仍然沿街为市，不仅造成车辆阻塞，还影响市容市貌。目前，泉秀路、义全街的五金机电商铺大多老旧破损、面积小，功能上缺乏办公与接待客人的空间，更没洗手间和周转仓，连停车地方也没有，已经不能满足商家提档升级的需求，商家的品牌形象更无法建立起来，很难吸引大厂家和品牌供应商，加上工作环境差，很难留住员工，导致生意老是做不大，多数人都很无奈。

五金机电市场是“工厂的百货店”，海峡西岸经济区要实现产业转型升级，如果没有转型升级的“百货店”配套，一方面不能提升生产水平和降低生产成本，另一方面还将会失去抢占现代服务业高地的机会。“这是当下泉州的一个行业短板，因此，如何解决这一短板问题被纳入泉州市委、市政府转变经济发展方式的部署之中。”傅森林说。

2012 年年初，可以弥补这一短板的海峡国际五金机电城项目落户晋江市磁灶。之所以选中那里，傅森林说，磁灶区位优势十分突出，海陆空交通十分便利，它毗邻国家级泉州经济技术开发区，福厦高铁晋江站、泉州机场、泉州港都近在咫尺，国道、省道贯穿而过。

由于中国海峡国际五金机电城的成功落地，很快带动了项目紧邻的多家市场和物流项目，如 361° 晋江综合基地（磁灶）项目、海西建材家居装饰交易中心、顺丰速运（集团）泉州物流仓储中心、传化物流，加上原有的天工陶瓷城、特种汽车基地、美旗城及该项目北侧晋江市政府规划并已建设中的 2048 亩物流基地等，还有几个专业市场项目在洽谈中，形成一个年交易额超千亿的超大规模市场物流集群。

更为重要的是，海峡国际五金机电城的建设，有力地助推地方的发展。一位磁灶镇负责人说，正在转变发展方式的磁灶在未来要打造“三个一”的目标：建设一个转型升级的产业基地，建设一个福建领先、全国有影响的大型物流中心，建设一个现代化新城。“所以，我们很支持海峡国际五金机电城这个项目。”这位负责人表示。

大市场：敢为人先的大格局

“晋江经验”写道：“始终坚持在顽强拼搏中取胜”，“始终坚持以诚信促进市场经济健康发展”，这是对爱拼才会赢的闽商的充分肯定。

新的历史发展阶段的闽商，与改革开放之后的第一代闽商相比，他们的眼界更加开阔，更能将自身的发展与区域及国家的发展大势相结合。

傅森林从事五金机电行业近 30 年，似乎更像跨代的闽商，既有第一代闽商的精明强干、吃苦耐劳，又有新一代闽商的远见卓识。2013 年，傅森林荣获第四届世界闽商大会

表彰的“闽商建设海西突出贡献奖”。

在傅森林看来，不仅传统的经营模式不能满足商家需求，同时，这些多而杂乱的小商铺严重影响城市的功能与发展。行业整合提档升级是行业的大势所趋，也是政府优化城市功能的大势所趋。在晋江做了 10 年五金制品生意的王建波说：“晋江磁灶地处闽南经济核心，义全街的五金机电占据整个大泉州地区 70% 的量，生意火，但发展空间受局限，几年营业额都没有递增。我们太需要专业的大市场了。”

海峡国际五金机电城项目立项之初就确定了“既是开发商更是市场运营商”的开发理念。第一期品牌专卖店的价格比磁灶住房价格还低，还不到市场周边铺面价格的 1 / 3。作为市场核心的国际大卖场，是一个很聚人气的风水宝地，并提供一定的免租期给租户，支持租户发展。

“商户赚取的是真金白银，我们开发商却赚了个大市场。购买品牌专业店的商户不仅拥有自己的物业，既赚经营钱，又享物业增值，等二期推出来时，商家闭眼都赚到很可观的物业升值了。”傅森林由衷地说，“我们会用专业市场开发经验，组建专业运营管理团队来经营和管理市场，把入驻商家的产品推广给千家万户及工厂，大家是利益共同体，捆绑一起，市场就活跃，大家一起成功。”

现在在项目周边已经有超过 50 家物流企业，如果加上天工陶瓷城及内坑高铁站的物流企业在内已经超过 100 家。2012 年，中国海峡五金机电城项目被列为福建省“十二五”的重点建设项目，也是泉州市政府专题会议确认的五金机电专业市场；2015 年被福建省和泉州市工商局评为“诚信示范市场”。

傅森林说，中国海峡国际五金机电城将建成集商贸交易、会展中心、电子商务、高档写字楼、现代物流仓储区、行业价格指数及信息发布中心、检测中心、星级酒店、配套住宅等主体功能为一体的多元化、现代化的专业市场综合体。在项目成熟运营后，直接间接创造就业 2 万人。“我国是五金大国，但还不是五金强国，”傅森林感慨地说，“我们的目标是为海峡两岸以及国际同行搭建一个国际贸易、交流与合作的平台，促进国内五金机电行业的发展和提升，为国家担当，为行业振兴而奋斗。”

2013 年，傅森林当选新一届中国海外联谊会理事，履新香港泉州市同乡总会会长一职。“海外泉商是家乡建设最大投资来源，这个项目正好为海峡两岸搭建了平台。”傅森林说。

2014 年元旦前夕，在车来车往中，在火花飞溅的建设工地，海峡国际五金机电城第一期工程接近尾声。与项目同期开工建设的 361°（晋江）综合基地、海西建材家居装饰交易中心，还有 2048 亩的现代物流基地的各项工程也都在如火如荼建设之中。

2015 年 8 月 8 日，海峡国际五金机电城项目一期盛大开业，商铺开业率高达 95%，市场红火，生意兴隆。

傅森林说，项目与周边多个的专业市场和物流企业，将形成一个超千亿的产业集群。“2013 年泉州摘得中国首个‘东亚文化之都’的桂冠，我们也有一个引领行业‘新丝路’的梦想，我愿意‘五加二，白加黑’（意指不分昼夜，不分双休加班加点）——为自己，为泉州，为香港，为中国梦。”

涂国喜

1986 年～ 1990 年，担任武汉市硚口区商业管委会副主任、汉正街小商品市场联合委员会常务副主任（常务副区长任主任，工商、公安、税务局长任副主任）

在改革开放初期，汉正街在中国发展小商品市场之先河，冲破了中国流通四级批发站的传统体制。在汉正街市场探索了工商、税务、公安、劳协实行联合管理体制，强化了以街为市、以地为摊初级批发市场的规范管理，理顺了税收管理体制，成为当时中国市场税收总额最大的市场。成立了汉正街私立工商户学校，解决个体户接受再教育和子女就学问题。成立外地来汉个体户劳协，加强了外来人口的管理，受到国家工商总局的充分肯定。1989 年筹集资金拍摄了中国第一部反映个体户生活的八集电视连续剧《汉正街》并在央视黄金时段播放，在西方国家引起强烈反响。

1991 年～ 1996 年，担任汉正街改造指挥部常务副指挥长、办公室主任（区长任指挥长）

对汉正街进行三期改造工程，探索了在特大城市旧城改造与批发市场改造相结合，自筹资金、滚动开发的新路，基本解决了引摊入室、让路于民的问题，市场、旧城改造面积达 100 万平方米，并带动了十多家开发公司共同开发汉正街。

1997 年～ 2005 年，先后担任政府办常务副主任、体改委主任、民营办主任，硚房集团董事长、总经理兼汉正街市场股份公司董事长

进一步推动了汉正街市场管理体制的完善，有效解决了条块分割的弊端，建立了个体户税费统一征收的管理体制，进一步扩大了汉正街在国内外的影响，使汉正街市场成为小商品辐射 28 个省、市场销售总额全国前十的佳绩。

2006 年～ 2010 年，在汉正街品牌服饰批发广场担任总经理

在新的形势下与投资人一起对批发市场提档升级，在为商户提供更好的经营环境、更大的经营空间和更低的经营成本方面做了有益的探索。批零兼营，降低成本让消费者受益，让市场繁荣，打造品牌广场成为汉正街市场靓丽的风景线。2009 年中央电视台拍摄中国改革开放 30 周年之十集主题节目《坐标》中，对其从事批发市场管理、经营的事迹做了相关报道。

2011 年～ 2015 年，在武汉汉口北集团担任执行总经理

在中国特大城市都面临着城市快速发展与批发市场生存空间产生巨大变革的新背景下，在投资人的领导下，在武汉汉口北承接汉正街传统市场的转移过程中发挥了积极作用；在产供销为一体，线上线下融合，内外贸融合，完善物流、仓储、金融配套服务等方面做了一些有益探索。

行业精英人物

王翠玲

主要职务

石家庄市长安区人大代表；

中国市场学会批发市场发展委员会理事会副理事长；

石家庄市商业联合会副会长；

河北九通集团董事长；

河北自由港商业广场有限公司总经理；

河北石家庄塔坛国际商贸城总经理。

王翠玲作为企业掌舵人，深耕商业地产领域，特别是在专业市场运作方面有着独到见解，将丰富的现代商业管理经验运用到实战中，带领九通团队在多个商业项目的招商销售、运营管理各个环节屡创佳绩，在业界享有盛誉。河北九通集团秉承“与时俱进、诚信合作、互利共赢”的发展理念，先后与国内外资金实力雄厚、信誉度高的知名企业建立良好的合作关系，积累了大量的商业资源，赢得了社会各界的广泛关注和好评。

王翠玲曾连续四年荣获“市级劳动模范”，先后被评为“全国诚信经营示范市场优秀管理者”、“省级优秀公益活动先进个人”、“河北省优秀企业家”、“全国商业服务业巾帼建功标兵”、“中国市场十大领军人物”、“全国商品交易市场巾帼创业功勋人物”等多项殊荣。多次受邀参加中国商品交易市场发展论坛，并于 2012 年在北京人民大会堂接受表彰，荣获“全国商品交易市场品牌建设十大功勋人物”荣誉称号。

抢抓机遇，转型升级，谱写九通华彩篇章

傲雪红梅，必经彻骨之寒，方得袭人香气；蹁跹彩蝶，必经破茧之痛，方可自在飞舞。

20 年前，王翠玲在石家庄知名国企就职，在常人看来

这是一个“铁饭碗”。改革的大潮，迅速改变了中国的商贸流通领域，随之国企也改革转制，她毅然决定下海经商。王翠玲以过人的胆识和战略眼光成为改革大潮中的先行者，成立了河北九通企业管理咨询有限公司，开创了自行商业运管行业之路。

多年奔波的艰辛历程，造就了她坚韧不拔的性格，走过坎坷，经历风雨，凭借着前瞻性的运营理念和惊人的创业毅力，王翠玲和她的团队每次都能紧紧抓住发展的机遇，大胆探索新的运营模式和新的经营领域，不断增大发展空间。凭借多年创立的品牌优势、庞大的商家资源优势和丰富实战经验的团队优势，九通公司在逆境中破浪前行，在市场激烈的竞争环境中迅速崛起，实现从单一化运营管理向多元化战略布局，九通公司华美蜕变，成功步入了集团化发展新征程，谱写出九通绚丽辉煌的新篇章。

夯实基础，跨越发展，引领商贸革命

河北九通集团始创于 1997 年，根植石家庄，近 20 年矢志前行，成为国内知名运管企业。以客户需求为主导，以提升企业核心竞争力为己任，始终坚持“创新、发展”，以“深化转型，强化运营”为宗旨，不断开拓进取，以雄厚的企业实力和坚持创新的企业精神，屡次刷新行业记录，创造一个又一个奇迹，成就无可撼动的行业标杆地位。

2001 年，王翠玲凭着敏锐的市场洞察力和丰富的实践管理经验，带领九通集团将南三条东方文化体育用品市场成功运作成为“全国十大品牌市场”，由此拉开了九通集团正式进军中国专业市场的序幕。百倍的付出，换来的是硕果累累，至此，九通在河北商界站稳了脚根，赢得了业界广泛赞誉，众多商业项目更是慕名而来。

始建于 2002 年初的华北箱包城，一直经营不善，常年亏损。2004 年底王翠玲接手运营后，把握宏观战略，对其原有格局进行了重新调整，通过大胆创新的运营管理模式以及对市场合理规范整合，成功组建了中高档品牌箱包市场，并将其发展成为河北省乃至整个华北地区箱包类商城的龙头，迅速扭转了市场濒临破产的局面，谱写了一段传统批发市场涅槃重生的传奇。

随着一个又一个项目的成功运作，王翠玲深谙企业“品牌战略”和商业模式创新之道。由九通集团全程运营管理的自由港五金电器灯饰交易中心项目已成为“全国百强品牌市场”，引领行业发展。“启动自由港项目时可谓顶着千斤压力，阻力重重，之前曾经有多支团队进驻，都没能成功运作，但我坚信九通一定行。”王翠玲以敢为人先的勇气和魄力，率先开辟新型招商渠道，强化项目品牌形象塑造，仅用一年时间就成功启动自由港市场，现已发展成为华北地区最专业、最具规模的五金类产品批零基地，并先后多次被评为“全国诚信经营示范市场”。

实力赢得先机，信誉博得商机，打赢商贸转型之战

九通集团始终站在引领城市发展的高度，凭借准确的市场定位、超前的运营管理理念及庞大的商业资源，不断延展市场布局和业务范围，向多元化企业发展，逐步构建起以京津冀为空间范围，以“河北九通”为品牌运营的商贸集群。

2013 年，河北省会石家庄传统批发市场外迁工作提上日程，塔坛国际商贸城被指定为搬迁承接地。凭借强大的商业运营实力，塔坛投资集团与九通集团强强联合，达成战略合作关系共同肩负项目发展重任。

塔坛国际商贸城，300 万平方米现代化城市商贸综合体，紧邻石家庄火车站，是推动华北商贸物流产业转型升级、跨越发展的重大工程。九通集团作为运营方，全程负责项目定位规划、招商运营、销售及宣传推广等。“想在激烈的招商争夺战中突出重围、有所作为，不仅要有效利用九通公司积累的大量商家资源，更要深入挖掘并放大塔坛项目独特的资源优势”，在前期市场调研阶段，九通凭借着社会上良好的信誉一举博得众多商家的信赖，当项目招商信息在各大市场投放后，招商仅十天，就与国内外万余品牌商家成功签约，刷新了河北商业招商速度和高出租率的双记录。

商业项目的“重头戏”是后期运营，塔坛国际商贸城的价值实现，最终必将落实在运营管理上。九通公司以运营专业市场成功经验为蓝本，用现代市场运营理念创新永续发展，保证市场商家获利，探求国际化的发展之路，率先引入商业运营“生态化”，通过构建信息、产业、行业、创新、金融五大生态系统，为广大商家提供电子商务、智能管理、商学院、产业服务、金融支持、会展交易、物流配送等数十项服务体系。同时，通过合力整合国内优势商贸资源，九通集团与全国十大知名专业市场达成战略合作，让塔坛国际商贸城站在“十大巨人”的肩膀上，引领商贸发展新前沿。

重人才培养，扬企业文化，树企业发展大局观

推动九通集团不断向前发展的不竭动力正是源于优秀的企业文化。走进九通，处处充满着团结、祥和、积极向上的文化氛围，优秀的企业文化支撑九通集团立足市场、面对竞争，以人为本，九通人团结一致，有信心有勇气去迎接各种挑战。

“以人为本”的人才策略是九通企业文化的一个重要组成部分。九通集团与多所高校建立校企合作关系，制定完善的人才培养机制，重视人才、善用人才，帮助员工有效定位其未来发展。王翠玲经常说的一句话是“九通的发展是为了上千名员工更好的生活，我们要对这2000多个家庭负责。”在给每一位员工提供一个良好发展平台和优厚薪酬待遇的同时，九通集团给予更多的是尊重和关爱，为他们解除各种后顾之忧，让员工真正体会到来自企业的温暖和作为九通人的自豪。

九通集团坚持以感情留人，以事业留人，以培养个人持续成长的环境留人，三管齐下，将企业与人才紧紧地连在一起，不断积聚起企业强大的向心力和凝聚力。王翠玲说：“我们在为企业自身打好人才基础的同时，也在为社会培养人才，从员工自身的角度来讲，不管在哪个平台之上，他们都能够为这个社会贡献一份力量，成为有用之人，这才是我们想要看到的，这才不悖我们的初衷。”

九通集团将“创造价值，共同成长”作为发展的核心，促成企业与商家、企业与社会、企业与员工的共同成长，正是本着这样的宗旨，九通将企业目标一一践行，脚踏实地的为社会做实事。

因为专注，所以专业

九通集团自创建以来，一直致力于打造具有标志性、唯一性、权威性的优质项目，以多种商业合作经营管理方式，成功输出商业运营管理经验，为大型商业项目、专业市场、旅游产业、物流园区等提供项目定位研究、发展规划、业态定位及配比、销售代理、招商运营、品牌策划推广等方面的优化方案，助力商业地产企业成功转型，实现快速发展和管理升级，提升项目市场竞争力。

九通集团坚持创新发展近20年，已与多家大型商业地产企业建立长期合作的信赖关系，被众多权威媒体和社会各界人士誉为河北省最具影响力和公信力的标杆企业。

王翠玲董事长应邀参加第十六届中国商品交易市场发展论坛

陈 伟

个人简介

男，汉族，1970 年出生，中共党员，新源国际控股集团商业副总裁、河北蜂聚商业管理有限公司总经理、河北新源发商贸城总经理，兼任中国市场学会副理事长、中国服装协会内衣专业委员会副主任、河北省针织服装专业委员会秘书长。

运营管理理念

商业地产开发运营“实战派”资深专家，“商业地产全程一体化运营”、“互联网 +”思维谋求商业地产转型的积极推动者与践行者。在当前以“互联网 +”、“大数据”分析为特征的市场背景下，提倡用“创新、改变”思维来迎接商业地产新常态。

注重商业地产发展规律同项目具体落位的有机结合。作为资深商业地产策划人，先后成功主持多个国内大型商业项目的全程运作，参与或全案运营河北新源发商贸城、潍坊 VI 购物广场、石家庄冀兴家纺城、石家庄轻工业产业园、西柳中国商贸城、新源蜂巢等项目的定位策划工作，操盘运作项目覆盖东北、华北、山东等地，是商业地产项目全程运营工作的倡导者和实践者，并因成功破解商业地产项目的“二次启动”这一重大难题而备受业界关注。

创业经历

陈伟，法学本科学历，2001 年进入河北新源国际控股集团负责商业地产规划及运营，全程负责新源发商贸城一期、二期的商业定位、招商、销售、运营工作，并成功将之打造成为全国知名的针织内衣批发市场、南三条专业市场龙头标杆；2007 年陈伟创立蓝海商业地产咨询管理有限公司，并联合河北浙商集团在辽宁省西柳镇成功开发、运营西柳中国商贸城。作为北派服饰基地、东北区域规模最大、服务功能完善的一体的现代化商贸城，实现了地区服装产业的历史性升级与突破；2010 年由于成功破解专业市场“二次启动”的难题，在商业地产行业内引起了巨大的轰动。2013 年作为新源控股集团商业副总裁、河北蜂聚商业管理有限公司总经理负责蜂巢项目的全案开发、招商、销售工作。新源蜂巢定位为“都市新派潮玩中心”、“中国原创垂直街区典范”，项目一经亮相便凭借其独创的“潮流主题垂直商业街区”概念及“改变传统商业大而全，将小做到极致”的运营思路，获得了行业内的一致赞叹与钦佩。蜂巢作为极具创新型的商业项目，前景可期，不久的将来将是河北省乃至华北区新一轮的商业热点与投资重点，战略意义重大，对区域内商业的发展具有里程碑式的意义。

孙驭蛟

孙驭蛟现任吉林市粮油批发市场总经理，负责粮油批发市场全面工作。自他担任粮油批发市场总经理以来，他以严谨、务实的工作作风，带出了一个务实求真、奋发有为的领导班子；以执着的敬业精神，甘愿奉献的人生品格，培育了一支业务能力强，服务水平高的市场干部队伍；以与时俱进的意识、敢为人先的风貌，开创了吉林市粮油批发市场工作的新局面。近年来，吉林市粮油批发市场荣获“2015年度全国粮油批发市场十强”、“2015年度农产品流通公益贡献奖”、“全国文明诚信经营示范市场”、“保障城乡供应全国先进市场”、“吉林市诚信示范市场”等多项殊荣。

累实基础，勇挑重担，开辟粮油批发市场新局面

吉林市粮油批发市场是成立于1998年，并于2009年8月由吉林市昌邑区辽宁路52号（原面粉厂）搬迁至吉林市龙潭区衡阳街一号原江北国家粮食储备库。自孙驭蛟2012年6月到单位就职以来，通过不懈努力，开源节流，将设施落后、经营亏损，职工工资都无法按时发放的老国企，当年实现扭亏为盈，2015年1月的职工月工资比2012年12月增长了200%。现已形成占地面积84000平方米，库房面积40000平方米，铁路专用线385延长米，拥有155辆物流配送车队，形成集批发、零售、物流、仓储、电子商务为一体的专业性粮油农副产品批发贸易中心。2014年交易量30万吨，年交易金额15亿元，是吉林省最大的成品粮交易市场，是全国重点20家成品粮现货交易市场。为500多人提供了创业就业岗位，肩负着吉林市450万人口的成品粮油的供应及省、市成品粮油应急储备工作。

开拓创新，勇于实践，拓宽市场业务领域

一是推广放心粮油“示范店”。吉林市粮油批发市场2012年获评吉林省放心粮油示范企业，在吉林市粮食局的指导下，积极参与“放心粮油”推广实施活动，在吉林市五个区分别成立放心粮油示范销售店，带动粮食销售行业标准提升，创造良好的社会效应，让老百姓买到放心平价的粮油。

二是开展“放心粮油”进校区、食堂工程。“放心粮油进校区”工程是全市放心粮油工程建设的重要组成部分，2013年11月12日吉林市粮油批发市场配送中心经招投标确定为“放心粮油进校区”工程150所学校的配送供给主体，年配送量为6000吨，并且与政府机关、企事业单位等各大食堂建立了配送“放心粮油”的合作关系，保障了重点人群、广大百姓的粮油食品安全。

三是开展“放心粮油”进社区活动。以加盟连锁店为主要营运方式，结合电子商务平台，与各大社区合作，面向社区居民，在吉林市打造100家放心粮油品牌店，作为电子商务平台物流保障，并提供400余个就业岗位，优先录用下岗职工，为政府树立粮安天下的良好社会形象。项目将对于加盟的下岗再就业人员与自主创业的大学生给予一定的优惠政策，引领更多的失业人员再次走向工作岗位。

积极进取，不断发展，谋划市场未来新篇章

吉林市粮油批发市场在总经理孙驭蛟的带领下，以一种新的姿态来迎接未来的挑战，“十三五”期间市场到2020年的总体目标是：实现1+7的模式，即搭建实体网络平台+食品安全检测追溯平台、电子商务平台、金融服务平台、中央厨房配送平台、供应链增值平台、仓储物流平台、产销对接平台等，构建一个多平台、多层次、多模式的粮油土特产品交易新体系，实现“粳稻贡米贡天下，吉林特产进万家”的目标。实现交易量60万吨，交易金额35亿元，年租赁及增值服务收入1000万元（在2015年基础上翻一番）。

刘莲珠

个人简介

刘莲珠有 20 多年从商经验，现任河北万鹏房地产投资管理有限公司董事长、杭州万鹏房地产营销策划有限公司董事长、潍坊万鹏房地产营销策划有限公司董事长、潍坊温州商会常务副会长、潍坊市工商联企业家互助合作商会常务副会长。2012 年荣获潍坊市工商联企业家互助合作商会“巾帼红旗奖”；2013 年荣获潍坊市工商联企业家互助合作商会“年度优秀个人”；2014 年被评为潍坊市温州商会“巾帼创业标兵”。

工作经历

1990 年起在浙江丽水大桥头综合市场任总经理，负责市场招商运营管理工作；

1993 年～ 2002 年在杭州四季青市场经商并参与市场的运营管理；

2003 年～ 2004 年在上海七浦路兴旺二期任副总经理，全面负责市场招商与销售工作；

2005 年担任北京“秀水街”招商部副总经理；

2006 年～ 2007 年初任北京“新永外”文化用品市场副总经理；

2007 年～ 2009 年担任江苏省常熟国际服装城副总经理；

2010 年初任山东省临沂市万博泓服装批发市场副总经理；

2011 年 3 月担任潍坊万锦置业有限公司销售部总经理；

2011 年至今荣膺潍坊温州商会常务副会长兼妇联主任；

2012 年担任潍坊亿丰置业有限公司销售部总经理；

2012 年至今担任潍坊市工商联企业家互助合作商会常务副会长；

2013 年至今担任虞清商厦居然之家销售部总经理；

2013 年至今担任潍坊浩博？香港城销售部总经理；

2014 年担任石家庄乐城国际贸易城销售总监。

部分成功营销策划的案例

七浦路兴旺二期

2003 年～ 2004 年在非典时期，万鹏公司进驻上海七浦路兴旺二期并在 7 位销售人员、0 保证金、0 广告投入的情况下，凭借专业的操盘经验及强大的品牌号召力，用 1 年时间，共销售掉三楼及地下室 800 余套房源，回笼资金近 4 亿元。

项目在市场最低谷时开业，由于当时市场不景气，严重影响到项目的运营效益，于是万鹏公司采用降低租金，并补贴经营户员工工资的方法，使市场走出困境并一跃成为国内最火热的市场之一。

该项目最初售价 3 万元 / 平方米，2013 年初售价已达 10 万元 / 平方米以上，租金也由当时的 2 万元 / 年飙升到

2013年初10万元/年。

北京秀水街

旧市场因安全隐患拆除，新市场采用5年使用权方式销售。未介入之前开发商曾有4次销售，4次失败，1套未售出的经历。万鹏进入后，用50天时间，1800余套商铺完成80%以上的销售率，回笼资金10亿元。最高价铺位4.83万元/平方米，5年使用权，售价395万元。

乐城·国际贸易城

项目总占地15742亩，总建筑面积2600万平方米，体量相当于3个义乌、12个南三条+新华集贸市场，由浙江乐城集团耗资800亿元开发建设。项目定位为三北地区最大规模的产业集群中心、物流配送中心和国际贸易中心，规划打造成集商品贸易、原料采购、产品研发、新技术应用、订单处理、终端零售、品牌展示、会展、企业总部、仓储物流、配套设施等多功能于一体的综合性商贸中心，是河北省重点商贸项目，位列石家庄"十二五"规划服务业之首。2014年5月，万鹏团队进驻石家庄乐城·国际贸易城，并在进场仅仅50天后即开盘，首战告捷，取得商业地产销售史上的骄人战绩，并且以每个月逐月递增的速度刷新着商业地产史上的销售纪录。

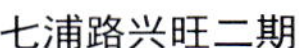
七浦路兴旺二期

北京秀水街

马树升

人物简介

1992.7～1995.6，黑龙江省电子器材公司财务部任职；

1995.5～1996.6，中南集团财务部经理；

1996.6～1997.11，东方集团企管部市场运营总监；

1997.12～2002.7，黑龙江省万达集团公司常务副总裁兼万达家电公司总经理；

2002.8～2012.3，哈尔滨万集源商业有限公司总经理，兼任哈尔滨市大新鞋城有限公司常务副总经理；

2013.4 至今，哈尔滨雨润南极食品交易中心有限公司党委书记、总经理。

所获荣誉

2013 年黑龙江省食品行业劳动模范；

2013 年道外区第三届青联委员；

“道外区新的阶层人士代表联谊会南马分会”会长；

黑龙江省食品贸易商会执行会长；

2014 年黑龙江省食品行业第二届劳动模范；

哈尔滨市道外区网络人士；

道外区人大代表；

2015 年度中国茶行业十大经济人物。

感言

光阴似箭，日月如梭，抚今追昔，心潮澎湃，过往的酸甜苦辣，已成企业征途上一道道深沉的沟壑，记录着成长的痕迹。雨润的经营理念，充满正能量和感恩，使我们更加坚定的追随，愿与它一起不断进步，一同展翅腾飞！

翻阅过去，我们共同经历了历史的蜕变和胆略的挑战：过去的老南极环境脏、乱、差，食品质量无保证，而今的雨润南极食品交易中心已彻底颠覆历史印象；11 万平方米的交易中心由名优城、冷鲜城、茶城、调料城四大主体及配套物流中心构建而成，内部环境优雅，设备齐全，装饰靓丽，呈现一派年轻、活跃的景象；我们严把产品质量关，严格监控进货渠道，确保消费者在这里买得安心，吃得放心。我们披荆斩棘，创新开放，努力突破行业巅峰，南极国际可谓今非昔比。

我们励精图治，精益求精：2011 年南极国际食品交易中心被商务部评为黑龙江省首家“绿色市场”，现南极国际商圈经营辐射全国乃至俄罗斯、日本、韩国、蒙古等国家和地区，得到了广大食品商家、商户、消费者的高度评价，南极国际食品交易中心在食品流通行业中的龙头地位逐渐形成，成为东北亚最具影响力和经营价值的专业食品展示、交易、流通平台。“南极”开启了“永不落幕的食品博览会”，现已成为行业的优势品牌，实现交易成本最低、交易手段最新、交易信誉最好、交易服务最佳、交易信息最灵，堪称第五代专业食品市场的典范。

随着“南极”在社会上的信誉度、美誉度、知名度大大提高，企业综合实力大大增强，“雨润南极食品交易中心”已成为食品商贸产业中的一颗璀璨夺目的明珠，令同行业刮目相看，树立了一座座历史的丰碑。一声声赞美，一个个殊荣，凝聚了“南极”人的心血和汗水，倾注了“南极”人的真情和厚爱，记载了“南极”人的精神和信念。“南极”的每一次进步，每个成绩的取得，一次又一次质的飞跃，要感谢政府大力支持、社会各界朋友和消费者的关注与包容，是你们为“南极”的发展带来了无限的力量，成就了今天的“南极”。

在未来的日子里，我们必将迎来更多的精彩和挑战，雨润南极食品交易中心将本着“顾客满意最大化、社会回报最大化”的企业精神，把食品安全放在首位，继续发扬“创新、开放、回报”的经营理念，在社会各界的支持和推动下，逐步发展成为实力雄厚、品质顶尖、绿色健康的商贸流通业强势品牌。这一目标是宏伟的，她的实现将需要我们全体同仁共同迎接挑战，推进“南极食品商贸产业链”的可持续发展。未来的我们一定会坚持同心同德，翻越层峦叠嶂，誓攀食品流通行业的珠穆朗玛。

冷鲜

张正容

张正容，女，1964 年 2 月出生，汉族，大专文化，中共党员，政工师，现任重庆公路运输（集团）有限公司渝南冻品市场管理分公司、重庆公路运输（集团）有限公司南坪火锅食品交易市场经理。先后获得了“重庆公路运输（集团）有限公司实业开发分公司支部委员会 2005 ～ 2006 年度优秀党员”、“重庆公路运输（集团）有限公司 2006 年度劳动模范”、“重庆公路运输（集团）有限公司 2007 ～ 2009 年度优秀共产党员”、“重庆交通运输控股（集团）有限公司 2008-2009 年度优秀共产党员”、“重庆公路运输（集团）有限公司 2012-2014 年度先进工作者”等荣誉称号。

经验丰富，敢于担当，业绩突出

在 30 多年的市场经营管理生涯中，她得到了上级集团公司的高度认可，每当上级集团公司成立新的分公司时，她总是首任负责人，新的公司在她的带领下，业绩突飞猛进，很快打开了市场局面。她带领的重庆菜园坝休闲娱乐品市场、重庆菜园坝农副产品市场、重庆渝南冻品市场等大型商品交易批发市场，先后荣获重庆市渝中区“守合同重信用单位”、重庆市农业产业化“市级龙头企业”、“中国农产品冷链批发市场 50 强企业”、“全国生鲜农产品电子商务优秀冷链物流服务示范单位”、“重庆市冷藏冷链行业协会副会长单位”、“安全工作目标考核二等奖”、“安全生产标准化三级企业”等荣誉称号，并累计为国家创税 1000 余万元，先后解决了上万人就业问题，为企业持续发展及经济、社会效益做出了突出贡献。

思路开阔，眼光独到，勇闯新路

近年来，重庆市冻库已经趋于饱和状态，陈家坝万吨冻库市场和明品福市场冻库等各大冻库，为争抢客户相继推出降价、免租金等优惠政策，给整个已经饱和的行业带来更大的冲击。面对冷冻行业异常激烈的竞争形势，渝南冻品市场处于生死存亡之际，张正容同志创新思考，另辟蹊径，决定带领公司抢抓机遇，转型升级。作为中国火锅之都，重庆火锅此前已申报国家级非物质文化遗产项目，重庆成为全国最大的火锅餐饮消费城市，全市有近 3 万家火锅企业。火锅原材料作为火锅的起点，也广受关注。她依靠独具的眼光、敏锐的嗅觉、大量的调查研究、坚韧不拔的精神，以顽强的毅力坚持和抗争，在克服重重阻碍后，终于在 2015 年成功建立起全国最大且全国唯一的火锅食品交易市场——重庆南坪火锅食品市场，结束了全国没有一家专业、上档次的火锅食品批发市场的历史，使重庆乃至全国火锅经营者有了一个正规、齐全、放心的“一站式服务”采购基地，成功实现了公司的转型升级，为公司的下一步发展指明了方向。经过一年来的运营，火锅食品交易市场的经营稳定，状况良好，年交易额达 60 亿元，已经成为全国闻名的专业火锅食品交易市场，有力带动了火锅产业、地区经济的发展，为社会做出了重大的贡献，公司也被评为“重庆市火锅协会常务理事单位”。

加班加点，任劳任怨，甘于奉献

为了她忠诚的企业，为了她热爱的事业，为了她牵挂的员工，她以“小马拉大车”的精神，犹如一匹不知疲倦的骏马，永不停歇地奋斗在前进、创新的道路上，为实现企业发展新目标不断勇往直前。她长期加班加点，不辞辛劳，特别是在火锅食品市场成立之初，涉及大量的协调工作，8 小时的工作时间根本干不完要处理的事，她总是放弃个人休息日到办公室来处理公务。在火锅食品市场成立之初，为打开招商局面，特别是吸引渝中区棉花街的商户入驻之时，她先是向商户宣传渝南冻品市场经营的优势，组织商家到市场考察，之后天天走访商户，用真诚打动商家。那段时间，她放弃了所有休息日，常常在深夜去棉花街市场抓一手资料，不厌其烦地解答商户们的疑问，耐心细致地引导商家考察市场，再到协调收取商户定金，机智应对市场竞争对手的攻击、商家纠缠等，一步一个脚印地向目标迈进。8 个多月的招商历程，已过“知天命”之年的她，每天工作十几个小时，面对商家诸多苛刻条件、既有场地限制、竞争对手的恶意攻击等困难，她带领公司全体员工加快基础设施建设，强化服务，加强管理，以坚韧不拔的精神，最终取得了棉花街水产市场 260 户商家整体进驻南坪火锅市场的重大胜利。

敢抓敢管，身先士卒

以身作则。公司和市场成立后，在她的带领下，先后制定了岗位职责制度、考勤制度、基础安全规章制度、安全制度汇编、应急预案及工作流程、设备管理制度、设备操作规程、停车场管理等多项制度，以制度管人、管事。为了市场的发展壮大，她主动向区政府及相关职能部门汇报工作，事必躬亲，四处奔走，争取支持。要求别人做到的，她自己首先做到。在实施夜间巡逻制度时，她亲自夜间带队巡逻，要求值班主任、现场管理人员、安全管理人员、保安队员随时为商家、顾客服务，确保市场有序运营。安全是企业的生命。她高度重视安全工作，始终把安全放在市场发展的首位。在她的直接领导下，公司建立健全基础安全规章制度和各项管理制度台账，制定各岗位安全生产责任制，签订岗位安全、市场商家目标责任书 500 份，亲自对员工和商户代表进行安全培训和现场指导工作，同时建立公司微信群，遇到重大情况及时沟通，将意外事故坚决堵在门外，不给任何喘息的机会，确保市场安全稳定。

张正容同志秉承“开拓、求实、拼搏、奉献”的公运精神，虔诚而执着，至信而深厚，把自己的青春和热血无私地洒在了她钟爱的事业之中，无怨无悔，为企业持续发展及经济、社会效益做出了突出贡献。

王贻梅

个人简介

1975 年 12 月生，浙江省温州市泰顺县人，和为贵置业创始人，现任济宁市华茂置业有限公司总经理、邹城市企业管理有限公司董事长、济宁市浙江投资协会副会长、山东和为贵置业有限公司董事长。创建和为贵置业以来，他始终以给中国人温馨的家园为经营理念，以提升消费者的生活品味为己任，现已创办了十几家商业市场，采用集“一站式购物”与“体验式消费”为一体的全新商业运营模式，在尊重商户各自经营权利的前提下，在市场内进行统一定位、统一规划、统一招商、统一经营、统一推广、统一管理、统一服务，以系统的运营模式，确保市场永续经营，以达到消费者满意、经营者满意、投资者满意、开发商满意、政府满意的多方共赢目标。

人生理想

王贻梅的人生中有三大理想：第一个是提升自己、创造价值、影响他人、回报社会；第二个是将自己的事业做大、做强、做精，立志把自己的企业做到全国，走向世界，为社会创造更多的就业机会，能够更好的服务于社会；第三个是把企业打造成“最放心的消费平台、最开心的工作平台”，用真诚的心回报社会、服务客户、感恩身边的每一个人。

人物经历

王贻梅是地道的温州商人，身上有着温州商人敢闯的秉性。刚刚 40 岁的他，身上透露着超越年龄的成熟干练，他代理的建材家居品牌在行业内堪属一流产品。王贻梅认为，做卖场经营，比的不是价格，而是质量和服务。他坚决摒弃质量低劣的家居建材，不懈追求高质量和高品质的产品。除此之外，王贻梅有着自身的一套服务理念，让合作伙伴“满意、放心、省心”，是他的服务标准。王贻梅常常告诉员工，做事之前先做人，这几乎成为了他的员工守则，平时教导员工，吃亏是福，要多站在顾客的角度去思考问题，审视自身上的不足。建材家居以及房地产行业，要当成服务行业去做，不要去计较盈利多少，而是想着用怎样的服务来让客户更加满意，在为客户创造价值的过程中提升公司的品牌价值。他常常说，要把客户的家当做自己家，时刻把客户的需求放在第一位。和为贵团队专注于商业地产的研究、开发和运营，项目遍及江苏、浙江、山东、河北、河南等地，公司未来的发展思路是立足山东、辐射全国，致力于成为中国专业而又成功的商业地产运营商。

第六篇

市场风采

北京方仕窗帘城

日前，北京丰台区大红门疏解办召开发布会，2015年上半年已关停5家市场，还有45家活跃市场将分三类在1-2年内完成疏解，下半年将稳妥推进大红门地区功能疏解。位于南四环大红门桥西南角的方仕国际窗帘城，也在改造当中，并因其品牌布艺展示的功能定位和体验式经营的业态模式，获准对原有市场进行保留升级改造，原有批发业态调整为窗帘展示、设计。目前，大楼外立面施工改造正在紧张进行，商户摊位改造升级基本完成。

自2014年京津冀协作发展成为国家战略以来，大红门地区功能疏解和产业转移已成定局，北京方仕国际窗帘布艺城被列入当地政府首家确认保留业态和宜居生活体验示范、试点基地，并在各级政府部门指导下，积极配合和开展相关工作，顺利完成转型升级，实现从卖“布”到卖布“艺”的转型，原有批发业态调整为窗帘展示、设计和提供整体软装解决方案，批发客户通过原有的批量供货方式转型为按需零剪、服务到终端的渠道服务模式，已完成改造面积3.3万平方米。

在方仕，因为占据首都独有的人文环境优势，知名影星、社会名流、高端酒店会所、外国友人，高端家居市场的渠道经销商等客户群体成为主流，商家更注重掌控终端消费市场的需求，再反馈到生产源头，决定产品的批量生产和设计的改进，对产品流行趋势和行业发展，或有着一定风向标意义。对于大众关心的市场升级后是否只服务高端人群的问题，市场运营负责人表示，方仕窗帘城的批发向体验定制转型，其实是销售模式上的改变，服务北京各阶层消费者和辐射北方部分地区的功能不会变。从布到窗帘成品的流通环节中，融合消费者，包括普通百姓的大众化产品，会根据不同消费水平与居室空间环境，结合布艺流行风格提供不同价位的选择，满足不同需求。如今的个性化原创二次设计，也已经成为未来行业私人定制发展大趋势，将创新、设计、时尚、潮流更好地展现。以整体软装为景、以个性需求为本、以专业服务为旨，这种体验式营销模式，不仅仅是服务终端消费者，同时引导和领衔于渠道经销商、设计师装饰公司团体、酒店工程客户的服务主线，也会展现、推动、促进着宜居生活与高端服务业的发展，成为首都生活不可或缺的一部分。

方仕国际窗帘城市场运营负责人表示，作为政府首家确认保留的布艺软装体验示范、试点业态，根据市场总经理凌姚敏先生的运营规划设想，方仕窗帘城将以服务首都宜居之都的功能主导，秉承现有窗帘布艺展示销售为主的体验式专业定制服务和品牌集群优势，融合整体软装设计的线下体验，尝试结合拓展线上展示交易的模式创新，继续为京城百姓生活提供一站式家居软装服务，打造首都宜居生活布艺软装文化体验基地。

北京北辰亚运村汽车交易市场中心

北京北辰亚运村汽车交易市场中心（以下简称“亚市”）是根据中国汽车进入家庭的市场需求，于 1995 年经北京市政府批准成立，隶属北辰集团，始建于亚运村，是国内外各汽车品牌进行展示、销售、宣传和服务的平台。

北辰集团将汽车服务业定为发展战略中的支柱产业之一，支持并指导亚市不断发展壮大，逐渐构建起汽车厂家、商家与广大消费者之间的桥梁，为广大消费者提供了一个全方位的便捷的汽车消费场所。

2006 年 8 月，按照 2008 北京奥运会场馆建设要求，北京北辰亚运村汽车交易市场（以下简称“亚市”）整体搬迁至昌平区立汤路 70 号，更名为北京北辰亚运村汽车交易市场中心，注册资金调整到 11000 万元，总占地面积 500 亩，建筑面积 15 万平方米，集新车销售、二手车交易、汽车用品销售和汽车维修、装饰、美容、报废解体等综合配套服务于一体。市场内设立“一站式”办公服务大厅，共有 5 个政府部门入驻，即工商局、国税局、地税局、环保局、交管局，3 个协作单位入驻，即保险公司、商业银行、检测场，为经销商和消费者进行现场服务，办理购车、缴税、上牌、二手车过户、环保补贴发放等全套车务手续，并可现场提供消费信贷、保险等金融服务，实现了京城购车真正意义上的一站式办公服务，在全国开创了先河。此外，写字楼、检测场、加油站、试乘试驾、汽车文化活动以及餐饮等多功能配套服务一应俱全，使亚市成为一个现代化的汽车消费服务平台。

亚市销售新车品牌齐全，包含国内外 155 个汽车品牌，639 个车系，4170 多种车型，在全国是第一位的；年均交易新车 9 万余辆，交易额高达百亿元。亚市自开业以来共交易新、旧车超过 200 万辆，交易总额 2000 多亿元；亚市新车销售占北京新车销量的 1/5，进口汽车销售占全国进口销量 1/5。亚市多年来一直保持全国汽车市场的榜首位置。

亚市二手车项目从 2006 年 9 月起步，自营过户从 2010 年开始，依托新车市场的影响，发展较快。目前入市商户已达 160 余家，年均销售二手车 6 万余辆，过户交易额 50 亿元以上。2015 年二手车销售超过 2014 年 50%，非固定收入创历史最好水平。

经过不断开拓创新，亚市已拥有平行进口汽车销售专区、北京新能源汽车应用推广中心、亚市媒体俱乐部、亚市

市场帆船大门

名人俱乐部，并提出北京首家汽车置换电子商务平台——亚市车易拍，全国首家进行“阳光”认证、“行”认证的二手车市场，逐步形成了鲜明的亚市特色。

亚市月、季、年度的销售排行以及定期召开的“亚市信息会”（到目前已举办了178期）被汽车界、媒体广泛引用和报导，经常为政府和行业部门提供有价值的汽车市场分析，并作为其参考依据。国内外大汽车集团也非常重视亚市的交易动态和汽车市场信息，并进行经常性的交流与合作。

亚市的交易量和动态还引起了国内外汽车行业的广泛关注和重视，全国各地在筹建汽车市场之前，都到亚市进行考察和交流。亚市对国内大型汽车市场的合作、交流与发展起到促进作用，形成全国汽车有形市场合作网并成为国内外汽车业内人士参观访问、考察学习的主要地点。其中每年定期进行考察的有日本京都大学、大阪大学、大阪商学院等组成的市场考察研究团，德国、美国汽车流通协会考察团，香港、台湾汽车协会市场考察团等等。

2015年，亚市确定了“内部做优做强、外部拓展做大”的发展定位，要进一步做优、做强、做新，进一步扩大在汽车流通领域和汽车有形市场中的综合实力和品牌影响力。亚市成立了工作组，加快推进基于“互联网+”和大数据技术的020经营平台的研发，力争率先在全国汽车流通领域采用独具特色的全新交易模式和服务模式。坚决、快速、灵活的抢占全国汽车有形市场的品牌管理市场，通过顾问咨询和委托管理等形式，迅速在行业中建立起“亚市”品牌的权威地位。截止目前，亚市已与九江、铁岭、太原签订了战略合作框架协议。

亚市的有形市场营销模式顺应国情发展和广大消费者需要，形成国内各大城市主要的汽车营销模式之一。亚市的入驻也带动了周边各行业的快速转型和发展，对促进和活跃地区经济起到一定的带动作用。

展场全景

二手车精品厅

新能源汽车展厅

天津王顶堤商贸城

天津王顶堤商贸城由王顶堤集团有限公司投资兴建，是集批发零售、会展交易、仓储物流、电子商务为一体的大型专业市场集群。商城十二座单体楼群气势恢宏，场外设有五个市场出入口，2000个停车位。场内大厅、走道、电梯、通道配置合理，商铺采用全框架结构，拆配自如，规整有序。

改革开放催生出商品交易市场以来，不仅承担了经济转型后商流批零衔接功能，也为经济发展作出了巨大贡献。然而，随着市场规模膨胀和人流量增大，交通拥堵、库管混乱、设施陈旧等已成为影响城市发展的症结，交易市场外迁势在必行。在天津市和西青区政府的关怀支持下，王顶堤集团抓住“京津冀一体化”、“一带一路”建设和交易市场转型升级的大好时机，发挥自身优势，立志打造面向京津冀、覆盖华北、辐射全国的商品集散基地和城市高端服务综合体。

王顶堤商贸城地处天津市非常好的区位，坐落于西青区津静路6号，在复康路与外环线交口处，衔接快速路和中环线，紧邻津沧、津晋、京沪、唐津、石黄、荣乌高速公路，市内市外四通八达车畅其流；毗邻天津地标性建筑117高银大厦、华苑产业园、滨海高新区等大型产业园区和天津大学城，周边有众多大型住宅社区，贴近百万消费人群。

王顶堤商贸城总面积65万平方米，一期建筑面积34.2万平方米，12个交易区楼体地下一层、地上三层。二期建筑面积24.8万平方米，有商务酒店、商务写字楼、商住公寓等，规划建设大学生创业园、电子商务产业园、高新产业孵化器、多功能展览中心、国际商品展示区、金融服务等配套设施，为创业者提供优质高效的平台，为消费者提供购物、餐饮、娱乐、休闲为一体的场所。

王顶堤商贸城分设家居建材城、华邦酒店用品城、四季青服装鞋帽城，分品类由王顶堤集团、华邦国际、杭州四季青服装集团合作运营与管理，集批发零售、会展交易、电子商务、仓储运输、物流配送、金融结算于一体，成为经营规模大型化、经营品种专业化、经营档次高级化、经营手段现代化、经营空间国际化、经营环境规范化的超大规模交易中心。

目前，一期工程已经告竣，四个商城招商热络，于2015年9月28日开始分步开业运营。华邦酒店用品城为天津市规模最大的厨具酒店用品批发基地。有厨具用品交易区、酒店用品交易区，专注于各类厨具及酒店用品，囊括酒店客房用品、酒店清洁用品、酒店餐饮用品、酒店家具用品、酒店灯饰、酒店服饰等数十万种产品。

家居建材城有家装设计工作室、商品展卖区、生活体验区、现货交易区、网上交易区等，实行一站式服务。瓷砖、卫浴、木门、地板、灯具、橱柜、电器、窗帘、壁纸，家具等品类齐全，入驻商户已达600余家，品牌有老板、史密斯、格力、美的、海尔、欧雅、玉兰、可耐福龙骨、龙牌石膏板、伟星管业、欧普吊顶、多乐士、立邦涂料、华琛散热器、四季沐歌太阳能热水器、箭牌、奥斯曼、飞利浦、西门子、西蒙、松下滨艺、喜福龙、欧派、盼盼、王力圣狮、圣象、扬子等，此外TOTO、美标、大自然、索菲亚、KD等进口品牌也抢先入驻。

王顶堤四季青服装鞋帽城由王顶堤集团100%自持、四季青服装集团专业运营管理。四季青是中国三大服装批发运营商之一，汇聚了千余家服装生产企业，超3000个一级品牌资源，并独家拥有“四季青服装网”、“摩街”、“分销宝”等成熟电商平台以及“四流合一”供应链管理系统，实现上下游及时无缝对接，线上线下同步开店。商品涵盖男装、女装、中老年服装、工装、童装、专业服装、品牌尾单工厂店等多种成衣类型。王顶堤与四季青强强联合将成为天津乃至华北市场一颗璀璨的明珠。

华北建材（家居）装饰城

2012 年，鑫紫利集团通过保定市委市政府招商引资，在容城购买土地 130 亩，拟建成集建材展示厅、仓储物流、住宅为一体的高端商业综合体。该项目总投资 2.5 亿元，已于 2013 年下半年开始动工。现已投资 1 亿元人民币，建成了 4 万平方米的建材展示厅，目前进入开业前装修阶段。

项目基本情况

华北建材城是以建材家居展示厅及精品商业步行街、仓储物流、商品住宅区为一体的一站式专业化商业综合体，位于容城·白洋淀旅游商贸区核心位置，容城高速口南行 800 米路东，总占地面积 130 亩，共分三期开发：一期建筑面积 27300 平方米；二期总建筑面积 23796.43 平方米，其中包括沿街商铺（34 间）、仓储物流及精品步行街；三期为小高层住宅及底商。

项目优势

该项目地处容城·白洋淀旅游商贸区一级黄金胜地，距容城高速口仅 800 米，交通便利，市场前面白洋淀大道南北贯通，直连容城、安新两地，市场发展前景很好。商铺一层层高 6 米，根据自己需求自设夹层，可融合商铺、仓储、家居为一体。项目二期商铺销售时为现楼，满足部分自用型商家即买即用的需求，降低购买者的置业风险。

机会点

1. 区位优势的发挥，辐射周边地区；

2. 随着周边各大住宅小区及市场的相继建成与入住，将带动周边的人气，从而带动二期商铺的销售；

3. 中国经过近几年的不断改革，整体经济取得了长足的发展，商业物业前景看好。

华北建材装饰城商铺户型图

商 铺

商 铺

邯郸林安商贸物流发展有限公司 林安智慧商贸物流城项目

邯郸林安智慧商贸物流城由广东林安物流集团和中海外建设集团共同投资开发，分两期开发，总规划占地约1200亩，总建筑面积约88万平方米，总投资50亿元。项目一期汇集家居建材交易中心、跨境零售交易中心、五金机电交易中心三大中心，旨在打造晋冀鲁豫交界处体量最大、功能最全、配套最好的一站式商贸物流交易中心，以“互联网+商贸，互联网+物流”的全新模式，创新物流供应链网上+网下相结合一站式服务020平台服务体系，打造商贸物流标杆和信息平台名片，以大物流、大商贸、大平台促进当地产业大发展，实现邯郸现代商贸物流产业转型升级。

林安集团成立于1983年，总资产超过85亿元，是广东省及广州市人民政府重点扶持的龙头企业，自成立以来林安已发展成为一家以物流园和商业地产为主，涉足信息技术与管理、商业、贸易等诸多领域的大型综合性现代化企业集团。林安集团布局全国，正在开发和运营的商贸物流项目遍布广州、北京、十堰、新乡、丰城、南海、肇庆、佛山、芜湖、九江、洛阳、鹰潭、扬州、南通等地，深耕市场30余年。

项目目前坐落于邯山经济开发区内，邯山经济开发区位于晋冀鲁豫四省交汇区域中心、邯郸中心城区南部，是京津冀一体化战略和中原经济区战略两大国家级战略的交汇区域，是国家“十三五”发展规划纲要中邯郸经济转型，大力发展商贸物流的重要组成部分。

目前开发区内已有国际陆港、林安智慧商贸物流城、宏润机电、万和机电等19个项目入驻，依托强大的品牌优势及全新的经营理念，全面改善商户经营环境、商品流通渠道、客户购物体验，为园区集中了大量人流、物流、车流，南部商贸物流总部基地已初现峥嵘，未来前景无限。

商贸市场的运营较其他商业体更为依赖交通环境的支持。邯郸林安智慧商贸物流城作为邯山经济开发区的龙头项目，交通配置更是丰富，南环路与机场路两条黄金干道交错，形成邯山经济开发区的发展主轴线，同时配合西环南路、南二环等主要干道的落成将完善区域交通网络，作为主要轴线的机场路将串联邯郸市贯通至冀南新区、成安、峰峰矿区等地，成为邯郸与城南县市区域的经济大动脉。

河北省副省长王晓东到公司调研

京广铁路、邯济铁路、邯长铁路、邯黄铁路四条线路纵横交错，四通八达；107国道、京珠高速、青蓝高速等过境交通交错纵横构成一张完善的交通运输网络，完善的交通设施，形成庞大的客运货运体系。

海运报关仓储方面，紧邻邯郸国际陆港、中国海关，为项目的海上流通运输保驾护航。项目距邯郸机场仅1.5公里，借助邯山经济开发区的配套优势进一步成为华北地区交通枢纽、商贸物流的新中心，赢得了抢占市场蛋糕的制高点。项目2千米交通圈内，政府企事业单位、行政服务机构、商业总部基地等聚集。邯郸市政府整合原有城区客运资源，紧靠林安智慧商贸物流城规划建设城市公交四公司、汽车南站，再加上周边的邯郸机场、火车站、轻轨，围绕项目构建立体交通体系，每日将有庞大人流汇聚于此，车站商圈不可复制。

林安智慧商贸物流城秉承林安集团的运营模式，市场的建设与邯郸城市发展方向高度契合，承接了城市的希望和未来，因此也得到中央、省、市各级政府领导的高度重视和大力关怀。各级领导多次亲临林安智慧商贸物流城和林安集团总部，并对项目前景以及为商贸业发展所起的巨大作用给予了高度评价。

为满足商户跨区域经营的需求、强辐射经营的需求，大规模、高起点的规划了十大市场配套中心，即网购电商配送中心、现代仓储配送中心、零担快运中心、城市配送中心、第三方物流总部经济中心、电商网购中心、信息交易中心、商务办公中心、物流金融中心、物流生活配套中心。

整个商贸城共设置 3153 个停车位，地上 2737 个，地下 416 个，完全能够满足商户和顾客的停车需求。后期运营采取专业化团队统一管理、统一推广、统一服务，不断提高服务水平，做旺市场。

林安集团致力于物联网应用，提前布局“互联网＋流通”改革，打造线上线下相结合的智慧物流体系。线下，林安集团成立了河北省首家物流交易所——林安物流交易所，也是全国第一家“5A 级物流企业园区”。

引入“第三方担保交易”模式，全力打造物流行业“支付宝”商务通，全面解决传统物流业诟病，解决诚信、运费结算等资金保障难题，提供担保，化解网上交易风险的不确定性，确保交易中资金流与物流的双向流动，并且中国人民银行颁发了第三方支付许可证。目前只有林安这一家物流企业拥有此凭证且以后不会再给其他企业颁发。这样，从根源上遏制了物流风险，打造零风险物流生态交易环境。

线上，建设的中国物流公共信息交易平台（www.0256.cn）——林安物流网，融合了智能车源、货源搜索匹配、物流专线查询、信用查询、运价指数等功能，目前已拥有 270 多万司机会员，20 多万企业会员，日交易信息发布量

曹妃甸区党工委副书记梁振江到公司调研

超 10 万多条，年货运量 3000 多万吨，且每年再以 5% 的速度递增。现已在全国发展了近 15 个连锁物流园区，从而布局全国智慧物流骨干网络。目前邯郸已有 5300 余商家商户注册认证。

市场方面，林安集团打造了全国首个“公路物流价格指数”，使得货主和车主能在第一时间了解市场；并且建立了全国第一个物流信用标普体系，诚信建设在全国物流行业处于领先地位，建立公平、公正、公开的诚信物流环境。

渠道方面，林安集团结合ＰＣ端的林安物流网大数据，打造了全国首个移动终端的物流行业 APP——我要物流，实现数据互通、无缝对接，大大改善了线下物流交易的时间成本和风险，提高了货品流通效率。

白沟和道国际箱包交易中心

白沟和道国际箱包交易中心是中国箱包龙头市场、箱包集散中心、品牌孵化中心，也是中国箱包价格信息、市场行情、流行趋势的发布前沿，是 AAAA 级国家旅游购物景区。

白沟和道国际箱包交易中心于 2013 年 9 月 28 日建成试营业，是河北省重点市场，我国规模最大的箱包单体专业市场。该中心总投资 30 亿元，占地 500 亩，建筑面积 50 万平方米，东西跨度 800 米，南北跨度 130 米。2013 年入城经营商家 12000 家，市场成交额 260 亿元，日客流量 5 万人。白沟和道国际箱包交易中心以批零兼营、厂家直营、前店后厂、品牌代理、品牌专卖、展示订货为主要经营方式。

商城内业态划分明确，品种丰富。一层经营国内外知名品牌，二层经营男包、学生包、旅行包、电脑包，三层经营女包、休闲包，四层经营拉杆箱、旅行箱、特价包，地下一层为网供专区。经营范围 30 大类，3000 多个花色品种，自主品牌 1400 多个。其中，河北省著名商标 23 个，河北省名牌 19 个，河北省优质产品 11 个，玉兔、柯士比得、金海豚等优质品牌在全国发展了上百家直营店或加盟店，部分进驻国内大型商场。目前全国市场占有率达 35%，北方市场占有率达 65%，产品远销俄罗斯、美国、澳大利亚等 130 多个国家和地区。国内外知名品牌 500 多个，其中皇冠、卡纷、兰博基尼、万里马、迪莱克丝等 300 多个品牌为省级以上总代理。

和道国际箱包交易中心配套齐全。中、农、工、建四大银行、交通银行、信用社、保定商业银行已入驻，提供最优质的金融服务。100 多家特色餐饮可满足广大商户和顾客的用餐需求。商城设有行政服务大厅，为商户提供一站式服务。成立电商运营团队，通过运营“万户通”电商平台，加强与淘宝、京东等国内知名网站合作，规划电商产业园等，建立实体与电商一体化的商业模式。成立自营外贸公司，为各商家提供报关、质检、外汇、物流等出口贸易专业服务与指导。

白沟箱包市场历经 30 多年的发展历程，1994 年建成启动白沟箱包交易城，2006 年建成启动国际箱包城一期，2009 年建成启动国际箱包城二期。为进一步推动白沟箱包特色产业的发展提升，2012 年白沟规划建设和道国际箱包交易中心，2013 年 10 月白沟箱包市场进行了整体顺利搬迁，营业面积扩为原来的近 5 倍。

以和道国际箱包城为代表的白沟，以其传承自汉代的商贾文化、改革开放至今风起云涌的商贸文化、规模大品类全价格优的特色箱包购物、配套完善的综合旅游休闲体系吸引着游客，素有“中国箱包之都”、“中国北方购物天堂”、“南义乌，北白沟”之誉，还被联合国授予“中国可持续发展小城镇试点”的称号。悠久的商贸历史和具有蓬勃生命力的商贸文化，使和道国际箱包城成了一个文化内涵极其丰富的旅游购物区。

目前，白沟的箱包产业之所以如此繁荣，与其在历史上早就已经形成的浓郁的商业气息是分不开的。白沟人自古就有经商的习俗，这里的人 90% 以上是回族，他们善于经商。历史上的白沟曾是中国北方著名的水陆码头，以“燕南大都会”之美誉驰名遐迩。始于汉，兴于三国，盛于明清，曾保持着“日过千帆，商贾云集”的繁荣。

据新城县志记载，这里曾经是水陆码头，有“小天津卫”之称。三国时期，白沟市场初步形成。宋朝时期，白沟是宋辽之间的战略要地，自宋辽澶渊之盟后成为宋辽通商口岸，出现了北方最早的交易市场，也就是古代的“榷场”，白沟时称燕南大都会。元代定都北京后，白沟借助紧邻京师的地利和驿道、白沟河的水陆交通之便，更是成为“四海闻名”的商业重镇。明清两代，白沟发展为北方的商品集散地，水陆交通发达，驿道、御道贯穿南北，白沟河水上漕运空前畅通，日过千帆，信息万变，商如流转，客似云集，当时白沟古城规模犹存，会馆、商会纷然建立，日用百货、皮毛绸缎、饭庄旅店、茶楼酒肆、典当钱庄、泥人画店、粮米柴草、屠宰鱼鲜等百业兴隆。乾隆皇帝七下江南俱经白沟，大学士纪晓岚所著《阅微草堂笔记》三次记载白沟故事。旧时白沟可以说的上是“近贾齐鲁，远通闽粤，士商问渡，冠盖相望”。

白沟的箱包产业最早可以追溯至清朝中叶，那时候从海上开来的小火轮可直达白沟码头。白沟市场进入鼎盛期时，“万盛堂”、“意咸永”等大商号就有115家。全国各地都有商人来白沟进行箱包交易。到了清朝末年，各种专营店铺日益兴盛，为今天白沟箱包业的发展奠定了基础。

白沟箱包如此出名，但人们一定很难想象最初白沟人做出来的不是箱包，而是自行车座套。1971年由自行车套开始，慢慢到公文夹、学生包、简单五金配件，然后才发展成为箱包制作销售。也由最初的地摊、集市、大棚市场到后来的商城经营，到如今已经是第五代智能化商城。其实到1990年底，白沟箱包在北方部分地区处于垄断地位。那时白沟的箱包生产已经颇具规模，“白沟箱包市场”名声在外。从1993年开始人们意识到箱包的品质对市场长久发展的重要性。从此，开始了品牌的创立与扶持，白沟真正跨步发展是从2002年开始，白沟在当时镇党委书记的正确带领下，南下义乌，北上俄罗斯学习考察，引进了新的技术和理念，并对白沟的发展重新梳理定位，建立国际化、专业化大市场，自此以后白沟踏上了快速发展之路，为后来中国北方商贸名城奠定了坚实的基础。

经过20多年的探索与发展，创造出了“小商品，大市场”、“小企业，大产业”、“小资本，大集聚”、“小投资，大建设”、“小政府，大社会”、“小城镇，大作为”的社会经济发展格局，白沟所形成的先市场，后商场，再工厂，再前店后厂的经济发展模式，向全社会展示了“新白沟”的无限生机与活力。

隆基泰和创立至今，历经风雨20载余，扎实坚定的企业历程让隆基泰和最终成长为足迹遍布华北大地的一流城市运营商。从最初的“建筑理想、建筑理想生活”到“运营城市梦想”，最终进化为以中华文明最深远的“和”理念为中心的“和世界，筑未来”的企业精神，这是一个企业“以人为本，以和为贵”发展的真实写照。隆基泰和集团董事长兼隆基泰和控股有限公司董事会主席魏少军曾提出，要营造和谐的外部环境，外部环境是水，有了水才能更好的发展；同时还要营造和谐的内部环境，内部环境是鱼，不能自相残杀，要以和平的心态相互理解和包容，和谐共处。其经营理念是，以情做人，以诚做事，以信经商。其管理理念是，以效率为导向，以制度为准绳。

隆基泰和紧紧围绕十三五规划和京津冀协同发展国家战略，制定其企业定位：为环首都新型城镇化运营商、京津冀协同发展主力军。要全面布局京津冀，重点布局京津保核心区，与京津冀协同发展的国家大战略指向统一。隆基泰和作为深耕京津冀的企业，经过多年积累，对这个区域的文化、人民的需求、优势的资源，有着非常深刻的了解，具备与之合作的经验和整合能力。同时，也树立了企业品牌的美誉度，建立了产品价值，形成了自身独特的核心竞争能力。

2015年，世界经济在深度调整中曲折复苏，中国经济增速仍在整体下行，国家十三五规划建议提出，破解发展难题，厚植发展优势，必须牢固树立创新、协调、绿色、开放、共享的发展理念。京津冀协同发展上升为国家战略已有两年，2015年是其由“顶层设计”迈向“全面实施”阶段的关键之年，《京津冀协同发展规划纲要》明确了河北省“全国现代商贸物流重要基地”的定位，并提出推动京津保廊率先联动发展的指导方向，打造“微中心”等功能承接平台。

魏少军董事长在隆基泰和登陆香港资本市场发布会上致辞

隆基泰和登陆香港资本市场发布会现场盛况

北方国际农产品物流园

北方国际农产品物流园由河北省供销社、石家庄市国控、勒泰集团共同投资兴建，是石家庄市政府规划的西北部农产品物流批发基地、石家庄市重要“菜篮子”工程，同时是国家级公益性农产品批发市场建设试点，也是石家庄唯一获此荣誉的农批市场。

市场地处重要流通节点和重要交通枢纽，距石家庄市西北二环仅 9 公里，紧邻京昆高速、石太高速、西柏坡高速，比邻 307 国道、石闫公路、京赞公路，具有通达四面八方的区位优势。市场总投资 20 亿元，占地 1174 亩，分三期建设，其中一期已投资 7 亿元，占地 374 亩，10 月 11 日已开市运营。

作为国家级公益性农产品批发市场建设试点，北方国际农产品物流园将承接石家庄市区老旧农产品批发市场的搬迁，为众多商户提供更专业、更优质的商业平台，平抑物价、保障民生，在发生卖难买难时发挥市场公益性作用。

建设内容

作为第三代批发交易市场，北方国际农产品物流园科学布局，功能完备，汇集农产品产地直采、运输、检疫、分拣、包装、仓储、交易、加工、对接配送、电子商务、商务办公、休闲娱乐、商业配套等多功能于一体，提供“一站式”综合性服务，降低企业综合运营成本近 10%。

交易区拥有商铺 1347 个，省内首家交易区双首层设计，LOFT 结构、立体互通；一层蔬果交易区，层高 6 米，宽度 12 米，方便车辆进出；二层干调副食交易区，立体高架桥直通二层商铺，商户进货出货快速便捷。整车交易区一共 36 个车位，可提供 20 吨的货车整车交易，用于大宗商品集中交易。交易区建设用于延长香蕉保鲜期和香蕉催熟加工的专业冷库，单库规模是 4 米高，8 米宽，12 米长，入库香蕉将进行标准化、自动化处理，目前已有 10 个冷库投入运行。此外市场规划建设食品加工中心，用于蔬菜、主食、熟食加工，提升产品附加值；所有商品都经过严格的质量检测、源头把关，结合大数据和食品安全可追溯体系，确保食品安全。市场配套的常温配送中心，招商工作已完成 80%，西门子、永辉、可口可乐等品牌公司已相继入驻，目前市场正与京东商城商洽电商物流配送相关事宜。

市场分析

市场一期以果蔬为主打，直接与国内外原产地对接，设立东盟厅、新疆厅、台湾厅、福建厅、海南厅、河北特产厅、青州厅等特色专区，并引进国际国内名特优农产品，打造河北果蔬第一市场；此外，市场还涵盖干调、粮油、蛋禽肉奶、沿街配套商业、烟酒茶糖、餐饮、娱乐休闲等品类和业态。

开市运营后，海量原产地农产品陆续到位，市场已供应石家庄周边 200 公里半径内的一级批发市场、二批市场及

菜市场，此外还包括北国超市、永辉超市、家乐福保龙仓超市、国大36524、勒泰中心72家餐饮连锁、石门制造餐饮集团以及众多省内机关、部队、院校、企事业单位等。

京津冀一体化，石家庄已成为京津冀都市圈第三极，承接首都商贸产业转移，发挥“商埠副都”的重要作用，利用这一历史机遇，我们将大力推广河北特色文化，为民俗工艺、本地特产提供更专业、更优质的发展平台，例如衡水内画、邯郸黑陶、藁城宫灯、元村粗布等，如河北特色厅，就是市场将来发展的一大重点。多年来，市场致力于整合资源、优化渠道方向的探索，将搭建基地网、市场网和物流网，统筹农产品集散地、销地、产地，构建农产品产销一体化流通链，携手建立企业与基地的战略合作联盟，助推河北农产品、特色产品发展。

作为国家级公益性农产品批发市场建设试点项目，北方国际农产品物流园还将逐步建立全程可追溯的质量管理体系，按照市场化运作和公益性相结合的思路，完善符合中国国情的农产品冷链物流，建设现代化食品安全检测服务中心，开发信息平台、检验检测、废弃物处理、消防保安等功能，打造集农产品生产基地、农产品生鲜产品加工配送、农产品储存、农产品交易、农业观光、冷库储藏、水果催熟、通关商检为一体的大型现代化园区式交易市场，降低食品安全风险。

在今后的发展中，一方面，市场大力发展电子商务，整合线下丰富的供应链、产品资源，以及金融、物流等力量，为生鲜农产品电商提供低租金、展示、培训、会议等综合性服务，搭建农产品020平台，打造河北首家生鲜农产品电商孵化基地。

另一方面，还将大力推动自有品牌“龙记飘香”，发展基地采购专供“地理标志产品”，如新疆哈密瓜、库尔勒香梨、阿克苏苹果、赣南脐橙、永兴冰糖橙、美国车厘子、新西兰奇异果等。

正式开业后，市场每年可完成300亿元以上农产品交易量，年上缴利税上亿元，带动上百万农户增收，同时使河北省的物流产业向国际化、规范化、高标准、高质量、高水平、高技术大跨步迈进。

开市仪式

商务部领导视察市场公益性

中国供销合作总社领导到园区视察

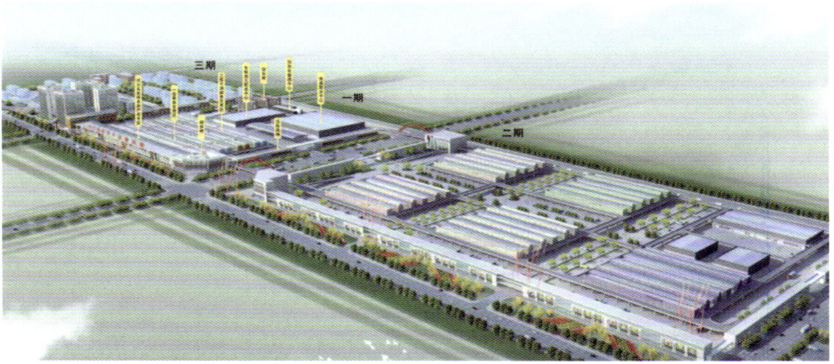

一、二、三期效果图

沧州东塑明珠商贸城

沧州东塑明珠商贸城位于沧州市高新技术产业区内，项目一期于 2014 年 7 月份试营业，8 月份正式开业，是以批发、零售、电子商务、设计研发、产业园区、旅游购物六大全新商业模式为一体的大型综合型商贸中心，项目二期三期正在筹划中。

明珠商贸城一期总投资 13 亿元，占地面积约 300 亩，营业面积 58 万平方米，配套仓储面积 15 万平方米，配套住宅公寓 4 万平方米，相当于沧州市零售商业的总和，拥有能够停放 5000 辆汽车的地上免费停车场，并配备了 12 万平方米的立体式仓储中心，以及沧州市价格最低、体量最大、最为便利的物流枢纽中心。明珠商贸城距京沪高速出入口 3 公里，距高铁站约 3 公里，与沧州西客站不足 2 公里，车程均在 5 分钟以内，交通极为便利。商贸城内业态划分明确，品种丰富，项目共分为八大商业体系，A 座服装城、B 座北京动批承接商业体、C 座鞋城、D 座小商品城、E 座茶城食品城、小商品西区、酒店用品商业街、明珠特色商业街。开业以后，成功建成了华北地区最大的批发、零售、电子商务、设计研发、产业园区、旅游购物基地，日均客流 3 万余人，集聚采购车辆 200 余辆，物流车辆 300 余辆，服务范围辐射京津冀、鲁北、豫北、冀中南等周边地区，带动了沧州市经济繁荣，是沧州最大最成熟的核心商圈。

明珠商贸城建立之初就有两个目的，一是对沧州本地批发市场经营环境的提升，二是借京津冀协同发展的东风，让北京批发市场疏解商户入驻明珠商贸城。2014 年开业时实现了对沧州原有批发市场的整合提升。随着《京津冀协同发展规划纲要》的出台，沧州作为京津一小时经济圈的重要成员，势必在京津冀协同发展中发挥重要作用，而明珠商贸城以其优越的区位和交通优势，以其新型的商业体系，成为理想的京津产业转移点。2014 年，明珠商贸城被中国市场学会批发市场发展委员会授予“京津冀协同发展承接转移示范市场”称号。

明珠商贸城聚集了相对成熟的商圈氛围，为承接北京商户的外移做好了铺垫，打下了坚实基础。为加大北京老市场商户的引进力度，明珠商贸城已在“动批”、“大红门”设立项目形象推介馆，派出宣传接待人员 40 余人，主要负责宣传引导商户及企业来沧州东塑明珠商贸城考察工作，至今已有 7000 多家商户及企业来商贸城实地考察，1200 余家商户签订意向，其中“动批”800 户、大红门批发市场 400 户。

为了更好地完成北京外迁商户承接工作，东塑集团在完成明珠商贸城一期项目针对北京商户入驻改造的同时，积极筹备明珠商贸城二期、三期项目的规划建设，总投资 60 亿元，占地面积 700 亩，打造以国际品牌进口商品保税仓为

主流，国内一线二线知名品牌为主题，名品折扣为特点的华北地区品牌运营中心，为北京商户外迁入驻明珠商贸城提供一个更广阔的发展空间，同时加强北京招商工作的力度，针对动批、大红门等地区进行优质商户招商、品牌招商，最终形成辐射北方的华北品牌运营中心。

在京津冀协同发展国家战略的推动下，围绕京津冀协同发展，带动行业升级，沧州东塑明珠商贸城作为全国转型升级示范市场，抓紧变革新趋势，整合北京优质资源，主动实施全面转型升级，在西高铁建筑群谋划建设“服装产业园”，以进一步发挥其行业优势。项目总体规划面积2万亩，建成后可容纳数万厂家落户，形成集产业聚集与服务、产业园区开发、品牌塑造、金融服务、物流服务、营销服务、会展服务等融为一体的专业服装产业群组，打造成家纺服装产业集群、服装交易市场和服装会展中心。

沧州东塑明珠服装产业园是在服装产业集群基础上发展起来的，以完整的服装产业链为核心，以完善的服装产业配套为支撑，以完备的生活配套为保障，能够实现服装产业自聚集自发展的新型产业发展模式，将打造以创意设计、展示营销为支柱的时尚基地，园区功能涵盖服装产业全链条，承接京津地区服装企业的转移，集聚京津地区较具规模的品牌服饰企业，助力沧州成为中国北方的服饰时尚产业之都。

目前，商贸城一期正在调整经营格局，保证北京商户能快速进入市场，迅速开展业务，同时精选品牌化经营、区域化总经销、总代理等有实力的商户对接进驻，既有效承接市场转移，又能通过精品商户的进驻提高现有经营档次，促进现有沧州商业水平的提档升级。

明珠商贸城二期定位于国际商贸综合体，一方面，通过承接北京商户，引进国内知名一线品牌、品牌工厂直营等模式，打造整合华北地区品牌基地，吸引国内高端批发业务链条和消费者；另一方面，打造以国际品牌进口商品保税仓为主流，国内一线二线知名品牌为主题，名品折扣为特点的华北地区品牌运营中心，形成集批发、购物、休闲、娱乐、餐饮、商务等多功能于一体的商业综合体，打造沧州商业新地标。

预计项目建成后，明珠商贸城将成为华北乃至全国最大的商贸城服务中心，成为一个面向京津冀、辐射大华北乃至全国的现代化商贸集散地和批发零售中心，并将带动沧州批发、零售、交通、住房、第三产业等一系列业态的快速、跨越发展，全方位提升沧州城市建设水平，为沧州商业的崛起发展作出积极努力和巨大贡献。

多家北京商户入驻明珠商贸城

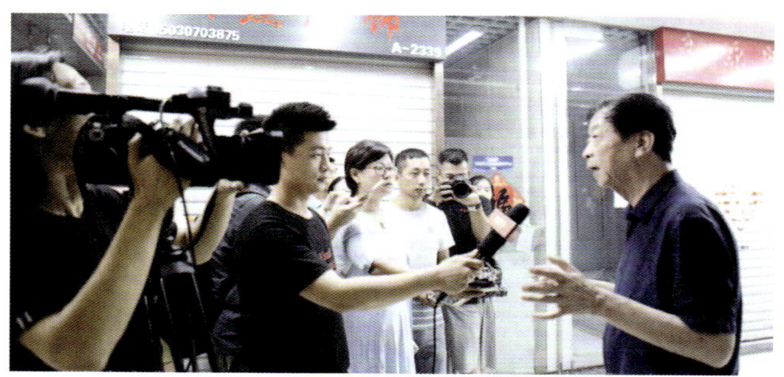

多家媒体赴明珠商贸城实地考察

首批北京百荣童装商户正式落户

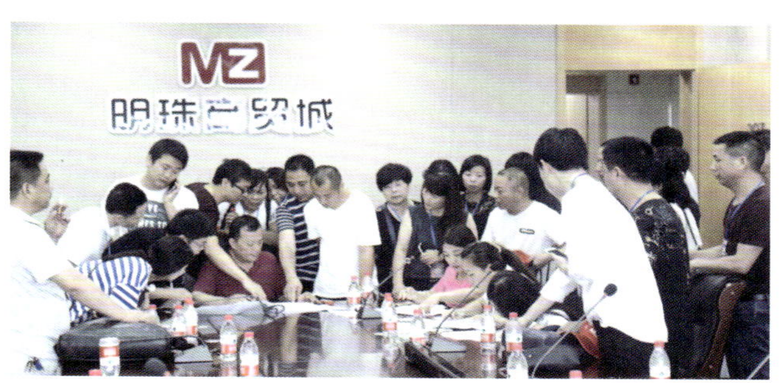

北京百荣童装商户签约

乐城·国际贸易城

乐城·国际贸易城位于石家庄市长安区西兆通，西临京港澳高速，北靠石黄高速，东临东三环，南接石津灌渠，位居主城区、正定新区、国家级高新技术开发区、国际外包服务区四大区域交汇的核心，是政府北进、城市东扩的必经之地，符合石家庄城市东扩、北跨的发展趋势，是未来城市发展的黄金腹地。

乐城·国际贸易城是浙江乐城集团斥资800亿元，打造的中国最大、业态最多的全产业链商业集群。浙江乐城集团是国内专注以商贸产业综合体、专业市场集群开发为主营业务的专业运营商，从事商贸产业运营、开发30余年，开发足迹遍及浙江、上海、辽宁、山东、河北、贵州等地，累计开发面积超过2000万平方米，均成为行业内著名样板标杆；开发业态跨越专业市场、商业步行街、城市综合体、物流中心等多门类，积累了丰富的商业开发经验和广泛的国内外商界人脉资源。“驱动一座城，共筑中国商贸梦”，乐城集团始终奉行“为城市提高品质，为企业创造财富，为客户实现价值”的使命，战略布局遍及全国各地。

乐城·国际贸易城是乐城集团打造的国家级智慧新城，整体定位为：以商贸为龙头，以智慧城市为脉络，带动商品流通模式和城市运营模式转型升级的国家级智慧新城，倡导“新城市、新经济、新生活”的定位理念，立足打造“365天永不落幕的交易会”。2600万平方米整体蓝图分为国际贸易区、仓储物流区、中央商务区、主题公园区、教育医疗区、高尚住宅区、文化艺术区等七个板块。项目建设集设计研发、商贸交易、仓储物流、电子商务、展览会务、旅游购物、休闲娱乐、产业加工为一体的，超大规模的电商时代全球性全产业链示范基地，预计全部建成后，将有100万人在乐城经商、乐居。

乐城·国际贸易城项目一期已建面积达220万平方米，6大主题场馆已全面封顶，并在进行内部装修及机电设备安装，大面积施工作业同步进行中，即将加速完成各相关工程节点任务。

乐城·国际贸易城周边配套建设，诸如交通路网、水电管网、园林绿化、消防能源等市政配套也在有条不紊地规划建设中。其中，天山大街项目段道路清扫已完工，两侧正在铺设绿化带，天山大街北延道路工程南起松花江道、北至黄石高速，目前北延下穿石德铁路，涵桥主体结构施工已经完成，涵道正在向北继续推进；307辅线乐城·国际贸易城段至东二环已经炒油完毕，通车指日可待；石家庄首列地铁入库西兆通基地，1号全线“短通轨”；高铁石济客运专线施工全面展开，火车站东站2017年“五一”前竣工。

乐城·国际贸易城的开发建设，标志石家庄城市商贸版图的华丽转身，带动传统市场转型和升级，提升城市在中国商贸格局中的领先地位，是未来城市经济发展强劲的增长引擎。乐城·国际贸易城是河北省重点商贸项目，被河北省政府列为“十三五”规划重点项目之首，被国家商务部授予全国批发市场集群电商示范中心，被中国市场学会批发市场发展委员会授予京津冀协同发展承接转移示范市场。作为北京市场外迁首选承接地，一直扛领京津冀协同发展商贸大旗。

乐城·国际贸易城2015年重要事记

2015年1月19日，市长王亮在政府工作报告中指出石家庄要“大力发展现代服务业，打造全国现代商贸物流基地”，特别是要加快乐城·国际贸易城的建设。

2015年2月4日，石家庄市长安区区委书记、区长、副区长及乐城·国际贸易城董事长林乐平一行进京，与北京市丰台区、西城区政府商洽非首都功能疏解事宜。

2015年2月10日，丰台区大红门疏解办公室组织，石家庄乐城·国际贸易城提供大巴车，免费送北京外埠商户返乡过年。活动赢得高度的社会认可，燕赵晚报、北京晚报等媒体跟踪报道。

2015年2月25日，北京丰台区政府与乐城·国际贸易城联手举办“2015温商精英峰会”，800余名温商与会。

2015年3月27日，“协同发展 共赢未来，2015年非首都功能疏解京石对接会”在北京隆重召开。

2015年4月11日，乐城·国际贸易城与驿家365连锁酒店、河北国大连锁商业有限公司分别签署了战略合作协议。驿家365是全球酒店集团300强，全国20强连锁酒店。而国大连锁在全省拥有了近400家店铺，在省会的国大36524便利店多达200余家。此次签约表明乐城·国际贸易城的未来商贸价值对本土商家的号召力尽显无遗。

2015年4月25日，乐城·国际贸易城与美国一线时尚品牌——迪士尼时尚成功签署《战略合作协议》。迪士尼时尚是隶属于迪士尼旗下消费品业务版块，它和全球广泛的授权商合作推出包括服饰、玩具、食品等各种消费品。在全球十大最佳品牌中，迪士尼是唯一上榜的娱乐品牌。同日，与乐城·国际贸易城成功签约的还有：新加坡大食代、乡土居、魔石咕噜鱼、呷哺呷哺、嘉和一品、一碗兰、金汉斯等餐饮品牌。本次签约体现了项目对国际知名品牌强劲的吸引力。而且，时尚及餐饮品牌的抱团入驻，也为经营商家提供了更为完善的生活和餐饮配套。

2015年5月6日，石家庄市委副书记张泽峰带队到该项目视察指导工作。

2015年5月14日，石家庄市副市长刘文鹏率队现场调度。

2015年5月15日，港澳媒体考察团莅临参观。乐城·国际贸易城知名度及社会影响力持续发酵。

2015年5月19日，北京市丰台区委委员、常委、区政府副区长钟百利带队到该项目视察指导工作。来自北京大红门、动批、天意小商品及其他城市的批发市场逾1000位客商，集中签约入驻。

2015年5月28日，河北省委副书记赵勇带队到该项目视察指导工作。

2015年10月9日，石家庄市长邢国辉带队到该项目视察指导工作。

2015年10月16日，河北省委常委、宣传部长田向利参加乐城·国际贸易城举办的第四届河北省特色文化产品博览交易会。

2015年10月24日，乐城·国际贸易城应北京西城区政府邀请，项目位于西城区的“动批市场疏解承接展厅”正式落成。

2015年11月21日上午，乐城·国际贸易城与中国精品酒店品牌麗枫酒店成功签约，两大实力企业强强联合，将共同打造“乐城·麗枫酒店”。

2015年11月19日至21日，2015京津冀国际投资贸易洽谈会在河北唐山举行，乐城·国际贸易城作为参展商，展示了其在京津冀协同发展中承接北京市场外迁中一马当先，勇担重任。

2016年1月15日，北京大红门、动批等市场群的800多商户分乘两趟“专列”，赶赴石家庄乐城·国际贸易城，探访新市场并参加2016年非首都功能疏解京石商贸对接会。

2016年2月14日，中共中央政治局委员、北京市委书记郭金龙视察乐城·国际贸易城北京动批办事处。乐城·国际贸易城作为北京非首都功能疏解的首选地得到认可。

2015年2月4日，石家庄市长安区区委书记、区长、副区长及乐城·国际贸易城董事长林乐平一行进京，与北京市丰台区、西城区政府商洽非首都功能疏解事宜

2015 年 2 月 10 日，丰台区大红门疏解办公室组织，
石家庄乐城·国际贸易城提供大巴车，
免费送北京外埠商户返乡过年，赢得社会高度认可

2015 年 3 月 27 日，“协同发展 共赢未来，
2015 年非首都功能疏解京石对接会”在北京隆重召开

2015 年 10 月 16 日，河北省委常委、宣传部长田向利参加
乐城·国际贸易城举办的第四届河北省特色文化产品博览交易会

2015 年 5 月 14 日，石家庄市副市长刘文鹏率队现场调度

乐城·国际贸易城参加在河北唐山举行的 2015 京津冀国际投资贸易洽谈会

石家庄市新源发国际商贸城有限公司

新源发商贸城由石家庄市新源发房地产开发有限公司投资开发建设，由河北新源发国际商贸城有限公司负责运营、招商和物业管理，该项目是2000年河北省经贸洽谈会招商引资重点项目，是中国第二大工业品批发市场——南三条市场整体升级改造的一个重要组成部分，也是河北省、石家庄市重点工程。项目位于石家庄市胜利大街东、正东路北，南接中山路市区主要干道，东临石家庄最大市内中心广场及四大购物中心之一的北国商城，西靠零售商业领军企业银座购物中心，地处南三条市场核心位置。

新源发商贸城总占地面积18871.949平方米，总建筑面积110038.47平方米，共设商铺1000余户。

新源发商贸城开业近15年来，始终坚持品牌化、专业化、规模化的运营理念，商铺出租率始终保持100%，市场经营秩序良好，经营商品质量不断提高，成交额逐月攀升，多次受到省、市、区政府及工商、技术监督、公安、消防部门的表彰，国家工商总局领导视察了市场后给予了充分肯定，被树为中国南三条样板市场。市场区位、交通、行市、经营管理等优势明显，加上新源发一期的成功经营和形成的良好社会声誉，以及二期现代化的设计、完善配套的服务设施，不仅赢得了南三条市场内广大经营户的认可，而且受到了全国各地品牌经销商的青睐，已成为华北乃至全国最具影响力的针织内衣、饰品批发的知名品牌专业市场之一。

新源发商贸城作为南三条专业市场的领航者，最先将传统行业运用“互联网+思维”融入商城运作，并致力于研究新型商业运营模式的探索与实践。通过成立专门的网络事业部，进行移动互联网线上营销与商场线下实体店相结合，增加电商品类，加强竞争优势，继续领跑未来专业市场的转型与升级，打造新时代专业市场的标杆性新型商业。

尚村·中国裘皮城

尚村·中国裘皮城坐落于中国北方皮草名镇——河北省沧州市肃宁县尚村镇，与中国北方最大的皮毛交易市场毗邻东西，隔路相望。尚村·中国裘皮城于2005年由浙江客商投资5亿元兴建，占地15万平方米，整体建筑面积20万平方米。

尚村·中国裘皮城规模宏大，气势磅礴，格调迥异，建筑高低错落有致，形成了由内而外的聚合气势。主要由中央商场和其他商业区、办公服务区、展销区、休闲区、公寓区组成，是一座集购物、休闲、娱乐、文化于一体的现代化裘皮商城。

肃宁县具有独特的交通区位优势，京九、朔黄两条铁路交叉过境并分别设站，从这里可以北上京津，南通港澳，西连煤田，东出渤海；大广、沧保两条高速在这里交叉通过，同时大广高速穿越津保（天津—保定）、石黄（石家庄—黄骅港）、保沧（保定—沧州）、廊涿（廊坊—涿州）等高速公路。大广高速在肃宁、尚村设有两个互通出口、一个服务区、一个信息中心、两条连接线，由尚村出口下高速即到尚村中国裘皮城；以肃宁为中心，距北京、天津、石家庄三大城市均不足150公里，车程均不足90分钟；距沧州、保定、衡水三座中等城市均不足80公里，车程均不足40分钟。距肃宁最近的机场有北京、天津、石家庄机场，距肃宁最近的港口有天津港和黄骅港。

尚村·中国裘皮城具有先天的价格和质量优势，尚村有中国最大的裘皮原料交易市场，我国内蒙、东北三省、山东以及省内各大皮毛动物养殖基地生产的原料皮张都在这里集散整合。肃宁是中国皮革协会确认的“中国裘皮基地”和河北省政府认定的“省级裘皮服装加工出口基地”，尚村·中国裘皮城已成为21世纪中国皮草服装业的窗口，是华北地区裘皮服装一级批零中心。2005年肃宁县被中国轻工业联合会、中国皮革协会正式命名为“中国裘皮之都”，2007年肃宁被国家标准委确定为“珍稀皮毛动物养殖及皮毛加工示范区”。肃宁县社会治安环境稳定，2008年被中央政法委、中央组织部评为沧州市唯一一家“全国平安建设先进县”。2011年尚村·中国裘皮城被国家评为3A级旅游景区。

目前，到尚村·中国裘皮城入驻的商家有来自于东北三省、河北、江苏、浙江、湖北、深圳、香港、西班牙、俄罗斯、韩国、日本等中外企业1800多家，经营各款服装达1000多个品牌，畅销俄罗斯、意大利、日本、韩国、香港等30多个国家和地区。年销售各种服装100多万件，年销售额达40亿多元。

到尚村·中国裘皮城经商创业，能够使您淘得另一桶金。

唐山博发水果批发市场

唐山博发水果批发市场坐落在交通四通八达的渤海之滨、素有东方明珠之称的唐山市路南区，是在唐山市区政府大力关心支持下开发高标准、规范化的大型综合性农副产品批发交易市场。市场周边有205国道、京津唐、唐港高速、环城高速等四条交通主干线，对促进农产品的集散、交易、运输有得天独厚的地理和交通优势。市场周围有国际五金城、万博源国际陶瓷建材家居生活广场、南方灯具城、国际石材城、春兴钢厂等大型商场企业，还有华北地区最大的安居工程学警路旭安园小区、南厂楼小区以及女织寨村、西里尚庄村、候边庄村等十几个自然村落，已经形成超大规模的市场群和较多的消费群体。

该市场工程总投资8亿元，是冀东地区最大的农产品交易市场，是唐山市政府的重点惠民工程。该市场占地面积220亩，建筑面积24万平方米。该市场一期工程设有独立经营店面260个，可供200余业主自主创业、经营。其中大厅118个经营档口，可容纳大小发货车辆2000余辆，储存水果6万余吨；市场配套大型恒温库65座，总建筑面积2.5万平方米，可储存1万吨各类干鲜果品；市场配套沿街底商19座，总建筑面积3800平方米；市场交易服务大楼建筑面积3万平方米，包含精品店33间，银行1座，大小餐饮机构4个，洗浴场所1个等；大型物流园区建筑面积8万平方米，是集仓储、运输、中转、停车一体化的现代化物流园。该市场二期工程设有5万立方恒温超大冷库一座，能同时储存整车、零散水果6000余吨；小型公寓3栋，建筑面积22000平方米，能为1000多人提供优良的住宿环境。市场内有完善的交通网络，大型停车场、保鲜冷库、商务办公楼、银行，餐饮住宿等配套设施齐全，是集果品收储、冷藏、批发、包装、运输、检验、交易、配送为一体的大型水果批发市场。

该工程的投入使用，预计可安排5000名人员就业，2000名人员创业，每年交易额可达到85亿元，可带动全市乃至唐山其他周边地区的农业发展，对推动唐山市农业产业结构调整进程，带动唐山市农、牧、渔、果、蔬产业化发展具有深远意义。为了保证向广大消费者提供健康、绿色的优质果蔬，市场交易中心将投资100余万元，建成国际高标准的质量检测中心，以一流的设备、一流的服务、一流的责任心和使命感，为广大消费者的健康保驾护航。

市场投入使用后，致力于构建与国际惯例接轨、与市场经济相适应的环境平台，营造了完善的基础设施环境，公开、公平的交易环境和高效的服务环境，牢固树立“服务第一，信誉至上”的经营理念，以诚信的经营、优质的商品、贴心的服务，满足市场和广大消费者的需求，真诚服务于社会，为推动唐山市农业发展、农产品流通以及安排下岗职工、应往届大学毕业生创业、就业作出贡献。

太原新晋阳小商品批发城

太原新晋阳小商品批发城位于太原市寸土寸金的朝阳街 311 号，在东中环与朝阳街交叉口东北角，是太原批发商最集中区域的最繁华的地段。

新晋阳小商品批发城是对已经经营了几十年的老晋阳小商品批发市场东区进行原址拆迁升级改造而成的，是一个现代化的第五代小商品商贸物流网络商城，不仅具备商品批发零售、物流配送的功能，还具有现代博览展示、020 电商运营、同城网购、团购直销等现代化的复合商贸中心。

新晋阳小商品批发城紧邻东中环、地铁一号线朝阳街站，距离太原火车站、客运东站、绕城高速松庄站步行都不足 15 分钟，交通极为便利。朝阳物流、迎泽物流等物流园区以及几乎所有的快递公司、全国连锁货物站点都遍布松庄高速口附近，是全太原市物流运输最发达的区域，市场的货物当日可到达全省任何一个县城。

新晋阳小商品批发城于 2015 年 4 月正式动工，8 月份将全面封顶进入装修阶段，2016 年择机正式开业庆典。

新晋阳小商品批发城建筑面积 4 万多平方米，地下 1 层，地面 7 层的现代化的建筑。1-4 层以小商品交易大厅，第 5 层以综合性仓储配送中心，第 6 层以餐饮及休闲娱乐为主题，第七层为 020 电商运营中心及办公区，负一层为 6300 多平方米的智能化停车场。批发城内设有 8 部自动扶梯、3 部直梯、3 部货梯、中央空调、集中供暖、智能消防、内外监控录像系统。

在批发城建造设计中，动用了国际顶尖级的楼层布局及人、物，流通分散程序，总体的设计方案，按照世界一流的商场模式管路打造，以大气、动感、任性、优雅、快捷为主题。各楼层商铺地段结构没有死角，是一个全视野旋转的围绕形式。批发城打造了独特的空间思维和人文理念，和简洁、舒心、宽敞、高端的购物环境，提供了强有力的全天候保安巡逻，拥有地面和地下室充足的停车场所，投入了巨大

的广告媒体宣传，整个条件模式充分地填补了当地很多商场的空白。

新晋阳小商品批发城的业态规划如下：一层以佛教用品为主，包含文玩、珠宝玉器、工艺品、礼品；二层以饰品日化为主，包含日化彩妆、手套内衣、围巾、眼镜等；三层以文体用品为主，包含学生用品、办公文具、家电数码钟表、儿童玩具、体育用品、清洁用品、汽车用品、五金日杂、劳保用品、户外用品；四楼以绢花假花为主，包含床上用品、布匹布艺、窗帘等、婚庆用品、厨房用品、餐具炊具；五层暂定为仓库，后期根据项目入驻商户情况进行调增；六层为餐饮娱乐休闲区；七层为020电商运营中心。

太原新晋阳小商品市场容纳1000余户批发商经营，主力商铺的店面使用面积在20-25平方米左右。市场采取长期经营权销售和短期租赁相结合的方式，灵活多样的商铺选择为各种类型的商家提供便利。1000家经营户将直接带动5000人就业，如涵盖因小商品市场经营而需要的物流货运、餐饮服务、住宿等相关行业及家属等。小商品市场的成功开办，可以解决近1万人的生活和就业。

太原新晋阳小商品批发城为了让入场商户繁荣发展，市场开业后，将会通过多种方式服务商户，协助批发户由传统向网络实体结合转型、由传统产品批发向服务型供应商转型，上山下乡打通乡镇批发渠道，创业培训提升商户经营水平，资金互助解决商户资金难题，目录营销开发市区团购客户，展销订货会推广商户品牌，网络拓展助力商户电子商务，暖场活动为市场注入人气，品牌共享为商户解决品牌提升，超市连锁彻底解决流通渠道。

批发城的宗旨是人人平等，真诚合作。以价位合理、高品位的经营模式回馈于人民，回报于社会，达到共同的发展目标，成为山西太原小商品交易最大的集聚地，成为拥有名副其实的王者地段、黄金商铺美誉之称的购物天堂。

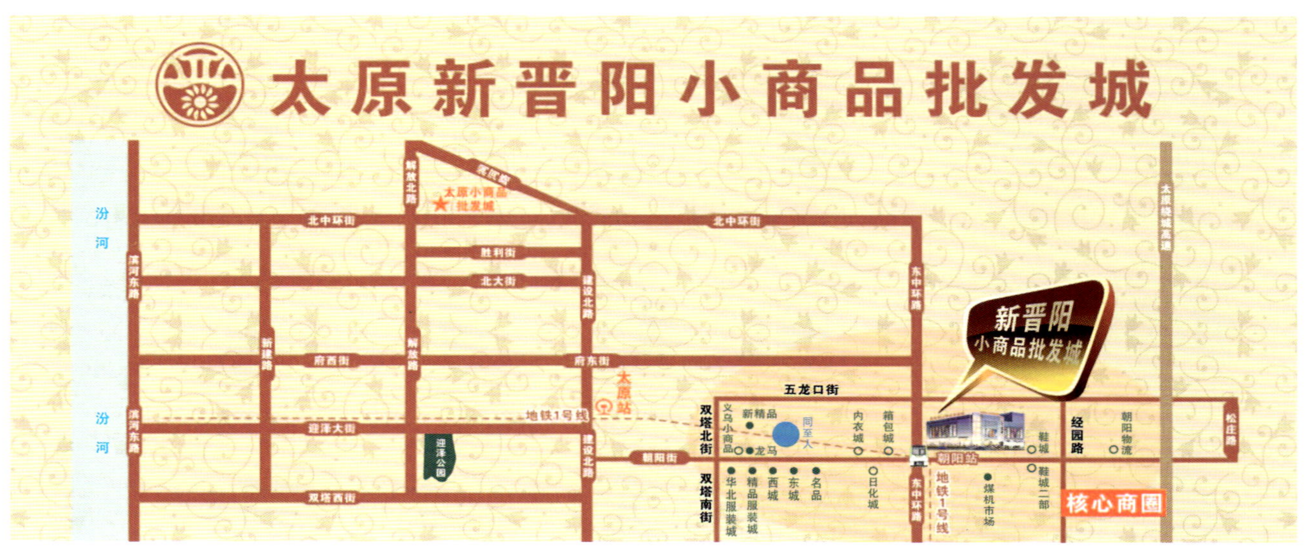

内蒙古临河四季青蔬菜瓜果农副产品批发市场

内蒙古临河四季青蔬菜瓜果农副产品批发市场是原国家计委立项批准兴建的全国 18 个重点“菜篮子”工程之一，是我国西部地区最大的蔬菜瓜果专业批发市场。

市场占地面积 10 万多平方米，建筑面积 2.4 万平方米，当年总投资 4000 多万元。场内 8 栋交易大棚，面积为 6200 平方米，摊位 800 个，其中固定摊位 500 个，临时摊位 300 个。市场四周建有 276 平方米不等的商业门点和车库货栈，并建有 500 吨保鲜冷库一座，100 吨小型冷库 21 个，80 吨大型电子汽车衡一处。建筑面积为 1 万平方米的综合服务大楼，为客户提供了良好的经营、娱乐、餐饮、食宿和办公场所。

2015 年市场实现交易额 18 亿元，交易量 30 万吨。其中瓜果蔬菜 29 万吨，肉类 2500 吨，粮油 7500 吨，平均日交易量 900 吨，日车流量 3000 辆，日客流量 5000 人次，交易品种 160 多种。2004 年，在国家信息化建设专项资金扶持下，投资 310 万元建立了信息及农残检测检验系统；2005 年在市区两级商务部门的支持下，与新农村商网互联并网，建立了临河四季青瓜果蔬菜商务信息服务网站。通过商务信息网，每天定时将瓜果蔬菜的价格、销售及物流情况向商网传播发布，在指导农户种植、销售，繁荣市场，平抑物价方面发挥了重要作用。

四季青批发市场的建成并运营，不仅为当地种植结构调整起到了积极作用，而且为缓解农牧民卖难买难、丰富城乡居民的菜篮子起到了不可替代的作用。特别是为当地创造了大量的就业机会，每年为 1 万人解决了就业岗位。

取得优秀成果的同时，四季青批发市场将再接再厉，应用先进的信息网络技术和大面积网络覆盖功能，充分发挥市场在生产、流通中的先导作用，在社会主义新农村建设中发挥应用的作用。

辽南蔬果水产批发市场

随着城市发展的加快，每个城市几乎都面临着老市场外迁的问题，而每一次传统批发市场的外迁，都伴随着商贸升级、财富转移的巨大机遇。在辽宁省大石桥市，一场轰轰烈烈的传统市场升级战已经打响。

辽南蔬果水产批发市场是大石桥商贸业重点项目，是由政府主导、政企共建的惠民项目与民生工程，项目整体投资5亿元，位于大石桥市最具潜力发展版块，新老城区交汇处，三山路与镁都大街十字金廊。项目一、二期总占地面积7.2万平方米，总建筑面积超12万平方米，项目将着力构建食品交易、生活采购、服务创新三大功能平台，集合仓储冷链、物流集散、生活配套、行政办公、品牌推广五大配套服务，打造辽南地区规划先进、配套齐全、规模适宜、服务一流的一站式全业态的蔬果水产综合商贸中心。

在农业产业化快速发展、食品安全重于泰山、城镇化提速、消费激增的当下，农产品市场流通环节日益重要。大石桥作为一个县级市，有着许多二三线城市都无法比拟的发展农批市场的巨大优势。作为中国镁都的大石桥，是世界四大镁矿之一，2014年，大石桥名列全国百强县第39位，经济发展迅速，物产丰富。以大石桥为核心的辽南地区，有着鱼米之乡的美誉，是全国重要的粮食、蔬菜、水果、水产生产基地。

辽南蔬果水产批发市场的建设，正是依托当地雄厚的产地资源基础，打造有根的市场，而作为沈阳、大连两大城市的交通要冲之地，项目在区位上同样拥有着发展农产品流通项目的先天优势。市场建成后将辐射东北地区人口最密集、经济最发达的辽宁中部城市群，并成为东北地区农产品的流通窗口，其战略意义非同一般。

辽南蔬果水产批发市场并不是一次简单的市场易地重建，也不是一场盲目的市场升级扩容，更不是一个功利的商业项目开发，而是凝聚了当地政府、广大商家、采购者、消费者等多方面努力与期盼的工程。目前项目全国招商已正式启动，热忱欢迎四海宾朋相聚辽南，共襄财富盛举。

辽宁双增集团

辽宁双增集团是国家农业产业化重点龙头企业，组建于 2007 年 5 月。经营领域涵盖大型商城超市、百货服装、家居建材、数码电器、餐饮娱乐、标准化菜市场、水产品批发市场、百万头生猪屠宰与肉食、水产品加工、规模化现代化法系种猪繁育育肥、饲料加工、海洋生物制药、电子商务、旅游休闲等，是辽宁省县域最大的现代流通和农业产业化龙头企业之一。企业有员工千余人，围绕双增产业平台直接就业人数达两万余人。企业已经形成一、二、三产业融合发展的经营平台。

集团被国务院授予全国就业先进企业、全国诚信示范单位、国家首批小微双创示范基地、辽宁省服务业领军企业、地方政府纳税、社会贡献 30 强企业等多项殊荣。双增集团旗下企业达到 11 家。

黄海大市场有限公司建于 1991 年，是双增集团的核心产业之一。经过三期项目扩建后，占地 100 亩，总建筑面积达到 18 万平方米，是东港市最大的集购物、餐饮、休闲、娱乐为一体的现代商业综合体。乐天玛特、国美电器、肯德基、麦当劳、如家酒店、横店五星级影院等国内外知名品牌商家入驻，使黄海大市场成为港城新地标，是东港市城市夜经济主要场所，对于发展现代服务业，改善地区购物环境，提升城市综合实力，推动创业拉动就业，带动地区经济发展发挥了重要作用。

东港黄海水产品市场是辽宁省主要水产品批发市场之一，占地 296 亩，建筑面积 8.7 万平方米，是面向东北、华北及东北亚地区的重要水产品集散市场。市场在连接水产品养殖、海洋捕捞加工、带动经销商和社会创业就业、促进东港地区的海洋经济的发展等发面发挥了较大的影响力。

东港黄海超市是一家综合性超市，经营品类齐全，价格合理，受到消费者的欢迎。黄海超市——东港人自己的超市，已经成为黄海超市永久的口号。随着经营规模的不断扩大，黄海超市已经在港城社区、孤山镇、十字街镇开设分店。在东港率先开展农村电商，在小甸子镇设立东港首个电商服务中心和村级服务站，并复制辐射到其他 8 个乡镇 40 多个村，同时，建立完善的物流配送和信息平台，实现农副产品进城和城市工业品下乡的销售模式，开创东港市农村电子商务新篇章。

2015年，东港市电子商务产业园成立，依托黄海大市场、黄海水产品批发市场、黄海超市等经济实体，结合东港特色农副产品和水产品，依托线上线下相融合的电子商务平台，进行电子商务产品规划和交易，打造中国最大的跨境海鲜电子商务产业基地，逐步实现买东北亚，卖全国。

双增爱消费平台是双增集团运用大数据云计算独立开发的电商交易新模式，运用消费分红和抽奖机制，让消费会员在手机上及时获得消费信息和消费分红及抽奖信息，双增大数据云中心进行数据分析，使商家得到消费信息和吸纳会员，使商家和消费者实现双赢。平台模式可以将生产商、销售商、服务商和消费者自愿链接，构成一个庞大的商众联盟和利益共同体，最大限度地实现按需供给、按需消费，达到供需平衡。双增爱消费智慧大数据已纳入国家大数据重点项目库。

辽宁双增食品开发（集团）有限公司于2008年移地新建百万头生猪屠宰和万吨熟食加工项目，2009年竣工投产。公司采用德国、荷兰等国家和国内配套的先进自动化生产线，现已生产200多个生鲜分割品和60余种熟食产品，全程采用冷链配送，市场销售逐年扩大，产量质量稳步提高，逐步树立双增品牌和社会信誉，得到市场的认可，企业通过ISO22000质量管理认证和国家冻储肉资质，企业获得辽宁省著名商标、名牌产品、辽宁诚信示范企业等荣誉。

双增种猪育种有限公司是与法国养猪研究院合作的高端生态农业产业项目，实行设备、技术和种猪的全法系化，实现中法种猪同步育种，辽宁双增集团与法国养猪研究院签订了长期技术合作协议，2014年12月12日从法国种猪育种有限公司（FPB）直接引进原种猪（GGP）780头，现有一个750头曾祖代（GGP）母猪场，一个60头（GGP）公猪授精站，一个1500头祖代扩繁场（GP），该项目填补了辽东地区无法系原种猪的空白。为推进生猪产业链快速发展，2016年双增种猪育种有限公司分别在东港市新农镇和凤城市蓝旗镇建设两个3000头规模父母代（PS）繁育场。十三五期间计划发展出栏商品猪100万头，为早日实现东港市养殖生猪调出大县而努力。

辽宁双增大海牧业有限公司现已开发畜禽和水产系列配合料和浓缩料几十个产品，主销辽宁、天津、河北等地区。与法国养猪研究院合作，采用法国工艺技术生产猪饲料，将利用生物菌剂生产发酵饲料，满足绿色生猪和水产养殖的需要。

辽宁双增生物工程有限公司是集团投资新建的高科技产品研发生产企业，拥有两项国家技术发明专利和十余个待批专利。企业采用宇航FD生物工程核心技术萃取、超微膜纯化等高科技技术，已开发出“高丽岛海参”、“双增”、“林蛙三宝”两大系列产品，高丽岛海参产品采用纯天然无污染的朝鲜高丽岛海参作为原料，是馈赠亲朋好友的佳品。目前又推出的新产品有纤清素、艾糖盾海参玛卡含片、海参酒等。

集团旗下的辽宁天铖制药有限公司是通过国家食品药品监督管理总局 GMP 认证的高科技制药企业。获制剂产品国家批准文号 52 个，现正在与中科院海洋所研究合作，开发海洋生物制药等新产品。

北井子海洋温泉位于东港市北井子镇，丹大高铁北井子站附近，主体工程已经竣工，规划建有温泉酒店、室内外温泉洗浴、温泉疗养、水上乐园、观光农业等功能设施，井水温度最高 67℃，最低 52℃，含盐率 6‰，主要成份为氯化钠、铁、氟、钙、氢等元素，富含多种阳离子，具有特殊的保健功能及风湿、皮肤病治疗效果，素有辽东“第一泉”的美誉，属国内为数不多的海洋温泉之一。现在正在施工，预计 2018 年投入使用。

双增集团以农业产业化为主线，立足本地资源优势，发挥协会桥梁作用，成立了“丹东市生猪行业协会”、“黄海水产品行业协会”、“东港市电子商务协会”、“东港市林业产业联合会”、“辽宁双增农业技术研究院”等社团民非组织，同时，开展院企合作，已经与中科院沈阳国家技术转移中心、大连工业大学、大连海洋大学、山东省科学院生物研究所、中科院海洋所等单位开展新产品开发及精深加工研究，成立了海洋食品和海洋贝类双院士工作站，推动科技兴企。

双增集团牵头申报东港“梭子蟹”、“黄蚬子”、“杂色蛤”三项水产品获得国家地理标志认证和商标注册。东港大黄蚬被农业部和工商总局列为“中欧地理标志互认产品和商标”，同时，东港大黄蚬被确定为全国首批国家级农产品地理标志示范样板创建试点。

双增集团将高举生态文明之旗，走健康产业之路，与您一道共享美好生活。

沈阳温州城商业管理有限公司

百年城集团始创于1992年，是一家具有温商背景、国内领先的商业地产发展及运营商。一直专注于商业物业的投资和开发管理，多年来积累了丰富的商业开发经验和品牌资源。百年城在1999年以成功开发大连市建市百年的标志性建筑——大连百年城购物中心为契机，实现了跨越式发展。

百年城已形成两大成熟商业物业品牌：一是以百年城购物中心为代表的，以经营中高端品牌为主，集多种商业元素为一体的都市型休闲购物中心；二是以温州城商品交易市场为代表的，以商业化的环境和超市化的布局，提供高品质购物空间的中国新一代升级版批发及零售市场。

百年城已成功开发和运营的商业地产项目有大连百年城购物中心、大连琥珀湾、大连温州城、长春温州城、沈阳温州城和合肥百年城购物中心等，已开发、运营及储备面积约为200万平方米。

百年城积蓄20年线下实体商业运营经验，将“百年城”实体购物中心的经营理念升级上网，打造“下一代电子商务购物平台”。云Mall已于2014年上线亮相，目标是未来成为网上时尚购物的引领者。

百年城现为中国商业地产联盟副会长单位，董事长吴云前先生现任大连浙江商会会长，公司倡导宽容文化，秉承温商创新、进取和务实的理念，力争成为行业内的标杆。

截至2014年底，百年城资产规模为70亿元人民币。目前五个项目年营业额超50亿元人民币，累计年纳税额6.5亿元人民币。目前，百年城员工1120人，每年直接和间接创造就业岗位2万人。

沈阳温州城（原沈阳南二市场）是大连百年城集团旗下商业项目之一。始建于1978年，是沈阳市人气最旺、规模最大的小食品批发市场。1997年注册为“南二·中国小食品城”，成为国内唯一以“中国”二字冠名的小食品批发市场。项目于2010年11月12日经过全面升级改造华丽转型为沈阳温州城，是沈阳市与和平区两级政府招商引资的重点项目。

沈阳温州城经过37年的发展，营业面积达10万多平方米，经营商铺2000个，经营品类包含食品、调料、干果、茶叶、参茸、百货、布料等28大类万余种商品，包揽了全国知名品牌食品的经销和代理权，日客流量10万人次，年销售额30亿元，商品辐射东北三省、内蒙古、河北等地以及韩国、俄罗斯等国，成为全国小食品在东北地区最大的集散地。截至2014年底，温州城员工128人，每年创造直接或间接就业岗位5000余人，公司年纳税额158万元，业户纳税额2000余万元。

沈阳温州城配套设施完善，在原有的56部电梯、中央空调、地下停车场等设施的基础上，增加了临时库房3000平方米，负一层物流配货中心3000平方米，临时停车场149车位，还配有沈阳温州城网店代销服务，不定期组织集团采购，形成了线上线下同时热销的格局。

为体现温州城“中国小食品”专业化、规模化的整体效应，延伸现有品类的产品线，于2013年7月A区一二三层全面升级调整为海参、东北特产、进口食品、精品食品的专业市场，成为当之无愧的东北地区最大的小食品集散地。

辽西小商品批发市场服务有限公司

辽西小商品批发市场服务有限公司位于锦州市重庆路三段以北、明德街以西、向阳街以东，经营范围包括辽西小商品批发市场、锦州古玩城及辽西服装批发市场，总营业面积12万平方米，是辽西地区最大的商品批发市场，多年来在全省市场综合评比中名列第3位，连续八年被评为省级“文明市场”。

辽西小商品批发市场分东、西两个大厅，东大厅分四个区，六座大门连通市场内外，内设固定摊位1700个；西大厅摊位600个。东西大厅共经营小百货、小食品、调料、床上用品、文化用品、小五金、电料、土杂产品等16大类近4万种商品，全国各地厂家驻辽西小商品批发市场总代理已达4000多家。市场周边有门市300余间，同时还设有库房1000余间。

东大厅于2015年6月开始确定进行升级改造，将原有1万平方米的营业场所升级到3万平方米。通过改扩建，进一步提高了整个市场运营中的安全环境及消费者购物的舒适度，预防因消防通道狭窄、设备老化给消费者购物带来安全隐患。整个东大厅的改造工程是当年立项、当年施工、当年竣工、当年营业，赶在2016年春节前夕为辽西五市及内蒙古、河北周边近2000万消费者提供了一个安全舒适优质的购物消费场所。

同时，该市场还大力开展移动平台端的电子商务，把市场的优势资源整合到一起，充分利用市场2万多个下游网点，对辽西五市及内蒙、吉林、河北三省交界地区进行全覆盖的物流配送，让消费者可以足不出户的享受到科技进步带来的生活便利。

锦州古玩城为“全国十大古玩城之一”，国务院首批“文化产业示范基地”，建筑面积2.6万平方米，是多功能、综合性、文化品位高、容量规模大、经营服务上档次的大型文化交流场所和文化商品交易场所。主要经营工艺美术、古玩、

字画、铜器、陶器、奇石、根雕、玉器、玛瑙、古币、化石、文房四宝、音乐器械、演出服装、图书、音像、纪念品、办公用品、学生用品、体育用品等，设立了精品屋240间，门市40余间。锦州古玩城的建立使辽西小商品批发市场更具凝聚力和吸引力，其吸纳和辐射功能进一步加强，尤其是古玩城已连续举办了11届“中国·锦州古玩文化节”，在国内外享有很高的声望，已成为国内古玩业的一个最大亮点。

辽西服装批发市场建筑面积6万平方米，商业门市160间，大厅精品档口800余个，主要经营服装、鞋帽、针织、床上用品、窗帘布艺、布匹、皮革、皮草等，有1000家商业网点，近1万人就业。

随着市场的升级改造，辽西服装批发市场、辽西小商品批发市场的东、西两个大厅以及锦州古玩城互相通联形成一体，构成一个12万平方米的营业场所，有3万多人的从业人员，客流量每天能突破10万人次，年营业额约达120亿元，是辐射辽西五市乃至河北、内蒙古、吉林三省周边地区的最大商贸市场，已经成为辽西北地区重要的商品流通集散地。

长春市长运集团有限责任公司

长春这座孕育汽车、电影、光电子等产业的“摇篮之城”，曾在上世纪50年代描绘了建设新中国的火热画面，托起一个大国经济腾飞的梦想，如今的长春被改革的春风吹的更绿更新了，长运集团就是见证。

长春市长运集团有限责任公司是伴着改革开放的步伐茁壮成长起来的集批发市场的柜台租赁、仓储、房屋开发、建筑、装潢、粮油、农副产品经营、建筑装潢、餐饮服务、对外贸易等于一身的中型股份合作制民营企业。作为长春经济发展见证者，长运集团是有骄傲的资本的，那就是：正确的目标选择之后，努力努力再努力，努力就有结果，结果就是证明，长运集团经过公司全体员工共同努力，艰苦创业，奋力拼搏，创建了长春市黑水路批发市场等十几个单位，又是通过努力，使企业由小变大，由弱变强，发展成了今天的集团公司。公司以造福员工、回报社会为宗旨，以经济建设为中心，大力开展物质文明、政治文明和精神文明建设，各项建设都取得了明显进步，并显现出了又好又快不断发展的良好势头，取得了很好的经济效益和社会效益。企业员工工资稳中有升，福利待遇在同行业中屈指可数，养老保险、医疗保险等参保率均达100%，每年为国家上缴税金上千万元，累计为下岗职工和失业人员提供再就业岗位8000多个，为社会稳定和繁荣地方经济、振兴老工业基地做出了一定的贡献。企业被中国市场指导委员会授予“中国商品交易市场最具影响力市场称号”、“AAAA企业”，被中国市场学会批发市场发展委员会授予“中国竞争力百强市场”，被省委省政府评为商贸50强、纳税超千万元民营企业、“促进就业、保障权益、创造和谐企业——优秀民营企业”、计划生育先进单位等，被市委市政府评为“守合同、重信用”单位、“突出贡献民营企业”、民营企业50强第六名、精神文明建设先进单位等。

公司成立初期一无所有，没有资金，没有主营业务，发展极其困难，但长运集团没有被困难吓倒，而是以市场理论为武器，抓住机遇，主动出击，谋求企业大发展，经过冷静地分析市场形势，认真研究对策，在进行了大量的市场调查和预测后，果断进行股东集资、银行贷款、招商引资，创办了全省首家楼层式批发市场——黑水路批发市场，在全省最先实现了由企业办市场、个体户进楼租赁柜台的先例，并派几批人马分下江南，广泛招商，从江浙一带引来了150多名首批个体商户，使市场逐渐红火起来，取得了极大的成功。后几经改造扩建、收购，市场日益兴旺，不断发展。目前场内建筑面积6万多平方米，内设精品屋、开架间、摊位等3800多个，经营各类日用百货、服装鞋帽、工艺品、床上用品等50多个大类、1万多个品种，日客流量达10万人次以上，年销售额12亿元左右。在之后的几年间，先后又投入3000多万元对市场进行了八次扩建改造，使市场逐步发展壮大起来，又于2001年投入8000万元兴建了市场B座，于2007年投入2000万建成了D座，于2009年投入4000多万兴建了C座。黑水路批发市场的发展壮大引起了社会各界的广泛关注和效仿，附近远东、长客隆、华正、春华、温州城等各大商场纷纷兴起形成了站前商贸圈，成为了全省百货服装行业的批发集散地，黑水路上的小饭店、小食杂店、房屋和库房出租等等也随之红火起来，促进了个体工商业的发展。目前，市场辐射吉林、辽宁、黑龙江和内蒙古部分地区，其知名度、吸引力、辐射面、客流量、销售量等方面在全省同类市场中均占突出位置，发挥着引导作用。

为了适应市场发展的需要，公司坚持以邓小平理论和科学发展观为指导，深化改革，积极开拓，大胆创新，不断拓宽经营渠道，大力发展企业经济，先后成立了十几家分公司。

仓储超市有限公司，位于黑水路批发市场的五楼、六楼和地下一层，主要从事库房租赁业务，共有全封闭铁柜架式库房800多个，直接为黑水路批发市场的业户服务，使业户搞大批发有足够的库存，且非常方便。

粮油集团公司，下设三个粮库，分别坐落在长春市的东北、西北、西南郊区，共占地9.2万平方米，年可收贮粮食10万吨左右，已形成了收购、存贮、加工、销售一条龙经营规模。

长运建筑工程有限公司，拥有一支懂技术、善管理的技术人员队伍，能够接纳中型以上的各类建筑任务，每年承揽大量业务。

长运装潢公司，始终本着让客户满意的宗旨，不断加强管理，加强业务知识培训，在家庭装修、门面装修、店面装修、工程装修、装修设计、写真喷画、灯箱牌匾等等各类业务上都能够保质保量的完成。

其它单位也正以其各自的优势为推动企业发展贡献着力量。

企业发展不忘回报社会，长运集团积极参与社会公益事业，积极组织公益活动，几年来，随着企业的不断发展壮大，企业回报社会的力度也在不断加大。为了给社会减轻就业压力，长运集团先后聘用了六十多名下岗待业人员加入到员工队伍中，而且为下岗失业人员提供再就业岗位 8000 多个，缓解了社会压力，得到了各级领导的高度赞扬。同时，凡哪里遇有水灾、旱灾等自然灾害，长运集团都筹集大量资金及救灾物资送到灾区；为了支持宽城区政府建立阳光超市，捐献了近 50 万元的衣物，帮助社会弱势群体；为缓解地方财政的压力，捐献了 30 万元；为了黑水路步行街建设工程捐献了 27 万元；每年向市红十字会捐款 5000 元，支援农村建图书室 5000 元，为榆树市先锋中心小学捐款 1.5 万元，帮扶困难群众解决困难近 80 万元，为共创共建、促进区域经济发展等工程捐款 32 万元，为区泥草房改造捐款 10 万元；每年的“双日捐”活动捐献 3 万元；在计划生育与流动人口管理工作上，每年都捐献万元资金，给流动人员育龄妇女体检及免费送避孕药具；每年为冬季清雪、夏季绿化、环保城建、拥军拥属等活动捐献 6 万元；每年冬季捐献棉衣活动中捐献棉衣近千件，而且其中很多都是新的。据不完全统计，近几年来向社会捐款捐物累计 380 多万元。

公司目前已完成了资本原始积累，正在稳步发展，且即将进入跨跃式发展时期，将继续以“解放思想、振兴吉林”为宗旨，在确保支柱企业黑水路批发市场销售稳中有升的同时，将侧重在房屋开发、建筑装潢、粮食经营业、农副产品加工业等方面拓宽渠道，建立新的经济增长点，同时大力扶持其他子公司携手共发展，为促进建设区域经济，振兴老工业基地，构建和谐社会，实现中国梦的总体目标贡献力量。

哈尔滨透笼国际商品城

从一条“马路市场”跨入“国际商品城”，透笼的成长道路见证着一座城市的经济繁荣史。立足市场前瞻的透笼国际商品城，前身是哈尔滨透笼街的马路市场，被人们习惯地称为“透笼街市场”。1979 年，随着改革开放的浪潮，迈开了自力更生、自主创业的经济步伐，在计划经济向市场经济转型的关键时期，创业的脚步举步维艰，风雨中披荆斩棘，迎难而上，书写着自己坎坷而辉煌的奋斗史。透笼街上推着小车卖纱巾的小女孩，搭个帐篷卖衬衫的小伙子，还有铺上塑料布摆几朵头花的老太太……正是他们的起早贪黑、风餐露宿、勤勤恳恳，创造出了一条“透笼街”。

1997 年，伴随祖国大地紫荆花的阵阵清香，透笼市场实现了历史性转折：3 万多平方米的现代化商场拔地而起。6 月 8 日这一天，几千名激情满怀的业者们“手拉手、肩并肩”一起迈进了一个崭新的“透笼轻工批发市场”，曾经沧海的“透笼人”终于告别了那个风餐露宿的马路市场。不懈努力，艰苦拼搏，一步一个脚印的踏实作风，使如今的透笼国际商品城由小到大，由弱到强。

2008 年，随着哈尔滨经济社会的快速发展，透笼轻工批发市场迎来了自身发展的又一个春天，透笼决策层看到了透笼发展的潜力，开始放眼未来，决定抓住机遇再建一个新透笼，对市场进行全新升级，完成又一次的华丽转身。结合哈尔滨旧城改造，满足消费者和时代的要求，透笼轻工批发市场开始了新的征程。2009 年 10 月 9 日，新透笼正式奠基。2011 年，紧随市场经济发展的节拍，立足前沿，整合、优化业内资源，一个兼容新、老市场的透笼国际商品城盛装开幕。2011 年 2 月 12 日，新透笼正式营业。也就是在这一天，新老透笼正式更名为“透笼国际商品城”。

透笼国际商品城坐落于繁华的哈尔滨市商业中心黄金地段的道里区石头道街与买卖街交汇处，与近在咫尺的中央大街及相毗邻的索菲亚广场构成了一道靓丽的风景线。透笼·国际自创建以来，经历了艰难的风雨锤炼，走过了耀眼的光辉岁月，从创建初期的马路市场，到退路进厅后的现代化专业市场，透笼人创造了一个又一个奇迹，现已发展成为以交易为主体，集仓储、配送、餐饮、服务等多功能于一体的综合性批发市场。透笼国际商品城的今天，靠的是诚信为本，童叟无欺的儒商精髓传承，赢得了广大消费者的信赖，占有了丰富而充裕的市场资源；靠的是商品质量优良、价格公道的坦诚与公平竞争的经营理念，历经市场激烈竞争而不衰，植根于市场，树形象于消费者之心目中；靠的是视顾客如上帝、服务至上的新型商业风范，任凭商海波谲云诡，透笼国际商品城对消费者的推崇矢志不移、初衷不改，真正让广大消费者产生“我的透笼我的家”的深刻体验；靠的是不断更新质量管理价值观和质量管理规划，不断加强对质量和社会效益的密切关注，注重加大对提高职工素质的投入，强化全员创新意识，构建了令广大消费者认可的质量体系。由此，使透笼国际商品城成为哈尔滨市、乃至全国同类业态当之无愧的商业“旗舰”。

透笼国际商品城设地下 2 层，地上 12 层，以展示交易为主体，集商贸、配送、旅游购物、餐饮娱乐为一体，以经营日用百货、儿童服装、针织服饰、泳装雨具、内衣袜子、文胸短裤、丝巾帽子、工艺礼品、化妆品、文体用品、箱包皮具、钟表眼镜、珠宝饰品、儿童玩具、睡衣家居、床品布艺、童车童床等 17 大类别为主，拥有 3000 家品牌代理商，16 万平方米核心商都，上万个品牌代理，20 万款商品汇集。直接采取厂家直销和代理商为主的经营模式，以品牌代理为核心，采用网络化、电子化等现代化的交易手段，成为辐射东北、内蒙及日本、韩国等国家和俄罗斯远东地区的商品集散中心，并打造成我国北方生活用品商业航母。

透笼国际商品城设施先进，功能完备，商城共设 66 部扶梯，11 部货梯和 6 部客梯。先进的 LG 中央空调机组，保证了市场冬暖夏凉；完善的自动消防系统、电子监控系统及 24 小时保安巡视，确保商厦及商户财产安全。在硬件设施完备的基础上，市场采取了完善的服务和先进的管理模式，公司下设管理部、运营部、综合部、网络部、企划部、广告部、保安部、工程部、物业部、财务部、采购部等部门，全方位地为商户提供服务。近年来，在社会各界的支持下，透笼·

国际又取得了长足的发展，充分体现了透笼·国际适应市场发展变化，满足广大业者需要，走品牌化发展之路的决心，也充分展示了透笼·国际“创建品牌商城，引领商海潮流”的风采。

透笼国际商品城在经营过程中，始终坚持“以人为本，服务至上”的经营理念，使市场经营逐步迈上“管理标准化，服务人性化，环境商场化，经营品牌化”的健康发展轨道。公司本着“精诚团结，无私奉献；勇于创新，追求卓越”的透笼企业精神，强化品牌意识，引导广大业者走品牌化、专业化、规模化发展之路，大力开展创建“文明诚信市场”活动。多年来，市场摊位承租率一直达百分之百。2005 年，市场通过 ISO9001 国际质量认证体系认证。2007 年，透笼·国际与中国诚信网 www.china315.com 合作，全面建设透笼商务网络平台，率先实现电子商务，步入网络时代，开创“打造诚信市场，构建网络平台，走进财富时代”的新纪元。

透笼国际商品城在管理上成功导入了 ISO9001 国际质量认证体系，在队伍建设上吸纳了各类精英人才。凭借着一流的购物环境、国际化的管理、网络化的经营、一条龙式贴心的服务、一站式的采购和物流配送、网络商城交易、即将实现的大型物流园区及银行巨头巨大资金后盾的支撑，无不体现“透笼”根置于龙江大地、造福龙江人民、放眼国际、服务哈尔滨的地地道道的地产品牌，将迎来一个辉煌灿烂的美好明天。

透笼国际商品城在发展过程中，一直得到各级政府的大力支持和中央领导的亲临视察，曾被国家工商管理局评为“全国批发市场五十强”，多次被评为“国家级文明市场”，并获得“省级文明市场标兵”称号。2012 年，荣获“全国十大诚信商品市场示范单位”、“中国最具影响力十强商品市场（品牌）”、“推动中国商品市场经营模式发展十大标杆品牌”及“全国最具价值 500 强（品牌）”等称号。2013 年，荣获“第 29 届中国·哈尔滨国际冰雪节十大特色购物”、“中国十大最具领导力品牌”、“中国商品市场十大标志性品牌”、“中国十大最具商业价值市场（品牌）”、“国家重点推广十大自主商业品牌”、“中国民族商业最具创造力十大品牌”。2014 年，荣获“引领中国自主商业发展最具贡献十大品牌”等称号。2015 年，荣获“2014 电子商务 TOP100 强企业”等称号。

2015 年 5 月 21 日，中国市场学会批发市场发展委员会、义乌购、透笼国际商品城三方就有关电商平台建设进行交流座谈。图为中国市场学会批发市场发展委员会副秘书长宋连平（右二）、义乌购拓展部经理唐文华（左三）、透笼国际商品城总经理高云峰（右三）等合影

哈尔滨雨润南极食品交易中心

哈尔滨雨润南极食品交易中心由江苏雨润集团斥资 6 亿元倾力打造、黑龙江雨润实业（集团）有限公司鼎力承建的，于 2010 年 1 月 8 日试营业，掀起了食品流通领域的革命浪潮。雨润南极食品交易中心建筑面积 11 万平方米，由名优城、冷鲜城、茶城、调料城四大主体及配套物流中心构建而成，业务涵盖批发、零售各大品牌的名优食品、冷鲜食品和茗茶、调料等，并设有现代化 SOHO 商务办公楼、综合商业街区、多家银企机构入驻的金融一条街、大型地下停车场等经营、生活配套设施。四大商业主体内部环境优雅，设施齐全，装饰靓丽；中央空调、自动扶梯、载货电梯、冷库、全天候安全监控系统、宽带网络系统；餐饮广场、商务洽谈室、会议中心、电子商务中心、秘书服务等为经营者创造良好的经营环境及浓厚的商业氛围。

入驻品牌

雨润南极食品交易中心采用品牌化的运营模式，以国际化的运营理念，以科学化的管理手段，打造了食品流通领域的国际品牌形象。

目前新南极已汇聚了国内外万余种优质食品，像雨润、哈大众肉联、北大荒集团、黑龙江省绿标企业、舍得、纽西兰进口葡萄酒、天顺源、大庄园肉业、金枝提茶叶、龙润茶等 5000 余知名品牌食品均已进驻南极。

特色化区域经营

为了满足不同消费者的采购需求，南极开展特色化区域经营，规划出进口食品专区、绿色食品专区、精品水产专区、老北京特产专区、东北土特产专区等，下一步计划增设地方特产专区，为消费者提供更便捷、更贴心的服务。

进口食品专区位于雨润南极食品交易中心名优城1层，消费者可以享受到来自世界各地的美味。如宝岛台湾的青豆，日本的漫画糖，德国的水果糖，马来西亚的果冻，澳大利亚的啤酒，韩国的饼干、罐头、米酒，以及新西兰的天然葡萄酒，进口食品专区带给您世界的美味问候。

绿色食品专区：位于南极食品交易中心名优城5层的黑龙江省南极绿色食品展销中心，囊括了黑龙江省绿办、哈尔滨市绿办、北大荒集团下属绿标企业的知名绿色食品，为黑龙江省绿色食品提供了一个良好的展示交易平台。

精品水产专区：挪威的深水三文鱼、俄罗斯的帝王蟹、美洲长寿鱼……您想要的冷鲜美味，在冷鲜城精品专区应有尽有。

以活动促发展

雨润南极食品交易中心通过举办“哈洽会南极国际食品交易洽谈周”、“春季、秋季全国斗茶大赛”、“金奖茶叶爱心捐助义卖会”、“开仓放粮，年货大集”、“天天315、人人守诚信”、“龙广南极国际绿色食品大型爱心义卖会”、“璀璨南极星光夜颁奖盛典暨新春联谊会”等多场别开生面的大型活动，与消费者的亲密接触和频繁互动也拉进了消费者、商户与交易中心的距离，在给消费者带来更多的实惠与惊喜的同时，进一步传达新南极的经营理念及批发向零售业态转型的长远规划路线，使消费者感受到这里是当之无愧的食品帝国。

雨润南极食品交易中心——名优城

作为雨润南极食品交易中心的点睛之笔，名优城在商业功能、品类分布等方面进行深入而前沿的科学规划，云集了诸多名优特产、酒水、休闲食品、绿色食品等行业中卓越品牌代表。定期举行各种大型食品展示、商业推介等活动，充分展示食品行业的时尚魅力元素。名优城共六层，1～5层主要经营国内外名优食品、绿色食品，总建筑面积4.5万平方米，经营商户900余家，并配有自动扶梯、观光及货物专用电梯。6层为餐饮广场，汇集国内特色小吃，并设有多功能商务中心，满足商户不同类型的商务洽谈，会议等需求。

雨润南极食品交易中心——冷鲜城

冷鲜城的建造完全符合冷冻冷藏食品加工、流通低温要求，物流、仓储、展示、销售等功能完善的冷藏链全程为冷冻食品打造，是真正意义上的冻品之城，代表世界冷藏食品发展的先进潮流。冷鲜城共5层，总建筑面积为2.3万余平方米，业户420余家，主要经营冷冻肉类和冷冻海鲜、冷饮、参茸土特产等。冷鲜城内设有自动扶梯、货梯以及冷库专用通道，完善的设施满足了广大客商的交易需要。

雨润南极食品交易中心——南极茶城

茶城共3层，总建筑面积为20000余平方米，业户280余家。茶城分为茗茶展示交易、茶文化制品展示交易两大区域。文化气息浓郁的茶城，充分挖掘千年中华茶文化历史发展源头，提出经营纯正特色茶叶精品和符合华夏茶文化特色服务的经营策略。茶城内设有自动扶梯、货梯，最大限度地满足消费者的品茶需求。

雨润南极食品交易中心——调料城

调料城经营品类包括调味品及相关调味作料、酱菜等，经营方式以批发零售为主，吸引了全国各地的顾客、酒店采购商、大型团购商，现已经成为东北地区最具影响力的调料市场。调料城共3层，总建筑面积5000余平方米，商户240余家，分为综合调味品区、白糖淀粉区、酱菜区、土特产区。调料城一改传统市场阴暗、脏乱的形象，内部环境宽敞、明亮，来到这里，犹如置身大型精品商城，让人们感受到的是一丝轻松，一丝愉悦。

雨润南极食品交易中心——南极国际俄罗斯商品城

南极国际俄罗斯商品城于2015年8月22日营业，有机整合资源，在哈尔滨这个东方巴黎城市建成俄罗斯食品面向全国的集散基地，致力于建成国内最大的俄罗斯食品批发市场。位于南极冷鲜城5楼，占地面积3700平方米，拥有冷库设施2处、储存库1处、现场食品加工间3处，大部分品牌为国家级独家代理。经营范围主要以俄罗斯食品、生鲜及工艺品为主，包括野生、山珍、面粉、豆油、啤酒、蜂蜜等商品。俄罗斯商品城最突出的一个特点就是原汁原味。作为俄罗斯最具风格的日常家居茶点之一——提拉米苏，一直以来深受国人喜爱。商品城首次将俄罗斯提拉米苏生产线引入国内，并搭建微型可参观生产线。该生产线沿用欧盟食品卫生标准，配料全部来自俄罗斯进口。为确保俄式提拉米苏口味的原汁原味，特聘请俄罗斯专业食品工艺技师亲临制作。同时，为满足客户的不同需求，还配备了同城快递业务，市民可在家足不出户就享受到纯正的俄式提拉米苏。

南极国际俄罗斯商品城

南极茶城

冷鲜城

调料城

中国陶都陶瓷城 陶瓷艺术国际博览中心

中国陶都陶瓷城坐落在美丽的太湖西畔——江苏省宜兴市丁蜀镇（公园西路）。它地处苏浙皖三省要冲，沪宁杭三大都市腹地，经济发达，通讯便捷，交通顺畅。这里已有7000年制陶史，是历史悠久、名满天下的中国陶都。中国陶都陶瓷城由江苏融达集团董事长、总经理石国松先生创意、策划并投资创办。该项目是江苏省、无锡市、宜兴市三级政府确定的“十一五”重点工程，江苏省宜兴市陶文化产业示范基地、宜兴陶都新十景之一、江苏省现代服务业集聚区、江苏省诚信经营示范市场、全国诚信经营示范市场、江苏省“正版正货”示范商业城、无锡市五星级文明市场、宜兴市文明市场、宜兴市诚信标兵单位、宜兴市先进市场、宜兴市服务业先进集体、宜兴市旅游先进集体、中国十大陶瓷市场。总规划用地66.7万平方米，总建筑面积58万平方米，总投资10亿元，于2006年10月奠基，2008年11月正式开业。

目前一期工程30万平方米，1200套陶艺商苑和建筑面积达2.2万平方米的中国陶都陶瓷艺术国际博览中心已建成投运，繁华盛景已露端倪。城内长逾千米的明清风格的陶瓷文化商业步行一条街，青砖碧瓦，小桥流水，牌楼垂柳，尽显古典韵味，令人叹为观止，流连忘返，它将与中国宜兴陶瓷博物馆、古龙窑遗址公园一起，形成陶都古镇的三大特色旅游新景点。目前，中国陶都陶瓷城商贾如云，游人如织，正在申报国家4A级文化旅游景区。

中国陶都陶瓷城以陶文化为特色，不仅汇聚了宜兴以紫砂为代表的五朵金花，而且汇集了全国各大陶瓷产区的名窑名陶名瓷、名人名作名品，是中国最大的综合性陶瓷文化旅游商贸城。在这里，皇家风范的青花、文人神韵的紫砂、青翠欲滴的青瓷，千变万化的钧瓷和形神兼备的各式雕塑等等，一件件艺术珍品，琳琅满目，美不胜收。来到这里，您能一日看遍全国陶瓷精华，一日购到全国陶瓷精品，一日览尽全国陶瓷文化，充分领略中华陶瓷的无穷魅力。

中国陶都陶瓷艺术国际博览中心是中国陶都陶瓷城里规模最大、档次最高的陶瓷艺术殿堂，它设计新颖，品位高雅，气势恢宏，富丽堂皇，设施先进，功能齐全，是古今陶都的标志性建筑之一。

该中心面积达2.2万平方米，共分三层，每层7000平方米。第一层为名闻天下的宜兴紫砂展销区和紫砂广场，共有宜兴紫砂陶艺工作室118间，还有1200多平方米的大型展馆，可承接和举办各种展览展评、交流拍卖等大型活动。第二层为全国各陶瓷产区陶艺精品经销区，目前浙江龙泉、福建德化、湖南醴陵、河北邯郸、河北唐山、河北曲阳、山东淄博、江西景德镇、广东潮州、河南禹州、河南汝州、江苏宜兴、山东琉璃、扬州漆器等著名陶瓷产区已入驻经营，高、中、低各类陶瓷艺术品、陶瓷礼品，各类餐具、茶具、咖啡具、板台餐具、酒店用瓷等日用瓷应有尽有，价廉物美。还有大师书画艺术工作室，有名闻遐迩的宜兴土特产、名茶美玉、体验式陶吧和名人书画等。第三层为陶艺珍品展示区，即“宜兴市国松艺术馆”，按全国的陶瓷种类开辟了9个大师艺术馆，即青瓷馆、紫砂馆、雕塑馆、国瓷馆、国际馆、景德镇艺术瓷馆、醴陵釉下五彩瓷馆，国松艺术馆等，大师艺术馆集中展示了全国的国家级、省级工艺美术大师、陶瓷艺术大师680多人千余件精品佳作，这些稀世珍宝荟萃一堂，芳容玉韵灼灼生辉，在国内尚属首家。

中国陶都陶瓷艺术国际博览中心经营八年来，得到了各级政府和领导的高度重视和关心支持，得到了市级机关各部门的帮助指导。目前，整个市场运行正常，市场管理规范，人流量不断增加，影响力逐步扩大，市场诚信度逐步提高，市场集聚效应、规模效应、名人效应、文化效应已充分显现。八年来陶瓷城博览中心举办、承办、协办的各类活动达200多场次，包括2013年、2015年的第七届、第八届宜兴市国际陶瓷文化艺术节开幕式及各类展览活动都在博览中心成功举办。每年接待中外嘉宾约30万人次，接待从中央到地方全国各省、市党政代表团200多批次，已成为了宜兴市对外接待交流的一个重要窗口。

中国陶都陶瓷城，尤其是陶瓷艺术国际博览中心，经营品种数以万计，产品来自于全国所有陶瓷产区，档次高、质量好、门类全，可以适合各个不同消费层次的需求，全年营销额约达 30 亿元。内容丰富、品种齐全、高贵典雅的中国陶都陶瓷艺术国际博览中心通过八年来的实践，已经成为全国各陶瓷产区陶瓷产品、陶艺精品规模集聚经营的营销平台，为全国的陶艺大师、工艺美术大师的名品、精品、新品以及陶艺成果搭建了集中展览的展示平台，为全国的陶艺大师思维创新、工艺改进、提高技术设计创新能力，提供了技术培训、技术咨询和技术切磋的交流平台，为传承紫砂艺术、弘扬陶瓷文化提供了特色旅游、人文经济的支持平台，以及成为宣传各地陶瓷产品、发布陶瓷信息、提高各产区和大师的知名度，提高品位，提升价值的舆论平台，更为促进全市乃至全国陶瓷产品的提升和陶瓷产业结构的优化，彰显中国陶瓷文化的魅力，进一步提高陶都宜兴在国内外的影响力和辐射力提供了综合服务平台。

同时，为市场繁荣和旅游配套服务，不仅有完善的物流配载，而且还规划建设了集餐饮住宿、休闲娱乐中心、健身运动中心、会议培训中心、商务办公于一体的，总投资 2.5 亿元，建筑面积 4.8 万平方米的五星级丁山国际大酒店，于 2013 年元旦正式对外营业。酒店拥有各类客房 275 间，1000 个餐位，豪华气派，风格迥异，尽享尊皇显贵之气派。为了让市场经营业主有一个和谐安定的经营发展环境，中心专门投入 100 万元，建起了市场全覆盖的技防监控中心，全国政法委在此召开了现场会，也是各级政法委的技防工作示范点。为了广泛宣传，扩大市场影响力，提高市场的知名度和辐射力，专门建立了中国陶都陶瓷城官方网站（www.zgtdtcc.com），也为各商户开设了商务平台和信息平台。

二期还将规划建设已故大师顾景舟、朱可心、蒋蓉等名人纪念馆和当代陶艺大师艺术馆、名人文化园、华夏陶瓷风情街、陶瓷产业园、民间收藏博物馆等。

中国陶都陶瓷城海纳百川，集天下名窑名陶名瓷于一体，汇华夏名人名作名品于一堂，是展示古今陶艺精品的殿堂，是与世界交流陶瓷文化的平台，是发布和传播陶瓷信息的枢纽，也是陶瓷购物者的天堂，珍品收藏者的乐园，是世界陶文化的旅游胜地。

博览中心全国陶瓷产区陶艺精品展销区

一楼展览大厅

中国常熟服装城

中国常熟服装城始建于 1985 年 5 月（2007 年 10 月由中国常熟招商城更名为“中国常熟服装城”），经过 30 多年的“开发、建设、经营、管理”，已从当初的“马路市场”发展成为国际化的服装服饰专业市场，是全国首批 35 家重点联系市场之一。2007 年以来，先后被中国纺织工业联合会和中国商业联合会授予中国男装中心、中国女装中心、中国童装中心、中国鞋业中心等称号，并成为国家 AAAA 级购物旅游景区。2010 年被国家人力资源和社会保障部、中国纺织工业协会评为“全国纺织工业先进集体”，2012 年 6 月，被国家工商总局评为“全国诚信示范市场”，2014 年 11 月，被中国纺织工业联合会流通分会、中国服装协会评为“中国服装品牌孵化基地”。

常熟服装城有男装中心、招商场、鞋业中心、华东轻纺中心、中服电商园区、小商品市场和童装中心（时装中心）7 大国资市场，外贸服饰集散中心、物业公司、富通物流、旅游服务公司等直属单位，另有天虹服装城、世界服装中心、国际服装城、万豪国际轻纺城、皮革城、九龙大市场和捞品城等 20 多家民营市场，形成了服装、针织品、布匹、装饰面料、床上用品、小商品、鞋业、五金等多类经营区。目前，服装城辖区面积 3.71 平方公里，市场营业面积 350 万平方米，店铺、摊位 3 万多个。来自全国各地 10 万多经营人员落户商城经营，市场旺季日均人流量达 30 万人次以上，货物运输量近百万吨，日资金流量超过 20 亿元，市场商品成交额连续多年超 1000 亿元，2015 年达到 1312.7 亿元。

常熟服装城地处江苏省常熟古城南端，与城区连成一体，东临上海，南倚苏州，西连无锡，北与南通隔江相望，交通便捷，有直达全国 1000 多个城市的客货运专线；各金融机构在商城区域内设立有 40 多家储蓄网点，开通了全国电子汇兑系统；区域内建有 20 多个大型停车场（包括屋顶和地下停车场），建有多个安全、舒适的外来经商人员居住区。辖区内还设有市场监督管理、城管、公安、城巡、交警、交通、配载、国税、地税、检察、消防、社卫等 12 个驻城职能单位，服装城管委会作为市政府派出机构，综合协调市场管理和区域行政管理。

长久以来，服装城以建设“安全、有序、文明、繁荣”的大市场为目标，致力于市场环境档次、经营品位、综合效益的提升，强大的集纳和辐射功能使服装城形成了“买全国货，卖全国货”的市场格局，并已走向商场化、专营化、品牌化、信息化。市场内品牌商品不断增多，现代营销方式、特色经营区、精品区逐步形成。2015年以来，常熟服装城扎实推进专业流通市场综合配套改革，在提升现有业态的基础上培育新业态，加快构建与国际服装贸易中心相匹配的开放式、综合型、强辐射以及内外贸一体化的商品市场体系。推动创新平台建设，目前已有中国常熟男装指数、男装设计交易中心、中纺联检测中心、节庆会展、常熟服装在线、国际贸易服务等6大公共服务平台建成并运行，立体化、全方面服务商户以及常熟服装产业。同时常熟服装城创新叠加政府引导与市场化运作相结合的办展模式，成功举办了第十七届常熟服装服饰博览会，展会以江南国际时装周凸显对产业转型的引领作用，以休闲装设计精英大奖赛聚合新锐服装品牌，以“百团千人”采购节集结专业精深的行业买家，将其打造成为中国最具专业品质和行业影响力的服装产业平台。

“因为脚踏实地，所以朝气蓬勃；因为与时俱进，所以引领潮流；因为海纳百川，所以博大恢宏。”常熟服装城以其坚实的基础、宽广的胸襟、宏伟的气魄，必将集纳更旺的人气、汇聚更多的商机、辐射更广的市场，成为“世界服装名城”。

2015年3月，苏州市委书记石泰峰到常熟服装城调研基层党建工作

常熟服装城优质客户俱乐部成立

2015年5月24日，江南织造时尚中心，2015“江南织造”中国休闲服装设计竞话

中国东方丝绸市场

自1986年创建之初，中国东方丝绸市场在上级党委和政府的领导及支持下，始终把解放思想、增强市场经营活力，推动纺织产业升级作为目标。

目前，中国东方丝绸市场经营面积已从成立初期的8000多平方米，发展到约160万平方米；市场经营户从最初的200多家，发展到6800多家；市场交易品种从早期的真丝绸、仿真丝系列产品，发展到涵盖装饰及家纺用布、产业用布等全领域的十余个大类、近万个品种。中国东方丝绸市场2015年市场交易额达到1058.53亿元，市场交易额连续3年突破千亿，已成为中国重要的纺织品交易中心、价格形成中心和信息发布中心。

中国东方丝绸市场先后荣获“国家级面料出口基地”、“国家外贸转型升级专业示范市场”、“全国诚信示范市场”、“全国纺织精神文明建设示范基地”、“中国纺织服装商业20年杰出市场”、“全国标准化示范市场”、“全国内外贸结合示范市场”、“全国电子商务示范市场”等一系列荣誉称号，并荣获首批“江苏省现代服务业集聚区”、“江苏省转型升级示范市场”等称号。

不忘初心，继往开来。中国东方丝绸市场紧紧围绕各项工作指标和工作要点，以“促增长、调结构、强服务”为目标，在发展中逐步形成了自己的特色和优势，促进了市场的繁荣，在全国纺织品市场的激烈竞争中独树一帜，并带动纺织产业快速发展。

推进市场业态提升

依托综合提升改造规划，逐步改变市场传统经营布局，做好现有商区的划行规市。加快推进市场综合体——东方国际纺织城建设，构建盛泽纺织产业集群与纺织专业市场的核心竞争优势，实现中国东方丝绸市场提档升级。东方纺织城项目总投资约11亿元，总建筑面积达17万平方米，商铺约1800间，将于2016年10月建成，东方国际纺织城将成为集商品交易、信息交流、产品展示、物流配送、电子商务、金融服务等功能于一体的国际薄型面料全球采购中心。

培育市场对外贸易竞争力

搭建外贸服务平台为市场广大经营者开展外贸业务，提供各类咨询服务，培育市场企业对外贸易的竞争力。苏州贸促会在盛泽设点，使得企业在市场范围内就能办理原产地证和使领馆证，为出口外贸企业节约了时间及成本，极大地方便出口企业办证需求，提高出口效率；设立江苏省长丝织造公平贸易预警点，为地区外贸纺织企业提供外贸预警服务，协助企业在开展纺织品国际贸易过程中规避贸易风险、减少贸易成本、提高贸易效率；帮助未取得进出口权或无法自行操作的企业，办理委托进出口业务事宜；对经营企业进行外贸法律、法规、知识产权及国际惯例等相关知识培训，如联合东华大学常年举办外贸培训班；与中信保合作指导经营者正确签约，合理使用金融工具，规避国际贸易资金风险等外贸服务。

引导企业开拓营销渠道

积极帮助企业开拓国内外市场，以企业需求为本，强化服务和管理，举办江苏（盛泽）纺织品博览会，每年组织不少于六次欧美、日韩等国际买家采购会，构建内外贸易互动平台，实现采购商与企业的面对面交流；开展中国东方丝绸市场面料万里行，连续多年组织企业参加国际纺织展会，包括美国、法国、巴西等欧亚、拉美国际面料展，与国外重要客商、业界同仁进行产业无缝对接，开拓市场营销渠道。

推进产品创新力度

增强市场导向，倡导生态纺织概念，引导企业参与国家级面料评审，从提升产品附加值、提高产品质量入手，将面料从低端的“大路货”向中高端的“功能、环保”发展。引导市场企业依据自身实力，积极采用国际先进工艺、技术和装备，不断改进产品设计，逐渐向高、精、优靠拢，形成自身独特的、难以被复制的核心竞争力。

培育纺织+互联网的运用

培育发展电子商务，鼓励现代销售模式的创新。强化以绸都网、市场交易中心、宜布网为主体的电商服务功能，着力探索市场线上展示与线下交易相结合的“O2O”模式和跨境电商，实现传统专业市场向互联网+的过渡。加大市场纺织品网上交易量，实现聚酯原料电子交易、化纤原料交易、坯布现货挂牌交易、原料即时现货交易等网上多元化交易。

强化市场经营环境管理

以星级文明诚信经营户、党员示范户评选，风险防控能力培训为抓手，强化打击诈骗行为的力度，优化市场经营环境。联合公安、消防、安监等部门，构建“网络化”的安全工作新格局。会同城管、交警、环卫等部门，整治交通安全和环境秩序，塑造整洁、卫生、通畅的市场新形象。

在我国经济社会新一轮全面深化改革的浪潮中，中国东方丝绸市场不仅肩负着市场转型升级的紧迫任务，同时也面临新的发展机遇，中国东方丝绸市场将积极落实“四个全面”战略布局，深入推进“创新、协调、绿色、开放、共享”五大发展理念，着力围绕供给侧改革的主要任务，加快市场转型升级，重点把握稳住“量”、提升“质”的发展目标，以创新实现中国东方丝绸市场新跨越。

一是市场业态的现代化。推动中国东方丝绸市场智能化建设，推进市场总体发展，优化市场等公共基础设施。实现传统商业与现代商贸综合体的融合，将商城、物流、网络、品牌等现代商贸形态融入到专业市场的提升发展之中，将中国东方丝绸市场打造成为现代化、多元化、人性化、体验式的国际化纺织一级批发市场。

二是销售渠道的扩大化。以丝绸创意旅游为突破口，吸引国际采购商，强化旅游购物贸易模式；举办国内外会议、组织国内外展会、开展多种形式对接等活动，如举办江苏（盛泽）纺织品博览会，组团国内外知名纺博会，邀请国内外采购商和知名服装品牌和设计师走进市场，拓展企业内外贸销售渠道；举办国内顶级面料设计大赛，如中国新华服设计大赛、中国生态面料大赛等，进一步提升中国东方丝绸市场品牌影响力，扩大中国东方丝绸市场纺织产品在国内外纺织服装销售市场的知名度。

三是交易模式的国际化。通过培育中国绸都网和交易所等电子商务企业，加强与阿里巴巴、环球资源等权威电子商务企业联系，着力探索和推进纺织品跨境电商的推广运作，将有形市场和无形市场相融合，使市场网上交易不断有新的进展，实现中国东方丝绸市场的交易模式向国际化、专业化转变，做强跨境电商贸易。为市场企业提供更新、更简便、更有效的国内外购销流通渠道，加快企业资金周转、提高企业交易效率，降低企业经营成本。

四是市场品牌的服务化。大力推进市场企业自主品牌建设，争创省级和国家级品牌，着力提高品牌经济比重，扩大市场区域品牌的影响力，将市场品牌的影响力转化为对市场经营商品的采购力；加快引进和培育外贸综合服务企业，为市场提供报关、货运、退税、收汇等外贸全程环节的服务。

中国东方丝绸市场将以市场建场30周年为契机，继续做大做强，用科学发展的思路与市场实际相结合，推进国际贸易拓展，促进市场转型升级，争创服务最佳、环境最优、诚信度最高的市场品牌，倾力打造集研发设计、人才培训、织造整理、市场营销于一体的高层次的纺织产业集聚区。

中国东海水晶城

江苏省东海县水晶市场（即中国水晶城）由东海县供销合作社于 1992 年投资兴办，现有注册资本 1018 万元，经营面积 6.5 万平方米，经营人员 8000 多名。依托东海的水晶特色资源以及“中国水晶之都”这块宝地，市场已成为全国最大的天然水晶专业交易市场，常年有支 6000 余人的海外大军在世界各地采购水晶原石，是世界水晶的重要集散中心。市场 2014 年交易额超 80 亿元，年接待国内外客商 85 万人次，是全县水晶产业的原材料供应中心、产品销售中心、电子商务和信息交流中心、产品标准认证中心、新技术和新产品研发与推广中心、人才培养中心、现代服务业集聚中心，设有东海水晶商业圈党群工作站、版权登记办公室、质量检测中心、旅游接待中心、消费维权服务中心等公共服务平台。近年来，市场先后获得省五星级文明诚信市场、省样板市场、省供销社二十强企业、省供销系统十大市场、省服务业名牌、省质量奖（服务业）、省放心消费创建先进单位、省企业创新先进单位、省正版正货示范市场、省现代服务业集聚区、省放心消费创建活动先进单位、全国文明市场、全国文明诚信经营示范市场、全国供销社系统先进集体、全国供销社系统百强企业、中国最具品牌价值商品市场 50 强、中国品牌市场、中国水晶工艺礼品城等荣誉称号，并通过 IS09001 质量管理体系认证和职业健康安全管理体系认证。

在东海县水晶市场的影响和带动下，全县有 20 余万人从事水晶及其相关行业，水晶产业已成为县域经济的支柱产业和富民产业。东海县因此先后获得“中国水晶之都”、“中国观赏石之乡”、“中国政务商务礼品基地”等荣誉称号。东海水晶已成为东海县的代名词和“金字招牌”，水晶产业带活了一方经济，“水晶之旅”已成为具有一定知名度的特色旅游热点，买水晶到东海水晶市场正成为广大游客的首选和习惯。

展望未来，东海水晶市场在 3-5 年内总投资将超 30 亿元，市场占地面积达到 80 万平方米，建筑面积达到 140 万平方米，建成以水晶市场为核心的辐射周边、布点全国、对接全球的市场网络服务体系，整个市场年交易额突破 100 亿元，实现利税 30 亿元，市场基本完成转型升级，成为集旅游购物、电子商务、信息交流、研发设计、人才培训、物流仓储、会务会展、版权服务、娱乐休闲于一体的综合性特大型市场。

华厦家居港

华厦家居港是隶属于江苏无锡尤渡集团旗下的以多功能现代化建材商务城为主题的 SHOPPING MALL，总投资近 5 亿元，2008 年 12 月 19 日正式开业，占地 81 亩，建筑面积 12 万平方米。华厦家居港位于建材商圈的核心位置，扼守无锡东大门，南临太湖大道，北靠锡沪路、312 国道，地理位置优越。外部配套设施完善，可容纳 700 余辆汽车停放，新建成的地铁 2 号线直通商场负一层。公司凭借独特的区域优势、便捷的交通和独到的经营理念，多年来一直是无锡地区颇具影响力、规模最大的家居建材市场。

创建伊始，华厦家居港始终以打造国内最高标准的精品建材卖场为目标：首先是在硬件上下功夫，42 部自动扶梯、两部观光电梯、总面积达 5000 平方米的 5 个超高阳光大厅、8 米宽的主通道、3000 平方米的顾客休闲区域，更有港中绿景、空中花园，绿植面积达到 18%，真正能够让消费者在休闲中购物，在购物中赏景。同时，在一流的硬件设施良好购物环境的基础上，华厦家居港坚持走品牌化、精品化的路线，汇集了众多国际国内一线的建材品牌，商场产品规划以建材为主，经营种类包含墙地砖、马赛克、石材、五金、卫浴洁具、橱柜、吊顶、地板、门业、楼梯、厨电、窗帘、布艺、墙纸、灯具、装饰品等 16 大类上万种产品。目前华厦家居港共有商户 350 余家，商铺出租率 95%，吸纳就业人员 1500 余名，年税收 1230 万元。商场自开业以来先后获得“江苏省工业品百强市场”、“江苏省价格诚信单位”、“江苏省放心消费创建活动示范单位”、“无锡市绿色环保家居建材示范单位”、“AAAAA 级绿色家居建材市场”、“中国建材家居示范市场”、“省平安企业”等多项殊荣，近期正积极争创“江苏省正品正货商场”。

华厦家居港的飞速发展有目共睹，华厦人以优秀的品质迎接消费者，以一流的服务取信消费者，以心动的价格惠及消费者，在锡城取得了高美誉度、高占有率和高认可度。如今的华厦已然是无锡最受欢迎的建材市场之一。

江苏省华东石材市场

江苏省华东石材市场坐落在“石海明珠”——宜兴市万石镇，创建于20世纪90年代初，已汇聚了全国20多个省、市地区的1000多家石材经销商常年驻场经营，年营销额超30亿元，成为国内最大的石材集散批发中心之一，蜚声海内外。

为了进一步扩大市场规模，规范市场管理，从2003年7月起，万石镇投资3亿多元，重新规划建设新华东石材市场，新华东石材市场占地2平方公里，规划科学，布局合理，硬件水平达到了全国同类市场一流水平，完成了七横七纵的道路和水、电、通讯等配套设施建设，实现了市场形态、市场品位、市场功能和市场规模的同步提升。

华东石材市场具有得天独厚的区位优势，配套功能设施齐全，管理规范，服务一流，先后引进升平石业、飞升石业等多家大型加工企业；五龙石业、如意石业投资了国内先进的人造石生产设备；注册1000万美元，集石材会展、商务洽谈、餐饮娱乐等功能为一体的中国石材城商业广场成功落户，高15层五洲国际大酒店将成为万石的第二高楼，极大提升宜兴北大门的对外形象。市场连续多年被评为江苏省文明市场、无锡市文明市场、宜兴市文明市场、全国十大石材交易市场等诸多殊荣。

无锡梦之岛电脑通信市场

无锡梦之岛电脑通信市场起步于1998年，是无锡市、区两级政府重点扶持的无锡第一家高科技商品市场，主要经营各种品牌电脑、DIY配件、数码产品、办公设备、通信设备，并提供信息技术、品牌推广和产品展示等服务。经营面积近万平方米，入驻经营客户350余家，提供就业岗位1500余个。

无锡梦之岛电脑通信市场经历17个年头的磨砺，至今已是一个成熟的商品商场，成为全市乃至外省、市地区消费者瞩目的IT产业专营品牌的市场。

面对激烈的行业竞争，梦之岛电脑通信市场在各级部门的关心支持下，以无锡区域经济发展的强势惯性为依托，以建设“诚信市场”、“文明市场”、“和谐市场”为目标，以“做大做强、回报社会”为己任，坚持“以诚待客、以德服人、服务至上、维护消费者权益”为经营理念，通过市场管理层与全体经营商家的共同努力、不懈奋斗，连续多年被评为“江苏省五星级文明市场”、“无锡市AAA级重合同守信用企业”、“无锡市五星级文明诚信市场”、“无锡市放心消费先进单位”等。

多年来，梦之岛电脑通信市坚持不懈地把强化市场现场管理、维护市场秩序、规范每个经营者的行为作为市场的一项重点工作抓紧抓好，毫不放松。从市场领导到每个经营商户，把至诚、至信、全心全意服务消费者的理念落实到具体行动中。通过狠抓现场管理、严格规章制度的执行，加强督查，勤加教育，注重引导，弘扬诚信，使梦之岛市场得以保持着团结、稳定、和谐、文明、平安的大好局面。

在各级领导、各界朋友的支持和广大消费者的厚爱下，梦之岛电脑通信市场将继续把“舒心购物、放心消费、感心服务”落到实处，为建设和谐无锡、活力无锡作出贡献。

江阴周庄金属合约交易中心

江阴周庄金属合约交易中心有限公司（以下简称“交易中心”）前身为江阴周庄金属交易所，是2011年3月经江苏省工商行政管理局批准，经国务院部际联席会议备案通过，在江苏省金融办监管下开展金属交易的大型交易中心，同时也是2013年省政府规范清理金属交易场所时，经过苏政办发〔2013〕74号文件明确批示予以核心保留的金属交易中心之一。

交易中心总部位于历史悠久、人杰地灵的江阴周庄，毗邻无锡、苏州、上海、南京，是长江三角洲经济发达地区的中心地带，水、陆、空运输极为便利。沪宁和沿江至三亚南北高速公路、京沪和新长铁路等均紧邻镇区，沿江高速公路穿镇而过；贯通全镇南北的张家港运河北入长江、南连太湖；距上海浦东国际机场、南京禄口国际机场均为150公里。

交易中心根据《中华人民共和国公司法》、《中华人民共和国合同法》、《江苏省交易场所监督管理办法（试行）》等国家法律法规和政策，参照中华人民共和国国家标准《大宗商品电子交易规范》，运用电子商务信息技术，组织中国境内白银、铝棒、镍等金属的合法生产和经营，联合中国农业银行、中国工商银行、江苏银行等对资金实行全方位监管，利用电子商务平台，通过互联网直接在线报价、配对，以网上销售、电子购物的方式实现订货和回购交易。

交易中心通过将电子交易、现代物流、金融服务和信息技术融为一体，为生产商、贸易商、投资者提供生产资料现货交易、结算、交收、仓储、物流运输全过程服务，以全新的业态为当地实体经济转型升级服务，通过平台的搭建，高效对接信息、资本与货物。仅运行一年多时间，交易中心就实现了双向交易额6000亿元的优异成绩，从规模上看，可进入全国现货交易市场前十，金属类市场前五。交易中心因此也在 2014 年获得了很多奖项，包括“2014 年度江阴市重点骨干企业”称号、第十二届中国财经风云榜“2014 年度最具成长性现货交易所”称号、“2014 年度最受投资者信赖交易市场”称号，“2014 年度热心慈善事业先进单位”称号、“2014 年度诚信企业”称号，以及“2014 年度入库税金前五名流通企业”称号等。交易中心常务副总裁王伟荣获“中国大宗商品市场杰出管理奖”。

交易中心现有办公场地面积近 4000 平方米，以及超过 9 万平方米的交易仓库、大型金属堆场及专属货运码头。经营范围涵盖金属材料、纺织原料、化工产品（不含危险品）现货的电子商务交易；仓储服务；货运配载；货物运输代理服务；信息咨询服务；会议会展服务；利用自有资金对外投资。

交易中心物流园区占地 160 亩（地处江阴芙蓉大道北、张家港河西），一期投资 1.5 亿元，建有 4 万平方米的现代化大型室内外金属堆场和 1000 吨级的内河船运码头。二期投资 2.5 亿元建设三大中心——交易结算中心、仓储物流中心、商贸服务中心，实现了真正意义上的流通格局。交易中心通过现货交割申报系统与分布于全国的授权交割仓库相联接，便于投资者选择适当的交割地完成实物交割。

作为商业整合服务的先行者和实践者，交易中心秉承政府“一切为实体经济服务”的要求，站在行业的高度制定了全新的发展战略，明确行业定位，将各方面资源优化整合。利用遍布全国的服务网点、银行等多元化的金融平台，顺应金融形势和客户需求的变化，交易中心为实现金融全新体验，全方面整合商业服务，为客户交易提供支持，为企业发展提供机遇。

敢于担当，服务实体，不忘责任，这是交易中心能够在这个行业持续发展的根本。结合现阶段的优势，交易中心未来的规划应该更长远，眼光应该更开阔，将配合各级政府及相关部门，确立服务实体的大方向，要以全国最好最大的交易所姿态，严格要求、从远规划。

江阴贯庄金属材料市场

江阴贯庄金属材料市场始建于世纪之交的2000年，经过多年发展，现在已是一家占地168亩，营业面积2.1万平方米，仓储面积8.5万平方米，驻场企业300多家，融钢铁贸易、仓储、配送、金属加工、商务服务于一体的综合性大型钢铁专业市场。历年来，市场已累计上缴税费4亿多元，向社会提供3000多个就业岗位，荣获了“江阴市文明单位”、“无锡市重点培育专业市场”、“无锡市重点物流基地”、“无锡市诚信市场”、“无锡市四星级文明市场”、“江苏省文明市场”、“中国民营企业500强”、“中国企业诚信经营示范单位”等一系列荣誉称号。

江阴贯庄金属材料市场顺应了长三角经济圈，尤其是江阴经济持续高速发展的势头，依托了天然的地理优势，有效利用市场周边长江航道和四通八达的陆路交通的便利，得到了巨大的发展机遇和生存空间。与此同时，市场全面引进高管人才，充实到各个部门担当重任，更新经营管理理念，市场故此能够在短短的七年间，从占地十多亩、营业面积2000多平方米、仓库面积几千平方米、驻场企业七八家、年开票销售几亿元的小市场，迅速发展到今天的规模，着实占尽了天时、地利、人和。近年来，市场以“创新发展、率先发展、科学发展”为指导思想，以“外争资源、内增服务、创品牌市场”为方向，与时俱进，务实创新，奋力拼搏，成就了“一年一个样，三年大变样”的跨越式发展。

市场要兴盛，首在资源。市场提出吸聚大资源，质的层面上，诸如客户、流通渠道、生产能力等等，也都融入了资源的范畴，实现大联合的资源战略。

市场要发展，更在服务。服务是市场发展的基石，更是市场进一步发展的保障。为了创建具有自身特色的强势市场，市场在持续提高服务质量的同时，以丰富服务内涵为突

破，并将服务的重点放在了对大企业的培育上。

将“把100%的方便留给客户，把100%的困难留给自己”，不断提升服务质量，是市场的追求。为此，市场实行了员工服务承诺制，仓储24小时经营制，投诉5分钟响应、10分钟满意制，这些做法得到了广大驻场公司的一致好评。市场坚持与工商、税务联系，为驻场企业营造“一条龙”、“立即办”的服务体系。由于市场内业务配套体系健全，吸引了省内外300多家企业驻场经营。

市场除了帮助驻场企业争取钢厂的代理权，解决资源，还与多家银行开展战略合作，将银行引进市场，在仓储配置POS机，并为驻场公司争取到5亿多元的信用额度的资金；同时，组织多家公司，共同成立了专门为驻场企业提供抵押贷款的担保公司；而且，市场顺应时代的发展，积极构筑信息平台，这些都极大地方便了客户，有力地促进了驻场公司的销售增长。

诚信是市场的生命。为有效营造诚信经营、文明经营的氛围，市场从2004年开始与工商行政管理部门联合组织以“强化守法意识、弘扬诚信理念、营造优美环境、树立文明新风”为目的的“五好文明经营户”评比活动，发挥“五好文明经营户”的示范效应，维护公平、公正、诚实、信用的经营氛围，把“共铸诚信口碑，同创文明市场”这条主线贯穿于市场经营管理的各个方面。至2007年，市场已评比授牌“文明经营示范户”30多家，市场也因此多次被评为“文明单位”、“文明市场”、“中国企业诚信经营示范单位”。

创建品牌市场一直是市场追求的目标。为实现这个目标，市场“争资源，增服务”、“育大企，促联合”、“树诚信，创星级”，大量的资源和优质的驻场公司有力地推动了市场的兴盛，优良的配套服务促进了市场的发展，而行之有效的市场创建，形成了市场在华东钢材贸易领域诚信市场、文明市场、星级市场的品牌形象，进而实现了市场“以品牌市场引进品牌企业，以品牌企业促进品牌市场发展”的良性循环，并逐步确立了市场作为江阴地区钢铁资源、资金、信息的汇聚中心和辐射中心地位，进而使其以区位优势、资源优势、品牌优势为核心的经营优势兀立苏南，雄视华东。

南京农副产品物流中心

南京农副产品物流中心为政府主导、民生为先、企业化运作的国家级特大型“菜篮子”工程，由江宁区政府为主投资，按照“南京唯一、全国一流”功能定位，以及“业态先进、管理规范、产品安全、运行高效”的要求规划设计，占地 3000 亩，总建筑面积 150 余万平方米，项目总投资 50 亿元以上，分设农产品（展示）交易、冷藏物流配送、综合商务三大功能区。2006 年 8 月开展前期筹备，2007 年 11 月开工建设，2009 年 5 月，占地 1200 余亩、投资 20 亿元、建筑面积 52 万平方米的一期项目建成，内设蔬菜、果品、水产、肉类、副食品、粮油六大专业市场。2010 年，开业当年就实现交易额 158 亿元，2014 年市场交易额达 357 亿元，年均增幅超过 40 亿元，跃居全国同类市场第二，实现了经济效益和社会效益双提升。现已发展成为覆盖南京、辐射周边农产品唯一的源头集散市场，中小超市、宾馆酒店、集团购买的配货配载中心，引领全国农副产品批发市场整合改造、提档升级的示范工程。

开业以来，南京农副产品物流中心以建设“长三角”地区菜篮子中心、华东地区业态先进的农副产品集散中心、中国乃至亚洲有影响的物流配送中心为目标，全面实施“稳定、平衡、发展”的工作思路，积极营造团结、实干、创新、高效的企业氛围，努力实现管理一流、规模一流、队伍一流、效益一流，开拓创新，大步迈进，积极探索新型交易方式，促进市场信息网络建设，充分利用子信息平台，进一步加大无形市场培育力度，大力发展物流配送、电子商务，探索期货贸易等新型业态，加快实现交易方式的转型升级发展。

在各级政府和社会各界的关心支持下，南京农副产品物流中心迅速崛起，业已成为华东地区有影响的大型农副产品综合市场，先后被列入国家农副产品批发市场重点扶持项目、“国家双百市场”，“全国三绿工程示范市场”、“农业部定点市场”、国家农业产业化重点龙头企业、全国十强市场；省农业产业化重点龙头企业、省重点物流基地、省农业龙头企业“五个一”先进企业、省现代服务业集聚区、省市著名商标、省市服务业名牌产品、省市文明单位等多项荣誉。2014 年，又荣获新一轮“农业产业化国家重点龙头企业”、“全国十强市场”和“全国最具竞争力市场”等多项殊荣，成功入列“国家级公益性农产品批发市场建设试点单位”。同时，自主研发的 020 宜鲜美城市生鲜配送平台和“众彩行”电子商务平台，在行业内起到了引领作用，受到商务部高度关注，并在全国推广，被列入“全省农产品社区直配点建设示范工程”、“南京市为民办实事十大民生工程”。

无锡盛阳食品城有限公司

无锡盛阳食品城有限公司（鱼码头）主要以水产品经营为主，销售各种鱼类、虾类、螃蟹类、海鲜类产品，日销量达到600多万元，并设有“鱼码头”餐馆，烹饪各种水产品，以及副食品经营、批发各种包装类副食品、糖烟酒类、日用小百货，是集批发、零售、仓储、配送、物流、餐饮、娱乐、住宿、银行服务于一身的大型水产专业批发市场。

无锡盛阳食品城隶属香港世嘉盛集团公司，占地面积为210亩，总投资达5.5亿元，总建筑面积为25万平方米，现有商铺850间（其中水产经营商铺为400间），营业面积7万平方米，仓储、办公室用房面积约2万平方米。还将进一步扩大水产品批发、零售经营面积，并新增海鲜产品批发、零售面积，新增海鲜产品餐饮加工面积及为市场配套的制冰厂及冷藏仓库，共占地约100亩左右。

盛阳食品城位于无锡市政府规划中的占地3816亩的无锡食品科技园区核心位置，与无锡市“菜篮子工程”天鹏食品城互为补充和依托，构成无锡地区食品集散中心，依228省道而居，东临312国道、342省道以及沪宁高速公路，各地货车24小时畅通无阻，交通十分便捷。

盛阳食品城专门成立了“水产质量检测中心”，健全索证索票制度，建立了完整的网络平台，对进入市场的水产品都能从源头掌控、过程追踪其质量安全。通过“一票通”形式实行质量问题市场先行赔付，逐步走上“市场经营商场化”的模式。此外，市场还聘请了工商、税务部门派出专管员进驻市场，以此来规范经营户的经营行为。

盛阳食品城以清晰的经营思路、扎实的管理模式、安全优质的商品和热诚服务，赢得了无锡及周边地区广大消费者的青睐。“买安全放心食品，到盛阳食品城”已成为广大消费者的共同心声。

盛阳食品城根据“高起点、多功能、可扩展、高效益”的原则建设市场，做到统一规划、合理布局、突出重点、分步实施，并引进先进现代管理方法，将市场建设成为管理高效、竞争有序，具有很强集散力、辐射力和竞争力的综合性批发市场。

无锡市靖海副食品市场

位于无锡市中心的上马墩地区的靖海副食品市场，自1995年开始运作以来的20年间，坚持以恪守创建文明市场为目标，坚持“以人为本”诚信服务的经营理念，把提供优良的经营环境放到重要的位置。经营者与管理者相互配合，讲信誉、守规章、勤服务，逐年跨越新台阶，从而在激烈的市场竞争的大环境中谋生存、求发展。

整个市场的建筑面积为3500平方米，市场设立店间37个、摊位180个，市场主营肉类、水产、活禽、蔬菜、粮油、豆制品、南北货、净菜、卤菜等十个行业、2000多品种。经过两次全面、彻底的改造，如今的市场环境面貌焕然一新，已经完全取代了昔日脏乱差的农贸市场，市场电子监控设备、电子显示屏、食品安全检测室应有尽有，硬件、软件一一到位，为周边地区老百姓提供了温馨、文明、和谐、放心消费的购物环境。

2014年6月，靖海副食品市场在无锡市崇安区房管局的正确领导下，争取区政府相关部门的重视、支持，再次进行市场改造施工，历时三个月，总投资200余万元，使市场更切合实际，更符合消防安全的规范设计要求，摊位个数虽然较以前减少了许多，但摊位的舒适度，通道宽敞、亮丽，地面洁净、美观，给人有一种良好的视觉效果。加上市场又增添了不少监控摄像头，以及不断滚动的电子显示屏，映衬出现代市场文明管理有序经营、健康向上、充满温馨和谐的氛围。

特别是近三年多来，市场在不断完善内部管理机制的同时，侧重在广大经营户中积极开展市场经营户信用等级评定制，大力弘扬市场经营的诚信服务中优秀的经营者，建立信用档案，签订了一系列的“食品放心质量承诺书”、“先行赔付制”，加大对短斤缺两处罚的力度。在市场主办方和广大经营户的共同努力下，市场连续多次被评为省、市的“优秀文明市场”、“特色市场”等荣誉称号。有人说“金杯银杯”，不如老百姓的口碑。是的，市场坚持不懈追求的市场品牌，才赢得了广大顾客、消费者群体较高的满意率。特别是创建诚信市场、文明市场、市场信用等级评比活动的深入开展，市场的诚信度逐年递增，经过坚持不懈的努力，市场获得了很多的荣誉，如“无锡市文明市场”、“江苏省文明市场”、“江苏省计量信得过市场”、“优秀特色市场”等。

近几年来，市场也得到广大消费者的较高评价，尤其是不断通过创建文明诚信市场的洗礼，通过不断完善市场内部管理，建立经营户个人诚信经营档案，签订“先行赔付制”、“消防安全责任书”，使市场的综合管理全部纳入规范化的运作，特别是对食品的安全检测力度逐年加强，做到严格把关，发现问题，从严处理，不折不扣地落实市场的长效管理。市场的一系列规范制度已成为广大经营者自觉的行动，诚信赢天下，诚信赢得广大消费者的信赖。

无锡市锡沪装饰材料市场

无锡市锡沪装饰材料市场始建于 1997 年，是无锡市最早建立的大型建材专业市场，整个市场占地面积 15 万平方米，现已形成锡沪壹号灯饰城、锡沪壹号地板城、锡沪壹号建材城为一体的大型建材家居精品市场。

锡沪壹号地板城总建筑面积 3 万平方米，该建筑地上 5 层，地下 1 层，500 平方米超大景观中厅彰显奢华气派，设有两部客梯、八部自动扶梯，配套设施齐备，装修现代时尚。地板城汇聚国内外众多知名品牌地板，满足顾客一站式购物需求。

锡沪壹号建材城现有经营户 138 家，主要经营板材、木门、五金、基础建材等各类建材家居，是一个品类齐全、信誉优良，在无锡广大消费者中都家喻户晓的品牌建材市场。

锡沪壹号灯饰城总建筑面积 5 万平方米，于 2012 年 10 月奠基，2015 年 7 月开业。该建筑地上 6 层，地下 2 层，1000 平方米超大景观中厅彰显奢华气派，设有两部观光电梯，十二部自动扶梯，配套设施齐备，装修典雅华贵。锡沪壹号灯饰城汇集百余国际、国内灯饰品牌，现代简约灯饰、璀璨水晶灯饰、典雅欧式灯饰、奢华美式灯饰及家居商业照明等品类应有尽有。

随着锡沪壹号灯饰城的开业，将提升锡沪装饰材料市场整体经营档次，使之成为锡城首家规模最大、品牌最优、服务最好的专业化精品建材家居市场。

自锡沪装饰材料市场开业以来，国家、省市各级领导都莅临参观指导，更是获得了诸多荣誉，如“江苏省文明诚信市场 2007-2008”、“2012 年度无锡市廉政文化建设示范点”、“无锡市文明诚信市场 2012-2014”、“无锡市绿色家居建材市场 2011-2013”、“2014 年度全国文明诚信经营示范市场”等等。

东方世贸集团

从房地产多元开发到专注商业地产，东方世贸集团用12年时间走出了一条神奇的发展之路，从最初创立的2004年，到规模化扩张的2014年，东方世贸足迹遍及上海、浙江、江苏、山东、天津等多个省市，并在逐步发展壮大中探索出了自己的航向——“世贸模式”，大面积自持，负责任地开发运营；把业态复合、形态复合、创新规划、品牌连锁等理念融入其中，集市场、商场、办公、酒店、商业街区等多元形态组合于一体，组成了城市完整的商贸物流与生活形态。

目前，集团自持物业近100万平方米，已成为江浙规模领先的不动产企业。商业综合体、商贸综合体、高档写字楼群、地下商业、产业地产五大支柱产业“攥指成拳”的东方世贸集团，已积蓄非凡的实力和足够的自信，直面未来挑战。

12年，东方世贸专注商业地产，问鼎城市商业未来

东方世贸集团于2004年正式进入商业地产领域，2013年征战中国18城。回望身后那条曲折又近乎神奇的成长曲线，东方世贸见证了中国房地产的不断发展，12年间，世贸让它所在的每一个城市沸腾，并发生翻天覆地的改变。在经历第一代、第二代、第三代、第四代、第五代专业市场的连续升级后，东方世贸集团凭借创新型的第六代产品，已然成为中国专业市场开发领域的领军企业。

东方世贸已经从开始的星星之火快速燎原至华东、华中、华北等区域，成功开发的项目遍及上海、苏州、温州、嘉兴、常熟、海宁、包头、青岛、烟台、胶州、天津、沈阳等18个城市，总建筑面积超过200万平方米，持有物业近

100万平方米。集团分别在项目所在地建立了公司，全力打造优质产品，东方世贸正立足浙江，大步迈向全国。

成功为下一个起点，世贸品牌之路任重道远

秉持“责任商业，用心经营”的经营理念，东方世贸集团的发展赢得了客户、合作伙伴、业内同行的尊重和赞誉，集团先后获得亚太商业地产联合会等机构颁发的“2013年中国商贸地产十大品牌开发商”、“2013年度中国专业市场标杆项目”等荣誉。

追求商业新境界，而今迈步从头越。在2014年集团大会上，东方世贸提出奋斗目标：计划在2020年前，在中国完成50个世贸项目的连锁开发运营。推动城市进程大发展是企业义不容辞的使命，世贸的战略目标是成为国内一流的商业地产投资集团，缔造中国商贸第一品牌。

东方世贸的奋斗目标，不仅注重价值增长和多方共赢，更注重社会责任的体现，作为中国专业市场开发领域领袖级的东方世贸，将为社会及所在行业树立负责任的榜样。

热心慈善公益，世贸大爱无疆

作为社会的一员，东方世贸集团始终把社会公益当成企业最大的财富。在逾十年的发展过程中，世贸完成了从“考虑如何盈利”到思考“如何回馈社会”的精神蜕变与升华，公司抽调专人成立了“社会公益办公室”，以“公益助学与低碳环保”为基础，倡导公司带头、全员参与的公益理念。除了在汶川地震、玉树地震等大灾大难中做到倾囊相助、热心支援，东方世贸集团每年都会拨出一定比例的利润用于社会公益专项基金，为寒门学子提供学费及生活费，为留守儿童建立爱心书屋。“穷则独善其身，达则兼济天下”，已成为世贸人恪守的诺言。

旗舰市场群，领航浙西南

2014年，东方世贸集团斥资10亿元缔造20万平方米旗舰级专业市场群——龙游世贸城，项目雄踞辐射浙西南的中心城市——龙游巨龙路商贸大道南侧，涵盖专业市场群（农副食品、五金机电、数码电子、非机动车、日化等）、电商实体市场（建材、家具、汽贸汽配、小商品、服装、软装灯具等），是浙西南迄今为止规模最为宏伟、业态最丰富的专业市场群，将成为中国专业市场外迁转型升级的项目典范。

义乌购

企业基本情况

“义乌购”（www.yiwugou.com）隶属于浙江中国小商品城集团股份有限公司（简称“小商品城”），并由其下属子公司——义乌中国小商品城信息技术有限公司承担整个平台的技术开发和运营，是义乌小商品批发市场官方网站。“义乌中国小商品城信息技术有限公司”成立于2002年5月，注册资本1.2亿元，是浙江中国小商品城集团股份有限公司（股票代码600415）旗下全资控股企业，为“义乌购”（yiwugou.com）提供专业的运营服务和技术支持，是“义乌购”的运营商和服务商。义乌中国小商品城信息技术有限公司是中国互联网企业AAA信用等级单位、国家互联网协会会员、国家电子商务协会会员、浙江省电子软件行业协会会员、浙江网盟成员，拥有ICP、IVR等多种业务资质。

义乌电子商务发展最早在1998年，由商城集团与义乌电信联合创建的“商城信息”网站，2000年底，义乌电信创建“中华商埠”网站，2002年商城集团创办“中国小商品数字城”网站，2007年，数字城改版为“中国小商品城网”，2012年，公司引进专业人才对网站再次进行改版，重新定位，2012年10月，“义乌购”正式上线运营。

“义乌购”平台自2012年10月正式上线以来，得到了快速发展，平台现有商铺商品、巨便宜、市场地图、论坛等主功能版块。截至2014年3月，总商品数量190万，日均浏览量（PV）150万次，日均访问用户10万人，2013年网站在线交易额达到了6000万元。

义乌购平台介绍

“义乌购”是一个依托实体市场、服务实体市场，以诚信为根本，线上线下一一对应的专业B2B电子商务平台。

在义乌购上，所有实体商铺都有相对应的网上商铺，商铺可以登录义乌购发布商品信息、管理订单、在线交易等，并通过360°全景视角技术真实展示义乌国际商贸城实体商铺的全貌及其商铺内琳琅满目的商品，并可随时发起在线购买。“义乌购”电子商务平台是一个以义乌实体市场为基础，真实、完整、实时、有效的信息平台，使全球采购商更方便、快捷、全面地了解义乌市场、义乌商品和义乌商人，进一步提升了义乌市场在全球的知名度和影响力。

诚信是电子商务的核心，2013年9月“义乌购”推出了诚信交易保障体系，通过商铺信用等级、投诉处理、担保交易、受欺诈买家赔偿计划四大内容，让义乌购上的每一笔交易都有诚信保障。商铺信用等级指的是义乌购商铺经营主体的信用，征信范围包括经营主体线上和线下的经营活动。

为市场经营户建立信用档案，建立线上线下相结合的信用等级评价体系，规范、约束买卖双方的贸易行为。担保交易即义乌购向买卖双方提供的货款代收代付的中介服务，是为买卖双方提供的一项保障交易安全的交易模式。投诉处理是买方在义乌市场内或义乌购在线交易过程中与卖方发生商业纠纷时，使用的维权渠道。受欺诈赔偿计划是针对买卖双方在实际交易过程中发生纠纷导致经济损失而发起的一项补偿服务。

此外，还有义乌购跨境电子商务平台，海外买家可通过义乌购直接下单便捷地买到自己心仪的义乌小商品，平台支持人民币、信用卡外币支付。为方便义乌市场经营户对接海外买家，义乌购推出跨境业务联系人服务及多语言即时互译在线客服系统，帮助有志于开拓海外市场的经营户直面境外采购商，并对国际贸易中涉及到的报价、物流、海关等方面牵涉到的诸多环节提供专业咨询服务，从而实现经营户与境外采购商的一对一无障碍对接。

获得的荣誉及成就

浙江省行业电子商务提升发展试点平台（浙江省商务厅、浙江省财政厅，2012 年 9 月）；

浙江省重点电子商务企业（浙江省商务厅、浙江省电子商务工作领导小组办公室，2012 年 12 月）；

电子商务示范单位（义乌市人民政府，2011 年 12 月）；

2009 ～ 2012 年金华市电子商务发展基地（金华市工商局、金华市企业信用促进会、金华市电子商务协会颁发）；

2009 年度金华市电子商务应用示范企业（金华市信息化领导小组办公室、金华市国内贸易与粮食局、金华市电子商务协会颁发）；

2008 ～ 2011 年度企业信用评价 AAA 级信用企业（中国互联网协会认证）；

2013 年，义乌购申报了两项专利，包括“一种全景图像的处理方法及处理系统”和“一种定位方法及装置”；申报了义乌重大科技专项合同 1100 万项目并获批；完成义乌购名牌、电子商务集成创新试点工程、商务部 2013 ～ 2014 年度电子商务示范企业、2013 年度浙江省外贸公共服务平台建设专项资金项目、2013 年度浙江省服务业高端企业、浙江省重点外贸公共服务平台等各大项目申报。

电子商务对企业发展的影响

对义乌市场来说，电子商务既是挑战也是机遇，主动应对，融合发展，才能形成更具竞争力的市场新优势。要充分发挥义乌实体市场之长和电商优势，大力推进实体市场和电子商务互动发展，更要创新商业模式，加快发展电子商务和现代物流业，建立线上线下市场融合、商品交易与货物配送一体的新型商贸流通体系，推动市场及义乌整座城市的转型升级。

因此，“义乌购”的发展对义乌市场至关重要，对商城集团来讲也是重要的战略发展方向。在公司及市场的走出去战略中，“义乌购”将发挥非常积极的作用。一方面，可以利用“义乌购”合计划项目与当地市场合作，让电子商务平台或销售渠道先走出去；另一方面，市场走出去建分市场或发展加盟市场时，可以用“义乌购”快速覆盖当地市场，丰富“义乌购”的商家及商品数量，发挥规模效应。同时，还可以把各地分市场、产业基地都纳入到义乌市场体系中，为义乌市场提供强有力的产业支撑。

长兴轻纺城

长兴轻纺城位于长兴轻纺产业发源地的夹浦镇，区域内拥有一条黄金水道（长湖申航道）、两条国道（104 国道、318 国道）、四条铁路（杭宁高铁、宣杭铁路、长牛铁路、新长铁路）、四条高速公路（杭宁、杭长、申苏浙皖、申嘉湖），与上海、杭州、南京等大城市均在 2 小时交通圈内，交通网络发达，物流运输便捷。长兴轻纺城不仅是夹浦纺织产业的集散中心，其功能更是辐射全长兴纺织产业。在这里，聚集着最新的市场供求动态、最多元化的产品销售渠道、最多样化的产品信息，不管是供应商还是采购商都可以了解到最新的行业资讯。

投资建设基本情况

长兴轻纺城项目由长兴金地轻纺城开发有限公司开发建设，总投资约 4.6 亿元，占地面积约 90.8 亩，总建筑面积约 7.06 万平方米，其中包括专业市场面积 3.8 万平方米，其它商业办公配套约 3.26 万平方米，共有 10 幢建筑单体，分专业市场和其他商业配套两大板块，局部最高层数为 8 层。专业市场总建筑面积 3.8 万平方米，商铺共 309 间，划分为四大区域：面料交易区、纺机配件区、原料交易区、家纺成品交易区，集面料、纺配、原料、成品交易为一体，同时建设了现代纺织公共创新服务平台、电商产业园、长兴纺织精品馆等配套设施。目前实体市场已入驻商户 231 家，入驻率超 90%，2015 年市场成交额破 50 亿元。商业配套区共计商铺 96 间，目前已全部入驻开业，大型连锁超市、网吧、美容美发、中式快捷餐厅、KTV、连锁商务酒店、银行等配套单位均已入驻。

发展与管理

长兴轻纺城由长兴金地置业有限公司在原长兴浙北轻纺市场的原址上于 2012 年开发筹建，原因是原有的轻纺市场设施已年久老化，其市场的现状已与长兴轻纺产业发展不相适应，部分从事轻纺业的经销商，因本地市场跟不上行业发展的时代节奏，流入到绍兴柯桥、江苏盛泽、广东虎门等地经营轻纺产品。面对长兴轻纺业出现的新态势，夹浦镇党委、政府作出要按现代轻纺市场要求，确立“长兴轻纺城”重建项目的决定，并把长兴轻纺城重建项目列入了夹浦小城镇建设的整体规划。2011 年，“长兴轻纺城”重建项目得到了县政府的批准，并引进了长兴轻纺城重建项目的投资开发商，开始动工兴建。建成后借鉴周边南通叠石桥和绍兴柯桥的成熟市场运营管理模式，组建长兴轻纺城经营管理公司，负责轻纺城业态把控、卫生保洁、秩序维护等日常事务管理。2014 年 1 月县领导在长兴轻纺城召开长兴轻纺城兴市推进工作座谈会，决定成立由分管副县长任组长，十二个相关部门领导为成员的“长兴轻纺城建设与管理协调领导小组”，下设办公室进驻建设现场协助轻纺城招商兴市，解读县政府下达关于入驻长兴轻纺城的各项优惠政策。夹浦镇政府于2014年10月下达正式文件，正式成立“长兴轻纺城管理委员会”，常驻长兴轻纺城办公，指导配合轻纺城各项招商兴市活动，就此形成一个以企业管理为主、政府辅助兴市的管理运营团队。

长兴轻纺城开业一年半以来，不断强化管理，理顺管理体制，加强宣传，做好服务，完善配套，落实政策，开展市场招商、管理、创牌工作。成功举办两届布商大会，吸引参会客商代表千余人次；网上市场建设初具规模，官方网站、阿里巴巴长兴轻纺城纺织品批发商圈（网上专业市场）已建成并投入运营，入驻商户150余户，正在开展市场经营户线下融合示范店创建工作；加大国内外市场参展力度和纺织产业链上下游联系，多次组织商户前往相邻市场考察和各大纺织展会观展，2015年组团参加上海举办的中国国际家用纺织品及辅料（春夏展），展出产品200余件；并与SGS等国际知名第三方机构形成更紧密的合作关系，拓展企业外贸需求。成功申报并获得“浙江省三星级文明规范市场”称号；夹浦镇获得“长丝织造名镇”称号。

布商大会

为了进一步加强纺织产业经济合作与交流，增强长兴纺织企业的创新意识和能力，提高纺织产业整体设计水平，宣传长兴纺织区域品牌，拓展长兴纺织产品国内外市场，提升长兴纺织产业、长兴轻纺城的知名度和影响力，同时配合长兴轻纺城市场正式开业，经过半年的精心策划与筹备，由中国长丝织造协会、长兴县人民政府主办，县商务局、夹浦镇人民政府、长兴轻纺城管理委员会、长兴轻纺城发展有限公司承办的，以“携手·共赢·发展”为主题的“2014首届中国（长兴）布商大会暨长兴轻纺城开业典礼”于2014年12月18日在长兴轻纺城隆重开幕。中国纺织品工业联合会副会长、中国长丝织造协会会长徐文英，（SGS）消费品中国市场事业部总监谭雯霞，中国电子商务研究中心主任张周平等业界知名人士，以及湖州市副市长李上葵，省工商局副局长、省市场协会会长方金土，湖州市市场监管局副局长、市场协会会长刘克毅等省市县政府与部门的有关负责人都出席了此次大会。布商大会的圆满举行起到了很好地宣传造势、扩大招商、繁荣市场的效果。因此，中国（长兴）布商大会将成为长兴纺织的一个区域品牌，每年四季度举办一次，作为长兴纺织向外展示的一个重要平台，探索以区域品牌建设带动地方纺织服装产业转型升级的新模式。

发展目标

长兴轻纺城开业后，县政府成立了以分管副县长牵头的长兴轻纺城市场培育领导小组，为轻纺市场的培育发展制定了《长兴轻纺市场培育三年（2015-2017）实施计划》，对长兴轻纺市场今后三年的发展目标作了定位，即按照“政府引导、统筹规划、合理布局、配套完善”的总体要求，加快长兴轻纺城向市场建设星级化、交易方式现代化、运营管理专业化、市场经营品牌化方向发展，充分发挥纺织专业市场优势，推动长兴纺织品内外贸融合，提升“长兴纺织”在行业的优势地位，努力扩大“长兴布”、长兴轻纺城的影响力，为长兴纺织产业转型升级注入新活力。力争通过3年努力，长兴轻纺城市场年成交额突破80亿元，力争100亿元；培育年成交额5000万元以上市场经营大户50家，其中亿元市场经营大户20家，5亿元以上大户2家；培育成为省网上网下融合示范市场、省区域重点市场；完成创建浙江省四星级文明规范市场，并把长兴轻纺城打造成为布局更合理、功能更完善、管理更先进、环境更整洁、人气更集聚的区域性重点市场。新建成的长兴轻纺城，开业至今基础已有，开端良好，只要遵循现代市场发展的客观规律，励精图治，不断创新，长兴轻纺城一定能成为太湖西岸的明星市场。

蚌埠海吉星农产品物流有限公司

蚌埠海吉星农产品物流有限公司由深圳市农产品股份有限公司（简称农产品公司，股票代码：000061）控股投资，成立于2010年1月19日，注册资本10,000万元。

农产品公司是以投资、开发、建设、经营和管理农产品批发市场为核心业务的企业，是首批农业产业化国家重点龙头企业，目前国内农产品流通行业首家上市公司。经过20多年的发展，已发展成为总资产约70亿元、净资产37亿元的大型现代化农产品流通企业集团。

农产品公司先后在深圳、南昌、上海、长沙、北京、成都、西安、柳州、合肥、惠州、昆明、沈阳、南宁、银川、长春、蚌埠、济南、天津、广州、九江等20个城市投资经营管理了30余家大型农产品综合批发市场和大宗农产品电子交易市场，初步形成了一个全国性农产品交易、物流及综合服务平台，成为国内经营管理农产品批发市场的第一品牌。2010年公司下属批发市场农副产品年度总交易量近2300万吨，年度总交易额超过1060亿元，约占全国规模以上批发市场交易总额的10%。

“海吉星”是农产品公司塑造的批发市场高端品牌，将积极倡导并持续践行“绿色交易”，将农产品流通中的批发节点管理升级至农产品流通供应链服务和价值链服务，在指导生产、促进流通、保障消费等全过程中始终追求绿色、高效、安全，坚持以人为本，以及对环境的最大保护，实现市场与客户、社会的和谐共生。

蚌埠海吉星农产品物流园将以蚌埠市为核心，重点覆盖广袤的淮河以北区域及“长三角”区域过亿消费人群，最终成为年交易量超200万吨、交易额超百亿元的交易平台。公司按照“高起点定位、高标准规划、高质量建设”的指导原则，力争与蚌埠的城市发展相匹配。项目全面建成后，将是集蔬菜、水果、肉类、水产品、冻品、副食、粮油等农产品批发交易、加工、包装、仓储、直销、物流配送、拍卖、电子商务、检验检测、进出口贸易、中央结算、名、特、优农产品展示展销、绿色交易专区等为一体的设施先进、功能完备、技术现代化、管理科学化、经营规模化、服务综合化的现代化农产品集散地。同时，也将成为皖北地区最大的“菜篮子”、“米袋子”、“果盘子”。

蚌埠海吉星农产品物流中心项目是蚌埠市、区两级重点招商引资项目，是蚌埠市人民政府实施“兴贸活市”开放发展战略的重大抉择，也是新一轮“菜篮子”工程的重要举措。项目选址于蚌埠市淮上区商贸物流园区解放路以东、丰安路以北地块，规划占地面积1200亩，80万平方米，计划总投资16亿元人民币，项目分三期建设运营：一期工程用地面积27.6万平方米（414亩），建筑面积44.2万平方米，投资额约8.4亿元；二期工程用地面积39.1万平方米（586亩），建筑面积62.5万平方米，投资额约5.5亿元；三期工程用地面积13.4万平方米（200亩），建筑面积21.3万平方米，投资额约2亿元。

蚌埠海吉星目前已投资5亿元并投入运营的一期项目占地面积414亩，总建筑面积28万平方米，大棚面积3.3万平方米，冷库1.8万平方米，办公、信息及商务配套服务用房8万平方米，车板交易区1万平方米。现已建有钢结构果品交易大棚6栋，建筑面积约2万平方米；蔬菜交易大棚6栋，建筑面积约18700平方米；果品及配套商铺968间，约9万平方米，每间经营面积60平方米或80平方米；交易大棚内有采光及通风设备，棚内照明良好，可保证全天候24小时不受天气影响进行交易。场内还建有面积为8000平方米的车板交易区，道路纵横交错，水电、通讯、广播、消防等基础设施配套齐全，还建设电子地磅。

2013年1月7日，果品市场开业；2013年11月20日，蚌埠华运蔬菜市场整体搬迁至公司经营；2014年5月1日，粮油干调交易区启动；2014年10月13日，水产市场试运营。

场内交易商品来自全国20多个省、市、自治区，每天销往周边20多个市、县，辐射半径达400公里。日均车流量1000车次，客流量4000人次。

市场采用最先进的信息管理技术，通过外部互联网建设和内部局域网建设，实现市场交易电子化、资源数字化、服务信息化和管理精细化，在保障城市食品供应、确保食品安全与质量、平抑和稳定食品价格、提高农产品供应链的流通效率、帮助农户实现产品增值并增加农民收入、带动农业产业化发展、促进蚌埠三农问题的解决等方面将发挥着不可替代的作用。

蚌埠海吉星农产品物流中心项目全面建成后，将成为集各类农产品交易、农产品仓储加工、物流配送、检测检疫、电子商务、信息管理、公用服务等多功能为一体、全方位的一站式采购供应母体，同时也是南菜北调、北菜南运、东西结合的大型农产品集散地，使蚌埠乃至整个皖北的农产品交易集约化、专业化、规模化；同时形成产地有准出、销地有准入、产品有标识的衔接配套制度，建立信息可得、身份可查、措施可举、风险可控的全程质量追溯体系，完善菜篮子产品检验检疫风险预警体系，全面带动农业产业结构调整和产业升级。

蚌埠海吉星农产品物流园未来预计能吸纳进场经营户5000户，提供社会就业岗位近2万个，带动种植、养殖、加工农户超过10万户。蚌埠海吉星农产品物流园的建成，将形成巨大的人流、物流、资金流和信息流，对蚌埠“三农”的发展、引导蚌埠市农业进行产业结构的调整和优化、繁荣城乡经济、增加农民收入等方面发挥巨大作用。

马鞍山市安民农副产品贸易有限公司

市场概况

马鞍山市安民农副产品贸易有限公司成立于 2003 年 2 月，经马鞍山市政府规划在马鞍山雨山区雨山西路南侧建设了马鞍山安民农副产品批发交易中心，在 2004 年 4 月 28 日竣工投入运营。2007 年又进行二期工程建设，于 2008 年起逐步投入运营。目前公司已形成了“一个市场，三个中心”，即大型综合性农副产品批发市场、大型室内农产品零售中心、冷藏中心、加工配送中心，共占地 156 亩（除 55 亩土地为租赁原马鞍山蔬菜副食品公司场地外，其余 101 亩及建筑物均已办理国有土地证和房产证，均属公司自有资产），建筑面积 9.1 万平方米，钢构大棚 3.2 万平方米，交易广场 6000 平方米，室内市场 1.02 万平方米。市场设蔬菜、果品、水产、家禽、干货五大批发交易区域，拥有批发经营户 900 余户，零售经营户 1000 余个。至 2015 年底，公司资产总额为 5114 万元，固定资产 3772 万元。该市场被马鞍山市政府纳入《马鞍山市“十二五”发展规划纲要》，所有建筑物均有规划手续，均经市建管处竣工验收备案。几年来，市场已成为繁荣城区经济的增长点、服务市民的新亮点，各级政府也给予了充分肯定。近几年获得的主要荣誉有：国家发改委“全国重点市场建设项目单位”，并列为全国 200 家市场信息采集点之一；国家商务部和省商务厅“市场运行监测工作先进集体”；全国首批国家级“绿色批发市场”；国家农业部“定点市场”；国家商务部“双百市场工程”建设单位之一；国家商务部全国二十八家重点联系市场之一；农业产业化省级龙头企业；省工商局、省文明办、省农委、省公安厅、省国税局、地税局等七部门命名的“安徽省诚信市场”；被全国城市农贸中心联合会评定为农产品综合类批发市场中的“百强市场”；公司注册的商标为省“著名商标”。

经营情况

马鞍山市安民农副产品批发交易中心是马鞍山市城区唯一的综合性农产品批发市场，承担着马鞍山市近百万居民及周边地区蔬菜副食品的供应任务，全市 90% 以上农产品通过安民市场供应，市场的批发商品来源于全国 22 个省市，各类农副产品上百种，发散半径达 50-80 公里。主要销往全市各农贸市场、餐馆、饭店，以及安徽的当涂、芜湖和江苏铜井、江宁等地。市场三年来交易量和交易额逐年上升，2014 年实现各类农副产品交易额 30.98 亿元，2015 年实现各类农副产品交易额 33.73 亿元，年销蔬菜 57.69 万吨，年销水果 12.59 万吨，年销水产 4.4 万吨，带动省内 30 万农户，其中带动农民专业种养户 4000 余户。市场与全国农产品优势产区的生产、加工基地建立良好产销衔接机制，（如和县蔬菜基地、含山粮油基地、当涂综合农产品优势产区等）与和县、当涂等地农产品专业合作社直接对接，现已有 92 个专业合作社入场批发。

新建的室内零售中心建筑面积达 10271 平方米，内有各种固定摊位 700 余个，临时摊位（菜农）300 个，日入场采购消费者达 2 万人，年交易额超过 3 亿元。内部设施齐全，是目前马鞍山人气最旺的市场。

2007 年新建了冷藏冷冻中心，高低温冷库库容面积 3000 平方米，可储存货物 3500 吨，全年利用率达 85%。另有平面仓库 3000 平方米，还建设了一座 9027 平方米的农产品加工配送中心，除了向一些厂矿企事业单位食堂配送外，与农村蔬菜专业合作社直接挂钩，在零售中心、绿洲菜场、雨山九区菜场设立了蔬菜直营店。

市场外围建有各种经营门面房 3.55 万平方米，已形成由银行、宾馆、酒店等餐饮业、娱乐休闲业、百货烟酒业等各种配套服务的商业网点。各类批发、零售、商店、饭店从业人员约 3500 余人，公司各类管理人员 211 人，安保、运输人员有 155 人，整个市场共有从业人员约 3900 余人。

市场设备设施

马鞍山市安民农副产品批发交易中心设备设施完善，批发区域内建设了农产品质量安全监督检测中心、电子监控中心、结算管理中心、信息中心、废弃物处理中心。

市场质量检验检测机构健全，农产品质量安全检测中心配备了 4 名专职检测员负责每天对蔬菜、瓜果进行检测，委托法定的专业检疫部门每日对家禽、水产品进行现场检疫。每日检测结果通过网络传输到结算中心和结算终端机并直结报送省农委，及时在LED大屏、门户网站和公示栏公示，形成质量安全可追溯系统。市场每日检测样品达50批次，抽检量超过10%，每年自检2万余份，合格率达到99.8%，国家和省、市抽检样品1500余份，合格率均为100%。十年来，进入市场的农产品从未发生过影响严重质量安全问题，为老百姓提供了“放心菜”。

市场电子结算设施设备完备、制度科学合理，结算管理中心把电子称、电子地磅与结算管理中心电脑和服务器连接一体，形成结算网络。蔬菜区域交易大部分采用移动式“电子结算一体称”IC卡结算，果品区域交易采用冷库出入库IC卡结算与交易电子地磅电子结算相结合，经营户所有水电表均采用IC卡插卡式电子结算。市场电子结算量达到55%，将每日的货源和销售地实时入录，形成质量安全可追溯系统。公司配备了专职信息员，坚持每日向国家农业部和省农委上报市场价格和交易情况，连续多年被国家农业部和省农委评委“市场信息监测”工作先进单位。

市场信息服务系统健全，价格公开透明。市场监控范围无死角，信息中心配备了两台服务器、数据交换系统、LED显示屏、电子地磅、电子一体称、路由器、UPS等设备，以及配备了东软百兆硬件防火墙和瑞星网络防病毒软件。建立了信息采集、发布系统和具有独立域名的网站，与全国农网联通，每日及时将交易信息在LED显示大屏和公司网站上进行发布，使交易客商及时了解交易行情。电子监控中心在市场内布置了近一百二十个监视探头，实行全天候监控，保证了市场货物安全和交易秩序。

市场辅助设施完善，配有垃圾处理设施设备，道路和交易场地全部硬化，交易环境良好。废弃物处理中心面积达200平方米，内设配电房、冲洗站、液压移动挤压式废弃物处理箱，日处理垃圾可达100吨。公司从2005年起成为全国首批国家级“绿色批发市场”。

海峡国际五金机电城

泉州是联合国教科文组织确认的海上丝绸之路起点城市，是东亚文化之都。海峡国际五金机电城（又名中国海峡国际五金机电大市场）乘“一带一路”战略之大势，争当五金机电市场国际合作先锋，2015 年 8 月 8 日，注定是个需要浓笔重抹的好日子，历三载砥砺奋进，承载着省市三级政府高度期望，寄托万千期待、汇聚海量商品的海峡国际五金机电城盛大启幕，海峡国际自此进入全新的交易盛世，对整个五金机电行业的影响力正在不断扩大延伸。

海峡国际五金机电城是福建省、泉州市、晋江市三级政府重点建设项目和泉州市政府确定的五金机电专业市场，由福建省万贯五金机电城有限公司投资开发的高起点、高档次、国际化、现代化的超大型五金机电专业市场，与周边众多专业市场和物流企业共同形成海西最大专业市场物流商贸核心区。项目得到国内外各大五金机电商、协会，各省市五金机电商会和泉州市工商联及各地商会的重视和支持。

项目总投资超 50 亿元，占地 670 亩（其中 150 亩仓储用地），总建筑面积超过 100 万平方米。项目规模宏大、功能完善，是海西唯一的集品牌专卖店、国际交易中心、会议会展中心、电子商务中心、质量检测中心、价格指数及信息发布中心、高档写字楼、豪华酒店、高尚住宅、现代物流仓储区等多功能为一体的五金机电专业市场综合体。

项目一期已经建成并全部交付商家装修，将于 2015 年 8 月 8 日开业；国际交易中心（A、B 馆）核心铺位签约装修中；项目二期加快建设速度，全力攻坚，于 2015 年下半年陆续封顶，黄金旺铺认筹火热进行中；样板房三层结构五层享用，匠心独造的设计赢得各地商家纷纷点赞。由于项目定位精准、规划超前、设计科学、质量可靠、招商顺利，荣膺“影响中国的力量 2013——海西创新型专业市场”的称号，并获得福建省政府 200 万元人民币的大型专业市场建设奖励；获得泉州市政府部门 100 万元产业集群发展专项资金；被中国市场学会批发市场发展委员会授予“全国最具投资潜力市场”荣誉称号。

海峡盛市　华彩绽放

海峡国际已进入开业倒计时阶段，各项筹备工作在有条不紊的推进。为活跃市场气氛，培育市场繁荣，海峡国际一期开业将举办各种主题及系列活动。

开业盛典仪式将邀请国内外五金机电行业精英、厂商、客商、供应商、经销商、采购商、媒体等，共同见证此次行业盛会，这将是海峡国际一场声势浩大的饕餮盛宴。国家级海西国际检测中心的启用仪式、《采购指南》的正式发行仪式、“首届海峡国际五金机电采购节”开幕式及与福建电视台合作的《质量与安全》战略合作仪式都将与开业盛会同时举行。

海峡国际将与中国市场学会合作举办“2015 中国海峡五金机电市场发展高峰论坛”，与业界专家、商会代表、五金机电企业家等欢聚一堂，纵论全球五金机电行业发展趋势和海峡两岸五金机电行业发展与合作进行深入交流和研讨，展望海峡国际的辉煌未来。市场开业后，海峡国际还将和业主共同举办为期三个月的“首届海峡国际五金机电采购节”来活跃市场，引导采购消费。期间将举行特价促销、产品推广、新品路演、公司年会、商业洽谈会、客户交流会等各种抽奖等系列活动及宴请，市场商品将空前优惠。采购节将覆盖整个海西范围，辐射两岸，是海峡国际与业主共创的五金机电领域最具商业价值的行业采购节。

巨资投入　倾力运营

为打造品牌五金机电专业市场，践行海峡国际“既是开发商又是运营商”的经营理念，打破行业模式，海峡国际在几乎没有赢利情况下已经投入上亿元来推广、培育市场。2014 年海峡国际出资 2000 万元与福汽集团达成战略合作，发起“一城千车”工程。与此同时，海峡国际为每台车再补贴 2 万元，并统一喷涂车体及标识。2014 年 12 月海峡国际投巨资总冠名由泉州温州商会、丰泽区商贸业行业协会、福建日报报业集团东南网泉州站主办的泉州首届极地冰雪节。2013 年 6 月与 2015 年 4 月为帮助商家拓宽经营渠道，分别组织商户赴上海与龙岩进行商务考察活动。并连续 3 年多次参加五金机电行业国际展会，提升在行业中的知名度及影响力。

2013 年至 2015 年海峡国际投入大量的宣传费用，包括路牌广告、泉州电视台、泉州 904 广播、公交车身广告、印制 2 期《海峡五金机电》杂志及东南网等网络宣传，编制印刷的《采购指南》也将随一期开业正式发行，将在国内外发放，宣传商家，市场墙体广告位免一年租赁费等扶持优惠。

多维服务　彰显领航魅力

海峡国际将提供多种服务，包括一站式采购服务、仓储物流服务、国家级质量检测服务、电子商务服务、金融配套服务、住宅配套、酒店配套服务等，将充分利用区位、交通优势，晋江产业集群优势、现代物流园、传化物流、顺丰物流等企业及人才资源，引入有生力量，推动生产性企业可持续发展，助力海西区域经济的快速发展，形成海西最大专业市场物流商贸中心，充分彰显海峡国际在五金机电专业市场中的领先地位。

“互联网 +”构建电商新格局

海峡国际将投大量资金、人力、物力，搭建五金机电行业独有的新模式电商服务平台。借助海峡国际“前店后库”的绝对优势，实现线上线下一体化经营模式，有效地将产业链全面整合，结合市场高品质物流服务，提高供发货效率，降低成本，真正的实现线上交易，助推市场各品牌商及零售商迈入“互联网 +”时代，实现市场发展数据化、信息化，促进海峡国际的健康发展。

智者善市，运筹帷幄；方兴未艾，与时俱进，海峡国际正在信心满满地构造一座永续发展的品牌之城。作为全国最具投资潜力市场、海峡两岸一站式五金机电采购市场、泉州市政府确定五金机电专业市场，8 月 8 日，海峡国际破茧成蝶，必将荣耀世界五金机电市场之巅。

九江华东装饰材料市场有限公司

九江华东市场创建于2000年，现有经营面积30余万平方米，入驻商户1000余家，经营建筑装饰材料28大类，2600多个品牌，3200多个品种，基本涵盖了家居建材的各个门类和主要品牌，具有商品展示、零售批发、仓储加工、物流配送、售后服务、信息咨询、电子商务等一条龙服务功能，是一家辐射赣北及赣、皖、鄂、湘毗邻地区的现代大型家居建材专业市场。

2015年整个经济形势比较低迷，但是华东市场的经营依然精彩纷呈。一是6万平方米的国际馆以百分之百的招商率一次开业成功；二是商铺销售率和出租率在九江名列榜首；三是全年商铺租金到账率98%，成为九江商界的一颗耀眼的明星。

长期以来，华东市场积极引导经营业主诚信经营、文明经营、守法经营，不断完善市场信用建设体系，营造诚实守信的市场氛围，得到了消费者和市场主管部门的高度认可和好评。先后获得江西省政府颁发的“江西省产业经济十百千亿工程突出贡献奖”，国家工商行政管理总局授予的“全国创建诚信市场先进单位”，中国建材流通协会授予的“全国百强建材家居市场”，中国建材市场协会授予的“全国五星级建材市场”，江西省工商管理局、江西省经贸委、江西省质监局、江西省商务厅等颁发的“江西省十佳商品批发市场”、“江西省文明市场”、“江西省守合同、重信用公示单位”、“江西省一级诚信企业”、“九江市特级诚信企业”等荣誉。

华东市场的主要做法是六个坚持：一是坚持品牌市场定位。华东市场定位为高端装饰材料市场，经营定位为经销高、中端品牌商品，诚信经营定位为“杜绝假冒伪劣商品，反对价格欺诈，实行公平交易，打造消费者放心市场”。这一系列定位贯穿于华东市场的经营理念、招商签约、市场管理、工作目标、对外宣传的全过程，成为市场与商户共同遵循的准则和向社会做出的承诺，成为华东市场品牌形象的重要标志。同时，将这一定位转变为对社会公众的承诺，贴在公司会议室墙上，登载在报纸和电视上，接受公众的监督。

二是坚持招商源头把关。市场对入驻商户严格筛选，把诚信记录作为招商的重要条件写进招商公告。2015 年，市场先后将 4 户有信用不良记录、消费者口碑不佳的商户拒之门外。在租赁合同中对商户诚信经营有明确的约定，对销售假冒伪劣商品和价格欺诈行为有严格约束和处罚，例如租赁合同第四条第二款明确规定，因商品质量和服务问题引起消费者投诉和索赔，商户消极处理和不作为的，市场有权在质保金中给予消费者先行赔付。第十条第五款明确规定，发现出售假冒伪劣商品解除租赁合同，从而在源头上保证了市场诚信建设有良好的商户基础。

三是坚持刚性制度约束。华东市场在与商户签约时预收了质量保证金，制订了无因退货和先行赔付制度（先行赔付写进了租赁合同），以确保消费者权益不受侵犯。现在无因退货在华东市场已成为常态，据不完全统计，2015 年消费者无因退货 44 次，金额约 37 万多元。先行赔付也有了制度和资金保障，同时制定了严格的商品质量管理制度，要求商户做到亮证经营，明码标价，禁售“三无”产品。消费者对华东市场的满意度和美誉度与日俱增。

四是坚持先进典型示范。为了推动诚信建设，市场在党建部门和工商部门的指导和支持下，注意充分发挥党员和典型的先进示范作用。市场内建立“党员示范经营户”24 家，充分发挥共产党员在诚信经营中的模范带头作用。每年 3.15 活动，会同消费者协会评选一批诚信经营户和消费者信得过企业，累计对 132 户（次）授牌经营，为整个市场起到了示范作用。

五是坚持齐抓共管落实。主要是配合政府主管部门，把工商、税务、质量监督部门请到市场设点，加强诚信宣传、管理与监督检查。向社会公示华东市场诚信经营的庄严承诺，并开通了 24 小时的诚信监督举报电话。从 2007 年开始市场还专门设立投诉站，配备专人接受消费者投诉，共受理投诉 81 起，其中 2015 年实现了零投诉。同时建立了投诉回访制度，聘请了 10 名投诉人担任华东市场诚信市场建设监督员。近年来，华东市场认真开展一系列的法律法规和商业文明宣传教育，使自律守法、诚信经营在市场内深入人心，成为自觉行动。

六是坚持优化组织保证。为了加强市场经营秩序和诚信建设，华东市场专设市场管理部和消费者投诉站，共有管理人员 140 多人，对经营秩序、设备维护、环境卫生、消防安保都有专职经理负责，对每个经营区域都配有片区专管员，对主管经理和片区专管员都明确了职责，建立了考核奖惩制度，从而保证了市场的有序运转和诚信市场建设的各项措施落实到位。

南昌市洪城大市场商会

南昌市洪城大市场商会（以下简称“洪大商会”）是南昌市洪城大市场个体、私营企业按自愿原则组织起来的非盈利性的经济团体，现任会长为江西洪大（集团）股份有限公司副总经理、洪城大市场股份有限公司总经理陈立群，现任党总支书记为江西洪大（集团）股份有限公司纪委书记王跃军，商会办公驻地在洪城大市场 D 区 15 号楼 3 楼。

洪大商会隶属于南昌市工商联领导与管理，于 2008 年 11 月成立，下设百货、副食品、服装、文体布匹、服装世界五个分会，党总支下设百货、副食品、服装、文体布匹、服装世界、裤业、中小企业七个党支部，现有会员近 3000 人。洪大商会连续六年被评为南昌市工商联系统“先进基层商会”，先后荣获南昌市首届“南昌慈善日”活动“组织工作先进单位”等荣誉称号 40 余项。

洪大商会自成立以来，紧紧围绕南昌市工商联和洪城大市场的中心工作，结合本会的工作特点，不断进取，奋力创新，充分发挥引领、助推、润滑作用，竭诚服务会员，各方面工作取得了卓越的成效和社会效应。商会党组织建设也成为一大亮点，各党支部引领党员模范带头，带动更多的会员积极向党组织靠拢，使党旗在商海中飘扬、党徽在时代中闪光，推动了市场和会员企业经济的全面发展。商会还全面提升服务功能，着力打造银企合作平台，帮助会员和商户解决融资困难；开办“会员之家”，为会员提供便捷的全方位服务。开展公益慈善活动，汶川、玉树、雅安、SOS 儿童村、敬老院到处都留下了洪大商会人心闪耀的足迹；连续三年帮扶贫困学子，连续六年为高考学子提供义务接送，引导会员履行社会职责。搭建学习交流平台，商会开展了形式多样的理想信念教育活动，提升了会员思想觉悟；连续多年组织会员赴北京参加“全国文明诚信商户评选”活动和赴俄罗斯、美国和欧洲学习考察，多次参加市工商联组织的南京、上海等地参观考察团，促进了会员经济健康快速发展。完善维权服务功能，商会有针对性地在会员中开展法制法规教育，增强会员遵纪守法、依法经营的法制观念；聘请常年法律顾问，为会员提供法律咨询和法律服务，维护会员合法权益。发挥商会润滑作用，商会在洪城大市场和会员商户中发挥着桥梁和纽带作用，上下联动，左右互动，反映诉求，为会员谋益，为洪城大市场的繁荣发展发挥了不可替代的作用，也为南昌的经济发展作出了积极的贡献。

如今的洪大商会已成为了一个组织架构科学、规章制度健全、联谊活动丰富、社会经济效益丰硕的优秀基层商会，是目前南昌市最有活力、最有影响力的商会之一。

莱阳 · 义乌国际商城

莱阳 · 义乌国际商城中心市场总建筑面积约 6 万平方米，分为上下三层，一层主要经营工艺礼品、玉器饰品、茶具瓷器、文体用品、玩具童车、喜庆用品、洗化用品、劳保用品、塑料制品、不锈钢制品、日用百货、装饰灯具、钟表眼镜、厨卫用品、五金家电、汽车装具、电脑数码、电子通讯等。二层主要经营男女服装、童装、孕婴、鞋类、针织、箱包皮具、床上用品、窗帘布艺、婚纱等。三层目前尚未启动。商城中心市场总共可容纳近 2000 家经营业户在此经营，几十大经营类别，上百万商品种类，可有效满足莱阳当地的消费需求。

商城于 2015 年 11 月 17 日隆重开业，掀开了莱阳商业发展的新篇章。商城开业后，按照专业化市场运作模式，严格管理，科学运营，整体呈现良好的发展趋势，日均客流量也逐渐增加。短短四个月的时间里，莱阳 · 义乌国际商城的影响力及知名度逐步被当地民众接受并认可。但是，由于市区老市场的影响，造成部分客户分流，当地民众消费习惯的改变还需要一定的引导。商城将依靠舒适的购物环境、物美价廉的商品吸引更多民众前来消费购物，商城业户的经营信心也会进一步增强，商城发展前景无限广阔。

商城的建成及开业，为莱阳市经济注入了新的生机和活力。随着商城的不断发展，必将为当地带来良好的经济效益和社会效益，不仅能为当地解决劳动力就业，增加地方税收，而且还能有效带动相关产业的发展。作为小商品批发行业，随着商城的培育与发展，商品批发商圈不断扩大，莱阳 · 义乌国际商城将发展成为莱阳新的商业核心区，逐步成为胶东最具影响力的现代化专业市场，为莱阳经济的发展做出积极的贡献。

山东泰山钢材大市场

山东泰山钢材大市场始建于 2003 年 8 月，2004 年 7 月正式投入使用。市场经山东省工商局批准注册，总投资 36 亿元，注册资金 16 亿元。总规划面积 5000 亩，现使用面积 4500 亩，是中国钢铁工业协会会员单位。现已建成办公营业楼 266 栋，营业平房 6960 间，立行吊 678 架，硬化了七纵七横十四条道路面积达 42 万平方米，实现了水、电、路、通讯、宽带、有线电视、广播“七通”。目前市场入驻经营业户 824 家，从业人员达到 1.5 万余人。

为加强市场的管理，更好地为广大业户服务，实现信息资源共享，促进企业做大做强，先后成立了四个组织，即山东泰山钢材大市场管理委员会，下设管理办公室；中共泰山钢材大市场委员会；山东泰山钢材商会；山东泰山钢材大市场工会联合会。

市场经营钢材种类多、型号全，济钢、莱钢、鞍钢、武钢、太钢、唐钢、日钢、马钢等全国 30 余家知名钢厂在市场内设有代理商，主要经营管材、建材、棒材、板材、型材等一万余品种及部分铜、铝不锈钢，钢材销售辐射范围在 800 公里以上。市场已成为江北规模最大的钢材现货交易市场，1-6 月份实现销售各类钢材 545 万吨，销售额 152.6 亿元，库存 590 万吨，实现税收 4500 万元。

为顺应发展的趋势，提升服务功能，实现传统钢贸的转型升级，2012 年建设了泰山钢网交易平台和交割库，并投资 1.2 亿元建成 2.2 万平方米的交易中心大厦，为钢贸业户提供便捷的服务。

市场先后荣获“2005 年度全国商品交易市场最佳诚信奖”，2006 年被商务部列为生产资料信息监测样本企业，2008 年被评为“全国商品交易市场系统先进单位”，2007 年、2009 年被评为“山东省十大建筑材料交易市场”，2009 ～ 2011 年荣获“山东省规范化文明诚信市场”，2010 年被授为“山东省重点服务业园区”，2011 年被中组部授予“全国先进基层党组织”，同时被山东省委授予“全省先进基层党组织”。市场自成立以来年年被大汶口工业园、满庄镇党委、政府评为先进单位。

临沂市河东区万宝企业总公司

临沂市河东区万宝企业总公司是在郁九曲社区集体经济组织的基础上组建的，成立于1993年，注册资金3000万元。在总经理王英娟的精心筹划下，公司领导班子坚持不断创新，潜心研究市场，用心开拓市场，先后创建了临沂五金城、临沂钢材物流城、河东综合批发市场、河东货运信息配载市场、河东家电市场、九曲工业园区、太平苗木基地和山东万宝电子商务创业园有限公司，年营业额超过50亿元，实现总产值4.6亿元，年创利税6600多万元，成为临沂市商界名星企业，撑起了河东区经济繁荣的半壁江山，为河东区的发展做出了重要贡献。

在各个市场的孕育、培养和发展过程中，万宝企业总公司不惜财力、物力大力扶持，使旗下的五大市场在风云变幻的激烈竞争中，始终不断地向前发展，表现出越来越强的活力。公司在长期发展中形成了“诚信为本、顾客至上、货真价实”的企业经营理念，以诚信维护市场品牌，以文化提升企业形象，不断提高品牌市场的影响力，为企业向“做大、做精、做强”的目标迈进打下了良好的基础，形成了享誉大江南北的企业品牌。多年来，在王英娟总经理的大力倡导下，万宝企业总公司注重经济效益和社会效益同步发展，勇于承担社会义务，大力开展扶弱济困活动，在汶川、玉树等大的灾害面前，万宝企业和公司员工都慷慨解囊，无私援助。特别是2001年，郁九曲社区投资3500万元修建了九曲沂河大桥，这是山东省村办企业投资建设公益事业最大的项目。九曲沂河大桥的开通，大大拉近了沂河两岸的距离，极大地促进了河东区的发展，为市委市政府决策“把河东打造成与沂河西岸相对应的半壁江山”打下了良好的基础。

为保持市场可持续发展，多年来，公司一直秉承“河东大市场、东郊批发城”这一经营理念，积极打造构筑市场体系，精心培育扩大市场规模，使经营品种辐射全国。其中，临沂五金城已发展成为华东地区最大的五金类产品集散地、国内同行业第二大批发市场、江北地区最大的五金专业批发市场，连续多年被评为省级规范化文明市场、山东省十大工业品市场、临沂市市场发展十大功勋市场。2008年，万宝企业总公司为进一步提升改造钢材市场，将郁九曲社区属地上的老钢材市场整体搬迁至河东区东外环路坡埠段，本着“科学规划、分步实施、扩大规模、提升档次”的原则，投资1.3亿元建设了占地600亩、营业面积1.5万平方米、沿街楼2万平方米的临沂钢材物流城。目前，新市场入驻商户达1200家，年销售额达35亿元，上缴利税3000万元，已成为了江北最大的集仓储、加工、配送等功能于一体的五金产业工贸城。临沂钢材物流城落户东外环，不仅提升了自己，它对于河东的整体发展也是一个巨大的推进，它将以巨大的功绩记入河东的历史。

万宝企业总公司为拓展河东区城市商圈、改善城市形象、强化城市辐射能力、促进本地区经济增长、增加财政税收、扩大就业门路等各个方面都做出了突出的贡献。公司自2001年连续10年被命名为省级守合同重信用企业，2010年被临沂市委市政府评为临沂市市场发展十大功勋单位。

临沂商城

临沂位于山东省东南部，近海临港，交通便利，公路、铁路、航空四通八达。这里是全国文明城市、中国优秀旅游城市和全国双拥模范城市。这里是国家“一带一路”战略的重要商贸物流功能区。

多位党和国家领导人先后到这里考察指导。这里就是“市场名城、物流之都”——临沂商城。

市场名城

临沂商城经过改革开放 30 多年的发展，已经成为全国规模最大的专业市场集群。现有大型专业批发市场 131 处，占地面积 1359.9 万平方米，商铺和摊位 6.3 万个，经营业户近 4.9 万户，商品涵盖小商品、五金、建材、板材、园林机械、劳保用品等 27 大类、6 万多个品种，单品达到 200 多万种，商城地产品占有率达到 35%，板材市场地产品率达到 90% 以上，在临沂商城，只有你想不到的，没有你买不到的。

2015 年，临沂商城实现年交易额 3203.3 亿元，物流总额 5026.77 亿元，电子商务交易额 577.5 亿元，直接进出口 49.49 亿美元。

物流之都

大商贸带动大物流，大物流支撑大商贸。临沂商城拥有现代物流园区 19 处，物流公司、经营业户 2065 户，从业人员 2.1 万人。1.8 万辆货运车辆，2000 多条配载线路，编织起了“辐射全国、周转快捷、成本低廉”的庞大物流体系，直达全国 1800 多个县级以上城市，通达全国所有港口和口岸，物流费用低于全国平均水平的 20%-30%。

大力发展铁路、航空和临港物流。鲁南铁路物流园被列为全国铁路物流园建设样板工程，开行了临新欧、临满欧以及临沂至昆明、西宁、成都等 8 条货运班列，在全国形成了“临沂现象”。临沂机场航空口岸获准开放，至韩国国际航线已经开通。临沂港年设计操作量 50 万标箱，由中国港口综合竞争力排行第三的青岛港负责运营。一个海陆空一体化的立体大物流格局正在形成。

互联网 + 商城

临沂商城大力开展以引资金引人才引技术、促进转调跨越发展为主要内容的“三引一促”工作，积极构建垂直平台、内贸网商、跨境电商、区域电商、电商服务商生态链，推进建设“智慧临沂商城”、“网上临沂商城”，形成线上线下融合发展、有形市场无形市场紧密对接的良好发展态势。目前，临沂商城已发展电商企业和商户达 4 万户。

新明辉商城成为在全国劳保用品行业有影响力的电商平台，懒虫科技、伊亲购、点豆网、第七公社、金湖彩涂铝业、鹏拓信息独具特色，配套功能完善的临沂商城跨境电子商务创业园、淘宝生态城投入运行，临沂国际商品交易中心正积极开展介于现货和期货之间的大宗商品交易试点。

国际贸易新高地

临沂商城主动融入国家“一带一路”战略，大力发展国际贸易，实行“旅游购物”贸易方式，积极争取“市场采购”贸易方式，打造国际工程物资集采集供出口基地。

内陆“无水港”临沂港建成运营，在全国第二家实现了“属地验放、口岸直通”一站式通关。临沂综合保税区顺利通过国家验收，马上封关运行。

加快“走出去”步伐，发挥国家级商贸物流型境外经济贸易合作区——中欧商贸物流合作园区的窗口辐射作用，提升与中东欧国家经贸合作水平；重点推动在阿联酋、巴基斯坦、德国等地建设“海外临沂商城”；加强与霍尔果斯、喀什等边贸口岸合作，加快进口商品分销中心建设，打造转口贸易基地。

国际会展新高地

依托独特的商贸物流优势，大力发展会展业，加快建设鲁南苏北区域性会展中心城市。临沂国际会展中心和临沂商城会展中心等场馆设施齐全，宾馆、酒店等配套服务能力强大，2015 年，共举办第 68 届全国教育装备展等展会 55 个，展出面积 77 万平方米，参展商 1.2 万家，参观观众 134 万人次，实现展会交易额 169 亿元。坚持“国际化、专业化、市场化”的原则，突出打造“临沂商博会、临沂资本交易大会”两大龙头展会，重点培育木业板材、建筑陶瓷、汽车用品、家电厨卫、新能源电动车等 10 个以上专业特色展会，其中商博会被评为“中国十佳品牌展会”。

宜商宜居

临沂市拥有完备的涉外服务体系，设立了临沂商城国际贸易服务大厅，海关、商检、公安、工商、商务、质监、税务等部门集中办公，提供“一站式”综合性涉外服务。

涉外医院、外国语学校、国际友人俱乐部、天主教堂、穆斯林餐厅，为境外客商提供温馨舒适的经商、生活、娱乐环境。

宏伟蓝图

临沂市委市政府高度重视临沂商城发展，坚持“三化并举”、“五位一体”，积极实施“三大中心、两大高地”发展战略，努力打造全国最大的商品交易批发中心、物流分拨中心、电商集聚中心和“一带一路”国际贸易新高地、国际会展经济新高地。

专门成立了临沂商城管理委员会，明确为市政府派出机构，统筹推进临沂商城发展；组建临沂商城控股有限公司，与临沂商城管委会形成“两只手”协同发力的格局；出台《关于加快临沂商城国际化发展的意见》，设立临沂商城发展专项资金和电子商务现代物流产业发展基金，扎实推进商城国际化；复制推广上海自贸区试点经验，设立临沂商城国际贸易综合改革试验区，启动占地 3.4 平方公里的中国临沂国际商贸城建设，引领传统批发市场转型升级，力争用三年时间，基本建成“一带一路”交汇互动的商贸物流枢纽和全国领先的国际贸易发展样板区。

潮平两岸阔，风正一帆悬。诚信、包容的临沂人民热诚欢迎海内外各界朋友前来旅游观光、参观采购、投资兴业。相约临沂商城，相拥美好未来，临沂商城欢迎您。

威海浙商城

威海浙商城是威海市文登区重点招商引资项目，也是文登新一轮建设中首个由“浙商”团队投资运作的大型商业项目。项目位于威海市文登区商贸核心，义乌小商品城东 100 米路南，占地 160 亩，总建筑面积约 15 万平方米，采用集“一站式购物”与“体验式消费”为一体的全新商业运营模式，建成后将是文登乃至威海规模最大、品牌最全、综合性最强的五金建材汽配博览采购基地，辐射整个胶东半岛。

项目由五金机电、汽配装饰、建材装饰 3 大行业市场集群组成，汇聚五金机电区、灯具灯饰区、橱柜电器区、汽配装饰区、电子商务、仓储物流区 6 大专业主题交易场馆，产品涵盖工具轴承、磨料磨具、机床设备、电热元件、电动工具、五金工具、数控刀具等全部五金机电产品，灯具灯饰、橱柜电器等建材产品，以及汽摩配件、汽车美容、汽车装饰等汽配装饰产品，并配备商务办公区、一站式服务中心、仓储物流基地等豪华阵容，打造集品牌展示、产品贸易、信息交流、仓储物流、会展办公、商务服务、休闲娱乐于一体的商贸平台和博览采购基地。

项目由山东和为贵置业有限公司倾力打造。作为中国百强商业地产综合实力运营商，和为贵置业精专于商业地产的研究、开发和运营，并精心拓展国内二三线城市的开发建设，成功参与投资开发运营的商业地产项目遍及江苏、浙江、山东、河南、河北、江西、新疆等各省区，拥有几十个标志性商业地产成功案例，十余载的精耕细作铸就行业知名品牌。

公司本着“精诚立人、精心立事、精品立业”的企业理念，坚持“以人为本、诚信经营”的企业宗旨，始终抱着与时俱进、不断超越的精神，持续保持着快速、健康、高效的发展，在商业地产领域取得一个又一个成功。

随着山东半岛蓝色经济区上升为国家战略四大产业集群，“大贸易、大流通、大发展”的新型贸易模式将使威海成为胶东半岛商业和贸易的核心，山东和为贵置业斥资 8 亿元全力打造威海浙商城项目，凭借浙商优势资源和公司十余载的成功市场运营经验，打造大威海专业化、现代化、国际

化的新型商贸平台，引领威海五金建材、汽配市场的升级换代，铸就威海在胶东半岛商贸物流大格局中的战略地位。

一个市场，升级一个产业，繁荣一座城。威海浙商城的推出，必将引领威海五金建材专业市场的升级换代，并对同行业的发展产生深远影响，同时也为当地各类专业市场的打造提供一个崭新的模式。

作为一个大型专业市场和全新商贸平台，以“现代化、专业化、国际化”的功能和配套，项目的建成能满足周边建材五金汽配相关行业蓬勃发展的贸易需求，有效促进区域城市化进程和经济发展。

通过整合市场资源、规范交易秩序、打造商品贸易和信息交流平台，不仅解决建材产业的发展瓶颈，更促进了产业集群的形成，逐步形成规模效益，并通过原材料供应、科技提升、市场扩容等，促进产业集群内企业劳动生产率和市场竞争力的提高。

预计项目建成后，将吸引1000余家商户，可提供1万人左右的直接就业岗位，间接带动约2万人的就业机会，市场每年交易额预计将达到10亿元，年创税约0.8亿元左右，该项目建成后能产生一定的集聚效应，能带活周边经济的迅速发展，搞活一方经济，形成一个巨大的产业链条，也是一项民生工程，为全县人民生产、生活提供一个配套的综合市场，并为文登城市大发展做出重要贡献。

潍坊小商品城

20世纪90年代初期，正是中国特色社会主义市场经济蓬勃发展，全国各地市场一派繁荣的时期，坐落于山东半岛中部的潍坊市发展得更加迅速，走在了全国各地级市的前列。而此时，作为潍坊市建成最早的批发市场——人民路市场，与迅速发展的经济已不相适应，不仅规模小，而且基础设施简陋。为适应经济发展，满足人们消费需求，1993年初，潍坊市委、市政府决定就近建设大型的、功能齐全、设施完备的现代化商品批发市场。潍坊交运汽车运输有限公司（当时地址紧靠人民路市场）不失时机地抓住了这个机遇，凭借独特的地理位置优势和契而不舍的拼搏精神，当年建成了4.25万平方米的一期工程。1994年元月8日，当时潍坊市唯一一座综合性小商品批发市场——潍坊小商品城如期开业了。

随着社会的发展，潍坊小商品城规模不断扩大，至1998年，先后开发了二期工程和三期工程，随后又相继进行了三次扩建，至此潍坊小商品城面积达15万平方米，成为山东半岛最大的商品交易批发市场。经过20多年的发展，潍坊小商品城现已拥有营业房和其他经营设施5500多个，经营业户5000多家，资产总值超过10亿元，年商品交易额达30亿元，上缴税费1500多万元，商品辐射了山东半岛、鲁西北乃至全省，是山东省重要的小商品集散和交易中心，先后获得“全国文明市场”、“中国十佳（首选）小商品批发市场”、“中国五星级商品交易市场”、“全国商品交易市场最具影响力奖”、“全国诚信文明市场”、“全国重点联系市场”等众多荣誉称号，成为潍坊市一张重要的“城市名片”。

经过多年的市场运作，潍坊小商品城在市场经营、物业管理、治安消防方面积累了丰富的经验，造就了一支管理到位、服务优良、作风过硬的管理干部队伍，整个商城的管理“管而有度、治而有序”。以诚经商是他们的经营理念，积极引导业户诚信文明经营是潍坊小商品城日常工作的重心。2007年，他们推出了《诚信文明经营积分制度》，商城管理人员发现业户违反了诚信文明经营规定，即给予扣除一定分值的处罚，分值与租金挂钩，达到规定分值就相应提高租金标准，业户的诚信文明经营意识不断提高，6位业户先后获得全国诚信文明经营商户荣誉称号，30多位业户先后获得市级诚信文明经营商户荣誉称号。2012年，他们为保护广大消费者利益，推出了《退换货管理制度》，向消费者郑重承诺：购物请放心，退货有保证。凡是从商城购买的货物，无论有无质量问题，三天内可退货，七天内可换货。该管理制度一经推出，在社会上引起了极大反响，提高了潍坊小商品城的知名度和美誉度。

安全责任重于泰山。高密集的人群，大量的流通货物，使得小商品城的消防安全成为头等大事。从开业那天起，潍坊小商品城的管理者就把目光锁定在安全和效益这两个重心上。他们很清楚，消防是小商品城发展的生命线，没有了消防安全，效益将失去保障，因此消防安全就成为商城工作的重中之重。正是有了领导的重视和正确的出发点，小商品城在消防建设上一向高度警觉，狠下功夫，舍得投入，即使是在企业最困难的时候，他们也是多方面筹措资金，首先满足消防需求。迄今为止，潍坊小商品城消防投入超过2000万元，具备自动监控、报警、灭火等一条龙报警消防体系，完全达到消防规范要求，为小商品城业户生命财产安全提供有力的保障。在完善硬件建设的同时，他们还加大管理和培训力度，定期对业户和职工进行消防培训，落实各项安全措施，采取讲师授课、观看录像、现场演习等方式，对消防知识进行系统学习，提高消防安全四个能力建设。日常工作中，安保人员加大巡查力度，排查消防漏洞，彻底根除火灾隐患，确保商城长治久安。巨额的投入和严格的管理赢得了消防部门的肯定，多年来小商品城连续被消防分局评为消防安全先进单位，受到通报表彰。

时间进入到21世纪，展望未来，他们信心满怀。2015年12月，潍坊小商品城升级版——潍坊交运贸易广场，一座现代化的商贸城开工兴建了，这是公司优化产业结构、壮大企业规模、加快转型发展、打造商业品牌的又一重大战略举措，对进一步优化商业布局，健全城市功能，促进地域经济发展，具有十分重要的意义。该项目紧邻潍坊小商品城，与潍坊汽车总站、潍坊火车站一里之遥，是潍坊市几大商圈（小商品城商圈、中百商圈、泰华商圈）叠加地带，人流量客流量集中，是潍坊市核心商圈内最具投资经营价值的黄金宝地。潍坊交运贸易广场总建筑面积达 16.6 万平方米，主体工程地上 16 层，地下 2 层，总工期 31 个月。其中西区部分预计 2017 年五一前后竣工营业，东区部分预计 2018 年十一前后竣工营业。整个项目分为 A 座、B 座、C 座三个区域，其中西区部分为 A 座和 C 座的西半部分，东区部分为 B 座和 C 座的东半部分。其中 A 座、B 座均为地上 16 层，C 座地上 6 层。A 座、B 座、C 座相连贯通。作为潍坊小商品城的扩大升级版，该项目集商贸中心、餐饮娱乐、电子商务、品牌展示、客运物流、办公公寓、车辆停放等功能于一体。项目按照商场化设计，拥有中央空调、自动扶梯、垂直梯、货梯、智能消防、智能停车系统等功能。项目建成后，潍坊小商品城总面积将由现在的 15 万平方米扩大到 31 万平方米，成为潍坊市乃至全省名副其实的现代商业航母。

潍坊交运贸易广场建成开业后，将根据当前形势进行科学合理的经营定位，初步方案为：交运贸易广场项目从西向东依次为 A 座、C 座、B 座三个区域。A 座为地上 16 层高层建筑，位于和平路一侧，与火车站、联运站仅相隔一个路口，流动人口多，对餐饮住宿需求量大，拟在 6 层以上设置酒店餐饮、休闲娱乐等功能多元化的综合服务配套设施。B 座为地上 16 层高层建筑，位于青年路一侧，临近人民公园、白浪河景观带，环境相对安静、优越，适合居住及办公写字，拟在 6 层以上设置为办公写字楼、小户型公寓等行政服务配套功能设施。C 座为地上 6 层建筑，两侧与 A、B 座相连接，将 A、B、C 座的 1 至 6 层经营布局统一安排，1 至 3 层主要经营数码通信器材、小商品百货、针织服装、鞋等批发零售，4 至 6 层设置品牌展厅、专业市场、进出口商品展示交易、电子商务区、餐饮娱乐区，定位为批零兼营的综合性市场。

随着我国以市场为取向的经济改革不断深化，宏观经济环境发生了根本性变化，商品交易市场先发优势明显减弱，面临着更加激烈的市场竞争，加上多年来市场发展和区域内同类市场的建设，市场进一步分散和分流。专卖、连锁以及大型超市、配送中心、网上交易等现代流通形式和营销方式不断涌现和扩展，网络虚拟平台、电子商务营销等，争夺市场份额的竞争不断加剧。形式逼人，商品交易市场必将寻求转型、升级的新路子。

潍坊交运贸易广场建成开业后，将整合现有市场与新市场，大力发展电子商务，加快转型升级，建立“有形”与“无形”市场的有机结合平台，使交易手段升级。另外，结合环境、功能更具人性化的设计，使管理服务升级，建设市场与产业良性互动，产品体验区环境优雅，高、中、低档产品相互补充，集交易、展示、商务、休闲、会展和研发等功能于一体的特色新型购物、休闲场所。

淄川服装城

山东淄川服装城坐落于山东省淄博市淄川风光旖旎的孝妇河畔，总占地面积 31 万平方米，市场建筑面积 50 万平方米。自 1989 年 5 月建城以来，经过多年滚动发展，现已成为拥有 7 个营业大厅、9 座营业楼，经营摊位 4800 余个，营业门头 6000 个，经营业户近 1 万户的大型专业市场。市场主要以服装批发为主，兼营针织、童装、袜类、鞋帽、小商品等上万个品牌，7 万多个品种，从业人员达 5 万余人，商品销售辐射全国十多个省市，年交易额达到 186 亿元。曾连续被国家统计局评为全国服装专业市场十强之一，被商务部评为全国纺织服装十大品牌市场，被中国市场学会评为“全国文明诚信经营示范市场”、“中国品牌市场”等。

淄川服装城具有优越的地理优势。它地处鲁中交通要塞，张博公路、张博铁路、胶王公路、庆淄公路交汇于此，距滨博高速公路、济青高速公路仅 10 余分钟行车里程，得天独厚的区位优势和交通优势为淄川服装城的发展提供了广阔的市场空间，大大增强了服装城市场的聚合、辐射能力。

淄川服装城具有优良的经营设施。自建城以来，特别是近年来，以建全国一流市场为目标，加快市场经营设施建设与改造步伐，投资 2 亿元，全面展开了对原有市场经营设施的改造，现已完成改造面积 12 万平方米，改造高档次的经营门面房 3000 余个，满足了经营业户规模扩张的经营需求。同时，依靠招商引资，由通乾公司投资 2.6 亿元，建筑面积 6.4 万余平方米的通乾服装市场，由上海剑桥集团投资 8000 万元，建筑面积 2.4 万平方米的上海服装批发市场，由喜莱登百货有限公司投资 4000 万元，建筑面积 1.6 万平方米的温州商厦，由北京鸿凌实业总投资 2 亿余元，建筑面积15万平方米的鲁中国际商贸城等设施配备齐全、购物环境优良的高档服装市场也已竣工投入使用。

淄川服装城具有良好的配套设施。城内道路交通、货物托运、水电暖供应、通讯等基础设施日臻完善，金融、治安、卫生、餐饮、文化娱乐等服务机构配备齐全，传真订货、网上交易已成为业户经营的主要手段之一。为加强服装城形象的整体策划包装，2014年淄川服装城管委会新建淄博第一家服装电子商务平台——中国淄川服装商城网（shop.lznews.cn）。该平台充分利用淄川服装城线下的品牌、货源、仓储、成本等商品资源，同时结合网络运营等优势，面向全网开展B2B及B2C业务，新建电子商务平台可以为商家提供包括照片拍摄、在线交流、网络基础设施、支付平台、安全平台、管理平台等10类服务，同时为淄川服装城近万家门店提供在线管理服务。优良的环境，为广大经营业户提供了广阔的创业天地。

淄川服装城具有优良的政策环境。坚持以市养市，涵养市场，坚持低税赋、广税面、让利于民，是市场长期坚持的管理原则。根据市场的发展实际和业户的实际经营状况，合理确定税费额度，实行定税管理；对外来业户实行摊位租赁平等、收费标准平等、政治待遇平等、经济纠纷处理平等的“四平等”优惠政策和全方位服务；市场内没有垄断，没有关卡，没有乱收费、乱摊派，受到了来自全国各地经营业户的一致好评。

淄川服装城具有较为合理的商品结构。建城之初，市场以经营中低档次特别是低档商品为主，以面向城乡市场为主。近年来，在加快经营设施改造步伐的同时，淄川服装城致力于市场经营档次的全面提升，400余家大厂总代理、精品名店落户淄川服装城，高中低档服装的比例为3：4：3，淄川服装城不仅成为鲁中地区广大消费者的购物市场，而且成为省内外许多知名商场的供货基地，基本满足了各消费层次的购物需求。

淄川服装城经过二十几年的精心打造，已经发展成为雄踞鲁中、辐射全国的大型服装专业批发市场，成为闪耀在神州大地上的一颗璀璨明珠。服装城管委会衷心感谢二十几年来社会各界对淄川服装城的厚爱与支持，并竭诚与海内外同仁携手共创服装城美好的明天。

中国市场学会批发市场发展委员会常务副主任兼秘书长金陆成和浙江义乌中能投资有限公司董事长王志强在淄川服装城管委会主任郭海鹏陪同下对服装城进行考察

临沂华东胶合板市场

临沂华东胶合板市场是响应市委市政府建设“大临沂、新临沂”的号召，大力发展现代物流业，投资 3 亿多元组织兴建的大规模、高档次、现代化板材物流城，隶属于临沂商城有限责任公司上市企业。市场占地 200 亩，建筑面积 20 万平方米，摊位 720 余个，从业人员 10000 余人，主营进口和国产优质板材，有木工板、刨花板、多层板等 50 多个大类，近 3000 多个花色品种。产品销往世界各地，年交易额 130 亿元，带动了周边近 4000 家加工生产企业的腾飞与发展，间接解决社会就业劳动人口达十万余人。

近年来市场获得的主要荣誉有：被中国市场学会批发市场发展委员会评为“2012 年全国重点示范市场”，被山东省市场与经纪人协会评为“山东省特色专业市场”，被临沂兰山区委区政府评为“2013 年度商城国际化十佳企业”、“安全管理工作先进单位”、“2013 年度十佳专业市场”等。

山东罗庄（朱陈）建材批发市场

山东罗庄（朱陈）建材批发市场位于山东省临沂市罗庄区朱陈社区，北靠临沂国家高新技术开发区，西邻新206国道，京沪高速公路罗庄、苍山出口近在咫尺，地理位置优越，交通便利，环境优美，管理完善，配套设施齐全。

该市场由朱陈社区于2001年投资承建，2002年9月开业，市场占地面积54万平方米，建筑面积16万平方米，仓储面积15万平方米，拥有经营摊位1180个，大型停车场两处，总投资2亿元，为江北第一大建材专业批发市场。市场主要经营各种规格的地板砖、内外墙砖、卫生洁具、五金灯具、仿古瓦、水暖管件等建筑材料及配件。市场内设有管理服务中心、监控室、警务室、保安队、银行、宾馆、饭店、配货站等，是集现货交易、仓储加工、物流配送、信息交流、商务等功能于一体的集约型物流集散中心。

市场自开业以来，在各级领导和社会各界朋友的关心、支持和帮助下，各项事业均取得了长足的发展。始终奉行“一切为客户所想，所想一切为客户”的服务宗旨，全心全意为广大经营户（客户）服务好。坚持“以诚为本、追求卓越、互利共赢”的经营理念。目前，市场已入住经营户500余家，年销售额100亿元，安置本、外地人员1万多人就业，极大地促进了本地区建材物流经济发展。市场发展的同时，也带动了第三产业的发展，市场周边各类服务业如雨后春笋般迅速健康发展起来，为发展地方经济、居民创收做出了一定贡献。

市场先后获得“中国建材流通市场100强”、“山东省十大建筑材料交易市场”、“山东省规范化文明诚信市场”、“山东省消费者信得过单位”、临沂市“党建工作规范化建设先进企业”、“工会工作先进单位”等荣誉称号。

站在新起点，实现新跨越。为提升市场档次和声誉，引导激励广大经营户引进大品牌、驰名品牌，争创全国第一大建材批发市场，朱陈社区于2014年对市场进行了改造提升，沿市场周边建设高档豪华商用沿街楼，该工程占地面积2万平方米，建筑面积4.5万平方米。工程现已完工，并交付商户营销使用。该工程的建设，为加快市场提升改造步伐，实现市场二次崛起，创建品牌市场，打下了坚实的基础。

雄关漫道真如铁，而今迈步从头越。我们坚信，罗庄建材批发市场在罗庄区委、区政府和罗庄街道党工委的正确领导下，以创建国家文明城市为契机，内强素质，外树形象，科学发展，努力开拓建材市场各项工作新局面，继续谱写罗庄建材批发市场持续、健康、跨越发展的新篇章。

朱陈社区党委书记、建材市场董事长孙广林携市场全体员工热忱欢迎全国各地有识之士，来市场创业发展，共创辉煌。

郸城万洋国际博览城

万洋国际博览城是河南省周口市重点招商引资项目，郸城县政府支持督导项目，同时也是郸城“十三五规划”的导向型商贸集群项目。

万洋国际博览城雄踞郸城府东路与科技大道（原南环路）交汇处，坐拥规划中的郸城中央商务区核心。总投资20亿元人民币，规划占地420亩，总建筑面积40万平方米。规划业态涵盖建材家居、五金机电、星级酒店、超级购物中心、电子商务、商贸百货、生态智能社区、特色餐饮、仓储物流、休闲娱乐、儿童主题乐园于一体的综合性商贸大集群，给郸城商贸经营及购物模式带来全新观念，给郸城人民带来一站式批发、采购、休闲、娱乐的现代生活体验。

万洋国际博览城按照“超前10年，20年不落后”全球最新商贸综合体标准设计，全框架式结构，商铺面积灵活组合；5.8米层高，超大空间，一层面积可做两层空间使用，下层用作商品展示、交易，上层用作休息与商务洽谈；通过主入口广场、次入口广场、中心广场和组团广场聚集人流和商气；四通八达的步行街区、连廊互为纽带，全面激活整个商业区；利用中庭、观光电梯、自动扶梯、楼梯等多种形式将人流引至二层，充分开发二层商铺的商业价值。车流可直达每一处商铺，送货、购物方便快捷。数千个地面停车位、大型广告展示位、充足的物流装卸平台，造就一流商业硬件设施。

万洋国际博览城是郸城乃至周口地区划行规市、提档升级，辐射周边，引领郸城商贸新方向的建材家居、综合商贸交易平台和采购基地，彻底改变郸城以往脏、乱、差的商贸经营状况，推动郸城中心城区外延，缓解老城区交通压力，给郸城一个健康、环保、现代化的城市容貌。项目建成后采用集“一站式购物”与“体验式消费”为一体的全新商业运营模式，在尊重商户自主经营权利的前提下，市场内进行统一规划、统一招商、统一管理、统一推广、统一监督、统一运营，以专业系统的运营模式，达到消费者满意、经营者满意、投资者满意、开发商满意、政府满意的共同目标。

项目分两期实施。一期投资7.5亿元，计划2014年7月开工，年底建成；二期投资12.5亿元，计划2015年9月开工，2016年10月建成投入使用，项目建成后，能容纳5000余品牌商家入驻经营，年交易额可达2.8亿元，给郸城百姓搭建一个健全繁荣的创业平台，提供地区几万人次的直接或间接就业机会，吸引大量外出务工人员返乡，同时为苦于守店经营的业主找到突破的平台。

立足豫东，服务全县，辐射周边，形成以商贸为核心，以商务服务为重点的郸城商务中心区，目前正处于启动建设阶段。万洋国际博览城作为郸城商务中心区的龙头项目，必将推动郸城中高端服务业集聚，也将成为郸城展示城市形象的窗口和新的经济增长点。

河南漯河召陵区特色商业区

召陵区隶属于“中国食品名城”、“中国优秀旅游城市”和“中国中西部地区最佳投资城市”漯河，2004 年 9 月经国务院批准成立，位于漯河市东部，总面积 405 平方公里，总人口 50 万人，这里是中国第一部字典《说文解字》的编者东汉时期许慎的故里，这里是春秋五霸之首齐桓公召陵会盟故地，人杰地灵，文化灿烂。

召陵区特色商业区东至中山路，西至衡山路（银鸽路），南至人民东路，北至渭河路，规划总面积 1.8 平方公里，处于漯河市人民东路和中山路两条城市主干道交汇处，距离京港澳高速仅 2.5 公里，区位优越，交通便利，有利于人流和物流的集散，便于顾客购物，扩大消费市场。

商业区规划与布局

产业布局：根据产业发展的需求，将特色商业区划分为商务服务、电子产品市场、小商品市场、生产资料市场、生活服务、现代物流业 6 个产业片区。

规划目标：围绕特色领域，汇聚批发零售企业，成为大型商贸企业在豫中南地区的首选区域，在通达快捷交通网络的基础上建立，完善遍及周边及中原经济区的贸易网络和服务网络，将召陵区特色商业区打造成为“商聚召陵、贸达中原”的特色商业区。

商业区特色及优势

——交通便捷，四通八达。北京至广州、漯河至阜阳铁路，北京至港澳、西安至上海高速公路，在漯河双十字交汇。辖区内现有双汇物流、海尔物流、格力物流等冷藏、仓储物流企业 150 家，年货运周转贸易量达 2800 万吨。

——区位优越，前景广阔。特色产业商业区周边布局有居民区、大学城、召陵行政中心、经济技术开发区、东城产业集聚区等，未来人口规模将达到 70 万人，将形成较高层次人口的居住集中区，商业需求潜力巨大。

——特色产业，支撑有力。召陵区现已成为河南省电子信息产业“一体两翼”战略布局中漯河“一翼”的主阵地，规划建设 8.7 平方公里的电子产业园，重点发展新型显示器、新型电池、电子、绿色照明等高科技电子产品。召陵区特色商业区毗邻东城产业集聚区，将建设服务产业集聚区的电子消费品及生产资料专业市场。

——科学规划，商机无限。漯河市召陵区特色商业区总体空间布局结构为“一廊、两街、三组团”的布局框架。“一廊”即沿高压走廊规划布置的生态防护绿地及沿黑河布置的公园绿地。“两街”即沿河休闲商业街和中山路精品商业街，“三组团”即专业市场、中高档商业和商业服务三个功能组团，必将吸引越来越多的商业集聚召陵，投资兴业，也必将为广大商户和企业家带来丰厚的利润回报。

——政策优惠，服务优良。召陵区制订了专门的优惠政策，在土地使用、行政事业性收费、税收等方面给予最大的优惠，让投资者投资放心、发展省心、生活舒心。

人民路与中山路日景鸟瞰

焦作市金土地农产品流通市场有限公司

焦作市金土地农产品流通市场有限公司自 1990 年开始从事农产品业务，2003 年 4 月成立焦作市金土地农贸市场有限公司，2008 年 8 月 20 日更名为焦作市金土地农产品流通市场有限公司。目前是农业部定点市场、商务部生活必需品定点监测单位、中国五星级商品交易市场、全国文明诚信市场、中国农产品价格信息定点采集和中国农产品协会理事单位、河南省农业产业化龙头企业。

公司总占地 150 亩，计划总投资 1.2 亿元；市场内设七大专业经营区：土特产商品区、粮油区、水产海鲜区、副食肉类区、农贸区、干果调味品区、冷藏保鲜区。市场拥有十个交易大棚，面积为 4.1 万平方米，冷冻保鲜库面积 5000 平方米，商铺房及综合服务设施 1.2 万平方米，交易场地 2 万平方米，库房 1768 平方米，设有商户宿舍、仓储用房、信息系统、检疫检测、电子结算、大型电子衡、计算机等服务设施和现代化的办公机具，具有可容纳 1 万人同时交易的能力。进场经营商户 550 多家，进货渠道遍及全国各地，销售覆盖焦作市四城区和所辖六县市及新乡、洛阳、晋东南等地区，较好地促进了焦作市农产品市场的发展，丰富了市民及周边地区群众的菜篮子、米袋子、果盘子，基本满足了市民的需要，促进了农民增收和新农村建设发展，发挥了价格生成、信息发布、商品促销、服务引导、产业带动等功能。市场不仅能有效地增加地方收入，实现农副产品的加工升值，还将进一步推动河南省及周边地区农业产业化的发展，加速传统农业向现代商品农业的转变和全面提高农业的经济效益，引导当地和周边群众进行农业结构调整，对于减轻政府负担，促进社会稳定，都将起到一定的作用。

公司自创建以来，团结拼搏，开拓进取，积极推进现代化管理，不断提高市场竞争能力和服务水平，每天直接到市场交易的果农、菜农等上千户，通过农副产品经纪人而受益的农户达 2 万户以上，为农户创收 2 亿多元，已经成为一个集农副产品批发、仓储于一体的大型综合性农产品集散地。

郑州五洲城

五洲国际控股有限公司——香港联交所主板上市公司（股票代码：01369.HK），总部位于江苏省无锡市，是中国商业地产10强、专业市场最佳运营商、中国房地产开发企业百强，是开发并运营专业批发市场和多功能商业综合体的中国领先地产发展商，公司成功打造出“五洲国际”及“哥伦布”两大知名商业地产品牌。作为一家专注于开发和运营商贸物流平台的企业，五洲国际集团已经在全国开发了35座标杆项目，实现长三角、东北、中西部、环渤海四大区域的全面覆盖，总面积超过1000万平方米。截至2013年底，五洲国际的商贸物流产业园数量、覆盖省份、进驻城市数量及运营面积均位列全国第一。

五洲国际获得了中国房地产研究会颁发的“2014年中国房地产开发企业百强”、“2014年中国房地产开发企业商业地产综合10强”，亦获得了“2011年中国十大商业地产品牌开发商”、“2011年中国最佳商业地产运营商”、“中国专业市场最佳运营商”等众多荣誉。

随着中部崛起战略的不断深化和中原经济区上升为国家战略，发展中的郑州迫切需要一个国际化、现代化、超大规模、具有强劲辐射力的中央商贸物流集群。现代商贸巅峰之作五洲城应运而生，坐拥郑上新区核心，雄踞中原西路，项目整体占地近1万亩，总建筑面积约1600万平方米，紧靠郑西高铁，距离荥阳市中心2公里、绕城高速2公里、郑州市中心15公里，交通便捷畅达，瞬间接驳中原城市群。

项目建成后将集工业品交易中心、仓储物流园区、CBD中央办公区、国际会展中心、现代综合商业时尚区、精品高端住宅区、企业总部基地、产品研发中心等八大功能于一体，更契合产业升级、消费升级、功能升级、业态升级的现代商贸物流发展趋势和要求，打造一座具有国际主流水准的、一站涵盖“博览交易、物流集散、仓储配套、会展中心、品牌基地、高端社区、商务金融、旅游度假、休闲购物、国际美食”的全功能、高规格、复合型超大商贸流通航母，将是未来居住及承接产业转移规格最高、最先进的目的地。作为中国商务部重点培育市场、河南省重点项目、郑州市重点招商引资项目，将引领郑州乃至中原地区的发展，辐射中国、影响世界。

郴州市市场服务中心

郴州市市场服务中心党委书记李志宏

郴州市市场服务中心是2000年成立的副处级事业单位，其主要职能是：经营管理市场资产；负责市场内物业管理、市场规划、市场开发和维修；负责市场治安、消防、卫生等日常服务；提供交易场所和服务设施，开展代储、信息咨询和其它服务；收取市场设施租赁费、交易手续提成费和其他符合国家及省规定的有偿服务费。

中心现有干部职工 133 人，下设 5 个科、3 个市场服务所（一所驻北湖市场，二所驻罗家井市场，三所驻下湄桥菜市场）、1 家公司（郴州天华物业服务公司）。所属市场占地面积 3 万多平方米，经营面积 5 万多平方米，有门面摊位 3000 多个，2014 年市场商品成交额 40.5 亿元。

中心所属主要市场

郴州市北湖市场：该市场始建于 1993 年，位于郴州市国庆北路 52 号。北湖市场分一、二期兴建，用地面积 0.9 万平方米，建筑面积 3.02 万平方米。一期工程属市市场服务中心，建筑面积 2.02 万平方米；二期工程建筑面积 1 万平方米，现由郴州市祥安物业公司管理。市场共有门面 2487 个，其中一期工程 1775 个（产权国有），二期工程 712 个（产权已全部出售）。市场分 6 层，一至四层为经营区，五层为仓储和办公区，六层为住宅区。市场日均人流量 1.5 万人次，2011 年商品成交额 12.05 亿元，提供就业岗位 5000 个。

罗家井市场：罗家井市场是一个集小型批发和零售于一体的综合性农贸市场，1987 年元月 20 日建成开业，地处郴州市城区的中心地带，位于郴州市燕泉路、文化路的交汇处。占地面积 8659.40 平方米，现有摊位 631 个，门面 90 个，从业人数达 2100 多人。市场以商品种类齐全、交易便捷、产品鲜活、价廉物美而著称。场内现有肉食、粮食、水产、家禽、豆制品、蔬菜、小食品、小杂品、瓜果等 13 个经营区，涵盖了所有农副产品，并吸引了近十家农副产品深加工品牌代理商入驻市场。市场影响力和辐射力巨大，日人流量达 3 万多人，年成交额 5 个多亿，年上缴利税 5000 万元。曾经多次被评为“全国文明市场”，是郴州市最重要的“菜篮子工程”基地之一。

2000 年工商体制改革，郴州市市场服务中心正式接管了罗家井市场。为进一步融合市场的发展，2002 年，郴州市市场服务中心正式托管了紧邻市场的郴江商贸城一楼市场，使市场新增营业面积近 4000 平方米。2010 年又租赁了市场所在村组北湖区郴江镇渔场村新建的综合楼一、二楼，将其设置为市场家畜行，扩大了市场经营面积，规范了市场布局，统一了划行规市，进一步繁荣了市场交易，形成了一个以罗家井市场为中心，辐射带动周边的综合商业圈，多年来一直引领郴州市农贸市场的发展潮头。

下湄桥农贸市场：该市场位于郴州市城区北面城乡结合部，总层数为一层，现隶属于郴州市市场服务中心。市场总占地面积 8658 平方米，分为两个部分：下湄桥菜市场和工业品市场（银光市场）。其中菜市场占地面积 2688.7 平方米（始建于 1986 年），拥有门面摊位 150 个，主要经营蔬菜类、肉食类、禽蛋类、粮油类、熟食类、水产类、干货类、调味品类、水果类等农副产品，共计 10 个大类，近百个花色品种。工业品市场占地面积 5969.3 平方米，始建于 2000 年，拥有门面 43 个，小家电卖场 1 处，超市 1 家，主要经营日用百货、小家电、小五金等。市场年成交额达数千万元，长期满足供应下湄桥周边近 10 万人的菜篮子需求，是城北区域唯一的农副产品供应基地，带动了该区域农林业和生产加工业的发展。

金桥国际市场集群

金桥国际市场集群为2010年第四届世界湘商大会的重大签约项目，由中国企业500强大汉集团领衔，联手19家邵商领军企业共同打造。

金桥国际市场集群位于湖南省长沙市湘江新区，是湘江新区的综合服务核心区。项目所在黄金乡被同时列入都市区、中心城区发展范围，是国家交通部批准的中国重点发展的商贸物流园区之一，省市区三级政府重点项目。项目总规划占地面积1.1万亩，现代化仓储物流配送区规划占地4000亩，商贸综合功能区规划占地7000亩。

项目位于湖南省望城经济开发区马桥河路以西、望城大道以东、月亮河以北、普瑞大道以南。东临绕城高速公路和湘江，南临长益常城际铁路和长益常高速公路，西临地铁2号线、黄桥城市快速干道、京珠高速公路西线，北临连接洛湛、焦柳、京广、京九铁路的石长铁路和北横线高速公路。同时项目用地周边东临马桥河路、雷锋大道，南临黄金大道、岳麓大道，西临望城大道、郭亮大道，北临金星大道、旺旺路等城市主干道，交通优势十分明显。

项目最南端的金桥枢纽站距离该项目仅800米，是和长沙机场、长沙火车南站并列的三大区域级交通枢纽，是长沙最大的换乘站，长沙东有火车南换乘站，西有金桥枢纽换乘站。金桥交通枢纽还是长沙市唯一的五位一体的换乘中心，将满足日高峰客流量20万人次的换乘需求。在金桥枢纽站换乘的交通工具有：一高铁，即渝长厦高铁；两地铁，即地铁2号线和地铁10号线；四城铁，即长岳城铁、长益常城铁、长潭衡城铁和长株潭城铁；两中心，即长途汽车中心和公交汽车中心。

同时项目内部交通也非常完善，有五纵六横干线，10分钟内车辆可到达项目各功能区域,区域内有电瓶车自由连接。

项目1.1期占地1093亩，主题建筑面积约211.5万平方米，总投资150亿元。共有四大核心板块，即企业总部城、

金桥企业总部城

家居建材城、糖酒副食城和创新金融城。

企业总部城一期由7栋写字楼、1栋酒店、3个展览馆组成，总建筑面积47万平方米，可承接500家企业入驻，可容纳2万人办公。3.9米层高，配500多平方米双层挑空大堂，8台高速垂直运行电梯，智能化5A标准。其主要定位，一是商协会企业总部基地，目前湘商总部基地、全球邵商总部基地均已落户该项目；二是产业企业总部大楼。针对市场所规划招商商品的产业企业，招商企业办公与商务、产品展示与研发、营销机构等的入驻；三是引进现代服务企业，如金融类企业、电子商务类企业、品牌推广类企业、中介服务类企业等，以及作为创新创业基地；四是新三板上市辅导基地，对接和跟进的有湖南大宗商品交易中心、渤海交易所、华厦有色金属交易中心、平安保险、人寿保险等，二十三冶、中建三局等企业均已入驻。

家居建材城为项目一期的核心，规划建筑面积60万平方米，包含2个品牌MALL、20栋立体式双首层家具建材专业市场和4栋25层高的公寓式办公及其裙楼共同构成。MALL单体建筑面积超10万平方米，可容纳超过1000家全球知名家居建材品牌旗舰店入驻，排铺区建筑面积20万平方米，可容纳超过1000家知名品牌入驻，批零兼营，打造中南家居建材品牌集散中心。品牌MALL主要是按照“招大商、招品牌”的指导思想，引进全球知名家居建材品牌旗舰店入驻，主要招商方向有红星美凯龙、古镇灯饰城等，目前分别已达成合作意向。建材排铺区定位为精品建材城，以完全区别于竞品市场的业态定位，吸引众多建材知名品牌入驻，现已入驻的有东鹏、马可波罗等60多个国际国内的一线品牌。

百货副食城西临望城大道，总建筑面积约62万平方米，由2个商业MALL、24栋多层的商业排铺、4栋29层高的公寓及其裙楼共同构成。两栋商业MALL共20万平方米，糖酒食品城市场区面积20万平方米。商业MALL主要招商方向为皮具城、小商品城等。通过联动邵东皮具行业商会与广东白云皮具行业商会，尤其是通过邵东皮具产业转移的方式，打造中部地区最大的皮具商贸城。小商品城主要为日化用品、礼品饰品、酒店用品、工艺用品等业态，目前已联手邵东工业品协会与义务小商品城集团，共同打造中部区域最具辐射影响力的区域批发市场。糖酒食品城排铺区主要为糖酒副食、干货调料、国际食品与地方特产等业态，通过与湖南省食品流通协会、休闲食品协会、酒业协会等行业组织，以国内知名品牌食品企业与省内优秀食品企业为主要招商对象，同时广泛对接国内和省内大型的食品行业批发贸易企业，以及引进区域性批发商贸经营户，形成食品批发的主要集聚区域。

创新金融城，位于1.1期南面，这里将打造湖南唯一的金融后台服务中心。该区域沿月亮河沿线布局，依托月亮河生态景观，以具有历史文化气息的建筑形态，结合院落式布局塑造文脉气息浓郁、具有休闲度假特色的城市空间，主要功能设计以金融服务(融资、担保、交易资金服务等)为主，辅以特色商业配套，立足打造具有区域影响力的金融街。

项目规划总建筑面积为1500万平方米，投资600亿元，是湖南省最大的商业地产项目，1.1期还不足其十分之一，未来将逐步开发其它市场板块、商务商业板块、仓储物流板块、都市宜居板块、文化生态旅游板块等等，以国际最先进商贸市场规划设计理念，打造湖南省首个“万亿级商贸产业新城”。

家居建材城

百货城

创业金融城

金罗湾国际商贸城

湖南金罗湾置业有限公司执行董事夏凌飞

金罗湾国际商贸城位于邵阳市双坡北路与塔北路交汇处（原龙须塘水泥厂地块），扼守250亿资江生态科技核心，由浙江义乌、红星美凯龙实业以及湖南金罗湾置业有限公司三大实力企业共同投资开发，项目总建筑面积36万平方米，总投资额15亿元，是集市场集群化、电商产业化、仓储物流一体化、业态多元化、管理专业化为一体的中国第五代专业市场，是邵阳市重点建设项目、浙江义乌湘西南分市场、全国重点市场。

金罗湾国际商贸城采用比肩全球的“三首层”规划设计理念，车辆通达一、二、三层，铺铺临街，人车畅达。市场规划由义乌小商品城、五金机电城、红星美凯龙家具设计博览中心、建材家居城、汽贸汽配城和仓储配套中心、物流配送中心、电子商务中心、酒店公寓中心、高尚居住中心、休闲娱乐中心及创业中心五大商城、七大中心构成，全业态涵盖小商品、烟酒副食、轻纺百货、五金机电、精品建材、家居家饰及汽配汽贸等28大业态，数十万种商品。

黄石义乌国际商贸城

黄石义乌国际商贸城项目是广东多隆企业集团实施连锁开发，优化重组湖北西子置业有限公司，强势主导进军华中区域的第2个小商品商贸市场。

项目位于黄石市迎宾大道与花山路北延交汇处，周边商业氛围深厚，聚集有东方装饰城、红星美凯龙等多个专业市场。项目总用地面积99.5亩，总投资额15亿元。商城总建筑面积35万平方米，涵盖小商品城、家纺城、酒店与写字楼、住宅与SOHO公寓、步行街、美食城、地下生鲜市场等配套形态；双层停车场坐拥2600个机动车位、6400个非机动车位，六层楼顶设有2万平方米的空中大花园；便捷式螺旋坡道可上车至商城的每一层，136部电梯让商城内场横竖流向更迅捷，将打造成为鄂东南区域唯一的现代化小商品一站式批零采购中心。

项目为浙江义乌黄石地区唯一授权加盟分市场。义乌小商品，凭借商品和价格的绝对优势，在瞬息万变的现代商业竞争中日益壮大，独占鳌头，最终发展成为“中国奇迹”，乃至“世界奇迹”。该项目作为浙江义乌黄石地区的唯一授权加盟分市场，承袭5地小商品市场的成功开发运营经验，通过引进浙江义乌及全国的优质（原产地）商品和实力商家，极大增强了该项目的市场号召力。

项目将参考义乌第6代小商品市场的建筑配套和现代化商业设施的标准进行设计建造，中央空调、观光电梯、手扶电梯、货运电梯、物流中心、消防系统、仓库和停车场等现代化商业配套一应俱全，有效提升项目的市场竞争力。同时项目把义乌成功的市场经验、价廉物美的商品、优质经营商户引入黄石，有效地与浙江义乌总部、武汉汉正街，以及公司成功借鉴开发的惠州义乌、河源义乌、咸宁义乌等专业化市场形成全方位互动，彰显品牌强势的外张力和市场号召力。

市场建成运营后，经营商户达4000户，商城从业人员和配套服务人员逾1万人，并带动周边服务和产业人员超过3万人，将为整个黄石市劳动就业创造巨大的机会和渠道。市场经营品种将涵盖日用百货、日杂百货、文体用品、玩具、饰品、副食特产、针织用品、服装鞋包等26大类逾60万种，日均人流2～3万人，人气的聚集拉动区域的商气，活跃的商业氛围将极大提升区域价值和生活品质。预计市场成熟后年交易额超20亿元，年应缴税收近亿元，发展成为鄂东南地区档次最高、配套最全、经营环境最好的小商品国际商贸市场，为黄石人民带去真正的实惠与便利。

桂林市临桂区市场开发服务中心

桂林市临桂区市场开发服务中心（以下简称市场中心）原为桂林市临桂县市场开发服务中心，2001 年临桂县工商局依据国务院及自治区有关“管办脱钩”精神，将市场中心交政府管理，实行机构、职责、财务、人员“四分离”，市场的经营权、债权债务和经营服务人员全部移交给市场中心，市场中心为独立核算、自收自支、自负盈亏的事业单位。2007 年 9 月，根据临桂县委常委会议及县政府决定，市场中心由自收自支事业单位改为财政全额拨款的事业单位，负责全县 24 个国有市场的经营管理和日常维护，总占地面积 21 万平方米，营业面积 17 万多平方米，年营业额超过 16 亿元。2012 年经国务院批准，临桂县撤县设区，桂林市临桂县市场开发服务中心更名为桂林市临桂区市场开发服务中心。

市场中心现有在编干部职工 54 名，临时聘用市场协管员 40 名，大专以上学历 32 人。中心机关设主任 1 名，副主任 2 名，下设 4 个职能股室（办公室、财务股、市场股、物业股）和 6 个市场管理所，主要职责为在区政府的领导下，配合和协助区划政府搞好市场的建设、开发、维修、咨询服务，提供市场设施租赁，做好市场管理和服务工作，维护市场秩序、市场卫生、市场安全，并按规定收取市场摊位费、设施费和服务费。

2012 年初，为进一步提高全区居民幸福指数，给居民提供一个舒适的购物环境，临桂区委、区政府以“洁净临桂”工程为契机，在全区开展了城乡环境综合整治行动，其中把市场升级改造作为开展“洁净临桂”工程重中之重的工作来实施。经过近两年紧锣密鼓的运作，现已投入 5000 多万元完成对全区 21 个农贸市场的升级改造，改造完成四星级农贸市场 3 个，三星级农贸市场 4 个；投入 8000 多万元新建山水市场综合大楼，该市场综合大楼规划为五星级市场。

升级改造后的农贸市场硬件设施与管理模式均焕然一新，整洁明亮，安全舒适，设施齐全，管理规范，在管理和服务上都有了质的飞跃。摊台、过道均铺设防滑砖，市场布局合理，设置搭配科学，配有消防自动喷淋系统、LED 显示屏、监控防盗、配电房、保安室、农药残留检测室等配套设施，摊台内设置水电、洗手盆，活禽间配有人畜玻璃隔墙、抽拉式便池鸡鸭笼，所有配套设施充分体现出市场的精细化、人性化管理，为广大群众提供了一个安全舒适、环境优美、管理规范的购物平台。

市场中心所属主要市场

二塘市场

该市场开办于 1998 年，设施陈旧落伍，室内光线昏暗，污水横流，卫生环境极差，市场中心于 2012 年 7 月投入 480 万元对二塘市场进行升级改造，2012 年 12 月底完工，升级改造后的二塘市场有营业面积 3000 多平方米，摊位 124 个，门面 58 间，主要经营蔬菜、家禽、肉类、水果、粮油、烧卤、水产、海产品、豆制品、干杂、干果、五金、玩具、音像等行业，市场内行业布局合理，设置搭配科学，可同时容纳数百人交易，年商品成交额可达 1.2 亿元。

二塘市场的升级改造由全国知名专业公司按四星级市场标准进行规划设计，按“农加超”模式，推行“四化”（即公司化、超市化、精细化、人性化）管理，是临桂区农贸市场全面升级改造工程的样板市场和亮点，也是广西首家四星级市场，二塘市场成为了“洁净临桂”工程的一个亮点，自治区党委副书记危朝安、市委书记赵乐秦等上级领导及广西各市、县 300 多批考察团相继到二塘市场视察、指导、调研。

金山市场

该市场开办于 1995 年，市场占地面积 11568 平方米，建筑面积 6800 平方米，年成交额达 9 亿元，主要经营蔬菜、家禽、肉类、水产、副食品等农副产品，是临桂区现有面积最大、入市人数最多、交易量最大、集批发零售为一体的综合性农贸市场。该市场至今已使用将近 20 年，设施破旧，地面坑洼不平，卫生环境极差。市场中心于 2013 年 10 月投入 700 多万元，按四星级标准对金山市场进行升级改造，2014 年 7 月投入使用，共有摊位 317 个，门面 60 间。升级改造后的金山市场作为县城最大的四星级农贸市场，为广大市民提供了一个安全舒适、环境优美、管理规范的购物平台。

会仙市场

建于2008年，占地面积为2.11万平方米，圩亭面积8400平方米。2012年为深入推进“洁净临桂”工程的开展，市场中心对会仙市场进行了升级改造，增设了2个圩亭近1900平方米、摊位200多个，并在市场周边增设了绿化1500平方米，停车场2000平方米。升级改造后整个市场布局合理，设施齐全，宽敞明亮，美观整洁，共有固定摊位850个，流动摊点300多个，市场摊台以“超市型”进行设置，服装行特别设立了钢架供经营户展示样品，设有蔬菜、肉类、水产品、水果、鞋类、日用百货、生猪、大米等交易区，年交易额近1.5亿元。

六塘商贸城

该市场位于临桂区六塘镇中心，占地面积6502平方米，建筑面积3892平方米，总投资1350万元。市场中心于2013年12月启动六塘商贸城的升级改造工作，于2014年11月底完工并投入使用，共设门面215间，设有成衣、百货、鞋类、水果、小五金、音像制品、书籍、日杂、糖果等行业，年交易额近1.2亿元。六塘商贸城作为全区第一家封闭管理的的四星级乡镇农贸市场，环境优美、管理规范，商贸城内门面、过道均铺设防滑砖，市场布局合理，设置搭配科学，配有消防自动喷淋系统、LED显示屏、监控防盗、配电房、保安室等配套设施，门面内设置水电、洗手盆，市场实行精细化、人性化管理，进行全天候保洁，商贸城周边环卫设施、指示牌、绿化带、停车场一应俱全。通过对六塘商贸城的升级改造，全面提升了城镇农贸市场的整体形象，并从根源上改变了农贸市场“脏、乱、差”的现状，为广大群众提供舒适、干净、整洁的购物环境，进一步搞活农产品流通，促进农民增收，保障广大人民群众食品消费安全。

山水市场综合大楼

该市场总投资近8000万元，按五星级市场标准进行设计，楼高7层（含地下一层），于2012年5月动工建设，2013年7月22日封顶，目前已进入内部装修阶段，预计2015年投入使用。项目占地面积为3000平方米，总建筑面积为24450平方米，1-6楼共设货运、客运、楼扶手电梯6间。地下一层及大楼周边设计为停车场，其中地下停车场占地7450平方米，一楼为超市化菜市场（含果蔬、肉类、家禽、烧卤、水产等行业），二至五楼正在筹划招商，六楼为写字楼。

市场中心多年来通过全体职工的努力，不断改革创新，深入贯彻落实科学发展观，坚持以人为本，狠抓内部管理，全面升级改造市场基础设施，在提高市场管理水平和经济效益等各方面取得一些成绩，市场中心被评为“2014年度全国十佳市场服务中心”，市场中心主任被评为“2014年十佳市场服务中心主任”，二塘市场先后荣获“2012～2013年度广西诚信示范市场”、“全国文明诚信经营示范市场”、“2014年度全国商品交易市场系统先进单位”，金山市场、六塘商贸城荣获“2014年度全国转型示范市场”，促进了市场稳步发展。

改造后的二塘市场

山水市场综合大楼

锦钰·南宁义乌国际小商品批发城

锦钰·南宁义乌国际小商品批发城位于南宁市城市核心主干道昆仑大道，所处区域是南宁市政府规划的南宁东商贸物流核心位置。随着“南宁向东”城市开发号角的吹响，锦钰义乌横空面世，它以10万平方米的宏大规模，以一站式采购的领先规划，拉开了南宁东商贸发展的序幕。在昆仑大道汇聚了汽配、家居建材、花鸟市场、物流配送、小商品等众多专业市场群，片区的发展投资不仅是企业的最佳选择，更是广大客商投资的首选之地。

贸易兴市，流通先行。南宁是国家“一带一路”的桥头堡城市，将对中国商品辐射东盟、走向世界有着重要的推动作用。而随着与东盟的深入合作，南宁将立足优越的区位优势，大力推进现代商贸流通体系建设，加快建设现代商贸物流网络，培育大型现代化专业市场、龙头市场。南宁正按照建大市场、做大边贸、促大流通的思路，努力建设成为连接内地、辐射东盟的国际性区域商贸中心。其中以南宁国际义乌小商品批发城为代表的沿昆仑大道商贸物流圈正在强势崛起。

锦钰·南宁义乌小商品批发城是南宁市兴宁区重要的城市商贸建设项目，是南宁东商贸发展升级具有划时代意义的项目。项目从立项建设以来得到了市、区政府和各部门的大力支持，也得益于开发商拥有一支经验丰富、执行能力强的商业团队和一个庞大的商业资源平台。

南宁义乌国际小商品城建筑面积10万平方米，市场参考第五代专业市场的建筑配套设施和现代商业经营需求，商业广场、中央空调系统、观光电梯、自动扶梯、货运电梯、停车场、仓储中心、电商服务中心、银行、餐饮等商业配套完善。市场建成后将成为南宁乃至广西经营品类最齐全、管理最先进、环境最优雅、辐射最广的小商品专业市场，辐射广西5300万消费人口、年消费1200亿大商机的现代化一站式小商品批零采购市场。

港渝广场

港渝广场地处闻名全国的重庆朝天门批发市场，总建筑面积约5万平方米。商场以经营品牌男装、时尚鞋服、童装童鞋为主，其中品牌男装经营近3万平方米，是重庆经营规模最大，也是西南地区最专业的品牌男装市场。商场品牌商品辐射重庆市各大零售商场，40个区县市场以及重庆市周边四川、陕西、湖北、湖南、贵州等相邻省市。商场聚集了近600名经商阅历丰富、经营实力雄厚的总经销商、总代理商，经营品牌商品多达上千种，其中“中国驰名商标”、“中国名牌商品”、省级“著名商标”品牌数达300多个，占总数的30%以上。商场经营户多采用品牌连锁经营管理模式，产品遍及全市各大零售商场、各区县市场专卖店等销售网点达上万个，营销人员达3万多人。在商场和广大经营者的共同努力下，商场的整体形象和社会知名度得到了不断提高，先后被评为“中国名牌市场”、“中国五星级商品交易市场”、“全国文明诚信市场”、“重质量、守信誉”全国维护消费者权益诚信单位、“消费者（公众）最信赖的中国男装专业批发市场十大品牌”。连续被重庆市工商局评为“重庆市文明市场”、“山城百店无假货示范店”、“重庆市重点联系市场”、“守合同、重信用”单位、“消费者信得过企业”、“消费维权先进集体”等荣誉称号。

港渝广场始终紧跟市场脉搏，洞悉市场风云变幻，在市场竞争中力求创新与发展，保持着行业的领先地位。从2012年6月，公司积极响应市、区两级政府对朝天门市场提档升级的总体发展要求，对商场进行全面升级，极大提升了商场的档次，改善了市场经营环境。凭着对服装行业的理解和追求，港渝广场一次次地大胆尝试，探索着新时期服装市场的发展之路，抒写港渝广场蓬勃发展的新篇章。

重庆恒胜医药商贸城

重庆恒胜医药商贸城是在国家《加快健康服务产业发展》的战略方针的指导下，在重庆市相关部门和九龙坡区委、区政府、区工商局、药监局及区各相关职能部门的支持和帮助下建立起来的健康服务产业医药商贸城。该医药商贸城地处重庆市九龙坡区杨家坪核心商业区，西邻成渝、渝遂高速公路出口和重庆铁路货运站，东邻重庆九龙集装箱货运码头，是集医药品牌展示、规范仓储与现代商务办公为一体的高规格、多功能品牌医药商贸城。恒胜医药商贸城分为专业品种品牌展示区、规范仓储区、现代商务区及总部商务区，功能划分清晰、整洁、明亮，并按照专业标准、规范的医药商贸城物业形态要求统一设计、统一外立面、统一形象、统一管理，彰显高端恒胜医药商贸城的卓越品质。

重庆恒胜医药商贸城占地面积 3 万多平方米，可从事经营面积 6.5 万平方米，其中门面 4.9 万平方米，写字间 1.6 万平方米。

该医药商贸城内设施设备完善，配有完善的电力保障系统设备、消防保障设施设备、中央空调系统、安全监控系统、18 部人行扶手电梯、5 部升降电梯，同时设有近 700 个停车位，可供近 800 人同时就餐的快餐厅等设施。

截至 2014 年底，已经入住重庆恒胜医药商贸城经营的医药企业和经营户近 500 余家，其经营范围有贵细中药材、保健品、医疗器械、批发性医药公司和中医体验馆等，年交易额近 30 亿元，解决就业人员 2000 余人。

重庆恒胜医药商贸城的建立对重庆市具有极大的社会和经济效益，对重庆市周边地区有极大的影响力，极大地满足了广大市民对健康服务的需求，真正做到了产品质量保证、价廉物美、诚信经营、方便民众、贴心服务、严格监管。自重庆恒胜医药商贸城开业一年多来已经接待市民共计近 40 万人次，深受广大市民的支持和爱戴，为重庆市的健康服务产业做出了一定的贡献。

重庆观音桥市场有限公司

重庆观音桥市场有限公司（简称：“观农贸”）是由重庆市国资委旗下重庆商业投资集团和江北区盘溪公司共同出资建立的骨干企业，是重庆市人民政府实施“菜篮子工程”重点建设项目。注册资本金 1.98 亿元，下辖盘溪干副、粮油、水果等专业市场，联动水产、茶叶、肉类和冷冻制品等市场，形成集多种农副产品批发为一体的一级批发市场产业集群。市场经营面积 21.63 万平方米，客商 6000 余户，提供就业 2 万余个，经营各类农产品 621 类 10000 余种，销售范围覆盖全国及东南亚，全国各省市农产品产区均在市场设有办事处、联络点或销售点，市场承担并调节重庆及其周边地区 85% 的农产品供应，特别是辣椒、花椒销量占国内市场交易份额的三分之一。2014 年市场总交易额 227 亿元，总交易量 348 万吨，2015 年市场总交易额 209 亿元，总交易量 265 万吨。

公司秉承“保供稳价、服务三农、惠泽市民”的宗旨，致力于打造“西部第一、全国领先”的大型农产品物流中心，得到国家多个部委的充分肯定及表彰。先后荣获农业部“定点市场”、商务部“重点联系市场”、商务部“双百市场工程”重点项目、“全国竞争力百强市场”、国家级“绿色市场”、“十佳突出贡献市场”等荣誉称号；2008 年被农业部、发改委、财政部、商务部等八部委联合审定为“农业产业化国家重点龙头企业”；2005-2011 年连续被商务部、农业部评为“全国农产品综合批发市场十强市场”；2010 年被中央电视二台确定为西部地区蔬菜价格采集与发布定点市场；2010 年观农贸荣获“著名商标”称号；2011 年被评为“重庆市商品交易市场 20 强”；2007-2011 年连续被评为“重庆市农业产业化龙头企业 30 强”；2012 年分获“2011 年度重庆诚信示范市场”和“2011 年度全国诚信示范市场”荣誉称号；国家统计局和商务部《2012 年商品市场统计年鉴》显示，观农贸在全国农产品综合交易市场中排名第二，位列西部第一；2014 年获“全国农产品综合批发市场二十强”、“重庆市著名商标”、“全国商务诚信建设试点工作先进单位”、“市级龙头企业”等称号，2015 年获得“重庆市农产品市场二十强”称号。

重庆汽博中心

汽博中心是汽博实业有限公司于 2004 年投资开发运营的汽车专业市场，项目总占地 795.3 亩，运营面积约 52 万平方米。位于重庆市两江新区核心区，从 2005 年成立至今是全国十大汽车交易市场、重庆市重点建设项目、重庆市十大专业批发市场群、重庆商品交易市场二十强、星际文明市场和北部新区“十里汽车城”标志性项目。

园区按照“国际接轨、国内一流、西部第一”的标准建设，秉持“以汽车为主题、以文化为纽带”的经营理念，集汽车博览、汽车销售、汽车服务、汽车物流、汽车文化等多功能于一体，全力营建消费者的购车乐园和爱车人的休闲乐园。

园区成立至今，相应的完善了 4S 店、名车广场、二手车交易市场、汽车配件市场、汽车检测站、一站式服务中心与加油站等十大功能。园区内现销售内外汽车品牌近 100 个，车型 800 余种，是西南地区最具规模、品牌最集中、销量最大、服务体系最完善的专业汽车市场，并拥有工商银行、建设银行、民生银行等多家银行及配套设施。

2007 年，汽博中心销售 70 亿元，2015 年，汽博中心销售实现 300 亿元。多年来，汽博中心始终坚持“诚信运营，品质为王”的运营理念，在规范市场运营管理的基础上，不断完善园区功能，得到经销商和消费者的一致认可和好评。

再创新辉煌 重新定义二手车市场

2015 年，汽博中心自投 20 亿元，对园区进行升级改造工程。工程共分三期，一期工程为重庆最大室内二手车市场，占地面积 7 万平方米，目前该工程已经进入环境改造和验收阶段，于 8 月 5 日体验开市，9 月正式开业；二期为名车广场改扩建项目，将于 12 月动工，预计工期一年；三期为商业综合配套建设，提供丰富的商业功能。

汽博中心新二手车市场是西南地区最大的一家室内二手车市场，该市场重新定义了二手车交易平台，为二手车行业发展提供了新的可能性。和旧市场相比，汽博二手车市场首先是功能。升级后的二手车市场，营业面积将扩建三倍，约 7 万平方米，分为地上和地下两部分。

地上共计五层，主要用于汽车展览和销售；一楼为多面临街独立展厅，二楼至五楼均为开敞式综合大卖场。地下共计两层，做停车库，预留充电桩车位，可提供约 700 个停车位。该市场南临机场高速，西面金渝大道，北接金通大道，交通便利，购车方便。

其次是设备。汽博新二手车市场本着为消费者负责的原则，引进先进的车辆检测设备，聘用经验丰富的二手车评估师，对进入市场的二手车进行120项车况检测，杜绝事故车、泡水车等车辆流入市场，全面保障消费者的权益。

此外，汽博中心还提供专业的二手车延保服务和丰富的金融贷款支持。和传统的汽车市场相比，汽博中心不断进行升级，积极促进企业发展，全力打造重庆市重点汽车商圈，为推进商品交易市场转型升级做出贡献。

目前，汽博中心已与腾讯达成战略合作，市场+互联网项目将于2016年8月上线。通过运用信息化技术，以逐步实现数据获取、商品销售、市场管理智慧化，从而更新市场业态、提高市场效率，实现线上线下的深度融合，推进建设智慧商圈，随时随地、全方位、全天候满足消费需求。并积极引导行业信息化改造，依靠线上推广线下、优质的线下资源反哺线上的网络功能，组建商圈内企业信用体系信息系统，推动二手车延保服务践行诚信建设。汽博中心自建设以来，一直致力于打造及传播汽车文化、休闲、娱乐、购车等于一体的汽车消费城。软件的升级改造，实现了O2O闭环，为用户提供一站式购车服务，提升了用户体验。

重庆汽博中心的转型升级，填补了重庆汽车有形市场的多项空白，推动了中国西部地区汽车流通现代化的发展，成为重庆两江新区的经济标杆。其完善的市场功能、先进的经营模式和超前的服务理念，提升了重庆在全国汽车流通领域的形象与地位，逐渐形成重庆车市的风向标和广大车商的经营乐土，并成为了中国西部最具魅力与影响力的大型汽车有形市场。

今天，汽博中心以“信”为本、合作共赢，与两江新区的政府、金融、企业形成完整的产业生态链，相互助推成长。随着线上线下优势互补，诚信体系构建完毕，汽博中心已经成为西部汽车产业的经济引擎、趋势指向。

重庆绿云石都建材交易市场

重庆绿云石都建材交易市场系重庆平氏科技有限公司2001年投资2.2亿元兴建的大型钢材、石材专业市场，是重庆市九龙坡区委、区政府的重点招商引资项目。市场地处重庆高新技术产业园区九龙园区火炬大道8号，占地500多亩，总建筑面积22万平方米，经营面积约19.1万平方米，总体绿化率达15%，市场紧邻成渝高速公路起点，与重庆西站、渝西交通枢纽杨家坪和九龙坡货运码头、大件路紧密相连，十余路公交车从市场门前经过，道路交通四通八达。市场内交通十分便利，大型集装箱货车可抵达市场的每一个商铺。

绿云石都市场分为A、B、C三个交易区，其中A区由40栋经营门面与加工厂房及物流配送仓储库房组成，主要经营各类钢材、管件，包括攀钢、首钢、宝钢、达钢、水钢、昆钢、唐钢、重钢等全国知名品牌在内的500余户钢材商入驻市场，是西南地区规模最大、品种最全的现代钢材流通基地。B、C区共有经营门面与厂房40幢，主要作为石材销售和加工地、不锈钢专业市场，经营各种国产、进口大理石、花钢石、文化石等石材，各种规格、型号的不锈钢型材及成品。市场出租率达98.7%，入驻商户700多家，自开业以来，已创造就业机会一万多个。

绿云石都市场自2003年开业至今，已累计实现交易额800多亿元人民币，2009年，绿云石都首次实现年交易额超100亿目标，成为重庆市六个超百亿市场之一，2011年市场交易额达119.6亿元，2015年市场交易额达144.96亿元。自创建以来先后获得重庆市重点联系市场、重庆市商品交易市场20强、中国十大石材交易市场、全国100强商品交易市场、全国文明诚信市场、全国商品交易市场（五星级市场）、消费者满意单位、重庆市重合同守信用企业、中国三十大金属材料交易市场、重庆市商贸流通100强、九龙坡区商贸企业10强、十佳优秀企业。2004年经九龙坡区委批准成立中共绿云石都党委以来，先后获得重庆市先进基层党组织、“五好”示范党组织、重庆市“两新”组织、党建工作示范党组织、学习型党组织等荣誉称号，2012年被中国少年先锋队重庆市工作委员会授予“爱心单位”称号，2013年被重庆市九龙坡区委区政府授予“平安市场”称号，同时还获得消费者信得过企业、2012重庆市最佳诚信企业称号。2013年重庆绿云石都工会获得九龙坡区“先进职工之家”的荣誉奖牌。开业至今，绿云石都市场先后接待全国同类市场以及政府、院校、企业考察参观、访问团体共400余批，2800余人次。

重庆绿云石都建材交易城有限公司成立于2002年6月，注册资金550万元整，公司具有国家物业管理二级资质，现有员工85人，公司组织机构健全，设有总经理办公室、市场管理部、安全部、工程部等管理部门，公司还成立了党支部及工会组织。目前公司拥有一支素质高、开拓创新的管理队伍，物管人员都经过物业管理专业知识培训，取得了各级物业管理从业人员岗位证书，均100%持证上岗，98%的员工从事物业管理工作三年以上。

“绿云石都”注册商标于2008年12月被评为九龙坡区知名商标，“绿云石都”于2009年1月8日被评为重庆市企业知名字号，2014年1月“绿云石都”商标被评为重庆市著名商标。

“致力于和商家、顾客建立互利及发展的共同体，强调人与自然的和谐统一，以真诚、前瞻的态度创建一流花园式的建材市场”是绿云石都发展市场的基本理念，本着“精诚所至，金石为开”的经营理念，以“主动、热情、周到、高效”的服务宗旨服务于商家。

重庆绿云石都建材交易城有限公司未来发展将紧紧围绕创建西部一流市场为目标，进一步加强市场软、硬件的建设，强化市场功能，建立物流中心，建立电子商务交易平台，结合相关通讯技术与电子商务相配套的运输、保险等延伸服务，建立信息流、金融流、商品流相结合的市场，在经营发展中不断完善机制，严抓效益管理，创立以“机制、人力、制度、服务、效益”为核心的五环管理模式，努力将市场打造为结构优化、布局合理、环境整洁、管理规范的西部地区有影响力上规模的现代化专业市场知名品牌，力争为重庆的建设和九龙坡区经济社会发展作出更大贡献。

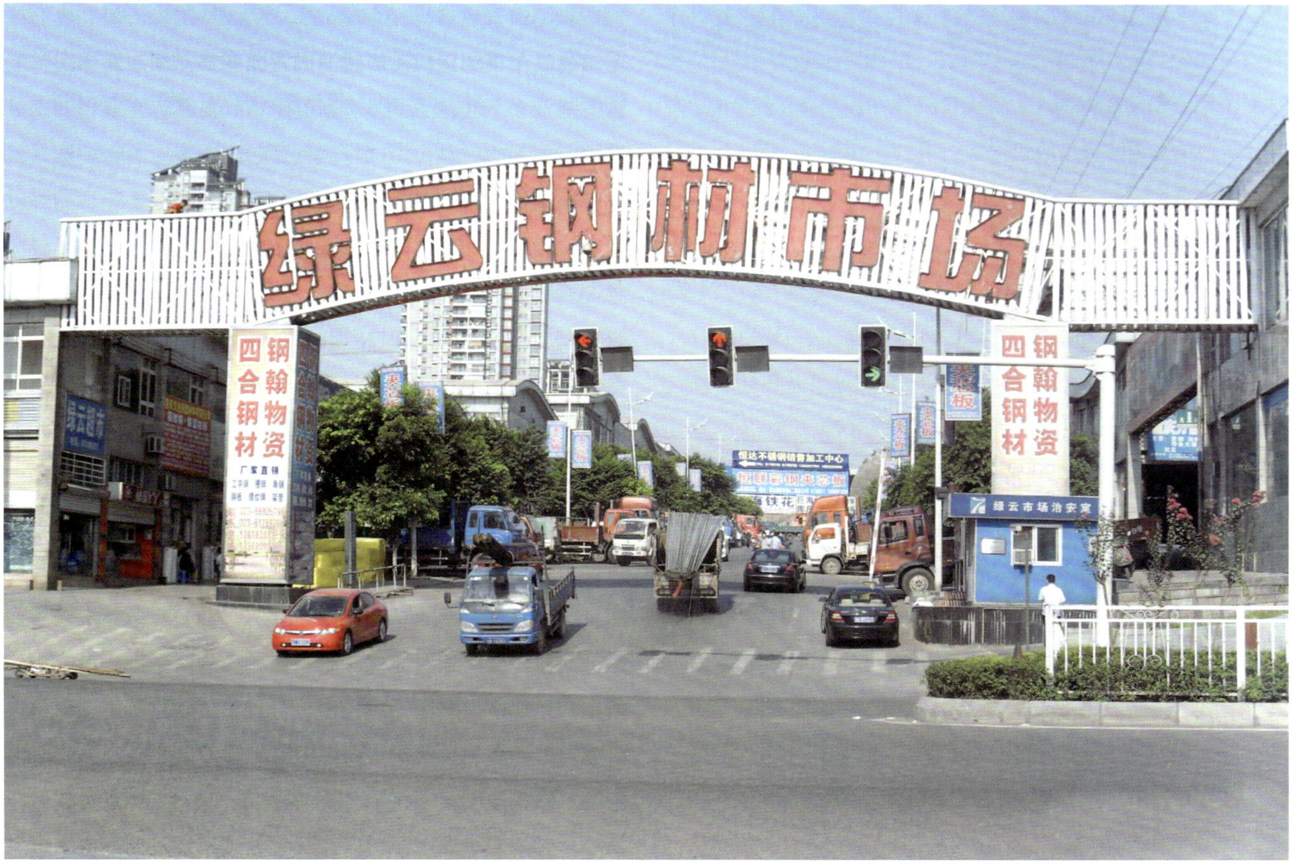

重庆重铁巨龙储运有限公司团结村项目

一、项目建设目标

随着重庆市经济的飞速发展，重庆市政府提出“一小时经济圈通勤交通方案”，重庆铁路枢纽即将按“内客外货”方式进行大规模扩建。2008 年 7 月 23 日，市政府召开市长办公会，审议并通过《重庆市主城区铁路新客运站规划选址研究》，敲定第三客运站建在上桥，选址位置为原重庆东站区域。为了抓住重庆物流新的发展机遇，结合各方物流资源及管理优势，重庆重铁物流有限公司与重庆巨龙储运有限公司共同发起成立重庆重铁巨龙储运有限公司，将现重庆巨龙钢材市场整体搬迁至重庆西部物流园区，成立一个以重庆市场为中心，辐射大西南的金属消费，以建筑钢材、卷板材交易为主体，以仓储物流、配送和商务办公相配套的金属材料市场，依托该地块的地理优势、与钢厂（经销商）的战略合作关系以及管理经验，打造成为重庆市乃至西南地区最大的百亿级钢材交易市场。

二、项目背景

重庆重铁巨龙储运有限公司是一家集仓储、加工、运输、包装、配送为一体的股份制物流企业，主营建筑钢材、板材、卷材的仓储、加工、配送业务，重庆重铁巨龙储运有限公司股东集钢厂、经销商、三方物流及市场管理方为一体，有较为明显的物流链优势及经营资源整合优势。其股东之一重庆巨龙储运有限公司始建于 1995 年，是一家集仓储、加工、运输、包装、配送为一体的民营股份制物流企业，主营建筑钢材、板材、卷材的仓储、加工、配送业务。现有达钢、重钢、冷钢、萍钢、河北敬业、德胜楚雄、永航、宝钢、攀钢、昆钢、德钢、首钢、天钢、安徽长江、南钢、龙门、长治等 130 余家钢材生产厂家及 2000 余家经销商家入驻公司板卷材、建材市场经营。自建综合办公楼 12 栋，商用办公门面达 400 余套，入驻率 100%，带动就业上万人。2011 年全年物资吞吐量达 540 万吨，市场交易额达 254 亿元，2011 年交易额位于全重庆市交易市场的第四名，已形成了重庆市乃至西南地区最具规模的建筑钢材和板、卷材市场。

三、项目优势

1. 重庆构筑西部物流枢纽方面的比较优势

重庆建成以高速公路、快速铁路、长江黄金水道和空中航线为骨架，以城市道路、城市铁路、城市轨道、快速公交、快速水运为主体，各种方式有机衔接、功能完善、快速便捷、国际国内通达、高效能的综合交通运输体系。

重庆市目前已形成以主城为核心的“一环五射”高速公路，一枢纽环线和五射线的铁路骨架，公路2010年建成高速公路以“二环八射”为骨架的快速交通体系，铁路建成以“一枢纽六干线”的国家干线铁路为骨架，江北火车站为主要客运站，兴隆场为主要编组站，唐家沱、土桥为货运站，团结村为全国18个集装箱中心站之一的铁路枢纽。交通四通八达，在西部地区惟一拥有长江黄金水道，是我国西部地区唯一具备水陆空交通条件的综合交通枢纽，是东西部连接的重要交通通道。

2. 资源优势

重庆铁路枢纽即将按“内客外货”方式进行大规模扩建，仓储区集中布置到团结村集装箱中心站、兴隆场编组站周边，形成大型物流园区。项目地处于重庆铁路集装箱旁，重庆铁路集装箱中心站是铁道部规划建设的全国铁路集装箱货运网络18个枢纽站之一，已于2005年破土动工。以中心站为核心，规划5平方公里“重庆铁路物流园区”，是重庆市规划建设的现代物流园区，定位于服务中国西部和长江上游经济区域，集聚集装及货物运输、仓储、配送、加工、包装等各种增值服务功能，具有国际物流管理水平和现代设施设备，以国际集装箱多式联运为主题的综合物流园区和陆地货物集装箱枢纽口岸。

3. 地理优势

园区规划选址重庆市沙坪坝区土主镇团结村，位于中梁山和缙云山之间，地势开阔平坦，建设条件优越。

4. 交通优势

重庆西部现代物流园区是重庆市政府规划建设的重要物流基地，是特大城市绕城高速公路（土主—寸滩城市快速通道）以内铁路和高速公路交汇点，交通集散条件好，半小时内车程可达空港、水港，与城市中心和主城任何一个组团交通距离也在半小时车程内，有利于铁路与公路、航空、水运的多式联运和城市综合物流的聚集。

5. 区位优势

园区地处正在建设的重庆西部新城，与重庆大学城、重庆西永微电子工业园毗邻，与重庆北部新城、高新技术开发区、经济技术开发区、茶园工业园区、空港工业园区等都有十分快捷的高速公路和城市快速干道连接，且具有较大的钢材需求，可方便高效的服务、辐射重庆市辖区和西部邻近省区，具有庞大的产业服务群体。

6. 经营优势

重庆重铁巨龙储运有限公司股东集钢厂、经销商、三方物流及市场管理方为一体，有较为明显的物流链优势及经营资源整合优势。其股东之一重庆巨公投资有限公司属

重庆巨龙储运有限公司筹备成立。重庆巨龙储运有限公司经过近20年的经营积淀，蓄积了雄厚的经营实力、经营资源和管理经验，占据了行业龙头地位，重铁巨龙公司承接了巨龙公司的管理团队和核心竞争力，在行业中极具经营优势。

四、项目建设规模

重铁巨龙团结村项目占地面积200余亩，总建筑面积约14万平方米。

1. 钢材市场交易区占地面积30亩，建筑面积约5万平方米，建商用门面、写字间500余间（2010年5月完成商用门面的认租工作，2012年11月正式签定租赁合同，门面租赁率达100%）。

2. 仓储加工区占地面积150亩，建有31栋室内仓库，建筑面积约10万平方米。

（1）铁路接运：接运线路配门吊3台，负责接运中转、卸车。

（2）仓储存储仓库：21栋，仓容面积约7万平方米。

（3）建材加工配送区：7栋建筑钢筋加工配送库房，库内面积约2万平方米。

（4）板材加工区：3栋卷板材加工库房，库内面积约1万平方米。

3. 地下停车库：建筑面积约2万平方米，配有停车位约600个。

根据生产需要，布置必要加工及转运设备约100台(套)。

（1）卷板材加工：生产线6条。

（2）建材加工：生产线30余条。

（3）起重设备：62台（其中，31栋库房，每栋配桥吊二台）。

五、筹建期生产运营情况

2012年团结村项目仍处在边建设、边经营的前期试营阶段，且受重庆东站搬迁和部分短期客观条件制约，钢材市场交易区尚未投入运营，钢材加工和仓储业务规模也不大，但经二年多的悉心培育和发展，给项目提供了一个很好的逐步磨合、逐渐成熟的机会。近两年的加工、仓储业务均呈逐步上升趋势：2012年仓储吞吐量为118万吨，完成交易额47亿元，同比2011年增长3.2倍；2012年完成建材加工量约6万余吨，同比2011年增长了4倍。

重庆华南城

重庆华南城坐落于重庆市南彭公路物流基地北区，东邻渝湘高速，西接渝黔高速，南至外环高速，北到内环快速路。项目规划总建筑面积1350万平方米，总投资超过200亿元人民币。

重庆华南城集商贸交易、物流集散、展示推广、信息交流、创新促进、产业培育、特色旅游、城市化综合配套等功能于一体，分为展示交易区、中央公园商业休闲区、配套生活区、物流仓储区等四大功能板块，涵盖小商品、酒店用品、副食品、五金机电、汽摩汽配、家居建材、纺织服装等业态。

2015年7月28日，华南城国际食品展示交易中心已火爆开业，开业期间，营业商家达1000余户，开业面积超25万平方米，客流量达3万余人，日交易额破2000万元。重庆华南域携手盘溪、万隆市场主力品牌商户，共同打造西南规模最大、业态最全、交通最便捷、成本最低、最放心的一站式食品采购基地。这里无疑将成为西南地区食品批发采购的最佳去处。

成都万贯五金机电城

商圈核心口岸，龙头品牌市场

成都万贯五金机电城位于成都金府商圈的核心、龙头口岸，是万贯集团于2003年投资开发运营的五金机电专业市场，占地500余亩，经营商家近4000户。经过十余年的市场运营，成都万贯五金机电城已是西部地区规模最大、口岸最好、规划最合理、配套最优、服务最佳、最具品牌价值的政府重点扶持市场，也是全国生意最红火的五金机电市场之一。

市场内商家主营五金工具、电机设备、刃具量具、建筑保温、泵业阀门、矿山建筑机械、电子元器件、电缆桥架、灯具开关、防暴器材等产品。成长汇聚了大批品牌五金机电商家，如蜀能紧固件、长风商贸、沃康动力、中环福林、四川川消消防、宏洲滤布、发川机电、三力士、正泰、施耐德、君邦叉车等。

创新运营，持续投入，缔造金牌大市场

多年以来，万贯集团始终坚持“既做开发商，更做市场运营商”的运营理念，在规范市场运营管理的基础上，创新推出多项增值贴心服务，得到广大商家、采购商的拥护和支持。

2012年，万贯“星级信用经营商户评选”秉着公平、公开、公正的原则，致力于打造市场诚信经营的良好环境，提高市场经营商家的整体素质，维护市场的持续繁荣和发展，让采购商、经销商、市场经营户切实感受到万贯作为“全国百强品牌专业市场”的影响力。

2014年9月，万贯首开行业先河，拿出近千万元创新运营，联合数千商家超亿元大让利，举办金秋采购节，取得了良好的效果，让商家朋友获得了良好的经营业绩，得到广大商家朋友、采购商和社会公众的一致点赞和强烈认可。2015年起又将采购节扩大到春、秋两季各举办一次，万贯采购节影响力持续扩大。

2015年，考虑到暑假来临，商家潜心经营，无暇照顾小孩的情况，万贯特意出资80余万元，联合专业拓展公司，特别推出关爱商家、关心孩子，“万贯未来之星”4天3夜碧峰峡夏令营增值服务活动，活动得到市场商家的大力支持

和好评。

多年来，万贯一直秉承“商家赚钱在先，万贯赚钱在后，万贯赚钱是建立在商家赚钱基础之上的”经营理念，想商家之所想，急商家之所急，在市场运营上不遗余力，坚持大舍得、大投入、大让利的原则，始终把扶持商家、培育市场放在首位，先后投入让利和优惠6亿余元，持续做了大量兴市场、利商家的工作。先后荣获“中国诚信示范市场”、“全国十大机械设备市场”、三化建设“省级示范市场”、“全国百强品牌市场”、“四川省知识产权保护规范化培育市场”等荣誉称号。

四川大西南建材城·青白江国际木材交易中心

四川大西南建材城是四川阿坝州岷江造林局下属国有全资子公司，位于成都市主城区内，占地350余亩。在四川省、成都市、阿坝州和四川省林业厅等各级政府和部门的关心支持下，四川大西南建材城得到长足发展。自1999年正式经营以来，经过16年的精心打造，已成为西南地区最大的原木、锯材、建筑模板市场，成都最大的中纤板、高档木材市场，成为区域龙头企业，也是中国木材价格指数编制三大构成单位之一，在2015年荣获中国木材流通协会颁发的“中国特级木材市场”、“中国十强木材与木制品交易市场”荣誉称号，在行业内具有较高知名度和美誉度。四川大西南建材城货物流通快捷，城内自有4.37公里铁路专用线与全国铁路网相通，铁路运输、货物装卸、收发十分方便，每年通过铁路到达木材及制品16000多个车皮，火车货运到达量超过100万吨，加上公路货运年货物到达总量超过200万吨，流通木材及木制品超过300多万立方米，市场交易总额超过40亿元。场内工商、税务、林政等服务一应俱全。市场内木材主要来自俄罗斯、北美洲、东南亚、非洲等国家和地区。

随着成都市“北城改造”工程大幕全面拉开，四川大西南建材城现址将自建提档升级、现有业态将自主外迁，升级外迁项目是成都市重点项目，外迁地址位于成都国际铁路港的青白江物流与商贸园区，紧临成兰铁路成都枢纽重要货站青白江大弯货站。成都国际铁路港内有亚洲最大的铁路集装箱中心站，是“蓉欧快铁”、“中亚货运班列”的始发站。外迁市场名称为“四川大西南建材城·青白江国际木材交易中心”。

四川大西南建材城·青白江国际木材交易中心规划总用地面积347亩，总建筑面积17万平方米，计划总投资5亿元。项目分两期建设，第一期建设计划投资3.8亿元，拟于2015年底建成，建筑面积11万平方米，包括物流库房7万平方米，办公综合楼4万平方米，另有露天堆地3万平方米。将打造四川地区最大的集铁路到达、货物装卸、物流配送、商品仓储、批发交易、融资贷款、指数发布、会展博览、跨境贸易、木材鉴定、电子商务、信息服务、科普教育、生活配套等十四大功能于一体的木材及木制品交易中心及木材经销企业总部基地。市场立足四川，服务四川，辐射西南，拥抱国际。

青白江国际木材交易中心建成后全面承接现四川大西南建材城的经营业务，依然聚焦木材及木制品。以生产商、经销商、采购商和市场需求为导向，确定市场发展战略，将致力打造以“四化、三服务、三中心、三平台”为特色的交易中心。“四化”即管理规范化、队伍专业化、服务精细化、信息及交易现代化。“三服务”指编制发布科学权威的价格行情分析服务；为商家提供移动终端管理服务；为商家提供需求、配送等信息服务。“三中心”就是建设成为四川地区的木材与木制品集散中心、展示博览中心和鉴定中心。“三平台”指国际木材贸易的流通外贸平台；B2B、B2C、020等电子商务平台；仓单质押、P2P等融资贷款平台。

青白江市场“钱”景

现市场每年近40亿的交易额，成为西南地区最大的木材专业市场，整体搬迁青白江后，仍保留较大商气，加之项目地处政府打造的建材商贸中心核心地段，周边建材市场成熟的商业氛围，覆盖范围更广。新兴的广汉家具产业园距离新市场10公里，距离新都繁家具园23公里，为输送人造板、木材等家具原材料提供极大的便利，加之“北改”、城市的大力发展，行业内蕴含着无限商机，市场“钱”景无限。

青白江项目优势

1. 区位优势：该项目所在青白江区位于四川最具经济发展活力的成（都）德（阳）绵（阳）经济产业带的中心，处在攀西经济圈、成渝经济走廊的交汇点，是华北、华东、华南地区物流进入成都及西部地区的集散地。

2. 政策优势：按照《成都市总体规划（2003～2020）》和《青白江区城市分区规划》，青白江的城市定位是：主要发展工业、物流、居住产业，是成都市主城区北部的分中心，是以冶金、建材、机械、化工为主导的工业集中发展区，将与新都区共同构成北部新城，并与其形成北部物流中心。因此，在成都市总体发展布局中，青白江是承担成都北部地区工业、物流、商贸的主要区域，在政策导向上拥有无可替代的优势。

3. 产业优势：市场发展必要依托产业基础。青白江有雄厚的工业基础，特别是冶金、建材、机械等，在成都各区市县中有绝对优势，可以为发展大型商品市场集中发展区提供有力的产业支撑。

4. 交通条件：青白江具有西部最优的交通路网，铁路公路网络的覆盖密度为西部第一。铁路方面：四川4条出川的铁路干线，有3条就经过了青白江，从而大大提高达成铁路的运载能力。公路方面：区内有国道主干线中的上海—成都（成南高速公路）、二连浩特—河口（成绵高速公路）和国道108线（大件路）三条国道，以及省道唐巴路、成都快速通道—成青路，与区境内干线公路货运大道构成密集的公路交通网，大大缩短了青白江区到成都中心城区的距离。

5. 物流条件：《成都市现代物流发展规划纲要》规划的三大物流园区中的成都国际集装箱物流园区、青白江物流园区均定点于青白江区。成都铁路集装箱中心站是铁道部确定的全国18个铁路集装箱中心站之一，规模居亚洲第一。

6. 生活配套服务：青白江区域内历史悠久、文化积淀深厚，民族风情多姿多采。城区环境优美，生活设施齐备，商业发达，并于2007年成功创建了省级平安区和四川省首批环境保护模范区，人居法制环境和生态环境都处于四川省的领先地位，能够满足各地客商的多层次消费需求。

青白江市场特色

1. 铁路专线：市场与攀成钢集团达成长远合作协议，配套距离项目地约50米的铁路专用线，可同时停放30个车皮由攀成钢内部机车配送到位，并规划修建可全天候装卸作业的高低站台设施、仓储库房，满足广大客户车皮到达需求。

2. 低租兴市：项目招商的客户群绝大多数是与市场十多年来共发展的老客户，市场的诚信经营得到了广大商家的认可，因此新市场将以只租不售、低租金的形式帮助商家降低经营风险，不计成本与利润，力求为客户搭建最优的经营环境，最大化的繁荣市场。

3. 专业团队：该项目已成立阿坝州岷江造林局全资子公司四川岷江物流有限公司负责市场经营管理，将吸纳原市场管理精英与人才，打造有丰富管理经验的专业团队，本着“招商、富商、爱商、助商”的诚信经营理念，为广大客户提供优质服务。

4. 价格指数：四川大西南建材城是“国家木材价格指数”编制构成五大市场之一，为新市场提供权威的市场行情与良好的经营环境，助推市场品牌与繁荣。

5. 合理布局：项目规划设计总体采用纵向行列式布局，东西向设置，规划有商户办公、住宿楼，市场内主干道宽18米，辅道15米，方便商家转运装卸货物，库房层高9米可满足不同品类的货物堆放。

6. 全面监控：为增强商家的货物安全，减少损失，市场将全面布控高清摄像头，全覆盖实时监控。

7. 博览中心：项目规划四川唯一的木材与木制品博览中心，林产品展示中心。

六枝嘉年华商业广场

贵州中发地置业有限公司董事长林向荣

嘉年华商业广场是由贵州中发地置业有限公司巨资打造的六枝首家集吃、喝、玩、乐、购为一体的一站式商业综合体，同时也是原新兴农贸市场的搬迁改造工程，是政府重点招商引资的项目。特区政府为了加速六枝特区整体商业模式发展和区域经济的整合，在多方调研并综合各方意见的基础上，以实事求是的工作态度，促使嘉年华商业广场与政府签订了合同，政府负责把原新兴农贸市场拆除搬迁到这里，并且取缔原新兴农贸市场周边的马路摊位，到时农贸市场汇聚的众多人流将为嘉年华商业广场带来无限的商机。这样既改变了原新兴农贸市场脏、乱、差的局面影响特区市容，又带动了南环路周边区域的商业发展，丰富了特区的整体商品业态，对未来整个六枝特区的经济带动效应将逐渐体现。

嘉年华商业广场地处六枝新老城区的交汇处，在南环路中段与地宗路、郎岱路的黄金交叉路口，周边设施齐全，交通便利，人气旺盛。项目紧邻六枝新行政中心，步行几分钟即达老城区街心花园，交通大厦、七中、九中、实验小学、人民医院、公安局、检察院、法院等市政配套一应俱全，地理位置十分优越。

嘉年华商业广场总占地面积 50 亩，总建筑面积约 10 万平方米，包括三栋高档住宅楼、一栋高档写字楼、一栋星级酒店、一个大型综合性商业中心，项目配备两层地下停车位，解决了六枝大部分商业没有地方停车的难题，建成后的嘉年华商业广场将大大提升六枝的商业形象和消费档次，也必将成为最具人气和商气的城市中心。

项目外观设计现代新颖，建筑设计采用高级石材干挂、玻璃幕墙外立面铺排，半开放连廊天街让所有商铺做到四通八达，铺铺临街。双首层设计，4 个主出入口都设有观光电梯，14 部感应式自动扶梯方便顾客直接通上下，对面人行天桥直接与商场二楼相连，真正做到一层二层价值相当。

项目以总面积 10 万平方米的建筑群为基础，是一座融合商业零售、酒店餐饮、写字楼、公寓住宅、综合娱乐五大核心功能为一体的城中之城，同时也是六枝首座集吃、喝、玩、乐、购五大功能为一体的一站式、全天候购物中心。项目设计理念为前瞻性五代体验型商业中心，因为网络时代更注重实体体验，嘉年华商业广场巨资引进巨型摩天轮游乐城、高度达到 8 米的 3D 巨幕影院、量贩式 KTV、电玩城、美食城、娱乐城，利用儿童娱乐“小手拉大手”，带动全家人出门到实体店消费，同时依靠实体餐饮、娱乐体验拉动客流，前瞻六枝 30 年财富商机。

嘉年华商业广场拥有四大核心主力店，第一个主力店是六枝最大的农贸市场，位于负一层和一层，这是贵州首家四星级农贸市场，面积达到 1.4 万平方米，可以容纳 600 多个菜肉摊位，是原新兴农贸市场的四倍，并且还包括农贸市场相关副食品、日用品等业态。第二个主力店是面积达到

6000平方米的大型超市，位于项目的二层和三层。第三个主力店是六枝第一个3D巨幕电影院，位于项目三层，影院高度达到8米，为观众提供最震撼的视觉和听觉效果。第四个主力店在四楼楼顶，是六枝地区最大的儿童游乐园，包括高度达40米的大型摩天轮、旋转木马、儿童火车等最先进的游乐设备。

项目除了拥有新兴农贸市场、大型超市、3D巨幕影院、摩天轮游乐城四大主力店外，还包含电玩城、美食城、数码城等次主力店。农贸市场建成后拥有蔬菜区、肉类区、水产区、干货区、调料区、熟食区、水果区、副食品区、日用品区等，步行街部分拥有1000多个独立店铺，分布在各个楼层。品牌男装区、淑女区、少女区、妇幼婴童区、精品饰品区、箱包皮具区、皮革皮草区、文体用品区、日用品、电子数码区十大商品业态一应俱全，满足生活娱乐所需。

嘉年华商业广场是集建设、招商、运营三位一体，建成后将统一招商、统一管理、统一营运、统一推广。

建成后的嘉年华商业广场是六枝规模最大、业态最齐全的商业中心，同时将成为六枝城区的新中心商圈。项目开业后，将直接提供2500个就业岗位，并为六枝创造新的稳定财税来源，降低六枝本地消费成本，丰富本地商品种类，将大大改善六枝的购物环境，提高六枝人民的休闲、文化生活水平，将六枝消费留在本地的同时（不流向贵阳、六盘水等地），增加六枝的城市向心力、对下属乡镇居民的吸引力，为加快六枝的城市化进程添砖加瓦。

亿佰汇建材家居五金博览城

贵州亿佰汇置业有限公司总经理齐博辉

亿佰汇建材家居五金博览城由贵州亿佰汇置业有限公司投资兴建，位于贵州省湄潭县杭瑞高速出口西侧（夷州大道与田坝路交叉口），毗邻湄潭县新汽车站、火车站，距离城市副中心黄家坝镇政府仅 1 公里，距离遵义机场约 22 公里。亿佰汇建材家居五金博览城总建筑面积约 20 万平方米，定位为“以家居建材、五金机电为主导”的超大规模商业旗舰，囊括商贸流通、仓储物流、商业配套等多种商业形式，是湄潭县首屈一指的商业综合体项目。项目以超大规模的投入、完善的业态组合、独特的景观设计、专业的商业规划缔造湄潭城市明珠，将国际化商业形式与湄潭的城市发展紧密结合，为全面升级湄潭专业市场而来。

湄潭老城区发展空间有限，城市向西发展已经成为定局。黄家坝镇片区作为规划中的新城区，是市委、县委确定的“7 + 2”统筹城乡改革的重点乡镇。杭瑞高速公路和326 国道、县道黄瓮线及湄汶线交汇于此，同时，规划昭黔铁路湄潭火车站就在项目斜对面，交通、区位优势明显，作为湄潭县城市副中心，已经成为财富投资的高地。

随着城市的扩张，周边项目建设进度很快，紧邻亿佰汇建材家居五金博览城的汽车城、物流城、厂区、住宅小区等星罗密布，已经逐渐形成了以亿佰汇为核心的集合农副产品深精加工、商贸物流、生活居住等功能为一体的城市新中心，新城繁华已经崭露头角。

亿佰汇建材家居五金博览城经过前期大量的市场调查工作，根据商户需求来建市场，采用国际最先进的 Hoplice 一站式规划布局，进行科学、合理、明确的功能分区，打造集合产品展示、厂商办公、产品批发、网上交易、休闲娱乐等功能于一体的综合商业中心。项目囊括建材家居和五金机电两大最赚钱批发业态，涵盖陶瓷卫浴、五金灯饰、油漆涂料、厨具橱柜、地板门业、太阳能水暖等千百个业种，构成一个完整的商业集群。项目建成后将成为黔北区域最具竞争力的大规模、高品质、现代化的商业旗舰，辐射周边上千万消费者，每年将实现数十亿的商业机会。

亿佰汇建材家居五金博览城商铺主力面积为 30-40 平方米，采用全框架结构，相邻铺位可以打通，可以自由组合，保证满足不同经营商户的需求。同时，降低投资门槛，低投入，高回报，利用小资本就能撬动大财富。

采用创新的“黄金首层”设计，利用二、三层平台，将车辆直接引到二层及三层，有效引导人流，全面提升二、三层商铺的商业价值，每一铺都是沿街底商，每一铺都人潮涌动。

亿佰汇建材家居五金博览城首层层高 5.6 米，契合经营户的实际需求，为商户创造更多超值实用的空间，方便各类商品陈放和展示。同时，让客户拥有“买一层用两层”的实惠。一流的规划，成就一流的商业，铸就世纪商业典范。

运营是市场兴旺的保障。亿佰汇建材家居五金博览城聘请顶级商管团队，遵循“统一规划、统一招商、统一管理、统一推广”的四大统一原则，发挥“扎口式”管理的优势，维护市场经营秩序，打造经营特区。同时，制定多项扶商育商政策，设置5000万专项市场培育基金，多重运营保障，引领商业“钱”规则。同时，公司主动自持项目30%的物业不对外出售，开发商才是项目最大的商户，与客户一起共进退。大量自持物业是公司品牌、实力的体现，是商业经营模式的成功标志，是未来物业升值的有力保障。与亿佰汇一起，共赢一个时代。

该项目作为“湄潭县重点招商引资项目”，得到了国家相关部门的肯定。在2015年1月18日举办的亿佰汇建材家居五金博览城全国招商大会上，原国家工商总局副局长李建中先生为亿佰汇建材家居五金博览城项目颁发了“全国重点培育市场”的匾牌和证书。

亿佰汇建材家居五金博览城抓住了家居建材和五金机电两个产业的发展机会，顺应湄潭城镇化进程和商业变革发展的时代潮流，着力将湄潭的家居建材、五金机电的行业规模化、规范化、专业化。项目建成后将对湄潭县的商贸流通、服务业等发展有巨大的引领带动作用。在未来行业发展的大环境里，为湄潭的经营户们创造一个良好的经营环境，同时也为客户营造一个舒适便利的购物环境。

青海东部综合市场

青海东部综合市场是青海省重点民生项目，总建筑面积 8.2 万平方米，冷库 4000 平方米，主要以经营建工建材、土特产、小商品、酒类批发、家具、宾馆酒店用品、农畜产品批发、蔬菜、水果、粮油、汽车交易等为主。配套服务、设施建有酒店、超市、餐饮、商品物流、电子商务、汽车宾馆等。市场设有大型会议厅，可召开全国性大型商品展销会。

区位及现状分析

青海东部综合市场位于西宁市海东地区互助县城，迎宾东路以西，威远北路以北，文昌路以东，诚信路以南，东临鼓楼花园小区，交通便利，场地南北高差 6.21 米，规划总用地面积约 8.49 万平方米。该地块以农蓄产品的采购、交易、配送平台为主。

互助土族自治县位于青海省东北部，总面积 3360 平方公里，总人口 36.54 万人，国民生产总值 4.1 万元，财政收入 9000 多万元，是国家确定的全国商品粮基地县和生态建设示范县，也是青海省主要粮油、生猪、禽蛋生产基地。全县有耕地 105 万亩，生产小麦、青稞、蚕豆、洋芋、油菜。有 160 万亩可利用天然草场等自身优势为互助县农蓄产品交易市场提供了良好的资源供给，为交易市场向周围县城及西宁市的供给辐射打下了良好的基础。

市场优势

作为海东地区乃至青海地区最大的专业性农畜产品交易市场，青海地方的特色产品足以赚足全国商家的眼球，配套以先进的运营模式及便捷的物流系统，富有欧式风格的建筑风格，得天独厚的地域优势，各行业的商家及旅游观光者蜂拥而至，人气指数与日俱增。

行业优势

民以食为天，国以农为本，农业产业永远是市场经济发展的主旋律，国家政策及地方政府的重点扶持，让投资者坐享资源，免除后顾之忧。

庆隆・国际广场

庆隆国际广场项目位于新疆生产建设兵团农业建设第九师、额敏两大商业核心（原小白杨市场）-上户西街与新华路交汇处，紧邻九师汽车站、九师医院、九师广场、小白杨中学、龙珍高中等，百佳购物广场、杰美地下街、额河商场、聚星园市场、东阳家电、步行街等20多座商业住宅密布周边，市政配套完善；仅2公里商圈内每天人流量达10万人次，城区10多条公交线路全部经临其中；上户路、新华路、友谊路、军垦路等构成项目“两横两纵”交通网络，交通便捷，四通八达，地理位置不可复制。

作为新疆重点商贸项目、塔城重点工程示范项目、农九师重点招商引资项目，庆隆国际广场由庆隆集团斥资2亿元倾力打造，项目总占地15亩，总建筑面积3万平方米，强势打造集品牌百货、休闲娱乐、时尚购物、特色美食、电子商务等多功能为一体的一站式国际级商业中心。

庆隆国际广场有三大中心、八大主题区。三大中心为美食购物中心、休闲娱乐中心、品牌展示中心；八大主题区为黄金珠宝区、品牌百货区、精品日化区、电子通讯区、商超购物区、健身足疗区、休闲影院区、美食娱乐区。

庆隆国际广场整体规划为展厅形式，全框架结构，可自由分割；外立面为玻璃幕墙设计，地上五层，地下一层；负1层～4层层高为4.8米，5层层高为4.2米。

庆隆国际广场共有300余个固定停车位，2大休闲广场（1个2100平方米主广场，1个1500平方米副广场），10余部客、货、扶梯，项目规划有4个主入口和多个次入口。

庆隆国际广场采取统一规划、统一招商、统一管理、统一推广、统一开业、统一服务六大统一运营模式，项目建成后将是九师乃至塔城品牌最齐全、综合性最强、管理最科学的现代化、专业化、国际化的一站式美食购物、休闲娱乐商业基地。

香港苏中集团

香港苏中集团上海办公大楼

香港苏中集团是一家以经营家具、建材、装饰材料、摩托车、汽车、五金、物流、矿业开发、房地产开发和铅酸蓄电池生产等为主的跨行业综合经营的大型企业。集团公司大陆总部设在上海，现有下属企业 50 余家，从业人员 2 万多人，拥有固定资产近 50 亿元。

巍然崛起 盛世华章

集团自 1989 年起，在全国多个城市投资建成多种大型专业市场，如浙江嘉兴名品城、浙江平湖服装城、江苏泰兴好来居家饰广场、江苏泰州中嘉国际装饰城、江苏江都商贸城、江苏扬州东方国际食品城、江苏泰兴苏中批发城、江苏昆山亿立五金建材物流城、安徽滁州万汇龙国际商贸城、河南巩义万洋国际商城、河南许昌襄城万汇龙国际装饰城、陕西铜川世界贸易广场等 50 多家商业项目。同时在安徽、河南、陕西、江苏、山东等国内多个省、市专业打造高品质、高规格、高效益的新型现代综合市场和商品博览城，单体项目建筑规模均在 200 亩以上，投资均逾亿元。公司管理规范、实力雄厚，是一家以现代企业管理模式科学经营的综合企业。多年来，在商贸领域，香港苏中集团抓住机遇，开拓创新，同时与浙商、苏商、闽商等大型企业和知名品牌强强联手，共谋发展。

中国的商贸业的发展，有着良好的市场基础和发展潜力，商贸流通业已经成为第三产业服务业发展的主流。市场开发不但为业主、商户、消费者搭建了创造财富、引领消费的一流平台，同时也为政府增加了大笔的税源和大量的就业岗位，从而带来人流、物流和信息流。香港苏中集团秉承“为客户创造价值，为员工创造平台，为社会创造财富”的价值理念，坚持“专注赢得信任，专心成就事业，专业创造价值”的经营理念，发挥苏中丰富的战略资源优势，不断开发各类现代服务业项目，为创造更多的社会价值、实现企业可持续发展而不懈努力。

香港苏中集团旗下拥有多个商业地产运营品牌，包括各类型专业市场、城市综合体等，是一家已经步入商业地产发展成熟领域的企业。集团作为商业地产的“开发商”，更多的却是扮演着商业地产“发展商”这样的角色。以政府规划引导为前提，通过整合发展商、业主、商家、消费者等多方资源，为提升城市商业发展能动性，追寻城市商业发展可持续性，做出系统、专业的房地产运营服务。香港苏中集团的城市综合商业，包含了各类型专业市场与商业综合体。专业市场包括装饰城、小商品市场、五金机电城、食品城、汽车城等；商业综合体涵盖了商场、商业街、酒店、办公、展览展示、会议、休闲娱乐等多业态。在多年的商业发展历程中，香港苏中集团涉及的商业地产项目已遍布全国大江南北。

雄才大略　决胜千里

香港苏中集团专注专业市场开发25年，凭借专业化开发模式、国际化运营水准、现代化经营理念，成功开发运营的50多个专业市场项目活跃在中国众多的城市，并持久彰显出旺盛的生命力。“消费者的利益永远第一”是苏中集团专业大市场起步时的承诺，时至今日依旧不改。

如何保障消费者利益？苏中集团推出四大举措为消费者保驾护航。

一是先行赔付。商户第一次进入苏中市场经营时预交足额的质量保证金，一旦撤场再交同等金额的质量保证金。消费者在保修期内遇到质量问题得不到商家的及时解决，苏中市场实行先行赔付制度，彻底解决消费者后顾之忧。

二是有奖捉劣。消费者在苏中市场发现假冒伪劣商品，到总服务台举报可获奖金2000元。同时，市场对售假者处以罚款10000元，用于奖励其他合法经营者。

三是比价退差。同品牌、同型号、同质量商品价格高于周边其它市场，苏中无条件退货或者三倍返还差价。

四是贴心服务。100公里内免费送货、安装、调试到位，并可根据顾客需要实行定制。

苏中市场处处为消费者着想，赢得了消费者的信赖，更赢得了市场的主动权。20多年来，一大批品牌加盟商在苏中系列项目中成功运营，效益显著。

顾客第一　质量第一

“消费者利益永远第一”的核心理念在苏中市场流通领域和工业品生产领域一脉传承，苏中集团在专业化市场上叱咤风云的同时，在工业品生产领域也是美名远扬。“产品为谁而做？”、“消费者为什么选择我们的产品？”、“假如我是消费者，我该如何选择？”这是时刻萦绕在苏中人脑海的问题。以消费者最高满意度为标尺，为消费者提供最具性价比的产品，让消费者获得价值的最大化，这是苏中系列产品占领市场的唯一法宝。以香港苏中集团旗下的“海宝电池”和“苏中电池”为例，公司始终秉承“质量就是生命”、“客户满意是检验产品合格与否的唯一标准”的理念，从工艺配方到原材料采购，从精细化管理到产品检验，严格的流程、规范和标准，确保了电池产品的合格、安全。与行业其他品牌相比，海宝电池和苏中电池换货率、返修率最低，为消费者、经销商最大限度地解除后顾之忧。几十年来，产品一直深受消费者喜爱。

大型专业市场，商业时代的分水岭，正在改变、创造着每一座城市。滚滚的时代浪潮中，敢于弄潮者，必将是未来事业的中坚。作为成熟的大型专业市场开发企业，香港苏中集团倾注于飞速的中国城市化进程，以高度的社会责任感、使命感，与越来越多的城市同呼吸、共命运，为城市化步伐启动新引擎，创造新动力。

香港康成实业国际集团有限公司

香港康成实业国际集团有限公司成立于 2013 年，注册资金 1.16 亿元，总部设在中国香港，由多位旅居海外华人的经济学博士与金融专家、教育培训家、策划专家组成核心团队，致力于报效祖国，改变商业模式，并在中国上海、广州、合肥、宁波等地设有全资子公司。

2014 年康成集团在时代趋势的推动下，蓬勃发展，涉入多个领域，同年在安徽六安成功收购山茶籽油项目，近年来公司一直坚持农业产业化综合深加工之路，以全县 18 万多亩油茶林为基础，在临界的庐镇乡建立了茶油绿色食品原料生产基地 3 万亩，在洪庙、晓天等深山区分别规划建设 5000 亩油茶种植示范基地，实行“公司＋合作社＋农户＋基地”模式，形成“龙头企业带动基地联动农户”的经营体系，坚持服务“三农”的办社宗旨，结合地方区域农产品生产的特点，吸收了一批具有较好发展前景的山区油茶大户和土榨油坊为成员，成立了舒城县天宝茶油专业合作社，带动全县油茶产业的不断发展，并辐射周边及皖西大别山区油茶的种植经济，实施规模化效应，健全管理机制，严把产品质量关，树立品牌意识，把握市场导向，走区域特色的农业产业一体化发展战略之路。

公司专业化生产，一体化经营，打造“绿色、健康、富民”三大品牌，营造高级健康型绿色食用植物油，产品在安徽省第一个获得食品植物油系列 QS 国家食品安全认证，100% 原生态，纯天然有机食品，100% 非转基因，自 2011 年投放市场以来，一直深受众多专家和消费者的好评。

“创新、真诚、稳重、团队、共赢”的康成人立志“做中国的好茶油，让中国人吃上自家的放心油”。

展望未来，康成集团致力于成为一家受人尊敬的优秀民族企业，对此，康成人信心百倍。为此，康成人将更会以百倍的努力，不断创新，不断满足客户的需要。只有满足了客户的需求，大家才会给予更高的热情来支持公司的发展，对此，康成人深信不疑。

公司现拥有国内科技含量领先、设备先进的成套茶油流水生产线，完整的配套设备和全程质量检测手段，年综合加工能力 8 万吨，拥有高级食用油茶籽油、冷榨茶油、化妆品用油、茶皂素和茶饼粕等品种。企业先后荣获消费者信得过单位、全市文明诚信民营企业、先进单位等荣誉称号。企业建立了国际贸易平台阿里巴巴商务网站，产品进一步向日本、东南亚、欧美等茶油使用国开拓，呈现出较强的发展势头。

康成集团正在为打造一流的管理集团，成为最具竞争力的集团公司而奋斗，力争为业主创造价值，为企业创造价值，为员工创造价值。

第七篇

转型·升级·外迁

中国东方丝绸市场华丽转型

走在中国东方丝绸市场所在地江苏盛泽，笔者不禁被眼前的景象所震撼，这里不像是一个市场，而更像是一座城市。宽阔的街道旁林立着一栋栋楼宇，街道上汽车、行人川流不息，唯一不同的，可能就是一个接一个的企业名称让这座“都市”显示出不一样的商业气息。“先有市场，之后才有工厂。包括我们在内的不少公司，正是依托中国东方丝绸市场，才走出了一条属于自己的道路。可以说，中国东方丝绸市场是盛泽纺织企业的引路人和灯塔，更是一方守护者。”这是吴江晨龙新升纺织品有限公司董事长王云松说过的一句话。作为中国东方丝绸市场中广大商家的一分子，王云松的话很有分量。

抓住优势 优化结构

中国东方丝绸市场位于江苏苏州的最南端，创建于1986年。经过30年的发展，目前市场内云集了来自全国各地及境外的6800多家纺织品公司和商行，经营品种包括真丝绸、服装面（辅）料、装饰及家纺用布、产业用布、服装、纺织原料等近万个品种，产品销往全国和世界100多个国家及地区，已成为中国重要的纺织品交易中心、价格形成中心和信息发布中心。从区位上来讲，中国东方丝绸市场位于具有悠久历史的丝绸纺织重镇，与苏州、杭州、湖州并称中国四大绸都之一的盛泽；从技术上来讲，中国东方丝绸市场纺织聚集区共有纺织织造及加工企业2500多家，商贸公司6800多家；从产能上来讲，纺织聚集区内拥有织机25万台，年产量超250亿米，占全国产量近60%（全国约420亿米），拥有325万吨纺丝能力和40亿米印染后整理产能（其中盛泽有织机13万台，年产量超130亿米，300多万吨纺丝能力，30多亿米印染后整理产能）；从企业上来讲，拥有新民科技、东方市场、德尔未来、志向科研、华佳丝绸5家上市公司，以及恒力、盛虹、鹰翔等国内知名大型纺织企业集团。其中恒力、盛虹在2015中国企业500强中分列第96位和第182

位。在 2015 中国民营企业 500 强中，恒力居第 9 位，盛虹居第 29 位，7 家企业排名中国纺织服装企业竞争力前 300 强。多方面的优势铸就了中国东方丝绸市场如今响当当的声誉。

“中国东方丝绸市场的成功并不偶然，从政策到规章，从服务到引导，市场管理的各个方面我们都是一丝不苟地在进行。”中国东方丝绸市场管理办公室科长沈宇恩告诉笔者，为了做大做强，中国东方丝绸市场在服务企业、引导企业方面做了很多文章，大大激发了企业的能动性。“中国东方丝绸市场不光是简简单单的市场，更多是为商户提供一个放心的流通场所。2016 年年初，市场开始了新一轮谋篇布局，今年将着重抓好市场业态建设，优化市场业态结构。”沈宇恩说，“今年将落实市场总体发展规划，优化市场公共设施和环境，不断调整商区业态定位，完善商业配套设施，实现传统商区与现代化综合体的融合，将商区、物流、总部、网络、品牌、供应链等现代商贸形态和商务经济、会展经济等新经济模式融入专业市场的发展。”

在如何更好地服务商家、改善市场业态方面，中国东方丝绸市场将这个重任交给了一个新项目——东方纺织城。据沈宇恩介绍，想要更好地服务商户，要改变原有的经营形式，让传统马路门店式销售逐步向现代化的商城模式转变。今年 10 月就将与公众见面的东方纺织城总投资约 11 亿元，总建筑面积达 17 万平方米，集商品交易、信息交流、产品展示、物流配送、电子商务、金融服务等功能于一体，将成为一个智慧式、互联网式的商贸平台，开创出一种新的商业模式和流通模式，提升吴江纺织产业集群的规模效益、品牌效应和市场集聚效应。

政府扶持 勇于创新

中国东方丝绸市场最早是由吴江市政府发起成立的，它的日常管理事务委托给中国东方丝绸市场管理委员会全权负责。管委会是由吴江市政府拨款运营，因此管委会只做事、不收费。也就是说，管委会的存在，只是为了更好地为市场中的商户搞好服务，这一点就与许多批发市场有明显的区别。做事正规，又没有各种各样的收费项目，使得在此经营的商户不仅安心，而且更加放心。

据沈宇恩介绍，在管委会的管理中，商户与管委会更像是一条战线上的战友，没有“管”与“被管”的关系，而是合作与响应。在这里，吴江丝绸股份有限公司已经上市，公司定位也十分明确，就是中国东方丝绸市场的开发商、运营商以及纺织企业配套服务商，公司的高层大多都有在基层政府工作的经历，使得中国东方丝绸市场的发展理念与政府部门很容易达成一致。正是这样政府和市场一条心，并拥有非一般的默契，才能打造出这个规模庞大的纺织重镇。

盛泽的丝绸纺织业历史源远流长，当地人开玩笑地称自己生来就具有“纺织基因”，因此大多数当地人都选择从事纺织行业谋生。在绸都盛泽，从纤维到纱线，从纱线到面料，再从面料到成衣，完善的产业链也为中国东方丝绸市场的发展提供了良好的基础。

从创新的角度来看，中国东方丝绸市场也有着自己的独到之处。“我们近些年来一直在进行市场智能化的建设，推进市场总体发展，优化市场等公共基础设施。将商城、物流、网络、品牌等现代商贸形态融入到专业市场的提升发展之中，将中国东方丝绸市场打造成为现代化、多元化、人性化、体验式的国际化纺织一级批发市场。”

除此之外，市场还以丝绸创意旅游为突破口，吸引采购商，强化旅游购物贸易模式。“在这两年十分火的电子商务领域，我们也在加强与阿里巴巴、环球资源等权威电子商务企业的联系，着力探索和推进纺织品跨境电商的推广运作，将有形市场和无形市场相融合，使市场网上交易不断有新的进展，强化以绸都网、市场交易中心、宜布网为主体的电商服务功能，着力探索市场线上展示与线下交易相结合的 020 模式和跨境电商，实现传统专业市场向互联网+的过渡。”沈宇恩告诉笔者，目前市场在推进企业自主品牌建设方面也加大力度支持，争创省级和国家级品牌，扩大市场区域品牌的影响力，将市场品牌的影响力转化为对市场经营商品的采购力。

“做好企业的‘保姆’就是我们最大的工作，在市场转型升级的过程中，我们更要知道企业的需求，因为只有企业和商户过得更好，市场才能更好地发展下去。”沈宇恩对未来信心满满。

抓试点契机 助外贸发展

中国东方丝绸市场的不断发展壮大，得益于市场专门制定的各项扶持政策，把扶优扶强作为市场发展的重点，积极鼓励企业产品创新、拓宽销售渠道，扶持企业做强做大。市场采购贸易试点则已成为推动市场未来转型升级的一大推手。

市场采购贸易方式是指在经认定的市场集聚区采购商品，由符合条件的经营者在采购地办理出口通关手续的贸易方式，是为专业市场“多品种、多批次、小批量”外贸交易创设的贸易方式，其特点为“通得快、便利化、管得住、免征增值税”。其创新在于解决了个体经营户和国外采购商在专业市场内用内贸方式实现外贸出口的难题，开创了更加符合国际规则的新型国际贸易方式的崭新路径。

在盛泽，市场相关负责人向笔者详细介绍了目前市场采购贸易试点创建工作的进展情况。沈宇恩告诉笔者，为了加速中国东方丝绸市场转型升级，保持市场持续增长动力，中国东方丝绸市场目前正在积极创建国家市场采购贸易方式试点市场。对照市场采购贸易方式试点的要求，制定了一系列的《试点工作方案》，并拟定试点配套政策，做好试点政策前期准备，以及开发了“市场采购贸易综合管理系统”，确保试点快速推进。从盛泽东方纺织城到市场中各大企业现代化程度极高的智能车间，不但能看到盛泽纺织业的辉煌成就，也能感受到盛泽人对未来发展的期盼。

据悉，目前市场采购贸易方式在第一批试点市场的运作情况良好。中国东方丝绸市场规模大、起点高，作为第二批试点市场，市场采购贸易对于吴江盛泽的纺织市场发展具有相当重要的意义，将大大增强东方市场的集聚效应。提到申报试点的筹备举措，中国东方丝绸市场相关负责人表示将会成立政府管理型机构，抓紧时间申报，建立公共服务平台，达到信息共享，协调商务、海关、外事、国税等多个部门，为市场采购贸易方式落地创造所需的环境和条件。

义乌打造全球小商品贸易中心

近年来，义乌中国小商品城以国际贸易综合改革试点为抓手，着力培育市场增长新动力，全面推进市场转型升级。尤其是自去年以来，在世界经济增速放缓、国内经济发展进入新常态的情况下，义乌中国小品城市场仍保持着持续健康发展。

义乌中国小商品城统计数据显示，2015 年义乌集贸市场全年总成交额达 1244.51 亿元，同比增长 15.89%，其中中国小商品城成交额 982.21 亿元，同比增长了 14.59%。

多举措培育市场新动力

为了培育义乌市场欠繁荣区块，义乌中国小商品城创新了招商模式，通过采取“以商招商”、“一对一招商”模式，引进打底裤、婚庆用品、花类配件等优势行业。同时，积极布局新型行业，引进了中国医疗器械线上线下融合的全国统一大市场与全球健康产业大平台。

在培育进口贸易方面，义乌中国小商品城成功举办了 2015 中国义乌进口商品博览会以及 2015 义乌进口商品购物节，进口展达成意向成交额 11.79 亿元，是现阶段国内规模最大的进口消费品展会，通过“展场联动”1900 个品牌落地进口馆。

2016 年 5 月 16 日落幕的第二届中国义乌进口商品博览会，更是吸引了来自 100 多个国家和地区的 1560 家参展商参展，达成意向总成交额 12.51 亿元，同比增长 6.6%。目前，义乌中国小商品城进口馆集聚了 100 多个国家和地区的 7.7 万种特色商品，拥有中国总代权限的经营主体占 50.4%，大进大出批发模式优势显现。

“义乌小商品城”及图标已完成了驰名商标注册，进一步推动其“走出去”战略布局实施。国内市场上，义乌中国小商品城对广东佛山、新疆君豪、河北沧州、四川川南、宁夏银川给予了商标品牌合作授权。

“一带一路”倡议下，义乌中国小商品城也积极布局海外市场。2014 年 11 月开通的“义新欧”中欧班列已实现常态化运行，截至 2015 年底，已往返运行 36 个班列，共运输 2192 个标准集装箱，成为浙江省承接“一带一路”建设的重要平台和有效载体。波兰时间 2016 年 3 月 11 日，浙江中国小商品城集团股份有限公司与波兰华沙中国商城在波兰首都华沙签署合作框架协议，标志着义乌中国小商品城首个海外分市场波兰华沙分市场正式设立，既为义乌中国小商品辐射中东欧搭建了便捷通道，又扩大了义乌市场商品在整个欧洲市场的份额。

线上线下的深入融合发展，也是义乌市场转型升级的主引擎。义乌市不仅成为唯一获批创建国家电子商务示范城市的县级市，也是实施跨境电子商务公共海外仓服务标准化试点。目前，义乌市共有 19 个电商园区，同时还引进了敦煌网、eBay、兰亭集势、比利时邮政等诸多知名平台。2015 年，义乌市电子商务实现交易额 1511 亿元，同比增长 31%。

尤其是作为义乌市场官方网站的“义乌购”，已成为一个依托实体市场、服务实体市场，以诚信为根本，线上线下融合发展的专业 B2B 电子商务平台。平台现有商铺商品、巨便宜、义品牌、论坛等主功能板块，转租转让、投诉处理、经侦平台、直通车、商铺服务等特色栏目。2015 年网站在线总交易额突破 40 亿元，线下撮合交易额达到 300 多亿元，

印度客商在义乌中国小商品城试戴仿古头盔

日均浏览量（PV）350万次，日均访问用户30万人。目前，已有2126家网上经营主体具有网上营业执照，初步形成“可管、可控、可溯源”的诚信体系。

此外，智慧市场建设也在稳步推进。义乌中国小商品城逐渐完善了市场触摸屏导示系统，搭建数据中心，云平台上线运行，已初步实现数据资源整合、共享。

聚焦“数据+金融+贸易”三大战略

商城集团下一阶段将聚焦“数据+金融+贸易”三大战略发展，即运用互联网的思维、金融的手段和资本的力量，深度切入供应链和贸易链的各个环节，构建一个创新创意引领、进出口联动、线上线下融合、产业支撑有力、金融配套发达的全球商贸龙头市场。

首先，强化数据驱动，打造大数据中心。通过建立采购商数据库，整合相关数据，把整个线上线下的人流、物流、资金流、信息流串连起来，构建成一个统一的大数据管理中心。再通过公共服务平台的建立，把数据转化成资源和效益，形成一个数据化的贸易服务生态圈。

据悉，为共同推进义乌市社会信息体系及信用示范城市创建工作，义乌中国小商品城征信公司已与市金融办合作，搭建了全市信用信息数据平台。目前信用数据平台已全面归集51个政府部门、90家金融机构的1071项信用数据，形成覆盖42万法人、208万自然人、共计1470余万条记录的多维信用数据库。

其次，聚焦市场需求，打造一站式金控平台。充分利用互联网和现代金融手段，聚焦市场、贸易、商户，依托线上线下信用数据库和信用评价体系，搭建一个包含互联网金融、供应链金融、贸易金融等功能的一站式金控平台。

再次，打造B2R电商平台供应链，探索C2B新模式。具体包括，培育进口贸易生态圈，打造“浙中进口消费品零售中心”，并向“全球日用消费品进口转口集散中心”目标迈进；加快研究品牌保护和拓展的模式及路径，积极推进品牌连锁拓展；加强对集中采购、招标采购等其他贸易模式的研究，深化资源配置，优化行业布局，建立创业创新孵化基地。

海宁皮革城加速转型升级

浙江省海宁中国皮革城经过22年的建设，面积从1994年的3.5万平方米，到如今发展成为面积超300万平方米、有经营商户11000余家，以海宁为总部、辐射全国多个省会城市的连锁市场网络。

随着市场环境的变化，经过不断的转型升级和创新，海宁皮革城已建成以皮革产品批零贸易服务为核心，集原料研发、设计创新、品牌发布、创业孵化、人才培养、电商服务、金融服务、外贸服务及旅游休闲等功能于一体的全产业链服务体系。

提升产业服务 引领皮革时尚

作为中国皮革产业的领军者，海宁中国皮革城秉承“服务皮革产业，引领皮革时尚”的宗旨，不断与时俱进，致力于打造中国乃至世界的皮革风尚中心。

海宁皮革城投资6亿元建成省级特色工业设计示范基地，并设立5000万元的专项资金，推出一整套设计师引进、培养和创业创新扶持政策、培育举措，推动产业设计创新。其与中国美院等11所高校及多个海外设计机构建立校企合作关系，每年与央视、各地方卫视合作举办“中国皮革裘皮服装流行趋势发布”。尤其是连续9年举办的“中国皮革时尚周”，已成为继“北京时装周”、“上海时装周”之后中国第三大时尚周。以2016年时尚周为例，共有14家企业和独立设计师参与发布各类新款服装1000余套，吸引了近1.8万人次观演，60余家媒体参与现场报道，展秀结合达成意向成交额16亿元。这些活动的成功举办，不仅引领了国内皮革消费，也逐步促使海宁皮革外贸从代工贴牌（OEM）向原创设计（ODM）转型，为海宁设计师面向全球市场提供了宝贵机会。

目前，海宁皮革的时尚化取得了初步成果。海宁皮革城以打造世界皮革强国为目标，后期将以“海宁皮革时尚小镇”核心区的开发建设为契机，进一步引进优质设计资源、扶持设计师创业创新和推动企业设计能力建设。

开拓连锁市场 搭建全国网络

为了更好地发挥皮革城拉动消费的功能，拓展市场和产业发展空间，从2009年起，皮革城开始实施外拓连锁战略。2010年10月第一个连锁项目——辽宁省佟二堡海宁皮革城建成开业，目前已经成为当地最大的皮革市场。随后，以每年开拓1～2个连锁市场的速度，至2015年6月底，海宁皮革城先后在江苏、四川、河南、湖北、黑龙江等省份共开设8个市场。

为加快全国布点，自2016年起，皮革城开始实施多元模式的连锁经营，着力为皮革产业构建网点密集、高中低档有效搭配的实体贸易渠道。除了原有的自建市场模式，皮革城一是打造“海宁皮革城时尚广场”品牌，以品牌输出和管理规范为主要形式，对国内众多在建和新建的中小皮革市场进行连锁收编，区域主要是不在自建布点的省会城市和地区级城市；二是通过打造“海宁皮革城精品市场”，联合海宁和全国最优秀的一批品牌企业，以每个店拥有百十来个品牌的规模，进驻市中心商业体，通过客源互补、资源共享的形式，打造中国皮革产业的高端渠道网络，同时推进线上线下一体化。

多轮多向驱动 创新产业链条

为了进一步提升产业服务的深度和广度，从2015年开始，皮革城在跨界、跨境创新上探索出了新的发展之路，力求逐步从技术和内贸的双轮驱动，转向金融、技术、内贸、外贸、跨界、跨境的多轮多向驱动。

与国内众多产业一样，融资难一直是困扰海宁中小皮革企业的一大瓶颈。皮革城市场调研数据显示，仅海宁皮革产业对非银行融资的需求就超过100亿元。而皮革城通过智慧市场、020、“海皮城”网上交易平台的建设和应用，对企业经营情况、经营信息的把握越来越完备，通过企业信用评估的大数据，能比较科学地得出其偿债能力和履责风险，能实现商铺质押、存货质押、信用贷款等高等级风险管控，并在最短的时间里为企业发展筹集社会资金。由此，海宁中国皮革城股份有限公司旗下的互联网金融平台皮城金融应运而生。

皮城金融平台从2015年3月16日正式上线运营以来，深度挖掘国内优质商圈和核心产业链的金融需求，受到了诸多中小企业的热烈欢迎和投资者的积极参与，截至2016年6月，已为商户/企业提供了539笔、共计25亿元的融资服务，在零风险的前提下，为投资者实现了7000多万元的投资收益。“原译”设计师集成商业平台项目，旨在通过签约国内外的一线优秀设计师，把其优秀作品、设计能力以紧密或松散的方式纳入到海宁皮革城的商业体系中，同时把海宁的一些优秀设计师作品纳入到大服装的体系中。目前其已成功签约90多位设计师，首个设计师集成店已经开业，网上商业平台已基本搭建完成。今年皮革城计划开设实体店5家，实现销售额1500万元。

在打造跨界跨境时尚交易平台方面，皮革城一方面在各连锁市场引进土耳其馆、意大利馆等优质皮革商品，增强市场商品的整体档次和差异化特色，还通过引进韩国时尚商品馆、国际馆、羊绒中心等具有互补性的交易品种，增强对消费者的吸引力；另一方面，皮革城与韩国上市电商“理智约”合作，探索跨境电商平台。

线上线下融合 推动产业发展

推动实体与互联网的融合发展，是皮革城建立以来一直在探索与推进的工作。1997年，皮革城成立了国内皮革行业最早的专业网站；2007年，成立了专门的网络科技有限公司；2010年，引进麦包包的团队成员打造了“海皮城”网上交易平台；2012年，建设皮革城电子商务创业园，入驻电商和服务商80多家；2014年，推进智慧市场建设，布局全城无线网络和数据采集分析系统，先后开放了手机APP和微信公众号服务平台，打造了123购物节品牌。

为进一步提升对批发业务的线上线下支撑服务能力，2016年初，皮革城以皮革城六期电商配送中心的开业为契机，打造以B2B业务为主线的皮商圈平台。通过此平台厂家可实现线上展示、交易，实体经销商可以实现下单批发，网络经销商可以实现一键上传第三方电子商务平台进行交易。

推进试点建设 开拓海外市场

2015年7月，皮革城顺利成为全国第二批也是目前唯一的三个市场采购贸易试点市场之一。为快速推进相关工作顺利开展，皮革城成立了提供一站式服务的外贸服务中心，在招商、培育、参展、建设境外渠道等方面多措并举推进试点建设。

招商方面，设立外贸众创空间，吸引外贸经营主体入驻，目前已经成功签约入驻企业85家，有80家企业办理完成注册手续，年内计划达到100家；培育方面，出台免租金入驻、外贸知识培训班、设立5000万元专项境外推广资金等举措；参展方面，精选了10多个具有较强国际影响力的境内外国际性展会，组织皮革企业赴境外参展，今年已经成功组织18家企业赴第19届俄罗斯国际皮革皮草展参展；境外渠道建设方面，联合在海外有一定基础的华侨以合资共建的形式建设海宁中国皮革城境外展销旗舰店，第一家店铺日本东京店已经于1月份开业，年内计划再开2家。截至2016年5月底，海宁市市场采购贸易累计出口2713笔，共计18111万美元。

沿着国家“一带一路”建设的步伐，皮革城也在探索建设海外市场的可能性，经过5～10年的努力，尽可能多地把握主动权，通过已构建的境外渠道网络，把中国皮革产业优质的产品、设计及品牌带出去。

江苏叠石桥家纺城升级发展之路

近两年来，叠石桥市场积极面对日趋激烈的竞争态势，以打造“世界级家纺生产贸易中心”为目标，以贸易改革创新、公共服务和市场采购贸易试点等为转型升级重点，提升速度和提高质量并重，扩大总量和优化结构并举，不断拉长产业链。

100多年前，当地人在江苏省海门市三星镇的一条小河上叠石建桥，于是有了“叠石桥”这个地名；30多年前，叠石桥地区脱离了散乱的地摊市场模式，成立了叠石桥市场。如今，历经30多年培育发展，叠石桥市场从起初的地摊市场，经绣品城、精品楼、名品广场、商贸城直至家纺城一期、二期以及三期，已发展成为全国规模最大、档次最高、配套最全、功能最强的全球家用纺织品专业大市场。目前，中国叠石桥国际家纺城市场建筑面积约100万平方米，拥有2万多间商铺，带动50万人就业。家纺产品全国市场占有率超50%，畅销全国350多个大中城市，远销全球130多个国家和地区。

近两年来，叠石桥市场积极面对日趋激烈的竞争态势，以打造“世界级家纺生产贸易中心”为目标，以贸易改革创新、公共服务和市场采购贸易试点等为转型升级重点，提升速度和提高质量并重，扩大总量和优化结构并举，不断拉长产业链。预计2016年叠石桥市场成交额将突破600亿元，电子商务交易额近200亿元，外贸供货额近50亿美元。

2016年6月下旬，笔者一行探访了这座被称为“中国家纺之都”的中国叠石桥国际家纺城，看看叠石桥是靠什么在转型升级的路上越走越好。

公共服务平台建设日趋完善

在中国叠石桥国际家纺城核心交易区东南侧的辅房，手拿资料袋的“老板们”进进出出好不热闹，这里就是叠石桥国际贸易服务中心。在家纺城从事家纺进出口生意的王先生刚刚在服务台前办完了报关，他告诉笔者，以前商务、工商、国税、地税、人行（外汇）、公安（出入境）、人社等都分布在市场的周围，办完一趟出口手续最少也得开车跑半天，而现在从进入服务中心到办完手续最多需一个小时。“方便、快、效率高”，这是王先生对服务中心的评价。

据叠石桥市场管理委员会常务副主任王继东介绍，该中心是集涉外行政审批、涉外公共服务、涉外中介服务、涉外信息交流于一体的全方位涉外服务的一站式综合服务平台。主要负责叠石桥市场集聚区范围内的广大生产经营企

业、市场经营户、国内外采购商、贸易商以及其他贸易中介服务机构各种贸易业务的行政审批、备案等公共服务，重点对外贸进出口业务提供“一站式”全套服务，为广大企业、经营户以及各类贸易商从事国际经贸活动提供政策咨询服务。

据了解，目前商务、国地税、人行（外汇）、人社、外办、公安（出入境）等职能部门已经入驻集中办公，可为前来办理内外贸业务的各种贸易主体提供专职、专业、优质、高效的注册、审批、许可、备案等行政事业性公共服务，并提供平台注册、登录，贸易全流程数据信息录入、各相关业务职能等国际贸易综合性咨询服务。同时为从事国际贸易业务的市场经营户、企业等供货商以及国内外采购商、代理商等各类贸易主体提供货物代理采购、国际货运、船代、货代、报关报检等贸易中介服务。

近年来，叠石桥家纺业的发展规模不断壮大、带动作用显著增强，与叠石桥日益完善健全的公共服务体系、功能复合的公共服务平台密不可分。目前，除了叠石桥国际贸易服务中心，还建有“指数发布、流行趋势发布、质量检测、知识产权（版权）保护、家纺电子商务、游客中心、现代物流、叠石桥港国际物流、海关监管等一系列公共服务平台和机构。“我们自行投资筹建的版权保护办公室、游客中心、家纺博物馆以及货运服务中心和市场采购贸易综合管理系统，商务、国地税、外汇、人社、外办、出入境等职能部门和货代、船代、报关等中介服务机构都纷纷进驻贸易中心集中办公，为参与贸易改革试点的各类贸易主体从事国际贸易业务活动提供全方位、一站式综合服务。”王继东告诉笔者。

目前，国际贸易服务中心、市场监督管理局服务大厅等为数百家进驻叠石桥的贸易公司、货代公司等贸易主体办理注册手续，为市场千余家商铺经营户完成市场采购贸易方式试点商户备案。

市场采购贸易试点先行

走进叠石桥国际家纺城，“全面开启十三五新征程”的宣传语耀眼地显示在LED大屏幕上。而在中央大厅正中央的位置是三块古色古香而又十分显眼的牌子，最中间的是国务院办公厅颁发给中国叠石桥国际家纺城的“市场采购贸易方式试点单位”的牌匾。

“2015年7月22日，国务院办公厅《关于促进进出口稳定增长的若干意见》明确将‘江苏海门叠石桥国际家纺城’纳入市场采购贸易试点。2015年9月25日，国家商务部、发改委、财政部、海关总署、税务总局、工商总局、质检总局、外汇局以及人民银行联合行文向江苏省人民政府发函，进一步明确在江苏海门叠石桥国际家纺城试行市场采购贸易方式，并加快推进各项试点工作任务，市场采购贸易方式历时两年多正式在海门叠石桥落地实施、先行先试。”提到这块牌匾，与市场一同经历风雨的王继东记忆深刻，也感慨良多。“申请试点的两年，叠石桥市场开展了大量基础性、特色性工作。”王继东告诉笔者，也正是通过试点工作的快速推进，政策预期效应大大激发了外贸企业与市场经营户进一步发展国际贸易的积极性与主动性，市场经营户和家纺企业充分看好新政利好，涉外经营主体的落户数及市场成交额在市场大局不景气的情况下创造了逆势上扬的业绩。

据不完全统计，2015年7月22日试点正式获批以来，包括市场商户以及外贸供货企业、国际采购商、贸易公司等各类贸易主体参与试点积极性大大提高。截至目前，叠石桥新注册个体工商户1500多家，1000多家完成试点备案登记；有超过1000人次国际采购商或其代理前往叠石桥市场进行商务考察或政策咨询；有超百家来自义乌、上海、苏州等地区以及也门等阿拉伯地区各类贸易公司、国际物流、报关代理等涉外中介服务机构纷纷主动与叠石桥方面接洽咨询，其中近百家已经在叠石桥市场完成或者正在加快办理新公司注册登记手续。截至2016年7月中旬，试点通关超13200票，出口贸易额突破18亿美元。

叠石桥市场采购贸易方式试点工作实施半年以来，成效明显，尤其是2016年上半年，海门全市外贸出口持续高位增长，出口总量首次名列南通县市区第一，增幅继续保持南通市乃至江苏第一。海门外贸出口之所以出现快速增长，主要源于市场采购贸易方式试点这项国家级贸易改革政策所带来的积极效应，市场采购贸易方式的贡献率达85%。可以说，市场采购贸易方式在推动叠石桥家纺产业加速转型跨越、促进家纺市场加快提档升级的同时，更对叠石桥区域经济发展尤其是产城融合，产生了创新发展理念、创造发展机遇、创优发展环境的效应。

白沟商品交易市场转型国际化商贸平台

历史上的河北白沟曾是中国北方著名的水陆码头，以“燕南大都会”的美誉闻名遐迩。今日白沟已由原来的“小市场”变成了“大商城”。笔者近日走访白沟发现，尽管由于经济下行，白沟的箱包经营也多多少少受到影响，但由于白沟早已谋划从“箱包集散地”向国际化商贸物流产业平台转型，在补齐外贸短板和大力发展电商方面发力，如今的白沟正在努力通过做强外贸、发展电子商务，形成面向世界的大卖场，成为“买全球、卖全球”的国际化商贸平台。

重塑商业模式

作为一个自发形成的市场，白沟的出现，就是白沟人勇于思变、不断创新的结果。在白沟箱包市场 30 多年的发展历程中，创新求变一直是白沟市场发展的主旋律。

为了提升市场档次，1994 年建成启动白沟箱包交易城，2006 年建成启动国际箱包城一期，2009 年建成启动国际箱包城二期。为进一步推动白沟箱包特色产业的发展，2012 年白沟规划建设和道国际箱包交易中心，2013 年 10 月白沟箱包市场进行了整体搬迁，营业面积扩为原来的近 5 倍。

和道国际箱包交易中心的出现，是白沟市场主动提档升级的最好诠注。但由于近年商业环境发生天翻地覆的变化，原有坐商式的批发市场模式面临着很大的挑战，白沟也不例外。应对这些挑战，以和道国际箱包交易中心为代表的白沟市场，推出了许多新举措，重塑竞争新优势。

在白沟，和道国际箱包交易中心的箱包交易量占到全国市场的 35%，北方地区市场占有率更是达到 65%，产品还远销到俄罗斯、美国、澳大利亚等 130 多个国家和地区。据和道国际商贸集团副总经理张国介绍，白沟和道国际箱包交易中心于 2013 年 9 月 28 日建成试营业，是河北省重点市场和我国规模最大的箱包单体专业市场。其总投资 30 亿元，占地 500 亩，建筑面积 50 万平方米，东西跨度 800 米，南北跨度 130 米；2013 年入驻经营商家 12000 家，市场成交额 260 亿元，日客流量 5 万人。白沟和道国际箱包交易中心批零兼营，厂家直营、品牌代理、品牌专卖、展示订货为主要经营方式。

笔者参观后体会到，作为商品交易实体市场，和道国际箱包交易中心已具备了商场般高档次的交易环境，现在需要做的是在硬件提升后，通过服务能力的增强，提升市场交易能力和品牌影响力。而在这方面，和道国际箱包交易中心一直没有停止探索。

和道国际商贸集团商业管理中心总监牛飞告诉笔者，和道国际正通过建立品牌联盟生态圈、产业生态圈、国际外贸城等举措，建立全新的商业模式，以推动市场更好发展。

牛飞谈道，商品交易市场升级除了硬件和配套设施升级外，也要引导商户进行升级。专业市场 30% 的实力商户，如果能转型为理念先进、产品前卫的批发商，其他商户就会跟风或者协同发展。所以和道国际商贸集团倡导做品牌联盟生态圈，先选一批有实力的商户，利用线上线下资源帮助其推广，与其他一些市场资源对接，并与其一起联营，以帮助实力商户扩大销售、提升品牌影响力。

打造产业生态圈，指的是和道国际以箱包产业为基础，打造集设计研发、原辅料供应、加工生产、仓储物流、线下展销、线上推广、品牌塑造和金融支持于一体的一站式产业生态系统，促进白沟箱包产业稳固升级。

而外贸城项目，则是白沟补齐外贸短板、内外贸双重引擎共促区域经济发展的重要举措。据牛飞介绍，和道国际外贸城项目希望获得国家市场采购贸易方式试点，成为白沟新城乃至河北省外贸行业发展的核心动力。他透露，如果国家市场采购贸易方式试点能落地白沟，和道国际箱包交易中心预计能增加外贸商户 1000 家、服务机构 300 家。

网供网销产销体系形成

近年来，随着电子商务的发展，白沟的电子商务也高歌猛进。据白沟新城电子商务协会会长、河北和道电子商务有限公司总经理尚永华介绍，截至 2015 年 6 月末，白沟网店数量增长到 3000 多家，从业人员 3 万余人，电子商务平台产生的箱包年销售额达 20 亿元，顺丰、圆通、中通、申通、韵达等国内二十几家快递公司在白沟新城落户设点，箱包平均日发货15万余单。与此同时，电商培训、摄影设计、运营推广、物流网供等一大批与之配套的服务业应运而生，逐步形成了一条功能较为完善的网供网销产业体系。

据尚永华介绍，白沟的箱包电子商务发展已初具规模，连续3年被评为“淘宝镇”。依托成熟的仓储物流体系，白沟已经成为河北省省级电子商务示范基地，2016年将申请成为国家级电子商务示范基地。

尚永华告诉笔者，白沟发展电商有很好的条件，电商产业链源头有3000～4000家生产企业，中间网供店有1000多家。网供店是介于工厂与网店之间的业态，其负责设计、推广、经营产品数据包，后端还提供产品代发等售后服务。网供店承担着供应链管理的功能，电子商务产业链中的新业态网供店是自发形成的。网供店的出现改变了传统的贸易模式，让电商发展进入快速道。

现在和道国际电商创业园入驻的商户很多，这一方面缘于创业园提供的优惠入驻条件——入住租金三年减免，同时他们还提供了很多便利的配套服务，让创业者能拎包入住，还能消除生活方面的后顾之忧。更重要的是白沟庞大的网供群体为网店创业者提供了良好的创业条件：当地网供群体不仅为店主供货、发货，还可进行推广，这让新入行的网店店主经营更便利、高效。而网供店很多就是由原来的批发商转型而来的。

国际化任重道远

近年来，新规划建设的白沟新城主要经济指标均以20%～30%的速度增长，直接出口创汇连续3年增速达100%，成为保定市乃至河北省经济最活跃、也最具发展潜力的地区之一。

白沟的外贸看起来发展很快，但仔细分析却会发现，在外贸大军中，白沟外贸绝对是个小字辈。保定白沟新城经济社会发展局金雪飞告诉笔者，去年，白沟14个专业市场成交额达1037亿元人民币，但出口却只有11.8亿美元，自营出口更少，只有1.87亿美元。

这么小的外贸基数，白沟却要转型做国际化商贸平台，积极申请市场采购贸易试点，这会不会是纸上谈兵？

金雪飞对此回答道，白沟的外贸虽然基数小，但却有做大外贸的有利条件。“白沟开拓国际市场是从2008年金融危机后开始的，通过参加广交会，原来以内销市场为主阵地的白沟，外贸一点点发展起来。白沟现在有自营进出口权的企业208家，这208家中真正做自营进出口的企业有62家。62家企业在短短几年国际市场的开拓中带来1.87亿美元的出口规模。目前，白沟新城物流配套体系完善，拥有三个物流市场，货运企业200多家，线路300余条，日均货物吞吐量超过1500吨。其线路覆盖全国31个省区市，同时与亚洲、非洲、欧洲、美洲、大洋洲等130多个国家和地区建立了业务往来。”

京津冀一体化为白沟向国际化商贸平台转型也带来机遇。据金雪飞透露，河北保定以白沟新城为中心，编制完成了230平方公里的“现代商贸物流产城融合示范区空间规划”。其中有白沟国际商贸区发展规划相关内容，这表明发展国际贸易是未来白沟的又一发展引擎。白沟要发展国际贸易，当前获得市场采购贸易试点的政策支持极为重要。因为白沟小微企业量多面广，这些企业有产品优势，但缺乏做外贸的高端人才，市场采购贸易很适合这类企业。

金雪飞认为，国际贸易是人才高地，现在白沟做国际贸易最缺乏的就是人才。白沟正在努力打造国际物流中心，争取早日成为高端人才集聚地。她也希望国家一些特殊支持政策能落地白沟，以增强白沟对高端人才的吸引力。

临沂工程物资市场助力企业“出海”

起步于改革开放初期的山东省临沂商城，经过30年的发展，已成长为全国规模最大的专业市场集群、中国北方最大的物流基地，是山东省国际贸易综合改革试点。在全国经济下行的背景下，临沂商城管委会通过培育发展新业态，增强发展新动力，扎实推进商城国际化，让临沂商城实现了逆势上扬。2015年，临沂商城实现交易额3203.3亿元，同比增长19.2%；物流总额5026.77亿元，同比增长23.9%；电子商务交易额577.5亿元，同比增长86.8%；进出口额49.49亿美元。

临沂商城现有专业批发市场131个，经营商品多达6万个品种，涵盖小商品、五金、建材、板材、园林机械、劳保用品等27大类，基本覆盖了生产资料和生活资料主要门类。临沂工程物资市场是其中的一个代表，笔者希望能从这家市场的变革中一窥临沂商城的发展风貌。

临沂被称作“板材之乡”，建材是其传统优势产业。作为临沂市场集群的龙头，临沂商城工程物资市场是山东省首批内外贸结合的商品市场，也是临沂商城争取市场采购贸易方式的责任主体。市场包括胶合板经营区、装饰材料经营区、建材经营区，主营商品以各类板材、装饰材料、五金、建材以及工程配件为主。整个市场占地570亩，建筑面积36万平方米，入驻商户1600多户，从业人员2万多人，日均客流量5万多人次。商品内贸辐射全国各地，外贸出口至美国、俄罗斯、印度、澳大利亚、哈萨克斯坦、墨西哥以及东南亚、西亚、北非、南美等60多个国家和地区。

商务部外贸司副司长朱咏一行到临沂商城调研

市场商户主动转型

香港馨碧源家居有限公司总经理任桂玲是临沂商城工程物资市场的老商户，2000年就进驻市场，当时经营的企业是馨碧源的前身——临沂六佳木业有限公司，主营板材业务。“板材生意越来越不好做了。这个行业与房地产市场息息相关，房地产不好，板材的销量就不好。”任桂玲说。她不愿被动地坐等市场转变，而是主动转型。看到近些年定制家居行业的兴起，而且自己已坐拥家具上游产业链之一——板材生产的优势，任桂玲心想，何不转型尝试做定制家居？为此，任桂玲请来了专业人士胡培敏做运营总监。胡培敏在知名的定制家居企业尚品宅配工作了6年，拥有丰富的市场开发与经营管理经验。

馨碧源营销中心自2015年10月在临沂商城工程物资市场开业以来，生意很好。“以前做板材生意，淡旺季明显。现在做定制家居，没有淡旺季之分，天天都挺忙的。”任桂玲说。

笔者在馨碧源的展厅看到，根据不同风格、色系打造的各式样板间或富丽，或简约，或古典，小至踢脚线，大至整体衣柜，顾客在这里几乎可以一站式定制所有家居产品。“我们的产品可以解决顾客的家装痛点。”胡培敏告诉笔者，顾客不用辛苦跑市场买这买那，只需提出要求，在设计师的帮助下，就能让全屋实现装修风格上的统一。对于企业自身而言，订单式生产可以减小建材库存的压力，也省去了被拖欠货款的麻烦。“我们的产品定位为高端，但由于板材都是自己生产，有利于成本控制，所以价格处于中端水平。”胡培敏说。

馨碧源的定制家居模式获得了市场的认可。目前，馨碧源已在山东、江苏和安徽开了32家加盟专卖店，分销商达 40 多家，预计加盟店今年将达到 70 家。

临沂正大木业有限公司与馨碧源一样主动选择转型以应对市场行情转变带来的挑战。“我们公司从 1998 年成立以来一直做内贸，2013 年起强烈感觉到国内市场行情下滑，看到了‘一带一路’建设对外贸的带动作用。我们想多开拓一些市场，于是注册了公司开始做外贸，通过参加展会，与国外客户接洽，今年还打算到国外参展。”正大木业副总经理李春欢告诉笔者。

正大木业也根据市场需求改变了产品结构。“以前主要做板材，产品单一，市场竞争很激烈；现在产品线扩大到建材产业的全产业链，多元化经营更有竞争力。”李春欢说，2015 年正大木业出口额达 1000 多万美元，占总销售额的四分之一。

“走出去”与“引进来”

尽管馨碧源和正大木业都通过主动转型找到了新的出路，但他们仍然有着相同的烦恼。“现在的问题是我们这些中小企业有好的产品，但找不到国外客户；同样，国外客户有需求，也找不到我们。”李春欢说，尽管通过参加展会、开拓电商渠道能接洽海外客商，但大部分企业势单力薄，做起国际贸易来力不从心。

为此，临沂商城管委会从三方面着手，加速临沂商城的国际化进程。一是加快海外临沂商城建设。筹备成立临沂商城海外投资有限公司，加强与具有海外工程项目的央企合作，加快推进巴基斯坦、卡塔尔、德国、阿联酋等海外临沂商城建设。2016 年 5 月 7 日，巴基斯坦（瓜达尔）中国临沂商城项目奠基仪式举行，该项目是临沂与巴基斯坦经贸合作的开篇之作。项目将把瓜达尔中国商城建设成为集仓储物流、商品展示和市场交易等功能于一体的区域性国际商贸物流中心，将其建设成为开拓南亚、中亚、中东和北非等地市场的大本营，将其建设成为“一带一路”国际经贸合作的精品工程和示范工程。此外，临沂商城与卡塔尔萨克集团、山东中再生投资开发有限公司签订了经贸合作框架协议，建设卡塔尔中国临沂商城；签订了中国临沂商城（欧洲）保税中心项目合作协议，在德国完成了公司注册。

二是畅通国际物流通道。在 2015 年开行临新欧、临满欧等 8 条铁路货运班列的基础上，积极对接中巴经济走廊，

长沙市人民政府参观团来临沂商城工程物资市场参观考察

开行了临沂经喀什至巴基斯坦瓜达尔港的货运班列。完善提升临沂港功能，与马士基、长荣等 20 家船公司和场站建立合作关系。今年 1～4 月，临沂港集装箱操作量达 23721 标箱，同比增长 70.85%。实行临沂港二期（铁路物流口岸）与铁路物流园区融合发展，成立了临沂港建设工作领导小组，目前项目建设正按照要求稳步推进。

三是全力争取市场采购贸易方式政策。所谓市场采购贸易方式，是指在经认定的市场集聚区采购商品，由符合条件的经营者在采购地办理出口通关手续的贸易方式。临沂商城工程物资市场就是临沂商城争取市场采购贸易方式的责任主体，目前已做好试行市场采购贸易方式的各项准备工作，正等待政策落地。

临沂商城工程物资市场负责人告诉记笔者，市场采购贸易方式是旅游购物模式的升级版，报关每批次货值额度由 5 万美元提高到 15 万美元，而且出口政策进一步优化，海关简化通关流程和手续，一次申报，一次放行；允许个人收结汇，打破“谁出口、谁收汇”政策；免税收，实行增值税免税政策。“如果政策能落地，我们应该能接触到更多外国客商，对于市场里中小微企业的外贸业务来说，能起到很大的促进作用。”李春欢说。

此外，临沂商城建设的市场采购贸易联网信息平台已具备上线试运行条件，待政策落地后即可上线运行。临沂商城国际贸易服务大厅管理服务水平也在进一步提高，今年一季度新增外贸公司 146 家，商城外贸企业已发展到 3397 家。

浙江中国科技五金城的转型之路

2016年6月24日，中国永康五金（欧洲）展贸中心项目首场招商推介会在浙江金华象珠镇举行，推介会吸引了近百家企业踊跃参与。当场，不少企业主对展贸中心表示出浓厚的兴趣，有的当场敲定入驻。

2016年6月底的一天，浙江中国科技五金城集团有限公司（以下称“五金城集团”）党委书记、董事长、总经理夏霆接受了笔者的采访。此前，他身旁会议室里已经聚集了七八个人，“走出去”重大项目中国永康五金（欧洲）展贸中心项目的招商研究会议正等着他主持召开。为应对国内日趋激烈的竞争，五金城集团正全力“走出去”，以真正让永康五金畅行世界。

作为中国最大的五金专业市场，中国科技五金城已经有20多年的发展史。在互联网浪潮到来之前，这里的商户每天迎来送往，有着接不完的订单。然而，近年来，五金市场在全国遍地开花，产品雷同，功能相近，这削弱了五金城的竞争力。同时，随着网购服务的不断完善，电商也在一定程度上挤压了实体市场。这让年交易额超过500亿元的五金城面临着极大的转型压力。痛定思痛，中国科技五金城市场管理者意识到，“走出去”与利用互联网开展营销是企业当前转型的重中之重。

拥抱互联网加强与电商融合

电商的发展给各个行业带来的影响是深远的。五金城商户、九牧整体厨卫永康总代理告诉笔者，厂家在线上开发了专门的产品，有专门的渠道、专门的定价。其实很多企业都有类似的做法，这无形中挤占了一部分市场份额。所以电子商务是一道躲不过的坎，必须面对。五金城集团较早涉足电子商务，2015年以来，更是按照“行业权威、全国一流”的目标和“买卖五金、尚（上）五金”的商业定位，依托实体市场，自主打造了“尚五金”电子商务平台，为五金城3000多家商户和永武缙地区上万家企业服务构建了“网上中国科技五金城”，同时推进“智慧五金城”“智慧会展”等电子商务平台的发展。线上线下互相带动，形成合力，实现双轮驱动发展。

在五金城集团提供的一份材料中，笔者看到，“尚五金”电子商务平台注册会员已达7.2万个，入驻企业6300多家，被列为金华市现代服务业综合试点项目之一，跻身中国线上线下融合市场20强。“我们还创建了中国科技五金城、中国五金博览会、中国国际门业博览会、永康国际会展中心等多个网络服务平台及微信平台，有效提升了市场管理和服务水平，扩大了市场的影响力，提升了运行效率。”夏霆告诉笔者。

稳步“走出去”让永康五金畅行世界

为了应对国内日趋激烈的市场竞争，“走出去”拓展

新的商机，成为五金城当前重要的战略。

五金城集团的“走出去”分为两步。第一步是走出金华、走出浙江，第二步是跨出国门，迈向世界。五金城集团已经迈出了第一步。他们在宁夏银川开辟了首家“永康五金直销中心”品牌实体店，形成了“永康五金直销中心 + 尚五金电商平台”双线发展模式。目前陕西、重庆、山东、河南、辽宁等地五金市场直销中心也在加速筹建中。

结合国家“一带一路”建设以及近年我国与中东欧国家经贸往来日益密切的契机，永康市提出“让世界五金汇聚永康，让永康五金畅行世界”。夏霆说：“我们马上要在罗马尼亚布加勒斯特市实施中国永康五金展贸中心项目。我们已买下一个展馆，在那里常年举办展销活动，准备组织千家企业、万种商品进欧洲。”“我对欧洲市场进行过考察，永康的五金产品属于中档，部分产品甚至是中高档，在欧洲特别是在东欧，永康五金产品有相当的竞争力。我们希望把罗马尼亚作为永康五金商品销往欧洲的桥头堡，以此辐射东欧，逐步扩大到整个欧洲。”夏霆补充道。

当过国企老总，曾下海创业 6 年，2014 年又被市政府召回担任五金城集团的董事长，夏霆对市场的把握和对国企的运作信心满满。

做强会展业 以展促贸求发展

展览对企业形象塑造、品牌推广、促进销售是个事半功倍的举措。以展会为契机，拓展商品流通渠道，推进市场结构调整和优化，形成人流、物流、信息流的大融合，促进市场交易向品牌化、国际化方向发展已被证明是有效途径。五金城集团的发展较大程度上得益于中国五金博览会等展会的成功举办。

从 1996 年首届中国五金博览会开始，每届博览会都有数千家资信良好、实力雄厚的生产企业、外贸公司、科研院校参展参会，历届展会展出产品 10 余万种，专业观众达 8 万余人次。此外，中国（永康）国际门业博览会、永康国际机械装备及工模具展览会、中国（永康）文教体育用品博览会等一大批展会也在培育中不断壮大。

夏霆告诉笔者：“我们还开通了‘智慧会展’，实现了从线下展销为主向商品交流、技术交流、人才交流、工业设计展示、五金指数、论坛等多功能的交互升级，从传统展会向‘互联网 + 展会’升级。这些为促进产品销售、提升企业形象提供了很好的平台。”

弘扬五金文化占领行业制高点

永康五金文化历史悠久，通过对五金历史文化的梳理和宣扬，可以树立永康在五金行业发展中的地位。而通过在经营中强化品牌、提高管理质量，又可以进一步提升永康在当下五金领域的品牌形象。

在中国科技五金城创办之初，企业高层就紧扣五金文化这根弦，创办了中国五金博览馆、永康五金名品展馆、国外五金产品展示馆、五金广场以及广场群雕。在国际会展中心建立大规模的名企名品展示厅，进一步丰富市场文化内涵。通过开展“经营规模公司化、经营方式网络化、经营商品品牌化、经营渠道外向化”等活动，使名企、名品逐年增加。统计数据显示，名企、名品在五金城市场的占比从 2007 年的 8%、32%，分别增长到现在的 35%、89%。如今，市场积聚了一大批中国驰名商标、浙江省著名商标，市场已成为品牌孵化的高地。五金城集团也因此先后获得了全国诚信示范市场、国家级知识产权保护规范化市场、中国十强品牌市场等荣誉。

在树立品牌的同时，还要增强企业在行业的话语权，占领行业制高点，甚至引领行业发展。夏霆说：“我们编制、发布的由五金产品价格指数、五金产品景气指数、五金产品其他辅助指数构成的‘中国·永康五金指数’是国内第一个五金行业指数，被称为国内五金行业的‘道琼斯指数’，已经成为市场行情的风向标与晴雨表。”

本次采访的主题是商品交易市场转型升级。所谓转型，是指结构形态、运转模式以及人的观念等根本性转变。所谓升级，则是指产业升级，是产业结构的改善和产业素质与效率的提高。五金城集团面对激烈的市场竞争，面对复杂的内外部环境所实施的和将要实施的这些措施，有些已经对行业和企业发展产生了影响，有些影响或许会逐步显现。而评判这些行动是否能使五金城集团实现转型升级，还要看是否带动了永康五金产业的协调发展和结构进一步提升，使生产要素组合进一步优化、技术和管理水平以及产品质量得到了提高，这将是一个漫长的过程。令人欣慰的是，他们已经迈出了一步，并且没有停步。

新发地市场全面提档升级进行时

成立于1988年5月16日的北京新发地农产品批发市场，在建设初期只是一个占地15亩、管理人员15名、启动资金15万元，用铁丝网围起来的小型农贸市场。经过28年的建设和发展，新发地市场已成为首都北京乃至亚洲交易规模最大的专业农产品批发市场。

目前，市场占地1680亩，管理人员2700名，固定摊位3000个、定点客户4000多家，日吞吐蔬菜1.6万吨、果品1.6万吨、生猪3000多头、羊3000多只、牛300多头、水产1800多吨，承担了首都80%以上的农产品供应。2015年交易量达1510万吨，交易额达606亿元。新发地2010年在河北高碑店建立物流园，用于农产品的仓储，确保北京市场供应。在全国4600多家农产品批发市场中，新发地市场交易量、交易额已连续13年居全国第一，是首都名副其实的大“菜篮子”和大“果盘子”。新发地市场发布的农产品价格指数也成为引领中国农产品市场价格的风向标和晴雨表。

虽然规模和体量巨大，且具有很高的知名度和影响力，但新发地市场并不满足于将自身仅仅定位为单一的农产品交易市场，而是计划逐步向农产品电子交易等多元化方向升级。此外，为了遵循京津冀协同发展规划，更好地配合首都城市建设发展，新发地市场启动了全面的升级改造。

新发地农产品股份有限公司总经理张月琳表示，“四减六强”是市场实现全面提档升级的主要策略。

升级也要做减法

张月琳透露，为了落实首都城市战略定位、增强首都核心功能、优化提升市场的整体运营能力，新发地要在土地、商户、垃圾、交通量上做减法。“由于承担了首都80%以上的农产品供应，新发地市场不会整体搬出北京，但占地面积将减至1000亩，这就要求市场往立体化方向发展。”张月琳说。目前，立体化、现代化的12万吨级冷库、蔬菜交易大楼、果品交易大楼正在建设之中。蔬菜、果品交易楼均为地上地下三层，大车可以直接开进地下大厅，改变目前的蔬

果露天交易模式，也将从根本上缓解市场的交通压力。另外，市场的一半面积将进行绿化。预计5年内，新发地将成为一个与首都定位相匹配的都市现代化交易市场。

在商户数量上，新发地市场计划从目前的8000家减到3000家，以减少人流、车流与垃圾。张月琳透露，新发地市场本着“扶大、扶强、扶优”的原则，对大户给予多方面的支持，例如帮助他们打造品牌，提供担保贷款等。目前，规模过亿元的商户有32家，年交易额过千万元的商户有1000多家，形成了以蔬菜、果品批发为龙头，肉类、粮油、水产、调料等十大类农副产品综合批发交易的格局。在挑选出2014年度新发地单品经营“十大王”的基础上，2015年市场从各品类农产品当中出类拔萃的“王牌”大户中，推选出了81个农产品单品经营大王。

为了减少垃圾，新发地市场力推“净菜进市场”，市场内不许加工毛菜。以往洋葱从产地进京，在运输的过程中外皮容易干裂，不少商户觉得卖相不好，都会在交易区倒袋、扒皮，从2016年开始，洋葱都是整袋交易，不允许中途倒袋。大白菜也是要先去掉不要的叶子再进场交易。对于装运净菜入场的商户，市场给予收费减免30%的优惠。这样有助于减少市场的垃圾总量，进而为北京市的垃圾总量“减负”；同时也减少了农产品中转更换包装的次数，包装材料的浪费也会大大减少。

此外，为了减小交通压力，新发地市场推出集中配货模式，旗下合资公司云陌生鲜是专供小餐饮企业采购的电商平台，客户下单后，由云陌生鲜代为采购，供货商将货物送至专门的仓库，再由第三方物流提供配送。目前客户有1000余家，相当于至少为市场减少了1000辆车的出入。

向终端和产地两头延伸

如果说“四减”是剪掉旁枝，促进大树主干生长，那么“六强”就相当于给根部施肥，增强大树的生命力。

第一，增强产地组织能力。

新发地市场已在全国建立了200多万亩的生产基地和10个产地市场，专供北京市场，这样也保证了首都菜价的稳定。

第二，增强为社区居民服务的能力。

新发地市场全资经营的便民菜店和便民直通车网点在北京已有200多个，服务500个社区。张月琳表示，新发地与其他公司合资的电商板块有计划做社区O2O项目，如果运营成熟，将与便民菜店、便民直通车的业务相结合。张月琳坦言，菜店的拓展相对较慢，因为开店成本高，特别是租金。

不过，新发地自有果蔬品牌“珍品荟”正在筹备中，今年将在丰台区兴建10家新发地珍品荟连锁生活超市。据介绍，“珍品荟”是新发地与“十大王”中的几位果蔬大户合资成立的新公司，注册资金2000万元，以严格的基地品控以及价格优势丰富首都市民餐桌。虽然“珍品荟”可以说是升级版的便民菜店，但张月琳表示，价格依然很实惠，因为是与果蔬大户们合作，标准化、品牌化等流程都从产地做起，等于一手货源直接从产地进入零售终端，其价格肯定比转手几道的果蔬便宜，品质也更优。“珍品荟”选址主要在菜市场。

第三，增强价格形成引导能力。

张月琳说，有产地组织能力作保证，货源越充足，价格越低。新发地市场还会陆续推出价格指数，对农产品种植起到指导作用，意在使价格保持相对稳定。

第四，增强农产品储备能力。

正在建设中的12吨级冷库就是为了增强储备能力。新发地市场在河北高碑店建立的分市场，也是为了在冬季储存洋葱、土豆等蔬菜，以及时供应北京市场。

第五，增强食品安全保障能力。

新发地市场之所以建立生产基地和产地市场，目的之一是从产地开始保障食品安全。张月琳说，一些小农户看到市场行情好，就急于让刚打农药的农产品上市，由于农药没过挥发期导致农残超标。而规模化的种植能有效规避小农意识的影响。新发地分市场还建立了联动机制，在分市场检测合格的农产品是受新发地市场认可的。“农产品要有产地证明和产地检测证明才能进入北京新发地市场。如果没有产地检测证明，就得接受市场的检测。”

第六，增强低碳降耗环保能力。

新发地对外省市来的油气双动力大车实行减半收费，这样可以反向影响产地的装车决策。新发地市场购买了500辆电动车服务北京市场，减少污染排放。

西柳打造北派服饰专业市场

从沈阳市区出发，沿着沈大高速一路向西南行驶，经过一个半小时的车程，就能到达西柳站出口，毗邻高速的西柳市场产业集群赫然出现在你视线所及之处。西柳站出口是沈大高速公路 41 个出口之一，而这个出口可以说是为西柳市场产业集群专门留置的。

1978 年，西柳镇的一位普通农民开始了加工裤子的营生，一个人的创举引得全镇人争相效仿，从此也改变了“西柳自古无集市”的状况。而 38 年后，西柳这个面积只有 64 平方公里、人口只有 8.2 万人的小镇已经成了中国北方现代商贸物流集散中心和北派服饰生产加工基地。

虽然坐拥生产产地和地域区位的优势，但随着国内新兴市场越建越多以及电子商务入侵传统产业，在竞争压力下，西柳市场也面临着几大问题的困扰：要生产什么样的衣服？怎么卖？卖给谁？经过几年的探索，提升自产产品、建设全产业链和开拓渠道“走出去”是西柳市场给出的答案。数据显示，西柳市场 2015 年实现交易额 580 亿元，同比增长 12%，在全国专业市场都面临颓势之时，交出这样的成绩单，西柳人还是满意的。

让产品更丰富

“先有产品，后有市场，这是西柳的根基。”西柳市场建设管理委员会副主任朱勇对笔者说，西柳市场的摊位有 1.6 万个，多数是前店后厂，辐射周边 300 公里内的纺织服装企业多达 6000 余家。西柳是生产一年四季服装的全品市场，尤以棉服和裤业知名。相比福建和广州等南方大的服装产地，西柳的特点就是门槛低、劳动力价格低、成本低。“比如广州生产服装的加工费 60 元 / 件，在西柳只需要 15 ～ 30 元 / 件。”

但也是西柳依赖批发走量所形成的中低档定位，让发展了 30 多年的西柳市场仍没有形成国内知名的龙头企业和全国驰名服装商标。“10 年前，西柳生产的衣服没有自己的品牌，而且大多会打上东南沿海发达城市的产地商标。这样做的目的是让销路更好，但也反映出商户并没有品牌意识。”西柳市场的商户乔楠对笔者说，“2008 年后，商户们意识到如果产品都还是低档货，也没有自己的品牌，一定走不远。”

为了改变市场自主研发能力弱、跟踪仿冒、同质化内耗的局面，西柳镇政府引导给南方企业生产贴牌产品的西柳服装业户注册自己的商标，目前市场上 60% 的商户都拥有了自主品牌。今年 6 月末，西柳市场已获批辽宁省唯一一家中国首批知识产权保护规范化培育市场。同时，从 2010 年开始，西柳镇举办“西柳杯”中国北派服饰设计大赛，并通过培育西柳地产服装品牌 50 强评选，将“北派服饰”作为西柳成为全国知名区域品牌的新立足点，扩大西柳服装的影响力。此外，西柳市场还与大连大学服装学院、鞍山职教城、沈阳农业大学海城分校、海城技工学校等各类院校开展校地校企对接合作，在大连大学服装学院设立“中国北派服饰”创意设计基地，设立“西柳市场”奖学金，支持大中院校为西柳培养各类专业人才和产业技术工人。

让产业更配套

最近，笔者走访了西柳市场，目前以沈大高速为轴，西柳市场分为东区和西区两大板块。西区市场集群占地 1 平方公里，建筑面积 168 万平方米，包括西柳服装市场、周边商厦、西柳中国商贸城、西柳物流客运园区等。东区市场已完成集群规划，占地 5.4 平方公里，由西柳国贸皮革城、辽宁西柳义乌中国小商品城、西柳面辅料市场、中国体育用品博览城以及辽宁西柳电子商务产业园、专业市场现代物流园区等组成。

据朱勇介绍，这一系列规划都是为了解决西柳市场市场配套加工产业供应链不全以及“坐门等客、组货运输”的传统物流模式阻碍市场发展的问题。“西柳虽然是产地市场，但是由于没有专业的面辅料市场，服装企业的原材料都需要从南方进货。所以为了专业市场产业上下游协同发展，拉长专业市场中供应链市场，我们重点推进西柳义乌中国小商品城、中国体育用品博览城、西柳面辅料市场和与之配套的小商品加工、面辅料（纺机）设备等产业园区项目建设，以推动全产业链、供应链贯通。”

目前，西柳物流园区虽然进行了硬件设施和管理技术的提档升级，但以“信息化、智能化、系统化、网络化”为特征的现代物流体系尚未形成。为此，西柳市场在自建现代物流园区的同时，推进与菜鸟网络和“三通一达”快递企业总部的合作。一方面利用菜鸟网络雄厚的融资实力和联合知名快递企业的优势，在西柳建设开放式、社会化物流基础设施和物流网络枢纽平台，为电子商务企业、物流仓储公司、第三方物流商等提供平台服务，同时为阿里“农村淘宝”提供保障；另一方面积极招商引进申通、圆通、中通、韵达等快递企业，在西柳建设东北物流分拨中心和电商快递仓配中心，利用“三通一达”成熟的物流网络和大数据信息平台，吸引更多的第三方物流企业加盟入驻，尽快在西柳形成覆盖全国的现代物流网络。

让渠道更广阔

提升产品质量，健全产业链，归根结底还是要把西柳的产品销售到更广阔的地方。朱勇表示，西柳作为传统的批发市场，大部分商户还是沿袭自己组织生产、自己组织货源，然后到市场“开门等客”的营销方式，“但这种方式显然已经不能符合当下的市场环境”。

为此，西柳市场所属的海城经济开发区管委会抓住“一带一路”建设机遇，积极带领西柳商户“走出去”，持续开展“丝绸之路·西柳驿站”布点。朱勇称建设“西柳驿站”有三大意义。“一是走出去与全国各大关联市场开展商户对接、产品输入和项目合作，可以拓宽西柳市场销售渠道，缓解市场业户库存压力，延缓西柳实体市场衰退进程；二是‘驿站’的选择大多是该地区面向农村和城郊消费的批发市场，将来‘电商农村化’在全国铺开后，西柳的产品适销对路，将成为农村电商的第一选择；三是随着‘线下体验、线上交易’的O2O、C2O模式全面兴起，我们发展的‘驿站’地区采购代理商将成为网商供货商，培育的‘西柳驿站’将成为网商线下体验店；四是在边境口岸布点‘驿站’或合作建立西柳分市场，可以就地招商引进外贸服务公司，快速开展口岸进出口业务和经贸合作。”

据悉，西柳驿站的具体任务是3年内在完成国内各大关联市场驿站布点的基础上，与新疆沙湾联建贸易公司和物流中转中心项目，在霍尔果斯建设西柳分市场项目，在吉林珲春、黑龙江绥芬河、内蒙古满洲里建立外贸窗口项目，在浙江义乌、福建石狮、广东虎门联建“中国北派服饰”展贸专区项目要全部投入运营，力争全面打通西北“中亚丝路”、东北“中蒙俄丝路”和东南“海上丝路”三大通道。

沈阳五爱市场砥砺前行

2005 年，高婉春拿到了知名皮包品牌凯撒（Kaiser）在辽宁省的总代理权，此后沈阳中兴商业大厦一直希望能引入这个品牌，就一次一次地找高婉春谈合作事宜，只是有个条件：凯撒商品进入中兴，就要从沈阳五爱市场全部撤出。

沈阳五爱市场发轫于上世纪 80 年代初，高婉春从 1995 年就开始在五爱市场“练摊”了。从马路市场搬到楼宇档口，高婉春经营的百丽嘉品位时尚馆算是五爱市场的“元老级”商户。“经过反复思考，我还是选择不去中兴商厦，留在五爱市场。”高婉春说，“五爱市场是东北的商品集散地，辐射面很广。同时，五爱市场作为全国五大集贸市场之一，它的经营模式更灵活随意，很多老客户都认这里的交易氛围。”

高婉春是目前五爱市场两万余摊位经营商户的代表之一，他们都曾经历了五爱市场风光无限的过往，也在经历着批发市场受到各方冲击面临艰难处境的当下。为了让高婉春这样与五爱市场风雨同舟的商户留在市场，也为了延续旧有的辉煌并挖掘新的竞争力，五爱市场势必需要转型升级，它正在这条路上不断摸索、徐徐前行。

明确定位 抓住优势

“五爱市场始建于 1983 年 6 月，因原市场曾地处沈阳市沈河区五爱街而得名。最早的五爱市场，就是人们用砖头和水泥预制板搭的卖服装、小百货的一条街。”沈阳五爱集团副总经理胡明俊对笔者说，1997 年由港商投资兴建的五爱服装城楼厅市场率先拉开了露天市场向楼厅式市场建设发展的序幕。至今五爱市场划为北区和南区，北区集中了五爱国际针纺城、五爱国际小商品城、五爱国际商贸大厦、五爱国际商贸城一期（内衣、床品、文化用品等）、五爱国际商贸城二期（鞋帽、箱包、布艺等）、五爱服装城和五爱希尔顿·逸林饭店；南区则包括五爱国际美博交易中心、五爱

市场南区、五爱深港货运站和正在建设中的五爱国际时尚创意中心等。

2016年6月中旬，笔者走访了林立于沈阳市城区内的五爱市场，在全国批发市场都在走下坡路的大环境下，五爱市场的几大商城仍集聚着人流车流。通过连廊可以从五爱国际小商品城直接进入五爱国际商贸城一期和二期，这三栋建筑均有5层楼高，不少批发商和消费者穿梭在展示着琳琅满目商品的档口间。“五爱市场与其他市场相比，特别是与北方专业批发市场相比，具有一些不可比拟的核心优势，这也让五爱这两个字成为无形资产，‘南有义乌、北有五爱’，在30多年的经营中形成品牌效应，具有吸引力，能汇聚一批业户和客流。”胡明俊并不讳言五爱市场也受到了经济增速下滑、电商渠道挤压的影响，业户与市场都感受到了经营压力，但五爱集团清晰定位、抓住优势、涵养市场，使市场仍呈现出火热的场景。

胡明俊指出，区位优势强是五爱市场排在首位的核心竞争力。“地处辽宁省省会沈阳的五爱市场可辐射东北三省及北方共80余个百万级人口城市，区位优势得天独厚。同时，作为位于城市中心城区的大型商贸市场，五爱市场周边配套设施比较齐全。其次，市场环境优越让经营业户愿意留在五爱，消费者也更愿意来五爱。经过三次大规模的改造和区位规划后，五爱市场成为我国北方地区第一家AAAA级购物旅游景区，打破了传统观念中批发市场脏乱差的形象，市场内的花草绿植、景观雕塑和休闲椅都能让人们产生愉悦的感受。在出租档口租金20年未变的情况下，五爱在国际商贸城二期5楼打造了一整层美食广场，解决了经营业户和消费者的就餐问题。此外，五爱定位于中低端消费，提供物美价廉的商品一直是五爱的追求，购物体验仍是人们生活的重要部分，因此到商场看货，到五爱买货已成为一种消费方式。”

场市分离侧重展示

“五爱市场属于典型的流转型市场，经营的商品主要是内销的日用消费品。随着市场的发展，五爱已经从最初的以批发为主发展为批零结合，再到现在正在努力实现的实体店铺和网上商城相结合。”胡明俊表示，目前五爱市场日均客流量30多万人次，经营摊位2万余个，年交易额400余亿元人民币。这其中批发和零售已经呈四六倒置占比。

由于五爱不具备产地优势，只是商品集散地，在电子商务风起云涌时，现场、现金、现货的“三现”交易模式势必会被弱化，而展示型交易和贸易电子化正成为实体市场商品交易的主要模式。这也正是辽宁省商务厅副厅长郑学伟对新时期五爱市场的转型思考的答案。“五爱市场的建立之初解决了城市供给的难题，但经过30年的发展，各地市场的迅速铺建带来了同质竞争，电商渠道也在对实体经营进行着分流。五爱必须要变，要淘汰旧模式，探索遵从商业规则的新模式。”郑学伟对笔者说，五爱市场由于没有自己的生产基地，批发生意又碍于城中区建设仓储和物流的短板——难找空地和成本高企，“所以五爱市场未来应该完成场市分离，在城区内的市场一方面突出零售功能，另一方面侧重批发展示，在城区外建设干线物流中心，实现仓储、发货等功能。”“同时，五爱市场需要让市场上销售的商品更具吸引力，这就要依靠互联网、云计算等技术，通过坐拥零售市场的优势，充分了解市场需求，反馈给生产厂商，符合国家供给侧改革政策，避免生产过剩和过时的商品，推进以销定产。”郑学伟还建议，五爱市场要与全国生产基地制定产销联盟，利用五爱的区位和品牌优势，通过办展会，成为直接交易和信息交流的场所，促成跨网贸易、补偿贸易，突出五爱流转型市场的价值。

上海有色金属交易中心转型服务商增强价格话语权

坐落于上海中山北路高架旁的百联集团物贸大厦，在高楼林立的上海已算不上地标性建筑，但这座现在不起眼的办公楼，却集聚了上海六成以上有色金属现货交易量。日前，笔者在上海有色金属交易中心采访时，上海有色金属交易中心有限公司相关负责人告诉笔者，2013 年上海有色金属交易中心有色金属年交易额就达到 6000 亿元，成为全国百强商品交易市场第一名。物贸大厦一栋楼撑起了有色金属一个大市场。

但上海有色金属交易中心没有在冠军的宝座上沾沾自喜，而是顺应时代需求，从市场的管理者转型市场的组织者，在不断完善服务功能的同时，增强上海有色金属交易中心在有色金属领域的价格话语权。同时，上海有色金属交易中心把有形市场做到极致后，开始建设网上交易平台这个无形市场。上海有色金属交易中心要凭借做有形市场积累的经验，在网上再造一个物贸大厦，以更好地融入上海国际贸易中心建设热潮中。上海有色金属交易中心还将借助上海自贸区建设的良好机会，在更高层次参与国际竞争，尽早成为交易规模上万亿元的市场。

物贸大厦“以市兴楼”成有色金属现货交易核心圈

物贸大厦从事物资贸易的历史由来已久。早在“双轨制”年代，上海为专门从事非计划内的物资贸易和供应建了这幢大厦。上海有色金属交易中心有限公司有关负责人自豪地对笔者说，物贸大厦当时在上海也算得上是地标性建筑之一。物贸大厦最初从事的贸易领域较杂，包括钢材、化工、木料等。1992 年 5 月 28 日，上海金属交易所诞生于此，开展铜、铝等有色金属的期货交易，这是现在的上海期货交易所的前身。1998 年，国家清理整顿期货交易所，上海有 3 家期货交易所合并成上海期货交易所，上海期货交易所搬到了上海浦东新区。

上海期货交易所搬到浦东后，以前参与有色金属现货交易的贸易公司、经纪人都留在物贸大厦楼里。上海物资贸易股份有限公司着重研究并寻找新的商机，提出“以市兴楼”的方针，把贸易商吸引过来，专门做有色金属现货贸易。慢慢地，有色金属现货贸易在物贸大厦里逐渐被培养起来，这表现在市场集聚了国内的龙头企业，核心贸易圈形成。公司有关负责人告诉笔者，现在的物贸大厦共有四类企业集中在楼内。一是生产企业；二是大的进出口商；三是大的贸易商、流通企业；四是下游的加工企业。“十二五”期间，上海提出创新驱动，转型发展。百联集团提出变贸易商为服务商，变经销商为集成商的转型目标，作为百联集团旗下的企业，上海物贸有色金属交易市场也加快了转型步伐，希望通过加快生产资料流通领域现代化、交易方式现代化，进一步降低流通成本，提高生产资料流通效率。

2013 年，在上海市商务委员会、普陀区政府、百联集团的支持下，为了更好地融入转型驱动，创新发展，助推上海国际贸易中心建设，作为上海国际贸易中心建设的基石，上海物贸有色金属交易市场向“上海有色金属交易中心”转型。交易中心力争把过去的仅提供物业服务转变为提供产业链服务；从仅以楼内入驻企业为服务对象转变为以全国的有色金属企业为服务对象；从仅是集聚行业转变为能引领行业发展。

公司有关负责人告诉笔者，现在在有形市场，上海有色金属交易中心已经做得很完善了，产业集聚已达到相当大的规模，交易市场集聚了涵盖有色金属生产、流通、用户等产业链中的龙头企业。市场服务也日臻完善，交易市场内银行、期货公司、仓储、物流等现货贸易所需配套服务体系完善，入驻商户足不出楼即可完成现货贸易全过程。

集聚资源多 交易环境优 “物贸价格”决定全国市场价

每天 9 点，期货市场开盘。期货开盘后，价格会波动一段时间。国际市场对现货的影响消化后，有色金属市场现货开始试探性报价。报价后慢慢形成契合点，有人成交，物贸大厦首发价就这样出来了。物贸大厦里的所有企业都会参照此价格，根据某个特定的品种进行调节定价。

公司有关负责人告诉笔者，期货价格临近交割期时，和现货价格是碰头的。期货离交割期越久，价格离现货价格越远。对有色金属现货定价来说，期货和现货价格之间的差距是靠升贴水来弥补的。现货小于需求，就卖升水，如果供货量大于需求，就卖贴水。价格趋势如果比较明确，就会出现抛售和惜售的情况，会客观地放大升贴水。“物贸价格”就是在其中找到了平衡点。

升贴水价格反映了行业当天供需情况。有色金属价高、贸易量大，进入门槛较高。目前规模最大的龙头企业基本都在物贸大厦楼里，整个市场的供需情况在物贸大厦大致可以掌握七八分。因此，每天物贸大厦报出的价格堪称业内权威信息，对有色金属现货的全国市场价几乎起着决定性的作用。

有色金属和其他大宗商品定价都不一样，一天会有多种实时价格。一分钟前成交的价格，一分钟后可能变了，价格是跟随期货价格动态的，跟股市一样。其他大宗商品的生产厂家还能对价格起一定的作用，比如有出厂价。而有色金属，比如铜没有出厂价，再大的企业也左右不了价格，只能跟着市场走。

现在物贸大厦的现货升贴水不仅在国内起作用，而且在国外也有一定的影响力。据在物贸大楼里办公的一些大企业反映，他们参加伦敦交易所年会时会碰到外国商人打听物贸价格走势的情况。物贸价格在全国能有这样权威的影响力，除了集聚的资源多外，还与物贸大厦的市场环境好有关。公司有关负责人告诉笔者，上海有色金属交易中心在市场建设过程中狠抓了一件事情，就是营造良好的交易环境。

有色金属产业成为中国的支柱产业，中国也是全球最大的有色金属消费国和加工基地。但是有色金属的价格话语权仍为国外市场所掌握。如何把中国自己的价格体系往外推使得价格话语权能抓在自己手中，上海有色金属交易中心相关负责人认为应该加强以下几方面工作：第一，让期货的价格产业介入更深。第二，现货价格和期货价格能联动起来。除了价格联动，物流也要联动。第三，通过设在上海自由贸易试验区的大宗商品交易平台，把国际和国内两个市场打通，这样国内的价格才能走到国外去，中国市场才能和欧美市场抗衡。

向万亿元市场迈进 再造一个网上物贸大厦

尽管目前大宗商品网上交易平台成功的还不多，但大宗商品网上交易未来是方向。上海有色金属交易中心把有形市场做到极致后，开始建设网上交易平台这个无形市场。公司有关负责人在接受笔者采访时表示，上海有色金属交易中心要凭借做有形市场积累的经验，在网上再造一个物贸大厦，以更好地融入上海国际贸易中心建设热潮中。上海有色金属交易中心还将借助上海自贸区建设的良好机会，在更高层次参与国际竞争，尽早成为交易规模上万亿元的市场。

大宗商品交易市场做电子商务，近年来很热，不少企业都开始了大宗商品交易市场＋互联网的探索。上海有色金属交易中心有限公司相关负责人告诉笔者，目前大宗商品交易市场＋互联网主要有四种类型，第一种是大宗商品中远期市场转型为现货交易市场；第二种是由第二方销售平台转型而来的交易平台；第三种是互联网企业做的大宗商品网上交易平台；第四种是完成了产业集聚的有形市场。为了更上一层楼，利用互联网技术构建网上交易平台，上海有色金属交易中心推出的网上现货交易平台属于第四种。

据公司有关负责人介绍，早在2012年，上海物贸有色金属交易市场就在网上推出了B2B金属商城，探索有色金属网上交易。2013年，市场更名为“上海有色金属交易中心”。2014年，上海有色金属交易中心现货即期交易模式起航，正式开始构建网上现货交易平台。上海有色金属交易中心希望用电子商务手段，期现联动定价方式，通过找企业、找产品、找服务、找同伴，建立商圈，实现在线交易。同时，以供应链为纽带，提供在线金融服务，以帮助企业在交易过程中实现高效、安全、便捷的融资。

尽管大宗商品电子商务还处于探路阶段，面临着很多难题，但上海有色金属交易中心构建网上现货交易平台却有着诸多优势。首先，上海有色金属交易中心完成了产业集聚，2013年交易额已达6000亿元。其次，“上海物贸升贴水”价格成为有色金属现货定价依据。另外，推出了有色金属6大品种价格指数和上海有色金属现货综合价格指数。这些行业资源和在行业里所处的优势地位，让上海有色金属交易中心在有形市场做到极致后，有信心为再造一个网上物贸大厦放手一搏。

公司有关负责人表示，把有色金属交易搬到网上去是个苦活，网上平台不单是交易，还要提供很多服务，比如资金的服务、物流的服务、信息的服务，还有票据管理等。要做好网上现货交易平台就要把资金安全、货物安全、票据安全问题解决好。与其他大宗商品网上交易平台相比，上海有色金属交易中心做的网上现货交易平台在提供服务方面取得的突破是让资金来源更丰富。因为有有形市场集聚的规模，有百联集团作为股东的公信力，上海有色金属交易中心与银行合作在订单融资模式上有所突破。在这种模式下，银行对网上交易客户确定融资额度，客户便捷地向银行借钱。而上海有色金属交易中心网上交易系统允许两种模式，一种是网上卖货，解决大宗商品的结算问题，另一种是订单融资模式，给交易双方带来了相当大的便利，提高了交易效率。

从“摸着石头过河”到“依靠科学理论架桥”
——湖南高桥大市场就地转型升级的实践探索

“湖南市场看长沙，长沙市场在高桥”。高桥市场集群占地4.71平方公里，经营项目包括酒店用品、酒水食品、家居建材、茶叶、农副产品、文体玩具、家电百货、皮具饰品、针棉服饰、药材药品等数十类逾百万种单品。高桥大市场作为高桥市场集群产权统一、发展最成熟、规模最大的综合型批发市场，在传统商贸的基础上创造了众多湖湘商贸市场运营典范。高桥大市场现有经营面积达100万平方米，拥有品牌商户6000多户，年交易额1000亿元，经营从业人员15万人，拥有成熟的酒水食品城、农副产品城、茶叶茶具城、酒店用品城、现代商贸城、文体用品城、医药流通园、服饰家纺城八个大型的专业批发市场，初步形成了“大综合、小专业”的商贸格局，销售覆盖省内各地市，是中南地区规模最大、最成熟的国家级综合市场集群，也是湖南唯一一个千亿级综合性市场集群，影响范围辐射湖南、湖北、江西、广东等十余个省市。

高桥大市场坐落于长沙东大门，处于由长沙东二环、长沙大道和万家丽快速路三条城市主干道围成的长沙核心商业区域内，区位优势明显，距离长沙火车站、武广高铁站、京珠高速均在10分钟车程之内，交通极为便利。

20年创新发展，湖南高桥大市场坚持探索市场发展规律，创新市场经营和服务模式，走出一条内地市场“就地”转型升级的创新模式和发展道路，成为专业市场转型升级的重要标本。

一、高桥大市场转型升级与城市商业品牌保护

1995年，改革开放经商办企热潮席卷长沙，长沙市区开始向城郊大规模商业扩张。1996年9月，高桥大市场开业，汇集酒水、食品、文体、玩具、服饰、百货、电器等诸多品类代理商及经销商，成为湖南首个大型专业市场，市场建设被列入湖南“九五”重点工程，从口碑到品牌，高桥，已不仅是长沙的商业地标，更成为湖南人的一种必要生活方式。

2014年，长沙新一轮城市规划确立建立两型社会及国际化宜居大都市的发展定位，专业市场转型升级纳入城市发展规划。其中，对于以高桥大市场为代表的大型市场如何转型升级，市委市政府格外重视，多次组织专题研讨会议。最终认为，现代化市场集群，既是城市科学发展的必然要求，也是践行两型社会建设的重要内涵，一个大气、整齐、规范的市场集群，将成为展示城市风貌的重要商业名片。

因此，为了保护城市商业品牌，继续发挥高桥专业市场集群在构建长沙现代化商贸物流中心中的作用，2014年4月，长沙市委、市政府12号文发布了《三大市场迁建和高桥市场片区提质改造三年工作方案》，明确高桥大市场作为长沙市唯一不搬迁市场，就地转型升级。在各级政府部门的指导和支持下，在已实施的转型升级措施基础上，高桥大市场启动了新一轮转型升级的热潮。

2014年以来，从“摸着石头过河”到“依靠科学理论架桥”，高桥大市场通过转型升级实践探索，确立“国际高桥，世界商港”的战略定位和品牌化、专业化、信息化、国际化四大发展方向，探索出城市地标性商业品牌“就地”保护性转型升级的成功道路。

二、高桥大市场转型升级的具体做法

1. 变革运营理念，“去中心化思维”专注提升用户体验

高桥大市场自建立以来，顺应市场发展大潮，建立商品流通洼地，商流、客流、物流汇聚，实现了大繁荣、大发展。然而，与全国各大专业市场一样，随着市场交易规模的持续扩大，大规模商流与大规模物流相互交织，涌现出一系列交通、消防、环境、治安等问题，与现代城市建设和管理理念不相一致，面临转型升级。

高桥大市场顺应互联网时代消费者消费习惯和消费行

为的根本转变，抛弃传统市场发展阶段商品第一的“中心化思维”，树立顾客体验第一的“去中心化思维”，抛弃控制中心、管理中心观念，建立服务中心，帮助商户满足顾客需求，增强用户体验。

在“去中心化思维”变革下，高桥大市场改变过去“重发展，轻管理”、“重市场，轻环境”的观念，一手在“硬件”上提质，实现建设现代化市场的目标，一手在“软件”上加强管理、提升服务，推动专业市场走向专业化、品牌化、信息化、国际化。

2. 硬件提质改造，打造现代化专业市场集群

2014 年以来，高桥大市场加大硬件提质改造力度，累计投入 24 亿元，通过大拆迁、大建设、大调整，实现配套设施、硬件环境、整体形象、经营业态、交易方式的大幅提升，市场环境旧貌换新颜，现代化水平大幅提升。

首先，通过优化设计，降低建筑密度，拓宽道路，扩大公共面积，增加停车位和绿化带。

其次，开展大建设，提升市场环境。按照计划，已累计投入 15 亿元，完成酒店用品城、酒水食品城、服饰城、文体用品城、现代商贸城、医药流通园的改造升级，提升市场整体购物环境。

高桥大市场按照现代化市场的标准进行整体改造，在市场内部实施优化、美化、亮化工程，根据人流动线重新设计店铺布局，增设中央空调系统，配套客梯、货梯、扶梯近百部，构建人性化的舒适购物环境；在功能配套上，增设“高桥美食城”、儿童娱乐设施，满足消费者购物、休闲、餐饮的一站式需求；在整体环境上，提升建筑结构安全等级，安装自动消防系统，增加电力容量，美化、亮化外立面，统一规划设置门店招牌系统，并大力实施绿化工程，市场环境更加美观。

再次，进行大调整，大幅优化经营业态。高桥大市场根据市场环境变化，重点发展酒店用品、酒水食品、茶叶、农副产品、小商品、婴童玩具、文体用品等新兴产业产品。通过调整，高桥大市场商户数量由过去的 8000 户减少到 6000 户，但市场的大客户、大品牌不断增加，商品质量也大大提升。

通过提质改造升级，高桥大市场市场品质得以全面提升。一是交通畅通，通过合理的功能分区，满足了经营户和消费者的停车需求，场内道路实现了微循环。二是形象提升，营造了一个方便、畅通、有序、整洁的环境。三是规模聚集，吸引了更多的优质厂商入驻，增加了市场效益。

3. 构建三大服务平台，专业化服务激活市场发展活力

从“管理”到“服务”，高桥大市场运营理念发生了

革命性变革，由商户的“管理中心”，变为创业者的“服务平台”。目前，高桥大市场已搭建起电商运营中心、商业物管中心、小额贷款公司三大平台，为6000商户打造品牌、提升管理、融资对接提供专业化综合服务。

（1）电商运营中心

电商运营中心是高桥大市场专业化服务机构，设企划部、广告部、运营部、电商部、物流部、国际业务部等部门，为商户提供全方位服务。

2015年，高桥大市场设立运营部，统筹公司各商城商业管理部门的管理活动，建立专业化的商业管理服务团队，公司上下树立全心全意为商户服务，帮助商户提升经营绩效，增强消费者体验的服务意识，为商户提供商业运营服务，活跃市场，繁荣消费。

一是加强制度建设，规范商管行为，提升专业化服务水平。高桥大市场编制了《商管部员工工作手册》，并对商管员严格考核，规范员工服务内容和方式，并通过每月一次的商户满意度调查，及时反馈，改进服务。商业管理部门还形成每周一次的商户经营情况沟通，每月一次的服务总结汇报及每年一次的经营战略研讨的完整汇报制度，通过问题管理，提升服务能力。

二是创新营销模式，以运营活动繁荣市场，促进采购。2015年，高桥大市场共举办48场多层次的市场运营活动，形成暑期、国庆及年度购物节三大市场联营活动，及各市场根据自身特点举行的特色推广活动。全年举办了“春茶上市品鉴周”、“古丈毛尖博览会”、“谁是球王争霸赛”、“高桥床品特卖会”、“双八特卖会”、“浓情中秋——月饼展销节”、“国庆特卖会”、“双旦购物节”等活动，实现以活动引客流、以客流促采购的目标。

此外，高桥大市场创立了商贸大讲堂，与湖南省现代流通理论研究基地、湖南商学院经济贸易发展研究院及全国行业知名专家教授建立联系合作关系，免费为市场商户提供技能提升、行业知识研究和人才培训，培训课程包括电商运营、品牌孵化、外贸交易操作、门店经营管理、商品流通、企业管理等商业运营相关内容。截至目前已开设课程20余次，累计参训学员达到6000人，成为商户学习深造和交流的公益平台。

高桥大市场还开通了400服务热线，为商户提供真诚热心的服务，2016年还将建立“高桥商户诚信经营积分系统”，增强市场整体服务能力和水平。

（2）商业物管中心

2014年，为进一步提升物业管理服务水平，高桥大市场成立商业物管中心，设立安全管理、工程维护、环境卫生、客户服务等部门，建立一支300余人的商业物管团队，以及200余人的委外专业服务团队，为商户提供专业化、标准化、规范化、细致化的物业管理服务。

（3）小额贷款公司

2011年，由高桥大市场牵头，长沙市雨花区高桥小额贷款有限公司经湖南省人民政府金融工作办公室批准成立，注册资本1亿元，办公地点位于高桥大市场办公大楼1-2楼。

小额贷款公司面向中小商户提供抵押贷款、联保联贷及供应链贷款等多种金融贷款服务，为商户提供解决融资难问题的一条龙服务，成为商户首选金融合作伙伴。

4. 实施品牌化战略，提升“高桥商贸”影响力

从注重“口碑”到打造“品牌”，高桥大市场更新品牌运营理念，全力推进品牌建设，完善平台打造，加大品牌推广，实施文化升华，促进“高桥商贸”成为湖南商贸名片、商业坐标。

高桥大市场成立企划部、广告部等专业品牌运营服务部门，为市场及商户提供品牌打造与升级的策划设计服务，促进市场向“品牌化”经营转变。公司搭建了全新的VI体系，实现市场整体品牌形象升级，建设了包含市场定位、市场目标、发展战略、发展历程等完整的文化体系，以统一的形象搭建品牌宣传的基石。

高桥大市场建立了多方面、全方位的推广宣传体系，强化品牌推广力度。公司与金鹰955电台、《湖南日报》、《长沙晚报》、《潇湘晨报》、大湘网、红网等20余家知名媒体建立战略合作，2015年新闻报道100余次，提升了高桥大市场的品牌传播力度。同时，高桥大市场开办《高桥报》，开通包括高桥大市场、各专业商城于一体的官方微信公众号体系，编制《高桥汇》、《茶叶包装一条街》等形象画册，开设《创富故事会》、《高桥名店坊》高桥宣传专栏，建立了自己的文化平台和宣传阵地，推进市场和商户品牌推广。

此外，高桥大市场组织和联合商户参加了湖南湘菜博览会、高桥酒店博览会、红星食博会等大型品牌展会，以展会促进品牌宣传。高桥大市场还建立了“国学馆”，打造文化阵地，弘扬传统国学，提升文化凝聚力。

通过市场品牌打造和商户品牌提升，高桥大市场品牌影响力不断提升，商户品牌建设快速推进。目前，高桥大市场拥有自主品牌商户 2500 余家，占市场全部商户的 42%，拥有全国总代理 434 家，区域和省级代理 1288 家。

5. 内外贸结合发展，“市场采购”推动高桥国际化

随着中国经济全球化水平不断提高，传统专业市场纷纷向国际化、开放性的商品流通中心发展。2013 年，中央八部委确立了义乌市场采购贸易方式，为专业市场国际化发展指明了方向。

2015 年 8 月 26 日，长沙市人民政府印发《湖南高桥大市场市场采购贸易方式试点工作方案》，明确以高桥大市场为主体申报“市场采购”贸易方式试点，高桥大市场实施国际化战略、打造内外贸一体化市场、建设内陆开放合作示范区迎来了发展契机，从如下几个方面推动外贸业务开展：

一是完善平台建设。成立雨花区“市场采购”贸易方式试点工作领导小组，在高桥大市场设点办公；设立国际业务部，服务商户外贸业务转型，对接国外商品资源和采购商，目前已邀请韩国、意大利、土耳其、香港及台湾等地客商来访；引入三家外贸综合服务公司，为商户提供免费咨询服务；成立外贸服务中心，海关、检验检疫、外汇、工商、税务、商务、旅游等政府部门入驻，一站式办理外贸通关手续。

二是培育外贸商户队伍。高桥大市场免费代理商户进出口资质办理业务，2015 年四季度累计为 300 余个商户办理进出口经营备案、领取海关登记证；利用高桥商贸大讲堂，为商户提供外贸知识和实务操作培训，促使商户自行开展商品进出口业务和长沙口岸清关业务；协助商户走出去，组织优质商户参加广交会、香港美食博览会等国际性展会。

三是打造国际旅游购物基地。高桥大市场正规划建设进出口商品交易展示中心，设进口商品展示馆、湖南特色产品展示馆等区域；并将投资 1 亿元，打造传统茶文化和地域风情相结合的“旅游休闲茶叶文化街区”。

四是推进境外投资贸易发展。高桥大市场正研究哥斯达黎加中国出口产品展览中心建设方案，推动建设中国（长沙）——东盟、欧美经贸合作区，积极推动市场和商户走出

去。

6. 建设电商平台“高桥商城”，再造网上高桥

2014 年底，高桥大市场启动电子商务平台“高桥商城（www.gqmarket.com）”建设，打造新型的 CBBS（消费者——分销商——制造商生态服务体系）电子商务生态系统，推动专业市场的互联网化和数据化，优化现有商户交易模式，提升市场交易额，整合历经 20 年形成的产业资源优势，打造线上产业集群。

“高桥商城”计划分三个阶段完成：第一阶段，2015 年实现商户、商品的展示和信息发布；第二阶段，2016-2017 年实现在线交易管理，统一仓储、物流配送功能；第三阶段，2018-2019 年，实现多种方式的在线服务功能，同步建设跨境电商平台。同时，高桥大市场将以整体的形式入驻天猫等现有大型电子商务平台，进一步开拓电商市场。

高桥大市场免费帮助市场商户开展电商交易，全免商户平台入驻费和推广费，并提供免费商品和商铺全景拍摄支持。

同时，高桥大市场还在打造“智慧商城”APP 平台，2016 年将实现市场 wifi 全面覆盖，为商户提供免费 wifi 上网、在线导航、电子导购、停车查询等服务。

7. 建设高桥现代物流园，加快商品流通效率

商、物混流是造成传统专业市场困境的主要原因，高桥大市场着眼于“互联网 + 大商贸（实体店）”、“互联网 + 大物流（大仓储）”，建立现代化物流园区，实现商品交易中心与仓储物流中心的分离和专业化运营，商流、物流各通其畅，支撑高桥现代展贸型专业市场发展，促进交易效率和物流效率同步提升。

同时，随着经济的发展和市场交易规模的扩大，商户对仓储物流的要求也越来越高，在硬件方面，要达到功能齐全、配套设施完善、有大交通和大型停车场；在软件方面，要建立信息服务中心、物流经营管理系统、运输服务系统。

因此，高桥大市场着眼长远，谋划建设一个具备大规模、大交通、大物流、大仓储、大容量、功能齐全、配套完善等特征的现代物流园区，成为湖南物流行业的标杆。物流园区计划以第三方物流为主导，集交易、仓储、配送、运输及配套服务等多种功能于一体，设施完备，管理先进，为商户提供做大做强的物流平台，降低商户成本，实现共赢发展。

大改造 大提升 大发展
——南昌洪城大市场倾力提升品牌形象打造核心竞争力

洪城大市场位于江西省南昌市，市场于 1994 年建设，1995 年投入运营，是江西洪大（集团）股份有限公司旗下市场。经过 20 年的发展，洪大集团已形成了以商业为核心，地产、金融为两翼，多业态组合，相互促进的产业价值链，形成了全程服务于上下游供应链的经营大格局。洪城大市场也成为闻名全国的综合性批发大市场。

洪城大市场人气旺盛，商品丰富，交易活跃，商品覆盖全省，辐射周边省市。2015 年市场商品交易额达 296 亿元，实现了持续、稳定、健康的繁荣与发展，位列全国日用消费品百强市场第四，荣获全国商贸流通服务业先进集体、全国文明诚信经营示范市场、中国全民创业特别贡献奖、中国全民创业优秀基地、全国 AAAA 名牌市场、全国重点示范市场商圈龙头市场、江西省优秀非公有制企业、江西省商贸龙头企业、江西领军企业 50 强等荣誉，是全省唯一的全国重点联系市场。

洪城大市场的繁荣与发展，吸引和带动了整个洪城商圈 18 个专业市场，聚集了大量的人流、物流、商流资源，形成经济发展的新引擎和商业极地，成为重要的商品集散地，有着巨大的经济能量和辐射功能，社会效益和经济效益明显。一是促进南昌乃至江西经济的发展，成为南昌市新的经济增长点；二是解决 5 万余人就业，缓解政府对下岗职工分流再就业的压力，促进社会和谐与稳定；三是带动城西经济的繁荣，促进房地产业的兴起和当地加工、运输、仓储等相关产业的快速发展；四是吸引国内大批名、优、特、新商品进入市场，促进供需之间信息交流，有力地拉动了经济内需。洪城大市场已成为全民创业、百姓创富的大基地，江西商贸发展的新标杆。

集团党委成立于2006年，现有党员326人，下设1个党总支，10个党支部，其中市场流动党员262人，流动党员支部5个。多年来，集团党委紧紧围绕企业的发展战略和中心工作，本着拓宽领域、延伸触角、服务经济发展的党建工作理念，提出了“党旗在企业飘扬、党徽在商海闪光”的奋斗口号，不断扩大党组织覆盖面，将党建工作致力于经济发展，融入于企业文化中，成为一种看得见的生产力，形成了自己的特色和亮点。洪大非公党建的做法和成功经验得到中组部和中央统战部的充分肯定和认可，并在全国进行宣传推广。党委多次荣获省委、市委授予的先进基层党组织和全国模范职工之家等荣誉称号。

目前，洪大集团根据政府“十二五规划”和市场发展要求，主动承担起引领江西商贸行业发展的重任，遵循前瞻、高效、繁荣的商业规划主旨，确立了“南延东拓，原址提升”的企业空间发展战略，全面实施公司“大改造、大提升、大发展”的二次转型战略目标，在昌南、昌东以及洪城大市场原址，打造以国内第六代商品交易市场模式设计规划，以洪城大市场百年品牌为核心竞争力的城市商贸综合体、城市经济功能区及中央商务区（CBD）三大商贸板块。其中，在赣江之滨、生米大桥东侧兴建城市商贸综合体——新洪城大市场，项目占地2300亩，总投资120亿元人民币，规划五大功能模块，打造十大服务平台，革新商业运营模式，全方位提升洪城大市场的品牌形象和核心竞争力，使之成为全国首屈一指的集休闲、旅游、观光、文化、购物、会展等为一体的一站式商贸发展平台，树立城市经济繁荣的新坐标。

构筑专业市场创新之路
——圣名世贸城 + 圣名环球城双城联动出奇效

“圣名”品牌的发展沿革

自 20 世纪 80 年代伊始，从原新华路等马路市场迁徙至朝天门陕西路沿线，重庆朝天门市场初形渐成。然而，经过近 20 年的发展，朝天门市场业态一直较为凌乱，没有一家真正意义上的精品专业市场。正因为此，2004 年 9 月，重庆首家以时尚女装为主营业态的服装批发市场“圣名国际时装城”在重庆朝天门市场隆重开业。市场经营规模 4 万余平方米，开业即火爆大卖，无论是经营还是商铺，都逐年看涨。时至今日，仍是重庆地区女装品牌市场的 N01，创下了重庆历史上专业市场的商业奇迹。

圣名国际时装城是由重庆房地产开发企业 50 强之一——重庆兄弟实业（集团）有限公司麾下的重庆圣名商业广场有限责任公司倾力打造的商业经典。作为朝天门市场的全新“升级版”，从诞生之日起，圣名国际时装城就定位为销售精品女装的品牌商场。在当时，市场就在智能消防系统、安全摄像监控报警系统、智能中央空调系统、宽带信息系统、银行 POS 系统、电子商务网站、连锁销售机构设置等一系列硬件设施升级的同时，更多地把精力放在了商场品牌和商品品牌升级这个难度更大、任务更艰巨的工作上。市场首先是确立了“建设品牌市场、引入品牌商品、销售精品女装、提供一流服务”的战略思想。根据这一指导思想，圣名国际时装城在朝天门市场率先建立了《商户及商品准入制度》，对进入商场的女装经营商户和经营商品进行审查、筛选，对商户和商品分别把握“诚信度高、法规意识好、经营能力强”和“品牌、精品、新潮”的原则，同时建立了《商户经营行为和商品销售检查制度》，对达不到要求的商户或商品严格拒入，对商户的违规行为及不合格商品及时查处，以最大限度地保证商品的质量和信誉。市场还实施了维护商场品牌的“圣名国际时装城”品牌维护办法，规定了商场内包括个体劳动者协会会员、渝派服饰加工协会会员、“万商会”成员在内的所有商户，必须严格履行维护“圣名国际时装城”品牌的义务，以最大程度地确保“圣名国际时装城”的品牌形象，强化全体管理人员的学习力度和适时对商户开展包括业务内容在内的综合素质培训，是圣名国际时装城为维护商场品牌和商户经营的商品品牌的又一强力保证举措。

圣名国际时装城经营的女装品牌有1000余个，遍布重庆、西南周边乃至全国的经营网点多达2300多家，品牌及精品女装在重庆各市区县的占有率达到了48%以上，年总体交易额近50亿元。作为首家专业的女装市场，自开业以来10余年的时间里，市场创下了诸多的奇迹和荣誉，先后被国家、重庆市等各级主管部门和行业协会评为区级“守合同、重信用单位”、“朝天门市场十佳诚信商场”，市级“守合同、重信用单位”，国家级“守合同、重信用单位”和重庆市工商局、重庆市商委、重庆市文明办颁发的“四星级文明市场”、重庆市“山城百店无假货示范店”、重庆市“知名字号”、“消费者信得过企业”、“市场持续发展奖”等荣誉称号。

市场的核心经营理念是“优质、诚信、共赢”，在管理中，奉行的一条铁定原则是“消费者的利益高于经营者利益”、“维护消费者利益就是从根本上维护经营者利益”，圣名国际时装城之所以能从一个朝天门市场的新兵，实现“无空置铺位”、“精英商户云集”、“品牌商品汇聚”和“顾客盈门”的蜕变和升华，其秘笈就是圣名国际时装城的管理者们毫不动摇地推行了品牌战略和始终把握维护消费者利益的原则。圣名国际时装城在广大人们心目中已经成为一个客户、商户和管理者和谐共赢的女装精品市场。

缔造专业市场全新模式

近年来，由于受市场大环境、电商等冲击，专业市场所面临的生存压力越来越大，发展空间极速挤压，如何突破原有模式，改变思路，增大专业市场生存空间，持续发展，一直是业内人士争论的焦点。

为此，经过深入研究和调查，现有零售商业在购物的舒适性、体验感、配套服务等方面优于批发市场，而在商品价格、人群聚集等方面，又大大弱于批发市场。但同时，在旅游休闲、便捷交易、生活服务等方面，无论零售商业和批发市场，都无法满足现代消费群体的需求。基于此，“圣名”品牌所属公司投入巨资，结合零售商业、专业市场、游乐项目等几大模式和业态区域的特性，并根据市场变化和发展趋势，着眼于满足消费群体对未来专业市场的多功能需求，并融入现代商业元素和消费群体的心理需求，全力打造集商贸、游乐、休闲、体验于一体的专业市场转型升级版项目。

“圣名世贸城&圣名环球城”项目位于中国第三个国家级经济新区，内陆首个经济新区重庆两江新区，除享受上海浦东、天津滨海同等的所有优惠政策外，还叠加了一系列优惠扶持政策，主要有税费减免、用地保障、产业扶持、贷款融资、技术开发、项目审批、人才引进等十大类。2016年伊始，国务院进一步确定在“两江新区”开展服务贸易创新发展试点，全国独一无二的政策优势，开放创新的投资环境，给“两江新区”注入了无限的生机与活力。作为“两江新区”内的临空经济走廊，是其商贸经济发展的重要核心层，也是重庆打造的第二经济中心。

项目作为渝北区政府十大重点工程之一，渝北区四大班子先后多次亲临现场关心指导，全国各部委、各地省市政府部门也专程前来参观考察。2014年～2015年，项目先后被评为“重庆十大商业地标”、“国际最佳休闲建筑大奖”等称号，更是被中国市场学会评定为专业市场转型升级创新示范市场。

该项目是由两江国际控股股份有限公司出资开发、建设及运营，其出资股东涉及的产业包括商业开发与运营、住宅开发、物业管理、酒店管理、建筑施工、金融投资等。已开发面积达500万平方米，旗下拥有百年老字号四星级酒店——重庆饭店、西部最大的二手车交易市场——重庆西部国际汽车城、重庆最大的品牌女装批发市场——圣名国际时装城，以及爱加西西里、爱加欧郡、爱加丽都等系列项目，以上项目均为行业公认的项目典范，成为了重庆城市的文化代表和商业地标。

“圣名世贸城&圣名环球城”项目占地总面积约1800亩，分为两大板块。

一是圣名世贸城——购物中心化的批发市场。购物中心作为多业态、多业种复合，体现“一站式消费”的多功能大型商用物业和统一规划的建筑集群。其宽阔的购物通道和良好的动线设计，充分考虑到消费者的休息和停车设施，形成集体验、购物、休闲、娱乐、饮食等各种商业功能于一体。而作为批发市场，则是指从事批发贸易，处于生产商和生产商之间、生产商和零售商中间环节的商业贸易。其职能在于通过买卖，把商品从生产者手中购买进来，然后再将其转卖给其他生产者或零售商从中获取利润。

经过数十年的变迁和发展，批发市场功能逐渐由原来的单一现货现金交易，逐步向电商交易、物流网络等方面转移。近几年，随着社会的进步和发展，消费群体不再满足于单一购物需求，而是通过购物环境的购物体验感、舒适度、便捷度、娱乐性、目的性来满足自身购物的心理需求。由此，“圣名世贸城”项目为满足消费群体日益提升的购物需求，创新性地将商业购物中心和批发市场功能有机融为一体，即在满足批发、零售人群购物需求的同时，又在体验、娱乐、休闲、餐饮、住宿等多方面功能上极大满足消费者需求。内有几大宽敞、便捷、体验等集多功能于一体的专业市场场馆，外有一条极具现代时尚文旅风格、蜿蜒曲折的“维美亚峡谷风情街”（商业街区），集餐饮、娱乐、文化、商务、生活服务等多功能于一体。

“圣名世贸城”占地约800亩，在全国范围内首创以“商贸＋游乐”商业模式。专业市场以批发加零售、线上线下相结合，注重体验式、旅游式、目的性消费，多业态叠加，创新经营，也是全国首家创建会员平台、营销平台、营运服务平台、大数据平台等智能化智慧市场。其业态涵盖有男女服装、皮革皮草、轻纺织品、婴童用品、四鞋箱包、小商品等，并配有餐饮、住宿、娱乐、文教、休闲等业态，为广大商家、消费者打造出一座理想的生活体验之城。

二是圣名环球城——大型开放式主题游乐公园。圣名环球城作为占地约1000亩的亚洲大型室内外主题乐园，致力于打造一个全天候、全方位、全年龄段的“商业＋游乐”综合体，集吃、住、休闲、游、购、娱为一体，并先于圣名世贸城专业市场项目开业，吸纳海量人群。

圣名环球城采用开放式的运营模式，着力打造三大主题公园。

——环球游乐城＋爱莎小镇儿童王国。除大中型游乐设备外，还有休闲商业与游乐完美结合的风情街（如餐饮、休闲、文化、旅游纪念品、博物馆等），加以休闲娱乐为主的主题酒店、影院、水吧、婚庆街等，几大主题场馆如冰雪世界、海洋馆、西南地区最大的“鬼屋”（结合中外灵异故事为题材）等，以及超大型儿童职业体验馆和室内儿童游乐天堂、户外拓展训练等。

——未来水世界＋水岸公园＋极限世界。包含有热带风情沙滩派对（真海沙沙滩）；西南地区最大的人工造浪池，可同时容纳万人冲浪；意大利宝格丽树屋奢华主题酒店；湖滨休闲走廊等。同时，引进国外大中型刺激游乐设备，并结合极限运动打造的乐园，如极限攀岩、风洞飘浮、模拟跳伞、高空滑翔等。

——环山生态休闲公园。打造西南地区最大的原生态动步公园，以大型主题类游览项目、文化宗教、农业生态、

养身休闲为主，如环山宗教信仰示范地、野生动物参观及繁殖基地、环山海洋生物世界等。三大主题游乐公园将聚集休闲游乐人群，极大地提升项目和周边区域的整体商业氛围和人气。

项目联合加拿大 FORREC 公司、国内东鼎设计和盛景设计三大设计机构，引入国际一流设计经验，融入本土文化意识，共同打造重庆乃至中国西部独一无二的世界级游乐圣地。

圣名世贸城 & 圣名环球城，双城联动，产生 1+1 大于三的叠加效应，有机融为一体，对外满足消费群体对休闲、游乐、购物、体验等方面的需求，对内通过游乐、旅游直接导入海量人流，满足专业市场的经营需求，并配以便捷的交通、物流、电商、生活服务等多功能复合业态，来诠释“商贸 + 游乐”、“购物中心化的批发市场”这一创新商业模式。

彰显项目核心价值

项目因其位于两江新区临空经济走廊的核心地段，占据了得天独厚的地理和交通优势。其交通可以概括为：两横三纵四轻轨，十五分钟水陆空。两横为东西走向的金兴大道和机场南联线，与重庆绕城高速相连，可到达湖北、上海等地；三纵为南北走向的210国道、新机场快速路、渝邻高速路，把主城与机场 T3 航站楼相连接；四轻轨是轨道交通的 3 号线、9 号线、10 号线以及规划中的 15 号线，其中 9 号线在项目南北两端分别设立站点，10 号线在项目内设立站点，并与市场楼栋形成无缝连接，直接导入人流。此外，通过四条轻轨线，还可直达重庆的五大核心商圈。该项目距离江北国际机场仅 5 分钟车程，距寸滩保税港仅 8 分钟车程，距龙头寺火车站、汽车站仅 15 分钟车程，极大地提升了物流、交通的高效和便捷。随着 T3 航站楼的建成运营，将为项目的商贸集群带来 4500 万人次 / 年的消费人群，而到 2020 年，将达到 7000 万人次 / 年，将成为全球消费者光临重庆的第一站和最后一站。

完善的配套服务，搭建五大服务体系

仓储物流平台：创建拇指物流公司，商家只需动动手指，即可完成物流配送。

金融服务平台：为商家提供金融担保等服务，解决商家资金短缺和融资难的问题，帮助商家快速成长。

圣名两江购平台：线上线下相结合，为商家搭建多渠道营销模式。

圣名商学院：通过辅导加培训，解决商家经营中的困惑，提升商家的经营和管理能力。

专业运营管理团队：秉承“圣名”十年的经营管理经验，及时提供贴心服务，真正做到只有客户想不到，没有我们做不到。

五大服务体系，2 万个海量停车位，构筑全方位商贸服

务功能，为商家和消费者提供方便、快捷、舒适的经商、购物、游乐的全新环境。

圣名品牌在十余年的商业管理中一贯秉承对商家要“引进来、留得住、实现共赢”的经营理念，传承和提升圣名家文化理念，即“爱商、育商、扶商”，与众多商家亲如一家，相互扶持，共同发展。圣名作为重庆市的著名商标，以公司强大的实力作为支撑，依据批发市场各业态的特性，通过自身在重庆强大的媒体运作能力，整合传统与新兴媒介，多渠道进行精准有效的宣传推广，缩短市场培育期，全力打造卓越品质的品牌市场，并与商家一道，共同打造一个集购物、餐饮、旅游、娱乐、体验为一体、多功能城市级商贸综合集群。

圣名世贸城 & 圣名环球城将引领和带动重庆地区专业市场转型升级浪潮，并辐射至周边省市区域。项目强化市场在升级过程中，除软硬件上的升级以外，更注重在经营理念、服务理念上的同步升级。倾力打造的重庆机场“第四航站楼”概念（即在项目内就可更换登记牌、委托托运行李、机场巴士专线交通等），满足空港出行人群对便捷出行的需求，并迎合当前实体专业市场需求，加大投入电商与实体的有机结合，创建领先同行业的智能市场，并使之成为重庆及西部地区集旅游休闲、体验消费、度假游玩、物流交通等具有聚合集散功能的大型商贸游乐城市集群。

创新经营模式 提供优质服务
——亳州市农产品有限责任公司就地升级经验介绍

一、市场概况

亳州市农产品有限责任公司始建于1997年，公司地理位置优越，交通通讯便捷，区位优势明显，基础设施完善，配套功能齐全。2010年9月在原有的市场基础上进行就地升级改造，拟将建成一个总建筑面积60万平方米，集经营、展示、仓储、公建配套、万吨冷库为一体的，蔬菜、水果、肉类、水产、粮油、副食品、干货调料、花卉等八大交易门类的综合型农副产品批发市场。

市场共分三期建设，一期项目工程已于2014年7月全部竣工交付，2014年9月29日开业运营。目前市场已经吸纳一级批发客户1000余户，二级批零业户3000余户，自营或代理各类品牌近500个，入场交易的农产品经纪人已达2000多人，电商约100户。业态涵盖蔬菜水果、副食干调、米面粮油、蛋禽水产、农资种业、肉类熟食、日杂百货用品、仓储配送、冷冻鲜活和餐饮商务等，成为综合性、一站式的交易市场。

该项目已被列入安徽省861项目和亳州市重点工程项目。目前市场占地348亩，建筑面积32万多平方米，在职职工168人，建有蔬菜、水果、干鲜、食用油等几大交易区和菜农直销区、加工包装区、配送中心区和低、恒温冷库及生产、生活资料服务区。拥有信息中心、电子结算中心、客户服务中心、农药残留检测中心、加工配送中心和现代化的信息监控中心，实行24小时交易服务、安保服务和信息服务。近几年，公司保持着快速健康的发展，不断吸引周边大批菜农和客商入驻市场，辐射范围达到全国各地，成为重要的蔬菜水果集散地。每年通过市场拉动，带动农户约 24 万多户，为农民增收超过 1.5 亿元。

公司先后被农业部授予定点鲜活农产品中心批发市场、中国蔬菜流通协会定点市场、安徽省“菜篮子”工程重点项目，多次蝉联安徽省“百城万店无假货”示范市场、安徽省农业产业化龙头企业、安徽省蔬菜产业化十强企业等荣誉称号。2002 年被安徽省政府命名为安徽省“先进集体”，荣获省地税局 A 类纳税信誉等级单位，荣获亳州市改革开放三十年三十件大事之第十二位。2010 年被商务部授予“国家级绿色批发市场”，同时也荣获了全国蔬菜批发五十强市场。2011 年被城市农贸中心联合会授予“全国蔬菜五十强”。2013 年被全国城市农贸中心联合会评为“2013 年度全国农产品批发市场行业（蔬菜类）五十强市场”，被农业部信息中心评为“2013 年度全国农产品批发市场信息联网先进单位”，被亳州市委宣传部等十三家单位联合授予“亳州市百城万店无假货示范市场”。2014 年被安徽省工商行政管理局等七家单位联合授予“安徽省诚信市场”，被全国城市农贸中心联合会评为“全国蔬菜 50 强单位”。2015 年被中国市场学会批发市场发展委员会授予“全国百强品牌市场”、“全国文明诚信经营示范市场”等荣誉称号，在 2015 年中国蔬菜行业品牌评选活动中被评为“中国十大品牌农贸市场”。2015 年交易额、交易量分别达到 20 亿元、18 亿公斤，日库存量达 5000 吨，有效地保证了亳州市蔬菜和水果的供应，在应急和突发事件中发挥了应有的作用。

二、就地转型升级的做法

随着经济的发展和人们生活水平的提高，公司也面临着就地转型升级、为商户和菜农提供更好服务的压力。在就地转型升级方面，公司主要采取了以下做法：

1. 加强宣传工作

公司通过广播、电视、微信平台、户外广告、定向派单等宣传方式，积极宣传和推广项目，同时组织业户商品配送车巡游、主力业态商会、业户座谈会等活动，大力宣传和传递项目优势、定位、发展前景等信息，使亳州项目达到了宣传广告全覆盖、客户认知度极强的大好局面。通过招商举办年货展销会、市场开业展销会和汽车、电瓶车、陶瓷、玉器、服装等专场展销等方式，除市场业户外，累计招商 600 多户商家参展，展销约有 1200 多个品种，涉及汽车、玉石、游乐、副食、冷冻品、农资、日用商品、百货、日杂、鞋帽、服装等种类。共接待约 30 万人次，最高日人流量达到 2 万人次。其辐射范围不仅覆盖到亳州市各个乡镇，而且远到河南省的永城、虞城、夏邑以及山东、江苏、浙江、湖南、湖北等地，市场人气明显提升，人流、车流逐日递增，有效地带动了新旧市场的繁荣。充分利用市场资源开发展会经济，有效地扩大了市场知名度和商业氛围。

2. 创新服务模式

公司始终坚持服务社会、服务三农的宗旨，真正做到想客户所想，急客户所急和便民惠民。公司不仅实行 24 小时交易服务、保安服务和信息服务，还通过网上供求对接以及报刊、电视等媒体信息发布等方式，吸引全国各地的客商前来采购，力保菜农在“丰产”后又能“丰收”。公司先后在市场开创了以下服务功能：

——全场实施电子结算交易模式。为杜绝传统交易模式的瑕疵和弊端，公司于 2000 年就开始创建了电子结算交易模式，在实际运行中不断更新、改进和完善，先后投资约 500 万元，建立了一套完全符合公司实际需要的电子结算交易模式系统，包括手持终端交易、电子门禁系统和刷卡交易等结算形式。目前市场内蔬菜和水果全部推行实施了电子交易结算，方便又快捷，不仅提高了交易效率，而且有效避免了持币交易中容易出现的假币和交易纠纷，客户好评不断，满意度不断上升，公司的服务功能也得到进一步提升。

——推行优惠政策。为解决瓜农和菜农们的卖难问题，针对亳州市地产菜高峰期，实行西瓜及香菜、小青菜、花茶、黑白菜等地产菜的买卖双方免收交易费活动，并设立一站式咨询台，免费提供茶水、气筒等服务，为商户和菜农在炎炎夏日真正送上关爱，送上清凉。

为丰富市民的“菜篮子”，解决卖菜难、买菜贵现象，公司尝试开展了“全市绿色果菜送”的配货活动，凡市区内有需求者可直接拨打电话，半小时内公司直通车就可把所需求的已经检验合格后（附质量检测合格证）新鲜的果蔬第一时间配送到家，让广大市民足不出户就能吃到安全、低价、快捷的各类无公害蔬果。该项业务的开展受到了市民的好评，业务量不断增长，为下一步专业的配货业务奠定了基础。

公司每周末在各大社区内进行“平价果菜直通车”销售活动，使真正的实惠和优质的服务送到户、送到家、送到人。

3. 加强电子商务建设

在当前信息快则决定效益成败的时代下，大力推进电子商务，积极开展网上交易和网络营销，是减少对人流、物流、信息流影响，扩大企业与客户交流联系，促进业务洽谈和产品销售的有效途径，特别是亳州市有着丰富的农副产品需要外销和出口，实行网上洽谈和交易，对搞好工业和商贸流通经济运行，解决农民的“卖菜难”等问题更具有现实的意义。2015 年 1 月份起，公司就开展了电子商务项目的建设，建设面积 3000 平方米，重点建设内容有：其一，电子商务交易大厅。其大厅宽敞通风，明亮清新，光线充足，不仅能为客商客户提供一个避风挡雨的憩息地，更提供了一个优越的交易环境。其二，建设一套科学、规范的电子商务服务平台。公司将引进国内当前最为先进的交易软件系统，为大家提供一个公平、公正、方便、快捷的交易服务平台，完全满足网上交易的各种要求。其三，开展网上支付等配套体系建设。制定管理规范，提高运行质量，为开展电子商务提供良好的技术和服务平台。其四，建立完备的管理流程，制订完善的管理措施，确保电子商务工作的有序推进。

4. 加强农产品质量安全工作建设

为切实加强农产品质量安全工作，保障城乡居民身体健康和生命安全，市场于 2000 年就启动了农残检测工作，2003 年元月 20 日起，全面试行农副产品质量安全准入，2010 年被国家质量认证中心评为“绿色市场”。几年来公司检测中心严把蔬菜质量安全关，取得了明显成效，蔬菜质量安全水平有了明显提高，带动了全市蔬菜内在质量的提升。

准入工作做到了“四有”：

一有先进的检测设施。检测设施建设是保证蔬菜质量安全的关键环节，是加强监管的必要手段，为此市场从 2000 年开始，投资近 100 万元，建立了蔬菜质量安全检测中心，配置了气相色谱仪、蔬菜残毒快速检测仪、电脑等先进的检测设施，建立了农残检测室、档案室、药品贮藏室等，同时配备了方便、快捷的速测卡、速测灵，可对样品进行定性和定量分析。

二有完善的规章制度。为搞好市场准入工作，市场建立了一系列规章制度，制定了《亳州市农副产品市场准入管理规定》、《农残检测室管理制度》、《检测工作制度》、《检测人员管理制度》、加强市场准入的《通告》等，引用了《安徽省无公害蔬菜管理办法》，为开展市场准入打下基础。

三有技术娴熟的操作人员。检测工作是一项技术难度大、操作技能要求高、具有危险性的工作。检测中心建立初期，公司就注重培养技术过硬的检测人员队伍，参加了农业部、省质量技术监督局、省菜篮子工程办公室等有关单位举办的农残检测培训班，派人到安徽农业大学、农业部农药检定所学习农残定性定量分析技术，并聘请山东省高级工程师到市场开展气相色谱分析培训班。通过培训，市场检测人员已能熟练掌握农残定性定量分析的原理和技术。

四有完备的监管程序。中心每天对进场的大宗蔬菜和农残容易超标的蔬菜进行检测，根据季节和病虫害发生规律，确定每月抽检样品种类，并规定每天抽样数不少于 30 个，在 6、7、8、9 四个病虫害高发月份，每天抽检样品双倍增加。每月接受县（区）送检 100 多个样品，抽检的蔬菜品种覆盖到根菜类、叶菜类、瓜果类的 50 多个品种。检测人员在抽检样品时，填写一式两联的抽样登记表，注明销售人姓名、产品产地和数量，检测结果向客商和菜农发放通知单，合格允许在场内销售，对不合格的采取公示、警告、清退出场及就地销毁等措施，每天的抽样结果逐一建档，对产品含有农残超标户及时通知基地县（区）农业主管部门，溯及源头，并通知农户予以警告。为提高检测的效果，市场将叶菜类蔬菜和病虫害高发期上市的蔬菜作为检测的两大重点，对容易产生农残超标的叶菜类蔬菜实施普检，对不易产生农残超标的茄果类蔬菜进行抽检，对检测结果有疑问的进行两次以上的复检。对检测出超标蔬菜立即给予清退出场，情节严重的当场销毁，并溯及源头，对当事人进行批评教育，造成后果的移交司法机关，追究刑事责任。

5. 加强信息化系统建设

信息系统建设内容主要包括市场业务运行平台、信息采集发布平台和信息基础平台。

市场业务运行平台：是对市场综合业务的管理，包括电子结算系统、综合管理系统、电子监控系统、物流配送系统。

信息采集发布平台：是对市场内外用户的信息发布管理，包括数据交换系统、LED显示屏与触摸屏信息发布系统、市场门户网站信息采集发布系统。

信息基础平台：是整个批发市场信息系统的基础工程，它承担着整个网络架构、整体信息系统的安全及网络基础设施的建设。主要由网络基础设施、机房、硬件设备、网络管理及安全、系统运行平台构成。

信息系统的建立将使市场的运作更现代化，服务功能更完善。信息系统设置的信息采集、电子结算、电子商务、综合管理等功能部门，可以提供更及时准确的农副产品需求信息，实现市场内的经营信息化，使经营交易更有的放矢，并实现市场经营的无币化结算；同时计算机综合管理功能实现办公自动化，满足新型现代化农副产品批发市场的要求。通过运用计算机软硬件设备、网络技术和数据库技术，建立符合批发交易市场实际情况的信息系统及全国农副产品批发市场信息采集发布系统，提供及时准确的农副产品批发市场信息，引导农业生产结构调整、增加农民收入。

三、市场未来建设目标

市场还将再用三年时间，打造一个具有较强实力的综合型现代化的农副产品综合批发大市场。

1. 建设原则

坚持以市场为导向的原则。通过市场机制作用，优化资源配置，发挥农副产品综合批发市场的整体效益。坚持优先整合现有资源的原则，完善配套农副产品批发、物流，基本实现高效率的现代农副产品综合批发及物流体系。满足投资商提出的合理要求，为市场入驻者提供充分的服务。综合考虑市场功能要求，体现购物者的需求，考虑当地地形地貌环境。

2. 建设内容

市场功能将分为商品交易、市场配套服务区（生活办公、信息管理）、仓储区三个部分，其中商品交易功能用来完善环境的基础设施，协调市场交易主体间的利害关系；市场配套服务区主要针对伴随物流而产生的各信息流的处理，包括信息的收贮与发布等，以及为管理人员、市场入驻者、交易商们提供相应生活、娱乐办公环境；仓储区主要提供农副产品存放场地。由于该项目的人流、物流复杂，统一区域功能划分必然导致物流、人流的流线严重重叠并最终致使市场流通受阻，市场的集散功能不能有效运转，因此该市场建设将通过对市场非对称形式的功能划分，使各种不同性质的人流、物流区分开来，并使同种性质或类似的物流在同一区域内流动，整个市场根据专营业务和服务对象不同分为农副产品经营区、生活办公服务区、市场信息中心三个功能区，其中农副产品经营区又可细分为经营区、仓储区，农副产品综合批发交易用房、仓库、多功能综合楼等建筑作为市场主要配套用房。

为了使整个市场达到预期的功能目标，实现多样化需求，满足入场交易商在各方面的需求，体现出一流市场、一流设施水准，保障整个市场安全可靠地运行，项目建设内容为集农副产品批发销售、仓储、物流，包括商铺、综合商业、交易大棚、物流、仓储、冷库、会展中心、加工车间、沿街办公（住宅）楼等及其附属配套工程等为一体的大型农副产品综合批发市场。辐射范围到全国各地，为全市农副产品种植、养殖、加工农户和企业服务，能带动整个区域农副产品种植、批发销售、流通网络的形成和发展，对接全国农副产品物流网络，对有效缓解亳州市农副产品批发销售不畅的局面，具有十分重要的意义。

亳州市副市长王玉玺到公司进行调研

大规模 多元化 科技化
——河南万邦国际农产品物流城转型升级经验介绍

眼看郑州市“2015 年底前主城区 177 家商品市场要全部外迁到三环以外”的大限已到，郑州市区内的各类专业市场其中不乏有乐意搬迁者，有负隅顽抗者，也有不知不觉被别人搬迁者。各类批发市场该做何抉择，生存还是毁灭，是各家市场不得不面对的现实问题。在市场搬迁大潮中，河南万邦国际农产品物流城作为国内规模较大的农产品批发市场之一，正以其年轻蓬勃的朝气、坚韧的毅力积极响应政府号召，实现市场的华丽变身，成为郑州市农产品市场转型升级的领跑者。

早谋划：万邦市场转型升级有“背景”

河南万邦国际农产品物流城前身是郑州市内的刘庄蔬菜批发市场。单看其名称就可看出区别，原来的市场是蔬菜市场，万邦市场是农产品物流城。前者是单一的蔬菜类批发市场，后者是以农产品交易为主、兼顾物流的综合性交易中心。刘庄蔬菜批发市场于 2002 年开业运营，业内统称“郑州刘庄市场”，经过多年的发展，蔬菜交易辐射全国各地，市场内培养出大量全国性一级蔬菜批发商，可谓“国内有名，全国十强”。但因其占地仅 300 余亩，市场摊位早已“一铺难求”，在向大家展示市场红火的同时也折射出“末日黄昏”的无奈，原有的蔬菜经销商户急需扩充摊位，果品、粮油、水产等其他经营业态的商户期待入驻，周边已无可扩展的土地，市场又急需做大做强。在这种大背景下，市场管理者审时度势，从此走上需求转型升级的发展之路。

为了使新建的市场一次成型，做好长期发展的战略定位，公司在郑州市周边选择了多处场地，并邀请专家针对农产品市场的特性对市场外迁用地进行综合性论证，最后一致认为郑州西郊多丘陵起伏地带，地形不适宜，北郊有黄河屏障，交通条件有限，通行不便，南郊侧重发展商品及加工业，大块的土地难找，可供使用的土地成本较高。一一否定后，最终往郑州东侧选择市场建设场地。结合郑州市“郑汴一体化”的整体规划，最终选择在郑汴产业带的南侧、郑州和开封之间的中牟县城西南位置规划建设大型农产品物流城。此处地势平坦，交通便利，紧邻多条高速和国际物流园区，对发展农产品物流条件得天独厚。

改造前

2010年初，公司开始和郑州市、中牟县政府进行项目洽谈，双方合作意向均十分强烈，项目推进速度明显。2010年6月，时任国务院总理温家宝视察刘庄市场，提出“要把市场做大做强做稳，多为农民为商户办实事”，恰逢其时的给万邦物流城项目锦上添花。2010年10月，公司和中牟县政府签订合作协议，项目开始规划建设。2012年1月，物流城1000多亩的蔬菜果品区建成投入运营，2013年11月，600多亩的水产海鲜冻品交易区建成投入运营。目前，正积极建设600亩的三期粮油、调味品交易区，同时还要建设其他各类农产品交易区、仓储区以及各类配套设施，将彻底实现市场的转型升级。

大气魄：规划建设“一城、十二交易区、五个中心”

河南万邦国际农产品物流城由河南万邦国际农产品物流股份有限公司投资建设，公司成立于2010年，是一个以各类农副产品经营服务为主体，以农产品生产开发、物流运输、直营配送为补充的大型物流中心。位于郑州市南三环东段万洪路两侧，交通位置得天独厚，是贯通南北、承东启西，全国性、跨区域农产品流通的最佳集散地。是农业部定点市场，农业产业化国家重点龙头企业、国家农产品现代流通综合试点单位、河南省重点建设项目。

万邦国际农产品物流城总规划占地5300亩，计划投资90亿元。物流城设计建成“一城、十二交易区、五个中心”，“一城”即一个以农产品交易为主体的城市综合体；“十二交易区”即蔬菜、果品、水产海鲜冻品、粮油、花卉、肉蛋禽、干货、副食、茶叶、农资、冷藏保鲜、综合配送区；“五个中心”即电子交易、质量检测、科技研发、期货交易、仓储调控中心。公司目前运营的主要项目有蔬菜市场、果品市场、水产市场、海鲜市场、冻品市场、海产品干货市场以及在原刘庄市场运营的粮油市场等。成立了以冷链甩挂干线物流为主，以市内配送为辅的“河南万邦前程物流有限公司”，和旨在打造专注于老百姓一日三餐的“河南万邦商业连锁有限公司”。

2012年1月5日，万邦物流城蔬菜、果品区建成投入运营，总建筑面积达60万平方米。刘庄蔬菜市场、郑州大中原果品市场、二环道果品市场、西站路香蕉市场已整体搬迁至物流城，市场蔬菜、果品交易火爆，经营有序，大大缓解了郑州市现有市场的拥挤局面。现已容纳商户1万多家，带动运输、加工等农村务工人员5万多人，带动周边三产及服务业收入达10亿元。蔬菜、果品年交易量达1000万吨，交易额450亿元，农产品交易辐射全国，市场价格及交易量信息每天在中央电视台、河南电视台新闻频道、河南经济广播电台、中国农业信息网、商务部重点农产品监测系统等媒体定时播出和实时公示，万邦农产品价格成为中国农产品流通行业的价格风向标，对国内农产品的产供销起到了积极有效的指导作用。市场坚持做到农产品“逢进必检”，确保进场的农产品质量安全。

2013年11月，万邦物流城水产、海鲜、冻品区建成投入运营，总建筑面积达35万平方米。郑州市水产、海鲜、冻品市场商户已陆续搬迁入驻并开始经营，正逐步形成中原地区最大的水产海鲜及冻品冷链物流中心，可实现年交易量500万吨，交易额750亿元。

万邦公司2015年度荣获全国农产品批发市场行业“综合类十强市场及蔬菜类十强市场”、郑州市委、市政府颁发的“农产品交易额上百亿元，纳税千万元以上农产品流通企业”等荣誉。

2015年，公司积极建设三期粮油、调味品、厨具市场项目，该项目占地622亩，计划投资30亿元，总建筑面积达60万平方米。将采用现代化、立体化建设模式，充分利用土地资源，提升市场档次，项目预计于2016年底前建成投入运营，可实现新增粮油、调味品、厨具等各类农副产品年交易额500亿元。

为了将农产品流通产业做大做强，公司同时正在规划建设肉蛋禽、副食、农资市场及冷藏保鲜区、综合配送区，同时为进一步提高万邦公司的交易档次，正在规划建设电子商务中心、电子结算中心、质量检测中心、科技研发中心、期货交易中心、仓储调控中心、农产品信息中心、农产品金融中心以及农产品博览馆、农产品会展中心等。所有项目预计2017年底前全部建成。项目全部投入运营后，万邦国际农产品物流城将成为物流城市综合体和现代化农产品物流枢纽，实现农产品年交易量3000万吨，年交易额2000亿元，带动项目周边“三产”及服务业收入达到100亿元，成为全

原农业部副部长高鸿宾视察市场

河南省副省长赵建才视察市场

国乃至世界规模最大的农产品交易、储备和调控中心。

多元化：拓宽经营范围，促进市场华丽转型

河南万邦国际农产品物流股份有限公司在积极做好市场建设的同时，积极寻找市场转型升级的新渠道，拓宽经营品种，拓展农产品示范园区建设、农产品直营店建设等，打造农产品“产供销一体化”市场流通体系。

2012 年 1 月，万邦公司倾力打造的郑州万邦鸿鹄产业示范园项目开始建设，项目位于中牟国家农业公园，占地 600 多亩，集农业生产、种植养殖、休闲农业体验等于一体。

2012 年 5 月，河南万邦庆丰粮油大米市场在原刘庄蔬菜市场开业运营，是河南万邦国际农产品股份有限公司和原郑州庆丰粮油大米市场联合打造的一个大型粮油集散平台，地处郑州市核心地段，占地 15 万平方米。凭借强强联合的资源优势，组建以来发展迅猛，目前，拥有商户近 400 家，经营大米、杂粮、食用油、淀粉、糖等五大类 500 多个品种，年交易量达 180 万吨，交易额达 120 亿元，销售网络覆盖河南及周边十几个省市。待万邦国际农产品物流城粮油区建成后，将搬迁至万邦经营。

2014 年 3 月，“河南万邦商业连锁有限公司”正式成立。注册资金 5600 万元，打造只专注于老百姓一日三餐的“万邦生鲜大卖场”。经营产品包括来自国内外的蔬果、鲜肉、禽蛋、海产、冻品、熟食、烘培、粮油等。公司 2014 年 9 月已经在郑州市成功开业 1 家 2000 平方米的万邦生鲜旗舰店。同时展开“千家万店”工程，以郑州市为中心开始向周边辐射，让商业连锁走进每一个大型社区，并以“千家万店”工程的实体店为基础开展网上营销，实体店作为网上销售的自提点和配送点。提倡领鲜生活理念，始终关注食品安全，打造行业典范，成为国内最具影响力的生鲜连锁企业。

2014 年 4 月，河南万邦前程物流有限公司成立。公司将依托河南省万邦农产品物流城的蔬菜、果品、冻品、水产、粮油、进出口农产品等资源优势，航空港的交通优势及周围便捷的公路网络，以自购车辆为主要运输力量，依靠内部高素质人才优势，围绕周边等农产品流通市场资源，与郑州物流中心园区形成物流链接，构筑公司物流业发展的大平台，同时对集团公司下属的超市直供项目提供配套的物流配送服务。

2015 年公司在中牟县刁家乡规划建设 2 万亩的标准化高端农产品生产示范基地，主要建设内容包括现代设施农业生产示范区、农业高科技展示区、农场承包经营区、农业科技培训服务中心及实训基地等园区。目前已经流转土地 6800 亩，用于第一阶段建设现代设施蔬菜、果品生产示范区。公司还在郑州市区运营有万邦新绿地农产品批发市场等，实现国内外名优农副产品直供郑州市民，满足人民群众安全新鲜、高品质的生活需求。

规模化：合纵连横，大力带动“三产”发展

中小企业带动情况：万邦国际农产品物流城以万邦公

司龙头企业为支撑，集聚了2000多家中小企业、30多个合作社、16个配套机构，以农产品流通集散“买全国，卖全国”为核心，通过“商户+基地+农户”的经营模式，与各地政府、合作社、龙头企业等建立利益联结机制，带动市场商户在全国各地通过自建、联建、合同、合作、参股等形式发展建设基地100万亩，其中自建基地15万亩，联建基地20万亩，合同订单等其他方式建设基地65万亩。2014年实现农产品销售总收入达800多亿元，带动省内农户8万户，带动省外22万户，带动就业30多万人，人均增收2000元，已形成农产品流通上下游协作紧密、产业链相对完整、辐射带动能力较强的农业产业集群。

通过万邦国际农产品物流城的带动，培育商户创造了“天邦”、“天润”、“天丰”、“金阳光”等品牌的同时，扩大了“万邦”品牌的知名度和影响力。万邦集群现已发展成为目前省内乃至中原地区规模最大的全国性农产品物流、仓储、调控中心，带动市场商户做到农产品“买全国、卖全国”，极大地推进了本地农业产业化进程，提高了农业效益。

市场内带动情况：目前，国内主要农产品市场、生产基地和有影响的批发商在万邦设立了固定摊位。万邦物流城带动蔬菜、果品、淡水鱼、海鲜、冻品固定商户3000多家，带动流动商户2万家，实现日交易量4万吨、日交易额2亿元，年交易量1200万吨、年交易额750亿元，实现利税2亿多元，带动市场农产品经营商户3000多户，带动市场运输、包装、装卸等直接就业人员3万多人。

市场周边带动情况：万邦国际农产品物流城带动市场周边运输、餐饮、住宿、包装、装修、房屋租赁等人员达5万人，人均增收3000元，带动中牟县郑庵、姚家、韩寺、刘集等乡镇农户6万户，带动农业生产基地15万亩，带动三产及服务业收入达10亿元。郑州市消费的蔬菜、果品80%由万邦供应，郑州市丹尼斯、世纪联华、永辉超市等大型超市均在市场建设农产品物流配送中心，农产品直供市内各大超市。

科技化：提升市场科技化管理水平

1. 万邦指挥中心信息化管理

万邦实行信息化管理，建设有万邦指挥中心，是万邦物流城总体指挥、监督、问题处理中心。指挥中心负责统一处理所有咨询、建议、投诉，协调市场所有问题，是整个园区的动态监控中心和应急指挥中枢，与市场商户及公司各部门员工紧密相连。公司建立网格化管理电子服务平台，利用网络通讯技术采集信息，例如QQ群、公司网站、邮箱等，通过上传图片、文字、语音信息等方式反映问题，由相关区域网格员、网格长处理问题并回复处理结果。

公司共投资1000多万元，分别在果蔬市场安装500多个监控点，水产海鲜市场安装800多个监控点，监控覆盖园区各个角落，其中有很多是360度高清旋转摄像头。市场内任意位置可用云台放大清晰对焦。能够实时监控市场内出现的交通、治安、消防等异常情况，同时切换到中间的大屏幕上，并且可以通过云台聚焦，能清晰的看到每辆车的车牌号。锁定目标后，通过对讲机呼叫区域就近管理人员，他们1分钟之内即可到达，处理问题并回复结果。

2. 检测中心科技信息化

万邦农产品检测中心大力推进质检信息化建设。一是购置配备高科技检测设备及基础设施建设。公司在市场蔬菜区、果品区入口各设置一个农产品速测中心，实现进场农产品“逢车必检”。同时建设综合检测中心，设置农产品定量分析室，购置气相色谱仪、液相色谱仪等精密仪器，实现对农产品含量超标具体数量及超标类别的准确分析。二是完善检测信息平台。万邦农产品检测中心与政府各级农业部门检测信息平台联网，政府部门可以通过监控系统实时对万邦日常检测工作进行监督，万邦检测中心将每日检测结果通过检测软件实时发送各级检测信息平台，做到实现报检、检验检测和进度跟踪。

3. 农产品行情信息化平台

万邦市场价格和交易量信息每天在中央电视台财经频道、河南电视台新闻频道、河南经济广播电台、中国农业信息网、商务部重点农产品监测系统、国内各大涉农网站等实时公示。多年以来均获得农业部定点批发市场信息采集年度考核一等奖。《大河报》、《河南商报》、《河南日报》、《河南日报农村版》、《中国食品报》、《郑州日报》等多家媒体对物流城的农产品行情进行跟踪和专题报道。万邦农产品价格成为中国农产品流通行业的价格风向标，对国内农产品的产供销起到了积极有效的指导作用。

公司正在积极建设农产品信息中心，实时收集市场各类农产品交易信息，结合国内外大型农产品市场、农产品基地价格进行比对分析，形成市场实时价格曲线图、国内市场比对分析图、交易量统计图、预期价格分析图、农产品种植品种推荐、农产品价格走势分析图等各类图表，积极和国内农产品行业专家对接，形成可指导性意见，给政府提供科学决策依据。

4. 万邦农产品追溯体系项目建设

为提高肉类蔬菜质量安全和保障供应，万邦市场正在积极进行肉菜追溯系统建设，实行“持卡交易、电子结算”。实现电子磅秤上IC卡刷卡交易，自动实现资金的转账结算，可全面提升万邦市场交易的科技信息化水平，同时完成所有农产品进场登记、交易信息留存、社会公开等信息业务，实现消费者购买到农产品，如发现有质量问题，可以用手机、互联网等通过二维码、条形码查询，可以追踪到商品的最终生产者，从而能及时进行维权。

5. 农产品电子商务建设，促进农产品流通

公司正在积极开发建设农产品电子商务平台，推行农产品“线上交易”，研究农产品电子商务给农产品带来的新

中牟芹菜滞销，市场商户收购芹菜

型流通作用，探索可行性流通模式，服务三农。积极创新流通方式，探索开展农产品电子商务、网上订货、网上交易、团体配送，建设社区平价直营店等业务，最大限度提高流通效率，降低农产品流通成本和价格，解决农产品“最后一公里”问题。

6. 开发市场垃圾生产有机肥项目

利用市场每天交易中产生的大量废弃菜叶、果皮、包装物等进行集中粉碎、高温催化菌种发酵，生产出高质量的有机肥销售，并且在同类行业中推广此技术，既可减少污染，又可实现废弃物的循环再利用，具有显著的社会及经济效益。预计仅万邦市场每年可节省市场垃圾处理费用 500 多万元，实现创收 1000 多万元。

7. 利用清洁能源，建设太阳能发电工程

计划利用市场 50 万平方米的空闲大棚及房屋顶部空间，建设太阳能发电工程，并实现与国家电网并网发电。一方面可以减少太阳对大棚的照射，适宜市场大棚保温，给商户提供良好的交易空间和农产品储存环境；另一方面又可以节省国家能源，开发新能源。

万邦国际农产品物流城为了提升市场科技水平，提高交易效率，进一步提升市场档次，公司近年来积极探索，各项工作正逐步开展。积极支持科研院所、高等学校与企业按照产业技术创新需求建立长期稳定的合作关系。目前，河南财经政法学院、郑州牧业工程高等专科学校等多所院校已经在万邦设立了人才实习基地。每年国家及省市农科院、农业院校等到万邦物流城考察调研，不断拓展合作领域，进一步加强各类项目的开发建设。

指挥中心

农产品质量安全检测中心

融合“互联网+”快速转型

——华东五金城从市场牛商到市场电商导师

5年前，华东五金城第一次升级转型，利用品牌和空间优势，除五金机电业态外，大力发展钢材、建材、物流等多种市场业态，服务周边企业，降低商务成本等成功做法在业界留下了深刻印象。多年来，华东五金城稳居地方服务业纳税榜首，巩固了江苏省服务业龙头企业的地位。现在看华东五金城，似乎平静的线下市场与“网、微”空间的线上火爆形成强烈的对比。在这里，可以清晰地看到，在专业市场转型升级的路上，华东五金城做了探索，富有成效，从十年前的市场领军人蜕变为一位商品市场电商导师。

向“互联网+专业市场”转型有建树

近年来，传统专业市场面临严峻挑战，无序扩张、发展粗放、布局不合理、发展不均衡、现代化程度不高、流通效率低、经营成本高、营销难度加大等问题突出。加之经济调整的宏观环境，以电商为主的商业形态的快速发展，迫使专业市场转型升级，改变商业模式和运营模式。

早在2005年，市场管理者就预言，任何行业都应遵循规模郊应、集聚效应的规律，经过创新、兼并、联合，系统整合资源是一个大趋势。今后10年全国性的商品流通市场将发生聚合，不会再是小、散、乱。当时，他们就明确把建设现代市场、电子商务、现代物流的“三位一体”的大流通模式作为市场发展的目标。

经过10年努力，华东五金城已形成以市场交易中心为主体，电子商务、物流和商业配套为多翼的合理化经营格局。作为全国十大五金电料市场之一，且作为江苏省工商联五金机电商会会长单位、全国浙商营销网络五金机电建材联盟理事长单位，深感到有责任提升电子商务模式，有义务通过不断探索创新取得经验，在带领行业进行转型升级方面，起到模范作用。

第一步，探索从市场自身开始，创建了华东五金城网上交易平台——“华东五金网”。在探索线上线下融合过程中，他们考察了义乌市场的“义乌购”，深入研究了永康五金城的“今日五金网”，还有20多家知名电商平台和相应的开发公司，发现网购发展缓慢，投入产出严重失衡。经过认真研究，总结其经验和不足，针对专业市场涉网中存在的问题和困难，几年来，他们分别与阿里巴巴、慧聪网深入合作，经过积极探索和自主研发，颇有特色的“华东五金网”破茧而出，很快在线上实现销售赢利。这在全国商品市场线上平台中是屈指可数的，成为全国商品市场商城系统的缔造者，实战实效，目前已申报了5项专利。

着力打造商城系统实效显著

为什么他们敢称自己为“商城系统的缔造者”？他们经过考察之后发现，企业电商通常有两个途径，一是在第三方购物平台上销售产品，二是自建网络平台销售产品。前者流量成本越来越高，后者由于方法不对，开发的难度很大。很多商品市场建商城系统“触网”并不顺利，几千万、甚至于几个亿砸下去，网销并不能有效启动，这成为传统商城转型的一个普遍问题。如何突破？能不能突破？他们发现，产品能不能在网上容易“被发现”、“被找到”，这是关键所在。

首先，在购导理念上，要在“产品词”上下功夫。你的网站是“沧海一粟”，顾客怎么才能找到你？关键是企业如何用好各类搜索引擎。这就看你如何配置、植入和运用好关键词、产品词。对于这个问题，他们认识上有一个重大的转变。一般人认为，网站是建给消费者看的，其实网站首先是给搜索引擎看的。关键词好像是植入人体的芯片，而搜索引擎好像是GPS搜索系统，类似于使“GPS随时快速找到你”的产品电商系统搜索技术，是他们的重大发现。另外，在淘宝、京东这些集中式购物平台上搜索男装，搜索引擎上显示可能有一万条信息，很有耐心的顾客翻阅最多不超过50家，9950家被沉没了。其实在淘宝、京东这些集中式平台上，赢利商家占比仅为个位数，50%以上处于亏损状态，赢利越来越难。实现赢利需要你的商品排在搜索结果的前面，由于流量是购物平台掌控的，要想排名靠前成本很高。他们认为应该自建平台，在自建网站系统上植入几万、甚至十几万个关键词，通过科学地配置和运用这些关键词，消费者用任何搜索引擎搜索，前几页、甚至首页必定能找到他们的产品，大大降低曝光成本。诀窍就是你的关键词、产品词设置和整个电商系统与搜索引擎如何做到友好。

他们成功地找到了与搜索引擎友好的22个关键因素，他们发明的诊断系统可以对你的网站进行评估，可以测出你与搜索引擎的友好程度，帮助你提高友好性。这些，目前是其他机构所不能给予的，所以，他们在成功创办华东五金网的基础上，分享成功经验，让更多的企业能打造自己的网络平台销售产品赚钱。

易销商城系统实战实效托起华东五金城转型升级

他们在成功打造“华东五金网”这一商城电商系统的

同时，花巨资投入研发力量，开发出了生产型商城电商系统，为传统制造企业互联网经济下转型升级服务；开发出了流通型商城电商系统，为流通业转型升级服务。上述电商系统来自于华东五金城十多年来商城系统的研究与深度开发以及与许多企业的应用合作，使其成为国内最专业的实战应用电商系统，为了将上述这些系统推向社会，为社会经济各层面服务，他们专门成立了江苏易销电子商务公司。目前，上述这些商城系统已申报专利。

在操作层面，他们最核心的特点是：实战、实用、实效。实战：运用大数据，他们可以做到为你的电商系统精准规划、定位。比如说，帮你定位你的产品应该覆盖哪些地区、选择哪些产品网销、突出哪些差异点、如何精准描述等等。他们可以为你做出评估，使你集中优势兵力打有把握之仗；实用：做到PC站、手机站、微商城、APP四站合一，搜索引擎、微信、QQ群、GPS采集八大流量工具协同运用，普通工作人员经过简单培训就能操作；实效：帮企业研究一套战略战术，建一套电商系统，培养一支电商队伍，取得能从企业电商系统上赚钱的良好结果，彻底改变当前电商烧钱模式。目前这些做法在全国很少有人能够很好地做到。

华东五金城转型升级成果分享

分享是当前商业主流。华东五金城作为全国十大五金机电市场之一，在业界是有影响力的。华东五金城成功的经验要与行业分享，使得整个行业提升，为实现中国制造2025和互联网+专业市场尽绵薄之力，这也是他们的责任。

他们确定的目标是：布道、传术、结果。为此，一方面，他们广泛宣传互联网实战应用理论和经验。在东南大学举办的全国电子商务学科带头人国培班上，他们参与授课，反响强烈。浙江省台州地区是中国商品市场最发达的地区之一，68个专业市场研讨转型升级，邀请他们前去演讲，很多市场都很有触动。有部分市场已应用他们的系统实现了很好落地。仅2015年公司先后12次受邀在海峡两岸五金机电行业论坛、长三角五金机电峰会、各地浙商、苏商、青商论坛上就传统企业如何实现“互联网+”发表演讲，大家一致反映，他们的经验实战实效应用性强，能很现实地为传统企业解决当前发展问题。他们参与编制全国商品交易市场绩效评估体系和参与调研制定江苏省互联网经济“十三五”规划。另一方面，市场前景也十分看好，已经有浙江、江苏、河南、山东、西北、东北等各省著名市场运用他们的运营理念和实战系统，目前全国有800多家与他们已经合作。

先进理念和科学机制为华东五金城插上腾飞的翅膀

其实，华东五金城的转型自成立的第一天起，就是一个常态。市场形态是平均四年一代，不转型，就消亡。华东五金城升级过程自创办起就开始，持续了十多年。在这个过程中，他们打造了自己的团队，在华东五金网建设和实践中，他们与阿里、慧聪网、中国制造网、国内大型软件公司、南京大学、东南大学、中国计算机学会等探讨以及深度合作，培育了一支实战型的网络系统开发和营销人才队伍，核心人才给予了配股，留住心，这是取得成功的保障。

华东五金城转型升级仍在持续进行中

物流，是华东五金城四位一体目标不可分割的组成部分。他们打造了“泰州物流配载网”，将华东五金城多年来开发应用系统的经验应用到物流领域，打造区域性物流配载网，打破了现有市场靠烧钱发展的物流配载APP模式，使区域内物流供求信息真正实现互联互通，实现有效赢利。同时这一系统将在全国各物流基地推广，最后实现大连网。

下一步，华东五金城将着手打造“电商创业园＋众创空间”。为了更好地推动互联网经济下传统产业经营销售模式的转型升级，提升区域内企业核心竞争力，华东五金城将利用区位、空间和实效这三大优势，开发和提供适合于电商企业、传统企业电商平台运营、代运营、平台服务、软件开发、数据分析、营销推广、运营管理、专业咨询、仓储物流、网店摄影等电子商务直接或相关环节的服务平台，成立创业园、众创空间、电商学院，为区域内传统企业实现“互联网+”做贡献。

12年来，他们对商品市场发展专注执着，倾注热情，对商品市场转型升级的探索坚持不懈，转型迅速，取得了一些成果，为中国商品市场的发展做出了贡献。

品牌战略铸就高速发展路
——济南泺口服装城全力打造诚信文明和谐新形象

济南泺口服装城是济南泺口服装集团的所属企业，集团以泺口服装城为主体。泺口服装城建于1989年，在泺口服装集团领导一班人的正确带领下，团结奋斗，抢抓机遇，与时俱进，开拓进取，现已成为闻名全国的大型专业批发市场、山东省十大专业市场之一。

一、牢固树立科学发展观，开创市场繁荣新局面

济南泺口服装城自开业到现在已有26年了，在多年的发展中，济南泺口服装城由小变大，由弱变强，走过了一段曲折的创业道路。

济南泺口服装城是香磨李社区的居办企业。1989年与济南市天桥区工商行政管理局联营创办泺口服装市场，建成了第一个服装市场。随着第一个市场的建成开业，拉开了建立泺口服装城的帷幕。

公司一班人以“抢抓机遇，扩大流通，大力发展第三产业”为己任，以“搞好大流通，建好大市场，造福一方百姓”为宗旨，大脚步的新建、改建、扩建泺口服装市场，实现一年建一个市场，一年上一个大台阶的壮举。1994年建立了羊毛衫市场，1995年建立了鞋城，1996年建立了交易大厅，特别是1997年，公司投资3000万元，建成了4.2万平方米的泺口服装城商贸中心，完成了当年施工、当年营业的壮举，被评为山东省“156”重点工程。

随着人民生活水平的日益提高，人们的购买消费习惯也发生了转变，从2000年开始，公司果断地实施品牌战略

升级改造前

和专业经营的经营策略，不断改善服务观念和经营环境，完成了由市场型向商场型的转变，相继改建了名牌批发城、商贸中心写字大楼、名品大厦、服装大厦。先后引进了国内外知名品牌服饰代理千余家，品牌荟萃，商贾云集，创建了“济南模式”的齐鲁服装之都，已成为江北最大的服饰商品集散地。

2004年公司确立了“壮大市场规模，提升市场档次”的工作思路，先后改建扩建市场面积6万平方米。在市场的建设和装修过程中全部按商场化的模式，进行高档次、人性化的装修，科学建设精品房、写字间、休闲区。在招商过程中，为确保招商质量，将真正的品牌代理商招进来，公司以引进国内外知名品牌为宗旨，以经营实力为筛选标准，开展招商引资工作。

2006年，公司提出了“打造精品工程，安置拆迁业户”的主体思路，在不影响业户正常经营的情况下逐步扩建、改造泺口服装城。投资3000万元在济泺路路西建设了5层高档服装大厦，既充分安置因小清河拓宽工程需要拆迁的业户，确保不流失一个业户，又进一步提升了市场经营档次。同年又投资1500万元在羊毛衫大厅后建设三层钢架结构二期工程，使羊毛衫业户达到了600余家，成为江北最大的羊毛衫批发基地。

2007年6月30日，山东眼镜专业批发市场隆重开业，市场面积达1500余平方米，是山东省唯一一家眼镜类商品专业批发市场。2007年12月21日，服装大厦二期工程顺利开业，使泺口服装城在经营面积、规模以及品牌档次等方面又上了一个新的台阶。

随着集团实力的不断增强，开始跨行业发展，9.5万平方米山东通讯城于2008年8月9日隆重开业。市场主要以经营手机、配件、设备、维修及仓储服务为主，是山东乃至江北最大的通讯器材批发市场。山东通讯城的成功经营，标

志着泺口服装集团多元化经营战略得到了成功实施，迈出了可喜一步。

随着山东通讯城顺利招商开业，泺口服装城不仅是领跑全省服装营销行业的“龙头老大”，在通讯行业的发展也迈出了成功的一步，同时也标志着泺口服装城走出去发展实现了第一步，将来还会有第二步、第三步……

面对小清河综合治理工程，占用市场经营面积100余亩，安置好业户成为公司党委的第一要务，工程占用不拆不行，业户不安置更不行，如不安置二十年的市场就面临着生与死的抉择。面对现实，公司党委顶着压力，冒着风险，在区政府的支持下，将东仓库建设成为主体七层，近8万平方米的服装批发广场，整个建设工期为5个半月，又创下了泺口服装市场高速建设的新纪录。2011年9月6日全部业户入驻服装广场，顺利试营业。

2013年，为配合创建卫生城市要求，将原有鞋城升级改造，建成三层钢架结构现代化市场，内设中央空调、货梯、斜梯等现代化设施，经营环境得到进一步提升。

2014年10月1日投资2.8亿元，建筑面积8.3万平方米的泺口皮革城顺利开业，满足经营皮草业户集中经营的要求，增强了泺口服装城在皮草行业的核心竞争力。

2015年10月1日，占地面积24.3亩，建筑面积近13万平方米，投资5亿元，共33层，主体高度达132米的泺口服装国际会展中心顺利开业，其中地下3层为停车场（地下三层加地上共可以提供1500余个停车位）。在功能配套上，一是突出国际品牌服装展销功能。1-7层是服装品牌的批发零售展销商场，其中，1-3楼集中女装品牌，其中3楼南侧还将引入珠宝、饰品等配套品类销售；4楼和5楼将集中展现济南本土的自主品牌，包括夏姿绮、迪奥费雷、VVX、翠玉金元、法奥仕顿等；6楼是精品女装区，入驻的品牌有圣迪奥、秋水伊人、拉夏贝尔、红谷、皑如等；7楼则主打休闲运动户外品牌，包括国际国内一线品牌，耐克、阿迪、JEEP等，目前7层正在装修中。二是突出商贸服务功能。7000平方米的餐饮区将设在8楼，筹划一半是主题餐厅，一半是美食城。另外，位于9层的四星级国际商务酒店铂尔国际酒店也正在装修进行中，酒店规划有1200平方米的多功能厅及600平方米的自助餐厅，届时将实行国际酒店现代化管理。23～32层为配套的商务宾馆，配有200余间客房，能够为四海宾客提供更加周到的优质服务。三是突出会展服务功能。将定期在大厅内和多功能厅举行国内、国际新品服装款式展示活动，为国内、国际服装品牌的订货会、发布会提供服务。四是突出商务办公功能。11～21层为商务办公写字楼，将与国际、国内高级管理服务机构联营，架构辐射全球的现代化商务办公平台。

泺口服装国际会展中心是集大型服装商场、写字楼、商务酒店、会展于一体的现代化、多功能商贸综合体，可以大大提升济南北部城区形象，将成为展示整个天桥乃至济南市发展的重要“窗口”。

二、管理与形象工程齐头并进

泺口服装城共设有二十个管理科室，300名服务管理人员，分工负责市场管理、卫生保洁、消防安全、水电管理、车辆监护、广播宣传、监督执勤等工作。管理是企业成长的关键，管理出人才，管理出效益。公司在广大职工中先后提出“今天工作不努力，明天努力找工作”、“服务于两个上帝”、“严格管理、热情服务”和“一家人、一条心、一股劲、共创市场繁荣”、“人性化服务，科学化管理”等主题口号，形成了强大的企业文化，广大干部职工把公司的要求转变为自觉行动，为市场的高速发展提供了强有力的保障。为培养出一支高素质的市场管理队伍，请工商、质检、税务、市场管理系统的领导进行讲课，全体员工通过学习法律法规、学习处理交易纠纷等基本知识和技能，职工素质得到提高。率先成立了全市第一个自立自管的“市场调解委员会”，连续数年被市、区司法局评为“优秀人民调解委员会”。坚持每天做广播体操和队列训练，已坚持数年，良好的身体素质和文化素质，与市场的高效运作，融为一体。

为进一步提高管理水平，树立泺口服装城新形象，公司在济南市技术监督局天桥分局领导的大力支持下，开展了质量管理体系的认证工作，建立了符合性和有效性都非常完善的质量管理体系。在对待假冒伪劣商品这个问题上，一改过去那种别人来“查、检、罚”的思想，树立了一种全新的理念，那就是“自、管、把”。强调从公司到业户两级服务者都要牢固地树立自律的理念，制定一整套行之有效可检可查的管理办法，把好商场的大门，不准假冒伪劣服装进入。

经过实践证明，建立的这套质量管理体系和标准体系是充分的适宜的有效的，于2004年顺利通过了中安质环认证中心的认证审核，取得ISO9001质量管理体系认证证书。这是济南市第一家大型专业批发市场通过国家质量管理体系认证。

以诚信赢得顾客，以质量铸就品牌，公司在日常管理工作中，极力倡导业户大力弘扬“诚实守信”的优良传统美德，树立诚信带来信誉、诚信促进发展、诚信产生效益的观念，不断增强诚信意识，全心全意为消费者服务，使消费者买的放心，穿着满意。泺口服装城多次获得由山东省消费者协会、省工商行政管理局、省质量技术监督局等八大权威部门考核的“山东省消费者满意单位”的荣誉称号。

为弘扬企业文化建设，不断提升企业形象，促进服饰贸易，拉动消费，回报社会各界多年来对泺口服装市场的支持与厚爱，为省会经济发展和方便人民群众再做贡献，2005年市场承办了“同一首歌·走进济南 相约泺口服装城”大型文艺晚会。这是泺口服装城实施名牌战略的又一举措，进一步彰显了泺口服装城的辉煌成就，深化了泺口服装城企业文化的底蕴。

2013年开始，公司连续三年举办“泺口服装文化艺术节”，在拉动消费，促进发展的同时，真正让市民得到实惠，有力促进了相关产业发展，使泺口服装城在国际化、专业化等方面实现新的突破，全力打造成规格高、代表性强的国内服饰行业发展平台，让更多的人赏识泺口服装城，信赖泺口服装城。

三、严格管理，热情服务

公司在市场经营管理中提出了“严格管理，热情服务”的八字方针。一是对市场管理人员要求严格执行各自的岗位责任，廉洁奉公，积极工作，热情服务。二是对市场业户进行严格管理，规范经营行为，文明经商，诚信服务，热情为消费者提供商品质量服务，坚决杜绝假冒伪劣商品与经营中的欺诈行为。按国家规定和消费者需求开具发票和信誉卡，全部服装实行明码标价，营业员全部进行培训上岗，营造一个经营者顺心、管理者省心、消费者放心的和谐经营环境。

随着市场经济的稳步健康发展，现今市场管理服务部门齐全，设有工商管理所、税务、公安、法律咨询、金融、长途客运等社会性监督服务机构，市场运作管理、财务管理、水电管理、消防安全管理、信息网络管理、货物分流管理、市场纠纷调解管理，形成了齐抓共管，共创市场繁荣的网络化管理机制。

四、安全管理，责任重大

公司在市场管理中始终将安全放在首位，为彻底消除火灾隐患，公司近几年投入2000余万元，不惜巨资对防火卷帘、应急断电、自动报警、供水系统等消防设施、器材进行维修更换，安装了电视监控及电子巡更系统。在做好以上安全措施的同时，还积极做好广大业户的消防安全知识教育，充分利用广播、宣传栏、入场前十分钟教育等形式对业户进行消防安全知识培训。并多次组织管理人员进行消防模拟演练。大量人力、物力、财力的投入为确保平安市场打下了坚实的基础。泺口服装市场在创建平安市场方面取得的成绩受到省、市、区有关领导的充分肯定，并被列为创安全先进典型。

五、泺口服装，志在四方

泺口服装市场一年一大步，年年都有新飞跃，在市场经济群雄争霸中，以大规模经营取得了高效益，抢占了市场份额。如今济南泺口服装城已拥有固定资产23亿元，市场经营面积60余万平方米，市场下设会展中心、商贸中心、服装大厦、服装广场、皮革城以及羊毛衫、鞋城等十个专业经营区。目前入驻业户已有6000余家，从业人员3万6千余人，累计安排下岗职工6000多人。如今泺口服装城已驶上了高速发展的快车道。

众多服饰品牌的入驻，充分显示了泺口服装城的集聚效应、辐射效应和品牌效应，泺口服装城已成为济南市的一张商业靓丽“名片”。

随着各行业的竞争不断加剧，泺口服装成不断调整发展战略，完善自身的核心竞争力。为突出优势，通过自身条件的改变，谋求生存的空间与发展的机会，泺口服装城计划建立服装加工产业园，完善服装行业上游产业链，降低运营成本，形成培育真正的自主品牌孵化基地，这也将成为泺口服装城的多元化、集约化发展战略。

如何通过服装批发集散效应树立加工产业园的市场定位形象，以完整的产业集群确立竞争优势，这是公司面临的重点课题。公司将按照“产城一体化、配套社会化、工商同步化、交易电子商务化”的新一代产业模式，打造集生产加工、现代物流、平台交易于一体的现代化产业园区，成为支撑济南服装行业成为“服饰之都”强力引擎。

在实体经济日益完善的同时，泺口服装城也积极开拓线上市场，大力发展电子商务，实现信息服务、资金流动与物流的紧密结合，打造成服装的产业链。依托于实体批发市场，在泺口服装商务大厦开设电商产业园，未来的泺口服装城将集手机商城、网上商铺、产品展示、网上交易、在线支付、电子结算、金融服务、物流配送等功能于一体，为广大商户提供足不出户即可轻松进行交易的一条龙服务，形成泺口服装城网络营销与实体经营齐头并进的新格局。

泺口服装城在市场经济日趋竞争激烈的大潮中，不断地发展、完善自己的管理服务体系，改变着自己的服务理念和经营环境，在经营规模、商品档次、服饰时尚方面兼东西情致，汇南北神韵，实现了社会效益和经济效益的双丰收。相信在各级政府的支持及大家的共同努力下，一个让消费者放心满意、诚信、和谐的泺口服装城将不断做大做强。

开创转型升级的新路
——记江苏友谊文化产业园

政府工作报告指出要"深化文化体制改革，引导公共文化资源向城乡基层倾斜，推动文化产业创新发展，繁荣文化市场，加强文化市场管理"。同时，"十三五"规划纲要也提出"推进文化业态创新，大力发展创意文化产业，促进文化与科技、信息、旅游、体育、金融等产业融合发展。推动文化企业兼并重组，扶持中小微文化企业发展"的具体要求。如何更好地适应新技术和互联网带来的变革，是每一个从事市场经营管理者、每一个市场企业家以及每一个市场企业都要深入思考的问题。尤其是互联网正加速向传统行业渗透，与传统行业融合，把旧业态变成新业态这种大趋势下，如何顺势而为，主动调整，主动融合，主动出击，积极应对，无锡友谊钢材市场创出了一条转型升级的新路，那就是在原来的钢材市场内开发创办江苏友谊文化产业园。

无锡友谊钢材市场成立于2003年3月，前期投资1个多亿，由友谊钢材一市场、友谊钢材二市场共同组成。市场处于长三角经济发达地块上海都市圈，辐射范围周边600公里。地理位置优越，交通方便，离苏南硕放机场9公里，无锡东高速口3公里，火车站、高铁站5公里。市场占地面积237亩，经营户入驻500多家，开业初期市场入驻率达100%，市场一度在本地区创下非凡的业绩，成为该行业的佼佼者。经过几年的打拼，已初建成一个幅射苏锡常及周边地区的钢铁交易中心。然而，2011年全国钢贸市场随大形势大环境及房地产行业的影响，开始进入钢材市场的寒冬期，钢材价格震荡至历史的最低点，经营商家大面积进入亏损和负债，已无能力来支付场地的租赁费。尽管市场积极扶持采取了打折优惠的政策，许多商家仍然是纷纷退场。步入2012年后，在经济下行、产能过剩、信贷危机等一系列迅猛浪潮冲击下，面对大部分钢材市场停业、倒闭的状况，友谊钢材市场高层领导对市场今后的发展高处着眼、应势布局，面临市场低迷的形势，公司董事长魏明生先生及时作出了应对的策略，邀请专家和商户参加，经过层层讨论，采用走出去请进来的办法，做了大量的市场调研，并发挥自身的各种优势，利用互联网思维，抢占创新发展的制高点。树立新观念，梳理新理念，引领新常态，提升管理班子全体人员在新形势下谋事干事成事的能力水平，造就了一支能打仗、能打胜仗的团队。经过层层论证，决定采取缩小钢材市场经

升级前

升级后

营规模，开发文化、体育产业两条腿走路的方针，在转型升级这一时代的命题前破壁而出。

大力发展文化产业，就是要顺应市场需求，提供高质量的文化产品，来满足人们的精神需求，来更好地弘扬核心价值观，引导人们增强对核心价值观的自信心和践行力。据不完全统计，2015 年，文化产业资金流入 3241.8 亿元。为此，市场经营管理团队决定进入中国的文化产业。当钢材市场进入低谷一蹶不振的时候，中国艺术品收藏却是正当时，中国书画市场更是成为了艺术品收藏市场的主流。而友谊钢材市场的董事长魏明生先生是个富有爱心、勇于开拓、事业有成的企业家，同时还是一个有着一定社会影响力的书法家，他在国内外有着大批著名的书画界朋友，因对艺术的热爱，他仅用了短短半年的时间便创办了江苏友谊文化产业园。

2015 年 11 月 13 日，江苏友谊文化产业有限公司在社会各界的支持下成功开业，市场设有商位 92 个，从业人员 260 人，计划增加 200 个商位，目前年交易总额为 4500 万元，市场营业面积 6700 平方米，自有储备土地 300 亩，可持续发展弹性较大。目前文化产业园区由古典家具、工艺品、书法字画、中华奇石、根雕市场以及多功能展示厅组成。市场经营品种涵盖金银珠宝、玉器瓷器、古玩杂件、书画字画、票证古书、木雕奇石、金属制品、古典家具等，并签约美术、书画、电视摄影等领域著名艺术家和若干产品，同时还成为《魏征》电视剧摄影组的常驻基地，已成为集艺术展览、精品展销、收藏鉴定、文物古玩交流、明清家具、木雕奇石、根雕艺术等多功能为一体的综合性文化市场和当代艺术创作展示交流中心。

随着中国经济进入新常态，经济发展从数量、规模型增长转向质量效益型增长，要素扩张驱动力逐渐减弱，人力资本和技术创新的驱动力逐渐增强，从消费角度看，模仿型、排浪式消费逐渐结束，个性化消费成为主流。友谊文化产业园从老百姓关注的个性化消费健康产业角度发展，近日已与王战军太极学校等国内外多家文化艺术及传媒公司建立起了良好的伙伴合作关系，与河南陈家沟王西安拳法研究会、王战军太极学校建立战略合作伙伴关系。产业园还联合北京大德拍卖公司、江阴翰墨书画院进行书法字画、古典家具、观赏奇石等文化艺术收藏品展销。

如今，无锡收藏家协会友谊文化园分会已在产业园内成功揭牌；太极拳发源地陈家沟“四大金钢”之一、太极拳宗师王西安老师，王西安拳法研究会会长阎素杰女士莅临友谊文化产业园，为友谊文化产业园旗下公司——友谊文武坛成立太极拳培训基地授牌；“王战军太极（无锡）推广中心”暨“王战军太极学校（无锡）培训基地”由太极英雄、长胜将军王战军先生，王战军太极协会会长郑雪清女士在友谊文化产业园东区正式揭牌成立；友谊文化园太极拳江南中心也正式成立。这些都为友谊文化产业园的发展增加了色彩，更增添了活力。

友谊文化产业园投资 6800 万元，新建了设施齐全的太极拳、跆拳道等多个体育场馆及文化交流展示厅。今后，市场还将不断健全配套设施和提升功能服务，着力打造华东地区规模最大、配套最全、功能最优、品类齐全，具有独特的综合文化的体育产业基地。

友谊文化产业园开办至今，市场现有商户运行态势良好，社会各界名人和爱好者来访不断，日客流量最高达五千人次，成交活跃度十分高昂，而文化产业园的成绩也得到了所有人的肯定。

今天，友谊文化产业园和友谊钢材市场团队明白，在转型升级中，要把握时机，抓住开拓文化产业的机遇，需要大量资金支撑。要使新开发的文化产业得到更好发展，对市场原钢贸销售企业不能放弃，要在扶持的同时加大服务力度，为他们提供更多的服务。为此，市场决定顺应国家宏观经济的形势，放慢发展的脚步稍作休整，保证市场平稳的过渡。同时市场组织人员安排招商引资等进行全面的调整，从而稳定了一支经营商户的团队，市场与商户达成共识，齐心协力患难与共。

钢材市场在当前疲软的市场环境下，作出了相应的对策。第一，市场在本身的招商力度上再加强，包括采用网站、招商发传单，以及商户介绍商户，引进新的商户。在引进新商户的同时，市场再给予一定的优惠，招商圈子就更扩大了一步。

第二，在市场形势低迷的情况下，制定了对老商户房租打折优惠的政策，让商户感受到市场对于商户们在困难时期的理解和帮助，由此让一大批的商户继续留在市场继续经营，让他们能在最艰难的情况下在异地他乡能有一种归属感。

第三，充分发挥互联网的作用，市场决定开拓微信公众号，以方便更多的人了解和支持如今的钢材市场，邀请商户参与公众号的宣传和推广，市场也利用公众号为各商户提供一个微信宣传和推广的平台。目前，钢贸市场运行态势良好，也是无锡同行业生存下来运营比较好的钢贸市场，目前保留和新引进的商户现已有 520 余家，市场的出租率已达到 100%，市场租金按时缴纳也达到 100%，市场又回到了开业时期的景象，而文化产业园的客流量也不断增加，两个市场带来了互动效应。

“十三五”时期，要大力推进文化产业的供给侧结构性改革。“互联网颠覆了经济，也颠覆了各类专业市场各个业态。无锡友谊钢贸市场和江苏友谊文化产业园，形成了新的产业生态链，它们将根据自身的情况不断提升，并在这个新的生态链中找准自己的定位，实现创新驱动发展，牢固树立“文化 +”的战略思维，并通过其鲜明的“创新、创造、创意”优势，为文化产业提供新思路、新模式，催生新业态、新产业，进而打破文化产业的固有格局，推动全产业融合，重构文化产业生态环境。

升级后

适应新常态 抢抓新机遇

——锦荣轻纺城矗立变革十字路口推进转型升级新跨越

看繁华之处，泱泱大城，商贾隆隆。

郑州锦荣轻纺城，经营的产品有成品的窗帘、床品，还有半成品的面辅料、里料等。其中，仅窗帘品类的商户就有500多家，排名全国第三，中西部第一。从体量上来看，占地300亩，建筑面积45万平方米，可容纳5000余家轻纺织品商户，是河南省十一五纺织规划重点项目之一，也是中西部地区最大的轻纺织交易专业市场。

从选址来看，锦荣轻纺城地处郑州南部市场群的黄金区域、大学南路与南三环交会处，所在位置东接新客运南站，北临汽车客运总站，距离西南绕城高速5分钟路程，周边配套物流公司，具有得天独厚的交通优势。

这些要素让锦荣轻纺城从诞生那刻起，就扛起了重任——擦亮中部地区最大轻纺交易专业市场的品牌，给中部乃至中西部省份的广大人民一个“一站式购物的亲民之选”。

勇挑重任，就必须要走在市场的前列，不创新是不行的。锦荣轻纺城在营销方式的创新上是下了一翻功夫的，除了不间断地举行不同主题的零售活动外，“中原家纺采购节”的营销方式更是成为了锦荣轻纺城的一张“名片”，甚至逐渐成为了河南纺织行业乃至整个中部地区纺织行业的盛会。

“中原家纺采购节”的营销方式由锦荣轻纺城首推，采购节以“批发为主、零售为辅”为市场定位，按照家纺的销售淡旺季规律，每年设立春季与冬季两大常态化采购节。采购节不但能有效提升市场人气，吸引许多下游客户和普通消费者，也为锦荣的市场商户建立起了与下游客户长期稳定的供货采购关系。

矗立变革十字路口：植入电商基因、线上线下齐作战，锦荣已站上市场“风口”

如果说活动营销创新是锦荣在传统行业领域内的摸索，那么植入电商基因则是锦荣颠覆自我、颠覆行业的一次划时代的革命。

2015年11月11日上午，在锦荣轻纺城的电子商务项目——河南网商园里亲历了一次令人血脉喷张的销售奇迹。

在河南网商园里的入驻企业里可以看到，当天正值“双11”购物狂欢节，各个企业内的销售人员满员上阵，园区内只有电脑的键盘声，各个企业内部办公区域内都有一块大屏幕，大屏幕上，销售数字在一秒一秒间不断变化……

而随后拿到的销售数据，这个郑州市最大的电商企业集聚区——河南网商园能量惊人：全园区交易额在11月11

改造前

改造后

日的第一个小时达到了 9600 万元，截至当日上午 9 时交易额达到 1.7 亿元，下午 3 时交易额达到 2.8 亿元。其中，美的、哥伦比亚、七匹狼等一些品牌截至当日下午 3 时的交易额均在 4000 万元以上。11 月 11 日当天，单日销售额将突破 4 亿元，同比去年增长约 40%。

在河南网商园的带动下，锦荣轻纺城的实体商户也不甘示弱，迅速转型，在积极开展线上业务的同时，实体展示交易更是火爆。各种“买就送、满立减、超优惠”的字样也布满了店内店外的各个角落，货架上的商品也标上了双十一期间的优惠价。

电商，已经成为锦荣轻纺城带领传统行业积极转型的重要阵地。

锦荣轻纺城一方面通过实体商铺实现线下的展示、体验，另一方面通过河南网商园的电子商务平台实现线上的传播、交易，真正帮助企业解决采购、销售的难题，引导河南纺织企业拥抱“互联网 +”。

适应新常态，抢抓新机遇，勇担新使命，锦荣轻纺城在“互联网 +”时代的创新大潮中，已成功站在了市场的“风口”之上。

众创财富新高地：为什么在锦荣做生意会发家？

五年育轻纺，2010 年，在众多轻纺人士的期许中，锦荣轻纺城破土而起，屹立于郑州南城。这五年，锦荣经历了一次次蝶变，经营“版图”不断扩张，千家商户踊跃入驻，网上轻纺比翼双飞，锦荣从蹒跚成长到中西部最大的轻纺织品交易中心，华丽转型后的锦荣到底给商户带来了什么？在这里做生意是否能发家呢？

锦荣轻纺城开通免费购物车

2015 年，在“外迁”这个词语风靡绿城的时候，锦荣积极面对市政要求，率先原址升级改造，规划市场布局，快速转型至线下体验展示，线上推广销售，稳定商业根基，火热繁华的经营局面令商户信心百倍，使流言蜚语不攻而破。

锦荣轻纺城的繁华是轻纺行业历史的必然。量的扩张必然引起质的提升，由集聚商户群发展到锦荣商业圈的形成，转型升级的锦荣焕然一新。为什么在锦荣做生意能发家呢？

原因一：锦荣具有市场繁荣的必备基础人流。锦荣位于南城商圈，数十班公交车辆往返穿梭，地铁二号线直通锦荣大门，出站口便成了锦荣的入口，源源不断的人流，将有效引导到市场内部，上班、休闲、娱乐、出行形成的人流，通过 24 小时 ×7 天不间断营业的方式，拉动锦荣经济。同时，锦荣商圈解决了郑州南城数十万人就业问题。

原因二：锦荣配套规划完善成熟。锦荣 1# 地项目着手互联网产业升级基地，加之继续扩建的锦荣 4#、5# 地项目共 100 万平方米，其市场功能、设施配套都是无与伦比的。在购物、娱乐休闲、时尚餐饮、商务办公、酒店住宿、仓储物流等业态组合的前提下，保障商户经营发展。

原因三：锦荣自持物业，为商户提供长远服务与支持。锦荣轻纺城摒弃售铺回笼资金的手法，本着承担商家发展责任的信念，不断发挥其商业运营经验，进行整体规划把控，采用统一管理、整体运营的方式，保障商户经营质量，为市场商户进行全方位保姆式服务，推动商户经济有序发展。

“上合总理会”落户郑州，“米”字国际专列逐渐成型，郑州成为中欧的经济“心脏”，锦荣作为中原规模最大的轻纺织品交易中心，也将成为中原与欧洲列国纺织业连接的血脉，成为亚欧大陆桥上“新丝绸之路”的新起点。在“一带一路”的发展战略下，锦荣轻纺城审时度势，不断创新轻纺织行业的发展模式，建立物流仓储中心，打造集电子商务、产品展示和物流仓储于一体的发展产业，从而带动整个中原地区的纺织行业转型升级。

锦荣升级蝶变 ：“互联网 +”模式闪耀登场

根据规划，锦荣 1# 地项目是在“互联网 +”背景下，打造以研发办公为主，兼工业展示、家纺窗帘体验展示及企业培训的产业升级基地。锦荣轻纺城 1# 地项目处在大学路、南三环、寒山路交结区域，是郑州二七新城的黄金地带，建设用地面积 39090 平方米。此项目的诞生，是锦荣由传统轻纺市场转型升级为“互联网 + 纺织”新业态的典型代表。

锦荣颠覆传统市场的固有模式，寻找一条适应新形势下的创新发展之路，从一开始，锦荣轻纺城就致力于为商户提供一个更专业、更规范、更全面的轻纺交易平台。锦荣的颠覆与创新主要体现在它开创了网商、实体店展示、现场服务体验三位一体的全新经营模式，并且增加了银行、餐饮、物流配送中心等一站式的功能性配套，同时，锦荣采取“市场化运营，商场化管理”的运作模式，彻底打破传统轻纺市场格局。

随着“互联网 +”时代的发展，锦荣将开启网上交易平台，为商户提供商品展示、新品发布等服务，把最便捷的电子商务植入轻纺经营，做到让顾客更直接的看到网上的轻纺产品展示，并且让顾客在看到轻纺实物产品的同时，对产品的每一个信息都有一定的了解，做到窗帘、床品实体店切身体验网上产品服务。

“互联网 +”与企业培训深度融合后，以用户为中心，关注用户体验，调动用户参与感，让用户在参与和体验中重构自己的购物选择，以打破传统轻纺市场经营的区域限制。

同时锦荣利用互联网，实现信息流的数据化流通，提高信息的传导效率，借助大数据技术完成客户数据分析，为商户提供全新的网上销售渠道，真真切切做到足不出户即可销至全国。

21 世纪的“互联网 +”发展模式催生出新的经济形态，并为各大企业创新提供环境。“互联网 +”作为一种新兴业态，发展日新月异。锦荣轻纺城从一根丝、一块布、一个纺织品市场，不断发展壮大，锦荣作为中西部轻纺织品专业交易市场，在中原乃至全国有着独特的规模优势。在这样的时代背景下，锦荣高瞻远瞩，深谋远虑，在深入调研、科学分析的基础上，开拓锦荣 1# 地项目发展，为锦荣升级腾飞指明了方向和目标。

畅想锦荣购物中心：一秒变成衣不再是梦想

未来的锦荣轻纺购物中心将提供从轻纺选材、设计、展示销售、仓储物流、办公到商务休闲等多种功能在内的综合配套，实现商家和消费者从经营到生活到休闲娱乐等一站式的综合性功能服务。

锦荣轻纺购物中心着力打造的是门店体验服务。购物中心的空间立体设计可以将客户目光直接送至销售展示区域，真正做到展示与体验无缝整合，也就是“一站式家居服务”模式，直接面对终端销售群体。融入 020 电商潮流概念，创造线上线下完美互动的电商平台，对终端经营结构进行战略性升级，消费者挑选的产品可以看到实物展示，通过现场网上下单，由购物中心的全自动化仓储物流统一发货，客户到家就可以接收货品，更快捷、更便利。

将来的锦荣轻纺城购物中心将融合服饰、家居生产的全产业链，充分整合轻纺资源，将设计园、加工厂、产业园、仓储物流及电商体系统一规划形成集聚化效应，实现优势互补。随着消费者迸发强烈的定制购物欲望，未来的轻纺购物中心将会在购物中心内部实现全程定制服务，消费者可在实体体验店提出定制诉求，商家会从购物中心内部精选面料、扣子、内衬、拉链等，做到足不出户就可以满足消费者的独特要求。对于未来服装企业来讲，原辅料问题将得到根本改善，并且大大减少中转环节，有助于减少服装的生产成本。客户只需到购物中心考察服装新款，由轻纺购物中心提供服装面料、服装辅料以及包装等一站式定制，客户除了可以买到潮流新款，同样可以根据自身要求进行独特定制，由购物中心全程制作，一秒变成衣不再是梦想。

历经沧桑三十载 而今迈步从头越

——乐平蔬菜农产品批发市场整体外迁升级的成功实践

乐平市地处“南昌——九江——景德镇”金三角区域，全境处亚热带季风性湿润气候区，属鄱阳湖平原低丘陵地带，境内一江七河，沿岸土地疏松肥沃，雨量充沛，无霜期长，非常适宜蔬菜作物生长。

截至目前，乐平市已发展成为江西最大和华东地区具有相当影响力的商品菜基地。全市蔬菜播种面积超过 33 万亩，总产量突破 111 万吨，总产值大约 15 亿元，蔬菜正成为全市经济的支柱产业。

而作为一个以蔬菜产业为龙头支柱性产业的地区，必不可少的一个带有公益性的设施，那就是以产地为依托的专业蔬菜批发市场。根据我国流通体制改革阶段和农产品批发市场自身发展情况，全国农产品批发市场发展大致分为三个阶段，而乐平蔬菜批发市场三十年所走过的历程正是这三个发展阶段的一个缩影。

一、20 世纪 70 年代末到 1984 年的萌芽阶段。1978 年的农业改革极大调动了生产者的积极性，各类农产品产量大幅提升，从 1979 年起，国务院及有关部门对农产品统购统销的范围和品种进行了重新规定，在不从根本上触动农产品统购统销制度的前提下，逐步缩小统购范围，减少统购品种，允许部分农产品议购议销和自由购销，放开集市贸易，伴随流通政策的改变，一些具有比较优势和交通便利的农业产区的集市由定期赶集发展到天天开市，进而有了批发市场的初步业态。

乐平最早的蔬菜批发市场，也是在这种情况下逐渐形成的。老市场位置就在城西老 206 国道两边，最初是由周边菜农自发形成的马路市场。这个时期市场的特点是交易分散、开市无规律、交易量小、品种单一、不成规模，完全达不到辐射周边地区的功能。市场交易大都以零售为主，真正的批发交易很少，几乎没有外地来的商户，完全不能按交易市场来定格。直到 1992 年的撤县设市，乐平市因势利导在城西赣东北小商品批发市场旁边投资建设了以露天交易为主，辅以简易大棚的第一代农产品交易市场，蔬菜批发交易才开始逐渐形成，乐平才有了真正的批发商和“现货 现场现金”的对手交易。

二、1985-1995 年对于全国市场来说，是一个高速发展阶段。1985 年后，农产品流通体制发生根本性变化，取消统派购制度，多种农产品走向宏观调控下的自由流通体制，全国各地的农批市场得到很大的发展。一些传统的小批发商户逐步向批发市场大户转化，入市交易的农产品品种、规模迅速增加，这一时期的批发市场已经成为当地农产品流通销售的主渠道。

乐平市也同样如此，随着蔬菜产业的不断发展壮大，第一代交易市场已明显不能满足日益繁荣的市场交易，所以乐平市政府于 1997 年开始立项，1999 年建成了以摊位交易和大棚现货对手交易相结合的第二代蔬菜农产品交易市场，市场占地 66 亩，初步实现了信息收集、电子监控和农残快速检测等功能。该市场 2007 年被江西省列为“十百千工程”重点龙头企业之一，并被评为江西省十佳商品市场和省级文明市场。

三、对应全国农批市场，从 1996 年至今，都是一个规范发展和质量提升的阶段。在农批市场发展热潮中，由于缺乏合理定位和科学论证，部分市场成为有场无市的“空壳市场”。也有些市场管理不善，基础设施欠缺，配套服务不够，陷于半瘫痪境地。许多地方投资建设的批发市场陷入盲目发展和无序竞争状态。1996 年前后，我国农产品市场供求状态出现根本性转变，从早期的供不应求逐渐演变成品种和数量的全面供过于求，发展形势要求市场必须进一步规范。进入新世纪以后，国家又陆续推出加强农产品批发市场升级和改造的方针，开展“万村千乡市场工程”、“双百市场工程”、“新农村现代流通网络”、“农村商务信息服务”等重点工程建设项目，农产品流通逐渐向规范化、组织化、标准化、大型化、规模化的方向发展。

进入 21 世纪的第二个十年之际，作为乐平市的产地蔬菜交易主平台的第二代蔬菜农产品批发市场也已经完全无法满足乐平市蔬菜产业的蓬勃发展需求。老市场所呈现出的几点先天不足严重制约了乐平市蔬菜产业的进一步提升，其突出的缺点是：（1）没有系统及功能分区设计，功能区不明确，多以商住楼为主，无法对进场蔬菜进行分类分区交易批发。（2）场地狭小，交易面积太小，虽说总面积有 66 亩，但实际交易场地仅有 26 亩，交易场所几乎达到饱和，难以发挥其集散功能。（3）市场内部环境脏乱差，治安及消防隐患突出，欺行霸市现象严重。（4）地理位置偏僻，交通不便。自从 206 国道改线以后，不但外省市的蔬菜难以进入市场，就连本市的地产蔬菜也很难再外销，其中鹰潭、贵溪、

弋阳、横峰、广丰、婺源等地的客商基本都不愿再到本市来批发蔬菜，而是去往南昌、上饶、杭州、衢州等地走。

随着市场功能的逐渐弱化，很多蔬菜经纪人也直接到外地去联系销地大批发商，采用直销或者代销的模式批发蔬菜，使得市场的交易量逐步萎缩，形成恶性循环。为打破僵局，彻底改变乐平市蔬菜产业生产强大，批发却非常滞后，完全没有定价权的不利局面，乐平市委市政府高瞻远瞩，当机立断决定将老城区分散落后的老市场整体外迁升级。2008年政府通过招商，引进了江西中远现代农业投资开发有限公司，投入4.5亿元巨资建设新型蔬菜农产品批发市场。该市场占地390.39亩，分为蔬菜、水果交易区，水产海鲜、冻品交易区，肉禽蛋交易区，粮油副食、南北干货交易区，冷藏保鲜、加工、仓储物流配载区和综合服务配套区等六大功能区以及电子结算中心、信息采集发布中心、农残检测中心、安保监控中心、市场服务中心等五大中心，是一个集蔬菜农产品加工、销售、批发、物流为一体的赣东北地区最大的以产地市场为依托的综合性农产品批发大市场。目前市场已投入试运营一年多，未来预计产地蔬菜年交易量有望突破70万吨，预期产值将超18亿元，能有效缓解乐平市蔬菜产业发展的瓶颈，促进乐平市蔬菜产业的进一步提档升级，也将大大加快本地蔬菜产业链的延伸和发展。

作为一个全新的蔬菜农产品批发市场，规模扩大了，设施更新了，怎样面对第二代市场日益萎缩的现状？新市场的管理层普遍认为，作为一个全新的大型蔬菜农产品批发市场，其优势地位和优越的条件毋庸置疑，新市场要想顺利升级，发展壮大需要面对以下一些非常现实的问题。

第一，从老市场搬迁进入新市场直接面对的问题就是经营户的经营成本将大幅提升的问题。市场的运营目标是盈利，这主要是由市场的投资主体的性质来决定的，改革开放以来，农产品批发市场由“投资、建设、收益”变为“谁投资、谁管理、谁受益”。目前国内农批市场可以产生利润的无非是物业费、摊位租赁费、市场交易费、车辆进场费用以及市场短驳装卸费等。如果市场交易总量得不到很大的提升，则更大的市场往往就意味着更多的费用。

第二，目前社会信息化程度高度透明，网络的发展使得人们对信息的掌握程度日益加深，很多农户往往组成专业合作社，从合作生产到销售都跳过市场联系外地大型批发商户，有的直接到田间地头大量收购蔬菜，导致市场交易量的萎缩。

第三，作为第三代的蔬菜农产品批发市场，无论是从提升市场信息化程度，还是从简化市场交易流程，压缩市场交易成本，以及全面掌握市场交易总量的目的出发，全面推行一体化电子结算都是市场的必由之路。但这里就面对一个交易对象普遍文化程度较低，对新型电子结算方式不习惯、

不适应，短时间内无法认同的问题。这个问题不解决，电子结算就只能是镜花水月，无法落到实处。

第四，目前市场交易的渠道和方法越来越多样化，各种集中采购、统一配送、订单生产、农超对接以及来势汹汹的电商等等方式层出不穷，这些又往往冲击到传统蔬菜农产品批发市场的市场交易份额，挤占传统市场的生存空间。而相对来说，份额越小，交易费用就会越高，这又会形成一个恶性循环，所以如何拓展传统市场的交易渠道，突破现有的运营模式，扩大市场份额，也是一个刻不容缓的工作。

综上所述，传统交易市场所面临的环境可以用群狼环伺、四面皆敌来形容，如果继续沿用老的思维方式和经营手段来操盘新型蔬菜农产品批发市场，不说九死一生也绝对会险象环生。而时代是在不停发展的，市场也会不断面临新的挑战，但是农产品批发市场客观上又将在未来很长一段时间内长期存在。

未来随着市场管理水平的不断提高、交易方式不断创新、物流配送等配套设施平台不断完善，市场的发展将会呈现出以下几个特点：

1. 产地批发市场稳步发展，销地市场交易规模将继续扩大。随着城镇化建设速度的加快，城市规模扩大和城市人口增多都使得批发市场将逐步向城市特别是区域中心城市转移。交通便利、服务周到、品种齐全的大型产 + 销综合性批发市场将会吸引更多客户，这些市场的规模和辐射空间将进一步扩大。

2. 批发市场将向现代化、规范化发展。随着国家一系列政策的出台，农批市场尤其是区域性大型骨干农批市场经营将更加规范化，市场功能更加完善，食品安全、质量要求将得到进一步提升。市场功能将拓展到生产、加工、包装、储运、保鲜、批发、拍卖、直销、配送、连锁零售经营及进出口贸易等领域，全方位拓展。

3. 农业企业参股农产品批发市场。随着市场经济的持续发展和市场体制的逐步完善，以及国家对批发市场发展规范化、现代化的政策引导，批发市场产权逐步明晰，市场将开始向农业企业集团的方向发展。未来将是“企业办市场、市场企业化”，企业将开展农批市场连锁经营，同时整合与农批市场相关的加工、仓储、配送等配套业务，从而形成完善的农业产业链条体系。

通过对新市场转型升级中可能遇到的挑战和机遇以及新建市场发展前景的探讨，新乐平蔬菜农产品批发市场领导层不等不靠，锐意进取，大刀阔斧地采取了强有力的措施来提升市场的竞争力，其成功之处主要有以下几点：

首先，要树立正确的服务意识。老市场员工抱的是“铁饭碗”，对市场所谓的管理仅限于收取各项管理费用。而现在新批发市场是完全的服务型市场，市场发展得好不好，全看服务好不好。市场管理者必须摆正自己的位置，一切以服务为导向，急客户之所急，想客户之所想，把客户摆在第一位，提升服务意识，优化市场交易流程，简化交易手续，推行人性化的市场管理方式。

其次，市场不当包租公，收了租金就不管。要切实履行市场的管理和组织职能，把市场众多的散户捏合成利益共同体，共同进退，努力帮助他们争取市场定价权，变被动为主动。以前，市场的商贩们面对强势的外地大批发商，往往处于弱势地位，经常互相压价，以至于无法形成合力，定价权完全丧失。现在，市场充分发挥自身的中立属性，加强组织协调，让散户们能以一个声音说话，更好地维护了市场商贩的整体利益。市场真心充当商户的主心骨、顶梁柱，商户说话才有底气，才能在商业谈判中立于不败之地，而这同时也加强了商户对市场的认同感和依赖性。

第三，加强市场的电子商务和中远期期货交易等区别于前几代市场的新型功能建设，顺应市场发展趋势，努力借助互联网平台尝试营销的互联网化。市场还应借助电子商务运营、大数据分析等手段，结合市场经营的特色，打造诚信体系，构建诚信渠道，组建市场联盟，加强市场之间的互动，力求打造一个创新的农产品电商模式。另外，市场也不仅仅把目光局限于传统互联网概念，对于目前方兴未艾的移动互联网，更是情有独钟。目前已经把微信公众平台和公众号引入市场管理的日常工作范畴，利用其方便、快捷、直接、互动的特点来加强对市场管理工作的落实和监督作用，以切实行动来积极探索“互联网 +”与农批市场的有机结合之路。

最后，新型农批市场作为农业产业链的枢纽，要更好地促进整个产业链的延伸，做好上下游的坚实链接。市场可以说在整个农业产业链中的地位极其重要，它一头连着产地的种养殖商户，一头连着全国的经销商和广大消费者。只有充分利用自身的地域优势，牢牢把控上游，全心全意服务下游，力争在上下游的转换上尽量做到无缝链接，有序转换，尽可能减少人为的或者程序性的干扰和阻滞，才能让市场成为灵活的万向节，并切实担当起承上启下的重任。

新市场在老市场整体搬迁升级的一年多的时间里，已经成功承接了老市场原先的所有商户和业务，并将以前分散在全市各个区域的与农批相关业态如水产、冷冻、副食、水果、粮油等商户也全部整合在一起，大大加强了市场的综合实力。

新市场试运营一年多以来，几乎所有搬迁过来的商户都得到了长足的发展，业主们的经营业绩几乎翻番。原先脏、乱、差的地摊、地贩消失不见了，取而代之的是整齐清洁的宽敞店面和现代化的仓储物流体系。原来只能靠7、8辆车周转的外埠业主进入新市场不足一年，已扩展到了十几辆大型物流车。原来年交易数百万元的商户纷纷跃上千万甚至更高的台阶。原先的市场只立足于满足本市及周边乡镇人民的生产生活需要，现在市场影响力已经辐射到了周边数十个省份及地区，切切实实成为了赣东北区域内举足轻重的大型综合性农产品批发市场，也充分证明了老市场的外迁升级换代已经取得了初步的成功。

而作为一个企业独立经营的市场，新市场对社会公益的关注也非常重视。民以食为天，任何关系到老百姓“米袋子、菜篮子”的事情就从来没有小事情。新市场不仅直接解决了数百名当地员工的就业问题，而且间接带动了市场周边各项配套产业的蓬勃发展，促进了乐平市蔬菜生产、流通工作的产业升级和改造，连带解决的就业人数成千上万，极大的缓解了紧张的就业形势，帮助了下岗再就业工程，促进了全市的经济转型与发展，所带来的社会效益极其可观。目前新市场在作出任何政策调整或者规章制度的制定时，一定会考虑其可能造成的社会影响和老百姓的信息反馈，并全力协助各级政府发挥好市场对各项生活必需品的价格调节作用，必要时甚至需要牺牲自身的经济效益来保全社会的公众利益，这是新市场所必须承担的社会责任，也体现了企业的担当。

在未来，我们希望可以看到这样一种与众不同的新型农批市场：它将不仅有着现有大型农批市场所拥有的一切硬件设施，最独特的会是它的快速响应体系和独有的制信息权。当一批鲜菜尚未上市，也许还在田间地头生长的时候，生产商已经可以通过农批市场的信息渠道发布产品的规格、等级、产量等关键信息，然后会有全国的采购商集合竞价，早早敲定最终买家，成熟以后再通过市场发达的物流体系直接送到买家手中，最后再通过电子结算完成最终的交易流程。这种场景其实距离我们并不遥远，也正是乐平市新蔬菜农产品批发市场整体搬迁、就地升级的目标所在。

鲲鹏展翅九万里
——记辽西农产品交易中心

出辽宁省葫芦岛市建昌县城，沿街向东而望，在城东食品加工园内，雄关漫道，虎踞龙盘，一座气势恢宏的交易中心正如鲲鹏冲天，拔地而起。这儿人头涌动，客商如潮，热闹非凡。

它就是辽西农产品交易中心。近几年，该交易中心已“晋级”辽西地区规模最大的农副产品批发市场，以诚信经营理念和规范和谐、拼搏高效赢得了广大顾客、同行和政府的肯定，成为农产品批发行业的后起之秀。

“东北最大的农产品集散地”、“全东北农贸枢纽”、“辽西北的果蔬集散地”，一串串大气的别名，让我们怀着探寻之心，走近辽西农产品交易中心，走近其主要投资人——葫芦岛辽西农产品交易中心有限公司董事长金鹏。

原葫芦岛市市长戴炜视察辽西农产品交易中心

倾心为农办实事

金鹏有很多头衔：辽宁省优秀企业家、葫芦岛市人大代表、葫芦岛市优秀共产党员、葫芦岛市劳动模范、建昌县政协委员，其公司也被评为辽宁省知名企业、葫芦岛市现代农业示范基地。然而荣誉的背后，他就是一个踏踏实实做事、倾心为农民服务的普通人。

在长期从事农副产品进出口贸易中，金鹏发现辽西北地区农副产品质量上乘，深受全国各地及东南亚地区民众所信赖，但农户几乎全部小打小闹，无法形成规模，价格也无法保证。经销商去收购这些农副产品，只能跑村串户，不仅耗费大量时间，质量也不能控制。这一切，不仅限制了农户的发展，同时也限制了商家规模化、正规化经销产品。经过大量考察、调研，2011 年金鹏决定在建昌县食品产业园建设一个具有相当规模、结构合理、功能齐全、管理规范的现代化农产品交易中心。

项目总投资 3 亿元，主要包括农产品交易展厅、农产品电子商务中心、物流配送中心、恒温库、冷库、商铺档口、酒店办公楼、出口加工区以及停车场。交易中心设施齐全、功能完善，为往来客商提供包括农产品检测检验、交易流通、商务办公、物流配送、信息发布、后勤保障等全方位的专业服务。

项目分两期建设，是省市重点招商引资项目，目前辽西地区体量最大、业种最全的农产品批发、物流大市场，建成后年可实现市场交易总额 30 亿元，创造 1500 多个就业岗位。项目于 2011 年 10 月份开工，一期工程完成投资 1.3 亿元，现已投入使用，占地面积 5.8 万平方米，总建筑面积 6 万平方米，其中包括农产品交易展厅、商铺档口、恒温库、冷库、酒店、办公楼等。

自运营以来，公司以纵向延伸农产品产业链的模式来带动交易中心发展，取得良好成果。公司把自已拥有的 300 亩现代化种植基地及百余家专业农产品种植合作社作为产业链源头，农产品交易中心作为产业链的中间环节，成立了自营农产品销售公司。如今 2 万平方米自营农产品交易大厅，经销全国各地果蔬及其他特色农产品，品类丰富，客商云集，交易额日益递增。

2013 年 5 月 25 日，辽西农产品交易中心与全国配送品牌“深圳中央大厨房”签订了采购额达 50 亿元的战略合作协议，促进了交易中心的繁荣和发展，对该地区的农业产业化发展、农业增效、农民增收起到了巨大的推动作用。

各级领导对该项目给予大力支持。现省委书记、省人大常委会主任李希，现葫芦岛市委书记都本伟，原葫芦岛市委书记孙兆林，市长戴炜等省市领导多次到辽西农产品交易中心进行视察，这使金鹏更是对未来充满了信心和希望。目前，已有香港明兴冻肉食品有限公司、香港兴来食品有限公司等 160 余家成为加盟会员。来自山东、福建、四川、湖南等省市 200 多个国内外客商与交易中心洽谈合作投资事宜。入驻大厅的固定商户已经达到 27 家，流动交易商户 200 余家，日平均交易额达到 30 万元。

利民惠民便民

在耕耘好自己的“一亩三分地”的同时，心系民生的金鹏关注到这样的现象：随着社会消费指数的上扬，鲜活农产品的价格也节节攀升，特别是走完从农产品批发市场到各家农贸市场的“最后一公里”，各品种菜的价格接近翻番。

买菜难、买菜贵的问题，该如何破解？同时为扩大辽西农产品交易中心的销售网络覆盖面，稳定葫芦岛地区蔬菜水果等生活必需品价格水平，2013 年金鹏果断成立百年大厨房有限公司，在葫芦岛市内及其他县市区设立流动民心超市，降低居民生活成本，维护市场经济秩序，助力葫芦岛市“米袋子和菜篮子”工程建设。

按照科学规划、合理布局的原则，百年大厨房优先考虑在市区采购果蔬不便、周边无农产品经营业态的居民小区选点布局。市区首批开设百年大厨房店 50 个，逐渐铺开，以肉蛋菜果等农副产品零售为主。严把商品质量关，严格的食品检验检测流程、先进的生肉检测仪器，实现了居民餐桌食品全程质量控制，保证了消费者食品安全。坚持“新鲜、便利、低价、安全”的原则，全心全意为市民服务，做市民身边的好邻居。超市负责人说：“让广大市民乐呵呵地来、乐呵呵地走，这就是我们的宗旨。”

当地物价部门给予高度评价，其负责人认为：“百年大厨房农副产品平价连锁超市是参照市物价局价格监测部门的市场监测数据制定销售价格的，农副产品价格均以低于市场价格一定幅度销售，因此不但让市民得到了实惠，也在平抑市场物价方面做出了积极贡献。”

在葫芦岛市政府的主导和大力支持下，百年大厨房以贯彻落实政府惠民政策，服务社区为宗旨，不以赢利为目的，极大地方便了小区及周边居民生活。同时，百年大厨房还将与连锁店所在社区紧密联系，优先聘用小区内贫困家庭成员、下岗员工，为安置就业、创建和谐美好城市而努力。百年大厨房连锁超市每月定期向连山区、龙港区特困癌症患者家庭免费发放爱心购物券，困难家庭每月可凭券在大厨房免费购买新鲜的蔬菜水果。2014 年 9 月，百年大厨房向白血病患者李绍楠捐款 2 万元；2014 年 10 月，葫芦岛市慈善总会在百年大厨房 10 个连锁店内设立慈善捐款箱。这一系列善举说明了百年大厨房在振兴区域经济的同时，更努力尽到一个企业应尽的社会义务，时刻不忘回馈社会。

截至目前，在产业链终端，百年大厨房在葫芦岛市的连山区、龙港区、兴城市、建昌县以及锦州市共设立了 100 家连锁超市。同时，加快了向锦州、朝阳、阜新等地扩张布局的速度，销售网络已经覆盖整个辽西地区。在流通环节，公司拥有一个由 100 辆配送车组成的专业物流配送中心。

整条产业链通过流通环节紧密结合在一起，以提高终端市场占有率的营销模式效果显著。同时，通过产业链的形成，促进了农业产业发展进程，带动农户增收 1000 余户，解决 300 余个就业岗位，为该地区 50 万人提供水果、蔬菜等农产品供应，市场流通率在该地区超过 80%，实现了项目

自身的社会价值。

打造辽西最大农产品集散地

辽西农产品交易中心项目二期定位为辽西最大农产品电子商务及仓储配送中心。计划以“协会＋公司”的“地方性农产品公共服务平台”，以“农产品电子商务服务商”的定位探索解决农村（农户、合作社、农企）对接市场的问题。以定点定人的方式，实现在农村实现电子商务代购、生活、农产品售卖以及基层品质监督执行等功能，让信息化农村更深入的对接与运用。

随着社会经济的发展，农产品销售和消费者购买方式呈现出新的特点，其中最显著的变化就是依靠网络提高买卖双方交易的便利性，农产品电子商务也将成为农业产业化企业的重要交易途径。农产品电子商务平台一方面可以缩短商品供应链，实现农产品与客户零接触，减少中间环节，节约交易成本；另一方面还将带动企业、协会、经纪人等开展农产品网上交易对接，促进农业产业的转型，带动农业产业链升级发展，引领传统农业向信息化、标准化、品牌化的现代农业转变，促进农产品走向高端发展路线。

辽西农产品交易中心采用统一管理、统一经营、统一结算、统一服务的现代化运营模式，以科学管理、规范运作、诚信经营的运营理念，最终实现“买全国、卖全国”的经营目标。

大鹏一日同风起，扶摇直上九万里。随着众多客商云集于此，发展的号角已经吹响，一张波澜壮阔的创业画卷正徐徐展开。人们坚信，在董事长金鹏的领导下，辽西农产品交易中心必将若鲲鹏展翅，以一飞冲天之势，向全国、全球各地奋飞，用豪情与壮志畅书时代华章。

线上线下齐头并进 筑牢根基再创辉煌

——庆云商城集团有限公司转型升级经验介绍

市场是山东庆云的优势产业与靓丽名片。1998年以来，庆云县依托浓厚的商贸文化底蕴、优越的交通地理区位及数万名职业商人的优势，确立了“商贸兴城”的发展战略，举全县之力大搞专业批发市场建设。2003年，在全县专业批发市场集群基础上，组建成立大型商贸流通企业——庆云商城集团有限公司，负责全县专业批发市场的开发建设与运营管理。历经10余年精心培育和跨越发展，现已形成小商品、酒水副食、蔬菜水果、机车、建材、金融机具、服装、五金、金宇建材、塑料杂品、粮食、兽药等24处专业批发市场和1处国家AAAA级物流园区的格局，占地面积2360余亩，营业面积51万余平方米，市场业户近5000家，从业人员3万余人，上市商品涉及工业消费品、生产资料、农产品等10余个行业40余万个品类，辐射全国20余个省（市、自治区），年市场交易额突破140余亿元，现已发展为鲁冀边区规模最大的商品集散中心与货物分拨中心。几年来，先后获得“中国专业批发市场试验基地”、“全国诚信示范市场”、“中国行业企业百强”、“全国省级重点示范市场商圈”、“全国文明诚信经营示范市场”、“全国百强著名品牌市场”、“山东省服务业先进单位”、“山东省现代批发市场”、“山东省重点服务业企业”、“山东省三十强市场”、“山东省十大专业商品交易市场”、“山东省规范化文明市场”、“山东省文明诚信市场”、“山东省商贸流通先进企业”等多项荣誉，取得了良好的经济和社会效益。

一、不断完善市场硬件设施，提升市场跨越发展能力

（一）积极完善市场配套功能。2003 年，公司按照“依托市场、面向社会，服务周边、连通全国”的目标建成了针对全县专业批发市场并为周边县市中小企业服务的国际物流园。历经 3 次扩建，国际物流园现占地 500 余亩，开通辐射全国 20 余个省（市、自治区）的长短途物流线路 3600 余条，年货物吞吐量 150 余万吨，初步构筑起连接华东、华北、东北、西北、西南等省区的物流大框架，成为北接京津冀协同发展区、南融山东省会城市群经济圈、东连黄河三角洲高效生态经济区的货物集散中心与商品分拨中心。中邮物流、上海佳吉、山东佳怡等 20 余家国内知名度较高、全省规模较大的物流企业先后在园区设立办事处。近年来，本土物流企业也得到快速发展，涌现出了年营业额达 1000 余万元的本土物流企业 10 余家。2012 年 7 月，国际物流园被中国物流与采购联合会认定为“国家 AAAA 级综合服务型物流企业”，为德州市县级唯一一家。

（二）不断推进市场硬件设施提升。近年来，随着国内知名专业批发市场在全国各地设点布局，周边县市纷纷开发建设新市场，不断挤压庆云市场辐射空间，分流了部分客源，给庆云市场进一步发展培育带来了较大冲击与挑战。鉴于此，公司立足实际，紧跟时代，着眼未来，不断提升市场建设档次和水平，积极推进现有市场改造升级工作。目前，已完成小商品、建材、蔬菜等市场升级改造工作，一定程度上完善了庆云市场设施，树立了庆云市场良好形象，市场辐射范围和交易能力大幅提升。

二、积极推进交易方式升级，促进市场发展与繁荣

（一）全场引入电子结算。2008 年，为适应蔬菜市场快速发展新形势、新要求，公司对蔬菜市场传统交易方式进行全面改进，引入电子结算系统，成为山东第三家、德州第一家全场实施电子结算的市场。电子结算的应用，彻底解决了传统交易方式中出现的缺斤短两、去头抹零、携带大额现金不便等难题，交易效率提升 15% 以上，吞吐量增加近 20%，市场繁荣程度明显提升。

（二）探索推行“电子一票通”。为确保市场食品安全，维护广大群众“舌尖上的安全”，2012 年上半年，公司在市场副食产品经营户中探索推行“电子一票通”，即食品安全电子监管系统，建立食品数据库，通过网络实现数据共享，并实现食品质量监控、不合格食品快速锁定和源头追溯等功能，进一步提升了市场食品质量安全水平。

（三）着力发展培育电子商务。近年来，特别是国家“互联网 +”行动计划实施以来，国内电子商务呈现出井喷发展良好态势，全面而深刻地影响着我国经济社会格局，也给实体市场带来了巨大的冲击和挑战。同时，线上线下融合发展也成为众多传统交易市场转型升级的重要途径。结合庆云市场实际，借鉴外地市场成功经验，公司提前谋划、顶层设计，着力做好庆云市场电子商务发展事宜。

1. 强化平台搭建。2011 年 10 月，公司建成庆云市场网上商城，网上交易涵盖十几个行业近万种商品，搭建起网上交易新平台，为庆云市场线上线下互动发展进行了积极有益探索。2012 年 7 月，与建行“善融商务”平台合作，庆云县市场业户可借助该平台开展网上交易，进一步拓宽了电商交易新渠道。特别是经过前期多次深入沟通接洽，2015 年 4 月份，庆云商城与“义乌购”在北京成功签约，加入“义乌购·合计划”，成为德州唯一一家与义乌市场实现合作的专业批发市场。8 月上旬，经过前期认真筹备，双方合作建成的“庆云购”电商平台正式上线运营。8 月下旬，公司率先在山东推出了专门适用于“庆云购”的“网上营业执照”，着力打造“实体 + 电子商务 + 诚信保障”的庆云电商发展新模式。截止目前，已有近 2000 家市场业户入驻“庆云购”，办理完成“网上营业执照”近千份，发展态势良好。与此同时，公司还积极引导广大市场业户拓展网上交易渠道，在淘宝、天猫、京东商城等国内主流电商平台上开设网络店铺，拓宽经营渠道，增强交易能力，促进线上线下市场深度融合，互动发展。

2. 强化政策扶持。在 2015 年 2 月份全县经济工作会议上，庆云以县委、县政府 1 号文件形式下发了《关于加快电子商务发展的意见》，明确了庆云电子商务工作总体要求、工作重点、保障措施，特别是为庆云专业批发市场发展电子商务明确了目标，指明了方向。4 月，配套出台《关于进一

步促进电子商务健康发展的奖励扶持暂行办法》，为庆云电子商务、特别是专业批发市场电子商务又好又快发展提供了强力政策支持。

3. 强化人才支撑。借助庆云县电商产业园、庆云市场电商服务中心及乡村电商创业园（服务中心）三级载体，通过外出考察学习、举办电商专题讲座、举行电商实操培训等三种形式，深入推进“万名电商人才大培训”工程。特别是针对“庆云购”发展培育，公司开设了市场业户“庆云购”专题培训班，培训市场业户达3000余人次，使广大业户能够更好地掌握“庆云购”应用水平与能力。截止目前，庆云已累计培训电商从业人员10300余人次，为庆云电子商务又好又快发展提供了强有力的人才智力支撑。

三、实施标准化管理，提高市场从业人员水平

（一）深入推进市场管理标准化。管理水平的高低事关一个市场能否更好地培育繁荣。2012年，公司参照商务部出台的3项市场建设和经营管理规范，研究出台了《庆云市场标准化管理规范》，从队伍、经营、现场、宣传、财务、计生、安全、创新等八个方面进行了量化规定，提出了具体要求，并在全县市场深入推进标准化管理工作。经过3年来不断推行落实，切实增强了各市场管理人员的工作积极性、主动性和创造性，市场管理服务水平大幅提升。

（二）着力做好业户教育培训工作。经营者素质和水平高低是市场发展的关键所在。几年来，公司通过定期带领业户参观先进市场、观摩各种专业展会，每年邀请国内知名市场专家举办专题报告会、与县职业中专联合开办业户专题培训班等不同形式，不断强化对业户的教育培训，整体素质和经营理念明显提升，涌现出了一大批领军商户和文明诚信业户，在引领庆云市场持续快速发展中发挥着越来越大的作用。

（三）搭建节会平台引领市场升级。自2002年以来，依托市场，按照“节会搭台、推介招商、促进发展”的原则，公司成功举办了14届庆云小商品博览会和12届庆云宝艺服装节，确立了“一节一会”的会展活动模式，每次节会活动都吸引来自全国的千余家企业参会参展，有力促进了庆云县市场商品的更新换代和代理经销的引进，商品档次不断提升，市场内涵日益丰富，确保了庆云市场商品具有明显的价格优势和极强的竞争力。

随着庆云市场规模的不断膨胀、繁荣程度的不断提升

和交易范围的不断拓展，庆云县市场培育发展已较为成熟，具备了整合提升的条件，进入了转型升级的全新时期。2013 年 10 月以来，庆云县委、县政府审时度势，科学决策，确立了“提振大市场”、“全民创业、全县电商、全面实施电商兴市场战略、全力打造北方电商之都”的决策部署，并按照“虚实同进、建培同步、商工同行”原则，扎实做好全县市场转型升级工作。

经过深入调研，广泛征求市场业户意见，并结合外地市场转型升级成功经验，公司研究制定了庆云市场总体发展规划，并积极推进落实。目前，庆云市场总体发展规划重点项目——庆云国际商贸城、庆云电子商务产业园两大项目投资商确定，项目规划设计基本完成，计划 2016 年 3 月份开工建设。其中，庆云国际商贸城项目占地面积 290 余亩，建筑总面积 24 万平方米，为现代展厅结构，建成后可容纳业户 5000 余家，创造直接就业岗位 20000 余个，每年创税约 2 亿元；庆云电子商务产业园项目占地面积 190 余亩，建筑总面积 16 万平方米，集商务办公、电商孵化、仓储物流、金融服务等功能于一体，建成后可容纳规模以上电商相关企业 300 余家。

项目全部建成后，将彻底改变庆云市场量多体小、群山无峰、交易方式传统落后、交易主体与商品换代缓慢的状况，将庆云真正打造成为鲁冀边区理念最新、体量最大、功能最全的商贸引领区、市场核心区、网商集聚区、网货营销区和物流集散区。

实体市场+物流配送+电子商务+融资服务
——山东危险化学品交易市场开创危化品经营新模式

山东是化工大省，据不完全统计，山东危险化学品经营企业有25000多家，其经济总量在全国化工和全省工业中均占1/5，是国内第一化工大省。为应对化工市场在危险化学品经营中存在的销售存储不规范、消防设施不齐备、安全监管不到位等安全隐患，解决化工市场与现有发展需求之间显现出的“落差”，按照山东省对化工专业市场的产业层次、管理水准、营销模式及仓储、物流、交通等基础设施配套等方面的高要求，于2014年在临沂经济技术开发区建立了山东危险化学品电子交易市场。市场采取人货分离的纸面办公、电子交易的经营运作模式，发挥市场对资源配置的决定性作用，构筑办事高效、管理先进的现代化工商品交易体系，解决了老市场带来的环境脏乱差、交通拥堵等“城市病”，使老市场经营主体逐步走上了规范化管理的轨道。

山东危险化学品交易市场于2014年1月在山东临沂投资并注册了第一家危化品集中交易市场，5月份开始招商纳客。市场是结合当地实际情况，充分借鉴山东现有危险化学品交易市场成功经验的基础上快速转型升级专门从事化工品以及危险化学品的纸面交易和电子交易场所。市场规模近1万平方米，能满足近千家企业的注册需求和300余家商户的实际入驻需求。市场以临沂为中心，辐射济宁、日照、枣庄以及江苏、安徽、河南、河北等地，将切实解决化工企业和商户以往由于分散经营、管理无序造成的安全隐患，对于临沂乃至山东危化行业的规范发展具有重要的推动作用。

山东危化市场运用超前的连锁经营和线上线下融合的组织形式，通过统一物流配送、搭建融资平台等服务功能，开创了一条危化品流通的特色商业模式，自去年5月份招商以来，除本市及周边企业外，北京、天津、辽宁葫芦岛、吉林、河北衡水、福建漳州、江苏连云港、安徽阜阳、宿州、湖南湘乡市、山西等各地企业纷纷打电话咨询和来访，在了解后迅速加盟入驻市场。随着企业对市场的认知度越来越高，截至到2015年11月份已有200余家企业进驻并开展业务，注册资金达20亿元，年成交额达40亿元，年纳税额已达到800万元。

山东危化市场经过一年多的经营运作，知名度在逐步提高，吸引了各地区政府考察团，如江苏泰州、湖南长沙、陕西西安、辽宁及省内东营、烟台、济宁、潍坊等地区考察

团来学习交流后，对山东市场的交易模式非常认可，认为这种线上线下相结合的交易模式发展潜力巨大，安全得到了保障，并提出将这种模式输出建市场。

2015 年，山东危化市场又分别在潍坊、烟台两地建立了第二家、第三家连锁分市场，并已相继投入运营。2016 年市场将继续在山东省内再开辟 2-3 家连锁市场，通过运用连锁经营和线上线下融合的组织形式，未来一至两年，山东危化市场规模容量将得到快速提升，并以百亿元交易规模挺进山东危化品交易市场之首。

自山东危化市场成立以来，受到了政府领导的大力支持和媒体的高度关注。山东省商务厅、山东省安监局、临沂市安监局等各级政府领导相继来到市场进行视察指导，给予市场较高的评价，认为市场实行集中交易，切实解决了化工商贸企业以往由于分散经营、管理无序造成的安全隐患，对山东整个化工市场整体升级作了一个带动性的示范作用。《中国商报》、《齐鲁晚报》、《临沂日报》、齐鲁网、琅琊网、临沂在线等 10 余家知名媒体多次报道了山东危险化学品交易市场的发展情况。市场经过一年多的运作，越来越被各界所认同，先后荣获了中国市场学会颁发的“全国转型升级示范市场”、“全国电子商务示范市场”、“全国商品交易市场系统先进单位”等荣誉称号，影响力在不断扩大。

由山东危化市场自主创建的网上交易平台——大国化工网也已升级完成正式进入运营。平台拥有免费提供企业在线推广、在线交易等功能，取得了由国家版权局批准的《计算机软件著作权登记证书》，获得了网上经营的合法资质，拥有“会员注册管理软件”、“平台拍卖系统软件”、“危险化学品特许经营电子识别系统客户端软件”、“网站搜索管理软件”、“求购信息管理系统软件”、“后台管理系统软件”六项软件著作权。自运营以来不断有新的企业上网注册，市场知名度逐渐提升，规模不断扩大，交易额也是逐步攀升，到 2015 年年底，通过网上平台所取得的交易额已达到 50 个亿。

大国化工网是国内首家危险化学品交易平台，平台创建的实名认证系统（U-Key），实现了危险化学品从线下交易向网上交易的升级。依托现有化工实体 1000 多家企业的优厚资源，立足山东、天津，面向全国，逐步向外拓展，发展地域联盟，成为全国化工品、危险化学品网上商品交易中心、信息传递中心、价格形成中心、物流服务中心一体化的电子交易市场，打造具有国际竞争力和影响力的化工产品交易平台，实现全国危险化学品的价格风向标。该平台通过危险化学品实名认证系统（U-KEY），实现了危险化学品经营许可证在线认证、在线交易、在线监管、危化品流向统计等功能，是国内首创唯一一家以危险化学品交易为主的现货电子交易平台。且平台专业性高，全面细分危化品经营品类，4000 余种危险化学品网上监管交易。危险化学品实名认证系统（U-KEY），通过证书管理器对用户进行身份验证，保证商户在进行交易时身份真实且有效。系统中各企业的经营许可范围及有效期均与安监局行政许可的经营范围及有效期保持一致。电子签名避免了人为验证可能出现的风险。如用户超范围经营危险化学品，平台会弹出警告信息，提示该项商品属于超范围经营，需到安监部门补充相关经营许可才能进行该项经营。危险品网上购销有利于管理部门对危化品经营范围、经营流向进行监管，安监局可以通过专用端口及授权证书提取信息，具有更强的预警机制和安全监管功能。

大国化工网的建立旨在一定程度上降低企业的管理成本和交易成本，使企业给消费者带来多种多样的消费渠道，降低企业的采购成本，扩大企业的市场，使产品能够在更大的市场范围内销售。同时，它还将突破传统市场的空间瓶颈，使更多的客户进入市场，拥有更多的交易时间和机会，取得市场核心竞争优势。

山东危化品电子交易平台建立以后，带来的最直接的好处就是由于贸易范围的空前扩大而产生的全国贸易活动的大幅度增加，因而提高了贸易环节中大多数角色的交易量，更能增加临沂市化工行业的信息量，使商户上网交易的数量激增。而且通过化工电子商务平台，可以加强物流企业与上下游企业之间的合作，形成并优化供应链，实现集中配送，降低运营成本。通过软件系统对不同客户的配送、货物统一安排配送计划，从而降低运营成本，提高了交易效率，间接为入驻商家带来经济效益。

山东危化市场具备的十大功能为广大商户搭建了一个低成本、多渠道、高效益的市场交易平台，为政府部门有效监管提供安全保障。

一是集中交易。市场创造安心、舒心、省心的环境，吸引更多经营危化品的企业进入市场，实行集中经营，落实市安监局加强危化品经营监控，减少社会危险源的目标。

二是链接产销。吸引具有实力的国内外经营企业进驻市场，实现生产、加工与经营一体化。利用网络所拥有的开放性、全球性、低成本、高效率的特点，推出危险化学品及化工商品电子交易业务，缩短区域空间距离，使市场成为众多生产、销售、使用企业互通有无、信息交流、产品交易的便捷、安全、高效的流通平台，推动全国统一危险化学品市场的形成。

三是安全储存。积极整合社会资源，市场推荐有危险化学品专业储存资质的仓储企业作为入驻企业危化品储存仓库，减少社会危险源。

四是规范配送。组建专业运输队伍和借助社会力量相结合负责统一物流配送。

五是政策咨询。临沂市、区安监局、公安局、工商局、税务局等管理部门为入驻商户提供政策咨询。在维护经营者权益，解答商户经营中遇到的危险化学品经营、储存、配送等方面市场全方位给予帮助，并协助有关部门对入驻企业进行资质培训考核等工作。

六是企业策划。市场与多家专业广告策划公司为入驻企业提供企业形象、产品营销、新品推广等专业服务，并由市场专业技术人员为企业策划域名注册、域名托管、网页制作、logo 链接等宣传项目。

七是媒体推介。《中国商报》、《中国化工报》等专业媒体的记者站入驻市场，为入驻企业提供各种媒介推广及宣传服务。

八是法律支持。山东隆泰律师事务所入驻市场，为入驻企业提供法律事务咨询与援助，定期开办经济法律知识讲座，并在市场杂志上设立律师答疑专栏，解答入驻企业法律方面的疑问。

九是信息传动。实现综合信息管理功能，市场全面实施计算机综合信息管理系统，建立危险化学品交易市场的综合数据库，使进入市场的生产经营企业能够共享及时全面准确的信息资源。电商平台、专业培训、LED 大屏幕等多种形式为入驻企业提供危化品管理法律法规、资讯等信息服务，方便入驻企业及时了解政府的有关规定。

十是融资服务。金算盘等资深财务公司进驻市场，为入驻企业提供专业的工商注册、融资贷款、记账结算等服务。

市场结合了传统实体市场和电子交易体系，突破传统市场的空间瓶颈，发展和绑定更多的客户进入电子交易市场，让客户拥有更多的交易时间和机会取得发展先机，获得市场领域的核心竞争优势，带来网上商铺租金、交易服务费、融资监管费等综合经济效益。

自山东危险化学品交易市场成立以来，通过不断的策划，完善功能，现已拥有较为完善的管理制度和专业管理人员。基于对危险化学品安全生产经营考虑，山东危险化学品交易市场将在保障安全的基础上，继续加大科技投入和科技创新，加快发展步伐，为业内企业的发展提供强有力的配套服务，形成产业聚集效益，不断提升市场的整体竞争力，努力创建山东化工商品交易的第一平台，为山东乃至全国化工品行业发展起到推动作用。

科学管理 优化服务
——天津金元宝滨海农产品交易市场升级纪实

天津金元宝滨海农产品交易市场位于滨海新区核心区内，东邻天津经济技术开发区，西为天津海洋高新技术开发区，南以塘沽城区为依托，北靠正在开发中的滨海新区旅游及化工基地，地理位置优越，交通便捷。市场占地面积10.7万平方米，建筑面积9.2万平方米，总投资2.8亿元，是滨海新区最大规模的现代化农产品综合批发市场。

市场的前身是天津共发贸易有限责任公司开办的蔬菜批发市场，始建于20世纪80年代，坐落在塘沽一居民小区旁。那时，地处塘沽区的边缘，属于较偏僻的位置，但随着城市的发展，那里逐渐变成了城市的中心位置。该市场占地面积4万平方米，由于未建设交易厅棚，主要采取露天的经营方式。受经营面积和地理位置所限，业务辐射范围仅限于塘沽地区。该市场在交易形式上为单纯的租赁方式，管理模式粗犷，管理手段落后，管理制度也是空白。在环境卫生方面，一直是塘沽的卫生死角，以“脏、乱、差”著称，与飞速发展的塘沽经济状况和城市面貌极不相符。随着时代的变迁、社会的发展以及国家对现代化农贸市场建设的标准和要求不断提高，市场在环境面貌、设备设施、企业管理以及辐射区域等方面，与当前形势凸显出了极大的差距。

随着滨海新区的功能定位和发展方向越来越清晰，区政府确立了以“高起点定位、高标准规划、高质量建设、高速度推进”为指导原则，力争与滨海新区的城市发展相匹配，逐步建成一个设施先进、功能完备、技术现代化、管理科学化、经营规模化、服务综合化的现代化农产品集散地，这一目标得到了金元宝商厦集团的积极响应，也为共发贸易蔬菜批发市场的升级规划和建设目标指明了方向。最终，在区政府的扶持下，将原共发贸易有限公司的蔬菜批发市场整体迁址到东江路上并进行扩建，由天津金元宝商厦集团有限公司、天津市塘沽区共发贸易有限责任公司、天津开发区永华安基商贸有限公司共同出资，组建成立了天津金元宝滨海农产品交易市场有限公司，由天津开发区永华安基商贸有限公司负责市场的迁建及经营管理。

天津金元宝滨海农产品交易市场的建设得到了市、区两级政府及国家商务部、财政部、发改委的大力支持，在政策和资金方面给予了扶持。市场被列入了商务部“双百市场工程”，是天津市政府改造和建设的14个大型批发市场之一，也是塘沽区的“菜篮子”工程和区委、区政府的重点工作和民心工程。在政府的大力支持下，在市场领导集体的精心谋划下，全体员工实干拼搏，在一片芦苇丛生的荒地上，美好的蓝图变成了现实。与老市场相比，迁址扩建后的金元宝农产品市场具有以下几个方面的特点。

一、市场规模扩大，服务功能分区清晰

市场占地面积10.7万平方米，建筑面积约9.2万平方米，总投资2.8亿元，分六期建设完工。

市场主要经营设施有：蔬菜交易大厅，建筑面积12720平方米，经营蔬菜批发业务；蔬菜配送交易大厅，建筑面积7523平方米，经营蔬菜配送业务；水果交易大厅，建筑面积11628平方米，经营水果批发业务；精品水果交易厅，建筑面积3962平方米，经营精品水果批发业务；综合交易厅，建筑面积20619平方米，主要经营肉类、禽蛋、水产、粮油，副食、调料、干货、酱货、饮料、小食品等；粮油交易厅，建筑面积1430平方米；鲜活水产厅，建筑面积637平方米；12000吨低温冷库，建筑面积4695平方米；1500吨恒温冷库，建筑面积740平方米；6000吨恒温冷库，建筑面积3880平方米；综合零售厅，建筑面积10172平方米，主要经营蔬果零售、豆制品、酱制品、烟酒、干果干货、日用百货、土产杂品、酒店用品、厨房用具等。还用于市场配套检验检测中心、行政办公及公寓等。

二、设备设施齐全，功能先进

作为天津市政府改造和建设的14个大型批发市场之一，

金元宝农产品交易市场是按照国家现代化的农产品市场标准投建的，设备设施齐全，功能先进。市场配有安全监控中心、农产品质量检验检测中心、电子结算中心、物流配送中心、客服服务中心、冷链系统、火警安全消防系统、质量可追溯系统、信息传输系统、大型停车场、大型电子磅秤、二层交易厅运货坡道、人车分流的交通系统等等。

（一）安全监控系统

市场的安全监控系统是由天津市清华同方科技工程有限公司设计安装的，该系统前端安装55监控头，遍布市场每个重要区域，监控覆盖率达到95%以上。主监控室的电视墙由19个监视器及远程控制系统组成，视频监视录像可采取定时录像、移动侦测录像、报警录像和手动录像等多种方式，配备超大容量数字硬盘录像机，视频监控信息能够保存15天以上。配备了不间断电源及广播系统，并设立专员轮班监视，保证对市场实施24小时全方位监控。该系统还具备报警功能，能够支持报警发出录像和预报警自动录像，并可在监控室指挥处理现场突发事件，还可实现远程网络控制、录像、文件传输等功能。该系统目前在国内同行业处于领先地位，为市场安全防范工作提供了保证。

（二）农产品质量检验检测体系

为把好食品安全关，真正把健康送进老百姓的“菜篮子”，市场作为国家“双百市场工程”，积极执行国家要求，开展行业自律，主动建立了检验检测体系。

该体系包括先进的检验检测设备仪器、具有较高专业技术知识和能力的检验检测技术人员、检验检测信息传输发布系统、产品质量安全可追溯系统和检验检测的规章制度。

该体系依照国家和有关部门的农产品质量标准，利用全自动高感度大量样品农药残留速测仪、八合一多功能速测仪、水分快速测试仪等，每日检验检测农产品的农药残留，对固体样品和液体样品中的甲醛、亚硝酸盐、硝酸盐、二氧化硫等有毒物质进行检测。农产品质量信息传输系统，以索证索票为前提，详细记录被检测商户的个人信息和被检测的产品信息，对检测结果实时存储与发布，通过电子大屏幕对外公布，使消费者、经营者对当前的农产品安全状况有详细直观的了解。对检测出的问题农产品实行退市制度，不允许在市场内交易。并定期向国家商务部和市、区有关部门报送农产品质量安全信息。

（三）冷链系统

为提升市场的服务功能，满足用户的不同需求，同时增加市场供应鲜活农产品的品种和存储量，保证供应和食品品质，市场建立了冷链系统，该系统包括低温库一座、恒温库两座。

市场低温冷库建筑面积4695平方米，实际储存能力12000吨。冷库设备选用德国比泽尔125HP螺杆压缩机3台，采用R22制冷剂。内设库房8间，选用国内较为先进的铝吊装排管，制冷蒸发量大，温度可达-22℃至-25℃，适用于储存各类进出口低温商品。全库采用库温自动采样记录、监控、打印与屏幕相结合，并加装机组故障告知功能。

老市场

恒温库两座，建筑面积分别为 3800 平方米和 740 平方米，实际储存能力分别为 6000 吨和 1500 吨，均选用德国比泽尔制冷技术，可根据开启要求可控制冷，温度可调至 0℃至 -5℃之间。

市场冷链系统结构复杂、技术性强，其使用、维修、管理严格执行国家颁布的标准和法规，做到安全、低耗、环保，是国内外自动化程度高、设施设备先进的冷链系统。

（四）标准化猪肉专区

市场猪肉专区是严格按照《天津市猪肉交易专区建设标准和要求》建设的，猪肉专区建筑面积 5000 平方米，整体采取封闭式框架结构建筑，地面采用金钢沙水泥防滑处理，每一个摊位都设有独立的供水排水设备，场内店面进行了统一设计、统一装修、统一标识、统一眉板、统一不锈钢柜台、统一高压聚乙烯案板。在质量管理方面，为了保证肉品质量，建立了商户诚信档案、索证索票制度、检验检测制度、不合格肉品退市制度和质量保证金制度。在卫生管理方面，经营商户持健康体检卡上岗，建立了卫生责任管理制度，专区柜台区域统一安装了紫外线杀菌灯，每晚进行 12 小时消毒杀菌。在计量管理上，免费为商户统一配制了电子磅秤，并按时进行计量器具校定检查，防止缺斤短两现象发生，维护消费者权益。

市场猪肉专区经天津市商务委、市财政局检查验收合格，是天津市首批建成的三家“标准化猪肉交易专区”之一。猪肉专区的建成并投入使用，对规范塘沽猪肉批发市场交易秩序，保证肉类食品流通安全，确保塘沽及周边地区百姓吃上“放心肉”，发挥了积极作用。

按照市商务委要求，“天津市肉菜流通追溯系统”在市场已初步建立完成，部分已投入使用，后续将全面展开。肉菜流通追溯系统的建立标志着市场的质量可追溯体系已达到现代化水平。

（五）电子结算中心

电子结算是一种现代化的结算方式，也是今后农产品批发市场发展的必然趋势。市场领导集体本着边建设、边经营、边升级的思路，不断宣传电子结算的优点，消除老市场随迁商户的抵制情绪，改变商户传统的交易习惯，用电子化交易结算方式逐步代替原始的手对手的现金交易模式，先后在蔬菜和果品两个商场成功的实行了电子结算，并成立了电子结算中心，营造了公平、公正、公开的交易环境，提高了交易效率，也保证了商户的资金安全。

电子结算的成功实施，标志市场以收取交易佣金为主要收入形式的两个商场，其收入管理达到现代化水平，同时完善了市场追溯体系，为市场管理水平进一步提高和未来的发展奠定了良好的基础。

三、经营品种增多，辐射范围扩大

金元宝农产品交易市场作为滨海新区最大的农产品交易批发场所，经营蔬菜、水果、肉、蛋、禽、水产品、粮油、副食调料、烟酒、糕点、糖果及服装、鞋帽、土产、日用百货等十几大类四千多个品种，并汇集全国各省市的名、优、特、新产品，如茅台、五粮液、康师傅、鲁花、双汇、千喜鹤、大红门、海天、老干妈、六必居、长芦、利达、稻花香等等。货源及销售辐射国内 10 余个省市及地区，尤其是塘沽的主导产业之一水产品远销河北、山东、内蒙古等地，是天津环渤海地区重要的农副产品集散地。

同时，市场冷链系统的日出入量已达千吨以上，业务范围在国内已辐射到新疆、广东、广西、福建、上海、苏州等地，主要业务客户有新疆种业集团、康师傅集团、天津宏润进出口公司等等，并与日本、东南亚、以色列、巴西等国家或地区建立了业务关系。

四、科学管理，优化服务

按照国家关于《农产品批发市场管理技术规范》和《农产品现代流通体系建设项目建设标准》要求，市场在学习借鉴他人的先进经验的基础上，结合滨海新区和自身实际，建立了一套以现代企业制度为核心的科学管理机制，并通过高效能的管理机制，为商户提供优质服务。

（一）建立健全各项规章制度

农产品交易市场以食用农产品交易为主，为确保食品卫生安全，围绕国家有关规定，并结合实际，市场制定了食品进货检查验收、重点食品索证索票、食品安全责任追究等一系列管理制度；按照不同的管理层级，分别制定了经营管理者与商户、部门职责与岗位责任等不同层级的管理制度；按照不同的管理范围制定了对市场的经营设施设备、安全防范设施设备、环境保洁设施设备和商户经营商品的管理制度，以及规范管理行为、经营行为、市场公示、计量管理、投诉管理和治安防范等制度。并将所有制度打印成册，重点制度张贴上墙，对制度的执行情况进行定期或不定期检查，形成了一套完整的制度体系。

（二）规范市场经营秩序

根据建立现代化农产品交易市场的基本要求，同时，吸取老市场经营不规范的经验教训，市场重点从六个方面着手，开展规范商户的经营行为和市场经营秩序工作。

一是坚决执行亮照经营。为增强市场的食品安全和规范管理，市场要求商户必须执照经营。

二是治理商品外溢现象。为改变老市场商户随意堆放商品的经营习惯，市场建立了治理外溢工作小组，采用集中治理和日常管理相结合的方法，对商品外溢现象进行合法治理，使商品外溢现象得到了较好的控制。

三是规范计量管理。为促进市场内商户诚信守法经营，维护消费者利益，市场推行新的计量管理模式，统一配置电子衡器，有效杜绝了黑秤、假秤，提高了市场的经营信誉。

四是规范交通秩序。市场从实际出发，在反复研究、科学策划的基础上，合理设置了停车区和停车位，在关键部位设置了减速带和路标指示牌，并根据交易高峰期的交通需要，设置了单行道、收费亭和安全岛，同时增设了交通秩序管理的职能部门，确保了场区内交通顺畅安全。

五是强化卫生环境管理。市场雇用保洁公司对市场环境卫生统一清扫、为各部门及各交易区配备了保洁器具、制定《市场日常保洁区域划分及保洁标准》、对商户实行门前三包，交卫生抵押金等等，较好的保证了市场环境卫生面貌。

六是加强治安防范工作。利用电子监控系统，实施24小时监控。采取强有力措施防火、防盗，确保市场和商户生命与财产安全。

（三）优化服务，营造和谐的经营环境

在运营实践中，市场牢固树立“以商户为中心”的经营理念，将管理与服务有机结合，最大限度地满足商户的需求。

一是市场异地重建后，开业之初由于新市场的知名度、地理位置和交通等方面的问题，多少影响了商户的收益。为了维护商户的利益，市场根据不同的经营区域，对商户给与不同额度的减免租金待遇。针对部分商户由于零售业务减少导致经营收益降低的情况，市场与税务局多次协调，争取税收方面的优惠政策。同时，与工商局、税务局等部门沟通协调，由市场统一办理营业执照、统一年检，代征代缴商户的营业税。实惠的政策，贴心的服务，保障了商户收入，稳定了商户的情绪，增强了市场的信誉度。

二是为了方便顾客购物，充分利用广告、报刊、网络等媒体，对市场进行全方位的宣传。在市场主要出入口处设立大型市场整体平面图，在综合交易厅安装了数十块导购牌，并在综合交易厅南北两侧加装扶梯。充分利用计算机信息系统、检验检测中心、安全监控中心，应用现代化技术，为商户、消费者提供信息服务。为商户经营提供后勤保障，保证上下水路的通畅，统一给各摊位安装了照明线路，保证经营设施设备性能完好和正常使用，满足了商户经营的需要。同时，市场建立了独立的排水系统，这在老市场是没有的。

三是为了解决商户交易后大量资金的携带问题，保证资金流通安全，通过与农业银行保税区分行磋商、协调，农行在市场建立了自助银行。自助银行设有3台自助存取款一体机，支持存取款业务并支持7×24小时服务。农行自助银行的建成并投入使用，使市场增加了资金流服务功能。市场还计划在自助银行存取款、汇款和转账功能的基础上，与市场电子交易平台对接，提供对账和贷款等项功能。

四是为给商户提供便捷、高效的“一站式”服务，市场在卫生监管、综合治理、受理投诉的基础上，成立了客户服务中心，同时增加了招商咨询、售水售电、文档打印、复印、传真等服务功能，为商户提供了方便、快捷、高效的服务，得到了商户的广泛好评。

五是为维护良好的经营秩序，市场引入工商和公安驻场，在驻场民警的配合下，严厉打击欺行霸市、强买强卖等行为，及时妥善处理各类纠纷，开展培训增强商户法律意识，创造了良好的经营秩序。

六是为倡导依法经商、文明经商、诚信经商的良好风尚，发挥优秀商户的示范带动作用，市场在商户中广泛开展星级商户评选活动，通过树立典型，营造了公平交易、文明经商、和谐有序的经营氛围。

五、建设高素质员工队伍

市场开业之初，人员合并，员工结构复杂，素质参差不齐，市场采取多种措施，提高员工队伍素质。

一是组织学习。市场组织相关人员到全国各地先进的市场，从企业的经营模式、管理方法、经营布局、交易方式、对商户的优惠政策等诸方面，进行了全面的学习，为做好管理工作奠定了良好基础。二是进行员工培训。市场对入职新员工进行岗前培训，介绍企业文化、企业精神、企业的发展目标以及管理要求等等，使员工加强对企业的了解，树立干好本职工作的信心。三是建立企业标志、设计和制作员工工装和标识，以此提高员工对企业的归属感、荣誉感和主人翁意识。四是加强中层领导干部和专业技术干部的调配、引进和培训。同时，组织各职能部门参加市、区对口单位组织的专业知识学习。五是建立激励机制，改革工资制度，实行效益工资，并建立了员工评优制度，在员工中广泛开展评优工作，表彰先进，树立典型。

通过加强员工队伍建设和实际工作的磨练，有效提高了市场员工队伍的整体素质，造就了一支能够吃苦、勇于奉献、善于拼搏的员工队伍。

迁址扩建以来，金元宝农产品交易市场领导集体确立了企业品牌战略和以诚信为本的经营思想，带领全体职工，拓展经营范围，创新经营思路，把双文明建设落实到市场建设和经营管理的各个环节，利用先进的硬件设备，改变了过去老市场单纯租赁摊位的经营模式，扩大了辐射范围，取得了良好的品牌效应，实现了经济效益的稳步快速增长。在发展经济的同时市场不忘社会责任，作为新区最大的农副产品集散地，市场为滨海地区农产品流通提供了现代化的交易平台，每年有近百万吨的农产品在市场集散，解决了农民卖难、市民买贵等问题，保证了城镇农产品供求。此外，市场的运营还解决了场内 3000-4000 位商户及农村人口就业问题，以及区内部分大学生安置、下岗职工再就业等问题，带动了数万农户增收致富。

开业至今，市场先后获得了“天津市重点联系批发市场”、“全国百强农产品综合交易市场”、“全国食品冷链物流定点联系企业”、“天津市组织农副产品进市场龙头企业”、“标准化猪肉专区”、“绿色市场”、“百强市场”、“诚信经营示范市场”、“全国冷链企业排名第十二位”、“天津市诚信市场”、“农业部定点市场”、“全国文明诚信经营示范市场”、“2012 ～ 2013 年度滨海新区文明诚信市场”、“2012 ～ 2013 年度天津文明诚信市场”、“全国农产品流通网络骨干市场”、“2012 ～ 2014 年度天津市文明单位”、中国农产品批发市场行业发展 30 年“保障城乡供应全国先进市场”、“中国优秀市场管理机构”等称号。

2014 年市场实现总交易量 74 万吨，交易额 50 亿元。与老市场相比，迁址后的市场面积扩大了两倍多，交易额增长了五倍，同时，市场在业务范围、管理能力、服务水平、文明程度等方面都取得长足进步，市场升级成效显著。

新市场全景图

顺应时代发展 积极创新改造

——无锡皮革城市场转型升级纪实

江苏省首席皮革专业大市场——无锡皮革城市场，于2009年在中国乡镇摇篮、“太湖明珠”无锡锡山区落地。从开业至今，在商业文化底蕴厚积的锡城土地滋润下，实力不断壮大。无锡皮革城商业地产项目作为万力公司运营最具特色的代表作，在皮革领域及商业地产业内多年来享誉盛名，具备交易、展示、信息交流、研发、物流、餐饮、酒店等诸多功能。经过多年发展，目前累计完成开发建筑面积约60万平方米，集聚了5000多家皮革原料和制品生产经营企业、商户，多家皮革网商，1000余家知名品牌，30多家餐饮服务企业，5家物流公司，形成了集产品的产、供、销、品牌运营、物流、电子商务及旅游休闲、艺术沙龙等功能于一体的皮革专业大市场。

中国皮革协会、中国市场学会等行业协会对无锡皮革城的建设都给予了充分肯定，并表示要依托行业协会之力，协助无锡皮革城兴旺市场。中国皮革协会理事长张淑华女士在考察无锡皮革城后表示：“无锡皮革城的出现，为江苏省及周边地区的皮革产业提供了一个绝佳的皮革材料、制品的贸易平台，必将给江苏的皮革产业带来更大的希望。”

专业市场是我国国内重要的商品交易平台和流通渠道，是我国经济发展进程中的一大亮点。近几年来，随着国际国内经济形势的变化，传统专业市场的功能与地位逐步下降，一些地区的专业市场甚至出现了衰退和消亡。转型升级成为现阶段专业市场发展的当务之急。

业内认为，随着专业市场规律和城市化进程的发展需要，目前一种以“大物流大商贸大集散”概念的第五代展贸型现代专业市场开始成为趋势，即以国际贸易作为背景，以现实的专业市场常年展览贸易为依托，以虚拟电子商务平台为新阵地，以产、供、销、运、外贸、金融、设计、展览、会议一条龙的成熟产业链为保障，配套以娱、乐、购。

无锡皮革城应时代的发展，积极开展皮革市场转型升级，有重点、有针对性的创新改造，打破传统，积极进取，承担起“让中国皮革专业市场更大更强”的企业历史使命。

一、产业项目的转型与升级

1. 产品项目的转型

21 世纪的消费将成为文化型的消费，生活消费这种“文化”趋势，由物质型向文化型转换，是必然的，是规律性的经济现象。无锡皮革城为顺应专业市场转型升级的大浪潮及国家文化发展战略，在传统的以主营皮衣、裘皮、箱包、鞋类、家纺、窗帘及各种时尚服饰为发展基础上打造文化产业项目：无锡皮革城木雕城文化中心。此项目占地 10 万平方米。囊括红木家具、精品根艺、茶叶茶具、漆器玉雕、名人字画等数十个文化业态。从 2012 年底打造完成至今，其各种文化产品已经走进千千万万普通无锡百姓的家，在提高无锡人民生活品质的同时，也提升了无锡人民的精神享受。

此文化项目主打的是红木家具及木雕根艺产品，如今已经吸引了来自福建、浙江、云南、贵州等各地厂商上百家，年营业额数千万元，目标销售市场覆盖整个苏南地区。

2014 年初，无锡皮革城响应国家大力发展文化产业的号召，在传统行业的基础上进行了业态的转型，联合安徽书画界、扬州文联、苏州奇石协会等各地文化团体，整合京杭大运河沿线文化资源，打造无锡古运河文化带。而今已经建成了萧县书画馆、扬州市文化艺术中心、扬州琴筝艺术馆、苏州雨泽文化馆，以及建水紫陶根艺馆等沿古运河文化带的各种文化艺术品展示中心。

萧县书画院是和中国第一个书画艺术之乡安徽萧县宣传部合作建设的场馆，不仅展示中国书画之乡的艺术风采，定期的书画家笔会活动也可以让无锡市民领略中国书画艺术的魅力。

扬州市文化艺术中心主要展示古城扬州的漆器、玉雕、琴筝等名扬天下的文化艺术，其中美轮美奂的的漆器、鬼斧神工的玉雕，更是让人叹为观止。

苏州雨泽文化馆占地 3000 平方米，不仅展示苏州的刺绣、书画等艺术品，也有私人藏家收藏的古化石、乌木、大型灵璧石等珍品。各种奇珍异宝，令人目不暇接。

无锡皮革城文化中心的建成，可以让无锡人民不出无锡就可以享受古运河沿线各城市的风土人情、文化艺术，而文化艺术和消费市场的结合也必将让无锡皮革城更有生命力。

2. 产品项目的升级

皮革馆的建设，是在总结无锡皮革城近十年的经营经验基础上确立项目建设的，简单地说皮革馆定位有三大优势：品牌优势、区位优势和实体优势。

精心打造高端品牌。无锡皮革城产品定位是高中低档全有，高端的有知名品牌，低端的有普通皮革；大小产品齐全，大到裘皮服装，小到钱夹皮带。目标消费人群是广大的普通消费者，这种定位既满足了广大消费者的需求，同时也极大地提高了市场人气。

根据皮革城近十年的销售经验，即使皮革城有品牌产品，仍有相当一部分高消费人群从消费心理上会感觉皮革城产品不够高端。为了不让这部分消费者流失，就迫切需要建设一个高端裘皮市场。皮革馆建筑面积 5 万多平方米，建成后集中了国内外高端裘皮品牌，使皮革城和皮革馆的产品定位更明确更清晰，满足了所有高端产品消费的客户要求，特别是吸引了周边城市的广大消费者。可以说皮革城是大而全，皮革馆是小而精，两者之间相互补充，相得益彰。

十分优越的地理区位。和海宁皮革城相比，无锡皮革馆有明显独特的优势。首先，便捷的交通为无锡皮革馆提供了极大的商机，从上海、苏州、常州、镇江、南京等周边城市到无锡全部是一小时车程，为来无锡皮革馆消费提供了便利条件。另外，海宁皮革城更像批发市场，通常会比较重视批发商而忽视了个体消费者；而无锡皮革馆更像专卖店，不仅给消费者提供了应有尽有的高端产品，同时也给消费者提供了奢华舒适的消费环境。通常，高端消费者愿意选择的是专卖店而非批发市场。

电商无法比拟的实体优势。近年来随着网络的高度普及，电商也在迅猛的发展，但是对经营高端消费品的实体店并没有任何影响，根据消费习惯，小而易耗的消费品，为了便利一般会在网上购买，而对于动辄几万元的高端裘皮产品，属于理性消费，一般要到实体店看货试穿后才会决定，就像不会在网上买古玩字画一样。

实践证明，无锡皮革馆是一个十分成功的专业市场，通过精心打造和不断完善，将会成为长三角经济区唯一一家专门经营高端裘皮的专业市场。

二、营销模式的转型升级

营销模式由单一模式走向多样化、全面化，在传统的广告营销模式上增添了旅游营销、电商营销、新媒体营销、协会营销等，确保皮革城“消费淡季不淡，旺季更加兴旺”。

1. 旅游营销

以旅游营销为本，做大做强市场推广，引进优质旅游大巴车，为市场内部定时定量的输送客流。

无锡皮革城与周边区域所有知名旅游景区景点合作并线，打包成一个包含“吃住行游购娱”的完整旅游线路，形成国际知名的旅游联合体，整体对外推广。更与江苏、上海、浙江、安徽、山东等14个省（市）2000多家旅行社建立战略合作关系，批量引进旅游人流，保障市场初期稳定的人气，确保无锡皮革城市场稳定成长成功，打造旅游购物全方位欢乐体验。

2. 电商营销

电商营销产生于消费者价值观的变革，所以满足消费者的需求，是企业经营永恒的核心。利用电子商务这一科技制高点为消费者提供各种类型的服务，无锡皮革城联手国内多家电商巨头，借其庞大的电商资源和完善的物流配送系统，快速拉动线上交易量，通过与全国消费者“零距离工程”搭建，进一步打破市场的距离瓶颈，取得未来的竞争优势。

3. 新媒体营销

无锡皮革城注重研究人类生活习惯的改变对消费模式和购物模式革新的影响，并根据市场的特色，迎合不同人群的消费习惯，借助新媒体、新技术，开发新媒体营销，如APP客户端营销、大数据营销、二维码营销、微信营销等，与消费者取得零距离交流，充分把握其心理，更好的占领市场的前沿。

三、运营模式的转型升级

无锡皮革城以“管理精细化、经营商业化、服务多元化”运营理念，聚品牌厂商、创品牌市场、建品牌服务，打造大型专业纺织、服装、皮革批发市场、交易集散地，开拓更多自主创新名品，以品牌促发展，以自主品牌立足国内市场，进而与国际市场接轨。

四、服务质量的转型升级

在传统的基础上，无锡皮革城运用最先进的服务管理模式，旨在为广大商户提供便捷化、标准化、人性化的“星级式质量服务”，以此取得商家对市场的满意度和认同度。无锡皮革城的服务质量就是态度、技术、责任心、硬件、管理、亮点、投诉、差错8个要素的总和，其中投诉、差错是负数，应越小越好。市场人员应该知道服务意识的重要性，要改善服务态度，提倡主动服务。

1. 态度

对待商户的态度要热情、周到、认真、仔细，而不是态度冷漠、顶撞，甚至更差。

2. 技术

引入电子商务，提供网络信息及交易平台。

3. 责任心

维护市场秩序，解决纠纷。

4. 硬件

不断完善市场软硬件设施，强化服务意识，提升服务品质。

5. 管理

（1）通过DM、报纸广告、电视广告、户外广告、交通广播、网络等多种媒体进行广告宣传，并举办多种市场推广活动；

（2）提供信息交流、新品展示平台，如定期举办各类交易会或新产品发布会等活动；

（3）大力开展旅游营销，以旅游大巴、“购物直通车”形式，积聚市场人气，推动市场进一步兴旺，提升商家营业额；

（4）与公交公司合作，继续开通多条线路购物公交专线，引导更多消费者前来购物。

6. 亮点

免费培训，如聘请一些知名企业家、专家为经营户举办讲座、论坛，并定期对经营户进行陈列展示等方面的专业技能培训。

7. 投诉或差错

建立市场信用监管体系，采取评定“信用商位”、“文明商户”等措施，并进行奖励。

在专业市场转型升级的浪潮下，无锡皮革城形成了以皮革城、皮革馆、文化项目为基础，并配套以五星级酒店、豪华别墅、小资公寓、写字楼，真正做到以产、供、销、运、金融、设计、展览为一条龙的成熟产业链，并配套以吃、住、行、娱、购全方位为一体的新型的皮革城，构建成国内规模大、品种全、档次高、品牌多、服务优的皮革交易中心。

抓住行业趋势 推动功能创新
——无锡市金桥副食品市场转型升级亮点纷呈

消费者的需求就是市场的需要。市场要持续健康发展，必须转型升级，必须大力促发展，必须大力促增长，必须提高流通效率。时下，顺应把握和引领经济新常态，推进商品交易市场转型升级，创新发展，势在必行。一般人们认为谈转型就是改行，说升级就是拆房造房，而无锡市金桥副食品市场在转型升级中既不拆房，也不改行，他们就地升级就地转型，探索了一条自我转型升级的路径。实现线上线下、实体市场与虚拟市场、实体门店与网店的无缝对接，融合电商建设网上跨境市场，重点培育内外贸结合市场，成为形成副食品行业区域价格指数的重点市场，成为无锡市市场转型升级成功典范。

一、市场概况

无锡金桥副食品市场位于太湖明珠、鱼米之乡无锡，于 2005 年 7 月 18 日正式开业。市场位于锡北腹地，新老国道中间段，周边有京沪、沪宁、沪宜高速，城市快速内环和地铁 1 号线，交通便捷。创办 10 年来，已发展成为无锡地区规模大、品种多、品牌多、价格优、交通便、功能齐、辐射广的副食品市场，在无锡市菜篮子工程中具有举足轻重的地位。场地使用面积达 9 万平方米，室内经营面积 5 万平方米，共有摊位 1058 个。市场拥有封闭式管理的超大停车场 1 万平方米，仓库 5 万平方米，5000 吨大型冷库两个。来自全国数十个省市的各路客商云集市场，各类名、特、优农副

产品、冷冻食品、八大类参茸保健品和糖、烟、酒、南北货、调味品、饮料等十五大类的副食品、日用百货同时汇聚其中，共十万余种商品。无论是零售还是批发，都能享受到市场一流的一站式采购的方便和快捷。每日川流不息旺盛的人气，助推了“金桥副食品”的强劲崛起。

二、行业特点和市场现状

2014年，中国休闲食品行业的产能提升，行业的销售利润和利润总额均较上年有所增长。国家统计局发布的数据显示，2014年休闲食品行业规模以上企业数量有4927家；实现销售收入8187.83亿元，同比增长18.29%；实现产品销售利润1048.93亿元，同比增长9.53%；实现利润总额为676.99亿元，同比增长15.51%。

随着无锡经济的快速发展和市民消费水平的提高，消费者对于休闲食品数量和品质的需求在不断迅速增长，金桥副食品市场内休闲食品呈现出由低档向中高档发展态势。消费水平的提高对中高端产品需求的拉动效果十分明显。目前，市场的休闲食品大致可分为八大类，即谷物膨化类、油炸果仁类、油炸薯类、油炸谷物类、非油炸果仁类、糖食类、肉禽鱼类、干制蔬果类。其中，糖果、蜜饯、膨化、谷物类是休闲食品行业起步早，也是发展较为成熟的品类。福建的膨化、糖果，安徽炒货商品，湖南的辣食小食品，新疆葡萄干类干果产品等大批优秀休闲食品已占市场相当可观的份额，形成了明显的区域板块效应。

随着消费高端化时代的到来，对各方面发展尚不成熟的休闲食品行业而言，不仅是一个巨大的挑战，更是前所未有的发展机遇。就目前金桥副食品市场休闲食品行业发展的问题来看，产品单一同质化较为严重，产品缺乏创意，产品营销网络尚不健全，有些商品包装显得低劣，包装已经落下时代潮流，口味方面还没有大幅度的改良。

目前市场上的休闲食品不计其数，每一类别的产品也令人眼花缭乱，虽然生产厂家不同，但产品没有太多本质区别。面对世界经济一体化格局，市场休闲食品仍显底气不足，需要在健康营养型、新品开发更替、品牌竞争、差异化发展等方面下功夫，着力拓展休闲食品健康发展的空间和渠道。

三、走适合自我转型升级的路径

通过对市场需求、行业趋势进行现状分析和前景展望，针对市场如何升级转型，无锡市金桥副食品市场成功的做法是：

（一）老百姓需求的提升（如休闲食品）而升级，实验店线上线下的融合改变了传统市场经营模式，实现线上线下交易有效融合，不断提高市场培育发展的水平。

（二）跨境电商与福建平潭综合实验区跨境通的成功对接，标志着“互联网+”的保税区已链接到金桥，免税的国际商品将唾手可得，消费者不出家门就能享受到免税的世界商品，见证世界味道的融合和突破。

（三）市场自贸区国际食品展销中心的建设同全国各地自贸区有效联盟，同时也弥补了城北进口食品交易市场空白，引领食品市场从中低档向中高档方向发展，促进和提高食品营养、保健、绿色安全、天然健康，丰富和活跃无锡消费市场。

（四）加强诚信管理，设立诚信评级管理组织机构。强化市场品牌意识和建设，借助品牌经验，挖掘无形价值。

（五）联合有关行政监管部门对食品进行安全监控、溯源及时，创新地运用电子监控系统，推动市场升级管理。以物物、户户联网的方式，对市场内的食品监管初步做到了“来有影，去有踪”，一旦发现问题食品，便能迅速定位，准确地溯源与召回，做到食品“身世”网上全掌控。实施电子化溯源管理，不仅方便了管理者、经营者，也让消费者更加放心安心，为食品监管添加了安全屏障。

金桥副食品市场近年来紧紧围绕市、区政府的转型升级、发展、战略部署，有效应对复杂的市场环境变化，积极优化市场结构，拓展市场功能，培育市场发展。除了自贸区和进口平台，金桥副食品市场还需寻求更多的合作平台。通过金桥副食品市场跨境电商公共服务平台建设，金桥副食品市场在无锡市商品市场的经济转型升级发展中发挥示范引领作用，以“专注绿色健康饮食，分享高端时尚生活”为展销理念，主动与上海、福建、浙江、新疆、广东、山东等自贸区对接，拓展进口食品货源渠道，结合市场已形成的进口食品批发销售平台，在筹建市场自贸区国际食品展销中心开业和跨境电商正式启动的几个月里，无锡市政府相关职能管理部门的领导、市场行业协会领导、无锡市食品商会领导以及一百余名国内外知名食品企业厂商、区域代理商以及当地经销商都十分关注。

如今金桥副食品市场已正式获批开展跨境贸易电子商务进口试点业务，试点工作将主要从政策业务和信息化手段两方面进行创新：一是政策业务创新，探索实行跨境电子商务发展的管理制度。二是信息化手段创新，依托电子口岸协调机制和平台建设优势，实现口岸相关部门与电商、支付、物流等企业的业务协同及数据共享，解决跨境电商存在的问题。为了助力跨境进口食品电商在市场的发展，市场推出条例，在自贸区的监管、创新和优势业态发展方面提出了具体规定。除了政策支持，市场还完善一系列进口食品电商基本设备，力求能够通过跨境食品电商这一领域拉近和上海等国内各大自贸区的距离。

金桥自贸区国际食品展销中心的隆重开业暨跨境电商的成功对接，标志着内外贸共同成长、融合发展，实现线上线下、实体市场与虚拟市场、实体门店与网店的无缝对接，实现更高的市场发展战略目标。市场以此为契机，着力发展市场新业态，优化市场新结构，建立市场供应链，瞄准市场中高端消费目标，积极引导新的消费潮流。奠定了与国际市场零距离的交流平台，实现了足不出户，买遍世界的零食购物中心，实现真正意义上的高端大气上档次。金桥副食品市场作为后发的试点市场，抓住时机，积极配合商户，在跨境进口食品领域多点开花，再加上本身的长三角中心区位的优势，目前市场跨境进口食品行业交易额和汇聚度，将在同类市场中不仅无锡第一，在苏南乃至全国也是名列前茅。

市场自成立以来，在市、区政府及各部门的关心支持下，得到了较快的发展。市场经营户从一开始的 15 户发展到目前的 500 多户，年成交额由几千万到目前突破 60 亿元，已成为锡城“菜篮子工程”的重要组成部分，已成为任何业态不可替代的专业市场，已成为业界“老大哥”的地位不可动摇，同时也成为形成副食品行业区域价格指数的重要市场，为此也得到了市、区政府的高度重视。

在多年的培育中，市场始终坚持“诚信经营”，以“服务更多名牌，铸造金桥品牌”为市场理念，为企业及个人解决采购、销售、配送、服务、展示、体验、商务办公等一系列问题。同时还配备了多功能全方位的配套设施，餐饮、住宿、交通、通讯、银行、工商、税务、运输、休闲一应俱全，为八方来商带来了最大的便利。市场倡导零库存营销理念，整合线上线下资源，拓展销售渠道，加快资金流转速度。全心全意为业主服务，优质优量让顾客满意，积极开展信用等级评定工作。建立了良好的诚信平台和服务平台，赢得了经营户好评和消费者的青睐。

无锡市金桥副食品市场作为无锡知名品牌，历经多年发展，秉持“责任商业，健康食品”的经营理念，赢得了社会各界的尊重和赞誉。公司先后获得了“诚信经营示范市场”、“四星级文明诚信市场”、“A 级纳税信用等级”等多项省、市、区和行业组织颁发的荣誉称号。市场目前已走上了多元化发展之路，持续提升了功能和档次，形成了副食品及日用百货一站式采购中心，已成为锡北地区打造现代服务业一个耀眼的新亮点。

如今的无锡市金桥副食品市场，具备天时、地利、人和，市场竞争优势明显，地段稀缺不可复制，拥有最专业的运营管理团队、规范化的操作和 8 年先进的运营理念，令整个项目引得许多食品行业骄子垂涎，无锡四海一家、顶顶香食品、力邦食品、洁宇商贸、成事锦食品、顺旺通食品、顺辉食品、好幸运、好之运食品、久佰嘉食品商贸等知名品牌纷纷入驻。他们表示，金桥国际食品展销中心的经营管理模式先进，营销企划理念创新，业态划分规范合理，入驻金桥国际食品展销中心，使自己的财富升值、增值更有保障。

未来，市场自贸区国际食品展销中心将致力打造国内知名，华东具有影响力、最具规模的自贸区进口食品交易中心，整个中心规划将有 5 万平方米，一期 1 万平方米只是个开始。整体布局突破以往传统市场概念，为商场化经营环境、市场化管理形式的店中店食品交易市场消费模式。

衷心希望金桥副食品市场鼓满风帆、乘势而上，紧紧抓住良好的发展势头，担负起引领高端消费的潮流，崇尚健康消费的重任，以包容开放、穿越中西、承载心情、博采众长的理念和过硬的质量、卓越的品质，为大众提供健康的食品，为企业提供可信任的交易平台，为市场开拓全新的交流渠道，借助互联网 + 让越来越多的进口商品走进千家万户。抓住新机遇，迎接新挑战，孕育新的发展希望，把国际食品展销中心打造成为集绿色、有机、无公害展示展销于一体的绿色购物中心。

打造火锅特色产业 促进转型升级发展
——记发展中的渝南冻品交易市场、火锅食品交易市场

渝南冻品交易市场、火锅食品交易市场由重庆公路运输（集团）有限公司投资亿元精心打造，市场位于南坪经济技术开发区南湖支路3号，坐落于白鹤公交枢纽站旁，紧邻内环快速通道海峡路段，便捷连通渝黔、渝湘、成昆高速，毗邻回龙湾、南滨路餐饮带，具有位置适中、交通便利、设施齐全、配套完善的优势和特点。冻品市场集火锅食材、速冻食品、干副食品、海鲜产品批发交易、冷库仓储、物流配送、食品加工、装卸分拣、综合配套服务功能于一体，年交易额超过60亿元，是重庆主城重要冷储基地、火锅食材批发集散地。

近年来，冻库行业竞争越来越激烈，重庆市冻库已经趋于饱和状态，陈家坝万吨冻库市场和明品福市场冻库等大型冻库，为争抢客户相继推出降价、免租金等优惠政策，给整个已经饱和的行业带来更大的冲击。为此，渝南冻品市场管理分公司认清形势，坚持“以人为本、踏实做人、诚信做事、双赢共设”的经营方针，以“开拓、求实、拼搏、奉献”为企业精神支柱，另辟蹊径，积极寻求新的发展，在原有单一的冻品市场基础上，于2015年3月17日成功建立了国内第一家火锅食材专业市场，填补了重庆作为火锅之都、此前却没有专业火锅食品交易市场的空白，使重庆乃至全国火锅经营者有了一个正规、齐全、放心的“一站式服务”采购基地，谱写了渝南冻品、火锅食品市场齐发展的新篇章，为公司下一步发展指明了方向。经过一年的运营，火锅食品交易市场的经营逐步趋于稳定，状况良好，年交易额达60亿元，获得了国家行业协会、国家相关专家委员会及全国农产品行业的高度认同，已经成为全国闻名的专业火锅食品交易市场，为区域的经济发展做出了重大的贡献。公司先后获得“2014年度中国农产品冷链批发市场50强企业”、“生鲜农产品电子商务优秀冷链物流服务示范单位”、“重庆市冷藏冷链行业协会副会长单位”、“重庆市火锅协会常务理事单位”、

“重庆市商品交易市场协会会员单位”、“2014 年度安全工作目标考核二等奖”、“安全生产标准化三级企业”等荣誉称号。

一、争取集团支持，完善组织机构

上级集团公司的坚强领导和大力支持是分公司产业转型升级的重要保证。一是建立了公司党支部。2015 年，公司向重庆公路运输（集团）公司党委提出建立分公司党支部的申请，获得同意批复，成立了分公司党支部，并选举了新一届支委，增强了支部的战斗堡垒作用，深入推进公司的经营管理和改革发展。二是得到了集团公司职能部门的大力支持。渝南冻品市场管理分公司是三年前成立的新公司，自组建开始，公司在人力、物力、财力上，都得到了集团公司各职能部门和各兄弟单位的鼎力相助，公司从无到有，交易金额从成立之初的 10 亿元，到 2015 年的 60 亿元。三是健全了组织机构。公司从原先的 5 个部门，发展到如今的 9 个部门，实现了经营管理的精细化。且为了加强对新近成立的火锅食品市场的管理，扩充了新的市场团队、保安团队、保洁团队，专人负责火锅食品市场，为实现产业转型升级提供了组织保障。

二、抢抓发展机遇，打造特色产业

作为中国火锅之都，重庆成为全国最大的火锅餐饮消费城市，全市有多达上万家火锅企业，公司看到其中蕴含的商机，抢抓机遇谋发展。一是找准切入点。用于火锅的食材相当广泛，如毛肚、鸭肠、黄喉、蹄筋、鱿鱼等等，多达上百种，火锅原材料作为火锅的起点，也广受关注。然而，此前重庆乃至全国却没有一家专业的、上档次的火锅食品交易市场。公司经理张正容看准商机，决心闯出一条新路子——建立全国规模最大、品类最全、质量最放心的火锅原材料专供基地，塑造重庆火锅食品批发市场品牌。正是这一理念，南坪火锅食品交易市场于 2015 年 3 月 17 日挂牌成立，横空出世。二是充分整合资源。公司利用新建的水产交易区作为火锅原材料统一交易的平台，凭借丰富的资源优势和市场集群优势，将分散小规模经营户手中的货源有效聚集起来，再通过连接生产者、经营者与消费者，使市场成为火锅食材一站式购物基地。这不仅有效满足了火锅市场的整体消费需求，提高了市场商家的交易份额，降低了交易成本，还提高了公司知名度，促进了冻品市场的兴旺繁荣。三是增强区域辐射带动功能。公司立足重庆主城，涵盖重庆区县、四川、贵州、湖北、湖南等周边地区的火锅食品、冻品、干副批发交易，成为全国规模最大、经营项目最全、环境最好、管理和配套设施最完善，且具有全国配送能力的多元化大型批发火锅全系列菜品的专业市场。四是实现产业一体化。公司审

时度势，将供应商与市场有机结合，实现火锅食品、冷冻冷藏食品的生产、加工、储运、销售、包装、配送等一体化，主要面向以辣味为习惯的地区，打造便捷的服务平台。

三、加大招商力度，壮大市场规模

公司高度重视招商工作，始终把招商作为市场发展的突破口。一是完善招商的基础设施。公司不断加强基础设施建设，为招商提供载体。公司在时间紧、任务重的情况下，多方求助，在征得市政、电力、消防等部门同意后，投资2000多万元修建了南坪火锅食品交易市场；公司还将正在经营的2号冻库改造为火锅食品加工区，在3号楼建设施工改造期，引入商家进场装修冻库、水池，做到边施工、边进场的无缝衔接，确保了经营效益及企业利益最大化；同时按照市政及停车管理要求，修建并美化了临街市政道路。为确保市场更加规范化、安全化，公司认真规范市场导视，完善市场内各项广告灯箱、不锈钢吊牌、区域导视、安全标语等标识标牌共计1600余块。二是从棉花街市场新引进的水产交易市场成功运行。2014年8月，重庆市渝中区政府决定彻底关闭“脏、乱、差”的棉花街水产市场，久拖未决的整体搬迁终于拉开序幕，260多家火锅食材经营户成为市场争夺的焦点，竞争十分激烈。公司经理张正容带领招商团队，凭借公司良好的交通区位、场租价格、市场管理、配套服务等综合实力，耐心细致地与经营户们沟通，终于赢得了260多家经营户的青睐。为承接260多户商家的整体搬迁，公司还花费了100万余元，免费为棉花街商户搬家，使棉花街市场顺利搬迁至本市场，迎来崭新的起点。三是加大以商引商力度。通过强化对商户的服务，并通过他们加大宣传力度、扩大宣传范围，让他们也积极参与到公司的招商工作当中，帮助公司招商引资。每逢元旦春节期间，公司都要举办“同喜同庆喜气洋洋”等的商家联谊迎春游园和新春送温暖等活动，加强与商家间的联系，增进相互间的感情，吸引更多商家入驻市场，目前入驻商家已经增至600多户。

四、加大服务力度，活跃市场交易

公司以服务为第一要务，在全面提升服务水平上下功夫，不断增强商家对公司的归属感和认同感。一是切实为商户排忧解难。公司急商户所急，想商户所想，帮助商家做大做强。经营户唐老板在棉花街经营冻品有20多年，由于摊位限制，一直也就是做点小生意，每天的营业收入大多只有几千元，现在搬到南坪火锅食品交易市场，在公司的帮助协调下，租了70多平方米的门面，经营环境大为改观，经过几个月的发展，营业收入规模大幅上升，每天营业收入达到10万多元。二是加大环境整治力度。公司加强市场管理，力求规范、整洁、舒适。经营户余老板称，他是批发鲜毛肚

的，有 30 年的销售经历，刚开始说搬迁市场时，他非常抵触，担心生意不好。搬到火锅市场后，焕然一新的环境与以前臭气熏人、地上连落脚的地方都没有的窘境有天壤之别，经营门面宽敞了，排水畅通了，难闻的气味没有了，客户比以前还多了，每天的营业收入从以前的 2-3 万元，上升到 5-9 万元，每天守在市场内都不想离开。三是场内经营采取内部循环模式。市场实行 24 小时无缝、便捷、高效经营，白天以冻品经营为主，夜间为火锅食品批发交易。为做到对周边居民、道路交通不扰不惊，公司放弃位置最优越的南湖支路 1 号大门为市场主要进出口（目前仅为消防通道），将周边空旷的 3 号门设为主要进出口，特别在夜间，公司关闭综合楼所有进出大门，以防止对附近居民夜间干扰。在市场内部，公司加强道路管理、停车摆放等工作，合理疏导场内人流、车流，从而形成有效的内部循环，不仅使场内道路畅通、交通有序，还不影响外部主干道的道路交通拥堵。四是加大与相关政府部门的沟通衔接。市场的发展离不开政府的支持，公司与南岸区商务局、安监局、公安分局、南坪镇政府等部门加强联系沟通，主动上门汇报工作，争取政府部门的大力支持。五是提供增值服务。为了保证商家持续、放心、合法经营，公司领导主动与工商、税务、质检等职能部门沟通和协调，并热情地把相关工作人员请到市场内为商家进行宣传、动员和教育，进一步增强商家的经营信心。特别针对 260 多户从棉花街迁入的商户，公司统一收集资料，为商家集中代办营业执照和食品流通许可证，此举受到商户们的广泛欢迎，得到商家们的一致好评。

五、营造商业氛围，提升市场档次

公司以服务客户为宗旨，开动脑筋，积极作为，提高市场的知名度和美誉度。一是建立餐饮供应链流通渠道专业对接平台。公司以重庆火锅申报国家级非物质文化遗产为契机，采用先进科学的管理手段，保证在流通中实现品质的稳定或提升，完善城市物流、冷链物流配送业务，着力提升火锅食品交易市场商业氛围。二是逐步开展电子商务业务。运用集团公司物流信息系统（5681 门户网站）、香满圆——西部农产品电子商务平台，紧跟市场经济变化的大潮，启发互联网思维，线上与线下相结合，不断推陈出新，竭诚为商家、顾客提供一流的服务和放心的火锅菜品，努力创造和提升市场价值，提升市场档次。三是不断丰富市场交易内容。继续做大做强火锅源头系列产业链，以消费热点为引领，不断满足人民群众日益增长的消费需求，寻求新的交易品种，打造国内最大火锅食品批发兼零售市场品牌，扩大冷冻冷链交易额。四是加强对外宣传。积极参与德国 DTL2 电视台关于《重庆 24 小时》纪录片的拍摄活动，通过国外新闻媒体的采访及著名巴渝笑星凌淋的参与拍摄更进一步扩大了市场对外的知名度；利用“重庆火锅美食文化节”，公司组织员工穿着“重庆南坪火锅食品交易市场”T 恤，到重庆国博中心火锅盛会展区发放市场宣传单、宣传袋及市场商家名片，此举对宣传市场，增加人气和商家经营效益有明显作用；全力申报“渝味香”南坪火锅食品市场的商标构思及战略申请，致力打造全国最大火锅市场产业品牌。

六、实施人才工程，助推转型升级

公司高度重视人才引进工作，为市场发展提供人才保障。一是加大人才引进力度。冻品交易市场管理分公司成立两年多来，职工人数从最初成立时的 45 人发展到目前 93 人，其中不乏有优秀的市场运营经验的人才。通过适时更新劳动力结构，确保了企业人力资源的合理配置。二是制定出台人才引进、自主创新激励机制和奖励措施。公司始终把人才建设作为强企之基、竞争之本、转型之要，以人才、智力助推市场发展，从体制机制上激发科技创新的潜在活力，吸引行业内高端人才进入公司。三是加大人才培养力度。公司举办多种类型的培训班，干什么学什么，缺什么补什么，不断培养员工的综合素质，强化员工的责任意识，员工们干事创业的激情更高了、开拓创新的意识更强了。

七、加强内部管理，深化市场服务

公司对员工严格要求，规范管理，打造一支有战斗力的市场服务团队。一是建立健全了一系列规章制度。公司先后制定了岗位职责制度、考勤制度、安全管理规章等制度、安全制度汇编、应急预案及工作流程、设备管理制度、设备操作规程、停车场管理等制度，在全司范围内推行了指纹考勤，进一步强化职工劳动纪律，对员工的上下班、请假销假、设备管理、停车场管理等方面做出了严格规范，并根据需要不断补充完善考勤办法，公司上下井然有序。二是加大轮流值班巡逻力度。公司针对火锅市场交易夜间经营的特点，特别注重夜间管理，每天安排值班主任、现场管理人员、安全管理人员、保安队员等夜间值班，随时为商家、顾客服务，确保市场安全、稳定。同时，公司还建立了微信群，值班主任随时向公司领导报告市场运行情况。三是强化市场保洁力度。因火锅交易市场垃圾的特殊性，使市场保洁难度大增。为此，公司增加了保洁人员，并通过划分保洁区域、增加保洁时间等举措，每天对下水道进行清掏、对市场进行消毒，确保市场清洁卫生，为商家、顾客提供了一个舒适的交易平台。四是加强市场的车辆管理。每天来往市场的车辆较多，公司制定了停车场管理办法，进行规范划位停车管理，促使车辆进出市场有序、有规。投入使用门检系统，严格落实收费人员岗位职责，坚持执行车辆登记制度，对进场的人员和车辆都逐一登记和指挥停放，以防止盗窃、破坏、火灾、水灾及各种事故的发生，保证了场内的道路畅通和装卸货作业的正常进行。

八、强化安全工作，提供安全保障

安全重于泰山，安全是企业的生命，公司始终把安全放在市场发展的首位。一是建立健全基础安全规章制度。根据国家各项法律法规和集团公司的要求，公司建立健全安全管理体系和各项管理制度台账，制定各岗位安全生产责任制，签订岗位安全、市场商家目标责任书，逐级划分安全生产责任区域，细化各岗位人员的安全目标任务管理办法，强化提升队伍的安全技能，促进场内安全监控的力度。二是深化员工和商家的安全教育、培训和宣传工作。坚持每月对员工和商户代表进行安全培训和现场指导工作，并作好相应的培训记录，杜绝任何安全事故的发生。2015 年共组织安保人员培训 15 次、全司职工安全学习 9 次、特种设备安全技能教育培训 6 次、市场商家消防教育 3 次。通过安全教育培训，使全司职工、市场商家发自内心的做到“我要安全”的理念，将安全事故率降低为零，确保公司安全工作稳步推进。三是实现治安、消防、劳动安全工作联动。公司以促进市场繁荣稳定为目标，认真贯彻落实“加强人员密集场所安全管理”、“确保涉氨设备安全运行”等上级有关各项文件精神，把工作重点落实到位，不断深化员工和商家的防范意识和责任意识，不断提高安全隐患的认知能力和处置能力，安全生产形势总体稳定，各项安全管理指标均控制在集团公司考核范围内。2015 年共召开安全领导小组会议 12 次，组织消防安全演习 2 次、涉氨演习 1 次，开展各项检查 11 次，悬挂安全标语横幅展板 50 余条，新增消防灭火器 162 具、新增灭火箱 80 具，更换灭火器 180 具，化粪池清掏检查 4 次。

渝南冻品交易市场管理分公司借力火锅食品交易市场的成立，逐步实现产业转型升级，做大做强了冷链物流产业，扩大了企业利润，助推了公司进步，带动了地区经济和火锅产业的良好发展。下一步，公司将继续秉承开拓创新的发展理念，与时俱进，转型升级，为把南坪火锅食品交易市场打造成为全国知名的专业市场而努力奋斗。

从废弃钢厂到生态批发城

——中原第一城在转型升级中华丽蜕变

2013 年以前，这里是一片荒芜的废弃厂区。如今，这里成为旺市——集聚数千商户的中原第一城，闻名遐迩。从废弃厂区到繁荣旺市，这里演绎着将“经济转型升级”的国家战略与“创新创业”的时代趋势落地生根的“郑州故事”。“商超批发哪里行，请到中原第一城”，来到中原第一城批发市场，看着来来往往的采购交易的商户，可以深切地感受这句广告词的内涵。

曾经，郑州以“商”闻名，近 200 个专业批发市场星罗棋布，一度是这个城市的“标签”。批发市场，它包罗日常生活所需的一切，带动了餐饮、娱乐、住宿等一大批周边产业，推动了郑州市的经济发展，扩大了就业。它曾让沉寂中的旧城焕发出无限活力。

然而，随着城市化进程的加快，城市框架的不断拉大，很多批发市场都走上了变革的道路，如杭州、北京、河北等地的批发市场，都因阻碍城市发展，不得不寻求变革。

据了解，原钢厂公司有员工 1500 多人，年产值达到 30 亿元，利税 3.5 亿元，是河南省百强企业之一。因受国家环保和国家政策影响，原钢厂在 2010 年停产，欠发工人工资 3000 多万元，累计负债达 8 亿多元。

为了消除不安定因素，让 1500 多名工人有饭吃，不出现上访局面，解决他们的生计问题，原钢厂公司一方面高息借款向工人们发放部分生活费，同债权人达成部分还款协议；另一方面寻求自救，努力拓展生存渠道，并遵循市区 177 个市场外迁四环以外的市政府文件精神，因地制宜，充分发挥公司空地的价值及对原厂房进行粉刷改造，在深入调研基础上决定在原厂区改造升级建设“中原第一城”项目。

以创新的眼光重新审视自身，一片荒芜之地变繁荣——原来的钢铁厂停产后，800 多名员工全部在这里实现就业，至今没有一起投诉纠纷。

“低矬烂”的废弃钢铁厂实现了“高大上”生态批发市场

2014 年 11 月 28 日，中原第一城开业，一期 12 万平方米，主要经营洗涤日化和食品，目前 1500 间商铺，现在已入驻 1200 家商户，且 80% 为大商户、龙头企业，一户最多可以租下几十间门面，全部用来做省级代理。

“项目整体完毕后将可直接提供 5000 余间商铺，3 万余个就业岗位，可以拉动周边为项目服务的餐饮、住宿、搬运、交通运输等行业的发展，对于提高周边地区人民群众的生活水平，促进社会和谐发展起到积极作用，”中原第一城集团总经理助理、项目总策划李勇介绍。

至此，原来“低矬烂”的废弃钢铁厂实现了“高大上”的逆袭，华丽转身的背后更有着看得见摸得着的“效益”。

“中原第一城的投入运营，可以解决部分市场搬迁过渡困难，可以给企业寻求出路，可以保障职工的基本生活，可以增加地方税收，可以为政府和商户排忧解难，消除不稳定因素，”中原第一城招商部总经理高内欣介绍。

或许，中原第一城正在踏实做企业的管理者们还没有意识到，他们正在创造一种新的企业转型甚至经济转型的典型“新模式”。

走在中原第一城可以看到，该市场商铺林立，干净整洁的商户门头整齐有序，仔细观察，食品区是各类食品批发商的聚集地，洗化区是各样洗化品经销商汇聚区，分别明显，绝无混淆。

招商引资 严格遴选客户

“和谁做邻居很重要，”入驻中原第一城的国内第二大香水批发商公主香水老板表示，“虽说生意各做各的，但其实一荣俱荣，一损俱损。”

自从开始招商以来，中原第一城就对商户资质提出了要求，这让他吃了一个“定心丸”。

商户是市场的生命线，很多市场对商户是“请”、“招”、“拉”，广揽商户，“不管萝卜青菜，装在篮子里就是菜”的招商思路已不能跟上市场发展的需要。

中原第一城力求把优良客户请进来，对于达不到要求的客户则“拒之门外”，在广泛深入有效招商的基础上严格遴选客户。

自从招商以来，中原第一城把关商户的资质，前期认筹的 VIP 对象，都是有十年以上经营经验的商户，决不允许有炒铺者进入，影响到商户长期稳定经营。

同时，中原第一城在租售比上要有很强的约束，所有商铺一律“只租不售”，并且承诺只要商户符合一定的条件即可享受 5 年不涨价的优惠政策，为商户营造安心经营的环境。

“新市场不能再做地摊式批发市场，绝对不是仅仅把商户招来就完了，”高内欣说。他表示，完善的物流配套、

超前的产业规划、丰富多元的业态组合、专业一流的运营团队，都是一个市场繁荣的条件。

中原第一城的团队成员是来自全国各地的精英，有着丰富的商业地产运营经验。他们将博采众长，打造一个先进的管理团队，更好地为商户服务。

虽说食品安全这事儿主要依靠商户，但是市场也需要采取一定措施。比如，加强对散装干货食品的监管力度、抽查力度，对散装干货食品检验常态化，对商家的进货渠道、来源、生产日期进行登记，对商家将要过期的食品进行提醒和监管；联合工商管理、食品安全、卫生、质量监督等部门，不定期对商户进行抽检，一旦发现违规的苗头就严格处理。如果出现消费纷争，市场管理方要不遗余力地维护顾客利益，维护市场的整体声誉。

全供应链服务体系

中原第一城高起点规划，设计了“运营管理中心、物联服务中心、人才服务中心、电子商贸中心、产业促进中心”全供应链服务体系。其中，“运营管理中心”设立品牌推广中心，在主要地点设制立体广告位系统，并且根据市场设置格局不同，进行相互独立集群式规划，确保品牌的独立性与鲜明性。

“人才服务中心”旨在促进营销人才与电子商务人才的培养与交流，形成“一体多点”布局的人才培训和招聘体系，为商户的持续发展提供坚实的营销与电子商务人才保障。

“电子商贸中心”，批发城的信息平台，为商户提供产、供、销等相关信息，实现网上看样、下单、结算、销量调控功能，通过以销售指导仓储，为经营者提供最优资源配置。

“产业促进中心”，把市场作为孵化器平台进行建设，搭建起一个集创业服务、宣传推广、中小企业孵化和投融资为一体的商品产业孵化平台，促进企业发展壮大。

据了解，2015 年 4 月，中原第一城与郑大、郑航合作了大学生创业园，暑期已有第一期 200 人入驻市场创业，市场方免费提供场地和培训，并协助进行社区和学校的推广。

这一实验在内地市场颇为重要，比如电商在内地传统批发市场中普及率参差不齐，不少商家缺乏必要的技能，而大学生往往又缺乏真切的实战场景，由此一来，衍生服务、补充链条得以实现，呈现出双赢甚至多赢局面。

中原第一城网上商务平台上线

更为重要的是，可以从中发现一些“苗子”，并有可能从中孵化有益的、创新的商业模式。

郑州鑫源日化名品代理中心位于“中原第一城”洗化城 A 区 2 栋 001 号，是一家集多品牌、多渠道的日化产品代理销售商。该销售商由原来的批发商转型为商贸公司，搬到中原第一城后，扩大了店面规模，并开发了自主产品品牌，借助市场平台，电商也得到了发展。现在，仅电商一块儿，半年采购额已达到数百万。

同时，中原第一城网上商务平台已经上线，即将面向全国批发商开放。

不得不提的是，与其他市场相比，中原第一城有一些颇显不同的“生态情怀”——在商业寸土寸金、极致利用空间的行规下，其定义为具有生态性的商贸市场，不仅在从厂区改作市场的过程中不大兴土木、避免二次污染，还要在市场里实现植物覆盖率达到 30%。

更为有意思的是，钢铁厂原有的冷却塔不仅没有被拆除，还要通过设计形成地标，成为类似于北京 798 或郑州二砂那样的艺术品，留存工业记忆。

定位精准 功能完善
——重庆大川国际建材物流城转型升级成效显著

重庆大川国际建材物流城是重庆市“十二五”商贸流通规划重点工程项目，也是重庆市发改委确定的产业外迁承接基地重点项目和第一个响应重庆市政府“市场外迁”要求而率先布局动工的大型商贸物流平台。

重庆大川国际建材物流城座落于重庆西部现代物流园区。园区规划面积61平方公里，是国家“一带一路”战略节点、渝新欧国际贸易大通道的起点，拥有全国铁路运输枢纽、西部最大的铁路枢纽编组站和重庆铁路一类口岸等口岸资源。

重庆大川国际建材物流城依托重庆西部现代物流园区，坐拥渝新欧铁路国际大通道始发站的国际物流优势和四通八达的公路网、铁路交通网、空港交通网络等完善的交通体系，具有得天独厚的综合物流交通资源。随着渝新欧铁路专线已进入常态化运行（现每月21班班列），“一带一路”经济带的商贸物流态势保持着健康、稳定、高速的发展，大川国际建材物流城所拥有的国际物流区位价值优势正在日益显现。

重庆大川国际建材物流城一期项目占地面积700亩，建筑面积45万平方米，完成投资25亿元，于2010年开工建设，2012年1月投入使用，招商率达100%，入驻石材商家333户，基材商家549户，另有400余户商家已签约等待入驻。一期项目国际石材交易区2014年交易总额已突破200亿元，基材交易区于2015年全面入驻，预计年交易额将达 120 亿元。为全面掌握市场的运营权，大川国际建材物流城所有商铺及物业一寸未卖，全部自持。

一期市场物业功能规划及现状：

1. 国际建材展销中心——该中心为装饰建材及基础材料展示、交易区，现入驻商户 549 户，主要承接主城区市场外迁商户；

2. 国际石材展示交易中心——该中心为石材展示、仓储、二次加工及生产配送，入驻商户 333 户，商户结构大多为广东、福建石材经营大户；

3. 建材大道品牌展示区——沿园区中干线两侧 1-3 层为品牌建材的展示区及营销总部，现已全面进入装修，预计于 2016 年 6 月全面开业；

4. 电子商务大楼——该大楼地处园区中干线和横三线交界处，目前为市场招商中心、办公大楼及大川门业实体体验店、营销中心及家居建材科技展览中心，后期为电子商务及综合商务办公楼；

5. 五星级酒店——该酒店位于园区中干线和横三线交界处，地理优势明显，规划经营面积为 2.6 万平方米，将为园区入驻企业及国际口岸客商提供高端住宿、会议、餐饮、娱乐配套；

6. 综合配套区——两幢综合配套楼均位于市场交易区，为入驻商户提供办公、员工住宿、员工食堂、生活服务配套等；

7. 地下车库——现有超过 6 万平方米的地下车库及配套，现作为商家临时仓储；

8. 物流配送中心——该中心位于石材展示交易中心后区，目前以招入第三方物流公司的方式为商家提供物流配送服务。

重庆大川国际建材物流城以其精准的战略定位、宏大的规模优势、完整的市场功能、科学的物流业态以及前期开发运营的成果，获得了国家行业协会、国家相关专家委员会及全国建材流通行业、商贸物流行业的高度认同，成为了全国新一轮商贸物流市场规划建设的样板市场，先后获得了“2012 年全国重点示范市场”、“中国家居建材市场十大最具影响力品牌”、“中国建材家居示范市场”等荣誉称号。

重庆大川国际建材物流城一期项目实现了重庆家居建材批发环节 70% 的市场占有率和零售环节 30% 的市场占有率，加快了重庆家居建材市场的整合，从而促进整个重庆商贸水平的提高与发展，带动重庆家居建材行业实现“质和量”的飞跃，提升重庆在西部建材商贸国际营销中的市场级别，由此建立重庆直辖市包括建材在内的西部商贸之都，使西部建材商贸平台跃上一个新的台阶。同时，项目的成功建设和运营加快了重庆市沙坪坝区马家岩建材旧市场的搬迁，有效地解决重庆主城传统市场“脏乱差”现象，对改善城市形象以及重庆市城市化进程具有较大的带动作用，也直接和间接增加社会就业岗位约 1 万个，解决部分城乡富余劳动力的就业问题。项目运营成熟后预计年创税收约 3 亿元，将有效促进区域经济发展。

国际石材展示交易中心市场内实景

第八篇

大事记

2015年中国商品交易市场大事记

1月

1日

广州东部义乌小商品城开业

广州东部义乌小商品城位于增城新塘镇港口大道，经营的商品多达17类，可谓是小商品海洋。项目营业面积近8万平方米，营业区共有四层，设近3000间标准商铺，可容纳2800多户商家、8000多名从业人员，年交易额有望达到30亿元。小商品城还预计在未来的3～5年内，通过和中外运“运易通”电商平台的深度合作，为交易方、物流商、融资方提供在线融资、线上交易、线下电子支付等服务。

河北廊坊新动批红门服装城正式营业

作为承接北京服装产业转移的重要基地，河北廊坊新动批红门服装城正式对外营业，这标志着北京服装产业外迁转移取得实质性成果。本次对外营业的廊坊新动批红门服装城是一期工程，总建筑面积15万平方米，总停车位达2000个左右。入驻商户中，超八成来自北京动物园批发市场与大红门批发市场，所以，“廊坊新动批红门服装城”在命名时也考虑了这种历史符号。

廊坊地处京津两大直辖市之间，素有“京津走廊”美誉，是京津冀协同发展的桥头堡之一。毗邻北京的优势，使廊坊成为北京服装等产业外迁转移的重要目的地。

四川省南江县红叶广场举行盛大开街庆典

南江红叶广场开街典礼盛大启航，吸引了众多市民前往参与，一时成为全县焦点。红叶广场的开街，揭开了南江商业城市综合体新篇章，实现了南江多年来城市综合体“零”突破，把全县现代服务业集聚区建设推向一个新高潮。

7日

首届海门家纺跨境电商大会在叠石桥国际家纺城举行

大会由江苏海门工业园区管委会与阿里巴巴集团全球速卖通事业部共同联合主办，江苏叠石桥市场管委会与海门市商务局联合承办，南京侠客行网络科技有限公司、海门市家纺商会、中国叠石桥国际家纺城一起协办。会议主题为“叠商通天下，海门家纺行业与跨境电商平台合作与展望”。

9日

河北唐山市电子商务协会成立

为适应唐山市城市建设和经济发展需求，提升唐山市电子商务行业的发展速度，在唐山市商务局的倡导和支持下，经过为期半年的精心筹备，唐山市电子商务协会正式成立。协会成立旨在团结全市电子商务企业事业单位，通过开展调查研究、经验交流、学术研讨、咨询服务等活动，发挥桥梁和纽带作用，发挥行业代表、行业自律、行业管理、行业协调、行业服务的职能，为会员和政府服务，维护会员的合法权益，促进会员间的交流与合作，推动唐山市电子商务的健康发展。截至目前，唐山市电子商务协会共有17家电子商务协会理事单位，36家会员企业，已有55家电商企业申请入会。

10日

内蒙古草业大宗电子交易市场开业 为全国首家草业电子交易平台

该市场由内蒙古牧草产业发展协会会同内蒙古草都公司等单位发起成立，首次将大宗商品电子交易模式引入草产品领域。据悉，即日在呼和浩特启动的首家草业电子交易平台，将会在五年内完成全国地区布局，实现国家级草业现货交易所知名品牌，且会向国际上具有定价权的商品交易所，如纽约石油交易所、新加坡商品交易所靠拢，形成相对完善的现货交易、金融服务与物流服务等，最终成为全球草业大宗商品交易所。

11日

四川攀西国际商贸城开业

据攀西国际商贸城负责人刘益民介绍，全球建材家居龙头企业红星美凯龙、义乌小商品集团强势入驻攀西国际商贸城，并在开盘仪式上致辞，表达了对攀西国际商贸城项目前景的看好。攀西国际商贸城位于雅西高速的西昌出口300米，总面积37.8万平方米。

15日

中国食品业诚信建设研讨会关注维护食品安全

研讨会由中国食品业诚信联盟、北京工商大学和中国安全可信食品第一网——龙宝溯源商城联合主办，其主题是“诚实・自律・守信・共建”。

食品安全关系到每个人的生命健康，关系到社会的和谐稳定，关系到中华民族的繁衍发展。与会专家一致认为，习近平主席提出的要用最严谨的标准、最严格的监管、最严厉的处罚、最严肃的问责，确保广大人民群众“舌尖上的安全”，是对我国食品安全监管的最明确指示和最高要求。

食品安全，首先是“产”出来的，要把住生产和环境安全关；食品安全，也是“管”出来的，要严厉打击食品安全刑事犯罪；但是，食品安全更是“律”出来的，要大力倡导和培育行业自律精神。

16日

江西省煤炭交易中心揭牌运营

该中心由江西省能源集团公司与天津泛亚电子商务技术服务有限公司共同投资成立。江西省煤炭交易中心是江西省能源集团公司“一个平台、两个基地（九江煤炭储运基地、新余储运基地）”发展战略的核心项目，是江西省能源集团公司产业结构转型升级、相关多元化、可持续发展的重要举措，对保障江西省煤炭能源供给和促进煤炭行业产融贸高度融合的创新发展具有十分重要的战略意义。

成都青羊区优品天地荣获中国特色商业街

中国步行商业街工作委员会主任韩建徽现场授予优品天地“中国特色商业街”牌匾，这意味着继春熙路、琴台路、宽窄巷子之后，优品天地正式跻身国家级特色商业街行列，成为成都市第四条中国特色商业街区。

18日

贵州六枝特区嘉年华商业广场启动招商

签约启动仪式上，全国政协委员、中国市场学会会长、国务院发展研究中心原副主任卢中原，商务部流通业发展司副司长吴国华，中国市场学会副秘书长、中国商品交易市场专家指导委员会常务副主任朱勇毅等领导出席活动。

第五代嘉年华购物中心汇聚购物、娱乐、美食于一体。该项目工期为1年，竣工后在购物中心主体的楼顶将实施建设两大主题乐园，分别为糖果主题乐园与梦幻太空主题乐园。两大主题乐园将形成购物及其高端娱乐设施的创新，也将提升六枝中心城区的城市品味。

贵州湄潭亿佰汇建材家居五金博览城盛大起航

商务部原副部长、中国国际经济交流中心理事长魏建国，中国商品交易市场理事会理事长、国家工商总局原副局长李建中，中国市场学会批发市场发展委员会常务副主任兼秘书长金陆成，湄潭县政协主席张志勇，湄谭县县委常委、副县长向波，以及浙江吞林控股集团总裁林祁陶，澳林控股集团贵州亿佰汇置业有限公司董事长董宏顺、总经理齐博辉、副董事长杨宝乾等领导出席并参加揭幕仪式。

亿佰汇建材家居五金博览城总建筑面积约20万平方米，定位为“以家居建材、五金机电为主导”的超大规模商业旗舰，囊括商贸流通、仓储物流、商业配套等多种商业形式，是湄潭县首屈一指的商业综合体项目。项目以超大规模的投入、完善的业态组合、独特的景观设计、专业的商业规划缔造湄潭城市明珠，将国际化商业形式与湄潭的城市发展紧密结合，为全面升级湄潭专业市场而来。

19日

第十四届西部农交会圆满落幕

本届西部农交会为期4天，由重庆市人民政府、台盟中央主办，农业部协办，以“绿色、品牌、合作、发展”为主题，有19个兄弟省市政府和市内40个区县政府及市级部门组团参展。参展企业达2100余家、展示展销农产品品种6300余个。展示了农业发展成果，促进了农产品贸易，推动了农业交流与合作。

本届西部农交会组织了来自泰国、巴基斯坦、哈萨克斯坦、马来西亚、台湾等境外企业60多家，比去年增长了20%。

20～22日

中国—新加坡自贸区联委会第五次会议在新加坡举行

双方就中新自贸协定的进一步补充和完善进行了磋商，并就货物贸易、服务贸易、投资、技术性贸易壁垒、卫生与植物卫生措施等领域的具体议题交换了意见。

中新自贸协定于2008年签署，2009年1月1日正式生效，有力推动了双方经贸关系的深入发展。目前，中国已成为新加坡第一大贸易伙伴和第一大投资目的地，新加坡是中国在东盟国家中的第二大贸易伙伴和第二大外资来源地。

21日

山东滕州（义乌）真爱商城开业暨真爱商城首届采购节隆重开幕

中国市场学会会长、国务院发展研究中心原副主任卢中原，中国商品交易市场理事会理事长、国家工商总局原副局长李建中，浙江省委组织部原副部长、浙江省政协常委洪复初，中国市场学会副秘书长、中国商品交易市场专家指导委员会常务副主任朱勇毅，国务院发展研究中心研究员赵俊超，真爱集团有限公司董事长郑期中等领导出席了此次开幕盛典。

真爱商城是以滕州西市场深厚的商户底蕴为核心，引进义乌市场成功经验，集地段、市场、交通等优势于一体。该项目全部建成后新增个体工商户15000余户，带动10万人就业，实现年营业额300亿元，利税42亿元，是近年来全市最大的三产服务业项目。

近年来，滕州市围绕构建“大旅游、大市场、大物流、大商贸”的发展格局，大力实施服务业专业化战略，有力促进了经济社会又好又快发展。滕州（义乌）真爱商城的开业运营，标志着项目建设取得了阶段性成果，给滕州带来了全国领先的现代大型城市分销综合体的经营理念，开启了滕州西城区建设与发展的新篇章。

23日

“川东北专业市场发展论坛暨南鑫国际别墅级商铺品鉴会”盛大举行

本次“专业市场”行业论坛规格非常高，系川东北地区首次举办。中国市场学会副秘书长、中国商品交易市场专家指导委员会常务副主任朱勇毅，中国建材流通协会副会长、中国商品交易市场专家指导委员会市场运营专家秦开智，南充现代物流园管委会主任何远彪，重庆商品交易市场协会副会长兼秘书长朱吉华，实战派专业市场专家傅集等重量级嘉宾出席论坛并发表精彩演讲。

在本次论坛上，南鑫国际建材物流城以超大型的体量、精准而科学的专业化市场定位、前瞻系统的规划、专业化的运营管理模式、专用铁路线的建设，开创历史性的推出别墅级商铺，而荣获四川省唯一的“全国转型升级示范市场”荣誉，南鑫物流城由此上升成为国家级新一轮市场转型升级的样板市场。同时，中国市场学会批发市场发展委员会、中国策划专家指导委员会将和南鑫市场建立长期合作关系，在运营和管理方面给予强大的支持，也将对南充市和高坪区、现代物流园区发展起助推作用。

26日

第二届全国专业市场电子商务峰会在浙江义乌举行

在本次峰会上，与会专家分别以“新常态下的义乌模式”、“专业市场线上线下融合之路”、“商品交易市场如何应对线上线下融合的发展趋势”为题，就当前实体市场发展现状、专业市场发展电子商务的运营思路、小商品货源渠道线上线下融合、电子商务虚拟市场助推实体市场多样化运营等议题进行了专业、深入的交流，为下一阶段继续规范和引导实体专业市场健康发展打下良好基础。

28日

湖北省农产品流通协会在武汉成立

协会的成立为湖北省农产品流通企业搭建了一个新的

交流平台，协会将围绕搞活农产品流通这个重点，搭建起政府和企业的桥梁和纽带，为湖北农产品流通行业的发展发挥积极作用。

29 日

广东两家跨境电商平台上线

由广东省商务厅、广州海关、广州出入境检验检疫局支持的两家省级跨境电商试点企业在广州举行电商平台上线仪式。受广东省省长朱小丹委托，广东省商务厅厅长郭元强在上线仪式上点下第一张跨境商品订单。这是广东省首批省级跨境电商试点企业上线的电商平台。

据悉，两家电商平台为“林贰林”和“进口易”，分别隶属于广州林贰林跨境电子商务公司和广州洋戏台电子商务有限公司。林贰林电商平台采用“电商＋实体”的O2O购物模式，店内样品为完税商品，仅用于消费者现场体验。消费者现场体验后，在线上下单，由林贰林向海关提交个人身份信息及商品订单、支付、运输信息，待海关审核放行后，由物流公司从海关特殊监管区发货配送至消费者手中。

洋戏台电商则定位于外贸综合服务类企业，全面布局跨境电商保税物流园，联手悦华物流和香港机场第二大物流服务商Hatcl，将跨境电子商务与香港机场全球货运中枢地位结合。按计划，洋戏台将筹建具有一定规模的保税物流园区，作为跨境电子商务进出口的物流基地。

30 日

内蒙古乌海市签订 2015 年首批“南菜北运”空运协议

为了进一步推进“南菜北运”工作，扩大“南菜北运”运输渠道，乌海市商务局经过不懈的努力和沟通协调，在原有陆路汽车运输的基础上，利用海南航空空余运力，首批启用航空运输开展了“南菜北运”、“北菜南运”工作，即将海南省的青椒、豇豆、木瓜、绿橙等农产品运入乌海，将乌海及内蒙古的土豆、羊肉等特色农畜产品运往海南。

福建龙岩市电子商务协会成立

龙岩市电子商务协会成立大会暨第一次会员代表大会在龙岩人民会堂举行。会议指出，市委、市政府高度关注和重视电子商务发展，市电子商务协会要在助推全市电商产业发展上多担当、多努力，成为主力军，特别是要帮助中小企业跨入电商门槛，展示自身作为；要努力成为会员信赖的主心骨，发挥桥梁纽带作用，为一切有志于电商发展的组织和个人搭建平台，加强沟通联系，实现资源共享、互利共赢；要努力成为政府的好参谋、好助手，及时反映会员单位的意见建议，增进行业自律，推动行业健康蓬勃发展。

商务部在榕召开电子商务与物流快递协同发展试点工作座谈会

来自福州、天津、石家庄、杭州、贵阳五个全国首批试点城市的分管市领导及省、市商务主管部门代表 30 余人参加了座谈会。商务部党组成员、部长助理王炳南听取了五个试点城市试点工作领导小组负责人关于开展试点工作情况的汇报，在肯定各试点城市工作的同时，对试点工作提出了两点要求：一是希望试点城市的工作进度再快一些，在制度上、体制上有所突破创新，推动电子商务和快递物流协同发展；二是再次强调商务主管部门要主动、积极，牵头开展试点工作，进一步明确试点工作的主体责任在于商务主管部门。

31 日

重庆梁平渝惠农产品批发市场开业

该市场于 2012 年 5 月开工建设，总投资 5 亿元，占地面积 213 亩，总建筑面积 22 万平方米，蔬菜保鲜库总储存量 1 万吨，信息网络、检验检测齐全、功能完善。市场的开业运营，对提升梁平农产品交易市场的档次和水平，推动梁平农业产业化进程，增加农民收入起到重要作用。

2 月

2 日

福建省首家商务研究基地——海峡商业管理研究中心成立

福建省商务厅与福建农林大学联合举办“海峡商业管理研究中心”签约授牌仪式。吴秉成副厅长与林文雄副校长共同签署了“建设海峡商业管理研究中心合作框架协议”，并授予该中心为福建省商务研究基地。中心成立后，将聚集高校、协会和龙头企业的智力资源，采取课题合作、人才培养、专家服务等方式，承接政府部门课题任务和企业诊断咨询委托，促进理论研究与实际工作的结合，为福建商务发展注入新的动力。

5日

2015年全国进出口工作会在北京召开

会议由商务部召开，主要任务是传达贯彻中央领导关于外贸工作的重要指示，贯彻落实中央经济工作会议和全国商务工作会议精神，总结2014年外贸工作，分析当前和今后一段时期外贸形势，部署2015年工作任务。国际贸易谈判代表兼副部长钟山做工作报告，高虎城部长同与会代表座谈并讲话。

10日

中国首个超大规模厂店城落户浙江海宁

由总部基地（中国）控股集团投资开发的厂店城在中国海宁江南城正式启动。总部基地厂店城是总部基地历经十二年的积淀，创新升级推出的全新业态，是总部基地的升级版。ABP国际联盟创始主席、总部基地全球控股集团董事局主席许为平在发布会中谈到，2014年，总部基地落地中国实体自由经济最活跃的杭州湾核心区，并首次提出“总部+厂店ABP O2O”这种全新的商业模式。

总部基地厂店城的创新在于，它区别于之前总部基地的传统产品形态，不光是总部办公楼，而是总部楼与企业工厂店的结合，也就是说一栋楼既有展示营销功能，也有研发、财务结算、运营决策等总部功能；总部基地厂店城的升级在于，它不光提供一个实体的总部+厂店的集群基地，还将拥抱互联网，创造ABP O2O，提供线上线下交易各环节的全功能服务平台。总部基地厂店城将打造成为中国首个超大规模的工厂直销中心和体验式消费区，为江南乃至中国实体经济实现转型升级创建全新的理念和发展平台，同时也将搭建国际经贸文化交流的桥梁，推动国际间的合作与发展。

11日

全国农产品电子商务暨农村商务信息服务经验交流会在长沙召开

此次会议是为贯彻落实中央经济工作会议、中央农村工作会议、2015年中央1号文件精神，全面总结部署农产品电子商务发展及农村商务信息服务等工作，由商务部联合中农办、中组部、农业部而召开的。商务部部长助理王炳南指出，农产品电子商务和农村商务信息服务是一项系统工程，需要正确处理好政府与市场、中央与地方、政府部门间、政府与中介的关系，形成工作合力。

12日

西安跨境贸易电子商务服务平台（进口）试运行

西安跨境贸易电子商务直购进口首单在西安国际港务区完成通关，意味着西安跨境贸易电子商务服务试点平台（进口）投入试运行。消费者只需登录西安跨境电商平台网站（www.iesroad.com），即可购买来自全球的进口商品了。

云南玉溪电子商务协会成立

为加快玉溪市电子商务发展步伐，形成经济新常态下的电子商务企业抱团发展，玉溪市决定成立电子商务协会。玉溪百信商贸集团有限公司董事长秦家平当选玉溪市电子商务协会第一届会长，云南慧达万里科技有限公司董事长胡宸浩当选协会秘书长。

电子商务协会将充分发挥政府和企业之间的桥梁纽带作用，不断丰富服务形式、充实服务内容、提高服务质量，为推动电子商务发展提出合理化建议。同时，要增强凝聚力，建立健全以会员为主体的组织体制，强化为会员服务的意识和会员的权利义务，建立会员参与和监督协会工作的机制。

17日

海南离岛旅客免税购物政策放宽

财政部发布公告称，从2015年3月20日起，海南离岛免税政策免税品种类及件数限制进一步调整，17种消费品纳入免税品销售范围，同时对部分免税品单次购买数量放宽限制，以期进一步发挥海南离岛免税政策的效应。

26 日

全国外贸工作电视电话会议在京召开

中共中央政治局委员、国务院副总理汪洋出席会议并讲话。商务部部长高虎城出席并发言。

27 日

福建厦门泛亚商品交易中心正式开业 打造全球稀有金属交易平台

厦门泛亚商品交易中心是泛亚集团成员企业，2014 年 12 月经厦门市人民政府批准设立并完成注册，注册资本金 1 亿元人民币。该交易中心位于厦门市象屿保税区，希望依托厦门自贸试验区政策和地理优势，利用泛亚有色金属交易所在现货商品交易模式和互联网金融领域成功的创新经验，整合相关产业链优势资源，以服务实体经济为核心，发展成为满足产业链需求、运营规范、风险可控的商品现货交易。

据资料显示，泛亚有色金属交易所是全球最大的稀有金属交易所，中国客户资产管理规模最大的现货交易所。它利用中国独有的稀有金属资源优势，并通过先进的电子商务模式改造传统产业，提升中国稀有金属产业链价值。

3 月

2 日

昆明国际快件监管中心启用

位于昆明长水国际机场的昆明国际快件监管中心正式具备了开展进出境快件运营业务的条件，标志着云南省国际快件进出境业务正式开通。“昆明国际快件监管中心的正式启动，结束了以往我省国际快件只能在北京、上海、成都、重庆等设有海关快件监管中心的异地口岸通关的历史，极大地提高了快件物流、通关的速度。”昆明海关监管通关处处长师铁介绍，“有办理进出境快件业务需求的企业和个人可以就近在昆明办理通关手续。”

中韩海运跨境电子商务在山东威海开通

中韩海运跨境电子商务采取“清单核放、汇总申报”的通关模式，备案电商企业按照清单通关，海关通关监管系统会定期汇总形成报关单进行申报，同时还享受退税政策。

2015 年 2 月 25 日，中韩自贸协定完成了全部文本草签，协定创新引入地方经济合作条款，明确将中国威海市和韩国仁川自由经济区作为地方经济合作示范区并写入协定。

威海是中国距离韩国最近的城市，也是中韩海上航线密度最大的城市。随着两地经贸、文化交流日趋热络，威海已成为韩国在中国投资、经商、居住最密集的地区之一。

5 日

第 25 届中国华东进出口商品交易会在上海新国际博览中心顺利闭幕

本届华交会展览面积 11.5 万平方米，标准展位 5780 个。共设立服装、家用纺织品、装饰礼品、日用消费品四个国内企业展区及一个以“现代生活方式”为主题的境外企业展区。本届展会 14 个交易团（9 个主办省市交易团、3 个组团城市交易团、1 个联合交易团、1 个境外交易团），参展企业 3378 家。其中境外参展企业达 204 家，较上届增加 59 家。到会境外客商 21200 人，来自 114 个国家和地区，客商总数比上届略有下降。出口成交较上届有所下降，其中民营企业继续成为成交主力，在大会成交总额中的占比超六成。

总体上，客商观望氛围浓，交易活跃度不高，显示市场仍处于相对低迷阶段，尤其是对华交会主要目标市场——日、韩市场成交均出现下降，值得引起重视和警惕。

7 日

中国（杭州）跨境电子商务综合试验区获国务院正式批复设立

国务院印发《关于同意设立中国（杭州）跨境电子商务综合试验区的批复》，表明全国唯一的跨境电子商务综合试验区正式落户杭州。

当前，我国和浙江省的跨境电子商务发展十分迅速，已经成为创新驱动发展的重要引擎和大众创业、万众创新的重要渠道。正在召开的全国两会期间不少代表、委员表示，发展跨境电子商务，不仅能够带动就业、增加收入、解决民生问题，还能开辟国际市场空间、增强在国际贸易体系中的话语权，为中国经济发展提供新动力。根据《批复》中明确提出的由浙江省政府负责印发具体实施方案并抓好组织实施，下一步浙江省商务厅将按照职能分工，进一步加强对全省跨境电商工作和杭州跨境电商综试区建设的指导和服务，继续做好省级跨境电商园区和省级公共海外仓的建设培育，全力打造跨境电商的浙江新高地。

8 日

黑龙江桦南县考察团参观北京新发地市场

桦南县县委副书记、县长梁庆民率当地考察团一行5人，在中国市场学会批发市场发展委员会副秘书长宋连平的带领下，到北京新发地农产品批发市场参观学习。新发地市场常务副总顾兆学对考察团予以热情接待，并陪同参观。

桦南县位于黑龙江省东北部、完达山麓，处于佳木斯、双鸭山、依兰、七台河四个城市之中间区位，地理位置优越，交通便利。在考察座谈会上，梁庆民县长详细介绍了桦南县的农业状况。他说，桦南县拥有丰富的黑土地资源，农产品丰富，具有“中国南瓜之乡”、“中国白瓜籽之乡”、“中国优质水稻基地县”、“中国商品粮基地县”、“中国粮食生产先进县”等美誉。梁县长表示，希望能借助北京新发地农产品批发市场这样的交易平台，促进桦南县农业的发展，增加当地农民的收入。顾兆学向考察团介绍了改革开放以来新发地市场的发展变化和目前取得的成就。

14 日

兰州苗木交易中心正式启动

兰州苗木交易中心是甘肃唯一的专业苗木交易市场，位于兰州市西固区达家台（距河口新城高速出口 9 公里），交通及区位优势显要，北临 109 国道，南临高速公路，交通便捷；环境优势突出，拥有雄厚的资金实力和先进的设备、一流的技术和专业的团队；拥有周到的服务和便捷的物流，是一个集灌木、乔木、容器苗、种子、种苗、花卉、园林奇石、观赏石、花盆、假山、喷泉、水池、苗木中介、苗木配送、园林资材、园林设计、园林施工于一体的批发零售综合性市场。

18 日

第十六届中国江苏（常熟）服装服饰博览会暨2015 江南国际时装周新闻发布会在上海国家会展中心召开

第十六届中国江苏（常熟）服装服饰博览会将从 3 月持续到 6 月，秉持“江南文化名城，休闲服装之都”主旨，坚持在“服务产业、服务企业、服务商城”的原则基础上，以纺织服装为主题，打造专业的展览展示、交流交易和国内顶尖专业服装及其产业链采购平台，主要包括“百团千人”采购节、采购汇、采购订货汇、网货交易会、购物旅游节等系列活动；2015 江南国际时装周将在 5 月 20 日正式开幕，作为全国唯一以“休闲”为主题的时装周，将通过“展、论、秀、赛、奖”五大主线活动，以“江南织造”的核心理念，开展包括“江南织造”国际高峰论坛和十大平行活动、休闲装设计精英大赛、“江南织造大奖”颁奖盛典、商务峰会、专场时尚发布秀以及“江南织造”中国休闲服装设计竞话等系列活动。

义乌小商品城 + 网商获颁全国首批网营执照

把虚拟平台分割成一间又一间的“网店”，与实体市场的 7 万多间店铺一一对应，每家市场经营户都能申请“网上营业执照”，方便了国家行政职能部门的认证及监管，也有助于树立商户的诚信形象。“义乌购”总经理王建军认为，这是公司实践“互联网 +”理念的一次创新，在中国电子商务行业史上具有里程碑意义。

19 日

江苏南通万利宁国际物流项目一期项目投入使用

该项目总投资 8500 万美元，是 SHK 集团在中国投资设立的第一个物流基地，其中一期项目仓储面积 15000 平方米，总投资 2500 万美元。SHK 集团在日本国内拥有大约 2000 台不同种类的车辆，运输饮料、食品、医药品、农作物、大型机械、纸品及其他工业产品，满足客户的不同需求。万利宁南通项目投入使用，对于加快南通经济技术开发区乃至南通市现代物流发展，提升功能配套环境，推动产业结构加快转型，将产生积极的促进作用。

22 日

郑州打造全球网购集散分拨中心

郑州市政府下发《关于加快推进跨境贸易电子商务发

展的意见》，到 2017 年，郑州市跨境贸易电子商务交易额要实现 1000 亿元目标。

郑州市将推广跨境贸易电子商务保税模式业务，将跨境保税模式拓展推广至出口加工区和新郑综合保税区，支持符合条件的企业开展跨境保税模式试点业务；着力打造全国邮政第四转运口岸，充分利用郑州国际邮件互换局和交换站的优势，开展国际邮包转运业务，组织跨境邮包在郑州集中进行通关、国际中转和集散分拨；开展保税商品展示交易业务，在新郑综合保税区、河南保税物流中心开展线上线下相结合的保税商品展销业务，在郑州机场设立保税商品展示交易中心，在中心商务区、特色商业街等区域设立国际商品展示交易场所。

郑州市力争通过一系列措施，打造成为“总量规模全国前列、服务政策全国最优、产业链支撑全国最强”的跨境贸易电子商务发展高地，建设成为“一带一路”上重要的全球网购集散分拨中心，努力实现“买全球、卖全球”的发展目标。

24 ～ 26 日

全国市场体系建设工作会议在京召开

会议以贯彻落实党的十八届三中、四中全会，中央经济工作会议和全国商务工作会议精神为主线，总结 2014 年全国市场体系建设工作，交流工作经验，部署下一步工作。商务部部长助理王炳南出席会议并讲话。

福建厦门加入“商业联合国”

被誉为“商业联合国”的世界贸易中心协会（WTCA）与厦门成功牵手，协会会员版图上有了“厦门”的名字。世贸中心协会副总裁王迅向厦门市贸促会、厦门国际商会会长苏育群授予“厦门世界贸易中心”牌匾，这标志着厦门世贸中心正式开始运作。

世界贸易中心协会是成立于 1970 年的非盈利、非政治性国际组织，已在近 110 个国家的 330 多个城市设立了世界贸易中心，目前在大中华区拥有 47 家会员。本次，厦门世贸中心是以厦门国际商会名义申请加入的，所以，厦门国际商会现有的 2000 余家会员也自动成为了世贸中心成员。

27 日

广东茂名市电子商务协会召开成立大会

协会以推动信息化及电子商务应用与发展进程，营造电子商务应用，协助政府做好行业发展规划和制定相关标准，协调行业内部关系，组织行业培训，加强对外联络业务和关系，提高茂名地区电子商务行业的水平和影响力。曾宪繁任协会会长。

28 日

上海国际棉花交易中心开业

为上海自贸区首批 8 家大宗商品现货市场之一，将为企业提供点到点的、性价比更高的棉花、棉纱期现货交易，并提供仓储物流、供应链金融等配套增值服务。

上海国际棉花交易中心由上海纺织集团出资控股，新疆生产建设兵团参股。上海纺织集团董事长童继生表示，棉交中心将借助自贸区的开放优势，结合新疆的棉花生产优势，降低棉纺企业的采购交易成本，提升“中国棉业”在全球竞争的优势。

上海国际棉花交易中心是上海自贸区推进国际大宗商品交易的重要组成部分。上海自贸区管委会保税区管理局相关负责人表示，自贸区大宗商品现货市场采用“净价”交易的方式，报价不含进口关税和增值税。同时采用第三方清算、仓单公示系统防范金融风险，力争实现大宗商品交易的功能创新，提升“中国价格”话语权。

29 日

黑龙江省首家京东县级服务中心落户富裕县

“京东县级服务中心”模式是京东推进农村电商、渠道下沉战略的重要抓手，该中心将承担商品配送、客户体验、乡村推广员培训、宣传和产品实物展示等业务功能。

从去年起，齐齐哈尔绿色食品企业在京城商城开通了“齐齐哈尔绿色有机食品馆”，该馆成立以来上架了 78 款绿色食品，受到广大消费者的欢迎。随之，齐齐哈尔相关部门与京东商城进一步寻求合作机会，并深入到京东商城总部与其探讨合作事宜，决定将京东县级服务中心落户于齐齐哈尔。

30～31 日

首届“百团千人”采购节在常熟服装城成功举办

1 月起，常熟服装城各专业市场选派了 34 名拓展员，到南京、盐城等省内 11 个地区开展推介、拓展工作，成功与 4000 多名商户达成了参加采购节的初步意愿。3 月各专业市场总经理又亲自前往相关对口市场进行邀请落实，最终筛选出近 1000 名优质商户前来采购。采购节期间，北京百荣世贸商城、山东即墨服装批发市场、广州红棉国际时装城等与服装城签约成为重点合作市场；中国银行、中国农业银行、常熟农商银行等与服装城签约成为“常熟服装在线”平台的战略合作银行。同时，常熟服装城还被中国百货商业协会授予“中国服装直采基地”称号。

31 日

首届中国（临沂）商城电子商务与物流高峰论坛举行

本次高峰论坛由临沂商城管理委员会主办，山东兰华集团股份有限公司、齐鲁 e 谷电商产业园、雅讯电商服务有限公司承办，并邀请了中国市场学会副秘书长、中国商品交易市场专家指导委员会常务副主任朱勇毅，中国电子商务协会副理事长陈震，中国信息化推进联盟秘书长刘献军，京东商城云平台业务合作总监庞东华，北京大学新媒体与传播研究中心研究员刘立丰等国内专家演讲授课，旨在改变传统经营模式，彻底转变升级，打造“传统市场 + 电子商务”新型经营模式。

本次高峰论坛围绕当前电子商务发展形势、电商人才培养、融资环境、物流等产业链配套、跨境电商等热点问题开展了交流研讨。推进批发商城、专业市场的电子商务及现代物流发展，推动彼此合作，促进临沂商城的转型升级和电子商务的健康有序发展。论坛的主题有批发市场的电子商务转型、京东云的价值分享、移动互联下的新商业模式、互联网 + 遇上沂蒙精神、跨境电商新趋势和策略、社群电商 3.0、电子商务与临沂新商机、“互联网 +”战略背景下的电商与物流创新发展、汽车用品电商怎么做和无店营销、传统企业如何做电商。

四川宜宾市电子商务协会成立

成立大会审议通过了《宜宾市电子商务协会章程》和相关管理制度，会议选举宜宾市布谷鸟传媒有限责任公司总经理赖武明先生为第一届协会会长。市区商务、经信、农工委、农业、旅游、工商、畜牧、金融、民政、部分高校、物流企业负责人、电商企业及电商协会会员 100 余人参加了会议。电商们纷纷表示要借助宜宾市电子商务协会成立这一新的起点，凝聚共识、把握机遇、抱团发展，奋力开启宜宾市电子商务事业的新征程。

4 月

1 日

浙江宁波世创电商园开园

世创电商园是由宁波世创投资管理有限公司投资并运营的，一期占地 12000 平方米，二期占地 20000 平方米，集办公、仓储于一体，是一个环境优美、交通便捷的现代化电子商务创业园区，也是宁波市镇海区第一个专业化运营的电子商务就业指导和孵化产业基地。经过 5 个月紧张的旧厂房改造并招商，已有 35 家电子商贸企业正式入驻。

开园当天，宁波大学科学技术学院电子商务学院与宁波世创投资管理有限公司举行了签约仪式，充分发挥校企优势，在电子商务领域为学生实习、实训、就业、创业提供更大平台，实现校企深度融合。

3 日

商务部办公厅印发《2015 年电子商务工作要点》

《要点》提出，2015 年电子商务工作要主动适应经济发展新常态，贯彻《政府工作报告》工作部署，落实“互联网 +”行动计划，全面推进以互联网为核心的信息技术在商品流通和对外贸易领域的应用，发挥电子商务拓市场、促消费、带就业、稳增长的重要作用，促进经济转型升级和大众创业万众创新，构建统一开放竞争有序的电子商务市场体系。

8 日

全国整顿和规范市场经济秩序部际联席会议召开

会议总结了 2014 年全国整顿和规范市场经济秩序工作情况，研究了 2015 年工作重点。部际联席会议召集人、商务部副部长房爱卿出席会议并讲话。

重庆双福国际农贸城开辟地产水果专销区

专销区提供优惠服务，且市内水果生产者可直接到农贸城设点直销，同类水果较主城批发市场将便宜两成左右。

据悉，地产水果专销区开设的第一年，双福公司将为市内种植者和经营者提供“五免”：市内的水果生产专业大户、家庭农场，以及从事生产与流通的合作社、企业，可享受免市场租赁费、免冷库租赁费、免进场管理费、免水电费、免清洁费五项优惠。同时，农贸城还将提供员工食宿、果品装卸、货品看管、产品推介、商务洽谈共五项服务。据统计，仅“五免五服务”，一年就可为生产经营者节省 1600 万元。

9 日

福建省商务厅与华侨大学签约建设“商务管理研究中心”

华侨大学工商管理学院成立于 1984 年，是大陆高校中最早以“工商管理”命名的科系，是福建省最早从事商业经济、商业管理、市场营销教学科研的高校之一。学院学科基础深厚，师资力量雄厚，在两岸商贸合作、连锁经营管理、商业经济等领域有较好的研究基础与社会影响力。此次商务厅与华大合作，意在构建政、校、企三方合作模式，推动福建省商贸业、服务业的发展。

首届河北（邯郸）县域电子商务大会召开

大会期间举行了河北网商园揭牌仪式、河北网商园与入驻企业签约仪式、阿里巴巴“千县万村”河北省首站启动仪式等活动。举办了河北省县域电子商务论坛，相关集团负责人和知名电商专家与参会代表进行现场交流。

11 日

义乌小商品城打造绿色生态圈

义乌中国小商品城旗下的电商平台——义乌购正式推出“义品牌”，意在打造中国制造的“品牌孵化器”，并以此推动小商品城的绿色生态圈（电商生态圈 + 金融生态圈）建设。

“义品牌”将成为义乌购“实体 + 电商”的纽带，致力于搭建中国制造的“品牌孵化器”平台，培育经济发展新动力，推动实体经济转型升级，打造小商品城电商发展的绿色生态圈。

15 日

第十六届中国商品交易市场发展论坛在京开幕

本次论坛由中国市场学会、中国商报社、国际商报社、中国市场杂志社联合主办，中国市场学会批发市场发展委员会、中国市场学会商务策划专业委员会、中国商品交易市场专家指导委员会、北京国泰民丰商务服务有限公司等单位联合承办，中国商品交易市场信息网、天津市交易市场协会、无锡市场协会、浙江义乌购电子商务有限公司、深圳世方商业地产、湖南大三湘油茶科技有限公司、中国·真实店铺网联合协办。

论坛主题为“弘扬诚信、铸造品牌、融合电商、再创辉煌”，旨在探讨当下市场转型升级新思路，引领市场健康有序地发展。论坛上，领导专家进行了专题报告，报告内容主要涉及当下我国经济形势分析、国家对商品交易市场扶持政策解读，以及商品交易市场的品牌创建、诚信维护、物流建设、电商融合等。

我国商品交易市场经过 30 多年的发展，取得了辉煌的成就，在推动我国经济增长，提高人民生活水平等方面做出了巨大的贡献。但是，随着我国经济的转型和城市功能的提升等，商品交易市场自身“三现”交易的弊端等日益凸显，加之电子商务迅猛发展带来的冲击，商品交易市场不景气。诚如中国市场学会副秘书长朱勇毅在论坛致辞中指出的，当今电商冲击、市场外迁、行业转型升级等问题给商品交易市场行业带来了前所未有的挑战，也提供了前所未有的机遇。如何利用信息化技术手段，改造市场，改进服务，拓展空间，打造市场发展的新平台，这是当前市场转型升级亟需解决的问题，商品交易市场转型升级是大势所趋，融合电商是市场转型的必由之路，铸造品牌是市场维系活力的源泉，弘扬诚信是市场生存发展的根本。

16日

第七届中国西安国际食品博览会暨丝绸之路特色食品展开幕

本届食品展持续到19日，由陕西省工信厅主办，陕西省食品协会、陕西振华国际会展有限公司承办。本届西安国际食品展设置标准展位700个，设有国际食品展区、清真食品展区、特色食品展区、综合食品展区、酒水展区、饮品展区、美食及食材展区、食品加工及包装设备展区，吸引了来自韩国、台湾、香港、福建、长春、威海等地客商组团参展，展览规模创历史新高。

17日

第六届中国鞋服行业电子商务峰会暨首届产业电子商务大会在福建泉州开幕

本次大会主题为“互联网+传统产业重现新希望”，由福建省商务厅和泉州市人民政府共同主办，为期两天，设置了跨境电商蓝海市场、O2O与传统企业融合发展、鞋服电商的风口、微商的商机、多平台运作的团队考验五大希望点，采用“1+4+3”活动内容架构，即1场主题高峰论坛、4场专场分论坛、3场定向邀约的闭门交流会，紧扣产业热点话题与前沿实战经验，邀请国内知名专家、电商企业家、平台服务商和实战操盘手，以及来自鞋服、食品和茶叶等传统企业的负责人，齐聚一堂，发声未来，共谱电子商务的新篇章。国家电子商务示范城市创建工作专家咨询委员会专家组组长、清华大学柴跃廷教授，亿邦动力网CEO郑敏以及比利时邮政、WISH、九牧王等知名企业高管受邀参会并致精彩主题演讲，吸引了2000多名参会者到场。

新疆葡萄酒“百城万店”市场行动电商运营启动仪式成功举行

本次启动仪式由自治区商务厅、自治区酒类专卖局组织14家新疆葡萄酒企业，联合新疆品牌网共同举行。

葡萄酒产业是新疆的特色产业、朝阳产业和绿色产业，新疆作为国家“一带一路”战略中丝绸之路经济带核心区，自治区党委和政府对葡萄酒产业发展高度重视。商务厅和酒类专卖局按照自治区党委政府的批示精神，以做大做强葡萄酒产业为目标，以酒类流通环节为突破口，创新推出新疆葡萄酒“百城万店”市场行动，破解产业发展瓶颈，加强葡萄酒品牌建设，按照“政府主导、商务对接、企业运作、合力推进、创新发展”的思路，创新和探索葡萄酒整体打包向外推介的新模式，力争用五年时间把新疆葡萄酒整体打入国内百家以上大中城市的上万家连锁超市和电子商务体验店，推动新疆葡萄酒文化宣传、品牌建设和终端消费。

20日

宁夏物流与采购联合会正式成立

为促进宁夏物流业健康有序发展，积极引导行业自律，鼓励企业抱团发展，经过半年多的积极筹备，宁夏物流与采购联合会召开了第一次会员代表大会，宣告正式成立。会议投票选举产生了第一届理事会会长、副会长、秘书长，并向有关专家颁发了聘书。中国仓储协会会长沈绍基到会并致贺词，并与宁夏物流与采购联合会就合作开展星级仓库评定，以及合作推进中国绿色仓储与配送行动计划签署了合作协议。

全球首个桂圆电子交易交收中心在广东高州上线

桂圆交易交收中心由天津电交所设立，于2015年1月25日落户高州市。据了解，天津电交所是以现货商品及相关服务行业为交易对象的专业化、规范化的创新型交易平台，提供完备的交易交收体系服务于全球现货大宗商品交易，以商品价格指数的形式实现中国优势产业大宗商品的国际话语权和定价权，推动实体产业与金融产业的无缝融合。

据承办方介绍，桂圆电子交易交收中心上线后，全国各地的桂圆产品，可以以大宗商品的形式进入电商交易平台，以更快的速度、更透明的运作、更高的价格、更现代的方式销售到各地，实现供求有效对接，也将实现桂圆产业与金融产业的无缝融合。因此，各地的桂圆产品生产商可以借助这个平台实现“抱团上市”，提高抗市场风险能力和价格话语权。

银川市电商快递物流产业园二期项目开建

2015年3月，银川市委、市政府批准在德胜工业园区设立银川电商快递物流产业园。产业园是集科技创新孵化、软件开发、电商交易平台以及互联网金融于一体的综合性多功能园区，建设用地 310 亩。

该园区将依托贺兰现有企业写字楼（文祥大厦），设立总建筑面积 3.1 万平方米的银川电商创业大厦，为怀揣电商创业梦想的人搭建孵化平台；依托宁夏伊顺园农工贸有限公司投资建设的银川电商快递物流产业园项目，占地 218 亩。分两期建设，一期已建成常温高标准仓库 2.2 万平方米、冷库 1 万平方米、清真牛羊肉及熟食加工分拣中心 8000 平方米。二期规划建筑面积 7.6 万平方米，其中品牌快递企业分拣场地 3 万平方米，宁夏特优产品电商公共性仓储设施 3 万平方米，电商企业展示展销及办公区 1.6 万平方米，为搭建电子商务物流平台，实现电商与快递零距离对接创造基础条件。

21 日

天津自贸试验区挂牌 将利好农产品流通

天津自贸试验区总规划面积 119.9 平方公里，共分三个片区。自贸试验区创新措施中，提到推动贸易转型升级和服务京津冀协同发展。而在抢抓京津冀协同发展机遇背景下，天津市提出现代都市型农业发展目标，将建设“三区”，即菜篮子产品供给区、农业高新技术产业示范区、农产品物流中心区。这其中农产品物流中心区的建设无疑将会搭乘自贸试验区设立贸易转型升级的快车。

24 日

长沙马王堆蔬菜批发市场正式停业关闭 黄兴海吉星国际农产品物流园一期工程正式开业

陪伴长沙人 20 多年的马王堆蔬菜批发市场即将完成它的历史使命。长沙市芙蓉区政府 4 月 15 日发布公告，长沙马王堆农产品股份有限公司 4 月 14 日发布通告，马王堆蔬菜批发市场将于 4 月 24 日零点正式停业关闭。同一天，马王堆蔬菜批发市场外迁的“新家”——位于长沙县黄兴镇的长沙黄兴海吉星国际农产品物流园一期工程正式开业。

长沙黄兴海吉星国际农产品物流园规划面积 1001 亩，将建成中南第一、全国一流的绿色、安全、生态的农产品现代物流枢纽中心，占地面积比原马王堆蔬菜批发市场大 5 倍，园区内可同时容纳近 2000 辆货车停放。市场运营将引进全国联网式客户服务平台、信息发布平台，使用电子结算方式。交易规模预计每年农产品交易总量可达 70 亿公斤，年交易额可达 700 亿元以上。

山东威海市电子商务行业协会成立

威海市电子商务行业协会是由全市电商企业自愿组成的行业性、非营利性社会团体，协会接受业务主管单位威海市商务局和社团登记管理机关威海市民政局的业务指导和监督管理。

近年来，电子商务对威海市经济转型的推动作用日益明显。据了解，2014 年，威海市电子商务交易额约 750 亿元，同比增长 39%，2015 年有望突破 1000 亿元，网络零售额约为 135 亿元，相当于社会消费品零售总额的 11.4%。2014 年，阿里研究院发布的《2013 年中国城市电子商务发展指数报告》显示，威海入围电商百佳城市，在全国排名第 55 位，全省第 3 位。

今后，协会将紧抓中韩自贸区发展机遇，加强与国内同行及其他协会的交流，以多种形式开展电子商务人才培训工作，为会员提供项目招商、政策落实、合作交流、维权自律等全方位服务，推动会员尽快做大做强。

25 日

商务部在沪召开内贸流通体制改革座谈会

会议介绍了《关于推进国内贸易流通体制改革 建设法治化营商环境的意见（征求意见稿）》，听取了各省市对推进内贸流通体制改革、建设法治化营商环境的意见和建议。各省市商务厅负责同志结合本地实际情况，针对内贸流通发展改革面临的突出问题，提出下一步深化改革的意见建议。

商务部副部长房爱卿作重要讲话，指出内贸流通体制改革要做好顶层设计与实践探索，核心要明确内贸流通的定位问题，国民经济运行的过程就是流通的过程，要提出流通的经济、社会、生态、文化功能。在此基础上，确定改革的重点，突出时代特色，也要注重制度的可操作性。

广东湛江市电子商务协会成立

湛江市电子商务协会由湛江三维全景网络科技有限公司总经理何征于 2014 年初组织发起，旨在通过协会这个平台推动湛江电子商务行业信息交流，搭建政府与电商企业沟通桥梁，促进湛江电商健康快速发展，给力湛江传统行业转型升级。经过一年多的精心筹备，终于在2015年，中国电子商务行业发展的前瞻之年宣告成立。在成立大会上，何征高票当选会长，湛江国联水产开发股份有限公司董事长李忠被聘为名誉会长，湛江微力城邦网络科技有限公司总经理林仕贤当选常务副会长。

29日

浙江温州市农产品电子商务协会成立

协会由100多家会员单位组成。协会将注重会员的质量而不是数量，既有全国性的电商龙头企业，也有地方性的小企业，以及农村青年电子商务创业者。在成立大会上，温州农信机构与温州农产品电子商务协会还签订了合作框架，由温州农信机构提供总规模为5亿元人民币的综合授信额度。这一举措为农业电子商务提供了强有力的金融服务支持，更加有效地促进农业电子商务的可持续发展。

沈阳五爱集团将在阿根廷建小商品城 开启跨境贸易模式

五爱集团总经理陶震与阿根廷华人超市公会签署合作意向书，将共同合作，在当地建立中国小商品城。按照计划，中国小商品城将包括小商品、建材、家具、办公用品批发和物流中心等功能区块，由沈阳五爱集团投资建设，马尔维纳斯市以土地入股的方式，向中方提供建设用地和相关配套设施建设。

据了解，此次五爱集团在酝酿与阿根廷地方政府合作之初，就与阿根廷华人超市公会进行了深入交流，并与超市公会达成合作意向，双方结成战略伙伴关系，发挥五爱集团和华人超市的各自优势，在阿根廷中国小商品城的项目中紧密合作，集中运用华超业主的商业网络和资源，同时在中国以五爱市场为依托，开展双边贸易合作。

阿根廷华人超市公会成立于2004年，以协助华人超商发展为主要宗旨，曾经多次举办超市展销会。马尔维纳斯市位于阿根廷布宜诺斯艾利斯省，距离首都28公里，拥有约40万人口，是阿根廷经济比较发达的城市之一。

中阿这一合作项目是五爱集团转型升级，走向国际市场的战略部署计划的关键一环，标志着五爱集团商业模式进入新阶段，逐步实现跨境商贸模式新格局。

5月

5日

河南平顶山“中平商业集聚园”项目洽谈会在京召开

洽谈会由中国市场学会批发市场发展委员会主办。出席本次活动的嘉宾主要有中国市场学会副秘书长、中国商品交易市场专家指导委员会常务副主任朱勇毅，中国市场学会批发市场发展委员会常务副主任兼秘书长金陆成，中国商品交易市场专家指导委员会秘书长、商务部研究院消费与流通研究所副所长赵萍，中国市场研究院院长马军，华赢集团常务副总经理廖晟森，上海东方世贸商业发展集团副总裁张栋，平顶山市市场发展中心主任李振华，平顶山市房源房业开发有限公司董事长厉志远等。

该项目位于河南省平顶山市湛河区辖区内，北靠老城区，西临新城区，区域位置独特，交通四通八达。项目占地面积约4800亩，初步构想是园区内规划五大板块：商业贸易及商务服务区，科技电商产业园区、创业孵化园，二手车交易区，智能仓储式物流园区，以及沙河生态文化产业园区。此次进京的目的在于请领导专家为中平商业集聚园项目把关号脉，解决市场规划定位、融资渠道、市场运营等问题。

7日

陕西铜川市电子商务协会成立

协会的成立，将有助于推进铜川传统行业的转型升级，开启新的营销方式，抱团发展，协调行业，服务行业，是铜川新时期电子商务发展的目标和趋势，通过互联网，全面推广铜川商业产品，提升铜川知名度，为老百姓谋福利。

8日

浙江奉化市电子商务园建设全面启动

该园预计6月底前可正式投入使用，建筑面积近1.5万平方米，是奉化市首个专业化电子商务公共服务平台，为入驻园区企业提供办公商务、网店外包、人才培训、智慧物流、金融信贷、商脉联盟、仓储物流等模块服务。下一步该市将争取集聚一批新型电商企业，落地一批新型项目，吸引一批市内外优秀电商企业和相关配套企业入驻，打造一个集商品贸易、平台建设、物流配送、融资支持等多功能、多业态的电子商务园区。根据规划，至今年年底，入驻电子商务园企业数有望达到 20 家，网络总销售额预计可达 1 亿元。

9 日

上海金山工业品交易市场盛大开业

上海金山工业品交易市场是经政府批准、市经信委备案，以工业品交易为核心的电子商务平台，是为推动地方平台经济转型，加快制造业与信息服务业结合，强化生产性服务业对传统产业推动而筹建的。交易市场是集“融资仓单 + 交易核心 + 电子商城”于一体的市场信息和公共服务平台，为相关企业建立起新型的采购、销售及交易模式，提高工业品市场的流动性。上海金山工业品交易市场的正式开业，是金山区平台经济发展的里程碑，必将为推动区域经济结构转型和发展奏响新的乐章。

10 日

大连跨境电商综合实验区暨中韩贸易合作区正式启动

启动仪式上，阿里巴巴、韩国奥斯卡商业集团、韩国 UUS 株式会社等首批近 20 家公司签约落户；大连港集团分别与大龙网（中国）有限公司、中外运空运发展股份有限公司等企业签订了《战略合作框架协议书》。

根据规划，大连跨境电商综合实验区暨中韩贸易合作区将在全国率先采用跨境电商 + 旅游采购贸易 + 保税电商体验 + 保税展示展销“四位一体”的运营模式，按照线上线下结合、导购平台与展销中心联动的方式运作，以对韩贸易为重点推动跨国物流和贸易往来。建成后，将全面提速智能化仓储物流配送、电子商务、互联网金融、创新创意设计、外贸服务业等现代生产性服务业的发展，实现资源合理配置、有效利用和区域产业转型升级。

12 日

中国·喀什 2015“一带一路”商贸高端论坛隆重举行

此次论坛由喀什地区行署、喀什经济开发区、喀什市人民政府主办。论坛汇聚了部委级、地市级领导，经济专家、行业领袖，各商会优秀代表和众多知名媒体代表，以“对话新思路，共筑中国梦”为主题，共同探讨了喀什地区在“新丝绸之路”中的战略地位与重大机遇等相关问题。

该论坛受邀演讲嘉宾囊括业界知名组织代表和产业界技术专家，包括全国政协委员、中国市场学会会长、国务院发展研究中心原副主任卢中原，中国国际经济交流中心理事长、商务部原副部长魏建国，中国电子商务物流企业联盟副会长、中国物流策划研究院副院长李芏巍，中国市场学会副秘书长、中国商品交易市场专家指导委员会常务副主任朱勇毅等。

随着喀什经济特区的规划和产业布局的不断完善，中央制定的一系列扶持政策，使喀什地区迎来了史无前例的大建设、大开放、大发展的历史性机遇。依托利好政策，近日喀什已成为全国瞩目焦点，投资者蜂拥而至，喀什商业大发展时代已然来临。

13 日

江西宜春市商业联合会成立

新当选的市商业联合会会长袁圣财在大会上发表讲话，表示将严格履行联合会《章程》，紧紧依靠理事会全体成员和全市商业界精英，带头团结商会领导班子，开拓创新、团结拼搏，为打造一个团队精神强、战斗力高的商会、开创宜春市商业联合会的新局面、助推宜春经济在新常态下跨越式发展、建设和谐幸福宜春作出更大的贡献。

中国第一届便利店大会在山西太原召开

大会以“便利店 +”和“有限空间·无限可能”为主题，展望了未来连锁便利发展趋势，深入探讨了便利店与电商融合发展的可能性与实现路径。会议邀请了包括 7-11、罗森、全家、美宜佳、快客、唐久、金虎等在内的海内外知名连锁便利店企业高管到会演讲，从营运、商品、加盟、互联网营销等多层面介绍了各家独到的实战经验与做法。

13～14日

全国农村电子商务现场会在浙江遂昌县召开

会议由商务部和财政部组织召开，就加快推动农村电子商务发展进行了部署。部分地方政府、电子商务和流通企业，以及利用电商创业的农民代表作了经验交流。

17日

新疆石河子电子商务协会成立

协会旨在提高协会成员电子商务水平，增强广大成员电子商务的业务实践能力，规范电商行业行为，搭建开放的电子商务学习、交流以及资源整合的平台，推动石河子电子商务行业的发展。协会的性质是由石河子地区从事电子商务研究开发、应用等相关领域的企事业单位、个人自愿结合组成的地方性、行业性、非盈利性社团组织。

18日

天津东疆国际汽车城试营业 进口车比市面便宜一二成

作为天津自贸区开展平行贸易进口汽车的重要载体，将集中展现天津自由贸易试验区新政策、海外采购与口岸物流新服务、口岸现车展示新模式、企业金融服务新通道、信息大数据服务新功能等多项创新。

东疆国际汽车城坐落于东疆国际商品展销中心内，是东疆保税港区管委会、天津港（集团）有限公司和天津自贸区东疆国际车城有限公司共同打造的重点项目，将为经销商搭建金融、技术、信息等平行进口汽车综合交易服务平台。海关和检验检疫机构也将入驻东疆国际车城，实现一站式报关报检功能。

19日

福建省中小商贸流通企业服务体系建设全面启动

福建省中小商贸流通企业服务体系建设暨服务中心授牌仪式在福建会堂隆重举行。根据《福建省中小商贸流通企业服务体系建设与运营实施方案》，服务体系建设将按照“政府引导、社会参与、市场运作”的原则，以省中心、设区市分中心、县（区）工作站、商圈联系点为框架，从省中心开始，经过3年的努力，整合各地商务部门、优秀商协会、商圈市场管委会和社会服务机构等资源，采取线下与线上相结合的方式，开展公益服务，同时配合专业服务机构尝试市场化运作。

20日

2015“常熟服装城杯”第七届中国休闲装设计大奖赛决赛暨颁奖典礼在常熟国际展览中心举行

本次大奖赛以“炫冉·锐熠”为主题。活动中，经过数月多轮赛事层层选拔的23组精彩作品角逐决赛。选手宗晶玉设计作品《重生》夺得金奖，何煦设计作品《与其感慨路难行》、乔丹设计作品《错悟》分别收获银奖、铜奖。

山东青岛汇海大宗商品现货交易市场盛大开业

青岛汇海大宗商品现货交易市场有限公司是经青岛市人民政府批准建立的再生资源、农副产品、黑色金属及有色金属的商品现货交易平台，将依托寿光蔬菜产业控股集团在农副产品及再生资源回收产业的优势，及借助青岛港的区位优势，在青岛重点打造集信息汇集、仓储、物流为一体的现代化商品现货交易平台。向企业提供完善的现货交易、现货交割、仓储物流、信息咨询、贸易融资等配套服务，实现对行业资源的整合，减少流通经营环节，降低企业生产成本，助推经济发展转型升级，形成现货贸易、资源整合、价格发现三大功能。

21日

广东珠海横琴自贸区稀贵商品交易中心开业

该交易中心预计月交易金额超过千亿元，将成为广东省内规模最大的综合类大宗商品交易平台之一（另外一家大规模的交易平台是深圳前海交易中心），主力交易品种为贵金属、能源、化工类产品，创新交易品种为红木、稀土等。

据介绍，未来横琴稀贵中心将充分利用横琴自贸区政策优势，吸纳更多的海内外交易主体入驻横琴。比如金融方面，横琴自贸区将复制沿用上海自贸区金融创新政策，则人民币资本项目的放开、利率市场化、自由贸易账户体系建设等将在横琴推进，对横琴稀贵来说，将有更多的机会成为内外资和商品融通交汇的平台。横琴自贸区将在推动人民币跨境业务创新发展上会有新动作，让人民币成为大额贸易结算的计价货币，与港澳开展人民币的双向融资，开展跨境人民币资产转让等方面都会有新的突破。这些政策的出台，将有利于横琴稀贵吸纳海外资金进入大宗商品的融资、交易体系，对活跃交易，盘活和发挥更多海外资金、资产服务实体经济的作用。

陕西榆林市电子商务协会成立

协会的成立标志着榆林市电子商务行业向规范化、规模化、现代化、自律化发展方向迈出了坚实的一步，同时也将为榆林市电子商务行业的发展带来全新的契机。

协会秉着诚信共赢的理念，致力于推动网商行业诚信建设，以促进榆林市网商行业健康发展为中心，力争实现4个服务方针：为会员服务，帮会员赚钱，帮会员省钱，帮会员扬名，帮会员公关，帮会员维权；为行业服务，整合行业资源，建立行业标准及自律守则，倡导诚信共赢的理念，制定行业中长期发展规划，营造健康的经营环境；为政府服务，配合政府相关部门进行行业管理工作，发挥桥梁、纽带、助手和参谋的作用；为社会服务，树立榆林市网商行业诚信经营的良好形象，协助相关部门维护网购各方的合法权益，让更多的社会民众共享网络高科技带来的方便与快捷。

22日

惠民网正式在新疆开仓投入运营

中商惠民（新疆）电子商务有限公司——惠民网进疆开仓仪式在乌鲁木齐市高新区维泰商务中心举行。中商惠民电子商务有限公司成立于2013年5月7日，2015年1月24日，惠民网正式宣布A轮成功获得近1亿美元的融资，成为国内首个成功获得近亿美元投资的社区O2O项目。目前，惠民网已启动了北京、江苏、广东、四川、辽宁、天津、新疆等20个省市区市场，全国超市规模10万余家。2013年实际销售额2900万元，2014年实际销售额7.2亿元，平均每月增长约30%，年增长2500%。

常熟服装城“见证30年”主题活动之访谈专场“我是服装人，我在常熟”在常熟广播电视台演播厅举行

本次“见证30年”主题活动由常熟服装城“见证30年”主题展、“我是服装人，我在常熟”人物访谈活动、“品牌里程碑”常熟本土品牌联合走秀三部分组成。其中“见证30年”主题展从5月1日持续到6月1日，活动地点为常熟服装城文化广场。

甘肃张掖市电子商务协会成立

成立大会上，张掖市商务局简要汇报了电子商务协会筹建工作情况。会议表决通过了《张掖市电子商务协会章程》，选举产生了协会第一届理事会及领导机构，首批发展会员达到97家，其中企业会员59家，个体会员38家。

23日

2015中国（西安）跨境电子商务交流会在西安召开

本次会议由商务部和陕西省人民政府主办，商务部外贸发展局、陕西省商务厅和西安市人民政府承办。会上，商务部外贸发展局、西安海关、陕西出入境检验检疫局、西安国际港务区等部门和单位分别就跨境电子商务发展现状、跨境电子商务扶持政策创新等问题进行了深入浅出的解读和宣讲。阿里巴巴集团外贸服务事业部副总经理肖锋、焦点科技（中国制造网）副总裁李丽洁、腾讯云计算公司商务总经理李文涛、京东集团政策研究室主任张建设、苏宁云商集团西北地区执行总裁刘庆军、大龙网副总裁刘挺翔、中东纳世利电商平台和新丝路迪拜运营中心总裁爱德等国内外专家和电商精英，围绕跨境电子商务发展的新趋势、新技术、新模式展开交流和互动，为广大企业提供了新思路、新方法、新经验。马来西亚KW集团、英中贸易协会、加拿大驻西安商务代表处应邀参加了当天的会议。

25日

商务部等10部门联合印发《全国流通节点城市布局规划（2015～2020年）》

目的是加快构建全国骨干流通网络，努力提升流通节点城市功能，更好发挥流通产业的基础性和先导性作用，进一步释放消费潜力。

27日

辽宁抚顺农产品商务运营中心启动

首华（辽宁）农产品商务运营中心在抚顺县后安镇正式挂牌，启动大宗农产品线上交易，全新的经营模式在国内尚属首例。

首华（辽宁）农产品商务运营中心是深圳前海首华国际商品交易中心与辽宁三友农业生物科技有限公司联手打造的合作项目，是抚顺县全力推进的“富民强县”重点项目之一。

首华（辽宁）农产品商务运营中心采取一种全新的经营模式，创造性地将业务分为线上、线下两部分。其中，线上部分采用“电商 + 交易所”模式，主要开展大宗农产品现货挂牌交易、现货竞拍交易、现货发售交易和现货预售交易四种业务，为投资者提供多样选择；线下部分采用“产品研发 + 合作社生产 + 产品加工 + 金融支持”模式，鼓励农户加入专业合作社，合作社再以会员形式加入运营中心，运营中心全程参与农产品的生产、研发和加工。运营中心不仅能为企业和农户提供资金支持，还提供技术指导、产品包装、宣传销售等多项服务，以全方位的支持保障农产品质量和农户利益。

运营中心启动后，大宗农产品供需双方可直接在线上完成交易，绕过了中间商，缩减了贸易流通环节的费用，从而大大降低了企业的经营成本。同时，还会把节约下来的费用更多地分配给从业农户，让农户获得可观的经济效益。

28日

第十九届西洽会暨丝博会在西安圆满闭幕

本届大会22日开幕，共有98个国家、59名境外政要，近2000名境外嘉宾参展参会；丝绸之路沿线国家和地区近10万名客商参展参会，展销特色产品近2万种，观众人数超过50万人次。经过一周卓有成效的洽谈，本届大会签订国内联合项目合同总投资额5581.02亿元。

浙江宁海县成功打造首个电子商务产业园

产业园位于物流园区冠北片原五金机电市场内，建筑面积约46000平方米，其中8000平方米用于办公，其余用作仓储。目前入驻企业20余家，入驻率100%，县外企业占40%，园区整体年销售额预计达3亿元，提前完成招商目标。

湖北仙桃市电子商务协会成立大会召开

由湖北中和农产品大市场有限责任公司、中国邮政集团仙桃分公司、新领域文化传媒有限公司等企业发起，经过半年的紧张筹备，仙桃市电子商务协会成立大会暨第一届会员大会，仙桃市电子商务孵化园、创业园战略合作签约仪式在仙桃市邮政局举行。

仙桃市电子商务孵化园位于江汉平原农产品大市场，建筑面积约3300平方米，将以网上交易为发展重点，为广大企业和创新研发团队搭建更为广阔的电子商务平台，以电子商务、网络营销人才培养、服务外包为核心，着力构建集供货、销售、培训、展示展销、物流配送、办公、生活、金融、休闲于一体的现代化电子商务孵化园，打造方便快捷的“一站式”服务平台。

29日

中国市场学会一行4人考察湖南高桥大市场

中国市场学会副秘书长、中国商品交易市场专家指导委员会常务副主任朱勇毅，中国商品交易市场专家指导委员会秘书长、商务部研究院消费与流通研究所副所长赵萍一行4人到湖南高桥大市场考察调研。湖南高桥大市场股份有限公司董事长罗映红、湖南高桥大市场股份有限公司董事总经理罗晓等陪同调研。

朱勇毅一行先后考察了高桥大市场的八大业态市场，详细了解了高桥大市场的业态构成、运作模式、销售情况、盈利模式、自主品牌等方面，对于高桥大市场进行了初步的了解和研究。

考察结束后，双方在高桥大市场会议室进行了座谈。座谈会上朱勇毅授予高桥大市场“中国市场学会批发市场发展委员会理事会副理事长”荣誉牌匾和证书。

29～30日

2015全球跨境电商大会在浙江金华举行 发起成立跨境电商联盟

大会由商务部外贸发展事务局、中国电子商务协会、浙江省金华市人民政府共同主办，邀请亚马逊、阿里巴巴、京东、兰亭集势等国内外知名的电商企业高层，围绕中国外贸新常态、一路一带助推跨境电商、自贸区与全球购的关系等议题，与传统企业分享如何利用一路一带助力跨境电商。大会期间，商务部外贸发展事务局发起成立跨境电商联盟，并请与会嘉宾共同签署跨境电商行业健康发展倡议。

中国电子商务协会已批复，全球跨境电商大会将永久落户金华。

6 月

1 日

跨境贸易电子商务服务试点项目落户南宁

南宁市跨境贸易电子商务服务试点项目落户南宁保税物流中心。据悉，项目将新建查验仓，由广西北部湾国际港务集团（以下简称港务集团）旗下大白鲨电子商务公司运营，将保税物流中心打造成为“跨境电子商务监管园区”。目前查验仓已进入主体建设阶段，预计 6 月中旬完成施工建设，并正式完成项目试点设施设备安装调试工作。

据了解，南宁保税物流中心跨境电商公共监管仓的建设，不仅在功能方面弥补了原先跨境电商出口不能完全满足跨境电商海关监管通关要求的不足，而且对梳理再造跨境电商服务链、数据链和监管链发挥了重要作用。

项目正式启动后，港务集团将依托公共服务平台的全程信息化管理，联通机场、邮件中心、快件中心、无水港、各企业的保税仓和出口监管仓的物流信息，将保税物流中心园区划分为电商货物仓储区、海关查验作业区、物流作业区，展开全方位跨境电子商务服务。

4～5 日

广东省批发市场行业协会代表团考察北京市场

为学习借鉴北京批发市场转型升级和运营管理等方面的做法和经验，广东省批发市场行业协会组织广东省内部分批发市场领导及高管赴北京市有关批发市场考察交流，中国市场学会批发市场发展委员会牵头安排了此次考察。代表团先后考察了北京百荣世贸商城和北京新发地农产品批发市场。中国市场学会批发市场发展委员会常务副主任兼秘书长金陆成、中国市场学会批发市场发展委员会副秘书长王燕等参加了此次活动。

5 日

第二届中国（重庆）国际茶产业博览会开幕

本届博览会为期 4 天，展览面积达 20000 平方米，设国际标准展位 1000 个，分设六大展区，分别为普洱茶、黑茶展区；中华名茶展区；台湾展区；紫砂展区；陶瓷、茶具文化展区；工艺品展区。来自国内外 69 个名茶产区的 500 多家茶企参展。

据悉，本届茶博会还将同期举办最美茶艺师全国评选、茶文化讲座、茶艺表演、推介会等一系列的茶文化配套活动，将进一步提升展会的影响力。

青岛能源交易中心揭牌

青岛能源交易中心项目总投资 20 亿元人民币，是集石油及化工产品定价、交易、资讯、金融和供应链管理于一体的国家级、国际化交易平台，它的建立对保障国家能源安全、促进经济可持续发展，争取石油价格定价话语权具有重大意义。

商务部在西安召开消费促进和内贸流通工作座谈会

会议由商务部市场建设司邓立副司长主持，陕西省、新疆维吾尔自治区、青海省、宁夏回族自治区商务厅以及新疆生产建设兵团商务局分别介绍了本地消费促进和内贸流通工作的进展情况、并提出了意见建议。曲江银泰、华润万家、森弗高科、巨鹰陕西特产等企业畅谈了各自企业的发展情况，并向商务部反映了存在的困难和问题。

7 日

世界葡萄酒交易中心中国区交易中心烟台揭牌

在烟台保税港国际酒类批发市场，世界葡萄酒交易中心中国区交易中心举行了揭牌仪式，标志着中国与世界葡萄酒市场接轨，我国进口葡萄酒的混乱局面将由此改变。

据了解，世界葡萄酒交易中心 CAPVINI 是全球最权威的品牌葡萄酒电子化交易所，运行 25 年，仅为全球会员提供葡萄酒的高端交易服务，会员能够进入普通人无法进入的专业葡萄酒市场，享受最优的酒商市场购买价和市场分析。CAPVINI 交易 3300 家全球著名酒庄的品牌葡萄酒，发布全球葡萄酒市场价格指数及市场分析体系。CAPVINI 拥有伦敦、日内瓦、烟台（正在建设中）自由港保税区中心库，在任何时候都可就近要求发货，CAPVINI 发明的专业分析软件，可以在大数据的基础上为会员提供最好的购买计划。

中国国际葡萄酒电子交易平台位于烟台保税港国际酒类批发市场，是中国国际葡萄酒指数发布者，现在承接世界葡萄酒交易中心中国区的所有业务，成为世界葡萄酒交易中心中国区交易中心，包括拉菲等 3000 多家酒庄，众多世界品牌葡萄酒将通过烟台实现全国直销。

2015 中国义乌进口商品博览会圆满落幕

本届博览会为期 4 天，据统计，展会累计到会参观者、采购商达 17.6 万人次，达成意向代理协议逾万项、意向总成交额 11.79 亿元。

本届展会以境外日用消费品为主，包括进口家居用品、进口食品及饮料、进口工艺品饰品、进口服饰及配件、跨境电商及国际贸易服务等五大类。共设国际标准展位 2000 个，展览面积 5 万平方米，来自 100 个国家的 1500 家参展企业参展，其中“一带一路”沿线国家和地区担当主角，企业数、展位数占 80% 以上。

展会同期还举办了中国义乌进口贸易大会、“一带一路”沿线国家出口商品及政策环境推介会、进口跨境电商供需对接会、阿里巴巴中国供应商培训会、全国专业市场进口商品流通研讨会、进口贸易知识产权讲座、义乌世界商人之家成立大会等配套活动，为与会客商提供了一系列高层次的沟通交流平台。

10 日

国务院召开常务会议落实跨境电商零售出口货物退免税

会议指出，促进跨境电子商务健康快速发展，用“互联网 + 外贸”实现优进优出。一是优化通关流程，对跨境电子商务出口商品简化归类，实施经营主体和商品备案管理，对进出口商品采取集中申报、查验、放行和 24 小时收单等便利措施。二是落实跨境电子商务零售出口货物退免税政策。鼓励开展跨境电子支付，推进跨境外汇支付试点，支持境内银行卡清算机构拓展境外业务。三是鼓励外贸综合服务企业为跨境电子商务提供通关、仓储、融资等服务。引导企业规范经营，打击违法侵权行为。四是鼓励跨境电子商务零售出口企业通过海外仓、体验店等拓展营销渠道，培育自有品牌和自建平台，合理增加消费品进口，促进外贸提速放量增效。

找煤网上线

由宁波商人创办，系国内最大的第三方煤炭全产业链电商平台。

12 日

湖南商品交易市场行业讨论会在湖南有色金属交易市场召开

讨论会主要为湖南商品交易市场行业协会的成立商讨细则。众多业界人士希望借助协会的力量，促进整个湖南交易市场行业健康发展，为行业争取更多话语权与创造更多协作机会。

嘉兴万达广场盛大开业

万达广场是中国商业地产第一品牌，嘉兴万达广场是万达集团在浙江的第 9 个项目，是万达集团斥资 60 亿元布局长三角的又一个城市综合体标杆，同时也是万达集团的第 111 个项目。整个项目总占地面积 267.6 亩，以 70 万平方米的航母级体量傲立于禾城，聚集了一站式购物中心、室外步行街、高档写字楼、SOHO 公寓、高端住宅等多种顶级业态，全部建成之后将形成集购物、休闲、娱乐、美食、商务为一体的新“城中城”。该日开业的大型购物中心面积 14.47 万平方米，预计正式营业后年营业额将达到 7 ～ 10 亿元，税收额达 2000 ～ 2500 万元。

英国进口商品今起在卓展开卖

第三届“英国进口商品购物节”在北京五棵松卓展购物中心正式启动，本次活动历时 10 天，由北京市商务委员会、商务部外贸发展局和英中贸易协会联合主办。

此次活动共有 19 家英国企业将售卖汽车、婴幼儿用品、食品饮料、家居用品、服装服饰等 38 个品牌的商品，并且同期还将开展商品零售、展销洽谈和品牌引进等活动。消费者还能参加各类现场活动体验英国的文化。

“英国进口商品购物节”已成功举办两届，在帮助英国品牌亮相京城消费市场的同时，也在帮助企业寻找合作伙伴。通过前两届购物节，Steribottle、McVitie’s、英国皇家泰勒、PUKKA 茶、Bloom&Grow 等品牌已成功进驻五棵松卓展购物中心。

16 日

第三届两岸现代商业服务业合作发展研讨会在台北成功召开

本届研讨会由商务部国际贸易经济合作研究院和台湾商业发展研究院共同主办，旨在研究和推动两岸商业服务业交流与合作的机制化平台。2011 年以来，已先后在台北和青岛成功举办了两届。

17 日

中澳正式签署自贸协定

在澳大利亚总理阿博特的见证下，启动于 2005 年 4 月、历时 10 年谈判的中国一澳大利亚自由贸易协定在堪培拉最终签订。中澳自贸协定在内容上涵盖货物、服务、投资等十几个领域，实现了“全面、高质量和利益平衡”的目标，是中国与其他国家迄今已商签的贸易投资自由化整体水平最高的自贸协定之一。

22 日

成都市举行建设国际购物天堂新闻发布会

会上，成都市副市长傅勇林发布了成都建设具有国际影响力购物天堂行动计划，市商务委主任郭启舟发布了 2015 成都购物节有关情况，锦江区区长陈历章发布了成都国际购物天堂和世界旅游目的地核心区建设情况。

25 日

宁波市电子商务学院成立

此次成立的宁波市电子商务学院是由宁波电子商务职业培训学校作为运营主体，首次与高校和社会化办学力量合作的成果。成立仪式上，电商经济创新园区、电商城公司与浙江工商职业技术学院、浙江吉博教育科技有限公司分别签订了合作协议。同时，大会上宁波市电子商务产学研联盟正式成立，该联盟由工商学院与浙江纺织服装职业技术学院、宁波城市职业技术学院、宁波市职业技术教育中心学校、宁波行知中等职业学校共同组建。

中国—东盟跨境电子商务产业园成立

南宁跨境贸易电子商务综合服务平台启动暨中国—东盟（南宁）跨境电子商务产业园揭牌仪式，在南宁保税物流中心举行，这是南宁市跨境贸易电子商务服务试点工作重要的里程碑。

南宁跨境贸易电子商务综合服务平台于 2015 年 1 月正式立项，5 月底基本建成，目前已实现上线试运行。平台主要内容包括：跨境贸易电子商务通关服务平台、跨境贸易电子商务政府公共服务平台、跨境贸易电子商务企业服务平台。其中通关服务平台和政府公共服务平台项目业主为南宁保税物流中心管理委员会；企业服务平台业主为广西大白鲨网络科技有限公司。南宁跨境贸易电子商务综合服务平台利用信息化手段，实现跨境贸易电子商务出口的便捷通关。南宁跨境电子商务服务试点一般零售出口模式采用“线上平台 + 线下园区”“清单核放，汇总申报”的模式，通过各联检部门执法联运的全程信息化管理和线下集中监管，以信息化、电子化手段降低企业通关成本，提高通关时效，使跨境电子商务的外贸流通更便利更顺畅。

26 日

中江国际商品交易中心正式揭牌

系江西省首家大宗商品交易所，注册资本 1 亿元，由华民君联资本投资有限公司携手中国城市建设集团、中国中冶、中电华通通信有限公司、澳洲联邦银行等中外知名企业共同创立的。

中江国际充分引用“互联网 +”的新思维，全面推进大宗商品交易行业发展，并致力于把中江国际打造成为中国大宗商品最具影响力的交易中心、结算中心、定价中心、信息中心、信用评估中心、物流配送中心及资产管理中心。

云南省茶叶电子商务协会成立

协会由云南兰茶坊生物产业有限公司、昆明思普茶叶有限公司、云南普洱壹号电子商务有限公司等十家企业发起成立，旨在促进云南茶叶电子商务行业的健康发展，让云南茶企走出电商瓶颈。

云南省茶叶电子商务协会是全国第一个省级电商茶叶协会，它的成立，标志着“云品出滇”工程迈上了一个新的台阶。

27日

新型城镇化建设现场研讨会暨万丰广场主力商家入驻签约仪式在江苏高邮隆重举行

万丰广场是高邮市政府重点扶持商业项目，总占地84亩，总建筑面积约7万平方米，集餐饮、娱乐、休闲、购物、大型超市、影院、文化、健身、休闲、居住、办公全功能一站式生活广场。

28日

中国蔬菜流通协会电子商务与供应链分会在北京成立

成立大会在北京新发地农产品批发市场召开。中国蔬菜流通协会作为蔬菜流通行业唯一的全国性国家一级协会，一直致力于为政府服务，为会员和行业服务，成立电子商务与供应链分会，就是为了更好地贯彻落实商务部《“互联网+流通”行动计划》，总结交流我国农产品电子商务工作的经验，主动承担商务部电子商务进农村综合示范县和电子商务示范基地、电子商务示范企业、电子商务人才培训基地建设任务等工作的措施。探索加快互联网与流通产业的深度融合，推动流通产业转型升级，创新服务民生方式，释放消费潜力的路径和方案。

跨境电商企业诚信自律倡议书发布

在宁波泛太平洋酒店举行的全球跨境电子商务峰会上，京东商城、聚美优品、龙牙海外购、惠买集团、宝贝格子、酒美网、网易考拉等十多家知名电商企业联合发布了《跨境电商企业诚信自律倡议书》。

为保障跨境电商行业广大消费者的合法权益，维护行业的良好社会形象，促进行业健康和谐发展的原则，这些跨境电商企业倡议，要严把商品质量关，为消费者提供合格、安全、放心的商品，对供应商严格评估审核，对有严重失信记录的供应商，经营者应相互通报并给予曝光。另外还要提高售后服务质量，切实保障消费者的合法权益，解决消费者的后顾之忧。同时保护消费者的注册信息和个人隐私信息的安全，不向第三方透露。

30日

杭州全力打造全球最优跨境电商生态圈

浙江省政府召开中国（杭州）跨境电子商务综合试验区建设推进大会。省长李强强调，建设中国（杭州）跨境电商综合试验区，是浙江适应和引领新常态的一项重要国家战略举措。要按照习近平总书记“干在实处永无止境、走在前列要谋新篇”的要求，抢抓机遇、先行先试，凝聚合力、加快推进，全力打造全球最优跨境电商生态圈，努力成为全国“互联网+外贸”的先行者、示范者、领跑者，推动全省对外开放和经济转型升级。

宁波市电子商务公共服务平台上线

同时上线的宁波电子商务四大平台分别是：宁波市电子商务公共服务平台、宁波市电商监测统计系统、阿里巴巴宁波产业带和新改版宁波同城购。

其中，宁波市电子商务公共服务平台集合了与电子商务发展相关的所有信息和服务，目前设有动态资讯、电商学院、人才信息、优质服务商、信用建设和我要创业等5个功能板块，对各种和电子商务相关的考试提供在线报名服务，企业和个人都能在上面发布与电商相关的求职和招聘信息。此外，一些想创业的企业还能寻找到需要的电子商务服务，还能咨询相关的电商发展扶持政策，寻找到电商创业场地等。

广西玉林首家O2O商城诞生

广西玉林微进同城电商平台正式上线，上千家来自广西各行业产品供应商参加了上线仪式。玉林市首家线上线下交易（O2O）商城诞生了。

与全国性电商平台不同，微进同城电商平台着重打造区域性电商平台。据广西微进网络科技有限公司经理陈月新介绍，微进商场是在玉林市政府的重点扶持下，由玉林市各行业领军人物投资建设的，平台依托玉林市经济实体，整合行业优势资源，发挥产业优势。

7 月

1 日

北京公布首批 57 家退税商店

零时起，境外旅客离境时便可携带相关资料办理退税。继财政部宣布北京、上海为首批离境退税城市后，北京市旅游委、市财政局、市国税局、市商务委等部门 6 月 30 日联合召开了北京市率先实行离境退税的新闻发布会。首批共有 57 家企业获得退税商店资格。

天津口岸实现“互联网 +”免费报关

14 时 30 分，天津海关关长李佩林宣布：“天津国际贸易单一窗口海关报关程序正式启动。”随后，美克国际家私（天津）制造有限公司、天津市永诚世佳国际货运代理有限公司通过互联网成功完成了报关电子信息传输，海关接受申报并审结放行，货物即可装船出口。天津国际贸易单一窗口海关报关程序的顺利运行，标志着天津国际贸易单一窗口正式启动。在此单一窗口模式下，实现了“互联网 +”免费报关和港口服务。这是中国（天津）自贸试验区制度创新的重要举措，是天津在全国率先实现免费报关的重大突破。

山西省电子商务商会朔州分会成立

朔州分会的成立，旨在贯彻落实国家有关电子商务发展的方针政策，为地方电子商务发展营造良好的环境氛围；做好政府的参谋和助手，架起政府、企业、市场和用户的沟通桥梁，团结同仁，扶小兴大，凝聚人才，共谋良策，和谐发展；加强行业自律，维护会员合法权益，为朔州社会和经济发展作出贡献。

6 日

上海自贸区咖啡交易中心揭牌成立

中心目标是三年内成为亚洲最大的咖啡交易市场。咖啡是全世界除了原油之外第二大大宗商品，中国虽然咖啡市场基数小，但却以每年 25% 以上的爆发式增长率成为全球最具潜力的咖啡市场。有专家预测，到 2020 年中国咖啡市场消费预计达万亿元，10 年内中国将超越美国，成为全球最大的咖啡消费市场。

据悉，上海自贸区咖啡交易中心将充分利用自贸区的金融、贸易及政策等优势，带动全国咖啡行业继续保持稳步增长。在国内加强与云南、海南的咖啡种植基地合作，形成以销促产的优势互补，强强联合的模式，促进中国咖啡产业快速健康发展。同时加强对外合作，与越南、印度尼西亚、巴西、哥伦比亚等咖啡主产区交流对接，与国际咖啡行业组织和贸易企业形成互动，吸引境外投资者加入到上海自贸区咖啡交易平台，促使中国咖啡交易市场能真正成为国际性的咖啡交易市场、亚太区的枢纽市场。

中国大宗商品交易市场移动互联化发展

由东北亚贵金属交易所主办的“中国交易市场第二届高峰论坛暨东北亚贵金属交易所移动互联战略发布会”在北京国家会议中心成功召开。

本次论坛结合最新市场热点及行业信息，聚集权威专家、学者和企业家，搭建了一个务实创新、高端权威的交流沟通平台。论坛围绕“移动互联 + 金融 + 交易市场”展开，就移动互联网时代下的金融产业、资本市场、普惠金融、创业创新等话题进行深入交流与探讨。同时，论坛聚焦中国大宗商品交易市场移动互联化发展，为中国交易市场转型升级建言献策。

7 日

内蒙古羊绒交易中心挂牌运营

内蒙古羊绒交易中心正式挂牌运营，这将对建设与鄂尔多斯羊绒产业发展相匹配的羊绒交易市场，破解农牧民卖绒难、用绒企业原料成本高等问题起到积极作用。

内蒙古羊绒交易中心位于东胜区罕台镇鄂尔多斯现代羊绒创业园区，园区内有用于羊绒交易的仓库70余间，用于原料质押贷款专属仓库10间，配备有超大屏幕电子显示墙，随时显示交易数量、价格等信息。该交易中心从4月份开始试运行，试运营以来，已经有80多家羊绒商户入驻园区交易，交易量逐日提高，至挂牌运营，交易量已达到500多吨。

8日

第十届中国零售商大会暨展会在江苏昆山开幕

这是中国零售商大会暨展会连续第四次在苏州昆山举办。本届大会以“转型创新——引领消费新常态”为主题，围绕中国经济新常态下市场环境和消费行为深刻变化的趋势，以全球视野、本土实战为导向，通过各种战略指引、经验分享和案例解析，启发引导零售商规划并实施富有成效的创新举措。

本届大会将举办十大专题论坛，为细分领域打造专业、务实的研讨平台。展会汇聚了来自国内外百余家参展企业，囊括知名商业地产、购物中心等实体零售商业集团、权威商业金融核心服务商、业内顶级信息系统解决方案及大数据分析服务商等，全方位、多维度的为参会参展企业创造高效的洽谈合作平台。

大宗商品电子商务落户西安

中西部大宗商品电子商务股份有限公司（筹）战略合作协议签约仪式在西安国际港务区举行。中西部大宗商品电子商务股份有限公司（筹）是中西部商品交易中心和陕西东岭集团共同发起，联合大宗商品行业的龙头企业、服务商、仓储物流企业及金融机构联合打造的股权结构多元化的大宗商品电子商务公司。公司创新性地将贸易商、仓储企业、物流企业和金融服务整合于电子交易流程中，采用线上线下融合的方式(020)，形成深度的交易全流程服务链条，为交易客户提供综合增值服务。

浙江嘉兴现代物流园投资恳谈会在广州召开

40多家物流企业参加活动，智慧物流、供应链管理、工业互联网等成为与会客商关注的重点。

从2007年的沃尔玛华东配送中心起步，嘉兴现代物流园已引进关联物流企业150多家，初步形成了快递业、供应链管理、第三方物流、区域配送、物流科技等特色优势产业。嘉兴现代物流园已连续两年被评为全国优秀物流园区，同时被国家发改委列入全国重点布局的物流园区。

12日

甘肃榆中商贸物流基地再添专业市场

全国第二、西北最大的酒店用品专业市场——榆中和平家盛专业批发市场二期工程12日封顶，预计9月正式营业。

由于地理位置的特殊性，兰州成为西北商品集散中心。但与其他城市在“专业”上下工夫来提高城市的知名度相比，兰州市一直没有一个专业的酒店用品市场。甘肃家轩集团经过两年的考察研究，于2014年兰洽会正式签约，投资10.5亿元，建设建筑面积为22万平方米的酒店用品专业批发市场。项目于签约当月开工建设，是榆中县2014至2015年度建设速度最快的项目。

据介绍，家盛是我国酒店用品专业市场中面积最大的，辐射网络仅次于我国广州沙溪酒店用品专业市场。这一市场的建成营运填补了兰州这一专业市场的空缺。市场开业后，可提供就业岗位3200个，增加当地税收约9500万元。

13日

重庆双福国际农贸城水果市场顺利平稳开业

双福水果市场是双福国际农贸城规划建设的26个专业市场中的重要板块，（一期）占地300亩，经营面积超过12万平方米，有4座交易大棚，2座交易大厅，配套有10万吨冻库。双福国际农贸城蔬菜市场自2014年8月30日开业以来，日均销售蔬菜6000余吨，水果市场正式开业运营，双福国际农贸城日均销量将突破万吨，成为“全国领先、西部一流”的全国跨区域骨干网络市场。

双福国际农贸城水果市场的开业营运，对进一步优化主城农产品市场布局、加快推进全市三级农产品市场体系建设、不断满足广大市民“果盘子”需求具有重要作用。重庆市商委将高度关注全市农产品市场布局与发展，指导双福国际农贸城进一步完善功能，加强与全国农产品主产区、主销区的对接，增强辐射带动作用，扩大市场影响。

江苏盐城市电子商务协会成立

成立大会审议通过了《盐城市电子商务协会章程》和《盐城市电子商务协会会费缴纳及使用办法》，选举产生了理事会理事、会长、副会长和秘书长。盐城市电子商务协会由全市 120 多家电商企业及相关单位、个人组成，协会将充分发挥服务、协调和自律职能，全力推动电子商务产业健康稳定发展。

15 日

全球村跨境电商项目落户浙江嘉兴新区

作为推动经济一体化、贸易全球化的技术基础，跨境电子商务不仅使国际贸易迈入无国界时代，而且在引起世界经济贸易的巨大变革。全球村嘉兴跨境电商项目由上海泽阳智能科技有限公司发起，项目以“一卡一库两平台”为基本体系，以嘉兴智慧园区、智慧商圈和智慧社区为工作重点，参与推动嘉兴区域服务和区域管理的升级和创新，总投资 2 亿元人民币，注册资本 5000 万元人民币。

该项目的落地，将进一步带动信息技术的广泛应用和跨境电商的优化升级，对于打造城市新型产业链、创新城市管理方式，优化配置城市各类要素资源，更好地服务和方便人民群众的生活，都将产生积极而深远的影响。

17 日

北京茶业交易中心获批复 将在 6 个月内开业交易

由北京金融街资本运营中心牵头成立的北京茶业交易中心获北京市金融局批复，获得开展茶叶等交易业务资格。

北京市金融局公告显示，交易中心注册资本为 5000 万元人民币。北京金融街资本运营中心出资 3500 万，北京天恒正道投资发展有限公司、北京张一元茶业有限责任公司各出资 400 万，北京贤逸茶韵文化发展有限公司以及自然人股东唐茂松分别出资 200 万、500 万元，占注册资本分别为 70%、8%、8%、4%、10%。

根据公告，北京茶业交易中心将在 6 个月内完成北京茶业交易中心有限责任公司的工商登记，并实现北茶中心开业交易。

19 日

湛江义乌国际商贸城电子商务合作签约暨项目授牌仪式成功举办

中国市场学会副秘书长、中国商品交易市场专家指导委员会常务副主任朱勇毅，湛江市人民政府副秘书长林小伟，湛江市霞山区区委常委、区人民政府常务副区长黄大庆等相关领导出席了本次活动。

湛江义乌国际商贸城是广东多隆集团全国连锁发展，进军粤西商贸的重要举措。项目将以义乌小商品市场为核心，结合美食娱乐中心、商务办公中心、SOHO 公寓、星级酒店，是粤西地区规模最大、档次最高、经营环境最好的现代化国际商贸综合体。

湛江义乌国际商贸城总投资额约 13 亿元人民币；以 35 万平方米恢宏体量辐射粤西。项目运营经营商户达 4000 余户，商城从业人员和配套服务人员 20000 人，带动周边服务和产业人员超过 60000 人，预计市场成熟运营后，年交易额将超过 60 亿元人民币。

20 日

湖南联合商品交易市场有限公司盛大开业

出席开业仪式的嘉宾有河南英铂集团于总一行，湖南金伦集团董事长段四荣先生，总裁黄卓先生，青海省铭爵大宗商品交易中心总裁杨文凯先生，湖南久丰国际商品交易市场总裁艾泽民先生，湖南银楼金属现货交易市场总裁肖华先生，湖南湘商商品交易中心副总裁符震宇先生，湖南润达商品交易市场副总裁赵敏先生，湖南华夏商品交易市场副总裁杨新先生以及省建行、省中行、招行长沙分行的相关领导。公司董事总经理谭一顺发表了热情洋溢的致辞，对莅临仪式的各位来宾和同仁表示热烈的欢迎，向支持公司筹建、关心公司发展的有关单位和各界朋友表示衷心的感谢。

22 日

国务院办公厅下发《关于促进进出口稳定增长的若干意见》

经国务院同意，抓紧启动扩大市场采购贸易方式试点工作，将江苏海门叠石桥国际家纺城、浙江海宁皮革城列入试点范围。

陕西咸阳市电子商务协会成立

协会的成立，预示着咸阳的电子商务已经进入到正规化管理，将为咸阳的经济发展拓开一条新思路。会上选举产生周计呈为会长、刘吉龙为秘书长的第一届领导成员。

25日

重庆和润国际汽摩城二期摩配市场开业

和润国际汽摩城二期项目总体投资超过15亿元，仓储物流配套能力达20万平方米，目前已入驻物流配套企业13家，经营商户近500家，业务涵盖摩配、轮胎、小车配件、汽车装饰用品等多个领域。加上去年5月建成投用的一期工程入驻800余家，和润汽摩城入驻商户超过1300家，聚集经营优势初步显现。

据双福新区相关负责人介绍，和润国际汽摩城总体规划1200余亩，项目建成后可满足来自重庆主城传统市场以及全国近3000家实力汽摩配商家入驻经营，每年实现超过300亿元的总体交易规模，对支撑主城城市规划建设、行业转型升级和推动区域经济发展有着重要作用。

黑龙江七台河商贸博览城“全国招商新闻发布会”举行

为打造依托七台河、面向黑龙江、对接全中国的一流商贸基地及对外贸易基地，由七台河市委、市政府，中国供销集团联合举办的七台河商贸博览城全国招商发布会，就是要向全市人民表明市委、市政府发展七台河、振兴七台河的坚强决心。通过开展全国招商，引进带动力强的大商家，搭建全国采购联盟平台，让七台河的经济与全国经济接轨，与世界经济接轨。

27日

厦门粮食交易中心落户海沧

厦门港务控股集团有限公司、厦门海沧投资集团有限公司、上海中谷海运集团有限公司在海沧签订建设“厦门粮食交易中心”项目三方合作意向书，项目将落户福建自贸试验区厦门片区海沧港区。

据介绍，厦门粮食交易中心将充分借助自贸试验区在贸易、金融等方面的配套政策及港航之间的合作，打通“北粮南运”的黄金通道，打造成以电子商务为特色的，集内贸、对台、国际的粮食进出口中转、集散、配送一体化综合服务平台，力争成为国内具有广泛影响力的粮食交易中心。

28日

北京亚太马铃薯交易中心落户延庆 打造“互联网+”新平台

2015北京世界马铃薯大会开幕之际，北京亚太马铃薯交易中心在延庆挂牌成立。该交易中心将用互联网思维服务北京马铃薯产业发展，推动我国由马铃薯“大国”向马铃薯“强国”转变。

据了解，北京亚太马铃薯交易中心有限公司由北京恒德嘉汇股权投资中心联合北京弘基食品新技术开发有限责任公司共同出资成立，将综合应用B2B2C和O2O的运营方式，服务于北京大宗马铃薯交易及全产业链发展。

业内人士分析认为，依托北京延庆的丰富资源及地理优势，北京亚太马铃薯交易中心有望成为马铃薯在中国乃至世界的交易中心、定价中心、专业化产业服务中心和投融资中心，从而推进马铃薯产业发展，助推北京市农产品电子商务迈上新台阶。

重庆市商委发布朝天门综合交易市场业态调整暨迎龙朝天门国际商贸城入驻公告

《公告》对朝天门综合交易市场肯定了成绩、指出了问题、进行了定位，逐步淘汰大运量货物运输的批发、仓储、物流等商业业态，朝天门国际商贸城预定于10月份试营业，按照政府引导、市场运作、自愿入驻的原则，朝天门综合交易市场经营商户可自愿入驻，并享有自公告发布之日起一个月的优先购买权。

渝中区朝天门综合交易市场业态调整暨迎龙朝天门国际商贸城入驻开业联席会议综合协调组、政策咨询组、信访维稳组、综合整治组、配套服务组于该日入驻渝中区朝天门综合交易市场现场，按照有关分工，各司其职，各尽其责。

28～29 日

全国 300 余名物流界代表齐聚银川 共同谋划“一带一路”战略下物流业发展

为积极应对“一带一路”战略对物流业发展带来的挑战和机遇，28～29 日，第十三届中国工业企业物流论坛暨生产制造与物流服务业供需洽谈会在银川召开，300 余名来自各省市区政府部门、物流界专家学者，以及企业界人士来银参会，共商对策，共谋发展。

“中国工业企业物流论坛”是目前国内唯一以探索工业企业物流发展为主、学术价值与实践意义兼具的品牌大会，已成功举办十二届，在我国物流业界享有较高的声誉。本届论坛以“融入‘一带一路’战略，加快产业转型升级”为主题，秉承历届会议一直坚持的理论与实践结合、演讲与座谈结合、案例分析与交流相结合的传统，通过主题演讲、分论坛交流、供需洽谈等形式，就中国物流业如何抓住“一带一路”的战略机遇，加快产业转型升级，实现跨越式发展进行了探讨。

30 日

六省市特色商品展销会隆重开幕

作为“吉林省千企促销行动”的重要组成部分，由吉林省商务厅主办，省中小商贸流通企业服务中心、省老字号企业协会承办，省商业联合会协办的“六省市特色商品暨老字号企业产品长春展览展销会”在长春欧亚卖场 9 号门会展中心隆重开幕。展会汇聚了来自 6 省市近百户企业带来的千余种特色商品，将一直持续到 8 月 2 日。

本次展会以合作、交流、发展、共享为主题，旨在搭建平台，促进省内外企业间交流与合作，弘扬特色产品、老字号企业文化，推动吉林省特色产品企业和老字号企业健康快速发展，进而实现促进消费、引导消费、扩大消费。本届展会共展出包括特色食品、国优名酒、农副产品、土特产品、手工工艺品以及其他产品等千余种具有浓郁地方特色的产品。参展企业分别来自浙江、江西、贵州、辽宁、黑龙江、吉林等 6 省市。

上海茶业交易中心开业

上海茶业交易中心并不仅仅是一个茶品互联网销售平台，同时将依托上海的区域优势，借助上海在金融、物流、贸易和茶文化等方面的优势，联合多家茶叶集团公司和茶叶协会，在各级政府的支持下推出珍品茶交易平台和大众消费类茶交易平台，旨在建立一个涵盖国内和国际的茶品的公平交易场所，形成国内、国际认可的茶的价格体系和价格指数。

据悉，上海茶业交易中心是由上海市商务委员会、市金融办、市工商局及闸北区政府联席批准成立的茶业现货电子交易平台。

山西运城市电子商务商会成立

商会的成立，旨在贯彻落实国家有关电子商务发展的方针政策，营造地方电子商务发展的良好环境氛围；做好政府的参谋和助手，架起政府、企业、市场和用户的沟通桥梁；为企业提供优质实用电商技术、电商人才和电商资源，成为电商发展的推动者和交流合作的大平台；加强行业自律，维护会员合法权益，为运城社会和经济发展作贡献。

31 日

上海自贸区启动两个大宗商品交易市场

上海钢联旗下的大宗商品国际交易中心、上海有色网建的有色金属交易中心正式揭牌，并于当日上线交易。按照计划，上海自贸区将建立首批 8 家大宗商品国际现货市场。目前，上海石油天然气交易中心已经运行。

8 月

5 日

商务部在京召开内贸流通体制改革试点城市工作座谈会

上海、南京、广州、成都、郑州、厦门、青岛、黄石、义乌等 9 个试点城市商务主管部门负责人和 8 个试点城市所在省商务厅分管领导参加会议。会议由商务部流通发展司主持。会议内容共 3 项，一是流通发展司张蜀东副司长介绍内贸流通改革试点总体情况；二是上海等 7 个试点城市汇报试点方案修改情况及有关工作进展情况，郑州、义乌介绍试点准备情况；三是流通发展司郑文司长安排部署下一步内贸流通改革试点有关工作。

6日

广西电子商务企业联合会在南宁成立

联合会的成立，标志着广西电子商务企业队伍的壮大成长，是广西电子商务不断发展的重要里程碑。目前联合会已吸收跨境电商、社区电商、行业电商等会员单位120多家，致力于搭建政府与广大电商企业的桥梁和纽带，将在支持企业抱团发展，引导企业公平竞争、守法经营，参与政府政策制定，加强与国内外相关行业组织交流合作等方面积极作为，深入实施“电商广西”、“电商东盟”工程，推动广西电子商务实现跨越式发展。

8日

贵州德江黔东北畜禽交易中心开市

中心位于德江县复兴镇联合村，当天共有3500多头商品牛进入市场交易。

复兴牛市曾是贵州三大牛市之一。2014年，总投资3000万元、占地120亩的黔东北畜禽交易中心落户复兴镇，2015年7月主体工程建成，成为黔东北最大的畜禽交易市场。该交易中心分为活畜交易、综合服务、牲畜寄养、停车场及辅助工程5大功能区，可形成活畜养殖、产品收购、运输、销售等为一体的产业链，直接带动德江县164个养殖小区以及3562户各类养殖大户，并且辐射邻近的沿河、印江、思南、务川等县。

中心每月定期交易，预计日交易量可达1000头以上，年交易量可达40万头（只）牲畜，实现年营业收入近4000万元，将带动畜牧养殖、生产加工、餐饮运输等相关产业发展。

广州商业总会成功主办全国实体批发市场电商高峰论坛

由广州商业总会主办、震海批发网承办的“全国实体批发市场电商”高峰论坛在广州中山大学举行。此次论坛旨在研讨传统批发市场+互联网，实现转型升级。

震海批发网是“互联网+批发市场”的探索者，在业内产生较大影响，受到专家们的肯定。其创始人李华表示，批发市场整体搬上网后，线上线下商铺一一对应，可以帮助批发市场内批发商转换为“网货供应商”，实体批发市场自动转换为“网货采购中心”，同时协助批发市场服务好场内商户，让批发变得简单。

西南·楚雄义乌商品交易博览城项目开工建设

西南义乌商品博览城坐落于云南省楚雄市三家塘元双公路与320国道交汇处，是中国商业地产十强企业亿丰集团联合宏达国盛集团及浙江义乌小商品城行业协会，共同投资打造的中国第六代商品集散中心，也是中国商业联合会“百城万亿”重点培育项目。项目总占地面积600亩，总投资约20亿元人民币，将分三期进行建设，业态涵盖小商品、民族特色产品、五金家电、电商淘宝城、电子商务、国际风情街、世贸中心、星级酒店等，预计三年内建成完工，一期项目计划于2016年7月份试营业。

9日

2015第二届长春电子商务博览会闭幕

本期展会为期三天，以“跨界、融合、互动、体验”为主题，以“整合电商资源、搭建交流平台”为宗旨，构建传统产业与电子商务产业链的交流合作平台。本次展会无论是规模还是取得的效果，都远超上届，参展商和专业观众数量实现翻番。据组委会初步统计，本届展会共有240家电商和微商企业参展，意向签约成交额达4.5亿元。

湖南华夏银都大宗商品现货交易中心启动 大宗商品交易市场首现与现货融合模式

据了解，湖南华夏银都大宗商品现货交易中心是由知名央企和多家企业强强联合，打造的全国首家与现货融合一体的现货交易平台，也是国内仅有的两家拥有央企背景的现货交易所之一。

今年6月，该交易中心与中国银都签署战略合作协议，合作推出银都白银和私人定制工艺银。据相关负责人介绍，交易中心致力于推动移动互联网、云计算、大数据、物联网等与现代白银产业结合，将原本单一的白银线下贸易升级为“双线”贸易，大宗商品现货交易流程将真正实现线上线下无缝对接。另外，该交易中心将打破传统思路，开拓白银销售新渠道，开发出产品齐全、品质优良、方便快捷的网上商城。客户不但可以直接交割白银，更可以通过网上商城根据自身需求私人定制工艺银产品。

11 日

河北秦皇岛能源交易中心鸣锣开盘 首批会员正式签约

系中国北方首家成品油现货交易中心。当日，秦皇岛东奥集团、蓬莱市海达石油有限公司、德雷西（莱州）国际贸易公司、京海石化（天津）有限公司、联合安能石化有限公司和沙特 Princess Noura&Partners 集团 6 家首批会员企业与秦皇岛能源交易中心正式签约。作为首家会员企业，秦皇岛东奥集团当日成交三笔合同共计 10000 吨成品油。

秦皇岛能源交易中心由秦皇岛经济技术开发区和联彩石油有限公司等共同出资兴建，注册资金 5 亿元人民币，将开展成品油、燃料油、航空煤油、LNG、LPG 等油品的现货交易。同时，逐步将业务拓展至石油化工产业链的绝大部分产品，包括润滑油、溶剂油、石脑油、液化石油气等交易品种。该项目将依托华北最大成品油储备基地——秦皇岛联彩石油储运项目开展各项业务，充分利用国家政策，发挥秦皇岛市、秦皇岛经济技术开发区及秦皇岛出口加工区的政策和环境优势，积极开展离岸国际业务，集聚 1000 家以上国内外能源化工企业在秦皇岛注册会员，近期开展成品油现货交易业务，待时机成熟、上报国家批准后再逐步开展远期合约、期货等金融产品交易业务。业务开展后，预计年交易额超千亿元，利税 20 亿元以上。

联彩石油有限公司成立于 2014 年 3 月，总部设在上海虹桥枢纽区，是在商业石油储备和石油期货交易两大课题获国务院领导批示后组建的首家混合制企业。目前，已在上海、青岛等地建立了交易中心及指定交割库。

14 日

陕西汉中市电子商务行业协会成立

近年来，汉中市电商行业不断壮大。成立汉中市电子商务行业协会，是汉中市在新形势下增强电子商务竞争力，推动电子商务快速发展的一项重要举措。协会目前已吸纳会员单位 60 余家，覆盖全市 11 个县区。

成立大会上，会员们表决通过了《协会章程》、《协会财务管理制度》等。袁国强当选为协会会长。

15 日

宁夏蓝图大宗商品交易中心正式进驻宁夏电商谷

据了解，宁夏蓝图大宗商品交易中心由天津蓝图资产管理有限公司投资建设，注册资金 5000 万元，总投资约 3.2 亿元，采取“总部经济模式”和独创的“品牌商品挂牌发售模式”运营，为生产者和消费者提供现代化的采购与配售服务，打造连接产业源头与产业终端的电子商务平台。

宁夏蓝图大宗商品交易中心经营范围主要有电子商务、仓储产品交易、经济信息咨询服务、预包装食品兼散装食品、农副产品、畜牧产品、土特产销售等，通过与四大银行联合，借助电子交易平台，可以有效降低各方交易成本、减少流通环节、稳定收购价格、增加销售利润，确保产品质量和资金的及时回笼。项目正式运营后，预计 3 年内将引入上市企业 1000 多家，上市销售商品近万种。

17 日

内蒙古乌兰察布市电子商务协会成立

协会是由乌兰察布市 52 家电子商务企业发起，经市商务局和民政局批复，由乌兰察布市行政区域内从事电子商务和商贸服务业、外经贸业信息化建设等相关行业的企业、事业单位、科研院所、管理单位及个人自愿参加组成的非营利性社会团体。今后，该协会要在政府与企业、企业与企业之间发挥桥梁纽带作用，不断提高服务企业、服务经济、服务社会的能力；促进乌兰察布市优势产业与电子商务的有效融合，引领推动企业信息化发展；加强行业自律，规范电商企业经营行为，维护会员合法权益；积极开展电子商务学术交流、电子商务知识的普及教育和技能培训；向会员及有关部门及时提供行业发展情况、市场发展趋势等信息，做好信息咨询服务工作；积极协调解决行业发展中遇到的困难和问题，促进乌兰察布市电子商务健康有序发展。

18 日

江苏盐城首家跨境电商产业园开园

该园一期工程面积 2600 平方米，已建成办公室、产品展示室、摄影区、电商培训室和物流仓储等配套设施，目前已吸引一起卖吧、来苏实业、千度服饰、艾泽贸易、百亚商务等5家跨境电商企业入驻；二期规划面积20000平方米，与盐城邮政速递物流公司联合建设。建成后，将整合跨境电子商务产业链中的物流配送、金融支付和人才培训等各类资源，推动各类企业发展跨境电子商务。

19日

四川川商商品交易中心举行揭牌暨开业庆典仪式

川商中心是经四川省人民政府同意设立的创新型大宗商品交易服务平台，也是目前四川省唯一一家由省政府批复成立的交易中心。川商中心于2015年6月在四川省都江堰市正式注册成立，注册资本金1.2亿，依托四川省成都市西部经济中心的区位优势，以立足四川、辐射全国、放眼全球为发展目标，以“金融创新”为宗旨，为有色金属、矿产品以及农产品等商品提供现货交易及现货电子交易平台和相关商品的结算、交收、物流等方面的专业金融服务。

20～21日

2015医药流通高峰论坛在沪成功召开

论坛由上海市商务委指导，上海医药商业行业协会、亚洲物流媒体联盟联合主办，来自政府、协会及国内外知名企业等200余名代表参加了论坛。

论坛以“互联网+时代医药供应链重塑”为主题，围绕“医改政策与互联网+医药供应链发展现状探讨”、“医药物流的社会化与自动化、信息化”、“药品零售企业商业模式创新与共同配送”三大议题展开。

22日

甘肃武威市电子商务协会成立

会议审议并通过了《武威市电子商务协会章程》、《武威市电子商务协会选举办法》、《武威市电子商务协会会员管理办法》，选举产生了第一届理事会，经投票选举，武威瑞逸智能科技有限公司总经理张忠福当选武威市第一届电子商务协会会长，甘肃银行股份有限公司凉州区支行经理祁伟中、民勤县梭梭农庄电子商务有限公司总经理马浚河等6人当选为协会副会长。

副会长祁伟中表示，电子商务完全可以和传统线下市场形成互补，而武威市电子商务发展有互联网与产业集群相结合的特点，未来应用发展空间会更大，更有前景，他表示甘肃银行武威分行一定为武威电子商务的发展助力。

24日

《商品交易市场绩效评价和示范市场审定》专家座谈会在北京百荣世贸商城召开

座谈会由中国市场学会批发市场发展委员会组织召开，中国市场学会批发市场发展委员会常务副主任兼秘书长金陆成主持，国家统计局贸易外经司副司长王克臣、国务院发展研究中心市场经济研究所所长助理王青、中国社会科学院财经战略研究院服务产业中心副主任王雪峰、北京工商大学经济学院副院长郭馨梅等应邀出席本次座谈会。

《商品交易市场绩效评价和示范市场审定》是商务部立项、委托中国市场学会批发市场发展委员会编制的课题项目，目的在于加快推进商品交易市场转型升级，编制绩效评价体系并实施，总结商品交易市场发展模式，加强示范引导，促进行业发展。

25日

汪洋副总理在京主持召开内贸流通体制改革发展综合试点工作会议

汪洋强调，开展内贸流通改革发展综合试点，是促进内贸流通现代化、建设法治化营商环境的重要探索。要认真贯彻落实党中央、国务院的决策部署，以制度创新为核心，以形成可复制、可推广经验为目标，努力破除制约流通发展的体制机制障碍，探索建立统一开放、竞争有序、畅通高效的内贸流通体系，全面增强内贸流通服务经济社会发展的功能。

上海、南京、广州、成都、厦门、青岛、郑州、黄石、义乌9个试点城市负责同志在会上发言。

天津静海打造农产品进出口贸易中心

天津海吉星农产品物流园农产品进出口贸易中心（无水港）奠基仪式在静海县举行。据介绍，农产品进出口贸易中心的建立，将打造成为北方农产品进出口贸易基地，实现天津港区至贸易中心“直通”报关的模式。

天津海吉星国际农产品物流园项目是天津市政府的重大建设项目之一，已列入国家内外贸结合市场建设的重点农产品物流园区。随着“无水港”的落成，将实现天津港区至海吉星农产品物流园区“直通”，并实现“一次申报、一次查验、一次放行”，园区将兼具“无水港”功能和保税物流中心功能。

26 日

四川内江市电子商务协会成立

协会的成立，将为内江市打造“四川电子商务第二城”、“川南电子商务发展中心”插上腾飞的翅膀。

据悉，内江市将电子商务发展作为发展现代服务业的“一号工程”，举全市之力打造“国家电子商务示范市”。目前，内江已成为四川省全面推进电子商务与产业联动发展的市之一，也是全省率先在全市范围内全面推进电子商务进农村的市。今年上半年，全市实现电子商务交易额263亿元，居四川省第三位。目前，内江市电子商务直接从业人员超过5000人，带动就业超过6万人，带动相关投资超过50亿元。

27 日

甘肃嘉峪关市电子商务协会成立

协会的成立在嘉峪关电子商务产业发展中具有重要里程碑意义，标志着嘉峪关电子商务发展将迈入快车道。

28 日

韩国农副产品青岛流通中心正式启用

韩国农林畜产食品部和韩国农水产食品流通公社（aT）30日宣布，位于山东省青岛市的韩国农副产品物流中心28日启动运营，这是韩国公共机构首次在海外运营农副产品物流中心。

中国的食品市场规模达1万亿美元，超过美国的9300亿美元位居全球首位。虽然韩国近年来对华农副产品出口规模大幅增长，但年对华出口规模仅为13亿美元，仍有较大增长空间。中国农副产品物流环境由于冷链基础设施不足，在流通过程中的损失率高达25～30%，因此完善物流基础设施成为亟待解决的问题。青岛物流中心从2011年开始建设，经过4年多的筹备落成，物流中心总面积达1.4485万平方米，建有尖端冷冻、冷藏、常温系统，一年货物吞吐量为2万吨。物流中心距离青岛流亭国际机场仅4公里，距离青岛中心城区仅20公里，地理位置十分优越。该物流中心的正式启用，将有效减少韩国农副产品出口企业的物流负担，利用物流中心的冷藏、冷冻设施，向中国出口优质产品。中韩自由贸易协定（FTA）正式生效在即，该物流中心将为韩国农副产品出口提供又一绝佳机会，并为韩国的经济提供新的增长动力。

全国商品交易市场内外贸结合创新发展高峰论坛暨全国专业市场电子商务研讨会在义乌举行

研讨会由中国市场学会批发市场发展委员会、义乌购联合主办，主题为“全国商品交易市场内外贸创新发展趋势”和“专业市场电子商务平台建设及运营研讨”，来自中国市场学会、中国商品交易市场专家委员会、浙江中国小商品城集团股份有限公司、义乌购及其“合计划”合作伙伴等单位领导、专家及数百名来自国内各地的实体市场管理者到会，共商专业市场电子商务未来发展之路。

会议期间，义乌购还向与会嘉宾介绍了其主打产品“合计划”。“合计划”是义乌购去年上半年启动以来一直在重点打造的线上线下融合发展平台，是未来实体市场转型的有效路径。截至目前，义乌购“合计划”项目已与国内50多家、海外20多家专业市场完成签约。

9 月

4 日

我国成为第16个接受世界贸易组织《贸易便利化协定》议定书成员

我国常驻世界贸易组织特命全权大使俞建华向世界贸易组织总干事罗伯特·阿泽维多递交接受书，标志着我国已完成接受《贸易便利化协定》议定书的国内核准程序，成为第16个接受《议定书》的成员。根据世界贸易组织规定，《贸易便利化协定》将在2/3以上世界贸易组织成员接受后生效。

《贸易便利化协定》是我国加入世界贸易组织后参与

并达成的首个多边货物贸易协定。我国作为全球第一大货物贸易国，《贸易便利化协定》的生效和实施不仅将有助于我国口岸综合治理体系现代化，还将普遍提高我国主要贸易伙伴的贸易便利化水平，促进我国产品出口并营造便捷的通关环境。

从全球来看，《贸易便利化协定》的生效和实施将便利各国贸易，降低交易成本，推动世界贸易和全球经济的增长。中国呼吁其他世贸成员加速国内程序，尽快接受《贸易便利化协定》议定书，以使《贸易便利化协定》能够早日达到生效条件，从而成为世界贸易组织第十届部长级会议的一项重要成果。

6日

第十届中国—东北亚博览会长春闭幕

本届博览会历时6天，对外贸易成交额为80130.8万美元，国内贸易成交额为229663.1万元人民币；共签订投资合同项目325个，引资总额达2201亿元人民币。

博览会期间，共组织大型经贸合作对接洽谈活动35场，各市（州）和开发区小型多样化对接洽谈活动290场，参与对接洽谈国内外客商达9800多人次，洽谈项目2600个。

6～8日

第六届中国·敦煌（国际）葡萄文化旅游节成功举行

本届葡萄节签订葡萄销售合同40份共6.3万吨，占敦煌市葡萄产量的三分之一；签订农业合作项目11个，合同金额8.5亿元。

按照“政府主导、市场运作、全民参与、节俭办会”的原则，本届葡萄节精心策划了葡萄产业发展研讨会、葡萄酒展示品鉴、葡萄开园销售仪式、葡萄展示鉴评、吃葡萄趣味比赛等主题活动，参展客商以来自北京汇源果汁集团、浙江金华农产品公司及四川、湖南、广东、江西、福建、湖北、陕西、河南等省区市的果品经销客商为主体，为葡萄销售搭建了良好平台。

本届葡萄节紧紧与敦煌历史文化、特色产品和乡村旅游发展有机结合，举办的“文明旅游、绿色出行”葡萄长廊千人徒步活动，参加人数达1100余人。节会期间，还举办了首届敦煌民俗文化节、“陇原巧手”手工编织作品展、首届敦煌民俗文化节非遗文艺汇演等丰富多彩的文化活动。

7～9日

2015中国（兰州）国际跨境电商物流大会成功举办

参会嘉宾有国家部委领导、知名专家学者、国家级协会代表、城市政府代表、国外嘉宾、国内知名电商物流企业代表、省内重点电商物流企业代表，来自英国、马来西亚、澳大利亚、塔吉克斯坦、哈萨克斯坦的6位外宾也参加了会议，共计760余人。

大会由高峰论坛、中华物流大讲堂、2015“丝绸之路经济带”物流发展成果展览和合作项目洽谈签约、“一带一路”跨境电商物流合作联盟成立大会暨《兰州宣言》发布、2015中国兰州物流业大奖“跨境电商物流模式创新奖”颁奖六大主题活动组成。整个大会有会议、展览、主题论坛、专题论坛，内容丰富，亮点纷呈。

8日

“绥易通”跨境电商平台正式上线

“绥易通”跨境电子商务平台正式上线新闻发布会在北京钓鱼台国宾馆举行，出席发布会的有黑龙江省商务厅、北京商委、绥芬河市政府等领导，国内外商界、金融界知名企业代表、俄罗斯支付巨头等。

“绥易通”是国内首家专注俄罗斯市场，从事进出口贸易的跨境电商平台，面向中俄两国市场提供零售与小规模的批发业务，是帮助“中国制造”销往俄罗斯和精选俄罗斯货品销往中国的专业跨境电商平台，集跨境结算、金融服务、海关清关、仓储物流和市场推广服务等多方优势资源，为中俄两国卖家和买家提供一站式综合跨境电商服务。

9日

国内首家酱香酒交易中心正式成立

在第五届中国（贵州）国际酒类博览会期间，位于贵州仁怀市的国内首家酱香酒交易中心正式挂牌成立。同时推出的还有全国首个酒类团体标准，即《仁怀酱香酒技术标准体系》，并正式开始施行。

仁怀作为中国酒都，茅台酒台的故乡，中国酱香型白酒的发祥地，其酿酒资源得天独厚，不可复制，是在中国乃至世界酿酒工业中都具有象征性地域，此次全国首个酒类团体标准和首家酱香酒交易中心的成立，对酱香酒产业实现转型升级提供了技术支撑和保障。

沃洋优品浙江嘉兴跨境直购体验中心正式试营业

沃洋优品嘉兴跨境直购体验中心由上海三垄实业有限公司打造，该企业目前拥有以O2O、B2C为营销模式的跨境直购体验平台——进口商品连锁品牌“沃洋优品”。目前，三垄实业已在广州、上海、郑州、嘉兴、厦门相继开店，其中嘉兴体验店展示面积位居前列。

10日

长白山东北亚人参交易市场正式运营

市场位于吉林省长白山保护开发区池西区，占地面积25000平方米，室内交易区为5000平方米，分别设有零售区和鲜货批发区。人参市场的正式运营翻开了池西区人参产业发展模式崭新的一页，既实现了人参产品的就地销售，又减少了种参户的销售环节及成本；既便于人参的流通，又拉动了地方的经济发展，对于发扬人参文化，促进人参产业链的形成，以及优化池西区产业格局等具有积极的推动作用。

11日

浙江丽水市电子商务促进会成立

据了解，丽水市电子商务促进会是市内面向电子商务，不受地区、部门、行业、所有制限制，与电子商务有关的单位和个人自愿参加的社会团体，目前促进会已吸纳了近541名会员。促进会的宗旨是在建设有中国特色社会主义理论指导下，依照国家的宪法、法律、法规、政策和社会道德风尚，有效搭建政府与行业、行业与企业及企业间的沟通平台，研讨符合市情的电子商务发展之路；做到为政府服务，为会员服务，为社会服务，通过调查研究、经验交流、考察培训、咨询及行业自律的活动，履行行业仪表、协调服务、管理职能，促进丽水市电子商务的发展。

15日

中哈霍尔果斯国际边境合作中心中方配套区通过国家验收

国家验收组组长、海关总署加贸司副司长李志辉与新疆自治区人民政府副秘书长于欢签署了验收纪要，并向霍尔果斯经济开发区管委会副主任、霍尔果斯市市长莫拉力颁发了验收合格证书。自9月16日起，配套区内企业即可使用配套区特殊政策开展业务。

中哈霍尔果斯国际边境合作中心中方配套区（一期）规划面积3.26平方公里，位于霍尔果斯经济开发区内，目前已投资3.15亿元，基本实现了“七通一平”。中哈合作中心中方配套区（一期）作为海关特殊监管区，享受所有综合保税区可以享受的政策，作为中哈合作中心的配套区域，政策优势又优于综合保税区。

配套区的三大功能是保税物流、进出口加工和仓储物流。主要税收政策是：境外货物入区保税；货物出区进入境内按货物进口的有关规定办理报关手续；境内区外货物入区视同出口，办理出口报关手续，实行退税；区内企业之间的货物交易不征收增值税和消费税。

16日

江苏海门叠石桥市场采购贸易方式第一单顺利通关出口

此次在叠石桥先行先试的市场采购贸易方式第一单是由美国一客户委托南通豪坤家纺有限公司代理采购的4万多美元货值外贸纺织服装产品，经由南通利达国际物流有限公司组货，并通过市场采购贸易方式综合管理系统（联网信息平台）在叠石桥海关监管场所报关报检，通过海关、检验检疫现场查验确认无误，组柜拼箱后集装箱并在海关、检验检疫官员现场监管下完成施封，顺利从叠石桥港出关。

中国首家珠宝玉石交易平台——中融珠宝玉石交易中心盛大启动

启动仪式在云南德宏州盈江县举行，以“推广珠宝玉石互联网创新文化发展”为主题，旨在展示中融珠宝玉石交易中心的形象、吸引各界资源和资本，从而打造世界一流、辐射海内外的珠宝玉石交易平台，对践行李克强总理推行的“互联网+”的战略计划起到了积极的推进作用。据介绍，中融珠宝玉石交易中心推出了五种创新型的交易模式，分别是中融公盘、中融解翠、中融现货资产包、中融协议现货、中融电商。五种产品在实现线上线下相结合的同时，为广大珠宝玉石爱好者提供了便捷的投资、融资、买卖的新渠道和现货电子交易解决方案。在互联互通全模式下，中融珠宝玉石交易平台首次实现了“一次线下公盘，全年线上交易“，为居民提供了一种新的投资珠宝玉石获得溢价收益，以及让珠宝玉石实现快速变现的通道。

18日

湖北黄石内贸流通改革发展研讨会召开

应邀出席本次研讨会的领导专家有：国务院发展研究中心市场经济研究所原所长、中国市场学会副会长兼中国市场学会批发市场发展委员会主任任兴洲，中国商品交易市场专家指导委员会副主任委员、商务部驻上海特派办特派员向欣，中国市场学会副秘书长、中国商品交易市场专家指导委员会常务副主任朱勇毅，中国市场学会批发市场发展委员会副秘书长宋连平等。黄石市委书记周先旺表示，黄石是全国内贸流通体制改革发展综合试点城市之一，希望各位专家学者为黄石深化内贸流通体制改革把脉开方、出谋献策，共同推动黄石在全国地级市中创造出内贸流通改革发展可复制、可推广的经验。

南宁首家跨境电商体验中心签约落地

在“2015中国—东盟电子商务峰会”项目的集中签约仪式上，南宁百货大楼股份有限公司与广州跨境通电子商务有限公司签订了跨境电商战略合作协议，双方就携手开展跨境电子商务合作达成一致，并将联合打造南宁市首家跨境商品直购体验中心，为南宁市消费者提供全球同步的跨境商品直购体验。

据了解，该跨境商品直购体验中心拟于明年1月开业，采用“线下展示交易中心 线上购买平台”的020运营模式，面积约8000平方米，包含进口商品直销中心和跨境电商线下展示体验区两个区域。

20日

四川宜宾东方时代广场盛大开业

东方时代广场购物中心系宜宾第一家全自持商业综合体，位于南岸西区，总建筑面积近12万平米，购物中心面积约8万平方米。地上及地下车位约800个，总投资额超过8亿元。经营业态涵盖时尚品牌服饰、超市、影院、KTV、家电通讯、餐饮、书吧、美容、健身、酒店等众多业态。目前商场招商面积入驻率达95%，麦当劳、满记甜品、HM、ZARA等33个国内外知名品牌均是首次入驻宜宾。开业当天，客流量超过23万人次，据不完全统计，当日销售额达1359万。

东方时代广场的开业是宜宾市近两年来继莱茵春天百货和唐人财富中心开业来的又一大型商贸综合体，是宜宾目前唯一全自持商业综合体，也是西区的第二家商业综合体，随着宜宾东方时代广场的开业，它将与东区、西区其他已经运营的商业综合体一起引领宜宾新商业时代，为市民带来更好的消费体验。

21日

2015中国旅博会圆满落幕

由国家旅游局和天津市人民政府共同主办、联合国世界旅游组织特别支持的2015中国旅游产业博览会圆满落幕。本届旅游产业博览会参观者达25.2万人次，交易和意向交易额达28亿元。

2015中国旅游产业博览会是天津市连续举办的第七届旅游业界的盛会。经过七年的成功举办，中国旅游产业博览会已成为知名度高、影响力大、最具活力和生命力的旅游经济类盛会，是被国家旅游局保留并被列为重点工作的四大旅游会展之一。

22日

商务部商品交易市场转型升级绩效评价体系编制和实施项目座谈会在京召开

此次座谈会由中国市场学会批发市场发展委员会、中国商品交易市场专家指导委员会组织在北京京西宾馆召开，这标志着商品交易市场转型升级绩效评价体系编制工作迈上了一个新的台阶。

出席本次座谈会的领导专家有：中国商品交易市场理事会理事长、国家工商总局原副局长李建中，国家统计局贸易外经司司长王克臣，中国建材市场协会秘书长苏纶，中国农业大学经济管理学院教授安玉发，中国社会科学院财经战略研究院服务产业中心副主任王雪峰，国务院发展研究中心市场经济研究所所长助理王青，中国市场学会副秘书长朱勇毅，中国市场学会批发市场发展委员会常务副主任兼秘书长金陆成等。天津市交易市场协会副秘书长肖长安，中国东方丝绸市场管理委员会副主任李玉芳，郑州粮食批发市场有限公司部长助理申洪源等中国市场学会批发市场发展委员会理事会副理事长应邀出席本次会议。

座谈会上，中国市场学会副秘书长、《商品交易市场绩效评价和示范市场审定》项目组组长朱勇毅，从来源、目的和意义等方面介绍了项目的整体情况，并着重阐述了项目实施方案和进度。他指出，商品交易市场转型升级绩效评价体系的编制目的，在于加快推进商品交易市场转型升级，编制绩效评价体系并实施，总结发展模式，加强示范引导，促进行业发展，并呼吁全体参会代表针对商品交易市场发展现状和热点问题，积极发言，提出建议，共同制定科学合理的商品交易市场转型升级绩效评价体系方案，为推动行业发展做出贡献。

“互联网 + 外贸”2015 山东跨境电商生态峰会在济南召开

会上还举行了山东省商务厅与阿里巴巴国际事业部跨境电子商务建设合作协议签约仪式。山东省副省长夏耕表示，此次举办“互联网 + 外贸”峰会，同时签订跨境电子商务战略合作协议，是推进落实山东省与阿里巴巴战略合作协议的务实举措，必将对山东省跨境电子商务实现跨越发展起到积极的促进作用。

山西晋城市电子商务协会成立

晋城市电子商务协会由晋城职业技术学院、晋城银行股份有限公司、山西方舟商园电子商务有限公司等 14 家单位发起成立。协会以“自主办会、共建共管、开放整合、协同发展”为宗旨，推动电子商务行业为晋城市经济社会发展做贡献。协会成立后，主要在以下几方面发挥重要作用：一是做好政府的参谋助手，积极搭建平台，凝聚各方力量，为行业、产业健康发展提供帮助；二是树立良好形象，加强行业自律，维护合法权益；三是强化服务功能，帮助中小企业跨入电子商务门槛，形成后发优势。

23 日

2015 年中国（重庆）专业市场发展高峰会完美落幕

此次会议由重庆市商业委员会、巴南区政府联合主办。会议的成功召开，标志着中国乃至重庆商贸流通行业必将会有一场革命，将形成以华南城为代表的商贸流通业巨擘，引领中国商贸流通行业跨向 4.0 时代。

重庆华南城以综合性批发市场、仓储物流、电子商务、会议展览、生活配套服务、综合物业管理、综合商业配套服务七大核心业务体系为优势，集商贸交易、物流集散、展示推广、信息交流、创新促进、产业培训、特色旅游、城市化综合配套、会议展览等九大功能于一体，涵盖小商品、酒店用品、服装、建材、汽摩配件、五金机电、副食品七大业态为一体的商贸物流市场群。重庆华南城建成后，将增加数万人以上的创业机会，解决几十万人的就业问题。同时，完善的配套和较低的物流成本将吸引重庆及周边专业市场入驻，进而使全市分散的专业市场资源进行整合，形成一个千亿级专业市场。

24 日

台湾与福建晋江电商协会开展跨境电商合作

台湾中华跨境电子商务产业发展协会与晋江市电子商务协会战略合作签约，福建晋江将与台湾开展跨境电子商务合作，实现人才与资源共享。当天，“共赢互联网 + 金牌论坛”在福建晋江举行。

近年来，晋江不少中小微企业开始试水电商，并逐渐抱团发展成为一定规模，为与台湾开展跨境电商合作提供可能。

江西省首家电商企业在新三板正式挂牌

江西巨网科技股份有限公司（证券简称“巨网科技”）正式在全国中小企业股份转让系统（“新三板”）挂牌，股票代码为 833344。

巨网科技于 2013 年入驻江西省首批省级电子商务示范基地——上饶信息服务业产业园，主营业务是互联网广告精准投放。该公司汇集 1000+ 行业媒体资源、百万级软件安装渠道、日展现数千万的 WAp 媒体资源和 8000 万 + 的移动互联网用户资源，依托于自主研发的 ADSmart 云控投放系统及“灵气联盟”、“掌智无限”应用程序广告分发平台，深入挖掘媒体资源价值，为广告主提供精准、高效的 PC 端及移动端应用程序互联网广告分发服务。挂牌前夕，巨网科技通过了 2 次定向增发融资，共发行了 369.15 万股，按最后发行价计算，估值已达 5.68 亿元，预计 2015 年产值可达 1.5 亿元，纳税突破 1000 万元。

24～26 日

上合组织国家商品展在陕西西安举行

国务委员王勇出席开馆仪式并巡视了部分展位，商务部副部长房爱卿在开馆仪式上致辞。他表示，上海合作组织国家商品展是习近平主席在 2014 年上合组织杜尚别元首峰会上提出的倡议，也是上合组织成立 14 年来举办的国家商品展，为各国开展经贸交流提供了良好的机会。他说，区域内各国发展阶段不同，资源禀赋不同，产业结构不同，互补性很强，深化区域经济合作，潜力巨大。

来自中国、伊朗、印度、蒙古、哈萨克斯坦、吉尔吉斯斯坦、塔吉克斯坦、俄罗斯、白俄罗斯、斯里兰卡、巴基斯坦、阿富汗等 12 个国家的 200 余家企业，近 400 位展商参展。

25 日

重庆智慧商圈圆桌会成功召开

由重庆市生产力发展中心、重庆市商业委员会、重庆社会科学院和重庆市综合经济研究院共同主办的“区县经济圆桌会 2015.9”在富力凯悦酒店成功召开。本次圆桌会以智慧商圈为主题，专题研讨重庆加快发展智慧商圈路径与方法。

26 日

融汇温泉上泉坊重庆老字号特色商业集聚区盛大开街

目前，重庆共拥有老字号 132 家，分布在 33 个区县。近年来，重庆政府加大对“老字号”的保护和发展，成效显著。早在 2011 年，重庆市商委便出台了《重庆老字号特色商业集聚区创建管理办法（暂行）》，在政策和制度上，保护和促进老字号企业发展。

26～28 日

第十八届中国农产品交易会农超对接洽谈会在河北廊坊成功举办

省内外 150 多家大型连锁超市和流通企业以及 120 多家农产品生产龙头企业代表参加，成交各类农产品 60 多个品种，共计 2.2 万吨，1.9 亿元。

27 日

第三届中国（镜泊湖）国际农产品冷链物流峰会召开

此次会议由中国物流与采购联合会冷链物流专业委员会、黑龙江省商务厅和牡丹江市政府主办，牡丹江市阳明区人民政府承办，400 多家中外同行业的顶尖企业参会。

本届峰会以“如何突破农产品冷链两个一公里”为主题。“最先一公里”是指农产品从产地采摘后一直到移交物流运输之前，为了保持农产品质量、延长保质期，需要进行的一系列活动。“最后一公里”是农产品送到消费者手上的最后一个环节，这不仅关系到产品的质量安全，也影响着客户体验。

中国（镜泊湖）国际农产品冷链物流峰会举办到第三届，已经成为黑龙江省每年的常态化论坛之一，在很大程度上起到了推动产业发展，引领企业破解产业发展难题的作用。特别是在承办单位阳明区政府所在区域内，论坛成为了以冷链技术提升传统产业附加值，进而促进冷链物流产业发展的有力推手。

28 日

天津王顶堤商贸城开业

王顶堤商贸城系天津市西青区重点工程之一，开业后，这里不仅将成为天津市区及周边区域专业的服装、鞋帽批发中心，还将辐射更广阔的范围。同时这也是一个综合性、大型、配套完善的服装、鞋帽批发中心，可以为周边居民的生活提供便捷。

商贸城内包含男装、女装、中老年装、孕婴童装、工装定制、专业服装、服装配饰等多种业态，开业后将成为天津市乃至华北地区最大的一级服装批发集散中心。物流、银行、客运、快递等行业的鼎力加盟，将进一步完善王顶堤四季青服装城的配套系统，在未来将会有越来越多的配套商家陆续进驻，形成一站式配套经营服务。

29 日

福建省商务厅与苏宁云商集团签署战略合作框架协议

《福建省商务厅与苏宁云商集团战略合作框架协议》议定：将充分发挥福建省在产业、资源、环境、政策、区位等方面的优势和苏宁在电子商务领域的平台优势，按照市场主导、政府推动的原则，以落实福建省委、省政府“三比一看——比促销”工作部署为契机，共同在促进闽货网络销售、农村电子商务发展、电子商务终端智能绿色物流、电子商务创业与人才培训等领域开展深入合作，并不断探索新的合作领域和合作方式，依托苏宁“物流云”、“数据云”、“金融云”等平台推动数据共享，提升产业竞争力和可持续发展能力，共同打造中国互联网经济示范区。

山东临沂商城国际化工作会议召开

此次会议旨在深入贯彻临沂市委十二届八次、九次全会精神，围绕加快推进商城国际化，分析形势、明确目标，创新举措、真抓实干，力促商城转型升级，为建设社会主义“大美新”临沂加油助力。

山东青州花卉苗木电子交易中心揭牌成立

青州花卉苗木电子交易中心是由成都花木交易所与青州市花卉产业集团通过跨区域的战略合作，联合组建成立以花卉苗木产品为核心的现货电子交易平台。中心的成立是青州市委市政府在加速产业转型的大背景下，为适应商品流通信息化、电子化发展需求，努力贯彻落实中国东方花都的发展战略，积极适应产业互联网+趋势的重要举措。

青州是中国盆栽花卉生产中心，草花产量全国第一，蝴蝶兰、凤梨等品种产销量位居全国前列，中心将线下的盆栽产品和线上交易相融合，倾力打造“互联网+盆栽贸易”模式，为各级经销商提供安全、便捷、高效的电子交易平台。中心将致力于提升山东乃至全国盆花产业的流通效率，解决销售渠道瓶颈，以互联网+发展思维为青州的盆栽产业服务，着力打造国内一流的营商环境。

30 日

第三届中国（重庆）商品展示交易会正式开幕

本届渝交会以“扩内需、促消费、稳增长、谋发展”为主题，展出面积 13 万平方米，共有 2000 余家企业参展，首次引进韩国 200 家企业参展、嘉年华馆震撼亮相、促销力度巨大、生态食品放心购、文化名人亲临现场、现场幸运抽奖、市民逛展变轻松、火锅节有乐趣是展会的八大亮点。

黑龙江形成“中国对俄跨境电商物流集散中心”

黑龙江省商务厅正式对外发布消息，通报黑龙江对俄跨境电商航空货运大通道建设、对俄跨境电商陆路货运通道发展、哈尔滨至欧洲货运大通道运行等最新情况，此类项目进展标志着中国对俄跨境电商物流集散中心已在该省基本形成。

10 月

1 日

天津卓尔电商城开业迎客 动批大红门商户来津

商城吸引了来自北京动批、大红门以及浙江海宁、余姚、石家庄辛集等地的商户。据了解，本次开业的是电商城一期 A1 区专业皮革皮草交易中心，面积约 10 万平方米，汇集了数百家时尚皮草品牌。相关负责人表示，与原北京动批的中低端定位不同，天津卓尔海宁皮革城以品牌店、专卖店为主，商铺规划有序，未来将成为覆盖华北、辐射东北亚的皮革皮草集散中心。

9 日

同仁堂跨境电商项目上线

同仁堂国际首个业务板块——国际跨境电商平台“天

然淘”正式上线启动，该平台将确保所有在销产品流通过程可追溯，对构建中国医药保健品全程可控、全程透明的可追溯流通体制具有里程碑式意义。

同仁堂集团董事长梅群表示，“同仁堂国际”的发展愿景是要打造“全球化的健康生态平台”。

11日

第二届中俄博览会在哈尔滨开幕

本届中俄博览会以“对接合作——丝路经济带新机遇”为主题，由商务部、黑龙江省人民政府、俄罗斯联邦经济发展部、俄罗斯联邦工业和贸易部共同主办。

中国是俄罗斯第一大贸易伙伴，中俄经贸合作受到中俄两国高度重视。

备受关注的中俄博览会是中俄共同加强经贸关系、推动区域合作的重要举措之一，它既是中俄经贸合作的重要项目，又是中俄共同搭建的开放式合作平台。

在中俄博览会期间，中俄双方将进行机电、海关、铁路、森林资源开发、技术标准、矿业、金融、旅游等多领域的商务活动。

12日

《商品交易市场2015年研究报告》项目编制研讨会暨分会常务理事会议”在成都召开

中物联大宗商品交易市场流通分会“《商品交易市场2015年研究报告》项目编制研讨会暨分会常务理事会议”在成都召开。商务部、国务院发展研究中心、西安交通大学、北京工商大学等相关领导与专家教授，以及四川中国白酒产品交易中心、无锡不锈钢电子交易中心等分会副会长单位与常务理事单位的企业高管与负责人80余位代表出席了本次会议。

本次会议围绕《商品交易市场2015年研究报告》项目编制与全国大宗商品交易市场未来发展方向，就如何引导商品交易市场更好地与实体经济形成互动发展形势，如何促进传统商品批发市场转型升级和电子商务应用，如何规范有序地发展大宗商品交易，以及如何推动各层次间市场的有序协调发展，避免恶性竞争、市场风险及违法违规事件的发生等，进行了广泛、深入的交流与研讨。

13日

65国代表共话跨境电商和“互联网+对俄经贸合作”

第二届中俄博览会“一带一路”国家跨境电商和“互联网+对俄经贸合作”交流会议在哈尔滨国际会议中心举行。“一带一路”沿线65个国家代表，共同探讨“一带一路”跨境电商发展战略，推动黑龙江陆海丝绸之路经济带建设，促进中俄两国在跨境电商领域互利合作。

15日

甘肃白银市电子商务协会成立

白银市电子商务协会的成立是白银电商发展的一件大事。协会将充分发挥企业与政府间的桥梁和纽带作用，团结全市电商企业、农特产品加工企业、快递物流企业等成员企业，努力提高协会成员电子商务水平，规范电商行业的行为，增强广大成员电子商务的实践动手能力，积极为会员企业牵线搭桥，为会员企业的经营与发展争取政策和资源，满足会员企业的要求，最终实现企业互动、资源互补、政策支持、共同发展的目标，从而全面提升白银市电子商务的产业水平，带动整个白银市电子商务行业的发展。

2015中国（四川）电商发展峰会在四川绵阳开幕

本届电商峰会为期三天，聚集了云计算、大数据、新一代移动通信网络等先进技术，推动互联网的创新成果与经济社会各领域深度融合，引领西部经济进入创新驱动的新轨道，以全新的角度，打造独具一帜的行业盛会。电商发展峰会是我国中西部层次最高、规模最大、到会客商最多的行业盛会。

常熟服装城优质客户俱乐部正式成立

俱乐部是以服装城一批规模大、业绩好、具有行业影响力的市场经营户为主体，以优质客户俱乐部为载体的高端平台，通过凝聚产业力量，促进行业交流，从而形成富有区域特色的服装城优质客户群，树立产业标杆，切实打造“常熟服装城”品牌形象。

16日

福建省跨境电子商务协会成立大会暨2015年跨境电子商务资源对接会在福州举行

对接会上，阿里巴巴、亚马逊、eBay、wish、跨境通、利嘉集团、晋江陆地港集团等国内外知名电商平台和福建省优秀电商平台（企业）在会上进行了主题分享及资源重点推介。

16～18日

2015（第四届）中国市场大会在河北保定白沟隆重召开

大会以“新常态、新动力、新市场”为主题，由中国商业联合会和保定市人民政府联合主办，中国商业联合会商品交易市场专业委员会和白沟新城管理委员会承办，来自全国各地的近千名市场精英参加了大会。

会议期间，组委会分别与保定白沟新城管委会、泰顺县人民政府以及临沂兰山商城管委会联合举办了中国市场区域合作论坛、全国泰商高峰论坛、中国市场“互联网+”高峰论坛三场主题论坛。

17日

成都银泰城正式开业

成都银泰城地处成都城南和天府新区成熟区域腹地，是银泰集团倾力打造的优质大型低密度全天候休闲生活商业载体。项目总建筑面积40万平方米，是银泰集团在成都布局的第一座大型城市综合体。银泰城拥有12万方时尚购物中心、5万方阿里巴巴西部总部基地、三栋甲级写字楼及特色商业步行街等业态，主力店、体验式配套占比50%，餐饮占比30%，服装和零售占比20%。

成都银泰城共聚集247家品牌商入驻，首次进入成都市场品牌达20%以上，开业率达92%以上，开业当天客流量破15万人次，营业额超过1200万元。

18日

中俄互市贸易中心18日起封闭运营

中俄互市贸易中心封闭运营启动仪式在黑龙江绥芬河互市贸易区商展中心举行。绥芬河市委副书记、市长王居堂在启动仪式上指出，2011年8月省政府批准绥芬河市设立8000元免税过货试点，2012年2月正式运营，绥芬河市免税互市贸易从无到有，从小到大，参贸边民达到2.2万人次，年过货量1万多吨，交易额突破1亿元人民币，为互市贸易提供各类服务的企业达20多家，凝聚了人气、繁荣了市场，扩大了城市知名度。希望大家继续同心协力，共同为中俄边民互市贸易繁荣发展作出新的更多的贡献。

智慧临沂商城上线试运行 服务6万多家商户

商城系临沂市委市政府倾力打造的城市名片，是集电商、物流、会展和支付为一体的综合性、特大型交易平台，将服务于6万多家批发商户，200余家物流企业，推动临沂商城的智慧转型升级。

智慧临沂商城全力打造的“公共信息平台”及“会展平台”以及“市场采购物流大数据展示平台”成为本次上线的亮点板块。“公共信息平台”汇集临沂商城128处批发市场，6万多家批发商户，200多家物流企业信息，为临沂批发市场商户提供360度全景展示服务，更清晰、真实、全面的展示市场、店铺、商品细节，给采购商带来身临其境的全新视觉体验。“会展平台”提供一站式在线会展服务，包括在线展位订购、在线观展报名、在线展会直播、展会信息查询、展会配套服务等，实现永不落幕的展会。“市场采购物流大数据展示平台”可以为政府决策提供可靠大数据分析。

智慧临沂商城将通过强大的公共服务功能，为各类行业类、垂直类电商提供流量入口，从而推动商流、物流、信息流、资金流四流合一，实现临沂商城转型升级。

19日

江苏昆山海峡两岸电子商务经济合作实验区获批

国家发改委、国台办、商务部等12个部委联合批复同意设立昆山海峡两岸电子商务经济合作实验区。根据批复文件，实验区范围包括国家级昆山经济技术开发区、昆山高新技术产业开发区、昆山综合保税区和省级花桥经济开发区、昆山旅游度假区，以及海峡两岸（昆山）商贸示范区。

海峡两岸电子商务经济合作实验区将重点探索两岸电子商务经济合作的新机制、新模式、新路径，尤其是在跨境电子商务商品通关、市场准入等方面先行先试。同时，在推进投资便利化改革、提升贸易便利化水平、深化行政管理体制改革、加快海峡两岸产业转型升级、优化电子商务发展营商环境、创新海峡两岸电子商务金融服务等领域进行创新探索，进一步拓展海峡两岸产业合作的深度和广度。

20日

2015中国国际生鲜物流大会在沪召开

大会以“冷链，让世界美食触手可及”为主题。中国交通运输协会会长钱永昌在欢迎辞中指出，2015年中央一号文件和多项文件均涉及到农产品和冷链物流，并决定继续对鲜活农产品实施从生产到消费的全环节低税收政策。今年两会期间，冷链“最先一公里”概念也首次被提到了议事日程上。这些都体现了中央对农产品冷链物流的持续高度关注。据预测，中国冷链物流行业在“十三五”期间将继续保持高速增长，至2017年，市场规模有望达4,700亿元。与之同时，生鲜产品对冷链物流也提出了更高的要求。而冷链物流与一般常温物流相比，在供应链管理上要求更高、在技术上更复杂、投资更大，成本也更高。因此，物流问题也成为生鲜产品流通发展的“七寸”。

天津自贸试验区平行进口汽车试点方案获批

具体试点对象将按照主体规模和经营方式分为试点平台和试点企业。

浙江海宁首个农产品电子商务平台“海宁农城”正式上线

“海宁农城”农产品电商平台于2015年启动实施，采用以政府主导、企业化运营、多方协作、共同推进的方式运作，由具有丰富农产品网上运营经验的电商企业负责项目的建设、维护、运营和推广等工作。“海宁农城”采用官网建设（www.hnagrimall.com）与第三方平台销售相结合的方式，网页以展示、宣传、推广海宁名特优新农产品为主，产品销售点击链接至第三方平台专营店或主体自有店铺，目前淘宝平台已开设“海宁农城”同名网上专营店。“海宁农城”官网展示产品采取分类形式上架，已开设传统糕点、休闲零食、茶冲饮品、粮食干货、生鲜果蔬、花卉园艺等栏目，现已入住单位20余家，产品品种180余个，涵盖海宁市大多数名特优新农产品。

23日

成都龙湖金楠天街正式开业

金楠天街是龙湖在成都继城北北城天街、高新时代天街、城东三千集之后的第4个购物中心，是集购物、休闲娱乐、餐饮、教育培训、数码家电、儿童业态等全品类于一体的体验式购物中心。购物中心总建筑面积15万平方米，峡谷风情商业街8万平方米，拥有2000个停车位。金楠天街着力引导区域生活方式从“目的性购物”向“休闲性购物”转变，引领双楠商圈全面进入“MALL”时代，促进双楠商圈正式形成。

27日

华中矿产品交易中心在湖北大冶开市

系国内首家矿产品现货电子交易所。开盘不到一小时，大冶铜成交315手，交易额达2.57亿元。

该中心经省政府批准成立，由大冶有色等4家企业出资组成，总投资达40亿元。其中，一期投资15亿元，主要建设2万平方米交易中心大楼、2万平方米的交割仓库仓储设施及交易网络系统；第二期投资约25亿元，将在大冶及全国布局仓储及物流设施。

据介绍，该中心主要从事矿产品、物料及相关衍生品的现货交易、配送等业务。同时，将融合网上电子交易、现货交收、现代物流、金融服务及信息技术，带动仓储、物流、金融等配套产业发展，打造成立足华中、面向全国、辐射世界的矿产品贸易和定价中心。

业内人士称，该中心将我国原有的矿产品供销型贸易体系一举提升为交易型贸易体系，可随时根据交易的情况及时交割，使矿产企业的风险和成本大幅度降低。

28日

商务部在广州召开全国零售药店创新发展现场会

会议指出，“十二五”期间各级商务主管部门积极履职尽责，充分发挥行业组织作用，通过发布行业发展规划、实施药品流通促进政策、加强行业基础建设、创造行业发展环境等措施，使药品流通行业呈现结构不断优化、流通现代化水平不断提高、流通网络不断完善、服务能力不断提升的新面貌。

霍尔果斯国际原石交易中心成立 首批 50 吨原石进驻

第一批 50 吨的俄罗斯白玉、碧玉及阿富汗青金石等原料已进驻交易中心，原始成交订单已达 2173 万元。

据了解，为积极响应国家“一带一路”战略思想，霍尔果斯大帮卖国际原石交易中心充分利用新疆的地缘优势与文化优势，进一步加强国际贸易合作与交流，为加快当地经济发展起到了促进作用。

“互联网 +”领域成果转化入孵对接会在哈尔滨举行

此次对接会旨在推动黑龙江省“互联网 +”领域技术成果转化及孵化培育，优选“互联网 +”创业团队及高新技术企业，入驻即将对外服务的恒运科技企业孵化器。

参加展演的项目包括黑龙江谷和电子商务有限公司的“淘宝特色—中国黑龙江馆”、哈尔滨志强健业科技开发有限公司的“网上技术交易 + 创意电子产品众包平台”等 13 个“互联网 +”项目，其中既有传统企业转战“互联网 +”的，也有新兴的网络科技企业。活动邀请了省科力投资公司、朗江创投、信泰投资等 8 家投融资机构的专家对这些项目进行评审。

29 日

2015 中国（杭州）国际电子商务博览会盛大开幕

本届电博会以打造一场“国际化、专业化、品牌化、市场化、大众化”的高水准展会为目标，以“高端的国际电商盛会、开放的思想碰撞平台、全面的电商生态展示、活跃的互动交流空间”为亮点，通过会议论坛、展览展示、活动体验、对接交流四大板块，聚焦电商当下热点，分享电商发展智慧，展示电商最新成就。

新发地高碑店分市场迎客

该市场距北京只有 1 小时车程，如遇极端天气，可以保障京城 7 天农产品的正常供应，成为保障首都农产品供应的一个重要基地。

新发地高碑店分市场占地 2081 亩，建筑面积 160 万平方米。园区包含现代化的进口水果交易大厅、21 万吨大型智能冷库、12.7 万平方米干副交易中心等项目。

高碑店分市场开业，将增加河北农产品对首都的供应。新发地农产品股份有限公司董事长张玉玺介绍，一直以来，河北蔬菜仅占新发地市场供应量的 16% 到 18% 之间，远小于山东的供应量。高碑店新发地开业，将增加河北农产品对首都的供应，承接起京津冀一体化南部功能拓展区农副产品供给的功能。

青岛青西石油交易所开业盛典显雄心

青岛青西石油交易中心是在《国务院关于〈山东半岛蓝色经济区发展规划〉的批复》和《山东省人民政府关于加快全省金融改革发展的若干意见》，以及《山东省人民政府关于金融支持山东半岛蓝色经济区发展意见》和“青岛西海岸经济新区发展规划”等政府指示精神下，经青岛青西区政府同意，青西区商务局、金融办、证监局、工商局、银监会共同评审通过批准成立的大宗商品交易服务机构。截至该日，交易中心 1 字号的会员单位已被抢注一空，会员加盟工作有条不紊持续推进，也表明交易中心未来的发展基础正日益夯实，为今后的壮大发展提供了有力保障。签约仪式上不少加盟单位表示愿意与青西石油合作，也是看重其逐渐强大的实力、多种资源优势、专业的团队和稳健的运营，希望通过平台的强强联合，为我国大宗商品交易行业的发展做出富有成效的市场探索。

31 日

沙湾新丝绸之路经济发展高峰论坛暨中心壹号·商业地下街产品说明会举行

说明会在新疆维吾尔自治区塔城地区沙湾县隆重举行。中国国际经济交流中心理事长、商务部原副部长魏建国，中国市场学会批发市场发展委员会副主任宋连平，新疆维吾尔自治区塔城地区沙湾县副县长王林军，沙湾乾汇房地产开发有限公司董事长徐辉等出席论坛。

沙湾中心壹号·商业地下街属沙湾县重点商业项目，由沙湾乾汇房产斥资 1.5 亿元巨资开发，公司成立于 2010

年，一直以来致力于城市商业项目的开发和运营，具有多个成功的项目开发案例。项目地处沙湾县中心商圈核心位置、城市出入口要道；步行街、星光街、爱家超市、新世纪购物广场等众多成熟商城及商业街环绕周边；商业氛围浓厚，消费群体集中，区域日均人流量高达数万人，项目建成后，将成为沙湾县最繁华的商业生活中心。

活动当天，中国市场学会批发市场发展委员会在活动现场授予沙湾中心壹号·商业地下街“全国商业发展示范项目”荣誉称号。

11 月

2 日

全国推进内贸流通现代化电视电话会议在京召开

中共中央政治局常委、国务院总理李克强作出重要批示，中共中央政治局委员、国务院副总理汪洋出席会议并讲话。

商务部推进城市商业智能化和特色商业街区示范建设工作座谈会在渝召开

会议由商务部市场体系建设司区域协调处处长李刚主持，重庆、沈阳、济南、深圳、成都、宁波等市商务部门负责人参加会议，并作智慧商街和特色商业街区建设工作情况汇报。会议围绕商业街在适应互联网发展方面已经开展的工作、成效、存在的困难、有关对策及构建线上线下互动的体验式智慧商街、实施特色商业街区示范建设工程、培育具有产业特色、经营特色、文化特色的多功能、多业态商业街区等问题进行了深入讨论。

3 日

商务部部署贯彻落实全国推进内贸流通现代化电视电话会议

商务部在京召开商务系统工作会议，贯彻落实全国推进内贸流通现代化电视电话会议精神，深入学习领会李克强总理重要批示、汪洋副总理讲话精神。商务部副部长房爱卿作会议总结，部长助理王炳南、刘海泉出席会议。

2015 中国（重庆）商业街区行业年会暨第二届重庆商圈发展峰会成功举行

会议由中国步行商业街工作委员会、重庆市商业委员会和重庆市渝中区人民政府共同主办。商务部、国务院国资委、国内外商业街建设专家以及来自北京、上海、天津、沈阳、杭州、济南、苏州、深圳、成都、西安、南京、宁波、南昌、青岛、大连、芜湖、合肥、郑州、西宁、东莞等 60 多个城市的政府和商业街主管部门、建设管理机构近 500 名代表参加本届年会峰会，交流商业街区（商圈）建设经验，并围绕新常态下商业街区（商圈）的发展趋势、改革创新、转型升级、智慧建设等话题进行深入探讨。

福州正式启动跨境电子商务保税进口业务试点

福州市跨境电子商务政府公共服务平台和福州跨境电子商务监管中心在福州出口加工区揭牌启动，由福建纵腾网络公司进口的一批德国奶粉顺利完成跨境贸易电子商务首票进口货物线上测试，正式开启跨境电子商务保税进口业务，为福州发展进出口贸易提供了新通道和新形态，进一步拓展了经济发展空间。

贵州黔西南州电子商务行业协会成立

黔西南州电子商务协会会员由来自全州各县市及义龙试验区的 106 家企业代表组成，旨在政府和从事电子商务的会员以及企事业单位之间发挥桥梁纽带作用，促进州电子商务行业的快速发展。协会业务范围包括研究全州信息产业和电子商务发展趋势，向政府和有关部门提出相关意见和建议；向会员和政府提供电子商务发展情况，经济和技术发展预测信息等。

安徽安庆市电子商务协会成立

安庆市电子商务协会是由安庆市 30 家电商企业发起成立的行业协会，是为安庆市电子商务个人会员和单位会员开展学习、交流、自律和维权活动的服务型组织。目前已有 80 多家企业加入。协会将围绕倡导学习交流，增强协会凝聚力、重视宣传培训，形成电子商务氛围、提供咨询服务，共建合作平台三大工作方向开展工作。协会本着“共享、互助、合作”的原则，提高本地电商整体交易规模，增加协会会员数量达到一定规模，将电商协会打造成安庆市具有先进性、权威性和科学性有一定影响力的专业社会团体。

4日

《直销管理条例》、《禁止传销条例》实施10周年座谈会在京举办

商务部、国家工商总局在北京组织召开《直销管理条例》、《禁止传销条例》颁布实施10周年座谈会，回顾10年来直销行业发展，总结打击传销和规范直销取得的成效，探讨在新形势下如何更好地推进直销行业改革创新和规范发展以及做好打击传销工作。商务部副部长房爱卿、工商总局副局长刘玉亭到会并讲话。

重庆名特优新农产品展示交易中心建成运营

该中心是由重庆市商贸流通服务中心承建的全市综合性农产品展示交易平台，对于提高农产品商品化率，扩大产品认知度，受惠于生产企业和广大消费者，促进全市农产品流通，推进重庆农产品“走出去”有着重要作用。

该展示交易中心目前已有32个区县130家企业近1000个品种入驻，并指导和协调重庆名特优新农产品到市外销售。下一步将搞好线上线下融合，逐步构建起遍及全国、通达海外的重庆农产品展示交易网络体系。

5日

2015国际食品交易会在天津国展中心开幕

交易会将持续到11月9日。600多个展位除了展出来自新疆、福建、浙江、山东及港、澳、台各地的美食外，还有马来西亚、菲律宾、老挝等东盟国家带来的热带水果、咖啡、鲜果汁、休闲食品、紫米等东南亚特产。

6日

亿联·玉环县电子商务产业园正式开园

亿联·玉环县电子商务产业园由亿联中国玉环国际阀门城筹建，经营面积约2万平方米。目前，入园的电商企业、平台服务商企业和配套服务企业达到88家，并拥有领策、玉尔福、中贸网、58同城等平台服务商以及创意策划、摄影、休闲健身等配套服务商，形成了电商经营的完整产业链，经营和就业人员可达到600人以上。园区将打造集网商集聚办公、大学生电商实训、电商服务输出、网货展示交易、电商行业交流、综合商务服务为一体的电子商务整合发展平台，并与亿联中国玉环国际阀门城形成线上线下双向互动。

8日

新疆奎屯瑞明万佳家居建材广场全面开业盛典暨授牌仪式隆重举行

新疆生产建设兵团第七师重点项目——瑞明万佳家居建材广场隆重举行开业盛典暨“全国重点培育市场”授牌仪式。来自新疆生产建设兵团第七师、奎屯市及周边地市群众、商家共3000余人参加了开业庆典。中国商品交易市场理事会理事长、国家工商总局原副局长李建中，中国市场学会副会长兼批发市场发展委员会主任、国务院发展研究中心市场经济研究所所长任兴洲，中国市场学会副秘书长、中国商品交易市场专家指导委员会常务副主任朱勇毅，中国市场学会批发市场发展委员会副主任宋连平等应邀出席盛典。

奎屯瑞明万佳家居建材广场项目是奎屯天北新区2012年重点招商引资项目之一，项目占地面积近200亩、建筑面积16万平方米，总投资5.6亿元。瑞明万佳家居在细节上会处处从消费者的角度考虑，整个商场按五星级酒店标准规划、建造和管理。坚持“要做就做最好”的宗旨，在外观上和内部功能布局设置上超前，配套设施有20部扶梯、2部大型货梯、600个地下专用停车位、餐厅、咖啡厅、商务酒店等配套设施齐全，中央空调、消防、宽带、闭路监控及绿化、喷淋等和谐互动，充分展示“环境、空间、人”的文化理念。

10日

第十三届中国国际农交会在福州闭幕 现场贸易额490亿元

本届农交会历时4天，现场贸易额490亿元，零售额3.53亿元，均超上届水平。

本届农交会组织和举办了50余场推介和对接活动，开设了采购商和专业观众专场，设立了现场推介中心、洽谈服务中心和国际洽谈区等服务设施，吸引了国内外近10万采

购商和专业观众到会洽谈采购。

当日，农交会组委会召开总结大会，农业部宣布2016年第十四届中国国际农产品交易会在昆明举办，并举行会旗交接仪式。

重庆圣名世贸城首批商铺定制盛典正式启幕

本次活动声势浩大，一经宣传就引起了广泛关注，活动现场人气爆棚。中国市场学会副秘书长、中国商品交易市场专家指导委员会常务副主任朱勇毅受邀出席盛典。

据了解，本次开盘选铺活动采用定制认购方式，圣名世贸城也提供了极富诚意的钜惠：根据楼栋差异，客户将可以享受到3～5年的返租收益，均直接冲抵总房款。

活动现场，主持人邀请朱勇毅副秘书长上台举行现场授牌仪式，标志本次圣名世贸城首批商铺定制活动正式开始。

11日

商务部在成都召开全国商贸流通领域推进线上线下互动创新和农村电子商务发展现场会

商务部部长助理王炳南出席会议，传达了商务部部长高虎城对召开会议作出的重要批示并讲话。会议对贯彻落实国务院办公厅《关于推进线上线下互动加快商贸流通创新发展转型升级的意见》（国办发〔2015〕72号）和《关于促进农村电子商务加快发展的指导意见》（国办发〔2015〕78号）进行了部署；参观了典型企业，交流推广了先进经验。来自全国各地商务主管部门的负责同志、相关处室的负责同志，商务部相关司局负责同志，以及有关地方政府和部分典型企业的代表140余人参加了会议。

哈尔滨绿色食品电子商务产业园正式启动

哈尔滨绿色食品电子商务产业园项目是在哈尔滨市委、市政府领导的大力支持下，通过招商引资，于2014年11月阿里巴巴与双城区政府正式签约的哈尔滨产业带项目。双城代表哈尔滨市政府承建了与产业带配套的哈尔滨绿色食品电子商务产业园，并同步建设了淘宝中国哈尔滨特色馆。哈尔滨绿色食品电子商务产业园是黑龙江省唯一大型绿色食品电子商务产业园，聚集了黑龙江省最优质的绿色食品线上销售。产业园的运营，对加快黑龙江省种植业、养殖业和食品加工业等产业的转型，加速传统服务业向现代服务业的转变，具有重要而深远的意义。

13日

山西省酒业商会正式成立

山西省酒业商会业务管理机关为山西省商务厅，监督管理机关为山西省民政厅，商会是由全省酒类生产、批发、零售、储运企业以及相关企事业单位和个人组成，选举产生的第一届理事会有理事单位82家。商会的成立为推动山西省酒类行业发展搭建了沟通、交流、合作的平台。

13～16日

2015中国食品博览会在浙江宁波举办

本届食博会由中国商业联合会、浙江省人民政府主办，宁波市人民政府、浙江省商务厅承办，宁波市贸易局执行承办。

本届博览会设9个展馆，展会面积7万平方米，国际标准展位3500个。参展范围包括食品工业原料、食品添加剂、食品机械、食品冷链储运设备、食品科研成果、食品环保节能加工技术、食品容器及包装、水产制品、生物制品、肉制品、乳制品、饮料、酒类、调味品、糖果糕点、保健食品、名特优农产品、中华老字号食品、清真食品、航空食品、旅游食品、烟草、茶制品、国际食品等24大类。

博览会主题“创造客户价值与引领产业发展”，展会期间举行了全国大型连锁、餐饮企业采购对接洽谈会，欧尚采购说明与招商全天候、中国食品论坛、保税区进口食品暨中东欧国家商品采购会、吾玛牛奶招商洽谈会等一系列专项活动。

15日

福建泉州跨境电子商务通关服务及国际快件监管中心正式投入运营

这将有力促进泉州跨境电子商务快速发展，为福建建设21世纪海上丝绸之路核心区拓展了快捷便利通道。

目前，泉州晋江陆地港通过两中心建设，有效建立通关报检及仓储物流等一条龙综合服务体系，解决泉州地区进出境国际快件就近通关、进出口厂商货物快速配送等难题，极大地提升了通关效率，降低了物流成本，将推动泉州成为海峡西岸经济区物流中心。下一步，福建省将着力优化支撑服务环境，打造跨境电子商务生态圈，帮助企业“走出去”，开拓海外市场，推动福建外贸企业发展转型升级。

天津泰达时尚购物中心全馆恢复营业

经过近 3 个月的修缮和调整，因天津港“8•12”事故严重受损的天津泰达时尚购物中心全馆正式恢复营业。

作为新区最具规模的一站式家庭休闲购物中心，泰达时尚购物中心聚集了美食、亲子娱乐、时尚零售、生活服务等业态。

17 日

中国绥芬河跨境电子商务监管中心（中俄云仓）正式启动

该项目是全国首个中俄跨境电子商务监管中心，标志着中俄贸易正式进入新的监管时代。

据了解，“中俄云仓”是航天丝路通过“互联网+物联网”技术，基于智能仓储物流与贸易融资服务相结合的集成供应链金融创新模式，借助云计算及物联网技术，将中国和俄罗斯的产品供应商、分销商、物流商、金融机构等节点进行整合，提供线上交易担保，线下融资支持及仓储物流服务的一体化综合服务平台工程。

中俄跨境电商边境仓储服务中心总占地面积 2.6 万平方米，总投资 1.6 亿元人民币。跨境电商监管中心，实现跨境电商业务包裹有效监管，为电商企业实现报关、报检、阳光结汇、正规退税。为电商企业实现边境备货模式，提供线上交易担保、线下融资支持及仓储物流服务的一体化综合服务。

湖南联合商品交易市场邮币卡中心邮币卡交易系统正式上线

上线之后，投资者目前可通过自主注册和经纪会员注册两种方式注册成为交易商。

18 日

湖南南浔聚宝电商产业园开园

湖南南浔聚宝电商产业园总占地面积 10.1 亩，建筑面积 1.3 万平方米，是一个集办公、仓储、快递、休闲为一体的多元化发展园区，也是该区首家市级青年电商创业创新基地。园区目前已入驻 40 家电子商务企业，主要经营地板、文房四宝、童装、儿童配饰、儿童书包、鞋类、化妆品、宠物用品、网络教育培训、地板类目培训等。

南浔聚宝电商产业园开园暨南浔区青年电商创业创新基地正式启用，标志着该区电子商务集聚项目的建设迈出了新的步伐，为该区电商产业发展注入了新的强劲动力。

19 日

全国检验检疫通关一体化在苏州启动

一体化的启动将打破区域界限，实现互联互通，真正实现“一次报检”、“一次签证放行”、业务处理“一号到底”，通关便利化程度得到进一步提升。

检验检疫通关一体化是指通过优化检验检疫工作流程，以“三通”（通报、通检、通放）为基础，对进出口货物实施“两直”（进口直通、出口直放）。通关一体化实施前，货物出口须经历产地检验检疫、口岸换证、口岸核查获证、货物放行等流程；实现出口直放后，货物经产地检验检疫合格后可直接放行通关。进口方面，旧通关模式为受理机构接受报检、口岸实施检验检疫、口岸放行、企业二次报检、目的地实施检验检疫；实现进口直通后，企业可自主选择在口岸或目的地报检，货物直接运至目的地实施检验检疫。

国家质检总局局长支树平表示，全国检验检疫系统通关一体化是质检系统实现历史性跨越的重大标志，下一步将加快推进全国一体化。

2015 中国商贸流通市场高峰会圆满举行

“九州志远•通达天下”2015 中国商贸流通市场高峰会暨九通商盟成立仪式在石家庄万达洲际酒店圆满举行。此次高峰会由中国市场学会、中国知名运管企业河北九通集团联合主办，并得到了政府有关部门及社会各界的帮助和支持，旨在通过此次大会为中国商贸流通界搭建一个专业的、高端的交流平台，就中国商贸流通行业创新发展变革进行深入的交流和合作，探索中国专业市场转型发展之路，推动中国商贸流通行业创新发展的步伐。

20日

山东临沂商城国际化发展政策研讨会召开

临沂商城管委会主任姚明出席会议并对临沂商城国际化政策进行了解读，临沂商城管委会班子成员、五区管委会及市场管理机构、五区部分外贸企业参加会议。他指出，临沂商城国际化发展政策体现了市委市政府全力以赴发展对外贸易，推进商城国际化的决心和信心，要落实好、实施好，确保完成全年任务。

姚明要求，一要加大政策宣传力度，以五区管委会和市场管理机构为依托，利用各种方式，宣传商城国际化发展政策，将政策落实到企业中，宣传到市场里。二要严格兑现奖励政策，在填写申报材料时，五区要把好关，临沂商城国际贸易服务中心要全力配合，为企业节约时间，严格落实奖励政策，让企业得利，提高企业积极性。三要确保完成全年的任务目标，要按照市委市政府的要求，想办法，找对策，在政策框架下，确保完成全年的外贸任务指标。

21日

第五届中国（金华·兰溪）国际商贸发展大会召开

此次商贸大会的主题是“融入互联互通新模式，开启创新创业新发展”，秉承“开放发展、合作共赢”的理念，借助国家级商会的优质资源和地方特色优势，为政府、企业、客商和专家学者搭建沟通桥梁和商务平台，共同探究贸易方式转型升级与“互联网＋”的紧密结合点，携手共建内外贸易融合发展新机制。

第八届中国绿色食品博览会在江西南昌开幕

此次绿博会由国家商务部和江西省政府共同主办，南昌市政府、商务部流通产业促进中心、江西省商务厅、农业厅等承办。

今年绿博会展品范围涵盖了肉制品、乳制品、粮油制品等多个系列的绿色食品。经过八年的精心打造，中国绿色食品博览会的规模越来越大、品质越来越高，如今已成为全国知名品牌展会。

据悉，前七届展会现场及合同交易近200亿元。今年绿博会更加注重采购商和参展商直接销售渠道的建设，除保留了“2015中国食品经销商渠道建设峰会”外，今年还新增加“行业创新发展论坛”，150余家食品经销商将参会。

22日

中国与东盟结束自贸区升级谈判并签署升级《议定书》

在李克强总理和东盟十国领导人的共同见证下，中国商务部部长高虎城与东盟十国部长分别代表中国政府与东盟十国政府，在马来西亚吉隆坡正式签署中国—东盟自贸区升级谈判成果文件——《中华人民共和国与东南亚国家联盟关于修订〈中国—东盟全面经济合作框架协议〉及项下部分协议的议定书》（以下简称《议定书》）。

《议定书》是我国在现有自贸区基础上完成的第一个升级协议，涵盖货物贸易、服务贸易、投资、经济技术合作等领域，是对原有协定的丰富、完善、补充和提升，体现了双方深化和拓展经贸合作关系的共同愿望和现实需求。《议定书》的达成和签署，将为双方经济发展提供新的助力，加快建设更为紧密的中国—东盟命运共同体，推动实现2020年双边贸易额达到1万亿美元的目标，并将促进《区域全面经济伙伴关系协定》谈判和亚太自由贸易区的建设进程。

首届天津海博会落幕　实现交易额365亿元

本届海博会为期3天，其间约有1.5万人次参观展览，接待行业协会团队参观110团次，展会上成交协议额、平台交易额实现365亿元。

本届海博会由展览展示、行业高峰论坛、技术交流和合作洽谈等活动组成，主题是“打造世界海工基地，扩展海工装备贸易，推动海洋科技进步，促进海洋生态文明”，促进各企业通过海博会这一平台充分利用好天津及滨海新区的发展优势，实现高水平、深层次的合作。期间，第二届中国（天津）国际海工产业创新与发展论坛、2015年海洋高新设备及大型工程应用技术国际交流论坛、系列签约、宣传推介、参观临港经济区等活动与展会同期举办。

四川广元国际小商品城牵手义乌开启第六代商贸产业新模式

广元义乌国际小商品城、浙江义乌中国小商品城、义乌购合作签约仪式在广元举行。据悉，该项目将成为广元地区唯一的020商贸其间平台，真正实现电子商务与实体商家对应经营模式。

义务国际小商品城前身是南河小商品批发城，位于广元市南河北京路，处于南河商业中心腹地，是2014年广元市重大开工项目，由广元一盛置业有限公司开发建设，预计2016年底建成投入使用，项目总投资约6亿元，总建筑面积近10万平方米。

与浙江义乌中国小商品城集团全面合作，实行“多元开拓”的发展战略，引进第六代商贸产业模式，打造与国际接轨的现代化小商品贸易平台，依托义乌小商品城的商品资源，成为川陕甘毗邻地区从货源、物流、仓储到实体批发零售、电子商务、配送等全方位的商贸集散中心，带动西部地区物流、仓储、保险、金融、商展等产业链蓬勃发展。建成后，预计年交易额超30亿元，解决2000余个就业岗位，创造4000余万税收价值。

24日

第五届中国—中东欧国家经贸论坛在苏州举行

经贸论坛由商务部主办，系中国—中东欧国家领导人会晤的重要组成部分。本次论坛系首次在中国举办，主题是“新起点、新领域、新愿景”。国务院总理李克强出席开幕式并作主旨发言。商务部部长高虎城主持论坛开幕式。

黑龙江省首家对俄易物跨境电商深圳前海股权交易中心挂牌

挂牌企业为哈尔滨易物天下企业管理咨询有限公司。

据悉，哈尔滨中俄易货平台项目是在我国实施“一带一路”新一轮对外开放战略、黑龙江省提出建设“中蒙俄经济走廊”经济带构想、哈尔滨市打造对俄中心城市的大背景下，由哈尔滨市发改委、高开区和电商专家到北京总部考察后，又经专家评审落户在哈尔滨高开区的，是哈尔滨市发改委招商引资项目。目前是中国首家对俄易货电商，也是该领域第一家挂牌的企业。

26日

全国市场运行和消费促进工作会议在重庆召开

全国各省、自治区、直辖市和计划单列市商务主管部门参加了会议。商务部市场运行司陈国凯司长就2015年市场运行和消费促进工作作了报告。8个省、区、市作了大会经验交流。会议还安排了对重庆解放碑商圈、猪八戒网络公司和永辉物流公司的调研考察活动。

搭建桥梁，规范行业，凝聚合力——浙江临安市跨境电子商务协会成立

协会现有会员218家，跨境产品包括电线电缆、节能灯、五金工具、体育用品、纺织品、坚果炒货等。杭州亮亮电子照明有限公司董事长汪祖平当选协会第一届会长。

近年来，临安市在跨境电商乃至整个电子商务领域取得了较大的发展成效，跨境电子商务已成为新型的电商发展模式。临安市商务局相关负责人表示，跨境电商为临安市带来综试区先行先试机遇的同时，如何在战略与政策之间架起便捷的桥梁是能否占得先机关键。跨境电子商务协会的成立为更好地凝聚多方合力、规范行业自律提供了平台。

27日

第八届国际农贸会启幕 20国家12大类食品参展

“第八届中国（郑州）国际农产品贸易对接会暨2015中国（郑州）国际绿色生态健康食品博览会”在河南郑州国际会展中心启幕。展会特设清真食品展区、国际及港澳台展区，来自韩国、马来西亚、泰国、斯里兰卡、美国、意大利、西班牙、秘鲁、智利等20个国家12大类食品及农产品参展。

本届农贸会主题为“绿色·健康·新常态”，展会为期3日，由世界批发市场联合会亚太地区工作组、全国城市农贸中心联合会、中国国际贸易促进委员会河南省委员会、中国国际商会河南商会主办。展区涉及农林牧渔业产品及加工品，以及相关产业项目成果和产品，包括绿色食品、无公害食品、各地原生态特色品牌产品、地理标志保护产品、中华老字号产品、中国驰名商标产品等，展示内容丰富。

新疆纺织服装商会在乌鲁木齐成立

商会由德汇集团发起成立，旨在服务全区纺织服装企业，为企业搭建创新创业平台。

据不完全统计，目前全疆有纺织服装企业2300多家，

绝大多数是小微企业。其中，初具规模的企业有132家，新疆纺织服装商会目前已吸纳了79家企业作为首批会员单位，涵盖了纺织服装生产、设计、商贸流通等领域。

“跨境电商百县联盟”在汉成立

2015全球跨境电商光谷论坛暨“一带一路”峰会在武汉举行。国内20多个县市与武汉网来云商公司联合成立“跨境电商百县联盟”，汇聚信息流、物流、人才流以及资金流，掘金跨境电商价值链。

28日

2015’中国流通高峰论坛在京成功举办

本次论坛以“十三五期间流通改革与发展”为主题，由中国市场学会、中国商业经济学会、中国流通三十人论坛（G30）、中国商业史学会、中国商业文化研究会共同主办，北京工商大学、首都流通业研究基地承办，中国国际电子商务中心协办。商务部内贸专家委员会主任、中国流通三十人论坛（G30）理事长黄海，中国市场学会理事长高铁生，国家发展和改革委员会经济体制综合改革司司长徐善长，中国商业经济学会会长安惠民，中国商业史学会会长王茹芹，中国商业文化研究会执行会长王作言，中国社会科学院中国社科评价中心主任荆林波，中国人民大学教授黄国雄等出席论坛并发言，北京工商大学副校长方德英主持。会上成立了“中国流通论坛联盟”，来自各学会、研究机构、高校企业等100余位代表参加论坛。

第六届中国汉口北商品交易会开幕

第六届汉交会以“云市场、心服务”为主题，由武汉市人民政府、湖北省商务厅、黄陂区人民政府、武汉市商务局引导支持，中国市场学会、卓尔控股有限公司主办，武汉市商业总会联办，汉口北集团有限公司、卓尔电商集团有限公司承办。

与往届不同，本届“汉交会”充分展现商贸流通业“互联网+”转型的新思维、新趋势。“卓尔云市场”以互联网+手段开创传统批发市场技术革新及交易模式创新，旗下卓尔购、卓金服、卓集送三大产品正式上线，汉口北实体市场近7000商户开通网上档口，实现线上线下融合批发交易，扩大销售范围，提升交易效率。并通过交易数据积累享有低成本供应链金融、智能物流物业等增值服务。

中国市场学会副秘书长朱勇毅表示，卓尔云市场用互联网+的模式，利用新的技术手段提升市场服务水平和功能，促进大市场大贸易的形成，对全国传统商贸市场的升级起到了带动作用。

借助会展经济之势，汉口北实体市场与电商平台双线齐飞，形成全国首家线上线下深度融合的超大型商贸物流平台，正在加速成为辐射全国、面向世界的商贸物流中心。

上海自贸区国际艺术品交易中心在浦东外高桥开业

这意味着自贸试验区艺术品服务从原本的单一通道功能向交易领域延伸，未来该中心将为全球艺术品提供仓储物流、展览展示、交易洽购等全流程服务。

天津武清区首家跨境商品直购体验中心运营

达伦多（天津）跨境商品直购体验中心在武清区威尼都商业中心正式开业。与其他保税商店不同的是，达伦多是由多家知名电商组成的集合店，产品覆盖了更多地区，品类也更为丰富。

该项目采用“线上交易平台+线下完税体验”的O2O运营模式，会聚了山姆、和麦秀、三六零、胡萝卜村、外来店、盈阔、瑞泰、爱购全球、海沿、洋仓、洋品汇、洋世界等20余家知名电商，其中，既有以生鲜为主打产品的，也有专营个人护理产品及日化产品的。整个中心所经营的进口商品涵盖来自亚洲、欧洲、澳洲、北美洲、南美洲等几十个国家和地区，从冷链、休闲食品，到日用品、母婴用品、保健品，乃至果蔬、酒水，甚至绿植一应俱全。

29日

湖南邵阳金罗湾国际商贸城举行授牌暨签约仪式

金罗湾国际商贸城位于邵阳市双坡北路与塔北路（龙须塘路）交汇处，由浙江义乌、红星美凯龙实业、湖南金罗湾置业联合打造，项目占地面积约240亩，总建筑面积约36万平方米，总投资额15亿元，规划有红星美凯龙全球家具生活广场、义乌小商品城、五金机电城、建材家居城、汽车汽配城五大商团，配备有仓储配套、物流配送、电子商务、酒店公寓、创业基地、高尚居住七大配套中心。该项目的建成将完善邵阳乃至整个湘西南地区的商贸服务功能，开启邵阳世界级的综合商贸物流新时代。

会议现场，各界热烈庆贺义乌实力商家入驻金罗湾国际商贸城。随后，金罗湾国际商贸城代表接受来自浙江义乌授予的“义乌市场发展战略联盟单位”、“义乌市市场发展研究中心常务理事单位”、“第四届中国市场学会批发市场发展委员会理事会副理事长单位”三块牌匾，并与品牌商家们签订并交换了意向进驻协议。

中国国际经济交流中心理事长魏建国表示，这次邵阳和义乌实力商家的结合，在全国来说算做得较好的，把义乌的先进经验通过邵阳金罗湾国际商贸城体现出来，将推动邵阳的商贸发展，并拉动消费。

西部粮油交易中心开业

该交易中心系陕西省粮油市场重要物流平台。一期项目总投资 5600 万元，由陕西粮农集团投资、西瑞集团建设并运营。

据介绍，该交易中心建成后将成为以大米批发市场为主体，涵盖面粉、食用油、杂粮、白糖、调料等粮油食品，集粮油仓储、交易、物流配送、信息服务、电子商务为一体的大型综合交易市场。同时，西部粮油交易中心还将为企业提供及时的粮油市场信息、便捷的仓储物流服务、灵活的融资担保平台以及完备的后勤服务等六大服务支持。

山西名优特商品（上海）展销专柜揭牌

专柜位于上海邵万生洋泾镇，系山西省在北京、广州、天津、重庆建立山西名优特商品展销中心后设立的第 5 个外埠展销中心（专柜）。

上海是我国重要的经济、交通、科技、工业、金融、发展、旅游和航运中心，商业氛围浓厚。通过上海这个平台让各地的游客，特别是上海的消费者，体验山西品牌、传播山西文化，提升品牌企业和产品知名度，推动山西省品牌企业和产品走出去有重要的意义。

12 月

6 日

京津冀跨境电商产业联盟在天津于家堡自贸区成立 吸引电商龙头聚集

60 余家京津冀三省市及韩国、日本等国外跨境电商企业代表参加。联盟的成立将极大促进京津冀三省市跨境电商企业交流合作、吸引国内外跨境电商龙头企业在滨海新区聚集，助推天津市跨境电商产业跨越式发展。

京津冀跨境电商产业联盟成立后，于家堡自贸区将进一步发挥天津港口和区位优势，在海关、检验检疫等监管部门的指导下，重点打造跨境电商公共服务平台，作为构建跨境电商服务体系的核心内容，缩短企业通关时间、简化通关流程，并为企业提供一站式物流、仓储、通关、结汇等公共服务。平台将成为继自贸区审批大厅后又一政府服务亮点，并惠及一般贸易、跨境电商进出口、跨境电商平台等各类跨境电商相关行业企业。

7 日

沈阳书刊批发市场正式启动搬迁

从文化路整体搬迁至龙之梦小商品大世界 5 楼。

成立于 1995 年的中国沈阳书刊批发市场，是全国首家被冠以“中国”名号的书刊批发交易市场。经过近 20 年的发展，这个位于文化路的市场在运营中遇到了书刊五金混搭、物业管理较差等诸多问题。如今，受互联网等新兴介质的影响，传统图书出版发行的衰退是全球趋势，这对于中间商的书刊批发市场来说更是雪上加霜。在全国的书刊批发市场都在坚守中苦苦挣扎时，中国沈阳书刊批发市场率先迈出了自救的第一步。

陕西勉县电子商务产业孵化园建成开园

勉县电子商务产业孵化园是汉中市首家电子商务创业孵化园，位于金牛大道桃园华府 17 号楼三、四、五层，总面积 3200 平方米，可同时容纳 50 户企业进驻。目前已有勉县幸福购电子商务有限公司、汉中艾特闹传媒有限责任公司、汉中新农人电子商务有限公司、勉县圆通速递有限公司、勉县扎堆电子商务有限责任公司等24户企业入驻运营，解决了近1000人以上就业。

8日

“甘肃省特色农产品阿拉木图集散中心”竣工开业

该项目是2014年8月甘肃省委副书记欧阳坚率团出访哈萨克斯坦期间双方商定的合作项目，也是国务院总理李克强2014年12月出访哈萨克斯坦期间，在阿斯塔纳举行的“中哈企业家委员会第二次全体会议”上正式见证签约的项目，更是甘肃省与阿拉木图州共同推动“一带一路”建设，在基础设施互联互通合作早期收获的成功项目，开创了两省州经贸合作历史上的重要里程碑。

据悉，该项目甘肃省投资470万美元，哈方以2公顷土地折价入股，拥有24600吨保鲜库及1090平方米展示展销厅，共有10间恒温库（0至5℃），每间库容为2400立方米（12×24×8），另有2个面积分别为400平方米和690平方米展厅，主要用于甘肃省出口中亚农产品及农机具的展示销售。项目的正式营运将为甘肃省果蔬等特色农产品直接出口哈萨克斯坦及其他中亚国家提供保鲜仓储设施保障，对构建甘肃特色农产品境外营销网络，扩大甘肃农产品在中亚地区的贸易规模，畅通果蔬等农产品储存和销售渠道具有重要的现实意义。

7～9日

商务部在京召开第六次全国商务法律工作会议

会议对近两年来的商务法律工作情况进行了总结；条法司行政处、流通处、投资处、世贸处分别就商务依法行政、国内贸易法律体系建设、外国投资法律制定及国际投资争端应对情况、世贸争端问题的解决作了专题发言；上海、青岛、四川、甘肃分别就自贸区建设、商品流通立法、法治商务建设、监管方式创新作了交流发言。在会后的分组讨论中，大家围绕基层商务法制建设、工作中遇到的实际问题、推进商务立法等内容进行了发言，提出了推进法制商务工作的建设性意见。

12日

全国65家批发市场签约加入“卓尔云市场”计划

由中国市场学会和卓尔控股有限公司在武汉共同举行的“2015中国批发市场年会”上，中国批发市场线上交易平台“卓尔购”收获了超级大单。来自杭州、广州、昆明、重庆等65家知名批发市场与卓尔发展旗下卓尔电商集团签署合作协议，加入“卓尔云市场计划”，全国数万名商户将登陆“卓尔购”。卓尔购有望三个月内实现一网采买全国货。

在充溢着“互联网+”思维的年会上，作为全国首创的集成式互联网批发平台，卓尔云市场备受追捧，其在线交易、采购管理、供应链金融、智能综合服务等前沿功能令人耳目一新，受到批发业界人士高度好评。天津金元宝、杭州四季青、沈阳五联、广州白马、昆明螺蛳湾、重庆朝天门、内蒙古通达等65家全国重点批发市场与卓尔电商集团签署战略合作协议，将各自率旗下品牌商户整体上线卓尔云市场，形成一个覆盖全国的互联网批发平台。

中国市场学会副会长兼批发市场发展委员会主任、国务院发展研究中心市场经济研究所所长任兴洲说，以卓尔云市场为代表的互联网批发模式，打破商品批发的时空界限，是批发业第三次流通革命。卓尔云市场不仅将汉口北甚至把全国的批发市场搬到线上，实现集大成，发挥商品、信息、金融、服务等要素的快速组合和聚集功能，大大降低全行业物流成本，这种探索卓有成效，前景可观。该开放型平台具备功能延展性，还可避免其他批发市场重复自建平台，节省大量社会成本。

天津世贸城开业纳客 打造批发市场新模式

该商城坐落于南开区南泥湾路，总面积达30万平米，整合服装、鞋帽、家居生活用品、进口商品在内的城市生活消费全品类。世贸城以O2O模式作为商业的最大亮点，打造全智能电商平台，为采购商及城市居民提供线上线下一体的无缝采购消费体验。

16日

河北省市场大会召开 探讨商品交易市场转型提升方式

本次市场大会为河北省首届，由河北省商品交易市场联合会、河北省商业联合会、河北省现代物流协会共同主办，南三条市场管理委员会、新华集贸市场服务中心、河北太和集团等承办。来自全省的各类商品交易市场及服务机构的500余人参加了大会。

大会以“转型提升、创新发展”为主题，针对全国经济发展增速趋缓的大背景下，商品交易市场普遍业绩下滑、经营成本增高、恶性竞争激烈，部分新市场盲目开发造成组市困难投资风险增大等现实问题，以及移动互联网时代商品交易市场如何转型等热点话题进行了探讨。

“湖城商圈＋互联网”项目上线启动

在浙江乌镇召开第二届世界互联网大会之际，“湖城商圈＋互联网”项目启动仪式暨新闻发布会在浙江省湖州市科技创业园微总部创新基地召开。该项目是一个涉及百姓吃、穿、住、行、娱等方方面面的本地生活服务类O2O项目。该项目的启动是湖州市对国家“加快发展生活性服务业、促进消费结构升级”以及“鼓励线上线下融合、加快商贸流通转型升级”精神和要求的贯彻落实，也是适应湖城百姓消费升级需求、推进本地生活服务业个性化和便利化的一种有效手段，将推动湖州市电子商务从运用迈向服务。

16～17日

第十届中国网上零售年会在重庆召开

本届年会由亿邦动力网主办，重庆市商业委员会、江北区人民政府支持，思路网、重庆市网商协会协办，共设2天的主会场以及跨境、农村、生鲜、融资、技术、服务等多个电商行业细分专场，预计将有市内外嘉宾1200多人参加。年会全面涵盖传统百货、3C、奢侈品、房产、汽车、厨卫、生鲜、大健康等零售领域，充分围绕零售创新、消费创新、品牌创新、全渠道创新，探讨网上零售业态发展及未来走向。

17日

首届中国蔬菜品牌大会在南宁召开

大会以“成就品牌，创新品牌”为主题，由中国蔬菜流通协会、自治区商务厅共同主办。广西南宁瑶康生态农业发展有限公司等5家企业的“凰珍”、“金纳纳”、“壮乡河谷”、“联豪”、“田州”品牌入选“2015中国蔬菜百强品牌”。

大会期间还成立了“中国蔬菜流通协会互联网专业委员会”，以促进我国农产品流通行业创新经营，规范农产品电子商务健康发展。

18日

2015年度（第九届）北京商业高峰论坛召开

论坛由北京市商业联合会、北京商报社主办，以“大融合•大未来”为主题，展开一场传统巨头和O2O新贵的对话，共同寻找互联网＋之下的商业新常态。论坛上，北京商报联合北商研究院，耗时数月调查打造的《2015北京商业发展蓝皮书》在活动进行了发布，针对O2O行业中模式、资本、服务和创新4个维度的痛点，进行一一分析和解读。

成都农产品中心批发市场冻品交易区建成开业

该市场从2013年11月起，投资建设现代化的海鲜购物广场和冷链物流区项目，总建筑面积62000平方米；其中，投资3500万元建设现代化的冷链物流区，建筑面积约9240平方米，建设内容包括冷链配送区、6000吨冷库，致力于打造集冻品、海鲜、冰鲜、高档特色产品及餐饮配套、休闲消费体验于一体的全新一站式商业模式。

下一步，市场将购置标准化农产品冷藏运输车，打造“城市餐饮中央大厨房”冷链物流配送中心，实现冷链食品运输、交易、配送“无缝化”链接，降低损耗；同时结合“肉类蔬菜流通追溯体系”建设，建立起快捷、高效的冷链物流信息追溯系统，为市民餐桌上的安全保驾护航。

浙江永嘉世贸中心地块成功摘牌 强势登陆三江商务区

上海世贸控股有限公司以4.34亿元摘得永嘉三江商务区2012-30#区块2宗国有建设用地，作为永嘉世贸中心一期项目使用。该项目总投资约60亿元，总占地面积166亩，功能定位为集五星级酒店、高端智能写字楼、大型商业、高级住宅及配套于一体的国内顶尖世贸中心。

永嘉世贸中心是上海世贸控股集团继无锡、永康、北京之后投资建设的第四座世界贸易中心城市综合体。该集团是一家专业投资城市综合体、商用物业和文化创意产业的集团公司，公司现立足于上海，辐射长三角地区，整合高端的人力资源、系统资源、行业资源，以先进的理念、成熟的经验和专业的操作，实现企业在各个领域投资的跨越式发展。

19日

互联网+浙江海外精品小镇落户菱湖

浙江省湖州市南浔区菱湖镇与蓝海金汇投资管理有限公司签订合作协议，建设020跨境电商项目——互联网+浙江海外精品小镇。

作为全市第一家跨境电商线下体验综合试验点，互联网+浙江海外精品小镇项目落户在菱湖镇梦湖广场，总投资3亿元，首期计划开设线下体验商铺150家，将打造成集海外商品跨境电商实体店、网上交易操作平台、仓储物流、度假休闲娱乐、名人文化艺术交流、旅游购物于一体的跨境电商小镇。项目规划亚洲、欧洲、澳洲、美洲四条购物街，通过境外商品店内看货、网上下单、邮寄到家的购物流程，并提供海外直采、保税仓发货、海关监督、保险承诺、24小时发货、7天无理由退换货等服务，使海外购物变得更便捷、更放心。目前部分商铺已营业，预计明年下半年全部开业，将实现销售收入超百亿元，新增就业岗位1500个。

湖南进出口商品展示交易中心暨金霞跨境保税直购中心正式开业

作为中部地区规模最大的进出口商品展示交易平台，金霞跨境保税直购中心引进商品3万余种，受惠于金霞保税物流中心国际采购、国际分拨、保税仓储等特殊政策功能优势，不但在价格上有比市面20%～30%的优惠，还能保证货品日期的“新鲜”，远胜海淘代购漫长的等货体验。因此，保税店开业当天便吸引了大量消费者前来抢购，特别是乳制品、海鲜冻品、牛排等消费者特别关注的货品，销售情况极为火爆，均已卖断货。以澳新馆为例，该馆开业当天婴幼儿奶粉即告售罄，部分母婴店甚至出现了收银瘫痪的现象；截至19日晚7点半金霞保税直购中心关店，首日迎客超10万人次，营业额突破3000万元。

20日

中国（浙江）大宗商品交易中心获国务院批复设立

中国（浙江）大宗商品交易中心是国内唯一由国务院批准设立的大宗商品交易管理与监督中心。

根据浙江省“十三五”规划，浙江省海港投资运营集团有限公司（简称“海港集团”）全资的中国（浙江）大宗商品交易中心的成立是海港集团开拓创新，加强国内外战略合作，积极对接全球资本市场，探索海港集团运营的新模式，为浙江海洋经济的发展寻找新契机的重要布局，对全省更好地参与“一带一路”和长江经济带等国家战略，加快建成港航强省和海洋经济强省具有重大意义。

中韩、中澳自贸协定生效

自生效之日起开始实施第一次降税，2016年1月1日第二次降税。

根据协定，更多的韩国服装、电子产品和食品都将陆续降为零关税；牙膏等口腔清洁用品将在10年内取消现在10%的关税；服装鞋帽方面，将在10到20年内，关税从现在的15%降为零。同时也将有更多的牛肉、奶粉等澳大利亚食品将以“零关税”涌入国内市场。

22日

中国最大俄罗斯农产品周转中心落户黑龙江

黑龙江省齐齐哈尔市官方对外发布消息，中俄双方共同投资的中俄优质农产品交互性贸易产业带项目已正式启动建设，建成后将成为中国最大的俄罗斯农产品在中国的周转中心，对俄可辐射人口约1800多万人次。

黑龙江省是中国对俄贸易的中心省份，该省也是中国北方最大的农产品基地，通过铁路、陆路口岸，黑龙江省与俄罗斯远东地区有着多年的果蔬农产品交互贸易往来，俄罗斯作为世界第五大水果消费市场，每年人均大约消费水果100千克。

据齐齐哈尔市政府的相关负责人介绍，此次项目中的“中国周转中心”总占地面积73万平方米，建筑面积28.5万平方米，计划投资6.5亿元人民币，在齐齐哈尔市梅里斯山鹰农产品物流园区建立“中俄优质农产品周转中心”，同步在俄罗斯摩格亚多夫批发市场建立“俄中优质农产品贸展中心”，并成为该市在俄罗斯当地的永久性对俄贸易窗口。

24 日

湖北跨境电商公共服务平台启动运行

湖北跨境电商公共服务平台包括搭建在湖北电子口岸上的通关服务信息平台和搭建在武汉海关、湖北检验检疫局等口岸管理相关部门的通关管理系统平台，是为政府部门与外贸电商企业提供跨境贸易数据交换标准和大数据服务、推动全省跨境电商产业发展的公共信息政务平台。

平台启动运行后，可满足“一般进口、保税进口、一般出口、保税出口”四种业务模式，适应多种经营类型和物流运作模式的通关服务需求，湖北省外贸企业可以依托公共平台开展跨境电商进出口业务的在线联网申报与审批，进一步简化跨境电商通关手续，降低企业“巨量小额碎单”业务的通关成本，促进湖北省跨境电商业务蓬勃发展。

重庆工贸城揭牌暨长寿汽车交易市场项目开工仪式举行

重庆工贸城规划建设内容包括工业品综合市场、汽车交易市场、钢材市场、化危品市场、新恒阳码头及储罐项目、中远物流仓储项目、中再生重庆长寿再生资源基地项目、长航钢城盐巴石码头项目等众多项目，总占地面积约 1971 亩，总投资 54.5 亿元。长寿汽车交易市场是重庆工贸城的重要组成部分，占地面积约 250 亩，总投资约 6 亿元，计划建成集汽车销售、汽车试驾、汽车体验、汽车美容装饰、维修配件及金融、保险、上牌等综合服务于一体的“一站式”汽车产业园，预计 2016 年上半年建成投用。

27 日

2015 年全国商务工作会议在京召开

会议的主要任务是，全面贯彻党的十八大、十八届三中、四中、五中全会和中央经济工作会议精神，总结“十二五”特别是党的十八大以来商务工作，深入分析国际国内形势，研究部署 2016 年工作，明确“十三五”商务发展总体思路。商务部长高虎城作工作报告。

河北廊坊新动批红门服装城正式营业

作为承接北京服装产业转移的重要基地，河北廊坊新动批红门服装城正式对外营业，这标志着北京服装产业外迁转移取得实质性成果。本次对外营业的廊坊新动批红门服装城是一期工程，总建筑面积 15 万平方米，总停车位达 2000 个左右。入驻商户中，超八成来自北京动物园批发市场与大红门批发市场，所以，“廊坊新动批红门服装城”在命名时也考虑了这种历史符号。

廊坊地处京津两大直辖市之间，素有“京津走廊”美誉，是京津冀协同发展的桥头堡之一。毗邻北京的优势，使廊坊成为北京服装等产业外迁转移的重要目的地。

28 日

江西省物流与采购联合会正式成立

江西省物流与采购联合会是江西省首家完全与政府机关脱钩的新型行业协会，由江西省正广通供应链管理有限公司、江西国控物流投资发展有限公司、吉安万吉物流有限公司等物流企业发起成立。

重庆丰都粮食仓储物流产业园项目破土动工

该项目是国家发改委和重庆市 150 万吨粮仓建设项目之一，由重庆粮食集团丰都县粮食有限责任公司投资迁扩建，项目占地面积 285 亩，总投资 4.8 亿元，主要建设 15 万吨粮仓、3 万平方米粮油批发交易市场、20 万吨粮油应急供应加工生产线及有关配套设施。其中 15 万吨粮仓工程将于 2016 年竣工，2017 年初正式投入营运。

该项目的开工建设，是重庆市全面落实《粮安工程》规划和粮食安全省长负责制的一项务实之举，也是丰都县加快打造三峡库区商贸物流枢纽和西部粮食物流节点的重大工程，必将有力助推丰都经济社会持续健康发展，成为全市粮食安全的重要支撑。

29 日

湖南省中小商贸流通企业公共服务平台正式上线

该平台是在湖南省商务厅主导下，按照开放性和资源共享性原则，面向中小商贸流通企业提供服务的公益性平台。服务平台以中小商贸流通企业服务中心为建设和运作主体，以中小商贸流通企业公共服务平台网站为载体，以各级商务主管部门、行业协会和商业集聚区为骨干，联结搭载高等院校、科研院所和各类专业服务机构，实现广泛参与、协同服务，旨在使中小商贸流通企业发展需求得到满足，规范化、组织化、品牌化、信息化水平得到提升，生存环境明显改善，竞争力不断增强。

江西瑞金市电子商务协会成立

电商协会自筹建以来，受到了瑞金市委、市政府主要和分管领导的重视和指导，得到了社会各界的支持与帮助。协会也在不断努力中成长，先后吸收了包括电子商务、传统商贸、通讯、金融、培训等各类企业在内的81名会员。今后协会将全力做好完善组织架构、电子商务数据统计、示范企业和工程建设、电商人才培训、配合建设电子商务孵化园、农村电商服务站、电商物流配送中心和产业带等工作，开创大众创业、万众创新的新局面、新格局。

福建宁德市电子商务协会成立

宁德市电子商务协会是由宁德市从事电子商务和商贸服务业、外经贸业信息化建设等相关行业的企业及单位自愿参加组成的联合性非营利性社会组织，目前已发展首批会员单位120家。近年来，宁德市高度重视电子商务发展，2015年1月至11月，全市电子商务交易额达到131.5亿元，增幅达53%。宁德市电子商务协会的成立，顺应了时代发展潮流，将大力推进宁德市电子商务产业的发展，深化电子商务在宁德各领域的应用，推进电子商务与优势行业的融合。

义乌市场转型升级暨“义乌中国小商品城”商标品牌发展研讨会举行

研讨会由国家工商行政管理总局市场经济监督管理研究中心、浙江省工商行政管理局、义乌市人民政府主办，义乌市市场监督管理局、浙江中国小商品城集团股份有限公司承办，邀请了来自全国22个省、直辖市、自治区的工商部门代表，以及全国各地的义乌小商品城负责人参加，就新形势下实体市场转型升级的方向、路径以及如何发挥市场自身品牌在标准化、规范化的构建等主题展开交流与探讨。

在此次研讨会上，义乌中国小商品城向全国商品交易市场发起诚信立市倡议书：加强交流合作，打造命运共同体；注重诚信守法经营，提高品牌保护意识；发挥市场主体作用，积极投身创业创新。以此呼吁全国商品交易市场合作共荣、诚信经营、创新发展，共推我国商品市场的转型升级。

30日

商品交易抱团谋发展 湖南省交易市场协会在长沙成立

湖南省交易市场协会是由湘商商品、久丰国际、湖南澳鑫、南方大宗、湖南润达、华夏商品等交易市场联合发起，历经一年时间筹备，在湖南省商务厅、民政厅等相关部门关心和支持下正式成立。该协会的成立标志着湖南省大宗商品交易行业进入专业化、规范化、协同化的发展时代，对促进行业规范和健康可持续发展具有重大意义。

会上，湖南省交易市场协会还公布了行业自律公约，将以“行业规划、自律管理；政府桥梁、会员服务；纠纷调解、协同发展”为己任，努力推动湖南省商品类交易市场行业的合规、规范、健康发展。

天津商协会国际合作联盟成立

该联盟由天津市合作交流办和贸促会共同搭建，39家在津异地商会入驻联盟。

该联盟将突出国际化特色，全方位助力在津异地商会及其会员企业大力开展国际经贸交流与合作，扩大外联渠道，利用国际会展平台，促进对外贸易，帮助更多企业参加境外专业展览等活动，进入国际贸易产业链，更好地开拓国际市场。同时，联盟还将提供全面的商事法律服务，应对日益频繁的反倾销、反补贴等国际经贸摩擦，为企业走出国门提供全方位多领域的优质服务。